（第三版）

企业法律顾问实务操作全书

北京市兰台律师事务所 / 编著

中国法制出版社
CHINA LEGAL PUBLISHING HOUSE

序 言

看 见

兰台是一家一体化公司制管理的律师事务所，创立近二十年了。

一体化的含义，不是“合”，而是“分”。这个分有两层意思，一是合伙人要把不擅长的业务分出去，二是律师要分成不同的专业团队。

如果是这样，在一体化的律师事务所中，专业主义应该得到凸显。专业主义的核心是希波克拉底誓言：向上帝发誓，以此为职业。这句话有兰台的解读就是“以兰台同事为第一客户，以兰台信誉为第一信誉”。

一体化的好，是那么容易被理解、被认同。从最功利的角度出发，也是那么清晰：合伙人以及合伙人各自带的团队不再是“全科大夫”，专业的活儿可以由专业团队来完成，获得客户的赞赏，赢得更多的客户。

这么好的事情，在律师行业鲜有成功践行的先例，很多领先的律师事务所都努力过，却大多回到了原路。不能铸就专业团队，是一个重要的原因。

专业团队的铸就是一个过程，而且是一个永恒的过程，没有尽头。从这个意义上来说，一体化公司制本身，不是一个结果，而是一个过程，一个因为专业团队的铸造，越来越好的过程。

过程的含义，不是坐等，而是参与其中。

专业主义是应该有载体的，专业精神应该被看见，专业本身应该被看见，因为被看见而被激励：被客户激励，被伙伴激励，并在不断的激励中昂扬前行。

兰台人感谢这个伟大的时代，人类几千年聪明才智的累积，成就了这个时代。在这个时代，兰台人铸就专业团队，追求专业主义的过程，得以被记录，能够被看见。

专业主义首要的含义，不是专业本身，是专业精神，是对伙伴、对客户负有的最大的善意。兰台把对伙伴的最大善意放在首位，因为只有这样，才可成就“二人同心、其利断金”之兰台。

怎么铸就专业团队，进行团队建设呢？这个问题不是一体化公司制律师事务所要回答的首要问题，却是建成一个公司制一体化的律师事务所最难的问题。

负有最大善意之专业精神，是抽象的、主观的，而且是根本的，它根植于文化，要被制度表彰。专业本身是具体的、表象的，是可以被看见的，和专业精神是一个硬币的两面，每一次专业的被看见，都搭载着专业精神的外显。

唯有光阴，不负匠心，兰台人信奉这句话。因为技术，可以让这句话在这个时代实现。匠心意味着，虽然十年磨一剑，但可一剑封喉。而因为技术，在这个时代，磨剑，不用在小黑屋里孤寂，可以被看见，可以因为被看见而被表彰，可以因为被表彰而走在一条充满鲜花的路上。

团队建设的过程，因为技术，可以成为一个被看见的过程：业绩的总结不再仅仅是投标而被几个评委看到，可以被伙伴瞬间了解；法律问题的总结，可以被伙伴瞬间分享；专业问题的研究，可以让伙伴瞬间知道你的努力与坚持。所有这些，都让伙伴知道：你存在，你专业地存在！

专业被看见的过程，是一个专业精神被凝聚、被提升的过程。内敛于心的专业，化为可以被看见的业绩、文章、讲座、专著等，更艰难。

对有匠心的人来说，这是一个最好的时代，对着急的人来说，这是一个最坏的时代！

“做更好的公司法务律师”是兰台的发展战略，兰台的合伙人和律师聚集在这个战略之下，尽展才华，专业和专业精神因为这个战略的实施而被看见。

台高廿年上，幽兰岂独香。二十年是舞台也是足迹，呈此书，飨读者以可见之兰台。

目　录

Contents

第一章　企业法律实务概述

第二章　公司设立

第三章 公司融资法律实务

第四章 公司并购法律实务

第六章　公司治理法律实务

第七章　企业合同管理操作实务

第八章　企业劳动人事法律风险防范

第九章 企业知识产权法律实务

第十章 公司清算与破产司法实务

第十一章 争议解决实务

第十二章 企业经营管理的刑事法律风险防范

第十三章　贸易救济

第一章

企业法律实务概述

第一节　企业法律实务概说

企业法律实务的业务范围主要有五大类：一是与行政监管相关的法律事务，包括反垄断、环境保护、知识产权、劳动、税费、资源、土地法律事务；二是平等的民商事主体之间所为的法律事务，包括公司、证券、合同、谈判、招投标等；三是争议解决法律事务，包括诉讼、仲裁等；四是对国家立法、司法、政策制定的参与和影响；五是对企业的法律培训。

针对上述不同的法律事务，企业进行处理的情形或者方式主要包括：先期介入业务进行法律有效性及法规合规性审查，常规法律事务处理的流程化、标准化，企业内部各个层级的法律专业人员协商解决复杂法律问题，有效使用和管理社会律师处理专项或争议事务。

企业法律事务处理能力的强弱，决定着企业核心竞争能力是否能够持续长久，决定着法律事务处理能否职能化、专业化、技术化，决定着企业治理结构是否完善。企业治理结构的完善，意味着企业管理模式的制度化和企业经营的法治化。所谓管理模式的制度化，主要是指公司权力结构的制衡性安排；所谓经营的法治化，则主要从企业经营的流程、结果等角度控制企业经营上的法律风险。企业的法务部门及其外部律师，也正是从这两个方面对企业的管理与经营予以规制、规范。

企业权力结构的制衡性安排，是企业法务及其外部律师作业的起点，随后企业的法务贯穿企业管理与经营的始终，在企业的经营管理过程中无处不在。忽视甚至无视企业法务的经营管理，带来的风险将是多样化、多层次的。从民商事的角度而言，企业法律风险蕴含在企业的设立、劳动关系、知识产权、投融资、衍生品交易等各个领域；从行政监管的角度而言，企业的法律风险涉及税收、不正当竞争、环保、工商监管等各个方面；从刑事的角度而言，企业法律风险则包括与注册资本金、税务征收、不当行为等相关的各个环节。此外，更为重要的是，这其中需要融入企业法务及其外部律师深层而多元的思考——除了风险防范以外，在企业管理制度上是否可以创新及优化，对于企业的各类交易，是否可以从流程、结构、模式等方面予以设计、优选或改进。

因此，企业法务及其外部律师的价值不但在于风险防范，解决企业能够生存下去以及低成本生存下去的问题，更在于解决方案的提出与合规性审查，解决企业的竞争性优势及发展的问题。而一旦进入争议处理阶段，企业法务，尤其是外部律师所起的作用就更加重要了。

一般情况下，企业法务所处理的事务均是本企业内部的事务，无论何种规模、何种类型的企业，企业法务所能涵括的范围及其视角，都有一定程度的局限性。而对于有经验的外部律师而言，由于他们处理过多样性的法律实务问题，其具备的视野范围和角度可以给企业带来不同问题的解决路径或者多样的思维方式，这种路径及思维方式的改变，有可能会产生截然不同的法律效果。因此，在企业法律实务的处理过程中，聘请外部律师是企业通行的选择。

一、企业法律实务的概念及分类

企业法律实务从字面上说即为企业法律事务的实际处理，我们这里所说的法律实务特指企业法律顾问（包括企业法务人员及外部律师）对企业法律事务的实际处理，从企业法律顾问处理企业法律事务的角度来看，企业法律实务包括以下三大类：

（一）企业常规法律实务

即企业日常经营活动中所涉及的常规性的法律事务，一个企业的法律顾问应该可以熟练地处理这些基础性的法律事务。其通常包括：

1. 通过电话、传真、电子邮件和会议形式为企业提供日常法律咨询；
2. 为企业建立完善的法律保障体系提供法律协助；
3. 为企业建立完善的风险监控机制提供法律协助；
4. 协助公司制定和完善日常规章制度；
5. 协助公司起草劳动用工合同和用工手册；
6. 起草、审查、修改公司对外经营的各类合同；
7. 为企业对外合作与商业谈判提供法律咨询；
8. 为企业日常业务出具法律意见和分析报告；
9. 协助企业处理各类非诉讼法律事务；
10. 代理企业的诉讼、仲裁业务；
11. 其他常规性法律业务。

（二）企业专项法律实务

即对企业单独项目提供专项法律服务，这往往是律师为非顾问单位提供的法律服务或是为顾问单位提供的日常法律实务之外的法律服务，企业亦可与律师协商将专项法律实务约定为企业日常法律实务。专项法律实务又包括非诉讼类专项法律实务和涉诉类专项法律实务。

1. 非诉讼类专项法律实务，其涉及的法律事务涵括法律顾问专业类别的各个方面，是指法律顾问利用法律专业、过往的实践经验、契合企业需求的特定化响应，为企业提供的专项服务。该种专项服务所涉及的交易模式、交易结构与交易流程，或者定性与定量的法律分析要素以及各种法律报告的结构，随着经济的发展而处于不断演变、创新之中。如各种不同类型及不同国别资本的企业设立、企业改制、并购重组、投融资（含上市）、产权界定、项目开发、知识产权实务处理、公司治理、薪酬设计、私募基金、信托运用、争议的多元化处理（非诉方式）、专项尽职调查、专项法律风险防控、税收筹划、解散清算等。

非诉专项法律事务，考量的是企业法律顾问解决问题的角度、方向以及思维的宽度，考验的是企业法律顾问对于法律、法规、政策全面的衡量以及把握能力。企业法律顾问不能简单陷入风险防范的误区，即不能只是简单出具有关交易不可为或法律风险不可控制的法律意见。相反，企业法律顾问应该明了，经济是在不断地突破各种限制、规制中前行，需要法律顾问做出相应的交易安排以响应该种突破，并修订已有的交易思维及惯行做法，逐渐形成一种通行的交易模式。

因此，企业法律顾问为企业提供非诉专项法律服务的标准是：心想，事成，不逾矩。这种标准可以说是一种服务的意识与境界，从某种意义上而言，也是企业法律顾问非诉专项法律服务的三个阶段：事前，研究企业所想，明确企业的交易目的，以及企业的法律服务需求；事中，想方设法达成企业所想，提出实现企业交易目的的法律服务方案；事后，检视该法律服务方案，使该法律服务方案在现行法规、政策范围之内，不逾越，但有创新。

上述三个阶段的顺序并非单向发展，而是在法律服务过程中循环往复、不断严密的。比如，在事中交易结构的设计阶段，可以根据事后检视的合规性要求，修订事前的交易目的及需求；根据对于合规性的考量及合规性的发展趋势，深刻把握合规性的内涵，可以在事中交易结构的设计阶段有所创新，体现企业法律顾问的服务意识、境界以及服务方案的品质。

2. 涉诉类专项法律实务，即争议解决（以诉讼或仲裁的方式）专项法律事务，由企业法律顾问提供的专项代理服务。企业法律顾问代理服务的主要事项为：

（1）接受委托，进行诉前的案件法律分析、研讨、评估；

（2）接受委托，代理进行诉前、诉中调查取证法律事务；

（3）接受委托起草、修改、审查诉讼法律文书；

（4）接受委托，调查诉讼所涉主体的工商登记；

（5）接受委托，代理诉前财产保全和诉中财产保全的法律事务；

（6）接受委托，代理证据保全的法律事务；

（7）接受委托，代理起诉、应诉、提起反诉、参加法庭审理、参加调解、参与和解；

（8）接受委托，书写律师函；

（9）接受委托，代理办理公证事务；

（10）为委托方就日常的民商事诉讼提供经常性的法律咨询，协助委托方完善各种诉讼资料的积累和保管工作；

（11）其他委托事务。

涉诉类专项法律事务，考量的是企业法律顾问的思维方式，本质上是方法论的问题。对于一项涉诉法律事务，究竟应如何处理，与其说是法律规范的构成要件与案件事实之间的脉络关联问题，不如说是一个将事实涵摄于法律规范过程中的价值判断以及裁判结果的妥当性考量问题。企业法律顾问妥善处理好涉诉争议事项的前提是，完整、体系性地认识法律规范，对于案件事实进行合乎目的的整理。要理解法律规范，“就必须发掘其中所包含的评价及该评价的作用范围”；法律规范的适用则要求，应“依据规范来评价待判断的事件，换言之，在判断事件时，应将规范所包含的评价依其意义付诸实现”。①

在处理涉诉法律事务时，企业往往要求法律顾问分析案件事实、评价法律规范、预测可能的裁判结果，并据此衡量法律顾问的工作水平与质量。这是一项包含有价值判断及价值取向的工作，企业法律顾问应该依据多种方法进行价值判断和法益衡量。无论是根据法感，还是采用类型塑造、事件比较，抑或涵摄的方式，企业法律顾问对于裁判结果的多维度、多方向的权衡，都可以使得企业能够从中进行可能的利益比较以及进退取舍，并进而做出恰当的商业安排。

追求可能更好的争议结果是法律顾问主要职责所在，但不是唯一的职责。企业法律顾问应该让企业在争议的处理与解决过程中有各种可能的选择机会及选择路径。

（三）企业法律意识培训

之所以是法律意识方面的培训而不是简单的法律培训，是有深刻内涵的，在此所讲的法律意识的培训包括法律文化、法律价值、法律感受等诸多方面。较之法律专业培训，法律意识培训是根本性的、人的自然属性方面的培训。IBM 公司董事会主席、总裁兼 CEO Samuel J Palmisano 就正确论述过法律专业与文化的差异：“企业的运行仅仅依靠规章制度是远远不够的，还必须依靠文化、道德准则和价值观。”

---

① ［德］拉伦茨：《法学方法论》，陈爱娥译，商务印书馆 2003 年版，序言。

理解这一点并不难。仅从争议解决事项的角度而言，在对企业的相关人员进行培训，尤其是对企业内设的法务人员、管理人员进行培训时，需要讲授的不仅仅是争议事项本身的专业问题，更需要进行以下几个方面的培训：争议思维方面的培训；争议事项可能的裁决结果及对企业制度、交易模式、发展战略的影响方面的培训；组织争议事项的案件事实并进行法律判断的培训，即企业对案件客观事实取舍的角度背后所依赖的价值判断或所追求的企业核心价值文化。

对从合规的角度进行培训而言，更加强调的是原则、准则、社会伦理及社会责任层面的事务。"合规"一词是由英文"compliance"翻译而来，它通常包含以下两层含义：（1）遵守公司所在国和经营所在地的法律法规及监管规定；（2）遵守企业内部规章，包括企业价值观、商业行为准则、职业操守准则等。因此，合规培训的目的是在一个企业内部逐渐形成一个符合规矩的共同价值（也可以称为共同法律意识）下的行为标准或行为习惯，真正做到"随心所欲不逾矩"，这才是一个企业真正的核心竞争力的培训。

企业法律意识的培训方式多种多样，各种有形的培训方式比如个别辅导方式、集中培训方式等都是看得见的培训，被广泛适用，能够起到一定的效果。但法律意识的培训不但是一个外训的过程，更是一个内训的过程。真正体系化的、入心入脑的培训方式或培训程序，是工作过程中言传身教式的金字塔形培训。也就是要从战略的角度认识企业法律意识培训的高点。对企业的董事长或 CEO 进行法律意识的培训是金字塔的高点，对企业中层管理人员的培训是法律意识培训的支撑面，对企业全体员工的法律意识培训是基础。从上到下对于法律意识的言传身教，从一封邮件、一次讨论、一个决定开始，法律意识的感受是可以链条式地在企业内部依次传递的；同时，传递之后从下到上的回馈反复，互动式的交流是法律意识演变成企业文化与工作习惯的过程。

对于外部律师以及企业而言，法律意识的培训是一个双方受益的举措，不但可以使外部律师更准确地了解企业的状况和需求，而且可以使各项工作更加具体化、精致化；而对于企业而言，来自外部律师的培训是另外一种视角，如果这种视角能够契合企业的文化价值，其对于企业整体法律意识的形成与培养起到的作用是不可估量的。

法律意识培训是一项潜移默化的长期工作，也是最能够体现外部律师核心价值的一项工作，体现的是外部律师法律思维的高度、角度及战略意识，贯穿于外部律师为企业提供法律服务的始终。而且，从某种意义上而言，外部律师为企业提供的每一次法律服务都是一种培训。

上述关于企业法律实务的分类并不是确定的，这些都可以因企业与外部律师所签订的协议约定不同而有差异，企业与外部律师的约定也会根据企业经营的特点而变化，这主要是企业与外部律师利益权衡的结果。而且，随着经济的发展，法律事务在企业经营和管理中的含量越来越大，许多企业逐渐形成了法律管理的完备体系和有效机制，企业法律事务与公司业务高度统一，逐渐形成以法律预防为基础的全员预防格局，并且法律事务强化纵向控制。企业法律事务关注的主要方向发生变化，逐渐向合规性转移。企业法律事务的这些变化，导致实务层面，外部律师作业的方向与重点也在发生变化。对于企业法律事务的需求，外部律师响应、满足这种需求，并且尝试超越这种需求，是外部律师作业的应有之义。

二、企业法律事务管理模式

（一）国外的企业法律事务管理模式

企业法律事务管理是企业管理架构中最年轻和最具活力的一个分支。从国外法律事务管理发展来看，其主要是伴随着企业法律顾问制度、企业管理理论不断更新和企业信用管理制度的发展而逐步进入企业管理者的视野。

1. 美国

美国企业认为，法律风险客观存在，企业运作必须有强烈的风险意识，法律服务是公司最重要的服务之一。

（1）美国企业法律顾问制度

美国被认为是世界上最早实行企业法律顾问制度的国家，在1882年，企业法律顾问在美国新泽西州的美孚石油公司出现，距今已有100多年的历史。

美国企业法律顾问制度的演变是随着市场秩序的不断规范而逐渐发展、完善的。自美国经济由自由竞争逐步走向垄断的19世纪后期，跨国公司和规模较大的本土公司即开始将公司的日常法律事务交给法律部处理；20世纪中期，在经济危机的推动下，国家开始积极干预经济活动，随着经济模式的转变，设立法律部门的公司数量急剧增加；自20世纪中后期发展至今，美国公司的法律顾问制度逐步趋于成熟和完善，特别是规模较大的公司基本都设立了独立的法律部门，法律顾问制度在美国公司中形成了比较完备、有效的体系。

（2）美国企业法律事务管理模式

美国公司的法律部门需要处理纷繁复杂的法律事务，其工作内容涵盖极为广泛。首先，在对外法律事务方面，法律部门需要处理反垄断、知识产权、环境保护、税费、资源、土地等方面的法律问题；在公司日常经营中，合同、公司治理、证券、谈判、招投标等法律事务是公司法律顾问的常规工作。其次，在对内法律事务方面，美国公司的法律部门非常注重对职工的法律培训以及公司在合规、劳工等方面的法律问题处理；出现纠纷或法律问题时，公司法律顾问需应对一般的民商事诉讼、仲裁、纠纷处理，以及美国各监管部门的监督和调查。最后，美国的大型公司，特别是跨国公司的领导层和法律部门还需要对国家立法及政策的制定予以参与和影响。

美国公司的法律事务的管理一般可分为集中管理和分散管理两种模式。集中管理，即在总部设立一个职能较为全面的法律事务部门，子企业的法律顾问由总部直接派驻，向总部负责；分散管理，即除在总部设立法律部门外，还分别在各子企业设立法律事务部，向所在公司的管理层负责。2007 年至 2009 年的全球金融危机过后，为加强集团管控，有效防范法律风险，越来越多的美国大公司更加倾向于采取集中垂直化管理的模式。公司法律事务由总法律顾问统一管理，总部设有独立的法律部门，子企业的法律顾问均为总部法律部门的派出人员，负责管理分支机构的法律事务，并逐级向上一级企业的法律顾问负责，而不是向所在企业的管理层负责，其考核和薪酬发放也均由总部直接管理。子企业的法律顾问与该企业管理人员是合作关系，而非隶属关系。在经营过程中法律顾问与子企业经营管理者如出现分歧，则分别逐级向自己的上级汇报，由双方的上级进行协商解决，对于一些难以协调的重大分歧，最终则由 CEO 作出决定。

上述各层面的法律事务工作需要由总法律顾问、高级律师、律师和律师助理这一梯级结构团队通过公司的法律部和法律工作小组有效展开，在一部分诉讼及非诉讼专项法律事务中，公司的法律顾问需要选择和管理外聘律师共同开展工作。

（3）美国公司法律事务工作人员

在美国从事企业法律顾问的工作人员可以具有律师资格，也可以没有律师资格，完全由企业自主决定，但是美国对企业法律顾问的要求是相当高的，即使取得了法学硕士和律师资格也不能直接成为企业法律顾问，还必须在政府部门、律师事务所或者其他机构工作若干年后，其中的佼佼者才有可能被聘用为企业法律顾问，并且如果其不能达到公司的要求，随时可能会被解雇。许多美国公司的法律顾问来自诉讼、知识产权、公司业务、证券、并购等方面的专业律师或法律专家，有些法律顾问还具有商事、工程、财务等方面的专业背景。

2. 日本

日本的《律师法》规定："律师不经所属律师会的准许，不得经营以营利为目的的业务，或成为经营此类业务人的雇员，或以营利为目的的法人的业务人员、董事或雇员。"因此日本的企业法律顾问都没有律师资格，日本的企业法律顾问主要处理公司内部法律事务，诉讼案件则需要委托执业律师。

日本的大公司均设置法律顾问机构，如三菱综合商社，其法律顾问机构为"法务部"，商社总管总务及法律事务的董事领导该部门，下设部长助理。其法律顾问业务包括：

（1）股东大会及董事会股份、档案等文件业务；

（2）抵押的设定及抵押管理的实行等“债权回收业务”；

（3）处理解决贸易纠纷的“纠纷解决法律事务”；

（4）国内外贸易的法律咨询，研究制定合同等“合同业务”；

（5）关于垄断禁止法、环境法、证券贸易法等各种公法规定的“遵守业务”；

（6）关于商标、专利及其他知识产权的审查、手续、管理等“知识产权业务”。

3. 瑞典

瑞典是自由主义的典型国家，任何人都可以从事法律事务，并不需要具备法律职业资格或者具有一定程度的学历学位。根据不同的专业背景和所属协会，瑞典的公司法律事务人员大致可以分为三类。

第一类为无法律职业资格的人员，此类人员可以由公司聘请，处理日常法律事务，为公司提供咨询、非诉讼、诉讼方面的法律服务。这类法律工作人员被视为公司的普通雇员，并不享有特殊的权利义务，也无须加入任何资格类协会组织。

第二类为公司聘请的通过企业法律顾问资格考试的法律顾问，法律顾问也被视为企业的雇员，他们不同于公司外部聘请的专业律师，公司法律顾问需要具备一定的法律专业资格，是瑞典公司律师协会（BJF）的成员，受到瑞典公司律师协会章程、职业道德和行为规则的约束，但该协会主要作为成员业务交流的平台，所属成员并不具备专业律师所具备的法律上的特殊性。企业法律顾问与企业外部聘请的专业律师的主要区别在于法律顾问与公司管理人员、雇员等之间的交流内容不受瑞典法律关于律师和当事人之间保密协议的保护。因而如在实践中公司需要在这些方面规避风险，则只能聘请外部专业律师。

第三类为公司聘请的专业律师。虽然在瑞典，任何人都可以参与法律事务，但能够以“advokat”，即专业律师的名义进行诉讼的，只有律师协会的成员。他人如未经授权擅自以“advokat”头衔进行诉讼，则可能面临刑事指控。同样，也只有律师协会的成员享有较高的法律声誉，能够被法庭指定为刑事辩护人。瑞典律师协会以其成员地位中立，能够为当事人提供专业法律服务而骄傲，因此，禁止成员作为公司雇员被聘为法律顾问。相应地，公司长期法律顾问也不能加入律师协会。在瑞典，公司无法聘请专业律师作为长期法律顾问，只能采取一事一委托的形式。

4. 英国

英国企业的法律事务部依次承担着三个方面的职能：战略管理职能、法律管理职能、法律事务处理职能。战略管理职能主要是对企业发展中重大问题的决策做出法律论证，如企业上市、企业并购、企业发行股票和债券、对外投资等；法律管理职能主要包括规章制度制定和管理、知识产权管理、纠纷管理、经营管理、子公司或分公司的法律事务部门的管理、对聘请外部律师把关等；法律事务处理职能主要是指处理各种法律事务，例如办理登记、起草法律文件、处理劳资关系、税务、环境、各种纠纷的处理等。

英国企业法律事务部一切工作的落脚点和出发点是在保证效益最大的前提下做好事前的法律风险防范，法律部的工作渗入企业运营的每一个环节、每一项工作中，从产品研发到生产，从生产到上市销售，从上市销售到售后服务都有法律顾问部的领导和参与。从以上法律顾问部的职能不难看出，法律顾问部的人不但要懂得法律知识还要懂得管理知识，更要熟悉企业具体业务。在这些高要求下，如果企业法律顾问满足现状很快就会被淘汰，于是就产生了企业法律顾问社团组织。企业法律顾问社团组织创办刊物、组织研讨活动、培训活动等让会员交流信息、互相学习和提高，以适应不断发展的时代要求。

英国律师分为事务律师（solicitor）和出庭律师（barrister）两种。企业法律顾问一般都取得了事务律师资格，事务律师可以是兼职的法律顾问也可以是专职的法律顾问，但是事务律师不允许成为公司董事，也不能出庭。公司如果进行诉讼活动，还必须聘请出庭律师。

企业法律顾问部并不能解决所有的问题，在一些特别的专业领域或者一些纠纷的解决上也会聘请外部律师。这样，外部律师与企业的法律顾问部之间形成了很好的互补关系。

（二）我国企业法律事务管理模式

我国企业的法律事务管理与企业的发展阶段密切关联，并随着我国市场经济的发展而形成、完善并逐渐体系化。我国企业法律事务管理的法规记载了法律顾问模式的形成过程。

1955 年 3 月 28 日，国务院法制局就法律室的任务职责和组织办法，草拟了《关于法律室任务职责和组织办法的报告》；1955 年 4 月 26 日，国务院下发《批转国务院法制局〈关于法律室任务职责和组织办法的报告〉的通知》，明确“法律室实际是法律顾问室。它是协助机关、企业负责人正确贯彻国家法律、法令和进行有关法律工作的一个专门机构；各机关和重要国营企业，特别是业务上对人民群众和对外直接联系较多的机关，应尽可能早点建立”。该报告及通知标志着我国企业法律顾问制度形式上的开端。但是，鉴于当时的经济体制，法律顾问制度并不具有实质上的意义，法律顾问室设置得比较少或形同虚设。

1986 年 9 月 15 日，《全民所有制工业企业厂长工作条例》发布，规定“厂长可以设置专职或聘请兼职的法律顾问。副厂长、总工程师、总经济师、总会计师和法律顾问，在厂长的领导下进行工作，并对厂长负责”。该规定确立了法律顾问的地位，将法律顾问列入企业的经营班子，对于今后确立法律顾问在企业中的职责、职级起到了决定性作用。

1988 年 4 月 16 日，商务部发布《商业部门法律顾问工作试行办法》，其中规定:"商业企业、事业单位可根据业务需要决定是否设立法律顾问机构，配备专职、兼职法律顾问，或外聘律师担任法律顾问。"明确了向法定代表人提供法律咨询的工作路径，确立了以预防为主的工作原则。此后，该试行办法被1992年1月18日发布的《商业企业法律顾问工作办法》所替代。该工作办法界定了法律顾问的职责，进一步明确为事前参与、事中监督、事后补救，企业法律顾问开始全方面参与企业的经营管理。

1991年9月21日司法部、人事部（已撤销）发布《法律顾问资格考试暂行规定》，就在企业专职从事法律顾问工作的人员，必须先参加国家统一组织的法律顾问资格考试，取得法律顾问资格证书进行规定。

在企业法律顾问制度发展的同时，律师制度也逐步建立和完善，而且，律师制度的制定位阶高于企业法律顾问制度的制定位阶。

1980年8月26日，全国人大常委会通过《律师暂行条例》，规定律师是国家的法律工作者。在那个年代，《律师暂行条例》突出的是律师的政治属性，对于律师将要发挥的作用和功能，认识得还比较表面化。对企业提供顾问服务，是律师当然的工作任务之一。

1992年6月15日，司法部发布《关于律师担任企业法律顾问的若干规定》，就企业聘请律师担任法律顾问进行领导和管理。

1996年5月15日，全国人大常委会通过《律师法》，规定律师可以接受公民、法人和其他组织的聘请，担任法律顾问。

1997年3月12日，司法部、人事部（已撤销）、国家经贸委（已变更）出台《关于印发〈企业法律顾问执业资格制度暂行规定〉及〈企业法律顾问执业资格考试实施办法〉的通知》，规定"企业法律顾问实行执业资格制度，纳入全国专业技术人员执业资格制度统一规划范围"，即企业法律顾问以取得执业资格为准入条件。1998年1月，三部委对该暂行规定和实施办法就长期从事企业法律事务工作等三类特殊人员参加企业法律顾问考试进行了补充规定。上述规范性法律文件的出台表明我国开始重视提高企业法律顾问人员的能力和素质。

1997年5月3日，原国家经贸委发布《企业法律顾问管理办法》，全面规定了企业法律顾问的性质、地位、职责、权利和义务，将企业法律顾问制度作为一项重要的企业管理制度予以确定。此外，该管理办法还首次提出"大型企业可以设置总法律顾问。总法律顾问是企业的高级管理人员，参与企业重大经营决策，全面负责企业法律事务"，为我国企业法律顾问的身份提供了较多的选择。

1999年3月18日，原国家经贸委发布了《企业法律顾问注册管理办法》，规定了企业法律顾问注册工作，完善了企业法律顾问职业资格制度，加强了企业法律顾问的建设。

2001 年 12 月 29 日，全国人大常委会修改《律师法》，对律师的资格取得进行了修改，此次修改未涉及企业法律顾问方面。

2002 年 7 月 18 日，原国家经贸委、中共中央组织部、中共中央企业工作委员会、中共中央金融工作委员会、人事部、司法部、国务院法制办公室（以下简称国务院法制办）共同发布《关于印发〈关于在国家重点企业开展企业总法律顾问制度试点工作的指导意见〉的通知》，对企业总法律顾问制度试点工作的条件、范围、内容等基本问题作出了规定。该意见标志着我国开始正式确立总法律顾问制度，推动了我国企业法律顾问制度的进一步发展。

2004 年 5 月 11 日，国务院国有资产监督管理委员会（以下简称国资委）发布《国有企业法律顾问管理办法》，该管理办法以建立健全国有企业法律风险防范机制，促进国有企业依法决策、依法经营管理，规范国有企业法律顾问工作，进一步加强企业国有资产的监督管理，依法维护企业国有资产所有者和企业的合法权益为目标，明确了国有企业中企业法律顾问、企业总法律顾问、企业法律事务机构的概念、资格、职责等，进一步指导了国有企业法律顾问的工作。

2007 年 10 月 28 日，全国人大常委会再次修订《律师法》，从律师执业许可、律师事务所组织形式、律师执业权利和义务、律师业务和律师执业监督管理、法律责任等诸多方面进一步改革和完善了我国律师制度。此外，此次修改规定“律师可以接受自然人、法人或其他组织的委托，担任法律顾问”。

2012 年 10 月 26 日，第十一届全国人大常委会第二十九次会议通过《全国人民代表大会常务委员会关于修改〈中华人民共和国律师法〉的决定》，对律师法部分条款作出相应修改。为了与修改后的刑事诉讼法相衔接，新修订的律师法明确律师在诉讼活动中的权利：律师担任辩护人的，有权持律师职业证书、律师事务所证明和委托书或者法律援助公函，依照刑事诉讼法的规定会见犯罪嫌疑人、被告人。律师会见犯罪嫌疑人、被告人时不被监听。其中，还针对律师在参与诉讼活动中涉嫌犯罪时享有的权利作出修改：律师在参与诉讼活动中因涉嫌犯罪的，侦查机关应当及时通知其所在的律师事务所或者所属的律师协会；被依法拘留、逮捕的，侦查机关应当依照刑事诉讼法的规定通知该律师的家属。

2017 年 9 月 1 日，第十二届全国人大常委会第二十九次会议通过《关于修改〈中华人民共和国法官法〉等八部法律的决定》。由“国家统一司法考试”改为“国家统一法律职业资格考试”，对律师法相关条款作出相应修改。除此之外，还针对被吊销律师执业证书的情形进行了补充说明。

从我国企业法律事务管理的现状来看，主要的管理模式有以下几种：

1. 专职法律顾问模式

即企业内部通过设置法律顾问机构或者配置专职法律工作人员处理本企业法律

事务的模式，这种模式是我国实行时间最长、企业运用最为普遍的一种模式。我国企业从 20 世纪 80 年代开始尝试建立企业专职法律顾问制度，到现在已有将近 30 年的发展历史，严格加以区分的话，我国的专职法律顾问可以分为企业一般法律顾问、企业总法律顾问和公司律师三种。第一，企业一般法律顾问是指由我国原国家经贸委 1997 年 5 月颁布的《企业法律顾问管理办法》第二条界定的法律顾问，即具有企业法律顾问执业资格，由企业聘任并经注册机关注册后从事企业法律事务工作的企业内部专业人员。第二，企业总法律顾问是指《国有企业法律顾问管理办法》第十六条规定的法律顾问，即具有企业法律顾问执业资格，由企业聘任，全面负责企业法律事务工作的高级管理人员。企业总法律顾问与企业一般法律顾问的区别在于，企业总法律顾问对企业法定代表人或者总经理负责，是企业的高级管理人员。第三，公司律师是指 2002 年 1 月，司法部为了适应我国"入世"环境而发布的《关于进一步推动律师工作改革的若干意见》中界定的律师，即具有中华人民共和国律师资格或国家法律职业资格，在企业内部专职从事法律事务工作，为企业内部提供法律服务，并依法取得公司律师执业证书的执业人员，公司律师试点是发展社会主义市场经济和依法治国的客观要求，公司律师成为现代企业经营管理的新宠。

公司律师与前两种企业法律顾问的区别在于任职条件、主管机关、准入条件、法律依据以及职称评定不同，公司律师必须取得国家律师资格或国家法律职业资格，而前两种法律顾问是必须取得企业法律顾问执业资格；公司律师的主管机关是司法部和律师协会，而前两种法律顾问的主管机关是国资委和企业法律顾问协会；公司律师可由司法行政机关评定为一级律师、二级律师和三级律师，而前两种法律顾问由国资委评定为一级企业法律顾问、二级企业法律顾问和三级企业法律顾问。另外公司律师可以随时转为社会律师，而企业法律顾问要成为社会律师必须参加全国统一司法考试取得国家法律职业资格，经过一年的实习后才能成为社会律师。

上述三种企业专职法律顾问都是企业的内部工作人员，不再从事除受聘企业以外的法律事务，与从事企业其他业务的职工没有本质区别，只不过是从事事务种类不同以及需要特殊的资质。同时企业专职法律顾问一般是既懂法律又有管理经验的复合型人才，企业专职法律顾问对企业经营决策提出法律意见，对企业违反法律法规行为提出纠正意见和建议，对企业的经营管理起到了风险预防和监督管理的作用，为企业在依法治国和市场经济中的成功经营提供了很大的帮助。

但是实践中，专职企业法律顾问在履行职责时与其他相关业务部门存在工作关系的冲突，以及其风险防范职责与企业短期经济利益存在矛盾的客观问题，使得企业法律顾问一些工作的开展得不到企业员工甚至是管理层的理解和认同，造成了工作上的一些困难，同时由于专职法律顾问薪酬待遇较之社会律师偏低，大量优秀企业法律人才都不愿意担任专职法律顾问，即使是担任了专职法律顾问也只是一个过渡性的安排。这种情形影响了我国专职法律顾问制度的健康持续发展，也大大影响了我国企业法律事务管理的质量。

2. 兼职法律顾问模式（外包模式）

即企业根据自身的需要，聘请法律专业服务机构和专业法律人员作为兼职顾问，把不属于企业核心竞争力的法律事务外包给专业法律服务机构和专业法律人员，即现在流行的企业法律事务外包模式。

法律事务外包发源于欧美的律师服务机构，随着企业各种职能或事务外包方式的发展，法律事务外包又被分为本土外包和离岸外包，本土外包主要是将法律事务外包给本国或本区域内的法律服务机构，而离岸外包主要是指将法律事务外包给境外的法律服务机构。选择采用本土外包还是离岸外包，除考虑收费是否低廉外，还取决于公司文化层面和公司的整体组织结构。在我国，企业法律事务外包主要是本土外包，因为我国的法律服务收费一般比其他国家要低，法律事务外包采用的方式主要是企业与律师事务所签订法律顾问合同，律师事务所指派或者企业指定律师团队从事企业法律顾问工作。这里的律师并不是企业的内部人员，其可以从事顾问企业以外的法律事务。

在目前的国内外经济环境下，从企业在管理法律事务方面的要求来看，一是一般企业认为法律事务并不是企业的核心业务，企业管理者对企业法律事务的成本控制得非常严格；二是对管理者来说，法律的专业性特点，决定了企业法律风险管理存在较大的盲目性、不确定性和不可预知性；三是企业解决纠纷的方式主要以非诉方式为主，仅靠企业的人才资源难以为继；四是企业面对的法律事务日益多样化、复杂化和国际化，出现了新问题和新领域，对经营者也提出了更高的管理要求，如企业增资服务、企业上市、股权并购、知识产权外包、人力资源外包、清算解散等。面对这些需求，企业专职法律顾问模式已不能适应企业自身创新发展，法律事务外包可以说是一个不错的选择。

外包模式的服务方式主要有：（1）预约服务方式，即客户与律师事务所签署年度法律服务协议后仅支付较少的基础费用，责任律师定期、不定期拜访客户，为客户日常生产、经营提供法律咨询服务，当客户有具体法律事务时，即可预约、委托专业律师办理，服务费用按照协议的优惠率计算。（2）项目服务方式，即将每一个法律事务作为一个基本项目，专项委托、专项办理、专项付费，该方式基于部分客户单项法律事务较多又互为独立个案，客户需要“一事一办”的法律服务。（3）协作服务方式，即依据客户的要求，指派专业律师配合客户内部的法律工作人员工作，双方在服务协议约定的范围内分工合作、各取所长、优势互补，保质保量地完成客户安排的法律事务；法律服务费依据双方协议约定的标准和方式计算。（4）驻点服务方式，即依据客户的服务要求和具体情况，委派律师进驻客户处并建立办公系统，与客户的内部工作人员整合为企业的法律服务部门，在协议约定的范围内全面处理企业的日常法律事务；法律服务费依据双方协议约定的标准和方式计算。

兼职法律顾问的优点：（1）具有监督作用。兼职法律顾问具有相对的独立性，其既不参与企业日常经营活动，也不参与企业的利润分配，又有自己独立的收入，其直接向企业的最高层负责，作为法律服务的专业人员，在对企业重大决策发表意见时，所受到的拘束要比企业内部的职工少得多；同时兼职法律顾问作为企业外部的人员，能够将企业作为一个整体看待，发现企业的整体问题，避免出现内部专职法律顾问因作为当局者而不能全面看待问题的情况。（2）降低经营成本。第一，兼职法律顾问不仅是从帮助企业避免法律风险方面来降低企业经营成本，而且兼职法律顾问是专门从事法律实务的专业人员，通晓从企业注册、企业缴税、企业交易到企业期满清算的法律法规，也具有丰富的法律实务经验，外部律师既可以根据企业经营特点为企业提供全方位或个性化法律服务，又可以为企业提供合法且更为盈利的经营方式，减少不必要的经营开支；第二，企业通过将法律事务外包，减少了成立内部法律事务部门的开支，减少了企业的法律管理成本，从而减少了企业经营成本；第三，法律事务外包模式能够根据企业经营特点，选择专业的法律服务机构，企业可以把主要精力放在提高企业核心竞争力方面，提高企业的经营效益，从而也间接地降低了经营成本。

3. 聘请专职法律顾问与外包并存模式

即企业在聘请专职法律顾问的同时将企业的特定法律事务外包给法律服务机构。这种模式是前两种模式的折中选择，现代企业只要具有一定的规模，一般都会聘请专职法律顾问组成法律事务部，但在出现比较专业的法律问题时又不得不花重金聘请专业律师来处理，为了节约成本，企业经过权衡，将这些专业法律事务统一外包给律师事务所，以取得专业性和经营成本的双赢。笔者比较赞同这种模式，由于权衡激增的法律服务需求与成本控制压力，企业利用外部法律专业人员的必要性是不言而喻的，同时基于企业长期健康发展的视角，企业内部专职法律顾问人才也是不可或缺的，有些企业鼓励管理人员系统地学习法律知识，有些企业则让专业法律人才兼任企业经营管理者，这些人员身居企业内部，与企业共同成长；与此同时，在非企业专职法律顾问专长的领域，或企业临时存在需要消耗较多资源的任务时，可以将法律事务外包给外部法律专业人员，这一做法既能使法律事务管理融入企业经营管理者的意识中，又能使企业充分利用外部资源、减少企业法律事务开支。

（三）中外法律事务管理模式的比较

从上可知，随着经济发展和社会进步，各国均从本国国情出发，不断完善企业法律事务管理的各个方面，形成了具有本国特色的企业法律事务管理模式。

1. 国外企业法律事务管理模式特点

美国、日本、瑞典、英国等发达国家在企业法律事务管理方面具有以下特点：

第一，受到高度重视的企业法律顾问制度。发达国家的大部分企业，尤其是大型公司或跨国公司均设置了专门的企业法律部门，并通过企业内部法务人员及外聘律师相结合的模式为企业提供优质的法律服务。在高度产业化和信息化的社会中，企业所面临的或接受的事务越来越国际化和复杂化。面对不同的政治、法律制度、货币制度、经济发展水平，企业必须有自己的发展战略和防御体系。而企业法律顾问正是企业这种发展战略和防御体系的具体体现。因此，发达国家的大部分企业都非常重视企业法律顾问制度的建设与发展，企业法律顾问也具有较高的地位。

第二，广泛的法律事务职能。发达国家企业的法律顾问的职能较为全面，这对于社会的法律秩序建构和稳固、企业的良性发展起到了不可忽视的重要作用。发达国家企业法律顾问的职能范围包括：从法律事务的内容来看，可以分为战略管理职能、法律管理职能、法律事务处理职能；从法律事务的范围来看，分为对外职能和对内职能，前者包括反垄断、知识产权、环境保护、税费、资源、土地等方面的法律问题以及涉及合同、证券、谈判、招投标等公司的日常经营方面，后者包括对职工的法律培训以及公司在合规、劳工等方面的法律问题处理。此外，一些发达国家的大型公司特别是跨国公司的法律部门还会参与并影响国家立法及政策的制定。

第三，高要求的企业法律顾问准入条件。虽然发达国家大多并未规定律师资格是法律顾问的必备条件，但能够成为企业法律顾问的人员都具备了相当高的素质和能力。在一些国家，只有具备政府部门、律师事务所或者其他机构工作经验的佼佼者才有机会被聘用为企业法律顾问，并且如果其不能达到公司的要求，随时会被解雇。此外，很多企业法律顾问是来自诉讼、知识产权、公司业务、证券、并购等方面的专业律师或法律专家，有些法律顾问还具有商事、工程、财务等方面的专业背景。

第四，多元化的企业法律事务管理模式。各国均采用了公司法律部门人员和外聘律师共同开展工作的企业法律事务管理模式。面对日益复杂的市场和激烈的竞争，单一的企业法律事务管理模式已不利于企业的全面发展与抵抗风险。采取多元化的企业法律事务管理模式，即采取企业内部法务人员与外聘律师相结合的双轨制，较好地实现了既熟悉企业内部情况又能专业解决复杂企业外部情况的目的。

第五，独立的法律意见。国外公司法律事务主要由内部法律顾问处理，具有明显的优点，即具有独立的法律意见，能够有效防范法律风险。一是外聘律师向聘请他的业务部门负责，为了自身利益，更容易屈从于业务部门的压力，甚至与业务部门串通，危害企业利益；而内部法律顾问直接向上级法律顾问负责，能够最大限度地保证其法律意见的独立性，更好地反映真实情况。二是内部法律顾问对企业状况更加了解，其决定更加符合企业实际，能够更好地满足企业需求，其法律意见也更加专业、有效。三是与外聘律师相比，使用内部法律顾问能够大幅降低企业成本。

2. 我国企业法律事务管理模式特点

自 1955 年首次提出企业法律顾问以来，我国的企业法律事务管理的发展取得了令人瞩目的成就。目前，我国的企业法律事务管理具有以下特点：

第一，多种方式并存的企业法律顾问模式。我国企业法律事务管理模式包括专职法律顾问模式、兼职法律顾问模式（外包模式）、聘请专职法律顾问与外包并存模式三种。

第二，不同要求的企业法律顾问资质规定。我国从事企业法律事务管理的包括企业一般法律顾问、企业总法律顾问和律师。前两者必须具有企业法律顾问职业资格，律师必须具有律师资格或国家法律职业资格。

3. 我国企业法律顾问制度完善之必要性

尽管我国已在逐步加强企业法律事务管理的建设，但与国外企业法律事务的管理模式相比，我国的企业法律事务的管理模式还存在以下问题：

第一，未能重视企业法律顾问制度的重要地位。由于长期受计划经济体制的影响，多数企业在运行中仍习惯于运用行政手段，而忽视经济手段特别是法律手段的作用，例如在制定公司经营战略时，不经法律咨询论证，拍脑袋做出决策；又如在签订合同时，未严格界定双方的权利义务关系，未考察对方的资信和经营管理情况等。如果充分发挥企业法律顾问的作用，全面考虑法律因素，一方面就能使企业减少甚至避免经营中的风险，另一方面还能促进企业的良性发展。

第二，法律意见缺乏独立性。由于我国关于企业法律顾问的法律法规还不健全，现实中具备律师执业资格的律师以法律顾问的身份从企业领取薪资的情况较为常见。此外，企业法务人员与外聘律师在处理企业法律事务中的责任分配不明，导致外聘律师会因为自身利益考虑而不会一针见血地指出企业的症结所在，而企业内部法务人员有时会因为法律知识或实务经验不足等未能提供高质量的法律意见。

第三，企业法律顾问制度不完善。我国企业法律顾问制度之所以存在较大问题是因为缺乏完善的企业法律顾问制度。虽然国家出台的相关法律法规已有一定规模，但对企业法律顾问的性质、地位、管理体制等方面缺乏纲领性规定。

因此，我国应在立足本国国情的基础上，充分借鉴国外发达国家的经验，从以下几个方面加强我国企业法律事务管理：

第一，加强对企业法律顾问制度的重视。我国自加入 WTO 以来，企业走向国际市场的机会逐年增加，并已逐步进入与国际大公司同一市场环境和法律环境中，这也意味着，我国的企业必须按照相同的规则与之竞争。在思想上我们应当高度重视企业法律顾问制度，在行动上我们应当充分发展并运用企业法律顾问制度。

第二，提高法律意见的独立性。企业法律顾问制度的一大优点就是企业法律顾问出具的法律意见的高度独立性。而法律意见的独立性与律师的独立性息息相关。为保持律师的独立性，建议明确规定领取执业执照的律师不能从企业领取薪资。

第三，健全企业法律顾问制度。完善的企业法律顾问制度能够较好地指导企业法律顾问的设立、运行、管理，促进企业在市场经济下依法经营管理、有效参与市场竞争和依法维护自身合法权益，保证企业形成依法治企的理念，切实保障企业效益的最大化。因此，我们应当完善企业法律顾问概念、职能和权利义务、企业法律顾问机构、企业法律事务运行模式、企业法律人员管理等方面的规定，为企业法律顾问制度的发展奠定坚实的基础。

4. 关于我国法律意见独立性的思考

我国法律意见也具有一定的独立性，但是一个相对的概念。目前，我国的社会律师不参与企业的利润分配，如由企业最高层直接聘请律师并向最高层负责，社会律师所受到的拘束比企业内部的员工少得多，其专业意见比企业法律顾问出具的意见更具独立性。在存在母子公司或业务部门的情况下，可以通过由母公司或总部聘用社会律师的方式来解决社会律师屈从于业务部门压力的问题。企业法律顾问在法律意见的专业性、有效性方面尚存在严重不足且专业素养有待进一步提高的情况，其法律意见的专业性、有效性与社会律师还有一定的差距。从企业成本方面考虑，可以通过签订常年法律顾问合同等方式降低成本。此外，雇用企业法律顾问或公司律师，仅仅是雇用到一个人或几个人；而雇用一个社会律师，则是雇用了一个团队，甚至很可能是一个律师事务所。因此，雇用社会律师具有更高的性价比。

随着企业的发展，法律事务管理在质和量上的要求不断提高，律师事务所也在不断自我优化：针对在法律事务管理上的不足，律师事务所正积极地采取措施弥补，追求更优质的法律事务管理。如北京市很多优秀的律师事务所，在解决跨越律师执业与经营商业之间的鸿沟的问题上，从律师的引进上注重多专业、多领域的背景出发，吸引了大批有金融、外语、理工等专业背景和曾就职于企业的优秀律师。同时在律师服务上，针对特定的服务对象和服务领域因事制宜地派驻律师，既保障了服务的及时性，又保障了法律执业和经营商业的结合；不但确保了特定服务企业法律事务的精准管理，还确保了律师的及时关注和行业知识的随时更新，使每个特定行业的法律服务不断处于前沿水平。在解决时间保障的问题上，通过聘用大量的薪资律师，以薪资律师为依托组建专业服务团队，使团队内部成员保持良好的专业沟通和具体事项的协作，确保企业的要求能够在第一时间得到满足。

第二节　公司法务律师视角下的企业法律实务

当前，我国不少企业已经建立起了自己的“法务部”或者拥有自己专门的法务团队以解决企业面临的法律问题。对于法务无法解决的事务，企业则会选择委托给外部律师，而公司的法务部的作用是使用好律师、管理好律师，更好地发挥律师的专业作用。这种内外结合、以内为主的模式是当前我国大多数公司处理法律事务时的主要模式。

透过发达国家在企业法律事务管理方面的实践与经验，我们可以发现：受到高度重视的公司法务律师制度构建通常不仅仅限于建立专门的企业法律部门，而多采用公司法律部门人员和外部律师共同开展工作的企业法律事务管理模式。因为面对日益复杂的市场和激烈的竞争，单一的企业法律事务管理模式已不利于企业的全面发展及风险抵御。采取多元化的企业法律事务管理模式，即采取企业内部法务人员与外部律师相结合的双轨制，才能较好地实现既熟悉企业内部情况又能专业解决复杂企业外部情况的目的。

在经济社会高度发展的环境下，公司法务律师除承担传统的交易和诉讼支持职能外，还担任着其他职能，如企业战略规划、企业风险预防控制等，其在不同情境下扮演的角色不同，所发挥的作用不同。针对不同角色，公司法务律师所要掌握的知识、技能也是不同的，企业对不同角色的公司法务律师的要求也是不同的。我们认为，优秀的公司法务律师在从事企业法律实务时应具备以下素质：

一、企业法律实务应结合企业战略规划

企业战略解决的是公司使命、愿景以及价值观的问题，并以企业文化的形式综合体现出来。

企业法律实务处理的是企业经营管理过程中的法律问题，因此与企业战略紧密结合，换言之，没有战略意识的企业法律实务，是没有方向、没有深刻内涵的法律实务。那些深谙公司战略的公司法务律师与仅注重技术操作细节的公司法务律师，对公司经营管理目标的理解是截然相反的，以至于在提供法律服务时对于相同的法律实务问题，其处理的方式、解决的路径迥然有异。

而该种差异，决定了公司法务律师提供的法律服务是否具有现实的正当性及远期的前瞻性。深具战略眼光的公司法务律师，在对法律实务问题的处理及把握上更具艺术性，从而使交易的安排更具有前瞻性、适切性和可操作性。

因此，在企业战略视角下，公司法务律师应该注重以下方面：

1. 搭建战略性的法务资源系统

为保障实施企业战略，管理层应在战略目标的控制之下，与公司法务律师一同搭建本企业的法务资源系统。该法务资源系统不但能够理解、识别、降低战略讨论与实施中的一些法律风险，而且能够同时开发合规情形下的机遇。

不同的企业类型，所搭建的法务资源系统的模式及运行方式也是不同的。为发挥法务资源系统的最大功能，企业可以依据地域布局，也可以依据业务门类，还可以通过部门结构来搭建法务资源系统，发挥法律功能的最大作用，以执行企业的各项战略。

2. 熟悉企业的各个战略细节

企业战略对一个企业来说是非常重要的，公司法务律师必须熟悉企业的每个战略细节，针对具体战略规划好具体的法律方案。然而熟悉企业战略的首要前提就是了解企业及其所在的行业，因为不同企业的战略目标是截然不同的，其实现方式也是不同的。

了解企业及其行业的法律顾问必须具备以下条件：第一，具有财务和会计方面的敏锐度。作为企业法律服务的提供者，拥有一定程度的财务和会计方面的敏锐度是非常必要的，这些敏锐度能帮助我们了解可能存在什么样的附加信息或者应该获得什么样的附加信息，以此来做出更好的决策。因此，业务熟练的公司法务律师会将有效的法律行动从不必要的内部活动中分离出来。第二，能够快速建立起信任关系。业务熟练的公司法务律师应该能建立起信任关系，因为他们既与各个法律组织进行横向业务往来，同时又纵向地与各类客户组织打交道。他们虽然不一定必须参与各个具体商业团队的事务，但至少应获得来自这些团队高效且有用的信息。他们应具备能够与不同团队一起工作，并听取和理解相互抵触观点的能力，从而整合各种观点以做出最佳决定。

3. 结合具体法律法规制订好法律方案

公司法务律师应熟悉具体战略所涉及的法律问题，并制订好相关法律方案。公司法务律师必须认真研究每个具体战略环节及其涉及的法律法规、国家政策，积极应对这些战略环节中将遇到的问题。

一般而言，在制定企业战略时要考虑的法律法规因素有：第一，企业市场营销战略涉及的法律法规。企业市场营销的概念会在各种著作之下存在差异，总体而言，是指企业在以经营利润为主要导向，对企业产品的生产、设计、包装、定价、存储、运输、销售、服务等各个环节而做出的总体规划。因为产品的市场销售囊括了企业产品的各个环节，因此市场营销战略需要考虑的法律法规非常广泛，涉及《消费者权益保护法》《广告法》《合同法》《商标法》《反不正当竞争法》《产品质量法》等。第二，企业融资战略涉及的法律法规。企业在发展过程中，基于各种理由会有融资的需求，而融资战略选择不仅直接影响企业的获利能力，而且还会影响企业的偿债能力和财务风险，因而在企业运营发展的过程中至关重要。通常而言，企业融资渠道包括发行股票、发行债券、银行贷款等，这就要求公司法务律师在制定、审核公司融资战略时要熟悉公司法、证券法、公司发行债券试行办法等法律法规，并且企业融资战略又大多数涉及财会、税务知识，因而一般也要求公司法务律师要掌握相应的财务会计背景知识。第三，企业人才开发战略涉及的法律法规。人才开发战略是企业发展的核心战略，企业的人才及人力组织架构在很大程度上决定着企业的现在和未来。公司法务律师应当与企业人力资源协作制订好的人才培养实施方案，这些方案的制订必须严格依照我国劳动合同法、劳动法以及各地政府制定的相关实施细则。

二、企业法律实务应考虑企业风险控制

20 世纪 80 年代，我国提出了对企业风险控制的研究。一方面，各种所有制企业的出现和跨国公司的进入丰富了我国公司企业的种类；另一方面，改革开放的创新举措和高新信息技术的高速发展使得市场经济快速发展，企业作为市场经济的最重要的主体经济参与度越来越高。企业一方面迎来了巨大的发展机遇，另一方面又面临前所未有的风险。在此背景下，法律学者、法律实务从业者等对企业风险控制的研究也日益蓬勃。

2006 年 6 月 6 日，国资委公布《中央企业全面风险管理指引》（以下简称《指引》）。《指引》第三条对企业风险作出了界定，即企业风险是指未来的不确定性对企业实现其经营目标的影响。企业风险一般可分为战略风险、财务风险、市场风险、运营风险、法律风险等，也可以能否为企业带来盈利等机会为标志，将风险分为纯粹风险（只有带来损失一种可能性）和机会风险（带来损失和盈利的可能性并存）。① 上述定义只是将法律风险列为企业众多风险之一，但如上文所述，企业战略及运营的各个环节均涉及不同的法律法规，因此法律风险在很大程度上都体现在企业的诸如战略、财务、市场及运营风险上，因此企业风险某种程度上说都会通过法律风险予以体现，法律风险已经成为企业最常见的风险之一，也是导致众多企业运营失败的重要因素。

而公司法务律师的作用之一正是对企业的风险进行预先防范，他们不仅从正面研究问题，更擅长于从反面提出疑问，对法律实务中出现的涉及方方面面的问题有更全面的了解和研究，对法律风险的防范也通常具有常人不可比拟的敏感性。比

① 参见《中央企业全面风险管理指引》第三条，http：//www sasac gov cn/n1180/n1566/n258252/n258644/11663628 html。

如，某企业准备修订本企业的员工手册，为保证企业财产的安全，规定每位职工在入职时必须有第三方提供担保。作为从事劳动争议案件的律师就能很敏锐地判断，该条款是否符合我国相关劳动法规的规定，如果违反相关法律规定的话，企业要承担怎样的后果。而这些问题往往被企业一般行政管理人员忽视，他们总是在风险转化为现实时才能意识到该行为的不合法性。从这个角度来看，公司法务律师对于企业管理行为看似在挑刺，却恰恰是在为企业管理行为的合法性进行把关。

从源头上，我们认为企业法律风险来源于纵向的政府管理（包括工商、税务、劳动和社会保障、行业管理等）和横向的交易行为（包括企业与各类市场主体契约合作以及竞争行为）。从表现形式上，企业法律风险主要表现在企业设立、企业治理、企业合同管理、产品责任风险、涉税风险、劳动关系纠纷、知识产权纠纷、环境风险八个方面。

1. 企业设立中的风险

企业设立中的风险一般是指现代企业设立过程中在企业类型、出资方式、股权架构等方面所产生的风险。主要表现形式及防范措施如下：

（1）企业出资纠纷风险。企业出资纠纷在现实中主要表现在股权代持中，隐名出资人和实际出资人的股东权利义务纠纷、股东出资资产形式及金额不符合法律要求产生的责任纠纷、股东出资不实及抽逃资金产生的民事责任纠纷。

针对该类法律风险，公司法务律师在企业设立过程中应该做到以下方面：①建议客户尽量避免隐名投资，选择其他方式替代隐名投资，实在无法找到替代方案时，建议企业设立者寻找自己非常信赖的人作为自己的显名投资人，以保障投资者自身的权益；②建议出资人对非现金资产进行严格评估，并建议以符合法律规定的资产出资，在投资协议中明确规定出资不符合法律规定以及日后抽逃出资的责任归属，并进行法律公证。

（2）股权转让纠纷风险。这种类型的风险主要包括股东擅自转让股权引发的纠纷、股权转让双方关于公司债权债务约定对公司及其他股东产生的风险等。

针对该类法律风险，公司法务律师应该做到以下方面：①明确掌握相关类型企业股权转让的限制条件；②界定股权转让后转让方及受让方对企业债权债务承担的范围，并且要查清股权对应的企业的债权债务情况，以免在股权转让后，产生对企业债权债务承担者及金额不明情形的出现；③掌握相关类型企业股份转让的程序，需要登记的应建议登记。

2. 企业治理过程中的风险

该类型风险主要包括企业高管违法犯罪的风险、股东与企业权力机关的纠纷等。

企业管理人员违法犯罪是近年来企业治理中出现较多的现象，其严重损害了公司利益及形象。导致这种现象出现的原因是多种多样的，最主要的是一些企业未能按照公司法的要求建立起有效的公司权力机构，或者公司权力机构形同虚设，最终给企业部分高管腐败甚至违法犯罪留下空间。为防范这种现象的出现，作为公司法务律师应做到：（1）建议企业按照法律规定，建立起合理的公司治理机构进而分散权力掌控，并设立合理的权力监督机关；（2）经常对企业管理人员进行相关法律及相关职业道德培训，并配合人力资源部门经常与企业管理人员沟通，分析违法行为所带来的不利后果。

股东与企业权力机关的纠纷也是企业治理过程中经常出现的现象，但主要出现在具有一定规模的公司制企业中，如股东知情权、任命管理人员提名权等，为避免这类纠纷的产生以及在这些纠纷产生时能够积极应对，公司法务律师应做到：（1）熟悉我国关于股东以及企业权力机关的权利与行使方式的相关法律；（2）建议企业对相关管理部门的权力界定加以明晰，以防日后出现争议。

3. 企业合同管理过程中的风险

企业合同管理风险主要是指企业在合同订立、生效、履行、变更和转让、终止及违约责任的确定过程中，因合同管理不善而造成利益损失的可能性。企业常见的合同管理风险主要有：合同对方主体是否适格风险、合同是否有效风险、合同是否有效履行风险等。

针对企业合同管理风险，作为公司法务律师应做到：（1）严格按照《合同法》等法律法规的规定来审查与企业订立合同的对方是否是适格主体，合同的形式是否符合法律法规要求，前者例如无行为能力自然人、未得到企业授权的企业职能部门、未得到授权的代理人以及超越权限的代理人、未取得营业执照的企业、被注销或撤销的企业等都不是订立合同的适格主体，后者例如抵押合同必须以书面形式订立，否则合同不生效。（2）在拟定合同条款或者审查对方拟定的合同时，应该斟酌每一条款，将可能发生争议的地方做详细说明，对合同涉及的标的物的性能、用途等相关指标不了解时，要征求相关技术人员或管理人员的意见，以便更好地拟定合同的条款，避免在履行合同过程中产生不必要的纠纷。（3）建议企业对合同的授权进行严格管理，保管好企业的空白合同、印章，要及时收回授权，以避免被授权人滥用权力与他人签订合同，导致企业产生不必要的损失。

4. 产品责任风险

该风险是指企业生产的产品有缺陷而使消费者人身和财产遭受损失，该企业应负责任的风险。一般来说，制造业企业会面临该类风险。引发产品责任的原因包括产品设计缺陷、制造缺陷、说明警示不足等，这些都有可能导致许多意料不到的损伤事件的发生，给企业带来严重的经济和信用损失。

针对该类法律风险，公司法务律师应做到：（1）按照《产品质量法》及相关行业的质量标准，严格监管企业生产制造行为；（2）严格制定、审查与供货商、分包商、销售商签订的合同，通过合同中有关责任的限制条款将产品质量风险转移至供货商、分包商、销售商，限制生产商的责任；(3) 与保险公司签订保险合同，做好事后补救工作准备；(4) 当发生产品质量问题及由此产生赔偿责任问题时，应当及时有效地为企业提供法律咨询及解决方案。

5. 涉税风险

涉税风险是指企业未能正确有效遵守税收法规而导致企业未来利益的可能损失。涉税风险存在于复杂的社会经济环境中，导致当企业面临越来越复杂的税收政策体系、越来越复杂的市场交易行为时，税收问题较多、风险较大。征税是政府的权力，而按时纳税是企业所必须完成的义务。任何偷税漏税等行为都将会使企业遭受严重的制裁。

针对该类法律风险，公司法务律师应做到：(1) 帮助企业树立"依法纳税，不偷税、不逃税"的理念；(2) 在增值税方面要注意：增值税销项税是否计算完整、准确，进项税抵扣是否合规，增值税专用发票使用和管理是否合法；(3) 在企业所得税方面要注意：应纳税所得额的计算，税前支出扣除的有关规定，有关税收优惠政策的规定。

6. 劳动关系纠纷

劳动关系法律纠纷是众多企业都会面临的问题。比较常见的劳动纠纷包括未签订书面劳动合同、劳动合同内容违法、违法单方解除或终止劳动合同，以及因工伤、保险、工资和劳务派遣产生的劳动争议。自我国《劳动合同法》颁布实施以来，劳动关系法律纠纷越来越多，而且经员工提请劳动争议仲裁后，企业败诉的情况也比较普遍。这从某种程度上说明，企业在处理裁员、辞退员工、解除劳动合同上还缺乏应有的管理知识和法律知识。

针对该类法律风险，公司法务律师应做到：(1) 认真审查企业劳动合同的合法性，一定要掌握劳动合同的必备条款、可备条款和禁止条款；(2) 强烈建议企业按照《劳动法》《劳动合同法》等的规定及时与员工签订书面劳动合同，明确约定劳动者和企业间的权利义务关系；(3) 建议企业慎重解除劳动合同，在非法定解除劳动合同的情形下，尽量与劳动者友好协商解除合同，并在解除合同后要催促企业及时为员工办理相关的手续，避免损失的扩大；(4) 在劳动合同履行过程中，建议企业严格按照劳动合同的约定，提供相应的工作条件、薪酬待遇、缴纳保险以及休假安排。

7. 知识产权纠纷

知识产权是一种非物质形态的特殊财产，多数企业没有意识到或没有关注企业知识产权的保护问题。企业的核心竞争力与企业的知识产权是密不可分的，知识产权包括商标、著作权、专利、商业秘密等，知识产权法律风险包括自己的知识产权被他人侵犯的救济风险和侵犯他人知识产权的违法风险。[①]

针对该类法律风险，公司法务律师应做到：（1）建议企业通过强化企业内部规章制度予以严格保护，如制定保密制度、与技术人员签订保密协议等。同时根据法律规定，做好相关的商标权、专利权的申请工作，做好知识产权维护的防御工作。（2）熟悉相关知识产权法规，认真审核企业知识产权应用过程，防止侵犯他人知识产权行为的发生。

8. 环境风险

环境风险主要是指企业在发展过程中对环境的污染和破坏，从而导致企业受损。当企业向环境排放污染时或者将危险引入脆弱的环境周围时，就会出现这方面的法律风险。针对该类法律风险，公司法务律师应做到：（1）在企业选址时，应综合各种规划、法规、环境容量、环境风险、与环境敏感目标的距离、生态环境敏感性、风向等多种因素进行比较；（2）督促企业严格执行环境影响评价制度，尤其是在进行土地开发或不动产建设方面；（3）建立环境污染应急机制；（4）建议企业与保险公司签订环境污染责任保险，转移环境风险。

三、公司法务律师的职责

当前，公司法务律师在企业中的参与度越来越高，但通常会就公司的法律咨询、合同审查、案件纠纷和项目谈判等传统问题提供相关的法律服务。众所周知，现在越来越多的公司董事会和管理层在重大事项决策前都要先征询公司法务律师的意见，这些重大事项既包括公司重大的投资并购、采购销售、上市融资等项目，也包括影响重大的诉讼纠纷、公司品牌质量和政府公共事务沟通等危机处理。优秀的公司法务律师的意见往往对企业的重大交易有着重要影响，当然要做到这一点，公司法务律师不仅需要具备优秀的法律专业能力，还需要对公司的业务、风险等如数家珍，以及与公司管理层形成良好的沟通与反馈，公司法务律师在这些方面做得越好，他出具的意见显然就越有分量和针对性，也越会受到高层的重视和信赖。

1. 法律合规审查

合规审查是公司法务律师的重要职责之一，传统意义上的合规一般指企业各环节是否符合法律法规的规定。随着政府监管的加强，企业不得不开始更加关注企业的合规遵循。例如，在中国，合规遵循正在由人情渐入规则，中国规则之多、之繁杂、之层次多样，确定了合规之日渐重要。“600 多部工商法规，总有一款适合你”，这是某工商所的所长对一个企业法务说的话。某企业 2015 年的促销活动，被 1993 年的《反不正当竞争法》中关于促销奖品金额的限定纠缠了很长时间，耗费

---

① 金华：《浅议我国知识产权保护》，载《华人时刊（下旬刊）》2012 年第 1 期。

了大量的时间和精力。因此合规的合法性审查，开始独立为一项专门的法律工作，与企业传统的法律事务有所区分。

一个大型企业，尤其是跨国企业遇到的合规审核问题常常千奇百怪，涉及公司产品、研发、市场、人力、财务等各个方面。这时，考验的便是公司法务律师的智慧和能力：通过专业的法律和其他专业知识，以及丰富的实务操作经验，他们可以非常敏锐地发现公司潜在的违规事件，之后反馈到公司高层引起重视并督促其进行违规事件的相关治理。

2. 合同起草和审查

万事皆可合同，正如英国合同法学家阿蒂亚曾说，“财富是由合同组成的”，因此，如果说大部分商业风险都由合同产生也并不夸张。正是这样，公司法务律师在公司合同的审核和管理方面需要花费大量精力，他们不仅要为公司需要签订的每一份合同出具法律意见，而且需要严格规范公司的合同模板以及配套合同条款的使用指引和风险条款的升级规则，这些方面都需要法律顾问提前做大量的潜在调查工作，预先考虑很多潜在的风险。通常，公司内部法务在合同审查方面最容易犯的毛病是合同审查意见不接地气，换言之，就是给出的法律意见与法律很贴近，但是与公司实际业务太遥远，对实际业务没有指导意义，或者并不考虑促成交易的终极目标，而只是简单给予是或否的答案，让业务部门无所适从。因此，公司法务律师需要更加熟悉和贴近业务，使出具的意见更易被业务部门所接受，这样才能发挥合规风险控制的真正作用。

3. 知识产权管理

公司的知识产权业务通常是公司法务律师继合规管理之后主管的第二大传统业务，特别是在近几年 TMT（Technology Media Telecom）行业掀起的全球专利战争的背景下，任何一个聪明的公司法务律师都会在这一块业务上投入重兵。事实上也是如此，在很多高科技公司，知识产权部门受到空前的重视，往往有着几百人的庞大团队。

通常，IP 大公司的法务律师都会有一些技术背景，即使没有技术背景，也常和有技术和法律复合背景的专家一同工作。这样的公司的法务律师往往是法律和商业结合的集大成者，他的战略眼光一定能高于一般的知识产权总监。这样的公司的法务律师在对知识产权的应用上可谓巧妙至极，公司的每一个专利都能被其视为增值的资产、竞争的武器和盈利的筹码，公司的每一个商标在他们眼中都是巨大的价值体现。在他们眼中，法律和技术都是一种实现商业目标的工具，能非常大气地做到用时得之，不用弃之的境界，而绝不会让它们成为商业成就的障碍。因此，公司法务律师会将知识产权真真切切地回归商业，将知识产权的垄断价值发挥到最大。

4. 公司风险把控

如上文所述，公司的风险在很大程度上来说都是法律风险。笔者认为，公司的法律风险分为很多种类，主要有“企业法律实务应考虑企业风险控制”部分所列的八种风险。当然，不同的公司会因为公司性质、主营业务等的不同而致法律风险侧重点不同。

公司法务律师在着手一家公司的风险管理事宜时，通常会做这三件事情：首先，建立风险控制组织，如筹建公司风控委员会作为公司风险管理的最高机构，一并打通与董事会沟通的渠道，并将风险控制部门作为公司风控委员会的秘书机构，安排各个业务体系的风险控制代表与业务对接，并尽快让风险控制代表成为业务流程的一个控制点，这样形成一个基本完整的公司风险控制的架构；其次，在法律部、内控部、审计部、财务部等部门中建立沟通机制，及时地收集公司的风险信息，由此解决风险信息源的问题；最后，引入外部成熟的风险分析结果，为公司的风险管理工作提供源源不断的专业报告。

5. 任董事会秘书

董事会秘书或者叫公司秘书是股份公司特别是上市公司必备的机构设置，有些董事会秘书由专人担任，例如由公司法务律师担任这个职务就是很多大公司的选择。

众所周知，董事会秘书是一个非常重要且敏感的职位，也往往是一个比较容易出事的职位，很多自命不凡的董事会秘书就是因为权力太大而陷入违规违法的泥淖，身陷囹圄的也不在少数。而公司法务律师出任董事会秘书的公司出现这种情况的概率就要小得多。

董事会秘书一方面必须非常熟悉证券监管的法律法规，另一方面则要严格遵守和执行这些法律法规。这对于很多没有法律和财务背景的董事会秘书来说实属不易，但这对于公司法务律师来说就不是难事，拥有法律和财务复合背景通常是公司法务律师的基本履历要求。再加上公司法务律师对证券交易和上市公司责任的深刻理解和一贯正直、严谨的形象，很多公司董事会和股东都愿意让公司法务律师出任董事会秘书。

如果公司法务律师出任董事会秘书，他们会深知自己的责任和董事会的重托，因为任何一个违规事件在资本市场都会掀起轩然大波，乃至失控，这方面的例子不胜枚举。

通过上述五点的列举陈述，我们可以发现，优秀的公司法务律师不单单关注公司的法律事务，而且是越来越多地成为 CEO 和 CFO 的商业伙伴，与公司的管理层站在同一高度共同去关注公司的前途和发展。公司法务律师不仅要负责公司法律事务相关计划的制订和执行，而且是公司全局业务的战略管理者，越来越多的整体性战略任务开始逐渐落在公司法务律师身上并依赖他们的能力去推动落实。毫不夸张地说，一名出色的公司法务律师的工作可以直接影响到公司的生存和发展。

公司法务律师的多张面孔后面是其在公司中扮演的各种角色。例如，公司法务律师既应该是一位严谨的律师，又必须是一个敏感的商人，同时还是对违规事件不留情面的监督者，等等。就像美国学者克里斯丁在其专著《不可或缺的公司律师》中描述的，公司法务律师必须是一个大无畏的伟大人物，敢于承担不止一种角色。虽然，公司法务律师心里很明白，作为一位谨慎的律师要天然地关注风险和讲究先例，但他们如果过度地从商业角度考虑可能有失本分，而作为一个商人，厌恶风险、着眼未来、敢为天下先则是一个优秀商人的特质，但缺乏合规的神经又常常会让自己暴露在法律风险之下，于是，这种风险与商机的深层次矛盾因素集合于公司法务律师一身，需要公司法务律师有极高的水平才能去把握平衡和节度，对这些因素的综合处理都非常考验公司法务律师的功力。

第三节 公司法务律师如何有效地为企业服务

我们常听到的是“某某律师是我们公司的法律顾问”，而不是“某某律师事务所是我们公司的法律顾问”。上一节阐明，公司法务律师的职责，包括合规审查、商务合同审查、知识产权管理、董事会事务、处理政府事务、投融资事务、人力资源事务等，不能想象一个律师或者一个律师团队能够承担起一个公司的法律顾问事务。下文中，除非特别说明，“公司法务律师”专指具备公司化管理、形成了专业分工的规模化律师事务所。

拥有一个优秀的公司法务律师对公司来说是重要的。这里说的是一个，而不是两个或者多个。有些企业在聘用律师做法律顾问的时候，会引进“竞争”机制，即选择两家律师事务所或者更多，这是一个不好的方式。律师工作是一个良心活儿，一个律师事务所的尽心尽力远胜于两家所谓的“竞争”带来的负面作用。

在律师事务所的专业实力之外，其和公司之间良好的沟通机制也是至关重要的。这种沟通不应该是中国传统文化观念中甲方和乙方之间的沟通，而应该是一种平等、平和、有见地的沟通。沟通的目的是更长久的合作，这种更长久的合作甚至比所谓“更好”的合作更有意义。

一、公司法务律师的评价

在明确了公司法务律师的职责以后，我们需要思考的是，评价公司法务律师的标准是什么？

我们常说，律师做的是良心活儿。很多时候，一个法律服务产品被客户消费完了之后，客户并不知道这个产品“质量”的好坏。但不能否认的是，如何评价公司法务律师服务的质量是一个非常重要的问题。要解决这个问题，需要先搞清楚法律服务产品的特性，即法律服务产品与其他服务产品的几个不同之处：

1. 法律服务产品是一个“良心活儿”

用“良心活儿”来形容法律服务太恰当不过，就单个法律服务产品而言，均属于“私人定制”，私人定制产品的质量保证往往依靠的是“良心品质”。规模化律师事务所中专业团队的建设是给这种私人定制设立标准和门槛，而且是不断创新和提升的门槛，这有赖于一种机制，这种机制的作用是使得法律服务产品这个内在于律师大脑中的东西，外显于团队的知识管理之中，使得团队成员的经验能够被分享和传承。

2. 大部分时候法律服务产品不能外形化，更不易完整呈现

法律服务产品的外显是对公司法务律师的要求，但法律产品又有天然的内含于人的大脑中的属性，能否做到外显和恰当地外显不是单个律师的智慧可以完成的。在提供数据的基础上，一家长期合作的律师事务所的专业团队可以构建全面的法律服务系统，以法律文本工作为例，律师会根据法律服务的具体事项制作以下法律服务文书：

文书名称	主要内容
法律意见书	针对合同、法律文件、其他法律事项涉及的法律问题提供法律分析、修改意见、风险提示、解决方案、律师建议等的建议性常用法律服务文书
律师风险提示	对于公司涉及的法律事项不适合出具法律意见书，或者仅需对某种法律风险作出特别提示的情况下，出具的风险提示法律服务文书
紧急情况反应	用于对公司有重大影响，时间较为紧迫的事项，包括需要及时采取补救措施，或者需要公司紧急作出决策的事项
律师谏言	律师服务过程中，发现公司存在的某种普遍或具有一定代表性的事件，而提供律师建议，用于提示公司防范某种普遍行为
律师工作简报	包括建议性、说明性和记录性的内容
情况说明	律师针对法律问题提供的说明性法律服务文书，为公司了解法律事项的相关情况提供帮助
法律信息	律师提供给公司，对公司有影响的新法律、法规、规章或政策信息
工作日志	律师服务事项的简单记录，按照日期记录
法律顾问服务记录	律师服务过程中，根据服务事项填写的记录性表格，表明服务内容、律师意见等主要事项
日常法律咨询服务记录	律师对于公司口头或电话咨询事项填写的记录性表格

续表

文书名称	主要内容
谈判事项法律服务跟踪表	律师提供谈判法律服务过程中，对谈判法律服务事项进行记录的法律服务文书，按照一事一表的原则进行管理、归档
会议纪要	律师参与公司召开的会议或者律师与公司进行法律服务事项会谈时，制作的记录性法律服务文书，按照固定格式制作和管理

3. 验证法律产品质量的周期长

实体产品有两个特征：一是可以观察；二是可以比较。因此，在购买实体产品之后，很快可以由体验得出质量结论。但是，法律服务产品存在于律师的大脑中，即使外显为某一个文本，于客户而言，因为不专业、不可比较也不能对质量做出评判。极端情形下，一个极差的法律产品可能在诉讼后才能做出质量鉴定的结论。

4. 法律产品的使用价值较难呈现

法律工作的完成不同于销售业绩的产生，公司法务律师对每一项合规审查的审慎思考，对每一次法律谈判的全面考量都难以立刻体现为公司的财富增加。一个好的法律文本可以有这样的作用：揭示法律风险；促成交易的达成；遏制违约的冲动；诉讼时不产生歧义形成胜诉。这些作用，较难呈现和量化。

基于法律产品这样的特性，就“公司法务律师”这个产品而言，评判单个法律产品的质量是不现实的，可以评判的是：

（1）公司法务律师是否为一个规模律师事务所。

（2）事务所内部是否形成了专业化的、有机的分工。专业化、有机两个标准相较而言，互为促进，但有机分工是专业化分工的晋级。

（3）是否有专业团队的建设，对客户而言，并不容易亲眼所见、亲身感受，但专业团队建设的成果，客户是可以看得见并有所体会的：把以同事为第一客户作为信仰，作业标准同一，作业质量稳定，相互协同，技术精良，能够建立专业门槛（壁垒，或者说在该专业领域有建树），不断生产出极致的、创新的产品。

（4）其他可以外显并得以看见的细节，如微信、专业声誉、品牌推广等。品牌推广的过程，实质是一个不断改善产品、提高产品质量的过程，二者互为因果。

二、选择合适的公司法务律师，建立良好的服务机制

公司法务律师契合公司的发展战略，揭示法律风险并作出恰当的评估，促进交易的达成，遏制相对人违约的冲动，化解危机，为企业发展提供法律支撑。确定一个合适的律师事务所就意味着建立起一个良好的沟通机制，从而获得良好的法律服务。

如前所述，本节所指公司法务律师，特指一个规模所作为企业外部律师的情形。

相较于企业内部的法务人员，公司法务律师拥有视野范围和法律思维的多样性、执业机构不受企业内部管理干预与限制、能够就法律事务发表独立看法等优势。一个有规模、能够进行专业上有机划分的律师事务所还具有律师业务领域与企业业务较好匹配的优势。这样的公司法务律师能够为企业提供沟通及时、法律解决方案到位、法律意见有效的法律服务。

服务机制的确立是公司法务律师为企业提供法律服务的前提。具体来讲，企业法律服务机制可以概括性地分为以下两种类型：单兵作战模式和篮球队模式项下的团队式公司法务律师服务机制。一般而言，在不同类型的企业法律服务机制下，企业得到的法律服务体验以及实际的法律服务效果是根本不同的。单兵作战模式并不是简单指单个律师为企业作业，而是指单个律师或单个律师带领的团队为企业提供法律服务。

1. 单兵作战类型法律服务模式

在单兵作战法律服务模式下，突出的优势在于公司法务律师的工作灵敏度高，工作方式机动灵活，作业维护与市场开发高度统一，对于企业的法律需求全方位理解并响应。

但单兵作战类型的法律服务模式存在明显的缺点：

首先，单兵的力量极为有限，难以响应较大负荷的工作量。随着市场经济的深入发展，企业交易模式逐渐多样化和复杂化，各种合规性要求逐渐提高，遇到的法律问题在数量、深度和难度上也不断增加。单兵作战在面对大量且复杂的法律问题时，在人力匹配方面，难以承受高负荷的工作量。

其次，单兵作战存在专业性局限。因为专业而分工，因为分工而协作，是一体化律师机构服务企业的最根本优势。企业面临的法律问题因为分属不同的行业、不同的领域、不同的法律需求而具有很大的专业差异，企业遇到的法律问题逐渐综合化和复杂化，有时甚至会超出法律范围。这就需要不同执业领域、具有不同的专业背景的企业外部律师去解决。同时也意味着企业外部律师要分工协作，而不能仅仅局限于某一领域或某一框架，要综合全面地去思考问题。可见，单兵模式在思考问题的多样性、广度、深度、高度上均存在不足。

最后，单兵作战为企业提供法律服务的性价比不高。由于单兵作战模式很难形成一定高度的专业差异，其作业力量的组合因为不具备专业差异性，而不能形成专业错配，不能在有效工作小时内为企业提供性价比最优的法律服务。

2. 篮球队类型法律服务模式

所谓篮球队类型法律服务模式项下的企业外部律师的法律顾问服务，是指多名在不同领域执业的专业律师协作、分工，通过彼此之间的相互影响、相互作用、相互支持，为企业提供内涵差异、外观统一、性价比最优的法律服务。篮球队模式项下的团队式法律顾问服务既是一个分工、协作、团结、配合的概念，也是一个领导、服务、组织、指导的概念。特别是作为篮球队模式项下的团队式法律顾问服务的牵头人，需要进行有效的组织以及协调工作以实现团队的目标，有机整合团队成员的作业进度、作业质量和作业成果来提高团队的效率，如正确理解和把握团队目标，使团队结构梯次化、专业差异化，实现协同效应。再如，牵头人需要整合团队工作所需的资源，清除团队工作的障碍，引导并协助团队成员完成各自的任务，强化他们各自对团队的贡献，与团队作为一个整体来开展工作，更合理地配置并利用共同资源以实现团队的目标等。

与单兵作战类型的法律服务模式相比，篮球队模式项下的团队式公司法务律师服务更具有优势：

首先，团队模式可以形成合力，团队力量远远大于个体的简单相加，使用较少的人力便可达到较高的绩效，可显著提高公司法务律师的服务效率，因此，凡是一体化协作的律师机构都采用团队模式来完成作业任务。

其次，篮球队项下的团队模式可以增强解决问题的能力，避免单兵作战的专业局限性，提高公司法务律师的竞争力和对抗性。团队组织的成员各自优势不同，专业方向、执业能力也不同，可以形成取长补短、集思广益、互相启发、差异化作业的整体优势，达到能力进一步强化的结果。在团队组织中，团队成员也有机会提高能力、发挥潜质，在完成挑战性的工作中使业务能力得到培养和强化，成长为独当一面的人才。

最后，团队模式有利于培养公司法务律师的合作与协作能力。现代化的生产模式更加注重合作与协调能力，这对在团队模式中每一位成员的合作与协作能力都提出了更高的要求。团队成员的精神状态由“离散型”转变为“聚集型”，从而被共同的目标理想所激励，为达到共同的目标而持续努力。

如上所述，相较于单兵作战法律服务模式，篮球队服务模式具有明显的优势，更符合当下经济发展的趋势和需要。而且，企业外部律师不同于企业内部法务工作人员，可以根据企业法务工作的需要组成不同类型的团队模式而不受企业内部制度的干预和限制，这一优势得以让企业外部律师根据企业的规模、业务复杂程度和业务本身的特点等因素灵活地确定团队服务模式，比如单一联系人制度、分属不同专业的联系人制度、驻场服务制度等，以满足企业的实际而现实的需要。同时，具体采用哪一种方式，也需要律师服务机构在满足企业服务需求的基础上，合理平衡自身成本。无论是企业还是企业外部律师，在管理上都应遵循德鲁克的一个说法：“管理是一个企业或公司的生命线，任何死板、概念式管理都容易把公司引入不敢跨越雷池一步的尴尬境地，对于现代的管理者来说，最需要的是智能管理。”这个说法的本质是需要有原则、有制度、有约束，但也需要因时制宜、因地制宜、因需制宜、因人制宜。而篮球队类型的团队法律服务模式则为此提供了空间和机会——如何更好地服务企业法律需求的空间、机会和可能，其中团队组织类型或成员的变化组合，正是此模式项下法律服务的魅力所在。

三、塑造优良的法律服务文化

法律服务文化，是指法律顾问在为企业提供法律服务过程中所逐步形成的、为整体团队所认同并遵守的价值观、服务理念和服务精神。企业内部法务工作人员，其本质是企业内部员工，因此极易受到企业自身文化的影响和熏陶。而外部律师独立于企业之外并常以团队的形式出现，因此塑造良好的法律服务文化有利于增强团队内部的向心力，为团队指明努力和前行的方向。

1. 正确认识公司法务律师的价值

实务中，存在着对公司法务律师较多的偏见与误解，主要有“花瓶论”“雨伞论”“降低效率论”及“社会律师会念经论”。这些误解产生的根本原因在于缺乏对公司法务律师价值的正确认知。公司法务律师对企业的价值主要体现在业务领域层面与企业治理层面。从表面上看，该价值体现在对企业生产、经营和管理过程中法律风险的预防、控制与解决，但从本质上来讲，其是在为企业创造价值。该种价值主要体现在一个法律服务全面而系统指导的企业，其内在的稳定性、安全性、竞争性会极大地提升，因而实际上会降低企业的经营成本，提高企业的产出能力。我国的公司法务律师制度从20世纪50年代开始萌芽，随着我国社会变迁、西方企业制度文明的引进、境内外企业竞争的加剧、所有制体制的多样化以及进化、裁判尺度在确定性与不确定性之间的无规律变化、企业管理的复杂性增加等因素，在跌宕起伏之中绵延而又不断地强势发展。

正是由于这种企业内外环境的不断演化，企业自身对法律工作的需求也在不断地深化、不断地衍生、不断地内生。法律服务对企业的真正价值在于其能够为企业带来收益与价值，虽然这些收益与价值大多依附于企业的经营业务和管理活动，需要通过经营业务和企业管理的结果体现出来，但是，一个法务管理、法务文化先进的企业，其本身便能够带来竞争的效益以及内生的文明。无论是企业法律内部顾问还是企业外部律师，作为企业法律事务价值的实现者，首先其必须正确地认识到自身的执业能力，然后从自身执业能力出发，认识到其执业能力能够为企业经营、发展带来何种价值，能够在深度、广度、高度等方向上为企业带来何种明晰的法律意见、潜在的法律价值，这事关公司法务律师为企业提供的法律服务的基本定位。

2. 树立“极致、精准、效率”的服务理念

任何企业都希望自己所获得的法律服务是“高质量、高水平、高效率”的。而

公司法务律师提供的法律服务能否满足企业的希望、实现企业的规划，不仅决定了公司法务律师和企业的合作关系能否持续，也是对于公司法务律师作为一名法律工作者的职业素质的最直接评价。因此，公司法务律师应当以“极致、精准、效率”为服务标准，为企业有效地提供法律顾问服务，并将其提升至理念和意识的层面。

极致是指公司法务律师应当具备努力提供尽善尽美服务的理念，并时时刻刻保持这种内心的驱动力。只有树立并遵循“提供尽善尽美法律服务”的理念，公司法务律师才能在分析问题、解决问题和与客户沟通的各个环节中，想对方之所想，急对方之所急，做到“心想、事成、不逾矩”。提供极致法律服务的理念是公司法务律师在为企业提供法律服务中所形成的群体意识和精神风貌的集中体现，是用以指导公司法务律师的行为取向和判断标准，并使之成为公司法务律师所广泛认同、接受并为之奋斗的方向，在市场竞争过程中得以立足的精神支柱和内在动力。可以说，提供极致的法律服务是公司法务律师有效提供法律服务的基本前提和基石。

精准包括准确、正当和妥当。准确是指公司法务律师为企业所提供的法律服务应当严格符合事实、标准或真实情况，没有偏差或模糊。正当是指公司法务律师所提供的服务具有合法性和合理性，符合合规性审查的标准，契合商业目的的需要。妥当是指公司法务律师所提供的法律服务是合适和恰当的，符合企业目前的经营情况和未来的发展趋势。精准不仅是指公司法务律师提供给企业的最终法律意见的准确、正当和妥当，更要求公司法务律师在前期准备和提供法律服务的过程中的精准。万丈高楼平地起，只有在事前、事中的环节中做到了精准的法律服务，公司法务律师才有可能最终为企业有效地提供法律服务。

效率包括工作流程上的紧凑、工作沟通上的信息无盲点、工作结果上的及时。具体来讲：第一，工作流程上的紧凑，是指公司法务律师在工作安排上充分利用时间，能够在短时间内迅速提供高水平的法律服务。工作流程不仅与每一位公司法务律师的个人能力有关，还与公司法务律师的负责人的宏观调控能力以及公司法务律师团队的合作协调能力有关。在努力提高各位公司法务律师自身水平的同时，还应加强公司法务律师之间的团队作业能力。第二，工作沟通上的信息无盲点。第三，工作结果上的及时。包括工作结果本身的及时性以及工作结果沟通的及时性。及时性体现了商事交易效率的要求，而效率是企业生存和发展的生命线。从企业对法律事务管理工作需求的价值顺序而言，对及时性的期望比成本、专业知识，甚至对客户需求的理解还重要。及时性的重要性很好理解，如果无法在商定的最后期限提供法律建议，那么所有客户，无论他们是否为律师，都会注意到，公司律师无法按时提供法律建议会给客户造成困扰，也会使委任他们的内部法务显得无能。更重要的是，中国经济发展的速度和变化的深度日新月异，因此对公司来说，做出反应的速度关系到生死存亡的问题，公司法务律师必须能够在紧迫的时间限制下工作。此外，仅仅强调工作结果的及时性还远远不够，只有及时地将工作结果与企业沟通，才能最终让企业及时地了解公司法务律师对于突发情况的分析和应对措施的提出，也更能体现公司法务律师的及时性、专业性、服务性。

四、设置科学的内部控制

内部控制是管理学分支的一个概念，是指企业为达到一定的生产、经营和管理目标所设计和实施的政策和程序。本书借鉴这一概念，将公司法务律师工作的内部控制定义为：公司法务律师为及时、有效地帮助企业防范、控制和消除其在生产、经营和管理过程中的法律风险，所制定和实施的政策与程序。

外部律师担任公司法务律师，为了达到法律服务及时、有效的效果，应当考虑以下几个方面：

1. 业务领域匹配制度

社会经济的发展越来越体现出分工进一步细化的趋势，这就意味着企业所需要的法律服务也将体现出精细化、专业化的需求。企业外部律师担任公司法务律师，具有视野范围广泛、法律思维多样、组织形式不受企业内部管理干预与限制、能够就法律事务发表独立看法等优势，但有经验的企业外部律师却往往容易陷入只精通于某一项或某几项法律事务领域的困境，所谓“闻道有先后，术业有专攻”。

因此，公司法务律师团队应当根据企业业务领域的具体情况，合理配置团队内部的人力资源，让每一位律师经手和负责自身最精通和擅长的业务领域，使法律顾问与业务板块的结合更紧密，熟悉产品、业务，理解需求，增强法律服务的有效性和及时性。一般来讲，公司法务律师应当根据企业的职能部门划分进行律师业务与企业业务的匹配，一般包括公司治理与控制权、IPO与并购重组、债权与融资、雇主责任、争议解决、知识产权、安全合规、房地产及基础设施、贸易壁垒等领域。

2. 信息共享制度

外部律师独立于企业之外，极易在捕获和了解企业内部的生产、经营和管理的重要信息和潜在重要信息时产生信息漏洞、信息迟延等情况，这种由于自身独立性带来的信息不对称，对企业外部律师为企业提供及时、有效的法律服务增添了障碍。因此，公司法务律师应当主动与企业建立及时、全面的信息共享制度。

信息共享制度建立的核心目的是达到工作沟通上的信息无盲点，即公司法务律师与企业进行沟通时，两方所交换的信息均是自己所能收集到的所有信息，即全对称、无隐藏。无盲点的信息沟通能够使企业在瞬息万变的经济领域中，及时捕捉各类相关信息，迅速采取有效应对措施。为实现工作沟通上的信息无盲点，公司法务律师必须在沟通方式、沟通时间、沟通地点等方面与企业达成一致。

首先，在沟通方式方面，法律顾问作为法律人应该具有较强的谨慎性，应该选择对自己有利而又能让企业管理层容易接受的方式与管理层沟通，针对不同的沟通内容应该有不同的沟通方式，但是在一般情况下，公司法务律师对于比较正式或是有分歧的问题，应该采取书面方式与企业管理层进行沟通。这种方式一方面是因为书面形式的复制性、长久有效性以及缜密性特点，另一方面可以避免言语的针锋相对从而使双方都能冷静下来整理好解决问题的思路。对于不太正式的问题，可以通过口头、电子媒介、非语言方式来沟通。

其次，在沟通时间和地点方面，一般情况下应该在工作的时间和场所进行沟通。但对于某些紧急情况，公司法务律师则应当迅速及时地与企业相关负责人沟通。

3. 内部工作日报制度

工作日报制度，是指公司法务律师对自己每天完成工作的内容和所花费的时间进行记录和报告的制度。工作日报是保障法律服务质量的内控制度，可以对律师的工作进行有效的绩效考核。对于公司法务律师来讲，工作日报制度可以提高其自身工作的效率和执行力；对于公司法务律师的管理者来讲，工作日报制度可以直观了解每个公司法务律师的工作情况和工作效率，为以后合理高效分配任务提供依据，也便于向客户展示自身的工作进展情况；对于客户来讲，工作日报制度可以便于其知悉雇用的公司法务律师的工作进展情况，并判断所聘用的公司法务律师所提供的服务是否“物有所值”。

工作日报制度既是保障法律服务质量的内部控制制度，也是体现公司法务律师工作的外部监督制度。因此，公司法务律师应当设立完善的内部工作日报制度。公司法务律师应当为每一个客户建立专属的工作日志，对客户交办的专项事务，进行“一事一档、一日一报”。完善的内部工作日报制度，包括书面的工作报告，以及定期、紧急汇报的工作制度，保证双方信息沟通顺畅。此外，公司法务律师应根据为客户提供法律服务的实际进展，定期向客户出具阶段性工作报告。在法律服务合同因期满或法律服务事项完成而终止后，公司法务律师要及时写出总结报告并及时归卷备查。

第四节 “做更好的公司法务律师”的实践与经验

“做更好的公司法务律师”是兰台一直秉承的发展战略，该战略于2009年正式确立。遥记那是6月的一个下午，《飞得更高》的背景音乐回荡在兰台的大会议室，也诉说着年轻的兰台的信念与希望，同样年轻的兰台律师共聚一堂讨论这个话题，一条生涩却充满憧憬的实践之路由此启程。

确立这样一个发展战略的初衷是以专业为本，放开熟人市场，恰恰也暗合了兰台一体化的管理架构及规模。兰台一直认为，仅凭借一个律师或者一个律师团队的力量，是不能为客户提供好的法律顾问服务的，故选择这样的法律顾问服务不能达到更好的效益。

2013 年至 2017 年，国内生产总值从 54 万亿元增加到 82.7 万亿元，年均增长 7.1%，占世界经济比重从 11.4% 提高到 15% 左右，对世界经济增长贡献率超过 30%。这五年里，最高人民法院受理案件 82383 件，审结 79692 件，分别比前五年上升 60.6% 和 58.8%，制定司法解释 119 件，发布指导性案例 80 件；地方各级人民法院受理案件 8896.7 万件，审结、执结 8598.4 万件，结案标的额 20.2 万亿元，同比分别上升 58.6%、55.6% 和 144.6%。

在第十三届全国人民代表大会第二次会议上，李克强总理的政府工作报告中披露：2018 年我国国内生产总值总增长 6.6%，总量突破 90 万亿元，服务业对经济增长贡献率接近 60%。对外开放全方位扩大，共建“一带一路”取得重要进展。之后，最高人民法院周强院长在最高人民法院工作报告中披露：2018 年地方各级人民法院受理案件 2800 万件，审结、执结 2516.8 万件，结案标的额 5.5 万亿元，同比分别上升 8.8%、10.6% 和 7.6%。这两处数据表明：90 多万亿元的 GDP（Gross Domestic Product，国内生产总值），进入诉讼并审结的标的有 5.5 万亿元，而涉诉标的实际要大于这个数字。

据计算，从 2011 年的结案标的额占 GDP 的 3.6%，到 2018 年占比 6.1%，这一比例正处于逐年上升的趋势。可见，在国民经济生活中，每年都有大量的资金和资产脱离正常的使用轨道，因处于争议的状态，而不能参与到正常的经济生活中。一个案件从一审开始到执行完结，周期少则半年，多则十几年，不仅涉案的资金及资产无法正常调配和使用，其耗费的更是涉案主体的时间、精力和资源！

市场经济是自主选择、自己负责的经济。市场活动首先是市场主体的活动，而资源的配置和使用是市场主体活动的主要内容。虽然从本质上而言，市场经济是自由的经济，但即便在市场经济最发达的国家，也有市场主体准入标准及活动内容等方面的限制，不同的主体亦确定了市场活动的内容和范围。仅就主体而言，就确立了在法律层面之下，应该遵循的法规、规章等差异。就市场本身而言，挑战重重却又商机无限，充满着瞬息万变的可能，因而促进决策的同时亦揭示风险的所在，是法律顾问的分内职责。公司法务律师于企业而言，“无讼”并不是目标，而促进交易，让企业对交易的代价（法律风险）了然于心并有所准备的措施才是目标。

自由经济之下，最宝贵的就是资源，其中包括资金、设备、房地产、知识产权、商业秘密、主体资格等。而在更广泛的意义上，“人”如果可以归类为资源的话，那无疑是最大的资源。这些资源的配置，无一不与法律、法规、规章、规定等所有规范性的文件相关，同样，亦无一不与“专业律师”“专业律师团队”相关。

一、“做更好的公司法务律师”是一个过程

实施“做更好的公司法务律师”战略，需要文化的加持和以文化为灵魂的制度支撑。而“以同事为第一客户”“我为人人、人人为我”则是实施这个战略的文化根基，建立于这个根基上的合伙人制度及绩效考评制度体系是实施这个战略的制度保障，而移动互联的日新月异为这个战略的实施插上了飞翔的翅膀。

“小时计费”的律师收费模式发端于欧美，兴起于20世纪60年代，虽然现在受到诟病之处不少，但依然有其存在的巨大价值。我们理解，“专业工作小时数”是指一个专业领域的专业律师，在完成一项工作时所耗费的时间，不包括为完成这项工作而学习和研究的时间。这样的定义确立了专业分工的必要性和必然性，确立了专业律师的工作价值，确立了律师收费的计量标准，而这也成为客户非常关心的问题。

如果给“专业工作小时数”以这样的定义，其应该且合理的结论就是专业分工，唯有这样，才有效益。效益的含义于客户而言代表着专业、及时；于律师而言包含了产出的最大化，一个工作小时数可以记录为客户账单上的一个工作小时，而并非两个、三个工作小时数在客户的账单上只能记录为一个工作小时。

即便从趋利的角度出发，规模律所也都希望建立起专业分工、相互协作的作业体系，因为这样做才有效益。专业分工有一个前提，就是有海量的同质业务；相互协作也有一个前提，就是以同事为第一客户。这两个前提，一个是硬件，另一个是软件（文化），殊途同归，就是能够为客户提供专业的、质量稳定且不断升级的法律服务产品。

专业的法律服务产品与质量稳定且不断升级的法律服务产品之间互为因果，如前文所述，专业性来自实践，来自海量的同质业务。因为能够以同事为第一客户，所以律所能够提供质量稳定且不断升级的法律服务产品，而正是因为质量稳定且不断升级的法律服务产品的提供，才会使得海量的同质法律服务需求不断得以产生和提供，并通过多样的实践和总结而更加专业，由此循环往复，呈螺旋式上升。

“做更好的公司法务律师”是兰台的发展战略，这更意味着一个过程：一个没有最好只有更好的过程；一个给客户提供好产品的过程；一个锻造能够提供好产品的专业团队的过程。

二、“做更好的公司法务律师”是一个熔炼团队的过程

“专业团队”这个概念的含义为：一是技术（专业）好，二是有相同的作业习惯，三是有同一化的作业标准，四是能够提供质量稳定的产品，五是有协同作战的能力，六是有产品创新和产品升级的能力，七是有满心欢喜地接受伙伴交办专业任务的态度。专业团队的熔炼，就是把“以同事为第一客户”的文化，把“我为人

人、人人为我”的理念落实的过程。

一个专业团队，少则几人，多则几十人甚至上百人，熔炼团队、实现专业化发展的路径很多，每家事务所的管理者和合伙人也都有着丰富的实战经验，可谓条条道路通罗马。但有两点不能离开：不能离开移动互联网这个工具，在当今社会它几乎同水和空气一样重要；不能离开怎样写好字，毕竟这是一个以写字为生的职业。我们以为，在今天这个网络信息技术发达的时代，微信是一种契合时代发展需求的有利方式。

微信的作用是什么？它不是获得客户的工具，而是一个过程：一个各领域专业知识积累的过程；一个敦促每个人书写能力逐步提高、日益准确的过程；一个锻造专业团队之专业门槛的过程；一个通过移动互联传递行业信息、专业见地的过程；一个和客户通过专业信息交流互动的过程；一个逐渐形成“专业主义”的过程。

通过微信的互通有无，专业团队内每一个个体专业技能的提升路径清晰而确定；通过微信的传播影响，在本专业领域内形成知名度。律师就是写字的，以微信这个平台作为知识管理的手段和方法，铸就专业团队的专业品牌，而不单是展示个体的能力——在专业路径上，没有个人利益，有的只是团队品牌。微信的出现，使我们在投标过程中，拥有了让评委老师看得见的专业产品；微信成就的知识管理成果，将形成本专业领域的标准和门槛，亦会提供本专业领域质量稳定的法律服务。

专业主义，这是最高要求，其本质是“向上帝发誓，以此为职业”。在兰台，专业主义的深层次内涵是“以兰台的信誉为第一信誉，以兰台的同事为第一客户”。

三、“做更好的公司法务律师”是一个生产极致法律服务产品的过程

“公司法律顾问”是一个法律服务产品吗？答案是确定及肯定的。“公司法律顾问”是集各种专业领域产品之大成的法律“航天产品”。这个产品的生产，是对各专业团队生产的专业产品之系统集成。

移动互联网、共享经济给这个世界带来了诸多改变，大数据、云计算正重新定义着我们生活与工作的点点滴滴。在这个更为快节奏的时代背景下，我们并不是更浮躁，而是更沉寂了。在信息流动、时刻在线的浮光掠影下，越来越多的人已然沉下心来，组合碎片化的时间研究专业，他们认真做事、研磨产品，在各行各业中不断出现让我们惊叹的好作品、好产品，而且它们迅速传播，斩获的是影响和美誉，乃至对传统的逆袭与颠覆。

郑裕彤[①]说，他的成功得益于两个原因：一是诚信，二是紧跟潮流。

---

① 郑裕彤，GBM［DPMS，LLD（Hon），DBA（Hon），DSSc（Hon），1925 年 8 月 26 日至 2016 年 9 月 29 日］，有广东顺德伦教出生，中国香港特别行政区企业家，周大福集团及新世界发展创办人。2015 年福布斯香港富豪榜，郑裕彤以 150 亿美元的财富排行第三。

诚信，是指产品的提供者所提供的产品必须能够展现其目前为止的最高水准；紧跟潮流，是指要准确把握客户的需求变化，及时应用新的技术手段，从而不断创新，突破自我，以期没有最好，只有更好！

“互联网+”的时代，移动互联代表了一种主动探索、寻找和分享的精神，亦是对服务提供者提出的要求，要求服务提供者提供极致的产品服务。因为对于消费者来说，无极致，不消费。正如大家在网上购买东西精挑细选的时候，一定会有很深的体会吧？比产品、比价格、比质量、比所有的细节。如果说在以前，提供“差不多”产品的人还拥有生存的余地和空间，那么在今后，不能提供极致产品服务的人，一定会被这个时代快速地淘汰。

众所周知，招投标最大的功用是使得买方和卖方的信息对称，从而使买方以公平、适当的价格购买到商品或者服务。而因为移动互联的存在，类似招投标这样的功用在当下成为一件极简易的事情，弹指之间就可以做到货比三家、多重权衡。因而，作为法律服务的提供者，我们所能够做的便是提供极致的法律服务。

那么对法律服务产品来说，什么样的产品才算作极致的产品呢？其实，打造“做更好的公司法务律师”影响力的这个过程，就是一个形成极致产品的过程，一个内力提升的过程。因为这条主线的存在和延伸，所有的工作都被有机地整合、串联在一起：拎不散，不混乱，有步骤，努力干！

对于好的产品，人们总是无法抗拒，就如同对于 iPhone 新款排队购买的热情，这其中的关键便是：1. 有好东西；2. 好东西能够被人知道。

而在这样一个互联与共享的时代背景下，运营微信平台的过程；是一个把好的产品、专业的服务分享、推广并被人知道和看见的过程；是一个为了极致法律服务产品而挥洒汗水、并肩奋斗的过程；更是一个打造“做更好的公司法务律师”品牌影响力的过程。

四、“做更好的公司法务律师”，无愧于这个伟大的时代

这是一个最好的时代，在这个时代，我们拥有了更多的选择权和突破口。

正如移动互联的两个含义：一是极致，无极致不生存，无极致不发展；二是传播方式是“革命性”的，即无地域限制、无时差、无死角、无信息衰减、瞬时传播。这个伟大的时代，这个自由的环境，给予了能够做出极致产品的服务者以更多的期待，他们凭借发达的资讯技术、思维的深度创新，把产品瞬间推送到客户面前。

“苟利于民，不必法古；苟周于事，不必循俗”，变革创新推动着人类社会前行的脚步。在这个伟大的时代，成功虽非坦途却不再遥不可及，正是这个时代，赋予了认真做事的人更多的机遇与可能！

因为认真做事，做出的好产品将会传播得更快、更广！所以，这个世界亦将在滤掉杂质后越发沉淀，而非越来越浮躁。所以，这个时代是十年磨一剑的时代，而非急功近利；是团结协作的时代，而非单打独斗！

有人也许会问，难道以前不需要认真做好产品吗？不，专注于细节和创新的极致精神在任何时代都被需要，只不过在这个“互联网+”的时代，沉下心来做出的极致产品，会在瞬间被传播开来，和之前那个信息技术并未如此迅猛发展的时代相比，会有着完全不同数量级的成功。因此，做出极致的产品，也是当下移动互联环境下的必然要求。而靠蒙事还能讨一碗饭吃的时代，永远成为过去。

今天，对于律师来说，是一个用心锤炼书面功夫、研磨专业知识，就可成就一方天地的时代。今天，作为一家律师事务所，是一个践行“做更好的公司法务律师”的发展战略和历史使命，众人齐心协力有规划、有组织地好好锤炼、研磨、分享，便可以加速度取得成就的时代！

当前，中国宏观经济进入下行阶段，其实未见得是一件坏事，这让我们静下心来切磋琢磨，认认真真地研发一些好东西，不久，就会崛起！会更高、更快地崛起！

当法律人、法治路的梦想照进现实，愿时光不负，且待兰台可期。

第二章
公司设立

第一节　公司设立实务操作

公司设立类似于自然人的出生，公司设立后，公司各项权利和义务随之开始。设立是公司开展业务的前提。企业法律服务的基础环节是公司设立的实务操作，公司设立对于公司的长远发展具有非常重要的意义。

一、有限责任公司设立

（一）有限责任公司设立的基本理论

1. 有限责任公司的定义

依照我国《公司法》的定义，有限责任公司是指依照公司法设立，由符合法律规定人数的股东出资组成，每个股东按照其认缴的出资额为限度对公司承担责任，而公司以自身全部资产对公司债务承担责任的企业法人。根据我国法律的规定，有限责任公司的股东人数应为50人以下。①

2. 有限责任公司的特点

有限责任公司与股份有限公司两者的法律特征既有区别又有相似之处。首先，它们都具有资金联合的特点，如股东对公司债务均承担有限责任，均具有法人资格和从事营利活动等。其次，有限责任公司也具有不同于股份有限公司的特点。

人合性与资合性的统一	一方面，作为资合的表现，它的股东以出资为限，享受权利并承担责任；另一方面，作为人合的表现，其成立和运行基于股东间的信任关系，并不公开募集资金

① 《公司法》（2018年修订）第三条规定：“公司是企业法人，有独立的法人财产，享有法人财产权。公司以其全部财产对公司的债务承担责任。有限责任公司的股东以其认缴的出资额为限对公司承担责任；股份有限公司的股东以其认购的股份为限对公司承担责任”。第二十四条规定：“有限责任公司由五十个以下股东出资设立”。

续表

封闭性	公司设立时，在人数和资金上都有限制，股东人数为50人以下，全部的出资额由发起人认缴（区别于股份有限公司设立时，发起人无须认缴全部出资额） 公司不得向社会公开募集股份和发行股票 须事先通知其他股东，股东出资额才可以转让，其他股东有优先购买权 公司的经营事项和账目明细无须对社会公开
机构设置灵活，设立程序简单	有限责任公司的设立和出资主要表现为股东自身的内部事务，立法没有过多干预。而且，根据我国《公司法》的规定，规模较小、股东人数较少的有限责任公司可以不设董事会和监事会，只设一名执行董事和一名到两名监事

3. 有限责任公司的设立原则

在我国，有限责任公司的设立，以严格准则设立主义为原则。[①] 一般的有限责任公司，符合《公司法》的基本规定，即可直接办理登记注册。但是，法律和行政法规规定必须事先报批的，如银行、保险和证券等行业，在登记之前应当报有关部门审批，适用核准设立主义原则。

4. 有限责任公司的设立条件

2013年12月28日第十二届全国人民代表大会常务委员会第六次会议，审议通过了《全国人民代表大会常务委员会关于修改〈中华人民共和国公司法〉的决定》，根据修改后的《公司法》，有限责任公司的设立条件为：

（1）有符合公司章程规定的全体股东认缴的出资额

公司法修改后将“有符合公司章程规定的全体股东认缴的出资额”作为公司设立的条件，删除了原来股东出资要求达到法定资本最低限额，取消了全体股东首次认缴的出资额不得低于注册资本的20%，且不得低于法定的注册资本最低限额（有限责任公司的最低注册资本额一般为人民币三万元，一人有限责任公司最低注册资本为人民币十万元）的规定。所以，公司设立不再要求股东实际出资的标准，而是只要在公司章程中明确约定公司的注册资本总额，以及全体股东认缴的出资额即可。

需要注意的是，修改后的公司法虽删除了一般有限责任公司的最低注册资本限额，以及全体股东首次出资最低限额的规定，但对于特殊性质的公司如银行、保险公司、期货公司、担保公司等，法律、行政法规以及国务院决定对其注册资本实

① 崔勤之：《我国公司法的基本原则》，载《法学杂志》1994年第5期。

缴、注册资本最低限额另有规定的，应从其规定。

（2）股东人数符合法律规定

《公司法》对有限责任公司的股东人数目前只有上限的规定，即50人以下，删除了旧公司法对股东人数下限的规定，肯定了一人公司的存立。

（3）股东共同制定章程

公司章程是公司的组织规范和行为规则。公司章程是在经过全体出资人自愿协商一致的情况下，在公司发起时，由全体出资人共同制定且在章程上签字盖章，由此生效施行。

需要注意的是，这一点不同于公司章程日后的修改，公司章程的修改一般只需代表三分之二以上有表决权的股东表决通过即可，但公司设立时的章程必须经过全部股东一致通过。

根据《公司法》第二十五条的规定，公司章程应当记载的事项包括公司的名称和地址；公司经营范围；公司注册资本；股东的姓名或名称；股东的出资方式、出资额和出资时间；公司的机构及其产生办法、职权、议事规则；公司法定代表人；股东会会议认为需要规定的其他事项。

若上述事项在章程上记载有遗漏，或公司章程有违反法律、行政法规的相关规定的，其后果是该章程无法在有关工商登记管理部门成功注册备案，此时需要重新修改公司章程，这将会延误公司设立的时间，并产生额外成本。

（4）有公司名称，建立符合要求的组织机构

我国公司法规定，设立有限责任公司，其公司的法定名称中必须注明“有限责任公司”或“有限公司”字样。① 有限责任公司的组织机构，一般应包括股东会、董事会、监事会，对于规模较小、股东人数较少的有限责任公司，也可以不设董事会和监事会，设一名执行董事和一名到两名监事即可。

（5）有公司住所

公司以其主要办事机构所在地为住所地。有限公司住所的法律意义，不仅是作为公司的经营场所，而且也是确定税务征管机关、工商等监管机关、诉讼管辖法院等的重要依据。

此外，在我国某些地区和城市的工商管理部门，要求企业（包括但不限于有限责任公司）的注册地址必须为商用房，而不是居民楼。若将居民楼中的地址注册为公司住所，需将房屋用途从居民用房变为经营性房屋才可以。根据《民法典》第二百七十九条的规定，作出这种改变，除不违反法律法规及物业管理规约之外，还需经过有利害关系的业主（包括邻居）同意。另外，根据实践中的做法和我国法律法

① 《公司法》（2018年修订）第八条。

规的规定，在工商管理部门，已被划入拆迁范围的房屋无法作为公司的住所地注册登记。

（二）有限责任公司设立的流程

1. 发起

（1）发起人数量和资格

根据我国《公司法》第二十四条规定，有限责任公司的股东人数应当在 50 人以下，因此发起人的人数也应当遵循《公司法》对股东人数不超过 50 人的限定。

发起人的资格限制	
行为能力限制	无民事行为能力人或限制民事行为能力人不得成为有限责任公司的发起人
身份限制	公务员、法官、检察官不得经商，不能成为公司发起人

关于发起人的资格，对自然人而言，应该具有完全民事行为能力，无民事行为能力人或限制民事行为能力人不得成为有限责任公司的发起人。除对自然人的民事行为能力的要求外，我国对公司发起人的身份也有禁止性条款。根据我国《公务员法》第五十九条及其他有关的法律法规，公务员、法官、检察官不得参与营利性活动，因而不能成为公司的发起人。对于现役军人和武警，我国并没有在法律层面对此明文作出禁止性规定，但根据《中国人民解放军内务条令》等有关规定及结合司法实践，现役军人和武警参与的经商行为都被认定为无效民事行为。但是在实践中值得注意的是，往往有发起人隐瞒自己的禁止性身份参加公司设立的情况，特别是现役军人冒充退役军人的情形，因此建议在发起设立公司的最初阶段，每个发起人都应当签署书面声明，表明自身不具有被禁止发起公司的身份并同意承担因虚假陈述身份而造成的一切损失。

相较之下，在我国《公司法》中，对股份有限公司的发起人住所地有着特别的规定：股份有限公司的发起人须有半数以上在中国境内有住所。而对于有限责任公司，则无此限制。

（2）发起人协议

一般情况下，有限责任公司的发起人就是全体股东，所以实践中有限责任公司股东之间往往签订的是《出资协议》，无论是发起人协议还是出资协议，根据我国现行《公司法》的相关规定和司法实践，其法律性质本质上属于合伙，是发起人之间的内部契约。

发起人协议的效力主要体现在两个方面：

发起人内部	发起人外部
发起人协议属于民事合同，所有违反发起人协议的行为，对公司发起人内部而言都是违约行为，适用《合同法》的有关规定	由于公司在核准登记设立前不具有法人资格，不能独立承担责任，作为合伙的各个发起人应当对外承担无限连带责任，即“对外连带，对内按份”

投资人往往对发起人协议或出资协议不太重视，但事实上这份文件非常重要，尤其体现在公司设立失败的情况下。如果公司成功设立，该协议履行完毕，因设立所派生出的权利义务由公司承担；若设立不成功，如对外产生债务，则应依发起人协议或出资协议由发起人对第三人承担连带责任，发起人内部依照协议按份承担责任。用通俗的语言表述，发起人协议的要旨为“把丑话全部说到前头”，这种设计模式，不但能预先规避法律风险，而且能够从商业运作的层面使得全体发起人的意志通过书面形式得到统一，从而更清晰地明确公司从设立到运营的方针战略。

由此可见，发起人协议对于一个公司的设立是不可或缺的。在实践中，我们一般认为，发起人协议应具备以下内容：

①发起人的名称、住所、法定代表人的姓名、国籍、住所、职务；

②组建公司的名称、住所；

③公司的宗旨、经营范围；

④公司设立的方式、组织结构；

⑤公司注册资本、股份总额、类别、发起人出具数额、形式及期限；

⑥发起人的权利和义务；

⑦委托代理人的确定；

⑧公司设立费用的承担；

⑨股利的分配；

⑩营业期限；

⑪违约责任；

⑫保密条款；

⑬适用法律及争议的解决；

⑭协议的生效、变更与终止；

⑮订立协议的时间、地点、发起人签字；

⑯其他需要载明的事项。

除此之外，在发起人协议中，还应当包括以下内容：

①委托代理人

公司设立时需要委托代理人到工商、税务、银行等机关办理相关手续。在出资协议中提起约定代理人，可以更好地保证代理人的独立性，以便代理人能代表全体发起人的利益，顺利完成公司的注册登记程序。另外，结合我国政府部门的特点，很多地方经常要求受委托的代理人能够从头到尾完成公司设立任务，所以提前选定代理人也可以避免造成流程上的时间延误。

②终止设立的条件

在公司发起设立协议上约定终止设立的条件，是维护发起人利益行之有效的方法。终止设立的原因主要包括：时间成本投入过大，设立时间过长导致资金占用紧张；法律法规和政策的剧变；核心发起人撤出或失去发起人资格（如自然人失去民事行为能力或被追究刑事责任，以及作为法人的发起人出现重大情况变动）等。在这些情况下，发起人往往很难有机会坐到一起对公司的设立通过协商达成一致意见，因此需要事先约定终止设立的条件。

③保密条款

公司在发起设立阶段，发起人有机会获悉其他发起人的商业秘密，为防止发起人在公司终止设立后滥用这些商业机密，发起人协议应当包括保密条款，约定所有发起人对在设立公司过程中所知悉的其他发起人的商业秘密负有保密义务，未经许可，不得对外披露。

2. 制定有限责任公司章程

（1）概述

公司章程是公司组织和活动的基本准则，是公司的宪章。公司章程是指公司依法制定的，规定公司名称、住所、经营范围、经营管理制度等重大事项的基本文件，或是指公司必备的规定公司组织及活动的基本规则的书面文件，是以书面形式固定下来的股东间的统一的意思表示。公司章程的基本特征是要具备法定性、真实性、自治性和公开性。公司章程是公司设立的最基本和最重要的法律文件。我国要求设立公司必须订立公司章程，公司的设立程序以订立章程开始，以设立登记结束。公司章程是国家对公司进行监督管理的主要依据，是公司对外作出的书面保证。公司章程是公司获准成立的必要条件。

但是在实践中，大多数公司并没有重视制定符合本公司实际的章程的作用，依旧采用工商局提供的格式文本，章程内容简单、千篇一律、可操作性差。因此在矛盾与纠纷发生的时候，公司章程基本起不到作用。尤其《公司法》于 2013 年修订后，删除了对实缴资本的验资规定，是否实际缴纳出资不再是工商部门登记备案的事项，对于股东的实际出资的规定和约束，主要靠公司章程来完成。因此，制定一个内容详尽、结构严谨、条款可操作性强的公司章程是股东在公司成立之初的一项重要工作。

（2）章程制定前的准备工作

有限责任公司可以根据本公司特点，通过公司章程约定符合股东利益、公司利益的特色条款，完善的公司章程可以最大限度地避免公司运营方向出现僵局，章程比较灵活，也会降低股东投资风险。

①了解章程的记载事项

根据法律规定，是否必须将该事项记载入公司章程，可以将公司章程条款划分为三类：绝对必要记载事项、相对必要记载事项以及任意记载事项。

类型	效力或作用	内容或要求
绝对必要记载事项	依照法律规定必须记载于公司章程之中的条款，公司章程缺少其中任何一项或任何一项记载不合法，就会导致整个章程的无效，使公司设立归于失败	公司名称和住所；公司经营范围；公司注册资本；股东的姓名或者名称；股东的出资方式、出资额和出资时间；公司的机构及其产生办法、职权、议事规则；公司法定代表人；其他法律、行政法规和部门规章所规定的公司章程的绝对必要记载事项①
相对必要记载事项	由公司章程的制定者自选决定是否记载的事项，不予记载或记载违法，不影响整个章程的效力。但是一旦记载于公司章程，就会对公司、对外产生约束力	属于《公司法》的授权性法律规范，分散规定在《公司法》不同的条款之中
任意记载事项	法律未规定，由公司章程制定者共同协商制定的内容，体现有限责任公司股东对公司的特色性安排	不得违反法律、行政法规的强制性规定，不得违背公序良俗

②章程中的核心部分由股东协商确定

章程的核心部分，是指公司章程中规定公司经营活动的内容，会对公司日后的经营发展产生重大影响。由于公司的运营实际上要由公司的机构来进行，故公司机构的设置、公司机构的职权和议事规则应作为有限责任公司章程制定的核心部分。根据我国《公司法》的规定，有限责任公司需要设置股东会作为权力机构，董事会作为公司决策机构，经理等高级管理人员作为公司的执行机构，监事会则为公司的监督机构。

不同公司章程的核心部分也不同。对于有限责任公司，由于股东人数较少和规模较小，一是可以不设董事会，只设一名执行董事；二是可不设监事会，但应设一名至两名监事。一人有限责任公司（包括国有独资公司）不设股东会。因此，在制

① 《公司法》（2018 年修订）第二十五条。

定公司章程前，有限责任公司的发起人要组织会议，根据拟设立公司的性质和特点，对这些机关的设置、职权和议事规则加以约定，同时制定在公司章程中，这样一来，制定的章程就能够起到规范公司经营运作的作用。

此外，由于有限责任公司具有人合性，股东之间一般有比较深的信任关系，所以对公司成立后的股权转让问题作出清晰的规范是非常必要的，否则势必影响有限公司股东之间的信任关系和公司的良好运作。例如，股东的资格能否直接由继承人继承，股东对外转让股权时需要注意的问题等，都应当通过协商规定在公司章程当中。

③公司设立协议与公司章程之间关系的实务处理

有限责任公司的发起人协议，是发起人之间签订的关于公司设立事项的合伙协议。设立协议与公司章程之间存在密切联系，两者的目标都是设立公司；内容上都包含公司名称、注册资本、经营范围、股东构成、出资形式等事项。在实务中，如果有限责任公司的发起人签订了发起人协议，在公司章程的制定过程中，设立协议的基本内容通常都会为公司章程所吸收。

因发起人协议的效力仅及于发起人，公司章程属于公司登记事项，具有对外效力，故当发起人协议与章程发生冲突时，应以章程规定为准。但如果公司存续或解散之后可能会遇到的事项，在发起人协议中有规定，公司章程未涉及，则发起人协议中的相应条款可继续有效，但协议效力只应限于签约的发起人或原始股东。

（3）有限公司章程的制定

制定公司章程是公司设立的一个必经程序。制定公司章程时，一方面，内容不得与《公司法》的强制性规定相违背；另一方面，有限责任公司章程的完善，需要发起人对《公司法》中授权或需要由公司章程予以规定的内容作详细的规定，以增强公司章程的可操作性。

有限责任公司章程的制定需要把握以下要点：

①公司章程应当尽可能公平

在制定公司章程时，要尽可能地体现全体股东的意志。由于有限责任公司的股东人数较少，相较于股份有限公司的股东，能更多参与有限责任公司的经营活动。有限责任公司较强的人合性决定了公司事项的决定权不仅仅根据股东的出资份额确定，而往往由一名到若干名具有实际决策权的股东来决定公司事项及经营管理。因此，制定公平完善的公司章程，是公司能够持续良好运营的保证。

②事项尽可能完备

公司章程的内容必须完备，应尽量避免出现公司内部事务“无章可依”的情况。对于《公司法》明文规定需要包括在公司章程中的内容，应当完备记载。

③可参考工商局的示范范本

通常工商局的示范公司章程范本较为机械，但一般情况下内容较为完备，也具有相对比较严密的逻辑性，在制定章程时可予以参考，但一定要根据股东及公司的实际需要予以调整。

④公司章程的内容，不得违反法律法规

公司章程虽然能够体现公司内部高度自治的特点，但依然需要遵循法律和法规，不得违反我国《公司法》和其他法律、法规的强制性规定。

3. 公司名称的预先核准

（1）基本知识

在申请设立登记前，有限责任公司都必须先进行名称预先核准。公司的名称属于企业经营计划中非常重要的部分，因此，公司的名称在发起阶段就应当初步拟定，并拟定若干备选名称，以防名称与其他已注册的公司的名称重复而无法获得工商登记注册。此外，应当尽量避免公司在名称预先核准程序完成之前过多使用尚未经过核准的名称，以避免公司名称日后需要变更的时候而造成额外的工作负担。

根据《公司登记管理条例》第十七条的规定：设立公司应当申请名称预先核准。法律、行政法规或者国务院决定规定设立公司必须报经批准，或者公司经营范围中属于法律、行政法规或者国务院决定规定在登记前须经批准的项目，应当在报送批准前办理公司名称预先核准，并以公司登记机关核准的公司名称报送批准。也就是说，设立前需要前置审批的公司，名称预先核准也是其作为前置审批的前提条件。

按照《公司法》和有关法律的规定，公司只有经过名称预先核准后，才能够在银行申请开设临时账户，办理股东出资的存取和转账手续。因此，公司名称的预先核准是公司设立的必经程序。

公司名称预先核准失败，通常有以下两种原因：第一，申请预先核准的名称，已经被其他公司企业申请预先核准。在此情况下如果使用该名称，则可能构成侵犯他人名称权。第二，申请预先核准的企业名称，存在违反法律法规禁止性规定的情形。

根据我国工商总局《企业名称登记管理实施办法》，我国法律对公司名称有如下要求：

第一，一个企业只允许使用一个名称，在企业登记主管机关的管辖辖区不得与已经登记注册的同行业企业名称相同或相似。确有特殊需要的，经省级以上登记主管机关核准，企业可以在规定的范围内使用一个从属名称。企业法人名称中不得含有其他法人的名称，国家工商行政管理总局另有规定的除外。

第二，企业的名称所使用的文字应当是符合国家法律规范的汉字。不得使用汉语拼音、阿拉伯数字。民族自治地方的企业名称可以同时使用本民族自治地方通用的民族文字（注意：是可以同时使用，即名称中必须有汉字，不能只有少数民族文字）。企业名称需译成外文使用的，由企业依据文字翻译原则自行翻译使用，无须报工商行政管理机关核准登记。

第三，企业的名称中不允许包含下列文字和内容：有损于国家、社会公共利益的；可能对公众造成欺骗或者误解的；外国国家（地区）名称、国际组织名称；政党名称、党政军机关名称、群众组织名称、社会团体名称及部队番号；汉语拼音字母（外文名称中使用的除外）、数字；其他法律、行政法规规定禁止的内容。

第四，除国务院决定设立的企业外，企业名称不得冠以“中国”“中华”“全国”“国家”“国际”等字样。在企业名称中间使用“中国”“中华”“全国”“国家”“国际”等字样的，该字样应是行业的限定语。例如，“国际贸易”“国际航运”，“国际”二字代表的是该行业的经营特点而不是经营范围。使用外国（地区）出资企业字号的外商独资企业、外方控股的外商投资企业，可以在名称中间使用“（中国）”字样。[注意：“（中国）”中的括号不能省略]

（2）公司的名称构成

我国法律规定，在我国登记注册的公司名称，一般由四部分组成：行政区划+字号+行业或经营特点+组织形式。

①行政区划

企业名称应当冠以企业所在地省（包括自治区、直辖市）或者市（包括州）或者县（包括市辖区）行政区划名称。市辖区的名称不能单独用作企业名称中的行政区划。市辖区名称与市行政区划连用的企业名称，由市工商行政管理局核准。省、市、县行政区划连用的企业名称，由最高级别行政区的工商行政管理局核准。

下列企业，可以申请在企业名称中使用“中国”“中华”或者冠以“国际”字样：a. 全国性公司；b. 国务院或其授权的机关批准的大型进出口企业；c. 国务院或其授权的机关批准的大型企业集团；d. 国家工商行政管理局规定的其他企业。

具备下列条件的企业法人，可以将名称中的行政区划放在字号之后，组织形式之前：a. 使用控股企业名称中的字号；b. 该控股企业的名称不含行政区划。

经国家工商行政管理总局核准，符合下列条件之一的企业法人，可以使用不含行政区划的企业名称：a. 国务院批准的；b. 国家工商行政管理总局登记注册的；c. 注册资本（或注册资金）不少于5000万元人民币的；d. 历史悠久、字号驰名的企业（30年以上生产经营历史，字号在全国或全省内广为人知）；e. 外商投资企业；f. 国家工商行政管理总局另有规定的。

企业可以在名称中的字号之后使用国家和地区的名称或者县级以上行政区划的

地名，该地名不视为企业名称中的行政区划，例如“北京烤鸭”“四川火锅”“云南米线”“郫县豆瓣”之类，这些名称中的行政区划的意义在于说明该企业所经营的产品或提供的服务的特点，不代表该企业的所在地或经营的地域范围。

②字号

相关法律法规规定，字号除不得有前文所述的六种禁止性情形外，还应当由两个以上汉字组成。企业有正当理由可以使用本地或者异地地名作字号，但不得使用县以上行政区划名称作字号。私营企业可以使用投资人姓名作字号。

值得注意的是，法律法规规定“可以使用本地或者异地地名作字号，但不得使用县以上行政区划名称作字号”，并未说明该地名是不是现有且正在使用的地名。例如，北京在1949年之前叫作“北平”，那么企业是否可以把“北平”作为字号在企业名称中使用？目前对此无明文规定，因此在选择企业名称时应当提前考虑到可能出现的情况，并预先拟定备选的字号。

③行业或经营特点

企业的名称必须如实反映企业所从事的行业，企业满足以下条件的，可以在名称中不显示所经营的行业，而采取“实业”“产业”“综合”“开发”“发展”之类概括性字样代表其经营范围：

a. 注册资本达到一亿元以上或者是企业集团的母公司；

b. 企业经济活动性质分别属于国民经济五个以上大类。

④组织形式

企业应当根据其组织结构和责任形式，在公司名称中如实标明其组织结构名称，根据我国《公司法》，有限责任公司在企业名称中应写明“有限责任公司”或“有限公司”。

此外，企业名称的登记注册，除了应满足与同地域同行业的其他企业名称不得相同或近似之外，还应当满足不与已经注册的同行业产品或服务的商标相同或近似，《最高人民法院关于审理商标民事纠纷案件适用法律若干问题的解释》第一条第一项规定，“将与他人注册商标相同或者相近似的文字作为企业的字号在相同或者类似商品上突出使用，容易使相关公众产生误认的”，也应认定为侵权。例如，某饮料公司把企业名称中的字号登记为“雪碧”，“雪碧”作为著名跨国企业可口可乐公司旗下一种知名产品的注册商标，不能作为其他饮料公司的字号进行登记。

（3）公司分支机构名称的特殊规定

企业设立分支机构的，企业及其分支机构的企业名称应当符合下列规定：

①在企业名称中使用“总”字的，必须下设三个以上分支机构；

②不能独立承担民事责任的分支机构，其企业名称应当冠以其所从属企业的名

称，缀以“分公司”“分厂”“分店”等字词，并标明该分支机构的行业和所在地行政区划名称或者地名，但其行业与其所从属的企业一致的，可以从略；

③能够独立承担民事责任的分支机构，应当使用独立的企业名称，并可以使用其所从属企业的企业名称中的字号；

④能够独立承担民事责任的分支机构再设立分支机构的，所设立的分支机构不得在其企业名称中使用总机构的名称。

企业的分支机构应当在名称中包含其从属企业的名称。

（4）公司名称预先核准的主管机关和管辖权限划分

名称预先核准的主管机关为工商行政管理部门，对企业名称的管理实行分级管理制度。

主管机关	权限范围
国家工商行政管理总局	名称的行政区划部分冠以“中国”“中华”“国家”“国际”等字样 在名称中间使用“中国”“中华”“国家”“国际”等字样 不包含行政区划的
地方工商行政管理总局	冠以同级别行政区划的 符合具备使用控股企业名称中的字号，该控股企业的名称不含行政区划的企业法人，含有同级行政区划的

对于被国家工商行政管理总局授予外商投资企业核准登记权的工商行政管理局，按照内资企业标准核准外商投资企业的名称。

（5）公司名称预先核准的具体程序和要点

①申请人

《公司登记管理条例》第十八条规定：“设立有限责任公司，应当由全体股东指定的代表或者共同委托的代理人向公司登记机关申请名称预先核准……”

在实践中，工商管理登记部门要求申请名称预先核准的公司（尚未成立时）委托一名自然人代表公司办理相关手续。该代理人既可以是公司的股东或工作人员，也可以是公司以外的工商注册代理机构。需要注意的是，由于公司尚未成立，因此委托人应当是公司的发起人（股东），且应当是全体发起人（股东）一致同意的委托，不能用公司的名义委托该代理人代理相关手续。

②申请方式

《企业名称登记管理实施办法》第二十四条规定，申请方式既可以是到工商管理登记部门直接当面申请，也可以是通过邮寄、传真、电子数据交换的方式。具体采取哪种方式，应当事先与有管辖权限的工商管理登记部门沟通查询。

③申请时应当提交的文件

a. 《企业名称预先核准申请书》;

b. 全体发起人或股东签署的授权委托书，及受委托的代理人的身份证复印件;

c. 名称的行政区划冠以“中国”“中华”“国家”“国际”等字样的批准文件;

d. 工商管理登记部门要求的其他文件。

④不予核准的情形

a. 企业被撤销未满三年;

b. 企业营业执照被吊销未满三年;

c. 因前两项所列情况以外的原因办理注销登记未满一年。

⑤两个以上企业申请相同企业名称的处理

对于两个以上企业向登记主管机关申请相同的企业名称，并且申请都符合有关法律法规规定的，按照以下原则进行核准:

<table>
<tr><td rowspan="2">向同一个登记主管机关申请</td><td>非同一天申请</td><td>在先申请原则</td></tr>
<tr><td>同一天申请</td><td>企业先行协商解决；协商不成的，由登记主管机关裁决</td></tr>
<tr><td rowspan="2">向不同登记主管机关申请</td><td>非同一天申请</td><td>在先申请原则</td></tr>
<tr><td>同一天申请</td><td>企业先行协商解决；协商不成的，由不同登记主管机关的共同上级登记主管机关进行裁决</td></tr>
</table>

⑥名称预先核准的效力

公司的名称获得预先核准的批准之后，有六个月的保留期，供公司提交公司登记注册申请。在此期间，获得预先核准的公司名称不得用于经营活动，不得转让。公司的名称经核准登记注册后，无特殊原因在一年内不得申请变更。

4. 前置审批程序

根据我国《公司法》第六条第二款的规定，法律、行政法规规定设立公司必须报经批准的，应当在公司进行登记前依法办理报批手续。取得相应的行政批准后，工商登记方能获批。

概括而言，需要办理前置审批的行业，包括医疗器械、旅游、印刷、运输、图书及音像、影视广告、烟酒、药店、拍卖行、担保、投资、交通等关系国计民生、需要提供专业服务以及关系到国家安全的行业。

在进行工商登记之前，应当先到当地工商管理部门查询，了解拟设立公司的经营范围是否属于需要前置审批的范围，并根据当地工商部门及相关审批部门的要求办理前置审批手续。需要注意的是，除了全国性法律法规规定的以外，各个地方政府往往也有自己保留的前置审批项目，因此必须全面查询。

5. 出资和验资

公司的注册资本是公司能够独立承担民事责任的保证，注册资本的多少反映出公司的实力。

（1）出资额

根据我国《公司法》的规定，有限责任公司的注册资本为在公司登记机关登记的全体股东认缴的出资额。2013 年修订的《公司法》不再限定一般有限责任公司注册资本的最低限额以及股东的首次出资额，但法律、行政法规对有限责任公司注册资本的最低限额有较高规定的，应从其规定。例如：

公司类型	最低注册资本限额（人民币）
劳务派遣公司	200 万元
保险公司	2 亿元
全国性商业银行	10 亿元
城市性商业银行	1 亿元
农村商业银行	5000 万元
信托公司	3 亿元人民币或等值的可自由兑换货币
基金管理公司	1 亿元

（2）出资形式

我国《公司法》和《公司注册资本登记管理规定》对于股东的出资形式有以下要求：

<table>
<tr><th></th><th colspan="2">出资形式</th><th>要求</th></tr>
<tr><td rowspan="2">可以用来出资的</td><td colspan="2">货币</td><td rowspan="2">法律、行政法规规定不得作为出资的财产除外</td></tr>
<tr><td>能够用货币估价并可以依法转让的非货币财产</td><td>实物、知识产权、土地使用权等</td></tr>
<tr><td>不可以用来出资的</td><td colspan="2">劳务、信用、自然人姓名、商誉、特许经营权或者设定担保的财产等</td><td></td></tr>
</table>

对作为出资的非货币财产应当评估作价，核实财产，不得高估或者低估作价。法律、行政法规对评估作价有规定的，从其规定。需要注意的是，我国《公司法》事实上对非货币财产出资范围进行了限制，只有能够用货币评估价格且能在市场上流通的非货币财产才能用作出资，这是因为非货币财产必须用货币作为价格计算的单位，才能计算其所占全部出资额度的比例，并且，非货币财产只有能够转让，才

能成为公司的财产用作经营。

《公司法》2013年修订后，不再限制股东缴足出资的年限，也即公司章程中可以约定股东出资，包括货币出资和非货币出资的年限。但是，值得注意的是，对于非货币财产出资，若缴足期限过长，在此期间该非货币财产可能贬值，如专利失去新颖性、商标使用权贬值、实物折旧贬值等，因此需要在出资协议中约定非货币财产经过评估作价后实际出资的期限，超过该期限则需要重新评估作价。并且，需要约定对于突发事件造成的非货币财产贬值（如“三鹿奶粉事件”后，“三鹿”商标急剧贬值），不适用于该期限。

对于知识产权出资，应当保证在不侵犯第三方权利的情况下用以出资的知识产权经过评估作价，同时需注意出资的知识产权是否在出资前已许可第三方使用。若之前已许可第三方使用，需区分是否为独占性或排他性使用，否则公司日后可能会出现侵权。即使是非独占性或非排他性使用，也会对公司日后的经营造成竞争。用知识产权出资的股东应当签署保证不侵犯第三方权利的声明，若出现侵权，责任由该股东独立承担。还需注意的是，股东在以知识产权出资后，即丧失对该知识产权的出资部分的所有权，因此自身不得继续使用该知识产权，应要求该股东对此出具保证。

在实践中，部分地区和城市的工商管理部门不允许使用某些形式的财产出资。例如，北京市工商局颁布的京工商发〔2001〕69号《关于企业登记注册工作若干问题的意见》中规定：“自本意见下发之日起，以下实物暂不得作为对企业的出资：食品、饮料、烟草、棉、麻、土畜产品、纺织品、服装鞋帽、日用百货、五金交电、化工产品、药品、中草药及其制品、石油及其制品、煤炭及其制品、木材、建筑材料、矿产品、金属材料、未办理产权证书的房屋、汽车配件及未办理行驶证的机动车、工艺美术品、字画、图书、肥料、农药、饲料、苗木、花卉、家具、工业用原材料、工业用半成品。著作权、商标许可使用权、专利许可使用权以及其他许可使用权（土地使用权除外）不得作为对企业的出资。”虽然此类规定是否合法有待商榷，但是由于我国《行政诉讼法》不允许对抽象行政行为提起诉讼，因此企业在发起阶段最好还是向当地有关工商管理部门进行具体咨询。

（3）出资的缴纳

根据我国《公司法》及其他相关法律法规的规定，出资的实质是股东将财产的所有权转移给公司，作为对价，股东取得对应的出资额度所从属的权利。因此，出资首先必须将财产的所有权转移给公司。对于现金，应当转入公司在取得名称核准许可后在银行设立的临时公司账户；对于动产，应当交付给公司；对于不动产，应当办理相应的权属变更登记手续，将所有权转移给公司。

《公司法》修改后，法律不再强制要求股东出资以及验资。但股东实际缴纳出资的义务是法定的，缺少了行政机关的监督，股东更应该对出资、验资予以重视。所以，公司章程中应该明确规定各股东认缴的出资额、出资方式、出资期限，并明确约定不按期出资或出资不足的违约责任等内容。同时，为确保股东出资真实，在每次出资之后，建议仍然委托法定的验资机构对出资进行检验并保留好证明文件备查。验资的主要内容有：①出资形式是否符合我国法律法规的强制性规定；②出资是否符合公司章程所规定的数额、比例和形式；③出资是否虚假，以货币形式出资的，是否已将出资货币真实存入公司的临时账户；④对非实物出资的作价是否公平合理，是否符合有关法律法规的规定。如果不符合以上条件，则验资机构不得出具验资报告。

（4）验资

如前文所述，虽然《公司法》不再强制要求验资，但验资还有其必要性。我国的法定验资机构是会计师事务所和审计师事务所，具体由在会计师事务所工作的注册会计师或在审计师事务所工作的经依法认定为具有注册会计师资格的注册审计师担任，由验资机构出具的验资报告应妥善留存。

6. 设立登记

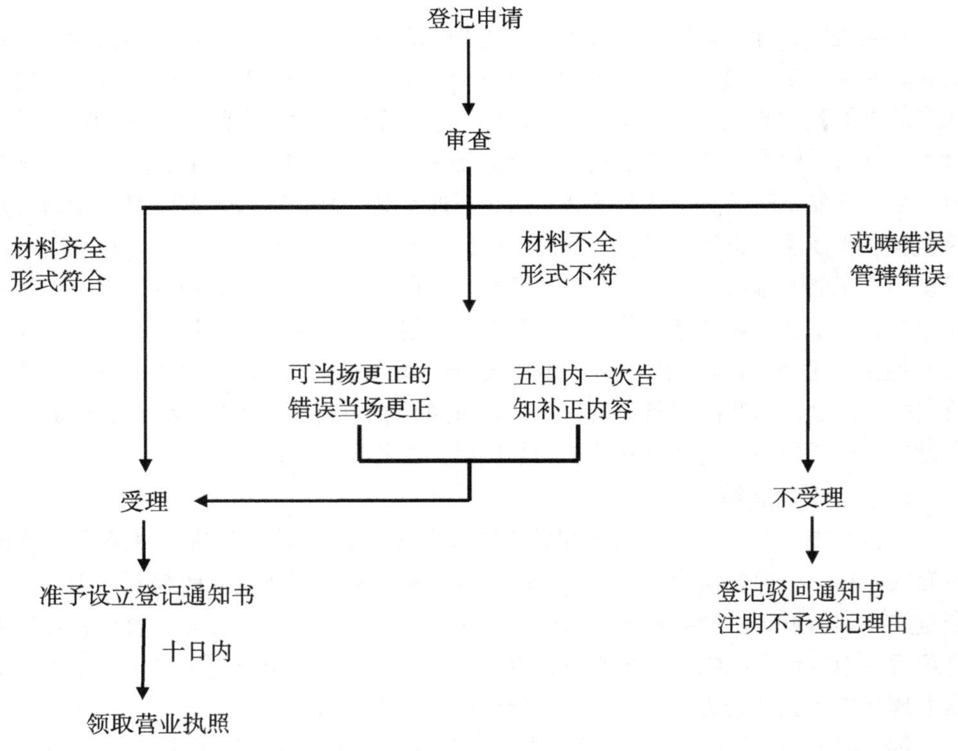

(1) 登记申请

①申请人与申请时间

根据我国《公司登记管理条例》(2016 年修订) 第二十条第一款的规定，设立有限责任公司，应当由全体股东指定的代表或者共同委托的代理人向公司登记机关申请设立登记。设立国有独资公司，应当由国务院或者地方人民政府授权的本级人民政府国有资产监督管理机构作为申请人，申请设立登记。法律、行政法规或者国务院决定规定设立有限责任公司必须报经批准的，应当自批准之日起 90 日内向公司登记机关申请设立登记；逾期申请设立登记的，申请人应当报批准机关确认原批准文件的效力或者另行报批。

②申请方式

申请人申请时应当书面提交符合法定形式的各类文件。提交申请的方式具体包括：申请人到公司登记机关现场提交申请；通过信函、电报、电传、传真、电子数据交换和电子邮件等方式提出申请。通过电报、电传、传真、电子数据交换和电子邮件等方式提出申请的，应当提供申请人的联系方式以及通信地址。申请人要保证申请材料的真实性，提供虚假材料要承担相应的法律责任。

③申请材料

根据《公司登记管理条例》第二十条第二款的规定，申请设立有限责任公司，应当向公司登记机关提交下列文件：

a. 公司法定代表人签署的设立登记申请书；

b. 全体股东指定代表或者共同委托代理人的证明；

c. 公司章程；

d. 股东的主体资格证明或者自然人身份证明；

e. 载明公司董事、监事、经理的姓名、住所的文件以及有关委派、选举或者聘用的证明；

f. 公司法定代表人任职文件和身份证明；

g. 企业名称预先核准通知书；

h. 公司住所证明；

i. 国家工商行政管理总局规定要求提交的其他文件。

法律、行政法规或者国务院决定规定设立有限责任公司必须报经批准的，还应当提交有关批准文件。

(2) 审查与受理

登记机关对于申请人提交的申请进行审查。对于登记申请的各项文件审查合格的，应当受理并出具《受理通知书》；若申请材料存在当场可以更改的错误，可当场更改并受理；若材料不齐全或者不符合法定形式，登记机关应当当场或者在五日内一次告知申请人需要补正的全部内容，若逾期没有告知，视为登记机关受理了申请人的申请；对于不属于公司登记范畴或者不属于本机关登记管辖范围的事项，或者存在其他不予受理的情形，登记机关应当出具《不予受理通知书》，并说明不予受理的理由。

（3）登记与领取营业执照

登记机关作出准予公司设立登记决定的，应当出具《准予设立登记通知书》，并告知申请人自决定之日起十日内领取由登记机关颁发的《企业法人营业执照》。公司营业执照签发日期为公司成立日期，公司凭公司登记机关核发的《企业法人营业执照》刻制印章，开立银行账户，申请纳税登记。

登记机关作出不予登记决定的，应当出具《登记驳回通知书》，说明不予登记的理由。对于不予登记的决定，申请人依法享有申请行政复议或者提起行政诉讼的权利。

（三）有限公司设立过程中的常见风险及防范

由于一般情况下有限公司的股东相互比较了解，大家对设立过程中可能产生的风险往往不太重视，导致公司成立后或不能成立时产生大量的矛盾和纠纷，如果不重视这些矛盾和纠纷，很有可能给投资者带来巨大经济损失。

1. 非货币财产出资的法律风险

如前所述，根据我国现行《公司法》《公司登记管理条例》以及《公司注册资本登记管理规定》的相关规定，股东既可以用货币出资，也可以用实物、知识产权、土地使用权等其他非货币财产出资。对于非货币财产的范围，上述法律、法规、规章均没有明确规定，2014 年修订的《公司注册资本登记管理规定》第五条第二款以排除法的表述方式，排除了以下非货币财产：劳务、信用、自然人姓名、商誉、特许经营权或者设定担保的财产等。

在以非货币资产出资的情况下，非货币资产的客观实际价值往往容易产生风险，发生争议。例如，在个别发起人股东以专利出资的情况下，专利的市场价值如何确定非常复杂，这关系到专利的实际使用价值、市场前景、替代技术、对外许可情况等诸多因素，其他以货币出资的股东，在公司经营遇到困难的时候，很有可能指责以专利出资的股东在出资过程中恶意高估其用以出资的专利价值，进而要求其承担出资不实的违约责任。

因此，在以非货币财产出资的情况下，需要全体发起人订立更为完善的公司设立协议或出资协议，详细约定用以出资的非货币财产的性质、范围、评估机构、评估方式、过户转移、违约责任等。或者借助律师事务所、会计师事务所等专业机构，对用以出资的非货币财产进行严格的审核。

2. 虚假出资和抽逃出资的法律风险

我国《公司法》于2013年修订后，取消了对注册资本的限制以及对首次出资比例的限制，很多人误以为虚假出资和抽逃出资的法律风险就不存在了，这其实是对法律变化的错误解读。

（1）虚假出资。虚假出资是指公司发起人、股东违反公司章程的规定，未实际交付货币、实物或未转移财产权，或通过虚假手段取得验资机构验资证明，骗取公司登记的行为。

实践中虚假出资主要表现为：①用虚假银行进账单、对账单骗取验资报告；②用假的非货币财产投资手续骗取验资报告；③以实物、知识产权、非专利技术、土地使用权出资，但实际上并未办理相关财产权转移手续，或其实际价值显著低于公司章程所定出资额；④将资金转入公司账户后又立即转出，公司实际上未使用该款项用于任何经营。

公司发起人、股东虚假出资的，其他按照发起人协议/出资协议和公司章程出资的股东可以要求虚假出资股东承担民事上的违约责任。已经设立的公司可以依据公司章程的规定要求虚假出资的股东重新补足出资额。《公司法》（2018年修订）第三十条规定："有限责任公司成立后，发现作为设立公司出资的非货币财产的实际价额显著低于公司章程所定价额的，应当由交付该出资的股东补足其差额；公司设立时的其他股东承担连带责任。"债权人也可以依据《最高人民法院关于人民法院执行工作若干问题的规定（试行）》（1998年7月，法释〔1998〕15号）第八十条的规定，在注册资金不实的范围内，直接变更虚假出资的股东为被执行人。《最高人民法院关于适用〈中华人民共和国公司法〉若干问题的规定（三）》（法释〔2011〕3号）第十三条规定，"股东未履行或者未全面履行出资义务，公司或者其他股东请求其向公司依法全面履行出资义务的，人民法院应予支持""公司债权人请求未履行或者未全面履行出资义务的股东在未出资本息范围内对公司债务不能清偿的部分承担补充赔偿责任的，人民法院应予支持"；该条第三款还规定："股东在公司设立时未履行或者未全面履行出资义务，依照本条第一款或者第二款提起诉讼的原告，请求公司的发起人与被告股东承担连带责任的，人民法院应予支持；公司的发起人承担责任后，可以向被告股东追偿。"

除民事责任外，根据《公司法》（2018年修订）第一百九十九条规定，虚假出资的公司以及公司的发起人、股东可能还会面临工商行政部门的行政处罚。《公司法》（2018年修订）第一百九十八条规定："违反本法规定，虚报注册资本、提交虚假材料或者采取其他欺诈手段隐瞒重要事实取得公司登记的，由公司登记机关责令改正，对虚报注册资本的公司，处以虚报注册资本金额百分之五以上百分之十五以下的罚款；对提交虚假材料或者采取其他欺诈手段隐瞒重要事实的公司，处以五万元以上五十万元以下的罚款；情节严重的，撤销公司登记或者吊销营业执照。”《公司法》（2018 年修订）第一百九十九条规定：“公司的发起人、股东虚假出资，未交付或者未按期交付作为出资的货币或者非货币财产的，由公司登记机关责令改正，处以虚假出资金额百分之五以上百分之十五以下的罚款。”

对于公司发起人、股东虚假出资数额巨大、后果严重或者具有其他严重情节的，公司发起人、股东还可能面临着承担刑事责任，根据我国《刑法》第一百五十九条的规定：“公司发起人、股东违反公司法的规定未交付货币、实物或者未转移财产权，虚假出资，或者在公司成立后又抽逃其出资，数额巨大、后果严重或者有其他严重情节的，处五年以下有期徒刑或者拘役，并处或者单处虚假出资金额或者抽逃出资金额百分之二以上百分之十以下罚金。单位犯前款罪的，对单位判处罚金，并对其直接负责的主管人员和其他直接责任人员，处五年以下有期徒刑或者拘役。”

公司法于 2013 年修订后，全国人民代表大会常务委员会于 2014 年 4 月 24 日针对我国《刑法》第一百五十八条、第一百五十九条出台了新的立法解释，根据新解释的规定：《刑法》第一百五十八条、第一百五十九条的规定，只适用于依法实行注册资本实缴登记制的公司。可见《公司法》修订后，虚假出资罪依然存在，只不过范围变窄而已。①

根据《最高人民检察院、公安部关于公安机关管辖的刑事案件立案追诉标准的规定（二）》第四条的相关规定，超过法定出资期限，有限责任公司股东虚假出资数额在 30 万元以上并占其应缴出资数额百分之六十以上的，股份有限公司发起人、股东虚假出资数额在 300 万元以上并占其应缴出资数额百分之三十以上的；或造成公司、股东、债权人的直接经济损失累计数额在 10 万元以上的；或虽未达到上述数额标准，但发生致使公司资不抵债或者无法正常经营等严重后果的，侦查机关应当立案追诉。

（2）抽逃出资。抽逃出资是指公司发起人、股东在公司成立后，将其所缴纳的出资暗中撤回，但其仍保留股东身份和原有的出资份额的行为。

实践中，抽逃出资常见的表现形式主要有：①公司资本验资后强行将注册资金的货币一部分或全部抽走；②伪造虚假的基础交易关系，将股东注册资金的一部分划入股东个人所有；③将注册资金的非货币部分，如建筑物、厂房、机器设备、工业产权、专有技术、场地使用权等在验资完毕后，将其一部分或全部抽走；④违反《公司法》规定，未提取法定公积金和法定公益金或者制作虚假财务会计报表虚增利润，在短期内以分配利润名义抽走出资；⑤为抽走货币出资，用其他未经审计评

---

① 梁强、李福来：《新公司法背景下抽逃出资及其法律责任》，载《中国律师》2015 年第 2 期。

估且实际价值明显低于其申报价值的非货币财产补账；⑥通过对股东提供抵押担保而变相抽回出资。①

抽逃出资的民事责任和虚假出资的民事责任比较相近，对于已经依照公司章程正常出资的股东可以基于出资协议或发起人协议要求抽逃出资的股东承担违约责任；公司作为一个独立主体，也有权要求抽逃出资的股东返还抽逃的出资，债权人可以要求抽逃出资的股东在抽逃出资范围内对公司的债务承担连带责任，可以依据《最高人民法院关于人民法院执行工作若干问题的规定（试行）》（1998 年 7 月，法释〔1998〕15 号）第八十条的规定，在抽逃出资范围内，直接变更抽逃出资的股东为被执行人。《最高人民法院关于适用〈中华人民共和国公司法〉若干问题的规定（三）》（法释〔2011〕3 号）第十四条规定："股东抽逃出资，公司或者其他股东请求其向公司返还出资本息、协助抽逃出资的其他股东、董事、高级管理人员或者实际控制人对此承担连带责任的，人民法院应予支持。公司债权人请求抽逃出资的股东在抽逃出资本息范围内对公司债务不能清偿的部分承担补充赔偿责任、协助抽逃出资的其他股东、董事、高级管理人员或者实际控制人对此承担连带责任的，人民法院应予支持；抽逃出资的股东已经承担上述责任，其他债权人提出相同请求的，人民法院不予支持。"

除民事责任外，抽逃出资的发起人、股东还可能承担行政责任，根据我国《公司法》（2018 年修订）第二百条的规定："公司的发起人、股东在公司成立后，抽逃其出资的，由公司登记机关责令改正，处以所抽逃出资金额百分之五以上百分之十五以下的罚款。"

对于抽逃出资的行为，严重情况下，抽逃出资的发起人、股东还可能面临牢狱之灾，承担刑事责任。根据我国《刑法》第一百五十九条的规定："公司发起人、股东违反公司法的规定未交付货币、实物或者未转移财产权，虚假出资，或者在公司成立后又抽逃其出资，数额巨大、后果严重或者有其他严重情节的，处五年以下有期徒刑或者拘役，并处或者单处虚假出资金额或者抽逃出资金额百分之二以上百分之十以下罚金。单位犯前款罪的，对单位判处罚金，并对其直接负责的主管人员和其他直接责任人员，处五年以下有期徒刑或者拘役。"

和虚假出资一样，我国实行注册资金认缴制以后，全国人民代表大会常务委员会于 2014 年 4 月 24 日针对我国《刑法》第一百五十八条、第一百五十九条出台了新的立法解释，根据新解释的规定，刑法第一百五十八条、第一百五十九条的规定，只适用于依法实行注册资本实缴登记制的公司。由于包括募集设立的股份公司，银行、信托、融资租赁等大量公司仍然采用实缴登记制，所以不能简单认为在

---

① 陈连峰、姚剑：《对股东抽逃出资执行工作的探讨》，载江苏法院网。

我国注册资金实行认缴制以后，抽逃出资罪名已经不存在，虽然范围变窄，但仍然需要警惕！

根据《最高人民检察院、公安部关于公安机关管辖的刑事案件立案追诉标准的规定（二）》第四条的规定，有限责任公司股东抽逃出资数额在30万元以上并占其实缴出资数额百分之六十以上的，股份有限公司发起人、股东抽逃出资数额在300万元以上并占其实缴出资数额百分之三十以上的；或造成公司、股东、债权人的直接经济损失累计数额在10万元以上的；或虽未达到上述数额标准，但发生致使公司资不抵债或者无法正常经营等严重后果的，侦查机关应当立案追诉。

3. 不适当履行出资的法律风险

不适当履行，是指发起人、股东在履行出资义务过程中，出资的时间、形式或程序不符合设立协议/出资协议的约定或者法律的规定，但不存在虚假出资或抽逃出资的行为。

（1）不按期出资或办理非货币财产的转移手续引发的法律风险。

公司发起人、股东履行出资义务，应当依据设立协议的约定或者我国法律的规定，及时交付货币或者办理非货币财产的转移手续。发起人、股东迟延履行义务或以其他方式不适当履行义务，一方面可能会延误公司的设立，导致公司错失商业机会；另一方面也可能会间接对其他守约发起人、股东造成损失，所以不适当履行出资义务的发起人、股东可能会承担一系列的违约责任、出资填补责任和连带赔偿责任。

（2）在非货币出资财产存在权利瑕疵时可能引发的法律风险。

非货币财产权利瑕疵，主要是指发起人、股东以实物、知识产权、土地使用权等非货币财产出资，但是对这些非货币财产并不具有合法的处分权利。发起人、股东交付的非货币财产存在权利瑕疵，很可能会导致公司设立后被第三人起诉，情况严重时可能会造成公司破产的严重后果，所以，在发起人协议或股东出资协议中一定要约定非货币财产的条件，尽可能控制非货币财产出资的比例，在必要的情况下要求独立第三方就非货币财产出资进行尽职调查。

4. 公司股权结构设置的法律风险

股权结构设置对于一个公司的长远发展具有非常重要的意义，很多公司经营过程中遇到的重大问题，包括公司僵局、损害小股东利益等，究其根源，都和公司的股权结构设置有关。

（1）过于集中的股权结构可能引发的法律风险

由于受中国传统文化中“买卖好做，伙计难搭”的影响，很多人在设立公司时不愿意引入其他股东，为了规避我国法律对于一人公司的限制，通常会找几个小股东来充数。形成公司一股独大的情形，董事会、监事会和股东会基本上形同虚设，家长式管理模式盛行。这种管理模式，在公司的创业初期，可能会提高决策效率，快速适应多变的市场，进而获得成功；但当公司发展到一定规模之后，由于缺乏必要的制衡机制，这种管理模式发生重大失误的可能性就会增大。另外，在一股独大而且控股股东也是法人单位的情况下，股东和公司极易出现人员混同、财务混同、管理混同的情形，极容易被第三人以“公司人格否定”或“揭开公司面纱”理论要求股东承担连带责任①，我国《公司法》（2018 年修订）第二十条规定：“公司股东应当遵守法律、行政法规和公司章程，依法行使股东权利，不得滥用股东权利损害公司或者其他股东的利益；不得滥用公司法人独立地位和股东有限责任损害公司债权人的利益。公司股东滥用股东权利给公司或者其他股东造成损失的，应当依法承担赔偿责任。公司股东滥用公司法人独立地位和股东有限责任，逃避债务，严重损害公司债权人利益的，应当对公司债务承担连带责任。”

（2）平衡股权结构可能引发的法律风险

所谓平衡股权结构，是指公司的股权在各个股东之间基本上平均分配，大家的股权比例比较接近，没有绝对的控股股东。在股东人数超过两人的情况下，这种结构没有多大问题，但如果公司只有两个股东，这种结构的弊端则尽显无遗，只要两个股东之间就任何问题发生争执，很快就有可能陷入僵局，公司没有办法召开股东会、董事会，即使召开也无法形成有效决议。现实中发生的武力抢夺公章、强行占领办公室、单方强行表决、用不正当方式抢夺客户等现象，很多都和公司的平衡股权结构有关。更为严重的是，当公司陷入僵局的时候，由于司法救济的滞后性，事实上很难通过诉讼解决问题。

（3）股权过于分散的法律风险

股权分散为现代公司的常见状态，这种结构可以避免一股独大的情况下大股东任意侵犯小股东利益的情况频繁发生，但这种股权结构也有自身不可避免的缺点。在股权较为分散的情况下，股权人人有份，但又都不多，每个人在公司的利益份额都不是很大，都没有太大的热情把精力和时间投入公司经营管理中去，公司的实际经营管理往往通过职业经理人或持股较低的管理层完成。公司管理环节缺乏股东的有效监督，管理层出现道德危机的问题较为严重。

另外，在这种股权结构下，由于没有绝对的核心，力量分散，数量较多的小股东在股东会中相互制约，相互争吵，公司大量的精力和能量消耗在股东之间的博弈活动之中，效率低下，难以跟上市场的节奏。

5. 隐名出资引起的法律风险

隐名出资是指一方（隐名投资人）实际认购出资，但公司的章程、股东名册或

---

① 刘俊海：《论新公司法中的揭开公司面纱制度》，载中国公司法律网，http：//www. ccsl. org. cn/zl/ShowArticle. asp？ArticleID＝2096。

其他工商登记材料记载的出资人却为他人（显名投资人）的情形。

由于我国现行法律对出资主体存在一定的限制，现实中隐名出资的情况比较普遍，由于隐名出资涉及的法律关系比较复杂，往往给公司带来非常大的法律风险，本章第二节对此会展开介绍，在此不再赘述。

二、股份有限公司的设立

（一）股份有限公司设立的基本理论

1. 股份有限公司的基本概念

设立股份有限公司与设立有限责任公司相比具有巨大的融资优势，需要投入高额资金的大型企业往往会考虑通过设立股份有限公司来谋求企业的长足发展。

股份有限公司是全部注册资本由等额股份构成并通过发行股票（或股权证）来筹集资本，股东以其持有的股份为限对公司承担责任，公司以其全部资产为限对公司的债务承担责任的企业法人；每一股有一票表决权，股东以其持有的股份，享受权利，承担义务。

2. 股份有限公司的特点

股份有限公司具有以下特点：

（1）股份有限公司的设立的发起人人数应当符合法定要求

根据我国《公司法》（2018 年修订）第七十八条的规定，设立股份有限公司的发起人人数应当在二人以上两百人以下，其中须半数以上的发起人在中国境内有住所。

（2）股份有限公司股东以其认购的股份对公司承担有限责任

股份有限公司是由一定数量的股东通过股份认购设立的，公司享有独立的法人财产和法人人格，能够以自己名义对外开展经营活动，享有民事权利，能够独立地承担民事责任。公司股东仅作为公司的投资者，以其认缴的股份对公司承担有限责任，在其认缴的出资额之外，对公司的负债不承担责任，股东依法享有资产收益、参与公司的重大决策、选择管理者和分配剩余资产等权利。

（3）公司具有开放性和社会性

股份有限公司的开放性和社会性体现为在公司设立过程中，能够公开募集资本，股东股份能够自由转让，公司可以上市，公司财务对外公开等。《公司法》（2018 年修订）第八十四条规定，以募集设立方式设立股份有限公司的，发起人有权向社会公开募集股份，但是发起人对外募集公司股份，其自身必须首先认购不得少于公司股份总数的百分之三十五股份（法律、法规另有规定的除外）。上市公司的股票，依照有关法律、法规及证券交易所交易规则上市交易。股东的股份转让，应当在依法设立的证券交易场所进行或按照国家规定的方式进行。股份有限公司的账务、账目必须向全部股东公开，上市公司必须依照法律、法规规定，公开其财务、经营状况及公司涉及的重大诉讼，在每会计年度内公布一次财务会计报告。

（4）股份有限公司是典型的资合公司

股份有限公司的信用基础根本在于资本，区别于有限责任公司股东信用和合伙企业的合伙人信用。公司的全部资本被分成等额股份，股东以其持有的公司股份数额享有权利和承担义务。股东所持的股份数额决定了其在股东会中表决的权利大小。与有限责任公司相同，股份有限公司的股东也不能以劳务出资。以发起设立方式设立公司的，发起人应当书面认足章程规定的股份数额。以非货币财产出资的，应当依法在规定期限内办理财产权利的转移手续。

3. 股份公司的设立方式

根据我国《公司法》（2018 年修订）第七十七条的规定，股份有限公司的设立，可以采取发起设立和募集设立两种方式。

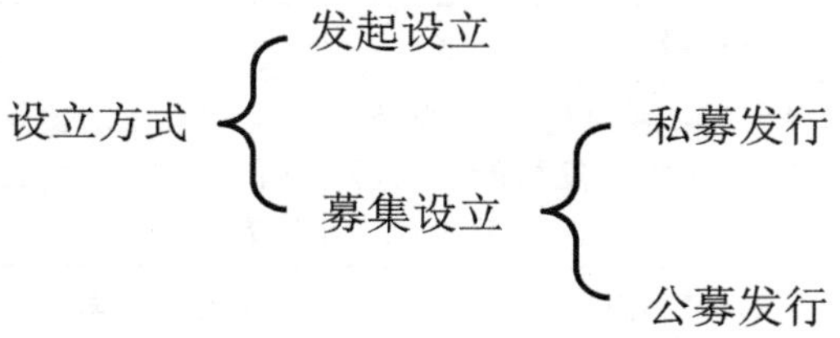

（1）发起设立方式

发起设立又称共同设立或单纯设立，是指发起人通过认购公司应发行的全额股份而设立公司的方式。发起设立具有以下特征：

第一，认购首期发行股份的人必须是发起人，社会公众不参与股份认购，这是发起设立和募集设立的根本区别。

第二，发起人必须将首期发行的所有股份全部认购，一次性筹集完成公司股本。

第三，发起设立是在公司设立完成前进行股份认购，与公司完成设立后再增资认购不同。

发起设立具有程序简单、设立效率高、周期短、设立所需的成本较低，以及公司向心力强（由于股东人数少，最初的董事和监事只能在发起人中选择，因此具有一定的人合性）等优势。与募集设立相比，发起设立的劣势主要是由于发起人（股东）人数较少，导致筹集资金的能力较为有限。因此，发起设立一般适用于中小型股份有限公司。

（2）募集设立方式

募集设立又称“渐次设立”或“复杂设立”，是指发起人仅认购部分公司首期发行股份，其余部分通过对外向社会公众募集的公司设立方式。我国《公司法》（2018 年修订）第七十七条第三款规定："募集设立，是指由发起人认购公司应发行股份的一部分，其余股份向社会公开募集或者向特定对象募集而设立公司。"所以，募集设立可以通过向社会公开发行股票来设立，也可以通过向特定对象发行股票来设立。由于募集设立的股份有限公司资本规模一般情况下较大，涉及投资者利益方面纷繁复杂，故各国公司法均对其设立程序有严格规制。如各国大都规定了发起人认购的股份在公司股本总数中应占的最小比例，以此来防止发起人完全凭借他人资本设立公司，损害一般投资者的利益。我国《公司法》（2018 年修订）第八十四条规定："以募集设立方式设立股份有限公司的，发起人认购的股份不得少于公司股份总数的百分之三十五；但是，法律、行政法规另有规定的，从其规定。"

根据资金筹集对象的不同，募集设立可以分为"私募发行"和"公募发行"两种方式（通常简称"私募"和"公募"）。二者的区别见下表：

募集类型	私募发行	公募发行
概念	公司发行的股份除由发起人认购外，其余股份向特定的主体发行的股份募集方法	公司发行的股份除由发起人认购外，其余股份应向社会公众公开发行的股份募集方法
优点	操作便捷，成本相对较低 更为灵活 便于保密	募集资金较多 增加知名度，有助于公司的运营 经营计划更为周延
缺点	前期调研的成本较高，风险承担较大 由于转售方面的限制，私募发行的股份变现成本较高	时间成本高 灵活性较差 审批手续较为复杂

4. 股份有限公司的设立条件

我国《公司法》（2018 年修订）第七十六条规定了股份有限公司设立的条件，具体包括：

（1）发起人符合法定人数

发起人是指认购或募集股本并承担公司筹办事务的法人或自然人，根据我国《公司法》（2018 年修订）第七十八条规定："设立股份有限公司，应当有二人以上二百人以下为发起人，其中须有半数以上的发起人在中国境内有住所。"无论是法人还是自然人都可以作为公司的发起人。但是，《公司法》对发起人主体资格放宽限制的同时，不能忘记其他的一些法律、行政法还对发起人的主体资格作出了一些约束：自然人发起人应当具有完全民事行为能力。除此之外，法律、法规也规定了一些从事营利性活动的人不得作为公司设立的发起人，包括法官、检察官、人民警察及其他国家公务人员和现役军人。

（2）全体发起人认购的股本总额或者募集的实收股本总额符合公司章程规定

发起人认购和募集的股本是公司的初始财产，是公司开始经营活动的物质基础。股份有限公司以公司财产对公司的债务承担清偿责任，股东以其出资额对公司债务承担有限责任，因此《公司法》（2018 年修订）第七十六条第二项规定“有符合公司章程规定的全体发起人认购的股本总额或者募集的实收股本总额”，既是股份有限公司设立和开展经营活动的必备条件，也是公司获得信任的基础和对公司债务的清偿能力的保障。《公司法》（2018 年修订）第八十条明确规定：“股份有限公司采取发起设立方式设立的，注册资本为在公司登记机关登记的全体发起人认购的股本总额。在发起人认购的股份缴足前，不得向他人募集股份。股份有限公司采取募集方式设立的，注册资本为在公司登记机关登记的实收股本总额。法律、行政法规以及国务院决定对股份有限公司注册资本实缴、注册资本最低限额另有规定的，从其规定。”

（3）股份发行、筹办事项符合法律规定

我国《公司法》（2018 年修订）第八十五条、第八十七条对股票发行程序和筹办事项都做了详细和严格的要求。包括制作招股说明书和认股书，找证券公司承销，由验资机构出具验资报告，召开创立大会等。因此，股份的发行和筹办事项符合法律规定是设立股份有限公司的必备条件。

（4）发起人制定公司章程，采用募集方式设立的经创立大会通过

公司章程是指由设立公司的股东制定的自制规则，对公司、股东、公司经营管理人员具有约束力，可以调整公司内部组织关系和经营行为。依法生效的股份有限公司章程，对公司及全体股东和公司权力机构、执行机构和监督机构及公司的法定代表人、董事长、董事、监事、公司经理等高级管理人员具有法律约束力。公司章程既是公司设立的必备条件，也是我国《公司法》规定的公司成立存续的基本要求。采用发起方式设立的股份有限公司的公司章程由全体发起人签字、盖章生效；采用募集方式设立的股份有限公司，创立大会对公司章程作出决议，必须经出席会议的认股人所持表决权过半数通过方可生效。创立大会的举行，应有代表股份总数过半数的发起人、认股人出席。

（5）有公司名称，建立符合股份有限公司要求的组织机构

设立股份有限公司，必须在公司名称中标明“股份有限公司”或“股份公司”字样，公司名称也是公司章程应当载明的事项之一，是公司设立登记的法定内容，同时也是公司开展经营活动，对外订立合同、进行民事法律行为，承担民事责任以及进行司法诉讼的必备条件。因此，设立公司应当有符合法律规定和要求的公司名称。

股份有限公司的组织机构包括权力机构、执行机构和监督机构，其中股东大会是股份有限公司的权力机构，依法行使公司的决策权。董事会是公司的执行机构，对股东大会负责并行使公司的经营执行权。监事会是公司的监督机构，主要监督公司财务的合规运作和董事、高管的职务行为。

（6）有公司住所

公司的住所是公司主要的办事机构所在地，它不仅是公司从事经营管理活动的客观基础，也经常是确定公司合同履行地，诉讼管辖地以及工商登记管辖机关的重要根据，因此设立股份有限公司必须具有公司住所。这是股份有限公司设立的必须条件和公司申请设立的必要事项。

5. 股份有限公司设立的基本流程

（1）发起设立方式的基本流程

一般情况下，由于发起设立不存在募集，因此发起设立的程序是在发起人内部完成的，这一点和有限责任公司的设立类似。采取发起方式设立股份有限公司的程序如下：

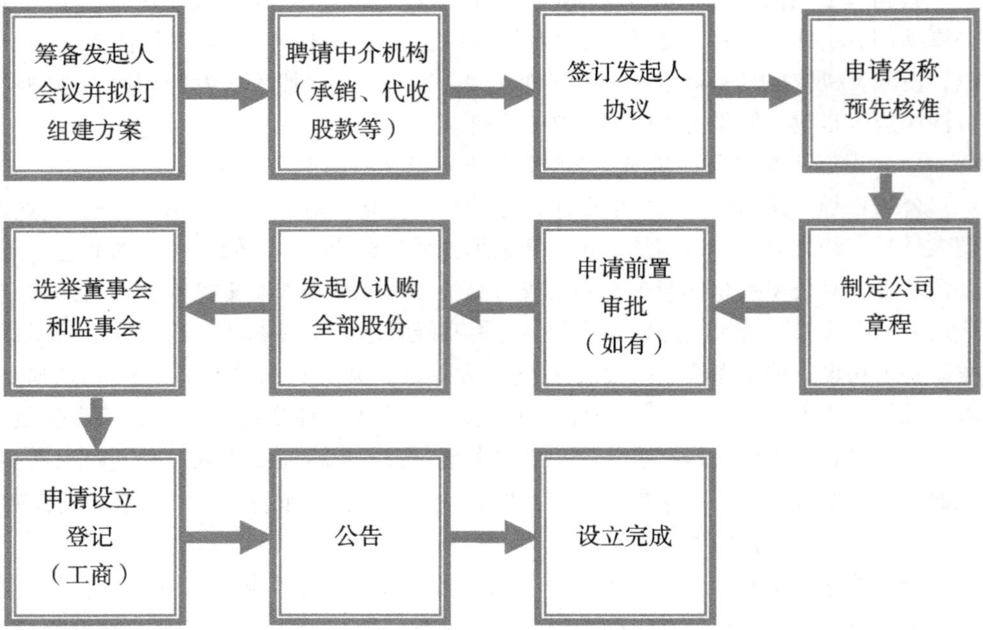

（2）募集设立方式的基本流程

采取募集方式设立股份有限公司的程序有自己的特点（与发起设立相比较）：

①向发起人之外的主体募集股份

在完成发起人认购股份之后，即进入向发起人之外的其他主体募集股份的程序。对于公开募集方式，发起人需制作招股说明书（一般委托中介机构制作）、与证券承销机构（通常称作“券商”）签订承销协议，并且需向证券监督管理部门申请募股，得到许可之后方可向社会公开募股。

②召开创立大会

《公司法》（2018 年修订）第八十九条规定，自股款缴足之日起 30 日内，发起人应当组织召开全体发起人和认股人参加的创立大会，创立大会由发起人、认股人组成。且发起人应当在创立大会召开前 15 日内，将会议日期和议题予以通知或公告。创立大会应有代表股份总数过半数的发起人或认股人参加，方可举行。

③申请设立登记

募集设立的股份有限公司，应当在创立大会结束后 30 日内由董事会向公司登记机关报送登记申请书；创业大会会议记录；公司章程；验资证明；法定代表人、董事、监事的任职文件及身份证明；发起人的法人资格证明或自然人的身份证明；公司住所证明等文件。申请设立登记的股份有限公司，还需要向登记机关报送国务院证券监督管理机构的核准文件，如发行股票的股份有限公司。

6. 股份有限公司设立的登记程序

（1）登记管辖及设立审批

①设立登记管辖

根据我国《公司法》（2018 年修订）第六条规定，设立公司，应当依法向公司登记机关申请设立登记，我国《公司登记管理条例》（2016 年修订）第六条、第七条、第八条也对公司设立登记规定了具体的级别管辖范围：

A. 国家工商行政管理总局负责下列公司的登记：a. 国务院国有资产监督管理机构履行出资人职责的公司以及该公司投资设立并持有百分之五十以上股份的公司；b. 外商投资的公司；c. 依照法律、行政法规或者国务院决定的规定，应当由国家行政管理总局登记的公司；d. 国家工商行政管理总局规定应当由其登记的其 wb 公司。

B. 省级工商行政管理局的公司登记管辖范围：a. 省、自治区、直辖市人民政府国有资产监督管理机构履行出资人职责的公司以及该公司投资设立并持有百分之五十以上股份的公司；b. 省、自治区、直辖市工商行政管理局规定由其登记的自然人投资设立的公司；c. 依照法律、行政法规或者国务院决定的规定，应当由省、自治区、直辖市工商行政管理局登记的公司；d. 国家工商行政管理总局授权登记的公司。

C. 市、县工商行政管理局的公司登记管理范围：a. 上述内容 A 项和 B 项所列公司以外的其他公司；b. 国家工商行政管理总局和省、自治区、直辖市工商行政管理局授权登记的公司。

②公司设立审批及前置项目许可

A. 设立审批。公司的设立审批是指公司设立登记前必须以法律、法规规定报经政府主管部门或政府授权部门审查批准的行为。我国《公司法》（2018 年修订）第六条第二款规定，法律、法规规定设立公司必须报经批准的，应当在公司登记前依法办理审批手续。如《证券法》第十条规定，公开发行证券，必须符合法律、行政法规规定的条件，并依法报经国务院证券监督管理机构或国务院授权的部门核准；未经依法核准，任何单位或个人不得公开发行证券。有下列行为之一的，为公开发行：a. 向不特定的对象发行证券的；b. 向特定对象发行证券累计超过 200 人的；c. 法律、行政法规规定的其他发行行为。可见，以募集方式设立股份有限公司需要公开发行股票募集股本的，应当报经国务院证券监督管理机构或国务院授权的部门核准。

概括之，需要办理前置审批的行业，包括医疗器械、旅游、印刷、运输、图书及音像、影视广告、烟酒、药店、拍卖行、银行、担保、交通、电信等需要提供专业服务、关系国计民生以及关系到国家安全和社会舆论的行业。在进行工商登记之前，最好先到当地工商管理部门查询，了解拟设立公司的经营范围是否属于需要前置审批的范围，并根据当地工商部门及相关审批部门的要求办理前置审批手续。这里需要注意的是，前置审批手续最好全面查询，因为除全国性法律法规规定外，各个地方政府往往也有自己保留的前置审批项目。

B. 有关项目的批准许可。这是指公司经营范围中有必须经政府主管部门或授权部门批准许可的项目，只有在登记前取得许可方能登记为公司的经营范围。我国《公司法》（2018 年修订）第十二条第二款规定，公司的经营范围中属于法律、行政法规规定须报经批准的项目，应当事先取得相关部门的许可和批准，方可设立登记。

（2）申请设立股份有限公司应提交的文件

《公司登记管理条例》（2016 年修订）第五十条规定："申请公司、分公司登记，申请人可以到公司登记机关提交申请，也可以通过信函、电报、电传、传真、电子数据交换和电子邮件等方式提出申请。通过电报、电传、传真、电子数据交换和电子邮件等方式提出申请的，应当提供申请人的联系方式以及通讯地址。"根据《公司法》（2018 年修订）第八十三条、第九十二条和我国《公司登记管理条例》（2016 年修订）第二十一条规定，设立股份有限公司的，应当由董事会向登记机关申请设立登记。以募集方式设立股份有限公司的，应当于创立大会结束后 30 日内向公司登记机关申请设立登记，并向公司登记机关提交下列文件：

A. 设立登记申请书

设立登记申请书是拟设立公司的法定代表人签署的依法向有管辖权的工商行政

管理部门提交的申请设立公司的法律文书。根据《公司登记管理条例》（2016 年修订）第九条规定，设立登记申请书所载事项包括：拟设立公司的名称、住所、法定代表人姓名、注册资本、公司类型、经营范围、营业期限、股份有限公司发起人的姓名或者名称。第十条规定，公司的登记事项应当符合法律、行政法规的规定。不符合法律、行政法规规定的，不予登记。

B. 创立大会记录（只适用于采取募集设立方式设立的股份有限公司）

采取募集方式设立的股份有限公司，自股款缴足之日起 30 日内，由发起人主持召开和由发起人、认股人共同参加的公司创立大会，其召开时间、参加人数、决议事项及其程序等，都应当符合我国《公司法》的规定。对此，公司创立大会召开的有关情况应当做详细准确的记录，主持人、出席会议的董事应当在会议记录上签字，大会记录是那些未参加创立大会的发起人、认股人了解公司创立大会召开及其作出的有关决议是否合法的基本依据，也是采取募集方式设立股份有限公司设立时应当向登记机关提交的必备文件。

C. 公司章程

公司章程是指由设立公司的股东制定并对公司、股东、公司经营管理人员具有约束力的调整公司内部组织关系和经营行为的自制规则，是公司发起人为规范公司内部各种权利义务关系而制定的一种公司内部的文件，其内容包括规定公司的组织机构、公司内部关系和开展业务活动的基本准则。因此，我国《公司法》中明确规定，设立公司须依法制定章程，公司章程对公司、股东、董事、监事、高级管理人员具有约束力。

股份有限公司章程应当以书面的形式订立。股份有限公司章程应当载明下列事项：a. 公司名称和住所；b. 公司的经营范围；c. 公司的设立方式；d. 公司的股份总数、每股金额和注册资本；e. 发起人的姓名或名称、认购的股份数、出资方式和出资时间；f. 董事会的组成、职权和议事规则；g. 公司法定代表人；h. 监事会组成、职权和议事规则；i. 公司的利润分配办法；j. 公司的解散事由与清算办法；k. 公司的通知和公告办法；l. 股东大会会议认为需要规定的其他事项。

D. 依法设立的验资机构出具的验资证明（只适用于募集方式设立的股份有限公司）

根据我国现行的法律规定，会计师律师事务所是法定的验资机构，注册会计师承办验证企业资本和出具验证报告的审计事务。根据我国《公司法》（2018 年修订）第八十三条规定，以发起设立方式设立股份有限公司的，发起人应当按期缴足公司章程中规定各自所认缴的出资额。发起人以货币出资的，应当将货币出资足额存入股份有限公司在银行开立的账户；以非货币财产出资的，应当依法办理其财产权的转移手续。第八十九条规定，以募集方式设立股份有限公司的，发行股份的股款缴足后，必须经依法设立的验资机构验资并出具证明。

E. 发起人的主体资格证明或者自然人身份证明

发起人为法人的，应当向公司登记机关提交由公司登记机关核发的企业法人营业执照及复印件；发起人为自然人的，应当向公司登记机关提交由公安机关颁发的记载其姓名、出生年月和住所地等信息的中华人民共和国居民身份证、户口簿原件及复印件或其他能证明发起人身份的有效证件。

F. 载明公司董事、监事、经理的姓名、住所的文件及产生方式证明

根据我国《公司登记管理条例》（2016 年修订）第二十条第二款第五项规定，申请公司设立登记时，应当向公司登记管理机构提交载明公司董事、监事、经理姓名、住所的文件及有关委派、选举或者应聘的证明。这里所指的公司董事、监事、经理姓名是指有效身份证明文件中载明的姓名，昵称、绰号、笔名、网名等不得作为公司设立登记时的公司董事、监事、经理的姓名。住所是指公司董事、监事、经理户籍所在地的居住地即户籍记载的住址，经常居住地与住所地不一致的，以经常居住地为住所地。根据我国《公司法》的规定，作为公司执行机构组成人员的董事和作为公司监督机构组成人员的监事由股东选举产生。而公司经理则是在董事会领导下负责公司日常管理工作的公司业务的执行负责人，公司经理可以由董事会聘任或委派。

G. 公司法定代表人任职文件和身份证明

我国《公司法》（2018 年修订）第十三条规定，公司法定代表人依照公司章程的规定，由董事长、执行董事或者经理担任，并依法登记。对此，我国《公司登记管理条例》（2016 年修订）第二十一条第二款第六项规定，申请设立股份有限公司，应当向公司登记机关提交公司法定代表人任职文件和身份证明。该任职文件一般是由公司登记机关提供表格，在申请公司设立登记时按表格要求进行填写。填写事项一般包括公司法定代表人姓名、性别、身份证件名称及号码，并在相应栏目粘贴身份证复印件。在最后应当由股东签名或加盖单位印章，注明年月日。

H. 企业名称预先核准通知书

根据我国《公司登记管理条例》（2016 年修订）第十七条第一款规定，设立公司应当申请名称预先核准。据此，公司名称经公司登记机关预先核准方可作为设立登记公司的名称。根据该条例第五十四条规定，公司登记机关作出准予公司名称预先核准决定的，应当出具《企业名称预先核准通知书》。

I. 公司住所证明

公司的住所证明是指能够证明公司对其住所享有使用权的文件。公司住所证明一般包括公司住所的具体位置，产权人同意使用上述位置房屋的承诺。拟设立公司以股东自有房产作为公司的住所的，应当提交房管局出具的产权证明；租用他人

的房屋作为公司住所的，应当提交房屋租赁协议和房管部门出具的产权证明。公司住所在农村的，没有房管部门颁发的产权证明的，可提交村委会出具的房屋产权证明。

J. 国家工商行政管理总局规定要求提交的其他文件

设立股份有限公司，全体股东除了提交上述文件之外，国务院工商行政管理部门规定提交其他文件的，应当按照规定要求提交。包括：

公司设立的批准文件，法律、行政法规或国务院规定设立股份有限公司必须报经批准的，还应当提交有关批准文件。以募集方式设立的股份有限公司公开发行股票的，还应当提交国务院证券监管机构核准的文件。

有关项目的批准文件。公司申请登记的经营范围中属于法律、行政法规或者国务院决定规定在登记前须经批准的项目，应当在申请登记前报经国家有关部门批准，并向公司登记机关提交有关文件。

（二）股份有限公司发起人筹备会议

1. 发起人的资格

根据我国现行《公司法》和其他法律法规的规定，设立股份有限公司，发起人应当在二人以上两百人以下，其中必须半数以上的发起人在中国境内有住所。对于自然人来说，中国公民需要户籍所在地或经常居住地在中国境内，外国公民则需要在中国境内有经常居住地。就法人而言，指的是主要办事机构在中国境内。

发起人的身份不得有法律、法规规定的禁止情况，主要为：发起人必须是完全民事行为能力人，且军队、武警部队、政法机关、社会团体、民办非企业不得成为发起人。根据地方有关部门的规定，企业作为发起人应当经有关部门批准的，还需一定的报批手续。

2. 发起人的权利

第一，发起人可以选择采取发起设立或募集设立的方式设立公司，如果选择募集方式，还可以进一步选择采取公开募集或非公开募集方式。第二，在出资方面，发起人可以用非货币财产出资，而发起人之外的认股人则只能用货币出资。第三，发起人可以在发起人协议中明确约定，待公司成功设立后，发起人有权因其发起行为获得报酬。第四，发起人可以在公司章程中明确规定，发起人可以优先购买公司产品、优先认购新股等。第五，发起人还可将自己列为公司的董事、监事的候选人。

3. 发起人的义务

以发起方式设立股份有限公司，发起人主要的义务和有限责任公司设立时发起人的义务基本相同。对于以募集方式设立的，发起人还需制定招股说明书、确定承销机构并签订承销协议、向证监部门申请公开募股、向认股人催缴其认购的股款，除此之外发起人还应组织召开并主持创立大会。

通常，股份有限公司设立时，由于涉及公开募股（即使是以发起方式设立的，在成立后往往也会采取发行债券或上市的方式筹集资金），发起人需要进行更深入详细的前期可行性研究，必要时需要聘请专家进行论证。

4. 发起人必须预先约定设立失败的处理办法

通常以发起设立方式设立的股份有限公司设立失败的原因和有限责任公司设立失败的情形、原因基本相同，而以募集设立方式设立的股份有限公司，最重要的在于召开创立大会并通过公司设立的决议。

股份有限公司和有限责任公司相同，在公司设立之前，发起人间为合伙关系，当第三人向发起人主张权利时，发起人之间承担无限连带责任。因此发起人协议可参照有限责任公司的发起人协议进行约定，且必须明确约定设立失败后的责任划分。

（三）股份有限公司的章程

股份有限公司的章程，与有限责任公司近似，同样可分为法律、法规强制要求记载的绝对必要记载事项和任意记载事项，但是增加了若干有限责任公司不具备的内容，主要有：

1. 绝对必要记载事项

根据我国《公司法》（2018 年修订）第八十一条的规定，股份有限公司的章程必须载明以下事项：

（1）公司名称和住所。

（2）公司经营范围。

（3）公司设立方式。

（4）公司股份总数、每股金额和注册资本。

股份有限公司的股份比例不同于有限责任公司章程中记载的每个股东认购的若干具体货币金额，而是记载股东认购的股份数额，以及每股所代表的资本数额（以货币计算）。每股所代表的资本数额相等。

（5）发起人的姓名或者名称、认购的股份数、出资方式和出资时间。

（6）董事会的组成、职权和议事规则。

（7）公司法定代表人。

（8）监事会的组成、职权和议事规则。

（9）公司利润分配办法。

（10）公司的解散事由与清算办法。

（11）公司的通知和公告办法。

股份有限公司由于股东人数众多的特点，特别是其可以通过上市的方式筹集资金，因此，公司向广大股东发出的通知和公告必须采取公示的方式进行，一旦按照公示途径发出通知或公告，即视为通知和公告向股东送达完成。根据《首次公开发行股票并上市管理办法》（2018 年修订），对于上市公司，公告必须先公布在证监会官方网站和指定的全国性报纸及网站上。

（12）股东大会会议认为需要规定的其他事项。

此外，股票作为股份有限公司的核心，与之相关的各类信息都要有详尽的记载，具体包括：股票的种类、是否记名、每股的金额、溢价出售的价格、股息分配的确定和分配原则、分配年限、董事和股东优惠待遇的规定，以及股票转让、增配等规定。

2. 制定章程需注意的问题

股份有限公司虽然与有限责任公司有相似性，但是，对于经营者而言，两者在制度上仍然有较大差别，与有限责任公司相比，股份有限公司不存在出资转让优先购买权制度。该特点使股份有限公司具有后者没有的开放性，但同样使股份有限公司面对竞争对手恶意收购时的防御能力降低。但是，股份有限公司也可以通过各种策略规避和防御这些问题，常见的反收购策略有以下几种①：

（1）毒丸

“毒丸”（Poison Pill）是指目标公司通过制订特定的股份计划，赋予不同的股东以特定的优先权利，一旦收购要约发出后，如果该特定的优先权利行使，就会导致公司财务结构的弱化或收购方部分利益的丧失。这样收购方即使在收购成功后，也可能像吞下毒丸一样遭受利益受损的不利后果，从而最终放弃收购。因此毒丸计划有利于对恶意收购方起到一定的威慑作用。

（2）反收购条款

反收购条款又可称为“驱鲨剂”（Shark Repellent）或者“豪猪条款”（Porcupine Provision）。“驱鲨剂”指的是在收购要约前，修改公司设立章程或做其他防御准备，使收购要约趋于困难的条款。而“豪猪条款”则是指在公司设立章程或内部细则中设计防御条款，使那些没有经过目标公司董事会同意的收购企图不具可行性或不可能实现。

（3）金降落伞与锡降落伞

“金降落伞”（Golden Parachute）指的是目标公司通过与其内部高级管理人员签订合同条款，具体约定目标公司有义务给予高级管理人员优厚的报酬和额外的利益，并且，若是公司的控制权发生突然变更，则给予高级管理人员以全额的补偿金。目标公司通常希望用这种方法增加收购的负担与成本，达到阻却外来收购的效果。与之相对应的还有一个“锡降落伞”，是在金降落伞以外再规定目标公司员工

---

① 田敬乔：《反收购措施的合法性研究》，载《法制与社会》2009 年第 8 期。

若在收购后第二年被解雇，可以要求一定金额的补偿性遣散费。通过上述两种“降落伞”式保护的方式，在保障有关管理人员优厚待遇的同时，也增加了公司被收购的难度。

（4）员工持股

员工持股计划指的是鼓励公司员工购买本公司股票，并建立员工持股信托组织的计划。虽然说员工持股计划在国外的产生与发展是公司民主化思潮及劳动力产权理论影响下的产物，但在现代西方各国，员工持股计划也已经成为公司进行反收购的重要手段之一。这是因为公司被收购往往伴随着大量员工的解雇与失业，因而在收购开始时，员工股东对公司的认同感高于一般的股东，其所持股份更倾向于目标公司一方，这样一来目标公司就不易被收购。

（5）提前偿债条款

提前偿债条款指的是目标公司在章程中设立该条款，在公司面临收购时，迅速偿还各种债务，包括提前偿还未到期的债务，以此容易给收购者在收购成功后造成财务危机，出现巨额财务亏空。

不难看出，以上反收购策略如果运用得当，将大大提高公司的运营质量和抗风险能力。但是，这些策略是否能够实施，很大程度上取决于最初设立公司时是否将运用这些策略的条件写入章程，如果没有写入，那么就需要召开临时股东大会修改章程以便使用这些策略，这在通常情况下很难实现。因此在制定股份有限公司的章程时，必须从公司治理情况和市场环境出发，尽可能地全面考虑各种因素，只有预先考虑到可能会出现的情况，才能够更好地运用公司章程这个有效工具。

（四）股份有限公司设立过程中的法律风险及防范

股份有限公司设立过程中可能遇到的风险和有限责任公司没有太大的不同，也会面临虚假出资、抽逃出资、股权结构等风险。除此之外，由于股份有限公司注册资金较高，程序复杂，成本较高，在设立失败时往往会给设立人带来较大的风险，下面主要介绍股份有限公司设立不能的法律风险。

1. 股份有限公司设立不能的原因

股份有限公司的设立不能是指，股份有限公司可能因为某些实体或程序的原因而导致设立无法成功，其主要表现为：

（1）资金未能按期募足

资金未能按期募足有以下情况：其一，采取发起方式设立的情况下，发起人没能认足公司应发行的股份并按期缴纳股款。其二，采取募集方式设立的情况下，公司发行的股份未能按期认足，或股份虽已按期认足，但未能按期缴足股款。因此，当资金没能按期募足，公司设立缺少法定必备的要件，就会出现设立不能的情况。

（2）国家主管机关未批准

在公司的设立采取许可原则的国家，公司设立必经的法定程序之一是国家主管机关的批准。如果国家主管机关未批准该公司设立，那么就会出现设立不能的情况。

（3）发起人未按期召开创立大会

创立大会通常是股份有限公司募集设立过程中的决议机构。召开创立大会是采取募集设立方式设立公司必经的法定程序。发起人应在法定期限内负责召集和主持创立大会。如果发起人没有在法律规定的期限内召开创立大会，不仅违反了法定程序，而且致使公司的董事和监事不能正常产生，公司机关无法组织，公司本身就会出现设立不能的情况。

（4）创立大会作出不设立公司的决议

各国公司法都有相关规定，创立大会由发起人和认股人组成，有权作出不设立公司的决议。不设立公司的决议一经作出，公司便设立不能。通常不设立公司的决议是在发生不可抗力或者经营条件、经营环境发生重大变化，直接影响到公司设立时才作出的。

（5）未经设立登记

设立登记是股份有限公司设立的最后一道程序。如果公司没有到法定登记机关进行设立登记或法定登记机关不予登记，公司则不能成立。

2. 股份公司设立不能时法律责任的承担

由于以上各种原因导致公司设立不能，其法律后果主要是处理公司设立期间所产生的各种债务。公司设立不能，对债权人承担责任的问题，主要应由发起人来承担。发起人是设立股份公司过程中最重要的当事人，在公司设立过程中，发起人所处的地位应当从以下两个方面来确定：先从发起人作为个人来说，其法律地位表现在发起人之间的关系中。数个发起人以设立公司为目的结合在一起，他们之间为设立公司往往要签订设立公司协议。各发起人基于设立公司协议，制定公司章程，履行协议义务。发起人签订的设立公司的协议，从性质上讲属于民法上的合伙合同，所以，发起人之间的关系是合伙关系。作为一个整体来说的发起人，其法律地位表现在发起人与设立中公司的关系上。每个发起人，都是设立中公司原始组成人员，设立中的公司是无权利能力社团，发起人作为整体是设立中公司的执行机关，对外代表设立中的公司，对内履行设立义务。当公司设立不能时，设立中公司消失，对设立公司行为所造成的后果，当然要由全体发起人按照合伙合同中的约定承担连带责任。

在公司设立过程中，发起人的行为往往直接关系到债权人、认股人以及即将成立公司的利益，关系到交易的安全和社会经济秩序的稳定，因此，我国《公司法》

对发起人规定了严格的法律责任。当股份有限公司设立不能时，发起人应承担以下责任：

第一，股份有限公司设立不能时，发起人对设立行为所产生的债务和费用负连带责任，这是我国《公司法》规定的一种特有的责任。“特有”主要表现在：(1) 发起人所承担的是无过错责任，即只要公司设立不能，无论发起人有无过错，都要承担责任。(2) 发起人所承担的是连带责任。为保护第三方的利益，法律特别规定加重发起人的责任，其责任的承担是由所有发起人负连带责任，不以有具体行为的发起人为限。

第二，当股份有限公司设立不能时，发起人对认股人已缴纳的股款，负返还股款并加算银行同期存款利息的连带责任。认股人因认购了公司股份与发起人之间形成了股份认购合同关系。当公司设立不能时，股份认购合同随之被解除，发起人与认股人双方均应恢复到认购股份前的状态。公司法从保护弱者的立场出发，为保护认股人的利益，当公司设立不能时，把认股人作为特殊的债权人加以保护，即当公司设立不能时，认股人有权要求发起人不仅返还所缴纳的股款并且加算银行同期存款利息。

3. 股份有限公司设立不能的法律风险防范

(1) 股份有限公司的设立不同于有限责任公司的设立，设立期间所涉及的法律问题很多，包括设立协议、公司章程等很多专业性非常强的法律文件和法律问题，如果设立人能从一开始就聘请一家高水平的律师事务所和其他一些相关专业机构提供高水准的专业服务，对于降低公司设立不能的风险将具有非常重要的意义。

(2) 精心组织、合理规划在很多领域都是提高成功率的有效方法，设立股份有限公司也不例外，股份有限公司涉及的步骤较多且程序复杂，事前咨询相关部门，精心组织设立流程，合理规划相关安排，是提高效率、少走弯路、防范股份有限公司设立不能风险的有效手段和方法。

(3) 无论如何谨慎，可能都无法完全避免股份有限公司设立不能的风险，设立人之间最好还是订立一个内容完备、权利义务平衡、可操作性较强的《股份有限公司设立协议》，把股份有限公司设立不能的法律后果及责任承担清楚地事先约定好，避免因为权利义务不清陷入无休止的冲突和争议之中，从而形成新的、本不该发生的费用和损失。

三、合伙企业的设立

合伙企业是不同于公司的一种广泛存在的企业组织形式，但合伙企业同个人独资企业、个体工商户一样，属于非法人团体。考虑到现实中投资者对于设立合伙企业的需求，在此补充介绍设立合伙企业的相关概念及实务操作的程序规范。

（一）合伙企业的基本理论

1. 概述

合伙企业，是指在中国境内的自然人、法人和其他组织依照《合伙企业法》设立的，由两个或两个以上的合伙人订立合伙协议，为共同经营事业，共同出资、合伙经营、共享收益、共担分险的营利性组织。其包括普通合伙企业和有限合伙企业，关于合伙企业类型、组成及责任承担详见下表。

合伙企业类型	组成	责任承担
普通合伙企业	普通合伙人	无限连带责任
有限合伙企业	普通合伙人、有限合伙人	有限合伙人以认缴的出资额为限承担有限责任；普通合伙人承担无限连带责任

2. 合伙企业的特征

（1）责任无限

合伙企业作为一个整体对债权人承担无限责任。普通合伙的合伙人均为普通合伙人，对合伙企业的债务承担无限连带责任。例如，甲、乙、丙三人成立的合伙企业破产时，当甲、乙已无个人资产抵偿合伙企业所欠债务时，即使丙已依约还清应分摊的债务，但仍有义务用其个人财产为甲、乙两人付清其应分摊的合伙债务，丙为甲、乙分摊债务后即对甲、乙享有追偿权。有限责任合伙企业由普通合伙人和有限合伙人组成，其中至少有一个普通合伙人，即合伙人中至少有一个人要对企业的经营活动负无限责任，而其他合伙人只以其出资额为限对债务承担清债责任，因而这类合伙人一般不直接参与企业经营管理活动。

（2）共同经营

合伙企业的经营活动，由合伙人共同决定，所有合伙人有执行和监督的权利。合伙人可以推举负责人。合伙负责人和其他人员的经营活动，由全体合伙人承担民事责任。

（3）财产共有

合伙人投入的财产，由合伙企业统一管理和使用，不经其他合伙人同意，任何一个合伙人不得将合伙财产转为他用。

（4）利益共享

合伙企业在生产经营活动中所取得、积累的财产，归全体合伙人共有。如有亏损则亦由全体合伙人共同承担。损益分配的比例，应在合伙协议中明确规定；未经规定的，可按合伙人出资比例分摊，或平均分摊。

（二）合伙企业设立及程序

1. 合伙企业设立要件

（1）人数为两人以上

设立合伙企业，要求人数为两人以上，法律对普通合伙企业并未作出特殊规定，但有限合伙企业要求合伙人为2个以上50个以下，法律另有规定的除外。

合伙人为自然人的，应当具有完全民事行为能力。考虑到合伙企业对风险承担无限责任，故国有独资公司、国有企业、上市公司以及公益性事业单位、社会团体不得成为普通合伙人，但是可以成为有限合伙人。此处公益性事业单位、社会团体的界定应为只要登记时记载为公益性的，均不可成为普通合伙人。

（2）有书面合伙协议

合伙协议相当于公司的章程，类似于合伙企业的“内部宪法”。合伙协议经全体合伙人签名、盖章后生效。合伙人依据合伙协议享有相应的权利，履行相应的义务。

（3）必要的出资

由于合伙企业的人格、财产并非全部独立于其投资者，不拥有法人享有责任限制的优待，故对出资数额并没有限制，全凭合伙人自行商议确定，以“有合伙人认缴或实际缴付的出资”即可。

关于出资形式，可以用货币、实物、知识产权、土地使用权或者其他财产权利出资。其中与公司出资最大的不同在于合伙企业可以用劳务出资，但有限合伙人除外。非货币出资的财产权利需要评估作价的，既可以由全体合伙人协商确定，也可以委托法定评估机构评估，这充分体现了合伙企业的人合性。

根据我国《合伙企业法》（2006年修订）第十七条和第六十五条的规定，合伙人应该依据合伙协议约定的方式、数额和缴付期限，履行出资义务，否则应向其他已经缴纳出资的合伙人承担违约责任。

（4）有自己的名称和场所

合伙企业名称中应当标明“普通合伙”“有限合伙”“特殊普通合伙”的字样。①《合伙企业登记管理办法》第八条规定，经企业登记机关登记的合伙企业主要经营场所只能有一个，并且应该在其企业登记机关登记管辖区域内。

（5）法律、行政法规规定的其他条件

对于特殊行业，法律、法规可能会设立其他的条件。例如，我国《律师法》（2017年修订）第十五条规定：“设立合伙律师事务所，除应当符合本法第十四条规定的条件外，还应当有三名以上合伙人，设立人应当是具有三年以上执业经历的

---

① 《合伙企业法》（2006年修订）第十五条、第五十六条、第六十二条。

律师。合伙律师事务所可以采用普通合伙或者特殊的普通合伙形式设立。合伙律师事务所的合伙人按照合伙形式对该律师事务所的债务依法承担责任。”可见，合伙制的律师事务所要求至少三名的合伙人，而且合伙人必须具有三年以上律师执业经历。

2. 程序要件

根据《合伙企业法》第十一条规定，合伙企业的营业执照签发日期，为合伙企业的成立日期。合伙企业领取营业执照前，合伙人不得以合伙企业名义从事合伙业务。

（三）合伙协议

与有限责任公司相比较，《合伙企业法》对合伙企业设立架构的约束相对宽松，故合伙协议的作用显得尤为突出，作为合伙企业投资者，尤其要关注合伙协议条款的设定。合伙协议应该包括的主要条款有：

序号	合伙协议应载明的事项
1	合伙企业的名称和主要经营场所的地点
2	合伙目的和合伙经营范围
3	合伙人的姓名或者名称、住所
4	合伙人的出资方式、数额和缴付期限
5	利润分配、亏损分担方式
6	合伙事务的执行
7	入伙与退伙
8	争议解决办法
9	合伙企业的解散与清算
10	违约责任

除以上事项外，合伙人对合伙事务另有约定的，应在合伙协议中予以明确，将口头约定落实到书面协议上。

另外，合伙企业法赋予了合伙人可以在合伙协议中作出与《合伙企业法》不同的约定，在制定合伙协议时，应当尽可能行使法律赋予的权利，提前防范风险。其中包括：

（1）修改或补充合伙协议

我国《合伙企业法》第十九条第二款规定："修改或者补充合伙协议，应当经全体合伙人一致同意；但是，合伙协议另有约定的除外。"由于合伙企业不像有限责任公司通过出资额的多寡确定投票权，且通常合伙企业中存在起主导作用的合伙人，因此，为了保护合伙人的利益，可以在合伙协议中将决议方式从一致同意修改为任意方式，例如三分之二人数同意通过。

（2）对合伙财产的优先购买权

我国《合伙企业法》第二十三条规定："合伙人向合伙人以外的人转让其在合伙企业中的财产份额的，在同等条件下，其他合伙人有优先购买权；但是，合伙协议另有约定的除外。"合伙人达成一致，即可在合伙协议中对合伙人向合伙人以外的人转让财产份额的事项进行约定，约定效力高于法定。

（3）决议方式

我国《合伙企业法》第三十条第一款规定："合伙人对合伙企业有关事项作出决议，按照合伙协议约定的表决办法办理。合伙协议未约定或者约定不明确的，实行合伙人一人一票并经全体合伙人过半数通过的表决办法。"因此，合伙协议可对决议方式作出任意约定。

（4）增加或减少出资的表决方式

我国《合伙企业法》第三十四条规定："合伙人按照合伙协议的约定或者经全体合伙人决定，可以增加或者减少对合伙企业的出资。"相比公司增资或减资必须经过公司股东会决议等程序，合伙企业可提前在合伙协议中约定。

（5）通过对合伙协议的约定，新合伙人入伙可不经过全体合伙人同意

我国《合伙企业法》第四十三条第一款规定："新合伙人入伙，除合伙协议另有约定外，应当经全体合伙人一致同意，并依法订立书面入伙协议。"

（6）可以通过合伙协议约定合伙人除名的情形

我国《合伙企业法》第四十九条第一款规定："合伙人有下列情形之一的，经其他合伙人一致同意，可以决议将其除名：……（四）发生合伙协议约定的事由。"

（7）合伙人死亡或被宣告死亡，其继承人可不经其他全体合伙人同意即可取得合伙人资格

我国《合伙企业法》第五十条第一款规定："合伙人死亡或者被依法宣告死亡的，对该合伙人在合伙企业中的财产份额享有合法继承权的继承人，按照合伙协议的约定或者经全体合伙人一致同意，从继承开始之日起，取得该合伙企业的合伙人资格。"

（8）退伙时财产如何返还，可以通过合伙协议约定

我国《合伙企业法》第五十二条规定："退伙人在合伙企业中财产份额的退还办法，由合伙协议约定或者由全体合伙人决定，可以退还货币，也可以退还实物。"

(9) 特殊事项的表决方法

我国《合伙企业法》第三十一条规定:“除合伙协议另有约定外，合伙企业的下列事项应当经全体合伙人一致同意:(一) 改变合伙企业的名称;(二) 改变合伙企业的经营范围、主要经营场所的地点;(三) 处分合伙企业的不动产;(四) 转让或者处分合伙企业的知识产权和其他财产权利;(五) 以合伙企业名义为他人提供担保;(六) 聘任合伙人以外的人担任合伙企业的经营管理人员。”

(四) 合伙企业设立过程中的常见风险

1. 新入伙合伙人对入伙前的债务承担

根据我国《合伙企业法》第四十四条第二款规定，新合伙人对入伙前合伙企业的债务承担无限连带责任。虽然我国《合伙企业法》第四十三条第二款规定“订立入伙协议时，原合伙人应当向新合伙人如实告知原合伙企业的经营状况和财务状况”，但该规定无法对抗善意的第三方债权人主张权利。因此，新入伙的合伙人在入伙时，要尽量提前调查清楚合伙企业的情况，最好要求原合伙人作出书面保证，必要时还需要求其提供货币或实物担保。

2. 合伙人为限制或无民事行为能力人、死亡或被宣告死亡而造成合伙人缺位

合伙企业人合性强，因此一旦合伙人缺位，合伙企业可能无法运作。根据我国《合伙企业法》第四十八条第二款的规定:“合伙人被依法认定为无民事行为能力人或者限制民事行为能力人的，经其他合伙人一致同意，可以依法转为有限合伙人，普通合伙企业依法转为有限合伙企业。其他合伙人未能一致同意的，该无民事行为能力或者限制民事行为能力的合伙人退伙。”

合伙人死亡或被依法宣告死亡的，根据我国《合伙企业法》第五十条第一款规定:“合伙人死亡或者被依法宣告死亡的，对该合伙人在合伙企业中的财产份额享有合法继承权的继承人，按照合伙协议的约定或者经全体合伙人一致同意，从继承开始之日起，取得该合伙企业的合伙人资格。”对于继承人不愿意成为合伙人的、继承人不具有法律或合伙协议约定的合伙人资格的以及合伙协议约定其他不能成为合伙人情形的，合伙企业应当向合伙人的继承人退还被继承合伙人的财产份额。

对具体事项在合伙协议中提前设计有助于在出现上述情况时规避风险:(1) 在合伙协议中对某一合伙人提前设定继承其合伙人资格的候选人，且该候选人只能是一名(否则会出现投票权增加的情形)的情形下，该候选人应当是完全民事行为能力人。(2) 对合伙人暂时失去民事行为能力或失去合伙执行能力(如生病住院、接受手术)的情形，合伙人应提前书面委托代其处理事务的代理人，并写入合伙协议。

(五) 合伙企业的补充形式

普通合伙企业是合伙企业的普遍形式，但除了普通合伙企业之外，还存在两种

特殊的合伙企业形式：特殊的普通合伙企业和有限合伙企业。

1. 特殊的普通合伙企业

特殊的普通合伙企业，指的是以专门知识和技能为客户提供有偿服务的专业服务机构，这些服务机构可以设立为特殊的普通合伙企业，如律师事务所、会计师事务所、医师事务所、设计师事务所等。特殊的普通合伙企业必须在其企业名称中标明“特殊普通合伙”字样，以区别于普通合伙企业。

在特殊的普通合伙企业的合伙人中，一个合伙人或者数个合伙人在执业活动中因故意或者重大过失造成合伙企业债务的，应当承担无限责任或者无限连带责任，而其他合伙人以其在合伙企业中的财产份额为限承担责任。合伙人在执业活动中非因故意或者重大过失造成的合伙企业债务以及合伙企业的其他债务，由全体合伙人承担无限连带责任。①

为了保护债权人的利益，《合伙企业法》规定，特殊的普通合伙企业应当建立执业风险基金、办理职业保险。执业风险基金用于偿付合伙人执业活动造成的债务。执业风险基金应当单独立户管理。具体管理办法由国务院规定。②

所以，特殊的普通合伙企业与普通合伙企业的区别是：普通合伙企业中的普通合伙人对企业债务承担无限连带责任。特殊的普通合伙企业中的普通合伙人不一定承担无限连带责任，而是看此合伙人是否对债务的形成承担责任。如果此普通合伙人对债务的形成承担责任，那便需要承担无限连带责任。如果此普通合伙人对债务的形成不承担责任，那么仅以其在合伙企业中的财产份额为限承担有限责任。

2. 有限合伙企业

有限合伙企业由2个以上50个以下合伙人设立，其中至少有一个普通合伙人。有限合伙企业的名称中应当标明“有限合伙”字样。根据我国《合伙企业法》的规定，有限合伙企业的合伙协议，除前文提到的十项基本事项外，还应当包括：

序号	合伙协议应载明的事项
1	合伙企业的名称和主要经营场所的地点
……	……
10	违约责任
11	普通合伙人和有限合伙人的姓名或者名称、住所

① 《合伙企业法》第五十七条。

② 《合伙企业法》第五十九条。

续表

序号	合伙协议应载明的事项
12	执行事务合伙人应具备的条件和选择程序
13	执行事务合伙人权限与违约处理办法
14	执行事务合伙人的除名条件和更换程序
15	有限合伙人入伙、退伙的条件、程序以及相关责任
16	有限合伙人和普通合伙人相互转变程序

有限合伙人的出资，必须用货币、实物、知识产权、土地使用权或者其他财产权利作价出资，和有限责任公司的股东出资相同，不得以劳务出资。

不执行合伙事务的有限合伙人不得对外代表有限合伙企业。除非合伙企业另有约定：有限合伙人可以同本有限合伙企业进行交易，可以将其在有限合伙企业中的财产份额出质等。

有限合伙企业最大的特质是：有限合伙企业允许投资者以承担有限责任的方式参加合伙成为有限合伙人，这样一来其承担的责任在有限合伙人可掌控的范围内，有利于提高投资者的积极性，更多地参与投资合伙企业。同时，有限合伙企业实现了资本与智力有效的结合，即拥有资金的人作为有限合伙人，拥有专业知识和技能的人作为普通合伙人，这样使资源得到了整合，对市场经济的发展能够起到积极的促进作用。

第二节 公司设立过程中的股份代持问题

一、隐名股东、显名股东、股份代持定义

隐名股东，是指实际认缴有限公司出资额或认购股份公司股份、实际享有出资权益，但公司章程、工商登记（有时还有股东名册、出资证明书等）未公示其为股东，或公示的持股数额少于其实际持股数额的投资人。

显名股东，是指未实际认缴有限公司出资额或认购股份公司股份、不实际享有出资权益，但公司章程、工商登记（有时还有股东名册、出资证明书等）公示其为股东，或公示的持股数额多于其实际持股数额的投资人。①

① 可能称为“名义股东”或者“挂名股东”更为准确，但为方便本节继续称为“显名股东”。本节中，“显名股东”不包含实际的出资与公示的出资相一致的股东。

显名股东按约定持有隐名股东投资形成的股权或股份，即股份代持（可能用“股权代持”更为准确，因为被代持的不仅包括股份公司的股份，也包括有限公司的股权，但为方便起见本节继续使用“股份代持”）。此外，本节所述股份代持，仅指隐名股东与显名股东达成合意的代持，对因登记错误导致登记股东与实际股东不一致、未经他人许可冒用他人姓名、名称登记为股东或干脆虚构身份登记为股东等行为，一般不认为属于股份代持[①]，未经许可冒用他人姓名或名称登记为股东适用《民法总则》或《侵权行为法》处理，虚构身份登记则适用《刑法》或相关行政法律法规处理。[②]

二、选择股份代持的原因

实践中，股份代持广泛存在，有报道称2010年东莞有6000家台资企业，但在工商管理部门在册登记者仅629户，也就是存在股份代持的情况达到90%。[③] 投资者选择股份代持，有些是为取得税收优惠，有些是为规避关联交易，有些是为简化批准手续等，有学者将其归纳为三类原因：规避法律、私人偏好和预防风险。[④] 我们觉得另一类原因，即享受税收及其他优惠也很常见。

（一）规避法律

规避法律是股份代持最主要的原因。[⑤] 如为规避法律对有限公司股东人数的限制而挂名于其他股东，在王某芳诉北京星城公司股权确认纠纷案中，北京星城公司因改制导致实际投资人超过50人，故各投资人内部约定只有部分投资人显名登记为公司股东，其他投资人不在工商登记中显示为股东。有法官为规避关于禁止法官从事营利性经营活动而挂名于他人，如2010年沸沸扬扬的神木法官张某峰隐名投资案[⑥]；有为规避持股比例限制而挂名他人，如首创证券为规避证监会对单一股东持股基金公司比例的上限，借助中泰担保隐名投资中邮基金[⑦]；有境内自然人为规避法律对设立中外合资企业主体的限制而挂名于企业，如姚某与严某、某电子科技

---

① 有学者认为该些情形亦属隐名投资，登记错误及冒用他人姓名或名称登记，属被动隐名，虚构主体登记，则属虚拟隐名，载周友苏等：《公司法理学与判例研究》，法律出版社2008年版，第72~73页。

② 张能宝：《实际股东与名义股东——股东地位认定及法律责任分析》，载北大法宝，http：//bmla.chinalawinfo.com，浏览时间：2011年3月7日。

③ 《广东台商“隐名投资”造成纠纷日增》，载于2010年7月15日新华网（广州），转引自网易，http：//news.163.com，浏览时间：2011年3月14日。

④ 周友苏等：《公司法理学与判例研究》，法律出版社2008年版，第71~72页。

⑤ 周友苏等：《公司法理学与判例研究》，法律出版社2008年版，第72页。

⑥ 《法官讨分红案昨终审判决，榆林中院驳回张继峰诉讼请求》，载西安晚报网络版，http：//epaper.xiancn.com，浏览时间：2011年3月8日。

⑦ 引自法律之星，http：//www.law-lib.com，浏览时间：2011年3月16日。

有限公司股东出资纠纷案[①]；有境外自然人为规避法律对投资主体、额度的限制而挂名于境内自然人，如林某亮、王某生诉胡某梅案[②]；还有投资者为规避法律对所持上市公司股权到一定比例后的强制要约收购义务而挂名于他人等。

（二）私人偏好或预防风险

有些投资者比较低调，为了保护个人财富状况（包括一些政治方面的考虑，比如部分台商就喜欢隐名投资在大陆居民名下，尤其是倾向绿营者），往往将投资挂名于他人名下，如忻某芬诉上海华侨商务总汇有限公司股东权案中，忻某芬等人即将自己的投资挂名在别人名下。[③] 有些投资者对合作伙伴有特殊要求，比如要求合作伙伴必须是国有企业或对合作伙伴资产规模有要求，此时希望进行合作但又不符合要求的其他投资者，就会通过隐名于那些符合条件的主体而实现投资目的，如上海百乐门经营服务总公司诉上海市宝城商业房产公司等股权确认纠纷案。[④] 亦有一些投资人因对外负有债务，为逃避执行，避免财产被查封，故意将投资挂名别人名下。

（三）享受税收及其他优惠

有些地区，针对不同投资主体适用不同税率、费率及其他差别对待，如对下岗工人、归国留学生、残疾人士、退伍军人等有税收或财政补贴优惠，这种情况下如实际投资人不符合这些条件，经常通过股权代持的方式来达到享受政策优惠的目的，如深圳远舟等与黄某涛等股权确认纠纷上诉案中，国企深圳远舟拟设立上海欣舟公司，“因私营有限公司在税收方面的优惠政策因素，故采取深圳远舟隐名出资的方式，由自然人股东来组成上海欣舟”。[⑤] 又如外商通过境内企业或个人设立企业，可以减少审批环节，节省时间，如杨某朴等诉沈某花股东权纠纷案，境外人士杨某朴在境内投资允许外资进入的产业，但为方便起见隐名于两境内股东。[⑥]

---

① 上海市杨浦区人民法院（2010）杨民二（商）初字第326号民事判决书，引自威科先行专业数据库，law. wkinfo. com. cn，浏览时间：2011年3月16日；本节所引用司法文书，除特别指出者外，均引自中国裁判文书网。

② 《隐名投资的厦门“正名”》，载经济观察网，http：//www. eeo. com. cn，浏览时间：2013年10月9日。

③ 上海市高级人民法院（2007）沪高民四（商）终字第46号民事判决书，载北大法宝，http：//bmla. chinalawinfo. com，浏览时间：2011年3月17日。

④ 载北大法宝，http：//bmla. chinalawinfo. com，浏览时间：2011年3月8日。

⑤ 上海市第二中级人民法院（2007）沪二中民三（商）终字第435号民事判决书。

⑥ 上海市第一中级人民法院（2004）沪一中民五（商）终字第15号民事判决书。

三、股份代持适用的法律规则

股份代持是一种投资于公司的合同行为，无疑主要适用《合同法》和《公司法》。当股份代持于外资企业，还适用《中外合资经营企业法》《中外合资经营企业法实施条例》《中外合作经营企业法》《中外合作经营企业法实施细则》《外资企业法》《外资企业法实施细则》等法律法规。除此之外，商务、工商等主管机构为实施以上法律、法规制定的部门规章在实践中也非常重要。

实务中，《合同法》第五十二条关于合同无效的规定，《最高人民法院关于适用〈中华人民共和国合同法〉若干问题的解释（二）》关于效力性、管理性强制性规定的区分，《物权法》第一百零六条关于善意取得的规定，在认定股份代持效力时尤其重要。此外我国法律、法规对股份代持问题并无直接明确规定，最高人民法院及地方法院相关司法文件，事实上是我们理解股份代持的最佳依据。

（一）在内资公司方面

《公司法》第三十二条及《最高人民法院关于适用〈中华人民共和国公司法〉若干问题的规定（三）》第二十四条、第二十五条、第二十六条规定：

（1）实际出资人未经登记或者变更登记为公司股东的，不得对抗第三人。

（2）股份代持协议如不存在《合同法》第五十二条规定情形，则协议有效；但如未经公司其他股东半数以上同意，法院不支持实际投资人变更股东、签发出资证明书、记载于股东名册、记载于公司章程并办理公司登记机关登记的要求。

（3）名义股东擅自处置名下股权而实际投资人请求认定无效的，参照《物权法》第一百零六条关于善意取得的规定处理。

但在祁某杰诉德利发、南苑公司股东权案中，鉴于德利发向祁某杰出具出资证明、祁某杰又作为董事参与德利发日常管理，且德利发每年均向祁某杰分配红利等事实，法院直接支持祁某杰的股东确名请求并要求德利发及时办理工商变更手续，并不要求取得德利发其他股东半数以上同意。[①]

部分地方司法机关出台的公司纠纷审理指导意见也涉及股份代持，如上海市高级人民法院《关于审理涉及公司诉讼案件若干问题的处理意见（一）》第一条之（一）规定："当事人之间约定以一方名义出资（显名投资）、另一方实际出资（隐名投资）的，此约定对公司并不产生效力；实际出资人不得向公司主张行使股东权利，只能首先提起确权诉讼。有限责任公司半数以上其他股东明知实际出资人出资，并且公司一直认可其以实际股东的身份行使权利的，如无其他违背法律法规规

---

① 北京市第二中级人民法院（2006）二中民终字第09118号民事判决书，载北大法宝，http://bmla.chinalawinfo.com，浏览时间：2011年3月17日。

定的情形，人民法院可以确认实际出资人对公司享有股权。”该院《关于审理涉及公司诉讼案件若干问题的处理意见（二）》第二条之（二）规定：“双方约定一方实际出资，另一方以股东名义参加公司，且约定实际出资人为股东或者承担投资风险的，如实际出资人主张名义出资人转交股份财产利益，人民法院应予支持；但违背法律强制性规定的除外。一方实际出资，另一方以股东名义参加公司，但双方未约定实际出资人为股东或者承担投资风险，且实际出资人亦未以股东身份参与公司管理或者未实际享受股东权利的，双方之间不应认定为隐名投资关系，可按债权债务关系处理。在上述实际出资人与名义股东之间发生的纠纷中，可以列公司为第三人参加诉讼。”该院《关于审理涉及公司诉讼案件若干问题的处理意见（三）》第六条规定：“隐名投资人虽不是公司名义上的股东，但由于公司的成立起因于隐名投资人的出资，根据资本维持和不变的原则，隐名投资人不得抽回资金，逃避风险和责任。”①

（二）在外资企业方面

首先，应适用内资公司相关规定；其次，《最高人民法院关于审理外商投资企

---

① 其他地方法院类似文件还有：1. 北京高院《关于审理公司纠纷案件若干问题的指导意见》第十六条规定：“公司的实际出资人在其股东身份未显名化之前，不具有股东知情权诉讼的原告主体资格，其已诉至法院的，应裁定驳回起诉。”2. 山东高院《关于审理公司纠纷案件若干问题的意见（试行）》第三十六条规定：“实际出资人与他人约定以该他人名义出资自己享有股东权利、承担投资风险的，该约定不得对抗公司。但实际出资人已经以股东身份直接享有并行使股东权利，其请求否定名义出资人股东资格，并确认自己股东资格的，如无违反法律、行政法规禁止性规定的情形，人民法院应予支持。实际出资人以他人名义出资，双方未约定股权归属、投资风险承担，且无法确认实际出资人具有股东资格的，实际出资人与名义出资人之间按借贷关系处理。”3. 江苏高院《关于审理适用公司法案件若干问题的意见（试行）》第二十六条规定：“公司或其股东（包括挂名股东、隐名股东和实际股东）与公司以外的第三人就股东资格发生争议的，应根据工商登记文件的记载确定有关当事人的股东资格，但被冒名登记的除外。”第二十七条规定：“股东（包括挂名股东、隐名股东和实际股东）之间就股东资格发生争议时，除存在以下两种情形外，应根据工商登记文件的记载确定有关当事人的股东资格：（1）当事人对股东资格有明确约定，且其他股东对隐名者的股东资格予以认可的；（2）根据公司章程的签署、实际出资。出资证明书的持有以及股东权利的实际行使等事实可以作出相反认定的。实际出资并持有出资证明书，且能证明是由于办理注册登记的人的过错致使错误登记或者漏登的，应当认定该出资人有股东资格。”第二十八条规定：“股东（包括挂名股东、隐名股东和实际股东）与公司之间就股东资格发生争议，应根据公司章程、股东名册的记载作出认定，章程、名册未记载但已依约定实际出资并实际以股东身份行使股东权利的，应认定其具有股东资格，并责令当事人依法办理有关登记手续。”第二十九条规定：“认定工商登记文件记载的股东以外的人为股东的，不得违反法律和行政法规有关股东身份的禁止或限制性规定。”第三十一条规定：“股东之间约定公司全部出资由一名股东投入，其他股东不出资，也不享有股东权利的，应认定该公司实为个人独资企业。公司内部的权利义务关系按股东之间的约定处理；公司对外债务应由出资人承担无限责任，其他挂名的股东在其认缴出资的范围内承担补充清偿责任。”

业纠纷案件若干问题的规定（一）》[①] 规定：

（1）实际投资者请求确认其在外商投资企业中的股东身份或者请求变更外商投资企业股东的，法院不支持，但同时具备以下条件的除外：实际投资者已实际投资；名义股东以外的其他股东认可实际投资者的股东身份；人民法院或当事人在诉讼期间就将实际投资者变更为股东征得了外商投资企业审批机关的同意。

（2）除非具有法律、行政法规规定的无效情形，涉及外商投资的股份代持合同有效，名义投资者有违约情形的应承担违约责任。

（3）隐名股东不得直接要求所投资企业直接向其分配利润。

（4）股份代持合同被认定无效时，应根据各方实际投入、管理、过错，收回投资、分配剩余资产及承担损失。

---

① 《最高人民法院关于审理外商投资企业纠纷案件若干问题的规定（一）》第十四条："当事人之间约定一方实际投资、另一方作为外商投资企业名义股东，实际投资者请求确认其在外商投资企业中的股东身份或者请求变更外商投资企业股东的，人民法院不予支持。同时具备以下条件的除外：（一）实际投资者已经实际投资；（二）名义股东以外的其他股东认可实际投资者的股东身份；（三）人民法院或当事人在诉讼期间就将实际投资者变更为股东征得了外商投资企业审批机关的同意。

第十五条　合同约定一方实际投资、另一方作为外商投资企业名义股东，不具有法律、行政法规规定的无效情形的，人民法院应认定该合同有效。一方当事人仅以未经外商投资企业审批机关批准为由主张该合同无效或者未生效的，人民法院不予支持。实际投资者请求外商投资企业名义股东依据双方约定履行相应义务的，人民法院应予支持。双方未约定利益分配，实际投资者请求外商投资企业名义股东向其交付从外商投资企业获得的收益的，人民法院应予支持。外商投资企业名义股东向实际投资者请求支付必要报酬的，人民法院应酌情予以支持。

第十六条　外商投资企业名义股东不履行与实际投资者之间的合同，致使实际投资者不能实现合同目的，实际投资者请求解除合同并由外商投资企业名义股东承担违约责任的，人民法院应予支持。

第十七条　实际投资者根据其与外商投资企业名义股东的约定，直接向外商投资企业请求分配利润或者行使其他股东权利的，人民法院不予支持。

第十八条　实际投资者与外商投资企业名义股东之间的合同被认定无效，名义股东持有的股权价值高于实际投资额，实际投资者请求名义股东向其返还投资款并根据其实际投资情况以及名义股东参与外商投资企业经营管理的情况对股权收益在双方之间进行合理分配的，人民法院应予支持。外商投资企业名义股东明确表示放弃股权或者拒绝继续持有股权的，人民法院可以判令以拍卖、变卖名义股东持有的外商投资企业股权所得向实际投资者返还投资款，其余款项根据实际投资者的实际投资情况、名义股东参与外商投资企业经营管理的情况在双方之间进行合理分配。

第十九条　实际投资者与外商投资企业名义股东之间的合同被认定无效，名义股东持有的股权价值低于实际投资额，实际投资者请求名义股东向其返还现有股权的等值价款的，人民法院应予支持；外商投资企业名义股东明确表示放弃股权或者拒绝继续持有股权的，人民法院可以判令以拍卖、变卖名义股东持有的外商投资企业股权所得向实际投资者返还投资款。实际投资者请求名义股东赔偿损失的，人民法院应当根据名义股东对合同无效是否存在过错及过错大小认定其是否承担赔偿责任及具体赔偿数额。

第二十条　实际投资者与外商投资企业名义股东之间的合同因恶意串通，损害国家、集体或者第三人利益，被认定无效的，人民法院应当将因此取得的财产收归国家所有或者返还集体、第三人。"

四、股份代持对当事人双方的风险

在股份代持中，隐名股东实际投资但对该笔投资不显名，而显名股东对该笔投资显名为股东但未实际投资，该种“名不副实”，给隐名股东、显名股东都可能带来法律风险：

1. 对隐名股东风险

股份代持中发生的主要法律风险由其承担，比如在所投资公司中不具有“法律上股东”身份，如想显名为股东需要其他股东过半数同意等不确定因素等，这些风险主要包括：

（1）股份代持协议效力不被确认。既然是协议，其是否有效应根据我国《合同法》判断，具体需考虑各方权利能力、行为能力是否适格，尤其需考虑是否存在该法第五十二条规定的无效情形。实践中法院判例一般支持股份代持的合法性，如林涛公司等与方某股东权纠纷上诉案中，法院指出：“根据现行的《公司法》及其司法解释的相关规定，国家法律并不禁止隐名股东的存在。”[①] 但一旦该协议被认定违反了《合同法》等法律、行政法规的强制性规定，就可能会被判定无效，如前述杨某朴等诉沈某花股东权纠纷案中，非大陆籍人士杨某朴通过境内主体隐名投资设立内资企业，该行为被终审判决认定：“规避了外资企业必须经政府部门审批的法律规定。”并根据《合同法》第五十二条第五项被认定为无效，导致无法被认定为所投资企业股东，所以无法直接向第三人转让企业股权。事实上杨某朴所隐名投资产业并不禁止、限制外资进入，法院也认定其股份代持系“违反法律程序性规定的行为”，但依然判定其无效。股份代持协议如被认定无效，会产生一系列代持协议签署时意想不到的后果，包括民事后果（如杨某朴无法顺利行使股东权利）和行政后果（如神木法官张某峰被撤职且隐名投资所获利益被追缴）等。[②]

（2）隐名股东与显名股东之间发生纠纷。因涉及利益关系，隐名股东与显名股东间极易发生纠纷。以东莞市为例，该市中级人民法院自2003年以来审理的1612宗涉台案件中，涉及股份代持的借款纠纷、出资经营合同纠纷所占比例超过10%。纠纷发生后，无论股份代持协议被认定为有效还是无效，均会带来不确定的法律后果。有实际投资人以未登记为股东、未实际参与经营为名欲否认股份代持从而取回

---

① 云南省普洱市中级人民法院（2005）普中民三初字第7号民事判决书。

② 《张继峰留党察看两年》，载《华商报》2010年5月31日，引自网易，http：//news.163.com，浏览时间：2011年3月16日。

投资款，但主张未得到法院支持，如夏某与陈某股东出资纠纷案。[①]

（3）隐名股东与公司其他股东的纠纷。即使股份代持协议未被确认无效，隐名股东也并非总可以要求将自己的投资显名，如高某珠诉骏宇公司股东资格确认案中，隐名股东的确名请求因其他股东异议，而未被法院支持。[②]

（4）涉及第三人时的法律风险。隐名股东不得以登记不实对抗善意第三人，所以即使股份代持协议未被确认无效，其对善意第三人也不具有约束力。如显名股东做出转让、质押公司股权等行为，或因显名股东自身原因导致其挂名财产被冻结或追偿，隐名股东不得以自己为实际投资人的身份阻却这些行为，只能根据代持协议对显名股东进行追偿。如前述首创证券诉中泰担保股权确认纠纷一案中，中邮基金设立时，首创证券拟实际出资5200万元，占该公司总出资比例的52%，超出中国证监会关于内资基金管理公司主要股东出资的最高限制比例，为规避该规定，首创证券与中泰担保签署《代持股协议》，商定首创证券显名出资2800万元，剩下2400万元通过中泰担保隐名出资，并约定中泰担保显名持有的中邮基金股权全部权利归首创证券。后中泰担保因自身债务导致该部分代持股权被查封，故首创证券诉求解除该部分股权上之查封并将股权过户至首创证券名下，一审法院支持了首创证券的请求，同时指出："中泰担保在中邮基金所持的24%股权归首创证券享有，但该权利在取得相关登记机关核准并办理变更登记前不发生对抗第三人的效力。"[③] 又如王某、金某仙与吴某夫、沈某娣股东资格确认案中，显名股东将所代持股权出售，第三人"善意取得涉案股权"，隐名股东主张转让无效的请求被法院驳回。[④]

2. 对显名股东风险

其虽未实际投资，但也并非不承担任何风险，这些风险包括：

（1）可能承担投资不利的后果并因此承担债务。如当投资性质未被代持协议详细列明时，可能导致显名股东成为所投资企业的实际投资人，承担企业亏损导致的不利后果，同时尚需对隐名股东实际投资承担债务。[⑤]

---

① 重庆市沙坪坝区人民法院（2012）沙法民初字第05967号民事判决书，载威科先行专业数据库，law. wkinfo. com. cn，浏览时间：2011年3月16日。

② 山东省高级人民法院（2014）鲁民四终字第32号民事判决书。

③ 北京市第二中级人民法院（2008）二中民初字第01804号民事判决书。

④ 浙江省绍兴市中级人民法院（2014）浙绍商终字第831号民事判决书。

⑤ 《最高人民法院关于审理公司纠纷案件若干问题的规定（一）》（征求意见稿）第十九条第三款规定："一方出资，另一方以股东名义参加公司，双方未约定出资人为股东或者出资人承担投资风险，且出资人亦未以股东身份参与公司管理或者以股东名义向公司主张过权利的，出资人仅对以股东名义参加公司者享有债权……"

（2）违约或代持协议无效时，需对隐名股东承担违约、赔偿责任。在代持协议有效时，如果显名股东违反代持协议，需承担违约责任①；在代持协议无效时，需根据过错承担赔偿责任。②

（3）需对所投资公司或第三人承担责任。如显名股东所挂名公司出资不到位而公司资产不足以清偿该公司债务等情况下，显名股东需向公司或第三人承担责任，但其事后可以向隐名股东追偿。如中华制漆诉潘某龙案中，挂名股东潘某龙挂名认购卓创公司20万元出资，但该部分出资未实际到位，潘某龙需对自己认购部分的公司出资不实向善意第三人中华制漆承担赔偿责任。③

五、股权代持的适用建议

股份代持是一把“双刃剑”，使用得当，可以获得意想不到的效果；但使用不当，也会带来意外的纠纷，从实际投资人的角度出发，在此我们简单建议：（1）如实际投资人不能够、不方便、不愿意显名投资或隐名投资能带来更多优惠，可考虑通过股份代持方式进行；（2）最好不为规避法律、法规的强制性规定尤其是效力性强制性规定而进行股份代持；（3）在股份代持中，隐名股东为实际投资人时，应对显名股东的财产及信用等状况有充分了解；（4）应详尽考虑股份代持协议条款然后再签署；（5）应尽可能参与所投资公司的日常经营管理；（6）在公司股东名册中显名，并让公司其他股东（如有）留下明知股份代持存在的证据。

第三节　公司设立过程中的出资形式及风险防范

一、出资规定

自1993年《公司法》在我国颁布以来，先后经历了1999年、2004年、2005年、2013年、2018年五次修订，最高人民法院也于2006年、2008年、2011年、2017年、2019年先后发布了五个司法解释，这其中变化较大的是全国人民代表大会常务委员会2005年和2013年的修订，2013年对《公司法》进行了第四次修

---

① 《最高人民法院关于审理外商投资企业纠纷案件若干问题的规定（一）》第十六条：“外商投资企业名义股东不履行与实际投资者之间的合同，致使实际投资者不能实现合同目的，实际投资者请求解除合同并由外商投资企业名义股东承担违约责任的，人民法院应予支持。”

② 《最高人民法院关于审理外商投资企业纠纷案件若干问题的规定（一）》第十九条第二款：“实际投资者请求名义股东赔偿损失的，人民法院应当根据名义股东对合同无效是否存在过错及过错大小认定其是否承担赔偿责任及具体赔偿数额。”

③ 《挂名股东的糊涂债》，载央视网，http：//www.cctv.com，浏览时间：2011年3月17日。

订，此次修改不仅取消了对公司最低注册资本的限制，对公司设立出资的相关制度也进行了很多调整，由过去沿袭多年的实缴制变更为认缴制，为配合这一根本性的制度变化的顺利实施，最高人民法院于2014年2月20日发布了《最高人民法院关于修改关于适用〈中华人民共和国公司法〉若干问题的规定的决定》，对其颁布的有关公司的三个重要司法解释的相关内容进行了调整并重新公布。国家工商管理总局也于2014年2月20日发布了新的《公司注册资本登记管理制度》（第64号令），配合本次公司注册、出资制度的相关变化，促进法律和司法解释的落实。

（一）我国实缴资本制度向认缴资本制度的逐步转变

我国1993年《公司法》根据公司经营内容规定了不同的最低注册资本限额，并采取了严格的实缴资本制度，该法第二十三条第一款规定："有限责任公司的注册资本为在公司登记机关登记的全体股东实缴的出资额。"第二十六条规定："股东全部缴纳出资后，必须经法定的验资机构验资并出具证明。"2005年修订《公司法》时取消了按照公司经营内容来区分最低注册资本额的规定，这一规定提高了无形资产占注册资本的比例。同时，修订后的《公司法》允许分期缴纳注册资本，虽然本质上仍然采用实缴资本制度，但实际上放松了注册资本管制。这种严格的法定资本制度不符合市场经济的客观规律，投资者的积极性被严重打击，其弊端越来越明显，因此施行认缴资本制度，放松注册资本管制势在必行。① 2013年修订的《公司法》顺应了这一趋势和要求，修订后的《公司法》第二十六条第一款规定，有限责任公司的注册资本为在公司登记机关登记的全体股东认缴的出资额。同时，修订后的《公司法》对一般有限责任公司注册资本的最低限额、股东的首次出资额比例及出资缴纳时限予以取消，出资金额与时限可以由股东（发起人）自行决定，认缴资本制度同样适用于有限责任公司的注册。

（二）认缴资本制度的例外

2013年修订的《公司法》虽然实行了注册资本认缴制，放弃了沿袭多年的注册资本实缴制，但并没有"一刀切"，对于特定领域的公司，仍然有所保留，修订后的《公司法》第二十六条第二款规定，法律、行政法规以及国务院决定对有限责任公司注册资本实缴、注册资本最低限额另有规定的，应从其规定。实践中，根据其他法律法规规定仍然实行注册资本实缴登记制的公司主要有：

---

① 施天涛：《公司资本制度改革：解读与辨析》，载《清华法学》2014年第5期。

公司类型	最低注册资本额（人民币）	法律规定
商业银行	全国性商业银行注册资本最低限额为10亿元，且为实缴资本；城市商业银行的注册资本最低限额为1亿元，且为实缴资本；农村合作商业银行的注册资本最低限额为5000万元，且为实缴资本	《商业银行法》第十三条
外资银行	10亿元人民币或者等值的自由兑换货币，且为实缴资本	《外资银行管理条例》第八条
金融资产管理公司	100亿元，由财政部核拨	《金融资产管理公司条例》第五条
信托公司	3亿元人民币或等值的可自由兑换货币，且为实缴资本	《信托公司管理办法》第十条；《银行业监督管理法》第二条
财务公司	1亿元人民币或者等值的可自由兑换货币，且为实缴资本；经营外汇业务的财务公司，其注册资本金中应当包括不低于500万美元或者等值的可自由兑换货币；申请设立分公司的财务公司，注册资本要求不得少于人民币3亿元	《银行业监督管理法》第二条；《企业集团财务公司管理办法》第十条；《企业集团财务公司管理办法》第十九条
金融租赁公司	100亿元人民币或等值的自由兑换货币，且为实缴资本	《银行业监督管理法》第二条；《金融租赁公司管理办法》第十一条
汽车金融公司	3亿元人民币或等值的可自由兑换货币	《银行业监督管理法》第二条；《汽车金融公司管理办法》第九条
消费金融公司	3亿元人民币或等值的可自由兑换货币，且为一次性实缴货币资本	《银行业监督管理法》第二条；《消费金融公司试点管理办法》第十二条
货币经纪公司	2000万元人民币或者等值的自由兑换货币，注册资本为实缴货币资本	《银行业监督管理法》第二条；《货币经纪公司试点管理办法》第十一条

续表

公司类型	最低注册资本额（人民币）	法律规定
村镇银行	县（市）设立的村镇银行，其注册资本不得低于300万元人民币；在乡（镇）设立的村镇银行，其注册资本不得低于100万元人民币，且注册资本由发起人一次缴足	《银行业监督管理法》第二条；《村镇银行管理暂行规定》第八条
贷款公司	50万元人民币，为实收货币资本，由投资人一次足额缴纳	《银行业监督管理法》第二条；《贷款公司管理暂行规定》第八条
农村信用合作联社	500万元人民币	《银行业监督管理法》第二条；《农村信用社省（自治区、直辖市）联合社管理暂行规定》第八条
农村资金互助社	乡（镇）设立的，注册资本不低于30万元人民币，在行政村设立的，注册资本不低于10万元人民币，注册资本应为实缴资本	《银行业监督管理法》第二条；《农村资金互助社管理暂行规定》第九条
证券公司	证券经纪、证券投资咨询与证券交易、证券投资活动有关的财务顾问为5000万元；经营证券承销与保荐、证券自营、证券资产管理及其他证券业务，经营任一业务的证券公司的注册资本最低限额为1亿元且为实收资本；经营两项以上的证券公司的注册资本最低限额为5亿元，且为实缴资本	《证券法》第一百二十七条
期货公司	3000万元	《期货交易管理条例》第十六条
基金管理公司	1亿元人民币，且必须为实缴货币资本	《证券投资基金法》第十三条
保险公司	2亿元，且为实缴资本	《保险法》第六十九条
保险专业代理机构、保险经纪人	保险经纪公司，其注册资本的最低限额为人民币5000万元，中国保监会另有规定的除外；保险专业代理公司，其注册资本的最低限额为人民币5000万元，中国保监会另有规定的除外	《保险法》第一百二十条；《保险经纪机构监管规定》第八条；《保险专业代理机构监管规定》第七条

续表

公司类型	最低注册资本额（人民币）	法律规定
外资保险公司	2亿元人民币或者等值的自由兑换货币；且为实缴资本	《外资保险公司管理条例》第七条
直销企业	8000万元	《直销管理条例》第七条
对外劳务合作企业	600万元人民币	《对外劳务合作管理条例》第六条
融资性担保公司	500万元，且为实缴货币资本	《融资性担保公司管理暂行办法》第十条
劳务派遣企业	200万元	《劳动合同法》第五十七条；2013年10月25日国务院第28次常务会议决定
典当行	实行公司资本实缴制度，尚不清楚其最低注册资本限额为多少	2013年10月25日国务院第28次常务会议决定
保险资产管理公司	实行公司资本实缴制度，尚不清楚其最低注册资本限额为多少	2013年10月25日国务院第28次常务会议决定
小额贷款公司	实行公司资本实缴制度	2013年10月25日国务院第28次常务会议决定

除上述所列的几类银行、证券、信托等金融行业的有限公司外，文化、建筑、旅游、运输、海关、审计、评估、信息等公司，也为认缴资本制度的例外，实行实缴及最低注册资本制度，如运输行业，根据《国际货物运输代理业管理规定》第八条的规定，经营海上国际货物运输代理业务的公司，注册资本最低限额为人民币500万元。经营航空国际货物运输代理业务的公司，注册资本最低限额为人民币300万元。

从上述梳理中，我们也可以看出，国家对一般行业的公司实行认缴资本制度，大大降低了投资者从事商业活动的门槛，但是对于银行业金融机构、证券公司、期货公司、基金管理公司、保险公司、保险专业代理机构和保险经纪人、直销企业、对外劳务合作企业、融资性担保公司、募集设立的股份有限公司以及劳务派遣企业、典当行、保险资产管理公司、小额贷款公司等专业性强、影响面广的公司设立则实行实缴资本制度。因此，投资者在设立上述行业的公司时，应首先了解该行业的注册资本是否有特殊规定。

二、出资形式

（一）我国《公司法》关于出资形式的沿革

我国1993年的《公司法》在出资形式方面进行了严格的规定和限制，股东只能用货币、实物、工业产权、非专利技术和土地使用权作价出资，而且以工业产权、非专利技术作价出资的金额不得超过有限责任公司注册资本的百分之二十，国家对采用高新技术成果有特别规定的除外。①

我国2005年修订的《公司法》放宽了出资形式，规定股东不仅可以用货币出资，也可以用实物、知识产权、土地使用权出资，还可以用其他能够以货币估价并可以依法转让的非货币财产作价出资，同时规定全体股东的货币出资金额不得低于有限责任公司注册资本的百分之三十。②

2013年修订的《公司法》关于出资形式的规定基本没有变化，包括货币、实物、知识产权、土地使用权和其他可以用货币估价并可以依法转让的非货币财产，但删掉了"全体股东的货币出资金额不得低于有限责任公司注册资本的百分之三十"的规定。③

（二）我国现行法律法规对出资形式的限制

我国2013年修订的《公司法》大大放宽了出资形式，规定只要可以用货币估价并可以依法转让的非货币财产都可以用以出资，对于哪些不能用以出资没有明确规定，只是规定"法律、行政法规规定不得作为出资的财产除外"。国务院2014年2月14日修订的《公司登记管理条例》规定股东不得以劳务、信用、自然人姓名、商誉、特许经营权或者设定担保的财产等作价出资。④ 国家工商管理总局2014年2月20日发布的《公司注册资本登记管理规定》也作了同样的规定。⑤结合我国现行法律、法规和部门规章的规定，我国目前对于出资形式的要求可以总结如下：

---

① 《公司法》（1993年）第二十四条。

② 《公司法》（2005年修订）第二十七条。

③ 《公司法》（2013年修订）第二十七条。

④ 《公司登记管理条例》（2014年修订）第十四条。

⑤ 《公司注册资本登记管理规定》第五条第二款。

出资形式	
可以出资的	货币
	实物、知识产权、土地使用权等能够用货币估价并可以依法转让的非货币财产
	在中国境内设立的公司的股权出资
	在中国境内设立的公司的债权，转为公司股权
禁止出资的	劳务、信用、自然人姓名、商誉、特许经营权或者设定担保的财产等法律、行政法规规定不得作为出资的财产

三、不同出资形式风险防范要点

（一）货币出资

1. 审查出资货币的合法性

2014 年 2 月 20 日《最高人民法院关于适用〈中华人民共和国公司法〉若干问题的规定（三）》（以下简称《公司法司法解释三》）第七条第二款规定，若出资货币涉及刑事犯罪，例如以贪污、受贿、侵占、挪用等违法犯罪所得的货币进行出资，该股东获得的股权，在对犯罪行为予以追究、处罚之时，应当通过拍卖或变卖的方式进行处置。

《公司法司法解释三》第七条第一款规定，对出资人无权处分的财产进行出资的，出资人之间对于出资行为效力产生争议的，人民法院进行判定时，可以参照《物权法》规定的善意取得制度。而对于货币出资而言，在货币作为不记名有价证券使用时，持有人占有即可获得所有权，并不适用善意取得制度，因此，第一款的规定并不能适用于货币出资的情形。即货币出资如不涉及刑事犯罪的情形，其出资效力即使被质疑，司法实践中，人民法院也不能参考善意取得制度进行处理。

鉴于货币出资存在上述潜在风险，出资人在签订投资协议时，可以要求各出资人承诺出资合法性，并约定违反该条约定给公司造成损失的责任承担方式，以增强出资人对货币出资的守约意识。

2. 核实货币出资缴纳情况

货币出资通过合法性审查后，出资人需核实货币出资是否已经实际缴纳。现行《公司法》第二十八条规定，股东应当按期足额缴纳公司章程中规定的各自所认缴的出资额。股东以货币出资的，应当将货币出资足额存入有限责任公司在银行开设的账户，当核实货币出资缴纳情况之时，验证出资人银行所出具的向公司账户汇款的凭证最为有效，当然，从出资人的角度，为证明已履行出资义务，保存银行汇款凭证原件亦为必要。此外，根据国家工商行政管理总局《公司注册资本登记管理规定》第八条的规定，股东或者发起人应当以自己的名义出资。

（二）房产与土地使用权出资

1. 土地使用权出资需满足的条件

根据我国《土地管理法》的规定，土地使用权包括国有土地使用权与集体土地使用权两种，而国有土地使用权因取得方式的不同，又分为有偿取得和行政划拨两种，结合我国法律规定和实践操作，以出让方式取得的国有土地使用权可以作为出资；而集体土地使用权必须通过国家征用变为国有土地之后出让，受让方才能取得使用权；对于以划拨方式取得的国有土地，补交土地使用权出让金或者以转让、出租、抵押所获收益抵交土地使用权出让金，以变更性质为出让方式取得国有土地后，方能用以出资。

《公司法司法解释三》第八条规定，出资人以划拨土地使用权出资，或者以设定权利负担的土地使用权出资，公司、其他股东或者公司债权人主张认定出资人未履行出资义务的，人民法院应当责令当事人在指定的合理期间内办理土地变更手续或者解除权利负担；逾期未办理或者未解除的，人民法院应当认定出资人未依法全面履行出资义务。因此，法院给予划拨土地变更性质的合理期限，法院认可出资人在合理期限内办理完毕变更手续的为已履行出资义务。

2. 房产出资需满足的条件

我国实行“房地一体”原则，即当转让、抵押房屋等建筑物的所有权时，其占用范围内的土地使用权也要一并转让、抵押；当转让、抵押土地使用权时，其地上的房屋等建筑物所有权也要一并转让、抵押，俗称“房随地走、地随房走”。1990年5月19日颁布的《城镇国有土地使用权出让和转让暂行条例》第二十三条、第二十四条、第三十三条，1994年7月5日颁布的《城市房地产管理法》第三十一条对该原则均有体现。《物权法》又以第一百四十六条、第一百四十七条、第一百八十二条、第一百八十四条四个条文，肯定了这一原则，其立法目的是规范土地使用权的主体与地上建筑物及其他构筑物所有权的主体保持一致。

因此，房产出资需一并考虑房产所附着的土地使用权出资事宜，如土地使用权属于划拨方式取得或为集体土地使用权，则其上房屋出资时，还需一并适用上述“土地使用权出资需满足条件”的内容。

3. 权属变更登记的风险控制

《公司法司法解释三》第十条规定：“出资人以房屋、土地使用权或者需要办理权属登记的知识产权等财产出资，已经交付公司使用但未办理权属变更手续，公司、其他股东或者公司债权人主张认定出资人未履行出资义务的，人民法院应当责令当事人在指定的合理期间内办理权属变更手续；在前述期间内办理了权属变更手续的，人民法院应当认定其已经履行了出资义务；出资人主张自其实际交付财产给公司使用时享有相应股东权利的，人民法院应予支持。出资人以前款规定的财产出资，已经办理权属变更手续但未交付给公司使用，公司或者其他股东主张其向公司交付、并在实际交付之前不享有相应股东权利的，人民法院应予支持。”

综上所述，出资人履行出资义务的必要条件之一是土地使用权转移登记，出资人如未能在合理期间内办理权属变更手续，无论是否已实际交付使用，仍认定为未履行出资义务，如出资人在合理期间办理了权属变更手续，实际交付在权属变更之日前的，则可以认定为交付日已履行出资义务；如实际交付在权属变更之日后，因出资义务未实际使公司获得，因此该股东也不享有股东权利，股东权利自实际交付之日起算。

（三）知识产权出资

1. 专利权或著作权出资

（1）出资人是个人时需要注意的问题

如果以专利权进行出资，应当考察其专利属于职务发明创造还是非职务发明创造。依照我国《专利法》的规定，执行本单位的任务或者主要是利用本单位的物质技术条件所完成的发明创造为职务发明创造。职务发明创造专利申请被批准后，该单位为专利权人。所以，单位为专利权人的，发明人或设计人不能以个人名义用职务发明创造出资，发明人或设计人对此另有约定的除外。非职务发明创造，除当事人另有约定，专利申请被批准后，该发明人或者设计人为专利权人，发明人或设计人可以以个人名义用其出资。

我国《著作权法》第十六条规定，公民为完成法人或者其他组织工作任务所创作的作品是职务作品，除本条第二款的规定外，著作权由作者享有。但同时规定，法人或者其他组织有权在其业务范围内优先使用。作品完成两年内，未经单位同意，作者不得许可第三人以与单位使用的相同方式使用该作品。这表明一般情况下，作者可以职务作品的著作权向公司出资，但会受到上述限制，在两年内需要经单位同意。

此外，我国《著作权法》第十六条第二款规定，对于主要是利用法人或者其他组织的物质技术条件创作，并由法人或者其他组织承担责任的工程设计图、产品设计图、地图、计算机软件等职务作品，以及法律、行政法规规定或者合同约定著作权由法人或者其他组织享有的职务作品，作者仅享有署名权，著作权的其他权利由法人或者其他组织享有，这类职务作品，作者不能用来出资。

综上所述，当公民以个人名义用职务作品出资，就有可能被其所在单位提出异议或者权利要求，给接受该著作权投资的公司带来诸多麻烦。

总之，公民个人以专利权或著作权出资时，其他出资人或公司应该予以高度注意。

（2）用多个主体共同享有权益的知识产权出资

对于用多个主体共同享有权益的知识产权出资，应当注意考察该多个主体之间的法律关系。以专利法上“共同发明创造”为例，一种情形是委托开发的技术成果，对委托关系下产生的发明创造，委托双方可以在委托合同中约定相应权利的归属，约定不明或者未作约定的，所开发出的发明创造的专利权归受托方享有。另一种情形是合作开发的技术成果，该成果的专利权归合作开发各方共有，一方对该成果的处分，须经过其他各方同意，并且所得收益共享。

鉴于此，对用多个主体共同享有权益的知识产权出资，首先要确认出资人是否具有该知识产权的处分权，其次要对出资后共同权利人的权利义务作出约定，尤其是他们对企业的收益分配、亏损分担比例、参与公司事务执行的权利与方式等。

以专利权为例，当数个专利权人约定该专利不可转让，则在此情况下其中一个专利权人以该专利权中自己的份额出资的行为就将引起纠纷，这是实践中常见的问题。

2. 商标权出资

以商标权出资需要注意的是：

（1）必须经过评估作价；

（2）需要确认该商标是否可能出现权属纠纷；

（3）需评估该商标日后被依法提出异议或依法撤销的可能性；

（4）区别以商标的部分使用权出资和以商标的全部使用权出资的概念，避免发生纠纷。

以商标的部分使用权出资，如某商标注册若干个类别的产品和服务，但出资人只以该商标在某一个类别的使用权出资，则该商标在其他类别的使用权仍属于出资人所有。在此情况下，出资人个人使用商标的行为有可能损害公司所持有的商标使用权。例如，“冠生园”“三鹿”等食品生产企业丑闻事件之后，拥有这两个商标其他类别使用权的企业如果继续使用这两个商标，则生产经营势必遭受损失和影响。此外，若日后出资人将自己持有部分的商标使用权转让给第三方，也有可能出现第三方使用商标而造成公司持有的商标受到损害的现象。

因此，在以商标的部分使用权出资的情况下，应当要求出资人保证不得从事任何有损公司持有的商标形象的行为，否则应承担相应的责任。为防止出资人将自己持有部分的商标使用权转让给第三方，最好要求出资人出具书面承诺，承诺对第三人的行为后果承担连带责任。

（四）股权出资

2014 年 2 月 20 日国家工商行政管理总局发布了《公司注册资本登记管理规定》，该规定废止了国家工商行政管理总局分别于 2005 年 12 月 27 日、2009 年 1 月

14 日、2011 年 11 月 23 日发布的《公司注册资本登记管理规定》《股权出资登记管理办法》《公司债权转股权登记管理办法》，仅在《公司注册资本登记管理规定》第六条对股权出资进行了规定。

1. 股权出资需满足的条件

国家工商行政管理总局于 2014 年 2 月 20 日颁布的《公司注册资本登记管理规定》（工商总局令第64 号）第六条规定，股东或者发起人可以以其持有的在中国境内设立的公司（以下简称股权所在公司）股权出资。以股权出资的，该股权应当权属清楚、权能完整、依法可以转让。

该条同时也对不能用作股权出资的情形予以明确：

（1）已被设立质权；

（2）股权所在公司章程约定不得转让；

（3）法律、行政法规或者国务院决定规定，股权所在公司股东转让股权应当报经批准而未经批准；

（4）法律、行政法规或者国务院决定规定不得转让的其他情形。

相对于已经失效的《股权出资登记管理办法》，上述规定删除了股权公司的注册资本尚未缴足、已被依法冻结两种不能作为出资的股权情况。可以理解为，现行《公司法》已规定认缴资本制度，股权公司注册资本无须一次性全部实际缴纳，如要求注册资本尚未缴足即不能股权出资，则实际缩小了股权出资的主体范围，不利于市场发展，而已被冻结的情况属于法律规定不得转让的情形，股权出资只是资产形式的转换，并不会导致财产的转移或灭失，因此也无须单独列出。

2. 价值确定的风险控制

有关出资比例、评估、验资方面，《股权出资登记管理办法》也取消了强制性规定。因此，股权价值的不确定性，往往需要参考公司净资产、未来发展预期等多方面因素，评估难度也较大，会影响公司资本的稳定性。在以股权出资的情况下，虽然法律已经没有强制要求，但仍建议聘请专业机构对出资股权进行评估并出具验资报告，以对股权出资的商业风险与利益有充分的衡量。此外，为减少股权价值的浮动变化风险，可约定距评估节点较短期间内转移登记。

（五）债权出资

债权出资，在我国最早表现为在四大国有资产管理公司设立时采用的“债转股”方式。实务中，在普通公司设立的过程中，用债权出资是比较少见的情况。根据《公司登记管理条例》（2016 年修订）第十四条的规定：“股东的出资方式应当符合《公司法》第二十七条的规定，但股东不得以劳务、信用、自然人姓名、商誉、特许经营权或者设定担保的财产等作价出资。”根据 2014 年 2 月 20 日国家工商行政管理总局发布的《公司注册资本登记管理规定》第五条的规定：“股东或者发起人可以用货币出资，也可以用实物、知识产权、土地使用权等可以用货币估价并可以依法转让的非货币财产作价出资。股东或者发起人不得以劳务、信用、自然人姓名、商誉、特许经营权或者设定担保的财产等作价出资。”二者均未排除债权出资。

1. 债权出资需满足的条件

《公司注册资本登记管理规定》第七条规定，债权人可以将其依法享有的对在中国境内设立的公司的债权，转为公司股权。

转为公司股权的债权应当符合下列情形之一：

（1）债权人已经履行债权所对应的合同义务，且不违反法律、行政法规、国务院决定或者公司章程的禁止性规定；

（2）经人民法院生效裁判或者仲裁机构裁决确认；

（3）公司破产重整或者和解期间，列入经人民法院批准的重整计划或者裁定认可的和解协议。

同时，用以转为公司股权的债权有两个以上债权人的，债权人对债权应当已经作出分割。债权转为公司股权的，公司应当增加注册资本。

2. 债权出资的要点

（1）用以出资的债权必须是到期债权，而且债权转让行为必须通知债务人；

（2）该债权必须未超过诉讼时效，债务人尚未丧失民事行为能力，并应当对债务人的偿还能力作调查和评估；

（3）为了避免在债务到期后不能有效受偿，应当要求该股东（原债权人）提供相应的担保，在这种情况下，要通过其他方式补足出资或者以提供的担保物抵充出资；

（4）债权出资的债，应只指合同之债，且应当为交付金钱之债，以劳务或实物作为义务之债、侵权之债、无因管理之债、不当得利之债等一般情况下不宜用于出资；

（5）建议出资人聘请律师对此债权出资行为出具法律意见书。

（六）特殊权利出资

1. 海域使用权出资

海域使用权也可以作为非货币财产出资。在我国某些沿海地区和城市，有用海域使用权出资的情况。2010 年，盐城、南通、连云港的工商行政管理部门联合出台《海域使用权出资登记管理办法》规定，公司设立时，投资人以海域使用权作价出资金额和其他非货币财产作价出资金额之和最高可达被投资公司注册资本的 70%；公司增加注册资本的，新增注册资本不受此限制。但海域使用权不得作为首期出资，并应当自公司成立之日起两年内缴足，其中投资公司可以在五年内缴足。2012

年10月1日，舟山市工商行政管理局和舟山市海洋与渔业局联合出台了《舟山市海域使用权出资公司登记管理暂行办法》，与上述盐城、南通、连云港出台的管理办法有类似规定，但未限制不得作为首期出资，还可选择多宗海域使用权一并作价出资或单独作价出资。

海域使用权的出资方法和土地使用权类似，在实践中还有以下特点：

（1）出资所用的海域使用权必须是以合法方式取得的，在我国一般是出让。

（2）公益、国防性质的海域使用权不得用于出资。

（3）出资所用的海域使用权必须经过评估作价。

（4）出资所用的海域使用权的使用期限应当在有效期内，且海域使用权的性质应当符合出资协议，《海域使用管理法》对于海域使用权的年限规定为：养殖用海15年；拆船用海20年；旅游、娱乐用海25年；盐业、矿业用海30年；公益事业用海40年；港口、修造船厂等建设工程用海50年。

（5）海域使用权用于出资，目前还没有全国性统一规定，因此需要查询公司设立地的工商行政管理部门是否接受海域使用权出资。

2. 探矿权、采矿权出资

探矿权、采矿权同样可以用于出资，需要注意以下要点：

（1）拟设立的公司应当符合《矿产资源勘查区块登记管理办法》或者《矿产资源开采登记管理办法》规定的有关探矿权申请人或者采矿权申请人的条件，且公司拟经营的矿种应与出资所用的探矿权或采矿权的矿种一致，否则不得接受探矿权或采矿权作为出资。

（2）应由具备评估资格的资产评估机构对出资的探矿权、采矿权进行评估作价后，由验资机构进行验资。

（3）权利无瑕疵，不得设定担保，并已缴足应当缴纳的相关税费。

第三章

公司融资法律实务

第一节　公司融资法律实务概述

融资是贯穿公司发展始终的重要经营活动之一。公司成立之初，大部分运营资金来自公司股东，资金问题并不突出。但随着公司不断成长发展，如何加大融资以满足公司发展壮大对资金的需求，成为每个公司在发展过程中所必须面对的现实问题。在市场竞争推动下，公司为了生存发展和占有市场份额，需要扩大生产规模、提高生产质量，需要大量的资金投入，融资是公司做大的手段，是促进公司发展的重要手段和永恒话题。

融资与投资是相对概念，投行常言“融资向后看，投资向前看”，融资看中的是公司现有资产和过往业绩，投资看中的是公司未来收益和市场前景。简单来讲，公司融资就是将本公司资产负债表中“资产”一项通过融资方式转化为“负债”，从而盘活公司固有资产，使本公司的资产具备流动属性，增加本公司的流动资金，扩大本公司的生产经营规模。

随着我国金融业的快速发展，金融监管政策灵活多变，公司法务需要全面了解融资活动中的法规政策、融资路径、融资成本、风险防控等问题，既保障公司的生产经营扩张需求，又能使公司获取成本低、风险小的资金，对公司法务而言是一个很大的挑战。因为融资也有“好”“坏”之分，“好”的融资能够为公司发展注入新鲜活力，帮助公司实现结构化的发展；而“坏”的融资往往会让公司陷入债务泥沼，甚至就此分崩离析。

公司融资的前提是规范公司的治理结构和负债管理，规避财务风险，公司融资离不开股权结构、财务数据和风险防控。公司法务在参与公司融资活动过程中，对公司的股权结构、财务数据和风险防控措施应全面掌握。在此基础上，协助公司选择最适合公司发展阶段的融资路径和举债方式。

公司在不同的发展阶段，融资方式具有鲜明的差异化特点，这是因为其面对的资金需求和资产条件不同，公司融资的关键在于选择与公司不同发展阶段相匹配的融资策略。公司自其成立开始，一般会经历创建期、成长期、成熟期等几个阶段，公司融资所需资金可以由不同的渠道提供。

公司在创建期，由于产品或服务尚未获得市场认可，面临很大的市场风险，该阶段公司存在发展前景不明朗和资金需求量比较大的矛盾，融资风险很高。创建期公司的资产主要由股东投资转化而来，如固定资产、专利技术，资产构建并无其他复杂成分，公司股权结构比较简单，公司治理结构相对粗糙，缺乏自我造血能力。在这些情形下，公司融资可选择的渠道非常有限。金融机构对创业期的公司提供资金也大多是采取审慎的态度，所以，创建期的公司大多面临融资难的困境。民间借贷的成本大多高于金融机构，抵押率相对要求较高，对公司再融资构成一定的障碍。公司在创建期融资，一般会结合本公司资产构成要素和当前股权结构，多选择私募股权融资、民间借贷、小额贷款融资与典当融资、知识产权质押融资等方式。

公司发展至成长期，可以说进入了青春期，同样也会遇到成长的困惑。在成长发展期，公司按照自己的发展模式运行或进一步扩大增长，多会长期停留在粗放式经营和管理的层面上，缺乏留住人才和培育人才的机制，落后的管理和组织机构会制约公司的发展。处于成长期的公司，只要抓住行业创建的天时、地域优势的地利或者拥有能够掌握调动各类人等的人和，往往就能产生极大的商业效益。在这一阶段，无论公司大小，都会或多或少地遇到困难和问题，由于公司规模和影响力的扩大，包括公司股东、员工、经销商，甚至公司的客户、供应商、各级地方政府大小官员在内的各种角色，所有人的兴衰和维系都被牵涉进公司运营所要考虑的因素中来。此时，公司的财务特征突出表现为公司收入稳步而快速增长，总资产的周转率逐步提升，而公司净利润仍维持在较低水平。

公司发展到成长期，一般已经有了一个或多个较为成熟或者已经被市场认可的产品，公司能够在行业占有一定的份额，能够依靠企业自身造血维持生存，接下来的任务则是通过进一步扩大公司市场份额，争取成为行业龙头。为了实现扩大市场份额的目的，公司可能需要大量地追加投资，而此时仅仅依靠公司本身的经营活动现金流量净额，可能无法满足其市场投入所需资金，必须通过筹集必要的外部资金来作为补充。处于成长期的公司，多选择债券融资、融资租赁、私募股权融资等方式。

当公司进入成熟期，其在行业中已经有一定的地位，公司产品也有了比较清晰的定位。这个时期的产品年销量再度大幅增长可能性不大，并逐渐和行业增长率保持持平。由于具备了一定的门槛和壁垒（如品牌、客户转换成本等），公司在提价销售时就有了一定的保障条件。此时公司的财务特征主要体现为：公司收入快于GDP 增长速率，总资产的周转率仍然维持高位，而财务净利润由低位维持转而高位提升。此阶段公司的现金流会连续不断产生，因而这个阶段公司任务不再是进行新的投资。即便公司决策扩大规模或增加新品，所需资金可以得到低成本、低风险的获取路途，如商业银行贷款、政策性投资等。

本章主要介绍公司融资的几种常见方式，并对每种方式的条件、成本、风险、路径、优势等逐一阐述，以便公司从中选择适合目前发展阶段的融资方式。

“为企业之道，小者求利，大者重势；小者谋阵，大者运局；小者唯实，大者善虚。”在一个信用过度、投机过度、追求利润过度、利益回报刺激过度的金融文化氛围内，融资与风险并重。公司在融资过程中，对风险控制、法规规则要有清醒的认知，能努力寻求与公司发展阶段相匹配的融资路径。

第二节 银行授信

一、银行贷款

1. 银行贷款概述

（1）银行贷款的概念

申请银行贷款，是目前商事主体尤其是大型企业常用的融资方式之一。银行贷款是指银行作为贷款人对借款人提供货币资金并由借款人按约定的利率和期限还本付息的经济行为。

（2）银行贷款的分类

如今我国商业银行对企业的贷款业务主要以贷款方式、贷款期限、担保方式、贷款用途标准进行分类，详见下表：

分类标准	贷款种类	特点
贷款方式	自营贷款	银行以筹集的资金自主发放的贷款，其风险由银行承担
	委托贷款	由委托人提供资金，银行（受托人）根据委托人确定的贷款对象、用途、金额期限、利率等代为发放、监督使用并协助收回的贷款。银行只收取手续费，不承担贷款风险
贷款期限	短期贷款	贷款期限1年以内（含1年）
	中期贷款	贷款期限1年以上（不含1年）5年以下（含5年）
	长期贷款	贷款期限5年（不含5年）以上
担保方式	信用贷款	以借款人的信誉发放贷款
	担保贷款	分为保证贷款（第三人承诺在借款人不能偿还贷款时，按约定承担一般保证责任或者连带责任）、抵押贷款（以借款人或第三人的财产作为抵押物）、质押贷款（以借款人或第三人的动产或权利作为质物）
	票据贴现	银行以购买借款人未到期商业票据的方式发放贷款

续表

分类标准	贷款种类	特点
贷款用途	固定资产贷款	银行对企业的固定资产投资发放的贷款。企业固定资产投资活动包括基本建设、技术改造、开发并生产新产品等活动及相关的房屋购置、工程建设、技术设备购买与安装等
	流动资金贷款	为满足企业在生产经营过程中短期资金需求，保证生产经营活动正常进行而发放的贷款

（3）银行贷款的特征

相对于企业的其他融资渠道而言，银行贷款的种类灵活多样，资金筹措成本较低，但是一般银行贷款需要提供担保，在金融监管严格、银行风险意识强的情况下，对担保要求越发严格，在一定程度上限制了部分企业获取贷款的机会以及贷款的数额。尤其对于小微企业，往往在银行获得贷款较难且资金成本较高。针对此问题，国家出台了一系列对小微企业的扶持政策，以督促和引导银行加大对小微企业的金融支持力度。多家银行设计了适合小微企业的贷款产品，增加小微企业贷款的投放，并降低小微企业贷款利率。

（4）银行贷款的一般流程

①企业向银行提出贷款申请，确定贷款目的和期限，初步评估贷款额度。企业可根据自身情况选择适合的贷款品种，同一贷款品种在不同的银行可能有不同的利率。企业在选择贷款银行和产品时，除考虑贷款利率水平外，还应考虑其他因素，比如贷款是否要支付手续费、利率调整方式、付息和还款方式、抵押物是否要评估等。

②企业按银行要求提供贷款所需材料，一般包括企业的证照、公司章程、股东（大）会/董事会决议、授权委托书、审计报告、抵质押物/保证人相关证明文件等。

③银行贷前调查，评估授信条件。银行会重点考察企业所处的行业是否具有竞争力，企业是否有良好的偿债能力、经营发展能力，企业及其负责人的信用情况，抵质押物/担保人的资质（若有）等。在此过程中，企业工作人员应积极配合银行调查，如实反映情况，切勿提供虚假信息、隐瞒重要资料，否则企业及/或负责人/经办人可能面临承担民事责任甚至刑事责任（如构成骗取贷款罪）。

④签署借款合同及担保合同（若有）。虽然银行的借款合同文本多为标准合同文本，但企业仍应对合同条款予以关注。例如，关注银行是否允许企业“提前还

款”“随借随还”①，贷款资金的使用限制（禁止投资的领域），企业及其法定代表人/高级管理人员的哪些行为或事件需要事先取得银行的书面同意或事后向银行进行披露等。

⑤办理抵押物登记、质押物交付（登记）、履行公证手续等（若有）。

⑥企业满足放款的先决条件（企业与银行约定的条件）后，银行向企业发放贷款，企业按照事先约定的贷款用途合理支配贷款资金。

⑦企业配合银行进行贷后管理，提供借款合同中约定的或银行要求的材料，履行披露义务等。贷款到期时，企业按借款合同的约定向银行还本付息。若届时企业确有资金困难，则应尽可能与银行商谈贷款展期、追加担保（若需）等，以免贷款逾期造成企业信用记录的污点。

2. 企业进行银行贷款融资的法律风险及防范

（1）借款人资格的法律风险及防范

根据《贷款通则》第二十条和第二十四条第二款之规定，企业若有以下行为则会影响其贷款资格：①在同一个贷款人同一辖区内的两个或两个以上同级分支机构取得贷款的；②未向贷款人提供真实的或者提供隐瞒重要事实的资产负债表、损益表等；③利用贷款从事股本权益性投资的，但国家法律、法规另有规定的除外；④用贷款在期货、有价证券等方面从事投机经营的；⑤除依法取得经营房地产资格的借款人外，贷款用来经营房地产业务的；依法取得经营房地产资格的借款人，其贷款用于房地产投机的；⑥套取贷款用来谋取非法收入的；⑦违反国家外汇管理的相关规定使用外币贷款的；⑧生产、经营或投资国家法律、法规明令禁止的产品、项目的；⑨建设项目未取得按国家法律、法规规定有关部门批准文件的；⑩生产经营或投资项目没有取得环境保护部门相关许可的；⑪在实行承包、租赁、联营、合并（兼并）、合作、分立、产权有偿转让、股份制改造等体制变更过程中，未清偿原有贷款产生的债务、未落实原有贷款产生的债务或提供相应担保的；⑫有其他严重违法违规经营行为的。

值得注意的是，《商业银行法》（2015 年修订）第四十条有关于借款企业关系人的限制：“商业银行不得向关系人发放信用贷款；向关系人发放担保贷款的条件不得优于其他借款人同类贷款的条件。前款所称关系人是指：（一）商业银行的董事、监事、管理人员、信贷业务人员及其近亲属；（二）前项所列人员投资或者担任高级管理职务的公司、企业和其他经济组织。”该条规定对企业向银行贷款的主要影响是，若商业银行的高级管理人员、信贷员及其上述人员的近亲属在借款企业

---

① “随借随还”是指借款人在不超过上述贷款金额和贷款期限范围内，可向银行随时申请提款、随时归还贷款，归还贷款后释放的贷款金额可以在贷款期限内继续使用。

中投资或者担任高级管理人员，该企业则不能从该银行中获取贷款。因此，企业在选择贷款银行时应充分考虑这一因素。

笔者建议，企业在申请银行贷款之前，应当审视自身是否具备贷款主体资格，同时拿出合理的贷款、用款规划，规范自己的贷款申请行为和贷款资金的流向。必要时，企业还可以咨询专业的机构，对自己的贷款申请资料进行预审，及时发现问题，避免因为贷款条件不具备而发生不必要的法律风险。

（2）借款担保中可能发生的法律风险及防范

原则上，银行在审查企业贷款申请时都要求企业提供担保，有抵押、质押和保证三种形式。

①抵押担保中的法律风险

首先是抵押物不符合法律规定的风险。根据《民法典》第三百九十九条的相关规定，抵押财产的禁止范围包括：土地所有权；宅基地、自留地、自留山等集体所有土地的使用权，但法律规定可以抵押的除外；学校、幼儿园、医院等以公益为目的成立的非营利法人的教育设施、医疗卫生设施和其他公益设施；所有权、使用权不明或者有争议的财产；依法被查封、扣押、监管的财产；以及法律、行政法规规定不得抵押的其他财产。

抵押物不符合法律规定所造成的法律后果是抵押权自始不成立，但贷款企业与银行签订的借款合同和抵押合同并不因为抵押权不成立而无效。法院会依据双方对抵押权不成立是否存在过错，以及过错程度来判断各自应当承担的法律责任。贷款企业会因此而卷入不必要的诉讼之中，继而产生时间成本和机会成本，造成多余的损失。

其次是抵押权设立的实质要件瑕疵导致的法律风险。《民法典》把登记作为抵押权的生效要件或对抗要件，即不动产设定抵押未经登记，抵押权不成立；未经抵押登记的动产抵押不能对抗善意第三人。除登记外，共有权人同意也是抵押权生效的实质要件。表面上看，上述瑕疵对贷款企业似乎并没有影响，甚至还可能会给贷款企业带来额外的收益。但事实上，这种收益是有很大代价的，其直接后果是导致贷款企业的银行信用记录出现污点，资信等级下降，直接影响该企业以后的贷款融资。因此，企业申请抵押贷款时应当严格按照法律的规定进行抵押登记、获得共有人（若有）的同意，保护或至少不能故意损害银行的合法权益，以保证企业长期的融资利益。

②质押担保中的法律风险

质押担保的范围包括动产质押和权利质押，其中《民法典》第四百四十条对权利质押的质押物范围进行了明确规定，即汇票、支票、本票；债券、存款单；仓单、提单；可以转让的基金份额、股权；可以转让的注册商标专用权、专利权、著作权等知识产权中的财产权；现有的以及将有的应收账款；以及法律、行政法规规定可以出质的其他财产权利。

值得贷款企业注意的是，以汇票、本票、支票、债券、存款单、仓单、提单出质的，质权自权利凭证交付质权人时设立，没有权利凭证的，质权自办理出质登记时设立；以基金份额、股权、应收账款出质的，以及以注册商标专用权、专利权、著作权等知识产权中的财产权出质的，质权自办理出质登记时设立。若出质人没有办理相关法律手续，即使双方签订质押合同并已转移占有，也会导致质押权无效，故企业应避免因为法定手续不完整而导致的法律风险。

③保证担保中的法律风险

首先是保证主体资格不合法的风险。保证人需有代为清偿的能力，当债务人不履行债务或者不完全履行债务时，保证人按约定履行债务或承担责任。《民法典》对保证人的主体资格有如下限制：一是机关法人不可成为贷款保证人，但经国务院批准为使用外国政府或者国际经济组织贷款进行转贷的除外。二是以公益为目的的非营利法人、非法人组织不得为保证人。

其次是保证合同约定不明的风险。一是保证方式约定不明，即未明确是一般保证还是连带责任保证。这两者最大的区别在于保证人是否享有先诉抗辩权，根据《民法典》第六百八十六条的规定，当事人在保证合同中对保证方式没有约定或者约定不明确的，按照一般保证承担保证责任。二是保证期间约定不明。根据《民法典》第六百九十二条的规定，约定的保证期间早于主债务履行期限或者与主债务履行期限同时届满的，视为没有约定，没有约定或者约定不明确的，保证期间为主债务履行期届满之日起六个月。三是保证范围约定不明。根据《民法典》第六百九十一条的规定，保证的范围包括主债权及其利息、违约金、损害赔偿金和实现债权的费用；当事人另有约定的，按照约定。企业在申请信用贷款或者给他人提供保证担保时，保证范围务必明确约定，避免因约定不明造成不必要的财产损失。

二、票据业务

票据业务概述

（1）票据业务的概念

以票据作为支付工具来结清货币收付双方的债权债务关系，是目前商事主体在经营活动中最常用的结算方式，通常包括汇票、本票和支票。

汇票是指由出票人签发的，委托付款人在见票时，或者在指定日期无条件支付确定的金额给收款人或者持票人的票据。根据出票人的不同，汇票又分为商业汇票和银行汇票。

商业汇票按照承兑人的不同，又可以细分为商业承兑汇票和银行承兑汇票。

由银行承兑的汇票为银行承兑汇票，由银行以外的付款人承兑的汇票为商业承兑汇票。

（2）票据业务与银行授信

银行汇票作为一种结算类产品，无须授信。

商业汇票作为一种信贷类产品，企业办理银行承兑汇票时需要授信；企业办理商业承兑汇票，在签发时不需授信，但办理票据贴现时需要授信。

（3）票据承兑

①票据承兑的概念

票据承兑是最常见的一种银行授信业务，是商业汇票的承兑人在汇票上记载一定事项承诺到期支付票款的票据行为。

具体而言，汇票的出票人和付款人之间是一种委托关系，出票人签发汇票，并不等于付款人就一定要付款，持票人为确定汇票到期时能得到付款，在汇票到期前向付款人进行承兑提示。如果付款人签字承兑，那么他就对汇票的到期付款承担责任。也就是说，商业汇票一经银行承兑，承兑银行必须承担到期无条件付款的责任。

②办理票据承兑的条件

承兑申请人向银行申请办理票据承兑，应按照银行具体的信贷政策规定执行。一般而言，各大银行所要求的办理票据承兑业务条件包括如下几个方面：

a. 企业在该银行开立存款账户；

b. 企业与银行建立有真实的委托付款关系；

c. 资信状况良好，具有支付汇票金额的可靠资金来源；

d. 具有真实、合法的交易关系和债权债务关系。

此外，银行承兑汇票的承兑期限和金额必须合理，与企业的经营范围和规模相匹配。银行承兑汇票承兑期限最长不超过六个月。承兑汇票金额不超过企业销售收入金额和商品交易合同金额。

③办理票据承兑的流程

a. 申请。企业申请办理银行承兑汇票，按照银行的要求提交相关材料，包括商品购销合同、营业执照、公司章程、财务报表等。

b. 调查及授信审批。银行对企业的生产经营情况、资信状况和财务状况进行调查核实后，按照银行信贷政策履行审批程序。

c. 办理。根据审批意见，银行与企业签署《银行承兑协议》，企业作为出票人向银行存入承兑保证金，办理相关抵质押等担保手续。银行向企业收取承兑手续费。

d. 承兑。银行会计人员审核汇票和承兑协议，审核无误后办理承兑手续。

e. 解付。银行承兑汇票到期前10天，银行督促承兑申请人按协议规定将票款足额交存银行，确保不发生银行垫款。若承兑申请人未能足额支付票款，银行向持票人无条件付款后，对于承兑申请人尚未支付的票款按照每天万分之五计收利息。

（4）票据贴现

①票据贴现的概念

票据贴现是企业筹集资金的一种常见方式。企业在汇票到期之前，在向银行支付贴现利息之后将汇票背书转让给银行，以提前获得汇票金额。银行承兑汇票和商业承兑汇票均可向银行申请贴现。

贴现利息＝汇票金额×贴现月利率÷30天×贴现天数

企业实得贴现金额＝汇票金额－贴现利息

②办理票据贴现的条件

贴现申请人向银行申请办理票据贴现，应按照银行具体的信贷政策规定执行。一般而言，各大银行所要求的办理票据贴现业务条件包括如下几个方面：

a. 贴现申请人需为具有独立法人资格的企业；

b. 贴现申请人在银行开立有账户，资信状况良好；

c. 贴现申请人与其前手之间具有真实的交易背景，票据为其合法取得。

③票据贴现业务的分类

类别	特　　点
卖方付息贴现	商业汇票的持票人将未到期汇票转让给银行，银行按照票面金额扣除贴现利息后，将余额支付给持票人。卖方付息贴现是最常见的贴现业务类别
买方付息贴现	商业汇票的持票人将未到期汇票转让给银行，银行在向买方收取贴现利息后，将票面金额全额支付给持票人。对于买方付息贴现业务，一般需要向银行提交《买方付息承诺函》
回购式贴现业务	对于已在银行办理贴现业务的客户，在汇票到期之前可随时将该汇票进行回购。银行根据其实际用款天数，将已收取的剩余时间的贴现利息返还客户
代理贴现	商业汇票的贴现申请人通过与其代理人、贴现银行签订三方协议，委托其代理人在贴现银行代为办理票据贴现手续。贴现银行审核无误后，直接将贴现款划付给贴现申请人

④票据贴现与贷款的区别

票据贴现与贷款同属于银行信贷的范畴，是企业向银行融通资金的常见方式，性质相似且使用的基本原则也基本相同。甚至在很多银行，将票据贴现作为贷款的一种形式。但票据贴现与贷款仍存在以下区别：

区别	票据贴现	贷款
期限	票据贴现的期限最长不超过6个月，且不能展期	贷款期限短则数月，多则五年以上，且到期后可以展期
资金使用	企业对于票据贴现款的用途，银行不作限制	一般贷款均约定贷款用途，企业使用贷款受到银行监督和审查
利息	预先收取利息，即在票据贴现时预先扣除利息。通常票据贴现的利率远远低于贷款的利率	贷款之后收取利息，即在贷款到期时或按照约定时间收取
授信主体	由于票据贴现后第一付款人为承兑人，因此贴现的授信主体一般以承兑人为主，贴现申请人及其他票据债务人为辅	贷款的授信主体以贷款申请人为主，其他担保人为辅
手续	票据贴现手续比贷款简便，一般只需审核票据的真实性以及基础交易背景的真实性即可办理贴现。办理时间很短，一般3—5天即可完成	贷款审核手续较为烦琐，需要经过严格的贷前审查和担保物评估等过程。通常可能需要1个月才能完成相关手续

（5）电子商业汇票

①电子商业汇票的概念

2009年10月，中国人民银行组织建立的电子商业汇票系统正式投入运行。电子商业汇票即依托于该系统，以数据电文的形式代替实物票据，实现商业汇票出票、承兑、交付、背书转让、贴现、质押、委托收款等环节的电子化处理，并以电子签章取代实体签章。电子商业汇票包括电子银行承兑汇票和电子商业承兑汇票。

②电子商业汇票的特点

与纸质商业汇票相比，电子商业汇票具有如下特点：

a. 以数据电文的形式代替实物票据，以电子签章取代实体签章，以计算机录入和网络传输代替手工书写和人工传递；

b. 出票、背书转让、贴现、提示承兑和提示付款等环节均在线完成，采用转账的方式支付票款；

c. 最长付款期限为1年，长于纸质汇票不超过6个月的付款期限。

三、开立银行保函

1. 银行保函概述

银行保函是指银行应申请人申请以自身信誉向受益人开立的具有担保性质的书面承诺文件。一旦申请人未按其与受益人签订的合同约定偿还债务或履行义务，银行作为担保人，就申请人的债务或义务履行，向受益人承担担保责任。银行保函业务是银行重要的表外融资业务，银行保函不占用银行的信贷资金，对资本占用较少，属于典型的中间业务。

开立银行保函的行为可以发生在企业经营活动的各个阶段，如在建筑工程领域，有投标保函、履约保函、预付款保函、工资付款保函等；在商业贸易领域，有关税保付保函、付款保函、保释金保函、租赁保函、质量保函等。

履约保函是为了保证交易双方商务合同的切实履行，银行应申请人请求，向其交易对手出具的，承诺如申请人不履行商务合同约定的义务，银行将根据其交易对手的书面索赔要求，赔偿保函规定金额款项的书面保证。工程承包项下的履约保函最为常见，工程承包项下履约保函一般在监理工程师签发《验工通知书》后失效。

预收（付）款退款保函是指银行应预收款人（施工方）请求，向预付款人（业主方）出具的，承诺如预收款人（施工方）没有履行合同或未能全部按照合同约定使用预付款，银行将根据预付款人（业主方）的退款要求，负责返还保函规定金额预付款的书面保证。

付款保函是银行应买方或业主申请，向卖方或承包商出具的，承诺如果在卖方或承包商按规定履行相关义务后，买方或业主不履行合同规定的付款义务，银行将根据卖方或承包商的索赔，按照保函规定承担付款责任的书面保证。

租赁保函是银行应承租方请求，向出租方出具的，承诺如承租方不能按期向出租方支付租金，银行将根据出租方的索赔，按照保函规定承担支付租金责任的书面保证。租赁保函的金额应与租金及相应的利息相等。一般自承租人收到租赁设备并验收合格后生效，至承租人支付完全部的租金或双方约定的时期失效。

质量保函是银行应卖方的请求，向买方出具的，承诺如货物质量不符合合同约定而卖方又不能更换和维修时，银行将根据买方的索赔，按照约定承担赔偿责任的书面保证。质量保函适用于工程承包、供货安装等合同执行进入保修期或维修期、业主或买方要求承包商、供货方良好履行保修义务的情况。

融资保函是担保银行应借款人的申请而向贷款人出具的，保证借款人履行借贷资金偿还义务的书面文件。该类保函主要包括借款保函、透支保函、有价证券发行担保、融资租赁担保、延期付款担保、银行授信额度保函等。

2. 银行保函的性质

开立银行保函本质上是一种担保法律行为，从银行保函与基础合同的关系来看，保函有独立性保函和从属性保函之分。从属性保函是保函项下付款责任的成立与否依照基础合同的实际履行情况确定的保函，即基础合同无效，担保函无效。从属性保函作为基础合同的附属性契约存在。独立性保函又被称为见索即付保函，即由银行出具的在受益人交来符合保函条款规定的索赔书时，银行承担无条件的付款责任的书面承诺。独立性保函具有如下特性：

第一，独立性。独立性是指独立保函的正常运转不依靠或隶属于其他任何的法律关系或事实。独立性是相互的，基础合同履行、变更和无效都不会影响独立保函的履行和效力；同样地，担保人在处理受益人的索赔请求时也不能行使债务人在基础合同中对债权人的抗辩权，更无须就是否向受益人付款的问题征求申请人的允许。独立保函的事务处理需要根据独立保函的条款进行，因此独立保函的自身条款很重要。

第二，单据性。独立保函的单据性表现在担保人只需要审查受益人提交的单据从形式上而言是否符合保函条款的规定，一致即可付款，不需要确认债权人是否真的履约和申请人是否确实违约。担保人审单时对担保人支付金额、支付期限、担保责任终止的审查均取决于保函自身条款。正是因为单据在独立保函运用中的重要地位，所以，独立保函的内容对基础合同双方当事人非常重要。

第三，不可撤销性。独立保函的不可撤销性是指自保证人开具独立保函并失去对其有效控制时起，独立保函即生效并对保证人和受益人构成约束，根据诚实守信原则，任何一方都不能在未征得对方同意的情况下私自撤销独立保函。对于独立保函的不可撤销性，国际商会《见索即付保函统一规则》（URDG758）（2010 年修订本）以具体条文加以确认。

在独立性保函中，银行为保证其自身利益不受侵害，通常要求申请人以其财产或由第三方提供反担保。根据委托书和反担保函，银行在承担担保责任后即可对申请人行使追偿权。若以财产为反担保物，则可以从该担保物的变卖价款中优先受偿。若由第三人提供保证，则可向反担保人追偿。此外，银行作为担保人也可基于代位求偿权取得受益人依基础合同对申请人所拥有的一切权力，包括对申请人的追偿权等。

3. 企业申请开立银行保函的效力认定风险和防范

正如上文分析，从属性保函的效力取决于主合同的效力，主合同无效，从属性保函亦无效。独立性保函的效力与主合同效力无关，主合同无效，并不必然导致独立性保函无效。但在实践操作中，判断保函是否属于独立性保函的争议较大。尤其在保函中独立性条款与从属性条款并存的情况下，银行保函的独立性认定将存在很大争议，进而引发企业申请开立银行保函的效力认定风险。

司法裁判的一般做法是综合其他证据印证保函独立性。如保函其他条款具有独立性，或者约定适用国际商会《见索即付保函统一规则》等独立保函交易示范规则，则可以推断当事人之间约定的是独立性保函而非从属性保函。此外，因保证人一般只有在约定报酬的情况下才会出具独立性保函，法院也会从担保的有偿性判断其独立性。为此，如企业申请银行开立独立保函，建议将担保责任范围的独立性条款（保证金最高额）作为独立保函的法定要件，同时载明“见索即付”。

四、开立信用证

1. 信用证的概念

信用证是开证银行根据开证申请人的请求和指示，向受益人签发的规定在符合一定条件时保证付款的书面承诺文件。信用证是一种独立的、附条件的和第一性的银行付款责任，是一种单向的、无对价的、约束力无双向性的付款承诺文件，也是一种纯粹的、独立的单据性文件。信用证依据基础合同制定，但其法律效力独立于基础合同效力。基础合同的真实与否和生效与否，对于信用证没有影响，也就是信用证是信用证，基础合同是基础合同。信用证的基本原则是“单单一致，单证一致”，即单据与单据一致，单据与信用证一致。

2. 信用证涉及的法律关系

依据《跟单信用证统一惯例》（2007 年修订本）（以下简称 UCP600），信用证业务项下的主要当事人有：（1）开证申请人；（2）开证银行；（3）受益人；（4）信用证业务的中介银行，即作为联系开证银行与受益人的第三家银行，包括通知行、保兑行、议付行或偿付行等。信用证中开证申请人与受益人系买卖合同关系，买方义务是根据合同按时开立信用证；开证申请人与开证行系委托合同关系，开证行义务是根据开证申请人的指示开证、以合理的谨慎审核受益人提交的单据。

开证行与受益人的关系是信用证设计的核心法律关系。“信用证在本质上是开证行与受益人之间的合同。”信用证是开证行与受益人之间的主要法律文书。开证行与受益人的法律关系基于信用证产生。信用证下开证行的主要义务是审查受益人提交的单据。作出不可撤销信用证的开证行在满足单证相符条件时，必须向受益人付款。如开证行拒付，受益人可根据信用证向开证行索赔。同样，按时提交单据是信用证下受益人的主要义务。上述契约关系既可约束受益人无端拖延供货而损失买方的利益，又可防止开证行无理拒付而侵害受益人的经济利益。

此外，中介银行与受益人之间也因信用证形成契约关系。中介银行与受益人的契约关系取决于中介银行与开证行之间的法律关系。根据 UCP600 及有关法律规定和中介银行的地位，中介银行与受益人之间的关系主要有三种：一是委托或代理关系，即通知行或指定议付行与受益人之间的关系；二是等位关系，也就是中介银行地位与开证行相同，如保兑行与受益人之间的关系；三是相互独立关系，也就是中介银行与开证行没有实质关系，如自由议付行与受益人之间的关系。

3. 企业使用信用证风险及防范

（1）买方不依买卖合同开立信用证风险

理论上，信用证条款应与买卖合同严格一致，但实际上由于多种原因，买方不按期开证或不开证（如在市场变化和外汇、进口管制严格的情形下），买方在信用证中增添一些对其有利的附加条款（如单方面提高保险险别、金额、变换目的港、更改包装等），企图达到变更合同的目的等，从而使合同的执行发生困难。为此，笔者建议买卖双方就信用证的开立时间与开立条件进行明确约定，并细化相应违约责任。

（2）买方在信用证中设置难以履行条款风险

买方往往利用信用证“严格一致”的原则，蓄意在信用证中增添一些难以履行的条件，或设置一些陷阱。如在受益人名称、地址、装运船、地址、有效期限等上使用错别字或设置其他互相矛盾的条款，如在信用证中即规定禁止分批装运又限定每批交货的期限，或既允许提示联运提单却又禁止转船，或者要求的保险的种类相互重叠等。此外，买方可能在信用证中规定受益人必须获得特定单据，如某特定人签字的单据，或注明货物配船部位或装在船舱内的货柜提单，这些单据系作为受益人的卖方根本无法履行或非卖方所能控制的。这些条款无疑增加了信用证“单证不一致”的风险。

为此，建议卖方严格审查信用证表述，明确约定信用证的具体条款，避免前后矛盾或非卖方所能控制的情形出现。同时建议受益人要求买方尽快开立信用证，并使信用证有合理、适当的有效期，以使受益人有合理充分的时间要求修改不合理条款及安排装运。

（3）信用证欺诈风险

信用证付款需要经过严格的“单证一致、单单一致”审查，在贸易结算中起到安全保证、资金融通等作用，在国际贸易结算中占有相当的比重。但是，信用证这种独立于基础合同关系的交易规则，及其机械化的单证一致审查，也使不法分子有机可乘，实施针对信用证的欺诈行为，给贸易中的参与者造成了严重的损失。如对买方欺诈表现为卖方单独或伙同承运人以虚假单据骗款，利用预借提单、倒签提单、伪造、变造信用证随附的单据、用保函换取清洁提单等方式进行欺诈。

为此，建议企业在买卖双方签订合同前，慎重选择交易伙伴，查明对手公司规模、资金状况、资信情况、公司信誉。在合同签订后，对照 UCP600 条款、买卖合同，认真审核单、证，以防止信用证条款与合同的规定不符或其他“软条款”陷阱等假冒信用证情形。

五、贸易融资

1. 贸易融资概述

（1）贸易融资的概念

贸易融资是指银行对进口商或出口商提供的与进出口贸易结算相关的短期融资或信用便利，是企业在贸易过程中运用各种贸易手段和金融工具增加现金流量的融资方式。

（2）贸易融资的方式

贸易融资方式主要包括打包放款、出口押汇、进口押汇等，相关概念如下：

融资方式	申请人	概　　念
打包放款	出口商	又称信用证抵押贷款，指出口商（信用证受益人）收到境外开来的信用证，出口商在采购这笔信用证有关的出口商品或生产出口商品时，资金出现短缺，用该笔信用证作为抵押，向银行申请本、外币流动资金贷款，用于出口货物进行加工、包装及运输过程中出现的资金缺口
出口押汇	出口商	出口押汇可分为出口信用证项下押汇和出口托收项下押汇。 出口信用证项下押汇指出口商凭借进口方银行开来的信用证将货物发运后，按照信用证要求制作单据并向其往来银行交单，该银行为出口商提供短期融资，同时将单据寄交开证行索汇，以收回款项归还押汇款本息； 出口托收项下押汇指采用托收结算方式的出口商向其往来银行提交单据委托该行代向进口商收取款项，该行以托收单据为质押向出口商提供短期融资，同时将单据寄往国外托收，以收回款项归还押汇款本息
进口押汇	进口商	信用证项下单到并经审核无误后，银行在对进口商（押汇申请人）保留追索权、货权质押（抵押）或者约定进口货物所有权归银行等安排的保障下，向开证行垫支货款，实现资金融通的行为

（3）贸易融资的特征

首先，贸易融资产品通常是 1 年以内，且以 90 天以下为最多，短期限、高频率的特征十分突出。企业通过使用贸易融资产品，达到延期付款或预收货款的效果，能够加速回笼资金或者增加现金流。其次，贸易融资准入门槛较低，能有效解决中小企业因财务指标达不到银行标准而无法融资的问题。最后，贸易融资审批流程相对简单，企业可以较为快速地获取所需资金。

①打包放款的特征

打包放款主要是解决出口商备货出运前期（采购、生产或流转）资金不足的临时困难。一是帮助出口商在自身资金紧缺而又无法争取到预付货款的支付条件下顺利开展业务，把握贸易机会；二是减少出口商的资金占压，缓解出口商流动资金紧张的压力。

申请打包放款必须提供有效的正本信用证，但为了避免出口商（信用证的受益人）不能按期备货出运或虽已出运但单证不符，开证行不履行付款承诺的风险，按国际惯例，出口商在提供信用证经贷款行审核认可后，除出具质押（权）书、信托收据作为借款契约确认贷款行享有追索权外，还需提供经贷款行认可的第三者担保或实物抵押，以确保按期收回贷款本息。得到打包贷款一般需要出口商有良好的财务状况、良好的资信和在贷款银行良好的业务记录，放款的数额视出口商资信及提供质押品的情况综合核定。

②出口押汇的特征

出口押汇本质上是银行的一项对出口人的贸易融资，其最具特色的地方在于其借贷协议上附了“保留追索权”“信用证以及相关单据质押”或款项让渡的保障机制。也就是说，如果押汇银行未能按时从国外收回款项，有权要求出口商立即归还押汇融资本息。出口押汇通常期限较短，从出口商提交出口单据之日起到预计从国外收回款项的日期为止，短则几天，长不超过数月。出口商获得押汇融资可加快其资金周转，且融资手续相对于银行贷款而言简便易行，期限、金额方面没有限制。出口商即时得到货款，提前办理外汇结汇，还能够有效地规避汇率风险。

信用证项下出口押汇与信用证往往有着密切的联系，其有赖于信用证及其相关单据作为保障。其中，出口单据所代表的对开证行的付款请求权为对出口押汇质押担保的主要方面；海运提单（若有）所代表的对货物的财产权是对付款请求权的加强。一些银行为了充分控制风险，会约定将信用证及其相关单据的“处分权”转让给银行，即约定“在押汇申请人偿还押汇款项前，银行有权处分信用证及其项下单据”。

出口押汇与打包放款同属于“出口商融资”，二者区别主要体现在以下几个方面：

区别	出口押汇	打包放款
发生时间	出口商发货之后，除信用证正本外，还需具备全套单据	出口商备货出运的过程中，只需向银行提交信用证正本作为还款来源
担保措施及贷款用途	无特殊限制，为出口商融通资金	只能用于信用证项下的商品的原材料的购买、制造和加工，或该商品的仓储、保险及准备出售与装运方面的费用
风险系数	风险较小，如遇到开证行拒绝付款，银行有权向出口商追回垫付货款及因此而发生的利息	风险较大，银行并没有真正持有单据，无法向开证行索汇
审查程序及手续	要求单单一致，除对出口商的资格、资信的审查外，还要看开证行是否资信良好，必须注意查看信用证是否过期，特别条款是否难以接受等	只要求合同与信用证一致

③进口押汇的特征

与流动资金贷款相比，办理进口押汇手续更为简便。进口押汇借款期较短，企业融资成本也较低。在人民币升值的情况下，企业还可以取得人民币升值带来的收益。

进口押汇须逐笔申请，逐笔使用。押汇百分比、押汇期限等由银行按实际情况决定。进口押汇不同于信用证开证业务。信用证开证业务中，开证行对开证申请人的垫款为被动垫款，往往构成开证申请人在开证协议下的违约。而进口押汇业务中，双方就款项融资、利率、还款、违约事件和违约责任等事宜作出安排，是银行主动融资的行为，押汇协议具有很强的借贷协议的特点。押汇申请人可以在不支付货款的条件下取得物权单据、提货、转卖，从而抢占市场先机。实践中，各银行进口押汇所采用的担保和保障措施有所不同，主要有抵押担保、质押担保、信托收据、第三人保证等。

④企业选择贸易融资方式参考的因素

企业应根据贸易融资产品的特点，并针对企业自身实际情况及业务发展的客观需要，以效益优先，坚持控制汇率风险和利率风险的原则，选择合适的贸易融资方式，筛选出自己需要的融资产品和合作金融机构。主要参考的因素有：企业未来发展目标、企业现阶段资金使用情况、企业内部财务管理情况、交易对方所在国家是否存在较大的风险、交易对方是否诚实守信、货物的交易次数、货物交接规定的时期以及收款还款时间的差距等。

2. 企业进行贸易融资的法律风险及防范

（1）打包放款的法律风险及防范

出口商应将打包放款的融资款专款专用。融资款发放后，银行会与出口商保持密切联系，及时了解业务的进展和有关合同的执行情况并跟踪出口商用款情况，监督其及时发货交单。出口商擅自将融资款挪作他用，很可能面临向银行承担违约责任的风险。

（2）出口押汇的法律风险及防范

出口商应严格按照信用证的各项条款制作单据，做到“单证一致、单单一致”，不能有实质性的不符点。信用证项下不符点单据，在有完全货权及提供担保的前提下，一般经信审批准后也可办理出口押汇。提交的单据中应包括代表物权的全套运输单据。出口商应选择一些规模较大，信誉较好的银行进行开证，开证行资信不好或处于经营危机会影响进口商获得融资。

在进口商以款项让渡为银行权利提供保障时，需关注款项让渡后银行的权利、银行行使追索权的情形和权利、押汇申请人的义务等，避免款项让渡与其他交易安排之间的冲突。此外，出口押汇协议应明确适用的法律，避免约定适用国际惯例。

（3）进口押汇的法律风险及防范

在进口押汇业务中，银行只负责审核单据在表面上是否符合信用证条款，而不必审核单据所反映的实际内容是否与信用证的规定一致。对于单据所表明的货物是否与实际货物相符、货物是否确实存在、单据是否纯属伪造、单据是否有足够的效力、当事人是否蓄意欺诈等，银行没有义务审查。故银行对出口商的欺诈给进口商造成的损失不负责任。

第三节 资产管理产品融资

一、资产管理产品概述

2018 年 4 月，为规范金融机构的资产管理业务，统一同类资产管理产品监管标准，有效防控金融风险，更好地服务实体经济，经国务院同意，中国人民银行、中国银行保险监督管理委员会、中国证券监督管理委员会、国家外汇管理局联合印发了《关于规范金融机构资产管理业务的指导意见》（银发〔2018〕106 号，以下简称资管新规）。资产管理产品包括但不限于人民币或外币形式的银行非保本理财产品，资金信托，证券公司、证券公司子公司、基金管理公司、基金管理子公司、期货公司、期货公司子公司、保险资产管理机构、金融资产投资公司发行的资产管理产品等。

从企业经营的角度来讲，“资产管理产品”作为企业的融资手段和途径，是在“受人之托、代人理财”这一基本原则之上发展形成的多种资金融通方式。

资管新规主要从下述维度进行统一。

（一）按照产品的类型统一监管标准，分别统一投资范围、杠杆约束、信息披露等要求。

资管新规从募集方式和投资性质两个维度对资产管理产品进行分类：资产管理产品按照募集方式的不同，分为公募产品和私募产品；按照投资性质的不同，分为固定收益类产品、权益类产品、商品及金融衍生品类产品和混合类产品。资管新规要求金融机构在发行资产管理产品时按照上述分类标准向投资者明示资产管理产品的类型，并按照确定的产品性质进行投资。在产品成立后至到期日前，不得擅自改变产品类型。同时强调，混合类产品投资债权类资产、权益类资产和商品及金融衍生品类资产的比例范围应在发行产品时予以确定并向投资者明示，在产品成立后至到期日前不得擅自改变。产品的实际投向如有改变，除高风险类型的产品超出比例范围投资较低风险资产外，应先行取得投资者书面同意，并履行登记备案等法律法规以及金融监督管理部门规定的程序。

（二）坚持产品和投资者匹配原则，加强投资者适当性管理，强化金融机构的勤勉尽责和信息披露义务。

资管新规统一了合格投资者的标准，将合格投资者界定为具备相应风险识别能力和风险承担能力，投资于单只资产管理产品不低于一定金额且符合下列条件的自然人和法人或者其他组织。

1. 具有2年以上投资经历，且满足以下条件之一：家庭金融净资产不低于300万元，家庭金融资产不低于500万元，或者近3年本人年均收入不低于40万元。

2. 最近1年年末净资产不低于1000万元的法人单位。

3. 金融管理部门视为合格投资者的其他情形。

并且明确了合格投资者投资各类别产品的最低金额：合格投资者投资于单只固定收益类产品的金额不低于30万元，投资于单只混合类产品的金额不低于40万元，投资于单只权益类产品、单只商品及金融衍生品类产品的金额不低于100万元。投资者不得使用贷款、发行债券等筹集的非自有资金投资资产管理产品。

（三）明确资产管理业务不得承诺保本保收益，打破刚性兑付。

一方面，从投资者角度，资管新规明确，金融机构应当加强投资者教育，不断提高投资者的金融知识水平和风险意识，向投资者传递“卖者尽责、买者自负”的理念，打破刚性兑付。

另一方面，资管新规界定了“刚性兑付”的情形和罚则。下述情形将被监管部门认定为“刚性兑付”：

1. 资产管理产品的发行人或者管理人违反真实公允确定净值原则，对产品进行保本保收益。

2. 采取滚动发行等方式，使得资产管理产品的本金、收益、风险在不同投资者之间发生转移，实现产品保本保收益。

3. 资产管理产品不能如期兑付或者兑付困难时，发行或者管理该产品的金融机构自行筹集资金偿付或者委托其他机构代为偿付。

4. 金融管理部门认定的其他情形。

经认定存在刚性兑付行为的，区分以下两类机构进行惩处：

1. 存款类金融机构发生刚性兑付的，认定为利用具有存款本质特征的资产管理产品进行监管套利，由国务院银行保险监督管理机构和中国人民银行按照存款业务予以规范，足额补缴存款准备金和存款保险保费，并予以行政处罚。

2. 非存款类持牌金融机构发生刚性兑付的，认定为违规经营，由金融监督管理部门和中国人民银行依法纠正并予以处罚。

（四）严格非标准化债权类资产投资要求，禁止资金池，防范影子银行风险和流动性风险。

标准化债权类资产之外的债权类资产均为非标准化债权类资产。金融机构发行资产管理产品投资于非标准化债权类资产的，应当遵守金融监督管理部门制定的有关限额管理、流动性管理等监管标准。金融机构应当做到每只资产管理产品的资金单独管理、单独建账、单独核算，不得开展或者参与具有滚动发行、集合运作、分离定价特征的资金池业务。

（五）分类统一负债和分级杠杆要求，消除多层嵌套，抑制通道业务。

资管新规要求金融机构实行穿透式监管，对于多层嵌套资产管理产品，向上识别产品的最终投资者，向下识别产品的底层资产（公募证券投资基金除外）。金融机构不得为其他金融机构的资产管理产品提供规避投资范围、杠杆约束等监管要求的通道服务。

资产管理产品可以再投资一层资产管理产品，但所投资的资产管理产品不得再投资公募证券投资基金以外的资产管理产品。

在银行理财产品、信托产品以及证券期货经营机构私募资产管理产品等主要资产管理业务领域，中国银行保险监督管理委员会、中国证券监督管理委员会陆续出台了与资管新规相匹配的细则规定。

（一）银行理财新规

2018 年 9 月 26 日，中国银行保险监督管理委员会发布《商业银行理财业务监督管理办法》（以下简称银行理财新规）。与资管新规相适应，银行理财新规将其规范的理财产品限定为商业银行按照约定条件和实际投资收益情况向投资者支付收益、不保证本金支付和收益水平的非保本理财产品，明确以诚实守信、勤勉尽职地履行受人之托、代人理财职责为原则，投资者自担投资风险并获得收益，遵循投资者适当性管理要求，保护投资者合法权益。在产品分类方面，与资管新规保持一致。从投资范围角度来看，随着银行理财新规的出台，原限制银行理财产品参与股票市场投资的《中国银监会关于规范商业银行理财业务投资运作有关问题的通知》（银监发〔2013〕8 号）等大量监管规定被废止，监管层面对于非保本型公募银行理财产品的投向呈逐步放开的趋势。

（二）券商私募资管计划

2018 年 10 月 22 日，证监会公布《证券期货经营机构私募资产管理计划运作管理规定》以及《证券期货经营机构私募资产管理业务管理办法》（以下合称券商资管细则）。券商资管细则延续了资管新规在“降低杠杆率、打破刚性兑付、防范系统性风险”方面的主导思想，进一步强化统一、可操作的监管标准，强化监管和自律协作。券商资管细则要求资产管理计划的总资产不得超过该计划净资产的 200%，分级资产管理计划的总资产不得超过该计划净资产的 140%。证券期货经营机构不得在表内从事私募资产管理业务，不得以任何方式向投资者承诺本金不受损失或承诺最低收益。投资者参与资产管理计划，应当根据自身能力审慎决策，独立承担投资风险。证券期货经营机构应当对资产管理计划实行净值化管理，确定合理的估值方法和科学的估值程序，真实公允地计划资产管理计划净值。

（三）信托业务

与银行理财产品、证券期货经营机构发行的私募资管计划相比，信托业务领域所发布的新规相对内容较少。银保监会信托部于2018年8月17日发布《关于加强规范资产管理业务过渡期内信托监管工作的通知》。公益（慈善）信托、家族信托不适用资管新规相关规定。要按照“实质重于形式”的原则，加强对各类信托业务及创新产品监管，还原其业务和风险实质，同类业务适用同一监管标准，对事务管理类信托业务要区别对待，严把信托目的、信托资产来源及用途的合法合规性，严控为委托人监管套利、违法违规提供便利的事务管理类信托业务，支持信托公司开展符合监管要求、资金投向实体经济的事务管理类信托业务。以财产权信托的名义开展资金信托业务的，适用于资管新规。以信托产品或其他资产管理产品作为受让方受让信托受益权的业务，视同资产管理产品嵌套业务，投资于依据金融管理部门颁布规则发行的资产证券化产品除外。

二、资管产品及信托产品的主要类型

近年来，随着我国整体经济的不断发展进步，资管产品在国家经济调控中的地位越发显著，不论是从国家整体的宏观经济角度来看，还是细微到某一具体行业，金融及类金融机构所发行的各类资管产品都起到了举足轻重的作用。同时，伴随着市场经济的发展，资管产品也呈现出百花齐放的姿态，在推动经济整体运行的同时，也渗入我们生活的方方面面。

资管新规中列举了资产管理的两种不同分类方式，其一为按照募集方式的不同，可分为公募产品和私募产品；其二则是依据产品投资性质的不同，可分为固定收益类产品、权益类产品、商品及金融衍生品类产品和混合类产品。

具体来看，前者的界定方式主要在于发行方式和发行对象的数量，《证券法》中明确公开发行的界定标准，其核心在于向不特定对象发行和发行对象数量累计超过200人。针对后者的界定方式，则在资金实际运用比例，如固定收益类产品则其投资对象为存款、债券等债权类资产且比例不低于80%；权益类产品投资对象为股票、未上市企业股权等权益类资产且比例不低于80%；商品及金融衍生品类产品则投资商品及金融衍生品的比例不得低于80%；混合类产品则为兜底的选择，投资前述三种产品但比例均未达到80%，统一归为混合类。

当然，上述分类主要是从便于监管层面对于资管产品发行方考核的角度来设定的，对于资管产品的细分仍存在较多分类的方式和维度，每个角度都是针对资管产品本身丰富特性而设定的，从一定程度上来看，多种不同的方式也印证着现阶段丰富多样的资管产品类型。

在评判资管产品时，另一个举足轻重的维度则是其合规性，考虑到监管层面的政策通常有一定的滞后性，同时，汉字作为我们千年传承下的文化印记，其措辞与表达方式的不同，从读者角度来看亦会存在不同程度的解读，资管产品的发行与监管政策更新迭代，其实更多的是产品发行方与监管层面一种博弈的产物。我们也试着以我们对资管行业的理解，以监管对资管产品类型的划分方式分别列举其中最为常见的固定收益类和权益类资管产品进行融资的方式，并简述该种类型项下的操作模式和合规论述角度。

（一）固定收益类资管产品

从固定收益类资管产品的投资对象来看，其重点在于债权类资产，即从投资对象来看，债权属性在于定期还本付息，且这种本息支付是确定的，并非可预期或存在不确定性。对应资管产品的底层资金运用方式来看，较为常见的有贷款、资产转让回购等债权方式。

1. 贷款模式

针对以贷款作为底层资金运用方式的资管产品来看，受限于我国对于贷款发放主体具有严格的限制，目前，具备发放贷款资质的机构主要包括银行、信托公司、小额贷款公司、典当行、集团企业财务公司等，但后三者发放贷款会受限于金额、用款领域等。因此，以目前市场上多数资管产品的选择来看，如果需通过贷款方式来对资金进行投放，则较多选用银行或信托公司作为资金发放的主体。以下我们尝试从多个维度来辨析资管中选用贷款模式发放资金的合规性要点。

从贷款发放主体来看，近年来，市场存续的资管产品选用的贷款发放主体通常为上文提及的银行和信托公司，在操作方式上两者具有相似之处，通常为不具备放款资质的企业设计产品委托银行发放委托贷款或委托信托公司发放信托贷款，由银行或信托公司作为受托人负责贷款资质的发放、管理等职责。但2018年年初，原银监会发布《商业银行委托贷款管理办法》，其中明确商业银行不得以受托管理的他人资金、银行授信资质、特定用途的专项基金、债务性资质及无法证明来源的资质发放委托贷款。该办法的出台直接堵死了资管产品通过银行发放贷款的途径。从目前资管市场来看，信托公司发放信托贷款则作为大量资管产品以贷款模式运用资金的通道，但对信托公司而言，部分资管产品的发放仍对其作为受托发放主体进行一定限制，如原保监会《关于保险资金投资集合资金信托计划有关事项的通知》明确信托公司作为受托人应满足“近三年公司及高级管理人员未发生重大刑事案件且未受监管机构行政处罚；承诺向保险业相关行业组织报送相关信息；上年末经审计的净资产不低于30亿元人民币”。总体来看，在现有监管体系下，信托公司作为贷款直接发放主体具备一定政策优势，但不可忽视的是该种政策优势仍在一定程度上受限于监管的调控影响。

从贷款资金发放形式来看，我们更愿意直接以流动性资金贷款和固定资产贷款进行区分，即对于贷款资金是否有明确用途进行判断，需要注意的是，此处明确用途专指用于某类固定项目使用，诸如类并购贷款等以贷款形式获得股权的方式并不在本处所述范畴之内。区分来看，上述贷款发放形式分别适用前银监会颁布的《流动资金贷款管理暂行办法》《固定资产贷款管理暂行办法》和《项目融资业务指引》，贷款发放应以其作为遵守的基础规则。

从流动资金贷款发放的角度来看，资金发放应对借款人的资金需求进行测算，确保资金仅能用于公司日常生产经营，而不得流入股市、地产等国家限制或禁止等领域。对于固定资产贷款的发放，则重点应关注用款对象的合规性，如地产领域贷款应满足“四三二”（泛指，部分监管指标有所调整），即四证、自有资本金投入情况及房地产开发资质要求。

2. 资产转让回购模式

资产转让回购的模式实质是在贷款模式受限的情况下创设出的变相的债权模式，通过转让回购的模式规避部分贷款的要求和限制，诸如《信托公司集合资金信托计划管理办法》要求的信托公司向他人提供贷款不得超过其管理的所有信托计划实收余额的30%等。在此种模式下，资管产品通过某种渠道受让资产/收益权等形式变相创设出基于转让回购模式项下资金融出方对资金融入方享有的一笔债权。除交易模式变相外，该种模式项下其他条款均可类比贷款类进行操作。

在以上两种模式项下，业务开展的重点在于对融资主体的资信情况进行详尽了解，如尽职调查过程中，需对融资主体的组织架构、公司治理、经营团队、主营业务、经营计划；融资主体行业状况；融资主体应收账款、存货等财务情况；融资主体资金总需求及当前融资性负债情况；关联方和关联交易情况；资金用途情况；还款来源情况等进行详尽了解，同时按照融资主体的经营规模、业务特征、应收账款、资金周转率等因素测算资金需求，根据担保结构和还款能力确定交易结构，具体包括金额、期限、利率、担保和还款方式等。

（二）权益类资管产品

有别于固定资产类产品，权益类产品投资注重的是基于投资获得的管控相应资产的权益，而非固定资产类产品对预期的本金和收益。可以说，权益类产品享有的是一个预期的权益，该种权益所获益的可能性将基于其所依附的财产。从市场上的权益类产品来看，我们将其规划为两类，其一则是真实的权益类产品，其外观和内涵均符合权益类产品的特质，且金融机构真实参与其所投资对象的经营发展，并基于该种参与获取预期收益。其二则是包装的权益类产品，或我们通常所述“明股实债”型产品，该类产品具有权益类产品的外观，但内在逻辑系创设债权，确保最低投资回报，退出时的收益与被投资对象的经营无实质关联。

在区分两种产品时，重点则在于对被投资对象的管理程度——管理抑或考核、监督，同时对于投资收益的退出是明确固定时间金额，抑或仅随着被投资对象的经营情况有所不同等。

以房地产业务为例，通过设计资管产品向房地产企业进行融资时，为了规避房地产企业“四三二”的要求，或者为直接开展前端融资的需要，通常会绕开贷款的方式，采用权益类投资的模式运作。现有市场上采用较多的情况主要为股权投资和收益权投资的方式。

以股权方式向房地产企业投入资金的主要情形有：资管产品通过结构设计以资金入股项目公司（股权转让或增资）成为项目公司股东，或以少部分资金入股成为股东、大部分资金发放股东借款，但无论哪种情形，均应重点关注两个问题：其一，在项目公司中的实际控制力和重大事项的决策权，以保障信托资金不被挪用、开发项目按计划完成；其二，项目本身的前景和盈利能力，以便出现需要通过拍卖等处置程序非正常退出时确保获得足额的资金。同时，会在退出时设计安排回购股权、定期定额分红或者项目公司偿还借款等方式。

收益权模式中主要采用“特定资产收益权”（类似的有租金收益权、股权收益权等）这一创设性权利，通常采用企业转让附回购、企业按约支付投资收益款或企业承诺最低收益并差额补足等模式进行运作。目前，对此类收益权项目监管部门已经逐渐倾向于依照贷款类进行监管。

此外，还有组合方式、准资产证券化方式、基金方式等，其共同的特点是融合了多种融资方式，或融合了信托与其他融资方式。例如，准资产证券化模式是财产权信托与权益流动化的融合；组合类融资是涵盖了贷款、股权投资、权益投资、权益转让等综合的投资策略；基金模式则融合了信托和有限合伙的要素。不同要素的组合可以有效满足企业的融资需要，亦可以实现资管产品管理人的风控要求。从融资企业角度而言，多重的资金运用方式和担保措施可以提高资金可得率，实现融资的商业目的。

三、资管产品融资的优势与劣势

（一）资管产品融资的优势

资管产品融资有特殊优势，比如财产权类信托，它可以使资金流动性较差的长期资产转化为流动性较好的现金或其他资产，从而提高资产的运作效率，增进资产的利用价值。从公司融资的角度而言，资管产品融资至少具有以下特点可以弥补其他融资渠道的不足：

1. 交易结构多样：如上文所述，相对于单一的银行贷款或其他债权融资方式

（如典当融资、小额贷款公司融资）而言，资管产品形式多样，从企业融资角度，可以选择适合融资的不同产品进行设计，就经营业务、资产配置、现金流等因素设计个性化的融资方案，以债权、股权、股加债夹层融资等组合方式，并可以匹配抵押、质押、保证等多重担保结构，还款方式相对灵活，具有很高的变通程度。

2. 资金的可得率较高：一方面基于资管产品募集资金相较于单一银行贷款更为广泛，另一方面基于资管产品多样化的交易结构，企业也可以通过结构化安排提高与信托公司的资金配比，从而实际提高资金的可得率。

3. 风险隔离功能：信托融资作为企业资管产品融资中最广泛适用的一种，其风险隔离功能功不可没。信托财产的独立性是信托法律关系独有的特点，是信托最大的制度优势之一。受托人与委托人签订信托契约，委托人将委托财产交由受托人后，信托财产便具有了独立于委托人和受托人的特性，这种特性主要是通过委托人或受益人的受益权和受托人的管理权相分离的方式来体现。无论是委托人、受益人、受托人，还是其债权人，在信托关系存续期间，对信托财产都没有追索权，并且关联人的破产也不会对信托关系产生影响。以公司股东参与结构化的信托融资并以其持有的公司股权认购为例，认购后股权将作为信托财产过户给作为受托人的信托公司，之后该等股权将成为信托财产，信托公司将登记为公司股东；即使该股东涉及其他债权债务纠纷，已经作为信托财产的股权也可以避免受到追索、查封或处置。

4. 改善企业的财务结构：企业常用的融资方式是债务融资和股权融资，债务融资使得企业负债增加，增大了企业的财务风险。股权融资虽然不增加企业的债务，但却分散了企业的控制权，这在一定程度上降低了公司的人合性，如果交易条件设置不当会带来失去对企业控制的风险。而资管产品融资特别是财产权信托则是以财产为基础的融资，能够在产生现金流的同时既不增加债务比例也不分散企业的控制权，同时能够改善企业的财务结构，降低财务风险，可谓一举多得。

（二）资管产品融资的劣势

尽管有上述显著的优势，资管产品融资作为公司融资的一种选择也存在一些劣势，需要企业根据自身的情况慎重选择：

1. 成本通常高于银行贷款：与银行贷款融资相比，资管产品融资的期限一般可以与资管产品受托管理机构协商确定，但融资成本较高于银行贷款。

2. 实际控制权受到影响：为确保受托资金的安全，资产管理机构在运用受托资金特别是以股权投资方式运用受托资金时一般会要求能够参与甚至在一定程度上控制融资方的生产经营，这些控制的方式一般包括：向公司委派董事，公司对外投融资、对外担保、重大合同等事项需要全体董事一致决策方可实施；对印鉴、行政证照、资质文件、票据进行统一监管或共管；向公司派驻财务总监等高级管理人员，参与公司的经营运作等，而上述监管事项显然会对公司的实际控制权产生不同程度的影响。

3. 融资的可能性受政策和市场影响较大：资产管理机构主要受监管机构的监管，如银保监会和证监会，而监管机构对某一行业或领域的融资政策的调整将直接影响该类资管产品融资的可能性。例如，原银监会曾密集出台多项限制房地产企业信托融资的相关政策性文件，直接导致房地产信托类产品增速大幅下降。因此，如果遭遇相应的政策调整，则企业获得该等受限资管产品融资的可能性将受到直接的影响。

第四节　债券融资

一、债券融资概述

债券融资是一种以发行债券方式来筹集资金，有偿使用企业外部资金的融资方式。债券融资虽然与股权融资同为企业直接融资方式，但是在成熟的资本市场上，债券融资较之股权融资更受企业欢迎。

依据不同的分类标准，债券的主要形式有如下几种：按发行主体划分为国家债券、金融债券、企业债券；国家债券由中央政府发行，并有国家政府信用作担保，信用度较高，又称为“金边债券”；金融债券由金融机构发行，信用高、流动性好、安全，利率较国债高；企业（公司）债券由企业依照一定程序而发行，风险高、利率高。按期限划分为短期债券、一年以内中期债券、一年至五年长期债券、五年以上债券；按是否记名划分为记名债券和不记名债券：记名债券，债券上登记有债券持有人的姓名，领取利息和本金时需要凭借有效的身份证明；不记名债券，债券上对债券持有人姓名不进行登记；按有无担保划分为信用债券、担保债券和保证债券：信用债券仅凭发行人的信用而发行，没有担保，如政府债券；担保债券抵押债券是指有不动产做抵押而发行的债券。质押债券是以其他有价证券（如公司股票）质押发行的债券；保证债券是指由第三人做保证担保还本付息的债券；按可否提前赎回划分为可提前赎回债券、不可提前赎回债券：可提前赎回债券到期前可以随时或定期购回全部或部分债券；不可提前赎回债券到期前不可赎回企业债券；按票面利率是否变动划分为固定利率债券、浮动利率债券和累进利率债券：固定利率债券在偿还期内利率固定不变，又名付息债券；浮动利率债券票面利率随市场利率变动而变化；累进利率债券随着债券期限的增加，债券利率累进；按发行人是否给予投资者选择权划分为附有选择权的债券、不附有选择权的债券：附有选择权的债券，债券持有人具有一定的选择权，如可转换公司债券、可返还企业债券、有认股权证的企业债券等；不附有选择权的债券，债券持有人没有上述选择权；按发行方式划分为公募债券、私募债券：公募债券是依照法定程序经证券主管部门批准公开向社会投资者发行的债券；私募债券以特定少数投资者为对象发行，发行程序简单，一般不能公开上市交易。

<table>
<tr><th>分类标准</th><th colspan="2">类型</th><th>特点</th></tr>
<tr><td rowspan="3">按发行主体划分</td><td colspan="2">国家债券</td><td>由中央政府发行，并有国家政府信用作担保，信用度较高，又称为“金边债券”</td></tr>
<tr><td colspan="2">金融债券</td><td>由金融机构发行。信用高、流动性好、安全，利率较国债高</td></tr>
<tr><td colspan="2">企业（公司）债券</td><td>由企业依照一定程序而发行，风险高、利率高</td></tr>
<tr><td rowspan="3">按期限划分</td><td colspan="2">短期债券</td><td>一年以内</td></tr>
<tr><td colspan="2">中期债券</td><td>一年至五年</td></tr>
<tr><td colspan="2">长期债券</td><td>五年以上</td></tr>
<tr><td rowspan="2">按是否记名划分</td><td colspan="2">记名债券</td><td>债券上登记有债券持有人的姓名，领取利息和本金时需要凭借有效的身份证明</td></tr>
<tr><td colspan="2">不记名债券</td><td>债券上对债券持有人姓名不进行登记</td></tr>
<tr><td rowspan="4">按有无担保划分</td><td colspan="2">信用债券</td><td>仅凭发行人的信用而发行，没有担保，如政府债券</td></tr>
<tr><td rowspan="3">担保债券</td><td>抵押债券</td><td>是指有不动产做抵押而发行的债券</td></tr>
<tr><td>质押债券</td><td>是以其他有价证券（如公司股票）质押发行的债券</td></tr>
<tr><td>保证债券</td><td>是指由第三人做保证担保还本付息的债券</td></tr>
<tr><td rowspan="2">按可否提前赎回划分</td><td colspan="2">可提前赎回债券</td><td>到期前可以随时或定期购回全部或部分债券</td></tr>
<tr><td colspan="2">不可提前赎回债券</td><td>到期前不可赎回企业债券</td></tr>
<tr><td rowspan="3">按票面利率是否变动划分</td><td colspan="2">固定利率债券</td><td>在偿还期内利率固定不变，又名付息债券</td></tr>
<tr><td colspan="2">浮动利率债券</td><td>票面利率随市场利率变动而变化</td></tr>
<tr><td colspan="2">累进利率债券</td><td>随着债券期限的增加，债券利率累进</td></tr>
<tr><td rowspan="2">按发行人是否给予投资者选择权划分</td><td colspan="2">附有选择权的债券</td><td>债券持有人具有一定的选择权，如可转移公司债券、可返还企业债券、有认股权证的企业债券等</td></tr>
<tr><td colspan="2">不附有选择权的债券</td><td>债券持有人没有上述选择权的债券</td></tr>
<tr><td rowspan="2">按发行方式划分</td><td colspan="2">公募债券</td><td>依照法定程序经证券主管部门批准公开向社会投资者发行的债券</td></tr>
<tr><td colspan="2">私募债券</td><td>以特定少数投资者为对象发行，发行程序简单，一般不能公开上市交易</td></tr>
</table>

本部分主要针对商事主体在融资过程中主要涉及的企业（公司）债券展开讨论。根据法律规定的审批、监管程序和政策的不同，可以划分为企业债券和公司债券。一般来说，企业债券是指具有法人资格的企业，在经过国家发展和改革委员会审批后，公开向不特定的社会公众发行的有价证券。而公司债券是由中国证券监督管理委员会审批批准后经上市的股份有限公司公开向不特定的社会公众发行的有价证券。企业债券和公司债券的内涵相一致，但企业债券概念的外延要大于公司债券，公司债券只是企业债券的一种特定形式。①

企业债券、公司债券的核心要素：

企业债券、公司债券发行主体为中华人民共和国境内具有法人资格的企业、上市公司，发行或分期发行、规模、企业债券发行余额不得超过该企业净资产的40%，用于固定资产投资项目的，累计发行额不得超过该项目总投资的20%，发行后累计中长期债券余额不超过最近一期末合并口径净资产（可未经审计）的40%，企业债券的利率不得高于银行相同期限定期存款利率的40%。用途限定在发改委批准的用途，可用于补充运营资金、偿还银行贷款及其他债券、股权投资或收购资产、项目投资。信用评级及担保应向经发改委认可的债券信用评级机构申请信用评级，并聘任邀请其他独立经济法人担保，应当委托经中国证券监督管理委员会认定、具有证券服务从业资格的资信评级机构进行信用评级，公司可自主决定是否选择担保以及担保方式流通市场交易所市场或银行间市场交易所市场。

核心要素	企业债券	公司债券
发行主体	在中华人民共和国境内具有法人资格的企业	上市公司
监管	国家发展和改革委员会批准	证券监督管理委员会批准
发行方式	一次批准、一次发行	一次批准、一次发行或分期发行
规模	企业债券发行余额不得超过该企业净资产的40%。用于固定资产投资项目的，累计发行额不得超过该项目总投资的20%	发行后累计中长期债券余额不超过最近一期末合并口径净资产（可未经审计）的40%
利率	企业债券的利率不得高于银行相同期限定期存款利率的40%	在一般情况下综合融资成本低于企业实际贷款成本，不同信用等级公司债券利率分化较为明显，中高信用等级（AA及以上）公司债券利率更具有优势

① 陈晓峰编著：《企业投资融资法律风险管理与防范策略》，法律出版社2009年版，第104页。

续表

核心要素	企业债券	公司债券
募集资金用途	限定在发改委批准的用途	可用于补充运营资金、偿还银行贷款及其他证券、股权投资或收购资产、项目投资，用途比较灵活
信用评级及担保	应向经发改委认可的债券信用评级机构申请信用评级，并聘任邀请其他独立经济法人担保	应当委托经中国证券监督管理委员会认定、具有证券服务从业资格的资信评级机构进行信用评级，公司可自主决定是否选择担保以及担保方式
流通市场	交易所市场或银行间市场	交易所市场

根据公司债券是否可以转换可将公司债券分为普通公司债券和可转换公司债券。可转换公司债券系指在特定时间和满足特定条件时可以转换为普通股票的公司债券。它实际上是在发行的债券上附加了一份期权，允许债券持有人在特定时间和满足特定条件时将其持有的债券转换为公司股票。一般可转换公司债券的票面利率比较低，当可转换公司债券转换为普通股票后，其价值一般会远远高于债券价值，与此同时，也必然会失去债券的保值特性，具有下跌风险。

二、企业对债券融资的选择

通常企业需要扩大资本或者进行投资时，其资金主要来源于四个方面：自有资金、债券、股票和银行贷款。作为一种直接融资方式，企业债券、股权融资和银行贷款融资共同构成资本市场上企业融资的主要方式。每种融资方式因自身特点不同而具有各自的利弊。通常，企业会结合项目性质、实际条件、财务状况等因素来选择合适的融资方式。

企业是否选择债券方式进行融资，关键在于其是否与企业的自身条件和融资要求相匹配，接下来对债券融资的优点进行简单比较。

第一，债券融资与银行贷款的对比：债券融资更具有灵活性、企业主动权较大，募集的资金基本不限制用途。而银行贷款项下企业的主动权较小，募集的资金通常只能用于特定用途；债券融资的融资规模越大，成本越低，达到一定规模时会低于银行贷款贷款利息相对固定融资期限，期限通常都为中长期，企业资本较为稳定，而银行贷款通常都为短期，只能暂时缓解企业的资金需求。

方式 区别	债券融资	银行贷款
灵活性	企业主动权较大，募集的资金基本不限制用途	企业的主动权较小，募集的资金通常只能用于特定用途
融资成本	融资规模越大，成本越低，达到一定规模时会低于银行贷款	贷款利率相对固定
融资期限	期限通常都为中长期，企业资本较为稳定	通常都为短期，只能暂时缓解企业的资金需求

第二，债券融资与股票融资的对比：债券融资的融资成本可税前扣除债券利息，降低企业所得税的征税基数股利没有抵税功能，控制权债券持有人是债权人，不参与经营管理，也不会分散公司控制权；而股票融资，投资人的进入会稀释原股东的股权，增高财务杠杆收益。

方式 区别	债券融资	股票融资
融资成本	可在税前扣除债券利息，降低企业所得税的征税基数	股利没有抵税功能
控制权	债券持有人是债权人，不参与经营管理，也不会分散公司控制权	投资人的进入会稀释原股东的股权。公司被收购的风险增高
财务杠杆收益	税后利润一定，股本基数不变，每股盈余增加明显。股东财富增加	税后利润一定，股本基数增加。每股盈余不会明显增加，甚至会减少

当然，在一定的情形下，债券融资的优势才会发挥出来，其中起关键作用的是企业自身的财务状况。在融资过程中，企业应充分保持债务资本与权益资本之间的平衡，在不增加财务风险的情况下使债券融资的优势得以充分发挥。

三、债券融资的条件与程序

（一）债券融资的发行条件

根据《企业债券管理条例》的规定，发行企业债券的企业需具备法人资格，并且企业规模符合国家规定。依据《公司法》有关条文，仅股份公司、国有独资公司和两个以上的国有投资主体、两个以上的国有企业投资设立的有限责任公司才具备发行公司债券的资格。

除发行主体条件外，还需要其他条件才可以发行债券，具体如下：

有限责任公司的净资产不低于人民币6000万元，股份有限公司的净资产不低于人民币3000万元在中国大陆注册的上市公司，无特殊规模限制发行规模累计债券余额不超过发行企业净资产的40%，发行的规模不超过发行企业最近一期末净资产的40%。在发行企业债券之前连续三年获得盈利，具有良好的经济效益，最近三年平均可分配利润足以支付企业债券一年的利息，资金用途符合行业发展规划和国家产业政策。资金投向符合国家产业政策再次发行的限制，前一次公开发行的公司债券不存在尚未募足的情况；已公开发行的公司债券或其他债务不存在违约或延迟支付本息的情形且仍处于继续状态。

类别 区别	企业债券	公司债券
企业规模	有限责任公司的净资产不低于人民币6000万元，股份有限公司的净资产不低于人民币3000万元	在中国大陆注册的上市公司，无特殊规模限制
偿债能力	在发行企业债券之前连续三年获得盈利，具有良好的经济效益	发行的规模不超过发行企业最近一期末净资产的40%
资金用途	符合行业发展规划和国家产业政策	资金投向符合国家产为政策
再次发行的限制	无	前一次公开发行的公司债券尚未募足；已公开发行的公司债券或其他债务存在违约或延迟支付本息的情形且仍处于继续状态；违反法律规定改变所发行债券募集资金的用途

（二）企业债券的发行程序

依据《公司法》中关于“公司债券”的有关规定、《证券法》中关于“证券发行、证券交易”的内容、《企业债券管理条例》以及国家发改委的规章等，企业债券的发行核准基本程序如下：

步骤	名称	具体流程
1	申报阶段	申请材料包括： 1. 国家发展改革委下达本次企业债券发行规模的文件 2. 发行人关于本次债券发行的方案申请书 3. 主承销商对发行本次债券的推荐意见（包括内审表） 4. 发行企业债券可行性研究报告，包括债券资金用途、发行风险说明、偿债能力分析等 5. 发债资金投向的有关原始合法文件 6. 发行人最近三年的审计报告及最近一期的财务报告 7. 担保人最近三年的审计报告及最近一期的财务报告

续表

步骤	名称	具体流程
1	申报阶段	8. 企业债券发行章程 9. 企业债券发行公告 10. 承销协议 11. 承销团协议 12. 第三方担保函 13. 资产抵押有关文件 14. 信用评级报告 15. 法律意见书 16. 发行人及担保人的企业法人营业执照副本复印件 17. 各中介机构从业资格证书复印件 18. 其他必要文件，如公司债券募集说明书 19. 本次债券发行有关机构联系方式 20. 相关法律法规要求提供的其他文件
		中央直接管理企业的申请材料直接申报国家发改委；国务院行业管理部门所属企业的申请材料由行业管理部门转报国家发改委；地方企业的申请材料由所在省、自治区、直辖市、计划单列市发展改革部门转报国家发改委
2	初审阶段	国家发改委受理企业发债申请后，依据法律法规及有关文件规定，对申请材料进行初审 有关专业司局负责对募集资金拟投资项目进行审核并提出书面意见，包括是否符合国家产业政策、有关手续是否齐全并符合开工条件等；财金司负责对财务等其他发债条件进行审核，并汇总初审意见
3	反馈意见及材料修改阶段	财金司根据初审意见，对申请材料存在不足或需要补充修改有关材料的，向发行人和主承销商提出反馈意见 发行人和主承销商根据反馈意见对申请材料进行补充、修改和完善，重要问题应专门出具文件进行说明 符合发债条件、申请材料齐全的直接予以核准
4	核准阶段	申请材料补充修改完善后，财金司起草企业债券发行文件，会签有关司局、报发改委领导签发后，会签有关部门（人行和证监会），印发核准文件 国家发改委自受理申请之日起三个月内（补充修改申报材料时间除外）作出核准或者不予核准的决定 发行人根据核准文件在公告前提交最终利率备案函

四、企业债券融资法律风险提示

通常在进行债券融资时，企业的法律风险主要表现为发行条件不完备和报送申请文件瑕疵。

第一，在发行条件不完备方面。法律、法规对企业发行债券融资的要求涉及发行主体、企业规模、资金用途、财务会计制度、盈利状况、偿债能力等方面。另外，企业在发行债券时要求符合法律规定的最低净资产条件、累计债券余额条件、最近三年平均利润能否偿还一年利息条件、利率条件以及国务院规定的其他条件。这些都是法定的硬性条件，不得违反，否则就会导致发行不能。

第二，在报送申请文件瑕疵方面。发行企业对其所报送的申请文件应当保证真实性、准确性和完整性，尤其是法律要求更为严格的相关信息披露和陈述方面。若申请文件存在瑕疵，很有可能会导致发行申请被拒，甚至可能会产生行政责任或者刑事责任。对此，《刑法》和《证券法》均有明确的相关规定。《证券法》第一百八十一条规定：发行人在其公告的证券发行文件中隐瞒重要事实或者编造重大虚假内容，尚未发行证券的，处以二百万元以上二千万元以下的罚款；已经发行证券的，处以非法所募资金金额百分之十以上一倍以下的罚款。对直接负责的主管人员和其他直接责任人员，处以一百万元以上一千万元以下的罚款。发行人的控股股东、实际控制人组织、指使从事前款违法行为的，没收违法所得，并处以违法所得百分之十以上一倍以下的罚款；没有违法所得或者违法所得不足二千万元的，处以二百万元以上二千万元以下的罚款。对直接负责的主管人员和其他直接责任人员，处以一百万元以上一千万元以下的罚款。另外，《刑法》第一百六十条规定："在招股说明书、认股书、公司、企业债券募集办法中隐瞒重要事实或者编造重大虚假内容，发行股票或者公司、企业债券，数额巨大、后果严重或者有其他严重情节的，处五年以下有期徒刑或者拘役，并处或者单处非法募集资金金额百分之一以上百分之五以下罚金。单位犯前款罪的，对单位判处罚金，并对其直接负责的主管人员和其他直接责任人员，处五年以下有期徒刑或者拘役。"

第五节　金融租赁与融资租赁

一、金融租赁概述

（一）金融租赁的概念和特征

在融资租赁领域，根据监管主体的不同，中国的融资租赁业分为两类机构。一类是融资租赁公司，属于一般工商企业，包括外资融资租赁公司和内资试点融资租赁公司；另一类是本部分所述经原银监会审批设立的金融租赁公司，属于非银行金融机构。

按照行业划分，金融租赁公司属于金融业其他金融活动中的金融租赁。[①] 金融租赁公司资金来源除资本金外，还能吸收股东存款、同业拆借、同业借款、发行金融债券等，融资成本低，资金吸纳能力强。经营正常后可进入同业拆借市场，其与商业银行属于金融同业的关系。同时被监管部门要求将租赁资产在人民银行的《融资租赁登记公示系统》进行登记。

（二）金融租赁的适用范围

根据《金融租赁公司管理办法》，适用于融资租赁交易的租赁物为固定资产。主要业务领域涉及飞机租赁、基础设施租赁（交通基础设施租赁、城市基础设施租赁、能源基础设施租赁）、工程机械设备、船舶租赁、医疗设备租赁、能源资源等。

（三）我国金融租赁行业特点

1. 迅速增长的资产规模。近年来，我国金融租赁业发展迅速，行业资产增长速度较快，利润水平显著提高，管理运营水平提高，且我国金融租赁行业的发展呈现指数式爆炸增长的态势。

2. 经营性租赁成为新的增长点。目前，我国金融租赁行业出现了一种新型租赁形式——经营性金融租赁。简言之，经营性金融租赁就是承租人向出租人支付租金，出租人让渡资产使用权给承租人并为其提供一系列后续服务的租赁新模式。经营性租赁已经渐趋成为中国金融租赁行业发展的又一动力支柱。

3. 融资租赁公司发展方式有所转变，业务取得新的突破。近年来，我国的许多金融租赁公司都开始向特色化、专业化的经营模式转变，寻求公司盈利的新的增长点，并且通过不断创新自己经营业务的产品种类，来增强公司的竞争力、提升自己的竞争地位。

（四）融资租赁中的法律风险提示

金融租赁具有融资、融物的双重特点，所以与银行信贷一样，金融租赁同样要面对信用风险、流动性风险、利率风险、汇率风险、政治风险、法律风险等各种风险。从财务指标看，金融租赁公司最大的两项成本是折旧与待摊费用、利息成本。金融租赁公司自然离不开宏观经济大环境，由于其业务横跨世界几大洲，世界经济周期无不影响着金融租赁公司的经营绩效。所以，金融租赁公司不仅要关注主营业务的增长，也必须采取有力措施防范各种风险。我们在此将重点讨论资产减值风

---

① 在统计口径上，按照国家统计局发布的《三次产业划分规定》，金融租赁被划分为：第三产业—J门：金融业—7120大类：金融租赁。

险、流动性风险、利率风险和汇率风险。

1. 租赁资产风险

金融租赁公司须根据公司发展战略和规划确定租赁资产组合。折旧是租赁公司最大的经营成本之一，因此金融租赁公司必须基于多种因素确定自己的租赁资产组合。

首先，金融租赁公司必须努力研究宏观经济走势、货币政策取向、行业发展前景等经济因素，在此基础上根据市场需求、自身经济实力、厂商信誉、产品质量、价格成本、技术特点、产品流通性、再出售价值等因素确定租赁资产组合。

金融租赁业务大致可分为：融资租赁和金融性租赁，前者指出租人在租赁期间通过收取租金收回全部租赁投资并获得预期的相应收益，后者指出租人在租赁期满后通过对租赁物余值的处理才可能收回全部租赁投资并获得预期的相应收益。租赁公司在租出设备的同时也销售相关设备，以动态调整资产结构、确保资产的流动性和技术先进性、保持资产组合的竞争力。为了提升资产的再出售价值，金融租赁公司必须关注新的同类产品对现有资产组合的价值影响，以此适时调整资产组合；重视租赁资产的保养与维护，从而降低资产的减值损失，且必须具备相关的专业服务能力。

2. 金融风险

金融租赁服务属于资本密集型行业，确保融资渠道畅通才是企业的生存之道。从财务指标看，利息成本是金融租赁公司另一大支出项目。金融租赁公司利用自有资金和负债购买租赁物，然后出租或再出售以赚取利差、获取收入，所以资本市场融资能力决定了企业发展所能达到的高度，风险管理能力决定了企业可持续发展的时间长度。

第一，金融租赁公司须制定和实施多渠道的融资战略，以防止出现流动性风险。金融租赁公司可选择的融资渠道包括：银行贷款（循环信贷）、卖方信贷、政府担保债务（出口信贷）、资产证券化、债券融资和股票融资等。资产证券化也是一种融资选择，但除顶级公司外，一般金融租赁企业较少涉及该项业务。当市场处于正常情况下，在母公司的金融支持下，金融租赁公司的流动性风险似乎很小，但公司必须为市场环境恶化情况下的融资困难做好充分准备。

第二，金融租赁公司必须把握市场时机，灵活调整负债期限结构，优化利率成本。由于国际金融市场借款利率较低，国内资本成本相对较高，金融租赁公司应该主动走出国门利用国际金融市场的成本优势降低利率水平。

第三，汇率风险也是金融租赁公司必须考虑的另一个风险因素。对于国内金融租赁公司来说，汇率风险如此；对于国际性金融租赁公司来说，更是如此。汇率风险虽不及利率风险大，但金融租赁公司也不应漠视。

二、融资租赁概述

（一）融资租赁的概念和特征

关于融资租赁的定义，我国的多部法律文件都有涉及。总结起来主要有两种，即从交易形式和交易实质两方面进行定义。前者如2021年实施的《民法典》，对融资租赁合同的定义为："融资租赁合同是出租人根据承租人对出卖人、租赁物的选择，向出卖人购买租赁物，提供给承租人使用，承租人支付租金的合同。"此种定义抓住融资租赁"两份合同，三方当事人"形式特征与传统经营性租赁作出区分。类似的定义还体现在原银监会于2014年发布的《金融租赁公司管理办法》第三条中。该定义抓住了融资租赁的交易实质，即与资产所有权有关的全部风险和报酬转移给承租人。

上述定义阐释了何为融资租赁，构成融资租赁需要具备何种要件。然若从企业融资实务方面出发，从交易各方追求的商业目标来考察融资租赁交易，更可以看出其作为创新性金融产品的以下特性：

（1）出租人提供的是一种商业信用服务，考虑的是货币的时间价值，即如何收回本金和获取利息；

（2）承租人追求的是租赁物的经济使用价值，即在租赁期内通过对租赁物的使用获取商业利润而非主要考虑租赁物的最终归属。

在融资租赁法律关系中，租赁物由出租人按照承租人的要求购买，并交付给承租人使用，承租人无须支付租赁物的货款即可获得租赁物的使用、收益权，从而实现"融资"和"融物"的双重目的。由此可见，融资租赁出租人经营的是货币资金而不是租赁物，承租人使用的是出租人的资金而不是租赁物，租赁物只是融资租赁关系中经营货币的手段。①

从融资租赁实质为"融资/借钱"这一角度出发，融资租赁具有以下主要特征有别于经营租赁：

区别	融资租赁	经营租赁
租赁物	承租人指定，出租人购买	一般为出租人的自有物品
租赁物交付	通常由供应商直接向承租人交付	出租人向承租人交付
租金	以占用资金的时间计算租金，租金一般根据购买租赁物的成本和出租人的合理利润（如资金占用利息）确定②	以使用租赁物的时间计算租金

---

① 秦国勇：《融资租赁法律实务》，法律出版社2013年版，第9页。

② 《合同法》自1999年10月1日起施行，其第二百四十三条规定，融资租赁合同的租金，除当事人另有约定的以外，应当根据购买租赁物的大部分或者全部成本以及出租人的合理利润确定。

续表

区别	融资租赁	经营租赁
融资期限	期限通常都为中长期，企业资本较为稳定	通常都为短期，只能暂时缓解企业的资金需求
保险	一般由承租人购买	通常由出租人购买
保修、维护	出租人不承担，赋权给承租人直接向供货商请求	通常由出租人承担
期满所有权	通常租期届满，支付零对价或较少的对价，租赁物归承租人	始终归出租人

（二）融资租赁的适用范围

融资租赁常用于工程机械设备、医疗设备、飞机或船舶等交通运输设备、印刷设备、节能设备及其他工业办公设备领域。近年来，随着金融产品创新步伐的加快，融资租赁也逐渐被应用于基础设施及不动产、著作权、商标、专利等其他无形资产领域。

（三）融资租赁类型

1. 融资租赁公司分类

我国融资租赁企业存在金融租赁公司和普通融资租赁公司的区别，其中普通的融资租赁公司又分为内资融资租赁公司和外资融资租赁公司，三类公司存在公司类型、股东构成、审批/监管机关、法律规范上的不同：

区别	金融租赁公司	内资融资租赁公司	外资融资租赁公司
性质	非银行金融机构	内资试点公司	外商投资公司
股东	需包含金融机构股东，多以银行为代表	无特殊要求	需包含外国投资人/股东
监管部门	银保监会	商务部、税务总局	商务部
主要规范性文件	《金融租赁公司管理办法》《金融租赁公司专业子公司管理暂行规定》	《融资租赁企业监督管理办法》	《外商投资信息报告办法》

2. 常见业务模式分类

（1）直租融资租赁

直租型的融资租赁是实践中最常见、最典型的融资租赁模式之一，一般指出租人根据承租人的指示向特定的供应商购买特定租赁物，出租给承租人使用，承租人支付租金的交易。

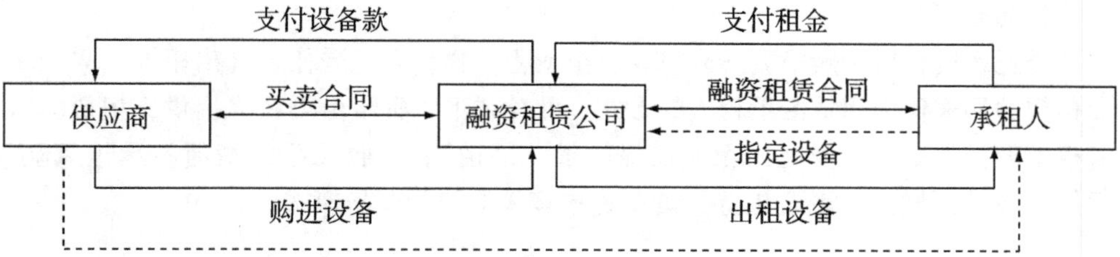

（图示）

（2）回租融资租赁

回租又称“售后回租”，也是较为常见的融资租赁模式之一，通常指承租人将其既有设备出卖给出租人，再向出租人租回设备使用并支付租金的情形。相较于直租形式，就承租人而言，回租具有承租人既保留了使用权又获得了预期资金需求的优点。实践中，回租形式下的设备可以是承租人使用过的旧设备，也可以是承租人新订购取得所有权但尚未支付价款的新设备。

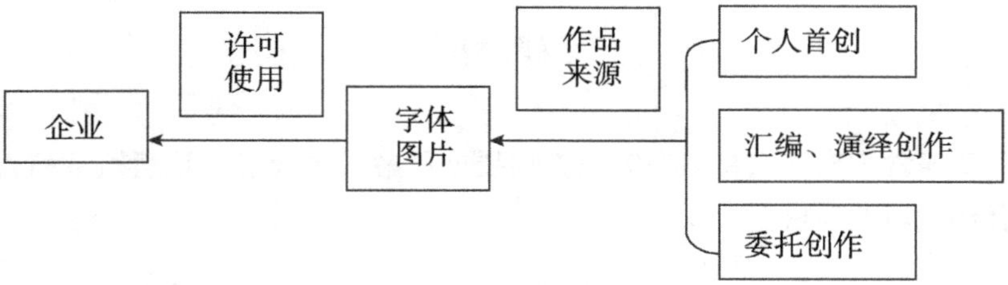

（图示）

（3）杠杆融资租赁

杠杆租赁多见于对飞机、轮船等较为昂贵的设备的融资，一般指出租人通过向银行等金融机构举债的方式筹措购买设备的资金，取得设备所有权并租赁给承租人使用，但为担保银行的债权，通常会将设备抵押给贷款银行，而承租人向银行支付租金并偿还贷款。杠杆租赁利用“以小博大”，实现了出租人资金规模的放大，在国际融资租赁领域越来越多地被采用。

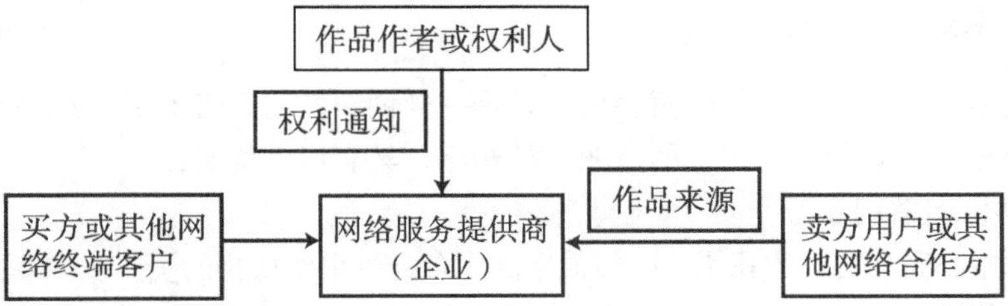

（图示）

（4）委托融资租赁

委托融资租赁一般指委托人将其资金或租赁物，委托受托人（出租人）采用融资租赁的形式代为租赁给承租人的形式。此模式下，资金由委托人提供，租赁物所有权由委托人享有，受托出租人仅提供了“通道”，只收取手续费但不承担风险。近年来在“互联网＋融资租赁”的交易中多采取该类交易模式。

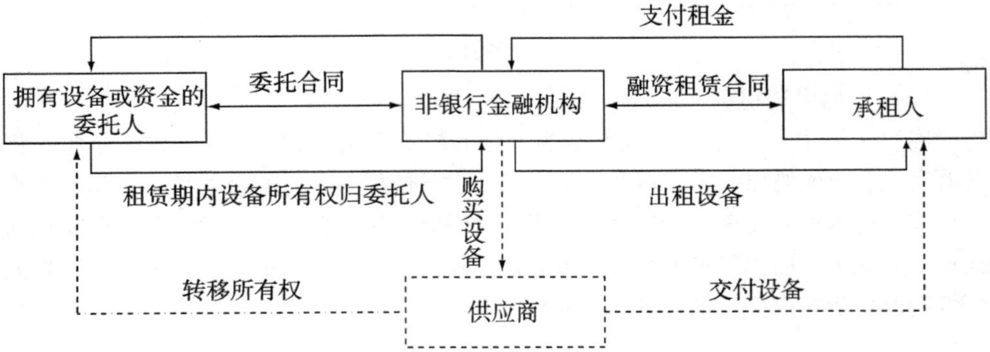

（图示）

（5）转租赁

转租赁通常指出租人将其向第三方租赁公司融入的设备，转租给承租人，常用于国际合作领域的项目。

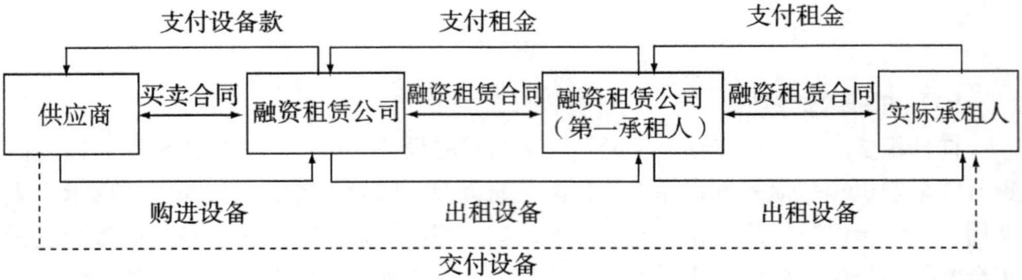

（图示）

三、融资租赁优势

融资租赁有别于传统的经营性租赁，是一种创新性的金融产品，此种产品与传统的银行信贷及其他较为传统的金融产品相比，具有以下优势：

1. 融资租赁门槛低

由于中小企业的自我积累少，负债率高，自身可用作抵押的资产少，更难以寻找大企业为其提供担保，造成银行以企业资产信用严重不足为由，拒绝放贷。然而融资租赁较少考虑承租人过去的财务情况，将重点放在使用融资设备后产生的现金流量是否足以支付租金，以及租赁物的所有权控制和价值消耗方面。因此，对承租人的历史资产负债要求不高，以承租设备本身作为担保物，一般不需要额外的担保或抵押。

2. 融资租赁手续简便、时效性强

中小企业把握市场机遇快，决策迅速，在资金需求上呈现出“急、少、频”的特点，具有极强的时效性。然而银行贷款审批手续烦琐，环节颇多，时间较长，与中小企业的资金需求不相符，往往贻误商机。在同等条件下，融资租赁环节少、手续简单、短时间内利用较少资金获得租赁物的全部使用权，更符合中小企业的经营规律和融资特点，增强中小企业的融资能力。

3. 融资租赁费用低，融资额较高

虽然融资租赁的租息比银行同期贷款利率高，但银行中长期贷款往往附加限制条件，使实际利率提高或不能得到100%的融资额，而融资租赁除出租人要求承租人支付保证金或首付款等情形外，承租人可以得到100%的融资额。并且融资租赁方式的租金支付方式设计灵活，可在较长租赁期内分期支付租金，而对于租金支付期数、支付时间、每期租金数额都可以根据承租人经营现金流情况来确定，从而提高资金使用效率，降低成本。

4. 融资租赁分散到期还本压力

银行信贷项目中，通常采用“到期一次性还本付息”的方式，融资人在贷款到期时资金压力集中爆发。而融资租赁项目中，出租人可根据承租人的企业特点、资金能力、销售、回款周期等具体情况，灵活设计还款计划，采用按月、季度、半年等方式，分散租赁期满时承租人的还本压力。

5. 融资租赁可以优化企业的财务功能

融资租赁作为创新性金融产品，享受国家或地方优惠政策。承租人支付的租金，根据国家税务总局的有关规定，有的可以直接进入成本而减税，有的可以采用加速折旧，递延税收，从而降低承租人的经营成本。并且融资租赁不直接增加企业负债，不提高企业资产负债率，起到直接优化企业财务报表的作用。

综上所述，虽然融资租赁存在资金成本较高的不足，但其对于自有资金匮乏、提供担保难、急需资金把握商机的中小企业来说，无疑是较佳的选择。

四、融资租赁基本程序

传统的融资租赁由承租人发起，源于承租人对资金和租赁物的需求，近年来随着“以租代销”形式的兴起，租赁物供货商为实现其资金快速回笼的需求越来越多地发起融资租赁交易。融资租赁交易的基本程序如下：

序号	步骤事项	具体内容
1	选择融资租赁公司	确定从事融资租赁业务的资质、了解公司资信情况、融资条件和租赁费率
2	融租申请	融资人申请建立融租关系、融资租赁公司受理，审查融资人资信、融资租赁公司对融资人和项目尽职调查
3	商务谈判	谈判确定设备价格、交货时间等买卖条款 谈判确定租赁合同的要旨，租金、还款周期等
4	订立购货协议	出租人或和承租人一同，与供应商签署购货协议
5	订立租赁协议	出租人和承租人签署租赁协议
6	设备交付和验收	设备由供应商交付承租人 承租人承担验收风险，签署验收文件
7	支付设备款和租期开始	出租人凭承租人的收货凭证支付设备款（有时会附带出租人的其他付款条件，如要求承租人支付手续费、首付款等费用，出租人完成对租赁物的权利标示和融资租赁登记等），租期开始，承租人按期偿付租金
8	期满设备	常见的处理方式包括续租、退租或者留购等，根据租赁合同约定办理

五、融资租赁中的法律风险提示

1. 出租人不具备融资租赁的法律资格

在我国，租赁公司只有经过主管部门的批准才具有从事融资租赁业务的资格。根据我国《民法典》第一百五十三条规定：“违反法律、行政法规的强制性规定的民事法律行为无效……”因此，企业在选择融资租赁方式融资时，一定要明确出租方是否有经营资格，否则有可能导致签订的租赁合同无效的法律风险。

2. 租赁物瑕疵担保责任的法律风险

瑕疵担保责任通常是指买卖法律关系中出卖人对交易物或权利的品质承担没有瑕疵的保证责任，否则出卖人要对买受人承担相应的法律责任，但买受人在交易后的合理期限没有提出异议的，出卖人可以免责。在传统的租赁法律关系中，租赁物的瑕疵担保责任对出租人同样适用，出租人有义务保证租赁物处于租赁合同中约定的使用状态。租赁物的瑕疵包括使用瑕疵和质量瑕疵。而在融资租赁法律关系中，出租人一般不对租赁物的瑕疵承担责任，除非出租人干预承租人对租赁物的选择。

企业在选择融资租赁融资时，关于租赁物的瑕疵担保责任应当注意以下几点：第一，融资租赁中出租人对租赁物不承担瑕疵担保责任是原则，少数情况例外；第二，清楚认识出租人推荐、介绍供货商或租赁物的性质，不能以此作为判断由出租人承担瑕疵担保责任的依据；第三，在发生租赁物瑕疵纠纷时，应根据合同的约定或法律的规定确定责任承担的对象，避免因责任对象错误而提起不必要的诉讼，浪费人力、物力和财力。

3. 租赁物意外损毁责任承担的风险

在一般的租赁中，租赁物意外毁损的风险由出租人承担。但在融资租赁实践中，法院一般倾向于出租人不承担租赁物意外损毁的责任。理由是在融资租赁中，由于出租人不负责选定租赁物，租赁期限也长于一般的经营租赁，这样的租赁物完全处于承租人的控制之下，与租赁物所有权有关的风险不应由所有权人承担，而应由非所有权人的承租人承担。①

虽然法律没有对租赁物意外风险责任承担作出规定，但企业应当及时采取措施予以防范，如及时为租赁物投保或加强安全保护措施等。

4. 中途解约的法律风险

根据国际融资租赁业的惯例，禁止双方当事人在没有出现某种特定的情形时，在租赁期届满之前解除租赁契约。对此我国关于融资租赁的法律规范没有涉及。然而在我国融资租赁实践中，禁止中途解约已得到普遍的认可。这种做法的原因在于融资租赁涉及的资金重大，租赁期限长，租赁物一般是特定的，一旦解除合同，会给一方当事人造成巨大损失。但这种禁止并非绝对的，如果当事人事先有解除合同的约定，当约定的情形出现时，当事人一方可以在未经对方同意的情况下解除合同。上述实践操作的法律依据是《民法典》第五百六十三条关于合同法定解除权的规定，根据该条规定，当事人可以在以下几种情形下解除合同：（1）因不可抗力致使不能实现合同目的；（2）在履行期限届满前，当事人一方明确表示或者以自己的行为表明不履行主要债务；（3）当事人一方迟延履行主要债务，经催告后在合理期限内仍未履行；（4）当事人一方迟延履行债务或者有其他违约行为致使不能实现合同目的；（5）法律规定的其他情形。具体到融资租赁法律关系中，当事人在何种情况下才能行使法定解除权需要进一步予以考察。

对于承租人来说，供货商未交付或迟延交付租赁物，经承租人向出租人向供货商催告后在合理期限内仍未交付的，严重影响承租人生产经营的，承租人可以解除租赁合同；供货商交付的租赁物有瑕疵或不符合约定的，严重影响承租人生产经营，并向供货商主张但不能解决的，承租人可以解除租赁合同。

对于出租人来说，承租人长期不支付租金或者有其他根本违约行为且无法解决时，出租人可以要求承租人提前支付租金或者解除租赁合同，并可以主张因此而受

---

① 陈晓峰编著：《企业投资融资法律风险管理与防范策略》，法律出版社 2009 年版，第 130 页。

到的损失赔偿。

5. 出租人处分租赁物的风险

租赁物属于出租人所有，是融资租赁法律关系的重要特征。鉴于出租人享有租赁物的所有权，如出租人有意在融资租赁合同期间转卖租赁物所有权，理论上是行得通的，法律上也并未禁止。实践中，出租人作为一家融资租赁公司，其自身也有融资的需求，因此为提高资源的利用效率，盘活企业的资金需求，存在出租人转让租赁物或利用租赁物抵押融资的情形。依据法律规定，出租人在买卖或抵押行为发生前，应通知承租人，且承租人享有对租赁物的优先购买权。而关于融资租赁合同的履行，对承租人而言应遵循“买卖不破租赁”的原则，租赁物的受让人和抵押权人，不得变更和解除融资租赁合同的履行。如出租人转让和抵押租赁物的行为给承租人造成不利影响时，承租人可根据融资租赁合同约定向出租人主张权利。

6. 租赁合同格式化风险

与传统融资项目一样，在融资租赁业务中同样存在贷款人较为强势、融资人较为弱势的现象，由此造成相关融资文件的法律文本均由贷款人起草和提供，融资人可以协商空间较小，甚至没有。实践中出租人法律意识强且全面，而承租人法律意识淡薄，承租人通常急于获得资金而轻视对租赁相关法律文件的审查，对有关法律术语一知半解、含混了事。

融资租赁合同中常有诸多限制承租人、保障出租人的条款，承租人常常缺乏了解。还有一些约定给承租人的权利条款，而实际却存在实现困难。如质量索赔条款，融资租赁合同一般约定由出租人让渡给承租人，但对出租人的协助义务常约定不明，引发承租人的索赔受阻。

对此，建议承租人重视融资租赁的法律文本，加强对融资文本的解读和审核，明确己方权利义务的边界，谨慎履行并做好证据保全。

第六节　商业保理

一、保理业务的定义及类型

对于企业来讲，相较于传统融资方式而言，保理作为较为新颖的一种融资方式已经日益获得购货商企业的关注并广泛运用于日常经营生活中，销售商企业通过保理行对其进行的商业资信调查、应收账款管理、债款回收及提供坏账担保后可顺利实现赊销贸易的结算。

一般来讲，完整的保理业务主要包括为客户提供贸易融资、账务管理、催收应收账款、信用风险控制以及坏账风险担保等服务。

1. 贸易融资

提供贸易融资是保理业务最主要的功能。销售商将应收账款转让给银行，银行向销售商提供融资款项。应收账款转让的方式在众多融资方式中可谓难易程度最低，办理流程最便捷的方式之一，无须进行复杂的流程审批，也不需要销售商提供担保及办理相应登记。

2. 账务管理

与非金融机构相比，银行拥有更为完善的账务管理制度，更为先进的管理技术和丰富的管理经验，因此，银行有能力为销售商提供良好的账务管理服务。国外的保理商一般为商业银行的附属机构或子公司，同样具备各种账务管理的有利条件。

3. 应收账款回收

保理业务顺利发展的前提即在于银行相较于其他非银行类金融机构具有更为成熟可行的应收账款催收经验及技术手段，保理商一般也会在签订保理协议时与销售商确定将来的收债方式及手段，且一般会在征求销售商意见后方采取法律手段解决债务问题。

4. 信用风险控制

银行在各级行政区域内具有广泛且密集的经营网点，依靠内部强大完善的信息收集、整理、汇总系统针对不同购货商核定不同信用额度并根据购货商的资信情况随时对信用额度进行调整，从而控制购货商信用风险，防范保理商自身风险。

5. 坏账风险担保

在提供坏账担保的保理业务中，销售商只要对每个购货商的销售控制在保理额度之内，就不用考虑或担心该额度内的坏账风险，但前提条件是应收账款赖以产生的服务或产品合同必须具备合法性且无争议，对于销售商因产品或服务质量等造成的坏账银行或保理商不承担担保责任。

保理业务有以下多种常见的分类方式，根据对于销售商是否有追索权区分为有追索权保理和无追索权保理；根据买卖双方保理机构数量可区分为单保理和双保理；根据是否履行债权转让通知义务可区分为公开型保理和隐蔽型保理；根据银行是否提供融资给销售商可区分为融资型保理和非融资型保理。

在所有应收账款类别中，尤其以政府采购应收账款和出口退税款更为特殊。

就政府采购应收账款保理业务而言，虽然采购人使用财政资金进行采购但并不影响其采用赊账的方式进行政府采购，故在此种交易结构下银行成为国家机关及其他事业单位、团体组织的债权人，银行为保证自身利益也往往采取有追索权的方式提供保理服务。

就出口退税保理业务而言，该业务的基本做法是出口商在保理行开立出口退税唯一专用账户，并向银行提供经当地税务部门审批确定的出口退税权益，经银行审核通过后按双方商定的价格，扣除相应利息及手续费后给予保理融资。出口退税款到账后，由银行划收偿还融资款项。由于出口退税应收账款债权转让的特殊性，并为防范可能发生的出口商骗税的风险，银行在办理出口退税保理业务时一般也会采取有追索权的保理方式。

二、企业在保理业务中的风险与防范

商业保理是发生在债权人与商业保理商之间的综合性商贸业务。由于我国对商业保理商的特殊限制，商业保理商一般由银行或保理公司等有专门牌照的机构担任，债权人则一般由企业担任。企业在保理业务中的风险一方面来自保理法律关系本身，另一方面来自企业在保理业务中的债权人身份。

（一）基础交易合同不真实的风险与防范

基于商业保理的性质，在贸易中形成的应收账款是保理融资的基础，债权人与债务人之间的基础交易合同是成立保理法律关系的前提。通过检索案例发现，实务中存在大量因应收账款不真实被认定为“名为保理实为借贷”的案例。对此，最高人民法院在2015年发布的《关于当前商事审判工作中的若干具体问题》明确指出：“实务中确实有部分保理商与交易相对人虚构基础合同，以保理之名行借贷之实。对此，应查明事实，从是否存在基础合同、保理商是否明知虚构基础合同、双方当事人之间实际的权利义务关系等方面审查和确定合同性质。”

如被认定为“名为保理实为借贷”，根据《最高人民法院关于当前商事审判工作中的若干具体问题》的规定，如果确实是名为保理、实为借贷的，应当按照借款合同确定案由并据此确定当事人之间的权利义务。通过检索案例发现，即使法院认定案涉法律关系属于“名为保理实为借贷”，也极少有法院认定借款关系无效的案例。当保理商为商业银行时，法院一般以金融借款法律关系进行审理；当保理商为商业保理公司时，法院则以民间借贷法律关系进行审理。

为此，建议企业在开展保理业务前，确保基础交易的真实性、合法性。为避免发生因基础交易瑕疵被认定为“名为保理实为借贷”的情形，建议企业建立内部核查机制，除严格审查基础交易合同外，还应尽可能地留存基础交易的相关凭证单据，如发货单据、仓储凭证、对方收货凭证等，以证明基础交易真实合法。

（二）未通知债务人的风险与防范

基于商业保理的性质，债权人与债务人之间的基础交易合同是成立保理法律关系的前提，债权人与保理商之间的应收账款债权转让是保理法律关系的核心。按照《民法典》合同编的规定，债权转让未通知债务人时，该债权转让对债务人不发生效力。因此，在商业保理中，债权转让未通知债务人，债务人无须承担对保理商的还款义务；债权人与保理商之间的债权转让行为依然在债权人与保理商之间有效。但是，债权转让未通知债务人，未对债务人发生效力是否影响保理法律关系的成立，司法实践中有不同认定。

通过检索案例发现，法院在这一问题上对公开保理（明保理）和隐蔽保理（暗保理）的裁判标准不同：在公开型保理中，保理合同以债权转让通知债务人为构成要件，在债权转让未通知债务人的情况下，保理法律关系不成立；但在隐蔽型保理中，保理合同不以债权转让通知债务人为构成要件。在债权转让未通知债务人之前，虽未对债务人发生效力，但债权转让已在债权人与保理商之间发生效力，保理法律关系已经成立。

为此，建议企业在开展保理业务中，首先明确约定所涉商业保理为公开型保理抑或隐蔽型保理，避免因保理性质不清晰而导致的保理法律关系瑕疵。其次在公开型保理中，建议企业及时敦促并积极配合保理商做好通知债权人的工作。为避免通知瑕疵，建议在债权转让通知书中详细列明拟转让的应收账款款项、对应的合同编号、应付时间等内容，并采用邮寄或人工送达等方式，留存邮寄单证及对方收件回执。

（三）债务人信用风险及防范

根据商业保理公司是否承认债务人的信用风险，可以将保理分为有追索权保理和无追索权保理。在有追索权保理中，债务人无论何种原因到期不付款，商业保理公司均有权按照保理合同的约定向债权人追索，要求债权人退还商业保理公司已经支付的保理融资本金并支付欠付利息和管理费等，并在债权人付清全部款项后，将应收账款反转让给债权人。

基于有追索权保理的特性，企业作为债权人在有追索权保理中承担了债务人的信用风险。如债务人不能按时到期付款，债权人需要承担退还商业保理公司已经支付的保理融资本金并支付欠付利息和管理费的责任。为此，建议企业谨慎选择有追索权保理这种保理类型，并提前对债务人的还款能力、债权债务情况进行尽职调查，提前做好抵押、质押等担保措施，避免债务人的信用风险。

第七节　私募股权融资

企业融资的方式从大类来区分，主要有两种：一种是债权融资，另一种是股权融资。债权融资是通过支付利息的方式使用企业外部资金，如在本章中的其他节所介绍的银行贷款、发行债券、信托贷款、融资租赁融资等。股权融资是指企业股东通过增资等方式让出部分企业所有权，引进新投资者的融资方式。本节通过对股权融资中的私募股权融资及私募股权投资基金的投资运作进行介绍，为企业股权融资提供帮助。

一、私募股权融资概述

私募股权融资是指面向特定的投资人用非公开的方式出售股权进行的融资，企业自行寻找特定的投资人，吸引其增资入股企业，包括股票发行这种方式之外的各种组建企业时的股权筹资和随后的增资扩股。股权融资的另一种渠道是通过公开市场发售，通过股票市场向有资金盈余的单位或个人发行股票来募集资金，包括企业上市、定向增发、配股等具体形式。因为公开市场面对不特定对象筹集资金，上市需满足法定条件要求并持续进行信息披露，大多数中小企业难以企及上市门槛，对于那些暂时还不具备上市条件但仍具备潜力的创业型企业来说，私募股权融资是一条有效的融资渠道。

对企业而言，选择私募股权融资的优势在于：

（1）解决中小企业面临的融资难问题。轻资产企业、创新型企业因企业规模小、信用积累不足以及无抵押资产等问题，难以获得贷款融资、融资租赁融资，私募股权融资可以为中小企业拓宽融资渠道提供强大的资金支持。

（2）无须像债权融资支付融资成本。企业债权融资需支付一定的利息，而企业的利润空间会在很大程度上因为融资成本过高被压缩。私募股权融资是通过出让股权方式进行融资，因此并不会直接产生资金融资成本。

（3）不追求对企业控股，一般不参与企业日常管理。私募股权投资基金的首要目的是实现资本增值的最大化，在企业良性发展状况下，私募股权投资并没有控股要求，也不会直接参与到企业的日常管理中。

（4）助力企业后续融资、上市，实现资本增值。顶尖私募股权基金投资的企业，是被证明了具备投资价值的，有其他私募股权基金背书，有利于企业进行后续多轮融资；私募机构还可以帮助企业规划未来的再融资、明确业务方向并组建科学的组织架构等，为企业谋求上市及被并购渠道。

（一）私募股权投资

与私募股权融资相对，从投资端来看，私募股权投资是面向高成长的非上市企业或者上市公司非公开交易股权进行投资。投资人的首要目的并不是直接参与被投资企业的经营管理，而在于最后退出并获得投资收益。

根据企业生命周期理论，一般来说，可以将企业的整个生命周期划分为四大成长阶段：初创期（种子期）、成长期、成熟期和衰退期。广义的私募股权投资包含了企业首次公开发行前各个阶段以及投资于上市公司非公开发行股份的权益性投资，按照投资阶段划分包括以下类别：

类别	投资对象
风险投资（Venture Capital）	投资技术创新项目和科技型初创型企业，投入的资本主要投入企业初创阶段或者用于有一定风险的高科技项目
成长投资（Growth Capital）	投资已经过了初创期而发展至成长期的企业，用于具有较好的成长潜力企业的中后期发展
并购资本（Leveraged Buyouts）	投资相对成熟的企业，助力股东融资以收购企业、帮助企业融资从而扩大规模或者帮助企业进行资本重组以改善其营运灵活性
夹层资本（Mezzanine Capital）	一种介于股权投资和债权投资之间，并且能够灵活组合这两者关系的投资形式，其投资工具通常为次级债、可转换债权和可转换优先股等金融工具的组合
Pre－IPO 投资（Pre－IPO Capital）	投资预备上市企业，提升企业管理水平、规范法人治理结构、提供财务咨询等，实现上市目标
PIPE 投资（Private Investment in Public Equity）	通过市场价格的折价率购买上市企业的股份来扩大企业资本的一种投资方式
不良资产投资（Distressed Investments）	投资于无法履行债务而破产或者濒临破产的企业或不良资产，通过清收、重组、核销、转让和不良资产证券化等手段盘活不良资产

狭义的私募股权投资（Private Equity）指的是通过私募（Private Placement）形式对非上市企业进行的权益性投资，这类企业一般是已经形成一定规模并产生稳定现金流的成熟企业。从资金运作方式来看，通常情况下基金方式被作为私募股权用以募集资金的载体，由专业的基金管理公司负责运作，投资方式以私募的形式进行，一般情况下不会涉及公开市场的操作，交易细节也无须披露。

（二）私募股权投资基金

私募基金，根据《私募投资基金监督管理暂行办法》（中国证券监督管理委员会令第 105 号）的规定，是指在中华人民共和国境内，以非公开方式向投资者募集资金设立的投资基金。

2016 年 9 月 8 日，中国证券投资基金业协会发布《关于资产管理业务综合报送平台上线运行相关安排的说明》，“资产管理业务综合报送平台”（登录入口：https：//ambers.amac.org.cn）正式上线运行。这一新系统将私募基金的分类及产品类型进行了重新的定义。目前，在我国，根据投资领域的不同，私募基金大致可以分为四大类：

基金类型	投资领域
私募证券投资基金	主要包括公开交易的股份有限公司股票、债券、期货、期权、基金份额以及中国证监会规定的其他证券及其衍生品种
私募股权投资基金	创业投资基金以外的主要投资于非公开交易的企业股权
创业投资基金	主要向处于创业各阶段的未上市成长型企业进行股权投资
其他私募投资基金投资	除证券及其衍生品和股权外的其他领域的基金

股权投资是私募股权基金的运作方式，同时通过股份的增值转让来获利。私募股权基金主要有两个特征：一是以非公开方式向特定对象募集资金，募集对象只能是符合法律规定的合格投资者，募集方式不能借助传媒或者公开方式，而是主要通过客户黏性、私人关系、券商、投资银行或投资咨询公司介绍等方式筹集资金。二是股权投资，即通过增资扩股或者股份转让的方式来获得非上市企业的股份。此外，私募股权投资基金还有其他特点：投资期限相对较长，通常可达 3 年至 5 年甚至更久，因此属于中长期投资；流动性不佳，非上市公司没有现成的市场供其直接进行股权出让交易；基金形式多为有限合伙制，避免双重征税；投资退出渠道多样化，有上市、售出、并购、管理层收购等。

创业投资基金是一种特殊的私募股权投资基金，根据《私募投资基金监督管理暂行办法》第三十四条规定，创业投资基金是指主要投资于未上市创业企业普通股或者依法可转换为普通股的优先股、可转换债券等权益的股权投资基金。实践中，创业投资基金是一种政府通过财税扶持而引导向小微企业投资的基金类型，可以享受一定的财税优惠政策，监管层对创业投资基金采取的是差异化行业自律管理，这区别于其他私募股权投资基金，因此其从本质上来说是一类特殊的私募股权基金。

（三）私募股权基金的设立运作

近年来，随着《中华人民共和国证券投资基金法》（2015 年修订）（以下简称《基金法》）确立了私募投资基金的合法地位，以及“万众创业”背景下新经济领域活跃度的显著提高，私募股权投资基金迎来了快速发展的黄金期。根据中国证券投资基金业协会于 2020 年 1 月发布的《中国证券投资基金业 2019 年年报：私募投资基金——私募股权、创业投资基金》，截至 2018 年年末，已备案私募股权、创业投资基金 33683 只，基金规模为 8.71 万亿元。从资产类别来看，私募股权、创业投资基金主要投向境内股类资产。截至 2018 年年末，投资规模为 4.9 万亿元，占总资产投向的 53.9%。从投资案例地域分布来看，投资案例数量前五的为北京、广东、上海、浙江、江苏，其投资案例数量合计占全部投资案例数量总计的 70%。事实上，2018 年新增投资案例，无论是案例数量还是在投金额，依然集中于上述 5 个地区，股权、创投投资领域的马太效应明显。可以看出，私募股权投资已从过去非主流的投资形式，变成最受关注的投资渠道之一。

私募股权投资基金由基金管理人进行募集、运行，向被投资企业进行权益性投资，谋求所管理的基金资产增值，并使基金持有人获取尽可能多的收益。根据《基金法》《私募投资基金监督管理暂行办法》的规定，设立私募基金管理机构和发行私募基金不设行政审批，包括私募股权基金管理人在内的各类私募基金管理人应当向中国证券投资基金业协会申请登记，私募股权投资基金募集完毕后，向协会办理基金备案。根据中国证券投资基金业协会《私募基金管理人登记及私募基金产品备案月报（2019 年第 3 期）》的统计，截至 2019 年 12 月底，私募股权、创业投资基金管理人 14882 家，备案私募股权投资基金 28490 只，基金规模 8.59 万亿元。

私募股权投资基金可以选择的法律组织形式有公司型、合伙型（有限合伙型）、契约型等。随着 2007 年 6 月 1 日新《合伙企业法》的施行，有限合伙形式在我国得到了法律层面的认可，有限合伙型基金成为目前最为主流的一种私募股权基金组织形式。

《合伙企业法》第二条第三款规定："有限合伙企业由普通合伙人和有限合伙人组成，普通合伙人对合伙企业债务承担无限连带责任，有限合伙人以其认缴的出资额为限对合伙企业债务承担责任。"具体到有限合伙形式的私募股权投资基金，一般而言，普通合伙人（General Partner，GP）是具有金融投资背景的管理公司，负责管理和决策合伙企业投资等重大事项，而有限合伙人（Limited Partner，LP）不参与经营管理活动，其职责仅仅是按照合伙协议的约定按期、足额缴纳认缴的出资，从而保证股权投资的有效进行。

（四）私募股权投资流程

私募股权投资运作的操作都是按照一系列的基本流程进行的，首先是发现和确定投资项目，经过初步谈判签订投资意向书，尽职调查后确定投资方案、签署投资协议、投资并完成交易，并通过后续的项目管理，直到投资退出获得收益。

具体流程和步骤如下：

1. 项目寻找

获得好项目是私募股权投资成功的重要基础，对私募股权投资基金来说，必须根据自身的情况和行业环境选择合适的投资对象。私募股权投资基金寻找项目的方式有很多，当然，对有融资需求的企业而言，需要有一份能够吸引投资的商业计划书，向投资基金提供相关信息，帮助其对企业或项目作出评判，从而获得融资。

2. 初步评估

对于具有吸引力的项目，私募股权投资基金的项目经理会开展市场调查和公司调研，初步判断公司股权结构、所处行业发展情况、公司市场地位、主要产品竞争力或盈利模式特点、融资意向和财务指标等。通过对拟投资公司的初步评估，判断项目的投资价值。初步判断具备投资价值，私募股权基金将决定对该项目立项并经过投资决策委员会的初审，论证有投资价值，则批准成立项目小组，项目经理会起草一份条款清单（Term Sheet）与融资企业确定原则性投资方案，落实投资意向。

3. 尽职调查

条款清单签署之后，将由项目小组组织尽职调查，盘点融资企业全部“家底”。投资方将自行或委托第三方调查目标公司的详细情况，包括对目标公司进行法律尽职调查、财务尽职调查和行业尽职调查等，从而详细全面地了解企业状况，并发现问题、发现价值，解决投资方与被投资企业间的“信息不对称”，全面了解企业价值及存在的问题。

4. 设计投资方案、谈判签约

经过尽职调查后，尽职调查报告及投资方案建议书经提交投资决策委员会评审，项目通过后，则项目小组将开始最终确定投资方案并展开商务谈判。投资方案包括估值定价、董事会席位、公司治理问题、确定协议条款内容等。私募股权投资基金在律师、专业顾问等专家的帮助下与目标公司管理层就投资方案及关键问题进行沟通，就合同条款清单与目标公司协商；如果双方协商达成一致，就会签署由律师准备的相关投资协议等法律文件。

5. 投后管理

完成股权投资目标筛选及协议签订后，对融资企业进行投资管理决定了投资成败的关键，由于不同项目涉及的投资对象具有不同的特点，因此采用的管理模式和管理参与度也不同。投资人的目的并不是谋求企业控股权，因此，多数私募股权投资基金并不希望干预企业日常经营管理，而是通过发挥在董事会的影响力对项目企业管理层实施监督、参与重大决策和对企业进行战略指导等。投资人一般会指派专门的股权管理负责人入驻董事会或是通过指定财务负责人的方式对企业进行有效制约和管理。

6. 项目退出

私募股权投资基金的退出是私募股权投资操作中的最后一个环节，该环节关系到投资目的能否实现。私募股权投资基金的首要目的是实现资本倍增，而不是长期与企业建立亲密的管理关系，因此“结姻”双方终有“分手”的一天。目前业界常用的退出方式包括：（1）证券市场上市；（2）兼并收购、股权转让；（3）管理层收购退出；（4）企业破产清算等。证券市场上市或被收购是比较理想的方式，如果投资失败、企业亏损，私募股权投资基金将进行管理层收购或破产清算。

二、私募股权融资应注意的问题

私募股权融资的复杂和专业程度远远超过了融资企业和企业家的一般想象，在进行私募股权融资中应关注以下几个问题：

（一）关于引入外部顾问

私募股权投融资的业务领域专业性非常强，其复杂程度远远超过了一般企业贷款融资，如果企业内部没有专注从事投资银行或私募股权融资的专业人才，应当聘请专业顾问或律师介入私募股权融资的过程当中。

私募股权投资市场存在“好女也愁嫁”的问题，一方面，投资机构奔波于寻找优质的投资项目；另一方面，那些具有潜力的中小企业却找不到合适的投资人或者不知如何引进。律师事务所等专业机构正好可以凭借自身优势把投资人和优质投资项目联系起来。

而且，根据法律及相关监管规范的规定，私募股权投资基金管理人应当在中国证券投资基金业协会登记备案，才能募集私募基金投资。实践中，囿于部分企业对资金需求强烈，忽视了对投资人的资质和身份的判断，引入不具备私募资质企业的非法募集资金，导致股权被查封以及涉及刑事诉讼等法律风险。

在项目引入上，前期律师事务所可以为投资人和目标公司提供项目筛选、融资推介等服务。因为律师已经先行为投资人对企业状况及法律风险作出判断，投资人对专业顾问和律师的意见较为重视，至少会对律师推荐的项目进行考察。从企业角度来看，在融资方案的制订上，律师可根据企业项目的自身特点及融资渠道的要求，制订高规格的商业计划书。高质量的商业计划书对于私募的成功引入至关重要，投资人可借此对投资项目形成全面深刻的认识和理解。

而在私募股权投资方案设计上，双方会根据交易事项初步拟定投资条款清单或投资意向书，其中包括保密条款、估值调整、业绩承诺与业绩补偿、反稀释条款、优先认购权、保护性条款、一票否决、优先清算权、股权回购等专业条款，投资条款清单是日后正式进行协议签署的基石。不具备投资银行及私募投融资业务实践的企业家，需要借助外部顾问的力量辅助理解相关权利义务、对自身的重要约束及未来风险。实践中，因仅关注企业的高估值而忽视优先股等条款约束，最终失去控制权或企业被清算的例子不胜枚举。对企业来说，一般应当在签署保密协议前后，即引入外部投资顾问及专业律师介入融资。

（二）关于尽职调查

尽职调查是投融双方“结姻”前的全面展示环节，投资人在这一环节将进行行业调查、财务尽职调查和法律尽职调查，委托律师事务所、会计师事务所等第三方机构完成。行业尽职调查将找同业竞争企业、上下游供应商、客户、行业专家等横向、纵向访谈、比较分析企业情况；财务尽职调查将要求企业提供详细的财务报表，用以核查财务数据的真实性；法律尽职调查将由律师对企业的历史沿革、资质证照、股权结构、股东情况、对外投资、劳动人事、涉税情况、资产状况、管理层情况、涉法涉诉等情况进行全面调查。

私募股权投资基金通过尽职调查能够获得如下信息：

1. 企业的价值。根据财务尽职调查的结果，对目标公司进行估价。

2. 企业的经营现状与发展潜力。

3. 未来任何影响企业经营现金流、营运资金、资本支出、资产处置等重大事项。例如，应收账款及其账龄结构、总债务与到期债务、对外担保、资产抵押、新增产能计划/需求、市场扩张计划/需求等。

4. 未来任何影响企业存续、经营、发展的重大事项，包括但不限于税务问题（如欠税漏税）、法律问题（如潜在的公诉、合同的有效性、产权归属）、政策问题（如外资准入限制）、环境问题、经营问题（如管理层的能力与愿景）、市场环境等。

（三）关于投资协议

企业应树立一个观念，即协议条款比估值更加重要。对于投资人而言，投资项目失败是再正常不过的，协议条款都是从失败中总结出来的，也是在公司走下坡路时最大限度地保护投资利益的重要武器。在协议中，优先清算权、估值调整条款、优先股、反稀释条款、回购条款等非常重要，投资人可以利用各种优先权利保障自身财产，但一旦投资人撤出，企业家可能会赔上全部家当以及创业的青春岁月。

本文在此重点介绍优先权、“对赌条款”的内容及相关法律规定：

1. 优先股

《优先股试点管理办法》首次明确“优先股”的定义，优先股是指依照《公司法》，在一般规定的普通种类股份之外，另行规定的其他种类股份，其股份持有人优先于普通股股东分配公司利润和剩余财产，但参与公司决策管理等权利受到限制。另外，我国《公司法》及相关规章中可以找到适用优先股的法律依据。以下条款内容反映了私募股权投资基金入股企业后的优先股特质：《公司法》规定优先认缴增资企业增资扩股时，私募股权投资基金有优先认购增资份额的权利。《公司法》第三十四条规定：“股东按照实缴的出资比例分取红利；公司新增资本时，股东有权优先按照实缴的出资比例认缴出资。但是，全体股东约定不按照出资比例分取红利或者不按照出资比例优先认缴出资的除外。”《公司法》规定优先分红权在私募股权投资基金投资期间，公司或原股东保障给予其每年约定不低于一定比例的投资回报。在私募股权投资基金未得到足额分红前，不得向其他股东分红。第一百六十六条第四款规定：“……股份有限公司按照股东持有的股份比例分配，但股份有限公司章程规定不按持股比例分配的除外。"表决否决权一票否决，私募股权投资基金及其委派的董事对公司重大事项有一票否决的权利。第四十二条规定："股东会会议由股东按照出资比例行使表决权；但是，公司章程另有规定的除外。"第四十三条规定："股东会的议事方式和表决程序，除本法有规定的外，由公司章程规定。"第四十八条第一款规定："董事会的议事方式和表决程序，除本法有规定的外，由公司章程规定"。优先清算权私募股权投资基金优先于其他股东从清算财产中取得一定比例的财产，从而保证其投资的收回。上述优先清算权的内容与《公司法》第一百八十六条相悖，因此实践中一般约定为由创始人股东就其取得的清算财产来补偿投资人股东按照清算优先权本应该获得的清算财产。《公司法》第一百八十六条第一款、第二款规定："清算组在清理公司财产、编制资产负债表和财产清单后，应当制定清算方案，并报股东会、股东大会或者人民法院确认。公司财产在分别支付清算费用、职工的工资、社会保险费用和法定补偿金、缴纳所欠税款、清偿公司债务后的剩余财产，有限责任公司按照股东的出资比例分配，股份有限公司按照股东持有的股份比例分配。"优先购买权原股东转让股权时，私募股权投资基金有优先购买的权利。第七十一条第三款规定："经股东同意转让的股权，在同等条件下，其他股东有优先购买权……"反稀释条款投资者持有的企业股权的比例在未来某一特定的时期前不被减少。在这个时期之前，为了确保前期投资者的利益，企业扩股行为按照双方协商的价格出让给前期投资者股份，若是企业将股份以较低的价格出让给之后的投资者，那么为保证前期投资者的份额不会下降，前期的投资者将会获得免费的股份。第七十一条第一款规定："有限责任公司的股东之间可以相互转让其全部或者部分股权。"

2. 估值调整条款

所谓估值调整条款（Valuation Adjustment Mechanism），也称"对赌条款"，从本质上讲属于一种期权的形式，是指投资方和融资方的管理层在达成投资协议时，对企业未来不确定的业绩进行的一种约定。如果经营业绩达到约定的业绩目标，那么双方依据高估值计算投资款或持有股权；反之，如果没有完成投资协议约定的业绩目标，那么融资方管理层须向投资方支付一定数量的股份或相应款项，以弥补投资方收益的不足。在对赌协议中，投资方与融资方"赌"的是融资公司的经营业绩，而双方手中所持有的股份则成为其赌注。由于该结果具有不可确定性，与赌博有某种相似的地方，故而被形象地称为"对赌"。从订立"对赌协议"的主体来看，有与目标公司的股东或者实际控制人"对赌"和/或与目标公司"对赌"等形式。《全国法院民商事审判工作会议纪要》（以下简称《九民会议纪要》）阐释的裁判规则为，对于投资方与目标公司的股东或者实际控制人订立的"对赌协议"，如无其他无效事由，认定有效并支持实际履行。如在（2019）湘 0112 民初 247 号湖南湘江翔鱼私募股权基金管理企业与燕翔股权转让纠纷一案中，基金对目标公司进行增资，并与目标公司的法定代表人暨股东（以下简称原股东）约定：若目标公司未能在约定期限内提交上市申请材料并得到受理的，原股东同意回购基金持有的目标公司全部股权。目标公司未能依约定提交上市申请，原股东也未依约定向基金支付全部股权回购款，故基金诉至法院请求原股东支付股权回购价款和违约金。法院认为，基金与原股东签订的《股份回购协议》是在充分协商的基础上达成的，能够反映双方真实意思表示，且约定的内容不违反法律、行政法规的强制性规定，合法有效，双方均应当严格依约履行。《股份回购协议》达成后，原股东没有依约支付股权回购款，经基金催要后仍未履行，其行为已构成违约，应承担继续履行、赔偿损失等违约责任。但投资方与目标公司订立的“对赌协议”是否有效以及能否实际履行，存在争议。在不存在法定无效事由的情况下，目标公司仅以存在股权回购或者金钱补偿约定为由，主张“对赌协议”无效的，人民法院不予支持，但投资方主张实际履行的，人民法院应当审查是否符合公司法关于“股东不得抽逃出资”及股份回购的强制性规定，判决是否支持其诉讼请求。投资方请求目标公司回购股权的，人民法院应当依据《公司法》第三十五条关于“股东不得抽逃出资”或者第一百四十二条关于股份回购的强制性规定进行审查。经审查，目标公司未完成减资程序的，人民法院应当驳回其诉讼请求。据此，投资方只有先推动目标公司减资，然后才能由目标公司回购股份。然而根据《公司法》第四十三条的规定，有限责任公司的股东会会议作出减少注册资本的决议，必须经代表三分之二以上表决权的股东通过；《公司法》第一百零三条规定，股份有限公司的股东大会作出减少注册资本的决议，必须经出席会议的股东所持表决权的三分之二以上通过。若投资方持有目标公司三分之一以下的股权（或股份），成功推动目标公司作出减资决议的可能性较小，因而，投资方推动目标公司减资再起诉要求目标公司履行回购义务的可能性也将非常小。在该等情况下，投资方与其推动减资，不如与目标公司或其股东积极协商，以和解而非诉讼方式实现退出。投资方请求目标公司承担金钱补偿义务的，人民法院应当依据《公司法》第三十五条关于“股东不得抽逃出资”和第一百六十六条关于利润分配的强制性规定进行审查。经审查，目标公司没有利润或者虽有利润但不足以补偿投资方的，人民法院应当驳回或者部分支持其诉讼请求。今后目标公司有利润时，投资方还可以依据该事实另行提起诉讼。但在实践中，有可能因目标公司不提供财务报表等信息，使得投资方无法获知目标公司的利润情况，还需投资方以提起股东知情权之诉等方式另行对目标公司的利润情况进行了解。私募股权融资企业在约定对赌协议时应注意以下问题：

（1）对赌条款的约定不能违反我国法律、法规的强制性规定，特别要注意避免用目标公司对赌。根据最高人民法院在海富投资案再审判决中的意见及所表达的立场，投资人在约定对赌条款时，不能违反法律、行政法规的强制性规定。假如约定公司在不符合一定指标的情况下，直接向股东支付补偿，则违反《公司法》有关公司应依法分配利润的规定，那么该项约定将被法院认定无效。

（2）在协议中明确估值调整的整体安排，注重体现对赌协议的公平性与合理性。根据最高人民法院再审判决所体现的审判原则和精神，估值调整机制整体安排的公平性、合理性也是法院在认定协议效力时的重要考量因素。因此，应将投资定价的依据在投资协议中进行明确约定，包括私募股权投资基金投资时所根据的目标公司的经营状况、财务数据、行业前景等因素和目标公司及其股东对业绩的承诺等，同时需要列明投资价款确定的方式或计算公式，使得法院综合考虑并认可估值调整条款的公平性及合理性，防止将对赌协议认定无效。

（四）关于名股实债

"名股实债"，严格来说目前法律并无明文规定，更多的是一个诞生于法律实务操作之中的概念，也即我们通常所说的"名为股权，实为债权"。

不过在资产管理领域，中国证券投资基金业协会在《证券期货经营机构私募资产管理计划备案管理规范第 4 号》中对"名股实债"给予界定：名股实债是指投资回报不与被投资企业的经营业绩挂钩，不是根据企业的投资收益或亏损进行分配，而是向投资者提供保本保收益承诺，根据约定定期向投资者支付固定收益，并在满足特定条件后由被投资企业赎回股权或者偿还本息的投资方式，常见形式包括回购、第三方收购、对赌、定期分红等。实践中，司法机关对于"名股实债"问题的认定，主要形成了如下裁判观点。

1. 认定案件所涉合同性质是否属于"名股实债"，需要从投入资金方是否共同承担公司经营风险与公司盈亏、双方是否仅明确约定固定收益等角度来综合判断；若仅约定享受固定收益而不承担相应投资风险的，所涉合同性质将会被认定为"名股实债"。比如，在（2018）最高法民再 154 号金天地公司诉恒丰公司项目转让合同纠纷一案中，投资金方恒丰公司与股权投资标的公司金天地公司约定，将 1500 万元欠款投资入股，还约定恒丰公司只享受固定投资回报收益，不负责项目盈亏，这种资金入股的收益模式显然不符合股权投资的性质，而属于借款的性质，故最高人民法院将 1500 万元认定为"名为投资，实为借贷"。

2. 认定案件所涉合同是否属于"名股实债"，需要通过考察合同中是否明确约定固定股息或利息、是否明确约定在合同到期后需按股本原值外加固定股息或利息进行回购等来判断。如在（2017）沪 01 民终 14849 号天种公司诉刘某升民间借贷纠纷一案中，上海市第一中级人民法院认为，系争合同明确约定了刘某升有权获得天种公司所支付的固定利息，也包含张某柱承诺原价回购全部股份的约定，法院认定系争合同名为股份转让协议，但实际上系张某柱通过短期让与天种公司流通股份的形式取得了刘某升出借的融资款，而张某柱最终向刘某升支付的股份回购款性质为张某柱归还的融资款。

综合前述中国证券投资基金业协会的界定以及司法裁判观点，可能被认定为名股实债的情形包括：

（1）投入资金方所获得的收益与股权投资标的公司的经营业绩无关，对投入资金方承诺保本保收益并定期分配。

（2）股权投资退出采约定范围内溢价回购形式。

（3）存在其他如不动产抵押、权利质押、第三方保证等担保或差额补足、流动性支持等增信安排。

名股实债作为新兴且运用广泛的交易模式，通常包括投资取得股权和被投资企业赎回股权两个核心交易环节。对于各类不同的交易模式，在当前司法裁判中主流观点是认定合同为双方当事人真实意思达成的合意，并根据《合同法》意思自治原则予以充分的司法尊重；同时，由于该类交易存在一定的外部性，对案外人尤其公司债权人利益产生了重要影响，部分司法裁决对此因素也进行了充分考量，以作出符合各方利益的公正裁判结果。

第八节　民间借贷融资

民间借贷由来已久，在我国几千年的历史里一直都存在民间借贷，时至今日，民间借贷成了相对国家正规金融行业而自发形成的一种民间资金融通形式。针对民间借贷，1991 年，最高人民法院颁布了《关于人民法院审理借贷案件的若干意见》（此意见已失效），但当时仅将自然人之间、自然人与企业之间的融资行为列为民间借贷。“时移则法易”，1991 年以后，我国经济社会发生了翻天覆地的变化，民间借贷不再仅限于生活性借贷，生产经营性借贷大量出现。随着经济社会的发展，企业也成了民间借贷的重要主体。同时，伴随着信息技术的发展，以互联网为媒介进行民间借贷的 P2P 网络借贷应运而生。P2P 网络借贷使得民间借贷的效率和影响大幅提高，但随之而来的网络借贷乱象对 P2P 网络借贷行业造成巨大冲击。民间借贷的现实需求和新兴的 P2P 网络借贷呼唤着司法政策的细化和监管政策的到位。

2015 年 8 月 6 日，最高人民法院公布了《关于审理民间借贷案件适用法律若干问题的规定》（法释〔2015〕18 号）（以下简称《民间借贷司法解释》），并于 2015 年 9 月 1 日正式施行。此后，最高人民法院于 2020 年 8 月 19 日对《民间借贷司法解释》进行了修改，并于 2020 年 8 月 20 日生效。司法解释从民间借贷的界定、合同的效力、合同无效的情形、利率与本息等方面对民间借贷相关问题等作出规定。

司法解释的出台标志着民间借贷合同的效力得到了司法的正式认可，让民间借贷尤其是偶发性的企业间拆借向“阳光化”迈出了一大步。同时，司法解释也对 P2P 网络借贷中平台相关民事责任进行了明确。

一、民间借贷的范畴

《民间借贷司法解释》第一条第一款开宗明义地规定，民间借贷是指“指自然人、法人和非法人组织之间进行资金融通的行为。”这一规定对民间借贷行为及主体范围予以明确。我国资金融通所形成的借贷市场主要由金融机构借贷和民间借贷组成，民间借贷的主体限于自然人、法人和其他组织，有别于金融监管部门批准设立的从事贷款业务的金融机构及其分支机构发放贷款等相关金融业务。

二、民间借贷民刑交叉问题的处理

民间借贷纠纷中牵扯非法集资类犯罪的情况在全国各地非常普遍，妥善处理民间借贷中的民刑交叉问题成为解决民间借贷纠纷中的一个重要的问题，《民间借贷司法解释》第五条至第八条对民间借贷民刑交叉问题作出规定。

2014 年 3 月，“两高”会同公安部颁布了《关于办理非法集资刑事案件适用法律若干问题的意见》（公通字〔2014〕16 号）。意见中对非法集资刑事案件涉及民事纠纷的处理方式作出规定，包括对于正在侦查、起诉、审理的非法集资刑事案件，当事人就同一事实提起民事诉讼或申请执行涉案财物的，人民法院应当不予受理，并将有关材料移送公安机关或检察机关；如果人民法院在审理民事案件中发现存在非法集资的犯罪，应当将案件移送公安机关或者检察机关。

《民间借贷司法解释》对民间借贷与非法集资民刑交叉的情况重申了上述处理方式，即只要是涉及非法集资的刑事案件，对相关民事案件法院不再审理，未立案的应当不予受理，已立案的应当驳回起诉，并将案件移送公安或者检察机关。

人民法院在审理民间借贷案件中，如果涉及与民间借贷纠纷有关联但不是同一事实的非法集资犯罪线索、材料的，应如何处理？比如，A 公司公开募集资金涉嫌非法集资，A 公司将吸收的资金借贷给了 B 公司，A、B 之间可能构成民间借贷纠纷案件。《民间借贷司法解释》第六条规定，涉及非法集资有关的材料，应当移送至公安机关或者移送至检察机关，对于民间借贷部分应继续审理。

民间借贷案件的基本案件事实需要以刑事案件审理结果为依据，也就是刑事案件查清以后才能查明民间借贷案件基本事实。《民间借贷司法解释》第七条规定，人民法院应当裁定中止这类案件的诉讼。因为犯罪事实的认定对民间借贷关系中的基本情况有重大影响，可能会涉及民间借贷法律关系中的主体适格、事实认定、权责划分等问题。刑事部分未审结无法查明民事部分案件情况，需要依照先刑后民的原则，待刑事部分审结后，民事部分方可继续审理。

针对担保关系，根据《民间借贷司法解释》第八条的规定，借款人涉嫌犯罪或者生效判决认定有罪，不意味着担保合同无效、担保人的担保责任消灭。如果出借人要求担保人承担担保责任的，对这类案件，人民法院应当予以受理。

三、民间借贷合同的成立与生效

（一）自然人之间借贷合同的生效

《民法典》第六百七十九条规定，自然人之间的借款合同，自贷款人提供借款时成立。自然人之间的借款合同系实践性合同，贷款人向借款人提供借款时，借款合同生效，这一点区别于自然人与企业间、企业之间的借贷合同生效条件。支付形式的不同，使自然人之间借款合同有不同的生效时点：1. 现金支付：借款人收到借款时；2. 以银行转账、网上汇款、网络贷款平台支付：资金到达借款人账户时；3. 票据交付：借款人依法取得票据权利时；4. 出借人将特定资金账户支配权授权给借款人：借款人取得账户实际支配权时；5. 其他方式支付：提供借款并实际履行完成时。

（二）非自然人之间借贷合同生效

除自然人之间的借贷合同外，其他民间借贷合同为诺成性合同，合同自成立时生效，但当事人之间另有约定或法律、行政法规另有规定的，合同生效时间依照当事人之间的约定或法律法规的规定判断。

四、民间借贷合同的效力

（一）企业之间借贷合同的效力

我国对企业间借贷合同效力的态度，经历了一个从一律无效到逐步认可，再到目前有条件正式认可的转变过程，这与我们国家的经济体制改革、经济发展是相适应的。

1. “无效合同”阶段

改革开放初期，企业与企业之间的借贷被认定为无效，因为当时基于1996年央行发布的《贷款通则》（中国人民银行令〔1996年2号〕），加之最高人民法院颁布的司法解释，企业与企业之间的借贷被认为破坏金融秩序，因此在当时的环境下，企业之间的借贷合同被认定是无效的。

1990年11月，最高人民法院发布的《关于审理联营合同纠纷案件若干问题的解答》［法（经）发〔1990〕27号］第四条第二款规定，企业法人、事业法人间“明为联营，实为借贷”的合同，违反了有关金融法规，应当确认合同无效；1991年，最高人民法院颁布的《关于人民法院审理借贷案件的若干意见》（法民发〔1991〕21号）（此意见已失效）将民间借贷限于公民之间或公民与法人、其他组织之间的借贷；1996 年，《最高人民法院关于对企业借贷合同借款方逾期不归还借款的应如何处理的批复》（法复〔1996〕15 号）（此意见已被修订）规定，企业借贷合同违反有关金融法规，属无效合同。该批复被《最高人民法院关于调整司法解释等文件中引用〈中华人民共和国民事诉讼法〉条文序号的决定》（法释〔2008〕18 号）调整，且（法释〔2008〕18 号）再次重申，企业借贷合同违反有关金融法规，属无效合同。

2. 逐步认可阶段

由于经济社会的进步和经济体制改革的继续深化，企业对融资多元化的需求日趋增强，特别是中小微企业在生产经营过程中面临的周转资金短缺、融资渠道不畅等发展“瓶颈”，民间借贷资金变成一些企业重要的融资方式。企业间借贷合同虽存在被认定无效的法律风险，但企业间拆借依存于现实需求反而愈演愈烈。

从法律层面看，1999 年 10 月，《合同法》正式施行，要认定合同无效只能依据国家的法律和行政法规。时至今日，现有的国家法律和行政法规并没有明确规定企业与企业之间的借贷是无效的。《贷款通则》也未正式规定企业拆借的无效性，更重要的是，其属部门规章性质，法律效力达不到认定合同无效的等级。2007 年，《物权法》施行后，根据《贷款通则》的规定认定企业拆借无效更显不当，因为财产权利人有权依法自由处分自己的财产，货币资金属于企业的财产，其有权自由处分。因《贷款通则》的规定而无权处分自有财产而进行借贷互动，显然与物权规则相悖。

基于法律的颁行及现实的变迁，最高人民法院的司法政策也进行了调整，随着近年来各地人民法院陆续审结了一批企业与企业之间借贷合同为有效合同的案件，如浙江省高级人民法院（2011）浙商终字第 20 号，企业拆借合同效力逐步得到认可。时至 2013 年 9 月，最高人民法院在全国法院民商事审判工作座谈会上表态，在商事案件中，关于企业间借贷，应当区别认定不同借贷行为的性质与效力。对虽然不具备从事金融业务资格，但事实上经营放贷业务、将放贷收益当作企业主要利润来源的，应当认定借款合同无效。对不具有从事金融业务资质的企业之间，仅为企业经营所需而进行的临时性资金拆借行为，若提供资金的一方并不以资金融通为常业，不应列为违反国家金融管制的强制性规定的情形，不应将借款合同认定无效。

3. 有条件的正式认可

尽管在 2013 年全国法院民商事审判工作座谈会上，最高人民法院表明了为生产经营需要进行临时性资金拆借，如提供资金方并非以资金融通为常业不应当认定合同无效的司法态度，但这仅作为司法裁判的论理依据，而非成文规范。2015 年 8 月，《民间借贷司法解释》的出台正式确认了企业间借贷合同的效力，延续上述政策精神的同时，以成文规范的形式有条件地认可了企业间偶发性拆借的合同效力。

《民间借贷司法解释》第十一条规定："法人之间、非法人组织之间以及它们相互之间为生产、经营需要订立的民间借贷合同，除存在《中华人民共和国合同法》第五十二条以及本规定第十四条规定的情形外，当事人主张民间借贷合同有效的，人民法院应予支持。"企业为了经营生产需要而相互拆借资金，司法实践中予以保护。但认可企业间的融资并不等于对企业间拆借的全面认可，而是一种有条件的认可。"有条件的认可"意味着，企业间借贷合同有效必须满足两方面要件：1. 正面的积极条件——"为生产、经营需要订立"合同；2. 反面的消极条件——不存在"《合同法》第五十二条（《合同法》废止后，相关规定参见《民法典》总则第六章及合同编第三章、第十二章）、本规定第十四条规定的情形"。

企业间借贷主要是为了解决临时性的资金困难或生产急需而偶然为之，并不以此作为常态。如果生产经营型企业，以经常放贷、融资为主要业务并获取主要营业收入，那么该企业就质变为未经金融监管部门批准从事专门放贷业务的金融机构。这类企业从事经常性放贷业务，必将严重扰乱金融市场秩序，造成金融监管紊乱。因此，营业性的放贷行为，仍会因其行为的违法性而被认定无效。

（二）企业内部集资的效力

《民间借贷司法解释》第十二条规定，法人或者非法人组织在本单位内部通过借款形式向职工筹集资金，用于本单位生产、经营，且不存在《合同法》第五十二条（《合同法》废止后，相关规定参见《民法典》总则第六章及合同编第三章、第十二章）以及本规定第十四条规定的情形，当事人主张民间借贷合同有效的，人民法院应予支持。

（三）犯罪行为与民间借贷合同、担保合同效力的关系

民间借贷纠纷与犯罪行为存在交叉，尤其是实践中大量民间借贷纠纷涉及非法集资问题。针对犯罪行为对借贷合同、担保合同效力的影响，根据司法解释的规定，借贷行为涉嫌或构成犯罪并不必然导致借贷合同的无效。

对借贷合同的效力而言，借贷行为涉嫌犯罪或者被生效判决认定为犯罪的，民间借贷合同并不当然无效。借贷合同的效力问题应根据民事法律规范中的合同无效、可撤销或效力待定的相关规范进行判断，其中，借贷合同是否有效应根据《合同法》第五十二条（《合同法》废止后，相关规定参见《民法典》总则第六章及合同编第三章、第十二章）和《民间借贷司法解释》第十四条规定的情形进行判断。

同样，根据《民间借贷司法解释》第十三条第二款规定，担保人以借款人或者出借人的借贷行为涉嫌犯罪或者已经生效的判决认定构成犯罪为由，主张不承担民

事责任的，人民法院应当依据民间借贷合同与担保合同的效力、当事人的过错程度，依法确定担保人的民事责任。这意味着，判断担保合同的效力以及担保人的民事责任，仍应当遵照民事法律规范中的相关规则进行判断，而非仅因借贷行为涉嫌或构成犯罪而直接导致担保合同无效或是担保人的担保责任归于消灭。

（四）借贷合同无效的情形

《民间借贷司法解释》第十四条规定了民间借贷合同无效的六种情形：

1. 套取金融机构贷款转贷的；

2. 以向其他营利法人借贷、向本单位职工集资，或者以向公众非法吸收存款等方式取得的资金转贷的；

3. 未依法取得放贷资格的出借人，以营利为目的向社会不特定对象提供借款的；

4. 出借人事先知道或者应当知道借款人借款用于违法犯罪活动仍然提供借款的；

5. 违反法律、行政法规强制性规定的；

6. 违背公序良俗的。

除《民间借贷司法解释》明确规定的六种情形外，判断民间借贷合同效力问题仍应依据《民法典》总则和合同编第三章、第十二章的内容，考虑有无效力待定、可撤销或可变更、合同无效的事由进行认定。

五、民间借贷事实的审查及举证责任

民间借贷案件审理中，借贷事实是否真实发生是民间借贷案件审理的重点和难点，事实认定难也是较为常见的问题。

现实中，原告提起诉讼通常只能提供借据等债权凭证或者金融机构的转账凭证作为证据，由此主张借贷关系已经建立。若是被告抗辩借款已经得到清偿或者被告抗辩转账行为系偿还双方之前的债务或者其他债务，在此情形中，不能仅依据借据、收据、欠条等，简单地认定借贷关系已经成立以及已经发生的借贷关系的内容，应根据举证责任分配原则确定具体由哪一方承担举证责任，如果举证不能，则须承担举证不利的后果。

在此种情况下，被告应当对其抗辩的主张或反诉的请求提出相应的证据加以证明。如果被告无法提出相应证据证明其主张成立的，则一般认定借贷关系已经发生；若是被告提供了证据证明其主张的，则应当由原告就借贷关系的成立承担举证证明责任。

在民间借贷案件审理中，借款人抗辩借贷行为尚未实际发生并能作出合理说明的，或是对于出借人仅提供借据的大额现金支付，借款人提出合理怀疑之抗辩的

[参见最高人民法院（2013）民提字第151号判决书]，除就债权凭证进行审查外，人民法院应结合借款金额、款项交付、当事人的经济能力、当地或者当事人之间的交易方式、交易习惯、当事人财产变动情况以及证人证言等事实和因素，综合判断查证借贷事实是否发生。

对于自然人之间的借贷合同，因属于实践性合同，原告是否实际交付借款决定了借贷合同是否生效。借贷纠纷中，原告作为债权人承担着证明双方借款关系发生的举证责任。如果借款事实无法查明，原告将承担举证不能的诉讼后果。对于原告而言，为证明借贷关系的存在，出借人不仅要提供借贷合同，也要提供自身已经履行出借资金交付义务的证据。

六、民间借贷的利率

民间借贷案件中，大量纠纷起因于利息，而对利率的规制也是规范民间借贷的核心问题。随着司法解释的出台，有关民间借贷利率方面的规则也将随之发生新的变化。

（一）未约定、约定不明的利息

1. 未约定利息的处理方式

《民间借贷司法解释》第二十五条第一款规定，借贷双方没有约定利息，出借人主张支付借款期间内利息的，法院不予支持。这意味着，自然人、企业、其他组织之间以及相互之间未约定借款利息的，正常借款期间，出借人无权要求利息。

2. 对利息约定不明的处理方式

在利息约定不明的情况下，《民间借贷司法解释》对自然人之间和自然人之外的借贷作出不同的处理：

自然人之间借贷对利息约定不明，出借人主张支付利息的，法院一般不予支持。处理方式参照了《合同法》第二百一十一条第一款的规定："自然人之间的借款合同对支付利息没有约定或者约定不明确的，视为不支付利息。"（《合同法》废止后，对应条款为《民法典》第六百八十条第二款规定，借款合同对支付利息没有约定的，视为没有利息。）

除自然人之间的借贷外，借贷双方对借贷利息约定不明，出借人主张利息的，人民法院应当结合民间借贷合同的内容，并根据当地或者当事人的交易方式、交易习惯、市场报价利率等因素确定利息。

（二）借款期间的利息

根据2020年8月20日修改后生效的《民间借贷司法解释》第三十条规定，出借人与借款人既约定了逾期利率，又约定了违约金或者其他费用，出借人可以选择主张逾期利息、违约金或者其他费用，也可以一并主张，但是总计超过合同成立时一年期贷款市场报价利率四倍的部分，人民法院不予支持。

（三）逾期借款利息

对逾期利率，可由当事人自行约定，具体的处理规则如下：

1. 借贷双方对逾期利率存在约定的，按照其约定处理，但是利率不得超过合同成立时一年期贷款市场报价利率四倍。

2. 未约定借期内利率，也未约定逾期利率，出借人主张借款人自逾期还款之日起承担逾期还款违约责任的，人民法院应予支持。

3. 约定了借期内的利率，但未约定逾期利率，出借人主张借款人自逾期还款之日起按照借期内的利率支付资金占用期间利息的，人民法院对这一请求应当予以支持。

4. 出借人与借款人既约定了逾期利率，又约定了违约金或者其他费用，出借人可以选择主张逾期利息、违约金或者其他费用，也可以一并主张，但总计超过合同成立时一年期贷款市场报价利率四倍的部分，人民法院不予支持。

七、P2P 网络借贷

（一）P2P 网络借贷的定义

根据我国网络借贷相关法律法规规定，P2P 网络借贷是指个体之间通过互联网平台实现的直接借贷。由此可知，P2P 网络借贷项下法律关系均系通过互联网平台贷款而形成的，其中所涉及的直接借贷关系并未超出民间借贷范畴。

（二）P2P 网络借贷业务项下相关法律关系分析

由上述关于 P2P 网络借贷定义可知，该等业务项下，参与主体包括出借人、借款人、网贷平台及其他相关参与主体（如有），因此，并不能将网贷业务单纯看作通过互联网方式形成的民间借贷关系，而是相关参与主体于本业务项下形成的法律关系集合。从网络借贷交易项下交易主体角度，涉及网贷平台与出借人、借款人之间分别形成的服务合同关系，出借人与借款人之前形成的借贷关系，及前述借贷关系相关的担保法律关系，资金存管机构与网贷平台之间形成的存管服务关系、委托清算服务关系等。上述法律关系集合体中，核心在于网贷平台与出借人、借款人分别形成的服务关系。根据《关于促进互联网金融健康发展的指导意见》（银发〔2015〕221 号，以下简称《指导意见》）规定“个体网络借贷要坚持平台功能，为投资方和融资方提供信息交互、撮合、资信评估等中介服务。个体网络借贷机构要明确信息中介性质，主要为借贷双方的直接借贷提供信息服务，不得提供增信服务，不得非法集资”。网贷平台作为信息中介，通过信息交互、撮合等方式促成交易，其角色定位更类似于居间人，因此，网贷平台与出借人、借款人分别形成的服务法律关系应为P2P网贷法律关系之核心。因此，我国关于P2P网络借贷监管政策的发展也是以规范网贷平台为出发点，外延至其他参与主体行为规范。

（三）P2P网络借贷的监管

2015年7月18日，中国人民银行等十部委发布《指导意见》，首次将网贷平台定位为信息中介机构，并明确支持互联网企业依法合规设立网络借贷平台，鼓励合规发展。

2016年8月24日，原银监会等四部委联合发布《网络借贷信息中介机构业务活动管理暂行办法》（中国银行业监督管理委员会、工业和信息化部、公安部、国家互联网信息办公室令2016年第1号，以下简称《暂行办法》），明确银监会及其派出机构负责对网贷机构实施行为监管，地方金融监管部门负责对本辖区网贷机构实施机构监管。《暂行办法》作为网络借贷行业经营和监管的基本制度安排，明确了网贷监管体制机制及各相关主体责任、网贷业务规则和风险管理要求、借款人和出借人的义务、信息披露及资金第三方存管等内容，全面系统地规范了网贷机构及其业务行为，为行业的发展明确了方向。

2016年10月28日，原银监会等三部门发布《网络借贷信息中介机构备案登记管理指引》（银监办发〔2016〕160号），就网络借贷信息中介机构登记备案、事中事后监管、基本统计信息进行了规定。

2017年2月22日，银监会发布《网络借贷资金存管业务指引》（银监办发〔2017〕21号），要求P2P网络借贷将网络借贷资金与网络借贷信息中介机构自有资金分账管理，防范网络借贷资金挪用风险。

2017年8月25日，原银监会发布《网络借贷信息中介机构业务活动信息披露指引》（银监办发〔2017〕113号），明确了网络借贷信息中介业务活动中应当披露的具体事项、披露时间、披露频次及披露对象等。

《暂行办法》《网络借贷信息中介机构备案登记管理指引》《网络借贷资金存管业务指引》《网络借贷信息中介机构业务活动信息披露指引》共同构成了网贷行业“1+3”（“一个办法三个指引”）制度框架设计，初步形成了较为完善的行业监管制度体系。

2017年5月27日，由原银监会、教育部、人力资源和社会保障部下发了《关于进一步加强校园网贷规范管理工作的通知》（银监发〔2017〕26号）。

2017年12月1日，由互联网金融风险专项整治工作领导小组办公室、P2P网贷风险专项整治工作领导小组办公室下发的《关于规范整顿“现金贷”业务的通知》（整治办函〔2017〕141号）。

2018年8月13日，在“一个办法三个指引”的基础上，P2P网络借贷风险专项整治工作领导小组办公室（以下简称互金整治办）下发《关于开展P2P网络借贷机构合规检查工作的通知》（网贷整治办函〔2018〕63号）及附件《网络借贷信息中介机构合规检查问题清单》，列出合规检查的108条问题清单，各地方金融监管部门的P2P网络借贷机构的整改验收备案工作陆续启动。

2018年12月19日，P2P网贷风险专项整治工作领导小组办公室联合发布了《关于做好网贷机构分类处置和风险防范工作的意见》（整治办函〔2018〕175号）将坚持以机构退出为主要工作方向，加大整治工作的力度和速度，除部分严格合规的在营机构外，着力对其余机构进行清退。

（四）P2P网贷合规要点

当前，监管部门对P2P网贷业务合规要求越来越高，根据P2P网络借贷监管要求，以下具体分析业务经营中应注意的合规要点及相关风险：

1. 合规要点

（1）平台定位。无论《指导意见》还是《暂行办法》，均将P2P网络借贷平台定位为信息中介，为借款人与出借人提供信息收集、信息公布、资信评估、信息交互、借贷撮合等服务，禁止平台从事信用中介服务，参与资金借贷行为本身。

（2）风险评估。P2P网贷平台应当对出借人进行风险评估，并进行分级管理。平台需要对出借人的年龄、财务状况、投资经验、风险偏好、风险承受能力等进行尽职评估，不得向未进行风险评估的出借人提供交易服务，并根据风险评估结果对出借人实行分级管理，设置可动态调整的出借限额和出借标的限制。

（3）信息披露。平台应当在其官方网站上向出借人充分披露借款人基本信息、融资项目基本信息、风险评估及可能产生的风险结果、已撮合未到期融资项目资金运用情况等有关信息。

（4）小额分散。网络借贷金额应当以小额为主，同一自然人在同一网络借贷信息中介机构平台的借款余额上限不超过人民币20万元；同一法人或其他组织在同一网络借贷信息中介机构平台的借款余额上限不超过人民币100万元；同一自然人在不同网络借贷信息中介机构平台借款总余额不超过人民币100万元；同一法人或其他组织在不同网络借贷信息中介机构平台借款总余额不超过人民币500万元。

（5）不得设立资金池。P2P网络借贷属于点对点的资金流动，不需要中间账户进行资金沉淀。若平台归集资金，设立资金池，则可能涉嫌非法集资。

（6）不得自融。平台作为信息中介，为借贷双方提供撮合服务，若平台为自身融资需求而吸收出借人资金，则存在非法集资的嫌疑。

（7）不得担保。平台不得直接或变相为出借人提供担保或承诺保本付息。

（8）不得刚兑。作为信息中介的P2P网贷平台，不参与借贷关系本身，平台刚性兑付实际上是为出借人保本保息。监管政策禁止平台刚性兑付的出发点实际是要求平台不得自担保，有效隔离平台的风险。

（9）不得发售理财产品。平台不得自行发售理财等金融产品募集资金，代销银行理财、券商资管、基金、保险或信托产品等金融产品，发售理财产品募集资金偏离了网贷机构信息中介的定位，且可能形成资金池。

（10）不得高息利诱。平台不得以高额利诱等方式吸引出借人或投资者加入。

（11）资金存管。网络借贷资金存管，是指由商业银行作为存管人，履行网络借贷资金存管专用账户的开立与销户、资金保管、资金清算、账务核对、提供信息报告等职责的业务。资金存管的目的是将借贷资金与网络借贷信息中介机构自有资金分账管理，防范网络借贷资金挪用风险。存管人开展网络借贷资金存管业务，不对网络借贷交易行为提供保证或担保，不承担借贷违约责任。但是，并非所有商业银行均可以从事资金存管业务，根据《关于做好 P2P 网络借贷风险专项整治整改验收工作的通知》（网贷整治办函〔2017〕57 号），中国互联网金融协会开展网贷资金存管业务测评，网贷机构应当与通过测评的银行业金融机构开展资金存管业务合作。

2. 经营风险

（1）借款人违约风险。借款人通过 P2P 网贷平台申请融资主要原因在于信用评级不足、资金需求紧迫，因此无法通过金融机构获取融资。通过 P2P 网贷平台获取融资往往需要支付高于一般金融机构的融资利率，如借款人无法按期兑付，则会对网贷平台形成传导效应，致使平台违约。因此，平台在业务开展过程中应当严守信息中介定位，将中介服务独立于出借人与借款人之间的借贷法律关系，做好借贷违约风险与平台经营风险的隔离。

（2）虚假广告风险。P2P 网络借贷领域是虚假广告的重灾区，国务院办公厅发布的《互联网金融风险专项整治工作实施方案的通知》（国办发〔2016〕21 号）和原工商总局等十七部门印发的《开展互联网金融广告及以投资理财名义从事金融活动风险专项整治工作实施方案》（工商办字〔2016〕61 号）对互联网金融广告规范和治理提出要求，任何违反广告法相关规定，未尽风险提示义务、承诺收益、夸大或虚假宣传、误导消费者的广告行为，都可能面临市场监管部门的处罚。同时，若出借人因借贷平台虚假广告而遭受损失，平台可能存在承担损害赔偿责任的风险。因此，P2P 网贷机构对外宣传，应当坚持依法合规，保证广告内容的真实性，充分揭示投资风险。

（3）自担保风险。对于 P2P 网络借贷平台，指导意见和暂行办法均将其定位为信息中介，不得从事提供担保、承诺保本保息等增信服务。然而，出于保护债权人利益的考虑，对 P2P 网络借贷平台为借贷提供担保的行为，最高人民法院并未否定其效力。《民间借贷司法解释》第二十二条对于 P2P 平台的担保责任进行了如下规定："借贷双方通过网络贷款平台形成借贷关系，网络贷款平台的提供者仅提供媒介服务，当事人请求其承担担保责任的，人民法院不予支持。网络贷款平台的提供者通过网页、广告或者其他媒介明示或者有其他证据证明其为借贷提供担保，出借人请求网络贷款平台的提供者承担担保责任的，人民法院应予支持。"若P2P网络借贷平台为借贷提供担保，一方面将面临监管部门的处罚，另一方面还可能承担担保责任，造成双输的局面。因此，P2P网络借贷平台应避免对出借人与借款人之间的债权债务提供担保，并在与出借人签订的相关协议中明确平台不承担任何担保责任。

（4）利率超限风险。与传统民间借贷利息收取方式不同，P2P网络借贷在实际操作中，借款人除向出借人支付利息外，还需要向P2P网络借贷平台支付服务费、管理费、咨询费等费用，出借人承担的实际融资成本有可能超过24%，甚至超过36%。对P2P网络借贷平台收取的该部分费用，是否应当与利息合并计算，纳入"两线三区"的考察范围，司法层面和监管层面尚未明确，但平台开展业务时依然应当注意该风险，对服务费用与利息合并计算，将融资总成本控制在36%以内。

（5）非法集资风险。非法集资是P2P网络借贷中最严厉的红线，也是最主要的风险。近年来，P2P网络借贷引发的非法集资案件，往往涉案区域广、人数多、金额大，如E租宝案、钱宝网案等。对平台而言，采取资金池模式，先归集出借人资金再寻找借款需求，或将借款人需求以理财产品名义销售给出借人，可能涉嫌非法吸收公众存款；采取庞氏骗局，发布虚假借款需求，借新还旧，则可能涉嫌非法吸收公众存款，甚至涉嫌集资诈骗。对借款人而言，利用平台风控漏洞，以多个借款人名义在平台发布虚假借款需求，实际将资金归集于一处，也可能涉嫌非法吸收公众存款。从P2P网络借贷平台的角度，应当坚决杜绝归集资金的资金池业务，遵守资金存管要求，规范投资标的发布和资金使用流程，严格按照暂行办法规定操作；对于借款人而言，则应如实填报身份信息和资金使用需求，按照约定使用资金。

（五）网络借贷纠纷中的平台地位与责任

监管部门将P2P网络借贷平台定位为信息中介，但在行业发展初期，P2P网络借贷平台经营模式多种多样，平台的主体地位及责任也不同。

1. 网贷平台可能作为担保主体承担担保责任

《民间借贷司法解释》第二十二条规定："借贷双方通过网络贷款平台形成借贷关系，网络贷款平台的提供者仅提供媒介服务，当事人请求其承担担保责任的，人民法院不予支持。网络贷款平台的提供者通过网页、广告或者其他媒介明示或者有其他证据证明其为借贷提供担保，出借人请求网络贷款平台的提供者承担担保责任的，人民法院应予支持。"

在付某亚与亚菲帝诺公司保证合同纠纷案（2016苏01民终5080号）中，

亚非帝诺公司通过网络平台撮合借款人和出借人成立借款关系，并承诺对借款人向出借人的还款责任承担连带保证责任。借款人借款后未按约还本付息，出借人付某亚要求亚非蒂诺公司承担保证责任。法院认为，平台承诺对借款人还款义务承担连带保证责任，系其真实意思表示，且不违反法律的强制性规定，应为合法有效。

2. 网贷平台可能作为债权人取得诉讼地位

P2P 网络借贷平台作为信息中介，对于出借人与借款人之间因借贷关系发生的纠纷，通常并不参与其中。但是在特定情况下，P2P 网络借贷平台也可能介入借贷法律关系，并取得诉讼主体地位。在恒元公司与石某民间借贷纠纷案（2018 京 0105 民初 34871 号）中，出借人与网络借贷平台签订《投资咨询及管理服务协议》，约定如债务人出现逾期还款 90 天以上，或债务人在逾期后出现逃避、拒绝沟通或拒绝承认欠款事实等恶意行为的，出借人同意将债权无偿转让给网络借贷平台，由平台统一向债务人追索。法院认为，出借人可以将合同的权利全部或者部分转让给第三人。恒元公司依据《投资咨询及管理服务协议》《借款协议》及《债权转让通知》等文件取得对借款人的债权，恒元公司作为债权受让人，以提起诉讼的方式向被告主张偿还借款，不违反法律规定。因此，在出借人将债权让与网络借贷平台情况下，平台取得债权，具有诉讼主体地位。

但应注意，上述债权人地位的取得源自网贷平台与借款人之间合法债权转让行为，而非网贷平台与借款人之间在先形成债权债务关系。《暂行办法》第十条规定："网络借贷信息中介机构不得从事或者接受委托从事下列活动：……（七）自行发售理财等金融产品募集资金，代销银行理财、券商资管、基金、保险或信托产品等金融产品；（八）开展类资产证券化业务或实现以打包资产、证券化资产、信托资产、基金份额等形式的债权转让行为……。"因此，网贷平台于《暂行办法》实施前常用的债权转让经营方式，即网贷平台作为出借人与借款人形成在先债权债务关系，后将前述债权打包，或拆分或份额化转让给投资人的方式，于《暂行办法》实施后或将被认定为违反《暂行办法》规定且违反《证券法》等相关强制性法律规定，进而被认定无效。

因此，P2P 网络借贷平台在业务开展过程中应当严守信息中介的定位，避免介入出借人与借款人的借贷关系。同时，还应在借款人信息审核、风险评估方面审慎尽责，避免因审核疏漏造成出借人损失，承担损害赔偿责任。

八、非法放贷

2019 年 10 月 21 日，最高人民法院、最高人民检察院、公安部、司法部联合发布《关于办理非法放贷刑事案件若干问题的意见》（以下简称《意见》），依法惩治非法放贷犯罪活动，防范因非法放贷诱发涉黑涉恶以及其他违法犯罪活动。

《意见》第一条即规定，对于违反国家规定，未经监管部门批准，或者超越经营范围，以营利为目的，经常性地向社会不特定对象发放贷款，扰乱金融市场秩序，情节严重的，以非法经营罪定罪处罚。“经常性地向社会不特定对象发放贷款”，是指2年内向不特定多人（包括单位和个人）以借款或其他名义出借资金10次以上。

《意见》同时明确，以超过36%的实际年利率为基准，同时具有下列四种情形之一，属于“情节严重”：即个人非法放贷数额累计在200万元以上的，单位非法放贷数额累计在1000万元以上的；个人违法所得数额累计在80万元以上的，单位违法所得数额累计在400万元以上的；个人非法放贷对象累计在50人以上的，单位非法放贷对象累计在150人以上的；造成借款人或者其近亲属自杀、死亡或者精神失常等严重后果的。

如果出现以下四种情形之一的属于“情节特别严重”，即个人非法放贷数额累计在1000万元以上的，单位非法放贷数额累计在5000万元以上的；个人违法所得数额累计在400万元以上的，单位违法所得数额累计在2000万元以上的；个人非法放贷对象累计在250人以上的，单位非法放贷对象累计在750人以上的；造成多名借款人或者其近亲属自杀、死亡或者精神失常等特别严重后果的。

非法放贷数额、违法所得数额、非法放贷对象数量接近上述“情节严重”“情节特别严重”的数额、数量起点标准，并具有下列情形之一的，也认定为“情节严重”“情节特别严重”：2年内因实施非法放贷行为受过行政处罚2次以上的；以超过72%的实际年利率实施非法放贷行为10次以上的。

近年来，因非法放贷而引发的各类刑事案件呈现高发态势，引起了社会各界广泛关注。为牟取高额利息，非法放贷者往往会有组织地采用暴力、威胁等方式催收，形成非法放贷、讨债团伙，很容易蜕变为黑恶势力，正是由于获利快、收益高，非法放贷也成为一些黑恶势力敛财的重要手段。为此，《意见》特别明确地指出，有组织的非法放贷同时又有其他违法犯罪活动，符合黑社会性质组织或者恶势力、恶势力犯罪集团认定标准的，应当分别按照黑社会性质组织或者恶势力、恶势力犯罪集团侦查、起诉、审判。

对于此举是否会影响正常的民间借贷活动，加剧民营中小微企业融资难题，最高人民法院副院长、全国扫黑办副主任姜伟表示，打击非法高利放贷是为了保护合法的民间借贷关系，防止非法高利放贷行为冲击正常的民间借贷和企业融资行为。对于民营企业来说，高利借贷无异于饮鸩止渴，是民营企业的“绞索”而非“救星”。出台《意见》打击非法高利放贷有利于保护合法的民间借贷行为、有利于维护正常市场环境、有利于保障民营经济健康发展。

第九节 小额贷款公司融资与典当融资

一、小额贷款公司融资

（一）小额贷款公司概述

关于小额贷款公司的性质，原银监会与中国人民银行于2008年5月4日发布的《关于小额贷款公司试点的指导意见》（银监发〔2008〕23号）从以下三个方面进行了阐述：

首先，小额贷款公司是由自然人、企业法人与其他社会组织投资设立，不吸收公众存款，经营小额贷款业务的有限责任公司或股份有限公司。

其次，小额贷款公司是企业法人，有独立的法人财产，享有法人财产权，以全部财产对其债务承担民事责任。小额贷款公司股东依法享有资产收益、参与重大决策和选择管理者等权利，以其认缴的出资额或认购的股份为限对公司承担责任。

最后，小额贷款公司应执行国家金融方针和政策，在法律、法规规定的范围内开展业务，自主经营、自负盈亏、自我约束、自担风险，其合法的经营活动受法律保护，不受任何单位和个人的干涉。[①]

（二）法律规制现状

目前，我国的立法机构还没有针对小额贷款公司出台专门的法律，现阶段对于小额贷款公司来说，法律层面的规制主要可以分为两类：

一是一般性法律法规，具体可以包括现行《公司法》《民法典》物权编、合同编等法律法规以及相应的司法解释，这类法律法规具有普适性的特点，属于宏观层面的规制。

二是有关部门专门针对小额贷款公司发布的部门规章及其他规范性文件。目前针对小额贷款公司的部门规章包括《中国人民银行、中国银行业监督管理委员会关于村镇银行、贷款公司、农村资金互助社、小额贷款公司有关政策的通知》（银发〔2008〕137号）、《中国银行业监督管理委员会、中国人民银行关于小额贷款公司试点的指导意见》（银监发〔2008〕23号）、《财政部关于小额贷款公司执行〈金融企业财务规则〉的通知》（财金〔2008〕185号）、《中国银监会关于印发〈小额贷款公司改制设立村镇银行暂行规定〉的通知》（银监发〔2009〕48号）、《中国银监会办公厅关于做好小额贷款公司试点工作有关事项的通知》（银监办发〔2009〕282号）、《中国人民银行关于建立贷款公司和小额贷款公司金融统计制度

---

① 摘自《关于小额贷款公司试点的指导意见》（银监发〔2008〕23号）"一、小额贷款公司的性质。"

的通知》（银发〔2009〕268号）、《中国人民银行办公厅关于小额贷款公司接入人民银行征信系统及相关管理工作的通知》（银办发〔2011〕1号）、《财政部、国家税务总局关于中国扶贫基金会所属小额贷款公司享受有关税收优惠政策的通知》（财税〔2012〕33号）、《财政部关于开展小额贷款公司涉农贷款增量奖励试点的通知》（财金〔2012〕56号）、《民政部关于中国小额贷款公司协会筹备成立的批复》（民函〔2014〕347号）。

此外，地方主管部门也出台了一些地方规范性文件，如北京市出台的《北京市小额贷款公司试点实施办法》（京政办发〔2009〕2号）、《北京市小额贷款公司试点监督管理暂行办法》（京金融〔2011〕160号），上海市出台的《上海市人民政府办公厅转发市金融办等四部门关于本市开展小额贷款公司试点工作实施办法的通知》（沪府办发〔2008〕39号）、《关于印发〈上海市小额贷款公司监管工作指引（试行）〉等相关制度的通知》（沪金融办〔2012〕277号）、《关于进一步促进本市小额贷款公司发展的若干意见》（沪金融办〔2014〕85号），广东省出台的《广东省小额贷款公司管理办法（试行）》（粤金〔2009〕10号），重庆市出台的《重庆市小额贷款公司试点管理暂行办法》（渝办发〔2008〕239号）等，这些地方规范性文件主要针对小额贷款公司实践中的具体操作细节作出规定，属于微观层面的规制。

（三）小额贷款公司融资

1. 与典当行、银行融资的区别

小额贷款公司作为一类新型金融组织形式，具有贷款门槛低、灵活度高、质量高等特点，为中小企业解决资金短缺问题提供了一种新的融资途径，弥补了现有金融机构信贷不足的问题。与其他金融机构相比，小额贷款公司具有一定的优势。

表1　小额贷款公司与典当行、银行的主要区别

机构类别	小额贷款公司	典当行	银行
运营资金来源	自有资金（主要是股东缴纳的资本、捐赠资金）、不超过两个银行业金融机构的融入资金	自有资金和部分银行融资	吸收公众存款、同业存放、同业拆借等
业务范围	办理各项贷款、票据贴现、资产转让、贷款项下的结算，以及经中国银行业监督管理委员会批准的其他资产业务	动产质押、财产权利质押、房地产抵押、限额内绝当物品的变卖、鉴定评估及咨询服务，以及其他依法批准的业务	《商业银行法》第三条规定的业务内容

续表

机构类别	小额贷款公司	典当行	银行
贷款利率	最低不低于合同成立时一年期贷款市场报价利率（LPR）的0.9倍，约定的年利率最高不超过合同成立时LPR四倍	典当质押贷款的月利率，可以国家规定的同档次流动资金贷款利率为基础上浮50%	中国人民银行授权全国银行间同业拆借中心自2019年8月20日起每月发布的LPR
贷款额度	可参考公司所在地经济状况和人均GDP水平制定最高限额	对同一法人或自然人的典当余额不得超过注册资本的25%	对同一借款人的贷款余额与资本余额的比例不得超过10%

2. 业务模式

从贷款管理的角度，小额贷款公司的一般贷款业务流程主要分为贷前调查、贷中审查、贷后管理三个环节。

（1）贷前调查

贷前调查主要是调查借款人、担保人提交的材料内容真实性，调查借款人、担保人的基本情况。对借款人而言，主要调查其信用状况、经济能力，具体包括借款人的主体资格、现有生产经营情况、财务状况及其投融资情况等方面。担保人的主要调查内容与借款人一致。若存在担保物，还需对担保物的情况展开调查，重点审查担保物的合法性、所有权人、价值以及可以变现的能力等，同时还需关注担保物是否存在在先权利，这可能影响其价值的实现。

（2）贷中审查

贷中审查主要是在贷款发放过程中的一种审查，具体来说，主要针对贷款发放前落实一系列内部管理程序，完成对借款人以及担保人的审查，根据借款人与担保人的综合状况决定贷款额度和额度期限，与借款人、担保人签订相应合同以及涉及贷款发放的落实和存在担保物情况下的登记等。

（3）贷后管理

小额贷款公司按照贷款管理的规定对贷款发放后借款人与担保人的情况进行管理，包括借款人贷款的使用情况、经营及收入状况等。根据借款合同约定的权利义务，在无法收回贷款本息时，以合同约定的争议解决方式解决纠纷。

（四）小额贷款融资中常见的法律问题

1. 违规收取高额利息

依据《关于小额贷款公司试点的指导意见》第四条第二款规定，小额贷款公司按照市场化原则进行经营，贷款利率上限放开，但不得超过司法部门规定的上限，下限为人民银行公布的贷款基准利率的0.9倍，具体浮动幅度按照市场原则自主确定。根据2020年8月20日最高院发布的法释（2020）6号文规定，出借人请求借款人按照合同约定利率支付利息的，人民法院应予支持，但是双方约定的利率超过合同成立时一年期贷款市场报价利率四倍的除外。对于LPR四倍以下为合法区域，受法律保护；LPR四倍利率以上为非法区域，不受法律保护。对于自然债务区间的利息，法律不强制保护，债务人主动支付该部分利息的，以不当得利为由请求返还的，人民法院不予支持。

实践中，由于近年来从银行获取资金的难度加大，致使大量小微企业与个体工商户转向小额贷款公司贷款，小额贷款公司采用签订阴阳合同的方式违规收取高额利息的现象仍然存在。

2. 违规获得资金

依据《关于小额贷款公司试点的指导意见》第三条规定，小额贷款公司的主要资金来源为股东缴纳的资本金、捐赠资金，以及来自不超过两个银行业金融机构的融入资金。在法律、法规规定的范围内，小额贷款公司从银行业金融机构获得融入资金的余额，不得超过资本净额的50%。

但是，从目前市场情况来看，小额贷款公司通过银行业金融机构融入资金的额度较少，资金来源受限较大，导致小额贷款公司可能铤而走险，通过吸收公众存款的形式来筹集公司资金，存在涉嫌非法集资的风险。

3. 合同签订与担保不规范

在合同方面，由于我国目前对小贷公司的监管尚不够完善，加之小贷公司在自身发展过程中出现的问题，导致小贷公司在从事贷款业务时，签订的合同不规范或故意违规的情形屡见不鲜，如借款合同中未约定利息或者约定的利息不真实、以现金方式交付大额借款、贷款的支付无规范的凭证、未签订担保合同或担保条款不规范等，以上问题都为小贷公司日后的贷款收回埋下了隐患。

在贷款项目方面，保证贷款安全的最基本措施是借款人提供贷款人认可的担保。小额贷款公司与银行等金融机构相比，设立担保的条件更为宽松，容易出现担保物审查不严谨及担保条款设置不规范等问题，若借款人在贷款到期后不依约还款，小贷公司将面临难以要求担保人承担担保责任的风险。

二、典当融资

（一）概述

根据商务部、公安部发布的《典当管理办法》（商务部、公安部2005年第8号令）第三条规定，典当是指当户将其动产、财产权利作为当物质押或者将其房地产作为当物抵押给典当行，交付一定比例费用，取得当金，并在约定期限内支付当金利息、偿还当金、赎回当物的行为。典当行是指依照本办法设立的专门从事典当活动的企业法人，其组织形式与组织机构适用《公司法》的有关规定。①

典当作为一种“以物质钱，见物放贷”的信用融资手段，具有灵活性、短期性、费率高等特点。作为专门从事典当活动的企业法人，典当行具有资金融通、当物保管、商品销售、鉴定评估等功能，其中资金融通是最基础、最重要的功能。

（二）法律规制现状

目前，我国的立法机构还没有针对典当行业出台专门的法律，现阶段我国对于该行业从法律层面的规制主要可以分为两类：一是一般性法律法规，具体可以包括现行《公司法》《民法典》物权编、合同编等法律法规以及相应的司法解释。二是针对典当行业制定的行政规章及规范性文件，主要包括商务部、公安部发布的《典当管理办法》、商务部关于印发《典当行业监管规定》的通知（商流通发〔2012〕423号）② 等。

此外，根据国家机构改革安排，自2018年4月20日起，原由商务部监管的典当行业务经营和监管规则职责划给银保监会。而在地方，商务委则将典当行监管职责划转至地方金融监管部门。

（三）典当融资

1. 典当融资与银行融资

典当作为我国合法的特殊行业，其以快速回笼资金、门槛低等特点，满足了中小企业及个人对短期融资的需求。

表2 典当融资与银行融资主要区别

	典当融资	银行融资
贷款对象	中小企业、个人	国有大中型企业、个人
贷款规模	贷款规模总额小	贷款规模总额大
资金来源	股东资本金	吸收公众存款、股东资本金、发行债券等
贷款利率	较高	较低
贷款种类	抵押（房地产）、质押（动产、各种权利）、信用	抵押、质押（仅部分有价证券）
贷款用途	无使用限制	监督贷款的用途和流向
贷款期限	短期，一般不超过6个月	期限可长至几十年
贷款流程	手续简单，审批周期短	手续复杂，审批周期长

① 摘自《典当管理办法》（商务部、公安部2005年第8号令）第三条。

② 商流通发〔2012〕423号文被《商务部关于修改部分规章和规范性文件的决定》（2015年10月28日发布，2015年10月28日实施）修订：删掉本法第三十八条第三项中的“法人股东工商年检情况”。

2. 典当业务操作流程

实践中，典当行的一般业务流程如图1所示，但在具体的操作过程中，会因为不同典当行或典当标的物的不同而有所区别：

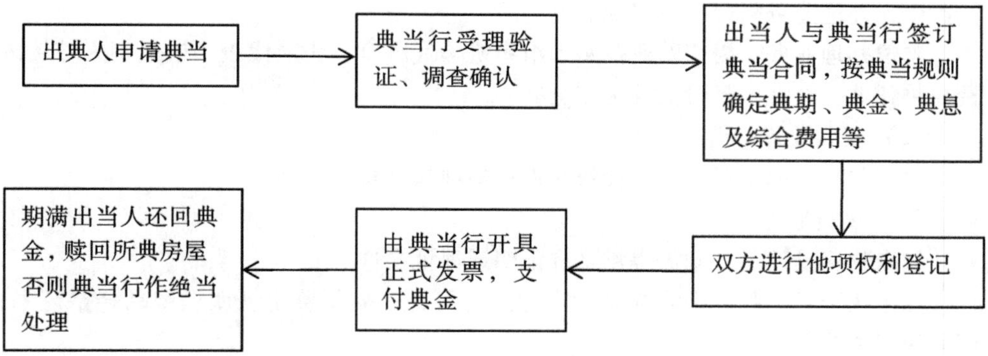

图1 典当行业务流程图

（四）典当业务办理材料

在典当的过程中，所涉及的资质证件会因典当标的不同而存在较大区别，常见典当业务中所需要的材料如下：

1. 房地产典当业务材料

（1）如果该房产为私有房产，需提交房屋所有权证、土地证；夫妻双方身份证。

（2）如果该房产属于多人共有的，所有权益者均需出示身份证和签字盖章；户口、结婚证或离婚证，单身需提交相关机关证明；契税完契证；发票；购房协议书；公证书。

（3）如该房产为公有房产，需提交介绍信；营业执照；房产证；加盖公章、法定代表人私章的法人委托书；法定代表人与经办人的身份证；中外合资公司、有限责任公司需由股东会决定。

2. 机动车典当业务材料

（1）如果是已上户车辆，需提交发票；机动车行驶证（年检前内）；车辆购置附加费凭证；机动车辆险证（保险证有效期内）；养路费缴费凭证；定编证；车辆使用费；介绍信；盖有公章的车辆过户表。

（2）如果是全新未上牌车辆，需提交购车原始发票及工商注册联；购车协议；车辆合格证及说明书；保修卡。若该车是进口车还应提交商检局进口车辆随车检验单，海关货物进口证明书，内贸部进口汽车准运证；底盘号、发动车号、拓印件；临时行驶车牌号等。

另外，还应提交私车车主身份证；单位所有的车辆提交介绍信、营业执照、法人委托书；其他集体、厂矿、合资、股份公司等需提交职代会或董事会决议。

3. 物资典当业务材料

（1）身份材料

个人办理业务需提交身份证。

单位办理业务需提交营业执照、组织机构代码章、法定代表人或负责人签署的授权委托书、经办人身份证及工作证。

（2）权利处置材料

财产共有人的同意文件；授权文件；他项权利解除文件。

（3）权属证件

如果物资是商品，则需提供来源证明或保证文件。

如果物资是产品，则需提供生产加工许可证；质量鉴定证明；产品合格证书；产品说明书等。

附①：

房产抵押典当合同

编号：　　年　　字第　　号

当户（出典人）：______________________

住所（地址）：______________________

身份证号码：______________________

抵押房产位置：______________________

联系电话：______________________

典当行（抵押权人）：______________________

公司地址：______________________

企业代码证号：______________________

联系电话：______________________

根据中华人民共和国有关法律、法规及其相关规定，出典人向典当行申请办理贷款事宜，双方在平等、自愿的基础上，经协商一致，特订立本合同，以兹共同遵守。

一、出典人应如实填写《房地产抵押典当申请表》，并按照典当行制定的《房地产抵押典当须知》的要求提供相应资料证件。典当行应审查核实出典人所填写的相关资料、证件。

① 房地产典当合同范本参见：载“北大法宝中文数据库”，http：//bmla. chinalawinfo. com/newlaw2002/slc/slc/asp？db = con&gid = 268441387。

二、出典人因资金周转需要，自愿将坐落在________市________区________小区____栋____单元____层____号（房屋所有权证号：________，建筑面积：____平方米）自有房产________处作为抵押物向乙方申请贷款。

三、根据出典人实际申请的贷款金额，经典当行审核确定向出典人贷款人民币________万元整（大写）。

四、甲方与乙方商定，贷款期限自____年____月____日起至____年____月____日止。

五、出典人与典当行商定，本合同项下的典当综合服务费率每月为贷款金额的____%。续当时，出典人每月____日前向乙方交纳综合服务费。典当期限届满后五日内，出典人既不赎当，又不续当的，即为绝当。绝当后，出典人自愿放弃抵押的房产，同意典当行对该房产按照有关规定处理，以此来抵偿典当行的贷款本息和综合服务费，并自愿协助或承担办理过户手续。

六、出典人另有合法住处地址为：____，建筑面积：____平方米（另附产权证复印件），房产绝当后合法住所的产权人同意出典人在该房产居住（证明材料一份）。典当行在行使本合同抵押物的处分权时，应向出典人和抵押物的合法占有人发出书面通知，在该通知发出五日内，出典人或其他合法占有人应立即无条件交出抵押物，搬至第二处住所居住。

七、抵押物的保险：1. 出典人须在典当行指定的时间内，到典当行指定的保险公司并按典当行指定的保险种类为该抵押物购买保险。投保金额不得少于重新购置该抵押物的全部金额。保险的赔偿范围应包括该抵押物遭受自然灾害及其他意外事故所导致的破坏、损毁；抵押期限内，出典人不得以任何理由中断或撤销上述保险，否则，出典人须无条件赔偿典当行因此所受的一切损失。如出典人不履行还款的义务，抵押人应继续购买保险，直至借款合同项下贷款本息全部还清为止。2. 出典人须在保险手续办理完毕五日内，将保险单正本交由典当行保管。保险单的第一受益人须为典当行，保险单不得附有任何损害或影响典当行权益的限制条件，或任何不负责赔偿的条款。3. 出典人不可撤销的授权委托典当行为其上述保险事项的代表人接受或支配保险赔偿金，将保险赔偿金用于修缮该抵押物的损坏部分或清偿本合同项下出典人所欠典当行的所有款项。4. 出典人如违反上述保险条款，典当行可依照本合同之保险条款的规定，代表购买保险，所有费用均由出典人支付。5. 抵押期间，该抵押物发生保险责任以外的损毁，出典人应就受损毁部分及时提供新的担保，并办理相应的手续。

八、在出典人既不按期交付综合服务费，又不按期还款的情况下，典当行有权处理该房产。出典人自愿放弃诉讼和抗辩权，在此不可撤销的授权委托典当行有权直接处分该房产，并以所得款项偿还贷款本息和综合服务费。

九、在合同的有效期内，出典人如发生分立、合并，由变更后的机构承担或分别承担本合同项下义务。出典人被宣布解散或破产，典当行有权提前处分其抵押财产。

十、出典人所提供的所有证件、文件和凭证必须真实、合法、有效，房屋产权无任何经济纠纷，无任何权利瑕疵，未设定抵押，如发生不实或欺骗行为由出典人承担全部相关的法律责任，并由出典人承担典当行所有的损失。

十一、出典人应对该房产拥有完整的所有权，如该房产为共有财产，则须共有人签字同意该抵押房产典当贷款。因抵押房产存在权属、共有争议引起的一切法律责任均由出典人承担，并可要求出典人支付当金及利息总额万分之五/日的违约金。

十二、出典人未经典当行书面同意，将设定抵押物拆除、转让、出租、重复抵押或以其他任何方式转移本合同项下抵押财产，以上行为均为无效，如出现上述情况之一者，出典人自愿承担双倍偿还贷款的法律责任。

十三、在合同有效期间内，出典人与典当行之间所产生的还款、借款、追加款等法律行为均视为本合同约定范围内，按照本合同相关条款执行。

十四、与本合同及本合同项下抵押房产有关的一切费用（包括评估费、抵押登记费、公证费、保险费等），均由出典人支付或承担。

十五、本合同的订立、效力、解释、履行及争议的解决均适用中华人民共和国法律。在本合同履行期间，凡因履行本合同所发生的或与本合同有关的一切争议、纠纷，双方应通过友好协商解决。在协商无效时，当事人约定任何一方可依法向本合同签约地人民法院诉讼解决。

十六、本合同一式叁份，双方签字、盖章，房产抵押登记机关办理房屋抵押登记后生效。

十七、本合同未尽事宜，届时由出典人与典当行协商订立补充合同。补充合同与本合同具有同等法律效力。

当户（出典人）签章：

法定代表人：________________

签订日期：________________

典当行（典当行）签章：

法定代表人：________________

签订日期：________________

本合同签订地点：__________市

第十节　知识产权质押融资

一、知识产权质押融资概述

（一）概念

与其他的质押融资的概念相类似，知识产权质押融资是指企业将知识产权（包括专利权、商标权、著作权中的财产权）以质押的形式转移给银行等金融机构或担保机构，并办理相关移转登记手续，从而获得银行或其他金融机构一定数额的授信额度，使企业获得资金支持。知识产权质押融资是一种能够有效缓解企业融资压力的新型融资手段。

（二）法律依据与政策导向

在我国，知识产权质押的相关法律依据主要体现在《民法典》之中。

法律规范	内容
《民法典》第四百四十条	债务人或者第三人有权处分的下列权利可以出质： （一）汇票、本票、支票 （二）债券、存款单 （三）仓单、提单 （四）可以转让的基金份额、股权 （五）可以转让的注册商标专用权、专利权、著作权等知识产权中的财产权 （六）现有的以及将有的应收账款 （七）法律、行政法规规定可以出质的其他财产权利
《民法典》第四百四十四条	以注册商标专用权、专利权、著作权等知识产权中的财产权出质的，质权自办理出质登记时设立。 知识产权中的财产权出质后，出质人不得转让或者许可他人使用，但是出质人与质权人协商同意的除外。出质人转让或者许可他人使用出质的知识产权中的财产权所得的价款，应当向质权人提前清偿债务或者提存

此外，我国还通过相继出台许多政策性文件，鼓励和支持知识产权质押融资。其中，比较重要的有：

政策文件	政策导向
2006年《国家中长期科学和技术发展规划纲要（2006—2020）》及配套的政策	提出要鼓励金融机构开展知识产权质押贷款业务
2007年2月银监会发布《关于商业银行改善和加强对高新技术企业服务的指导意见》（银监发〔2006〕94号）《支持国家重大科技项目的政策性金融政策的实施细则》（银监发〔2006〕95号）	明确了高新技术企业的股票、股权、知识产权等无形资产可以作为抵押物申请流动资金贷款
2008年实施《科技进步法》	明确提出了国家鼓励金融机构开展知识产权质押贷款业务
2009年银监会和科技部联合发布《关于进一步加大对科技型中小企业信贷支持的指导意见》（银监发〔2009〕37号）	银监会将逐步明确和完善银行对科技型中小企业信贷支持有关政策，开展专利等知识产权质押贷款业务
2012年知识产权局联合发展改革委、教育部、科技部、工业和信息化部、财政部、商务部、工商总局、版权局、中科院等部门发布《关于加强战略性新兴产业知识产权工作若干意见》	提出各部门促进知识产权创造，夯实战略性新兴产业创新发展基础；促进知识产权市场应用，推动战略性新兴产业实现知识产权价值；加强企业知识产权管理运用能力和相关服务体系建设，支撑战略性新兴产业形成竞争优势；形成以咨询、评估、金融、法律等为重点，全方位配套、一体化衔接的知识产权服务体系
2015年国家知识产权局印发《关于进一步推动知识产权金融服务工作的意见》（国知发管函字〔2015〕38号）	提出我国将推动完善落实知识产权金融扶持政策措施，优化知识产权金融发展环境，建立与投资、信贷、担保、典当、证券、保险等工作相结合的多元化多层次的知识产权金融服务机制，力争到2020年，全国专利权质押融资金额超过1000亿元
2017年10月，国家知识产权局印发《关于抓紧落实专利质押融资有关工作的通知》（国知办函管字〔2017〕733号）	对深入开展知识产权质押融资工作提出明确要求

续表

政策文件	政策导向
2018 年 12 月，国家知识产权局印发了《关于知识产权服务民营企业创新发展若干措施的通知》（国知发管字〔2018〕32 号）	提出扩大民营企业知识产权质押融资覆盖面，充分发挥知识产权增信增贷作用，推动风险补偿、补贴贴息等各类知识产权质押融资扶持政策向民营企业倾斜，降低融资成本，完善银行、保险、担保、基金等多方参与的知识产权质押融资风险分担机制，分担融资风险
2019 年 4 月，中共中央办公厅、国务院办公厅印发了《关于促进中小企业健康发展的指导意见》（中办发〔2019〕24 号）	提出积极拓宽融资渠道，完善知识产权质押融资风险分担补偿机制，发挥知识产权增信增贷作用

（三）我国知识产权质押融资的发展

知识产权质押融资这种融资形式在我国的起步比较晚，属于新型融资方式，但是由于各方对知识产权质押融资的重视和其本身的价值属性，知识产权质押融资业务得到快速的发展并取得了一定的成就。国家知识产权局于 2008 年 12 月确立了全国首批知识产权质押融资试点单位，又于 2009 年启动了第二批知识产权质押融资试点工作。自 2008 年以来，全国共实现知识产权质押融资贷款 2073 项，涉及的专利高达 7326 件，融资金额合计人民币 385.7 亿元，其中，2012 年一年的质押融资金额就达到了 141 亿元人民币。国家知识产权局统计数据显示，2017 年，我国专利质押融资总额为 720 亿元，同比增长 65%；专利质押项目总数为 4177 项，同比增长 60%。国家知识产权局副局长甘绍宁在 2019 年 3 月国务院发展研究中心主办的第二十届中国发展高层论坛上提道，2018 年专利权、商标权质押融资总额达到 1224 亿元，为创新经济的发展作出贡献。可见自国家知识产权局开始开展此项工作以来，全国通过知识产权质押融资的新型融资方式正在如火如荼地进行当中。

知识产权质押融资经过短暂的发展，目前至少还有以下 5 项机制尚需完善：

①知识产权质押融资评估管理体系；

②知识产权质押融资的服务机制；

③知识产权流转的管理机制；

④知识产权质押融资的协同推进机制；

⑤知识产权质押融资的风险管理机制。

二、知识产权质押融资的特征

（一）一般特征

1. 财产性

《民法典》规定，用于质押的权利须为财产性权利。知识产权质权为担保物权，担保物权对标的物的支配以价值为基础，是对财产性利益的支配。只有具备财产性利益，才能保证债权人的优先受偿权，实现质押的根本目的。在知识产权质押融资的过程中，必经的一个环节就是知识产权价值评估，而这正是将知识产权这一无形价值以有形的货币价值形式表现出来。

2. 可转让性

进行知识产权质押的权利必须具有可转让性。这不仅是知识产权质押融资的要求，也是所有质押融资标的都需具备的重要特征。担保物权的目的是保证债权的实现，在债务人不履行到期债务或者当事人约定的实现担保物权的情形发生时，债权人可以就担保财产价值优先受偿。可转让的权利才能保证优先受偿的进行。因此，知识产权中的人身权因不具备可转让性，不能够成为知识产权质押的有效标的。

3. 有效性

用于质押的知识产权需具备有效性，这是知识产权质押区别于其他质押最重要的特点。超过保护期的知识产权、处于审查阶段而尚未生效的知识产权、他人存在异议而正处于争议阶段的知识产权等都不能成为知识产权质押的客体。

（二）突破性特征

1. 注重物的使用价值

区别于传统质押融资只注重物的交换价值，知识产权质押融资更加注重物的使用价值，即对担保物的实际利用和支配。对出质人来说，到期不能履行债务导致的结果不仅仅是丧失所担保的知识产权的财产性价值，更是该知识产权赋予企业的核心竞争力。

2. 可质押客体范围的扩大

随着知识产权领域的发展，涌现出越来越多的具有经济价值的新型知识产权，如植物新品种、集成电路布局等。这些新型的知识产权的权利内容和转让规则，大多是由行政法规和相关司法解释进行规定的，对传统法律有所突破，同时也显示出了传统法律在新型法律关系产生后的相对滞后，可能会给知识产权质押融资带来一定的法律风险。

三、知识产权质押融资的风险

（一）评估风险

知识产权作为一种无形资产，通常很难进行准确的价值评估，尽管我国相关规章制度已经对知识产权作出了一些规定，但这些指导性意见的法律效力比较低。由于知识产权评估主观性非常强，同一个知识产权，在不同的评估机构或者评估人员的评估报告中的价值可能相去甚远。而知识产权的评估价值正是银行等金融机构对企业进行知识产权质押融资贷款的依据，其价值难以确定往往带来的是贷款额度的难以确定。

（二）保值风险

知识产权质押融资是在贷出款项之前对作为担保物的知识产权进行的价值评估，并以此为依据确定贷款数额。而在贷款期间，由于知识产权的特殊性，其保值往往会遇到很大的困难，甚至还会面临大幅贬值的风险，以致在处置时，该知识产权的处置变现能力大大降低，其处置价值难以足额偿付债权人的债务，债权人的利益无法得到保障。

（三）处置风险

由于知识产权的特定属性，其被顺利处置变现的难度非常大。一方面，知识产权的适用需要与一定的技术人员、客观环境相配套，每种知识产权对交易方式都有特殊要求，其处置变现不像有形资产那样简单，处置变现能力较低；另一方面，我国民众目前的产权意识较为薄弱，知识产权市场也不够健全，评估和转让程序复杂且严格，银行拍卖、变卖知识产权都会产生高额的变现成本，高额成本在一定程度上加大了知识产权处置的风险且降低了银行等金融机构的投资意愿。

（四）法律风险

企业在进行知识产权质押融资过程中，由于法律的滞后性或自身缺陷往往会产生无法可依的局面，给企业的融资操作带来较大风险。如一些具有高担保价值的新型知识产权，因没有法律规定而不能发挥作用。由于无法可依，各省市大都对知识产权质押作出了具体的指导意见，各银行等金融机构也都作出了相应的规定。因此，企业要想顺利地完成知识产权质押融资，除了要按照法律法规进行外，还要考虑当地的政策要求以及银行的限制条件。

四、我国知识产权质押融资的典型模式

（一）银行主导型质押融资模式

银行主导型质押融资模式，是以银行创新为主导相对市场化的知识产权质押模

式，政府主要扮演引导角色和提供政策支持，是典型的服务型政府的体现。这种质押融资模式又被称作直接质押融资模式，主要特征为企业通过出质其所合法拥有的专利权，直接与银行等金融机构签订专利权质押贷款合同，从而获取融资贷款。

以北京为例。北京知识产权局于2007年与交通银行北京分行签署了《首都知识产权“百千对接工程”——知识产权质押融资战略合作框架协议》，根据这一协议，知识产权局承诺将采取市区两级和逐层推动的形式，支持交通银行开展知识产权质押相关贷款业务。通过进行平台搭建、专题宣讲、推动制定规范等工作，促进知识产权质押融资业务的发展。而银行则是开展知识产权质押融资业务的主要参与者和创新者，通过完善融资服务手段、建立融资服务体系、启动融资培训工程等方面的工作，支撑起知识产权质押融资的构架。协议签署之后，交通银行北京分行曾先后推出的知识产权质押贷款品种包括：以“展业通”为代表的“中小企业专利权”贷款品种和“商标权质押”贷款品种，以及文化创意产业版权担保贷款产品等，为知识产权质押融资业务的广泛开展提供了优质范本。银行通过金融产品创新和金融服务创新，在知识产权质押贷款方面取得了积极进展，并引领北京的知识产权质押贷款工作快速、全面展开。有统计数据表明：截至2009年年底，北京市开展知识产权质押贷款工作已经成功的案例达50余例，总贷款额近6亿元人民币，其间，2007年至2009年达成专利质押融资贷款45例，合计43亿元人民币，业务范围主要集中于节能环保、新材料、IT、生物医药和影视文化版权等领域，目前来看并未出现呆账、坏账或逾期还款的情况。[①] 因而，“这标志着知识产权在银行质押贷款是完全可行的，风险是可控的”。

（二）政府主导型质押融资模式

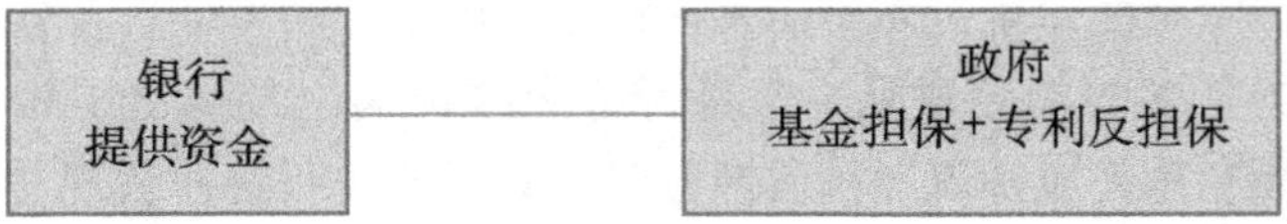

政府主导型质押融资模式，是以政府为主导和依托并由政府承担主要风险的知识产权质押模式，是典型管理型政府的体现。[②] 政府主导型质押融资模式又被称作间接质押融资模式，它是企业通过其他有资格的单位（如企业、担保公司）提供担保，以自有专利权出质作为反担保以获得金融机构的贷款。

---

① 《国内知识产权质押融资工作开展现状》，http：//wenku. baidu. com/link？url = WdeoQ – AwE3 agcNkJZGw3jjkubyhPtOaJwi_ Q0KPKt5NZmr2bhErs5URzchbYmHhPUgLJ07 – lXM – p2ihdcyfRbVfKEeUSUyn E8uvP9gzDP1i，浏览时间：2015年9月7日。

② 宋文娟：《对我国知识产权质押融资中政府定位的思考》，载《商品与质量》2011年第S9期。

以浦东为例。企业向银行申请贷款融资，由浦东生产力促进中心提供担保，浦东生产力促进中心是浦东新区科委下属的专业机构，申请贷款企业又以其合法拥有的知识产权质押给浦东生产力促进中心作为反担保，向银行借款。截至 2009 年 12 月底，上海浦东金融机构已向 84 家企业发放了 106 笔知识产权质押贷款、总额达 1.6 亿元人民币。放贷对象主要是科技型中小企业，分布于集成电路、电子、材料、新材料、软件等高科技行业。浦东知识产权局在内的第三方机构负责对申请知识产权贷款的企业采用知识产权简易评估方式，简化企业贷款流程，加快银行放贷速度。企业融资时间从 1 年拓展为 3 年，单户可贷款的金额从 100 万元提高到了 200 万元，亦尚未出现坏账或者逾期还贷的情况。[①] 此后，浦东生产力促进中心又进一步增加了贴息政策，规定了每年每笔贷款 20 万元为限的贴息政策。在风险承担上，浦东生产力促进中心与上海银行浦东分行约定的风险承担比例为 95%—99% 和 5%—1%。客观地说，浦东新区知识产权质押融资推出的初期阶段，所有这些政府主导的创新性尝试和大胆举措，一方面促进建设新区知识产权质押融资平台，另一方面也推动新区科技发展基金良性的循环使用，可谓作出了巨大贡献。

（三）混合质押融资模式

混合质押融资模式就是兼有银行主导型和政府主导型的特征，政府与银行在知识产权质押融资过程中都起着重要作用。

以武汉为例。武汉市推出了知识产权局和市财政局合作的模式，对以专利权质押的方式所获得贷款的多家武汉市中小企业，提供贴息支持，其中最高贴息额达 20 万元，最高贴息比例达到了 30%。其中，武汉市知识产权局所负责的内容为受理、审核、立项，市财政局则负责对所立项项目发放贴息资金，合作双方共同监管、共同检查贴息资金的使用情况。在武汉模式下，最引人注目的便是专业担保机构的引入——武汉科技担保公司，该公司在武汉市知识产权局与科技局的共同要求和支持下，迈出了尝试以未上市公司专利权、著作权、股权、应收账款等多种权利和无形资产作为反担保措施进行融资的重要一步，其中以专利权质押的方式得到了推广，

① 《国内知识产权质押融资工作开展现状》，http：//wenku. baidu. com/link？ url = WdeoQ - AwE3agcNkJZGw3jjkubyhPtOaJwi_ Q0KPKt5NZmr2bhErs5URzchbYmHhPUgLJ07 - lXM - p2ihdcyfRbVfKEeUSUyn E8uv-P9gzDP1i，浏览时间：2015 年 9 月 7 日。

在一定程度上分解了银行的风险，促进了武汉市专利权质押融资的开展。[①] 截至目前，交通银行武汉分行和武汉市科技担保公司一同，以“银行＋担保公司＋专利权反担保”的模式，总共为武汉市 11 家企业提供了 6000 万元人民币的贷款。[②] 可见武汉的专利权质押融资工作已经取得一定进展，同时，武汉市相关银行等金融机构积极开展知识产权质押融资业务，创新业务服务类型，提高服务质量。

---

① 《国内知识产权质押融资典型模式比较与存在问题分析》，http：//www. ltbka. com/Html/c29/2015－01/7919. html，浏览时间：2015 年 9 月 8 日。

② 《知识产权质押融资》，http：//baike. baidu. com/link？ url ＝ R9kyeZGdY6W6tqETqNxMVvIa5P3_QRWASXXMFFn6－74Cng6y2zyZ4D0EcPccuoKi2KwAJml26h9YRG40B9ifIK，浏览时间：2015 年 9 月 8 日。

第四章

公司并购法律实务

第一节　并购概述

任何一宗并购，目的均是希望能够发挥不同企业的协同效应，不同企业对各自之间不同资源进行整合和取长补短，或者是强者恒强，或者是弱弱化强。

虽然并购并不一定都是成功的，但不可否认的是，综观全球，任何一家在世界范围内具有影响力的企业的发展壮大，并购都是其必经之道，任何一家企业的发展扩张，也都离不开并购。

在经济扩张期，并购往往特别活跃且高歌猛进，但如果是盲目并购，则在经济衰退期其后遗症将逐步显现，甚至会出现因并购而导致两败俱伤的局面；聪明的并购者往往会选择经济衰退期去“掘金”，这个时候很多企业因面临困境而急于抛售且估值偏低，具有实力或手握现金的投资者此时若并购其他企业，成本最低，也是逆周期投资实现弯道超车的绝佳机会，当经济一旦进入扩张期，并购溢价会成倍增加。

另外，并购之后的控制权问题、业务整合问题、人员整合问题、文化整合问题等，甚至比并购本身更具有挑战性，也是决定并购成败的重要因素。

一、并购与重组

（一）并购的定义与分类

1. 并购的定义

（1）并购（Mergers and Acquisitions，M&A）中的并，可以理解为兼并、合并；购，可以理解为收购。并购可以理解为不同的主体之间（公司或者经营实体，下同）的所有权或资产的合并，属于公司之间的交易行为。

（2）兼并和收购在内涵方面的区别

兼并（Mergers）一般而言是指两个或两个以上的公司的所有权或者资产在合并后成为一个公司的交易行为，交易完成后，被合并的公司不再存续。

收购（Acquisitions）是指一个公司购买、取得其他公司的所有权或者企业经营性资产或者股权的交易行为，收购后收购方、被收购方均存续。

（3）兼并（Mergers）与合并（Consolidation）的区别

合并是指两家以上的公司组合成一个全新的公司的交易行为，原来的各个公司不再存续，而兼并是指一个公司并入另一个公司。很多时候兼并与合并会交替使用。①

（4）我国台湾地区“企业并购法”中对并购的定义

我国台湾地区“企业并购法”定义的并购是“指公司之合并、收购及分割”，合并是“指依本法或其他法律规定参与之公司全部消灭，由新成立之公司概括承受消灭公司之全部权利义务；或参与之其中一公司存续，由存续公司概括承受消灭公司之全部权利义务，并以存续或新设公司之股份、或其他公司之股份、现金或其他财产作为对价之行为”。收购是“指公司依本法、公司法、证券交易法、金融机构合并法或金融控股公司法规定取得他公司之股份、营业或财产，并以股份、现金或其他财产作为对价之行为”。②

从我国台湾地区“企业并购法”的定义看，并购包括分割，而分割与并购的性质不同，并购是公司进行扩张的交易行为，而分割是公司进行收缩的交易行为；同时，未区分兼并与合并之间的差异，或者认为兼并与合并的差异并不重要。

尽管兼并、合并、收购在内涵上存在种种差异，但就像并购领域内的很多术语一样，兼并、合并、收购或者并购经常被交替使用。

2. 并购的分类

按照不同的标准，可以对并购进行不同的分类：

（1）横向并购、纵向并购和混合并购

根据并购的目的，并购可以分为横向并购、纵向并购和混合并购。

横向并购是指业务领域相同或者生产相同产品的互为竞争者的企业，为获取规模效益或者提高市场占有率等目的而进行的并购。

纵向并购是指处于同一业务领域或者生产同一产品但处于不同业务环节或者不同生产阶段的企业之间的并购。纵向并购的目的是打造企业完整的产业链，实现整合效益。

混合并购则是指业务领域、生产产品不同且没有纵向关系的企业之间的并购，其目的是实现企业业务领域的多元化。上述二者的结合，目的是降低企业运作成本，实现财务上的协同效应。

---

① ［美］帕特里克·A. 高根：《兼并、收购及公司重组》（第四版），顾苏秦、李朝晖译，中国人民大学出版社2010年版。

② 见我国台湾地区“企业并购法”第四条。

（2）股权并购和资产并购

根据并购的对象，并购可以分为股权并购和资产并购。

股权并购是指一家企业购买另一家企业的股权，以实现对被收购企业的控制。

资产并购是指一家企业购买另一家企业经营性资产的交易。

这里所指的股权和资产，都是从狭义角度而言，广义角度的资产概念也包括股权。

（3）善意并购和恶意并购

根据并购双方是否在并购之前就并购事宜达成一致，并购又可以分为善意并购和恶意并购。善意并购是指在并购开始之前，购买公司将并购意图、并购安排提前与目标公司的管理层进行沟通协商，取得目标公司的配合，属于双方的共同行为。

恶意并购是指购买公司与目标公司尚未就并购事宜达成一致，甚至在目标公司尚不知晓的情况下，单方实施并购行为。恶意并购通常发生在公开交易市场中，其并购目标是股票在证券市场正常交易的上市公司，持股状况也较为分散。

在得知恶意并购发生后，如果目标公司认为并购有益于自身的发展和股东利益，会与购买公司就收购事宜进行谈判，以获取更好的交易条件。此种情况下，恶意并购就转变成了善意并购。

除上述分类外，还可以根据不同的标准对并购进行更多的分类。

了解并购交易的划分标准，熟悉并购交易的各种形态，对于把控交易风险、制定交易策略、设计交易结构、起草交易文件非常重要。

（二）重组的定义与形式

1. 重组的定义

重组（Restructuring）是指公司为了加强管理、获取更高的利润、强化控制权或者为实现其他目标而对所有权、组织结构或者经营等方面进行重新组织或者改变的行为。

从狭义角度而言，重组是一个公司自身的某些方面发生了变化，不会涉及第三方。但从广义角度而言，一个公司的自身重组包括了与第三方之间发生的交易行为，甚至包括并购。

我国法律及实务中的重组更多的是指广义的重组，中国证券监督管理委员会（以下简称中国证监会）发布的《上市公司重大资产重组管理办法》（2020 修正），（证监会令第 159 号，2019 年 10 月 18 日发布并生效），也把上市公司购买、出售资产等并购行为纳入资产重组的范畴。

2. 广义重组的形式

（1）扩张。主要形式包括并购、要约收购及与第三方建立联营公司等。

（2）收缩。主要形式包括出售资产、公司分立等。

（3）公司股权结构的变化。主要形式包括增资、股权转让、上市公司私有化等。

（4）公司控制权的变化。主要形式包括增持股票、回购股票、反收购条款的增加或者修订、投票权的征集及代理、债务转移等。

3. 并购与重组之间的关系

如前所述，广义的重组包括并购，狭义的重组仅仅指公司自身的某些方面发生了变化，不会涉及第三方。

企业实施并购行为前，往往会对自身的业务、组织结构以及与之相关的人力资源进行重组，剥离与自身战略定位不符的业务或者资产，以便购买或者出售。

并购行为发生后，企业往往也要对自身的某些业务、组织结构以及与之相关的人力资源进行重组以满足并购后整合的需要。

并购与重组的关系如此密切，以致投资银行或者法律实务中常将二者统称为“并购重组”。

二、中国现在的并购重组现状

（一）概述

中国企业并购，经历了一个从无到有、从政府主导到市场化运作、从一般企业到上市公司、从试水到成为企业扩张的重要途径、从境内并购到境外并购的历程，目前已经成为全球并购重组的重要力量。

改革开放后，随着经济体制改革的不断深入，经济体制由计划经济逐渐调整为有计划的商品经济、社会主义市场经济，企业自主权随之不断扩大，市场在整个资源配置中日益发挥基础性作用，企业之间的并购重组才真正成为可能。同时，20 世纪 90 年代初资本市场出现后，以上市公司为主题的并购重组也纷纷出现并逐渐成为扩大规模、做大市值的有效途径。随着中国逐渐成为世界工厂及企业实力的不断增强，加上国家鼓励企业走出国门，中国企业在全球范围内收购资源性企业、具有核心技术的企业也不断成为趋势，特别是在国家提出“一带一路”（指“丝绸之路经济带”和“21 世纪海上丝绸之路”）倡议后，境外并购重组具有更大的发展空间。

（二）中国改革开放后企业并购部分典型案例

1. 资本市场上市公司并购第一例：深圳宝安收购延中实业。①

延中实业是上海证券交易所上市公司，是当时少见的“三无”股：无国家股、无法人股、无外资股（B 股）。作为一家股份全流通的上市公司，延中实业的全部股本只有 3000 万股，其中 91% 是分散的个人股，无优势大股东，这是深圳宝安选择延中实业作为收购标的的主要原因。

---

① 郭成林：《延中实业：中国资本市场收购第一股》，载《上海证券报》2010 年 11 月 24 日。

从1993年9月14日起，深圳宝安下属的三家公司开始大笔买入延中实业股份。1993年9月29日，宝安上海公司已持有延中实业4.56%的股份，宝安华阳公司和深圳龙岗宝灵公司分别持有延中实业4.52%和1.657%合计为10.6%的股份。截至1993年9月30日上午11时15分，宝安上海公司共计买入延中实业342万股，累计持有延中实业479万股，合计持有延中实业15.98%的股份，其中包括关联企业宝安华阳公司和深圳龙岗宝灵公司通过上交所卖给宝安上海公司的114.7万股。1993年9月30日中午，延中实业被临时停牌，宝安上海公司对外公告称，该公司于本日已拥有延中实业普通股5%以上。在此后不久召开的延中实业临时股东大会上，延中实业的管理层发生了变动，宝安上海公司总经理何某出任延中实业董事长，但延中实业的基本管理队伍没有改变。

深圳宝安收购延中实业，成为资本市场上市公司并购第一例。

2. 外资收购国营企业并境外上市第一例：中策系列并购①

黄某年1991年（辛未年）在香港收购了处于亏损状态的日资上市公司“红宝石”，并于当年12月12日将其更名为“中国策略公司”（以下简称中策）。

1992年邓小平“南方谈话”后，中国改革开放气氛渐浓。

1992年4月，黄某年应领导邀请参观山西太原橡胶厂，中策用现金、橡胶厂以净资产一起组合成立新公司，中策在新公司持有51%控股，一个月之内合作操作成功。资金到位后，新公司定机器、上项目、改机制，很快脱胎换骨。

之后，黄某年又在杭州收购了4家企业，收购了泉州市全部41家企业，在大连一次性收购该市101家轻工行业国营企业。中策仅用一年多的时间就在大陆设立了200多家合资企业，总投资额超过百亿元人民币，业务领域包括轮胎制造、啤酒、造纸、医药、机械、电子、食品、通信、基础建设、化工和一般消费品，事业版图扩展到广东、福建、浙江、江苏、山东、山西、四川、宁夏、辽宁和北京等地。其涉足行业之多，跨越地区之广，以及收购过程中的几十家甚至上百家的一次性大手笔，在全国乃至全世界都是史无前例。

一个个被纳入旗下的国有企业，整顿改革后扭亏为盈，部分企业重组后在海外上市。1993年7月1日，中策将在国内收购的橡胶和轮胎企业，在百慕大注册为中国轮胎公司并成功在美国纽约上市，募集资金1亿多美元。之后，中策用募资所得的1亿美元先后收购了重庆、大连、烟台、银川等地的4个轮胎橡胶厂。在啤酒行业中，中策则收购了北京、杭州以及烟台等地多家啤酒厂，组建了在百慕大注册的中国啤酒控股公司，并在加拿大多伦多招股上市成功。

---

① 载中策集团，http：//baike.baidu.com/link？url = PA_ gxAQ5peucu9jtaZ2OpotIOrhHbB3lHN - iZeTHGYY4Q44vWbpX99f2oG8GEIzLVja0P8y - Tyc9OmyxwWLpwK。

3. 联想集团通过出让部分股份作为对价收购 IBM 全球 PC 业务①

2004 年 12 月 8 日，联想集团召开新闻发布会，宣布收购 IBM 全球 PC 业务，实际交易价格为 17.5 亿美元，其中含 6.5 亿美元现金、6 亿美元联想集团股票（以每股 2.675 港元，向 IBM 发行 8.21 亿股新股、9.216 亿股无投票权的股份，IBM 持有联想集团 18.9% 的股份）以及 5 亿美元的债务。

联想集团以高盛提供的过桥贷款 5 亿美元及自有资金支付交易价格中的现金部分，之后工银亚洲、法国巴黎银行、荷兰银行及渣打银行等提供了 6 亿美元 5 年期的银行贷款。联想集团又与全球三大私人股权投资公司得克萨斯太平洋集团（texas pacific group）、泛大西洋集团（general atlantic）及美国新桥投资集团（newbridge capital llc）达成投资协议，三家公司将向联想提供 3.5 亿美元的战略投资，获得联想集团 12.4% 的非上市股份。

本次收购完成后，IBM 全球 PC 业务成为联想集团的全资子公司，联想成为全球第三大 PC 厂商，年收入规模约 120 亿美元，进入世界 500 强企业（交易结构详见本章第三节）。

4. 持续发酵的“万科股权之争”②

“宝能系”：自 2015 年 7 月 10 日至 2017 年 12 月 31 日，钜盛华及其一致行动人前海人寿先后增持万科 A 股，最终持股 25.4%，成为万科第一大股东。2016 年 6 月 24 日，宝能系向万科提议召开临时股东大会，提议罢免万科现任全体董事、监事，意在争夺万科控制权。

“安邦集团”：2015 年 12 月 17 日，安邦集团增持万科 A 股 1.05 亿股，每股增持均价为 21.81 元。2015 年 12 月 18 日，安邦集团增持万科 A 股 2287 万股，每股均价为 23.55 元。截至 2016 年 8 月 4 日，安邦集团持有万科 A 股股份升至 7.01%，共耗资 108 亿元至 128 亿元，成为宝能系、华润外的 A 股第三大股东。

“恒大集团”：2016 年 8 月 5 日至 2016 年 11 月 30 日，中国恒大集团持续举牌万科，通过其附属公司在市场上收购共 1553210974 股万科 A 股，占万科已发行股本总额约 14.07%，收购总代价约为人民币 145.7 亿元。

万科管理层：万科管理层通过盈安合伙人、德赢、金鹏计划合计持股约 7.12%。

“深圳地铁”：综观万科股权之争，深圳地铁可谓万科的“白衣骑士”。2015 年 12 月 18 日，万科临时停牌，称将进行发行股份用于重大资产重组及收购资产。2016 年 3 月 14 日，万科公告称其将向地铁集团收购部分优质地铁上盖物业项目的资产，初步预计交易对价介于人民币 400 亿元至 600 亿元之间。2016 年 12 月 19

① 根据互联网资料整理。

② 根据互联网资料整理。

日，万科公告称由于部分主要股东（注：意指宝能系及华润股份）不同意本次发行股份购买资产，公司决定终止本次发行股份购买资产。

2017 年 1 月 12 日，华润股份及其下属公司将所持有的万科 A 股股份 1689599817 股，占万科股份总股本的 15.31%，以每股 22 元的价格协议转让给深圳地铁。至此，深圳地铁以另一种形式入驻万科股份。

2017 年 3 月 17 日，恒大集团将持有的 14.07% 万科股份全部股东权利委托给深圳地铁行使，期限一年。至此，深圳地铁拥有万科表决权比例为 29.38%，为持有表决权比例最高的股东。

2017 年 3 月 26 日晚，万科发布 2016 年度报告，会上，万科现任 11 名董事审议通过了 2016 年度报告及摘要、2016 年度利润分配预案等 11 项决议。对于外界关注的董事会换届议案，并没有随业绩公告披露。在审议万科 2016 年年报的董事会会议中，并未审议万科董事会换届改选议案，这意味着万科这一届董事会将超期"服役"（2017 年 3 月 28 日届满）。后续万科预计将再次召开董事会会议审议相关议案，然后提交股东大会表决。

2017 年 6 月 9 日晚，万科发布公告，恒大下属企业将所持有的约 15.5 亿股万科 A 股股份以协议转让方式全部转让给地铁集团，约占公司总股本的 14.07%，转让价格为人民币 18.80 元/股。6 月 11 日，万科披露的详细权益变动报告书中，深圳地铁表示，此次受让恒大所持万科股权总金额约 292 亿元。至此，深圳地铁集团持有约 32.4 亿股股份，占公司总股本的 29.38%，成为万科 A 的第一大股东。

2017 年 6 月 21 日，万科公告新一届董事会候选名单，王某宣布将接力棒交给郁某。万科公告称，公司于 6 月 19 日收到深圳地铁关于万科 2016 年度股东大会增加临时提案的函，提议增加董事会换届临时提案，拟提名郁某、林某德、肖某、陈某军、孙某典、王某金、张某为第十八届董事会非独立董事候选人，提名康某、刘某威、吴某宁、李某为第十八届董事会独立董事候选人，提名解某、郑某为万科第九届监事会非职工代表监事候选人。经万科董事会 6 月 20 日审议，同意该临时提案提交 2016 年度股东大会决议。2017 年 7 月 1 日，万科发布 2016 年度股东大会决议公告，通过了董事会换届的相关提案。历时近两年的万科股权之争在新一届董事会上任之后，暂时告一段落。

第二节　并购交易实施程序

并购的一般程序经过多年的发展，实施程序已经有了相对成熟的模式。即便如此，由于交易主体、交易规模、交易方式、标的资产、监管环境的差异，相同类型的并购交易在具体操作环节和先后顺序上依然体现出很多不同之处。

一、一般流程

并购交易通常经历以下几个阶段：

（一）前期准备

目标企业确定后，通常要着手搭建项目团队，聘请财务顾问、法律顾问、资产评估等中介机构对目标企业和交易风险等问题进行初步评估。在某些交易中，监管部门对中介机构从事证券服务备案或选聘有强制性要求。比如，资产评估机构从事证券业务，应当报证监会和国务院有关主管部门备案。国有出资企业进行合并、分立、产权转让、资产转让时，转让方须聘请具备资质的资产评估事务所进行资产评估，作为确定企业国有产权（资产）转让价格的参考依据。外国投资者以股权并购境内公司，境内公司或其股东应当聘请在中国注册登记的中介机构担任顾问。在上市公司收购中，收购方应当聘请在中国注册的、在证监会和国务院有关主管部门备案的专业机构担任财务顾问，否则收购方不得进行上市公司收购。

（二）磋商

交易双方进行接触，相互了解情况。如果双方就磋商内容达成初步意向，则签署备忘录或者意向书。虽然备忘录或者意向书通常都不具备法律上的约束力，但却是非常重要的交易文件。其确定了整个交易框架和交易原则，对交易的时间也作了明确安排，体现了交易双方的商业诚信，对交易双方具有道义上的约束。从这个阶段起，交易双方及其项目成员都要承担法律上的保密义务。

（三）尽职调查

组建包括财务人员、会计人员、法律人员、业务专家在内的尽职调查团队，对目标企业和交易标的进行尽职调查。调查可以由购买企业针对目标企业进行，也可以由交易双方相互进行。根据尽职调查结果，设计并购方案，确定交易结构，安排与之有关的融资事宜。

（四）确定并购交易方案并签署交易协议

双方就并购交易进行谈判并确定并购交易的方案细节；根据谈判内容和方案细节准备并购交易法律文件，交易各方签署正式的交易协议（有些交易方需要在取得其内部或外部审批同意后方可签署交易协议）。

（五）同意和批准

交易双方根据公司章程和有关法律法规的要求，各自履行内部所需的批准手续。例如，合资企业转让股份的，需要得到合资方的同意；有限责任公司的股东向股东以外的人转让股权的，应当经其他股东过半数同意，经股东同意转让的股权，在同等条件下，其他股东有优先购买权；需要得到监管机构批准的，准备申请材料，提请有权机构审批。

（六）交割

交割是并购交易完成的最后环节。并购协议约定的生效条件达成后，交易双方根据并购协议的要求，支付对价和办理交割。履行资产转移、经营管理权转移手续，涉及债权收购的，依法履行对债务人的通知义务，并依法办理包括股东变更登记在内的工商、税务变更登记手续。

一般而言，一项并购交易大致会历经上述几个阶段，但并不绝对。例如，有些小规模的交易，可能不需要签订意向书，也不涉及债权人同意或者监管机构批准。

二、国有资产交易的特别程序

并购如涉及国有资产交易行为，根据《企业国有资产交易监督管理办法》（国务院国资委　财政部令第32号，2016年施行）第三条的规定，国有资产交易行为包括产权转让、增资和资产转让。其中，主要包括产权转让和资产转让，而国有资产交易方式主要包括交易场所场内交易、直接协议转让以及无偿划转，其中，交易场所场内交易是主要方式。本部分仅就非金融国有资产交易行为中的产权转让和资产转让所涉交易场所场内交易程序进行介绍：

（一）内部决策

转让方按照企业章程和企业内部管理制度进行决策，形成书面决议。具体而言，国家出资企业的产权（资产）转让事项由国资监管机构负责审核，国家出资企业子企业的产权（资产）转让事项由国家出资企业制定管理制度，确定审批管理权限。

（二）可行性研究和方案论证

转让方应当按照企业发展战略做好产权（资产）转让的可行性研究和方案论证。产权（资产）转让涉及职工安置事项的，安置方案应当经职工代表大会或职工大会审议通过；涉及债权债务处置事项的，应当符合国家相关法律法规的规定。

（三）审计

产权（资产）转让事项经批准后，由转让方委托会计师事务所对转让标的企业进行审计。涉及参股权转让不宜单独进行专项审计的，转让方应当取得转让标的企业最近一期年度审计报告。

（四）资产评估

转让方应当委托具有相应资质的评估机构对转让标的进行资产评估，产权（资产）转让价格应以经核准或备案的评估结果为基础确定。

（五）公开征集受让方

转让方可以根据企业实际情况和工作进度安排，采取信息预披露和正式披露相结合的方式，通过产权交易机构网站分阶段对外披露产权转让信息，公开征集受让方。其中正式披露信息时间不得少于20个工作日。因产权转让导致转让标的企业的实际控制权发生转移的，转让方应当在转让行为获批后10个工作日内，通过产权交易机构进行信息预披露，时间不得少于20个工作日。

自首次正式披露信息之日起超过12个月未征集到合格受让方的，应当重新履行审计、资产评估以及信息披露等产权（资产）转让工作程序。

（六）确定受让方

产权（资产）转让信息披露期满、产生符合条件的意向受让方后，按照披露的竞价方式组织竞价来确定受让方。竞价可以采取拍卖、招投标、网络竞价以及其他竞价方式，但不得违反国家法律法规的规定。

（七）交割

受让方确定后，转让方与受让方应当签订产权（资产）交易合同，交易双方不得以交易期间企业经营性损益等理由对已达成的交易条件和交易价格进行调整。

交易价款应当以人民币计价，通过产权交易机构以货币进行结算。因特殊情况不能通过产权交易机构结算的，转让方应当向产权交易机构提供转让行为批准单位的书面意见以及受让方付款凭证。

交易价款原则上应当自合同生效之日起五个工作日内一次付清。金额较大、一次付清确有困难的，可以采取分期付款方式。采用分期付款方式的，首期付款不得低于总价款的30%，并在合同生效之日起五个工作日内支付；其余款项应当提供转让方认可的合法有效担保，并按同期银行贷款利率支付延期付款期间的利息，付款期限不得超过1年。

产权（资产）转让完成后，转让方和受让方应当凭产权交易机构出具的交易凭证，办理相关国有产权登记手续。

三、上市公司并购交易特别程序

（一）上市公司股份收购程序

上市公司股份收购可以通过证券交易系统进行，也可以采取要约或者协议的方式进行。投资者通过证券交易系统收购上市公司股份达到该公司已发行股份的30%时，若要继续增持该公司股份，则应采取要约方式进行。

1. 要约收购

要约收购是指收购人通过向被收购公司所有股东发出要约，在要约期内按要约条件购买其持有的股份，从而实现对上市公司的收购。依据现有的制度安排，投资者选择以要约方式收购上市公司股份的，可以结合具体情形发出全面要约或者部分要约。

（1）要约收购的程序

要约收购程序如下所示：

摘　要	责任方	备　注
1. 编制要约收购报告书，聘请财务顾问，通知被收购公司	收购人	要约收购报告书应当根据《上市公司收购管理办法》（2014 年修订）第二十九条之规定载明十四项内容
2. 对要约收购报告书摘要作出提示性公告	收购人	要约收购报告书摘要应特别提示收购依法应当取得的相关部门批准
3. 取得相关部门批准	收购人	未取得批准的，应当在收到通知之日起 2 个工作日内，公告取消收购计划，并通知被收购公司
4. 公告要约收购报告书等文件	收购人	从这一步开始，要约收购进入实质程序
5. 被收购公司董事会调查、建议，并聘请独立财务顾问提出专业意见	被收购公司董事会	对收购人的主体资格、资信情况及收购意图进行调查，对要约条件进行分析，对股东是否接受要约提出建议
6. 公告被收购公司董事会报告书与独立财务顾问的专业意见	被收购公司董事会	专业意见应在收购人公告要约收购报告书后 20 日内公告 若收购人对收购要约条件做出重大变更，则被收购公司董事会应当在 3 个工作日内公告相关补充意见
7. 预受股东应当委托证券公司办理预受要约的相关手续	被收购公司股东	在要约收购期限届满前 3 个交易日内，预受股东不得撤回其对要约的接受
8. 收购期限届满，收购人按照收购要约约定的条件购买被收购公司股东预受股份，交割过户	收购人、被收购公司股东	预受要约股份的数量超过预定收购数量时，收购人应当按照同等比例收购预受要约的股份
9. 收购公告	收购人	收购期限届满后 15 日内，收购人应当向证券交易所提交关于收购情况的书面报告，并予以公告

（2）要约收购中的注意事项

①要约比例

收购人持有一个上市公司的股份未达到该公司已发行股份的30%时，自愿选择要约收购，达到30%以上时则应当要约收购；以要约方式收购一个上市公司股份的，其预定收购的股份比例均不得低于该上市公司已发行股份的5%。

②要约期限

一般而言，收购要约约定的收购期限不得少于30日，并不得超过60日。

出现竞争要约时，发出初始要约的收购人变更收购要约距初始要约收购期限届满不足15日的，应当延长收购期限，延长后的要约期限应当不少于15日，不得超过最后一个竞争要约的期满日，并应按规定追加履约保证。

③支付手段

收购人可采用现金、证券、现金与证券相结合等方式支付收购上市公司的价款。但需注意的是，如果收购人为终止上市公司的上市地位而发出全面要约的，或者向中国证监会提出申请但未取得豁免而发出全面要约的，应当以现金支付收购价款；以依法可以转让的证券支付收购价款的，应当同时提供现金方式供被收购公司股东选择。

④要约的效力及变更

在收购要约约定的承诺期限内，收购人不得撤销其收购要约。收购要约期限届满前15日内，收购人不得变更收购要约，但出现竞争要约的除外。

2. 协议收购

协议收购是指收购人以协议受让方式购买上市公司一定比例表决权股份的行为。收购人通过协议方式拥有上市公司股份达到或者超过该公司已发行股份的5%，但未超过30%的，需要履行相应的权益披露义务。超过30%的部分，在获得要约豁免后方可直接履行收购协议。协议收购程序如下所示：

30%以下履行权益披露义务		
5%—20%	非第一大股东或实际控制人	简式权益变动报告书
	第一大股东或实际控制人	详式权益变动报告书
20%—30%	非第一大股东或实际控制人	详式权益变动报告书
	第一大股东或实际控制人	详式+财务顾问核查意见

续表

摘要	责任方	备注
1. 达成收购协议	收购人、被收购公司股东	被收购公司控股股东协议转让股份的，应对收购人主体资格、诚信情况及收购意图进行调查，并在其权益变动报告书中披露调查结果。同时，双方应就拟转让股份办理临时保管手续
2. 编制上市公司收购报告书并公告上市公司收购报告书摘要，提交豁免申请及书面报告	收购人	在与被收购公司股东达成收购协议之日起 3 日内完成
3. 公告收购报告书、财务顾问专业意见和律师出具的法律意见书	收购人	自取得中国证监会的豁免之日起 3 日内公告。未取得豁免的，应当在收到中国证监会通知之日起 30 日内将其或者其控制的股东所持有的被收购公司股份减持到 30% 或者 30% 以下或者发出全面要约
4. 确认股份转让，申请解除临时保管，办理过户登记手续	收购人、被收购公司股东	收购人在收购报告书公告后 30 日内仍未完成相关股份过户手续的，应当立即作出公告，说明理由；在未完成相关股份过户期间，应当每隔 30 日公告相关股份过户办理进展情况

（二）上市公司重大资产重组程序

上市公司重大资产重组也需要遵循严格的信息披露要求，按照监管部门确定的流程进行。

1. 签订附条件生效的资产交易合同

上市公司首次召开董事会审议重大资产重组事项的，应当在召开董事会的当日或者前一日与相应的交易对方签订附条件生效的交易合同。交易合同应当载明本次重大资产重组事项一经上市公司董事会、股东大会批准并经证监会核准，交易合同即应生效。

2. 召开董事会并公告

上市公司就重组事项召开董事会，在董事会作出决议后次一工作日公告董事会决议、独立董事意见和重组预案。董事会决议公告前，相关信息已在媒体上传播或者公司股票交易出现异常波动的，上市公司应当立即将有关计划、方案或者相关事项的现状以及相关进展情况和风险因素等予以公告，并按照有关信息披露规则办理其他相关事宜。

3. 召开股东大会并公告

股东大会就重大资产重组事项作出决议，必须经出席会议的股东所持表决权的三分之二以上通过。与本公司股东或者其关联人存在关联关系的，股东大会就重大资产重组事项进行表决时，关联股东应当回避表决。交易对方已经与上市公司控股股东就受让上市公司股权或者向上市公司推荐董事达成协议或者默契，可能导致上市公司的实际控制权发生变化的，上市公司控股股东及其关联人应当回避表决。在股东大会作出重大资产重组决议后的次一工作日公告该决议以及律师事务所对本次会议的召集程序、召集人和出席人员的资格、表决程序以及表决结果等事项出具的法律意见书。

4. 实施重组方案（交割）

重大资产重组申请通过的，上市公司实施重组方案。重大资产重组完成相关核准程序后，应当及时实施重组方案并于实施完毕之日起3个工作日内编制实施情况报告书，向证券交易所提交书面报告并予以公告。上市公司聘请的独立财务顾问和律师事务所应当对重大资产重组的实施过程、资产过户事宜和相关后续事项的合规性及风险进行核查，发表明确的结论性意见。独立财务顾问和律师事务所出具的意见应当与实施情况报告书同时报告、公告。

重组方案在证监会核准之日起60日内未实施完毕的，上市公司应当于期满后次一工作日报告实施进展情况并予以公告；此后每30日应当公告一次，直至实施完毕。

（三）外国投资者对上市公司战略投资程序

外国投资者对上市公司进行战略投资包括定向发行和协议转让两种方式：

1. 定向发行程序

（1）上市公司董事会通过向投资者定向发行新股及章程修改草案的决议；

（2）上市公司股东大会通过向投资者定向发行新股及修改章程的决议；

（3）上市公司与投资者签订定向发行的合同；

（4）上市公司向商务部报送相关申请文件；

（5）在取得商务部就投资者对上市公司进行战略投资的原则批复函后，上市公司向中国证监会报送定向发行申请文件；

（6）定向发行完成后，上市公司到商务部领取外商投资企业批准证书，并凭该批准证书到工商行政管理部门办理变更登记。

2. 协议转让程序

（1）上市公司董事会通过投资者以协议转让方式进行战略投资的决议；

（2）上市公司股东大会通过投资者以协议转让方式进行战略投资的决议；

（3）转让方与投资者签订股份转让协议；

（4）投资者向商务部报送申请文件；

（5）投资者参股上市公司的，获得前述批准后向证券交易所办理股份转让确认手续、向证券登记结算机构申请办理登记过户手续，并报中国证监会备案；

（6）协议转让完成后，上市公司到商务部领取外商投资企业批准证书，并凭该批准证书到工商行政管理部门办理变更登记。

投资者拟通过协议转让方式构成对上市公司的实际控制，按照前述程序获得批准后，向中国证监会报送上市公司收购报告书及相关文件，经中国证监会审核无异议后向证券交易所办理股份转让确认手续、向证券登记结算机构申请办理登记过户手续；上述手续完成后，上市公司到商务部领取外商投资企业批准证书，并凭该批准证书到工商行政管理部门办理变更登记。

外国投资者对上市公司进行战略投资，应按照《证券法》和中国证监会的相关规定履行报告、公告及其他法定义务。

第三节 交易结构

交易结构是买卖双方通过协议条款确定的、协调与实现交易双方利益关系的一系列安排。交易结构因交易项目不同而差异巨大，其具体安排取决于交易双方的谈判结果。

恰当的交易结构可以让买卖双方获益。对买方而言，更好地实现交易目的，控制交易风险，管理现金流，合理安排融资，减轻税负。对卖方而言，获取更好的交易价格，降低交易成本，递延或者减轻税负。

通常来说，一项有利于卖方的交易安排常常会把买方置于不利地位，反之亦然。因此，安排交易结构时必须考虑交易发生地的法律和税收环境，兼顾买卖双方的需求，平衡交易各方的风险和收益关系，最终将交易双方达成一致的商业共识转化为合同条款。

一、交易主体和法律模式

（一）交易主体

一项并购交易往往会涉及不同的法律主体，如交易买方、交易卖方、目标企业、合并企业、分立企业等。交易开始之前，要确定实施并购交易的行为主体。其可以是交易买方自身，也可以是买方已有的运营企业，还可以根据交易的需要专门设立目的公司（需要考虑双重征税、持续经营等因素）。可以选择离岸公司，也可以完全在境内交易。具有完全民事行为能力的自然人也可以成为资产受让的主体，包括成为国有资产的受让方。此外，买方也可能不以自己的名义直接参与并购，而是通过与信托投资公司签订信托合同，委托信托投资公司出面进行，从而实现更灵活的融资安排（如信托投资公司可以自有资金提供过桥贷款或者发行信托产品募集资金）或者减少立法限制和监管约束方面的障碍（如突破《公司法》关于股东数量、对外投资比例等方面的限制）。

参与交易的主体可能不止一个。出于管理便利和并购后业务整合的需要，交易买方通常安排不同的主体受让不同的资产，如通过投资公司受让股权，由专门的子公司继受商标、专利等无形资产。如果并购涉及上市公司，还要考虑避免构成同业竞争的问题。构成关联交易的，还要履行信息披露义务。作为交易卖方，也需要在并购之前确定参与交易和资产交割的主体，如将需要保留的业务或者资产加以剥离、对待售资产的债务进行重组。

（二）法律模式

除确定交易主体外，交易双方还需要协商确定并购的法律模式。如果交易双方选择合并，则要确定合并的方式。如果双方设立合资企业，则要确定新设企业的类型，如独资企业、合资公司、合伙企业、信托安排等。此外，还需要明确注册地点、股权结构、管理架构、业务切换、人员安排等事项。

交易双方在安排上述事宜时，需要考虑监管方面的限制。如外国投资者并购境内企业时，并购当事人应对并购各方是否存在关联关系进行说明，如果有两方属于同一个实际控制人，则当事人应向审批机关披露其实际控制人，并就并购目的和评估结果是否符合市场公允价值进行解释。当事人不得以信托、代持或其他方式规避前述要求。如并购方属于同一实际控制人，则须披露该实际控制人，包括境外股权或交易结构，还需要就并购目的和评估结果是否符合市场公允价值加以说明。

二、交易方式

交易方式包括资产收购和股权收购。

在资产收购中，只有双方在资产买卖协议中约定的资产和责任才可以转让给购买企业。购买企业可以创立一个新的法律实体加以继受，也可以由买方既存的法律实体直接予以取得。在股权收购中，除非双方在股权转让协议中明确加以排除，否则股权从被收购方转让给购买企业后，与之有关的资产、责任、或有义务以及业务的运营也一并转让。

一般来说，被收购企业往往倾向于出让股权。原因在于股权的转让较容易实现，通常还可以使其以较低的资本利得税率支付税收。购买企业则更愿意采用资产收购的方式，以便获取特定的资产并且只承担明确具体的责任。采用资产买卖不但可以防止被收购企业把或有义务转让给购买企业，也可以通过提高资产的计价基础获取税收上的利益。具体而言，资产收购和股权收购的区别如下所示：

事项	资产收购	股权收购
交易主体	购买企业是交易买方，出售资产的目标企业是交易卖方	购买企业是交易买方，目标企业股东是交易卖方
交易标的	目标企业的特定资产，包括有形资产和无形资产。资产收购会导致交易双方运营资产发生变动，可能影响企业运营的持续性，但不会对被收购企业的股权结构产生直接影响，企业的股东构成和法律性质不会因此而改变	目标企业已发行的股份或者股权。股权收购通常会引起企业股东构成和股权结构的变动，不会对被收购企业的运营资产带来直接影响，从而保持目标企业业务运营的连续性
实施方式	需要对交易涉及的资产逐项进行调查、办理交割手续，花费时间较多，程序相对复杂	只需办理有关股份或者股权的交割手续，实施程序相对简单，节省时间和费用
尽职调查	调查重点围绕交易资产的个体状况进行，调查范围相对集中，调查的难度和成本较低	需要对目标企业主体资格、存续状况、业务运营、人力资源、税务、资质等方面进行调查，调查范围广，调查的难度和成本较高
监管程序	需要履行审批手续。特定行业发生的交易还需要该行业主管部门的审批	需要接受监管审批，但也可以突破某些监管限制（如通过信托收购规避信息披露义务）、绕过行业准入障碍（如取得采矿权、土地使用权）
税项	税项较为复杂。根据所购买资产的不同，需要缴纳税种也有所不同，通常包括营业税、所得税、契税、印花税、土地增值税、城乡维护建设税和教育费附加等。 交易资产属于海关监管的，还需要得到主管海关的批准以及补缴税款；纳税人在资产重组过程中，通过合并、分立、出售、置换等方式，将全部或者部分实物资产以及与其相关联的债权、负债和劳动力一并转让给其他单位和个人，不属于增值税的征税范围，其中涉及的货物转让，不征收增值税	税项较为简单，主要涉及所得税和印花税。 国有资产产权转让净收益，凡按国家有关规定全额上交财政的，不计入应纳税所得额。 国有资产产权转让净收益，凡按国家有关规定差额上交财政的企业，必须出具财政部门的有关证明，经当地税务机关确认后，方可不计入应纳税所得额

续表

事项	资产收购	股权收购
交易风险	风险较低，容易廓清。仅仅与特定资产有关，除双方明确约定外，通常不包括隐性负债	风险高，不容易甄别。如果被收购企业的股份被收购，则与之有关的资产、负债和义务也同时被“收购”
第三方同意	资产转让必须得到抵押权人、商标权人、专利权人等相关权利人的同意或者履行对相关权利人的义务；如债权人认为转让价格低于公允价格，可行使撤销权，主张转让行为无效	一般而言，有限公司股东向股东以外的人转让股权，应当经其他股东过半数同意，其他股东享有优先购买权。 合资经营企业的合营方向第三者转让其股权的，须经合营他方同意，并报审批机构批准，合营他方有优先购买权。 公司合并的，应当通知债权人，并在报纸上公告
人员安置	通常会产生人员的安置问题。不能直接转让雇员，需要获得所涉人员的同意。国有资产转让，需要履行职工代表大会程序	通常不发生人员安置的问题，买方间接获得被收购企业的雇员

两者的区分只具有相对意义，并不能说明孰优孰劣。一方面，企业在进行并购交易时，采用资产并购还是股份并购并不相互排斥。实际上，很多并购交易在购买资产的同时，也往往涉及股权的转让。另一方面，不要让自己的蜜糖变成他人的毒药，在决定交易方式时应该尽量平衡双方的利益，争取做到共赢。

三、支付安排

支付安排包括交易对价的支付手段、支付方式、支付时间等方面。

（一）支付手段

支付手段有多种，如货币（包括其等价物）、股票、可转换债券、认股权证等。每种支付手段都有其优劣之处，如支付货币在跨境交易中存在汇兑风险、增发新股会稀释原有股东的股东权益。

（二）支付方式

支付方式包括股权支付和非股权支付。股权支付，是指购买企业支付的对价中，以本企业或其控股企业的股权、股份作为支付的形式。非股权支付，是指购买企业以现金、银行存款、应收款项、本企业或其控股企业股权和股份以外的有价证券、存货、固定资产、其他资产以及承担债务等作为支付的形式。

实践中，购买企业通常采用多种方式支付对价。此外，双方还可以根据被收购企业的未来业务表现，在协议中约定额外对价支付或者设定估值调整机制（即所谓的对赌安排）。

（三）支付时间

与买卖合同对价支付不同，并购交易对价支付并不完全遵循当事人意思自治原则，交易双方在确定支付安排时，需要考虑监管机构的强制要求。如在支付时间上，外国投资者并购境内企业设立外商投资企业，外国投资者应自外商投资企业营业执照颁发之日起三个月内向转让股权的股东，或出售资产的境内企业支付全部对价。对特殊情况需要延长者，经审批机关批准后，应自外商投资企业营业执照颁发之日起六个月内支付全部对价的60%以上，一年内付清全部对价。企业国有产权转让价款，原则上应当自合同生效之日起5个工作日内一次付清。如金额较大、一次付清确有困难的，可以采取分期付款的方式。采取分期付款方式的，首期付款不得低于总价款的30%，并在合同生效之日起5个工作日内支付；其余款项应当提供转让方认可的合法有效担保，并按同期银行贷款利率支付延期付款期间利息，付款期限不得超过一年。

四、融资安排

并购交易通常涉及大额的交易资金，除使用自有资金支付交易对价外，为避免对自身的现金流产生影响，交易买方通常会进行外部融资，以满足资金需求。

外部融资包括商业银行贷款，如境内购买企业或者其专门设立的无其他业务经营活动的全资或控股子公司通过受让现有股权、认购新增股权、收购资产、承接债务等方式实施并购交易时，可以向符合条件的商业银行申请贷款支持，用以支付并购交易价款和费用。此外，购买企业还可以通过发行债券或者股份筹集资金。商业银行贷款和发行债券属于债务融资，融资成本低但需要支付利息，财务风险比较高，还可能会限制企业后续的再融资能力。发行股份筹集资金属于股权融资，包括增发新股作为支付对价或者引进战略投资者。股权融资能够避免债务融资的缺点，但发行成本比较高。因此，在进行融资安排时，企业往往会采取多渠道的融资方式，既要控制财务风险又要降低融资成本。

融资安排可以在协议签订前进行，也可以在协议签订后交割前进行。如果安排在协议签订后交割前进行，双方通常会把买方获得融资作为协议生效的条件。

五、人员安排

企业并购不仅涉及企业主体的变化、组织结构的调整、资产的转让、税务的处理，而且涉及目标企业的人员安排问题。在国有资产转让、外国投资者并购境内企业时，人员安排方案属于监管部门的审批内容。有地方甚至出台规定，明确要求企业并购方案应提交职代会审议，职工安置方案未经审议通过的，并购方案不得实施。

根据我国《劳动合同法》第三十四条的规定，企业发生合并或者分立，其与员工签订的劳动合同继续有效，劳动合同由承继其权利和义务的用人单位继续履行。在股权收购中，目标企业的法律主体没有发生变化，故不存在人员安排的问题。在资产收购中，如果相关人员随标的资产一并转让，则交易方需要：

1. 书面通知资产转让所涉及的人员；
2. 以不低于目前的雇用条件重新签订劳动合同；
3. 员工拒绝重新签订劳动合同的，则需要给予员工补偿。

除人员安排外，国家出资企业在产权转让、合并、分立过程中，必须解决转让标的企业拖欠职工的工资、欠缴的各项社会保险费以及其他有关费用的问题，并做好企业职工各项社会保险关系的接续工作。按照国家有关规定支付解除、终止劳动合同的职工的经济补偿，以及为移交社会保障机构管理的职工一次性缴付社会保险费，在资产评估之前不得从拟转让的净资产中扣除，也不得从转让价款中直接抵扣，应当从产权转让收入中优先支付。涉及离退休人员和内退人员的有关费用，应按照“人随资产、业务走”的原则，由承继相关资产及业务的企业承担。转让方、转让标的企业未按规定妥善安置职工、接续社会保险关系、处理拖欠职工各项债务以及未补缴欠缴的各项社会保险费，侵害职工合法权益的，国资管理机构或者企业国有产权转让相关批准机构应当要求转让方终止产权转让活动，必要时应当依法向人民法院提起诉讼，确认转让行为无效。

六、风险分摊与控制

并购交易面临诸多不确定因素，风险控制是交易双方共同关心的问题。没有风险控制，看起来很美的交易也可能带来不堪的后果。例如，交易成本大幅增加，收购资产无法交割，或有债务或者法律诉讼，未遵守监管制度招致处罚，交易被迫推迟，交易失败等。风险控制的前提是揭示风险、评估风险，这正是尽职调查的目的之一。

（一）尽职调查

并购意向达成后，并购方要委托律师对目标公司进行尽职调查，以核实目标公司的重要信息、确认交易的基础条件、确定影响交易达成的风险和障碍。尽职调查对并购双方最终能否达成交易非常关键。对于规模较大的并购交易而言，不进行尽职调查，整个项目就无法推进。尽职调查分析还是安排交易结构的依据，故对于重大交易，或者交易双方在准备建立合资企业时，交易双方会相互进行尽职调查。

尽职调查涵盖交易双方或者目标企业的设立和存续情况、业务运营情况、财务状况、税务缴纳情况、劳动用工情况、诉讼仲裁情况等众多方面。交易不同，尽职调查的内容和侧重点也有区别。一般而言，法律尽职调查的内容主要包括：

1. 交易主体的设立和存续状况、合规情况、运营资质；
2. 重大合同的签订和履约情况；
3. 重大研发项目进展情况和风险；
4. 重大在建项目的进展情况和完工风险；
5. 重大借款、担保状况，违约和执行风险；
6. 禁止或限制出售资产或转让股权的合同、承诺或安排；
7. 可能会限制业务的协议或安排；
8. 投资状况；
9. 重大责任问题；
10. 重大赔偿协议；
11. 人员状况；
12. 知识产权拥有数量和授权状况、已知或者疑似的侵权行为；
13. 诉讼、仲裁、调查与争议情况，包括法律顾问的意见及预计的法律费用；
14. 环保事宜；
15. 员工、代理或者供应商所受的处罚。

在交易方属于美国上市公司、证券发行人或者其子公司、合资企业、关联企业时，还要把调查范围扩大到上述企业的合资企业和供应商、代理商、承包商、咨询公司、业务中介等商业合作伙伴。对它们之间的合作关系进行调查，了解它们是否存在违反美国反海外腐败法或其他方面的违法记录。国内企业在美上市的数量不断增长，这个问题在尽职调查中也日益受到重视，且在目前国内的商业环境下更有必要。

尽职调查工作烦琐而且昂贵，对目标公司而言通常又比较敏感。因此，尽职调查之前，要恰当地制定调查流程、界定调查工作的范围、明确调查重点。要与目标公司沟通，就需要调查的范围和事项达成共识。调查中要注意把握调查目的、调查成本和被调查企业之间的平衡。既要全面，以符合勤勉尽责的要求，又要有针对性，以减少费用支出。

尽职调查应该尽可能地发掘深度，关注细节。审阅目标公司提供的文件，与有关部门核实，进行现场核查，与有关人员会谈。调查结束后，要及时编制调查分析报告，将调查中发现的问题加以说明并且给出结论性的意见。如果调查范围涉及位于不同国家或地区的资产，还需要按国别编制调查报告。

尽职调查通常不会一蹴而就，而是结合具体需要持续进行，甚至可能会贯穿整个交易过程。有些复杂的交易可能需要进行多轮调查，如在交易买方报价前进行初步的调查，以便发现可能影响交易实施的障碍和提出初步报价；在签署最终协议之前再次进行调查，以确定交易结构和进行价格谈判；在交易完成之前还可能进行补充调查，以发现、了解交易过程中出现的有关问题和重大变化。

囿于调查成本、调查时间、目标企业的配合等因素，尽职调查很难穷尽所有的风险，因此有必要在交易文件里就或有风险问题作出明确。对于调查中发现的风险因素，也需要交易双方在协议条款里作出分摊安排。

（二）交易法律文件

交易法律文件包括保密协议（也可以体现为意向书的保密条款）、意向书、主协议和附属协议。交易法律文件是体现交易双方商业共识的合同条款，载明了交易的条件和风险分摊安排，以便交易方实现风险控制，成功地完成交易。在风险不可控的时候，交易方还可以据此终止交易，妥善退出。

1. 保密协议

保密协议应该是交易方最先签订的一个法律文件，其作用在于：

（1）限制买方未经许可接触目标公司的人员、客户以及供应商；

（2）防止将信息用于与交易评估以外的任何目的；

（3）限制传播、披露与目标公司当前财务经营状况有关的任何信息。

保密之重要，足可以影响交易的成败。交易宣布之前出现泄密可能会增加买方的购买成本，也可能会导致目标公司骨干人员离职、生产力下降、客户流失，从而直接影响到目标公司的价值。如果交易方为上市公司，还可能因此违反监管规定，导致监管部门拒绝批准交易。

保密协议可以是单独的协议，也可以是体现为意向书的保密条款。无论以何种形式出现，都需要强调其约束力以及效力的独立性。除法律强制要求外，无论谈判是否达成、交易是否继续，保密义务都需要恪守。

2. 意向书（备忘录）

意向书是交易双方在达成正式协议之前签署的一种过渡性书面文件。签署意向书是并购交易中的惯常做法，其作用主要体现在以下8个方面：

（1）设定保密义务；

（2）设定排他义务；

（3）确定谈判的框架；

（4）开展尽职调查的依据；

（5）定价和支付方式；

（6）明确费用的分担；

（7）确定交易的时间安排；

（8）交易终止和违约金。

意向书可以是有约束力的，也可以是没有约束力的。即便是没有约束力的意向书，双方也可以明确其中具备约束力的条款。此外，国家不同、地区不同，其法律对意向书约束力的解释也可能不同。因此，双方应该在意向书中明确约定其是否具有约束力、哪些条款具有约束力。

3. 主协议

主协议又称框架协议，包含并购实施所需的条件、交易条款、法律条款以及附件，是交易结构的最终体现。主协议通常包括如下内容：协议名称可以称为资产购买协议或者股份购买协议。如果是合并交易，还可以称为合并协议。签约信息包括协议的签订主体、签订时间、签订地点、说明条款，说明交易的背景、原因以及未来计划和安排，定义条款交易中涉及的特定术语与解释先决条件，说明协议生效所需附加的条件和需要获得的监管许可。陈述与保证，交易双方根据各自的需要作出，其内容包括：主体资格和经营资质；交易权限和授权；财务说明；未披露的责任；保持经营现状和企业资产完整；账簿与记录；税项；员工安排和权益保障；诉讼；或有风险；特定偿付承诺；持续保证；合规声明；资产的权利和担保设立情况；关联交易；保险；重大合同签订和履行情况；存货、应收款项、呆坏账；知识产权；不动产和物业；环境问题；事故；产品责任；产品返修和售后服务；投资情况；重要的客户和供应商等。

交割条款，标的资产；交易价格；支付与汇兑安排；抵销权；托管；双方各自需要履行的义务；合议条款，交易双方就某些事项达成的一致，包括企业名称；业务切换和经营行为；信息共享；税项；不竞争承诺；商誉保护；人员招聘；过渡期安排；交易公告等赔偿条款；违约的情形；损害赔偿的评估；补救措施；违约金的计算和支付；终止条款，终止协议的情形和条件；协议终止的效力；杂项主要是有关协议履行的技术性条款，包括协议的完整性；费用；通知；弃权；修订；反腐声明；协议的转让和更新；无效条款的处理；不可抗力；适用法律；争议解决方法附件，与交易有关的附件，必要时包括法律顾问出具的法律意见。

在某些并购交易中，监管部门还会就协议内容作出要求。比如，上市公司发行股份购买资产的，交易合同应当载明特定对象拟认购股份的数量或者数量区间、认购价格或者定价原则、限售期，以及目标资产的基本情况、交易价格或者定价原则、资产过户或交付的时间安排和违约责任等条款。外国投资者进行上市公司收购应当适用中国法律，服从中国的司法、仲裁管辖。在国有产权转让、外国投资者并购境内企业以及金融企业上市公司股份直接协议转让中，也存在类似的监管要求。

4. 附属协议

并购交易涉及很多复杂的问题，很难完全包含在主协议里，还需要针对特定事项另行签署协议，如托管协议、商标使用许可协议、技术许可协议等。签订附属协议要以主协议确定的交易结构和交易条件为基础，通过解决专项事务实现并购交易的整体目标。

附属协议与附件不同。二者都以所附协议的生效为前提，与所附协议一起构成并购交易的法律文件。附件是单独协议（包括附属协议）的组成部分，除非双方特别指明，其不具有独立的法律效力。否则，附属协议仍然具有独立的法律效力，甚至有高于主协议的优先效力。在与主协议的约定发生冲突时，通常会以附属协议的约定内容为准。对于附属协议没有明确的事项，往往要参照主协议的约定。起草附属协议时要注意其条款内容与主协议的衔接，避免二者在同一问题上产生冲突。

5. 局部协议

有些复杂的交易，交易双方还需要就某些事项作出单独的安排，这种情况下通常会签订局部协议。如交易买方为实现融资安排而签订的借款协议，交易卖方在交易之前与合资对方或者合作伙伴签订的股权转让协议、债务重组协议、资产剥离协议等。严格来讲，局部协议不是交易文件的组成部分，其是交易双方针对交易结构而作的单边安排，对交易对方不产生拘束力。但局部协议同样很重要，如果特定事项处理不当，会影响交易的整体进度、增加交易成本、构成己方的违约事项，从而产生主协议方面的违约责任，严重者会使交易失败。

七、案例分析

（一）联想收购 IBM 全球 PC 业务

如本章第一节所述，2004 年 12 月 7 日，联想和 IBM 签订资产购买协议，联想从 IBM 收购与个人电脑业务相关的若干资产和承担与该业务相关的债务。

1. 交易概述

本次交易的交易价格为 17.5 亿美元，包括 6.5 亿美元现金、6 亿美元的股票以及承担与收购资产相关的 5 亿美元的债务。联想将通过公司现金和向银行贷款筹集现金，以及以每股 2.675 港元的发行价向 IBM 发行最多 8.21 亿股新股及 9.216 亿股无投票权的股份。在发行上述新股份和无投票权股份后，IBM 在首次交割后即持有联想经扩大后已发行股本总数约 18.9%，从而被香港联交所根据上市规则视为关联人士，但联想的控制权并未因此出现变化。

2. 交易结构的法律分析

（1）交易主体

本次交易的主体联想集团（00992. HK）是一家注册地位于香港且在联交所上

市的内资背景企业，IBM 则是一家在纽交所上市的美国企业。联想首次交割前后的股权结构如下：

首次交割前：

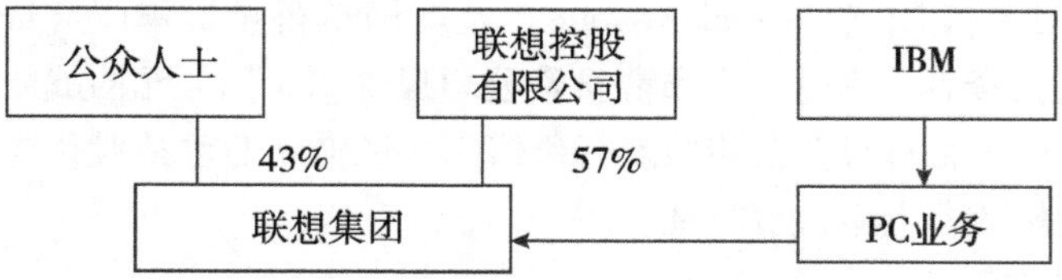

首次交割后：

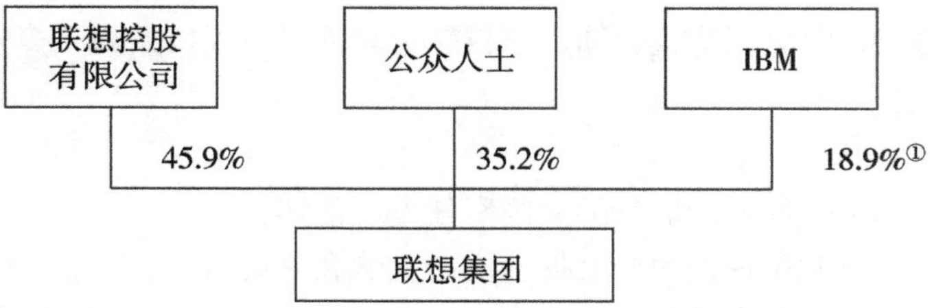

（2）交易方式

本次交易属于资产收购，收购对象是 IBM 位于全球的个人电脑资产，以及与之有关的研发、生产、采购、销售、人员等。位于中国的收购资产中，包括 IBM 与合资伙伴设立的一家合资企业。

（3）支付方式

现金加股权以及包含债务承担的混合支付方式。根据交易条款，联想支付给 IBM 的交易代价为 12.5 亿美元，其中包括约 6.5 亿美元现金和价值 6 亿美元的联想股份。交易完成后，IBM 拥有联想 18.9% 的股权。此外，联想将承担与并购资产有关的约 5 亿美元的负债。

（4）融资安排

收购资金来源于以下 4 个方面：

①银行贷款：6 亿美元的五年期银团贷款。贷款由工银亚洲、法国巴黎银行、荷兰银行及渣打银行安排，其他参与银行包括中国内地、中国香港、欧洲、亚洲及美国的 16 家银行。

②发行普通股和无投票权股份：联想向 IBM 发行价值 6 亿美元 821234569 股的普通股和 921636459 股无投票权股份。

---

① 在 18.9% 中，8.9% 是有投票权股份，10.0% 是无投票权股份。

③过桥贷款：收购资金由内部资金和第三方借贷提供。其中高盛承诺提供5亿美元额度的过渡融资。联想最终没有提取使用该过桥资金。

④发行可转换优先股和认股权证：引入得克萨斯太平洋集团（texas pacific group）、泛大西洋集团（General Atlantic）及美国新桥投资集团（newbridge capital llc）作为战略投资者，由这三大私募投资公司提供3.5亿美元的战略投资。根据协议，联想向这三家私募投资公司共发行价值3.5亿美元的可换股优先股，以及可用作认购联想股份的非上市认股权证。

（5）交易文件

资产购买协议是本次收购交易的主协议，根据资产购买协议，双方又签署了过渡服务协议、策略性融资和资产处置服务协议、IGS服务协议、市场支持协议、内部使用购买协议、总分销协议、知识产权转让与许可协议以及雇员事项协议等多项附属协议。

（6）交割条件

满足下列先决条件后，双方的交割责任方可落实：

①独立股东在股东特别大会上批准资产收购和附属协议；

②联交所上市委员会批准将于首次交割时发行给IBM的股份上市和买卖；

③资产购买协议所拟进行的交易，已获美国外国投资委员会批准，HSR法和日本反垄断法规定的等候期已届满或终止，以及已取得所有重大的相关政府部门的同意书和批文；

④没有任何关于禁止在首次交割国家完成业务转让或者业务转让为不合法行为的法律、规则、规定、法令、颁令或禁止令正在生效中，也没有任何政府部门提出及待决诉讼，不存在按合理预期极可能禁止首次交割完成或使之成为违法行为的情况。

第四节　法律顾问在并购中的作用

法律顾问在并购业务中发挥着重要的作用。作为项目团队的主要成员，法律顾问应当与其他顾问成员一起，相互沟通、共同努力，采取创新的交易结构和灵活的交易流程，帮助客户在充满挑战和快速发展的交易监管环境中更好地完成交易。

一、交易管理

法律顾问应该为客户提供更多的价值，不仅是参与交易谈判、提供法律意见、起草交易文件这样的常规程序工作，更应该深度参与整个交易过程，利用自己的专业技能和项目管理经验，发挥交易管理作用，实现对整个交易流程的管理。同时，还应协助客户进行好交易的进程管理和过程控制，在项目团队中建立顺畅、高效的磋商机制、沟通机制并及时跟踪，做好协议的谈判安排，对尽职调查、审查审批和交割过程中出现的问题给予恰当的关注和反馈。

二、可行性分析

在并购项目实施之前，企业要进行交易可行性分析，编制可行性研究报告。从法律层面对并购项目进行评估是该项工作的重要内容。法律顾问可以协助委托人就收购可能涉及的具体行政程序进行调查，如收购行为是否违背我国收购政策和法律，可能产生怎样的法律后果，收购行为是否需要经当地政府批准或进行事先报告，地方政策对同类收购有无倾向性态度，等等。

三、风险评估与控制

对交易可能面临的法律风险进行评估、有针对性地加以防范和控制是交易获得成功的基础。除法律风险外，并购交易还涉及其他多种风险。法律顾问需要与财务顾问、税务顾问、企业财务人员等一起，对交易中涉及的各种风险问题进行评估，帮助交易双方共同廓清、防范交易风险。

四、参加业务谈判

法律顾问需要全程参加交易项目的谈判，包括与交易对方谈判、与贷款银行谈判、与监管部门进行沟通等。通过参加谈判，一方面，对谈判人员在谈判过程中提出的法律问题及时给出专业的解答，推进谈判的进程；另一方面，通过参加谈判，发现和把握交易中容易出现的风险和问题，在起草交易文件时作为参考。

五、提供法律意见

提供法律意见是法律顾问服务并购交易的重要内容，有些情况下还是监管部门的一项强制性要求。比如，在国有产权转让时，法律意见书是决定或者批准企业国有产权转让行为应当审查的书面文件之一。在上市公司重大资产重组中，法律意见书是上市公司需要公告披露的内容。申请要约收购豁免时，也需要聘请律师事务所出具专业意见。

对于重大的项目，法律意见是并购方作出并购决议、启动并购项目的参考依据。法律顾问可以在早期参与项目的可行性研究，提出并购项目可能出现的问题、是否在法律方面存在实施上的障碍，帮助交易双方廓清并购项目的法律风险，从而有助于整个项目风险的防范和控制。

六、法律尽职调查

法律尽职调查是整个调查工作的一部分，法律顾问需要制定法律尽职调查清单，负责完成具体的调查内容。目的就是借助律师的专业技能，通过审慎的调查工作，找出可能阻碍交易实施的因素、发现交易项目潜在的法律问题、提示交易风险，然后再利用专业技巧去防范、控制法律风险。要做好法律尽职调查，法律顾问需要具备高度的专业素养，要求法律顾问对法律问题在商业方面的价值以及商业问题可能产生的法律后果具有敏锐的判断力。

七、参与制定交易结构

交易结构包含各种复杂的要素，需要项目团队共同制定，法律顾问在其中起着关键作用。再完美的交易方案，如果存在法律方面的障碍，一切都是枉然。确定交易主体、交易结构、税务安排、人员安排都离不开法律顾问创造性的工作。

八、协助进行融资安排

并购融资之复杂，有些情况下会甚于并购交易本身，法律顾问的参与至关重要。融资安排通常会在并购交易确定之后，法律顾问此时对整个交易的结构和融资需求都比较了解，能够更好地协助委托人完成交易融资。此外，在上市公司收购中，法律顾问通常也需要就融资安排如收购资金来源等问题发表意见。

九、参与进行税务筹划

许多交易可以在结构上设计为免税或者延税，这有赖于对相关税收法规的熟悉和理解。由于有关的税务规定非常复杂，需要法律顾问、税务顾问和团队成员一起研究，作出最适合交易项目的税务安排。

十、起草、审阅交易文件

交易协议通常由交易买方的法律顾问来起草，定稿后再交由交易卖方的法律顾问审核。法律顾问既要维护各自委托人的利益，更需要把事关双方利益的问题在协议里明确地加以界定。

除协议文本外，其他如产权转让方案、公司章程、公司发起协议、收购报告书、政府报批材料等交易文件也应该由法律顾问起草，或者经过法律顾问的审核。

十一、协助办理交割

签完协议并不等于万事大吉，让签署的协议顺利执行完毕才是交易双方的最终目标。法律顾问要跟踪协议的执行，确保交割所需的先决条件都已实现，确保交割内容和手续符合要求，按照交割安排履行义务。对于交割中出现的问题，法律顾问要及时给出意见，协调双方加以解决。

十二、事务代理

企业合并符合经营者集中申报标准时，法律顾问可以代理申报义务人进行经营者集中申报，协助反垄断执法机构进行反垄断审查。在并购交易中，代理外国投资者履行审批手续。如果并购交易中出现了争议，法律顾问也可以代理委托人解决。

并购交易的周期往往比较长，涉及方方面面的法律问题。在不同的交易阶段，法律顾问都有相应的工作重点。法律顾问介入得越早，在项目中发挥的作用就会越大。试以下图为例，就法律顾问在并购交易不同阶段中的具体作用加以说明。

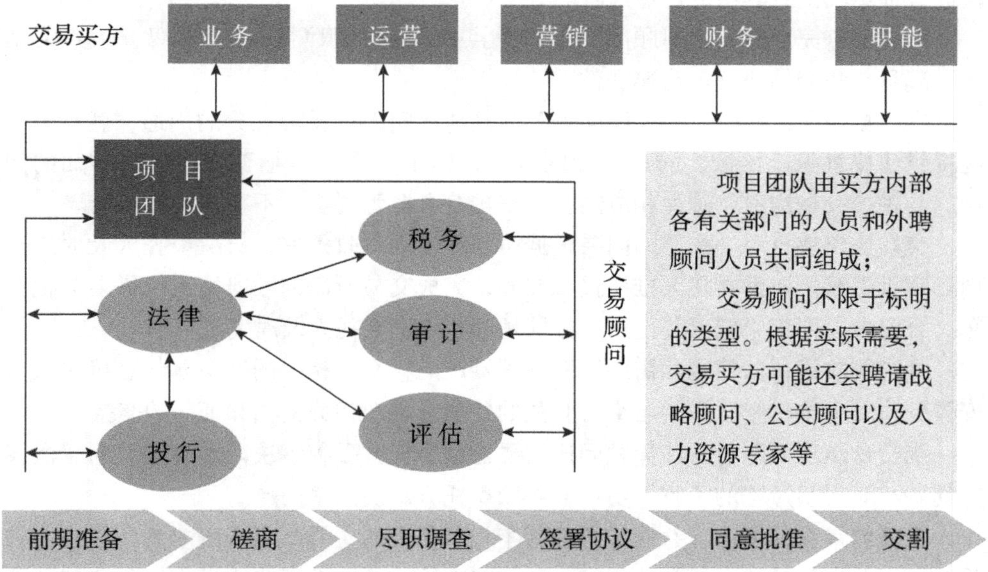

项目启动之前，法律顾问可以帮助客户完成前期准备工作，协助进行项目团队的搭建，确保客户选择的顾问机构具备相关的资质、符合监管方面的要求。法律顾问还需要从法律角度进行可行性分析，对拟实施的交易项目进行风险评估，发现其中容易出现的重大风险、需要经过的审批程序以及可能存在的实施障碍，供决策人员和项目团队参考。对于自身没有法律团队的客户，法律顾问还可以在介入后帮助客户起草、准备需要与其他顾问人员签署的协议，如委托书、保密协议等。

并购项目启动之后，法律顾问要全程参加双方的磋商。在信息收集和调查的基础上，向委托人提示收购的法律风险并提出风险防范措施，必要时出具法律意见书，起草、准备意向书、保密协议等法律文件。此外，律师应向委托人提示意向书与正式收购合同的区别和联系，根据委托人的实际需要提示意向书应具备何种程度的法律效力。鉴于收购活动中收购方投入的人力、物力、财力相对较多，承担的风险也较大，作为收购方的律师，为使收购方获得具有法律约束力的保障，应提请委托人注意在意向书中设置必要的保障条款，以预防和最大限度地降低收购的法律风险。

法律顾问要与其他团队成员组成尽职调查小组，共同完成对交易双方、目标企业或者目标资产的尽职调查。拟定调查清单时，法律顾问要与整个并购团队进行沟通，以保证拟定的清单能够反映各个业务层面的需要。尽职调查完成后，法律顾问要对法律尽职调查的结果进行分析，编制法律尽职调查分析报告，就尽职调查中发现的问题给出法律意见。法律顾问还要把法律尽职调查的结果与并购团队成员进行沟通，提示其注意其中的法律风险。

尽职调查完成后，法律顾问的工作重点是根据尽职调查和交易双方谈判的结果，起草并购交易协议等法律文件。

在安排交易结构时，法律顾问需要与其他顾问人员保持充分的沟通，就有关问题提供法律意见。比如，与财务顾问沟通，确定实施方案是否存在法律方面的问题。与税务人员沟通，确保相应的税务安排符合监管要求，不存在法律风险。

交易协议签订后，法律顾问要根据协议设定的生效条件，提醒委托人及时履行内部审批手续。协助委托人准备报批文件，完成交易所需的政府审批。需要其他股东、合资方、债权人或者其他第三方同意的，协助委托人及时完成。

在交割阶段，法律顾问需要协助办理资产的移交、相关的变更登记、确保人员安置到位、安排付款、缴纳与交易有关的各项税费、相关文档和证照的交接。

当交易出现问题时，法律顾问还需要协助委托方妥善解决。出现争议时，法律顾问基于对交易过程的了解，更适合协助委托方解决系争问题。

在任何市场环境下，并购行为都属于相对重大的交易项目。既要解决复杂、棘手的大问题，还须留意烦琐的细节，其过程和结果都充满不确定性。法律顾问的角色是在既定的制度框架下，帮助客户通过梳理业务条线、厘清操作的流程脉络，在风险和利益的平衡中，创造性地进行交易设计并推进实施，其实质就是服务客户。

第五章

企业上市法律实务

第一节 企业上市概述

一、发行股票并上市

（一）股票发行类型

1. 首次公开发行股票并上市（以下简称 IPO）。IPO 是拟上市公司首次在证券市场公开发行股票募集资金并上市的行为。根据《证券法》（2019 年修订）等相关法律法规的规定，首次公开发行股票并上市是发行人在满足必须具备的条件，并报经证券监管机构或国务院授权的部门注册后，通过证券承销机构面向社会公众公开发行股票并在证券交易所上市的过程。通过首次公开发行，发行人不仅募集到所需资金，且其股票在证券交易市场可以公开交易，成为上市公众公司。

2. 上市公司增资发行。股份有限公司增资是指公司依照法定程序增加公司资本和股份总数的行为。增资发行是指股份公司上市后为达到增加资本的目的而发行股票的行为。依据我国《上市公司证券发行管理办法》（2008 年修订）的相关规定，上市公司增资的方式主要有：向原股东配售股份、发行可转换公司债券、非公开发行股票、向不特定对象公开募集股份、公开发行优先股等。

（1）向原股东配售股份，简称配股，是公司按股东的持股比例向原股东分配公司的新股认购权，准其优先认购股份的方式。即按老股一股配售若干新股，以保护原股东的权益及其对公司的控制权。

（2）发行可转换公司债券。可转换公司债券是指其持有者可以在一定时期内将其所持公司债券按一定比例或价格将之转换成一定数量的另一种证券，通常是转化为普通股票。公司发行可转换债券的主要动因是增强证券对投资者的吸引力，公司能以较低的成本筹集到所需的资金。可转换债券一旦转换成普通股票，能使公司将原本的债务转化成长期稳定的股本，扩大了股本规模。

（3）非公开发行股票，也被称为“定向增发”，是股份公司向特定对象发行股票的增资方式。特定发行对象不超过35名，证券投资基金管理公司以其管理的2只以上基金认购的，视为一个发行对象。信托公司作为发行对象，只能以自有资金认购。非公开发行股票，因不同发行对象和定价原则，认购的股票锁定期限也不一致。

（4）向不特定对象公开募集股份，简称增发，是股份公司向不特定对象公开募集股份的增资方式。增发在前几年基本已经销声匿迹，但在2019年后又重出江湖。增发不存在锁定期等限制因素，但因定价等原因，故一般在股票价格存在上涨预期的时候适用。

（5）公开发行优先股。优先股是指依照《公司法》，在一般规定的普通种类股份之外，另行规定的其他种类股份，其股份持有人优先于普通股股东分配公司利润和剩余财产，但参与公司决策管理等权利受到限制。

（二）股票上市

股票上市是指已经发行的股票经证券交易所批准后，在交易所公开挂牌交易的法律行为。股票上市是连接股票发行和股票交易的“桥梁”。

在我国，股票公开发行后经交易所审核即可获得上市资格。上市后，公司股票能在交易所交易系统进行竞价交易，有利于投资者增加对公司的投资热情，也可增加公司的被关注度。2019年修订的股票上市规则主要对信息披露和停牌制度等进行了修改，增强了信息披露的透明性，尤其是细化重大事件的持续披露要求，有利于普通投资者减少部分信息不对称的影响。

二、中国企业目前上市情况

2012年年底，IPO事实上停止。2013年年初，中国证监会开展声势浩大的IPO自查与核查运动，被称为IPO“史上最严财务核查风暴”。此次核查剑指IPO在审企业的财务真实性，严打粉饰报表、虚假上市等违法违规行为。此次核查中，由63家保荐机构保荐的269家拟上市企业终止审查，数家中介机构和保荐代表人遭证监会处罚。此次大规模核查力求挤出企业报告水分，充分披露在审企业的风险，重在披露制度革新，为IPO审核制度改革奠定了基础。

2013年11月15日公布的《中共中央关于全面深化改革若干重大问题的决定》明确指出，推进股票发行注册制改革。随之，证监会于2013年11月30日发布《关于进一步推进新股发行体制改革的意见》。2015年12月27日，第十二届全国人民代表大会常务委员会第十八次会议授权国务院在实施股票发行注册制改革中调整适用《证券法》的有关规定，授权国务院对拟在上海证券交易所、深圳证券交易所上市交易的股票的公开发行，调整适用《证券法》关于股票公开发行核准制度的有关规定，实行注册制度，具体实施方案由国务院作出规定，报全国人民代表大会常务委员会备案，该决定施行期限为两年。2018 年 2 月 24 日，第十二届全国人民代表大会常务委员会第三十三次会议决定，前述实行注册制的施行期限延长两年至 2020 年 2 月 29 日。2020 年 3 月 1 日，新修订的《证券法》生效施行，注册制全面推行，标志着中国资本市场发展进入了一个新的历史阶段。

新股发行注册制后，上市公司重在信息披露，加大信息公开力度；监管部门对新股发行的审核重在审查合规性，不审查企业价值和风险，而由投资者和市场自主判断；监管思路更加突出事中加强监管、事后严格执法。发行人及其董事、监事、高级管理人员未能诚实履行信息披露义务、信息披露严重违规、财务造假，或者保荐机构、会计师事务所、律师事务所等相关中介机构未能勤勉尽责的，依法严惩。对中介机构的诚信记录、执业情况将按规定予以公示。

第二节 企业境内 A 股上市

一、首次公开发行股票并上市的条件

（一）公开发行股票需具备的条件

1. 法律规定

根据《公司法》的规定：公司股份的发行，实行公平、公正的原则，同种类的每一股份应当具有同等权利。同次发行的同种类股票，每股的发行条件和价格应当相同；任何单位或者个人所认购的股份，每股应当支付相同价额。股票发行价格可以按票面金额，也可以超过票面金额，但不得低于票面金额。

根据《证券法》的规定，公司公开发行新股，应当符合下列条件：

（1）具备健全且运行良好的组织机构；

（2）具有持续盈利能力；

（3）最近三年财务会计报告被出具无保留意见审计报告；

（4）发行人及其控股股东、实际控制人最近三年不存在贪污、贿赂、侵占财产、挪用财产或者破坏社会主义市场经济秩序的刑事犯罪；

（5）经国务院批准的国务院证券监督管理机构规定的其他条件。

2. 中国证券监督管理委员会的规定

依据《首次公开发行股票并上市管理办法》《创业板首次公开发行股票注册管理办法（试行）》《深圳市证券交易所创业板股票发行上市审核规则》，股份公司在主板、中小板、创业板的发行条件对比见下表。

条件项目	主板、中小板	创业板
主体资格	依法设立且合法存续的股份有限公司	依法设立且合法存续的股份有限公司
经营年限	持续经营时间应当在3年以上，但经国务院批准的除外（有限公司按原账面净资产值折股整体变更为股份公司可连续计算）	持续经营时间应当在3年以上（有限公司按原账面净资产值折股整体变更为股份公司可连续计算）
盈利要求	（1）最近3个会计年度净利润均为正数且累计超过人民币3000万元，净利润以扣除非经常性损益前后较低者为计算依据； （2）最近3个会计年度经营活动产生的现金流量净额累计超过人民币5000万元；或者最近3个会计年度营业收入累计超过人民币3亿元； （3）最近一期不存在未弥补亏损	最近两年净利润均为正，且累计利润不低于人民币5000万元 预计市值不低于10亿元，最近一年净利润为正营业收入不低于1亿元 预计市值不低于50亿元，且最近一年营业收入3亿元 净利润以扣除非经常性损益前后孰低者为计算依据
资产要求	最近一期末无形资产（扣除土地使用权、水面养殖权和采矿权等后）占净资产的比例不高于20%	
股本要求	发行前股本总额不少于人民币3000万元	发行后股本总额不少于人民币3000万元
主营业务要求	最近3年内主营业务没有发生重大变化	发行人应当主要经营一种业务，其生产经营活动符合法律、行政法规和公司章程的规定，符合国家产业政策及环境保护政策。最近2年内没有发生重大变化
董事及管理层	最近3年内没有发生重大变化	最近2年内未发生重大变化
实际控制人	最近3年内实际控制人未发生变更	最近2年内实际控制人未发生变更
同业竞争	发行人的业务与控股股东、实际控制人及其控制的其他企业间不得有同业竞争	发行人的业务与控股股东、实际控制人及其控制的其他企业间不得有同业竞争
关联交易	不得有显失公平的关联交易，关联交易价格公允，不存在通过关联交易操纵利润的情形	不得有显失公平的关联交易，关联交易价格公允，不存在通过关联交易操纵利润的情形

续表

条件项目	主板、中小板	创业板
募集资金用途	应当有明确的使用方向，原则上用于主营业务	发行人募集资金应当用于主营业务，并有明确的用途。募集资金数额和投资项目应当与发行人现有生产经营规模、财务状况、技术水平和管理能力等相适应
违法行为	最近36个月内未经法定机关核准，擅自公开或者变相公开发行过证券；或者有关违法行为虽然发生在36个月前，但目前仍处于持续状态；最近36个月内违反工商、税收、土地、环保、海关以及其他法律、行政法规，受到行政处罚，且情节严重；最近36个月内曾向中国证监会提出发行申请，但报送的发行申请文件有虚假记载、误导性陈述或重大遗漏；或者不符合发行条件，以欺骗手段骗取发行核准；或者以不正当手段干扰中国证监会及其发行审核委员会审核工作；或者伪造、变造发行人或其董事、监事、高级管理人员的签字、盖章；本次报送的发行申请文件有虚假记载、误导性陈述或者重大遗漏；涉嫌犯罪被司法机关立案侦查，尚未有明确结论意见；严重损害投资者合法权益和社会公共利益的其他情形	发行人及其控股股东、实际控制人最近3年内不存在损害投资者合法权益和社会公共利益的重大违法行为。发行人及其控股股东、实际控制人最近3年内不存在未经法定机关核准，擅自公开或者变相公开发行证券，或者有关违法行为虽然发生在3年前，但目前仍处于持续状态的情形
发审委	设主板发行审核委员会，25人	设创业板发行审核委员会
初审征求意见	征求省级人民政府意见	无
保荐人持续督导	首次公开发行股票的，持续督导的期间为证券上市当年剩余时间及其后2个完整会计年度；上市公司发行新股、可转换公司债券的，持续督导的期间为证券上市当年剩余时间及其后2个完整会计年度。持续督导的期间自证券上市之日起计算	对于创业板公司的保荐期限，相对于主板做了适当延长。 相关要求将体现在修订后的《证券发行上市保荐业务管理办法》及交易所对创业板保荐人的相关管理规则中

续表

条件项目	主板、中小板	创业板
针对创业板的其他要求		1. 要求保荐人对公司成长、自主创新能力作尽职调查和审慎判断，并出具专项意见； 2. 要求发行人的控股股东对招股说明书签署确认意见； 3. 要求发行人在招股说明书显要位置作出风险提示，内容为“本次股票发行后拟在创业板市场上市，该市场具有较高的投资风险。创业板公司具有业绩不稳定、经营风险高等特点，投资者面临较大的市场波动风险，投资者应充分了解创业板市场的投资风险及本公司所披露的风险因素，审慎作出投资决定”

（二）股票上市需要具备的条件

根据《证券法》的规定，申请股票上市交易，应当符合证券交易所上市规则规定的上市条件。

根据上海证券交易所和深圳证券交易所相关股票上市规则的规定，股份有限公司申请股票在交易所主板和中小板上市的，需符合“股票经中国证监会核准已公开发行；公司股本总额不少于人民币 5000 万元；公开发行的股份达到公司股份总数的 25% 以上；公司股本总额超过人民币 4 亿元的，公开发行股份的比例为 10% 以上；公司最近 3 年无重大违法行为，财务会计报告无虚假记载；交易所要求的其他条件”；申请在创业板上市的，还需满足《深圳证券交易所创业板股票上市规则》第 5.1.1 条“股票已公开发行；公司股本总额不少于 3000 万元；公开发行的股份达到公司股份总数的 25% 以上；公司股本总额超过四亿元的，公开发行股份的比例为 10% 以上；公司股东人数不少于 200 人；公司最近三年无重大违法行为，财务会计报告无虚假记载；本所（深交所）要求的其他条件”等规定。

（三）企业发行上市需符合国家产业政策

企业申请公开发行股票并上市，必须符合国家产业政策。国家鼓励和重点支持的产业、高科技产业、朝阳产业、增长型产业将得到优先支持。以下产业（或业务）将受到限制：

1. 国家限制发展和要求淘汰的产业（详见国家发改委最新颁布的《产业结构调整指导目录》）；

2. 受到宏观政策调控限制的产业（房地产企业）；
3. 政策特别限制的业务，如国家风景名胜的门票经营权、报纸杂志采编业务等；
4. 不能履行信息披露义务最低标准的、有保密要求的业务（军工企业）。

二、发行上市的中介团队

发行上市涉及的主要中介机构及其职责如下：

（一）保荐机构

保荐机构应当严格履行法定职责，遵守业务规则和行业规范，对发行人的申请文件和信息披露资料进行审慎核查，督导发行人规范运行，对其他中介机构出具的专业意见进行核查，对发行人是否具备持续盈利能力、是否符合法定发行条件做出专业判断，并确保发行人的申请文件和招股说明书等信息披露资料真实、准确、完整、及时。

（二）律师

企业股票公开发行上市必须依法聘请律师事务所担任法律顾问。律师主要对股票发行与上市的各种文件的合法性进行判断，并对有关发行上市涉及的法律问题出具法律意见。

（三）会计师

股票上市过程中的审计应当由会计师事务所担任。会计师事务所应当检查与审验企业账目，具体工作包括：验资、审计、内控鉴证等会计服务。

（四）资产评估师

如企业在股票发行过程中的整体变更需要评估公司资产，应当选聘资产评估机构进行资产评估，并履行严格的资产评估程序。

根据新修订的《证券法》第一百六十条规定，上述机构需要在证监会进行备案后方可从事证券服务业务。

三、发行上市程序及律师职责

（一）股票发行上市的程序

股票发行上市不仅要符合前述规定，还应该履行一定的程序。根据《公司法》《证券法》、中国证监会和证券交易所颁布的规章规则等有关规定，企业公开发行股票并上市的程序主要如下：

1. 聘请中介机构并进行尽职调查

企业有了上市的计划，应首先选择并确定各中介机构，由保荐、会计和法律等中介机构对企业进行全面的尽职调查。保荐机构和其他中介机构在对公司进行全面尽职调查后，保荐机构协助企业拟订改制重组或上市方案，会计师事务所、律师事务所等中介机构在各自的专业领域中对企业改制重组或上市方案进行可行性的专业性论证和建议。

2. 上市辅导

各中介机构应在其各自专业领域对公司进行上市公司必备知识的培训；协助拟上市公司完善现行的组织结构和内部管理；明确业务发展目标和募集资金投向。引导公司对照发行上市条件，对存在的问题进行整改，准备首次公开发行申请材料。保荐机构与发行人签订发行上市辅导协议后，就要根据改制设立和上市申报的时点在保荐机构网站、发行人注册地的证监局网站及时披露对发行人的辅导工作进展；辅导工作结束后，应及时对辅导过程、内容、效果进行总结并在上述网站进行披露。

3. 改制与股份有限公司的设立

现在绝大部分拟上市企业采取的都是以有限公司整体变更设立为股份公司的模式，在此种情况下，股份公司的经营年限是从有限公司设立时起算。整体变更的时间节点有早有晚，我们一般建议在上市方案确定且有限公司已经整改完善后再进行整体变更的工作。有限公司整体变更为股份公司，应对拟改制的资产进行审计、评估；签署发起人协议，起草公司章程等法律文件；验资、召开创立大会；设置公司运营组织架构等工作。

4. 申请文件的申报

企业和所聘请的中介机构，应当依照证监会的要求制作上市申请文件，再由保荐机构负责向中国证监会申报；符合申报条件的，中国证监会在五个工作日内受理申请。

5. 申请文件的审核

保荐机构应在向中国证监会提交首发申请文件的同时，一并提交预先披露材料，并在报送上会材料的同时报送预先披露更新材料。中国证监会发行监管部门收到上述材料后，即按程序安排预先披露。保荐机构组织发行人和中介机构对发行监管部门反馈的审核意见进行回复、整改，并提交发行审核委员会，中国证监会或者国务院授权的部门应当自受理证券发行申请文件之日起三个月内，依照法定条件和法定程序作出予以注册或者不予注册的决定。

6. 路演、询价与定价

经证监会注册成功后，企业在指定报刊上刊登招股说明书摘要、发行公告等信息，证券公司与发行人组织路演，向投资者进行推介并询价，根据询价结果协商确定发行价格。

7. 发行与上市

根据中国证监会规定的发行方式公开发行股票的企业，应向证券交易所提交上市申请，在登记结算公司办理股份的托管与登记。上市后，保荐机构应当继续履行其对企业的督导职责。

（二）律师的主要工作

律师事务所担任拟发行上市公司的法律顾问，其主要工作如下：

1. 对改制重组方案的合法性进行论证；

2. 指导股份公司的设立或变更；

3. 对企业进行全面尽职调查并对企业发行上市涉及的法律事项进行审查并协助企业规范、调整和完善；

4. 对发行主体的历史沿革、股权结构、资产、组织机构运作、独立性、税务等全面的法律事项的合法性进行判断；

5. 对股票发行上市的各种法律文件的合法性进行判断；

6. 协助和指导发行人起草公司章程等法律文件；

7. 出具法律意见书并就后续监管部门的反馈出具补充法律意见书；

8. 出具律师工作报告；

9. 对有关申请文件提供鉴证意见；

10. 对老股发售方案，发行人及控股股东等主体责任承诺及股价稳定预案的合法合规性发表法律意见。

四、拟发行上市公司需注意的事项

（一）土地使用权

在企业改制过程中，涉及国有企业占有的国有划拨土地的处置，应当首先对国有划拨土地进行评估，并按照土地主管机关的规定履行相应的手续，具体的处置方式有以下三种：一是采取作价入股的方式，将国有土地使用权评估后作价投资，随同改制企业国有资本一并加入公司制企业；二是采取出让方式，由公司制企业购买国有土地使用权并支付土地使用权出让金；三是采用租赁方式，由公司制企业承租并支付租金。

（二）同业竞争

1. 同业竞争主体的判断，从证券监管角度而言，同业竞争主体主要指控股股东、实际控制人或其控制的企业，有的做扩大理解，同业竞争主体扩展到持有公司5%以上股权（份）的主要股东或其控制的企业。

2. 同业竞争内容的判断，一种是通过经营范围从表面上判断；另一种是实质性的判断，从业务的性质、业务的客户对象、产品或劳务的可替代性、市场差别等方面进行判断，同时应充分考虑对拟上市创业公司及其股东的客观影响。

例如，华润集团旗下的华润超市和万科旗下的万佳百货，前者是立足于生活小区的小型超市，后者是综合性的商场。两者市场定位、客户选择等都是有区别的，并且华润集团和万科长期以来在各自的商品零售业发展，谁兼并谁都有困难。因此万科在公告中这样表述："华润万家和万佳业务虽然同处零售行业，但因双方业态和经营模式及商品种类存在很大差异，并没有构成直接对立的利益冲突。华润将按照有利于万科长远发展和有利于万科中小股东利益的原则避免在零售业务方面与万佳发生冲突，并将就零售业务的发展，与万科探讨多种合作的可行性。"因此，不能简单判断同业竞争关系，也不能一味简单地要求避免任何层面上的同业竞争。

3. 同业竞争的解决方式，如果拟上市公司存在上述同业竞争问题，则在申报前必须要加以解决。一般来说，有以下几种解决方式：（1）如相关主体实际没有从事相关业务，可变更相关经营范围；（2）通过收购、委托经营等方式，将竞争的业务板块集中到拟上市公司；（3）竞争方股东、子公司将竞争业务转让给无关联的第三方；（4）拟上市公司放弃同业竞争的业务。

同时，拟上市公司的控股股东或实际控制人还需签署避免同业竞争承诺函，承诺不得开展与拟上市公司会产生直接、间接或潜在竞争的业务。如用友网络（证券代码600588，原用友软件）的所有股东承诺，与股份公司之间不存在同业竞争关系，并承诺将不以任何方式直接或间接地从事或参与和股份公司相竞争的任何其他业务活动。

（三）关联交易

1. 关联交易定义及内容

关联交易是指拟上市公司（含其并表范围内子公司）与其关联方之间发生的转移资源或义务的事项。对公司的财务状况和经营成果有重大影响的关联交易，公司应当披露关联交易在营业收入或营业成本中的比例、产生的损益，关联交易的名称、数量、单价、总金额、占同一业务的比例、定价政策及其决策依据，并说明关联交易定价是否具有公允、关联交易是否履行程序等。如拟上市公司在前期关联交易发生时未能履行相关审议程序的，一般会在改制为股份公司后的股东大会上对报告期内的关联交易进行补充确认，关联股东和关联董事在审议时应回避表决。

2. 减少和规范关联交易

首先，公司应注意本公司的主营业务收入是否主要来自关联交易，如果是，则会对公司上市产生严重障碍，这会使证券监管机构对公司的独立经营能力产生怀疑，因此应努力避免关联交易在主营业务收入中占较大比例。

其次，对于公司正常经营活动中的关联交易，公司应归集有关交易的法律文件，梳理关联交易的履约情况，在披露范围内，应尽早与关联方签署有关关联交易的协议，保证在协商、签约和履行关联交易时，不得发生大股东利用股东优势地位侵犯公司和中小股东的利益的行为。这种关联交易应按照法定程序通过。如存在长期合作的交易，关联双方可以签订不定期的或一定期限的总的类似承诺的关联交易协议。

最后，对公司来说，比较敏感的是有关知识产权方面的协议，拟上市的公司应将主要的知识产权如核心技术、商标掌握在公司自己手里，如实在需与关联方合作，则应签订较长期限的关联交易协议，以确保在长时间内不会影响到公司的独立性，不会对公司造成不良的影响。

3. 特别注意避免以下关联交易

（1）发行人或关联方与其客户或供应商以私下利益交换等方法进行恶意串通以实现收入、盈利的虚假增长。如直销模式下，与客户串通，通过期末集中发货提前确认收入，或放宽信用政策，以更长的信用周期换取收入增加。在经销商或加盟商模式下，加大经销商或加盟商铺货数量，提前确认收入等。

（2）关联方或其他利益相关方代发行人支付成本、费用或者采用无偿或不公允的交易价格向发行人提供经济资源。

（3）保荐机构及其关联方、PE 投资机构及其关联方、PE 投资机构的股东或实际控制人控制或投资的其他企业与发行人发生的大额交易。该类交易发生在申报期内最后一年时点，并且导致发行人在申报期内最后一年营业收入、利润出现显著大幅度增长。

（4）通过技术手段或其他方法指使关联方或其他法人、自然人冒充互联网/移动互联网客户与发行人（互联网或移动互联网服务企业）进行交易，达到收入、盈利的大幅虚假增长等情形。

（四）股份有限公司发起人资格及发起人协议的合法性

我国《公司法》关于发起人资格的规定是：须有过半数的发起人在中国有住所；发起人可以是自然人或法人，他们均须符合民法关于民事主体及民事权利能力、民事行为能力的规定。

发起人协议是发起人以书面形式订立的关于设立股份有限公司的协议。发起人协议规定各发起人的姓名（名称）、住所、公司股权结构、认购股份份额、权利、义务、发行费用概算及发起人之间为公司设立的分工与合作。协议应由发起人各方签字，法人作为发起人的还应加盖法人单位的公章。

（五）发起人投资行为的合法性、资产状况的合法性

此项审查主要是对发起人投资入股是否合法、投入的资产是否拥有产权及办理产权转移手续是否存在法律障碍等进行验证。

（六）无形资产权利的有效性和处理的合法性

国家对商标权、专利权等知识产权的保护有期限性，因此，其权利是否仍在保护期内是律师必须审查的内容。

关于土地使用权的处理，可入股、租赁，但均应依照法定要求办理相关手续。

（七）重要业务、资产、债权、债务等重大变更的合法性和有效性

有限公司整体变更为股份有限公司后，有限公司的资产、业务及债权债务必须取得相关部门或人员的同意，并及时办理变更过户手续，律师应当对这些变更的合法性和有效性进行法律审查。

（八）尚未完结的诉讼、仲裁或其他争议的解决前景及可能带来的经济后果

律师应尽责了解拟上市公司是否存在尚未完结的诉讼、仲裁或其他争议，并依法对这些诉讼、仲裁或争议的处理结果以及可能带来的经济后果发表意见，从而为投资者对公司发行的股票能否投资提供价值判断。

（九）其他应当审查的事项

律师应从信息披露的法定要求角度，审查其他重要事项，以确定有无其他遗漏，或按有关规定需披露而未披露，或对投资者作出判断有重大影响的重大事件。

五、特殊行（企）业上市的特殊要求

（一）福利企业

福利企业是指为安置残疾人员劳动就业而兴办的具有社会福利性质的特殊企业。

福利企业只要符合前述发行上市条件，就可以公开发行股票并上市。福利企业申请发行上市要注意以下问题：

1. 社会福利企业所安置的残疾人员是指具有一定劳动能力的视力残疾者、听力语言残疾者、肢体残疾者和智力残疾者。

2. 社会福利企业应具备下列条件：

（1）安置残疾人员达到生产人员总数35%以上；

（2）生产和经营范围符合国家产业政策，并适宜残疾人生产劳动或经营；

（3）企业中的残疾职工应具有适当的劳动工作岗位。

3. 社会福利企业中非生产人员不得超过职工总数的22%。

4. 取得《社会福利企业证书》。

5. 福利企业的税收减免符合国家有关规定，税收减免应由企业单独列账，专项管理。

6. 能提供“四表一册”（企业基本情况表、残疾职工工种安排表、企业职工工

资表、利税分配使用报表、残疾职工名册)，残疾职工残疾证，企业职工花名册，职工社会保险基金缴纳情况表，民政企业年检合格证书等资料。

（二）军工企业

军工企业发行上市应注意以下事项：

1. 以民品业务为主，或军转民企业，如分担了军品生产任务，所占比重不宜过大。

2. 能履行有关法律法规和中国证监会要求的信息披露义务的最低标准。

3. 在公开发行时确属国家机密的事项，经中国证监会许可，可采用合适的替代方式进行信息披露。在上市后确属国家机密的事项，公司可以向证券交易所申请豁免披露或履行相关义务。

2007 年 2 月，国防科工委发布《关于大力发展国防科技工业民用产业的指导意见》，鼓励放开军工企业整体上市；承担关键分系统和特殊专用配套的保留军工企业，在国家控股的情况下可国内上市；承担总体和系统集成的保留军工企业，其中放开军工企业在剥离后可国内上市。

（三）金融企业

金融企业要能够顺利上市，首先必须解决其自身发展中存在的一些问题，主要是金融风险的防范和控制问题。我国金融业是在金融深化不足、长期政策保护的情况下发展起来的，因此在发展过程中也积累了许多问题。这些问题如果不能及时妥善解决，随时都会对金融机构经营乃至整个国民经济产生巨大的冲击。金融企业要想上市，必须将传统体制下积累下来的风险问题先行逐步解决，达到能被证券市场投资者接受的程度。

从银行业来说，银行业是我国金融业中发展历史最长、目前规模最大的一个部门。我国金融体系以间接融资为主，银行业在其中始终占据着主导地位。但近年来随着银行体制改革的不断深化，银行业不良贷款比例过高所引发的金融风险也日益凸显，特别是四大国有商业银行，由于长期以来背负着为国企服务的重任，不良贷款的比例更高。比例过高的不良资产直接影响了银行实施资产负债比例管理，按照《巴塞尔协议》计算的我国银行资产负债比例普遍达不到 8% 的最低要求。为了提高国有商业银行的资产质量，近几年来通过注资、提高呆坏账准备金比率等方式，已核销国有商业银行呆账近 1000 亿元，1998 年 8 月，财政部发行 2700 亿元特别国债，用于补充四大国有商业银行的资本金，但由于没有从根本上解决政企不分、银企产权主体一体化等问题，银行不良资产增加的势头难以遏制。

保险业在我国发展时间不长，但发展速度很快。保险市场的快速扩张，保费收入的迅猛增长，在很大程度上掩盖了保险公司支付能力不足的隐患。制约保险公司支付能力的主要因素，一方面是保险公司的资本金实力难以跟上公司业务的快速扩张和发展；另一方面是保险公司的资金运用渠道狭窄，结构不合理，资金运用收益率低，不能满足赔付资金需求。

证券业是我国金融领域中的新兴产业，虽然在较短的时间内取得了长足的发展，但也不能掩盖其中的诸多问题，主要包括证券经营机构规模小，经营不规范，业务结构雷同，创新能力不足，市场过度竞争等。这些问题不仅制约了证券经营机构自身的发展，也影响了证券业整体的发展及其作用的发挥。

鉴于我国金融业存在的金融风险较大，我国金融企业风险控制的能力和水平尚存欠缺，而金融企业的业务经营与国民经济各部门、各单位以及人民生活密切相关，金融企业对证券市场的稳定性具有十分重要的意义，因此，金融企业上市条件必然会与其他企业上市条件有所不同，在信息披露方面的要求也更加严格。金融企业不同于一般产业的上市企业，它在财务制度、运营方式以及资产结构等方面均具有明显的行业特殊性。根据国际国内投资者对信息的要求，从国际经验和我国目前公开发行股票的金融企业情况看，在现行信息披露规则的基础上，金融上市公司还要求充分披露企业资产质量状况、不良资产的处置和承担方式、企业内控机制建立健全的情况以及与主要业务风险有关的指标及其变化情况、敏感会计科目的定义、运用和变化情况，以保证对投资者的公开、公正和公平，有效保护投资者的合法权益。中介机构要对金融企业进行严格的审计和上市辅导，必要时可考虑聘请境外具有丰富经验的中介机构协助进行审计工作。金融企业上市过程中应当注意以下问题：

1. 公司股东问题。一般城市商业银行是由原来的地方性股份制银行、农村信用社、金融服务社等改制而成，股权结构较为复杂，股东人数较多，应关注自然人股东及公司员工股东的范围、入股价格及其依据、入股资金的来源，是否存在纠纷或潜在纠纷，是否存在不合格、无法找到或尚待清理的股东等。

2. 股权转让、增资。应关注设立后历次股权转让及重组、增资情况，股权转让价格及依据，增资价格及依据，上述过程中是否存在违法违规行为，是否存在纠纷或潜在纠纷等。

3. 城市商业银行跨区经营的能力。

4. 公司的战略投资者情况。公司与战略投资者合作协议的主要条款，包括相互权益/约束、合作计划等，是否有优于未来 A 股社会公众股东的相关约定与安排，以及相关条款是否会在上市前后有所变化。

（四）投资性企业

根据《首次公开发行股票并上市管理办法》（2018 年修订）的规定，如果作为投资性公司的发行人的净利润不是主要来自合并财务报表范围以外的投资收益，则该投资性公司申请 IPO 没有限制性规定。

六、中小企业板和创业板特点

（一）中小企业板特点

中小企业板定位为主业突出、具有成长性和科技含量的中小企业提供融资渠道和发展平台，促进中小企业快速成长和发展，是突破中小企业发展“瓶颈”的重要探索。中小企业板是现有主板市场的组成部分，其发行上市条件与主板相同，但发行规模较小，中小企业板块成长较快，上市后需要遵循更为严格的监管规定。目的在于提高中小企业公司治理结构水平，规范运作，增强其信息披露透明度，保护中小企业投资者的权益。创业板与中小企业板本质上都是为中小企业融资和发展服务的，但是二者在发行上市条件、交易机制等方面存在较大差异。

中小企业板总体规划思路可以概括为“两个不变”和“四个独立”。“两个不变”即现行法律法规不变、发行上市标准不变，也就是说中小企业板运行所遵循的法律、法规和部门规章与主板市场相同，中小企业板上市公司应当符合主板市场发行上市的条件和信息披露要求。“四个独立”即运行独立、监察独立、代码独立、指数独立。运行独立是指中小企业板的交易系统由独立于主板市场交易系统的第二交易系统运行承担。监察独立是指深交所建立独立的监察系统对中小企业板交易实施实时监控，该系统针对中小企业板的交易特点和风险特征设计设置独立的监控指标和报警阈值。代码独立是指为中小企业板股票设计独立的、不同于主板市场不同的股票编码。指数独立是指中小企业板块在上市股票达到一定规模后，独立发布该板块的指数，目前中小企业板的独立指数代码为399101。

“两个不变”“四个独立”符合中小企业板的发展需要，充分体现了审慎推进、充分结合、从严监管和统筹兼顾原则。中小企业板的设立，可以促进落实分步推进创业板市场，基于现有市场条件的改革措施，中小企业板块重在摸索和积累经验。要把促进中小企业板块发展进程和市场可承受能力结合起来，以及时化解市场风险隐患，促进市场稳定运营为首要任务，因此要坚持审慎推进中小企业板块发展的原则。

（二）创业板特点

创业板市场，顾名思义，着眼于创业，是为了适应自主创新企业及其他成长型创业企业发展需要而设立的市场。各国对此称呼不一，有的叫成长板，有的叫新市场，有的叫证券交易商报价系统，如美国的纳斯达克、英国的AIM等。与主板市场只接纳成熟的、已形成足够规模的企业上市不同，创业板以自主创新企业及其他成长型创业企业为服务对象，具有上市门槛相对较低、信息披露监管严格等特点，它的成长性和市场风险均高于主板。

创业板促进多层次资本市场的发展，目的在于促进自主创新企业及其他成长型创业企业的发展，是践行自主创新国家战略、支持处于成长期的创业企业的重要平台。创业板公司应具备“两高六新”的特点。“两高”是指成长性高、科技含量高；“六新”是指新经济、新服务、新农业、新材料、新能源和新商业模式。

随着我国多层次资本市场体系的逐步建立，建立以适当性为内容的投资者保护制度，使制度发展能与投资者的风险认识、承受能力相适应，成为市场发展的迫切要求。因此，《首次公开发行股票并在创业板上市管理办法》（2018 年修订）中规定，创业板市场应当建立与投资者风险承受能力相适应的投资者准入制度，向投资者充分提示投资风险。

2020 年 5 月，深交所将起草的《深圳证券交易所创业板企业发行上市申报及推荐暂行规定（征求意见稿）》）（以下简称《暂行规定征求意见稿》）在保荐机构层面定向征求意见。《暂行规定征求意见稿》明确创业板的定位为“深入贯彻创新驱动发展战略，适应发展更多依靠创新、创造、创意的大趋势，主要服务成长型创新创业企业，并支持传统产业与新技术、新产业、新业态、新模式深度融合”。具体而言，结合创业板定位，以及现有上市公司以高新技术企业和战略性新兴产业公司为主的板块特征，《暂行规定征求意见稿》设置了创业板上市推荐行业负面清单，包括农林牧渔、农副食品加工、采矿、食品饮料、纺织服装、黑色金属、电力热力燃气、建筑、交通运输、仓储邮政、住宿餐饮、金融、房地产、居民服务和修理等传统行业，原则上不支持属于上述行业的企业申报创业板上市。但是，明确上述行业中与互联网、大数据、云计算、自动化、新能源、人工智能等新技术、新产业、新业态、新模式深度融合的创新创业企业仍可以在创业板上市。

七、科创板

（一）基本情况

2019 年 1 月 30 日，科创板相关配套规则向社会公众公开征求意见。2019 年 3 月 1 日相关配套规则正式公布。2019 年 3 月 2 日凌晨，证监会正式发布了设立科创板并试点注册制的两个文件，分别为《科创板首次公开发行股票注册管理办法（试行）》和《科创板上市公司持续监管办法（试行）》。办法自公布之日起实施，2019 年 3 月 3 日上海证券交易所就科创板发行上市发布《上海证券交易所科创板企业上市推荐指引》《上海证券交易所科创板股票发行上市审核问答》。

2019 年 3 月 15 日，上交所正式发布《保荐人通过上海证券交易所科创板股票发行上市审核系统办理业务指南》与《科创板创新试点红筹企业财务报告信息披露指引》。3 月 18 日，科创板发审系统上线。

上述规则有三方面特点，一是贯彻落实了科创板并试点注册制的基本要求，坚持市场导向，强化市场约束，坚持法治导向，确保每一项规则于法有据，提高违法成本，以信息披露为中心，促进市场各方归位尽责，体现了科创特点和需求，提高规则制度的针对性和包容性。

二是围绕增量改革目标，积极稳妥推进制度创新，科创板是试验田，试点注册制，本着创新思维和法治思维有一些探索，把完善资本市场基础制度和激发市场活力、保护投资者合法权益等一系列目标结合起来，对一些关键难点问题也做了针对性回应，对成熟市场的行之有效的制度进行借鉴，力争把试点探索的先行优势和增量改革后发优势发挥出来，形成可复制可推广的体制。

三是设立统筹衔接，科创板改革涉及板块建设和注册试点关系，以及一级市场和二级市场的关系，涉及市场机制和监管的关系，发行人、投资者、中介机构等不同主体之间的关系，要做到整体思维，通盘考虑，以全程监管、信息披露、归位尽责等理念进行制度安排，做到前后衔接贯通。

（二）科创板上市主要程序

1. 有限公司股改成股份有限公司；
2. 中介机构进行尽职调查并出具相关文件；
3. 向上交所申报材料；
4. 上交所审核，向发行人提出问询，发行人答复反馈；反馈可能会经过几轮；
5. 上交所审核同意后报证监会履行发行注册程序；
6. 证监会履行注册程序，过程中有可能会要求交易所进一步落实相关事项；
7. 证监会作出同意注册的决定；
8. 发行人发行股票（须在证监会作出同意注册决定之日起 1 年内发行）。

（三）科创板上市条件

1. 科创板企业的定位

面向世界科技前沿、面向经济主战场、面向国家重大需求。优先支持符合国家战略，拥有关键核心技术，科技创新能力突出，主要依靠核心技术开展生产经营，具有稳定的商业模式，市场认可度高，社会形象良好，具有较强成长性的企业。重点是如下领域的企业：

（1）新一代信息技术领域，主要包括半导体和集成电路、电子信息、下一代信息网络、人工智能、大数据、云计算、新兴软件、互联网、物联网和智能硬件等；

（2）高端装备领域，主要包括智能制造、航空航天、先进轨道交通、海洋工程装备及相关技术服务等；

（3）新材料领域，主要包括先进钢铁材料、先进有色金属材料、先进石化化工新材料、先进无机非金属材料、高性能复合材料、前沿新材料及相关技术服务等；

（4）新能源领域，主要包括先进核电、大型风电、高效光电光热、高效储能及相关技术服务等；

（5）节能环保领域，主要包括高效节能产品及设备、先进环保技术装备、先进环保产品、资源循环利用、新能源汽车整车、新能源汽车关键零部件、动力电池及相关技术服务等；

（6）生物医药领域，主要包括生物制品、高端化学药、高端医疗设备与器械及相关技术服务等；

（7）符合科创板定位的其他领域。

2. 上市条件

（1）下列5套标准必须符合其中一种：

①预计市值不低于人民币10亿元，最近两年净利润均为正且累计净利润不低于人民币5000万元，或者预计市值不低于人民币10亿元，最近一年净利润为正且营业收入不低于人民币1亿元；

②预计市值不低于人民币15亿元，最近一年营业收入不低于人民币2亿元，且最近三年累计研发投入占最近三年累计营业收入的比例不低于15%；

③预计市值不低于人民币20亿元，最近一年营业收入不低于人民币3亿元，且最近三年经营活动产生的现金流量净额累计不低于人民币1亿元；

④预计市值不低于人民币30亿元，且最近一年营业收入不低于人民币3亿元；

⑤预计市值不低于人民币40亿元，主要业务或产品需经国家有关部门批准，市场空间大，目前已取得阶段性成果。医药行业企业需至少有一项核心产品获准开展二期临床试验，其他符合科创板定位的企业需具备明显的技术优势并满足相应条件。

前述所称净利润以扣除非经常性损益前后的孰低者为准，所称净利润、营业收入、经营活动产生的现金流量净额均指经审计的数值。

（2）如果是红筹企业或者是存在表决权差异安排的发行人，则需满足下述任一条件：

①预计市值不低于人民币100亿元；

②预计市值不低于人民币50亿元，且最近一年营业收入不低于人民币5亿元。

（3）其他方面的要求：

①发行后股本总额不低于人民币3000万元。

②公开发行的股份达到公司股份总数的25%以上；公司股本总额超过人民币4亿元的，公开发行股份的比例为10%以上。

③发行人是依法设立且持续经营3年以上的股份有限公司，具备健全且运行良好的组织机构，相关机构和人员能够依法履行职责。

有限责任公司按原账面净资产值折股整体变更为股份有限公司的，持续经营时间可以从有限责任公司成立之日起计算。

④发行人会计基础工作规范，财务报表的编制和披露符合企业会计准则和相关信息披露规则的规定，在所有重大方面公允地反映了发行人的财务状况、经营成果和现金流量，并由注册会计师出具标准无保留意见的审计报告。

发行人内部控制制度健全且被有效执行，能够合理保证公司运行效率、合法合规和财务报告的可靠性，并由注册会计师出具无保留结论的内部控制鉴证报告。

⑤发行人业务完整，具有直接面向市场独立持续经营的能力：

A. 资产完整，业务及人员、财务、机构独立，与控股股东、实际控制人及其控制的其他企业间不存在对发行人构成重大不利影响的同业竞争，不存在严重影响独立性或者显失公平的关联交易。

B. 发行人主营业务、控制权、管理团队和核心技术人员稳定，最近2年内主营业务和董事、高级管理人员及核心技术人员均没有发生重大不利变化；控股股东和受控股股东、实际控制人支配的股东所持发行人的股份权属清晰，最近2年实际控制人没有发生变更，不存在导致控制权可能变更的重大权属纠纷。

发行人不存在主要资产、核心技术、商标等的重大权属纠纷，重大偿债风险，重大担保、诉讼、仲裁等或有事项，经营环境已经或者将要发生重大变化等对持续经营有重大不利影响的事项。

⑥发行人生产经营符合法律、行政法规的规定，符合国家产业政策。最近3年内，发行人及其控股股东、实际控制人不存在贪污、贿赂、侵占财产、挪用财产或者破坏社会主义市场经济秩序的刑事犯罪，不存在欺诈发行、重大信息披露违法或者其他涉及国家安全、公共安全、生态安全、生产安全、公众健康安全等领域的重大违法行为。董事、监事和高级管理人员不存在最近3年内受到中国证监会行政处罚，或者因涉嫌犯罪被司法机关立案侦查或者涉嫌违法违规被中国证监会立案调查，尚未有明确结论意见等情形。

（四）股东信息披露要求

股东信息披露要求主要包括：

1. 控股股东和受控股股东、实际控制人支配的股东所持发行人的股份权属清晰，最近2年实际控制人没有发生变更，不存在导致控制权可能变更的重大权属纠纷。

2. 基本情况

发行人应披露持有发行人5%以上股份或表决权的主要股东及实际控制人的基

本情况，主要包括：

（1）控股股东、实际控制人的基本情况。控股股东、实际控制人为法人的，应披露成立时间、注册资本、实收资本、注册地和主要生产经营地、股东构成、主营业务及其与发行人主营业务的关系，最近一年及一期末的总资产、净资产、最近一年及一期的净利润，并标明有关财务数据是否经过审计及审计机构名称；为自然人的，应披露国籍、是否拥有永久境外居留权、身份证号码；为合伙企业等非法人组织的，应披露出资人构成、出资比例及实际控制人。

（2）控股股东和实际控制人直接或间接持有发行人的股份是否存在质押或其他有争议的情况。

（3）实际控制人应披露至最终的国有控股主体、集体组织、自然人等。

（4）无控股股东、实际控制人的，应参照本条对发行人控股股东及实际控制人的要求披露对发行人有重大影响的股东情况。

（5）其他持有发行人5%以上股份或表决权的主要股东的基本情况。主要股东为法人的，应披露成立时间、注册资本、实收资本、注册地和主要生产经营地、股东构成、主营业务及其与发行人主营业务的关系；为自然人的，应披露国籍、是否拥有永久境外居留权、身份证号码；为合伙企业等非法人组织的，应披露出资人构成、出资比例。

3. 需全面披露持有发行人5%以上股份或表决权的主要股东、实际控制人，控股股东、实际控制人所控制的其他企业。

4. 发行人应披露报告期内是否存在资金被控股股东、实际控制人及其控制的其他企业以借款、代偿债务、代垫款项或者其他方式占用的情况，或者为控股股东、实际控制人及其控制的其他企业担保的情况。

5. 控股股东、实际控制人及其控制的其他企业是否与发行人构成重大不利影响的同业竞争。

6. 控股股东、实际控制人及其控制的其他企业与发行人的关联交易。

7. 控股股东、实际控制人不存在贪污、贿赂、侵占财产、挪用财产或者破坏社会主义市场经济秩序的刑事犯罪，不存在欺诈发行、重大信息披露违法或者其他涉及国家安全、公共安全、生态安全、生产安全、公众健康安全等领域的重大违法行为。

（五）公司治理

1. 公司治理主要包括“三会”，即股东大会、董事会和监事会。

2. 公司高级管理人员，指公司经理、副经理、董事会秘书、财务负责人及公司章程规定的其他人员。

3. 关于独立董事的任职资格：

独立董事候选人应具备上市公司运作的基本知识，熟悉相关法律、行政法规、部门规章及其他规范性文件，具有五年以上法律、经济、财务、管理或者其他履行独立董事职责所必需的工作经验，并已根据中国证监会《上市公司高级管理人员培训工作指引》及相关规定取得独立董事资格证书。

独立董事占董事会成员的比例不得低于三分之一。

独立董事候选人应具备独立性，不属于下列情形：

（1）在上市公司或者其附属企业任职的人员及其直系亲属和主要社会关系；

（2）直接或间接持有上市公司已发行股份1%以上或者是上市公司前十名股东中的自然人股东及其直系亲属；

（3）在直接或间接持有上市公司已发行股份5%以上的股东单位或者在上市公司前五名股东单位任职的人员及其直系亲属；

（4）在上市公司实际控制人及其附属企业任职的人员；

（5）为上市公司及其控股股东或者其各自的附属企业提供财务、法律、咨询等服务的人员，包括提供服务的中介机构的项目组全体人员、各级复核人员、在报告上签字的人员、合伙人及主要负责人；

（6）在与上市公司及其控股股东或者其各自的附属企业具有重大业务往来的单位担任董事、监事或者高级管理人员，或者在该业务往来单位的控股股东单位担任董事、监事或者高级管理人员；

（7）近一年内曾经具有前六项所列举情形的人员；

（8）其他本所认定不具备独立性的情形。

已在五家境内上市公司担任独立董事的，不得再被提名为其他上市公司独立董事候选人。

八、案例分析

（一）同业竞争案例

1. 企业基本情况

A公司系某一军工集团的二级子公司，有40年的历史。现在是集钻杆、钻铤、加重钻杆、方钻杆、稳定器、无磁钻具和各种转换接头等钻具的生产与研发为一体的专业石油钻具制造基地，市场占有率为全国第一。A公司获得美国石油学会颁布API会标使用许可证，并获得挪威船级社ISO9002质量管理体系、英国皇冠ISO14001环境体系认证和ISO18000职业健康体系认证，是中国石油天然气集团公司（CNPC）、中国石油化工集团公司（SINOPEC）和中国海洋石油总公司（CNOOC）等石油行业钻具产品的主要供应商。截至律师现场尽职调查时，公司员工3300人，资产总额12.8亿元，经营规模13亿元，其财务指标及经营业绩满足上市的基本条件。

2. 同业竞争的解决

律师进入A公司调查后，了解到该军工集团内部还有二级子公司在生产石油钻具，律师首先关注这两个企业之间是否存在产品、市场、消费群体、地域性的细分或差别，A公司说明没有差别，那么律师判断两个企业之间就构成了同业竞争。

律师结合企业的实际情况提出如下解决方式：

（1）A公司收购竞争方拥有的竞争性业务；

（2）竞争方将竞争性业务作为出资投入A公司，获得A公司的股份。

由于A公司与竞争方的资产规模不相上下，而且均是军工企业，原来都是生产坦克炮膛的，现在转型生产民用产品石油钻具，但仍然承担部分军品研制与生产，而且军品生产都已获得《武器装备科研生产许可证》。

军工集团召开了几次协调会，由于双方的任何并购均涉及两地上千名职工的切身利益，且当时国防科工委撤销并入新组建的工业和信息化部，换发《武器装备科研生产许可证》需要等待较长的时间，该军工集团最终放弃A公司的上市计划。

由上述事例看来，解决同业竞争问题，是一个关乎全局的大问题，它涉及方方面面的利益，拟上市公司既要保证自己能够顺利上市，又要保证上市后不侵害众多小股东的利益，还要解决集团内部之间的同业竞争问题，因此为了企业能够健康、长足发展，必须依照《公司法》《证券法》等有关法律法规的规定及其他规范性文件的要求，解决同业竞争的问题，确保公司顺利上市。

（二）关联交易案例

1. 企业基本情况

B公司系中外合资的股份有限公司，于2000年成立。经营范围包括生产工业用特种纺织品：特殊织带、反光材料、粘扣带；生产差别化化学纤维、针纺织品、床上用品、玩具（涉及人身安全的除外）、超细纤维不织布制品、袋类制品、粘扣带制品；从事上述产品的批发及相关产品的进出口业务，市场占有率为全国第一。截至律师现场尽职调查时，公司员工1000余人，注册资本30000万元，营业收入27000万元，净利润4700万元，其财务指标及经营业绩满足上市的基本条件。

2. 关联交易的解决

律师进入B公司调查后，了解到该公司与关联方的关联交易比例为30%—90%，而且呈逐年扩大的趋势，其在境外有全资子公司，与境外的子公司之间交易行为是高进低出。

关于关联交易，以前证监会有规定，拟上市公司与控股股东关联交易的比例不超过同类业务的30%，虽然该规定已经废止，但按照实质重于形式的原则，律师与会计师结合企业的实际情况提出如下解决方式：

(1) 逐步减少关联交易及可信的程度，或者占交易比例达到20%以下；

(2) 理顺与子公司及其他关联方的价格的公允性。

B公司找了各种理由解释，并且不同意进行调整，最终B公司因不能满足各中介的要求而另行选定中介去境外上市。

关联交易如果属于不可规范、不可控制的程度，则任何中介都不愿意承担风险去对企业辅导并上市。

(三) 独立性的案例

1. 企业基本情况

C公司系中外合资的股份有限公司，于1999年成立。经营范围包括生产精细化工产品、机电产品（经许可）；精细化工产品、机电产品的技术开发；提供自产产品的技术咨询、技术服务；销售自产产品。市场占有率为全国前十位。截至律师现场尽职调查时，公司员工600余人，注册资本3000万元，营业收入14000万元，净利润2100万元，其财务指标及经营业绩满足上市的基本条件。

2. 独立性的解决

律师进入C公司调查后，了解到该公司没有自己的商标，而是无偿使用控股股东的商标，且控股股东为申请流动资金贷款已将该等商标质押给银行。

商标权作为能为公司带来超额利润的一种无形资产，对公司经营业绩具有重大影响，因此拟上市公司商标权处置方式一般可遵循以下原则：(1) 改制设立的股份公司，其主要产品或经营业务重组进入股份公司的，其主要产品或经营业务使用的商标权应当一并进入股份公司。(2) 除改制更名导致的商标权所有权人变更外，拟上市公司应在提交申报材料前将商标权处置等各项手续办理完毕，并在招股说明书中充分披露商标权的权属信息。(3) 对商标权以外的其他工业产权、非专利技术处置方式应参照上述要求进行处置。

按照实质重于形式的原则，律师与会计师结合企业的实际情况提出如下解决方案：

(1) 引进战略投资者，增加对公司投资，改善公司现金流情况，解决商标质押问题；

(2) 尽快将商标无偿赠与或以增资形式转让给C公司，解决资产完整问题，增强公司的独立性。

C公司虽然已经改制为股份有限公司，但股东层及管理层满足于自我滚动发展，对于接受外来投资者的兴趣不大，且大股东不同意将商标重组进入C公司，最终C公司同意等时机成熟时再进行上市。

（四）公司治理的案例

1. 企业基本情况

D公司系一家股份有限公司，于1997年成立，系中关村科技园区的一家企业。经营范围包括研发、生产电力自动化控制设备、交流等离子无油点火系统（生产加工另选址）；购销机械电器设备、建筑材料、金属材料；电力工程及电力设备设施的技术开发、技术咨询、技术服务；接受委托为企事业单位提供劳务服务；代理进出口；货物进出口。截至律师现场尽职调查时，公司员工10余人，注册资本3500万元，其财务指标及经营业绩暂时不能满足上市的基本条件。

2. 公司治理的解决

律师进入D公司调查后，了解到该公司股份制改造的目的是获得2009年的中关村企业集合债，因此其改制不是很规范，而且在各中介进入后先后提供了三套财务数据，每一次都不一样，差别特别大，对于未来的盈利预测更是以几何级数递增，会计师在对存货进行盘点时，公司财务竟拒绝盘点。

按照实质重于形式的原则，律师与会计师结合企业的实际情况提出如下解决方案：

（1）企业组织相关人员配合会计师对库存进行盘点；

（2）企业提供精确的财务报表及盈利预测报告；

（3）企业应及时建立内控制度并能得到贯彻执行。

D公司虽然已经改制为股份有限公司，但最终无法提供精确的财务报表及盈利预测报告，导致会计师出具保留意见的审计报告，律师认为该公司内控制度不能有效运行，公司治理存在缺陷，最终D公司同意等时机成熟时再进行上市。

（五）证监会处罚上市造假案例

1. 企业情况

万福生科最先被发现造假的依据是2012年半年度报告。在该报告中，该公司虚增营业收入1.88亿元，虚增营业成本1.46亿元，虚增净利润4023.16万元，前述数据金额较大，且导致该公司2012年上半年财务报告盈亏方向发生变化，情节严重。因此，万福生科被湖南省证监局立案调查，并在2012年11月23日被深交所公开谴责。

随着监管部门调查的深入，万福生科以往的“恶行”终于被揭露出来。万福生科2012年3月2日公告称，经公司自查发现2008年至2011年定期报告财务数据存在虚假记载，初步自查结果如下：2008年至2011年累计虚增收入7.4亿元左右，虚增营业利润1.8亿元左右，虚增净利润1.6亿元左右。据万福生科招股说明书及2012年年报，2008年至2011年，该公司净利润分别是2565.82万元、3956.39万元、5555.4万元和6026.86万元，四年内净利润总数为1.81亿元。可是其中有1.6亿元净利润是虚构的，实际上四年合计净利润数只有2000万元左右，近九成为“造假”所得。

2012年5月10日，证监会召开新闻通报会，专门通报万福生科涉嫌欺诈发行及相关中介机构违法违规案的行政处罚结果，拟对万福生科罚款30万元，对平安证券、中磊会计师事务所、博鳌律师事务所分别罚没7650万元、414万元、210万元。

证监会新闻发言人表示，万福生科案的行政调查现已终结。涉及刑事处罚部分的，证监会已于2011年4月将万福生科及两名涉嫌犯罪的人员移送公安机关处理。而涉及行政处罚的部分，现已进入行政处罚预先告知阶段。

由于涉嫌欺诈发行股票和信息披露违法，万福生科被证监会给予警告，并处以30万元罚款；对公司董事长兼总经理龚永福给予警告，并处以30万元罚款；对其中1名高管给予警告，并处以5万元至25万元罚款。此外，拟对龚永福以及万福生科原财务总监覃学军采取终身证券市场禁入措施。

而平安证券在万福生科上市保荐工作中，未能勤勉尽责，并存在虚假记载，证监会拟对其给予警告，没收其该保荐业务收入2550万元，并处以2倍的罚款，暂停其保荐机构资格三个月；对保荐代表人吴文浩、何涛处以30万元罚款，撤销保荐代表人资格和证券从业资格，采取终身证券市场禁入措施。

另外，证监会拟对中磊会计师事务所没收业务收入138万元，并处以2倍的罚款，撤销其证券服务业务许可；对湖南博鳌律师事务所没收业务收入70万元，并处以2倍的罚款，且12个月内不接受其出具的证券发行专项文件。同时，证监会也对两家机构的涉案人员进行依法处罚。

2. 上市造假解决办法

（1）提前披露招股说明书，加强社会监督；

（2）发行人作为信息披露第一责任人，应当及时向中介机构提供真实、完整、准确的财务会计资料和其他资料，全面配合中介机构开展尽职调查；

（3）保荐机构等证券服务机构必须严格履行法定职责，遵照本行业的业务标准和执业规范，对发行人的相关业务资料进行核查验证，确保所出具的相关专业文件真实、准确、完整、及时；

（4）发行人及其董事、监事、高级管理人员及相关中介机构应当对申请文件的真实性、准确性、完整性承担相应的保证责任，如虚假陈述则承担相应的法律责任。审核中发现涉嫌重大违法违规行为的，应立即移交稽查部门介入调查。

第三节　全国中小企业股份转让系统（新三板）

一、挂牌条件、制度

全国中小企业股份转让系统（以下简称全国股份转让系统）自设立以来，挂牌公司数量呈现迅猛增长趋势。根据股转系统发布的《全国中小企业股份转让系统2018年市场统计快报》，截至2018年12月，共有挂牌企业10691家。

1. 挂牌条件

股份有限公司在全国股份转让系统申请挂牌的，不限于股东所有制性质，也不限于高新技术企业。在准入资金条件上，不设财务门槛，申请挂牌的公司可尚未盈利，但需依法设立且存续满两年，具有持续经营能力、公司治理结构健全、股权明晰；股票发行和转让行为合法合规、有主办券商推荐并能够持续督导其运营。

全国股份转让系统不对其申请挂牌企业的业务情况做出实质判断，仅要求企业能够清晰描述其产品或服务、生产或服务方式、业务规模、关键资源要素和商业模式等情况，并如实披露过往经营业绩，便于市场和投资者自主判断。

2. 改制

酝酿已久的新三板全国性“扩容”，给挂牌公司及申请挂牌公司带来了极大的便利，尤其是对股东人数少于200人的股份有限公司。200人成为新三板分类审核的分水岭。

证监会豁免核准，由全国股份转让系统进行自律审查的情形包括对于股东人数不超过200人的股份有限公司申请在全国股份转让系统挂牌公开转让的情形。挂牌公司向特定对象发行证券后持有人累计不超过200人，可直接向全国股份转让系统申请挂牌。

对于股东人数超过200人的股份有限公司申请在全国股份转让系统公开转让股票和挂牌公司定向发行证券且发行后证券持有人累计超过200人，应先向证监会申请核准，经其核准后方可向全国股份转让系统申请挂牌。

在核准流程上，按照国务院相关决定精神，证监会将建立健全以信息披露为核心的日常监管体系，监管方式将由事前准入监管逐步转向“事中、事后”监管，并进一步简化程序，提高审核效率。对于证监会豁免核准的，证监会不再出具批复文件；需证监会核准的，证监会审核后不提交发行审核委员会审核，在申报文件上，简化申请文件和信息披露要求，公司拿到核准文件后可直接向全国股份转让系统申请挂牌。

二、交易转让方式

在市场交易制度方面，全国股份转让系统进行了创新。挂牌股票转让可以采取协议转让方式、竞价转让方式、中国证监会批准的其他转让方式。股票采取协议转让的，全国股份转让系统同时提供集合竞价转让；股票采取做市转让方式的，须有两家以上从事做市业务的主办券商为其提供做市报价服务。

三、新三板市场的融资制度

新三板于2006年从北京中关村起步，2012年发展壮大至上海张江、武汉东湖、天津滨海、北京中关村四个国家级高新技术产业开发区，2013年12月正式向全国“扩容”。截至2018年12月，共有挂牌企业10691家。新三板在职能定位上与主板市场有所不同，其与主板的关系是相互补充、相互促进的，主要是为了进一步发挥金融对经济结构调整和转型升级的支持作用。加之对股东人数不超过200人的股份有限公司申请挂牌行政许可程序的简化，新三板的放开和扩容是希望可以帮助中小微企业从资金短缺困境中走出来。依据《关于全国中小企业股份转让系统有关问题的决定》关于发展多层次资本市场的精神，中小微企业挂牌的各项政策规定对挂牌公司的健康稳定发展提供了良好的条件。

就已挂牌企业而言，可以采取定向增发股票、发行债券、优先股等多种融资方式解决融资难题。

2013年11月30日，《国务院关于开展优先股试点的指导意见》发布，规定非上市公众公司可以非公开发行优先股，非公开发行的优先股可以在全国股份转让系统进行转让。2014年3月21日，证监会颁布《优先股试点管理办法》，明确非上市公众公司发行优先股的条件、程序、合格投资者以及信息披露等方面的规定。2014年9月，证监会又发布了《非上市公众公司信息披露内容与格式准则第7号——定向发行优先股说明书和发行情况报告书》和《非上市公众公司信息披露内容与格式准则第8号——定向发行优先股申请文件》，2015年9月，全国股份转让系统发布《全国中小企业股份转让系统优先股业务指引（试行）》，指明了非上市公众公司发行优先股的操作路径和监管要求，明确试点期间优先股的发行主体、豁免核准、转让场所等问题，对优先股定向发行环节信息披露的内容、格式及申请文件作出了规范。

四、新三板分层管理制度

2020年5月1日，《全国中小企业股份转让系统分层管理办法》（以下简称《分层管理办法》）正式生效实施。根据《分层管理办法》全国股转系统设立了

“基础层—创新层—精选层”的三层市场结构，符合不同条件的挂牌公司分别纳入不同市场层级管理。首先最高层级是精选层，其次是创新层，最后是基础层。而层级之间可上可下，也就是说基础层挂牌的公司符合条件可以进入创新层，创新层挂牌的公司符合条件也可以进入精选层，但是一旦条件不符合了，也会退回原层级。以下简要介绍三个层级进入条件：

（一）基础层的进入条件

申请挂牌公司符合挂牌条件，但未进入创新层的，应当自挂牌之日起进入基础层。挂牌公司未进入创新层和精选层的，应当进入基础层。

（二）创新层的进入条件

申请挂牌公司同时符合挂牌条件和下列条件的，自挂牌之日起进入创新层。挂牌公司进入创新层，应当符合下列条件之一：

1. 最近两年净利润均不低于1000万元，最近两年加权平均净资产收益率平均不低于8%，股本总额不少于2000万元；

2. 最近两年营业收入平均不低于6000万元，且持续增长，年均复合增长率不低于50%，股本总额不少于2000万元；

3. 最近有成交的60个做市或者集合竞价交易日的平均市值不低于6亿元，股本总额不少于5000万元；采取做市交易方式的，做市商家数不少于6家。

挂牌公司进入创新层，同时还应当符合下列条件：

1. 公司挂牌以来完成过定向发行股票（含优先股），且发行融资金额累计不低于1000万元；

2. 符合全国股份转让系统基础层投资者适当性条件的合格投资者人数不少于50人；

3. 最近一年期末净资产不为负值；

4. 公司治理健全，制定并披露股东大会、董事会和监事会制度、对外投资管理制度、对外担保管理制度、关联交易管理制度、投资者关系管理制度、利润分配管理制度和承诺管理制度；设立董事会秘书，且其已取得全国股份转让系统挂牌公司董事会秘书任职资格；

5. 中国证监会和全国股转公司规定的其他条件。

（三）精选层的进入条件

在全国股份转让系统连续挂牌满12个月的创新层挂牌公司，可以申请公开发行并进入精选层。

挂牌公司申请公开发行并进入精选层时，应当符合下列条件之一：

1. 市值不低于2亿元，最近两年净利润均不低于1500万元且加权平均净资产收益率平均不低于8%，或者最近一年净利润不低于2500万元且加权平均净资产收益率不低于8%；

2. 市值不低于4亿元，最近两年营业收入平均不低于1亿元，且最近一年营业收入增长率不低于30%，最近一年经营活动产生的现金流量净额为正；

3. 市值不低于8亿元，最近一年营业收入不低于2亿元，最近两年研发投入合计占最近两年营业收入合计比例不低于8%；

4. 市值不低于15亿元，最近两年研发投入合计不低于5000万元。

前款所称市值是指以挂牌公司向不特定合格投资者公开发行（以下简称公开发行）价格计算的股票市值。

挂牌公司完成公开发行并进入精选层时，除应当符合上述条件条件外，还应当同时符合下列条件：

1. 最近一年期末净资产不低于5000万元；

2. 公开发行的股份不少于100万股，发行对象不少于100人；

3. 公开发行后，公司股本总额不少于3000万元；

4. 公开发行后，公司股东人数不少于200人，公众股东持股比例不低于公司股本总额的25%；公司股本总额超过4亿元的，公众股东持股比例不低于公司股本总额的10%；

5. 中国证监会和全国股转公司规定的其他条件。

另外，精选层挂牌公司向沪深交易所转板上市机制，也是《分层管理办法》的一大亮点。根据《分层管理办法》第九条规定："符合中国证监会、证券交易所和全国股转公司有关规定的精选层挂牌公司，可以直接向证券交易所申请上市交易。"具体而言，经过公开发行并在精选层挂牌满一年、符合证券法上市条件和交易所相关规定的新三板公司，由证券公司保荐，向交易所提出转板上市申请，交易所审核并作出是否同意上市的决定，无须证监会核准。

第四节　企业其他上市方式简介

一、境外上市

1992年中国证监会成立，同年批准国内企业青岛啤酒、上海石化等公司，通过全球存托凭证（GDR）和美国存托凭证（ADR）的方式赴海外筹资，开启了中国企业赴美国证券市场上市筹资的大门，亦引爆了国内企业到境外资本市场上市的第一波热潮。

1992年2月17日，国务院颁布了《关于进一步加强证券市场宏观管理的通知》，该法规首次对我国企业境外直接上市和间接上市两种方式进行了规定。

1993年4月9日发布的《关于境内企业到境外公开发行的股票和上市存在的问题的报告》（国1号函）主要内容为：境内企业直接或间接到境外发行股票和上市。主要包括以下几种方式：1. 境内企业直接到境外发行证券和股票上市（包括到境外公开发行B股的形式）；2. 境内企业利用境外设立的公司的名义在境外发行股票和上市；3. 境内上市的公司到境外交易所上市交易；4. 境内上市的公司在境外发行存托凭证或者股票的其他派生形式。

1993年发布的《关于暂停收购境外企业和进一步加强境外投资管理》（国69号函）主要内容为：禁止境内机构和企业通过购买境外上市公司控股权的方式，进行买壳上市。

1997年6月20日发布的《关于进一步加强在境外发行股票和上市管理》（国21号函）主要内容为：在境外注册由中资控股的境外上市公司，进行分拆上市，增发股份等活动，受当地证券监管机关监督，境内股权持有单位应当事后将有关情况报中国证监会备案。重申1993年国69号函：禁止境内机构和企业通过购买境外上市公司控股股权的方式，进行买壳上市。

1998年2月27日，中国证券监督管理委员会颁布了《关于落实国务院〈关于进一步加强在境外发行股票和上市管理的通知〉若干问题的通知》（证监〔1998〕5号），细化了国21号函，为中国企业境外间接上市提供了一个较为完整的程序。

1999年前后，新组建的中石油公司在纽约证券交易所和香港证券交易市场上市交易，同年，中华网、新浪、网易中国三大网站，到美国证券市场上市募资，触发了高科技类股群起仿效的蝴蝶效应，也为国内企业赴境外资本市场上市掀起了第二波热潮。

1999年7月14日发布的《关于企业申请境外上市有关问题》（证监发行字〔1999〕83号）（已被《中国证券监督管理委员会公告》〔2012〕45号所替代）规定了中国企业赴海外直接上市的先决条件：资产净值不少于4亿元人民币，过去一年税后利润不少于6000万人民币，并有增长潜力，按合理预期市盈率计算，筹资额不少于5000万美元。

2000年6月9日发布的《关于涉及境内权益的境外公司在境外发行股票和上市的有关问题》（证监发行字〔2000〕72号）［已被《中国证券监督管理委员会关于废止部分证券期货规章的通知（第四批）》（2003年1月2日）废止］主要内容为：不适用于国发〔1997〕21号函规定情形的，才适用于证监会72号文件，由中国律师出具法律意见书，经中国证监会函复无异议函；同年，中国政府成为世界贸易组织（WTO）的成员国，为实现国内金融市场与国际资本市场接轨的宏观政策，承诺在未来六年内逐步开放国内金融市场。

2003年4月1日，中国证券业监督管理委员会发布《关于取消第二批行政审批项目改变部分行政审批项目管理方式的通知》以及《关于做好第二批行政审批项目改变管理方式后的后续监管和衔接工作的通知》（证监发〔2003〕17号），主要内容为：取消对中国律师出具的关于涉及境内权益的境外公司在境外发行股票和上市的法律意见书审核。

2004年1月31日，国务院为了贯彻落实党的十六大和十六届三中全会精神，积极推进资本市场改革开放和稳定发展，特对各省、自治区、直辖市人民政府、国务院各部委、各直属机构颁布加强证券市场宏观管理九大方针，即所谓的“国九条政策”，其中第九条第二款明确指示，“积极利用境外资本市场，遵循市场规律和国际惯例，支持符合条件的内地企业到境外发行证券并上市”。

2005年1月24日，国家外汇管理局发布了《关于完善外资并购外汇管理有关问题的通知》[汇发〔2005〕11号，以下简称11号文，已被《国家外汇管理局关于公布废止和失效的外汇管理规范性文件目录的通知》（2009年4月30日）废止]。11号文和《外国投资者并购境内企业暂行规定》[本篇法规已被修订，新法规名称为《关于外国投资者并购境内企业的规定》（2009年6月22日修订）]针对境内公司在境外证券交易市场融资活动和在外资并购境内企业方面提出了监督管理的要求。2005年4月8日，《关于境内居民个人境外投资登记及外资并购外汇登记有关问题的通知》（汇发〔2005〕29号，以下简称29号文）由国家外汇管理局发布，11号文自此被29号文代替。2005年10月21日，《关于境内居民通过境外特殊目的公司融资及返程投资外汇管理有关问题的通知》（汇发〔2005〕75号，以下简称75号文，已被国家外汇管理局《关于境内居民通过特殊目的公司境外投融资及返程投资外汇管理有关问题的通知》所替代）出台，11号文和29号文均被75号文代替。75号文就境内居民通过境外特殊目的公司（SPV）开展境外融资及返程投资涉及的外汇管理问题进行了更为系统的规范。

2006年9月8日，由商务部、国资委、国家税务总局、国家工商总局、中国证监会、国家外汇管理局六部委联合公布的《关于外国投资者并购境内企业的规定》取代了《外国投资者并购境内企业暂行规定》。由此，政府监管部门也由单一部门扩大到了以上六机关。

2007年5月29日，国家外汇管理局综合司颁布了《关于印发〈国家外汇管理局关于境内居民通过境外特殊目的公司融资及返程投资外汇管理有关问题的通知〉操作规程的通知》，进一步详尽了75号文执行和适用中的相关问题。

自2013年1月1日起施行的《关于股份有限公司境外发行股票和上市申报文件及审核程序的监管指引》（证监会公告〔2012〕45号）规定，依照《公司法》设立的股份有限公司在符合境外上市地上市条件的基础上，可自主向中国证监会提出境外发行股票和上市申请，明确了公司申请境外发行股票和上市应提交的申报文件、申请及审核程序。中国证监会1999年7月14日发布的《关于企业申请境外上市有关问题的通知》（证监发行字〔1999〕83号）同时废止。

（一）目前境外上市渠道

1. 境内企业在境外直接上市（IPO）——以H股、N股及S股等形式在境外上市，中国内地的企业法人通过在香港首次发行股票（以下简称H股）或者在纽约首次发行股票（以下简称N股）或者在新加坡首次发行股票（以下简称S股）的方式直接在境外获得上市的方式。

2. 涉及境内权益的境外公司在境外直接上市（IPO、红筹股形式），中国大陆之外的法人公司或其他股权关联公司直接或间接享有中国大陆企业的股权权益或者资产权利，并早在中国大陆之外（主要为香港特区）直接上市的方式。

3. 境外买壳上市或者反向兼并中国大陆或大陆之外的企业法人。

4. 国内A股上市公司的境外分拆上市。

5. 存托凭证（DR）和可转换债券（CB）。

6. 多重上市，所谓多重上市是指一家公司同时在几个证券市场上市的情形。

（二）境外直接上市

1. 依据《关于股份有限公司境外发行股票和上市申报文件及审核程序的监管指引》，申报文件如下：

（1）申报报告，内容包括公司演变及业务概况、股本结构、公司治理结构、财务状况与经营业绩、经营风险分析、发展战略、筹资用途、符合境外上市地上市条件的说明、发行上市方案；

（2）股东大会及董事会相关决议；

（3）公司章程；

（4）公司营业执照、特殊许可行业的业务许可证明（如适用）；

（5）行业监管部门出具的监管意见书（如适用）；

（6）国有资产管理部门关于国有股权设置以及国有股减（转）持的相关批复文件（如适用）；

（7）募集资金投资项目的审批、核准或备案文件（如适用）；

（8）纳税证明文件；

（9）环保证明文件；

（10）法律意见书；

（11）财务报表及审计报告；

（12）招股说明书（草稿）；

（13）中国证监会规定的其他文件。

2. 律师工作

企业境外上市业务，对于中国境内律师而言，与其所承担的境内企业改制重组、尽职调查和出具法律意见书等法律咨询工作并无本质区别。但是，由于中国资本市场没有对外开放、仍对资本项目的外汇实施严格的管制，与境外仍然存在较大差异。

中国境内律师负责对发行人在中国法律方面的合法性实施法律审查，以实现保护小股东利益、规范关联交易、避免同业竞争、符合境外上市地的公司法和上市规则的规定并提升境内公司的治理水平。

境外上市需要有中国境内律师配合与境内外中介机构进行事务协作。中国境内律师首先应该遵守中国法律和有关规定，接受中国境内监管机构的监管。另外，还需配合境外上市保荐人、境外律师工作，接受上市地监管机构的监管，最终保证拟上市主体符合境内外双重法律和上市规则。在中国境内律师参与境外上市的法律过程中，需要出具对境内公司的尽职调查报告，应至少包括以下主要内容：

（1）发行人设立的情况

需要律师核查：发行人设立的程序、资格、条件、方式等是否符合当时法律、法规和规范性文件的规定，并得到相关部门的批准；发行人设立过程中有关资产评估、验资等是否履行了必要程序，是否符合当时法律、法规和规范性文件的规定。

（2）发行人的法律地位

需要律师核查：发行人设立时的股权设置、股本结构是否合法有效，产权是否清晰，是否存在产权纠纷及风险；发行人历次股权变动的合法性、合规性、是否真实有效；发起人所持股份是否存在质押，如有，应说明质押的合法性及可能存在的法律风险。

（3）发起人和股东

需要律师核查：发起人或股东是否依法存续，是否具有法律、法规和规范性文件规定担任发起人或进行出资的资格；发行人的发起人或股东人数、住所、出资比例是否符合有关法律、法规和规范性文件的规定；发起人已投入发行人的资产的产权关系是否清晰，将上述资产投入发行人是否存在法律障碍；发起人投入发行人的资产或权利的权属证书是否已由发起人转移给发行人，是否存在法律障碍或风险。

（4）发行人的股本及演变

需要律师核查：发行人设立时的股权设置、股本结构是否合法有效，产权界定和确认是否存在纠纷及风险；发行人历次股权变动是否合法、合规、真实、有效；发起人所持股份是否存在质押，如存在，说明质押的合法性及可能存在的风险。

（5）关联交易

需要律师核查：说明发行人与关联方之间存在何种关联关系；核查发行人与关联方之间是否存在重大关联交易，如存在，应说明关联交易的内容、数量、金额，以及关联交易的相对比重，上述关联交易是否公允，是否存在损害发行人及其他股东利益的情况。

（6）发行人的主要财产

需要律师核查：发行人拥有房产、土地使用权、商标、专利、特许经营权等无形资产及主要生产经营设备的情况；需要律师核查验证上述财产是否存在产权纠纷或潜在纠纷，说明发行人以何种方式取得上述财产的所有权或使用权，是否已取得完备的权属证书，若未取得，还需说明取得这些权属证书是否存在法律障碍；需要核查发行人对其主要财产的所有权或使用权的行使有无限制，是否存在担保或其他权利受到限制的情况；需要核查发行人有无租赁房屋、土地使用权等情况，如有，应说明是否合法有效。

（7）发行人的重大债权债务

需要律师核查：发行人将要履行、正在履行以及虽已履行完毕但可能存在潜在纠纷的重大合同的合法性、有效性，是否存在潜在风险；发行人是否有因环境保护、知识产权、产品质量、劳动安全、人身权等原因产生的侵权之债和发行人金额较大的其他应收款、应付款是否因正常的生产经营活动发生，是否合法有效。

（8）发行人的税务

需要律师核查：发行人及其控股子公司执行的税种、税率是否符合现行法律、法规和规范性文件的要求，若发行人享受优惠政策、财政补贴等政策，该政策是否合法、合规、真实、有效；发行人近年来是否依法纳税，是否存在被税务部门处罚的情形。

（9）发行人的环境保护和产品质量、技术等标准

需要律师核查：发行人的生产经营活动是否触犯《环境保护法》的规定，是否存在因违反环境保护方面的法律、法规和规范性文件而受到行政处罚的情形；发行人生产的产品是否符合有关产品质量和技术监督标准，是否存在因违反有关产品质量和技术监督方面的法律、法规而受到处罚的情形。

（10）诉讼、仲裁或行政处罚

需要律师核查：发行人、发行人的主要股东、发行人的控股公司以及发行人董事长、总经理是否存在尚未了结的或可预见的重大诉讼、仲裁及行政处罚案件。

律师尽职调查的成果当然是法律意见书，依据《关于股份有限公司境外发行股票和上市申报文件及审核程序的监管指引》，律师就该境外发行股票和上市事宜出具的法律意见书应包括（但不限于）以下内容：

①境外公司的基本情况：设立时间、注册地、注册资金、股权结构及其股东信息及最终权益持有人、拟上市资产构成、主营业务等；

②发行基本情况：主承销商及保荐人、拟上市地、预计筹资规模、用途等；

③如果中国境内机构或公司直接或间接持有该境外公司股权的，应详细说明该权益的形成及其演变过程，并对其合法性、有效性发表最终法律意见；

④境外公司上市资产中，如果直接或间接涉及境内权益，应详细说明该权益的形成及演变过程，并对其合法性、有效性发表最终法律意见；

⑤陈述境外公司直接或间接持有权益的境内企业所从事的主营业务，并对其是否符合外商投资产业政策及其他相关法律法规发表法律意见。

（三）境外间接上市——红筹方式

红筹一词源自中国香港，中资控股而在海外注册并上市的公司之股份因“红色中国”之故而被命名为红筹股。在美国资本市场，此类股份则被统称为中国概念股。

这种通过在海外设立控股公司，将中国境内企业的资产或权益注入境外控股公司，并以境外控股公司的名义在海外上市募集资金的方式，就是通常所称的“红筹模式”。

1. 境内企业股东以少量资本成立境外中间控股公司（如BVI即英属维尔京群岛公司）；

2. BVI公司引入投资者或自行筹集外汇资金（数额相当于境内企业净资产值），或用BVI公司的股权用于购买境内企业股权或资产；

3. BVI公司收购境内企业股权或资产，将外汇收购价汇入境内，收购完成后将境内企业性质变更为外商独资或合资企业；或是利用已收购的境内资产设立新的外商投资企业；

4. 境内企业股东以少量资本在百慕大、开曼、香港设立海外控股公司，作为拟上市主体；

5. 申报文件。

（1）申请报告，内容包括：境内公司历史沿革、业务概况、股本结构、主要股东、最近一年股权变动和重大资产变动情况、对外投资情况、经营风险分析、业务发展目标、公司治理结构、内部管理制度、经营业绩与财务状况等；特殊目的公司设立及注册情况、股东及实际控制人情况等。

（2）商务部对特殊目的公司并购境内公司的原则批复函。

（3）被并购境内有限责任公司股东同意特殊目的公司并购的决议，或被并购境内股份有限公司同意特殊目的公司并购的股东大会决议，或其他类型企业类似法律。

（4）境内公司所在地省级人民政府出具的同意境内公司通过境外特殊目的公司境外上市的文件。

（5）行业监管部门的意见函（如需要）。

（6）境外投资银行的分析推荐报告。

（7）境内公司及其所投资企业的营业执照。

（8）境内公司属于特殊许可行业的，须提供许可证。

（9）从事可能对环境构成重大影响的行业的境内公司应提供环保部门的证明。

（10）特殊目的公司境外上市募集资金转回境内投向涉及需要批准的固定资产投资项目或其他专门立项项目的，提供立项批准文件。

（11）特殊目的公司境外上市募集资金转回境内投向涉及可能对环境构成重大影响的项目，应提供环保部门的批复。

（12）境内公司所占用土地的权属证明。

（13）境内公司已按中国税法规定完税的证明。

（14）境内法律意见书。

（15）商务主管部门颁发的设立特殊目的公司的境外投资开办企业批准文件和证书。

（16）特殊目的公司境外投资外汇登记表。

（17）特殊目的公司的注册登记证明以及最终控制人的身份证明文件或开业证明、章程。

（18）特殊目的公司并购境内公司的有关协议。

（19）特殊目的公司境外上市商业计划书。

（20）境内公司前三个财务年度经具备证券业务资格的会计师事务所出具的境内财务审计报告（特殊目的公司于境外二板市场上市的，报送境内公司前两个财务年度境内财务审计报告）；当年6月30日以后报送材料的，应另加一期境内财务审计报告。

（21）境内公司资产评估报告。

（22）并购顾问报告（包括对特殊目的公司未来境外上市的股票发行价格所作的报告）。

（23）如以持有特殊目的公司权益的境外公司作为境外上市主体，还需报送以下（24）和（25）。

（24）该境外公司的注册证明和章程。

（25）特殊目的公司与该境外公司之间就被并购的境内公司股权所作的交易安排和折价方法的详细说明。

（26）有关中介机构及从业人员的职业资格证明。

（27）境内公司及有关中介机构联络表。

二、“四板”挂牌融资

（一）“四板”的概念

“四板”即区域性股权交易市场，是为特定区域内的企业提供股权、债权转让和融资服务的私募市场，是公司规范治理、进入资本市场的孵化器。“四板”可作为中小微企业踏入资本市场的起步平台，具有耗时短、门槛低等特征。

2008 年《关于天津滨海新区综合配套改革试验总体方案的批复》发布，我国首家区域性股权市场——天津股权交易所成立，我国区域性股权市场正式起步。10 年来，作为多层次资本市场的重要组成部分，我国区域性股权市场发展迅速，企业数量众多、融资功能逐步显现。根据《中国证券业协会召开区域性股权市场规范发展专题座谈会》（http：//www. sac. net. cn/ljxh/xhgzdt/201904/t20190401_ 138267. html），截至 2018 年年底，全国设立 34 家区域性股权市场，共有挂牌企业 24808 家，展示企业 98647 家，纯托管企业 6809 家，累计为企业实现各类融资 9063 亿元。[①] 区域性股权市场已成为多层次资本市场体系的“塔基”，但存在法律地位不明晰、监管责任未落实、管理制度不健全等问题。

截至 2018 年 8 月 1 日，根据 Wind 数据统计，全国四板 83101 家挂牌企业是三板 11098 家的 7 倍多。

（二）“四板”融资方式

1. 私募债（债券融资）

企业在“四板”挂牌后，可以在符合国家法律法规与“四板”交易规则的要求下，以非公开方式发行债券募集资金，满足企业补充流动资金、偿还银行贷款、投资固定资产、收购兼并等方面的需求。

2. 股权融资

挂牌企业将股权质押给银行或其他金融机构，融入资金，满足营运资金需求，并在约定时间返还资金、解除股权质押。

3. 定制股权融资

“四板”可以为挂牌企业发现和展示市值，对接资本、资源，落地融资，提供包括商业计划、行业分析、估值定价、资本对接、持续专业服务等，帮助企业实现长远发展。

---

① 数据来源：证监会新闻发言人就《国务院办公厅关于规范发展区域性股权市场的通知》答记者问，http：//www. gov. cn/xinwen/2017 -01/28/content_ 5164022. htm#1。

第六章

公司治理法律实务

第一节　全球范围内公司治理的发展

由于世界各国的历史文化、法律传统、经济发展及政治道路的差异，全球范围内，世界各国企业在公司治理方面的发展不尽相同。公司治理模式也呈现出多样化的特征。

以英美为代表的“市场监控”模式，其典型特征是，公司股权高度分散，股票高度流通，强调通过“用脚投票”机制和活跃的资本市场来实现对公司行为的约束与管理层的选择。在基于市场的治理模式中，由于股权高度分散，投资者很难影响公司的经营管理，因此，其一般并不特别关心公司治理，投资者约束公司管理层的主要方式是买入或卖出公司股票，即所谓的“用脚投票”。而股权高度分散，容易出现“强管理层，弱股东”的现象。因此，“市场监控”模式国家，在法律制度的设计上偏好支持股东对公司享有的控制权，明确规定董事会及公司管理层对股东所负有的义务，同时注重保护中小投资者的权益。

以日德为代表的“股东监控”模式，其典型特征是，公司股权相对集中，公司股权由与公司有着长期稳定关系的确定的内部团体控制，这些股东比较积极地参与公司的经营活动；在组织机构上，设置董事会和监事会，行使监督管理的职能；由于这些国家的股权相对集中，容易形成单个股东或一致行动人对公司的控制。因此，这些国家在法律制度的设计上都对股东采取较为严格的监控机制。[①]

“内部人控制模式”，苏联各国、东欧、中国等由计划经济步入市场经济的公司治理，尤其是国有企业的公司治理，其典型特征是，公司的实际控制人不是法律上的所有者，不直接持有公司股份，但对企业拥有事实上的控制权；这种机制相对而

---

① 以韩国、意大利等国家为代表的“家族控制”模式，其典型特征是，所有权与经营权高度重合，公司与家族合一，公司的所有权与经营权主要由以血缘和姻缘为纽带的家族成员控制。上述国家的公司治理，所有权和经营权相对统一，公司治理的成本相对较低。这种公司治理模式也多运用于东南亚国家，公司股权以及经营权由家族或其联盟控制，其享有作出经营决策的权利。

言，缺乏外部的监督，容易造成法人治理结构失衡。①

随着经济全球化的发展，全球范围内，所有国家在公司治理方面，呈现出逐渐趋同的特征。主要表现在以下几个方面②：

1. 从股东层面看，出现趋同趋势，日德等由内部团体控制的治理模式，逐渐解除了对外部投资者的限制和障碍；而英美等外部监督和控制较强的国家，也逐渐加强了内部紧密的控制企业。如德国自 20 世纪 90 年代中期开始，由英、美机构投资者控制的外国投资者持股比例开始较大幅度上升；日本、法国公司间的互持股份也从 20 世纪 90 年代中期开始发生变化，其占整个市场的比例已从早期的 60% 下降到目前的不到 20%；而在美国，许多大型的高科技公司则开始意识到创立者与集中控制模式的有利之处，虽然是上市公司但却采用了紧密型控制的所有权形式和控制机制。

2. 从公司管理者与股东的关系层面看，也开始出现类似趋势。在英美等国家，股权相对分散，股东退出是唯一的方式，而现阶段，随着现代技术的发展及信息披露的日益充分，股东行使权利的方式逐渐由退出转变为充分行使发言权；在日德以及意大利等由内部人控制实施公司治理的国家，所有权高度集中的治理模式正在减弱，并且上述国家也开始实施股权激励等方式，与英美等国家的公司治理方式趋同。

公司治理在全球范围内发展最具代表性的成果是，1999 年《OECD 公司治理原则》（以下简称《原则》）的发布，该原则于 2004 年进行了修订。《原则》强调：

1. 公司治理架构应保护股东的权利。股票投资者有一定的产权，如通过买卖或转让取得股权，从而参与公司利润分配，以投资金额为限承担公司债务。此外，股东有权了解公司信息，通过参加股东大会、投票表决的方式影响公司决策。实际上，公司不能通过股东投票进行日常化管理。第一是由于股东是由个人和机构组成的，其利益、目标、投资额和能力各不相同；第二是由于公司事务管理的复杂性；第三也是最重要的原因是公司经理层必须迅速作出商业决策。因此，公司战略和日常运作一般不会授予股东，而是授予董事会和由董事会选拔、任免的经理。股东通过决定某些基本问题影响公司决策，如任命董事会成员，决定公司法、公司规章上规定的其他基本事宜等。

2. 应平等对待包括中小股东和外国股东在内的所有股东，当权利受到侵害时，所有股东应平等得到赔偿。《原则》规定，资本市场的一个重要的因素就是投资者信心。由于公司控股股东、董事会成员或经理有可能为谋取自身利益而损害股东利益，而投资者必须相信其提供的资金不会被公司控股股东、董事会成员或经理挪用

① 许永斌：《我国民营企业公司治理模式的选择》，载《财会月刊》2004 年第 4 期。

② 许永斌：《我国民营企业公司治理模式的选择》，载《财会月刊》2004 年第 4 期。

或误用。因此《原则》主张公司治理结构应该对国内外所有股东一视同仁，特别强调了同级股东股权平等、股东派生诉讼以及股东行使权利的程序合法性等问题。

3. 应保障公司利害相关者的合法权利，鼓励其与公司积极开展合作。《原则》规定，公司应保障利害相关者的合法权利，并鼓励公司和利害相关者在创造财富和工作机会、健全企业财务方面开展合作。公司治理结构的一个重要内容是促进外部资金流入企业，鼓励企业的各种利害相关者投资于公司。公司的竞争力和最终成功体现了集体力量，包括投资者、员工、债权人和供应商所做的贡献。利害相关者在建立有竞争力且盈利的公司方面提供了宝贵资源，因而公司与其在创造财富方面合作符合公司长远利益。《原则》也提及，只有认识到利害相关者对公司长期利益的贡献，才能更好地维护公司利益。利害相关者问题越来越受到世界各国公司治理的关注。不仅是《原则》，其他主要国家和区域组织制定的公司治理原则，也都注重利害相关者。

4. 应确保及时、准确地披露所有与公司有关的实质性事项信息，包括财务状况、经营状况、所有权结构及公司治理状况。

5. 董事会应制定公司发展战略、有效控制管理层、对公司和股东负责。《原则》认为公司治理结构应确保董事会对公司发展战略和对管理层进行有效监督，并对公司和股东负责。董事会的结构和程序在不同国家之间有所不同。大陆法系国家的董事会采用双层制，监督职能从董事会分离出来，由非执行董事组成的监事会和经理理事会来履行。而英美法系国家的董事会采取单一制。由于上述两种结构产生的历史文化背景不同，《原则》未对这两种结构的优劣进行评价。只要董事会具备经营企业和监督经理层的功能，《原则》力求实现具有普遍适用性。

随着《原则》的不断完善，其逐渐成为全球各国公司治理的风向标，为各国公司治理的发展奠定了基础，推动全球的公司治理向纵深方向发展。

第二节　公司内部治理实务

一、公司内部治理制度

（一）股东（大）会制度

我国《公司法》对公司设立的类型主要有两大类，即公司在设立时可以设立为有限责任公司和股份有限公司，因此我国公司内部权力机关有股东会与股东大会之分。

依据我国《公司法》第三十六条规定：“有限责任公司股东会由全体股东组成。股东会是公司的权力机构，依照本法行使职权。”《公司法》第九十八条规定：

"股份有限公司股东大会由全体股东组成，股东大会是公司的权力机构，依照本法行使职权。"本书中，除特别区分外，将股东会与股东大会统称为股东会。

股东会的权力内容、工作规则和方式详见下表：

机构名称	机构权力	工作规则	会议种类	工作方式
股东会	(1) 决定公司的经营方针和投资计划； (2) 选举和更换非由职工代表担任的董事、监事，决定有关董事、监事的报酬事项； (3) 审议批准董事会的报告； (4) 审议批准监事会或监事的报告； (5) 审议批准公司的年度财务预算方案、决算方案； (6) 审议批准公司的利润分配方案和弥补亏损方案； (7) 对公司增加或者减少注册资本作出决议； (8) 对发行公司债券作出决议； (9) 对公司合并、分立、解散、清算或者变更公司作出决议； (10) 修改公司章程；	(1) 股东会的召集与主持：①有限责任公司首次股东会会议由出资最多的股东召集和主持，具体召集和主持程序参见《公司法》第四十条。②股份有限公司股东大会会议的召集与主持程序参见《公司法》第一百零一条。 (2) 股东会的出席与表决：①股东会会议作出修改公司章程、增加或者减少注册资本的决议，以及公司合并、分立、解散或者变更公司形式的决议，必须经代表三分之二以上表决权的股东通过。股东会会议股东出资行使表决权。②股东大会作出决议，必须经出席会议的股东所持表决权过半数通过。但是，股东大会作出修改公司章程、增加或减少注册资本的决议，公司合并、分立、解散或者变更公司形式的决议，必须经出席会议的股东所持表决权的三分之二以上通过。股东出席股东大会会议，所持每一股份有一表决权。 (3) 股东会的通知与记录：①召开股东会会议，应当于会议召开15日前通知全体股东；但是，公司章程另有规定或者全体股东另有约定的除外。股东会应当对所议事项的决定作成会议记录，出席会议的股东应当在会议记录上签名。②召开股东大会会议，应当将会议召开的时间、地点和审议的事项于会议召开20日前通知各股东；临时股东大会	定期股东会议	有限责任公司的定期会议应该按公司章程的规定按时召开；股份有限公司股东大会应该每年召开一次年会。
			临时股东会议	有限责任公司，代表十分之一以上表决权的股东，三分之一以上的董事，监事会或者不设监事会的公司的监事提议召开临时会议的，应当召开临时会议；股份有限公司，有下列情形之一的，应当在两个月内召开临时股东大会：①董事人数不足本法规定或公司章程所规定人数的三分之二时；②公司未弥补的亏损达实收股本总额三分之一时；③单独或者合计持有公司百分之十以上股份的股东请求时；④董事会认为必要时；⑤监事

续表

机构名称	机构权力	工作规则	会议种类	工作方式
股东会	（11）公司章程规定的其他职权。	会提议召开时；⑥公司章程规定的其他情形。应当于会议召开15日前通知各股东；发行无记名股票的，应当于会议召开30日前公告会议召开的时间、地点和审议事项。股东大会应对所议事项的决定作成会议记录，主持人、出席会议的董事应在会议记录上签名。会议记录应当与出席股东的签名册及代理出席的委托书一并保存。		

（二）董事会制度

董事会是依照有关法律、行政法规和政策规定，按公司或企业章程设立并由全体董事组成的业务执行机关。

董事会是股东会的执行机关，负责业务经营活动的指挥与管理，对公司股东会负责并报告工作。股东会所作的决定、公司或企业重大事项的决定，董事会必须执行。董事会是由股东会选举的董事组成、负责执行股东会决议的常设机构，性质是解决代理问题的制度安排，目标是为实现股东财富的最大化。

董事会的权力内容、工作规则和方式详见下表：

机构名称	机构权力	工作规则	会议种类	工作方式
董事会	（1）召集股东会会议，并向股东会报告工作； （2）执行股东会的决议； （3）决定公司的经营计划和投资方案； （4）制订公司的年度财务预算方案、决算方案；	（1）董事会的召集与主持：董事会会议由董事长召集和主持。董事长不能履行职务或不履行职务的，由副董事长召集和主持；副董事长不能履行职务或者不履行职务的，由半数以上董事共同推举一名董事召集和主持。股份有限公司的董事长应当自接到提议后十日内，召集和主持临时董事会会议。 （2）董事会的出席与表决：①有限责任公司的董事会的议事方式和表	股份有限公司董事会	股份有限公司设立董事会，法定人数为五人至十九人。

续表

机构名称	机构权力	工作规则	会议种类	工作方式
	(5) 制订公司的利润分配方案和弥补亏损方案； (6) 制订公司增加或者减少注册资本以及发行公司债券的方案； (7) 制定公司合并、分立、解散或者变更公司形式的方案； (8) 决定公司内部管理机构的设置； (9) 决定聘任或者解聘公司经理及其报酬事项，并根据经理的提名决定聘任或者解聘公司副经理、财务负责人及其报酬事项； (10) 制定公司的基本管理制度； (11) 公司章程规定的其他职权。	决程序由公司的章程规定。②股份有限公司董事会会议应有过半数的董事出席可举行。董事会作出决议，必须经全体董事的过半数通过。③上市公司董事与董事会会议决议事项所涉及的企业有关联关系的，不得对该项决议行使表决权，不得代理其他董事行使表决权。该董事会会议由过半数的无关联关系董事出席即可举行，董事会会议所作决议须经无关联关系董事过半数通过。出席董事会的无关联关系董事人数不足三人的，应将该事项提交上市公司股东大会审议。 (3) 董事会的通知与记录：股份公司董事会会议每次应当于会议召开10日前通知全体董事和监事。代表十分之一以上表决权的股东、三分之一以上董事或者监事会，可以提议召开董事会临时会议。董事会召开临时会议，可以另定召集董事会的通知方式和通知时限。董事会应当对会议所议事项的决定作成会议记录，出席会议的董事应当在会议记录上签名。	有限责任公司董事会	有限责任公司设立董事会的，法定人数为三人至十三人。有限责任公司股东人数较少或者规模较小的，可以设立一名执行董事，不设立董事会。
			国有独资公司董事会	国有独资公司董事，董事每届任期不得超过三年。董事会成员由国有资产监督管理机构委派，董事会成员中的职工代表由公司职工代表大会选举产生。
			一人有限责任公司	一人有限责任公司与普通有限责任公司一样。

（三）监事会制度

监事会是公司的监督机关，对公司董事、经理执行业务情况以及公司的财务情况进行监督。在所有权与经营权分离的情况下，股东难以亲自执行公司业务和管理公司事务，而且对于公司的监督也不到位。尤其当今经济迅速发展，各种公司的规模也在不断地扩大，致使股东亲力亲为监督公司的运行已不现实，监事会在这种情况下产生，实际上是对股东监管能力欠缺的一种替代。

监事会的权力内容、工作规则和方式详见下表：

机构名称	机构权力	工作规则	会议种类	工作方式
监事会	(1) 检查公司财务；(2) 对董事、高级管理人员执行公司职务的行为进行监督，对违反法律、行政法规、公司章程或者股东会决议的董事、高级管理人员提出罢免的建议；(3) 当董事、高级管理人员的行为损害公司的利益时，要求董事、高级管理人员纠正；(4) 提议召开临时股东会会议，在董事会不履行《公司法》规定的召集和主持股东会会议职责时召集和主持股东会会议；(5) 向股东会会议提出提案；(6) 对董事、高级管理人员提起诉讼；(7) 公司章程规定的其他职权；监事可以列席董事会会议，并对董事会	(1) 监事会的召集：有限责任公司监事会每年度至少召开一次会议；股份有限公司监事会每六个月至少召开一次会议。监事可以提议召开临时监事会议。(2) 监事会的议事方式和表决程序：除《公司法》有规定的外，由公司章程规定。监事会决议应当经半数以上监事通过。(3) 监事的记录：监事会应当对所议事项的决定作成会议记录，出席会议的监事应当在会议记录上签名。	股份有限公司监事会	股份有限公司设监事会，其成员不得少于三人。监事会应当包括股东代表和适当比例的公司职工代表，其中职工代表的比例不得低于三分之一。监事会设主席一人，可以设副主席。监事会主席和副主席由全体监事过半数选举产生。监事会主席召集和主持监事会会议；监事会主席不能履行职务或者不履行职务的，由监事会副主席召集和主持监事会会议；监事会副主席不能履行职务或者不履行职务的，由半数以上监事共同推举一名监事召集和主持监事会会议。董事、高级管理人员不得兼任监事。
			有限责任公司监事会	有限责任公司设监事会，其成员不得少于三人。股东人数较少或者规模较小的有限责任公司，可以设一名至两名监事，不设监事会。 监事会应当包括股东代表和适当比例的公司职工代表，其中职工代表的比例不得低于三分之一，具体比例由公司章程规定。监事会的职工代表由公司职工通过职工代表大会、职工大会或者其他形式民主选举产生。监事会设主席一人，由全体监事过半数选举产生。

续表

机构名称	机构权力	工作规则	会议种类	工作方式
监事会	决议事项提出质问或者建议。监事会、不设监事会的公司的监事发现公司经营情况异常，可以进行调查；必要时，可以聘请会计师事务所等协助其工作，费用由公司承担。监事会、不设监事会的公司的监事行使职权所必需的费用，由公司承担。			监事会主席召集和主持监事会会议；监事会主席不能履行职务或者不履行职务的，由半数以上监事共同推举一名监事召集和主持监事会会议。 董事、高级管理人员不得兼任监事。
			国有独资公司监事会	国有独资公司监事会成员不得少于五人，其中职工代表的比例不得低于三分之一，具体比例由公司章程规定。

（四）高级管理人员

公司种类	机构名称	机构职权	工作规则
有限责任公司	经理	（1）主持公司的生产经营管理工作，组织实施董事会决议； （2）组织实施公司年度经营计划和投资方案； （3）拟订公司内部管理机构设置方案； （4）拟订公司的基本管理制度； （5）制定公司的具体规章； （6）提请聘任或者解聘公司副经理、财务负责人； （7）决定聘任或者解聘除应由董事会决定聘任或者解聘以外的负责管理人员； （8）董事会授予的其他职权； （9）公司章程对经理职权另有规定的，从其规定。	由董事会决定聘任或者解聘，经理对董事会负责。

续表

公司种类	机构名称	机构职权	工作规则
国有独资公司	经理	同有限责任公司经理职权	由董事会决定聘任或解聘，经国有资产监督管理机构同意，董事会成员可以兼任经理。未经国有资产监督管理机构同意，不得在其他有限责任公司、股份有限公司或者其他经济组织兼职。
股份有限公司	经理	同有限责任公司经理职权	由董事会决定聘任或者解聘，经理对董事会负责。
	独立董事	(1) 特别职权：①重大关联交易（指上市公司拟与关联人达成的总额高于300万元或高于上市公司最近经审计净资产值的5%的关联交易）应由独立董事认可后，提交董事会讨论；②向董事会提议聘用或解聘会计师事务所；③向董事会提请召开临时股东大会；④提议召开董事会；⑤独立聘请外部审计机构和咨询机构；⑥可以在股东大会召开前公开向股东征集投票权。 (2) 重大事项发表独立意见：①提名、任免董事；②聘任或解聘高级管理人员；③公司董事、高级管理人员的薪酬；④公司的股东、实际控制人及其关联企业对公司现有或新发生的总额高于300万元或高于公司最近经审计净资产值的5%的借款或其他资金往来；⑤独立董事认为可能损害中小股东权益的事项。	由董事会、监事会、单独或者合并持有上市公司发行股份1%以上的股东可以提出独立董事候选人，并经股东大会选举决定。独立董事只能任职上市公司董事职务，不得兼任上市公司其他职务，并与其所受聘的上市公司及其主要股东不存在可能妨碍其进行独立客观判断的关系。独立董事对上市公司事务发表独立判断。
	董事会秘书	(1) 组织筹备董事会会议和股东大会，准备会议文件，安排有关会议，负责会议记录，保证记录的准确性，保管会议文件和记录。(2) 根据董事会要求，参加组织董事会决策事项的咨询、分析，提出相应的意见和建议。(3) 负责组织准备和及时递交监管部门所要求的文件，负责接受监管部门下达的有关任务并组织完成。(4) 负责协调和组织公司信息披露事宜，建立健全有关信息披露的制度，参加公司所有涉及信息披露的有关会议，及时知晓公司重大经营决策及有关信息资料。(5) 负责公司股价	董事会秘书对公司负有诚信和勤勉的义务，应当遵守公司章程，切实履行职责，维护公司利益，不得利用在公司的地位和职权为自己谋私利。董事会秘书在需要把部分职责交与他人行使时，必须经董事会同意并确保所委托的职责得到依法执行。一旦发生违法行为，董事会秘书应承担相应的责任。

续表

股份有限公司	董事会秘书	敏感资料的保密工作，并制定行之有效的保密制度和措施。对于各种原因引致公司股价敏感资料外泄，要采取必要的补救措施，及时加以解释和澄清，并通告境外上市地监管机构及中国证监会。（6）负责管理和保存公司股东名册资料、董事名册、大股东的持股数量和董事股份的记录资料。（7）协助董事及经理在行使职权时切实履行境内外法律、法规、公司章程及其他有关规定。在知悉公司作出或可能作出违反有关规定的决议时，有义务及时提醒，并有权如实向中国证监会及其他监管机构反映情况。（8）协调向公司监事会及其他审核机构履行监督职能提供必需的信息资料，协助做好对有关公司财务主管、公司董事和经理履行诚信责任的调查。	

（五）公司章程

1. 公司章程的含义和特征

（1）公司章程的含义

公司章程是公司的股东制定的，规范公司的组织和行为，规定公司与股东之间、股东与股东之间权利义务关系的法律文件，是公司的行为准则。设立公司必须有公司章程。公司章程主要对公司的宗旨、业务范围、资本状况、组织情况等进行规定，公司章程必须依法制定，公司章程的修改程序必须遵守《公司法》的有关规定。

（2）公司章程的特征

公司章程的特征是公司章程区别于其他公司文件的本质属性，主要体现在以下几个方面：

①法定性。公司章程的制定、内容、修改程序和效力方面都由《公司法》明确规定。在制定上，《公司法》第十一条规定：“设立公司必须依法制定公司章程……”在内容上，《公司法》规定了绝对必要记载事项，另外我国《公司登记管理条例》第二十三条规定：“公司章程有违反法律、行政法规的内容的，公司登记机关有权要求公司作相应修改”。这些规定都体现了公司章程内容的法定色彩。在修改程序上，我国《公司法》第十二条规定，公司可以修改公司章程，改变经营范围，但是应当办理变更登记。在效力上，则体现在我国《公司法》第十一条，公司章程对公司、股东、董事、监事、高级管理人员具有约束力。

②公开性。主要体现在公司章程不仅要对股东公开，还要对广大社会公众公开。在公司设立时，不仅要将公司章程提至登记机关备案或审批，还需采取一定的方式方便股东和社会公众查阅。

③自治性。首先，章程作为一种行为规范，除涉及第三人或社会公共利益的事项需由国家对其内容和形式有一定要求外，每个公司可以根据自己的实际情况，由发起人或股东共同制定。公司章程不依靠国家强制力保证实施。其次，公司章程的效力仅及于公司与相关当事人间，并不具有普遍的约束力。

④真实性。公司章程的内容需与实际情况相符。

2. 公司章程的效力

（1）公司章程的生效时间

我国现行《公司法》未对公司章程的生效时间作出明确规定。学者有观点认为，公司章程的生效时间因公司的性质和设立的方式不同而有所不同。在有限责任公司和以发起设立的股份有限公司，公司章程应当自全体股东或发起人签名、盖章时生效；在募集设立的股份有限公司，则应当在创立大会上通过时生效。[①] 此种观点是符合公司章程的本质要求的。公司章程主要是调整公司与股东、股东与股东、公司与高级管理人员之间关系的，其效力则主要体现在公司的内部。公司章程的生效以股东或发起人签字、盖章或自创立大会上通过时生效。其意义在于，公司章程自股东或发起人签字、盖章或自创立大会上通过时对股东和发起人或认股人发生约束力，如果章程制定需等到公司成立时才发生效力，在此之前不发生效力，则当事人的权利义务将处于不确定的状态，不仅对公司不利，也对公司的成立不利。

（2）公司章程的失效时间

《公司法》对公司章程的效力期限未作出明确的规定。一般认为，公司终止时公司章程即自动失效，如公司未能依法成立，则其失效时间为其设立失败之时。

（3）公司章程的对人效力

公司章程是公司的组织和活动的基本准则，其效力主要体现在公司内部。《公司法》第十一条规定，公司章程对公司、股东、董事、监事、高级管理人员具有约束力。《上市公司章程指引》（中国证券监督管理委员会公告〔2019〕10号）第十条规定："本公司章程自生效之日起，即成为规范公司的组织与行为、公司与股东、股东与股东之间权利义务关系的具有法律约束力的文件，对公司、股东、董事、监事、高级管理人员具有法律约束力的文件。依据本章程，股东可以起诉股东，股东可以起诉公司董事、监事、经理和其他高级管理人员，股东可以起诉公司，公司可以起诉股东、董事、监事、经理和其他高级管理人员。"

---

① 施天涛：《公司法论》（第2版），法律出版社2006年版，第14页。

公司章程仅对公司内部的人员具有约束力，不约束公司外的第三人，且不能对抗善意的第三人，但如果第三人或相对人事先知悉公司章程的内容，则利害关系人可以主张该交易或合同的无效。

3. 公司章程的制定和修改

我国对公司章程的制定作了比较严格的规定。《公司法》规定，有限责任公司章程由全体股东共同制定，并由全体股东签字、盖章；股份有限公司章程由发起人制定，采用募集方式设立的经创立大会通过。

（1）公司章程的内容

根据法律对公司章程记载的事项有无明确的规定，公司章程对记载的事项可以分为必要记载事项和任意记载事项。必要记载事项是指法律明确规定公司章程应该记载的事项，如果不记载，将导致章程的失效；任意记载事项是指发起人或创办人任意选择记载的事项，此事项一经记载即发生法律效力。其中必要记载事项可以分为绝对必要记载事项和相对必要记载事项。

①绝对必要记载事项。《公司法》第二十五条、第八十一条规定，有限责任公司章程和股份有限公司章程应当载明下列事项：

绝对必要记载事项	
有限责任公司	股份有限公司
公司名称和住所	公司名称和住所
公司经营范围	公司经营范围
公司注册资本	公司设立方式
股东的姓名或者名称	公司股份总数、每股金额和注册资本
股东的出资方式、出资额和出资时间	发起人的姓名或者名称、认购的股份数、出资方式和出资时间
公司的机构及其产生办法、职权、议事规则	董事会的组成、职权和议事规则
公司法定代表人	公司法定代表人
/	监事会的组成、职权和议事规则
/	公司利润分配办法
/	公司的解散事由与清算办法、公司的通知和公告办法

②相对必要记载事项，是指由法律对其明确列举，但是章程可以选择对其进行记载的事项。我国《公司法》仅规定了“应当载明”的事项，并未对绝对记载事项和相对记载事项进行区分，所以在具体审查时，应当注意不同性质的记载事项缺乏记载时是否影响章程的效力。

③任意记载事项，是指股东或发起人决定是否记载，既可以记载也可以不记载的事项。我国《公司法》规定的“股东认为需要规定的其他事项”和“股东大会认为要规定的其他事项”即任意性规定。任意性记载事项赋予公司较大的自治权，有利于保护股东的权益。

（2）公司章程的修改

公司章程的修改程序主要包括三方面：修改公司章程的提案、修改公司章程的决议、公司章程的变更登记。

①修改公司章程的提案。依据我国《公司法》相关规定，提案权人具体为：有限责任公司的董事会、代表1/10以上表决权的股东、1/3以上的董事或监事；股份有限公司的董事会、单独或者合计持有公司股份10%以上的股东、监事会。此外，监事会及单独或者合计持有公司10%以上股份的股东可以自行召集和主持股东大会，从而使监事会、股东修改公司章程的提案权获得保障。

②修改公司章程的决议。依据《公司法》第三十七条及第九十九条的规定，有限责任公司和股份有限公司股东大会享有修改公司章程的权利。第四十三条规定，有限责任公司修改公司章程，必须经过代表三分之二以上表决权的股东通过。第一百零三条规定，股份有限公司修改公司章程必须经过出席股东大会的股东所持表决权的三分之二以上通过。

③公司章程的变更登记。公司章程修改方案经股东（大）会通过后，由公司向公司登记机关申请进行章程变更登记。申请时，必须提交关于修改章程的股东（大）会记录、修改章程等文件。

二、违反公司内部治理制度的常见纠纷类型

（一）违反股东（大）会制度的纠纷类型

类型	缘由	法律后果
股东会决议效力确认	决议内容违反法律、行政法规	无效
股东会决议撤销	会议召集程序、表决方式违反法律法规或公司章程；或者决议内容违反公司章程	可撤销

续表

类型	缘由	法律后果
股东会决议不成立	（一）公司未召开会议的，但依据《公司法》第三十七条第二款或者公司章程规定可以不召开股东会或者股东大会而直接作出决定，并由全体股东在决定文件上签名、盖章的除外； （二）会议未对决议事项进行表决的； （三）出席会议的人数或者股东所持表决权不符合公司法或者公司章程规定的； （四）会议的表决结果未达到公司法或者公司章程规定的通过比例的； （五）导致决议不成立的其他情形。	不成立
股东召集权纠纷	有召集权的股东怠于召集股东会议	法院可以责令公司依法召集、召开股东会议
股东表决权纠纷	股东滥用表决权侵害其他股东权益	法院可以判决撤销相关决议，并由相关侵权人承担侵权责任
公司对外提供担保纠纷	上市公司在一年内担保金额超出法定限制	法院可以判决撤销相关决议，判令相关股东承担赔偿责任
公司为股东或者实际控制人提供担保纠纷	股东违法或者违反章程为其他股东或者实际控制人提供担保	法院可以判决相关决议无效，判令相关股东承担赔偿责任
股东滥用公司法人独立地位损害债权人利益纠纷	股东滥用公司法人独立地位，利用股东会侵害债权人利益	相关股东承担债权人的利益损失

（二）违反董事会制度的纠纷类型

类型	缘由	法律后果
董事会决议效力确认	决议内容违反法律、行政法规	无效
董事会决议撤销	会议召集程序、表决方式违反法律法规或公司章程；或者决议内容违反公司章程	可撤销

续表

类型	缘由	法律后果
董事会决议不成立	（一）公司未召开会议的； （二）会议未对决议事项进行表决的； （三）出席会议的人数或者股东所持表决权不符合公司法或者公司章程规定的； （四）会议的表决结果未达到公司法或者公司章程规定的通过比例的； （五）导致决议不成立的其他情形。	不成立
董事召集权纠纷	相关权利主体怠于召集股东会议	法院可以责令公司依法召集、召开会议

（三）违反监事会制度的纠纷类型

类型	缘由	法律后果
监事召集权纠纷	有召集权的监事怠于召集董事或股东会议	法院可以责令公司依法召集、召开会议
监事任职纠纷	监事会成员任职构成不符合法律、法规或者章程的规定	法院可责令股东大会重新选举或任命监事会成员
监事履行职权纠纷	监事怠于行使职责，对公司财务状况或者股东、董事和其他高级管理人员的违法行为怠于监督	法院可责令监事纠正，必要时责令提起相关诉讼

（四）高管人员的义务及违法义务的法律后果

我国《公司法》第一百四十七条第一款规定："董事、监事、高级管理人员应当遵守法律、行政法规和公司章程，对公司负有忠实义务和勤勉义务。"《公司法》第一百四十八条，对董事、高管人员的禁止性行为进行了列举，并规定违反此类规定所得的收入应当归公司所有，具体包括：1. 挪用公司资金；2. 将公司资金以其个人名义或者以其他个人名义开立账户存储；3. 违反公司章程的规定，未经股东会、股东大会或者董事会同意，将公司资金借贷给他人或者以公司财产为他人提供担保；4. 违反公司章程的规定或者未经股东会、股东大会同意，与本公司订立合同或者进行交易；5. 未经股东会或者股东大会同意，利用职务便利为自己或者他人谋取属于公司的商业机会，自营或者为他人经营与所任职公司同类的业务；6. 接受他人与公司交易的佣金归为己有；7. 擅自披露公司秘密；8. 违反对公司忠实义务的其他行为。

（五）公司章程或者章程条款无效或者撤销纠纷

类型	缘由	法律后果
公司章程无效确认之诉	公司章程剥夺股东主要权利；章程条款违反法律法规的规定	股东可以提起无效确认之诉，法院可以确认章程或章程条款无效
公司章程撤销之诉	公司章程制定的过程存在瑕疵，包括制定违反法定程序、股东的意思表示瑕疵；章程中某些条款违反法律强制性规定（章程内容存在违法情形、章程欠缺绝对必要记载事项）	股东可以提起撤销之诉，法院可以撤销公司章程或章程某些条款

三、违反公司内部治理制度的救济措施

（一）股东直接诉讼制度

1. 股东直接诉讼制度的含义和类型

股东直接诉讼制度，是指股东基于股权，为自己的利益，以自己的名义向公司、董事、高管人员或者其他侵权人提起的诉讼，主要类型情况如下表所示：

类型	权源	前置条件	备注
知情权诉讼	股东有权查阅公司的财务会计报告、会计账簿等有关公司经营、管理、决策的相关资料，以了解公司经营状况和监督公司高管人员的活动。	股东享有查阅和复制公司章程、股东会会议记录、董事会会议决议、监事会会议决议和财务会计报告的权利，如股东该等权利受到阻碍不能行使，可向法院起诉；股东向公司提出查阅会计账簿的书面请求且被拒绝的，股东可提起诉讼。	股东承担证明自身向公司提出书面请求的举证责任；公司承担股东行使知情权的目的是否正当的举证责任。
召集权诉讼	股东有向负有召集职责的公司机关请求召开股东会的权利。	董事会在收到请求之后 15 日内不能履行或不履行召集股东会会议职责时，监事会才有权召集股东会；当监事会在收到请求之后 15 日内也不召集时，符合条件的股东才能召集股东会。	无

续表

类型	权源	前置条件	备注
提案权诉讼	符合条件的股东可以在股东大会召开10日前提出临时提案并书面提交董事会，通过董事会提交股东大会审议的权利。	提案，须单独或合计持有公司3%以上股份的股东；提案内容与法律法规和公司章程的规定不相抵触，并且属于公司经营范围和股东会职权范围，有明确的议题和具体决议事项；提案应于股东大会召开10日前以书面方式提交董事会；董事拒绝将提案列入股东会议程的，提案股东可以向法院提起诉讼请求宣告股东会决议无效。	无
人事权诉讼	股东有权选举或者被选举为公司的董事或者监事。我国《公司法》确立累积投票制度，使得小股东能够获得公平的投票表决权，选举代表自身利益的候选人进入董事会。	股东人事权受到侵害，可以向法院提起诉讼。	无
表决权诉讼	股东有权参加股东会的定期会议和临时会议，并行使表决权。	股东已经出席股东会或者董事会而对股东会或者董事会的召集程序和决议方法并未当场提出异议，此后不得提起公司决议撤销之诉。	无
优先权诉讼	股东基于公司股东的资格和地位，享有在公司发行新股或者增加资本时，优先于第三人按照自己原有的持股比例认购新股的权利。	有限公司新增资本时，全体股东未约定不按出资比例优先认缴出资，股东才可优先按照实缴的出资比例认缴出资；股份有限公司发行新股，股东大会应对向原有股东发行新股的种类及数额作出决议。	无
分红权诉讼	股东享有股利分配请求权。股利，即股息、红利分配请求权。	公司过分提取任意公积金或以其他形式损害股东的盈余分配请求权时，任何股东可以资本多数决滥用、股东会决议侵犯其正当权利为由向法院提起撤销股东会决议之诉，或者确认股东会决议无效之诉。同时，可以向法院提起强制公司按照章程或者法律规定向其分配公司盈余的给付之诉。	被告为公司，董事不能列为诉讼的被告。

续表

类型	权源	前置条件	备注
收购权诉讼	股东享有退出权或者回购权。	公司拟召开股东会作出股份收购的决议之前，应在合理期限内及时通知股东可以行使异议权。异议股东在收到通知后应在股东会召开前向公司书面表示异议，并在股东会上投票反对。如果股东会通过该项决议，异议股东应在知道公司决议结果一定期限内，以书面形式请求公司以公平价格购买。对于股份收买的价格，由异议股东与公司在法定期限内协商，超出法定期限协商不成的，异议股东可以向法院提起诉讼。	无
继承权诉讼	股东合法继承人有权继承有限责任公司的出资或投资份额，并继承死亡股东的股东身份，但与股东的人身不可分离的身份不能继续。除此之外，继承人为公务员的，只可继承与其所拥有的股权对应的财产权益，不能继承股东资格或者股东地位。	股东继承权受到侵害，或者因股权继承给其他股东造成侵害的，权益受侵害的股东可以向法院提起诉讼。	因继承股东资格而引发的公司股东无法继续合作情形的，股东可按照《公司法》要求选择解散公司。
转让权诉讼	股东有转让出资或者股份的权利。	股东转让权受到侵害，或者因股权转让给其他股东造成侵害的，权益受侵害的股东可以向法院提起诉讼。	无

2. 典型判例

红日公司、蒋某诉科创公司股东会决议效力和股东认缴出资优先权纠纷案①

[案情简介]

蒋某和红日公司为科创公司股东，在2003年12月增资扩股前，科创公司的注册资金为人民币475.37万元。其中蒋某出资额人民币67.6万元，出资比例14.22%，为公司最大股东；红日公司出资额人民币27.6万元，出资比例5.81%。

2003年12月5日，科创公司发出召开股东代表大会的通知，该通知主要记载了开会时间、开会地点、参会人员、列席人员及议题。开会时间定于2003年12月16日下午4：00，议题之一是：（1）关于吸纳陈某为新股东的问题；（2）关于公司内部股权转让的问题等。蒋某和红日公司对上述议题的第（2）项投了赞成票，对第（1）项投了反对票，且红日公司在意见栏中注明："应当按照公司法第三十九条第二款规定先就增加资本拿出具体框架方案，按公司原股东所占比重、所增资本在增资扩股后所占比重先进行讨论通过，再决定将来出资，要考虑原股东享有公司法规定的投资（出资）权利。"股东会纪要中记载：会议讨论了陈某的入股协议，同意吸纳陈某为新股东（经表决75.49%同意，20.03%反对，4.48%弃权）；同意科创公司内部股权转让（经表决100%同意）。

2003年12月18日，科创公司为甲方，陈某为乙方签订了《入股协议书》，该协议主要记载：乙方同意甲方股东大会讨论通过的增资扩股方案，即同意甲方在原股本475.37万股的基础上，将总股本扩大至1090.75万股，由此，甲方原股东所持股本475.37万股占总股本1090.75万股的43.6%；乙方出资800万元人民币以每股1.3元认购615.38万股，占总股本1090.75万股的56.4%。

[法律分析]

（1）关于股东会决定的效力。2003年12月16日科创公司作出的股东会决议侵犯了红日公司和蒋某按照各自的出资比例优先认缴新增资本的权利。在红日公司、蒋某明确表示反对的情况下，股东会未给予红日公司和蒋某优先认缴出资的选择权，而以股权多数决的方式通过了由股东以外的第三人陈某出资人民币800万元认购科创公司全部新增股份615.38万股的决议内容。根据《公司法》第二十二条第一款的规定："公司股东会或者股东大会、董事会的决议内容违反法律、行政法规

① 最高人民法院民事判决书（2010）民提字第4号，载北大法宝，http：//bmla. chinalawinfo. coiVnewlaw2002/slc/slc. asp？db = fnl&gid = 117781794，浏览时间：2014年1月10日。

的无效”，科创公司前述决议内容中，涉及新增股份中14.22%和5.81%的部分侵犯了蒋某和红日公司的优先认缴权，应当认定无效，涉及新增股份中79.97%的部分因其他股东以同意或弃权的方式放弃行使优先认缴权而发生法律效力。

（2）关于《入股协议书》的效力。《入股协议书》是科创公司与该公司以外的第三人签订的合同，应适用《合同法》的一般原则及相关法律规定认定其效力。虽然科创公司2003年12月16日作出的股东会决议部分无效，导致科创公司达成上述协议的意思存在瑕疵，但作为合同相对方的陈某并无审查科创公司意思形成过程的义务，科创公司对外达成协议应受其表示行为的制约。上述《入股协议书》是科创公司与陈某作出的一致意思表示，不违反国家禁止性法律规范，且陈某按照协议约定支付了相应对价，没有证据证明双方恶意串通损害他人利益，因此该协议不存在《合同法》第五十二条所规定的合同无效的情形，应属有效。

（3）蒋某和红日公司的优先认缴权问题。红日公司和蒋某只有依法恰当主张了权利，才能够行使上述新增资本的优先认缴权。股东优先认缴公司新增资本的权利属形成权，虽然现行法律没有明确规定该项权利的行使期限，但为维护交易安全和稳定经济秩序，该权利应当在一定合理期间内行使，并且由于这一权利的行使属于典型的商事行为，对于合理期间的认定应当比通常的民事行为更加严格。本案红日公司和蒋某在科创公司2003年12月16日召开股东会时已经知道其优先认缴权受到侵害，且作出了要求行使优先认缴权的意思表示，但并未及时采取诉讼等方式积极主张权利。红日公司和蒋某在股权变动近两年后又提起诉讼，争议的股权价值已经发生了较大变化，此时允许其行使优先认缴出资的权利将导致已趋于稳定的法律关系遭到破坏，并极易产生显失公平的后果，故对红日公司和蒋某行使对科创公司新增资本优先认缴权的请求法院未予支持。

（二）股东派生诉讼制度

1. 股东派生诉讼制度的含义和基本内容

股东派生诉讼制度，是当公司的利益受到控股股东、董事、监事、高管人员或者第三人的侵害，而公司拒绝或者怠于行使诉权的情况下，为了维护公司的利益，法律赋予具备法定资格的股东代表公司对侵权人提起诉讼并追究其法律责任的权利。[①]

---

① 金剑锋等：《公司诉讼的理论与实务问题研究》（第1版），人民法院出版社2008年版，第35页。

派生诉讼制度	
适用范围	（1）违反法律、法规的强制性或禁止性规定，给公司造成损害； （2）违反公司章程，给公司造成损害； （3）高管违反法定义务并造成公司利益受损； （4）其他造成公司利益损害的不当行为：少数股东的欺诈行为；非法控制公司的行为等。
原告主体资格	（1）持股比例：有限责任公司的任一股东、股份有限公司持股1%以上的股东。 （2）持股期限：有限责任公司无期限限制、股份有限公司连续180日以上。 （3）对董事的违法行为没有赞成、批准或者默认。 （4）开庭审理前，其他股东要求参加的，应予准许。
被告主体资格	被告是实施危害公司利益行为的人，及执行公司职务违反法律、行政法规或公司章程的规定，给公司造成损失而应承担赔偿责任的控股股东、董事、监事、高管人员和侵害公司利益的第三人（包括公司内部雇员、公司外部其他人、实施具体违法行政行为的行政机关）。
公司的诉讼地位	公司在派生诉讼中的地位为共同原告，且公司所为的不利于原告或者有利于被告的行为应属无效。
前置程序	股东提起派生诉讼前，应该请求公司的监事会或者不设监事会的有限责任公司的监事，或者董事会或者不设董事会的执行董事向法院起诉。如果公司没有合理的理由拒绝或者怠于起诉，股东可提起派生诉讼。
阻止制度	由在派生诉讼中未被列为被告且不能从所指控行为中获取任何直接或者间接利益的股东组成的独立委员会，经过充分的尽职调查之后，作出一项动议认为起诉不符合公司的最大利益，且提议驳回起诉。
管辖原则	公司所在地法院，专属管辖。
未经法院批准不得撤诉或和解	派生诉讼涉及公司的利益，原告股东进行和解或者撤诉应当由法院批准并有义务向其他股东披露与此相关的事项。
一事不再理原则	派生诉讼的判决对公司及其全体股东具有既判力和约束力，其他股东要受“一事不再理”规则的约束，不得给予同一事实、同一理由而再对同一被告提起派生诉讼。股东起诉后又撤诉的，不得再向法院提起派生诉讼，也不得参加或者介入其他股东提起的同类诉讼。

2. 典型判例

强制收购恒通公司持有的股份以抵顶其债务执行案[①]

[裁判摘要]

控股股东应当正当地行使公司的控制权，不得利用控制权损害其他股东的利益。

[案情简介]

原告南长公司、浦东公司和被告恒通公司，都是第三人江南公司的股东。在江南公司8000万元的股本金中，恒通公司持有4400万元股份，占注册资本的55%；南长公司持有1450万元股份，占注册资本的18.125%；浦东公司持有400万元股份，占注册资本的5%，其余股份均由其他小股东持有。恒通公司选派代表出任江南公司的董事长、总经理。恒通公司事实上控制了江南公司。

1998年8月20日，被告恒通公司与第三人江南公司签订了《债权债务处理协议书》，确认恒通公司欠江南公司的债务人民币3971万元，恒通公司将其在深圳的房产作价人民币40352784元给江南公司冲抵债务，房产与债务冲抵后的余额人民币642784元，作为房产过户费用。上述协议履行后，江南公司的部分股东提出异议，江南公司董事会作出决议：对恒通公司抵债的房产进行评估，评估后价值缩水，以恒通公司的股权冲抵。经过评估，恒通公司的抵债房产价值为人民币2516.88万元。据此，江南公司的中小股东认为：恒通公司利用担任江南公司董事长、总经理的优势地位，损害了江南公司和他们的利益，遂决定起诉恒通公司侵权。诉讼期间，恒通公司对评估提出异议，法院委托评估机构重新评估，评估价值为人民币1119.74万元。

[法律分析]

被告恒通公司给第三人江南公司抵债的房产，实际价值为人民币1119.74万元，根本不能抵偿其欠江南公司的3971万元债务。恒通公司利用自己在江南公司的控股地位，用以物抵债、低值高估的方法为本公司谋取非法利益，给江南公司造成2851.26万元的损失，侵害了江南公司和其他股东的利益。恒通公司和江南公司拟签订的债权债务处理协议，违反了公平和诚实信用的原则，应当认定无效。恒通公司对其侵权行为给江南公司造成的损失，应当承担赔偿责任。

---

① 金剑锋等：《公司诉讼的理论与实务问题研究》（第1版），人民法院出版社2008年版，第26页。

第三节　公司外部治理实务

一、公司社会责任

公司社会责任来源于经济学上的企业社会责任，法学家运用法学理论对企业社会责任进行了改造，形成今天的公司社会责任。公司社会责任这一法律用语看似简单，实则代表着一种观念在公司法律制度上的诞生。强调公司对劳动者、消费者、环境利益、社会公共利益等的社会责任，也成了一种世界趋势，发达国家的《公司法》几乎都写进了社会责任条款，并得到了实业界的纷纷响应。在我国，现行《公司法》第五条第一款也明确规定了公司必须承担社会责任，"公司从事经营活动，必须遵守法律、行政法规，遵守社会公德、商业道德，诚实守信，接受政府和社会公众的监督，承担社会责任"。社会责任作为一个专门的法律术语在我国的立法中得到了确立。毋庸置疑，现行《公司法》的这一规定，使得公司的"社会责任"不再仅仅是一种理论，而是实实在在地体现在公司参与的法律和经济活动中。在市场经济的冲击下，公司为了追求利益最大化，无视社会责任的事件时有发生。随着公司在社会中经济力量的日益增强，他们在社会经济活动中发挥积极作用的同时，也带来了一些消极的影响。例如，公司侵害员工的合法权益，欺诈消费者，造成社区甚至更大范围的环境污染等。公司的这些行为，将本应属于公司的成本，转嫁给了社会，进而引发了更深层次的社会问题，影响了社会的和谐稳定。这引起了学者对公司社会责任问题的高度关注。

（一）公司社会责任的含义

综观法学界对公司社会责任（Corporate Social Responsibility）的定义，"公司不能仅仅以最大限度地为股东们赚钱作为自己唯一的存在目的，应当最大限度地关怀和增进股东利益之外的其他所有社会利益"[①]，"企业在创造利润、对股东承担法律责任的同时，还要承担对员工、消费者、社区和环境的责任"。[②] 虽然具体表述多种多样，但其内涵基本上都是大同小异，都明确要求公司在追求利益的同时，还要对社会承担一定的责任。

那么，公司社会责任的内涵究竟是什么？结合我国的国情和经济实践，至少应考虑以下两个方面：其一，在以经济建设为中心的基本国情下，我们需要认可和肯定以股东利益为中心地位、股东利益最大化的理念，鼓励投资创业、激发所有资本

---

① 刘俊海：《公司的社会责任》，法律出版社 1999 年版，第 5 页。

② 刘兆峰：《企业社会责任与企业形象塑造》，中国财政经济出版社 2008 年版，第 7 页。

的活力，让公司做大做强，创造更先进的社会生产力，并且促进社会经济的发展与繁荣。而这也正符合现行《公司法》设计一系列新制度的立法宗旨，如降低注册资本限额，健全对股东尤其是中小股东利益的保护机制，减少强制性规范，增加大量任意性规范以赋权公司自治等，其目的都是以法律保障投资积极性，增强投资信心。其二，我国公司的整体发展虽然还未达到对整个社会的政治、经济、文化、生活等方面相当程度的控制和干预，但业已渗透到社会的各个层面，产生了一定的影响并造成了一定的社会问题，如浪费资源、污染破坏环境、制造假冒伪劣产品、对劳动者利益的漠视和侵害、进行不正当竞争、破坏社会秩序、法人犯罪等。肯定公司的社会责任，现实意义极大。①

鉴于此，公司社会责任的含义为：公司在追求自身及其股东经济利益最大化的同时，应当遵守法律、法规，遵守社会公德和商业道德，并为利益相关者履行相应的社会义务。这一界定，具有相对合理性，就公司而言，没有过分增加其负担或者说增大其成本，实质上只要守法经营，遵守社会公德、商业道德，也就可以说是承担了社会责任，既不与现行《公司法》鼓励投资创业的价值理念相悖，也能避免或者说遏制目前一些缺乏诚信和公德心的公司过分消耗社会整体资源，透支社会发展潜力以及随之而产生的一系列社会问题。

（二）公司社会责任的主体

公司社会责任的主体毫无疑问应该是公司，公司作为法律承认的独立法人主体，具有法律规定的权利能力和行为能力，得以自己的名义独立承担有关法律责任，公司的社会责任是公司对社会所承担的所谓“特定人对特定事项的发生、发展、变化及其成果负有的积极助长义务”。公司具有独立于股东、董事及其他公司经营管理者的人格，股东、董事和经理对外行为均以公司名义进行，公司有独立的法人资格作为其社会责任的主体。有学者认为公司社会责任最终的责任主体是董事②，这种观点混淆了公司与公司的实际控制者、公司行为与公司实际控制者行为之间的界限。当下，在公司的内部治理过程中，公司实际控制者的决策在一定程度上影响甚至决定了公司的行为，而该行为在公司内部往往缺乏有效的监督，但不能因此而在理论上把两者混淆。以公司董事为代表的公司实际控制者在其决策过程中应当考虑其决策引致的公司行为是否符合公司所应承担的社会责任要求，但这并不意味着公司的社会责任的承担主体为公司董事。

---

① 巩丽霞：《试论新公司法与公司的社会责任》，载中国论文下载中心，http：//www. studa. net/shehuiqita/080829/14131480. html，浏览时间：2011 年 6 月 17 日。

② ［韩］李哲松：《韩国公司法》，吴日焕译，中国政法大学出版社 2000 年版，第 19 页。

(三) 公司社会责任的对象

传统民法认为债权债务关系是一个特定的关系，即债权人和债务人都是特定和明确的。但是在公司社会责任这个问题上与此不同，它没有相对特定的权利人。有学者认为公司社会责任的责任对象是无法确定的[①]，持这种看法的学者通常反对公司社会责任的存在；有学者认为公司社会责任要求公司最大限度地增进股东利益之外的其他所有社会利益。这种社会利益包括雇员（职工）利益、消费者利益、债权人利益、中小竞争者利益、当地社区利益、环境利益、社会弱者利益及整个社会公共利益等内容，既包括自然人的人权尤其是《经济、社会和文化权利国际公约》中规定的社会、经济、文化权利（以下简称社会权），也包括自然人之外的法人和非法人组织的权利和利益。其中，与公司的存在和运营密切相关的股东之外的利害关系人（尤其是自然人）是公司承担社会责任的主要对象。[②] 还有学者将公司社会责任的对象概括为：对雇员的责任；对消费者的责任；对债权人的责任；对环境资源的保护和合理利用的责任；对所在社区经济社会发展的责任；对社会福利和社会公益事业的责任共计六项具体责任。[③]

深圳证券交易所2015年发布并实行的《深圳证券交易所主板上市公司规范运作指引》（2015年修订）中第十章整章规范了上市公司的社会责任，第一条规定："上市公司应当在追求经济效益、保护股东利益的同时，积极保护债权人和职工的合法权益，诚信对待供应商、客户和消费者，积极从事环境保护、社区建设等公益事业，从而促进公司本身与全社会的协调、和谐发展。"

(四) 公司社会责任的内容

1. 股东和债权人权益保护

《公司法》保护公司权益、股东权益和债权人的权益。一方面，现行《公司法》在为健全对股东尤其是中小股东利益的保护机制的建设方面作了特别规定，使实践当中有关此方面纠纷的解决有法可依。现行《公司法》在这方面规定的内容主要有以下几点：保证股东的知情权，有限责任公司的股东可以查公司账簿；规定了有限责任公司的中小股东在特定条件下的退出机制；赋予股东诉权；股东可以向法院申请解散公司等。现行《公司法》的这些规定，对于维护中小股东的合法权益，保护投资积极性，增强投资信心，提供了法律保障。

另一方面，现行《公司法》设计并贯彻了保护公司债权人的理念，这种保护始

---

① ［韩］李哲松：《韩国公司法》，吴日焕译，中国政法大学出版社2000年版，第2页。

② 刘俊海：《强化公司社会责任的法理思考与立法建议》，载法律教育网，http://www.chinlawedu.commnews/21604/21630/21652/2007/4/zh805120304513470023180-ahtm，浏览时间：2011年6月16日。

③ 卢代富：《企业社会责任的经济学与法学分析》，法律出版社2002年版，第18页。

于公司设立之际，贯穿于公司营运之中，终于公司清算之时。主要内容有：资本确定、维持及非经法定程序不得随意变动“三原则”；公司重大事项，如登记、注册事项和财务状况公开制度；在公司盈余汇报和财产分配方面，公司债权人有优先于股东的权利以及在特定情况下要求公司提前清偿和提供相应担保的权利。

2. 权益保护

对职工的利益进行切实的保护，有利于缓和劳资关系，有利于社会稳定。现行《公司法》在职工权益保护方面主要体现为：涉及公司职工切身利益的问题应当事先听取工会和职工意见；与《工会法》和《劳动法》相协调，与职工签订劳动合同是公司的法定义务。有关职工工资、福利等涉及职工切身利益的事项，应由工会代表职工与公司签订集体合同；明确职工监事的比例；公司正常清算时，对依法应当交付的社会保险费用和应当支付给职工的补偿金，应当与职工工资一样，在清偿公司其他债务前先予清偿。

3. 供应商、客户和消费者权益保护

公司应对供应商、客户和消费者诚实守信，并应妥善保管供应商、客户和消费者的个人信息，未经授权许可，不得使用或转售上述个人信息牟利。公司还应提供良好的售后服务，妥善处理供应商、客户和消费者等提出的投诉和建议。就供应商和客户而言，公司不得依靠虚假宣传和广告牟利，更不得侵犯供应商、客户的著作权、商标权、专利权等知识产权。不仅如此，公司还应敦促客户和供应商遵守商业道德和社会公德，对拒不改进的客户或供应商应拒绝向其出售产品或使用其产品。同时，公司应建立相应程序，严格监控和防范公司或职工与客户和供应商进行的各类商业贿赂活动。就消费者而言，公司应保证其提供的商品或者服务的安全性。对可能危及人身、财产安全的商品和服务，应向消费者作出真实的说明和明确的警示，并标明商品和服务的正确使用方法。公司如发现其提供的商品或者服务存在严重缺陷的，即使使用方法正确仍可能对人身、财产安全造成危害的，应立即向有关主管部门报告并告知消费者，同时采取防止危害发生的措施。①

4. 环境保护与可持续发展

公司既受环境影响，同时又影响着环境。哪怕仅从自身的生存和发展角度看，公司也必须承担环保责任。无论是个人还是企业都不可能从真空中赚钱，经济活动发生在社会环境中，公司应承担自己的经济活动所造成的后果。成功的公司要在利润与责任、效益与公平之间找到平衡，以促进实现经济的可持续发展。首先，公司

① 《深圳证券交易所主板上市公司规范运作指引》《深圳证券交易所中小企业板上市公司规范运作指引》第10.8条：上市公司应当对供应商、客户和消费者诚实守信，不得依靠夸大宣传、虚假广告等不当方式牟利，不得侵犯供应商和客户的著作权、商标权、专利权等知识产权。

应根据自身对环境的影响程度制定整体的环境保护政策，指派具体人员负责公司环境保护体系的建立、实施、保持和改进，并为环保工作提供必要的人力、物力、技术和财力支持。其次，应尽量采用资源利用率高、排污量少的设备和工艺，并采用经济合理的废弃物综合利用技术和污染物处理技术，以“绿色产品”为研究和开发的主要对象，发展和推广无害环境技术。同时，排放污染物的公司，应依照国家环保部门的规定申报登记，并对于公司生产中所产生的“三废”要及时有效地处理。排放污染物超过国家或者地方规定的公司应依照国家规定缴纳超标准排污费，并负责治理，不能推诿，更不能采取转嫁生态危机的不道德行为。另外，公司应定期指派专门人员检查环保政策的实施情况，对不符合公司环境保护政策的行为应及时予以纠正，并采取相应补救措施。

5. 公共关系和社会公益事业

公司作为社会这个大系统中的一个子系统与社会其他子系统彼此互相影响、互相作用。公司深深植根于所处的社会中，无法独立于它所在的社会而存在。特别是巨型公司对所在社区的经济、治安以及文化等方面都会产生巨大的影响。一方面，公司在社区落户，除因招工而直接增加就业机会外，还会间接增加其他行业的就业机会，如餐饮业、娱乐业等服务业。此外，因公司与外界交往亦会使流动人口增加，刺激消费，拉动经济增长。而公司员工的素质及企业文化精神也会对社区的治安、文化建设产生一些影响。另一方面，所在社区也会为公司的发展做出自己的贡献。因此，所在社区也是公司的利益相关者，公司理应对其承担一定的社会责任。公司尤其是上市公司，更应在力所能及的范围内，积极参加所在地区的环境保护、教育、文化、科学、卫生、社区建设、扶贫济困等社会公益活动，促进公司所在地区的发展。①

（五）我国公司社会责任的实现途径

在讨论我国公司社会责任实现途径之前，先来了解一下《财富》杂志2013年对外资企业和中国企业社会责任前10强的排名表。

外资企业10强

2013年排名	2012年排名	2011年排名	《财富》世界500强排名	公司	行业	得分
1	1	15	87	索尼	电子消费品	91.6
2	3	4	173	英特尔	高科技	86.7

① 参见《深圳证券交易所主板上市公司规范运作指引》《深圳证券交易所中小企业板上市公司规范运作指引》第10.1条。

续表

2013 年排名	2012 年排名	2011 年排名	《财富》世界 500 强排名	公司	行业	得分
3	2	7	20	三星电子	电子消费品	86.6
4	8	5	62	巴斯夫	原材料	85.3
5	25	14	21	戴姆勒	汽车	84.3
6	22	44	38	日立	工业产品和服务	79.7
7	19	1	147	戴尔	高科技	78.5
8	17	12	187	拜耳	原材料	78. 1
9	11	28	31	惠普	高科技	78. 1
10	4	9	27	福特汽车	汽车	76.3

中国企业 10 强

2013 年排名	2012 年排名	2011 年排名	《财富》世界 500 强排名	公司	行业	得分
1	1	1	69	中国远洋	工业产品与服务	85
2	13	3	21	联想	高科技	71.2
3	4	5	1	中石化	石油与天然气	70
4	7	29	2	中石油	石油与天然气	65.2
5	3	5	17	宝钢	原材料	64.2
6	10	43	4	中建	建筑建材	63.2
7	34	15	24	中铝	原材料	62
8	2	13	49	中兴	高科技	60.4
9	8	15	37	山西太钢	原材料	60.2
10	15	40	50	东方航空	航空	59.4

由上表可见，中国企业发展至今，已取得了长足的进步，企业社会责任意识已在中国企业生根发芽，并逐渐成长壮大，但是与外资企业仍存在一定的差距，要想缩小这个差距还需要中国企业长期不懈的努力。那么如何进一步普及并强化企业社会责任，则需要我们共同来探讨。

在公司的经营发展过程中，如何保护股东、债权人、职工等主要相关者的切身利益是个十分重要的问题。我国立法虽然已经承认这些相关者的存在和合法性，但相关法律规范却相对零散，分布于诸多法律法规之中，还未系统化，且规定也过于原则，不利于保护利益相关者和公司的合法权益。我们认为，实现企业社会责任主要从以下几个方面着手：

1. 相关立法的完善

2005 年修订的《公司法》在第五条中明确地写入“社会责任”这四个字，其意义深远。除股东权益外，就利益相关人的权益规定整部法律涉及甚少，不到十条，其内容也有局限性，仅规定了职工利益保护、职工参与公司决策与管理以及提升职工素质等几个方面的内容，丝毫没有提及其他利益相关者，如债权人、消费者、客户、供应商、环境保护与社会公益等。2012 年修订的《民事诉讼法》为保护社会公共利益特别规定了民事公益诉讼制度，“对污染环境、侵害众多消费者合法权益等损害社会公共利益的行为，法律规定的机关和有关组织可以向人民法院提起诉讼”。2015 年生效实施的《环境保护法》，从公益诉讼角度进一步明确了企业的环境保护责任，“对污染环境、破坏生态，损害社会公共利益的行为，符合下列条件的社会组织可以向人民法院提起诉讼：（一）依法在设区的市级以上人民政府民政部门登记；（二）专门从事环境保护公益活动连续五年以上且无违法记录。符合前款规定的社会组织向人民法院提起诉讼，人民法院应当依法受理。提起诉讼的社会组织不得通过诉讼牟取经济利益”。

虽然近些年我国在企业社会责任立法方面取得了一些进步，但是还远未达到理想的程度，仍需完善相关立法。相对于《公司法》对社会责任规定的原则性和倡导性，应该针对不同的社会责任对象的特点，用不同的立法保障他们的利益得以实现。例如，《产品质量法》规定的产品质量责任；《环境保护法》规定的排污者承担污染治理和缴纳排污费责任；《公司法》所确立的股东和董事的责任和清算责任。

2. 政府的引导和推动

企业根植于社会，企业的发展也离不开政府的引导。在当代，企业承担和履行社会责任的情况，是社会与政府评估企业运作情况的重要内容之一。公司社会责任作为一个还没有被社会所普遍理解、接受的倡导性规范，要成为公司的自觉行为，需要政府的引导和推动。2014 年起生效实施的《企业信息公示暂行条例》第十八条规定：“县级以上地方人民政府及其有关部门应当建立健全信用约束机制，在政府采购、工程招投标、国有土地出让、授予荣誉称号等工作中，将企业信息作为重要考量因素，对被列入经营异常名录或者严重违法企业名单的企业依法予以限制或者禁入。”在实践中，深圳提出了许多值得探讨和借鉴的思路，如拟通过政府推动“企业社会责任认证”来促使公司承担社会责任，如 SA8000 社会责任标准，ISO9000 质量管理体系标准，ISO140000 环境管理标准等；设立政府“企业社会责任奖”，对改善员工工作和生活条件、加强环境保护、捐助公益和慈善事业的企业，予以政策优惠；政府还可利用法律、行政、经济等手段，加大不承担社会责任的企业成本，如政府拒绝购买“血汗工厂”的产品和服务，拒绝对其给予补贴、贴息、税费减免等政策优惠；在建筑市场等部分领域，有过“欠薪”等不良记录的企业，将不得进入市场等。① 此外，商务部也推出了若干举措，如目前已经在六类资源型产品出口配额招标的时候引入了企业社会责任的审查程序，如某家公司没有为职工按时足额缴纳养老、失业、医疗、工伤等各项社会保险，没有达到国家的环保标准，存在明显的违法违规行为，该企业就不具备投标资格，这些方法和措施都值得我们去研究探索。

3. 媒体的支持与监督

媒体在社会生活中所起的作用越来越大，可以说是一种无所不在的社会力量。由于它的权力、影响力很大，因此，对它的这种权力的使用就要更加具有责任意识。通过媒体的舆论导向和公信力，可以促使公司重视自身的社会信誉和社会影响力，更快更好地发展。例如，于 2014 年 7 月圆满落幕的由南方周末主办的第六届中国企业社会责任年会，又如 2014 年中国新闻社、《中国新闻周刊》再次回望以往十年的责任历程，以“责任十年：守与跃”为主题，主办第十届中国·企业社会责任国际论坛等，都取得了非常好的效果。

作为推进企业社会责任的重要力量之一，媒体在积极主动地介入和监督企业社会责任活动的同时，也应本着对公众和社会负责的态度，不得滥用自身的权利，体现新闻的专业精神与良好的职业修养。

4. 公司治理结构的完善

首先，企业应该建立明确的流程，确保社会问题以及新兴社会力量在最高级别得到充分探讨，并纳入公司战略规划中，从公司总体发展战略出发，将企业的社会责任贯穿到公司整体经营活动中。其次，企业应该设置专门的机构来负责社会责任的推行，并设置相应的社会责任考核指标。再次，培养企业员工的社会责任意识，使企业的每个员工在实际的日常行为中处处履行社会责任。最后，企业应当持续定

---

① 庄浩滨（编辑）：《深圳劳动部门拟推行企业社会责任认证》，载深圳新闻网，http：//www. sznews. coni/news/content/2006 －03/31/content_ 71364. htm，浏览时间：2006 年3 月31 日。

期发放企业社会责任报告，全面真实地展现企业公民形象。[①] 如华为三次发布企业社会责任报告（CSR 报告）。

总之，公司应当承担社会责任反映了市场经济的发展和整个时代的进步，既是构建和谐社会的要求，法治社会的要求，也是公司自身良性发展的要求，它会为企业树立良好的声誉和形象，增强投资者信心，吸引优秀人才并留住人才。但是，同时又是一项极其复杂而艰巨的工程，有赖于政府、学界、实业界以及社会公众的共同努力。

二、债权人与公司治理

这里的债权人是指公司借入资本的所有者。这里说的公司债权与公司股权是不同的，体现在以下几个方面：第一，债权的义务人（债务人）必须是特定的；第二，债权必须由特定的债务人在未来一定时期内用自己的资产或劳务偿付；第三，债权人和公司是一种合同关系，包括正式合同和非正式合同。从理论上讲，由于债权人要承担本息到期无法收回或不能全部收回的风险，从这方面来说债权人和股东一样，在公司治理上，债权人应该有权对公司进行监督，并在非常情况下（如破产清算时）拥有控制权。

为适应全球的经济发展方向，公司制度正经历着一场巨大的变革，旧的管理模式和管理思维正面临严峻的挑战。在新的经济环境下，公司的治理权力正由内部向外部扩散，趋向于在股东和利益相关主体之间重新分配。一般认为，公司治理是关于公司股东大会、董事会、监事会和高管人员之间制衡的一种制度安排。但是，静态层面的公司治理结构远不能解决公司治理的所有问题，有效的公司治理不仅需要一套完备的公司治理结构，更需要动态的治理机制的存在。完善公司治理机制的意义不仅在于实现股东利益最大化，而且应该保护利益相关者的合法权益。[②]

（一）我国公司债权人治理机制的现状

1. 公司内部治理的非有效性

第一，董事会的独立性不够。控股股东利用自己拥有的控股地位，推荐自己的代表任董事，在董事会里形成多数，从而把持董事会，使得公司经营决策都按照控股股东的意志进行。有些公司的治理者还认为公司治理的内部控制制度碍手碍脚，影响效率而不予执行，使得公司内控制度形同虚设，流于形式，更加排除了其他利益成员的权利的实现。第二，监事会的监督功能非常有限。根据《公司法》的规定，我国公司的监事会与董事会同属于股东大会之下的两个执行机构，监事会在法律上具有与董事会平行的地位。但由于董事会具有决策权力，通常情况下董事长是

---

① 李玉萍、徐东、彭于彪：《上市策》，清华大学出版社 2008 年版，第 26 页。

② 参见李维安：《公司治理》，南开大学出版社 2001 年版，第 14 页。

公司的法人代表，这就使得仅具有部分监督权的监事会实际上成为董事会之下的一个机构，从而失去了应有的监督权力。第三，内部人控制问题严重。企业经理人员或员工依法或在事实上掌握了企业的控制权，并使他们的意志在公司的决策中得到比较充分的体现。[①] 公司的最高层管理人员，大权独揽，集控制权、执行权和监督权于一身，公司内部的一般员工（包括其他内部董事）和数量很少的外部独立董事在公司治理过程中发挥的作用很小。

2. 公司外部治理机制的缺失

我国公司治理的外部监控机制不健全。中国公司治理的模式属于政府主导型模式。大多数国有公司中，特别是上市公司，国有股占有绝对或相对控股、参股的地位，此时，政府具有双重性，一方面，代表股东在公司治理中发挥内部治理的作用；另一方面，又作为资本市场或证券市场的监督者，通过信息披露等法规的制定来担任公司外部治理的角色。政府作为大股东代表，其作用更多地表现为外部治理，这种作用并不是通过市场机制体现出来的，而是表现为其对经营管理人员的任命权、对企业重大决策的审批权和对经营管理者的经营活动的外部监督约束权，如外派财务总监、定期和不定期的审计等都是外部治理的表现。

3. 债权人利益保护之不足

我国《公司法》第一条规定："为了规范公司的组织和行为，保护公司、股东和债权人的合法权益，维护社会经济秩序，促进社会主义市场经济的发展，制定本法。"实际上，债权人利益并没有得到有效保护。现行法律的规定只是一种不完全的事后监督，即破产监督，但破产企业往往资不抵债，难以有效地保护其利益，很多企业破产后的不良债权就是证明。例如，黑龙江省阿城糖厂破产后一般债权人没有分到一分钱。天津市渤海啤酒厂因经营问题，被天津市高级人民法院宣布破产，并被强行拍卖。天津市高级人民法院宣告渤海啤酒厂破产后，登记债权人 83 户，债权申报额超过 2 亿元，经法院认定的有效债权为 18426.3 万元，占全部债权额的 98.72%，其中银行和天津市信托投资公司债权所占比例为 92.68%。渤海啤酒厂经过拍卖，共获所得 5400 万元，其中 2600 万元的土地使用权出让金用于安排职工，余下的 2800 万元，除优先偿还由政府干预下取得的 1198 万元抵押贷款外，一般债权人只分到 9%。蒙受损失最大的是一般债权人，即国有银行和信托投资公司。[②]

从我国现实情况来看，本应是公司外部治理的主要力量的债权人在公司治理中并没有发挥应有的作用，甚至可以说，中国没有一个可行的债权人治理机制。之所以会出现这种情况，其根本原因在于：我国的银行债权无法转变为股权。按照我国

---

① 参见胡铭：《公司治理结构研究》，中国财经经济出版社 2002 年版，第 164 ~ 166 页。

② 参见田昆儒：《企业产权会计论》，经济科学出版社 2000 年版，第 193 页。

现行的《商业银行法》第四十三条规定，商业银行在中华人民共和国境内不得向非银行金融机构和企业投资。我国企业所欠债务70%以上是商业银行。这也就意味着该部分债权无法转化为股权，否则就是违反法律。因此，银行作为最大的债权人除按贷款协议扣押其抵押担保外，无权对债务人企业实施控制。

我国《公司法》的设计最初仿照美国《公司法》，强调股权至上，当现有制度发生危机时，又引进独立董事制度，但我国独立董事的提名、聘任、职权等的确定都由主要管理者和大股东掌握，使得独立董事不具有足够的独立性，造成制度不和谐、资源被浪费，监督成本增加，进而导致银行的不良债权问题。因此有必要进行现有资源整合，这就是债权人治理机制。

（二）我国公司债权人治理机制的发展趋势

根据资产负债率的不同，债权人参与公司治理可以分为以下两种模式。

一是高资产负债率公司（资产负债率在60%以上的公司）应借鉴日本的主要往来银行制（以下简称主银行制），建立股权与债权共同治理的模式。这一类公司属于高负债型，公司经营的风险对债权人的总体影响甚至超过对股东的总体影响，所以，在这种类型的公司中，应保持债权人的治理权。虽然从理论上说，债权人的权力边界以追索债务本息为限，但实践中，由于债权人承担了企业经营的大部分风险，债权人有必要参与公司治理。主银行制，银行就是以股东和债权人双重身份参与公司治理的。主银行制的主要内容是：企业选定一家银行作为自己的主要往来银行，并主要从这家银行取得贷款，主银行变成企业的大股东；银行持有企业的股份，并派员参与企业的财务管理，多为董事或经理；当企业经营出现困境以至于破产清算时，则由其主银行牵头负责管理企业，即由主银行负责企业的账户管理、现金支付和结算。

1996年7月初，中国人民银行发布的《主办银行管理暂行办法》对主办银行进行了规范，同时决定从1996年7月1日起在国家经济贸易委员会提出的300家重点国有大中型企业和北京、天津等七个城市的国有大中型企业进行试点。目前试点中银企之间联系仅局限于《银企合作协议》这样一般的契约的联系，且协议一年一定，较为松散。银企之间缺乏产权纽带，银行只能在外部服务于企业，不可能触及企业内在治理机制问题，这样就脱离了主办银行制度的本质特征。

二是资产负债率适中的企业，采用相机治理机制。资产负债率在50%左右，说明企业的股权与债权大致参半，企业经营对股东与债权人的风险是大致相同的。相机治理机制包括事前治理、事中治理和事后治理。事前治理是指投资者对法人企业提出的投资项目的经济价值进行评价和考察。事中治理是指资金注入企业后，投资者介入法人企业，直接检查经理人员的经营行为和企业的运营状况以及资金的使用情况。事后治理是指在企业经营出现危机时，干预企业经营决策，其参与企业治理的手段主要有三个：第一，当债权人认为企业的困难只是一时性的，有挽救的可能和发展的前景时，对企业实行挽救政策，追加注入资金；第二，当债权人认为企业无发展前景或者无力对其挽救时，对企业强制履行债权合约，硬化债务约束；第三，当企业出现资不抵债的危机时，债权人对其实施破产程序。①

作为利害相关者，债权人可通过多种方式参与公司治理、维护自身合法权益。根据债权人介入公司治理的权源不同，可以分为约定参与和法定介入。约定参与主要包括信贷契约、人事结合、重大决策时的债权人会议等。法定介入是指具体制度由法律加以规定，如强制债转股、破产和重整制度以及特定的监督机制等。② 主要包括以下四种方式：

第一，信贷契约。建立企业与主要往来银行的信贷联系，从而加强银行对企业的了解、监督。债权人可据此密切掌握公司经营和财务状态，以实现对公司事实上的监督，但此种方式并不足以保护债权人利益。

第二，资本参与。信贷联系虽是银行监督企业的强有力手段，但本质上与企业之间并非资本结合关系，银行通过持有企业股份强化了银行对企业的监督。银行以股东的身份进入公司董事会、参与制定公司重大经营决策，此时银行的身份由债权人转化为股东。

第三，债权人会议及重整制度。债权人如发现公司业绩下滑，可先与企业进行非正式的磋商。如非正式磋商无效，可依据法律规定向法院申请重整。

第四，债转股。债转股作为一种资本结构调整的手段为建立和改进公司治理创造了条件和机遇，从而能够促使企业通过重组来摆脱困境，也使金融资产转劣为优。从调整资本结构和完善公司治理的角度来看，债转股实质是针对经营不善的内部人控制企业，债权人通过债转股，优化企业治理结构，在股份多元化基础上建立起股东主导型的公司治理体系。

第四节　公司治理下的内部人控制：以阿里巴巴、京东为例

内部人控制（Insider Control）是指在现代企业中的所有权与经营权（控制权）相分离的前提下形成的，由于所有者与经营者利益的不一致，由此导致了经营者控制公司。近年来，中国的资本市场上出现很多在公司治理上设计内部人控制制度的企业，其中以阿里巴巴的合伙人制度和京东的双层股权结构最为典型。

---

① 吴冬梅：《公司治理结构运行与模式》，经济管理出版社2001年版，第140~142页。

② 林恩伟、马效军：《论有限责任公司的债权人保护——以公司债权人介入公司治理的自我救济为导向》，载《安徽广播电视大学学报》2010年第3期。

一、阿里巴巴的合伙人制度

阿里巴巴（以下简称阿里）的合伙人制度又称湖畔合伙人制度（Lakeside Partners），缘起于1999年马云等创建阿里的地点——湖畔花园。阿里于2010年正式确立合伙人制度。合伙人制度的主旨是通过制度安排，以掌握公司控制权为手段保证核心创始人和管理层的权益并传承他们所代表的企业文化。

1. 合伙人

阿里于2014年9月5日向美国证监会递交更新后的招股书，其合伙人由之前的27名增至30名，而阿里的合伙人制度并未固定人数，人数会随成员去留而变动。

其实，阿里的合伙人与我国《合伙企业法》中规定的合伙人并非一物。《合伙企业法》中的合伙人是合伙企业的出资人，本质而言是合伙企业的所有者；而阿里的合伙人则主要掌握公司的控制经营权，实质上属于企业的经营者。

（1）合伙人的任职资格

根据阿里的招股书所载信息，成为阿里合伙人中的一员，需要满足以下几个条件：第一，必须在阿里服务满五年；第二，必须持有公司股份，且有限售要求；第三，由在任合伙人向合伙人委员会提名推荐，并由合伙人委员会审核同意其参加选举；第四，在一人一票基础上，75%以上合伙人投票赞成；第五，对公司发展有积极贡献，高度认同公司文化，愿意为公司使命、愿景和价值观竭尽全力。

（2）合伙人权限

合伙人拥有公司董事的提名权和奖金分配权，而对公司董事候选人的提名权则是整个合伙人制度的核心。合伙人恰恰是通过对董事的提名权掌握了公司的人事控制权，继而对整个公司的经营权形成了绝对控制。此外，阿里合伙人在收益分配方面有较大权力。阿里每年会向包括公司合伙人在内的公司管理层发放奖金，根据阿里的招股书，阿里合伙人委员会可以向董事会的薪酬委员会提议高管的年度奖金池，并在董事会表决后，在董事会的薪酬委员会同意下给公司管理人员分配奖金。

2. 合伙人取得公司控制权的方式

（1）提名董事候选人制度

合伙人拥有提名占董事会人数一半以上的董事候选人的权力，间接控制了公司的经营管理核心董事会。根据阿里的招股书，其上市公司董事会共九名成员，合伙人有权提名简单多数（五人），如软银持有阿里1%及以上股份，有权提名一名董事，其余三名董事由董事提名委员会提名，前述提名董事将在股东大会上由简单多数选举产生。

（2）指定临时董事制度

然而，合伙人仅仅有提名董事候选人的资格，并不能确保其所提名的每位董事都能被股东大会以参会股东过半数表决通过。为防止由此可能产生控制权旁落局面的出现，阿里合伙人制度还规定如果股东不同意选举合伙人提名的董事的，合伙人可以任命新的临时董事，直至下一年度股东大会。简言之，在股东大会不同意合伙人提名董事候选人当选董事时，合伙人可直接绕过股东大会任命董事，以保证其对董事会的实际控制。

（3）一致行动协议

根据阿里招股书记载，阿里合伙人、软银和雅虎签订了一致行动协议，约定将在股东大会上投票互相支持对方提名的董事，由此，阿里合伙人不仅能控制董事会，还能大致控制股东大会的投票结果。

（4）合伙人制度章程化

阿里合伙人制度写入了公司章程，而拟通过修改章程达到改变或者废除合伙人制度却比登天还难。根据阿里上市后修订的公司章程，修改章程中阿里合伙人的提名权相关条款，必须获得出席股东大会的股东所持表决票数95%以上同意方可通过。

而阿里合伙人所持股份数接近13.5%，所以在股东大会上就改变合伙人制度的议案通过的可能性几乎为零。

3. 合伙制度

阿里合伙人制度最直接和最现实的作用是强化并巩固创始人及管理层对公司的控制。自阿里创立以来，随着其逐渐壮大发展，其创始人的持股数量已逐步因阿里的持续融资和上市等被稀释，根据阿里的招股书显示，目前阿里最大的股东为软银，持有7.9亿股，持股比例为34.4%；第二大股东雅虎，持股5.24亿股，占比22.6%。而马云作为第三大股东，仅持股8.9%，所有合伙人成员总持股也仅有13.5%左右。阿里的合伙人团队恰恰是用小比例的持股实现了对公司经营管理权的绝对控制。

此外，从马云2013年9月10日发出的一封致全体员工的公开信，信中称合伙人制度的目的在于通过公司运营实现使命传承，以使阿里从一个有组织的商业公司变成一个有生态思想的社会企业；控制这家公司的人，必须是坚守和传承阿里使命文化的合伙人。

二、京东双层股权结构

北京时间2014年5月22日，京东集团正式登陆美国纳斯达克，作为国内互联网公司第二梯队的领头羊，其赴美上市吸引了众多投资者的关注，而其公司内部治理中的双层股权结构制度设计也是人们津津乐道的重要话题。

1. A/B股双层结构设计

根据京东的招股书记载信息，在IPO前，刘强东通过Max Smart Limited和Fortune Rising Holdings Limited 两家控股公司持有 23.67% 的股权，仍然位列京东第一大股东地位。第二大股东老虎基金持股 22.1%，第三大股东高瓴资本持股 15.8%，五家主要 PE 合计的持股比例更是高达 65.6%。可以看出，刘强东虽仍为京东第一大股东，但其大股东地位岌岌可危，在持股数量上仅微微领先第二、第三大股东。但从持股数来看，如果几家主要 PE 联合起来罢免刘强东似乎是易如反掌，但京东所实行的 A/B 股双层结构设计，令刘强东对京东拥有几乎无法撼动的控制权。

根据其招股书记载，其法定总股本为 30 亿股，截至 IPO 前已发行股份数 20.127 亿股，刘强东通过两家控股公司持有其中 4.764 亿股，其余股东共计持有 15.363 亿股。依京东的 A/B 股双层结构设计，除刘强东外的其他股东所持京东股票为 A 类普通股，1 股有 1 票的投票权；而刘强东所持为 B 类普通股，其 1 股拥有 20 票的投票权。据此计算，刘强东虽仅持股 23.67%，其投票权比例却高达 86.12%，其余股东总共仅拥有 13.88% 投票权。

2. 投票权重悬殊的制度设计

京东 A/B 股双层结构设计中，B 类普通股投票权是 A 类普通股投票权的 20 倍，此种悬殊的投票权重差异设计，即便在盛行双重股权制度的互联网行业也实属罕见。美国的上市公司，创始人持有的股票投票权通常为 1 股对应 1 股投票权，如 Facebook 创始人扎克伯格、百度的李彦宏等都是如此。而刘强东却要求了 1 股相当于 20 股的投票权，原因何在?

首先，如此罕见的制度设计，反映的是刘强东对京东控制权的极度重视。虽然持股数量相比其他股东并无优势，但通过此种投票权重悬殊的制度设计，刘强东可以实现对京东董事会、股东会的绝对控制，对公司的生产经营等各方面的重大决策拥有绝对的话语权。

其次，1∶20 的投票权重设计，侧面反映出京东未来仍将会有数量众多的大额融资。京东从初创以来，随着各方投资者的加盟，创始人刘强东的股权逐渐被稀释，而且随着上市发行股票，其持股份额将会下降。为避免对公司的绝对控制权旁落他人，其设计了投票权重悬殊至 1∶20 的 A/B 双层股权结构。京东注定是个烧钱的生意，按照其多次数亿美元数量级的融资额，刘强东做最坏的打算，其股权甚至可能被稀释至个位数。在极限情况下，只要其股权不被稀释至 4.8% 以下，就能控制总投票权的 50% 以上，从而牢牢掌握控制权。

三、阿里合伙人制度与京东 A/B 双层股权结构设计比较

阿里合伙人制度和京东 A/B 双层股权制度都属于内部人控制制度中的一种，既有相同之处也有差异。

无论是阿里的合伙人制度还是京东的 A/B 双层股权结构，都缘起于公司的所

有权与经营权的矛盾之争。现代公司法理念讲究同股同权，所有者有权选择自己的经营者来管理和运营整个公司。而阿里和京东的创始人都选择将公司控制权掌握在自己手中，不会随着股权被稀释而丧失对公司的掌控权。而创始人丢掉公司控制权的案例比比皆是。阿里和京东创始人或通过控制人事，或通过设计悬殊的投票权比例，将控制权牢牢掌握在自己手中，殊途同归。

然而，二者虽为创始人及经营团队紧握控制权而设计，但制度的基础仍旧存在很大差异。阿里的合伙人制度中，其合伙人通过掌握董事提名权即“组阁权”，间接达到掌控公司的目的，其合伙人的条件中虽有持有公司股权一条，但实际上与经营团队控制公司并无直接关系，合伙人群体的持股数额多少、增减情况对其是否能够控制公司经营权关系甚小。而京东的A/B双层股权结构，创始人团队虽有远超其余股东的投票权，但其控制权仍与其持股数量密切相关，如刘强东股权被稀释至一定程度，仍有丧失公司控制权的可能。

四、阿里、京东内部人控制制度对国内企业的借鉴意义

目前在我国资本市场背景下，尚不允许阿里的合伙人制度和京东的双层股权结构设计，因其违反同股同权的法律原则，也正因如此，阿里和京东并不符合A股上市条件，转而赴美IPO。然而市场主体千千万万，各有其特殊性，仅以同股同权作为原则而禁止阿里、京东等互联网企业上市融资，对整个中国资本市场而言，实际上是一笔很大的损失。

1. 有限责任公司可以章程约定不按持股数确定投票权和收益分配权

在投票权方面，根据《公司法》第四十二条规定，“股东会会议由股东按照出资比例行使表决权；但是，公司章程另有规定的除外”。因此，按照我国《公司法》，有限责任公司股东可以约定不按照出资比例行使选举和更换董事的权利，并将其写入章程。

在收益分配权方面，根据《公司法》第三十四条规定，“股东按照实缴的出资比例分取红利；公司新增资本时，股东有权优先按照实缴的出资比例认缴出资。但是，全体股东约定不按照出资比例分取红利或者不按照出资比例优先认缴出资的除外”。由此，股东之间可通过章程约定创始人及其管理团队在收益分配方面的设计。

2. 股份有限公司可以章程约定不按持股比例确定收益分配

根据《公司法》第一百零三条规定：“股东出席股东大会会议，所持每一股份有一表决权。但是，公司持有的本公司股份没有表决权。股东大会作出决议，必须经出席会议的股东所持表决权过半数通过。但是，股东大会作出修改公司章程、增加或者减少注册资本的决议，以及公司合并、分立、解散或者变更公司形式的决议，必须经出席会议的股东所持表决权的三分之二以上通过。”

《公司法》并未赋予股份有限公司在投票权、人事控制权方面足够的意思自治空间，通过公司章程设计同股不同投票权的设想并不现实。

而根据《公司法》第一百六十六条第四款规定：“公司弥补亏损和提取公积金后所余税后利润，有限责任公司依照本法第三十四条的规定分配；股份有限公司按照股东持有的股份比例分配，但股份有限公司章程规定不按持股比例分配的除外。”因此，如公司创始人拟在收益分配方面占得先机，可学习阿里的奖金分配制度，设计合伙人团队或通过在章程中约定不按持股比例进行分配。

第七章

企业合同管理操作实务

第一节　合同管理的建章建制

一、合同和合同管理的价值

签订合同，是企业日常经营中必不可少的一个业务环节，合同对于任何企业主、任何企业、企业内工作人员都不陌生，合同的类型和种类繁多，仅《合同法》所载的有名合同就有十五类，实践中的无名合同就更难以计数了。但是，不论是何种类型的合同，关于合同的实质或者释义，无外乎如下几种：

合同是平等主体的自然人、法人、其他组织之间设立、变更、终止民事权利义务关系的协议。这是合同的第一层释义，合同在法律领域的释义。

合同是市场参与主体实现资源交换、流动、融通，并促进资源向更高价值、更好利用的主体手中转移的主要方式和重要形式。这是合同的第二层释义，合同在经济领域的释义。

合同是市场参与主体各种类型资产的核心载体，是企业全部资产的基础形态，是构成企业全部资产的关键要素。这是合同的第三层释义，合同在管理领域的释义。

有学者不断重复类似这样的论断“企业的一切财富就是合同”，我们对此深感认同，并且，我们将会在本书中不断地强调合同的重要性，希望可以引起企业的高度重视，也希望可以得到企业主、企业管理人员的共鸣。

那么，为什么说“企业的一切财富就是合同”呢？

企业的财富，一般可以用“人、财、物”予以概括。企业的“人”（即人才、员工等），需要用劳动合同、劳务合同、服务合同等形式固定下来；企业的“财”（即现金、存款、票据、有价证券等），需要用理财合同、存款合同、投资合同等形式固定下来；企业的“物”（即不动产、设备、运输工具等），需要用买卖合同、租赁合同、融资租赁合同等形式固定下来，这就不难理解合同对于一家企业的重要性了。

进而谈及合同管理，合同管理实质上是管理合同，也是管理资产，更是管理企业。不言自明的是，管理能创造价值、产生价值，合同管理也不例外。合同管理不仅是合同文档管理，也不仅是合同履行结果管理，合同管理是过程、流程管理，贯穿企业经营的各个环节，是合同订立、合同履行、合同争议、合同归档和统计、合同监督和评价、合同追责和奖惩的集合。

合同管理的价值，不仅仅体现在流程审批可靠、权利义务可知、风险争议可控、失职责任可追等方面，也对企业的业务流、资金流、数据流具有重大意义，企业通过合同管理，可以实现业务、资金、数据等多方面的联动，以合同管理为脉络，促进企业全方面的流程化管理。

二、合同管理的制度建设

合同管理需要落地和实践，离不开合同管理制度。毕竟，没有制度不成方圆，对于追求高效协同，流程化管理的企业来说，制定制度并在整个企业予以推行、实施，是一项一劳永逸的工作。

合同管理制度如何制定，管理体系如何搭建，部门职责如何划分等问题，对于未建立合同管理制度的企业来说，往往是一个老大难问题。在此，也简要梳理一下合同管理制度的框架结构，供企业参考借鉴。

1. 明确合同管理的对象及原则

合同管理制度，首先需要明确的是合同管理的对象，一般而言，企业均将劳动合同和劳动用工有关的合同区别开来，合同管理制度规制的合同（对象）一般限于商事合同。

相关条款可以采用类似表述。例如："本制度所称合同是指企业各级单位与其他平等主体（自然人、法人、其他组织）之间设立、变更、终止民事权利义务关系的协议（包括但不限于约定书、备忘录、意向书等具有合同性质的其他文件）。劳动合同不适用本制度。"

而合同管理的原则一般包含如下要素：归口管理、职责分工、流程审核、制式（标准）文本、考核评价、归档统计。不同行业类型的企业，可以结合自身的实际情况，调整和完善符合自身需求的管理原则。

2. 明确合同管理的职责分工

合同管理一般涉及如下几类部门：法律工作部门、合同承办部门（业务发起部门）、财务管理部门、招投标管理部门、监察部门、审计部门、风控部门、档案管理部门等。

具体而言，企业的法律工作部门是合同管理的统筹、归口部门。法律工作部门在合同管理中一般涉及如下几个方面的职责：

相关条款可以采用类似表述。例如："合同归口管理部门在合同管理中履行以下职责：

（一）负责组织制订、修订、废止合同管理制度及相关配套实施细则；

（二）负责组织制订、修订、废止和发布各类合同的标准文本；

（三）负责法律审核流程、系统的建设，并组织实施；

（四）负责按照本制度规定，审核合同，对于重大疑难合同，应当聘请外部律师审核；

（五）负责参与合同谈判、合同起草、合同修订等工作；

（六）负责组织开展合同管理的相关监督措施，特别是法律监督；

（七）负责企业合同专用章及用印管理；

（八）负责合同检查、考核、评价等工作；

（九）负责指导、协调、处理各类合同纠纷案件，包括但不限于调解、诉讼、仲裁、和解、执行等；

（十）负责合同管理有关信息、数据的统计、分析和上报；

（十一）负责协助合同归档工作；

（十二）负责合同管理内部培训、专题研究和成果发布，形成相关管理手册；

（十三）本制度规定的，或者企业其他制度规定的，其他属于合同归口管理部门的职责。

合同归口管理部门应指定专职人员为合同归口管理人，原则上应采用 A/B 岗制度，相关人员至少应具备合规风控、审计、法律方面的从业经验或专业知识。”

3. 合同管理的其他重要事项

受限于本书及本章的篇幅，我们未能对合同管理制度的全貌予以详细梳理，仅以表格进行简要提示如下，对合同管理制度感兴趣的读者可以通过网络检索的方式，加深对合同管理制度的理解和认识，也可以通过本书列明的联系方式联系我们，作进一步沟通和交流。

参考框架 1	参考框架 2
1. 合同管理的一般流程	1. 合同的订立
2. 合同的谈判与起草	2. 合同的履行
3. 合同的审核与签署	3. 合同的争议解决
4. 合同的履行及变更	4. 合同的归档和统计
5. 合同和相关附属文件的归档	5. 合同的检查、奖惩和追责
6. 合同的监督、检查与评价	6. 附则
7. 附则	——

三、合同管理制度的实施

首先，在合同管理制度正式实施之前，一个很重要的工作是对合同管理制度的重新审视。对于各类规章制度、管理制度的制定和起草，我们反复强调的一个原则就是相关制度是否符合“齐备性和严谨性”的要求。

对于齐备性，主要是针对制度的多样化、全面性而言，有两个含义，其一是对于企业制度的全貌而言，要确保企业整个制度体系在种类上不存在缺失，可以覆盖企业日常经营的多样化的行为；其二是对于合同管理制度（或者是某一单一制度）自身而言，相关内容和条款不存在缺失，可以覆盖合同管理的各个方面。

对于严谨性，主要是针对制度内容的层次相符、逻辑自洽而言，有三个含义，其一是拟实施制度的内容不与上位制度相冲突；其二是拟实施制度的内容不与同级别的其他制度相冲突；其三是拟实施制度的条款本身不存在冲突，即具体的条款与条款之间不存在冲突。

其次，实施制度特别是严格的执行制度规定的各项内容，往往比制定制度要复杂和困难很多，我们在服务各类企业的过程中，看到过很多制定制度而未严格实施的情况。

最后，制度实施的过程是一个不断校对、修正制度的过程，实施过程中对于不能执行或者不好执行的条款，企业更要予以重视，进行分析和论证，找出问题的症结，并对制度予以调整和更新，理顺制度执行的同时，可以使制度充满活力，贴近业务，提高效率。

第二节 合同订立、履行和终止

一、合同订立前的法律风险防范

企业以营利为目的，企业订立合同也是用来为商业活动服务的，在合同订立前，采取必要的法律风险防范措施，可以有效避免合同订立及履行过程中的风险，做到防患于未然。但是，实践中很多企业容易忽视合同订立前这一环节，没有做好相应的准备工作就贸然签订合同，这为日后履行合同埋下了隐患，轻则无法履行合同，重则会给企业带来无法弥补的损失，故此，企业应充分重视合同订立前的法律风险防范。

（一）合同主体的审查

订立合同的双方即合同主体，合同主体是否适格是签约能否正常进行和合同能否顺利履行的关键，也是合同效力认定的基础条件。而要对合同主体进行审查，必须先明确合同主体的含义和范围。合同是平等主体的自然人、法人、其他组织之间设立、变更、终止民事权利义务关系的协议，而合同主体是指在合同法律关系中享有权利和承担义务的当事人。具体包括自然人、法人和其他组织。合同的签约主体多为公司，随着公司经营扩大化，集团化趋势越来越明显，一个集团下属公司众多，实践中常常出现签约主体是甲公司，而提供产品的是乙公司，提供售后服务的却是丙公司的情况，所以要在合同订立前了解合同主体以及可能影响合同履行的关联企业。

当前，由于公司注册的门槛低、公司出资监管日益宽松，以及公司融资相比合伙企业、独资企业等更为便利，加上公司法人人格独立、股东有限责任等因素，使得实践中各种类型的公司鱼龙混杂。有些公司因经营不善、无法取得市场份额而被淘汰，有些公司因重大经营决策失误而陷入泥潭、难以重振，但有些公司成立的初始目的就是“空手套白狼”。当这些皮包公司陷入困境、停止经营甚至人去楼空之时，按照法律规定，应当依法清算或破产，但在实践中，公司股东往往怠于清算或不按规定清算，这就导致在强制执行过程中，因公司被吊销营业执照、无可供执行财产的案件数不胜数。

此时，债权人对空壳公司的追偿会因公司法人人格独立而变得束手束脚，无论怎样折腾最后都可能拿不回自己的投资款或借款，导致其切身利益受到巨大损害。因此作为一个企业的法务人员，要做的是在合同签订之前就评估好合同可能存在的所有风险，在做决策前多做一些工作，以预防潜在风险的发生。

1. 合同主体审查的三大要素

合同存在着无数的风险，但最重要的风险是主体的风险。在选择跟何种主体签订合同之时，就决定了合同风险的来源和根本。因此，在签订合同之前必须对缔约主体进行审查。

合同主体的审查具有以下三大要素：

其一，是真实性问题，主体的真实性是指签订合同的主体是否现实存在。尽管一个公司在现实中可能存在，如拥有办公场所和人员，但只要它在法律上是不存在的，与之签订合同的后果就可能是血本无归，因为一个在法律上不存在的主体，根本就不具有缔约能力，在这种情况下仍然与其缔约的话，就难以对风险进行有效控制。

其二，是合法性问题，主体的合法性是指缔约主体是否符合法律的规定和要求，特别是特殊资质类的要求，许多真实存在的主体往往也会不符合法律的要求，如与建筑公司缔约时，该公司的施工资质决定了其签订合同时是否符合合法性要求。

其三，是履行能力问题，主体的履行能力的审查是合同主体审查最重要的一环，尽管很多企业在实践当中是真实合法存在的，并且有着光鲜的外表，光鲜的外表往往掩盖了其合同履行能力的欠缺，一个企业如果不认真审查合同签订主体的履行能力，将会给企业带来灾难性的后果，可以说合同履行能力的审查是一个企业能否成功的关键。

2. 合同主体真实性审查

①主体真实性审查的概念

合同主体的真实性审查是指审查主体是否客观存在，客观存在是指企业是否真正地完整地存在于这个世界上。企业就像人一样，人出生了就享有作为人的权利，公司也是一样，公司在拿到营业执照之后，它就客观地存在。但是，一个企业的客观存在并不代表是没有问题的存在，因此审查一个公司的真实性还必须考虑很多其他方面的问题，包括企业营业执照、出资情况、运营情况、年报情况等。

②主体真实性审查的内容

首先，审查公司的营业执照，每一个做业务的企业，都应该安排企业的法务人员在洽谈合同前先复印对方公司的营业执照以及涉及的相关业务的资质信息，这是一个企业最基础也是最重要的信息。

其次，审查目标公司的其他重要信息，包括公司的年报、有无重大资产的担保、是否受到处罚等信息。这些信息都可以在各地工商局网站查到。第一，要查公司的名称、住所地、法定代表人信息；第二，要查公司是否提交年报；第三，要查公司有没有被行政处罚，有没有吊销过营业执照，有没有专业资质被吊销过，是否有相关诉讼纠纷，是否列为失信执行人，是否经营异常等。还有股东的具体信息，如股东的姓名、持股数量比例等信息，此外，还可以通过诸如“企查查”“天眼查”“启信宝”等第三方网站予以查询。上述网站查询是完全免费的，只需要费丝毫的时间，但是这丝毫时间，对于法律风险的防控，却是极为重要的。

3. 合同主体合法性审查

①合同主体资格的合法性

合同主体资格，就是合同主体的身份证明，对于自然人来讲，是指身份证件，对于企业来讲，是指营业执照，对于事业单位来讲，是指事业单位登记证书。

因本书仅涉及企业法律实务，故此处以企业作为合同主体来谈主体资格问题。毫无疑问，对企业法人营业执照的审核是最基本的审核。企业法人营业执照说明该主体是具有独立法人资格的，可以独立承担法律责任。具体到营业执照上的内容，在2014年以前，营业执照上的内容较多，但是，随着营业执照改版，原来很多可以在营业执照上看到的信息没有了，年检变成了网上备案，营业执照上不用再加盖年检章，实收资本制度取消了，经营范围简单化了，淡化了工商行政管理部门的行政管理色彩，这就意味着仅仅审查营业执照是远远不够的。

国家在简化营业执照的同时，各地工商行政管理部门逐步建立了企业信用信息系统，在网上公示企业信息，企业也要如实申报企业信息，所以，对合同主体资格的审核应当是全面的，不能仅依赖交易对方提供的证照进行判断。

具体到对合同主体的审核内容，注册资本的金额在一定程度上反映了该主体的经济实力，但是具体经济指标还需要参阅财务报表及审计报告等数据。注册地址关系到日后因纠纷提起仲裁或者诉讼的管辖及文件送达问题。法定代表人意味着法定情形下，对外代表公司及承担责任的自然人。经营范围体现了企业可以从业的范围，需要办理前置审批的经营项目必须经过国家相关部门批准。

②经营资格的合法性

企业经营资格是指企业从事某项经营活动的资格。我们理解，经营资格可以从三个方面进行审查。

第一，经营范围。经营范围是工商行政管理部门许可的经营内容，通常会在营业执照上记载。企业应按照经营范围从事经营活动，但是，这并不是绝对的。《最高人民法院关于适用〈中华人民共和国合同法〉若干问题的解释（一)》第十条规定："当事人超越经营范围订立合同，人民法院不因此认定合同无效。但违反国家限制经营、特许经营以及法律、行政法规禁止经营规定的除外。"所以，超越经营范围订立的合同并不当然无效，只有违反国家限制经营、特许经营以及法律、行政法规禁止经营规定的才会无效。

第二，特许经营的资格证书。有些特许经营的内容会在营业执照的经营范围中体现，但是，随着"放管服"的深入，特许经营后置审批更多，仅从营业执照无法全面获知企业有无特许经营。所以，如果存在特许经营的项目交易，那么不能仅审查营业执照的经营范围，还应审查特许经营资格证书。特许经营资格证书是行政主管部门颁发的准许经营某项业务的资质证书，如金融业务许可证、增值电信业务经营许可证等，没有取得特许经营资格证书而从事该种经营的，可能会引发非法经营、合同无效等问题，也可能因为行政主管部门的行政处罚导致交易无法正常进行。

第三，经营业务的实际能力。具备经营资格并不代表具备经营能力，经营能力是需要综合多种因素来考察确定的。企业可以建立关于交易伙伴的经营能力调查分析机制，着重从以下几个方面进行考察：经营业务必备的场所、设备和资金投入情况；经营业务必备的技术能力，尤其是可持续研发能力，相应的技术人员，核心技术团队，知识产权；与经营业务相同或者近似的业绩情况，取得的主要成绩和存在的不足；企业的商誉、管理能力、可持续经营能力等。

③从业人员资格的合法性

所有的项目都要靠从业人员的工作去实现，有些项目在招投标过程中还对从业人员提出了明确的要求。从业人员应具有相应的资格，如学历、专业、工作经历、在行业中的地位、学术成就等。有些项目还需要从业人员具有一定资格等级证书，如一级建造师资格、基金从业资格、注册会计师资格等。

对于从业人员资格的考察，可以从以下几个方面进行：要求企业提供项目从业人员名单，附有个人简历，详细介绍从业人员的项目工作经历及业绩，提供从业人员的资格证明文件等，并将从业人员的名单和简历作为合同的附件。

4. 合同主体履行能力的审查

①合同主体履行能力的概念

合同主体审查中最重要的部分就是主体履行能力的审查。合同的履行，主要是指合同规定义务的执行。任何合同规定义务的执行，都是合同的履行行为，相应地，凡是不执行合同规定义务的行为，都是合同的不履行。因此，合同的履行，表现为当事人执行合同义务的行为。当合同义务执行完毕时，一般来说，合同也就履行完毕。合同主体的履行能力不是指合同主体表面上看起来是否有能力履行合同，而是指合同主体是否具备履行经济合同的实际能力。合同主体的履行能力是判断是否要和一方签订合同的关键，合同主体风险中90%来源于合同主体实际履行能力的风险。

②合同主体履行能力的审查内容

合同主体的履行能力的审查可以分为四个主要方面：第一方面是审查合同项下的标的物是否真实合法存在，第二方面是审查合同主体的经营状况，第三方面是对合同主体的资产进行调查，第四方面是介绍履行能力审查的主要方法。

合同项下的标的物的审查是指合同中涉及的交易的物品是否存在，标的物分为有形和无形两种形态，有形的包括动产、不动产，如土地、房屋、厂房等，无形的包括著作权、商标权、专利权等。审查标的物主要考察标的物的真实存在和合法存在两个要素。合同主体经营状况是指一个公司的实际经营状况，包括公司是否正常运行、是否存在拖欠工资、税款、是否存在重大诉讼等问题。合同主体的资产调查是指对公司净资产而非注册资本或者公司账面资产的审查。审查主要方法是指六种实践中常见且便于操作的审查方法和技巧，包括现场专访、职工交谈、财产调查、财务分析、业内口碑、公开检索等。

（二）合同交易情况调查

交易双方需要将交易内容用书面的形式固定下来，合同随着交易的需要而产生，自然要为交易服务，所以，了解合同交易的具体情况，就等于了解了合同将要表达的具体内容，是订立合同前应做的第一步工作。

1. 交易背景

每个合同都要体现自己的交易特殊性，交易背景就是对交易特殊性的还原。市场经济中，有的市场是买方市场，买方在订立合同中起着主导作用，合同条款在设计上会对买方有所倾斜，而有的市场则是卖方市场，卖方在合同中起着主导作用，合同条款在设计上会对卖方有所倾斜，无论如何，一份合同所表达的利益分配模式及利益侧重点都是由交易背景所决定的。只有掌握了交易背景，才能准确定位合同双方的地位和利益的取舍。

以房地产企业和施工单位最常见的建设工程施工合同为例，2013 年版施工合同（示范文本）从总体上较为合理地平衡了发包人与承包人之间的权利义务，考虑到承包人在建设工程领域长期处于弱势地位的实际情况，2013 年版施工合同在某些重要条款（如竣工结算审核等）上侧重于保护承包人的权益，但是发包人在施工合同关系中的话语权仍占据较大的比重，因此在合同专用条款部分，往往会设定一些苛刻的条款用于约束承包人，同时扩大发包人自己的权利，有利于降低其在合同履行过程中的风险。2017 年版示范合同第 15. 2. 2 条约定：缺陷责任期内，由承包人原因造成的缺陷，承包人应负责维修，并承担维修费。如承包人不维修也不承担费用，发包人可按合同约定从保证金或银行保函中扣除，费用超出保证金额的，发包人可按合同约定向承包人进行索赔，承包人维修并承担相应费用后，不免除对工程的损失赔偿责任。在这种情况下，承包人的损失显而易见，但是基于交易的特殊性和合同双方主体的地位差异，合同条款的设计必然产生倾斜现象。

既然交易背景如此重要，那么，如何了解交易背景呢？这就需要在订立合同前了解与交易有关的信息，尽可能多地搜集、整理、分析该类交易的丰富材料，正确评估己方与对方的经济实力、市场地位、交易产品或服务的市场占有率等因素。对于重大交易，可以通过尽职调查的方式了解交易背景，掌握第一手资料。当然，交易背景固然重要，但在某些领域范畴中，合同双方主体的地位差异与话语权的比重是整个市场环境决定的，并非在某个具体的交易中能够轻易地改变。

2. 交易目的

交易目的是合同双方交易的主要意图，与交易背景息息相关，合同应满足交易目的的需要，维护交易目的的实现。

在实践中大部分企业经常会遇到这样的矛盾，严格控制法律风险就可能会阻碍交易的顺利进行，甚至无法促成交易；若要促成交易或者顺利实现交易目的，则会承担较大的法律风险，甚至越过法律的红线。如何解决这个矛盾？能否在交易顺利进行与法律风险可控之间寻找利益的平衡点？这对企业的决策机构与风险部门提出了一个较高的要求。要想在效益和风险之间游刃有余，必须准确把握交易目的。

交易目的不等同于合同目的（关于合同目的，详见本章其他内容阐述），但是却对如何确定合同目的起到了一定作用。

以生产型企业签署的产品销售合同为例，某生产企业销售产品并附随售后服务，如果企业的交易目的是销售产品，那么可以终身或者长时间提供无偿的售后服务；如果企业的交易目的是依靠销售产品和售后服务盈利，那么售后服务应该有偿，但是销售产品可以适当给予优惠。因此，从某种角度来看，交易目的往往和企业的发展路径和长远的发展规划有直接的关系，在很多时候，企业希望看到的是利润表现，而忽视了风险，即利润的增长可能建立在风险倍增的基础上，这也是大部分企业的利润增长不能持续，而风险的暴露直接阻碍长远发展的原因所在。

3. 交易模式

权利义务是合同的核心内容，直接反映了合同的交易内容，而交易模式是确定权利义务的依据，是搭建权利义务的框架。设计何种交易模式更有利于己方，更能促成双方的合作，这都是需要谨慎思考的问题。

尤其是在电子商务迅猛发展的今天，新的交易模式层出不穷，分清交易模式是确定权利义务的前提。例如，水平 B2B 的交易模式，将各种相近的交易过程集中到一个场所，为采购方和供货方提供交易机会，是企业对企业的交易模式，像阿里巴巴，就是采用这种交易模式。在这种交易模式下，权利义务的设计围绕交易模式的主要盈利点展开，即针对会员费、广告费、竞价排名设计权利义务。而 B2C 的交易模式，是企业向消费者直接销售产品或提供服务的经营方式，像当当网，就是采用这种交易模式。在这种交易模式中，权利义务的设计与 B2B 模式不同，主要是针对产品销售或服务提供展开。再如，目前蓬勃发展的互联网金融行业，O2O 等交易模式兴起，传统的借款模式发生变化，但是万变不离其宗，借款法律关系还是保持不变，然而值得注意的是，互联网金融业务平台在借款关系中发挥了不同的作用。很多互联网金融业务平台则深入参与借款关系中，通过与多种第三方机构的合作，妥善处置不良债权，一旦借款人逾期还款，将由第三方合作机构予以代偿，代为偿还出借人借款本息后，随即取得了对借款人的追偿权。厘清了交易模式，才会准确把握合同的核心内容。

4. 交易习惯

我国《合同法》在多处肯定了交易习惯的效力，包括承诺作出的方式、承诺的生效、诚实信用、合同约定不明时的补救、合同终止后的义务、对合同条款理解争议的解释等。交易习惯具有补充合同法、优先于合同法、解释合同的效力。[①]

《民法典》第五百一十条规定，“合同生效后，当事人就质量、价款或者报酬、履行地点等内容没有约定或者约定不明确的，可以协议补充；不能达成补充协议

① 刘继勇：《论交易习惯》，载《和田师范专科学校学报》2007 年第 27 卷第 6 期。

的，按照合同相关条款或者交易习惯确定”。这条规定就是关于合同约定不明时的补救措施，在实践中约定不明的情况很多，如果在合同订立前熟知交易习惯，那么一旦发生争议，也比较方便解决。例如，固定总价的建设工程施工合同，在合同签署前因工程价款总价已经固定，故合同中未约定工程的单价标准，但是，在施工过程中，工程图纸极有可能发生较大变动，如平地改成地下室，对于增减部分的工程量，双方应当办理工程量洽商变更，但是，如何确定工程量的单价呢？很多建设工程施工合同中并未约定，但这并不影响工程款的计算，因为双方对工程量单价有约定的从其约定，没有约定的可以根据定期发布的国家定额来确定材料费、机具费、劳务费等组成的综合单价，这就是建设工程领域的交易习惯。

交易习惯的功能是很容易被忽视的，正确运用交易习惯的作用将为交易顺利进行提供保障。千万不要认为合同没有约定或者约定不明确的事项就无法解决，要充分注意到交易习惯的重要作用。

（三）合同涉及法律法规政策调研

合同订立既要有事实依据，又要具备法律依据，本节前面两点谈到的都是合同订立的事实依据，下面谈谈合同订立的法律依据，即合同订立涉及的法律法规和政策。合同不仅仅要依据法律法规的规定来订立，还要考虑政策因素，否则，合同将会面临无法履行的风险。同时，若合同的相关条款或者交易目的违反了法律、法规的强制性规定，将会被认定为无效合同。

1. 法律法规政策概述

法律是指全国人大及其常委会制定的规范性法律文件。法规包括国务院制定的行政法规和地方人大及其常委会制定的地方性法规。政策的范围比较广泛，包括政府或者有权机关制定的除法律和行政法规以外的所有文件。

法律的规定清晰可查，法规的内容也容易查找，但是政策规定的内容宽泛，制定政策的主体错综复杂，导致政策的查询是比较复杂的一个问题，需要格外注意，稍有不慎，将可能遗漏对于项目最重要的政策。

法律解释也是我们需要调查的对象，尤其是最高人民法院、最高人民检察院作出的司法解释，对审判机关具有直接的指导作用，也会成为法院判案的依据，除了最高人民法院以外，其他人民法院作出的指导意见或者相关规定也具有参考性。

2. 常用法律法规政策

对于各种类型的合同而言，有一些法律规定是通用的，应该作普遍性掌握，比如《民法典》《最高人民法院关于适用〈中华人民共和国合同法〉若干问题的解释（一）》（以下简称《合同法司法解释一》）《最高人民法院关于适用〈中华人民共和国合同法〉若干问题的解释（二）》（以下简称《合同法司法解释二》）等。还有一些规定是针对具体某类合同的，如买卖合同就应适用最高人民法院《关于审理买卖合同纠纷案件适用法律问题的解释》，如果是商品房买卖合同，还应适用最高人民法院《关于审理商品房买卖合同纠纷案件适用法律若干问题的解释》。

需要注意的是，有些法律规定已经随着新法的出台而失效，不能继续使用。如《经济合同法》《技术合同法》及《涉外经济合同法》早已随着《合同法》的出台而失效，不能再作为合同订立的依据。

3. 特殊法律法规政策

不同的行业有不同的法律法规政策，所以，合同订立还必须遵循行业特殊的法律规定。

例如，与互联网经营相关的合同订立还应考虑《互联网信息服务管理办法》，与软件相关的合同订立还应考虑《著作权法》《著作权法实施条例》及《计算机软件保护条例》，旅游经营者与旅行者订立旅游合同还应遵守《旅游法》《旅行社条例》的规定等。

合同订立不仅需要注意行业的特殊性，还应注意不同地方的规定也可能存在差异。订立合同是一项技术性的创造活动，而不是简单的重复性劳动。

二、合同订立过程中的细节操作

合同订立是一个复杂的构思和谈判过程，经过不断的谈判，互相妥协，最终达成一致。谈判是合同订立中最重要的环节，合同条款是为谈判服务的，因为谈判多为商务内容，此处不作介绍，本节仅对合同订立的法律内容以及企业对于合同风险的管控和审批作出阐述，尤其是针对合同条款中应注意的问题予以提示和说明。

（一）合同必备条款

我国《民法典》规定了合同一般应包括的条款，即合同必备条款。这些条款是一个完整的合同最基本的条款，也是必不可少的条款，构成了合同的基本框架和主要内容。

《民法典》规定：合同的内容由当事人约定，一般包括下列条款：（一）当事人的姓名或者名称和住所；（二）标的；（三）数量；（四）质量；（五）价款或者报酬；（六）履行期限、地点和方式；（七）违约责任；（八）解决争议的方法。当事人可以参照各类合同的示范文本订立合同。

具体如下：

1. 合同主体信息

合同双方的主体信息应真实详细。所谓真实，是能提供相应的证件或者资质佐证；所谓详细，是指能够尽可能全面地提供信息，以保证联络畅通。

合同主体信息具体包括：名称或者姓名，证件名称及号码，住址，联系电话，传真号码，电子邮件地址等。

谁是合同主体？最简便有效的确定方式就是查看合同上的印章。还有些特殊的合同，如某用户想要在网络上注册成为某网站的会员，那么需要先同意该网站的在线协议，如不同意则无法注册成功，一旦注册成功且在履行合同的过程中发生争讼，谁是合同主体？虽然用户手头没有合同可以查询，但是，网站经营者应是合同主体，如果网站并未明确体现网站经营者，那么用户可以通过网站上的红盾标志查看，或者登录工商局、通信管理局等相关行政部门网站查询确定合同主体。

为了保证信息的真实详细，可以在合同中约定双方对各自提供信息的真实性负责。例如，合同中经常会出现这样的条款“一方提供的信息不实，另一方有权单方解除合同；一方应保证提供的联络方式可以联系到对方，邮寄或者发送至上述地址的材料自寄到之日即视为已送达对方”等类似的内容，这就为日后履行合同或者解除合同提供了详细的送达方式。

2. 标的

合同标的系合同中权利义务指向的对象。关于合同标的，在合同中应有合法具体、明确的描述。

例如，产品销售合同中，合同标的为产品，产品本身的交易是合法的，且应对产品名称、产品性能、产品操作等进行详细描述，一般情况下，产品质量、规格等不符合合同约定的，守约方有权解除合同或者采取其他补救措施，因此对于产品的各项指标、规格等进行详细约定能够保障守约方的合法权益，如果内容过多，则可以图表等附件的形式单独制作一份产品介绍附在合同后面。

需要注意的是，产品名称有专业名称和通用名称之分，需要在合同里写明与获得相应资格证书的名称相一致的专业名称，否则，将会导致卖方对销售产品的所有权存在权利瑕疵，一旦发生纠纷，还要在这类问题上大费周章。

3. 数量

合同产品或者服务的数量属于合同履行的具体内容，要求在合同中必须明确约定。对于产品而言，是约定数量，对于服务而言，是约定次数。实践中产品的数量通常约定得较为清楚，但是，服务的次数却很容易被忽略。

例如，服务提供方将向服务接收方提供关于产品使用的培训服务，服务内容为产品操作内容，但是，双方未将培训的次数、每次的时长培训地点、规模等信息详细约定清楚，次数和时长的不同，将直接导致服务提供方工作量和工作成本的不同，也直接影响服务接收方学习的效果。因为双方对具体内容的认知存在差异，所以，一旦约定不明，在操作时就很容易出现互相推诿的现象，小则不欢而散，大则对簿公堂。

4. 质量

合同产品或者服务的质量关系到合同能否实现交易目的，所以，合同应对质量问题作出明确约定，具体包括：质量标准、评判质量的方式、合适评判质量、不符合质量标准的处理方案等。实践中，质量判断问题还经常与付款条件挂钩，买方通过付款条件来制约卖方质量达标。

根据《民法典》第五百一十一条规定，质量标准可以根据双方意思进行约定，约定不明确的，按照强制性国家标准履行，没有强制性国家标准的，按照推荐性国家标准履行；没有推荐性国家标准的，按照行业标准履行，没有国家标准、行业标准的，按照通常标准或者符合合同目的的特定标准履行。但是，双方还是对质量标准作出约定为宜，双方的约定一方面体现了双方的合意，另一方面也避免双方对质量标准认识不统一而适用《民法典》第五百一十一条的麻烦。《民法典》第五百一十一条并非一定能够确定质量标准，如果没有国家标准、行业标准，双方对通常标准或者符合合同目的的特定标准又理解不一时，极易发生争议。

5. 价款或者报酬

合同价款或者报酬是合同的核心条款之一，对于价款或者报酬的约定应明确，金额应确定。更为重要的是，付款条件应确定，合同应约定分几次付款，每笔付款应该有明确的时间节点，节点可以是交货、验收、质保期满等，具体的付款时间最好约定为节点后的一个时间段，这样可以使付款方有时间准备款项。

付款方式即付款采用现金、支票或者转账等方式，常见的问题是未约定具体的付款方式，虽然付款的时间已经到达，但是双方因为如何付款仍达不成一致。在约定支票或者转账的方式付款时，收款人信息是必备信息，在合同中写明收款人信息，作为买方可以在合同中约定：由于收款人提供信息的错误导致付款不成功的，付款人不承担责任。

还有一个常见问题就是发票，由于发票涉及税收以及财务的账务处理问题，所以财务非常看重发票的开具，但是洽谈合同的人员可能由于财务知识的欠缺而忽略发票问题，导致合同履行过程中对于先付款还是先开发票达不成一致，影响合同履行。其实，只要在合同中明确约定先付款还是先开发票即可解决上述问题。如果合同中未约定发票事宜，应当按照法律规定处理，法律对于增值税专用发票和普通发票的规定是不同的，根据最高人民法院《关于审理买卖合同纠纷案件适用法律问题的解释》第八条规定，“出卖人仅以增值税专用发票及税款抵扣资料证明其已履行交付标的物义务，买受人不认可的，出卖人应当提供其他证据证明交付标的物的事实。合同约定或者当事人之间习惯以普通发票作为付款凭证，买受人以普通发票证明已经履行付款义务的，人民法院应予支持，但有相反证据足以推翻的除外”。可见，对于增值税发票证明交货的问题，出卖人的举证责任较大，对于普通发票证明付款的问题，买受人的举证责任较大。

6. 履行期限、地点和方式

合同履行期限应确定起始和截止的时间点，或者合同履行的具体时间段，因为期限利益对于合同双方至关重要，无期限就无利益，尤其是时间性较强的交易。例如，月饼销售合同，交货一方一定要在中秋节前的一段时间内完成交货。

合同履行地点应具体且真实存在。有些合同的履行地点仅写明像北京、上海这样的地名，而没有细化到具体地点，有的合同甚至连约定的地点都不存在，只是臆想存在的地点，这都会导致履行地点不明确，给合同履行带来困难。

合同履行方式也应在合同中约定。履行方式的不同关系着合同能否顺利履行。例如，货运合同中，关于货运的方式是铁路、公路运输，还是水运、航空运输，货物包装要求是普通包装还是防潮包装，以及是卖方办理托运还是代办托运，卖方是否应投保运输保险等，这些都应明确约定。

合同是双方履行义务的依据，对于合同履行的问题，合同约定得越清楚，日后履行就越不容易出问题。尤其对合同履行期限、地点和方式这些容易被合同双方忽略的细节而言，在订立合同时更要引起重视。

7. 违约责任

违约责任是合同一方不履行合同义务或者履行义务不符合约定时应承担的责任。违约责任的约定是对权利义务条款的保证，如果没有关于违反权利义务的违约责任，那么违反权利义务也就得不到有效的救济。

《民法典》第五百八十四条规定，“当事人一方不履行合同义务或者履行合同义务不符合约定，造成对方损失的，损失赔偿额应当相当于因违约所造成的损失，包括合同履行后可以获得的利益，但是，不得超过违约一方订立合同时预见到或者应当预见到的因违约可能造成的损失”。这说明，即使合同中没有约定具体的违约责任，也可以按照《民法典》要求对方承担违约责任，但是实际损失的证明和认可是一件非常困难的事情，而且具体的违约情形和违约责任没有明确约定，也会导致违约情形的认定和违约责任的承担出现问题，所以，在合同中根据权利义务来约定明确且具有可操作性的违约责任至关重要，而且最好以违约金的形式约定，以便在违约赔偿时容易计算。

违约责任条款可以约定违约金的计算方法、不支付违约金的法律后果。将违约责任与双方最关心的事项联系起来，如逾期交货、逾期付款应承担一定的违约责任，可以约定按日计算违约金，违约达到一定程度时赋予守约方单方解约权。合同还可以约定免责事由，作为违约事由的例外规定。

8. 解决争议的方法

解决争议的方法是合同必备条款，但是这一条款经常被忽视。因为订约双方在订约时容易忽视日后纠纷的处理问题，也都很避讳在订约时就约定纠纷的处理及管辖问题。

对于合同，法律赋予了约定管辖的权利，根据《民事诉讼法》第三十四条规定，“合同或者其他财产权益纠纷的当事人可以书面协议选择被告住所地、合同履行地、合同签订地、原告住所地、标的物所在地等与争议有实际联系的地点的人民法院管辖，但不得违反本法对级别管辖和专属管辖的规定”。合同双方可以约定选择管辖法院或者协议选择仲裁机构仲裁解决，将解决争议的方法赋予合同双方，这符合合同意思自治的原则，方便纠纷的处理。

在最高人民法院《关于适用〈中华人民共和国民事诉讼法〉的解释》（以下简称《民诉法司法解释》）出台前，根据《最高人民法院关于适用〈中华人民共和国民事诉讼法〉若干问题的意见》（以下简称《民诉意见》）第二十四条的规定，如果合同双方约定的管辖法院不明确或者选择了两个以上的管辖法院，则约定管辖无效，适用法律对于合同管辖的规定，即双方约定的管辖法院应当是明确的、唯一的。2015 年 2 月 4 日，《民诉法司法解释》开始施行，《民诉意见》废止，关于约定管辖，《民诉法司法解释》第三十条改变了《民诉意见》的内容，合同双方可以约定两个以上管辖法院，发生争议时，原告可以选择一个法院起诉。

但是，约定管辖的地点应当与争议有实际联系，否则，约定管辖将会无效，双方发生争议时仍需按照法律规定的被告住所地法院管辖。例如，甲公司与乙公司签署了一份技术服务合同，在争议解决条款中约定由北京市西城区人民法院管辖，后双方发生争议，乙公司欲起诉，但是问题出现了，甲公司住所地为天津市、乙公司住所地为山东省东营市、合同履行地及签订地都在陕西省韩城市，双方在合同中约定的管辖地点北京市西城区与案件没有实际联系，所以，这一约定无效，最终，乙公司到甲公司住所地天津市提起了诉讼，案件由天津市某人民法院受理。

合同约定的管辖地点也能体现双方对于争讼解决的态度，如合同约定被告住所地法院管辖即意味着不鼓励诉讼，约定原告住所地法院管辖即意味着方便诉讼。

（二）法律规定的补充条款

《民法典》第五百一十条规定，合同生效后，当事人就质量、价款或者报酬、履行地点等内容没有约定或者约定不明确的，可以协议补充；不能达成补充协议的，按照合同相关条款或者交易习惯确定。

《民法典》第五百一十一条规定，当事人就有关合同内容约定不明确，依据前条规定仍不能确定的，适用下列规定：（一）质量要求不明确的，按照强制性国家标准履行；没有强制性国家标准的，按照推荐性国家标准履行；没有推荐性国家标准的，按照行业标准履行；没有国家标准、行业标准的，按照通常标准或者符合合同目的的特定标准履行。（二）价款或者报酬不明确的，按照订立合同时履行地的市场价格履行；依法应当执行政府定价或者政府指导价的，依照规定履行。（三）

履行地点不明确，给付货币的，在接受货币一方所在地履行；交付不动产的，在不动产所在地履行；其他标的，在履行义务一方所在地履行。（四）履行期限不明确的，债务人可以随时履行，债权人也可以随时请求履行，但是应当给对方必要的准备时间。（五）履行方式不明确的，按照有利于实现合同目的的方式履行。（六）履行费用的负担不明确的，由履行义务一方负担，因债权人原因增加的履行费用，由债权人负担。

归纳如下：

序号	欠缺条款	解决办法及顺序
1	质量要求不明确	强制性国家标准→推荐性国家标准→行业标准→通常标准/符合合同目的的特定标准
2	价款或者报酬不明确	订立合同时履行地的市场价格 依法应当执行政府定价或者政府指导价
3	履行地点不明确	给付货币的，在接受货币一方所在地 交付不动产的，在不动产所在地 其他标的，在履行义务一方所在地
4	履行期限不明确	债务人可以随时履行 债权人也可以随时请求履行（但应当给对方必要的准备时间）
5	履行方式不明确	按照有利于实现合同目的的方式
6	履行费用的负担不明确	由履行一方负担

（三）合同其他条款

1. 定义条款

合同第一条的“定义和用语”或称“用语和含义”。

实务中常见问题：1. 泛指和特指；2. 定义过于复杂；3. 定义的前后矛盾；4. 定义之间的互相嵌套。

合同的用语应该书面化，内涵单一明确化。合同中的很多词语含义不明确，在出现纠纷时，解释词语花费大量精力也无法达成一致，这就要求在合同订立时，对于合同中的关键词语应当明确含义。我们通常会见到比较严谨的合同会有专门的一条是关于词语的定义，也就是这个原因。尤其是英美法系的合同，关于词语的定义会花费大量篇幅，很值得我们借鉴。

词语定义通常位于合同第一条，也可以位于合同最后一条。在定义时，常对词语作限制解释，根据合同的实际情况明确词语含义。例如，某软件许可使用协议，对软件这一词语就应作限制解释，限制为交付的软件产品本身，而不包括目标程序、源代码等内容；而某软件技术转让协议，对软件这一词语的解释就会包括软件的目标程序、源代码等内容，所以，千万不能认为同一词语含义就相同，不同的合同都应该对词语进行一定的解释。

在确定词语含义时，如果合同未对词语进行明确解释，那么只能通过合同的目的条款、合同法原则或者交易习惯来确定词语含义。

2. 鉴于条款

通常表述为“鉴于……”，鉴于条款又称“叙述性条款”。在国际许可证协议中，由双方当事人就双方订约的目的、希望和意图所作的陈述性说明。如供方就供方的职业背景、转让技术的合法性和实际经验等作的说明；接受方对其接受标的的要求和目标所作的说明等。一旦发生争论，鉴于条款对于双方订约的目的与意图以及解释某些具体条款会起一定的作用，因此应当慎重对待鉴于条款，努力使鉴于条款的原则与具体条款的内容相一致。但在国际贸易实践中，如果鉴于条款与具体条款有抵触时，根据国际一般做法，应以具体条款的内容为准。在一些金额不大或较简单的国际许可证协议中，也可从简或不列鉴于条款。

合同目的是指合同双方通过合同的订立和履行最终所期望得到的利益或者达到的状态。我国《民法典》的一些条文提到了合同目的，如合同内容约定不明的处理、解除合同的情形，合同目的对于合同的履行至关重要。

合同目的可以在合同中以条款的形式明示，如体现在文首的鉴于条款之中，或者在合同正文中单独以条文写明；也可以从合同的字里行间体现出来。但是，为便于明确合同目的，也为日后争讼提供有力依据，笔者建议以明示方式写入合同为宜。但是合同目的条款常被忽视，很多合同目的条款都变成了合同正文前部的套话，失去了合同目的存在的意义，当发生《民法典》规定的适用合同目的的情形，需要依据合同目的来确定合同内容或者确定能否解除合同时，却找不到真正的合同目的，使《民法典》的上述规定得不到有效利用。

合同目的条款在表述上要忠于双方订约的原意，具有抽象性的同时也要有确定性，即可以在合同目的条款明确看出双方订约的目的。

3. 所有权保留条款

所有权保留条款是指买卖合同中双方约定的货物虽已交付买受人，但须支付所有欠款后标的物所有权方发生转移的条款。凡属这类买卖，买受人在已接受货物的给付，但未取得所有权期间，可将货物运用于生产过程，甚至可以将货物转卖，但此时买受人不是作为所有人，而是作为出卖人的受托人对货物进行处分。

在此期间，如买受人破产或发生其他变化，出卖人可优先于买受人的债权人，以所有人的身份将货物或货物的价值收回。所有权保留条款的作用是利用物权优先于债权的法律原理，使出卖人的利益处于更可靠的地位，从而使交易过程中的风险降低到最小限度。

所有权保留条款，分为简单保留条款和扩张保留条款两种。前者表现为，在买受人完全偿付价金之前，所有权不发生转移；后者表现为，如果买受人在完全偿付价金前已将货物在生产过程中消费掉，或已将其转卖，则出卖人就其货物制造的最终产品或转卖货物的收益享有所有权，买受人只是作为出卖人的受托人对最终产品或转卖收益进行占有。所有权保留条款实质上是一种担保方式，但与其他担保方式不同，它不凭借任何外来的人或物对交易的安全进行保证，而将交易的安全建立在标的物的所有权的效力上，因而比其他担保方式少受限制，从而使它在国际贸易中更有意义。

4. 陈述和保证条款

①陈述与保证条款是指合同各方当事人的一种声明。这是关于与合同有关的各种事实与问题的情况声明。

【举例】在设备购买合同中，卖方对设备的品质与性能进行一般的、非技术性的保证，在供货后如发现非如其所述，则可以获得救济或赔偿，如退货并取回货款等。

②目的及意义。陈述与保证条款的意义在于，将对贷款人贷款决定的做出及贷款协议的订立、履行具有重要意义或影响的事实明确列出，使跨国贷款人能够更加迅速和充分了解借款人的相关情况并作出决定，从而提高效率，减少签约成本。同时，一旦发现借款人存在不实陈述，依据明确约定的协议条款主张违约也比援引《合同法》的一般原则来得更为明晰和直接。

5. 可分割性条款（条款效力分割条款）

示例一：本合同各条款之间的效力独立，不因本合同部分条款无效而导致其他条款无效。甲乙双方对合同部分条款的争议不影响对合同其他没有争议条款的继续履行。

示例二：In the event that any provision of this Agreement is held by a court of law to be illegal, invalid or unenforceable, the legality, validity and enforceability of the remaining provisions of this Agreement shall not be affected or impaired thereby.（本协议的任何条款被法院判定为非法、无效或不具有强制执行效力的，不影响和妨碍本协议其他条款的合法性、有效性和强制性执行效力。）

示例三：The provisions hereof are severable, and should any provision be held invalid or unenforceable in whole or in part in any jurisdiction, such invalidity or unenforceability shall affect only such provision, or part thereof in such jurisdiction and shall not in any manner affect such provision in any other jurisdiction, or any other provision in this Agreement in any jurisdiction. To the extent legally permissible, an arrangement which reflects the original intent of the parties shall be substituted for such invalid or unenforceable provision.（本协议条款具有可分割性，任何条款的全部或部分在任何管辖权法院被认定为无效或不可执行的，该项认定只针对该条款的全部或部分在该法院管辖区域有效，并不影响该条款在其他管辖权法院的效力，也不影响本协议的其他条款在任何管辖权法院的效力。在法律允许的范围内，应采用能反映协议双方本意的条款来取代被判定为无效或不可执行的条款。）

法律规定：

《民法典》第五百零七条规定，合同不生效、无效、被撤销或者终止的，不影响合同中有关解决争议方法的条款的效力。

《民法典》第五百六十七条规定，合同的权利义务关系终止，不影响合同中结算和清理条款的效力。

（四）特别注意事项

合同中还有一些事项需要格外注意，这些事项常见但是却容易遗漏，属于被忽视的内容。下面是关于特别注意事项的提示：

1. 合同名称

合同名称应与内容保持一致，我国《民法典》规定了一些合同名称，这部分合同被称为有名合同，具有典型的交易特征，如买卖合同、租赁合同、承揽合同、运输合同保理合同、物业服务合同、中介合同、合伙合同等。但是随着经济的发展，交易方式的多样化，现有的有名合同已经不能满足交易的需求，越来越多的新型合同应运而生。这些新合同由于不能系统地归入某项有名合同，所以在确定合同名称时应慎重。

那么，如何确定合同名称呢？可以按下面的原则确定合同名称：合同主要内容符合某一有名合同特征的，应以该有名合同作为合同名称，以次要内容作为合同中的特别约定；合同主要内容是无名合同的，要尽可能避免以有名合同命名，特别是避开有名合同中的不利规定，力争使合同仅适用《民法总则》及《合同法》的总则部分。①

合同名称仅仅是个名称而已，不能决定合同类型，合同到底属于有名合同还是无名合同，属于哪一类有名合同，都要以合同的具体内容来确定，所以，决定合同类型的应当是合同的内容，在起草合同时注意不要画蛇添足，为合同生硬地起一个不合适的名称。

---

① 吴江水：《完美的合同——合同的基本原理及审查与修改》，中国民主法制出版社 2005 年版，第 69 ~ 70 页。

2. 格式条款

所谓格式条款是指合同条款已由一方事先拟订，另一方只能表示接受或者不接受而不能进行修改的条款。对于格式条款，我国《民法典》第四百九十六条至第四百九十八条作了专门的规定。

对于格式条款提供方，在条款设计上应对关键词语明确解释，避免适用对于格式条款提供方不利的解释；在合同中应对免除或者限制己方责任的条款予以明确告知或者说明。

对于格式条款接受方，可尽量争取对己方不利的格式条款进行补充约定，可以补充条款的形式，也可以补充协议的方式进行约定；要求格式条款提供方对免除或者限制提供方责任的条款予以说明。

因为格式条款提供方通常属于交易强势主体，接受方很难进行补充约定，一旦发生争议，双方可按照《合同法》对于格式条款的规定来解释。

3. 合同附件

合同附件是合同中经常被忽略的一部分内容。合同正文应写明合同附件是合同不可分割的一部分，与正文具有同等法律效力。

有些合同比较简单，只需要将合同双方的主体资格证明作为附件，如营业执照副本复印件、身份证复印件等。但对于稍微复杂一点的合同，合同正文不能就所有问题约定得那么详细，附件就显得非常重要。附件主要是对正文关键内容的解释或者说明，有技术类附件，也有资质类附件。

技术类附件是对合同正文涉及技术条款的阐明和细化，规定了技术的核心组成、技术标准、所需搭建的技术环境、技术人员配备等内容，当正文内容需要解释时，附件就是解释的依据。

资质类附件是对合同各方主体资格的证明，保证合同各方主体能够履行合同约定。合同正文可以写明各方保证提供资质真实合法有效，以保证合同具有可实现性。

还有一些合同是框架式合同，合同中约定了合作期限、合作方式、沟通机制、违约责任等，在合同以外，每次业务都以订单形式发送，这些订单明确了产品单价、数量、要求、付款时间、交货时间等详细内容。表面看来，每个订单都是一个合同，但实际上，订单约定的内容并不完备，订单只是在合同框架内的一笔具体业务，毫无疑问，每个订单都是合同的附件。

4. 非合同的几种文书形式

英美法系中协议与合同是不同的概念，但在我国，合同可以冠以很多名称，像合同、协议、约定等，它们都是合同，一份文件是否属于合同主要不在于名称，而在于内容。根据《民法典》第四百六十四条第一款的规定，“合同是民事主体之间设立、变更、终止民事法律关系的协议”。合同一定是主体之间意思表示一致的结果，这一结果还应引起民事权利义务的变化。实践中经常用到的文书中有几种类似合同的文书，由于不是合同，所以也不适用合同的相关规定。主要有以下两种：

①意向书

意向书是商务活动中对于合作意向的书面表达，表达的仅仅是个意向，至于最后意向是否变成现实，这要在后续谈判中实现，合同主体之间的权利义务不会因为合作意向发生具有约束力的变化，所以，意向书不是合同。但是，如果名为意向书，实则是对双方合作细节和权利义务明确约定，具备了合同的实质要件，那么就应是合同。

②备忘录

备忘录是双方记录合作内容防止遗忘的记录，类似于会议记录，不是合同，对双方不具有法律约束力。与意向书类似，如果名为备忘录，实则是对双方合作细节和权利义务的明确约定，具备了合同的实质要件，那么就应当是合同。

所以，文件到底是不是合同，与文件的名称无关，与文件约定的实质内容有关。

（五）企业利用信息化手段对于合同订立的风险防控

不同类型的合同，风险类型、发生频率和影响程度均不一致，要想实现合同订立过程的风险防控，首先应区分不同类型合同的风险点、风险应对措施等，并将这些措施固化在系统中。对于合同订立过程，可以从以下两个方面借助信息化手段来防范风险。

1. 事项审批的强制前置

现在有很多企业为了提升审批的效力，抢占商机，进行了很多审批流程的简化，很多合同都是事项审批和合同审批合并进行，但是对于风险较大的合同，则不适合。但是在实际执行的过程，业务部门的人通常会为了简化审批环节，对于高风险的合同也进行事项和合同的合并审批。遇到这种问题，基本是通过法律部门的审核人发现该合同不符合审查的流程规范，打回去让业务部门的人重新走流程。这样既耽误时间，造成商机的流失；同时受审核人的责任心影响，可能造成管理的不规范，容易引发风险。为了规避此问题，在合同系统中通过合同类型进行了区分，界定了必须进行前置事项审批的合同类型，则针对此类型的合同，如果未上传事项审批结果作为合同的附件，则系统控制不能进行合同的提交，这样既提高了审核效率，也能更好地防范风险。

2. 基于合同类别的风险提示

不同类型的合同风险点各不相同，各个审核环节不同部门的人审核的关键点也不一致，因此需要基于合同分类来梳理不同环节的风险点和审核要素。可以在信息系统上线前，基于合同类型进行风险梳理，然后借助信息化将这些风险点固化在系统中。信息系统可以在合同审核流程的每个环节提醒相关的审核人，在该环节需要注意的风险有哪些。这样还可以明确审核过程中不同部门的审核职责，以降低合同订立过程中的风险。

三、合同的履行

合同订立以后，就进入合同履行这一环节了。多数企业的法律部门都非常重视合同的订立过程，但忽视合同的履行监控。从客观上看，虽然职责要求其监控合同的执行情况，但受限于人力有限，更受限于没有合适的工具，多数企业的法律部门没有监控合同的履行，然而，80%的合同风险发生在合同履行阶段。

既然合同履行如此重要，那么我们在工作中就一定要做好对合同履行的管理，按照订立的合同内容来履行合同，规范管理和使用合同，以求最大限度地保障合同履行。

（一）合同文本的管理

合同文本，即已签署的合同。随着科技的进步，合同文本呈现出多样化的趋势，不仅包括纸质合同，还包括电子合同等形式，这里提到的合同文本仅指纸质合同。

1. 合同文本建档

合同文本建档是合同文本管理的第一步，建档即对合同文本进行统一归类，由专人管理。

合同签署时，如果合同主体为两方，那么合同至少一式四份，双方各执两份，对于其中一方而言，两份原件由合同管理部门保存一份，由具体业务部门保存一份为宜，防止个别人员疏忽导致合同文本丢失，从而造成不必要的损失。在实际管理中，合同应分门别类管理，建议将合同分成三大类：销售合同、采购合同和其他合同。销售合同是指能为企业带来收入的合同；采购合同是指企业需要支出一定费用的合同；其他合同是指除销售、采购合同以外的合同，如合作协议等。当然，这三大类合同还可以细化，如销售合同可以分成货物销售合同、提供服务的合同、出租合同等，采购合同分为采购货物的合同、接受服务的合同等。在对文本管理的同时，还要建立合同文本数据库，方便查找和使用合同。

2. 合同文本借用查阅管理

合同文本建档后，日常的管理主要是借用和查阅。应建立合同借用和查阅制度，进行规范化管理。

合同借用应制作合同借用审批表格，通常情况下，借用人只能借用本人经办的合同，借用应经主管领导批准，借用人应写明借用用途及归还时间，确因业务需要借用其他人员经办的合同时，应履行特定的审批手续。

合同查阅应制作合同查阅审批表格，查阅人只能查阅与本人业务有关的合同，查阅人应写明查阅用途。

3. 合同文本履行情况登记

前面提到了建立合同文本数据库的问题，合同履行情况应在数据库建立时体现，并在日后逐渐完善，直至合同履行完毕为止。因为合同的履行是个过程，每一步都有标志性的节点，所以准确把握合同的履行情况，有利于顺利履行合同和减少违约行为。由于企业的各种合同可能由不同的部门负责签订并履行，因此合同管理部门并非能及时了解、跟进合同的履行情况，甚至出现了违约情形，也不能第一时间得到反馈，这时，合同履行情况登记就显得格外重要，各部门应当定期汇报其负责的合同履约情况，若出现重大风险，法律部门应当及时报送风险报告并采取救济。

（二）合同履行的具体事项

合同的履行过程就是严格按照合同文本执行合同约定内容的过程，在这个过程中，有许多细节需要注意，现就比较常见的问题作如下阐述。

1. 合同履行概述

合同履行指合同生效后，债务人按照合同约定履行合同中的义务，以实现合同债权人利益，满足合同订立期望达到的目的。

①合同履行以生效合同为前提，只有生效合同才能对当事人产生履行合同的法律约束力，订立阶段的合同、无效合同、效力待定的合同都不产生合同履行的要求。

②合同履行的内容是债务人按照合同约定为或不为一定行为，其行为后果是实现合同另一方当事人的利益，该行为内容是当事人预先在合同中约定的。《合同法》中的大部分合同为双务合同，合同当事人都既为债权人，又为债务人，通过双方当事人（有的合同为多方当事人）各自履行义务的行为，相应实现各方当事人的利益，达到合同目的的圆满状态。任何一方只接受对方履行而自己不履行，实现自己合同利益时损害对方的合同利益，合同期待的利益状态发生失衡，不符合合同设立的初衷。

③合同履行应贯彻全面履行原则、实际履行原则和诚实信用原则。全面履行原则要求合同当事人应当按照合同约定的标的、数量、质量、价款、履行期限、地点、方式等全面履行，不得部分履行。实际履行原则要求严格按照合同约定的内容履行，不可随意替代履行。诚实信用原则要求合同当事人在履行过程中应当根据合同的性质、目的和交易习惯履行通知、协助、保密义务等。

④合同履行在合同中处于中心地位。合同订立、生效是合同履行的前提，合同仅成立生效但未履行时当事人利益处于期待状态，通过合同履行才能实现当事人订立合同的目的，合同变更、转让、担保、违约责任等制度都与合同履行密切相关。

因此，可以说，合同履行是其他一切合同法律制度的归宿或延伸。

2. 合同主要义务的履行

①主要义务履行

权利义务无疑是合同的核心内容，合同履行就是各方权利义务的履行。其实，权利义务是相对应的，一方的权利就是另一方的义务。

以买卖合同为例，买方的主要义务是付款，严格按照合同约定的付款条件、付款时间、付款方式等进行付款就是买方最应注意的内容；卖方的主要义务是交货，严格按照合同约定的货物数量、质量、交货时间、交货方式等交货就是卖方最应注意的内容。

一旦履行义务出现瑕疵，就有被对方追究违约责任的风险。所以，履行义务应按照合同约定。同理，行使权利也要合理把握限度，否则不但不能维护权益，还有可能陷入违约的境地。

②违约事项处理

合同中通常会有关于违约事项的约定，即何种违约行为应承担何种违约责任。当违约行为发生时，应按照合同约定进行处理，某些合同的违约责任条款约定的比较模糊，可能造成守约方难以维护自己的权益，因此在合同订立阶段就应当明确违约金的具体数额或者违约金的具体计算方式。另外，根据《民法典》第五百八十五条第二款的规定："约定的违约金低于造成的损失的，人民法院或者仲裁机构可以根据当事人的请求予以增加；约定的违约金过分高于造成的损失的，人民法院或者仲裁机构可以根据当事人的请求予以适当减少。"所以，在约定违约金时，应做到适度，不要过高，否则，将有被降低的风险。

如果合同没有关于违约事项的详细约定，那么并不意味着违约事项无法处理，而是适用《合同法》中关于违约责任的规定，如《民法典》第五百八十四条规定，"当事人一方不履行合同义务或者履行合同义务不符合约定，造成对方损失的，损失赔偿额应当相当于因违约所造成的损失，包括合同履行后可以获得的利益；但是，不得超过违约一方订立合同时预见到或者应当预见到的因违约可能造成的损失"。

③合同解除、终止

合同解除，是在合同尚未履行完毕前，基于单方或者双方的意思表示提前终止合同的履行。合同解除的条件和方式通常在合同中约定，合同中没有约定的，适用《合同法》关于合同解除的相关规定。原则上，合同不轻易解除，根据《民法典》第五百六十二条、第五百六十三条的规定，只有在双方协商一致、单方出现法定或者约定事由时方可解除。合同解除原则上没有溯及力。实践中，合同解除环节极易发生纠纷，双方在订立合同时对于未来可能发生的事项估计不足，等到一方想要解除合同时，发现合同条款中没有相关约定。的确，从尊重契约精神的角度，合同一旦订立任何一方不应随意解除，但是，现实生活千变万化，当一方无法继续履行合同又在合同中无法找到相应条款时，在信用体系、契约观念都不健全的当下，一方甚至不惜擅自解除合同，导致实践中出现了大量纠纷。所以，双方订约时最好能防患于未然，将合同解除的情形、责任约定得较为详细。

合同终止，是指合同已履行完毕或者无法继续履行。合同终止需要符合《民法典》关于合同终止的规定或者合同中的约定情形。通常容易忽略的是合同终止后的事宜如何处理，因为双方订立合同是一个长期的合作关系，不可能随着合同终止那个时间点的到来而将所有事项解决完毕，那么合同终止后双方就存在通知、协助、保密等后合同义务，这些义务如何履行才能保证合同终止后仍能维护双方合法权益，这取决于合同的具体约定。

（三）合同履行中慎用的权利

合同履行有一些特殊的权利需要慎用，必须严格按照法律的规定行使。

1. 默示的合同形式

订立合同有书面形式、口头形式和其他形式。默示算作其他形式的一种，可以是用积极行为来推定，也可以是消极不作为的沉默。

例如，根据《民法典》第七百三十四条的规定，“租赁期限届满，承租人继续使用租赁物，出租人没有提出异议的，原租赁合同继续有效，但是租赁期限为不定期。租赁期限届满，房屋承租人享有以同等条件优先承租的权利”。这就是出租人默示续订了租赁合同。这是法律规定的默示形式。

再如，双方在签订货物买卖合同时约定，“买方应在收到货物后七日内自行检验货物质量并向卖方提交确认质量的书面文件，买方收货后七日内未向卖方出具确认质量的书面文件的，视为买方认可货物质量”。这种条款就是当事人双方对于默示形式的特殊约定，因为双方在合同中确认买方可以采取默示的方式确认货物质量，所以默示才能作为买方认可货物质量的一种有效方式。这是双方特殊约定的默示。

需要注意的是，在肯定默示形式的同时，只有法律有特别规定或者当事人有特殊约定时，默示才具有法律意义，否则不能用默示来代替明示。

2. 双务合同履行中的抗辩权

双务合同即合同双方互负义务的合同，《民法典》赋予双务合同一项特殊的权利，即履行过程中的抗辩权，通过行使抗辩权阻碍对方行使权利，具体包括同时履行抗辩权、先履行抗辩权和不安抗辩权。因为行使抗辩权与违约行为仅一线之隔，如果把握不准抗辩权的使用条件，就很容易造成违约，所以，行使履约抗辩权时需要格外谨慎。

3. 合同解除权

按照《民法典》的规定，合同解除分为法定解除及约定解除。无论是何种解除方式，均应形成解除合同的书面文件，不能认为符合法定条件合同就自动解除，不能认为符合双方约定的解除事由合同就自动解除，不能仅仅口头达成一致就认为合同已经解除。合同解除权属于形成权，虽然不需要对方同意，但是必须将解除的意思送达对方。

合同解除权的行使方式通常是通知解除，至于如何通知，《民法典》中没有明确限定，对于经办理批准、登记手续才能解除的合同，必须办理完毕相应手续后合同才能解除。

合同解除会引起合同权利义务的变化，如果享有权利一方长期不行使合同解除权，将会影响合同权利的行使、义务的履行，所以，合同解除应有期限限制。一种是法定或者双方约定行使期限，应当在期限内行使；另一种是法律没有规定或者当事人没有约定行使期限，那么经对方催告后在合理期限内仍不行使的，解除权消灭。所以，应严格把握解除权行使期限，避免因疏忽造成对己方有利形势的丧失。

如果收到对方解除合同的通知，己方不同意解除合同或者认为对方解除合同的行为违约，不能仅凭口头或者书面形式沟通，根据《合同法司法解释二》第二十四条的规定，双方未能约定异议期的，己方应在三个月内向法院起诉，否则法院对异议不予支持。

（四）企业利用信息化手段防范合同履行中的风险

1. 按照合同类别建立履行反馈机制

由于不同类型的合同在履行过程中风险也不一致，企业也很难实现针对所有合同履行进行统一的管理或监控。目前很多企业在合同管理的过程中，法律部门无法监管合同的执行过程，只有当合同发生纠纷后，法律部门才知晓情况，这对企业的风险防控是非常不利的。但是如果希望将合同的履行过程全部监管起来，一方面，是从管理上比较难进行统一要求；另一方面，业务部门的人一般也都是一人多岗的情况，日常事务太多，也无法及时反馈所有合同的执行信息，使得管理要求或制度成为一纸空谈。因此，企业需要对合同进行区分，识别哪些类型的合同履行风险较高，哪些类型的合同履行风险较低。对于风险较高的合同类型可以加强法律部门对合同履行过程的监控，对于风险较低的合同类型可以放权业务部门自己管理，并建立定期报告的机制。这两种履行方式，系统可通过合同类别自动判断，无须人工选择，以减少失误，同时也能防止管理过程容易出现的漏洞。

2. 建立关键节点的提醒和超期的警示机制来防控风险

对于风险较高的合同，可以通过设置关键节点的方式，系统在关键节点发消息提醒，以邮件或短信的形式提醒相关人员及时跟进履行进度，规避履行风险。对于履约超期的合同，系统可以建立警示机制，并可通过警示逐渐升级的方式，使相关人员、领导重视合同的执行情况，防范合同履约风险的发生。

3. 通过与资金支付系统的集成来控制合同履约的风险

合同系统如果仅作为单独系统，不与资金支付系统集成则很难完整监控合同执行的过程。只有和资金支付系统做有效对接，真正地实现每笔付款金额的控制，才能有效防范风险。通过信息系统对合同付款金额的严格控制，可以预防合同金额早付或多付的风险。合同付款完成后，将实际的付款数据传到合同系统，这样无论从资金支付系统还是合同系统都可以很完整地监控合同的收付款过程，使合同的履行过程更加透明，监管也更加容易。

四、合同的终止

合同终止指依法生效的合同，因法定或当事人约定的事由出现，使债权债务终止。《民法典》列举了合同终止的几种情形：1. 债务已经履行；2. 债务相互抵销；3. 债务人依法将标的物提存；4. 债权人免除债务；5. 债权债务同归于一人；6. 法律规定或者当事人约定终止的其他情形。

除上述情形外，如发生以下几种情形，合同权利义务也可能发生终止：1. 附解除条件或终止期限的合同；2. 合同当事人一方或双方死亡；3. 法院判决或仲裁裁决终止。

合同终止的后合同义务：合同权利义务终止后，依诚实信用原则应履行的义务，均应为后合同义务的范围，后合同义务的内容根据交易习惯确定，包括通知义务，如债务人将标的物提存的，应通知债权人标的物的提存地点和领取方式；协助义务，如合同解除后，恢复原状的，当事人双方对恢复原状给予必要的协助；保密义务，指保守国家秘密、商业秘密和合同约定不得泄露的事项。后合同义务是法律规定的义务，违反后合同义务应承担损害赔偿责任。

（一）合同终止基本原理

合同权利义务的终止，指依法生效的合同，具备法定情形和当事人约定情形时，合同债权债务关系消灭，债权人不再享有合同权利，债务人也不必履行合同义务。在民事法律中，合同关系是根据当事人合意产生的债权债务关系，合同债权人享有债权，债务人负有相应债务，与物权相比，债权属于有期限权利，当出现债权消灭的法律事实时，发生债权消灭的法律后果。

1. 合同权利义务终止的前提是有效合同的存在

只有有效合同才能产生对当事人的法律约束力，才能产生当事人之间的权利义务，故合同权利义务终止的前提是合同有效存在。无效合同、被撤销的合同不会产生当事人之间的合同权利义务，亦不存在合同权利义务的终止问题。

2. 须出现特定法律事实才能导致合同权利义务的终止

在民事法律中，法律事实是引起法律关系发生、变更、消灭的事件或行为，合同权利义务终止须特定法律事实的出现。《民法典》第五百五十七条规定了合同权利义务终止的六种情形：债务已经按照约定履行；债务相互抵销；债务人依法将标的物提存；债权人免除债务；债权债务同归于一人；法律规定或者当事人约定终止的其他情形。

3. 合同权利义务终止的后果是消灭当事人之间的合同权利义务，但当事人依然存在后合同义务

目前，关于合同义务体系确定为先合同义务、合同义务和后合同义务。当事人在合同订立阶段应当履行的告知、照顾、协助、保密等义务属于先合同义务，在合同订立生效后根据有效合同应当履行的是合同义务，在合同权利义务终止后当事人遵循诚实信用原则，按照交易习惯履行的通知、协助、保密等义务属于后合同义务。

后合同义务是指合同权利义务终止后，当事人依照法律的规定，根据诚实信用原则和交易习惯应当履行的以维护给付效果及协助相对人处理善后事务为目的的义务。后合同义务是《合同法》诚实信用原则在合同义务中的扩张，它要求交易当事人在合同履行的准备阶段、执行阶段、善后阶段等全过程中的每个环节都应当诚实守信、以善意的态度对待对方当事人，不得有损人利己的行为。后合同义务是法定义务，是合同法律直接规定的合同关系消灭后的义务，不受合同中是否约定而影响。后合同义务的内容是当事人应当按照交易习惯履行通知、协助、照顾、保密等义务，在不同的合同中侧重点有所不同。违反后合同义务产生的责任称为后合同责任，该责任在民事责任体系中应当属于侵权责任，适用侵权责任的法律规则认定和处理。

4. 合同权利义务终止后不影响合同中结算和清理条款的效力

通常情况下，合同权利义务终止，合同条款也相应失去效力。但是如果该合同尚未结算清理完毕，合同中约定的结算清理条款仍然有效，《民法典》第五百六十七条规定了合同结算和清理条款的独立性效力。结算是经济活动中的货币给付行为，结算的方式主要有银行汇票结算、商业汇票结算、银行本票结算、支票结算、汇兑、委托收款等。清理指对债权债务进行清点、估价和处理。合同权利义务虽然终止，但尚未清理结算完毕的，当事人依然应当根据清理结算条款进行债权债务清理和资金结算。

（二）合同解除

合同解除，是指合同有效成立后，当出现法律规定的合同解除的条件时，因当事人一方或双方的意思表示而使合同关系归于消灭的行为。合同解除条件主要为：

一是法定解除；二是约定解除。

1. 法定解除

法定解除，是合同生效后，未履行或未履行完毕之前，发生法律规定的解除事由时，合同一方当事人行使解除权而使合同消灭的行为。《民法典》规定的合同解除情形包括：（1）因不可抗力致使不能实现合同目的；（2）在履行期限届满之前，当事人一方明确表示或者以自己的行为表明不履行主要债务；（3）当事人一方迟延履行主要债务，经催告后在合理期限内仍未履行；（4）当事人一方迟延履行债务或者有其他违约行为致使不能实现合同目的；（5）法律规定的其他情形。以持续履行的债务为内容的不定期合同，当事人可以随时解除合同，但是应当在合理期限之前通知对方。

①法定解除的具体情形

A. 因不可抗力致使合同目的不能实现

不可抗力是指不能预见、不能避免且不能克服的客观情形。一般来说，不可抗力包括以下情形：a. 自然灾害；b. 战争；c. 社会异常事件；d. 政府行为。只有发生不可抗力事件致使合同目的不能实现时当事人才可以解除合同，因此，如果不可抗力事件只是暂时阻碍合同履行，可以通过延期履行来实现合同目的，不能行使法定解除权。而“不能实现合同目的”，是指不能实现合同双方订立合同时所追求的合同利益。

B. 预期违约

即合同履行期限届满之前，合同一方当事人明确表示或以自己的行为表明不履行合同主要债务的行为。预期违约分为明示违约和默示违约，明示违约是合同履行期满之前，一方明确表示将不履行合同；默示违约是合同履行期满前，一方有确凿证据证明另一方在履行期满时将不履行或不能履行合同，而其又不愿提供必要的履行担保。发生预期违约情形，降低了另一方享有的合同权利的价值，另一方当事人有权选择解除合同以保护其合法权益。

C. 迟延履行

因迟延履行主张解除合同包括两种情形：一是一方迟延履行主要债务，经催告后在合理期限内仍未履行；二是一方迟延履行债务致使不能实现合同目的。

第一种情形下解除合同须满足以下条件：a. 迟延履行主要债务，一般来说，影响合同目的实现的债务为主要债务，如买卖合同的出卖人在履行期限内交付的货物只占合同约定的很少一部分，不能满足买受人的要求，又如购买机器，出卖人交付了所有机器，但迟迟未交付合同约定的机器安装使用的说明书，使买受人不能使用机器。b. 当事人一方迟延履行主要债务，经催告后在合理期限内仍未履行，该合理期间根据债务履行的难易程度和所需要时间的长短确定，需要注意，此种情形下，催告是必经程序。

第二种情形是根本违约的迟延履行，迟延的时间对于债权的实现至关重要，超过了合同约定的期限履行合同，合同目的就将落空。包括以下情况：a. 当事人在合同中明确约定如超过期限履行合同，债权人不予接受，而债务人迟延履行；b. 履行期限作为合同的必要因素，超过期限履行将严重影响订立合同预期利益，如季节性、时效性较强的标的物，像端午粽子，过了端午节交付，就没有了销路；c. 继续履行无法得到合同利益。

D. 致使合同目的不能实现的其他违约行为

一方违反合同义务对合同目的的实现十分重要，如一方不履行，将剥夺另一方当事人的期待利益，该种根本违约行为主要包括：a. 完全不履行，即债务人拒绝履行合同的全部义务；b. 履行质量与约定严重不符，无法通过修理、替换、降价的方法予以补救；c. 部分履行合同，但该部分的价值和金额与整个合同的价值和金额相比占极小部分，对于另一方当事人无意义。

E. 法律规定的其他情形

除了上述四种法定解除情形，《民法典》还规定了其他解除合同的情形。如持续履行的债务内容的不定期合同，当事人在合理期限之前通知对方，则可随时解除合同；如因行使不安抗辩权而终止履行合同，对方在合理期限内未恢复履行能力，也未提供适当担保的，终止履行的一方可以请求解除合同。

②法定解除的程序

法定解除权的行使应符合法定程序，法定程序主要包括以下内容：

A. 符合法定解除情形

合同一方当事人拟行使法定解除权的，必须存在约定或法定解除事由。但是实务中，合同双方当事人可能会对各项事由是否成立存在争议。例如，合同一方认为对方的违约行为已构成根本违约，但是对方却认为其是在履行抗辩权，因此此类情形下，需根据情况进行分析。

B. 解除权的行使期限

解除权应在一定期间行使，《民法典》规定了行使解除权的期限分两种情况：一是法律规定或者当事人约定解除权的期限内行使，期限届满当事人不行使的，该权利消灭；二是对方当事人催告后的合理期限内行使，法律没有规定或者当事人没有约定解除权行使期限，经对方催告后在合理期限内不行使的，该权利消灭。因此，解除权必须在规定的期限或合理的期限内及时履行，否则视为丧失解除权。

C. 通知义务

当事人根据约定解除权和法定解除权主张解除合同的，应当通知对方。合同自通知到达对方时解除。对方当事人接到解除合同的通知后，认为不符合约定的或者法律规定的解除合同的条件，不同意解除合同的，可以请求人民法院或者仲裁机构确认能否解除合同。对于通知的形式，为避免纠纷，通知应以书面形式为宜。

D. 批准、登记手续

依照法律、行政法规的规定，合同应当办理批准等手续的，依照其规定。未办理批准等手续影响合同生效的，不影响合同中履行报批等义务条款以及相关条款的效力。应当办理申请批准等手续的当事人未履行义务的，对方可以请求其承担违反该义务的责任。

2. 约定解除

①协商解除

当事人协商一致，可以解除合同。协商解除是双方的法律行为，应当遵循合同订立的程序，即双方当事人应当对解除合同意思表示一致，协议未达成之前，原合同仍然有效。如果协商解除违反了法律规定的合同有效成立的条件，如损害了国家利益和社会公共利益，解除合同的协议不能发生法律效力，原有的合同仍要履行。一般情况下，双方协商一致之时就是合同的解除时间。如合同解除需要办理批准、登记手续的，合同解除时间则以批准、登记之日为准。

②约定解除权

当事人可以约定一方解除合同的条件。解除合同的条件成就时，解除权人可以解除合同。即合同双方当事人在合同中约定，合同履行过程中出现某种情况，当事人一方或双方即有权解除合同。解除权可以在订立合同时约定，也可以在合同履行过程中约定，既可以约定一方享有解除合同的权利，也可以约定双方享有解除合同的权利，行使约定解除权应以该合同约定为基础。当解除合同的事由出现时，享有解除权的当事人可以行使解除权解除合同，而不必再与对方当事人协商。

③合同解除的效力

合同解除后，尚未履行的，终止履行；已经履行的，根据履行情况和合同性质，当事人可以要求恢复原状，采取其他补救措施，并有权要求赔偿损失。

3. 合同终止与合同解除的区别

	合同终止	合同解除
范围不同	适用于继续性合同	适用于非继续性合同
适用条件不同	既适用于一方违反合同的情形，也适用于没有违反合同的情形	适用于当事人一方不履行合同的情形
法律后果不同	合同关系终止，不产生溯及力	具有溯及力

（三）债务抵销

抵销，是指双方互负相同种类债务，各以债权冲抵债务的法律制度。按抵销产生的依据的不同，抵销可分为法定抵销与约定抵销。

1. 法定抵销

法定抵销，是指在符合法律规定的条件下，一方当事人作出抵销的意思表示即发生抵销的效力。

①法定抵销的条件

依据《民法典》的规定，当事人互负到期债务，该债务的标的物种类、品质相同的，任何一方可以将自己的债务与对方的债务抵销，但依照法律规定或者按照合同性质不得抵销的除外。法定抵销应具备以下几个条件：

A. 当事人双方互负债务互享债权

以下情况下可以发生抵销：一是在债权人转让债权后，债务人对受让人享有债权的，可以对受让人主张抵销；二是在保证债务中，债权人向保证人请求给付时，保证人可以就主债务人对债权人所享有的债权提起抵销的抗辩权；三是在连带债务中，如果连带债务人之间存在着债务分担协议的，则某一连带债务人被债权人追诉时，可以其他连带债务人的债权向债权人抵销。

另外，合同双方当事人的债权必须是有效存在的，即非法的债权债务之间不得抵销。此外，如果不确定之债经补正或可撤销之债因撤销权的消灭，或以审判、仲裁方式得以合法有效时，则也可以抵销。

B. 双方债务均已到期

抵销具有相互清偿的作用，因此只有履行期限届至，才可以主张抵销；否则，等于强制债务人提前履行债务，牺牲其期限利益。但是，如果主动债权一方期限已届满，而被动债权一方期限尚未届满时，主动债权一方可以主张抵销。主动债权未约定清偿期的，如债权人给予债务人必要的准备时间的，可以抵销。另外，在特殊情况下，未届清偿期债权可以视为到期债权，依法抵销。如我国《破产法》规定破产宣告时未到期的债权，视为已到期的债权，但是应当减去未到期的利息。

D. 债务的标的物种类及品质相同

种类相同，是指标的物的性质和特点一致，如某型号的电脑。品质相同主要是指标的物的质量、规格、等级是相同的，如标的物为一级五常大米。具体来说，第一，双方债权均以特定物为标的物的，即使该特定物属于相同种类的，一般也不得抵销；第二，可以抵销的债权包括种类之债；第三，货币债务可以抵销；第四，选择之债的债权确定之前不得抵销，选择之债的债权确定之后可以抵销；第五，破产债权人在破产宣告时，对于破产人负有债务的，无论给付种类是否相同，都可以抵销。[①]

---

① 余延满：《合同法原论》，武汉大学出版社1999年版，第506页。

C. 双方债务均为法律规定可抵销的债务

依照法律规定或者按照合同性质不得抵销的债务，当事人不得通过协议抵销。一般存在下列情况：

a. 依照法律规定不得抵销的情形

例如，根据我国《民事诉讼法》第二百四十三条、第二百四十四条之规定，被执行人未按执行通知履行法律文书确定的义务，人民法院有权扣留、提取被执行人应当履行义务部分的收入，但应当保留被执行人及其所扶养家属的生活必需费用。人民法院有权查封、扣押、冻结、拍卖、变卖被执行人应当履行义务部分的财产，但应当保留被执行人及其所扶养家属的生活必需品。

在前述情形下，法律虽未明确规定不得抵销，但应属不得抵销的债务范围。如违反此类规定时，抵销无效。

b. 依照合同的性质不得抵销的情形

主要有：必须履行的债务不得抵销，如应当支付给工人的生活保障金，不得用以抵销工人所欠企业债务；具有特定人身性质或依赖特定技能完成的债务不得抵销。

c. 特别约定禁止抵销的情形

根据《合同法司法解释二》第二十三条的规定，对于依照《合同法》第九十九条的规定可以抵销的到期债权，当事人约定不得抵销的，人民法院可以认定该约定有效。

关于合同抵销，当事人可以作出反对的意思表示，具体来说，由合同发生的债权根据合同，由单方行为发生的债权则根据单方行为，可对抵销予以禁止①。

②抵销权的行使方式

当事人主张抵销的，应当通知对方。通知自到达对方时生效。抵销不得附条件或者附期限。因此，行使法定抵销权，应当注意以下几点：

A. 抵销的意思表示必须通知对方

主动债权的一方行使抵销权时应向被动债权的一方或其代理人作出表示行使抵销权的意思表示，但此种意思表示不得向第三方作出。如果债权已转让，且符合抵销的要件，则债务人必须以受让人作为通知相对人，向其作出抵销的意思表示。

B. 抵销的意思表示是一种单方行为

抵销因抵销权人单方的意思表示而发生法律效力，因而属于单方行为。又因行使抵销权系属处分债权的行为，抵销人必须有处分债权的权限始得为之②。另外，

① 韩世远：《合同法总论》，法律出版社 2011 年版，第 551 页。

② 孙森焱：《民法债编总论》（下册），法律出版社 2006 年版，第 913 页。

抵销权虽然属于形成权，但是并不属于专属权，因此可以成为代位权行使的标的，即诉讼代理人即使无特别授权，也可在诉讼上代理被代理人主张行使抵销权。

C. 抵销的意思表示必须送达对方当事人

抵销的意思表示在法律上是一种不要式行为，即抵销人在通知对方的时候，既可以采取口头的形式，也可以采取书面的形式。但总的来说，抵销人在行使抵销权时必须采取明示的方式，并能够为对方当事人所知晓。

D. 抵销的意思表示不得附条件或者附期限

在当事人双方债权债务互为相等的情况下，抵销产生合同关系消灭的法律后果，但如果债务的数额大于抵销额，抵销不能消灭合同关系，而只是在抵销范围内减少债权，使得抵销不确定，不符合设立抵销制度的目的，并可能损害一方当事人的权益。

2. 约定抵销

当事人互负债务，标的物种类、品质不相同的，经双方协商一致，也可以抵销。约定抵销主要存在两种情形：一是双方在合同中约定行使抵销权的条件，待条件成就时，一方即有权行使抵销权；二是合同双方当事人直接通过协议的方式将双方的债权债务进行抵销①。

①抵销合同

在上述第二种情形下，将会产生另一个抵销合同。抵销合同是一个独立合同，是双方当事人以消灭互负的债权债务为目的而订立的，属于双务合同与有偿合同，其本身并不是产生原债权债务关系的合同的组成部分。

②抵销合同的要件

抵销合同的成立，应依照《合同法》关于约定抵销的规定②，双方必须协商一致，不可单方决定抵销。约定抵销的条件：首先，双方须互负债务；其次，当事人之间互负债务的标的物种类、品质可以不同，但一般应价值相当；再次，双方互负的债务即使没有到期，只要双方协商一致，可以抵销；最后，当事人在约定抵销债务时不必履行通知义务。当事人约定抵销需注意：必须坚持自愿、公平的原则，防止以欺诈、胁迫的手段或者乘人之危，使对方违背真实意思的情况下作出同意抵销的表示。

3. 抵销的效力

抵销的效力分为两种情况：在法定抵销下，一旦法定抵销权被行使，双方当事人的债务就在相等数额内消灭；如双方当事人债务数额不等时，数额较大的债务仅

---

① 王利明：《合同法总论（第二卷）》，中国人民大学出版社 2015 年版，第 30 页。

② 崔建远：《合同法》，法律出版社 2010 年版，第 262 页。

保存其余额。在约定抵销的情形下，当事人的意思达成一致时，即发生约定范围内债务的抵销，如当事人之间无特殊约定，则一般不具有溯及力。

（四）提存

《民法典》第一百零一条规定了难以履行债务时，债务人可以将标的物提存的情形：“（一）债权人无正当理由拒绝受领；（二）债权人下落不明；（三）债权人死亡未确定继承人、遗产管理人或者丧失民事行为能力未确定监护人；（四）法律规定的其他情形。”

1. 提存的定义与法律性质

提存，是指由于债权人的原因，无法向债权人清偿其到期债务，债务人将合同的标的物交给提存机关而消灭债务的制度。依据《合同法司法解释二》之规定，债务人将合同标的物或者标的物拍卖、变卖所得价款交付提存部门时，人民法院应当认定提存成立。

2. 提存的条件

依据我国《民法典》与《提存公证规则》相关规定，清偿人将标的物提存的，必须具有以下几个要件：

①具有法定的提存的原因

《提存公证规则》规定，债务清偿期限届至，债务人无法按时给付，公证处可以根据债务人申请依法办理提存的情形：“（一）债权人无正当理由拒绝或延迟受领债之标的的；（二）债权人不在债务履行地又不能到履行地受领的；（三）债权人不清、地址不详，或失踪、死亡（消灭）其继承人不清，或无行为能力其法定代理人不清的。”即提存的原因大致分为四种，分别为：债权人拒绝受领、债权人不能受领、债权人不确知与法律规定的其他情形。

A. 债权人拒绝受领

债权人无正当理由拒绝受领，主要是指债权人应当且能够受领的，却无正当理由不予受领。而拒绝受领的正当理由，一般包括债务人履行债务的标的、地点、时间、方式等不符合合同的约定，从而构成债务人履行不适当。在债务人履行不适当的情况下，债权人可以行使抗辩权拒绝受领。另外，由于不可抗力致使债权人无法接受债务人的标的物的，债务人不得提存。

债务清偿期届满后的拒绝受领，债务履行期限截止前，原则上不得提存。即使债权人在债务期限届满前拒绝受领，债务人也必须待履行期限届满后才能够提存。

B. 债权人不能受领

债权人不能受领，首先，包括债权人事实上的不能受领，如作为自然人的债权人失踪、下落不明；作为企业的债权人因合并、分立或变更住所未通知债务人，导致债务人履行债务发生困难等情况。《民法典》第五百二十九条规定：“债权人分立、合并或者变更住所没有通知债务人，致使履行债务发生困难的，债务人可以中止履行或者将标的物提存。”其次，包括债权人法律上的不能受领，如债权人丧失民事行为能力且未确定监护人的情况。

C. 债权人不确知

债权人不确知，是指清偿人在无过错的情形下，无法确定其清偿债务的对象。例如，《民法典》规定的“债权人死亡尚未确定继承人、遗产管理人”或者《提存公证规则》规定的“债权人不清”的。

D. 法律规定的其他情形

除上述情形外，还有法律规定的其他情形的，债务人也可将标的物提存以达到清偿债务的目的。如《民法典》第四百零六条规定，抵押期间，抵押人可以转让抵押财产。当事人另有约定的，按照其约定。抵押财产转让的，抵押权不受影响。抵押人转让抵押财产的，应当及时通知抵押权人。抵押权人能够证明抵押财产转让可能损害抵押权的，可以请求抵押人将转让所得的价款向抵押权人提前清偿债务或者提存。转让的价款超过债权数额的部分归抵押人所有，不足部分由债务人清偿。

②标的物适合提存

我国《民法典》并未明确规定适用于提存的标的物，《提存公证规则》第七条规定了下列标的物可以提存：“（一）货币；（二）有价证券、票据、提单、权利证书；（三）贵重物品；（四）担保物（金）或其替代物；（五）其他适宜提存的标的物。”标的物不适于提存或者提存费用过高的，债务人经提存机关的许可，依法可以拍卖或者变卖标的物，提存所得价款。

3. 提存人、提存机关与提存标的物

①提存人

提存人主要是债务人，债务人在提存时应当具有民事行为能力，无民事行为能力人和限制民事行为能力人提存时应当取得法定代理人的同意。① 提存的主体原则上不得为第三人，即使第三人自愿承担债务，但由于第三人并未与债权人之间形成债权债务关系，因此第三人不得提存。如第三人提存的，债务人有权对其提存行为提出异议，债权人有权拒绝受领提存物。

②提存机关

提存部门是国家设立的接收并保管提存物，并应债务人的请求而将提存物发还债权人的机构。依据我国《提存公证规则》第四条第一款的规定，提存公证由债务履行地的公证处管辖。由此可见，在我国提存被视为一类公证业务而由债务履行地的公证处管辖。

---

① 王良平：《论提存的构成要件与效力》，载《河北法学》2001年第3期。

③提存标的物

依据我国《提存公证规则》第十三条第二款的规定，提存标的与债的标的不符或在提存时难以判明两者是否相符的，公证处应告知提存人如提存受领人因此原因拒绝受领提存物则不能产生提存的效力。即提存的标的为债务人依约定应当支付的标的物。提存应依债务的本旨进行，否则就是违约，而非提存，不发生合同权利义务终止的效力。[①]

关于提存标的的具体类型，《提存公证规则》规定了下列标的物可以提存："（一）货币；（二）有价证券、票据、提单、权利证书；（三）贵重物品；（四）担保物（金）或其替代物；（五）其他适宜提存的标的物。"

但是，根据《合同法》第一百零一条第二款的规定，标的物不适于提存或者提存费用过高的，债务人依法可以拍卖或者变卖标的物，提存所得的价款。而所谓的标的物不适用于提存的主要包括以下几种：其一是易燃易爆物品、木材或者建筑材料之类，因其物的性质或者形状等不适于提存的情形；其二是清偿的标的物易于毁损、灭失的情形，如果品、鲜鱼、药品等易于腐败变质的标的物。所谓提存费用过高，如牛马等牲口，与标的物的价值相比，其保存费用属于过高的情形。[②]

4. 提存的效力

对债务人的效力	对债权人的效力	对提存机关的效力
债务得以免除	标的物所有权转移至债权人	负有保管义务
标的物的风险负担由债务人转至债权人	提存物领取请求权（自提存之日起五年）	负有交付提存物的义务
支付利息以及收取孳息权利的免除	支付提存费用	有权向债权人收取合理费用
债务人应履行通知义务	—	—

（五）免除

我国《民法典》规定，债权人免除债务人部分或者全部债务的，合同的权利义务部分或者全部终止。免除，是债权人基于其单方行为，免除债务人的全部或部分债务，从而导致合同权利义务关系全部或部分消灭。

① 崔建远：《合同法》，法律出版社2010年版，第68页。

② 韩世远：《合同法总论（第三卷）》，法律出版社2015年版，第565页。

1. 免除的法律性质

法律性质	具体内容
单方行为	一旦债权人向债务人作出免除债务的意思表示，即可以发生免除的效力，债权人不得再撤销该意思表示。
无因行为	不论债权人是基于何种原因免除债务，都不影响免除的效力。
无偿行为	债务人不必为免除付出相应对价。
非要式行为	免除不必有特定形式，书面、口头、明示、默示或其他形式均可。

2. 免除的要件

债务免除作为一种单方法律行为，应当符合以下几个要件：

①债权人应享有合法的债权，对债权享有处分权

债权人对于其免除的债务，需享有合法的债权或处分权；债权人仅有权处分的是自己的债权。

②债权人应具有行为能力

无行为能力人或限制行为能力人未征得其法定代理人同意的，不得免除债务。

③免除的对象为债务人的债务

一方面，在负有担保的债权中，如果债权人放弃担保并不代表债权人也免除了债务人的债务。另一方面，在按份之债中，债权人如免除某债务人的债务，不代表也免除了其他按份之债的债务人的债务。

④免除的意思表示应向债务人作出

免除的意思表示必须直接向债务人或其代理人作出，向任何第三方作出的免除的意思表示均不得发生债务免除的效力。

⑤免除不得损害第三人的利益

债权人免除债务人的债务，不得损害第三人的利益。例如，在债权人的债权上已经设定了质权，如果债权人免除债务人的债务，将损害质权人的利益。此时，债权人就不得免除债务人的债务。

3. 免除的效力

债权人免除债务人的债务将直接导致债务的消灭。债权人免除部分债务的，债务部分消灭，免除的部分不必再履行，但尚未免除的部分仍要履行；债务人免除全部债务的，债务全部消灭，全部债务不必再履行，合同权利义务终止。债权消灭，附属于主债权的保证债权、利息债权等从权利也发生消灭。① 另外，在连带债务中，

① 王利明：《合同法研究（第二卷）》，中国人民大学出版社2015年版，第356页。

如债权人免除连带债务人中一人的债务的，其他债务人在相应的被免除的债务范围内也将不承担债务。

（六）混同

我国《民法典》规定，债权和债务同归于一人的，合同的权利义务终止，但涉及第三人利益的除外。首先，混同仅限于债权与债务的混同，其前提是必须有债权人与债务人的存在。其次，混同是一种法律事实，不以债权人与债务人的意思表示为前提。

1. 混同的原因

①概括承受

概括承受，是发生混同的主要原因，是指合同关系一方当事人既承受他人的权利，又承受他人的义务。例如，作为债权人的企业 A 与作为债务人的企业 B 合并，成立一个新的企业 C，那么企业 C 就会将原属于企业 A 的债权与企业 B 的债务全部承接过来，此时债权债务人均为企业 C，则原债权债务关系消灭。

②特定承受

特定承受，是指因债权让与和债务承担而承受权利义务。如债权人将债权转让给债务人，或债务人将债务转让给债权人的混同。

2. 混同的效力

①原则

依据《民法典》第五百五十七条的规定，债权债务混同后便归于消灭。主债权消灭，附属于主债权的从债权，如利息、担保债权、违约金债权等将均归于消灭。

②例外

在债权涉及第三人利益的情况下，即使债权债务发生混同，合同关系也不得消灭。例如，甲与乙签订了房屋预售合同，甲缴纳了一定比例的预付款后，取得了对预售的房屋的权利。随后甲将取得的预售房屋抵押给了丙。半年后，甲、乙二公司合并，如果此时合同终止，甲取得对于预售房屋的所有权，就会损害抵押权人丙的利益，此种情况，甲、乙二人的合同不能终止。另外，在连带债务关系中，如果债权人与连带债务中的某个债务人发生混同，也不得导致整个债权的消灭。

第三节　合同的用印及印章管理

一、合同的用印管理

1. 合同用印的意义

公安部《印章治安管理办法（草案）》第三条第一款规定：本办法所称印章指

公章和具有法律效力的个人名章。《民法典》第四百九十条第一款规定，“当事人采用合同书形式订立合同的，自当事人均签名、盖章或者按指印时合同成立。在签名、盖章或者按指印之前，当事人一方已经履行主要义务，对方接受时，该合同成立。”从该规定看，盖章与签字具有同等效力，都是对书面形式的意思表示的确认。对自然人而言，签字与加盖私章都由其自身完成，二者具有同等效力，一般不存在争议。但公司是个组织体，需要通过特定自然人的签字或盖章才能实现其意志。而该自然人本身同时也是独立的法律主体，在此情况下，确定该自然人的行为是其自身的行为还是代表公司从事的行为就至关重要。而仅凭法定代表人的签字，尚不足以区别某一行为是其个人行为还是公司行为。因此，只能通过加盖公章来区别。就此而言，盖章具有签字所不具备的功能。自然人在合同书上加盖公章的行为，表明该行为是职务行为而非个人行为，原则上应由公司承担法律后果。①

那么，紧接着需要面对的问题就是：合同加盖印章是不是就一定是印章主体的真实意思表示？加盖公司印章的合同，一定能证明是公司的真实意思表示吗？

实践中，加盖印章并不一定能表明合同内容是印章主体的真实意思表示，因为印章可能因为管理不规范等原因导致被私盖或者印章遗失被偷盖等。合同书上盖章的意义在于表示该书面形式的意思表示系公章或合同专用章显示的主体所为，不宜无条件地称“合同书上盖章的意义在于确认当事人通过书面形式作出的意思表示的真实性”，因为即使合同书上加盖了印章，但合同条款可能并非印章显示主体所实施的意思表示。②

综上，我们可以总结出如下推论：合同上载有公司公章的，以公司认可合同所载内容、该内容系公司真实的意思表示为原则，以公司不认可合同所载内容、该内容非公司真实的意思表示为例外，属于例外情形的，需要补充证明。

2. 合同的用印

合同书上一般加盖的是企业公章或者合同专用章，企业公章的使用范围广，效力高，几乎企业对外签订所有合同及其他法律文件均可以适用；合同专用章是在企业对外签订合同时使用，可以在合意的范围内代表企业，合同上加盖合同专用章，表明企业认可此合同规定的权利义务。

但正如上文所述，合同加盖印章仅能显示是印章主体所为，如果合同的用印管理不规范，进而导致印章被企业外部人所用、或被人私刻等诸如此类的行为，那么合同加盖印章并不能证明合同用印主体对合同内容的认可。

---

① 最高人民法院民二庭第 18 次法官会议纪要。

② 崔建远：《合同解释语境中的印章及其意义》，载《清华法学》2018 年第 4 期，第 178 ~ 179 页。

3. 合同用印管理

①关于印章备案

经过梳理现有的关于印章的法律，发现与印章及印章备案有关的规定如下：

《国务院关于国家行政机关和企业事业单位社会团体印章管理规定》主要是对不同性质单位的印章型制、大小作出规定，但并未规定印章备案。

《社会团体印章管理规定》和《民办非企业单位印章管理规定》规定了办理备案手续后启用印章，其规制的主体是社会团体和民办非企业单位。

公安部《印章治安管理办法（草案）》中对企业用章的备案作出规定，涉及如下条文：

第三条第一款规定："本办法所称印章指公章和具有法律效力的个人名章。"

第八条规定："企业事业单位……需要刻制印章的，应当凭上级主管部门出具的刻制证明和单位成立的批准文本到所在地县级以上人民政府公安机关申请办理准刻手续……办理准刻手续的经办人员，需持刻制单位的委托证明和本人身份证明；办理人名章准刻手续的，同时提供名章所刻人名的身份证明……"

第十条规定："需要刻制印章的单位应当到公安机关批准的刻制单位刻制；刻制单位将刻制的印章向公安机关办理印鉴备案后，方准启用。"

根据上述规定，企业事业单位的公章和法定代表人名章为具有法律效力的个人名章，其刻制应当经单位所在地县级以上的公安机关申请准刻、备案后启用。

具体流程上，往往是要求企业持营业执照等向公安机关申请，首先获得批准刻章的函（准刻函），然后才可以向专门经营印章刻制的企业请求刻制。公章刻制后，需要将印模、刻制公章单位的名称、公章刻制经办人等基本信息提交公安机关备案。

同时根据《印章治安管理办法（草案）》第二十五条的规定，违反本办法第七条、第八条、第十条和第十一条规定，未办理备案或准刻手续的，予以警告，并限期补办；逾期不办理的，制作的印章为无效印章，由公安机关予以收缴，对委托刻制单位处以二千元以上一万元以下罚款，并对直接负责的主管人员和直接责任人处二百元以上一千元以下罚款。

由上文可知公章的刻制需要到公安部门申请，但是对于合同专用章的刻制，现有法律没有特别的限制，使用的随意性较高。合同专用章对于企业而言，同样能表示受合同约束的意思，因此企业应在刻制合同专用章时审慎考量，尤其应当履行严格的内部管理程序。

司法实践中，公司通常以涉案的某一枚公章为假公章为由提出合同不成立或无效的抗辩，理由则往往是与备案公章不符。公司使用备案过的公章，即便该公章实际上已经废弃不用了，只要相对人信赖该枚公章仍在使用的，法律就要保护此种信赖。但要求合同相对人在交易活动中去核查公章的真伪，是不利于交易达成的，因此，原则上相对人不应负有审核某一公章是否为备案公章的义务。

故在公司使用备案公章以外的其他公章场合，法院不能以相对人未尽审核义务为由，就认定公司的该枚公章为假公章，除非公司能够举证证明该枚公章确实是伪造的废弃不用的公章。当然，相对人也可以通过举证证明公司使用的该枚备案公章以外的公章，曾在此前的交易中或者在其他的交易中使用过等事实，证明该枚公章就是公司的公章。①

②关于企业内部管理

首先，合同专用章的刻制必须得到企业法定代表人的批准，除了法定代表人之外的其他管理人员均无权批准刻制合同专用章。为了明确合同专用章的使用范围与程序，建议企业启用新刻制的合同专用章时，由企业法定代表人发布启用通知文件，告知全体员工该合同专用章的启用时间、使用范围、该印章的管理部门以及用印流程，同时附上印模。

其次，合同印章由企业专人保管、使用，不得转委托他人，一般不得单人携带外出。合同用印需履行合同审查、批准、登记手续。工作人员需要在合同上加盖印章时，应填写盖章申请单，并取得企业相应审核部门的批准。印章管理人员需要对合同及用印情况进行详细的登记，包括用印日期、合同编号、批准人、申请人、文件数量、合同承办人等，不得在空白文件或未填写齐全的合同上用印。

最后，当合同专用章及公章作废时，应当发布停用通知，并及时封存印章，在一定期限后再销毁。若企业的印章遗失或被盗，企业应当及时报警，同时通过公众途径声明该印章作废，并及时通知相应的客户。

二、电子合同和电子签章

1. 电子合同

电子合同（Electronic contract），亦称电子商务合同，根据《电子合同在线订立流程规范》的定义，电子合同是平等主体的自然人、法人、其他组织之间以数据电文为载体，并利用电子通信手段设立、变更、终止民事权利义务关系的协议。即电子合同是指通过一切电子化方式缔结或履行的合同，是双方或多方当事人之间通过电子信息网络以电子的形式达成的设立、变更、终止财产性民事权利义务关系的协议。

①电子合同属于书面形式订立的合同

根据我国《民法典》第四百六十九条的规定，当事人订立合同，有书面形式、

---

① 最高人民法院民二庭第18次法官会议纪要。

口头形式和其他形式。法律、行政法规规定采用书面形式的，应当采用书面形式。当事人约定采用书面形式的，应当采用书面形式。口头形式是指当事人以直接对话方式订立合同，而不用文字形式订立合同的形式；书面形式是指当事人以文字方式表达协议内容所订立合同的形式；其他形式一般是指推定形式，即指口头形式和书面形式以外的合同订立形式，是指当事人未用语言、文字表达其意思表示，而用实际行为达成具有法律效力的合同的形式，如某当事人将货币投入自动售货机，买卖合同即告成立。

而电子合同同样是以文字等形式再现内容的方式达成的协议，因此电子合同毋庸置疑属于书面形式的一种；没有相应的法律法规的强制性规定，那么电子合同属于当事人约定采用。

②电子合同书面形式通过数据电文的形式表现出来

根据我国《民法典》第四百六十九条的规定，书面形式是合同书、信件、电报、电传、传真等可以有形地表现所载内容的形式。

依据2013年商务部公布的《电子合同在线订立流程规范》，电子合同是指“平等主体的自然人、法人、其他组织之间以数据电文为载体，并利用电子通信手段设立、变更、终止民事权利义务关系的协议”。而根据《电子签名法》的规定，数据电文是指“以电子、光学、磁或者类似手段生成、发送、接收或者储存的信息”。据此，我们理解，电子合同是以数据电文为载体，以电子通信为手段的协议，适用关于数据电文的相关规定。

结合上述论述，电子合同以数据电文作为载体，即能够作为书面形式合同的一种，得到《民法典》的认可与适用。

③电子合同的成立

电子合同的成立时间，是指电子合同开始对当事人产生法律约束力的时间。根据《民法典》第四百九十条第一款的规定，“当事人采用合同书形式订立合同的，自当事人均签名、盖章或者按指印时合同成立。在签名、盖章或者按指印之前，当事人一方已经履行主要义务，对方接受时，该合同成立。”

《民法典》第四百九十一条第一款规定，“当事人采用信件、数据电文等形式订立合同要求签订确认书的，签订确认书时合同成立。”

因此，我们理解，采用合同书形式订立合同的，签字或盖章时合同成立；采用信件、数据电文订立合同的，当事人可以在要约或者承诺中提出签订确认书的要求，合同以最后签订确认书时成立。但是法条没有明确要求合同什么时候成立，如果合同双方需要签订合同确定书，那么签订合同确定书时合同成立，签订合同确定书是合同成立的要件；对于没有约定签订合同确定书的，法条则没有明确说明合同成立时间，那么按照意思自治原则，合同签订双方可以约定合同成立的时间。

在双方没有约定电子合同成立时间的情况下，电子合同的成立时间就是电子合同的生效时间，也是双方当事人产生法律效力的时间。《民法典》第一百三十七条第二款规定，以非对话方式作出的采用数据电文形式的意思表示，相对人指定特定系统接收数据电文的，该数据电文进入该特定系统时生效；未指定特定系统的，相对人知道或者应当知道该数据电文进入其系统时生效。《民法典》第四百八十四条规定，以通知方式作出的承诺，生效的时间适用本法第一百三十七条的规定。根据送达主义，认为收件人收到数据电文的时间即为到达生效的时间。因此，如果收件人为接收数据电文，而指定了某一信息系统，在发件人发送的数据进入该特定系统的时间，一般视为收到时间。如果收件人没有指定特定信息接收系统的，则数据电文进入收件人的任一信息系统的时间被视为收到时间。承诺的数据电文进入要约人的信息接收系统的时间即认为是电子合同成立的时间。

2. 电子签名概念及特征

概念：根据《电子签名法》第二条第一款的规定，本法所称电子签名，是指数据电文中以电子形式所含、所附用于识别签名人身份并表明签名人认可其中内容的数据。因此电子签名的主要目的，是利用技术的手段对数据电文的发件人身份作出确认及保证传送的文件内容没有被篡改。

特征：根据《电子签名法》第十三条第一款的规定，电子签名同时符合下列条件的，视为可靠的电子签名：电子签名制作数据用于电子签名时，属于电子签名人专有；签署时电子签名制作数据仅由电子签名人控制；签署后对电子签名的任何改动能够被发现；签署后对数据电文内容和形式的任何改动能够被发现。

因此，可靠电子签名具有以下四个特点：

（1）签名人专有权：电子签名制作数据用于电子签名时，属于电子签名人专有；

（2）签名人控制权：签名时电子签名制作数据仅由电子签名人控制；

（3）合同内容固定：签署后数据电文内容和形式的任何改动能够被发现；

（4）签名自身防篡改：签署后电子签名的任何改动能够被发现。

3. 电子签名与电子合同的关系

根据商务部颁发的《电子合同在线订立流程规范》，我们知道只有在第三方平台上，采用电子签名的方式订立的电子合同才具有完备的法律效力。

形式上，电子签名是一份完整的电子合同的一部分；实质上，电子签名的存在是对合同真实性的考量。在互联网的环境下，合同的双方当事人并非以传统的面对面方式进行签约，而是通过线上方式签订合同，双方都无法当面核对对方的主体身份。此外，电子数据的特点是不容易将某个时刻的内容固定下来，对签名一样无法保证该签名是当事人自己专有，也无法保证该签名不被改动。而电子签名的作用便是增强电子合同的可靠性、真实性。

三、企业印章法律风险防范

1. 印章种类

企业印章主要分为五类，分别为公章、财务章、合同章、发票章、法定代表人名章。公章是所有印章中效力最高的，对企业内外均具有法律效力，是法人权利的标志，凡是以企业名义发出的信函、公文、合同、介绍信、证明或其他企业材料均可使用公章；财务章一般是用于财务往来结算及与银行的各种凭据、汇款单、支票等；合同章是对外签订合同时使用；发票章主要用于购买发票和开具发票印章；法定代表人名章主要用于企业有关决议，以及与银行业务相关的时候用，法定代表人名章均产生法定代表人签字的效力。

企业各种印章的权限及作用不同，所有加盖印章的行为都必须做到严格把控。因此企业印章的保管工作必须有据可循，应实行印章专人保管、各类印章分管的制度，并严格执行保管人交接制度，建立企业印章保管及使用规范。

企业的公章一般由法定代表人掌控，同时法定代表人若具有股东身份，则更加稳妥，虽然法定代表人兼具股东身份亦不同于企业，但是从风险防控角度考虑企业利益与股东利益根本上的一致性，具有股东身份的法定代表人加盖印章时会比较慎重。建议专管公章的人员仅限于行政职能部门或者行政人员，没有权限对外进行业务谈判；具有对外负责销售或者采购的人员没有接触公章的权限，两类人员权限分离，可以较为有效地监控用章的正当性或合理性；财务章由财务部门负责人管理。

2. 印章使用不当可能涉及的风险及措施

（1）印章被私盖。现实中很多企业并无严格的印章保管、使用制度，印章使用混乱，未统计用印事由及用印件数，甚至将印章借由他人使用的情况发生，极易导致印章被私盖。因为企业的工作人员以企业名义从事的经济活动，责任归企业承担，通常“以企业名义”多表现为私盖企业印章。

（2）分支机构刻章、用章混乱。分公司、分支机构等虽不具备独立法人地位，但分公司也领取营业执照，能够成为民事诉讼的被告，因此在合同上加盖分企业的印章，一般也认定合同有效，相关的民事责任由总公司承担，刻制不必要的分支机构印章易造成印章的管理混乱。

（3）印章随意外带。部分企业允许公章外带使用，在外出使用过程中，失去对印章的有效监管，如遇外借人员谋取不正当利益，则可能给企业带来较大风险。因此应尽量减少外出用印，如需外出，原则上应两人同行，互相监督，必要时可进行录像。

（4）印章遗失或被盗后不及时报案，也不主动在报纸上发布声明作废。公章丢失后应及时报案并取得报案证明，同时企业虽保留了所有的公章信息，如样式和编码，但也不能私自进行刻章。

（5）未妥善保管处理企业旧印章。如企业更名后已启用新印章，因为企业名称的变更并不影响变更后的企业承担原企业的债务，企业的旧有印章依然有效，因此对原企业名称印章应当妥善保管，一定时期后，可以对该印章进行销毁。

（6）印章刻制不在公安部门指定的单位进行，随便找一家单位刻制公章，带来公司印章不可控的风险。

（7）印章管理人员对使用印章材料审查不严格，或让印章离开自己的视线盖章，甚至让他人代为盖章。

（8）用印时未认真检查印章使用是否与所盖章的文件内容相符，用印人员应认真审核与申请用印内容、用印次数是否一致后，然后才能在相关文件上用印。

（9）在空白介绍信、空白纸张或空白授权委托上用印。加盖印章的空白文件无用后，持有者不将该空白文件退回印章管理部门，从而造成空白盖章文件的流失。

（10）个别企业为追求收益，允许不具备资质的企业挂靠施工，甚至允许挂靠单位使用企业印章，增加企业用印风险。

（11）个别企业不重视管理项目部印章，意识不到项目部印章对企业的重要性，项目部印章管理不规范，没有限定项目部印章的使用范围和使用审批程序，没有设立项目部印章使用台账，形成了项目部印章管理的空白，给企业带来较大的法律风险。

（12）企业印章被仿冒，如果经鉴定与工商、公安备案的印鉴不一致，一般可认定不代表企业意思，企业无须对此负责。但是，如果企业的法定代表人同时有签字，推定对企业有约束力。

（13）个别企业在下属单位、部门、项目部被撤销和关闭后，没有及时收回和销毁这些单位的印章，造成印章的流失，形成了潜在的法律风险。

（14）盖章行为不规范，签署多页合同未加盖骑缝章或者未紧邻合同书最末一行文字签字盖章，少数缺乏商业道德的客户会采取换页、添加等方式改变合同内容。

（15）错用印章，公章的种类与文件的种类不匹配会引起一定的风险，内部印章对外使用，如行政章对外签订合同，劳动合同加盖财务章等。一般情形下仅有印章不发生效力，但如盖章的同时有经办人签字，则是否对企业生效取决于该经办人是否为代理人或合同指定的特定经办人。

（16）印章未及时回收或销毁。企业所属部门发生变更或被撤销后，印章管理部门必须收缴部门印章及用印记录；所属分企业注销后，在工商注销手续完成后，应当收缴分企业包括行政印章、合同专用章、财务专用章等在内的全部印章及用印记录；项目部关闭后，项目部印章及用印记录应当全部上缴企业印章管理部门。

（17）合同签订时未要求合同相对方法定代表人既签字又加盖公章（及骑缝章），因为单纯的法定代表人签字并不能有效证明是法定代表人履行职务的行为。《民法典》第四百九十条第一款规定，“当事人采用合同书形式订立合同的，自当事人均签名、盖章或者按指印时合同成立。在签名、盖章或者按指印之前，当事人一方已经履行主要义务，对方接受时，该合同成立。”但是为了保证法定代表人签字时是代表公司的职务行为，在我国，法定代表人在签字的同时，往往要求公司加盖公司印章，以保证二者的统一，防止法定代表人在公司不知情的情况下代表公司作出意思表示。

3. 印章使用的案例

案例一聚焦：企业使用的未备案印章，合同相对方能证明企业曾经使用过该印章，合同依然有效。

【案例一】金路企业与金太阳企业、安润企业等小额借款合同纠纷案［（2014）苏商终字第0061号］。

案情：金路企业提交的加盖有“金太阳企业印章”的反担保函上，金太阳企业印章的编号为3305220017192（以下简称192章），而金太阳企业提交的该企业备案申请书上印章的编号为3305220017292（以下简称292章）。安润企业由李某与金太阳企业投资设立，金太阳企业在安润企业设立登记时所用的印章与金路企业提交的反担保函上的印章一致，均为192章。

法院经审理认为：印章具有对外代表企业意志的表象，金太阳企业的法定代表人在知晓192章存在的情形下，未限制该枚印章的使用，在安润企业设立手续完成后亦未及时收回192章，应视为放任他人使用该枚印章。金太阳企业有192章、292章两枚印章同时对外使用，该企业对反担保函上形成的代理权表象亦负有明显的过错。

案例二聚焦：将盖章或签字的空白合同交予对方，视为对合同相对方的无限授权，合同相对方可以在合同空白部分填写相应内容。

【案例二】再审申请人雷某鸣、梁某学、苏某秀、港桂公司、龙某、葛某仁因与被申请人福田雷沃公司及二审上诉人杨某平、张某、傅某英保证合同纠纷一案［（2018）最高法民申3112号］。

案情：雷某鸣主张其与福田雷沃公司签订的《保证合同》是伪造的。其曾在一份空白合同上签字，福田雷沃公司在《保证合同》关键处的改动及单方擅自添加妻子吴某琼签字，并未征得雷某鸣的书面同意，因此《保证合同》是伪造的。

法院经审理认为：雷某鸣将留有空白内容的合同交予合同相对方，应视为对合同内容包括《保证合同》中保证事项的无限授权，合同相对方在空白部分可以填写相应内容。

案例三聚焦：即使所加盖的公章系伪造的，合同依然可能有效。

【案例三】国泰公司与港务公司、新天阳公司融资租赁合同纠纷案［（2015）鲁商终字第381号］。

案情：本案一审诉讼期间，被告港务公司申请，就2009年11月25日、2010年5月21日、5月31日签署的《保证合同》之“港务公司”印文与样本印文是否为同一枚印章盖印进行鉴定。山东大舜司法鉴定所出具大舜司鉴所〔2014〕文鉴字第286号司法鉴定意见书，鉴定意见为：2009年11月25日保证合同之“港务公司”公章印文与样本印文是同一枚印章盖印；2010年5月21日、5月31日保证合同之“港务公司”公章印文与样本印文不是同一枚印章盖印。

法院经审理认为：一审司法鉴定意见书可证明202号保证合同中港务公司的公章印文与样本印文不是同一枚印章盖印，但并不足以证明该公章系伪造。即使如港务公司上诉所称田某所加盖的公章系伪造，因田某当时是港务公司的总经理，那么加盖伪造公章的行为也属于港务公司工作人员的行为，而非合同相对人国泰公司的行为。而且，从本案查明的事实来看，通过前述分析，田某签订202号保证合同的代理行为对港务公司有效，故即使202号保证合同没有加盖港务公司的公章，也足以认定该保证合同成立。因此，港务公司关于202号保证合同所加盖的港务公司公章系假公章的理由，并不足以支持其不应承担保证责任的上诉主张。

案例四聚焦：合同仅有法定代表人签名而未加盖公章，不能直接认为合同内容是公司意志的表达。

【案例四】置信公司、保利天然公司合资、合作开发房地产合同纠纷再审民事判决书［（2018）最高法民再161号］。

案情：《回购股权通知》上仅有保利天然公司董事长蓝某的签字而没有加盖公章，蓝某的行为是否是履行保利天然公司法定代表人职务的问题，而非其私下行为，关系到合同是否对公司产生法律约束力。

法院经审理认为：由于《回购股权通知》上仅有蓝某的签字，而没有保利天然公司加盖的公章，因此，置信公司（合同相对方）就要举证证明蓝某签字时是履行保利天然公司的法定代表人职务的行为，而不是蓝某的私下行为。由于置信公司徐某的陈述和证人蓝某关于其在《回购股权通知》上签字是代表公司行为的证言，均为孤证，没有其他任何证据予以支持，据此，置信公司徐某的陈述和证人蓝某的证言，并不能使本院确信蓝某的签字就是其履行保利天然公司法定代表人职务的行为，而不是蓝某的私下行为。实际上，为了保证法定代表人签字时是代表公司的职务行为，在我国，在法定代表人签字的同时，往往要求公司加盖公司印章，以保证二者的统一，防止法定代表人在公司不知情的情况下代表公司做出意思表示。本案的《合作协议书》就是如此，既有法定代表人签字，又加盖有公司印章。《回购股权通知》作为履行《合作协议书》的重要方式，也应当采取同样的方式，至少要有双方公司盖章。如果缺少保利天然公司盖章，那么置信公司就有义务证明蓝某签字的行为是代表保利天然公司的职务行为，而不是私人行为。恰恰在本案中，置信公司的举证没有达到这样的程度，其就应承担相应的不利后果。

案例五聚焦：印章种类加盖错误，不影响合同的对外效力。

【案例五】昊苒钢铁公司与亚厦幕墙公司买卖合同纠纷一审民事判决书［（2018）新0106民初392号］。

案情：被告亚厦幕墙公司称，原告、被告之间虽存在买卖关系，但对货款总金额有异议；原告也未提交相应的结算证据，证实我公司欠付原告货款；原告与我公司签订的还款计划书中加盖的我公司印章是项目部技术资料专用章，真实性无异议，但合法性有异议，因为该印章标明“仅限技术资料，用作其他无效”，项目部技术资料专用章并不能代表我公司对外结算，原告在交易时未尽到注意义务，不能归责于我公司，该还款计划书没有合法效力。

法院经审理认为：昊苒钢铁公司与亚厦幕墙公司签订还款计划书，约定了亚厦幕墙公司向昊苒钢铁公司付清剩余货款77255元的时间，双方在还款计划书上加盖了印章，加盖印章的意义在于证明该还款计划书的内容记载的是双方当事人的真实意思表示，产生的权利义务双方应当承受，亚厦幕墙公司认为加盖的是其公司的项目部技术资料专用章，不具有合法性，加盖何种部门的印章是亚厦幕墙公司的内部管理问题，印章加盖错误的理由对外不具有抗辩效力，若加盖了错误的印章导致还款计划书存在瑕疵，亚厦幕墙公司应当承担相应的不利后果。

第四节　几种典型的合同介绍

一、企业的经营地哪里来——买楼租楼合同

作为企业运营的重要物质基础之一，“经营地”关系到企业的初始设立、实际运营和未来发展。企业对经营地的选择，是综合考量地理条件、行业特点、办公需求、交通便利、商业配套等多方面因素，作出的审慎抉择。买楼租楼是企业获得经营注册地乃至实际运营地的重要途径，交易过程中也必然会涉及买楼租楼合同，即我们常说的房屋买卖、租赁合同。这类合同的审核，相较于一般房屋买卖、租赁合同审核，更注重企业的特殊商业需求和资金运作需求的综合考量，进而配套设计相应条款。

本节以房地产与基础设施团队房屋买卖、租赁领域的尽职调查业务、交易设计业务、合规审核业务以及相关诉讼业务等多年法律服务经验为基础，就房屋买卖/租赁合同审核中的重点和难点加以具体分析。

（一）买楼合同的审核要点

1. 核实拟购买房屋的土地规划条件与具体用途

根据《城镇国有土地使用权出让和转让暂行条例》第十二条①的规定，商业用地的土地使用权年限为40年。土地使用权的年限自土地交付给土地竞拍中标人之日起开始计算，那么在扣除开发商办理各项审批手续及施工建设等时间后，拟购买房屋实际交付产权人的使用期限已不足40年。因此，企业在买卖合同订立前，首先，应注意核实拟购买房屋所涉土地用途及土地使用权的实际剩余年限，再对是否交易、交易价格等进行判断。其次，基于建设用地规划条件的不同，房屋有不同的规划用途，如零售商业用地、餐饮用地、旅馆用地等，在签订合同时企业需要审查拟租赁房屋是否符合用地规划条件。在实践中，我们遇到过不少因房屋实际用途不符合用地规划条件，无法正常经营，从而引发纠纷的案例。因此，在企业有具体需求的情况下，建议拟购房屋所涉消防、环评、交通、园林等的具体审批情况。如有必要，建议聘请专业团队就拟交易标的房屋的政府审批、批复、权属登记等情况加以深入的尽职调查，以充分了解房屋状况。

2. 核实拟购买房屋的基本情况

就拟购买房屋进行考查的过程中，建议核实该房屋的基本情况。如拟购房屋为期房（在建、未完成建设、不能交付使用的房屋），需查看开发商是否有预售许可证，并要确认企业拟购之房是否在预售范围内。如开发商尚未取得房地产权证的大证，企业在短时间内恐无法将房屋变更登记至公司名下，建议在购房合同中明确开发商办理预告登记②的义务，以保护自己的合法权益，并起到有力的排他效果。如拟购房屋为现房，则要留意开发商是否具有该房屋的大产权证和交付使用许可证，建议企业在购房合同中约定提存房产证，或要求出售方将房产证提存在第三人或者居间方处，办理过户时，由第三人或者居间方直接向相关部门交付房产证原件。

此外，应注意核实开发商的资质及经营状况，以避免开发商因经营状况不佳而

---

① 《城镇国有土地使用权出让和转让暂行条例》第十二条：土地使用权出让最高年限按下列用途确定：（一）居住用地七十年；（二）工业用地五十年；（三）教育、科技、文化、卫生、体育用地五十年；（四）商业、旅游、娱乐用地四十年；（五）综合或者其他用地五十年。

② 《民法典》第二百二十一条："当事人签订买卖房屋的协议或者签订其他不动产物权的协议，为保障将来实现物权，按照约定可以向登记机构申请预告登记。预告登记后，未经预告登记的权利人同意，处分该不动产的，不发生物权效力。预告登记后，债权消灭或者自能够进行不动产登记之日起九十日内未申请登记的，预告登记失效。"

出现的项目开发风险。日常法律服务提供过程中，依据客户委托，我们会对房地产开发商、项目进行尽职调查，包括但不限于开发商的股权结构、对外担保（融资）、重大债务、财务、税务等多方位进行核查并评估项目风险。

3. 核实拟购买房屋的权属情况

开发商房地产项目开发过程中，为实现融资目的，或将土地使用权抵押给银行贷款，进而将所建楼盘抵押。如开发商面临破产，楼盘将面临查封拍卖的风险，依据执行的相关规定①，在金钱债权执行中，只有同时满足在法院查封前签订有效书面买卖合同、买受人名下无其他住房、已支付超过合同约定的房屋总价款50%三者的前提下才能排除执行，在此严苛的规定下企业恐难实现对房屋的所有权。

故建议企业在购房前，（1）在土地管理部门、房管部门查清该楼盘有无抵押记录；（2）要求开发商将合同在房管局备案；（3）要求开发商提供其他担保物或保证人；（4）增加补充条款：出卖人保证不存在一房两卖，不存在司法查封和不存在限制转让三种情形。如出卖人违反前述承诺，导致买受人合同无法备案或无法办证的，可以约定及时主张退房并承担较高的违约责任等。除抵押外，限制房屋权属的情况还可能会查封，也需要在购房前予以核查。

4. 注意房屋装修期相关问题

如企业所购买的商用房屋不是开发商已精装修完成的，为经营之需，通常还需要根据自身经营理念、企业文化、风格定位对房屋进行装修。就装修期的问题，企业亦应就相关条款予以充分考虑：如装修入场时间、装修免租期、装修期所需水电服务的保障和费用结算等问题。

实践中比较常见的是，因水电等问题导致装修期延长且约定不明引发纠纷的情况，以及就因交易失败对装修物处理（恢复原状、保留、补偿等）没有约定而引发的相关纠纷。建议企业根据所购房屋和自身需求的实际情况，落实相关合同条款，以避免可能产生的争议和损失。

5. 在合同中注明公用分摊面积

公摊建筑面积，是指由整栋楼的产权人共同所有的整栋楼公用部分的建筑面积。常见的公摊建筑面积包括：电梯井、管道井、楼梯间、垃圾道、变电室、设备间、公共门厅、过道、地下室、值班警卫室等，以及为整栋楼服务公共用房和管理用房的建筑面积。房屋购买合同中关于产权面积、套内实际使用面积、公摊面

---

① 《最高人民法院关于人民法院办理执行异议和复议案件若干问题的规定》第二十九条：金钱债权执行中，买受人对登记在被执行的房地产开发企业名下的商品房提出异议，符合下列情形且其权利能够排除执行的，人民法院应予支持：（一）在人民法院查封之前已签订合法有效的书面买卖合同；（二）所购商品房系用于居住且买受人名下无其他用于居住的房屋；（三）已支付的价款超过合同约定总价款的百分之五十。

积应有明确的数字体现，但通常开发商提供购房合同中只有对建筑面积出现变化的处理，而未明确实际使用面积变化的情况。而面积的变化，一方面，影响了以建筑面积单价为依据的房屋总价的计算，另一方面，也影响了企业最终实际使用面积的比例。

因此，建议企业在房屋购买合同中明确房屋的套内面积，以及以套内单价作为计算依据。根据实际情况，可考虑增加关于公摊面积发生变化的条款，明确公摊面积与实测面积不符的价款计算和结算方式。如果购买的是整栋楼，则须明确楼内附属设施是否已计入公摊面积，否则难以实现整栋楼权属的交割。

另外，就公摊建筑面积的具体位置要进行明确。实践中，也常见一些公摊建筑面积的具体位置和客户预期不同，造成各种不必要损失的情形。

6. 控制时间节点，分阶段支付购房款

为保证顺利实现房屋物权，防范支付购房款而无法实现房屋所有权的风险，购房合同的付款时间可约定为分阶段支付，即按照一定时间和节点来支付，以控制履约风险。首先，约定签订购房合同后支付首付款，比例可参照开发商/楼盘现状及自有资金进行综合判断；其次，在达到明确的收房/验房标准后，再支付一定比例购房款；最后，待开发商办理完毕房屋交付手续、房屋交接清楚（注意明确交接内容和双方确认形式）后，再支付尾款。

此外，在款项的支付方式上，双方亦可约定通过银行办理交易资金托管业务进行款项支付。这样做的好处是开发商不用担心业主资金短缺，不能按规定的时间支付款项的问题，业主也可以用此种方式规制开发商，避免出现人财两空的局面。如此，企业便于将购房款作为有力的抓手，以实现与开发商的有利博弈，敦促开发商按照合同约定节点履行验房、交房、办证的义务。

7. 明确协助办证义务与办证时限

从现行法律法规的内容来看，一手房的所有权转移登记所涉及的主体包括开发商与购房人，二者需共同完成办证，只是在此过程中的义务分工或主次不同。实践中，基于开发商提供的合同范本，约定办证方式多为“买受人同意委托出卖人或出卖人指定的代办机构向权属登记机关申请办理房屋权属转移登记”。该等情况下，企业应尤其注意积极跟进项目建设进度及办证进度，及时向出卖人或出卖人指定的代办机构提交房屋权属转移登记所需材料，以避免耽误办证进度。

另外，可通过协议明确约定如因开发商原因导致迟延办证的违约责任承担方式及标准（违约金），为避免开发商迟延办证，买受人未及时行使权利而导致的诉讼时效已过的情况发生，在合同中约定以每日或每月为单位累计计算违约金数额。

8. 明确交房时间及交房标准

所谓交房，除了房屋所有权转移登记（即产权过户），还包括交付房屋使用权（即实物交付）。房屋的交付使用，是与卖方进行房屋权益交割最重要也是最后的部分，实践中会将交易尾款作为交房的有力控制手段。因此交房标准的明确约定，可以避免双方因交割不清而产生纠纷，最终影响交易。

一般交房的标准包括：相关费用与票据的交付、标的房屋验房（实践中，企业在验收环节会聘请专业的工程人员，就房屋本身进行审核验收）、产权过户登记等。企业应注意在购房合同中明确实物交付的标准及产权过户登记的条件、方式和时间，并明确开发商未按照约定履行合同义务的违约责任。另外，如合同签订之时，开发商承诺赠送车库或者储藏室、阁楼，该等承诺一定要写入合同中。另外在交房的标准上，双方亦可作出约定，在达到交房标准后再进行收房，以免出现房屋不符合购房人的标准，但不收房又会造成违约的情形，合同中可约定在房屋交付时应当确认开发商已具备如下文件：规划核验验收合格文件和建设工程竣工验收合格证明文件；有资质的房产测绘机构出具的《房屋面积测算技术报告书（实测绘）》；消防、人民防空、环境卫生设施、防雷装置等验收合格证明文件；房屋所在楼栋的不动产权证书。

住建部与工商行政总局联合制定的《商品房买卖合同（预售）示范文本》在商品房的交付条件与交付手续一章中对商品房的交付条件有两点明确限制：（1）商品房已取得建设工程竣工验收备案证明文件；（2）商品房已取得房屋测绘报告。除此两点强制性约定之外还有可供买卖双方自行补充条款。

实践中，因协议会对交房的时间进行限定，开发商为避免不能如期交付房屋而产生违约金的风险，通常会与购房者签订补充协议，对竣工验收进行补充，约定商品房的交付条件是通过建设单位组织的，由勘察单位、设计单位、施工单位、监理单位参加的建设工程竣工验收。而这个阶段的验收是没有通过规划、消防、环保等专项验收的。依据《房屋建筑和市政基础设施工程竣工验收备案管理办法》第五条①规定，获得备案证明是完成了前期所需要具备的所有检测工作，所以在取得工程竣工验收备案证明的前提下进行交付，可更有效地保障购房者的实际

① 《房屋建筑和市政基础设施工程竣工验收备案管理办法》第五条第一款，建设单位办理工程竣工验收备案应当提交下列文件：（一）工程竣工验收备案表；（二）工程竣工验收报告。竣工验收报告应当包括工程报建日期，施工许可证号，施工图设计文件审查意见，勘察、设计、施工、工程监理等单位分别签署的质量合格文件及验收人员签署的竣工验收原始文件，市政基础设施的有关质量检测和功能性试验资料以及备案机关认为需要提供的有关资料；（三）法律、行政法规规定应当由规划、环保等部门出具的认可文件或者准许使用文件；（四）法律规定应当由公安消防部门出具的对大型的人员密集场所和其他特殊建设工程验收合格的证明文件；（五）施工单位签署的工程质量保修书；（六）法规、规章规定必须提供的其他文件。

权益。

9. 合同的终止和解除

在住建部与工商行政总局联合制定的《商品房买卖合同（预售）示范文本》中并未对合同的终止与解除作出明确的制式约定，但在实践中合同解除的情况并不罕见，买卖双方自行约定的情形外，法定合同解除的情形主要有：《民法典》第五百六十三条①的合同解除权。最高人民法院《关于审理商品房买卖合同纠纷案件适用法律若干问题的解释》第九条②的规定，出卖人订立商品房买卖合同时，故意隐瞒所售房屋已经出卖给第三人或者为拆迁补偿安置房屋的事实，买受人可以请求解除合同。最高人民法院《关于审理商品房买卖合同纠纷案件适用法律若干问题的解释》第二十三条③买卖双方约定以担保贷款方式付款最终未能订立担保贷款合同的当事人有权请求解除合同。最高人民法院《关于审理商品房买卖合同纠纷案件适用法律若干问题的解释》第十四条④面积误差比绝对值超出3%，买受人请求解除合同、返还已付购房款及利息。

---

① 《民法典》第五百六十三条，有下列情形之一的，当事人可以解除合同：（一）因不可抗力致使不能实现合同目的；（二）在履行期限届满前，当事人一方明确表示或者以自己的行为表明不履行主要债务；（三）当事人一方迟延履行主要债务，经催告后在合理期限内仍未履行；（四）当事人一方迟延履行债务或者有其他违约行为致使不能实现合同目的；（五）法律规定的其他情形。以持续履行的债务为内容的不定期合同，当事人可以随时解除合同，但是应当在合理期限之前通知对方。

② 《最高人民法院关于审理商品房买卖合同纠纷案件适用法律若干问题的解释》第九条，出卖人订立商品房买卖合同时，具有下列情形之一，导致合同无效或者被撤销、解除的，买受人可以请求返还已付购房款及利息、赔偿损失，并可以请求出卖人承担不超过已付购房款一倍的赔偿责任：（一）故意隐瞒没有取得商品房预售许可证明的事实或者提供虚假商品房预售许可证明；（二）故意隐瞒所售房屋已经抵押的事实；（三）故意隐瞒所售房屋已经出卖给第三人或者为拆迁补偿安置房屋的事实。

③ 《最高人民法院关于审理商品房买卖合同纠纷案件适用法律若干问题的解释》第二十三条，商品房买卖合同约定，买受人以担保贷款方式付款，因当事人一方原因未能订立商品房担保贷款合同并导致商品房买卖合同不能继续履行的，对方当事人可以请求解除合同和赔偿损失。因不可归责于当事人双方的事由未能订立商品房担保贷款合同并导致商品房买卖合同不能继续履行的，当事人可以请求解除合同，出卖人应当将收受的购房款本金及其利息或者定金返还买受人。

④ 《最高人民法院关于审理商品房买卖合同纠纷案件适用法律若干问题的解释》第十四条，出卖人交付使用的房屋套内建筑面积或者建筑面积与商品房买卖合同约定面积不符，合同有约定的，按照约定处理；合同没有约定或者约定不明确的，按照以下原则处理：（一）面积误差比绝对值在3%以内（含3%），按照合同约定的价格据实结算，买受人请求解除合同的，不予支持；（二）面积误差比绝对值超出3%，买受人请求解除合同、返还已付购房款及利息的，应予支持。买受人同意继续履行合同，房屋实际面积大于合同约定面积的，面积误差比在3%以内（含3%）部分的房价款由买受人按照约定的价格补足，面积误差比超出3%部分的房价款由出卖人承担，所有权归买受人；房屋实际面积小于合同约定面积的，面积误差比在3%以内（含3%）部分的房价款及利息由出卖人返还买受人，面积误差比超过3%部分的房价款由出卖人双倍返还买受人。

（二）商用房屋租赁合同的订立和审核

租赁合同作为《民法典》中规定的有名合同，其权利义务关系具有一定的共性，概括而言，主要包括租赁物的名称、数量、用途、租赁期限、租金及其支付期限和方式、租赁物维修等条款。就企业签订商业用房租赁合同需要特别考虑的问题，具体总结如下：

1. 核实拟租赁房屋是否符合商业用途

企业在租赁房屋前，应核实拟租赁房屋的类型和所在土地的性质，确保房屋的类型为商业用房、土地用途为非住宅性质。对于企业特殊商业用途，需要提前做好消防、环评、交通等审批/备案或满足审批/备案标准等。否则，企业可能面临无法办理营业执照，或者无法按照预期使用房屋的风险。

2. 查明拟租赁房屋是否存在阻碍工商注册的情况

企业如需以拟租赁商用房屋办理工商注册的，应先查明拟租赁商用房屋是否存在阻碍工商注册的情况，如未完成消防/安检验收、存在司法限制等。企业可以在租赁合同中约定出租方有协助办理工商注册手续的义务。就风险规避而言，企业可从如下两个方面进行考虑：一是到工商行政管理部门询问租赁物是否存在行政管理限制，能否办理营业执照，如涉及特许经营行业还要向其他有关部门询问，并将所需相关条件及文件明确于合同条款中；二是在合同中约定出租人协助办理营业执照的义务及履行期限，并约定对应的违约责任，督促出租人尽快办理。

3. 明晰装饰装修条款，避免因装饰装修发生争议

通常，企业需要对租赁房屋进行一定装饰装修，以便符合自身的经营风格、经营惯例等。这些装饰装修或多或少，有在原承租人的装饰装修基础上微调，也有全部拆除旧装饰装修，甚至修改租赁房屋内部结构、门窗朝向等。为规避因装饰装修引发的纠纷，造成不必要的损失，建议企业在租赁合同签订前，结合自身实际需要，与出租方就装饰装修免租期、原装饰装修的标准和拆除费用负担、合同终止后装饰装修的归属及如何折价等问题进行协商，随后将协商结果逐条落实在合同中。

此外，房屋租赁合同无效或非因承租人单方违约（如拆迁等）导致合同解除，承租人可就装饰装修的现值或残值损失要求赔偿，承租人应注意保留装修费用相关凭证。实践中，我们倾向于建议在租赁合同中明确承租人装修方案的备案条款。这种备案条款对于出租人来说，便于了解承租人的装修方案及对自己的影响，因此，容易获得出租人的同意。对承租人来说，不失为一种间接固定自己装修内容和装修费用的证据。

4. 明晰押金、租金和其他费用的约定

租赁合同中可能涉及的费用，主要包括押金、租金和其他费用（物业管理、停车、通信、空调、网络和水电煤气等费用）。这些费用都需要双方在合同中予以明

确，包括计算标准、计算方式（起始时间）、支付时限（是否有宽限期）、支付方式、发票、收据的开具等。

就押金来说，合同中应明确押金退回的具体条件和具体方式。就租金来说，企业应注意在拟签订租赁合同中明晰租金的计算方式，是按照建筑面积、使用面积，还是按照套内面积等进行计算；合同面积与实测面积存在差额如何处理，租方是否能解除合同，以及如何要求出租方承担违约赔偿等。

5. 核实转租事项，依法依约履行转租程序

《民法典》第七百一十六条①明确规定，承租人经出租人同意，可以将租赁物转租给第三人。承租人未经出租人同意转租的，出租人可以解除合同。另外，承租人向次承租人转租的期限不能超出租赁合同剩余期限，否则超出部分无效。

因此，企业拟租赁房屋如是承租人转租而来，应注意核实承租人是否享有处分权，并审查原租赁合同是否有限制转租的约定、原租赁合同约定的租赁期限，并核实出租人是否同意转租。如企业有承租房屋后转租房屋的需求，也应就此与出租方进行协商并具体落实在租赁合同中，以便于后期操作；原租赁合同中未就转租进行约定，而在履行过程中需要转租的，建议及时与出租方进行协商并签订补充合同。

6. 租赁合同的续租、终止和解除

在合同中有明确的租赁期的前提下，租赁期届满后的相关权益需要在租赁合同签订时就予以明确，以防后续发生不必要的纠纷。提前一定期限的续租申请及出租人限期回复的约定，能够很好地确保企业经营存续。租赁合同期满终止后撤场的时限也应当予以明确，这样涉及相应的费用承担也就随之可以明确。因此，建议企业在租赁合同中明确约定可解除租赁合同情形和具体程序，并明确租赁期限届满或租赁合同解除时，承租方的房屋腾退期限。

（三）物业服务需求条款设计

企业对房屋的需求会着重考虑所在地招商定位是否符合自身的商业定位，是否能提供办公便利。物业的服务情况必须满足自身办公需求与经营要求等。因此，企业对物业服务是有刚性需求的。不少企业会预先进行尽职调查，其后就尽职调查结果在房屋买卖/租赁过程中，一并协商确定合同条款以保证自身权益。

在洽商中，企业应综合考虑以上问题，在充分协商、达成一致意见的基础上，在合同中予以进一步明确：如物业服务的内容和标准；物业服务费的支付标准和支付方式；因物业原因（停水、停电、电梯维修等）影响经营，权利人如何获取权利

---

① 《民法典》第七百一十六条，承租人经出租人同意，可以将租赁物转租给第三人。承租人转租的，承租人与出租人之间的租赁合同继续有效；第三人造成租赁物损失的，承租人应当赔偿损失。承租人未经出租人同意转租的，出租人可以解除合同。

救济；配套停车位分配、使用及费用结算；租赁房屋的维修责任如何承担等。

此外，拟购买独栋的企业还要事先核实及评估共用消防设施的结构与运行是否会制约拟购楼体的消防安全，以避免后续陷入被动地位。

本节我们结合具体实操经验就容易引发纠纷的条款进行了罗列和简要分析。但是，上述条款的明确约定仍需配合合同相应的违约责任，才能在一定意义上促成上述条款的顺利实现。因此，我们没有就违约责任进行单独的论述。

经营地是企业开展生产经营活动之日常所在，房屋买卖合同与房屋租赁合同的签订、履行对企业而言更是生存和发展的基础。就具体合同的设计和履行，还需企业根据经营需求和资金体量，与卖方/出租方进行博弈。如何实现企业利益的最大化、防范履约风险，尚需根据不同需求进行具体法律分析。

二、企业的设备哪里来——设备采购合同

设备采购合同首先是个合同，起草设备采购合同遵循起草合同的一般性原则。同时，作为有名合同——买卖合同的子集，起草设备采购合同也需要对买卖合同特别适用的法律法规予以注意。而又由于该类合同的标的为“设备”，其自身又具有一定的特殊性。

（一）合同相对方

在订立合同前，买卖双方应当审查合同相对方的民事权利能力和民事行为能力，即订立合同的资格。同时，当事人订立设备采购合同的资格不仅仅限于此，还包括从事相关经营的资格、资质、特许经营许可，甚至履约能力和征信。

在一般的商业实践中，在进行合同磋商阶段的双方，不一定就是签订合同的双方。其中一方可能委托该方的子公司或分公司进行合同的签订，因此也应当对子（分）公司的资格进行确认。

对于采购涉及专利及实用新型的设备时，买方应调查确定卖方是否独立拥有设备所涉及的知识产权。

（二）合同内容

根据《民法典》第五百九十六条的规定，合同一般包括以下条款：当事人的名称或者姓名和住所；标的；数量；质量；价款；履行期限、地点和方式；违约责任；解决争议的办法。设备采购合同即合同，也是买卖合同，包含前述内容，也遵循《民法典》有名合同部分对买卖合同的规定。根据《民法典》第五百九十六条的规定，设备采购合同一般还包括包装方式、检验标准和方法、结算方法等条款。

1. 标的及数量

设备采购合同涉及的标的可能比较复杂，很难一言以蔽之，买卖双方应当在合

同中尽可能明确设备的规格、型号以及设备的功能模块，可通过表格及附件的形式予以呈现，如有可能，应当在合同后附上《技术协议》，以对设备的详细参数予以呈现。

对设备的随机备件进行明确的约定是对买方的一种保护。仅使用“卖方提供随机备件一套（含易损件、关键件及说明书）”的措施给予了卖方调整备件及说明书的余地，一方面，买方无法确定备件的数量和种类，存在相关部件损害后无法找到合适的部件而需要再向卖方购买的情况；另一方面，卖方也有可能通过对备件的控制来实现成本的控制。

2. 预付金与定金

合同订立双方可以约定预付金及定金条款，但是切忌将两者混淆。

定金是为保证合同履行，在标的价款的数额内约定的买方提前支付给卖方的一定数额的款项。

《民法典》第五百八十六条规定：“当事人可以约定一方向对方给付定金作为债权的担保。定金合同自实际交付定金时成立。定金的数额由当事人约定；但是，不得超过主合同标的额的百分之二十，超过部分不产生定金的效力。实际交付的定金数额多于或者少于约定数额的，视为变更约定的定金数额。”

根据《民法典》第五百八十七条的规定：“债务人履行债务的，定金应当抵作价款或者收回。给付定金的一方不履行债务或者履行债务不符合约定，致使不能实现合同目的的，无权请求返还定金；收受定金的一方不履行债务或者履行债务不符合约定，致使不能实现合同目的的，应当双倍返还定金。”

预付款，为货款的一部分，根据《民法典》第五百六十六条第一款的规定：“合同解除后，尚未履行的，终止履行；已经履行的，根据履行情况和合同性质，当事人可以请求恢复原状或者采取其他补救措施，并有权请求赔偿损失”，因此卖方违约，买方有权要求返还预付款。

还需注意的是，只有在合同中以“定金”字样出现才会被认定为定金，否则将被认定为“预付款”。

3. 对知识产权的担保

根据《民法典》第六百一十二条、第六百一十三条的规定：“出卖人就交付的标的物，负有保证第三人对该标的物不享有任何权利的义务，但是法律另有规定的除外。买受人订立合同时知道或者应当知道第三人对买卖的标的物享有权利的，出卖人不承担前条规定的义务。”即卖方有义务保证任何第三人不得主张卖方卖出的设备侵犯第三人的知识产权，但倘若买方事先知道或者应当知道卖方卖出的设备侵犯第三人的知识产权，卖方将得到豁免，不再承担权利担保义务。

因此，买方在签订涉及专利或实用新型等知识产权的设备采购协议中，应当在合同中设定担保条款，以及约定当发生第三方主张权利之情形、造成买方损失时卖方的违约责任。

同时，卖方可以设定“提请注意”条款，声明买卖设备不会造成设备上知识产权权属的转移。

4. 设备的质量

设备能否满足买方的需求至关重要，因此质量条款是设备采购合同的核心条款之一。设备采购合同中的质量条款主要分为两种：一种为上文提及的设备的规格型号以及合同后附的技术协议；另一种为质量保证条款。为避免合同签订后，双方因设备质量存在瑕疵——质量不符合约定或法定标准——而产生纠纷，双方应当在合同中尽量明确产品的技术规格与指标，即明确“是什么”与“怎么样”，并尽量明确、细化验收的标准，避免使用“质量符合相关标准”“验收按相关标准执行”等概览性的约定；对于大型、贵重、精密设备，甚至可以单独制定《质量保证协议》。

（1）质保期

双方可以协商确定质保期长短，一般来说设备的质保期为一年。在质保期条款中，质保期的起始时间也很重要。买方可能要求在设备安装调试合格后的次日开始计算质保期，而卖方往往倾向约定自交付设备后开始计算质保期。在质保期内，买卖双方也会对权利与义务进行约定。一般来说，买方强调卖方在质保期必须保证设备质量，并且在质保期内向买方提供免费的设备维护、修理及配件。同时卖方也可以要求，由于买方原因造成的需要对设备进行维修的情形，买方需支付相应修理费并购买替换的备件，买方可以在磋商过程中确定维修费用的标准，以防在急需维修的情况下受到卖方掣肘。双方可一并约定质保期结束后的维修标准与费用。另外，买方可以要求卖方对设备使用和维护提供培训，降低买方的维修成本，减少卖方维修的频次。

（2）质保金

买方可在设备采购合同中约定质保金，一般为合同标的额的10%，待设备的质保期到期后归还于卖方。卖方则对“符合质量标准”的制定审慎，方能对抗买方设定的这一条款。倘若在合同中约定质保金条款，双方应同时明确质保金归还的方式、对象甚至归还的账户，以防止买方向卖方归还了相应的质保金，但卖方未合理收讫而出现法律纠纷。

（3）验收

验收完成往往意味着卖方履行了合同项下的交付义务，是合同履行中的重要部分。双方应在合同中明确验收的具体时间和标准。买方不仅要对产品及配件数量进行验收，而且应着重对货物的质量进行验收，如产品名称、品种、规格等技术规格，包装是否有破损等。验收期限、验收地点对于卖方更加重要。

在验收过程中，买方应当着重防范隐蔽性缺陷的风险。卖方往往倾向要求买方在收到设备后的固定时间内——如 10 天——对设备质量提出异议，否则视为质量验收合格，而买方应对该等条款进行严格审查。因为根据此约定货物验收完成后，所有的风险将转移到买方，倘若买方在使用过程中才发现设备存在缺陷，很难再以违约提起诉讼，要求卖方承担赔偿责任。

5. 交货时间与方式

根据《民法典》第五百一十一条第四项的规定："履行期限不明确的，债务人可以随时履行，债权人也可以随时请求履行，但是应当给对方必要的准备时间。"《合同法》并没有进一步明晰何为"必要的"准备时间。双方预先约定交货时间能更好避免纠纷。

根据《民法典》第六百零四条的规定："标的物毁损、灭失的风险，在标的物交付之前由出卖人承担，交付之后由买受人承担，但是法律另有规定或者当事人另有约定的除外。"因此，买卖双方可就标的物毁损、灭失的风险进行约定，倘无约定，则风险随着设备的交付而转移。

运费由谁承担往往也是磋商的要点，如买方负责运输设备，并承担相应的运费，则当卖方将设备交付承运人（运输商）时即视为交付已完成，买方将承担运输期间的货物的毁损风险及相应的运输成本。因此买卖双方在约定交付条款时，应明晰双方权责，谁承担运费及装卸费，谁承担风险，是否在调试安装设备后方为交付。

三、企业的服务哪里来——服务采购合同

（一）服务合同的特点

企业的运行离不开服务与被服务，企业基于自身的优势为他人提供服务，获取利润，也依赖于其他企业提供的服务以便更好地运营和发展。服务业务作为一类产业，具有广泛性。而在服务前都需要当事人对服务的相关内容进行协商，进而形成服务合同。因此，服务合同的范围也非常广泛，从策划、咨询服务，到专业人士提供的财务、法律、技术服务，可以说，企业在经济活动中离不开服务合同的约束。但是，合同具有意思自治的特点，如何起草服务合同使其更符合商业情况，作为律师或者法务人员如何起草、审查服务合同使其能够在对方接受的情况下让己方获得最大利益，往往是合同管理实务中的一个难点。

无论什么类型的合同，本质上都是为了让签署各方明确四个基本问题，即"谁来做""做什么""怎么做""做完了之后怎么处理"。而服务类合同的特点与难点离不开"服务"本身的特性，即重点是"做什么"及"怎么做"。服务营销理论之父克里斯琴·格罗路斯曾对"服务"下过如此定义："服务是以无形的方式，在顾

客与服务职员、有形资源等产品或服务系统之间发生的，可以解决顾客问题的一种或一系列行为。”对此定义有三个方面的理解：首先，服务是无形的，很难像商品或者货物一样可以确定规格、尺寸、参数、数量等，也不像建筑施工、技术开发一样可以交付明确的、可验收的成果，因此服务合同中对“做什么”很难有一个量化、细致的标准，导致很多服务合同只是简单或者概括性地约定服务内容及成果，如在咨询顾问合同中只约定了“对某事项提供咨询，并出具分析报告”，未来这些约定不明的内容往往会引起争议。其次，服务具有互动性，服务是由人提供的一系列行动构成，服务的质量往往取决于提供服务的人及提供服务的方式，因此，在服务合同中，对“怎么做”的约定要尤为注意。例如，很多服务类合同中约定了提供策划服务，却未约定对提供服务人员的要求、策划流程的要求，不利于对服务方服务质量的监督与约束。最后，当服务方完成服务工作后，如何支付报酬，以及当服务方未完成服务工作，如何弥补损失，也是服务合同中要重点关注的问题。服务有易逝性，不像有形产品一样，可以贮存或者退回。一旦一次服务失败，企业可能需要付出很大的代价来弥补损失，因此，在服务合同中，就更要重视通过支付报酬的方式以及合同解除权条款的设计来约束服务提供方，并在出现问题时，及时止损。

综上所述，服务合同起草与审核的重点，在于如何将无形的“服务”通过合同条款界定服务的内容、成果的交付、人员的选择等内容，以提高合同的可执行性。

（二）服务合同的起草与审核——以法律服务合同为例

服务合同的内容可能涉及各个领域，包括专业性、技术性内容，仅凭法务人员或者律师的法律经验很难对其中的商业条款审核全面，所以法务及律师应与专业的业务部门、技术部门人员紧密配合，追求形成更加细致、完善的服务合同，以全面保护公司的利益。在此书中，作者抛砖引玉，仅以法律专项服务合同作为范例，提示一些服务合同中常见的内容。

1. 服务内容的明确

对于服务内容，建议明确在不同阶段、不同时间节点服务提供方应当提供的服务以及各个阶段的成果及期限，以便更好地跟踪服务提供方的服务进度。

范例：第N条　主要服务内容如下：

N.1 第一阶段：材料审查。本协议签署后【】日内，乙方应设计整体工作安排计划表并提交给乙方，具体包括：

N.1.1 乙方应提供详细、明确、完整的书面材料清单；

N.1.2 乙方应及时向甲方索要工作所需的资料及数据，审查、分析甲方应要求提供的全部书面资料及其他资料；

N. 1. 3 乙方应根据其从业经验，协助甲方梳理、完善甲方相关制度、合同模板；

N. 1. 4 乙方应及时向甲方披露在检查过程中发现的问题并提供专业法律意见。

N. 2 第二阶段：现场检查。乙方确定进场时间并指导甲方进行梳理、自查与评估，具体包括：

N. 2. 1 乙方应根据从业经验及进场企业具体情况制作并提交《问题清单》；

N. 2. 2 乙方应派驻不少于【】名律师进场指导甲方工作；

N. 2. 3 乙方应通过听取工作汇报、随机抽选人员访谈、书面资料原件查阅、电子数据检查等形式开展现场检查工作。

N. 3 第三阶段：总结与反馈。乙方应在现场核查后【】日内根据检查情况，形成书面的《合规评估法律工作报告》。

2. 服务成果的要求

设计类、咨询类以及法律、财务等专业服务，大多会形成报告、书面方案等成果，因此建议列明成果的名称及包括的内容、格式、数量等要求。

范例：第 N 条　工作成果

乙方应及时向甲方披露在尽调过程中发现的问题并提供专业法律意见，在此基础上向甲方出具书面的《合规评估法律工作报告》（初稿）。初稿应报告【】领域的合规检查情况及建议。

甲方收到《合规评估法律工作报告》（初稿），且按照相关意见进行整改后，经甲乙双方确认，可以出具正式版本的《合规评估法律工作报告》（正式稿），正式稿一式【】份。

3. 服务人员的确定

对服务人员的要求，应至少明确服务人员的人数、资质，对人员更换的要求及限制。对于服务项目的负责人，应最好明确具体人员。

范例：第 N 条　服务人员

N. 1 乙方应指派不少于【】人为甲方提供服务，其中至少【】人拥有三年以上相关工作经验，并指定【】为本项目的总负责人及联系人。

N. 2 本合同生效后【】日内，乙方应向甲方提供项目拟投入人员名单，名单中至少应包括姓名、身份证号、工作经验和联系方式。

N. 3 乙方应保证其实际从事本项目工作的人员具有相应的资质及能力，经甲方确认的参与人员，非经甲方事先书面同意，乙方不得私自更换。如甲方认为乙方某参加人员的专业技术水平或工作能力不符合甲方需求，甲方有权随时要求乙方予以更换，乙方应无条件进行更换。

4. 服务费用及支付方式

费用的支付要求应至少包括总额、包含的内容、支付的方式及时间，对于服务合同，我们建议要按阶段支付费用，并将服务内容及成果的交付关联在一起。

范例：第N条　法律顾问服务费

N. 1 支付金额

经双方协商一致，法律顾问服务费为人民币【】万元（大写：人民币【】圆整）；且上述金额为固定总价，不因任何情况而增加任何费用，包括但不限于律师费、委托费、咨询费、顾问费、差旅费、税费等与本合同有关的所有费用。

N. 2 支付时间

支付批次	支付比例	支付金额	支付条件
第一批		小写： 大写：	本合同签订后【】个工作日内支付
第二批		小写： 大写：	乙方完成书面报告初稿后【】个工作日内支付
第三批		小写： 大写：	根据甲方的反馈意见，乙方修改书面报告并经甲方确认后【】个工作日内支付

N. 3 支付方式

甲方须将本合同项下应付费用，支付至乙方指定账号，即：

名称：

开户行：

账号：

N. 4 发票

每一笔付款前【】日内，乙方应向甲方出具合法、有效、等额的增值税发票，甲方审核无误后【】日内向乙方付款。如乙方逾期提供或提供之发票不符合甲方要求的，则甲方有权顺延付款时间，且该等顺延不视为甲方违约，乙方不得以此为由拒绝或怠于履行本合同项下之服务，否则，将视为乙方违约。

5. 合同的解除及违约条款

对于合同的解除及违约条款，需明确解除合同的条件、违约事件的定义以及违约责任的承担。但是，很多服务类合同，尤其是创意、设计方案、分析报告等，难以明确客观的验收标准，致使难以认定约定违约情形。因此，在实际合同的设计和审核中，除明确约定可以确定的合同解除情形及违约情形，也可以结合甲乙双方的合同地位，约定随时解除协议或对成果不满意解除协议的条款。

范例：第N条 合同的解除

N.1 双方经协商同意，可以变更或者解除本合同。

N.2 如乙方存在下述任一情况，甲方有权解除本合同，并要求乙方返还甲方已支付的全部合同价款，赔偿甲方所有损失：

N.2.1 乙方未能在本合同的期限内完成合同约定的义务。

N.2.2 事实表明，由于乙方的过错给甲方或第三方造成了较大的损失或给甲方的声誉带来了较大的负面影响。

N.2.3 因乙方人员变动等原因，无法按照甲方的要求及标准为甲方提供服务。

N.2.4 因乙方违反国家法律、法规的有关规定，被依法取消相关资质或资格。

N.2.5 如乙方在本合同的竞标或执行过程中有腐败或欺诈行为。为本合同之目的，腐败和欺诈行为定义如下述：

1）“腐败行为”指为取得本合同之目的或有利的合同执行条件之目的，乙方在合同竞标过程或合同执行过程中向甲方人员提供、给予、接受或索取任何有价值物品的行为；

2）“欺诈行为”指乙方为了影响招标采购过程或合同执行过程而谎报事实，损害甲方利益的行为。

N.2.6 乙方存在严重违反本合同义务的其他情形，或本合同另有约定解除条件的情形。

N.3 乙方解除合同

甲方有下列情形之一的，乙方有权解除合同：

甲方向乙方提供的资料或信息，存有虚假、误导、隐瞒、重大遗漏及其他违规行为，致使乙方律师不能提供有效法律服务的。

第M条 违约责任

M.1 经甲乙双方确认，如乙方未能在【】年【】月【】日之前完成书面报告的，将视为乙方严重违约，甲方则有权单方终止本协议，并有权拒绝向乙方支付顾问费用，同时，乙方应将甲方已支付的费用全额退还甲方，并按照本合同总金额30%之标准向甲方支付违约金，并赔偿因乙方未能出具报告而给甲方造成的一切经济损失。

M.2 甲方无正当理由不支付法律顾问费或工作费用，或无故终止本合同，乙方有权要求甲方支付未付的法律顾问费、工作费用以及延期支付的利息。

第八章

企业劳动人事法律风险防范*

人力资源和社会保障部于2016年7月25日和9月1日发布了《企业劳动保障守法诚信等级评价办法》（以下简称《诚信等级评价办法》）和《重大劳动保障违法行为社会公布办法》（以下简称《违法行为公布办法》），该两个办法于2017年1月1日正式实施。《诚信等级评价办法》以及《违法行为公布办法》的出台使得企业劳动人事法律风险的预防不再限于内部管理，防止劳资纠纷，而是与企业的诚信建设等结合在一起，在这样的背景下，企业劳动人事合规化建设迫在眉睫。

导读

有一个问题时刻萦绕在我的脑海，即“如何让企业劳动人事的法律风险控制和合规化建设为企业创造价值”。律师能不能不只是告诉企业那些“冷冰冰”的法条对他们的约束，告诉企业必须支付的用工成本，一旦企业出现纠纷后再通过仲裁或者诉讼的方式解决？带着这样的思考，笔者将自己这些年执业点滴心得分享给大家。

一、企业用工合规化建设过程中，应当时刻谨记管理中企业面对的是有感情、有思想、有喜好的人，对人的关怀贯穿管理始终

规则给人的感觉总是“生硬”的，它规制着人的行为，限制着人的自由。但所有这些并不影响规则在设定时对“人性”进行充分的考量。举个例子，以孕妇产前检查的制度为例，卫生部《孕产期保健工作规范》只规定孕妇产前至少要检查5次，并未有其他更进一步的规定，对于这类法律并无明确规定，但实践中又必须设置的规则，企业应当如何设定呢？显然，如果企业规定产前检查次数是5次，也谈不上违法。当然，个别地区有专门规定，比如，南京就规定了怀孕女职工的产前检

---

* 程阳，兰台律师事务所合伙人，中国政法大学毕业，在劳动法领域拥有长期的实践经验和较高的理论素养，从企业人力风险预防和控制的视域观察公司管理，从企业需求反思律师的法律服务，同时，在贯彻合法、合规理念的同时，不忘对人性深刻的关怀，对于劳资关系的理解有其独到的视角。

查为11次，每次半天，特殊情况可以增加。但如果企业只是从合规的角度去考虑，显然该规则的执行会不尽如人意。笔者看来，企业最好是根据当地的实际情况设置让大部分人可以接受的规则，如北京这样的一线城市企业与县城企业怀孕女职工产前检查所需要花费的时间肯定是不一样的，也就是规则设定过程中应当充分考虑实际检查的时间、在医院等待的时间、在途的时间，等等。事实上，类似南京的规定落实在不少企业应当是适用的，如果机械地按照卫生部《孕产期保健工作规范》的5次规定，看似合规，实际就是一个没有考虑到“人”实际需求的个规则。这样的合规看似为企业节约了成本，实际上对于企业文化建设、人文关怀会起相反的作用。

二、企业用工合规化建设是企业经营的一部分，并不是企业经营的对立面

企业作为以营利为目的的商业主体，经营是企业最本质的特征，不少人会认为用工的合规建设是对企业经营的限制。笔者认为，这样的观念要不得。事实上，企业的用工合规管理与企业的经营密切相关。以企业反商业行贿受贿的合规建设为例，不少世界五百强企业将商业贿赂作为合规建设中的红线，而该合规建设本身就与用工管理的合规密切相关，只不过不少企业由于部门职责的天然屏障，将合规建设与用工合规建设隔离开了，显然，这样的隔离对于企业的合规建设并不是件好事。

企业合规建设必须转化为对员工行为的规范。首先，规范应从原则层面确定是否有为商业贿赂合规红线行为的判断准则，我们永远无法穷尽具体行为，原则的设定在判定没有具体行为可以归类到已经列举的行为时；其次，从行为方面尽可能列举常见的禁止行为，如请客、送礼等；最后，应当说明违反这些规则的后果，包括职位、奖金等的取消，甚至劳动合同的解除等。

为什么说用工合规建设是企业经营的一部分呢，举个例子就很好理解，如著名药企史兰素，商业行贿对企业的影响是深远的，当然也会有人说史兰素的合规建设水平很多企业都达不到，但这并不能成为我们不做合规化管理的理由，如果认真去研究类似案例，我们不难发现，合规建设与用工合规的分离可能也是该类合规建设出问题的原因之一。

三、企业合规管理需要规则的执行，没有执行，合规如同虚设

我们工作中遇到的最棘手的问题往往是规则束之高阁，不少企业只有在不得不处分一个员工时才会想起来规章制度。如此，合规建设就失去了意义。没有规则的执行，员工会失去对规则的敬畏之心，而规则一旦执行，会被员工理解为企业对自己的“报复”，而不是自己违反规则应承担的后果。以最常见的旷工为例，不少企

业只有在忍无可忍时才会处理，有很多原因导致这样的现象发生，如实际了解考勤的员工与规则执行的人分属不同的部门，信息并不是同步的；还有可能是直接管理该员工的管理者秉着“水至清则无鱼”的想法在模糊管理等。不论何种原因导致该结果，我们在处理类似违纪案件中，经常面临的首要问题就是企业是否涉嫌“倒后账”，甚至有些情况下，考勤显示旷工，工资却如数发放。类似由于规则执行过程中导致纠纷处理难度增加的情况不在少数。

一旦出现类似规则不被执行时，我们需要考虑为什么规则没有被执行？是管理本身的问题，还是规则设定的问题。我们需要在这种不断的管理反思中考量自己规则的设定与执行。

四、接受用工的合规管理无法解决用工管理中的全部问题的现实，客观认识风险控制的局限

管理学上有“灰度管理”的提法，我们必须接受用工合规管理没有办法解决企业日常经营过程中的全部问题，甚至可以说用工的合规管理只是管理的必备要件，却不是充分要件。

规则设定的滞后性与经营的瞬息万变、规则设定的同一性与日常管理的千姿百态、规则设定的刚性与日常管理中的柔性处理等矛盾决定了用工合规管理的局限性。所以，合规管理更多的是底线管理，这点我们必须充分认知和接受。

尤其是现在这个互联网时代，市场和规则的变化加快，传统的用工模式接受着新的经济形态的考验，员工对于工作时间、工作环境、工作待遇等的期望值与此前有着巨大的差异。在这个变化的年代，按照惯例形成的规则局限性可能将更加突出，我们必须重新审视规则本身，甚至包括基础的劳动关系的理解，都需要注入新的内涵。

与其抱怨劳动合同法本身的问题，我们可能更需要接受规则、法律的局限性，才有可能更好地设定规则。

五、企业用工的合规化建设必须考虑企业的历史、文化以及未来发展的战略

企业用工合规化建设不是静态的，更不是孤立的，我们需要充分考虑企业的历史、文化以及未来的发展。比如一个曾经以“人情”管理的企业要向规模化企业发展，其合规管理必然会面临员工，甚至管理者本身也存在接受规则式理性管理的过程，不考虑企业曾经发展的脉络而设立规则，这样的规则肯定不会走得很远。用工的合规建设“恰当”和“适合”永远比所谓的“先进”重要。

企业作为一个组织能够发挥效用，组织本身能够带动所有的员工形成一致行动至关重要。因而，我们对于企业现状的理解就是企业用工合规建设的基础，我们需

要充分认知每个员工的个体目标，充分了解企业的发展目标，我们需要将这些目标与现状通过一系列的规则统一起来。当然，用工合规建设只能参与其中，却无法主导该行动。

我们遇到了这个变化的时代，“互联网”这个曾经离我们生活有些遥远的“概念”现在却每天都在现实地影响着我们，我们就是要在这样一个变化的时代去探讨用工的合规化建设。

第一节 企业用工合规化管理的路径

员工是企业生存和发展的原动力，科学有效的人力资源管理可以激发员工为企业创造价值的积极性与创造力。如何在法律允许的范围内有效激发员工的自主性是任何企业都须面对的问题。笔者理解，企业文化建设、绩效建设等当然对于激发员工积极性有着相当重要的作用，但企业用工合规性建设也是企业人力资源管理的重要内容，是企业防范用工法律风险的屏障。

企业用工管理并非完全是企业自治权的问题，随着劳动力市场资方和劳动者供需关系的变化，随着我国劳动法律制度的完善和员工法律意识的提高，伴随着互联网经济带来的变迁，企业用工的合规性建设在企业发展过程中起到越来越重要的作用，原来用“人情”、靠“惯例”构建的管理体系即将失灵。因此，任何企业都应对用工合规性建设给予高度重视，并应将其上升至企业管理与发展的战略高度。

通过对《劳动法》《就业促进法》《劳动合同法》《社会保险法》《职业病防治法》《劳动保障监察条例》等法律法规的梳理，笔者发现，企业从员工招聘、录用和合同履行、解除以及终止，到工作时间的规定、工作环境的提供、安全设施的保障、工资以及福利待遇的发放，再到公司规章制度的制定等，上述法律法规已经从民事责任、行政责任以及刑事责任三个层面为企业合法用工搭建了全方位的规范体系。

在这样的法律背景下，企业合法用工的需求与必要性不再取决于企业的大小、规模以及性质等因素，而成为企业在经营和发展过程中必须重点考虑的内容。对于所有企业而言，其用工所适用的法律是一样的，具体到不同企业个体而言，企业用工合规的建设必须与企业发展所处的阶段、企业的性质、企业的文化、企业的规模、企业的业务形态、企业的员工特征等要素相适应。

在此，限于篇幅所限，本文的内容只涉及企业用工合规建立的通用路径。

一、企业应建立有效的用工法律风险识别机制

用工法律风险识别是企业用工合规建设的基础，用工法律风险识别过程中，首

先应当确定法律风险的级别。每个企业对于法律风险的接受程度不同，但有一些刚性的法律风险对于任何企业都适用，笔者在此梳理的即企业用工风险中的刚性法律风险，所谓刚性法律风险是指从法律、行政法规等层面规定的，企业一旦违反会承担法律责任的风险。

（一）企业用工法律风险识别的法律依据

识别企业用工法律风险，确定风险识别的法律依据是前提，并且，法律风险识别的依据不能仅停留在与劳动相关的法律、法规以及规范性文件层面，而应当至少包括以下几个层面：

1. 用工法律风险识别不能局限在与劳动相关的民事法律和民事责任层面，还应对与用工相关的行政、刑法等规定予以梳理，并且，将员工以及管理层、治理层的反腐败作为用工风险防范的重要环节

（1）企业用工主要刑事责任

基于对劳动者安全、人身自由以及获得最基本劳动报酬权利的保护，我国《刑法》规定了劳动领域的相关罪名，以及用人单位、单位直接负责主管人员和其他直接负责人可能承担的刑事责任。主要包括：重大责任事故罪①、强令违章冒险作业罪②、重大劳动安全事故罪③、强迫劳动罪④、雇用童工从事危重劳动罪⑤、拒不支

---

① 《刑法》第一百三十四条第一款："在生产、作业中违反有关安全管理的规定，因而发生重大伤亡事故或者造成其他严重后果的，处三年以下有期徒刑或者拘役；情节特别恶劣的，处三年以上七年以下有期徒刑。"

② 《刑法》第一百三十四条第二款："强令他人违章冒险作业，因而发生重大伤亡事故或者造成其他严重后果的，处五年以下有期徒刑或者拘役；情节特别恶劣的，处五年以上有期徒刑。"

③ 《刑法》第一百三十五条："安全生产设施或者安全生产条件不符合国家规定，因而发生重大伤亡事故或者造成其他严重后果的，对直接负责的主管人员和其他直接责任人员，处三年以下有期徒刑或者拘役；情节特别恶劣的，处三年以上七年以下有期徒刑。"

第一百三十五条之一："举办大型群众性活动违反安全管理规定，因而发生重大伤亡事故或者造成其他严重后果的，对直接负责的主管人员和其他直接责任人员，处三年以下有期徒刑或者拘役；情节特别恶劣的，处三年以上七年以下有期徒刑。"

④ 《刑法》第二百四十四条第一款："用人单位违反劳动管理法规，以限制人身自由方法强迫职工劳动，情节严重的，对直接责任人员，处三年以下有期徒刑或者拘役，并处或者单处罚金。"

《劳动法》第九十六条："用人单位有下列行为之一，由公安机关对责任人员处以十五日以下拘留、罚款或者警告；构成犯罪的，对责任人员依法追究刑事责任：（一）以暴力、威胁或者非法限制人身自由的手段强迫劳动的；（二）侮辱、体罚、殴打、非法搜查和拘禁劳动者的。"

⑤ 《刑法》第二百四十四条之一："违反劳动管理法规，雇用未满十六周岁的未成年人从事超强度体力劳动的，或者从事高空、井下作业的，或者在爆炸性、易燃性、放射性、毒害性等危险环境下从事劳动，情节严重的，对直接责任人员，处三年以下有期徒刑或者拘役，并处罚金；情节特别严重的，处三年以上七年以下有期徒刑，并处罚金。有前款行为，造成事故，又构成其他犯罪的，依照数罪并罚的规定处罚。"

付劳动报酬罪[①]以及以暴力、威胁等手段阻挠员工合法参加工会[②]等。[③]《刑法》作为维护社会秩序的最后一道和最严厉的法律屏障，其规定的内容往往具有“保障性”的特点，因此，用人单位用工过程中安全用工，尊重劳动者自由，保护特殊劳动者以及确保劳动者合法待遇，是企业合规用工的底线。

除此之外，用人单位不得有阻扰行政执法[④]，骗取社会保险[⑤]，伪造、涂改、冒用、转让、买卖就业证和许可证书[⑥]等行为，否则，也将承担相应的刑事责任。另外，用工领域常见的刑事风险还包括：非国家工作人员受贿罪、对非国家工作人员行贿罪、受贿罪、单位受贿罪、行贿罪、对单位行贿罪、介绍贿赂罪、单位行贿罪等。而对于国有企业，在进行薪酬分配时，如果违规还有可能涉嫌私分国有资产罪等罪名。

（2）企业用工主要行政责任

企业用工的自主权受到法律的规制，政府部门对于企业制定规章制度、用工的监察与制约主要集中在如下几个方面：

---

① 《刑法》第二百七十六条之一：“以转移财产、逃匿等方法逃避支付劳动者的劳动报酬或者有能力支付而不支付劳动者的劳动报酬，数额较大，经政府有关部门责令支付仍不支付的，处三年以下有期徒刑或者拘役，并处或者单处罚金；造成严重后果的，处三年以上七年以下有期徒刑，并处罚金。单位犯前款罪的，对单位判处罚金，并对其直接负责的主管人员和其他直接责任人员，依照前款的规定处罚。有前两款行为，尚未造成严重后果，在提起公诉前支付劳动者的劳动报酬，并依法承担相应赔偿责任的，可以减轻或者免除处罚。”

② 《工会法》第五十条：“违反本法第三条、第十一条规定，阻挠职工依法参加和组织工会或者阻挠上级工会帮助、指导职工筹建工会的，由劳动行政部门责令其改正；拒不改正的，由劳动行政部门提请县级以上人民政府处理；以暴力、胁迫等手段阻扰造成严重后果，构成犯罪的，依法追究刑事责任。”

③ 《女职工劳动保护特别规定》第十五条：“用人单位违反本规定，侵害女职工合法权益，造成女职工损害的，依法给予赔偿；用人单位及其直接负责的主管人员和其他直接责任人员构成犯罪的，依法追究刑事责任。”

④ 《劳动法》第一百零一条：“用人单位无理阻挠劳动行政部门、有关部门以及工作人员行使监督检查权、打击报复举报人员的，由劳动行政部门或有关部门处以罚款；构成犯罪的，对责任人员依法追究刑事责任。”

⑤ 《劳动保障监察条例》第二十七条第二款：“骗取社会保险待遇或者骗取社会保险基金支出的，由劳动保障行政部门责令退还，并处骗取金额1倍以上3倍以下的罚款；构成犯罪的，依法追究刑事责任。”

⑥ 《外国人在中国就业管理规定》第三十条：“对伪造、涂改、冒用、转让、买卖就业证和许可证书的外国人和用人单位，由劳动行政部门收缴就业证和许可证书，没收其非法所得，并处以1万元以上10万元以下的罚款；情节严重构成犯罪的，移送司法机关依法追究刑事责任。”

序号	监管内容	处罚类型
1	企业制定的规章制度 标准：不得违反法律、行政法规	警告、责令改正
2	企业必须确保员工的工作时间符合法律规定，不得违法延长员工的工作时间	警告、责令改正，并处罚款
3	工资、工资标准不低于最低工资 加班费、解除劳动合同经济补偿金、社会保险依法按时支付和缴纳	责令支付，并可责令支付赔偿金
4	劳动合同缺乏必备条款或者拒绝向劳动者提供劳动合同 扣押劳动者身份证等证件 违法约定试用期 不出具解除、终止劳动合同的书面证明①	责令改正
5	用人单位安全设施、卫生条件、劳动防护、劳动保护设施等合法	责令改正；可处罚款；情节严重可责令停产整顿

---

① 《劳动合同法》第八十一条、第八十三条、第八十四条、第八十九条：

第八十一条："用人单位提供的劳动合同文本未载明本法规定的劳动合同必备条款或者用人单位未劳动合同文本交付劳动者的，由劳动行政部门责令改正；给劳动者造成损害的，应当承担赔偿责任。"

第八十三条："用人单位违反本法规定与劳动者约定试用期的，由劳动行政部门责令改正；违法约定的试用期已经履行的，由用人单位以劳动者试用期满月工资为标准，按已经履行的超过法定试用期的期间向劳动者支付赔偿金。"

第八十四条："用人单位违反本法规定，扣押劳动者居民身份证等证件的，由劳动行政部门责令限期退还劳动者本人，并依照有关法律规定给予处罚。用人单位违反本法规定，以担保或者其他名义向劳动者收取财物的，由劳动行政部门责令限期退还劳动者本人，并以每人五百元以上二千元以下的标准处以罚款；给劳动者造成损害的，应当承担赔偿责任。劳动者依法解除或者终止劳动合同，用人单位扣押劳动者档案或者其他物品的，依照前款规定处罚。"

第八十九条："用人单位违反本法规定未向劳动者出具解除或者终止劳动合同的书面证明，由劳动行政部门责令改正；给劳动者造成损害的，应当承担赔偿责任。"

续表

序号	监管内容	处罚类型
6	非法招用未满16周岁的未成年人 违反法律对女职工和未成年人的保护规定①	责令改正并处以罚款；情节严重的，吊销执照
7	不得以暴力、威胁或者非法限制人身自由的方式强迫劳动；侮辱、体罚、殴打、非法搜查和拘禁劳动者；劳动条件恶劣，环境污染严重，给劳动者身心造成严重损害；违章指挥或者强令冒险作业②	罚款或警告

---

① 《劳动法》第九十四条、第九十五条，《劳动保障监察条例》第二十三条，《女职工劳动保护特别规定》第十三条、第十四条和第十五条：

《劳动法》第九十四条："用人单位非法招用未满十六周岁的未成年人的，由劳动行政部门责令改正，处以罚款；情节严重的，由工商行政管理部门吊销营业执照。"

第九十五条："用人单位违反本法对女职工和未成年工的保护规定，侵害其合法权益的，由劳动行政部门责令改正，处以罚款；对女职工或者未成年工造成损害的，应当承担赔偿责任。"

《劳动保障监察条例》第二十三条："用人单位有下列行为之一的，由劳动保障行政部门责令改正，按照受侵害的劳动者每人1000元以上5000元以下的标准计算，处以罚款：（一）安排女职工从事矿山井下劳动、国家规定的第四级体力劳动强度的劳动或者其他禁忌从事的劳动的；（二）安排女职工在经期从事高处、低温、冷水作业或者国家规定的第三级体力劳动强度的劳动的；（三）安排女职工在怀孕期间从事国家规定的第三级体力劳动强度的劳动或者孕期禁忌从事的劳动的；（四）安排怀孕7个月以上的女职工夜班劳动或者延长其工作时间的；（五）女职工生育享受产假少于90天的；（六）安排女职工在哺乳未满1周岁的婴儿期间从事国家规定的第三级体力劳动强度的劳动或者哺乳期禁忌从事的其他劳动，以及延长其工作时间或者安排其夜班劳动的；（七）安排未成年工从事矿山井下、有毒有害、国家规定的第四级体力劳动强度的劳动或者其他禁忌从事的劳动的；（八）未对未成年工定期进行健康检查的。"

《女职工劳动保护特别规定》第十三条："用人单位违反本规定第六条第二款、第七条、第九条第一款规定的，由县级以上人民政府人力资源社会保障行政部门责令限期改正，按照受侵害女职工每人1000元以上5000元以下的标准计算，处以罚款。用人单位违反本规定附录第一条、第二条规定的，由县级以上人民政府安全生产监督管理部门责令限期改正，按照受侵害女职工每人1000元以上5000元以下的标准计算，处以罚款。用人单位违反本规定附录第三条、第四条规定的，由县级以上人民政府安全生产监督管理部门责令限期治理，处5万元以上30万元以下的罚款；情节严重的，责令停止有关作业，或者提请有关人民政府按照国务院规定的权限责令关闭。"

第十四条："用人单位违反本规定，侵害女职工合法权益的，女职工可以依法投诉、举报、申诉，依法向劳动人事争议调解仲裁机构申请调解仲裁，对仲裁裁决不服的，依法向人民法院提起诉讼。"

第十五条："用人单位违反本规定，侵害女职工合法权益，造成女职工损害的，依法给予赔偿；用人单位及其直接负责的主管人员和其他直接责任人员构成犯罪的，依法追究刑事责任。"

② 《劳动法》第九十条、《劳动合同法》第八十八条：

《劳动法》第九十条："用人单位违反本法律规定，延长劳动者工作时间的，由劳动行政部门给予警告，责令改正，并可以处以罚款。"

《劳动合同法》第八十八条："用人单位有下列情形之一的，依法给予行政处罚；构成犯罪的，依法追究刑事责任；给劳动者造成损害的，应当承担赔偿责任：（一）以暴力、威胁或者非法限制人身自由的手段强迫劳动的；（二）违章指挥或者强令冒险作业危及劳动者人身安全的；（三）侮辱、体罚、殴打、非法搜查或者拘禁劳动者的；（四）劳动条件恶劣、环境污染严重，给劳动者身心健康造成严重损害的。"

续表

序号	监管内容	处罚类型
8	保障员工合法参加工会的权利，如不得违法阻挠职工参加工会或者获得工会帮助等①	责令改正；拒不改正的，提请县级以上人民政府处理
9	按照国家规定提取职工教育经费或者挪用职工教育经费的②	责令改正并予以处罚

① 《工会法》第五十条、第五十一条、第五十二条以及《劳动保障监察条例》第二十九条：

《工会法》第五十条："违反本法第三条、第十一条规定，阻挠职工依法参加和组织工会或者阻挠上级工会帮助、指导职工筹建工会的，由劳动行政部门责令其改正；拒不改正的，由劳动行政部门提请县级以上人民政府处理；以暴力、威胁等手段阻挠造成严重后果，构成犯罪的，依法追究刑事责任。"

第五十一条："违反本法规定，对依法履行职责的工会工作人员无正当理由调动工作岗位，进行打击报复的，由劳动行政部门责令改正、恢复原工作；造成损失的，给予赔偿。对依法履行职责的工会工作人员进行侮辱、诽谤或者进行人身伤害，构成犯罪的，依法追究刑事责任；尚未构成犯罪的，由公安机关依照治安管理处罚法的规定处罚。"

第五十二条："违反本法规定，有下列情形之一的，由劳动行政部门责令恢复其工作，并补发被解除劳动合同期间应得的报酬，或者责令给予本人年收入二倍的赔偿：（一）职工因参加工会活动而被解除劳动合同的；（二）工会工作人员因履行本法规定的职责而被解除劳动合同的。"

《劳动保障监察条例》第二十九条："用人单位违反《中华人民共和国工会法》，有下列行为之一的，由劳动保障行政部门责令改正：（一）阻挠劳动者依法参加和组织工会，或者阻挠上级工会帮助、指导劳动者筹建工会的；（二）无正当理由调动依法履行职责的工会工作人员的工作岗位，进行打击报复的；（三）劳动者因参加工会活动而被解除劳动合同的；（四）工会工作人员因依法履行职责被解除劳动合同的。"

② 《就业促进法》第六十七条："违反本法规定，企业未按照国家规定提取职工教育经费，或者挪用职工教育经费的，由劳动行政部门责令改正，并依法给予处罚。"

续表

序号	监管内容	处罚类型
10	依法办理外国人就业登记证，不得有伪造、涂改、冒用、转让、买卖等行为①	收缴就业证和许可证，没收非法所得以及罚款

① 《外国人在中国就业管理规定》第二十八条至第三十条、《出入境管理法》第七十二条至第八十条：

《外国人在中国就业管理规定》第二十八条："对违反本规定未申领就业证擅自就业的外国人和未办理许可证书擅自聘用外国人的用人单位，由公安机关按《中华人民共和国外国人入境出境管理法实施细则》第四十四条处理。"

第二十九条："对拒绝劳动行政部门检查就业证、擅自变更用人单位、擅自更换职业、擅自延长就业期限的外国人，由劳动行政部门收回其就业证，并提请公安机关取消其居留资格。对需该机关遣送出境的，遣送费用由聘用单位或该外国人承担。"

第三十条："对伪造、涂改、冒用、转让、买卖就业证和许可证书的外国人和用人单位，由劳动行政部门收缴就业证和许可证书，没收其非法所得，并处以1万元以上10万元以下的罚款；情节严重构成犯罪的，移送司法机关依法追究刑事责任。"

《出境入境管理法》第七十二条："协助他人非法出境入境的，处二千元以上一万元以下罚款；情节严重的，处十日以上十五日以下拘留，并处五千元以上二万元以下罚款，有违法所得的，没收违法所得。单位有前款行为的，处一万元以上五万元以下罚款，有违法所得的，没收违法所得，并对其直接负责的主管人员和其他直接责任人员依照前款规定予以处罚。"

第七十三条："弄虚作假骗取签证、停留居留证件等出境入境证件的，处二千元以上五千元以下罚款；情节严重的，处十日以上十五日以下拘留，并处五千元以上二万元以下罚款。单位有前款行为的，处一万元以上五万元以下罚款，并对其直接负责的主管人员和其他直接责任人员依照前款规定予以处罚。"

第七十四条："违反本法规定，为外国人出具邀请函件或者其他申请材料的，处五千元以上一万元以下罚款，有违法所得的，没收违法所得，并责令其承担所邀请外国人的出境费用。单位有前款行为的，处一万元以上五万元以下罚款，有违法所得的，没收违法所得，并责令其承担所邀请外国人的出境费用，对其直接负责的主管人员和其他直接责任人员依照前款规定予以处罚。"

第七十五条："中国公民出境后非法前往其他国家或者地区被遣返的，出入境边防检查机关应当收缴其出境入境证件，出境入境证件签发机关自其被遣返之日起六个月至三年以内不予签发出境入境证件。"

第七十六条："有下列情形之一的，给予警告，可以并处二千元以下罚款：（一）外国人拒不接受公安机关查验其出境入境证件的；（二）外国人拒不交验居留证件的；（三）未按照规定办理外国人出生登记、死亡申报的；（四）外国人居留证件登记事项发生变更，未按照规定办理变更的；（五）在中国境内的外国人冒用他人出境入境证件的；（六）未按照本法第三十九条第二款规定办理登记的。旅馆未按照规定办理外国人住宿登记的，依照《中华人民共和国治安管理处罚法》的有关规定予以处罚；未按照规定向公安机关报送外国人住宿登记信息的，给予警告；情节严重的，处一千元以上五千元以下罚款。"

第七十七条："外国人未经批准，擅自进入限制外国人进入的区域，责令立即离开；情节严重的，处五日以上十日以下拘留。对外国人非法获取的文字记录、音像资料、电子数据和其他物品，予以收缴或者销毁，所用工具予以收缴。外国人、外国机构违反本法规定，拒不执行公安机关、国家安全机关限期迁离决定的，给予警告并强制迁离；情节严重的，对有关责任人员处五日以上十五日以下拘留。"

第七十八条："外国人非法居留的，给予警告；情节严重的，处每非法居留一日五百元，总额不超过一万元的罚款或者五日以上十五日以下拘留。因监护人或者其他负有监护责任的人未尽到监护义务，致使未满十六周岁的外国人非法居留的，对监护人或者其他负有监护责任的人给予警告，可以并处一千元以下罚款。"

第七十九条："容留、藏匿非法入境、非法居留的外国人，协助非法入境、非法居留的外国人逃避检查，或者为非法居留的外国人违法提供出境入境证件的，处二千元以上一万元以下罚款；情节严重的，处五日以上十五日以下拘留，并处五千元以上二万元以下罚款，有违法所得的，没收违法所得。单位有前款行为的，处一万元以上五万元以下罚款，有违法所得的，没收违法所得，并对其直接负责的主管人员和其他直接责任人员依照前款规定予以处罚。"

第八十条："外国人非法就业的，处五千元以上二万元以下罚款；情节严重的，处五日以上十五日以下拘留，并处五千元以上二万元以下罚款。介绍外国人非法就业的，对个人处每非法介绍一人五千元，总额不超过五万元的罚款；对单位处每非法介绍一人五千元，总额不超过十万元的罚款；有违法所得的，没收违法所得。非法聘用外国人的，处每非法聘用一人一万元，总额不超过十万元的罚款；有违法所得的，没收违法所得。"

续表

序号	监管内容	处罚类型
11	劳务派遣用工违法，包括派遣单位擅自经营劳务派遣等①	责令停止违法行为，没收违法所得、责令改正、处以罚款
12	未建立职工名册	责令改正；逾期不改正的，由劳动行政部门处以罚款
13	收取劳动者押金	责令限期返还并处以罚款

以上笔者梳理的用人单位用工的行政责任，提示企业应当对用工管理自主权的界限有明确而清晰的认识，这是企业识别用工法律风险的重要内容。

另外，随着《重大劳动保障违法行为社会公布办法》以及《企业劳动保障守法诚信等级评价办法》的实施，企业用工合规的行政法律责任还包括对企业违规信息的公布，以及对企业失信的惩戒。

以上梳理限于法律级别的梳理，未包括行政法规以及地方性法规的相关规定，具体到企业个体时，行政法规以及地方性法规相关的规定也必须予以重视。比如北京市在 2014 年出台了《北京市人力资源和社会保障行政处罚自由裁量权标准》。同时，不同行业也要注意不同行业的监管政策，比如根据中国证券投资基金业协会发布的《私募基金登记备案相关问题解答（十二）》，私募基金管理人、高管人员不得在非关联的私募机构兼职，该规范就涉及企业用工的合规管理。

（3）企业用工主要民事责任

企业用工的民事责任主要取决于双方劳动合同的约定，但基于企业作为用人单位的强势地位，法律规定了企业与员工订立劳动合同时应当遵守的强制性要求。

---

① 《劳动合同法》第九十二条、《劳动合同法实施条例》第三十五条：

《劳动合同法》第九十二条："违反本法规定，未经许可，擅自经营劳务派遣业务的，由劳动行政部门责令停止违法行为，没收违法所得，并处违法所得一倍以上五倍以下的罚款；没有违法所得的，可以处五万元以下的罚款。劳务派遣单位、用工单位违反本法有关劳务派遣规定的，由劳动行政部门责令限期改正；逾期不改正的，以每人五千元以上一万元以下的标准处以罚款，对劳务派遣单位，吊销其劳务派遣业务经营许可证。用工单位给被派遣劳动者造成损害的，劳务派遣单位与用工单位承担连带赔偿责任。"

《劳动合同法实施条例》第三十五条："用工单位违反劳动合同法和本条例有关劳务派遣规定的，由劳动行政部门和其他有关主管部门责令改正；情节严重的，以每位被派遣劳动者 1000 元以上 5000 元以下的标准处以罚款；给被派遣劳动者造成损害的，劳务派遣单位和用工单位承担连带赔偿责任。"

a. 劳动合同订立前以及订立时的特殊要求

合同通过要约、承诺的方式订立，企业虽然有招工自主权，但不得设置任何如性别、民族、宗教等与工作内容无关的歧视性招聘条件，且招聘员工前必须如实告诉其工作内容、工作地点、职业危害、安全生产状况、劳动报酬，以及员工要求了解的其他情况。另外，企业招用员工不得采取担保或其他收取财物的方式进行，更不得扣押身份证及其他证件。

企业与员工订立劳动合同应当是书面形式，非全日制用工除外。

b. 企业与员工劳动合同签订的形式、劳动合同的内容及变更

企业必须自用工之日起30日内与劳动者订立书面的劳动合同，法律以劳动合同必备条款的形式对企业与员工订立劳动合同的内容进行了规制①，企业对于劳动报酬、工作时间和休息休假、社会保险、劳动保护、劳动条件和职业病防护方面均有强制性的要求。

另外，劳动合同除非出现法律规定用人单位可以单方变更的情形，企业不得在劳动合同中约定用人单位享有单方变更权，即劳动合同的变更必须双方协商一致。②

c. 企业与员工解除、终止劳动合同受到限制

在劳动法领域，员工解除劳动合同的权利不受限制，但企业作为用人单位，在

---

① 《劳动合同法》第十七条："劳动合同应当具备以下条款：（一）用人单位的名称、住所和法定代表人或者主要负责人；（二）劳动者的姓名、住址和居民身份证或者其他有效身份证件号码；（三）劳动合同期限；（四）工作内容和工作地点；（五）工作时间和休息休假；（六）劳动报酬；（七）社会保险；（八）劳动保护、劳动条件和职业危害防护；（九）法律、法规规定应当纳入劳动合同的其他事项。劳动合同除前款规定的必备条款外，用人单位与劳动者可以约定试用期、培训、保守秘密、补充保险和福利待遇等其他事项。"

② 《劳动合同法》第三十五条："用人单位与劳动者协商一致，可以变更劳动合同约定的内容。变更劳动合同，应当采用书面形式。变更后的劳动合同文本由用人单位和劳动者各执一份。"

劳动合同的解除理由、解除方式等方面均受到法律的限制。[①] 不仅如此，企业与员工劳动合同解除、终止的法律后果，法律亦通过一定条件下用人单位支付经济补偿

---

① 《劳动合同法》第三十六条至第四十四条：

第三十六条："用人单位与劳动者协商一致，可以解除劳动合同。"

第三十七条："劳动者提前三十日以书面形式通知用人单位，可以解除劳动合同。劳动者在试用期内提前三日通知用人单位，可以解除劳动合同。"

第三十八条："用人单位有下列情形之一的，劳动者可以解除劳动合同：（一）未按照劳动合同约定提供劳动保护或者劳动条件的；（二）未及时足额支付劳动报酬的；（三）未依法为劳动者缴纳社会保险费的；（四）用人单位的规章制度违反法律、法规的规定，损害劳动者权益的；（五）因本法第二十六条第一款规定的情形致使劳动合同无效的；（六）法律、行政法规规定劳动者可以解除劳动合同的其他情形。用人单位以暴力、威胁或者非法限制人身自由的手段强迫劳动者劳动的，或者用人单位违章指挥、强令冒险作业危及劳动者人身安全的，劳动者可以立即解除劳动合同，不需事先告知用人单位。"

第三十九条："劳动者有下列情形之一的，用人单位可以解除劳动合同：（一）在试用期间被证明不符合录用条件的；（二）严重违反用人单位的规章制度的；（三）严重失职，营私舞弊，给用人单位造成重大损害的；（四）劳动者同时与其他用人单位建立劳动关系，对完成本单位的工作任务造成严重影响，或者经用人单位提出，拒不改正的；（五）因本法第二十六条第一款第一项规定的情形致使劳动合同无效的；（六）被依法追究刑事责任的。"

第四十条："有下列情形之一的，用人单位提前三十日以书面形式通知劳动者本人或者额外支付劳动者一个月工资后，可以解除劳动合同：（一）劳动者患病或者非因工负伤，在规定的医疗期满后不能从事原工作，也不能从事由用人单位另行安排的工作的；（二）劳动者不能胜任工作，经过培训或者调整工作岗位，仍不能胜任工作的；（三）劳动合同订立时所依据的客观情况发生重大变化，致使劳动合同无法履行，经用人单位与劳动者协商，未能就变更劳动合同内容达成协议的。"

第四十一条："有下列情形之一，需要裁减人员二十人以上或者裁减不足二十人但占企业职工总数百分之十以上的，用人单位提前三十日向工会或者全体职工说明情况，听取工会或者职工的意见后，裁减人员方案经向劳动行政部门报告，可以裁减人员：（一）依照企业破产法规定进行重整的；（二）生产经营发生严重困难的；（三）企业转产、重大技术革新或者经营方式调整，经变更劳动合同后，仍需裁减人员的；（四）其他因劳动合同订立时所依据的客观经济情况发生重大变化，致使劳动合同无法履行的。裁减人员时，应当优先留用下列人员：（一）与本单位订立较长期限的固定期限劳动合同的；（二）与本单位订立无固定期限劳动合同的；（三）家庭无其他就业人员，有需要扶养的老人或者未成年人的。用人单位依照本条第一款规定裁减人员，在六个月内重新招用人员的，应当通知被裁减的人员，并在同等条件下优先招用被裁减的人员。"

第四十二条："劳动者有下列情形之一的，用人单位不得依照本法第四十条、第四十一条的规定解除劳动合同：（一）从事接触职业病危害作业的劳动者未进行离岗前职业健康检查，或者疑似职业病病人在诊断或者医学观察期间的；（二）在本单位患职业病或者因工负伤并被确认丧失或者部分丧失劳动能力的；（三）患病或者非因工负伤，在规定的医疗期内的；（四）女职工在孕期、产期、哺乳期的；（五）在本单位连续工作满十五年，且距法定退休年龄不足五年的；（六）法律、行政法规规定的其他情形。"

第四十三条："用人单位单方解除劳动合同，应当事先将理由通知工会。用人单位违反法律、行政法规规定或者劳动合同约定的，工会有权要求用人单位纠正。用人单位应当研究工会的意见，并将处理结果书面通知工会。"

第四十四条："有下列情形之一的，劳动合同终止：（一）劳动合同期满的；（二）劳动者开始依法享受基本养老保险待遇的；（三）劳动者死亡，或者被人民法院宣告死亡或者宣告失踪的；（四）用人单位被依法宣告破产的；（五）用人单位被吊销营业执照、责令关闭、撤销或者用人单位决定提前解散的；（六）法律、行政法规规定的其他情形。"

金、开具离职证明、保留档案等规范予以明确。①

企业用工民事责任部分将在本章第二节、第三节部分详细论述。

（4）主要法律依据综述

为了让读者更清晰了解劳动领域法律方面的变迁，本部分以法律、行政法规为主线，梳理了自中华人民共和国成立以来劳动领域的主要法规。

阶段一：1949年10月1日至1979年12月31日

序号	法律名称	效力等级	效力期间
1	关于劳动争议解决程序的规定	行政法规	1950.11.26—1993.7.6②
2	劳动保险条例③	行政法规	1951.2.26—至今
3	劳动保险条例实施细则修正草案	行政法规	1953.1.01—至今
4	国营企业内部劳动规则纲要	行政法规	1954.7.14—至今

① 《劳动合同法》第四十五条至第五十条：

第四十五条："劳动合同期满，有本法第四十二条规定情形之一的，劳动合同应当续延至相应的情形消失时终止。但是，本法第四十二条第二项规定丧失或者部分丧失劳动能力劳动者的劳动合同的终止，按照国家有关工伤保险的规定执行。"

第四十六条："有下列情形之一的，用人单位应当向劳动者支付经济补偿：（一）劳动者依照本法第三十八条规定解除劳动合同的；（二）用人单位依照本法第三十六条规定向劳动者提出解除劳动合同并与劳动者协商一致解除劳动合同的；（三）用人单位依照本法第四十条规定解除劳动合同的；（四）用人单位依照本法第四十一条第一款规定解除劳动合同的；（五）除用人单位维持或者提高劳动合同约定条件续订劳动合同，劳动者不同意续订的情形外，依照本法第四十四条第一项规定终止固定期限劳动合同的；（六）依照本法第四十四条第四项、第五项规定终止劳动合同的；（七）法律、行政法规规定的其他情形。"

第四十七条："经济补偿按劳动者在本单位工作的年限，每满一年支付一个月工资的标准向劳动者支付。六个月以上不满一年的，按一年计算；不满六个月的，向劳动者支付半个月工资的经济补偿。劳动者月工资高于用人单位所在直辖市、设区的市级人民政府公布的本地区上年度职工月平均工资三倍的，向其支付经济补偿的标准按职工月平均工资三倍的数额支付，向其支付经济补偿的年限最高不超过十二年。本条所称月工资是指劳动者在劳动合同解除或者终止前十二个月的平均工资。"

第四十八条："用人单位违反本法规定解除或者终止劳动合同，劳动者要求继续履行劳动合同的，用人单位应当继续履行；劳动者不要求继续履行劳动合同或者劳动合同已经不能继续履行的，用人单位应当依照本法第八十七条规定支付赔偿金。"

第四十九条："国家采取措施，建立健全劳动者社会保险关系跨地区转移接续制度。"

第五十条："用人单位应当在解除或者终止劳动合同时出具解除或者终止劳动合同的证明，并在十五日内为劳动者办理档案和社会保险关系转移手续。劳动者应当按照双方约定，办理工作交接。用人单位依照本法有关规定应当向劳动者支付经济补偿的，在办结工作交接时支付。用人单位对已经解除或者终止的劳动合同的文本，至少保存二年备查。"

② 1993年7月6日被国务院发布的《中华人民共和国企业劳动争议处理条例》代替。

③ 《政务院关于中华人民共和国劳动保险条例若干修正的决定》（发布日期：1953年1月9日　实施日期：1953年1月9日）修正。

有关劳动者安全、劳动关系变更等规定散见于各个规范性文件中，比如《关于防止硅尘危害工作会议的报告中有关患硅肺病职工生活待遇的规定》（失效）、《国务院批转劳动部〈关于临时性跨省调动职工审批手续问题的报告〉》《国务院批转劳动部〈关于防止矽尘危害工作的情况和意见的报告〉的通知》《国务院批转劳动部〈关于加强锅炉安全工作的报告〉的通知》等。

阶段二：1980 年 1 月 1 日至 1994 年 12 月 31 日

序号	法律名称	效力等级	效力期间
1	中外合资经营企业劳动管理规定	行政法规	1980. 7. 26—2001. 10. 6
2	国营企业实行劳动合同制暂行规定	行政法规	1986. 10. 01—2001. 10. 6
3	国营企业劳动争议处理暂行规定	行政法规	1987. 8. 15—1993. 8. 1
4	女职工劳动保护规定	行政法规	1988. 9. 1—2012. 4. 28
5	关于工资总额组成的规定	行政法规	1990. 1. 1—至今
6	企业职工伤亡事故报告和处理规定	行政法规	1991. 5. 1—2007. 6. 1
7	企业劳动争议处理条例	行政法规	1993. 8. 1—2011. 1. 8
8	关于职工工作时间的规定	行政法规	1994. 3. 1—至今①
9	企业最低工资规定	部门规章	1994. 11. 24—2004. 3. 1

《国营企业招用工人暂行规定》《国营企业辞退违纪职工暂行规定》和《国营企业职工待业保险暂行规定》等与劳动关系直接相关的规定散见于各类规范性文件中。

这个阶段，劳动用工根据是否为国营企业或中外合资企业而适用不同的规则，而《关于工资总额组成的规定》以及《关于职工工作时间的规定》仍然有效。

1994 年出台的《劳动法》统一了不同企业用工适用不同规则的状态。

阶段三：以 1995 年 1 月 1 日生效的《劳动法》为原点，劳动法领域从 1995 年 1 月 1 日至 2007 年 12 月 31 日这 13 年的立法脉络

a. 1995 年 1 月 1 日至 12 月 31 日

序号	法律名称	效力等级	效力期间
1	劳动法	法律	1995. 1. 1—至今
2	关于职工工作时间的规定	部门规章	1995. 1. 1—至今
3	工资支付暂行规定	部门规章	1995. 1. 1—至今

① 《国务院关于修改〈国务院关于职工工作时间的规定〉的决定》（发布日期：1995 年 3 月 25 日 实施日期：1995 年 5 月 1 日）修订。

续表

序号	法律名称	效力等级	效力期间
4	对《工资支付暂行规定》有关问题的补充规定	部门规范性文件	1995. 5. 12—至今
5	企业经济性裁减人员规定	部门规章	1995. 1. 1—至今
6	企业职工患病或非因工负伤医疗期规定	部门规章	1995. 1. 1—至今
7	集体合同规定	部门规章	1995. 1. 1—2004. 5. 1
8	违反和解除劳动合同的经济补偿办法	部门规章	1995. 1. 1—2017. 11. 14①
9	违反《劳动法》有关劳动合同规定的赔偿办法	部门规章	1995. 5. 10—至今

b. 1996 年 1 月 1 日至 2007 年 12 月 31 日

序号	法律名称	效力等级	效力期间
1	关于企业工会主席签订劳动合同问题的通知	部门规范性文件	1996. 4. 12—至今
2	企业职工工伤保险试行办法	部门规章	1996. 10. 1—2007. 11. 9
3	关于对新开办用人单位实行劳动规章制度备案制度的通知	部门规范性文件	1997. 11. 25—至今
4	社会保险费征缴暂行条例	行政法规	1999. 1. 22—至今
5	住房公积金管理条例	行政法规	1999. 4. 3—至今②
6	工资集体协商试行办法	部门规章	2000. 11. 8—至今
7	职业病防治法	法律	2002. 5. 1—至今③
8	工伤保险条例	行政法规	2004. 1. 1—至今④
9	集体合同规定	部门规章	2004. 5. 1—至今
10	最低工资规定	部门规章	2004. 3. 1—至今
11	劳动保障监察条例	行政法规	2004. 12. 1—至今

---

① 编者注：本文件已被 2017 年 11 月 14 日发布的《人力资源社会保障部关于第五批宣布失效和废止文件的通知》废止。

② 《国务院关于修改〈住房公积金管理条例〉的决定》（发布日期：2002 年 3 月 24 日 实施日期：2002 年 3 月 24 日）修改。

③ 《全国人大常委会关于修改〈中华人民共和国职业病防治法〉的决定》（2011）（发布日期：2011 年 12 月 31 日 实施日期：2011 年 12 月 31 日）修正。

④ 《国务院关于修改〈工伤保险条例〉的决定》（2010）（发布日期：2010 年 12 月 20 日 实施日期：2011 年 1 月 1 日）修订。

续表

序号	法律名称	效力等级	效力期间
12	关于完善企业职工基本养老保险制度的决定	国务院规范性文件	2005.12.3—至今

在此期间，与劳动领域相关的《工会法》《人口与计划生育法》《职业教育法》等相继出台。

阶段四：2008 年 1 月 1 日，以《劳动合同法》生效作为节点至今的劳动法领域立法脉络

a. 2008 年 1 月 1 日至 12 月 31 日

序号	法律名称	效力等级	效力期间
1	劳动合同法	法律	2008.1.1—至今①
2	就业促进法	法律	2008.1.1—至今
3	职工带薪年休假条例	行政法规	2008.1.1—至今
4	劳动争议调解仲裁法	法律	2008.5.1—至今
5	劳动合同法实施条例	行政法规	2008.9.18—至今
6	企业职工带薪年休假实施办法	部门规章	2008.9.18—至今

b. 2009 年 1 月 1 日至今

序号	法律名称	效力等级	效力期间
1	社会保险法	法律	2011.7.1—至今
2	女职工劳动保护特别规定	行政法规	2012.4.28—至今
3	劳务派遣暂行规定	部门规章	2014.3.1—至今

在此期间，2012 年修订了《劳动合同法》《全国年节及纪念日放假办法》《工伤认定办法》《工伤职工劳动能力鉴定管理办法》等与劳动领域密切相关的部门规章或其他规范性文件陆续出台。

这部分需要着重说明一下，笔者虽然在此列举的法律法规主要是劳动领域的，但事实上，其他领域的法规也必须予以注意，如 2016 年 12 月 5 日，最高人民法院审判委员会全体会议，审议并原则通过《关于适用〈中华人民共和国公司法〉若干问题的规定（四)》，第一条规定：公司股东、董事、监事及与股东会或者股东

① 《全国人大常委会关于修改〈中华人民共和国劳动合同法〉的决定》(2012)（发布日期：2012 年 12 月 28 日　实施日期：2013 年 7 月 1 日）修正。

大会、董事会决议内容有直接利害关系的公司高级管理人员、职工、债权人等，依据《公司法》第二十二条第一款起诉请求确认决议无效或者有效的，应当依法受理。即职工对于部分涉及利益的相关股东、董事会决议可以提起确认无效之诉。该条看似与劳动领域无关，而当职工可以通过确认股东、董事会决议无效的方式介入公司管理时，公司的合规管理事项将有劳动法律领域之外的规制。

为此，法律的规范是动态的，我们需要随时关注最新法规对于企业用工合规管理的影响。

2. 企业用工风险的地域性较为明显，法律在司法实践中的裁判尺度应当作为法律风险识别的依据

（1）企业用工地域性对于企业用工合规性的影响

实践中，造成企业用工合规具有地域性特征的原因有很多，从立法角度讲，法律赋予地方在某些方面的立法权是产生地域性特征最重要的因素之一。《立法法》[①]规定，地方人大及其常委会有权根据行政区域的具体情况和实际需要，在不同宪法、法律、行政法规相抵触的前提下，制定地方性法规。具体包括，为执行法律、行政法规的规定，需要根据本行政区域的实际情况作具体规定的事项；属于地方性

---

① 《立法法》第七十二条和第七十三条：

第七十二条："省、自治区、直辖市的人民代表大会及其常务委员会根据本行政区域的具体情况和实际需要，在不同宪法、法律、行政法规相抵触的前提下，可以制定地方性法规。设区的市的人民代表大会及其常务委员会根据本市的具体情况和实际需要，在不同宪法、法律、行政法规和本省、自治区的地方性法规相抵触的前提下，可以对城乡建设与管理、环境保护、历史文化保护等方面的事项制定地方性法规，法律对设区的市制定地方性法规的事项另有规定的，从其规定。设区的市的地方性法规须报省、自治区的人民代表大会常务委员会批准后施行。省、自治区的人民代表大会常务委员会对报请批准的地方性法规，应当对其合法性进行审查，同宪法、法律、行政法规和本省、自治区的地方性法规不抵触的，应当在四个月内予以批准。省、自治区的人民代表大会常务委员会在对报请批准的设区的市的地方性法规进行审查时，发现其同本省、自治区的人民政府的规章相抵触的，应当作出处理决定。除省、自治区的人民政府所在地的市，经济特区所在地的市和国务院已经批准的较大的市以外，其他设区的市开始制定地方性法规的具体步骤和时间，由省、自治区的人民代表大会常务委员会综合考虑本省、自治区所辖的设区的市的人口数量、地域面积、经济社会发展情况以及立法需求、立法能力等因素确定，并报全国人民代表大会常务委员会和国务院备案。自治州的人民代表大会及其常务委员会可以依照本条第二款规定行使设区的市制定地方性法规的职权。自治州开始制定地方性法规的具体步骤和时间，依照前款规定确定。省、自治区的人民政府所在地的市，经济特区所在地的市和国务院已经批准的较大的市已经制定的地方性法规，涉及本条第二款规定事项范围以外的，继续有效。"

第七十三条："地方性法规可以就下列事项作出规定：（一）为执行法律、行政法规的规定，需要根据本行政区域的实际情况作具体规定的事项；（二）属于地方性事务需要制定地方性法规的事项。除本法第八条规定的事项外，其他事项国家尚未制定法律或者行政法规的，省、自治区、直辖市和设区的市、自治州根据本地方的具体情况和实际需要，可以先制定地方性法规。在国家制定的法律或者行政法规生效后，地方性法规同法律或者行政法规相抵触的规定无效，制定机关应当及时予以修改或者废止。设区的市、自治州根据本条第一款、第二款制定地方性法规，限于本法第七十二条第二款规定的事项。制定地方性法规，对上位法已经明确规定的内容，一般不作重复性规定。"

事务需要制定地方性法规的事项。就劳动而言，地方立法主要包括如下几种类型：

A.《劳动法》等法律明确规定由地方立法解决的相关事项

a. 有关最低工资

《劳动法》第四十八条规定：“……最低工资的具体标准由省、自治区、直辖市人民政府规定，报国务院备案……”

b. 有关职业培训

《劳动法》第六十七条规定：“各级人民政府应当把发展职业培训纳入社会经济发展的规划，鼓励和支持有条件的企业、事业组织、社会团体和个人进行各种形式的职业培训。”

c. 有关计划生育、婚假等各类假期

《人口与计划生育法》第二十九条规定：“本章规定的奖励措施，省、自治区、直辖市和较大的市的人民代表大会及其常务委员会或者人民政府可以依据本法和有关法律、行政法规的规定，结合当地实际情况，制定具体实施办法。”

所以，各地对于晚婚假、晚育假、陪产假等具有不同的规定。

以上几点只是罗列，并未穷尽地方立法对劳动相关事项的全部规定。

B. 地方政府为了执行法律、行政法规制定的地方性法规、条例和规范性文件

以劳务派遣为例，2008 年 1 月 1 日生效的《劳动合同法》从第五十七条到第六十七条，用了 11 条规定了劳务派遣公司的条件、劳务派遣适用的条件以及各方权利义务。2014 年 3 月 1 日生效的《劳务派遣暂行规定》具体细化了可以适用劳务派遣的岗位、劳务派遣用工数量的比例等。

此后，不少地方出台了地方性法规或者规范性文件等对以上问题进行细化，如下表所示：

序号	地区	名称
1	江西省	江西省劳务派遣用工单位调整用工方案备案办法
2	上海市	上海市人力资源和社会保障局、上海市高级人民法院关于劳务派遣适用法律若干问题的会议纪要
3	上海市	上海市人力资源和社会保障局关于规范本市劳务派遣用工若干问题的意见
4	广东省	广东省劳务派遣单位用工管理规章制度（参考文本）
5	山东省	山东省人力资源和社会保障厅关于规范劳务派遣用工若干问题的通知
6	青岛市	青岛市人力资源和社会保障局劳务派遣管理暂行办法

除了劳务派遣，在劳动合同、各类工时的申请等方面，各地都有相应的具体细化规定。

（2）企业用工不同地域的司法裁量对于企业用工合规性的影响

国家通过包括司法解释、指导案例等在内的多种形式推进司法统一，但毕竟各地的实际情况不同，尤其劳动领域的问题又相对琐碎，所以，各地对于一些具体问题的态度以及处理方式很不统一，甚至完全相反。笔者在此罗列了部分地区的有关劳动事项的会议纪要，该类纪要文件虽不属于法律渊源，但在司法实践中发挥着切实的作用。为此，企业在做合规性建设时，必须考虑不同地域的司法裁量权对企业的影响。当然，企业对会议纪要及类似文件对于公司用工合规性建设的影响仍然要以法律、行政法规作为判断和衡量标准。并且，会议纪要作为企业对于某个法律事项的判断依据时，应核实该会议纪要是否现行适用。

序号	地区	时间	名称
1	北京市	2009.4.10	北京市东片法院劳动争议案件会议纪要
2	北京市	2009.8.17	北京市高级人民法院、北京市劳动争议仲裁委员会关于劳动争议案件法律适用问题研讨会会议纪要
3	北京市	2009.11.2	劳动争议案件审理中涉及的社会保险问题研讨会会议纪要
4	北京市	2014.5.7	北京市高级人民法院、北京市劳动争议仲裁委员会关于劳动争议案件法律适用问题研讨会会议纪要
5	上海市	2013.4.27	上海高院2014年劳动争议最新口径
6	天津市	2012.8.8	天津市关于处理劳动人事争议案件若干问题的座谈会纪要
7	重庆市	2010.10	重庆市第五中级人民法院关于当前审理劳动争议案件若干实务问题座谈纪要
8	重庆市	2014.7.30	重庆市高法院民一庭关于九龙坡区法院劳动争议案件法律适用问题研讨会议综述
9	重庆市	2014.8.8	重庆市高法院、一五中法院民事审判长8月例会会议综述
10	辽宁省	2009年	辽宁省高级人民法院民事审判工作座谈会会议纪要
11	山东省	2011.11.30	山东省高级人民法院关于印发全省民事审判工作会议纪要的通知（节选自第八部分）
12	江西省	2013年	江西省劳动人事争议裁审衔接工作座谈会纪要
13	浙江省	2014年	浙江省高级人民法院民事审判第一庭浙江省劳动人事争议仲裁院关于审理劳动争议案件若干问题的解答（二）
14	广东省	2012.6	广东省高院、广东劳动人事争议仲裁委关于审理劳动人事争议案件若干问题的座谈会纪要
15	贵州省	2009.12.16	贵州省高级人民法院关于印发《劳动争议案件法律适用问题座谈会会议纪要》

当然，对于企业而言，各地司法裁量标准的不同对个案的影响较大，对于企业合规性建设的影响相对有限。

3. 企业所处行业或安全卫生等主管部门的监管政策应当作为用工法律风险识别的依据

《劳动法》专门在第六章规定了劳动安全卫生，包括用人单位必须建立、健全安全卫生制度①；劳动安全卫生设施必须与主体工程同时设计、同时施工、同时投入生产和使用②；对从事有职业危害作业的劳动者应当定期进行健康检查③；用人单位应当依法对劳动者在劳动过程中发生的伤亡事故和劳动者的职业病状况，进行统计、报告和处理。④

安全卫生相关的制度有些是对所有企业通用的，但也有一些是行业性的规定。以建筑行业为例，在法律层面有《安全生产法》《建筑法》等予以规范，如果使用特殊设备，还要受到《特种设备安全法》的规范；从行政法规以及规章的层面来讲，包括《建设工程安全生产管理条例》《生产安全事故报告和调查处理条例》《关于特大安全事故行政责任追究的规定》等。所以，对于建筑类行业而言，安全合规至少包括：（1）建立、健全企业安全生产责任制，包括具体负责部门、各个岗位的安全责任；（2）制定企业安全生产规章制度和操作规程，包括各个特殊岗位的资质、培训、安全教育等；（3）根据法律规定，确保安全生产投入的有效实施；（4）制定并且执行督促、检查企业的安全生产工作，及时消除生产安全事故隐患；（5）组织制订并实施企业的生产安全事故应急救援预案；（6）及时、如实报告生产安全事故。

（二）企业用工法律风险识别的方式

企业用工法律风险识别的方式主要有两种：一种为主动识别；另一种为被动识别。主动识别类似于“体检”，即企业采取定期或者不定期的方式，对企业与人力资源相关的制度、操作流程、具体经办人对制度的执行等情况进行核查，进而发现并解决问题；被动识别类似于“生病后的看病”，即企业发生劳资纠纷，或者受到

---

① 《劳动法》第五十二条：“用人单位必须建立、健全劳动安全卫生制度，严格执行国家劳动安全卫生规程和标准，对劳动者进行劳动安全卫生教育，防止劳动过程中的事故，减少职业危害。”

② 《劳动法》第五十三条：“劳动安全卫生设施必须符合国家规定的标准。新建、改建、扩建工程的劳动安全卫生设施必须与主体工程同时设计、同时施工、同时投入生产和使用。”

③ 《劳动法》第五十四条：“用人单位必须为劳动者提供符合国家规定的劳动安全卫生条件和必要的劳动防护用品，对从事有职业危害作业的劳动者应当定期进行健康检查。”

④ 《劳动法》第五十七条：“国家建立伤亡事故和职业病统计报告和处理制度。县级以上各级人民政府劳动行政部门、有关部门和用人单位应当依法对劳动者在劳动过程中发生的伤亡事故和劳动者的职业病状况，进行统计、报告和处理。”

政府部门查处，抑或有些问题无法解决时，企业不仅需要解决表面存在的问题，还需要就此追溯这些问题发生的原因，进而改进工作流程或者制度。

1. 企业用工法律风险主动识别的具体方式

企业用工法律风险的主动识别根据企业规模以及企业所处发展阶段有所不同，企业用工法律风险识别从表面看可能在于将相关制度进行合规性审核，包括劳动合同、保密合同、竞业禁止合同等与人相关的合同，但这些工作的完成并无法深度完成企业用工法律风险的识别。

企业用工法律风险识别与企业的管理模式相关，比如同样是加班费制度法律风险识别，我们审核的不仅仅是加班如何认定、加班基数如何确定、加班费如何支付（如何倒休），更要关注企业经营过程中，因经营需要加班的是哪些情况、采取的工时制度是什么、加班的审批流程是否适合、加班费的成本支出是否能支撑公司运营成本等。

所以，企业用工法律风险的主动识别有两个层面，一个是基于制度以及合同层面的合规审查；另一个是基于企业实际管理状况，依据法律规定而进行重新构建的企业合规管理制度。

2. 企业用工法律风险被动识别的具体方式

企业用工法律风险的被动识别主要是指企业个案处理后的“复盘”，从个案挖掘背后深层次的原因，进而改进自身管理。本部分详见本节“企业用工法律风险的管理”部分。

（三）企业用工法律风险识别过程中应当注意的问题

1. 用工法律风险类别以及层次的设置应当合理

用工法律风险的类别从法律责任的角度来看，分为民事法律风险、行政法律风险和刑事法律风险。根据不同类别的风险，法律风险层次区分为法律法规指引企业做的行为、法律行政法规规定企业应当做的行为、法律行政法规规定企业不得做的行为、行政机关有权监管的行为以及可依法追究刑事责任的行为。

根据上述法律风险层次，企业应将不同的法律风险点在下图的表格中予以注明，这样，就可以看出该法律风险点所涉法律责任以及法律风险层次。以用人单位扣押劳动者身份证为例，该行为的责任类型属于行政责任，属于法律禁止性的行为。如此，某个具体法律风险点可以通过下图的坐标确定其后果。

用工法律风险分类					
责任层次 责任类别	指引性行为	应为性行为	禁止性行为	行政处罚行为	刑事责任行为
民事责任					
行政责任					
刑事责任					

2. 用工法律风险识别不能停留在法律层面，应当考虑并高度重视执行层面可能存在的问题

企业用工法律风险识别属于静态识别，实践中，企业应当了解法律风险的动态识别以及制度的具体执行。因为在具体案件处理过程中，我们发现，企业法律风险的发生有时是因为企业不了解风险所在，但更多的时候是由于执行过程中出现的问题。

以订立书面劳动合同为例，不签订书面劳动合同属于企业用工法律风险，属于需要承担民事责任的应为性行为。所以，将该法律风险识别出来并不能当然地避免该法律风险的发生。工作过程中，必须考虑到签订书面劳动合同的具体职责由哪个部门承担，具体负责人以及签订劳动合同的时间，包括有无必要设置劳动合同以及是否签订了复核和检查机制等。

3. 用工法律风险识别过程中应当注意管理成本、效率

企业属于经营性组织，所以，企业在用工风险控制过程中必须考虑管理的成本以及管理效率的问题。

以企业录用尚未解除劳动关系的劳动者为例，从法律风险角度讲，该行为属于用人单位承担民事责任的禁止性行为，如果用人单位招用尚未解除劳动合同的劳动者，对原用人单位造成经济损失的，该用人单位应当依法承担连带责任。假如企业因生产经营需要必须招聘一个正在办理劳动合同解除，但尚未办理完毕的员工时，企业用工风险合规管理并不能简单地回复不可以。而是应当对该法律风险后果进行评估，包括该员工具体未办理完离职的原因，是否涉及纠纷，是否承担保密或者竞业禁止等，综合各类要素判断后，与管理成本以及效率进行衡量，进而做出判断。

除此以外，企业法律风险识别中还应当考虑政策因素，尤其是国有企业，监管政策对于企业用工的合规管理也有很大的影响。例如，国有企业的高级管理人员在关联企业能否兼职取薪的问题，如果从法律层面，这可能不是问题，但我们必须考虑到国有企业的监管政策，如《国务院国有资产监督管理委员会关于印发〈董事会试点中央企业高级管理人员薪酬管理指导意见〉的通知》规定，高级管理人员原

则上不应在公司所出资企业兼职取酬。总经理不得兼职取酬；其他高级管理人员因特殊情况经董事会批准兼职取酬的，年度薪酬不应超过本公司总经理的年度薪酬水平。

二、企业用工法律风险的管理

法律风险识别的最终目的，是对其进行有效的管理和控制，因此，在有效识别法律风险的基础上，将法律风险点根据不同的情况纳入不同的管理模式项下才是法律识别的落脚点所在。

法律风险的管理一定是"留痕"式管理，通过"留痕"降低风险的发生。各项管理一定要有相应文件的支撑，通过文件"留痕"避免风险的发生，因为对与人相关的文件进行"留痕"处理，该过程必然涉及不同部门、不同人员对同一件事情发表意见，这样"兼听则明"的机制将有效降低风险，且风险一旦发生，相应的"留痕"证据是确保企业利益最大化的重要保障。

基于企业用工具有日常性①、集体性②以及特殊性③的考量，法律风险识别完成后，应根据不同的风险类别采取不同的管理方式。

（一）企业用工法律风险的管理应以防范风险为目标，且应与企业经营、管理协调

企业用工的法律风险从某种程度上讲仍然属于经营风险，所以，企业用工法律风险管理不能脱离企业的发展战略、管理方式以及经营状况等因素。实践中，我们不难看到，战略方向不明导致的经营业绩下滑、管理方式的不当选择导致公司内部分工以及合作产生的问题等才是真正企业用工法律风险凸显的根本原因。

目前，各个企业的人力资源管理部门都在转型，人力资源管理者也在寻求人力资源与企业发展阶段、产业特性等相适应，所以，企业用工法律风险管理作为人力资源以及风险控制的一部分，应当适应企业经营和管理的需求。

如何制定适合的用工法律风险管理制度需要考虑企业自身的情况，主要包括：

1. 公司管理层以及执行层对于企业用工法律风险的认识以及风险偏好

法律风险管理本来应该是企业风险控制的一部分，亦是员工关系管理的重要环节，如果被管理层和执行层视为成本管理或者 HR 的任务，将很难长期、有效地执行下去。

---

① 日常性是指企业工作日必须面临和解决的问题，包括但不限于从入职到离职各个流程。

② 集体性是指基于员工众多，而企业管理具有一致性的特点，企业多项管理并不是对单一员工的管理，而是对众多员工的同时管理。

③ 特殊性是指除日常工作外，对于发生工伤、职业病、"三期"妇女、外国人这类非日常必然发生的事项。

2. 企业用工法律风险不仅要有定性的分析，还要有定量分析和管理

企业用工法律风险被忽略的原因之一在于法律风险管理往往只有定性分析，而缺乏定量分析。定量分析内容包括企业合法用工的实际支出成本以及潜在成本（包括劳动合同到期终止经济补偿金等）；企业处理员工关系支出的人力、经济成本（包括处理潜在劳资纠纷以及实际劳动纠纷等）；员工加班等各项费用支出以及改进空间等。

3. 企业用工法律风险要注重沟通体系的建立，以预防风险的发生为主要目标

用工法律风险的爆发诱因之一在于缺乏及时、有效的沟通，所以，企业用工法律风险管理必须将沟通前置，且应将有效沟通贯穿于企业用工法律风险管理的始终。

（二）企业用工不同的法律风险控制应采取不同的管理方式

1. 日常性的法律风险控制应当融入企业管理的每个环节

日常性的用工法律风险控制一定与公司日常管理是融合的，主要包括：

不同用工模式项下人员的招聘、录用，合同的订立、履行、变更、解除以及终止。

从企业选择具体的用工方式，到招聘员工，再到员工来到以及离开企业，该过程中涉及的招聘条件、招聘流程、录用条件确定、录用通知、劳动合同订立、劳动合同履行以及变更、劳动合同终止，劳动合同履行过程中有关工资待遇、社会保险福利、各类假期管理等因素均应纳入常规化管理。

该类用工风险点具体融入日常管理的方式为：（1）招聘广告、录用通知、录用条件、劳动合同①以及相对应的保密、培训、竞业禁止等法律文本的合法合规性审核以及管理制度；（2）员工工资结构合法合理设置，以及各类待遇享有条件、程序等的合法制度；（3）员工工时制度②的恰当选择，考勤制度以及休假制度；（4）员工入职登记、岗位薪资调整、离职等流程性表格和文件的合法合规性审核以及管理制度；（5）基于企业用工自主权对员工行为的管理、惩处制度等。

2. 与多数人利益相关的法律风险在常规管理的同时纳入企业的应急管理体系

与多数人利益相关的事项主要包括：（1）工作地点的变更；（2）薪资结构的大幅度调整、工作时间的调整，尤其是降低工资福利待遇；（3）企业投资人等变更导致管理等变更；（4）公司因破产、经营发生困难、转产、重大技术革新或者经营方式调整、订立合同时客观经济情况发生重大变化而导致的规模性裁员；（5）其他与多数人相关的问题，如供暖补贴的取消等。

该类事项在日常管理中应当予以重视，但不能以日常管理方式来对待。这类问题的解决和管理也不能仅仅依照法律规定，企业在处理这类法律风险时，应当以尊重员工为基础，并通过协商等的方式妥善解决。

---

① 包括劳动合同，劳动合同变更、协商一致解除合同、合同续签或终止合同等。

② 全日制用工的工时包括标准工时、综合工时和不定时工时三种。

3. 企业应当将非常规问题在常态化管理的基础上，通过项目管理的方式加强管理

企业用工过程中，会遇到一些特殊问题，如发生工伤的员工、医疗期内的员工、“三期”女员工、疑似职业病员工以及签订“竞业禁止”的技术人员和管理人员等特殊人员，另外还包括关联公司用工等，对于这类事项及法律风险的管理，应当通过项目管理的方式进行。

以工伤员工为例，企业遇到员工发生工伤时，应分为工伤发生时的应急处理、工伤认定、劳动能力鉴定、工伤后续事宜的处理四个阶段。

第一阶段：工伤发生时，企业应当做的工作

（1）员工因工作发生伤害时，企业应根据情况及时送员工就医，并及时与家属取得联系，第一时间给予员工人文关怀。

（2）员工所在业务部门应同步通知企业人事部门，由人事部门对以下几点进行梳理：

a. 该员工劳动关系的签订、履行情况。

b. 该员工是否有工伤保险，工伤保险是否连续缴纳，在发生事故伤害的时间点上是否缴纳了工伤保险。

c. 该员工是否有与事故伤害相关的旧病史（该事项有可能需要稍后了解）。

d. 该职工是否为故意造成自身伤害；是否属于故意犯罪；是否属于醉酒或者吸毒。

第二阶段：工伤认定

（1）如果企业初步确定员工属于工伤，则应当依法给予员工停工留薪期，停工留薪期内，原工资福利待遇不变，由企业负责。停工留薪期一般不超过十二个月。如遇停工留薪期满仍需治疗，且未做劳动能力鉴定前，工伤职工可以继续享受工伤医疗待遇，企业无须支付原待遇但应当支付不低于病假工资的生活津贴。

（2）在法定期限内申请工伤认定

企业应当自职工伤害发生或者被诊断为职业病之日起三十日内向统筹地区（一般指注册地）的劳动部门申请工伤认定。如果未按时限提交工伤认定申请，在此期间发生符合《工伤保险条例》规定的工伤待遇等有关费用由企业负担。企业申请工伤认定需要准备的材料如下：

a. 工伤认定申请表；

b. 职工与公司签订的劳动合同或者双方存在事实劳动关系的证明材料；

c. 抢救医院或者定点医疗机构出具的初次诊断证明；

d. 遭受伤害职工的身份证明、企业证明；

e. 交通事故伤害或者遭受暴力伤害的，需要提交公安部门出具的相应处理证明

材料；

f. 复转军人工伤复发的，需要提交本人的《革命伤残军人证》；

g. 劳动部门要求提交的其他材料。

申请人提交的工伤认定材料不完整的，劳动行政部门会一次性告知需要补正的材料。

劳动行政部门自工伤受理之日起六十日内会作出工伤认定决定，对权利义务明确的工伤认定申请，应当在十五日内作出工伤认定的决定。决定形式包括认定为工伤、视同工伤，或者不认定为工伤、不视同工伤。

企业或者职工不服工伤认定决定的，可提起行政复议。

第三阶段：劳动能力鉴定

劳动能力鉴定并非员工发生工伤后的必经阶段，一般来说，必须鉴定的情形是，职工发生工伤，经治疗伤情相对稳定后存在残疾、影响劳动能力的。但基于劳动能力鉴定关涉着工伤待遇，以及解除劳动合同的情况，企业如无特殊情况，如遇工伤，可以要求员工配合做工伤劳动能力鉴定。为避免职工不配合，企业可以根据情况提前发函告知劳动能力鉴定需要准备的材料，以及拒绝鉴定的法律后果。

（1）申请劳动能力鉴定需要提交的材料

a. 劳动能力鉴定、确认申请表；

b. 提交工伤认定结论、《工伤证》；

c. 工伤医疗机构出具的诊断证明、病历及检查报告（如 X 光片）等资料。

如提供资料不完整的，劳动行政部门会一次性告知申请人补正资料。以北京市为例，申请人应在接到告知三十日内补正全部资料，否则视为未提出申请。

（2）劳动能力鉴定的流程

提交的劳动能力鉴定材料齐全后，劳动行政部门会书面通知企业与职工现场鉴定的时间、地点。医疗专家组进行现场鉴定，向病伤职工询问有关病情，并做必要的临床检查，形成鉴定意见。医疗专家组认为需要做进一步医学检查的，劳动行政部门会书面告知企业或职工。企业或职工需要在规定时间内将检查结果报到劳动行政部门，否则视为未提出申请。

以北京市为例，劳动行政部门会自收到鉴定申请之日起六十日内，根据医疗专家组的鉴定意见作出劳动能力鉴定结论，鉴定涉及医疗卫生专业较多、情况复杂的，鉴定期限可以延长三十日。任何一方对作出的鉴定结论不服的，可以在收到该鉴定结论之日起十五日内向北京市劳动能力鉴定委员会提出再次鉴定申请。北京市劳动能力鉴定委员会作出的劳动能力鉴定结论为最终结论。

第四阶段：工伤后续事宜的处理

企业在职工工伤认定和劳动能力鉴定及工伤等级评定后，可以到社保中心做工伤登记和工伤待遇核准事宜。

（1）工伤职工登记需准备的材料

a. 工伤证（原件）；

b. 《工伤认定申请表》；

c. 《工伤认定结论表》；

d. 《劳动能力鉴定结论》；

e. 职工本人受伤或死亡前十二个月平均月缴费工资证明（目的是核准待遇），加盖养老保险处章；

f. 参统人员花名册（跨年度须带齐两年的）；

g. 《工伤职工登记表》。

（2）工伤待遇核准，需准备、填写的材料

a. 《一至十级工伤职工待遇核准表》（伤残定级的填报）或者《北京市因工死亡职工工伤待遇核准表》（因工死亡的填报）。

b. 《工伤保险基金支付月报表》《工伤保险基金支付月报汇总表》（一次性的当月填报一次；如有按月支付的则每月均需填报）。

（3）工伤报销

在工伤认定发放工伤证后，且经过工伤职工登记的，可以报销与工伤有关的药费，报销时须准备如下材料：《工伤职工医疗费用报销审批表》；收据、处方、检查治疗费用明细（须加盖医院收费专用章）。

当然，各地区根据当地社保部门的要求，文件和程序可能稍有差异。

（4）劳动合同继续履行或合法解除

工伤认定以及劳动能力鉴定完成后，劳动合同继续履行还是合法解除将是企业无法回避的问题。

对于因工伤导致不同伤残等级的劳动者，企业与其是否可以解除劳动关系法律作出了区分规定，一般来说，一级至六级的工伤员工需保留劳动关系。可以解除劳动关系的情形包括：七级至十级伤残的员工劳动合同期满终止，或者员工提出解除劳动合同。当然，如果解除劳动合同的，工伤保险基金支付一次性工伤医疗补助金，用人单位支付一次性伤残就业补助金。①

---

① 《工伤保险条例》第三十七条："职工因工致残被鉴定为七级至十级伤残的，享受以下待遇：（一）从工伤保险基金按伤残等级支付一次性伤残补助金，标准为：七级伤残为13个月的本人工资，八级伤残为11个月的本人工资，九级伤残为9个月的本人工资，十级伤残为7个月的本人工资；（二）劳动、聘用合同期满终止，或者职工本人提出解除劳动、聘用合同的，由工伤保险基金支付一次性工伤医疗补助金，由用人单位支付一次性伤残就业补助金。一次性工伤医疗补助金和一次性伤残就业补助金的具体标准由省、自治区、直辖市人民政府规定。"

如果工伤职工存在法定的企业可以单方解除劳动合同的过错行为时，则企业解除劳动合同不受工伤以及工伤级别的限制。这些法定过错行为包括：在试用期间被证明不符合录用条件的；严重违反劳动纪律或用人单位规章制度的；严重失职，营私舞弊，对用人单位利益造成重大损害的；被依法追究刑事责任的。[①]

（三）与企业用工法律风险管理相配套的其他制度

1. 与企业用工法律风险管理相关的民主制度

《劳动法》规定，劳动者有权参加和组织工会，工会的作用在于其代表和维护劳动者的合法权益。另外，劳动者可以通过职工大会、职工代表大会或者其他形式，参与民主管理或就保护劳动者合法权益与企业平等协商。《劳动合同法》进一步规定，用人单位在制定、修改或者决定有关劳动报酬、工作时间、休息休假、劳动安全卫生、保险福利、职业培训、劳动纪律以及劳动定额管理等直接涉及劳动者切身利益的规章制度或者重大事项时，应当经职工代表大会或者全体职工讨论，提出方案和意见，与工会或者职工代表平等协商解决。

（1）工会在企业用工管理中的作用

《工会法》规定，工会通过平等协商和集体合同制度，协调劳动关系，维护企业职工劳动权益。工会依照法律规定通过职工代表大会或者其他形式，组织职工参与本单位的民主决策、民主管理和民主监督。具体而言，工会的职能主要包括：

a. 工会有权参与公司相关规章制度的制定、修改和完善，当企业或事业单位违反职工代表大会制度和其他民主管理制度时，工会有权纠正。

b. 工会可以帮助和指导企业与劳动者订立劳动合同，代表员工与企业签订集体合同，如企业侵犯员工利益时，工会有权代为诉讼。

c. 企业采取非过失性或者经济性裁员时，必须征求工会意见，工会如果认为不适当，可以向企业提出意见。

d. 工会认为企业存在侵犯劳动者利益的情形，包括但不限于克扣工资、劳动安全卫生不合格、劳动时间过长、女职工及未成年特殊权益得不到保护等，工会有权代表员工进行交涉，并提出改正要求，拒不改正的，工会可以要求政府处理。

e. 企业与员工发生纠纷时，工会可以介入调解。

上述列举并未穷尽工会的职责范围，但如果公司设立了工会，首先，工会应当确保合法合规运行；其次，企业应当了解工会在职工管理中的作用，利用并切实保障工会的正常工作。

---

① 《关于贯彻执行〈中华人民共和国劳动法〉若干问题的意见》第三十条：“劳动法第二十五条为用人单位可以解除劳动合同的条款，即使存在第二十九条规定的情况，只要劳动者同时存在第二十五条规定的四种情形之一，用人单位也可以根据第二十五条的规定解除劳动合同。”

当然，并非所有的企业都必须设立工会，但企业不得阻挠员工设立工会，且应当依法为员工设立工会提供帮助。

（2）职工代表大会

职工代表大会在代表职工制定规章制度、集体合同等方面发挥着重要作用，但国家层面对于职工代表大会的相关规定仅限于《全民所有制工业企业职工代表大会条例》以及中华全国总工会办公厅《关于规范召开企业职工代表大会的意见》，不过各地有关于职工代表大会的相关规定，如《山东省企业职工代表大会条例》《河北省企业职工代表大会条例》《上海市职工代表大会条例》《北京市企业民主管理及职工代表大会（暂行）办法》《辽宁省职工代表大会规定》《湖南省职工代表大会条例》等。

所以，企业如何建立职工代表大会可能要根据各地情况予以确定，但通用性的方面包括：职工代表的选择、职工代表的组织形式、职工代表的职权等。

2. 与劳动纠纷相关的争议解决机制

《劳动争议调解仲裁法》规定，发生劳动争议，劳动者可以与用人单位协商，也可请工会或者第三方共同与用人单位协商，达成和解协议。《劳动合同法》也规定，县级以上人民政府劳动行政部门会同工会和企业代表，建立健全协调劳动关系的三方机制，共同研究解决有关劳动关系的重大问题。

基于劳动纠纷发生无法避免的现实状况，企业在用工法律风险管理中，应当将法律纠纷解决机制进行规定，并且应通过内部协商、调解的方式解决。

任何管理的背后都是成本的支出和职责的落实，所以，企业在人力资源合规管理过程中必须考虑到企业的实际需求以及相对应的管理投入。

三、企业用工法律风险的处置

企业用工法律风险无法避免，一般来说，法律风险外化方式包括但不限于仲裁、诉讼、劳动监察等，所以，法律风险的处置机制、工作流程应当是企业用工合规建设的重要组成部分。

（一）企业应当建立企业用工法律风险报告制度

由于管理存在纵深，法律风险建设中应当将法律风险外化前以及外化后的报告制度予以明确，该报告制度需要与企业现行的管理体制相适应。

（二）企业应当建立法律风险处理的工作机制

由于人员的管理至少涉及具体用人部门、人力资源管理部门、财务部门、工会以及法律部门等，所以，法律风险外化后的处置机制必然需要相关部门的协作以及牵头部门的确立。

不论是仲裁诉讼还是劳动监察等，法律风险的外化类型是相对固定的，为此，法律风险建设应当将法律风险的工作流程予以明晰，便于工作的及时、顺利推进。

法律风险发生后，需要判断法律风险处置是否需要外部支持，外部支持包括但不限于相关监管部门、专业机构等。同时，亦需要确定获取相关外部支持的路径，而这些需要与企业现行的其他制度匹配。

（三）企业应当建立法律风险处置后的流程优化制度

风险建设应该是一个动态的、循环的和持续的过程，法律风险处置后应当评估风险发生的原因等，以便优化风险建设。

四、企业用工合规建设的误区

1. 企业用工合规并不是目的，构建和谐劳动关系，进而助推企业持续发展才是企业用工合规建设的终极意义

任何企业，如果为了合规而合规，则失去了合规管理的真正意义，合规建设的目的必须是对企业经营和管理负责，因此，任何时候都应当秉承“构建符合企业发展的企业与员工的关系”这一理念开展企业用工合规性建设。在建构企业用工合规的过程中，企业得以发展，员工得以提升，各得其所。

2. 企业用工合规不是一个项目，而是企业健康运行的模式，应当融入企业日常管理的每一个环节

如果用工合规不能融入企业日常管理的每一个环节，企业用工合规管理的效果将大打折扣。企业合规用工的过程中，企业会让员工明确地知道自己享有的权利和应当承担的义务，如此，企业劳资关系变得清晰、明确，用工关系的稳定性将得到进一步增强。

3. 企业用工合规建设与员工关系建立并不矛盾，合规建设并不影响企业通过文化等方式管理员工关系，亦不会使员工关系停留在冷冰冰的法律层面

企业对员工的管理策略和方式具有多样性，人情管理、企业文化渗透等企业员工管理技巧在企业日常运行中发挥着重要的作用。合规性建设的基础是法律的相关规定，法律规定的刚性特点除了给合规性管理带来明确、清晰等优势之外，也使得人们对其产生了“冰冷”的印象。但从本质上讲，合规性建设并不影响企业用更人性化的方式对员工进行管理，而明确提出合规建设，反而更有利于让企业的人情管理走得更久远。因为规则不因管理层的变更而变化，这种稳定性对于员工而言意义更大。

4. 企业用工合规并不必然导致企业用工成本的增加，建立适合公司发展的企业合规制度将能为企业创造价值

适合的制度能创造价值，应该任何人都不会反对，如大家都在谈论的阿里巴巴的“合伙人制度”。用工合规并不仅仅是要求企业在薪资待遇、社保福利等方面合

规，更重要的是让企业用制度化的方式构建员工关系。因此，企业用工合规建设本质上来讲是制度建设的一种，对优化企业治理模式、推动“依法治企”具有重要的推动作用，也正是在这个层面，企业用工的合规性建设是为企业创造价值的活动。

第二节　规章制度制定、公示与适用

企业从筹建到经营，再到注销的整个生命周期中，与劳动者的关系始终是无法回避的问题之一。企业对员工的招聘、录用、管理是否合法亦关系到企业能否发展、壮大。某些情况下，劳动关系是否得到妥善处理，关系着企业的生死存亡。

企业不分大小、无论性质如何都需要与劳动者构建一个共赢的劳动关系。那企业如何才能与员工构建共赢的关系？企业在员工日常管理方面如何做才能尽可能减少劳资纠纷？本章将从规章制度的制定、适用方面进行分析。

《劳动合同法》第四条规定，用人单位应当依法建立和完善劳动规章制度，保障劳动者享有劳动权利、履行劳动义务。因此，建立完善的劳动规章制度是每个公司应尽的责任。并且，完善的规章制度不仅能够保障公司合法有序的运行，降低公司的运营成本，而且能够有效防范公司劳动用工法律风险，减少劳动纠纷，从而为公司的持续性发展和公司文化的沉淀奠定了基础。反之，不合法、欠缺严密性的规章制度将成为公司发展的障碍。

在处理公司与劳动者纠纷过程中发现，不少公司对规章制度的重视程度不足：要么将聘请专业公司所制定的健全的规章制度束之高阁；要么没有规章制度或制定程序不合法；要么即使有规章制度，其规章制度内容与实际的不相符亦导致规章制度无法适用。当然，更多的规章制度存在的问题是公司为自己适用规章制度增加难度而浑然不知，导致违法解除劳动合同等情况的发生。例如，我们遇到过某大型物流集团，其规章制度有上千页，其中就员工行为一章中规定：“员工应当服从单位对其工作的安排，员工无故不服从工作安排超过 3 次，且给用人单位造成严重损失的，视同违反公司重大规章制度。”这样的规定乍看没有问题，然而，实际使用时，公司至少面临两个问题。第一，如何理解“无故”；第二，如何衡量“造成严重损失”。如公司的某位员工，其职务为长途车司机，离异后，由于无人看管其小孩，他无法出车跑长途，在此情况下，该员工拒绝公司工作安排是否为无故？现实中，公司就以此为由单方解除了与劳动者的劳动关系。而劳动者申请仲裁，要求确认用人单位解除劳动关系违法，应当支付相应的经济赔偿金。劳动仲裁以用人单位明知劳动者实际情况，劳动者拒绝工作安排并非无故，且未给公司造成重大损失为由裁定用人单位解除劳动关系违法。

根据最高人民法院《关于审理劳动争议案件适用法律若干问题的解释》第十九条的规定：“用人单位根据《劳动法》第四条之规定，通过民主程序制定的规章制度，不违反国家法律、行政法规及政策规定，并已向劳动者公示的，可以作为人民法院审理劳动争议案件的依据。”我们理解，公司规章制度就是公司内部的“法律”。但是，公司规章制度应当有合理的边界，不能任意规定，如公司规章制度不得规定员工“不允许乘坐黑车，违者以开除论处”。①

既然规章制度是公司内部的“法律”，那规章制度必须解决以下三个层面的问题：第一，规章制度内容的合法性和合理性；第二，规章制度制定程序的合法性；第三，规章制度内容的适用性以及规章制度的执行。

一、规章制度内容的合法性和合理性

规章制度内容涉及公司管理的各个方面，包括财务制度、合同管理制度、休假管理制度、薪酬和福利制度、奖惩制度、绩效考核制度、培训制度、报销制度、商业秘密保护制度、车辆使用管理制度等，但限于篇幅所限，本章不能全面介绍各个制度如何起草。基于公司防范劳动用工风险的现实必要，本章主要探讨用人单位规章制度内容的合法性和合理性。

（一）规章制度的合法性

1. 规章制度制定主体的合法性

制定主体的合法性是指在公司实际经营过程中，除以公司名义制定的规章制度外，各个部门亦有不同形式的制度，如果不妥善处理公司制度和部门制度的关系，就会出现制度主体不适格的问题。我们理解，执行某一职能的公司部门如生产部、销售部、财务部等，虽然可以参与公司规章制度的制定活动，但是该规章制度在发布时应以公司的名义发布。如果以某一部门的名义公布，往往会面临制定主体不适格的法律风险，在出现涉及规章制度的劳动纠纷时，会遭受该规章制度仅对该部门员工有效而对其他部门员工没有约束力的抗辩而导致败诉。

为此，我们理解公司规章制度应当是由对公司事务及其所有员工实施统一管理的机构制定，并以公司名义颁布实施的某一规范性文件。实践中，公司在制定规章制度时一般授权人力资源部门或者行政部门制订，最终以公司名义发布。

不仅如此，集团公司还要注意另外一个问题，就是集团公司的规章制度不能直接当然适用于子公司。由于公司具有独立性，所以，集团公司的有关制度要想在子公司适用，子公司应当通过合法的方式将相关制度内化为自己的制度。企业在管理

---

① 公司规章制度，不能无限放大——2012 年江苏省苏州市中级人民法院发布 2011 年度十大劳动争议典型案例之案例八：张某乘坐黑车的行为发生在张某休息日，公司不能以生产经营期间的规章制度来约束劳动者休息期间的行为。因此电子公司以张某乘坐非法营运车辆为由作出解除与张某的劳动关系是违法解除，应当支付张某经济赔偿金。

中必须了解管理上的“一家”与法律主体是两个概念。

2. 规章制度制定内容的合法性

公司制定规章制度既是法律规定的义务，也是法律赋予的权利。基于劳动关系主要体现在用人单位对劳动者的管理，而规章制度是用人单位管理劳动者的重要工具。实践中，法律允许公司根据自身的实际情况，将法律法规条款具体化，并根据公司自身的管理理念、业务特点等制定相应的操作规范。

虽然公司有制定规章制度的权限，但并非不受任何限制。根据最高人民法院《关于审理劳动争议案件适用法律若干问题的解释》第十九条的规定：“用人单位根据《劳动法》第四条之规定，通过民主程序制定的规章制度，不违反国家法律、行政法规及政策规定，并已向劳动者公示的，可以作为人民法院审理劳动争议案件的依据。”公司的规章制度必须在现行法律框架内进行制定。这里的“合法”应作广义的理解，指符合所有的法律、法规和规章的规定，具体包括：宪法、法律、行政法规、地方法规，民族自治地方还要依据该地方的自治条例和单行条例，以及关于劳动方面的行政法规。

除此之外，规章制度通常亦不应违反国家的政策规定，否则，公司的规章制度也不能作为裁判依据。我们理解，政策内容相较法律、行政法规比较广泛，涉及经济政策、社会保险等方方面面。

在此我们举一个例子，实践中，不少用人单位将员工违反计划生育作为违反公司规章制度的一种行为，有的直接规定该行为属于严重违反公司规章制度，可以即时解除劳动合同，该规定是否合法呢？

《宪法》规定：“夫妻双方有实行计划生育的义务。”《人口与计划生育法》规定：“实行计划生育是国家的基本国策，公民有生育的权利，也有依法实行计划生育的义务。”

目前，遵守计划生育能否作为劳动纪律规定在规章制度中，且成为用人单位单方解除劳动合同的理由，司法实践中，对此有分歧。一种观点认为，用人单位制定的规章制度应与“劳动”相关，但计划生育与劳动者劳动并无直接关系，所以，用人单位不能直接将计划生育纳入严重违反公司规章制度的行为之中。并且，如果允许单位这样做，意味着影响了劳动者的就业权和女职工三期劳动保护等基本权益。另一种观点认为，根据《人口与计划生育法》的规定：“按照本法第四十一条规定缴纳社会抚养费的人员，是国家工作人员的，还应当依法给予行政处分；其他人员还应当由其所在单位或者组织给予纪律处分”，既然所在单位可以给予违反计划生育纪律处分，那意味着用人单位规定劳动者违反计划生育属于违反规章制度是具有法律依据的。

虽然司法实践中对该问题还没有形成共识，并且司法审判中就此也存在不同的判决①，我们建议用人单位对于违反计划生育作为解除理由做慎重决定。

3. 规章制度制定程序的合法性

（1）规章制度制定的民主程序

《劳动合同法》第四条规定："……用人单位在制定、修改或者决定有关劳动报酬、工作时间、休息休假、劳动安全卫生、保险福利、职工培训、劳动纪律以及劳动定额管理等直接涉及劳动者切身利益的规章制度或者重大事项时，应当经职工代表大会或者全体职工讨论，提出方案和意见，与工会或者职工代表平等协商确定……"这就表明公司规章制度的制定是一个民主表决和集体协商的行为，而不再是职能部门制定、高层管理表决的过程。

具体来看，该法条对规章制度的民主程序提出了三个步骤：首先，公司起草的规章制度草案应当提交职工代表大会或者由全体职工讨论，即有职工代表大会制度的，应当将规章制度草案交由职工代表大会讨论，没有职工代表大会制度的，应当交由全体职工讨论；其次，由职工代表大会代表或全体职工在阅览后提出方案和意见，并反馈给公司主管部门或草案起草部门；最后，公司主管部门或草案起草部门与工会或者职工代表平等协商确定规章制度的最终内容。

由于规章制度的制定必须经过民主程序，为了避免今后发生纠纷时难以举证，公司应当注意保留职工代表大会或者全体职工讨论及与工会或者职工代表协商的书面证据，如与会人员签名的历次讨论会议记录、参与人员签名的规章制度协商确定过程中的历次书面材料等。

另外，需要注意的是，以上所称的规章制度是指诸如劳动报酬、工作时间、休息休假等直接涉及劳动者切身利益的制度，并非公司所有的制度，像财务制度、合同管理制度等就不属于以上所指的规章制度范畴。换句话来说，只有直接涉及劳动者切身利益的规章制度的制定，公司才需要也必须经过以上民主程序。

用人单位未经民主协商程序制定的规章制度并不当然无效，实践中，如果用人单位在2008年《劳动合同法》实施之前制定并实施的规章制度，因当时法律并未要求必须经过民主程序，为此，若用人单位规章制度是向劳动者公示的，则可以作为用人单位的管理依据。对于2008年《劳动合同法》实施之后，规章制度未经民主程序制定，实践中有不同的理解。如广东省认为用人单位规章制度如果没有经过

---

① 江苏法院（2014）参阅案例52号：刘某诉劲力公司违法解除劳动合同纠纷案，该判决认为孕期、产期、哺乳期内的女职工受到法律特殊保护，用人单位不得与孕期、产期、哺乳期的女职工解除劳动合同。女职工违反计划生育法规生二胎的，即便需要承担相应的行政责任，用人单位亦不得以此为由单方解除劳动合同，否则应依法承担相应的赔偿责任。当然，需要提示读者注意的是，该用人单位未将违反计划生育内化为规章制度，但判决显示出来的观点应当是明显的。

民主协商程序，原则上不能作为用工管理依据，但满足一定条件的[①]，可以作为法院裁判依据。但大部分地区，仍然严格适用《劳动合同法》对规章制度民主程序的要求，即不经民主程序制定、修改的规章制度不能作为用人单位用工管理的依据，亦不能作为裁判依据。

（2）规章制度的公示

《劳动合同法》第四条规定："……用人单位应当将直接涉及劳动者切身利益的规章制度和重大事项决定公示，或者告知劳动者。"最高人民法院《关于审理劳动争议案件适用法律若干问题的解释》第十九条规定："用人单位根据《劳动法》第四条之规定，通过民主程序制定的规章制度，不违反国家法律、行政法规及政策规定，并已向劳动者公示的，可以作为人民法院审理劳动争议案件的依据。"由此可知，规章制度制定出来以后并不当然地对员工产生约束力，必须先要经过公示程序，确保员工知晓规章制度的内容。换句话说，规章制度是否已向劳动者公示直接决定用人单位在劳动纠纷案件中的成败。司法实践中，劳动者往往以规章制度未公示为由拒绝在劳动争议案件中适用规章制度，而用人单位往往也无法提供已经公示的证据，致使用人单位在本应胜诉的案件中败诉。根据实践经验，从便于用人单位举证角度出发，对于规章制度的公示，建议选择以下几种方法：

a. 劳动合同约定法。将规章制度以附件的形式作为劳动合同的组成部分，劳动者签署劳动合同将视为对规章制度的知晓与认可。但这个方法的问题在于如果规章制度变更，劳动合同亦应签订变更协议。

b. 员工手册发放法。将规章制度编制成册，向每位员工予以发放，并由员工在签收表上签名确认。

c. 会议宣传法。用人单位通过召开会议向员工介绍规章制度，注意做好会议纪要，详细记录会议召开的时间、地点、与会人员、会议内容，并将会议纪要与与会人员签到表留存备查。

d. 传阅法。将规章制度交由每位员工阅读，并制作声明书，内容为对规章制度"已阅读"并且承诺"遵守"，由员工在声明书上签名确认。

e. 规章制度考试法。公司以规章制度内容作为考试大纲，挑选重要条款设计试题，组织员工进行开卷或闭卷考试，并将试卷作为员工的档案资料保存。

实践中，一旦发生争议，用人单位能否举证已向劳动者公示规章制度至关重

---

① 广东省高级人民法院、广东省劳动争议仲裁委员会《关于适用〈劳动争议调解仲裁法〉、〈劳动合同法〉若干问题的指导意见》第二十条第二款：未经过《劳动合同法》第四条第二款规定的民主程序的，原则上不能作为用人单位用工管理的依据。但规章制度或者重大事项的内容未违反法律、行政法规或政策规定，不存在明显不合理的情形，并已向劳动者公示或告知，劳动者没有异议的，可以作为劳动仲裁和人民法院裁判的依据。

要。一般来说，对于新入职的劳动者采取员工手册发放、劳动合同约定等方式简单、可操作；但对于劳动者入职后制定或修改的制度，用人单位采取规章制度考试法等则更有效。

（二）规章制度内容的合理性

法律将规章制度的制定权利授予公司后，除了合法性之外，还产生“规章制度合理性”的问题。由于现实社会的复杂性和多变性，法律不可能对所有问题面面俱到，作出详尽的规定，而大多需要公司在规章制度中予以明确。例如，《劳动合同法》第三十九条第二项、第三项规定，劳动者严重违反用人单位的规章制度或者严重失职，营私舞弊，给用人单位造成重大损害的，用人单位可以解除劳动合同，无须支付经济补偿金。但是，何谓“严重违纪”“重大损害”，法律并没有作出进一步规定，公司应当根据其所处的行业、员工从事的岗位、担任的职务等具体情况，在规章制度中合理确定员工违章和损失的“度”。如果公司在规章制度中不予界定或者界定得不合理，界定权就交给了仲裁机构或者法院，导致公司失去了主动权，败诉的概率也就相应增加了。因此，公司不仅要在规章制度中对法律未加以明确的内容予以规定，而且还要在合理范围内，使该规定具有合理性。至于如何把握合理和不合理的“度”是一个难点。一般情况下，如果该规章制度能够得到公司大多数员工的认同，那就是合理的，相反则可以认为该规定存在问题，不会得到法院的支持。例如，在加油站工作的员工抽烟属于严重违纪，予以解除劳动合同，这是合理的，而在写字楼里工作的员工因为抽烟违纪而被开除就显得不合理了。

综上所述，公司在制定规章制度时，为了使其真正成为公司的管理准则，并在发生劳动纠纷时可以作为法院审理案件的依据，掌握主动性，降低劳动用工风险，就要保障各项规章制度符合法律规定，同时还应具有合理性。

合理性的判断实际上主要体现在奖惩上，尤其是惩罚上，用人单位对于惩罚的目的、惩罚的方式以及惩罚的梯度、惩罚的程序等均应有相关的合理规定。在合理性的掌握上，举一个例子，就是关于旷工的问题。实践中，任何企业对于旷工都有相关的规定，如未按照规定请假的视为旷工等基本上在每个企业的规章制度中都有规定，那类似这样的规定能否视为严重违反公司规章制度，进而成为公司解除劳动合同的理由呢？

2015 年江苏省徐州市中级人民法院发布的“徐州法院 2014 年度十个劳动争议典型案例”之案例七——产假女工请假手续不完善不属于严重违反规章制度，单位不得解除劳动合同——的评析中体现的观点，是司法实践中不少法院的观点：本人未亲自向用人单位请假，虽未能完全按照单位的规章制度履行请假手续，但也未达到《劳动合同法》规定的严重违反被告单位规章制度的程度，用人单位以此为由解除与原告的劳动合同于法无据。实际上，法院这样的判决就是对解除劳动合同依据合理性的一个判断。

已经失效的《企业职工奖惩条例》第十八条：职工无正当理由经常旷工，经批评教育无效，连续旷工时间超过十五天，或者一年以内累计旷工时间超过三十天的，企业有权予以除名。虽然该规定已经失效，但规定体现出来的处罚机制值得每个用人单位学习。具体而言：第一，就旷工行为，处罚措施包括批评教育、解除劳动合同两种，并且，两种处罚措施之间存在梯次；第二，旷工的时间，不是一天或两天，当然，是否一定要十五天，或者到底规定几天合理，可能需要根据公司实际情况确定。

用人单位规章制度的制定，尤其是解除劳动合同部分，一定要充分考虑到合理性的问题。

二、规章制度的适用

实践中，法院在处理劳动争议案件时常常会遇到这样的情形，即既有内部规章制度又有劳资签订的劳动合同，而规章制度、劳动合同都是法院处理劳动争议的重要依据，那么案件裁决究竟是依据内部规章还是劳动合同呢？从本质上来讲，规章制度与劳动合同并无不同，都是企业管理的工具；从内容上来看，规章制度与劳动合同相辅相成，规章制度大多是对劳动合同条款的细化或增补，使其更具有现实操作性。但是，在实践中，就同一事项，规章制度与劳动合同存在分歧甚至是存在冲突与矛盾的情况也时有发生，一旦产生涉及该事项的劳动纠纷时，法院将要面临选择——是适用规章制度还是劳动合同——而以何者作为依据将直接导致裁判结果的差别，对当事人的权利义务也会产生重大影响。

最高人民法院《关于审理劳动争议案件适用法律若干问题的解释（二）》第十六条规定："用人单位制定的内部规章制度与集体合同或者劳动合同约定的内容不一致，劳动者请求优先适用合同约定的，人民法院应予支持。"因此，在司法实践中，法院是以劳动者的请求来决定适用规章制度或劳动合同，无论劳动者要求优先适用规章制度还是劳动合同，法院都应当予以支持。这样一来，在劳动纠纷案件的审理中，劳动者就掌握了主动权，可以请求法院适用对自己最有利的规定，而用人单位则处于被动地位，败诉概率也就相应增加了。为了避免规章制度与劳动合同约定不一致而产生的以上法律风险，用人单位应当在制定内部规章制度和劳动合同时注意保持二者内容的一致性，统一由公司法务部门或聘请的专业律师对内部规章制度和劳动合同进行前期审核，必要时也可以在劳动合同中设定规章制度优先条款，即劳动合同与规章制度的规定不一致时，以规章制度为准。

第三节　企业用工流程管理

企业用工的流程如下图所示，本部分主要介绍企业用工各流程中应当注意的问题。

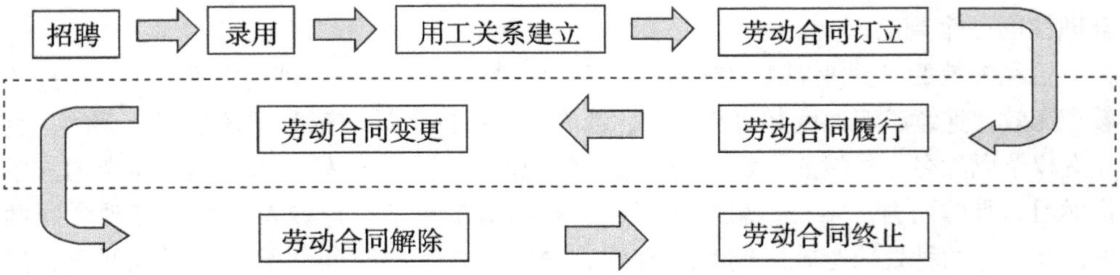

用工流程图

一、员工的入职管理

我们在处理用人单位与劳动者纠纷过程中发现，不少纠纷产生的根源之一在于入职管理不到位，比如未要求劳动者提供离职证明，导致用人单位承担连带责任；未及时办理社保登记转移，导致社保出现空档期，一旦发生工伤，用人单位承担全部责任等。为此，劳动者的入职管理对于任何一家公司都至关重要。并且，对于劳动者的入职管理并非始于劳动合同签订，而是始于招聘启事的公布。

（一）录用条件的设定

用人单位在录用条件设置时，不得设置歧视性录用条件。用人单位的招聘条件一旦构成歧视，劳动者可以要求用人单位撤销歧视性条件，平等竞争，平等录用，并可以请求损害赔偿。

（二）入职审查

《劳动合同法》第八条规定："……用人单位有权了解劳动者与劳动合同直接相关的基本情况，劳动者应当如实说明。"这里所指的基本情况一般包括年龄、学历、工作经验、工作技能、身体状况以及是否与原单位已解除劳动关系等。所以，用人单位对员工进行入职审查具有法律依据，用人单位不对劳动者进行严格的入职审查，将会为其带来极大的风险与隐患：一是劳动者无法胜任工作，不仅浪费公司的福利待遇，而且可能会影响公司的正常运作；二是劳动者以欺诈手段入职，可导致劳动合同无效，企业不仅要面临招聘成本重置，还可能会陷入劳动争议之中；三是企业若招用了与其他用人单位尚未解除或者终止劳动合同的劳动者，给其他用人单位造成损失的，还要承担连带赔偿责任。

因此，用人单位应当重视对新员工的入职审查，以减少各种可能的法律风险，保护自己的合法权益。

1. 原劳动关系情况

首先，用人单位需要对劳动者与原工作单位是否仍然存在劳动关系进行审查。

《劳动合同法》第九十一条规定："用人单位招用与其他用人单位尚未解除或者终止劳动合同的劳动者，给其他用人单位造成损失的，应当承担连带赔偿责任。"

为了避免陷入不必要的诉讼、承担不必要的赔偿责任，在录用员工时，用人单位应当注意询问员工与原工作单位的劳动关系是否已经终止。依据该员工的叙述，已经解除了劳动关系的，则要求其提供解除或终止劳动合同的凭证，并保留原件，若提供证明确有困难的，可以考虑由员工签署相应的承诺书；如该员工尚未解除与原单位的劳动合同，或尚未办理完离职手续，则要求其提供原单位出具的同意该员工入职的书面证明。

其次，用人单位需要对劳动者是否存在诸如保密、竞业限制等后合同义务进行审查。在一些情况下，劳动者与原用人单位之间的劳动合同虽然已经履行完毕或解除，但仍然要对原公司承担如保密、竞业限制等义务。如果新单位忽略对新员工，特别是高级管理人员及关键技术人员等需要承担这些义务的员工的入职审查，原单位可能以该员工泄露了其商业秘密并且给其造成损失为由，将该员工与新单位一起告上法庭，新单位将因此而受到牵连，陷入不必要的法律纠纷。因此，用人单位在聘用新员工时，应主动询问其对原单位是否存在保密义务或竞业限制义务，并及时采取相应的措施来防范由此可能带来的法律风险。具体风险防范措施如下：询问劳动者与原用人单位是否有竞业限制的约定，对于表示未承担任何竞业限制义务的劳动者，要求其签署书面承诺，对于在竞业限制期内的劳动者，要求其出具与原工作单位不存在竞争关系的证明。此外，用人单位还可以在规章制度中将故意隐瞒与原单位的竞业限制义务规定为欺诈行为，主张劳动合同无效以解除劳动合同，并且不支付经济补偿金。询问劳动者是否与原用人单位订有保密协议，对于表示未承担保密义务的劳动者，要求其在合同或员工登记表中作出声明或保证，对于承担保密义务的劳动者，则要求其作出不利用原单位的保密信息为本单位服务的书面保证。

2. 个人基本信息

（1）身份信息

用人单位应当审查员工身份，尤其要核实员工年龄。对员工身份疏于审查可能导致以下法律风险：一是员工身份造假。员工身份造假会增加用人单位的用工风险，如用人单位对造成单位损失后擅自离职的员工追究责任十分困难，最终有可能导致单位损失无法弥补；如一旦发生工伤，社保可能拒绝偿付，导致用人单位可能因承担医疗费用而产生损失。二是员工年龄不满 16 周岁。用人单位与不满 16 周岁的劳动者签订合同，此合同不仅会因为违反法律的强制性规定而无效，从而增加用人单位的时间成本和金钱成本，而且用人单位有可能会面临行政处罚。

为了最大限度地避免录用到身份造假的劳动者、避免录用到未满 16 周岁的劳动者，用人单位应当要求入职员工出示身份证，留存身份证复印件，并要求员工对身份证件的真实性作出书面承诺。必要时，可登录身份证件查录网站对劳动者身份进行核实。

（2）教育背景、工作经历信息

用人单位在招聘时往往将应聘者的教育背景以及工作经历作为是否录用该劳动者的决定性因素。因此，如果劳动者向用人单位提供虚假的学历或工作阅历信息达到欺诈的程度，致使用人单位当初招录该劳动者的动因消失，可能会导致劳动合同无效。此外，教育背景及工作经历的虚假可能意味着劳动者工作能力不足，使用工效果大打折扣，延迟用人单位招用某种资质员工所要实现的目标，严重者会影响用人单位的正常运作。

为了避免以上风险给用人单位带来不必要的麻烦，对于劳动者教育背景的核实，用人单位应当要求劳动者出示毕业证书以及学历学位证书，留存复印件，并通过教育部学历查询机构查询其学历；对于劳动者工作经历的审查，用人单位应当要求劳动者在员工登记表中填写详细的工作经历，包括起止时间、工作单位、职务以及证明人相关信息，并通过拨打工作经历证明人的电话向其进行核实，如果企业没有员工登记表，则要求员工在个人简历上签字确认信息真实无误或者对简历内容的真实性作出书面承诺。此外，对关键岗位的员工，必要时可以委托专业调查机构对其进行必要的背景调查。

（3）健康状况信息

用人单位在雇用新员工时，应当在不违反法律的前提下注重对新员工的身体健康状况，尤其是对是否患有职业病进行审查。

实践中，对于新员工的健康状况审查，用人单位应当注意避免两种倾向：一是疏于审查；二是过于审查。一些企业为了节约成本，省略入职体检环节，从而使录用到患有疾病甚至是职业病的劳动者的风险大大提高。从企业运作上来看，如果入职员工患有一般疾病或职业病，不仅会影响其本职工作，浪费企业的人力资源，而且若是具有传染性还会对其他员工造成伤害，更加影响企业正常的生产经营活动。从法律后果上来看，如招用了患有一般疾病的劳动者，根据《劳动合同法》第四十条、第四十二条的规定，劳动者患病或者非因工负伤，在规定的医疗期内的（通常为三个月），用人单位不得解除劳动合同，在规定的医疗期满后不能从事原工作，也不能从事由用人单位另行安排的工作的，用人单位可以解除劳动合同，但需要履行相应的程序，并支付相应的经济补偿金和医疗补助费；如招用了患有职业病的员工，用人单位付出的代价会更大，按照《职业病防治法》规定，员工在工作中被发现患有职业病，除非用人单位有证据证明员工的职业病是由先前用人单位的职业危害造成的，否则就要承担相应责任。由此看来，用人单位注重眼前小利，对入职员工的身体健康状况疏于审查，可能造成将来一系列的烦琐程序以及更多不必要的费用支出，弊大于利。还有一些企业对于入职员工的身体健康状况过于关注，对新入职员工进行孕检、乙肝项目等检查，除非是特殊行业有特殊规定，否则该行为侵犯了他人隐私，涉嫌就业歧视。

综上所述，用人单位应当对劳动者的原劳动关系情况、个人基本信息以及健康状况信息进行入职审查，并通过采取以上方式防范可能发生的风险。除此之外，为了使用人单位用工风险防范措施更加完备，可以在劳动合同或员工登记表中加入声明条款，即“本人保证提供的学历证明、资格证明、工作经历等资料真实，作出的书面承诺与事实相符，如有虚假，公司可以立即解除劳动合同，并不予经济补偿”。

（三）入职告知

《劳动合同法》第八条规定：“用人单位招用劳动者时，应当如实告知劳动者工作内容、工作条件、工作地点、职业危害、安全生产状况、劳动报酬，以及劳动者要求了解的其他情况……”第二十六条规定：“隐瞒真实情况，诱使对方作出错误的判断而签订劳动合同，可以认定为欺诈，因欺诈手段使对方在违背真实意思的情况下而订立的劳动合同可认定为无效劳动合同。”因此，如实告知劳动者工作内容、工作条件、工作地点、职业危害、安全生产状况、劳动报酬以及劳动者要求了解的其他情况是用人单位的法定义务，应当自觉履行，否则用人单位可能会遭受劳动合同被认定为无效合同的法律风险，从而向劳动者支付经济补偿金和赔偿损失，甚至需要承担更加严重的法律责任。例如，未对劳动者如实告知职业危害的，依据《职业病防治法》的规定要对用人单位处以2万元至5万元的罚款。

实务操作中，从举证角度考虑，用人单位应当以书面告知形式向劳动者履行告知义务，并保留相关证据。具体说来，用人单位可以采取以下三种告知方式：

第一，在员工入职登记表中声明。在员工入职登记表中设计相关声明：“单位已经告知本人工作内容、工作条件、工作地点、职业危害、安全生产状况、劳动报酬以及本人要求了解的其他情况，本人在此签名，视为已接受单位告知的上述情况。”由员工在此声明处签名确认。

第二，在劳动合同中详细列明告知事项及内容。将劳动者的工作内容、工作条件、工作地点、职业危害、安全生产状况、劳动报酬以及本人要求了解的其他情况写入劳动合同或列入劳动合同附件，并由劳动者在劳动合同上签名确认，由此证明用人单位履行了告知义务。

第三，单独制作告知书。将已经口头告知劳动者的工作内容、工作条件、工作地点、职业危害、安全生产状况、劳动报酬以及劳动者要求了解的其他情况制作成书面形式的告知书，请劳动者签字认可，并留存，作为用人单位履行了告知义务的证据。

（四）禁止要求担保、禁止收取“风险抵押金”

实践中，用人单位为了保护自身的利益，在招聘员工时，尤其是招聘掌握用人单位财产的劳动者时，往往要求其提供担保或者“风险抵押金”。然而，《劳动合同法》第九条规定：“用人单位招用劳动者……不得要求劳动者提供担保或者以其他名义向劳动者收取财物。”第八十四条第二款规定：“用人单位违反本法规定，以担保或者其他名义向劳动者收取财物的，由劳动行政部门责令限期退还劳动者本人，并以每人五百元以上二千元以下的标准处以罚款；给劳动者造成损害的，应当承担赔偿责任。”因此，用人单位不得要求劳动者提供担保或者以其他名义向员工收取财物，否则用人单位不仅要将收取的财物返还劳动者，而且还将面临行政处罚、赔偿员工损失等法律风险。

因此，用人单位只能通过内部监控等其他途径来保障自身的利益，不得要求劳动者提供担保或者以其他名义向劳动者收取财物。注意“其他名义”的范围极广，如培训费、服装费、违约金等。法院在鉴定是否为法律所禁止的“以其他名义收取的财物”时，不注重名称，只关注实质。用人单位应确保其“以其他名义向劳动者收取的财物”不构成法律上所禁止的风险抵押金。

（五）用人单位应及时办理社会保险登记，依法为劳动者缴纳社会保险费

依照《社会保险法》等相关法律规定，用人单位应当自用工之日起三十日内为其职工向社会保险经办机构申请办理社会保险登记。用人单位在三十日内未为新录用员工办理社保登记，将承担相应的法律责任。第一，用人单位未依法办理社会保险登记、拖欠社会保险费的，将受到罚款等行政追责。第二，用人单位不办理社会登记，导致劳动者无法享受社会保险待遇的，一旦因此给劳动者造成损失的，用人单位应付赔偿责任。第三，如果用人单位不办理社会保险登记，一旦发生工伤，用人单位只能自行承担《工伤保险条例》规定的所有支付项目。

二、劳动合同的签订

（一）劳动合同订立时间与形式

《劳动合同法》第八十二条第一款规定：“用人单位自用工之日起超过一个月不满一年未与劳动者订立书面劳动合同的，应当向劳动者每月支付二倍的工资。”《劳动合同法》第十四条第三款规定：“用人单位自用工之日起满一年不与劳动者订立书面劳动合同的，视为用人单位与劳动者已订立无固定期限劳动合同。”由此可以看出，用人单位忽视劳动合同签订的时间或者未以书面形式订立劳动合同，将增加用工成本。

（二）劳动合同条款

1. 劳动合同欠缺法律规定的必备条款

《劳动合同法》第八十一条规定："用人单位提供的劳动合同文本未载明本法规定的劳动合同必备条款……由劳动行政部门责令改正；给劳动者造成损害的，应当承担赔偿责任。"《劳动合同法》第十七条第一款规定："劳动合同应当具备以下条款：（一）用人单位的名称、住所和法定代表人或者主要负责人；（二）劳动者的姓名、住址和居民身份证或者其他有效身份证件号码；（三）劳动合同期限；（四）工作内容和工作地点；（五）工作时间和休息休假；（六）劳动报酬；（七）社会保险；（八）劳动保护、劳动条件和职业危害防护；（九）法律、法规规定应当纳入劳动合同的其他事项。"因此，用人单位应当将以上必备条款纳入劳动合同中，否则将面临向劳动者承担赔偿责任的风险。

2. 劳动合同条款约定不明

劳动合同是确定企业与员工之间权利义务关系的凭证，同时也是处理劳动纠纷的重要证据。若劳动合同约定不明，一旦发生劳动纠纷，用人单位将处于被动地位，由劳动仲裁委员会、法院掌握裁量权，而劳动仲裁委员会与法院一般倾向于保护劳动者这一弱势群体，因此用人单位十有八九都会败诉。

总之，为了避免因欠缺必备条款或条款约定不明带来的上述法律风险，建议用人单位在起草劳动合同时采用律师起草的合同文本，或者在劳动合同文本起草后由律师进行审订。

（三）试用期

用人单位在录用劳动者时与劳动者约定试用期是实践中的普遍做法，但是约定的试用期条款若违反法律规定，将会给企业带来风险，造成损失。[①] 为了防范法律风险，用人单位应当注意以下事项：

第一，用人单位在约定试用期时应当注意不要超过法律规定的最长期限。《劳动合同法》第十九条第一款规定："劳动合同期限三个月以上不满一年的，试用期不得超过一个月；劳动合同期限一年以上不满三年的，试用期不得超过二个月；三年以上固定期限和无固定期限的劳动合同，试用期不得超过六个月。"

第二，用人单位应当注意禁止约定试用期的两种情形。以完成一定工作任务为期限的劳动合同或者劳动合同期限不满三个月的，以及非全日制用工的，不得约定试用期。

---

① 《劳动合同法》第八十三条规定："用人单位违反本法规定与劳动者约定试用期的，由劳动行政部门责令改正；违法约定的试用期已经履行的，由用人单位以劳动者试用期满月工资为标准，按已经履行的超过法定试用期的期间向劳动者支付赔偿金。"

第三，用人单位应当遵守法律关于试用期内最低工资的规定。《劳动合同法》第二十条规定："劳动者在试用期的工资不得低于本单位相同岗位最低档工资或者劳动合同约定工资的百分之八十，并不得低于用人单位所在地的最低工资标准。"

三、劳动合同履行和变更

用人单位与劳动者在双方劳动关系确定后，劳动合同的依约履行是双方最希望看到的，然而，合同履行过程中工作岗位、工作地点、薪资等问题的变更不可避免，本节主要讲述劳动合同的履行与变更。

（一）劳动合同履行

劳动合同的履行，是指用人单位与劳动者按照劳动合同、国家规定，全面、合法履行各自的义务，享有各自的权利。《劳动合同法》规定了劳动合同履行的一般原则，即全面原则、合法原则。所谓全面原则，是指用人单位与劳动者在任何时候，均应当履行劳动合同约定的全部义务，《劳动合同法》第二十九条规定："用人单位与劳动者应当按照劳动合同的约定，全面履行各自的义务。"所谓合法原则，是指履行劳动合同，必须遵守法律法规，不得有违法行为，《劳动合同法》第三十条、第三十一条、第三十二条着重强调合法的三个方面：第一，用人单位应当按照劳动合同约定和国家规定，向劳动者及时足额支付劳动报酬。用人单位拖欠或者未足额支付劳动报酬的，劳动者可以依法向当地人民法院申请支付令，人民法院应当依法发出支付令。第二，用人单位应当严格执行劳动定额标准，不得强迫或者变相强迫劳动者加班。用人单位安排加班的，应当按照国家有关规定向劳动者支付加班费。第三，劳动者对用人单位管理人员违章指挥、强令冒险作业有权拒绝，不视为违反劳动合同。对危害生命安全和身体健康的劳动条件，有权对用人单位提出批评、检举和控告。

我们将劳动合同履行过程中的常见问题梳理如下：

1. 加班争议

休息权是《宪法》规定的劳动者的基本权利。休息是劳动者身心健康和自由发展的保障，也是用人单位提高工作效率和工作质量的保障，更关乎社会的进步和创新。因此《劳动法》及其配套规定，对工时制度、休假制度进行详尽的规定，《劳动合同法》进一步规定用人单位应当严格执行劳动定额标准，不得强迫或者变相强迫劳动者加班。用人单位安排加班的，应当按照国家有关规定向劳动者支付加班费。

在处理有关加班的争议时，必须明确以下几点：第一，什么是加班？第二，加班如何认定？第三，加班费如何支付？为读者理解的方便，我们先以标准工时制度下的加班，予以陈述。

（1）什么是加班？

加班，是指劳动者在正常工作时间以外，继续从事自己的本职工作。加班至少包含两个要素，一是时间的要求，即工作时间以外；二是工作内容的要求，即从事自己的本职工作。

标准工时制度下，劳动者的工作时间是每日工作 8 小时、每周工作 40 小时。[①]其中从事自己本职工作，是指劳动者在工作时间以外的工作内容与工作时间内的工作内容具有同质性。正常工作时间以外与从事自己的本职工作是加班不可或缺的两个因素。同时，《劳动合同法》规定用人单位安排加班的，应当按照国家规定向劳动者支付加班费。我们可以看出，用人单位支付加班费的加班必须满足三个条件：正常工作时间以外＋从事自己的本职工作＋用人单位安排。这三个条件缺一不可。

（2）加班如何认定？

这首先是一个举证责任如何分配的问题。《劳动争议调解仲裁法》第六条规定："发生劳动争议，当事人对自己提出的主张，有责任提供证据。与争议事项有关的证据属于用人单位掌握管理的，用人单位应当提供；用人单位不提供的，应当承担不利后果。"第三十九条第二款规定："劳动者无法提供由用人单位掌握管理的与仲裁请求有关的证据，仲裁庭可以要求用人单位在指定期限内提供。用人单位在指定期限内不提供的，应当承担不利后果。"2010 年 9 月 14 日生效的最高人民法院《关于审理劳动争议案件适用法律若干问题的解释（三）》第九条规定："劳动者主张加班费的，应当就加班事实的存在承担举证责任。但劳动者有证据证明用人单位掌握加班事实存在的证据，用人单位不提供的，由用人单位承担不利后果。"

可以看出，劳动者就加班事实的存在承担举证责任，劳动者举证不能的，应当承担败诉的风险，此举证责任的分配符合基本的法理。同时，因为用人单位与劳动者之间是管理与被管理的隶属关系，用人单位处于管理者的地位，比处于被管理者角度的劳动者，掌握更多的材料，特殊要求用人单位提供其掌握管理的材料，也具有合理性。不过，需要明确的是，有关规定通常从管理的角度，赋予用人单位一些职责，如《北京市工资支付规定》第十三条规定："用人单位应当按照工资支付周期编制工资支付记录表，并至少保存二年备查。工资支付记录表应当主要包括用人单位名称、劳动者姓名、支付时间以及支付项目和金额、加班工资金额、应发金额、扣除项目和金额、实发金额等事项。劳动者有权查询本人的工资支付记录。"用人单位应该按照规定规范自己的管理行为，但是如果用人单位没有按照规定编制工资支付记录表，或者编制的工资支付记录表不符合规定，在劳动者提出加班费要求时，不能提供符合要求的工资支付记录表，并不能当然推定加班事实的存在，仍

① 1994 年 7 月 5 日全国人大常委会通过的《劳动法》第三十六条规定国家实行劳动者每日工作时间不超过八小时、平均每周工作时间不超过四十四小时的工时制度；第三十八条规定用人单位应当保证劳动者每周至少休息一日。1995 年 5 月 1 日起施行的《国务院关于职工工作时间的规定》第三条规定职工每日工作八小时、每周工作四十小时。

要对劳动者提供的证据进行审查，以最终认定是否存在加班事实。

加班如何认定，其次是一个哪些证据可以证明加班的问题。哪些证据可以证明加班？因为绝大多数的企业实行考勤制度，如上下班进行电子打卡，因此考勤记录是很多劳动者在提起仲裁时，能够提供的材料，甚至是唯一能够提供的材料。但是，如前所述，用人单位支付加班费的加班，必须满足三个条件：正常工作时间以外＋从事自己的本职工作＋用人单位安排。

（3）加班费如何支付？

用人单位安排劳动者加班的，应当按照国家有关规定向劳动者支付加班费。根据《劳动法》第四十四条，加班费的计算标准是：安排劳动者延长工作时间（即工作日加班——笔者注）的，支付不低于工资的百分之一百五十的工资报酬；休息日安排劳动者工作又不能安排补休的，支付不低于工资的百分之二百的工资报酬；法定节假日安排劳动者工作的，支付不低于工资的百分之三百的工资报酬。此条不但规定了加班费的计算标准，而且明确规定了加班与补休的关系，用人单位均应予以注意。

a. 关于加班费的计算基数

根据1990年1月1日国家统计局1号令发布的《国家统计局关于工资总额组成的规定》第四条规定，工资总额由计时工资、计件工资、奖金、津贴和补贴、加班加点工资、特殊情况下支付的工资六部分组成。加班费的计算，以“工资”为计算基数，其中的工资包括工资总额中的哪些部分呢？

劳动与社会保障部1994年12月6日印发的《工资支付暂行规定》对加班工资的计算进行了明确，其第十三条第一款规定：“用人单位在劳动者完成劳动定额或规定的工作任务后，根据实际需要安排劳动者在法定标准工作时间以外工作的，应按以下标准支付工资：（一）用人单位依法安排劳动者在日法定标准工作时间以外延长工作时间的，按照不低于劳动合同规定的劳动者本人小时工资标准的150%支付劳动者工资；（二）用人单位依法安排劳动者在休息日工作，而又不能安排补休的，按照不低于劳动合同规定的劳动者本人日或小时工资标准的200%支付劳动者工资；（三）用人单位依法安排劳动者在法定休假日工作的，按照不低于劳动合同规定的劳动者本人日或小时工资标准的300%支付劳动者工资。”即加班费的计算基数是劳动合同规定的本人日工资或小时工资标准。

劳动报酬是劳动合同必备条款，但是实践中存在未签订劳动合同或者签订的劳动合同不符合法律规定，缺少劳动报酬这一必备条款的情况，有的地方性法规对加班工资的日或小时工资基数进行了进一步的明确，如《北京市工资支付规定》第四十四条规定，“加班工资的日或者小时工资基数、根据第十九条支付劳动者休假期间工资，以及根据第二十三条第一款支付劳动者产假、计划生育手术期间工资，应当按照下列原则确定：（一）按照劳动合同约定的劳动者本人工资标准确定；（二）劳动合同没有约定的，按照集体合同约定的加班工资基数……确定；（三）劳动合同、集体合同均未约定的，按照劳动者本人正常劳动应得的工资确定。依照前款确定的加班工资基数以及各科假期工资不得低于本市规定的最低工资标准”。

实践中存在用人单位与劳动者在劳动合同中约定工资标准的同时约定按最低工资标准或低于劳动合同约定的工资标准作为加班工资基数的情况，如用人单位在劳动合同中与劳动者约定劳动者月薪1500元，加班一小时，用人单位支付10元加班费，发生争议时，劳动者要求以1500元为基数，按法定标准计算加班费。这种情况，根据前述《北京市高级人民法院、北京市劳动争议仲裁委员会关于劳动争议案件法律适用问题研讨会会议纪要》第十九条规定，对于加班工资的日或小时工资基数的确定，应参照《北京市工资支付规定》第四十四条的规定执行。用人单位与劳动者在劳动合同中约定了工资标准，但同时又约定以本市最低工资标准或低于劳动合同约定的工资标准作为加班工资基数，劳动者主张以劳动合同约定的工资标准作为加班工资基数的，应予支持。

b. 加班与补休

《劳动法》对安排劳动者延长工作时间、休息日安排劳动者工作、法定节假日安排劳动者工作是支付加班工资报酬还是安排补休，有明确的规定，只有休息日安排劳动者工作才可以补休，平日安排劳动者延长工作时间或法定节假日安排劳动者工作只能支付加班报酬。

（4）值班问题①

法律明确规定了加班，并规定了加班的工资报酬支付标准，但是实践中还存在一些情形，如春节放假期间，用人单位安排住家比较近的员工轮流到单位值班等。这种情形，劳动者人在单位，但没有像平常一样工作，为用人单位提供劳动。让用人单位按加班费标准给付工资报酬，有些失之公允，但是劳动者又确实付出了时间和精力，不支付一定的待遇同样失之公允，就此问题实践中主要考量规章制度对此是否有规定等因素。

虽然法律仅明确规定了加班，但是，不是一切用人单位安排的劳动者在正常工作时间以外的行为都是加班。加班是要具备正常工作时间以外+从事自己的本职工作+用人单位安排这三项缺一不可的条件的，这一点可以再次明确。

那么，值班如何给付工资待遇？

就这一问题，实践中《北京市高级人民法院、北京市劳动争议仲裁委员会关于劳动争议案件法律适用问题研讨会会议纪要》第二十二条是处理值班问题的主要参考。该条规定：“下列情形中，劳动者要求用人单位支付加班工资的，一般不予支

---

① 详细参考北京市兰台律师事务所出版的《劳动疑难问题操作指引》。

持：（1）用人单位因安全、消防、节假日等需要，安排劳动者从事与本职工作无关的值班任务；（2）用人单位安排劳动者从事与其本职工作有关的值班任务，但值班期间可以休息的。在上述情况下，劳动者可以要求用人单位按照劳动合同、规章制度、集体合同等支付相应待遇。”此规定的实质是，两种情形：一是用人单位因安全、消防、假日等需要，临时安排或根据制度安排与劳动者本职无关联的工作；二是用人单位安排劳动者从事与其本职工作有关的值班任务，但值班期间可以休息的，不按加班处理。

2. 加班争议应对之策

要回答好这两个问题，既依赖于庞杂的法律法规的学习，又依赖于丰富实践经验的积累，而且根据不同的企业，好的答案是不同的，没有任何答案具有普适性。在此，我们根据前述的案例和读者一起探索两点应对之策。

（1）选择适当的工时制度

《劳动法》第三十六条、第三十八条规定了标准工时制度，《劳动法》第三十九条规定：“企业因生产特点不能实行本法第三十六条、第三十八条规定的，经劳动行政部门批准，可以实行其他工作和休息办法。”《国务院关于职工工作时间的规定》第五条规定：“因工作性质或者生产特点的限制，不能实行每日工作8小时，每周工作40小时标准工时制度的，按照国家有关规定，可以实行其他工作和休息办法。”即除标准工时制度外，经行政审批，企业可以采用其他工时制度。

根据2003年12月9日颁布的《北京市企业实行综合计算工时工作制和不定时工作制的办法》第四条的规定：“企业确因生产经营特点和工作的特殊性不能实行每日工作8小时，每周工作40小时的，经申报、批准可以实行综合计算工时工作制或者不定时工作制。”即除标准工时制度外，还有综合计算工时工作制和不定时工作制。

其中，综合计算工时工作制是指采用以周、月、季、年等为周期综合计算工作时间的工时制度，适用于从事下列工种或者岗位的人员：a. 因工作性质需连续作业的。b. 生产经营受季节及自然条件限制的。c. 受外界因素影响，生产任务不均衡的。d. 因职工家庭距工作地点较远，采用集中工作、集中休息的。e. 实行轮班作业的。f. 可以定期集中安排休息、休假的。不定时工作制是指因企业生产特点、工作特殊需要或职责范围的关系，无法按标准工作时间安排工作或因工作时间不固定，需要机动作业的职工所采用的弹性工时制度，适用于从事下列工种或者岗位的人员：a. 高级管理人员。b. 外勤、推销人员。c. 长途运输人员。d. 长驻外埠的人员。e. 非生产性值班人员。f. 可以自主决定工作、休息时间的特殊工作岗位的其他人员。

综合计算工时工作制、不定时工作制加班费的计算：

实行综合计算工时工作制的企业，在综合计算周期内，某一具体日（或周）的实际工作时间可以超过 8 小时（或 48 小时），综合计算周期内的总实际工作时间超过总法定标准工作时间时，超过部分视为延长工作时间，支付不低于工资的 150% 的劳动报酬，其中法定休假日安排劳动者工作的，支付不低于工资的 300% 的工资报酬。同时根据劳部发〔1995〕309 号《关于贯彻执行〈中华人民共和国劳动法〉若干问题的意见》第六十二条规定，实行综合计算工时工作制的企业职工，工作日正好是周休息日的，属于正常工作；工作日正好是法定节假日时，要依照《劳动法》第四十四条第三项的规定（不低于工资的 300%——引者注）支付职工的工资报酬。

实行不定时工作制的劳动者，企业应当根据标准工时制度合理确定职工的劳动定额或其他考核标准，保障职工休息权利，但对于在法定节假日工作或存在加班的情况下，加班费如何支付，全国适用的法律没有规定，劳部发〔1994〕489 号《工资支付暂行规定》第十三条第四款仅规定，实行不定时制度的劳动者，不执行标准工时制度下劳动者在法定标准工作时间以外工作支付工资的规定，各地具体规定有所不同。[①] 分析标准工时制度、综合计算工时制度、不定时工作制度，综合计算工时制度、不定时工作制度比较灵活，如果符合申请综合计算工时制度、不定时工作制度的条件，可以省去部分加班费的支付。

（2）完善劳动合同、规章制度并严格按照劳动合同、规章制度执行

用人单位完善规章制度，加强加班的流程管理的重要性，因为法律规定用人单位在制定、修改或者决定有关劳动报酬、工作时间、休息休假、劳动安全卫生、保险福利、职工培训、劳动纪律以及劳动定额管理等直接涉及劳动者切身利益的规章制度或者重大事项时，应当经职工代表大会或者全体职工讨论，提出方案和意见，与工会或者职工代表平等协商确定，需要一定的程序，因此对于加班的审批程序等，最好能规定到劳动合同中。

同时，特别需要说明的是，劳动合同、规章制度完善后，要严格按照劳动合同、规章制度的规定执行，实践中有的单位劳动合同、规章制度中都明确规定了加班的审批流程，但是实际操作中从没有执行过，这种情况，并没有实际的效用，不能避免不适当的加班费。

另外，通过合理设计薪酬制度等，都可以减少企业的用工成本，但具体的用人单位适用怎样的应对策略，还需要在充分了解企业情况的基础上，结合企业的具体情况，量身定做。

---

① 地方性法规中，有的没有规定，如《北京市工资支付规定》第十七条仅规定用人单位经批准实行不定时工作制度的，不适用标准工时制度下用人单位依法安排劳动者在标准工作时间以外工作支付加班工资的规定；有的地方做了明确，如《上海市企业工资支付办法》第十三条第四款规定，经人力资源社会保障行政部门批准实行不定时工时制的用人单位，在法定休假节日安排劳动者工作的，按照不低于劳动者本人日或小时工资标准的 300% 支付工资。

（二）劳动合同变更

劳动合同变更是指劳动合同依法订立后，在合同尚未履行或者尚未履行完毕之前，经用人单位和劳动者双方当事人协商同意，对劳动合同内容进行修改、补充或者删减的法律行为。《劳动合同法》规定“用人单位与劳动者协商一致，可以变更劳动合同约定的内容”，可见，协商一致原则是劳动合同变更的一般原则。同时，《劳动合同法》规定：“变更劳动合同，应当采用书面形式。变更后的劳动合同文本由用人单位和劳动者各执一份。”即劳动合同变更的形式必须是书面形式。实践中，因用人单位调整工作岗位、工作地点，引发的争议并不鲜见。

变更劳动合同，应当采用书面形式。但是，实践中存在大量没有采用书面形式而口头变更的劳动合同，且有些口头变更的劳动合同已经履行了很长时间。2013 年 2 月 1 日，最高人民法院《关于审理劳动争议案件适用法律若干问题的解释（四）》开始施行，其中第十一条规定：“变更劳动合同未采用书面形式，但已经实际履行了口头变更的劳动合同超过一个月，且变更后的劳动合同内容不违反法律、行政法规、国家政策以及公序良俗，当事人以未采用书面形式为由主张劳动合同变更无效的，人民法院不予支持。”

1. 变更争议

不管是增设分支机构还是扩大业务区域，因企业发展带来的工作地点、工作岗位的调动越来越多，这些都涉及劳动合同的变更。用人单位妥善处理这些变更带来的问题，非常重要。

《劳动合同法》规定，依法订立的劳动合同具有约束力，用人单位与劳动者应当履行劳动合同约定的义务。劳动合同订立后，自应成为用人单位与劳动者之间神圣的契约，双方都应该尊重劳动合同的约定，不应该随意变更。因此，如果用人单位单方变更劳动合同的内容，劳动者又不同意的情况下，用人单位就面临承担严重责任（如违法解除的责任）的风险。

2. 劳动合同协商一致变更的例外

法律之所以规定特定情况下，用人单位单方变更合同的权利，主要是因为：劳动者患病或者非因工负伤，在规定的医疗期满后不能从事原工作的；劳动者不能胜任工作的；患职业病或者因工负伤并被确认部分丧失劳动能力，达到伤残等级五级至六级的；女职工在孕期、哺乳期的，不能胜任工作的。

3. 变更争议应对之策

（1）化变更为约定

用人单位在签订劳动合同时应该根据实际情况，如经营场所不在一地，对员工的工作地点、工作岗位变动可能有一定的预见。这样，用人单位可以根据预见的变动与劳动者协商，在劳动合同中约定合理的变更条件，如该条件成就了，用人单位可以根据约定进行变更。如明确约定用人单位可以在几个地点之间调动劳动者的工作地点或者约定如果劳动者达不到一定的经营业绩，用人单位可以在几个岗位之间调动其职位等。

需要提醒的是，劳动合同作为合同必须满足“内容具体明确”的要求，对变更进行约定，也必须具备具体明确的要求。实践中有的用人单位考虑到可能的变更，在劳动合同中约定：“单位可以根据工作需要随时调整员工的工作岗位，员工必须服从。”但是，劳动者不可能就随时调整作出预见，因此这种不够具体明确的约定，难以得到法律的支持。

（2）履行合适的程序

劳动合同的变更需要用人单位与劳动者协商一致，作为用人单位来说，因为主客观的原因与劳动者协商变更劳动合同时，需要掌握一定的技巧，如最好先做一些调查，侧面了解一下，如果变更劳动合同的内容，劳动者会有什么样的态度，然后以口头形式向劳动者提出，并留给劳动者一定的考虑期。

另外，书面通知的使用，一定要谨慎，除法律有明确要求，如“劳动合同期限届满前，用人单位应当提前30日将终止或者续订劳动合同意向以书面形式通知劳动者”，或者需要以书面形式固定下来，尽量不要一开始就以书面形式向劳动者发出通知。

四、劳动合同的解除与终止

劳动合同的解除与终止都是劳动合同终结的方式，基于劳动合同的终结对于劳动者影响重大，我国现行的《劳动法》以及《劳动合同法》对于用人单位解除劳动合同的条件和程序，以及劳动合同终止的条件都进行了强制性的规定。就劳动合同终止，《劳动法》与《劳动合同法》的规定有所不同，《劳动法》第二十三条规定：“用人单位和员工可以在劳动合同中约定终止条件，约定的终止条件出现时，劳动合同即行终止。”《劳动合同法》规定的劳动合同终止情形包括：劳动合同期满；劳动者开始依法享受基本养老保险待遇；劳动者死亡，或者被人民法院宣告死亡或者宣告失踪；用人单位被依法宣告破产；用人单位被吊销营业执照、责令关闭、撤销或者用人单位决定提前解散；法律、行政法规规定的其他情形。

劳动合同解除以具体由劳动者还是用人单位发起分为如下几种方式（如图），不同的劳动合同解除方式在解除程序以及解除的法律后果上均存在差异。

- 劳动合同解除
  - 劳动者提出解除
    - 因自身原因离职
    - 因单位违法而解除
  - 用人单位解除
    - 过错解除
    - 非过失性解除
    - 经济型裁员
  - 协商一致

（一）用人单位可以单方解除劳动合同的情形

方式	劳动合同法	特殊人群的限制
1. 用人单位单方解除——过失性辞退	第三十九条："劳动者有下列情形之一的，用人单位可以解除劳动合同： （一）在试用期间被证明不符合录用条件的； （二）严重违反用人单位的规章制度的； （三）严重失职，营私舞弊，给用人单位造成重大损害的； （四）劳动者同时与其他用人单位建立劳动关系，对完成本单位的工作任务造成严重影响，或者经用人单位提出，拒不改正的； （五）因本法第二十六条第一款第一项规定的情形致使劳动合同无效的； （六）被依法追究刑事责任的。"	不受任何限制
2. 提前通知解除——无过失性辞退	第四十条："有下列情形之一的，用人单位提前三十日以书面形式通知劳动者本人或者额外支付劳动者一个月工资后，可以解除劳动合同： （一）劳动者患病或者非因工负伤，在规定的医疗期满后不能从事原工作，也不能从事由用人单位另行安排的工作的； （二）劳动者不能胜任工作，经过培训或者调整工作岗位，仍不能胜任工作的； （三）劳动合同订立时所依据的客观情况发生重大变化，致使劳动合同无法履行，经用人单位与劳动者协商，未能就变更劳动合同内容达成协议的。"	《劳动法》第二十九条："……（一）患职业病或者因工负伤并被确认丧失或者部分丧失劳动能力的；（二）患病或者负伤，在规定的医疗期内的；（三）女职工在孕期、产期、哺乳期内的；（四）法律、行政法规规定的其他情形。"
3. 经济型裁员	第四十一条："有下列情形之一，需要裁减人员二十人以上或者裁减不足二十人但占企业职工总数百分之十以上的，用人单位提前三十日向工会或者全体职工说明情况，听取工会或者职工的意见后，裁减人员方案经向劳动行政部门报告，可以裁减人员： （一）依照企业破产法规定进行重整的； （二）生产经营发生严重困难的； （三）企业转产、重大技术革新或者经营方式调整，经变更劳动合同后，仍需裁减人员的； （四）其他因劳动合同订立时所依据的客观经济情况发生重大变化，致使劳动合同无法履行的。 裁减人员时，应当优先留用下列人员：	《劳动合同法》第四十二条："……（一）从事接触职业病危害作业的劳动者未进行离岗前职业健康检查，或者疑似职业病病人在诊断或者医学观察期间的；（二）在本单位患职业病或者因工负伤并被确认丧失或者部分丧失劳动能力的；（三）患病或

续表

方式	劳动合同法	特殊人群的限制
3. 经济型裁员	（一）与本单位订立较长期限的固定期限劳动合同的； （二）与本单位订立无固定期限劳动合同的； （三）家庭无其他就业人员，有需要扶养的老人或者未成年人的。 用人单位依照本条第一款规定裁减人员，在六个月内重新招用人员的，应当通知被裁减的人员，并在同等条件下优先招用被裁减的人员。”	者非因工负伤，在规定的医疗期内的；（四）女职工在孕期、产期、哺乳期的；（五）在本单位连续工作满十五年，且距法定退休年龄不足五年的；（六）法律、行政法规规定的其他情形。”

（二）用人单位单方解除劳动合同的操作流程

用人单位不能任意单方启动劳动合同的解除程序，为确保劳动合同的合法解除，用人单位应当遵循一定的程序。

（1）确定解除劳动合同的理由

不同的解除理由意味着不同的举证责任，以及是否需要支付经济补偿金，包括是否存在特殊人群的限制，所以，确定劳动合同解除理由，是启动劳动合同解除的第一步。

（2）评估解除理由的证据是否能确保劳动合同解除的合法，如果用人单位有工会，应当征得工会同意

劳动合同解除违法时，劳动者有权选择继续履行劳动合同，或者要求用人单位支付经济赔偿金，所以，评估解除理由所依据的证据是否足以支撑解除的合法至关重要。

从程序上讲，如果用人单位存在工会，应当及时征得工会的同意。

（3）制作书面解除劳动合同通知书，并且有效送达给劳动者

解除劳动合同通知书应当载明用人单位解除劳动合同的事实、理由及依据。

确定劳动者有效邮寄地址至关重要，就此，首先需要看双方合同对此有无明确约定，如果未明确约定，其次看入职登记表中是否有相关信息，如果均无相关信息，则需要根据身份证地址等确定，最后，根据情况确定是否需要通过报纸等公开媒体公告送达。

（4）在解除或者终止劳动合同时出具解除或者终止劳动合同的证明，并在十五日内为劳动者办理档案和社会保险关系转移手续

除此之外，用人单位是否启动竞业禁止等，应根据双方协议约定等做出安排。

如果需要支付经济补偿金的，用人单位依照协定，在劳动者办理工作交接时支付。

用人单位对已经解除或者终止的劳动合同的文本，至少保存 2 年备查。

（5）督促劳动者办理工作交接，以及做好劳动者不予配合交接时的应对工作，以确保用人单位运转的正常

（三）劳动合同解除以及终止误区

1. 误区一：试用期中用人单位可随时解除劳动合同

许多用人单位认为，既然是试用期，单位可随时让劳动者走人。其实，试用期中用人单位单方解除劳动合同也必须符合法定的解除条件及程序。《劳动合同法》第二十一条规定，在试用期中，除劳动者有本法第三十九条和第四十条第一项、第二项规定的情形外，用人单位不得解除劳动合同。用人单位在试用期解除劳动合同的，应当向劳动者说明理由。

因此，试用期中解除劳动合同的法定解除条件是劳动者有《劳动合同法》第三十九条和第四十条第一项、第二项规定的情形，法定的程序是向劳动者说明理由。

2. 误区二：用人单位调整劳动者工作岗位后，即可与劳动者解除劳动合同

《劳动合同法》第四十条第二项规定：劳动者不能胜任工作，经过培训或者调整工作岗位，仍不能胜任工作的，用人单位提前三十日以书面形式通知劳动者本人或者额外支付劳动者一个月工资后，可以解除劳动合同。司法实践中，很多用人单位为解除劳动合同，先给劳动者调整岗位，甚至是多次调整岗位之后，再与劳动者解除劳动合同。

其实，劳动者不能胜任工作，经过培训或者调整工作岗位，仍不能胜任工作的情形，用人单位提出解除，不仅要调整工作岗位，最重要的是证明劳动者“不能胜任工作”，且调整工作岗位后“仍不能胜任工作”，否则，调整岗位只能视为劳动合同的变更，而劳动合同的变更如前所述，用人单位不能随意进行，必须与劳动者协商一致。劳动者不能胜任工作的，用人单位有权根据自身需要单方面对劳动者的岗位进行必要的、合理的调整，这是用人单位行使用工自主权的一种方式。但是，并不能随意对劳动者的工作岗位进行调整，达到合法解除劳动合同的目的。

3. 误区三：女职工在孕期、产期、哺乳期的，用人单位不能解除劳动合同

《劳动合同法》第四十二条规定：劳动者有下列情形之一的，用人单位不得依照本法第四十条、第四十一条的规定解除劳动合同：（一）从事接触职业病危害作业的劳动者未进行离岗前职业健康检查，或者疑似职业病病人在诊断或者医学观察期间的；（二）在本单位患职业病或者因工负伤并被确认丧失或者部分丧失劳动能力的；（三）患病或者非因工负伤，在规定的医疗期内的；（四）女职工在孕期、产期、哺乳期的；（五）在本单位连续工作满十五年，且距法定退休年龄不足五年的；（六）法律、行政法规规定的其他情形。

《劳动合同法》第四十二条规定了用人单位不得解除劳动合同的情形，其中包括女职工在孕期、产期、哺乳期的情形，许多劳动者和用人单位，误认为只要女职工在孕期、产期、哺乳期，用人单位即不能解除劳动合同。其实，《劳动合同法》第四十二条规定的是用人单位不得依照《劳动合同法》第四十条、第四十一条的规定解除劳动合同。也就是说，用人单位与劳动者解除劳动合同，可以依据第三十六条与劳动者协商一致解除或者依据第三十九条与劳动者解除合同。《劳动合同法》对处于孕期的女职工有特殊的保护，但任何保护都有一定的限度，在女职工有严重过失的情况时，用人单位一样可以解除劳动合同。《劳动合同法》第四十二条规定的其他情形，与女职工在孕期、产期、哺乳期的情形一样，用人单位也可以依据第三十六条与劳动者协商一致解除或者依据第三十九条与劳动者解除合同。

4. 误区四：无固定期限的劳动合同不能解除

无固定期限劳动合同，是指用人单位与劳动者约定无确定终止时间的劳动合同。《劳动合同法》第十四条第二款规定："用人单位与劳动者协商一致，可以订立无固定期限劳动合同。有下列情形之一，劳动者提出或者同意续订、订立劳动合同的，除劳动者提出订立固定期限劳动合同外，应当订立无固定期限劳动合同：（一）劳动者在该用人单位连续工作满十年的；（二）用人单位初次实行劳动合同制度或者国有企业改制重新订立劳动合同时，劳动者在该用人单位连续工作满十年且距法定退休年龄不足十年的；（三）连续订立二次固定期限劳动合同，且劳动者没有本法第三十九条和第四十条第一项、第二项规定的情形，续订劳动合同的。"第三款规定："用人单位自用工之日起满一年不与劳动者订立书面劳动合同的，视为用人单位与劳动者已订立无固定期限劳动合同。"

实践中存在无固定期限的劳动合同不能解除的误解，其实用人单位与劳动者订立无固定期限的劳动合同后，同样可以根据《劳动合同法》规定，与劳动者协商一致解除或在具备法定的解除条件时，与劳动者解除。

法律规定出现一定情形，用人单位应当与劳动者签订无固定期限的劳动合同后，很多用人单位采取措施避免签订无固定期限的劳动合同，认为一旦签订无固定期限的劳动合同，就不能再与劳动者解除合同，影响劳动者的工作积极性，甚至担心要为劳动者终身埋单。其实如前所述，无固定期限的劳动合同并不可怕，同样可以解除。

5. 误区五：固定期限劳动合同一定可以到期终止

用人单位和劳动者第一次签订的固定期限的劳动合同在劳动合同期限届满后，如果用人单位决定不续签的，提前三十天通知劳动者后，劳动合同到期终止。但有一个例外，即劳动合同到期时，如果劳动者属于在医疗期、"三期"等特殊情况时，劳动合同顺延至相应期限届满。

用人单位与劳动者第二次订立固定期限劳动合同期限届满时，用人单位是否可以在到期前再享有单方终止权，目前各地操作不一，北京市现在的观点是用人单位无权选择订立固定期限劳动合同或终止劳动合同。

为此，用人单位需要了解：

（1）即使第一次签订固定期限的劳动合同，也并非劳动合同到期当然终止，需要用人单位提前三十天通知劳动者不再续签。就北京市而言，未提前通知的法律后果为支付未提前通知天数的工资作为补偿。

（2）对于在劳动合同到期时因医疗期等特殊原因导致合同顺延的，一定在顺延期限届满前根据情况确定是否续签，并及时发出相应的通知。

（3）在第二次劳动合同到期前，需了解劳动者是否存在《劳动合同法》第三十九条和第四十条第一款、第二款的情形，并向劳动者发出续签的通知。

第四节　劳动争议的解决路径

任何企业都很难避免劳动争议的产生，劳动争议的产生并不可怕，采取妥善的方式处理，可以消除或者降低其对企业正常生产、经营及管理的不利影响。

根据最高人民法院《实现审判服务经济社会发展的新常态》的相关内容，2014年全国法院新收合同纠纷一审案件4589375件，同比上升11.36%。合同类纠纷类型比较集中，主要发生在与人民群众日常生活比较密切的领域，新收案件数量居合同案件前五位的类型是借款合同、买卖合同、劳动争议、服务合同、房地产开发经营合同纠纷，五类案件占到一审合同案件数量的72.79%。根据以上数据也可以看出，劳动争议处于高发态势。在这样的背景下，企业如何有效控制以及处理劳动争议案件至关重要。

值得说明的是，以上统计仅包括进入法院层面的劳动纠纷，实践中大量的纠纷并未进入法院，而未进入法院层面的劳动纠纷，其影响力并不亚于进入法院层面的劳动纠纷。比如发生在2014年的裕元鞋厂罢工事件：裕元鞋厂是代工国际名牌运动鞋的台资劳动密集型企业，现有职工4.5万人，最高峰时有职工12万人，是东莞市高埗镇第一大企业。根据公开的信息以及媒体报道，事件经过大致如下：2014年3月，员工发现社保缴费年限不足、缴费基数偏低、未缴住房公积金，向政府部门投诉得不到及时处理。2014年4月5日，投诉未果的员工开始聚集、堵路，要求企业补缴社保和住房公积金。企业答应于4月14日公布社保缴费调整方案，但企业公布的方案未回应社保和住房公积金补缴问题，仅承诺从5月1日起逐步提高社保缴费基数，至2015年年底实现足额缴纳。员工极度不满，矛盾彻底爆发。员工诉求从最初单纯要求补缴社保和住房公积金，变成要求企业将补缴社保和住房公积金的费用直接折现给职工等超越法律规定的请求。之后，相关部门正式介入此事，东莞市社会保障局已向企业发出了《社会保险限期改正指令书》，责令企业于4月25日前进行依法整改。4月28日，工厂全面复工。据《华尔街日报》报道，裕元公司表示，东莞工厂罢工所造成的损失估计达2700万美元。①

可见，不论是进入司法程序的劳动纠纷，还是未进入司法程序的劳动纠纷，目前都处于高发态势，对于任何企业而言，妥善处理劳动纠纷都至关重要。

一、企业如何看待劳动争议

劳动争议绝不是仲裁申请书或者起诉状显示得那样简单，亦不是只有到了仲裁或者诉讼解决才叫劳动争议。任何情况下，只要员工与企业产生了争议，即属于劳动争议。劳动争议的妥善处理至关重要，劳动争议如果处理不当，极易成为诱发刑事案件的要素之一，类似报道不绝于耳。比如发生在2014年12月的龙岗南联一工厂人事主管被砍事件，根据媒体报道②，该员工因离职工资结算事宜与人事主管发生冲突，最后演变为“砍人事件”。

因此，企业看待劳动争议不能局限在仲裁申请书或起诉状中，应当多维度地看待这个问题。小到员工请年休假、迟到到底要不要扣钱，大到劳动合同解除等，笔者在实践中遇到过，员工就因为单位不批年休假而将用人单位告上仲裁的案件，所以，劳动关系无小事。

（一）劳动争议属于法律问题还是管理问题

笔者一直强调，劳动争议绝不能仅仅看成法律问题来对待，毕竟劳动争议的一方是“员工”，员工的这份工作关涉着他自身的发展、他的家庭，甚至好几个家庭；劳动争议的另一方是“企业”，其初衷在于盈利，而非与员工辨明是非。并且，劳动双方的关系并非单次交易，而是“日久生情”的关系。所以，我们很难仅靠工资、加班费、经济补偿金等这些法律问题真正解决双方之间的问题。

以笔者的经验看，任何一个劳动争议的呈现方式都是法律问题，但不少法律问题背后隐藏的却是管理问题，包括管理方式的问题。而分析一个争议到底是法律问题，还是隐含着管理问题，直接影响到纠纷能否彻底解决。解决劳动争议绝对不能仅仅停留在法律层面。

---

① 裕元：《预计罢工造成2700万美元损失》，载南都网，http：//ndfinance.oeeee.com/html/201404/28/998667.html，浏览时间：2015年6月17日。

② 《人事主管遭到报复谁该反思?》，载新浪网，http：//news.sina.com.cn/o/2014-12-27/000531332797.shtml，浏览时间：2015年6月17日。

（二）劳动争议属于权利争议还是利益争议

从法律上讲，劳动合同纠纷的案由[①]包括：1. 劳动合同纠纷：（1）确认劳动关系纠纷。（2）集体合同纠纷。（3）劳务派遣合同纠纷。（4）非全日制用工纠纷。（5）追索劳动报酬纠纷。（6）经济补偿金纠纷。（7）竞业限制纠纷。2. 社会保险纠纷：（1）养老保险待遇纠纷。（2）工伤保险待遇纠纷。（3）医疗保险待遇纠纷。（4）生育保险待遇纠纷。（5）失业保险待遇纠纷。3. 福利待遇纠纷。但在很多案件中，基于案由以及申请内容并不能真正反映劳动争议案件发生的原因。

权利争议是指因为对法律、合同中现有权利和权益的履行、违反以及理解的不同而产生的争议。而利益争议的起源不是现有权益，而是一方希望在未来获得新权利的诉求，其依据并非法律或者协议。目前，我国现行法律主要规定的是有关权利争议部分，而仲裁诉讼渠道解决的争议主要是权利争议。国际普遍接受并推荐的对于劳动权利争议和利益争议的处理方法是完全不同的。[②]

为此，当员工提出诉求时，企业需要对员工诉求的具体内容进行分析，进而判断其争议属性，比如，有些员工与企业产生纠纷的原因就在于其希望涨工资，该争议事项并非权利争议事项。如果属于利益争议，则无法通过仲裁诉讼的方式解决，最好通过内部协商、沟通解决。虽然利益争议无法以仲裁或诉讼的方式解决，但任何形式的争议，企业都应当予以高度重视并妥善解决。这也是笔者一直建议企业就内部沟通建立长效机制的原因之一。

（三）劳动争议属于个体案件还是集体案件的判断

我国《劳动法》《劳动合同法》以及《劳动争议调解仲裁法》并没有明确将劳动争议案件分为个体案件和集体案件，只是在《劳动人事争议仲裁办案规则》第五条[③]和第六条[④]进行了规定，但这些规定也仅针对劳动者一方人数众多的程序性问题予以处理，并不涉及个体案件和集体案件的区分。笔者理解，人数多少固然是区分个体案件和集体案件的标志之一，但基于企业管理手段、管理方式、薪酬福利的统一性，由于统一性要素而产生的纠纷，即使真正发生纠纷的就一例，也应引起企业的关注。

个体案件如果不能以调解的方式解决，从法律角度讲，以仲裁或诉讼的方式解决对企业管理的影响是有限的。但如果是集体案件，不能以快速协商或调解的方式

---

① 详见《民事案件案由规定》，未将人事争议纳入。

② 国际劳工组织北京局管静和在2014年枣庄集体劳动争议解决上的发言。

③ 《劳动人事争议仲裁办案规则》第五条：因履行集体合同发生的劳动争议，经协商解决不成的，工会可以依法申请仲裁；尚未建立工会的，由上级工会指导劳动者推举产生的代表依法申请仲裁。

④ 《劳动人事争议仲裁办案规则》第六条：发生争议的劳动者一方在十人以上，并有共同请求的，劳动者可推举三至五名代理人参加仲裁活动。

解决，而以仲裁或诉讼的方式解决，将对企业管理产生较大的影响，尤其是当企业败诉时。因此，企业应当就用工过程中可能产生集体案件的管理问题，提前做出解决预案。

企业找到劳动争议发生的原因，包括正确定性劳动争议，有利于企业选择正确的劳动争议处理方式。

（四）劳动争议不仅仅关涉相对一方的劳动者，亦关涉所有在职员工

企业如何通过劳动争议案件的处理获得在职员工的认可，进而更好地维护企业与员工的关系是需要认真考虑的一个问题，这直接关系到企业的可持续发展。

每个人心目中都有一个真相，而所谓“真正的真相”对于大部分员工来说并不重要。因此，在处理劳动争议过程中，企业不仅需要考虑企业管理的问题，更应当重点考量该种处理方式对于在职员工的影响，尤其是在解除劳动合同及相关类似的问题上，企业的处理方式将直接影响在职员工对企业的信任程度，进而影响其对工作和企业的态度。

笔者此前处理过一个劳动争议，案件事实大概是这样的：某公司员工张某和王某私下讨论员工薪资，而公司的规章制度规定，公司实行密薪制，私下讨论薪资属于严重违反公司规章制度，公司有权单方即时解除劳动合同。随后，公司对张某作出单方解除劳动合同的决定，却让王某以自行离职方式解除劳动合同。随后，张某向仲裁提出申请，要求公司支付违法解除的经济赔偿金。在此姑且不论企业能否胜诉，就企业本身对于这件事情的处理而言，可能给其他在职员工的影响是什么呢？更多的人可能认为不公平，这种看法和态度会在在职员工范围内急速蔓延，从而产生对企业的不满情绪，影响企业日常管理和正常经营。

任何时候，企业都应当将劳动争议的处理放在员工关系的大背景下考虑，企业在处理劳动争议时的态度、方法，以及释放出来的价值取向对于员工的影响力是深远的。企业纵容个别员工破坏规则，对于其他遵守规则的员工来讲，就是一种不公平；同样，企业自己破坏规则，对于所有员工来讲，就是一种不安定。

二、企业与员工劳动争议的解决路径

（一）劳动争议解决的一般路径

根据《劳动争议调解仲裁法》的规定，发生劳动争议时，劳动者可以选择与单位协商；请求第三方协商；向调解组织申请调解；申请仲裁；对仲裁不服，还可以向法院提起诉讼。

所以，劳动争议的解决路径至少包括内部协商、外部协商、调解、仲裁以及法院诉讼。从法律上讲，内部协商、外部协商以及调解都非法定必经程序（如图所示）。

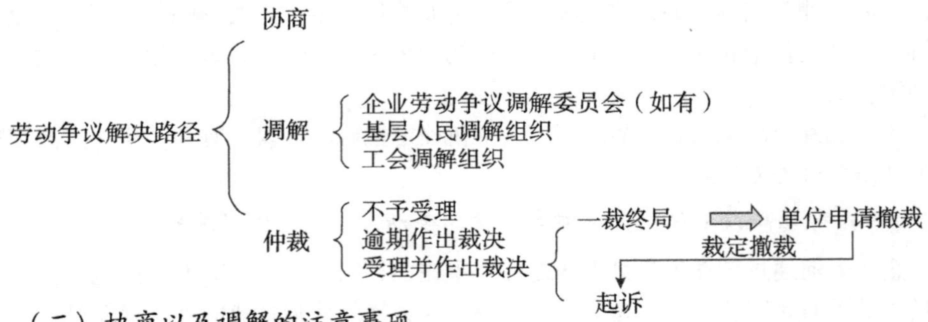

（二）协商以及调解的注意事项

法律对于内部协商、外部协商以及调解等争议解决方式持较为宽松的态度：只要不违反国家法律、行政法规强制性规定的，均可以通过协商和调解的方式解决，且协商和调解并无必须遵守的程序。对于用人单位和劳动者双方而言，这样的宽松态度使得争议的解决更便捷。这里详细介绍一下协商以及调解的相关问题。

1. 协商以及调解的法律边界

协商与调解不得违反法律、行政法规的强制性规定，且不得有欺诈、胁迫或乘人之危的情形，亦不得有重大误解或显失公平的情形。

最高人民法院《关于审理劳动争议案件适用法律若干问题的解释（三）》第十条规定："劳动者与用人单位就解除或者终止劳动合同办理相关手续、支付工资报酬、加班费、经济补偿金或者赔偿金等达成的协议，不违反法律、行政法规的强制性规定，且不存在欺诈、胁迫或者乘人之危情形的，应当认定有效。前款协议存在重大误解或者显失公平情形，当事人请求撤销的，人民法院应予支持。"

在此，笔者以企业在实际经营过程中经常遇到的两个问题予以说明。

问题一：企业与员工之间是否可以协商一致不缴纳社保？

《劳动法》第七十二条规定："……用人单位和劳动者必须依法参加社会保险，缴纳社会保险费。"第一百条规定，用人单位无故不缴纳社会保险费的，由劳动行政部门责令其限期缴纳；逾期不缴的，可以加收滞纳金。2011 年 7 月 1 日实施的《社会保险法》也有相同规定，并且加重了对不按时足额缴纳社保的处罚。① 而所谓强制性规定，根据最高人民法院《关于适用〈中华人民共和国合同法〉若干问题的解释（二）》第十四条的规定，"强制性规定"，是指效力性强制性规定。所谓效力强制性规定是指法律、行政法规对违反该规定有相应的处罚。据此，缴纳社会保险是用人单位与劳动者的法定义务，该规定从法律上讲属于效力性的强制性规定，

① 《社会保险法》第八十六条：用人单位未按时足额缴纳社会保险费的，由社会保险费征收机构责令限期缴纳或者补足，并自欠缴之日起，按日加收万分之五的滞纳金；逾期仍不缴纳的，由有关行政部门处欠缴数额一倍以上三倍以下的罚款。

所以，员工和企业约定不缴纳社会保险的条款因违反法律法规强制性规定而无效。

我国从 1992 年陆续开始实行社会保险后，前期为了解决历史遗留问题以及过渡，对于缴纳社会保险从政策方面出台了一些过渡性的规定，但该类规定并不能改变社会保险具有效力性强制规定的事实。

问题二：企业与员工之间就工伤补偿是否能达成协议？

司法实践中，企业与员工就工伤达成协议的效力在各地有所不同，目前的操作方式有以下几种：

（1）以和解协议金额与法定标准的比较为评判标准，若约定低于法定标准的，则在仲裁时效内劳动者可以要求用人单位按照法定标准补足差额

该种情况下，各地又根据调解时是否进行工伤认定、劳动能力鉴定等情况而有所不同：部分地区不区分是否进行了工伤、劳动能力鉴定，典型代表为北京①；部分地区要区分是否进行工伤、劳动能力鉴定，如江苏省。②

（2）审查工伤和解协议效力

湖南高院《关于审理劳动争议案件若干问题的指导意见》（2009 年 5 月 20 日）第十六条规定："劳动者与用人单位之间因解除劳动合同、工伤等原因达成赔偿协后一方反悔的，应在依法审查赔偿协议的效力后作出处理。"

（3）以社保部门或劳动仲裁部门就工伤认定以及伤残等级鉴定是否已经处理为衡量标准

陕西省西安市《工伤保险实施办法》（2004 年 7 月 1 日）第十六条规定："出现下列情况时，劳动保障行政部门可以不予受理，并发出不予受理通知书……（五）已经由劳动仲裁机构仲裁并已执行伤害待遇，或由劳动仲裁调解，双方就伤害待遇达成协议且已执行的……"

广东高院《关于印发〈审理劳动争议案件若干问题的指导意见〉的通知》（2002 年 9 月 15 日　粤高发〔2002〕21 号）第五条规定："社会保险部门已对劳动

---

① 北京市高级人民法院、北京市劳动争议仲裁委员会《关于劳动争议案件法律适用问题研讨会会议纪要》（2009 年 8 月 17 日）第三十条："……用人单位与劳动者就工伤保险待遇达成的协议在履行完毕后，劳动者以双方约定的给付标准低于法定标准为由，在仲裁时效内要求用人单位按法定标准补足差额部分的，应予支持。"

② 《关于印发〈江苏省劳动仲裁案件研讨会纪要〉的通知》（2007 年 1 月 12 日苏劳仲委〔2007〕1 号）第十条："当事人就工伤待遇达成赔偿协议分为两种情况，一种情况是，劳动者发生工伤后，在未经劳动行政部门认定工伤和评定伤残等级的情形下，劳动者与用人单位就工伤达成赔偿协议后，劳动者又提请仲裁的，仲裁委员会应以工伤认定书和伤残等级鉴定结论作为受理案件的条件，以伤残等级鉴定结论送达劳动者之日为申诉时效的起算点。另一种情况是，劳动者发生工伤后，在已认定工伤和评定伤残等级的情形下，劳动者与用人单位就工伤待遇达成赔偿协议后，劳动者又提请仲裁的，仲裁委员会应以双方赔偿协议签订之日作为申诉时效的起算点。仲裁委员会审理上述案件时，不应以撤销协议作为前提条件，而应按照工伤保险待遇，裁决用人单位补足原先双方协议低于工伤保险待遇的差额部分。"

者的工伤待遇作出处理，当事人又向人民法院提起民事诉讼的，人民法院应裁定不予受理。”

笔者理解，允许用人单位与劳动者就工伤事宜进行协商，与工伤需要行政认定以及对劳动者保护并不必然冲突。

在司法实践尚无统一标准之前，用人单位在与劳动者就工伤事宜达成和解协议时，可以参考以下建议：

a. 用人单位在工伤职工作出劳动能力鉴定后，与工伤职工签订和解协议，避免因不知晓工伤级别而无从判断工伤待遇的支付标准，并且，如果工伤级别达到1—4级的，应当保留劳动关系。

b. 工伤和解协议中明确列出所涉及的工伤待遇内容，也就是明确工伤职工应当享有的权利，就金额部分可视双方的谈判情况，做适当的协商，并且，如果金额低于法定标准时，应当明确告知劳动者其依法享有的金额。

c. 如果用人单位与工伤职工就工伤待遇达成和解协议，建议双方去当地的劳动仲裁部门置换仲裁调解书，对和解协议的内容做进一步的固定。

2. 用人单位在协商和调解过程中应遵守的原则和方法

在北京市总工会为牵头单位的六方联动机制下，兰台律师事务所从 2010 年开始作为第一批社会第三方力量介入劳动争议解决，在北京市朝阳区进行劳动仲裁调解已经将近五年，累计调解劳动争议案件 1 万有余。在大量实践基础上，我们总结了一些协调和调解的原则，这些原则同样适用于用人单位与劳动者之间的协商。

在具体运用各项调解原则时，企业应当对于纠纷属于个体纠纷还是集体纠纷进行区分，进而遵循不同的原则和采取不同的方法。

（1）协商以及调解的原则

协商调解原则包括自愿、平等、保密等原则，基于篇幅关系，笔者在此重点介绍同理心原则在劳动争议案件中的应用。

a. 同理心原则在劳动争议协商或调解方案中的含义

作为调解者或者协调者，在案件处理过程中，应切身体会劳动者和用人单位的情绪和想法、理解劳动者和用人单位的立场和感受，并站在劳动者和用人单位的角度思考和处理问题，最终提出双方可以接受的争议解决方案，使双方消除争议，达成一致意见。

在内部协调过程中，HR 或相关人员很难置身事外，但尽量还是要站在相对公平的角度与双方进行沟通，这有利于争议的协调解决。

b. 同理心原则在劳动争议解决中的应用

同理心原则在劳动争议非诉讼解决方案中的核心价值体现为分别站在劳动者和

用人单位的角度考虑他们的焦虑和担忧，并通过协调者或者调解员自身的努力，与他们建立信任。在此基础上，劳动争议的调解和协调方能进行。

同理心原则基本上在每类劳动争议案件中均适用。而具体的应用可以根据案件采取不同的方法，如“情绪宣泄法”。

c. 同理心原则适用的案例分享

彭某在某公司已经工作十几年了，做事兢兢业业，年近40岁的他还未成家。2013年的某天，某公司因为经营结构调整，欲与彭某解除劳动合同，并且，某公司依法支付了彭某相应的经济补偿金等。然而，彭某仍然将某公司诉至仲裁，除要求经济补偿金外，还要求精神损失费、青春损失费，等等。

我们在调解该案件时，与彭某第一次的沟通中，我们就发现，彭某起诉的逻辑出发点就在于“我把我的青春献给了公司，我工作兢兢业业，为什么让我走，公司必须赔偿我精神损失等费用”。虽然，我们知道彭某长长的诉请中，大部分是不会被仲裁或者法院支持的。但鉴于彭某的坚持，我们也清楚地知道，彭某有“秋菊打官司”式的执着。

所以，我们在与彭某沟通过程中，首先，让彭某诉说他的故事，宣泄他的情绪；其次，我们通过大量的案例，让他了解如果坚持诉讼后的结果以及支付的时间成本；最后，我们在经得彭某同意的延长调解的前提下，延长调解时间，给他更多的思考时间。

在给彭某做工作的同时，我们也积极与用人单位沟通，用人单位起初的想法就是他们的做法是合法的。我们站在用人单位的角度表示理解用人单位的想法，但同时，我们向用人单位解释另外一个问题。即劳动关系中，非理性因素占据了很大比例，如果合法不合理的话，让在公司工作的其他员工如何看待？当我们提及这样的问题时，用人单位陷入了沉思。

时间在许多时候是解决争议的好办法，因为搁置争议本来就是争议的解决方法之一，最终，彭某的“气”消了，用人单位基于人性关怀，也在法定赔偿的基础上多给了几个月的工资，双方握手言和。

试想，如果我们只是就请求而请求，僵硬地跟彭某说他的青春损失费等费用，仲裁和法院肯定不会支持，可能的后果就是彭某坚持走完所有的诉讼流程，为的就是一个“说法”，而最后得到的，可能就是“失望”和“不理解”。

（2）协商以及调解的步骤

第一件事情：“倾听”，倾听劳动者的故事。在“倾听”过程中了解劳动者真实的想法，以及劳动者与用人单位产生纠纷的缘由和具体争议点。听完劳动者的故事，我们需要经验和专业素养进行“证据”的审核，尽可能还原“法律事实”。

在该过程中，我们应当总结出双方的“争议焦点”。但需要说明的是，此处的

“争议焦点”与诉讼阶段的“争议焦点”有所不同，该处的“争议焦点”不限于法律上的争议焦点，还包括双方产生纠纷的其他焦点或者误会。

通过倾听，要与劳动者建立基本的信任关系。在与劳动者建立信任关系的前提下，向其详细讲解劳动法方面的知识，纠正劳动者对法律存在的误解。

第二件事情：“提供问题的解决方案”。对裁定或判决而言，结果是唯一的，但对调解和协商而言，没有唯一。在倾听完劳动者真实想法后，可根据具体情况提出问题的解决方案。比如经济补偿支付、出具离职证明、补缴社保，甚至于双方互相赔礼道歉等各种方案的组合。

第三件事情：签订合法、有效的协议。在协议中应当明确争议解决的具体金额、支付方式、支付时间等问题，还应当就各方再无其他争议，且应当按时履行协议的问题进行明确的约定。

（3）以协商或调解方式解决劳动纠纷的方法

根据个案的不同有很多方法和技巧可以使用，限于篇幅，笔者介绍三种可能在不同案件中均可以使用的方法。

第一种方式：“情感宣泄法”

劳动关系夹杂着各类感情因素，不少劳动者认为自己为公司奉献了青春，奉献了智慧，而自己却受到了不公平的待遇。所以，在与劳动者沟通过程中，让其“情感”有适当地宣泄往往有利于纠纷的解决。“情感”合理宣泄需要协调或调解人员的正确引导，需要让劳动者明确地感受到参与调解或者协调的人对她（或他）的处境是完全理解的，即劳动者“情感”的宣泄并不是指仅让其不停地诉说，更重要的是让她（或他）感知其是被理解的，让其产生一种被认同的感觉。劳动者“情感”宣泄的过程，往往也是我们与其建立信任关系的过程。

第二种方式：“时间法则”

人的性格差异是很大的，有急性格的人，也有慢条斯理的人。虽然时间的流逝客观不变，但每个人对时间的认知却是不同的。所以，在解决劳动纠纷时，如何运用“时间法则”就是很需要我们玩味的。“时间法则”并不意味着“拖”，因为好多问题“拖”只能让矛盾更激化。当然，也有一些问题通过“拖”会得到一个结局，这需要根据个案去判断。

“时间法则”要求我们在解决纠纷时将“时间”作为解决矛盾的重要因素考虑进去，但是劳动者的不同个性要求我们对“时间”因素的考虑不能单一定论。对于“急”性格的劳动者而言，快速解决本身对其就是一种尊重和认同。对于秉承“时间就是金钱”的人而言，快速解决就是为其节省了更多的机会成本。而对于部分对时间并无太多要求的人而言，通过“拖延”的方式让其感知时间的价值，往往才更有利于纠纷的解决。

为此，在运用“时间法则”时，要对劳动者个体进行分析，恰当选择采取何种方式。当然，我们也可以根据情况不同，逆向采取时间法则。

第三种方式：“借力法”

劳动者是生活在一个“网络”社会中的，对于劳动者个体而言，将用人单位与其的矛盾公开化本身是需要衡量很多因素的，比如，职业发展、同事的看法，等等。所以，在解决与劳动者纠纷过程中，我们应当充分考虑这些“纠纷”外的因素，恰当运用这些“外力”。

比如我们可以根据劳动者的职业规划，告知劳动者将其与用人单位纠纷外化后对其职业的影响进行客观的分析；也可以根据其与同事相处关系，选择恰当的人在中间起到沟通桥梁的作用；甚至可以通过向其分析离职后再就业所面临的实际情况，让其了解妥善处理双方劳动纠纷给其带来的好处。

“借力”并不是让劳动者感知“压力”，而是让他更加理性对待纠纷解决的方式，让他回归理性解决与用人单位之间的纠纷。

（三）仲裁和诉讼的一般程序

我国现行法律对于劳动争议案件采取“一裁两审”为主、“一裁终局”的模式。

1. 劳动争议案件的一般流程图

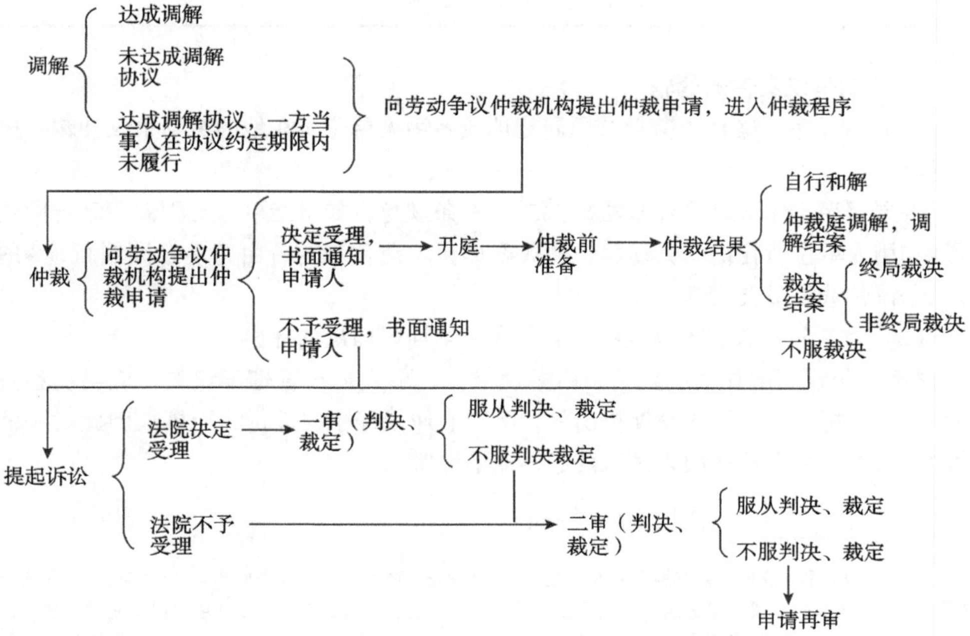

2. 劳动争议案件处理过程中的各类时限

争议解决方式	时限类型	时限
调解	调解期	申请调解之日起十五日
仲裁	仲裁时效	从当事人知道或者应当知道其权利被侵害之日起计算，仲裁时效一年
	受理时限	收到申请五日内作出是否受理决定
	仲裁时限	受理后在四十五日内作出裁决，经主任批准，可延长不超过十五天
诉讼	用人单位起诉期限	收到仲裁裁决书之日起三十日内向劳动争议仲裁委员会所在地的中级人民法院请求撤销裁决
	劳动者起诉期限	收到仲裁裁决书之日起十五日内
	审理时限	一审立案之日起六个月，院长批准可延长六个月 当事人不服地方人民法院一审判决的，有权在判决书送达十五日内向上一级人民法院提起上诉
		二审立案之日起三个月，院长批准可延长

3. 劳动争议案件的管辖

（1）劳动争议案件由劳动合同履行地或者用人单位所在地的劳动争议仲裁委员会管辖

根据《劳动争议调解仲裁法》第二十一条规定，如果当事人分别向劳动合同履行地和用人单位所在地的劳动争议仲裁委员会申请仲裁的，由劳动合同履行地[①]的劳动争议仲裁委员会管辖。

（2）对于管辖权提出异议的，必须在答辩期限届满前提出

《劳动争议调解仲裁法》第十四条规定，当事人提出管辖异议的，应当在答辩期满前书面提出。当事人逾期提出的，不影响仲裁程序的进行，当事人因此对仲裁裁决不服的，可以依法向人民法院起诉或申请撤销。

---

① 《劳动人事争议仲裁办案规则》第十二条："劳动合同履行地为劳动合同实际工作场所地，用人单位所在地为用人单位注册、登记地。用人单位未经注册、登记的，其出资人、开办单位或主管部门所在地为用人单位所在地。案件受理后，劳动合同履行地和用人单位所在地发生变化的，不改变争议仲裁的管辖。多个仲裁委员会都有管辖权的，由先受理的仲裁委员会管辖。"

（3）管辖移送与指定管辖

根据《劳动人事争议仲裁办案规则》第十三条的规定，如果已经受理的仲裁委员会发现案件不属于其管辖范围的，应当移送至有管辖权的仲裁委员会，并书面通知当事人。

如果受移送的仲裁委员会认为不属于其管辖的，或者仲裁委员会就管辖无法达成一致的，报请共同的上一级仲裁委员会主管部门指定管辖。

（4）法律对于劳动仲裁的级别管辖并无明确规定，各地通过相关规范性文件进行规定

比如，上海市劳动和社会保障局《本市劳动争议仲裁管辖暂行规定》第二条规定："市劳动争议仲裁委员会管辖下列劳动争议案件：1. 注册资金壹仟万美元以上（或者相当于壹仟万美元以上）的本市外商独资企业和劳动者发生的劳动争议案件；2. 本市企业与其取得合法就业资格的外籍人员、台港澳人员和定居国外人员发生的劳动争议案件；3. 劳动者与用人单位因缴纳本市城镇或小城镇社会保险费发生的劳动争议案件；4. 有重大影响的劳动争议案件。"又如，《广州市劳动争议仲裁办法》第九条规定："市仲裁委员会负责处理本市市区内发生的下列劳动争议：（一）外国、港、澳、台企业和其他经济组织的驻穗机构与其聘用的劳动者之间发生的劳动争议；（二）外国人和港、澳、台人士与用人单位之间发生的劳动争议；（三）市属用人单位与其招用的非本市户口的劳动者之间发生的劳动争议；（四）市属用人单位因履行集体合同而发生的劳动争议；（五）认为应由本会受理的劳动争议。"

为此，关于级别管辖，企业需要查询当地相关规范性文件予以确定。值得注意的是，劳动争议仲裁阶段的级别管辖与法院阶段的级别管辖并不挂钩。

（5）法院诉讼管辖地的确定

最高人民法院《关于审理劳动争议案件适用法律若干问题的解释》第八条规定，劳动争议案件由用人单位所在地或劳动合同履行地的基层人民法院管辖。劳动合同履行地不明确的，由用人单位所在地的基层人民法院管辖。

实践中，部分仲裁裁决书直接载明"若当事人不服，可以向有管辖权的法院提起诉讼"。如果用人单位和劳动者分别向单位所在地和劳动合同履行地提出诉讼，管辖的确定应当以双方立案的时间先后为准。

三、企业与员工劳动争议解决中应当注意的问题

（一）用人单位的举证责任对于企业劳动争议解决的影响

1. 举证责任的分配

劳动争议案件属于民事案件，其应当遵守《民事诉讼法》的相关规定。根据

《民事诉讼法》第六十四条第一款规定，当事人对自己提出的主张，有责任提供证据。所以，当事人对自己提出的主张承担举证责任是原则，在劳动争议案件中，用人单位承担的特殊举证责任如下：

（1）与争议事项有关的证据属于用人单位掌握管理的，用人单位应当提供，用人单位不提供的，应当承担不利后果

《劳动争议调解仲裁法》第六条规定，发生劳动争议，当事人对自己提出的主张，有责任提供证据。与争议事项有关的证据属于用人单位掌握管理的，用人单位应当提供，用人单位不提供的，应当承担不利后果。《最高人民法院关于适用〈中华人民共和国民事诉讼法〉的解释》第一百一十二条和第一百一十三条进一步规定，书证在对方当事人控制之下的，承担举证证明责任的当事人可以在举证期限届满前书面申请人民法院责令对方当事人提交。申请理由成立的，人民法院应当责令对方当事人提交，因提交书证产生的费用，由申请人负担。对方当事人无正当理由拒不提交的，人民法院可以认定申请人所主张的书证内容为真实。持有书证的当事人以妨碍对方当事人使用为目的，毁灭有关书证或者实施其他致书证不能使用行为的，人民法院可以依照《民事诉讼法》第一百一十一条规定，对其处以罚款、拘留。

根据《劳动合同法》第七条规定，用人单位应当建立职工名册备查。并且，一般工资支付凭证、社保记录、员工登记表、报名表、考勤记录等均由用人单位保管，所以，对于这些由用人单位保管的证据，用人单位承担举证责任。为此，用人单位应当加强对每个员工的档案管理。

（2）因用人单位作出开除、除名、辞退、解除劳动合同、减少劳动报酬、计算劳动者工作年限等决定而发生劳动争议的，由用人单位承担举证责任

根据最高人民法院《关于审理劳动争议案件适用法律若干问题的解释》第十三条的规定，因用人单位对劳动者作出开除、除名、辞退、解除劳动合同、减少劳动报酬等决定而发生争议的，用人单位均因举证证明其行为的合法性和合理性，否则，将承担举证不能的法律后果。

2. 举证责任的时限

《劳动争议调解仲裁法》未对仲裁阶段的举证时间作出规定，实践中各地操作都有所差异，所以，用人单位在收到仲裁申请书时，应认真阅读相关文件，尤其是关于举证期限的规定，部分地区会指定举证期限，并提前组织证据交换，且明确说明超过举证期限的证据将不再接受。

劳动争议案件如果到了法院阶段，其举证期间可以依照普通民事诉讼的举证期限确定。新出台的《最高人民法院关于适用〈中华人民共和国民事诉讼法〉的解

释》第九十九条①、第一百条②、第一百零一条③以及第一百零二条④对举证期限的确定以及不受举证期限影响的除外情形、举证期限的延长、逾期举证以及相应法律后果作出了规定。对于用人单位的影响如下：

（1）用人单位应当在举证期限内完成举证

如果举证确有困难的，应当在举证期限届满前向法院提出书面申请，经法院同意后，在延长的举证期限内完成举证。

（2）如果用人单位对其提出的证据在证据来源、形式等方面的瑕疵进行补正的，法院可酌情再次确定举证期限

这部分仅限于证据的真实性或者弥补其资格、形式上的瑕疵。

（3）逾期举证的，除承担举证不能的责任外，法院将要求用人单位说明理由，必要时，还要求其承担相应责任

如果是因故意或重大过失逾期举证的，法院不予采纳，但与案件基本事实有关的除外，在这种情况下，法院将给予当事人训诫、罚款。非因故意或者重大过失逾期举证的，法院应当采纳，并给予训诫。

（4）相对方有权要求举证逾期一方赔偿因逾期举证提交证据致使其增加的交通、住宿、误工、证人出庭等费用

3. 证据的基本形式以及注意事项

《民事诉讼法》第六十三条规定，证据包括：当事人的陈述、书证、物证、视听资料、电子数据、证人证言、鉴定意见以及勘验笔录。

《最高人民法院关于适用〈中华人民共和国民事诉讼法〉的解释》第一百一十

---

① 《最高人民法院关于适用〈中华人民共和国民事诉讼法〉的解释》第九十九条：“人民法院应当在审理前的准备阶段确定当事人的举证期限。举证期限可以由当事人协商，并经人民法院准许。人民法院确定举证期限，第一审普通程序案件不得少于十五日，当事人提供新的证据的第二审案件不得少于十日。举证期限届满后，当事人对已经提供的证据，申请提供反驳证据或者对证据来源、形式等方面的瑕疵进行补正的，人民法院可以酌情再次确定举证期限，该期限不受前款规定的限制。”

② 《最高人民法院关于适用〈中华人民共和国民事诉讼法〉的解释》第一百条：“当事人申请延长举证期限的，应当在举证期限届满前向人民法院提出书面申请。申请理由成立的，人民法院应当准许，适当延长举证期限，并通知其他当事人。延长的举证期限适用于其他当事人。申请理由不成立的，人民法院不予准许，并通知申请人。”

③ 《最高人民法院关于适用〈中华人民共和国民事诉讼法〉的解释》第一百零一条：“当事人逾期提供证据的，人民法院应当责令其说明理由，必要时可以要求其提供相应的证据。当事人因客观原因逾期提供证据，或者对方当事人对逾期提供证据未提出异议的，视为未逾期。”

④ 《最高人民法院关于适用〈中华人民共和国民事诉讼法〉的解释》第一百零二条：“当事人因故意或者重大过失逾期提供的证据，人民法院不予采纳。但该证据与案件基本事实有关的，人民法院应当采纳，并依照民事诉讼法第六十五条、第一百一十五条第一款的规定予以训诫、罚款。当事人非因故意或者重大过失逾期提供的证据，人民法院应当采纳，并应对当事人予以训诫。当事人一方要求另一方赔偿因逾期提供证据致使其增加的交通、住宿、就餐、误工、证人出庭作证等必要费用的，人民法院可予支持。”

六条[①]、第一百一十七条[②]、第一百一十八条[③]、第一百一十九条[④]、第一百二十条[⑤]、第一百二十一条[⑥]、第一百二十二条[⑦]、第一百二十三条[⑧]、第一百二十四条[⑨]新增了有关证据形式、证人出庭作证、鉴定、专家辅助人员询问、勘验方面的规定。

（1）电子邮件、网上聊天记录等可以作为证据使用

劳动争议案件中，用人单位与劳动者之间的事实承载载体经常为电子邮件、网上聊天记录。司法实践中，对于电子邮件、网上聊天记录是否可以作为证据，如果作为证据到底属于书证还是视听资料或是其他，一直有不同的认识。最新的最高人民法院《关于审理劳动争议案件适用法律若干问题的解释》明确该类证据属于证据的一种，属于电子数据，这一规定对于用人单位与劳动者在举证方面是一个好消

---

① 《最高人民法院关于适用〈中华人民共和国民事诉讼法〉的解释》第一百一十六条："视听资料包括录音资料和影像资料。电子数据是指通过电子邮件、电子数据交换、网上聊天记录、博客、微博客、手机短信、电子签名、域名等形成或者存储在电子介质中的信息。存储在电子介质中的录音资料和影像资料，适用电子数据的规定。"

② 《最高人民法院关于适用〈中华人民共和国民事诉讼法〉的解释》第一百一十七条："当事人申请证人出庭作证的，应当在举证期限届满前提出。符合本解释第九十六条第一款规定情形的，人民法院可以依职权通知证人出庭作证。未经人民法院通知，证人不得出庭作证，但双方当事人同意并经人民法院准许的除外。"

③ 《最高人民法院关于适用〈中华人民共和国民事诉讼法〉的解释》第一百一十八条第一款："民事诉讼法第七十四条规定的证人因履行出庭作证义务而支出的交通、住宿、就餐等必要费用，按照机关事业单位工作人员差旅费用和补贴标准计算；误工损失按照国家上年度职工日平均工资标准计算。"

④ 《最高人民法院关于适用〈中华人民共和国民事诉讼法〉的解释》第一百一十九条："人民法院在证人出庭作证前应当告知其如实作证的义务以及作伪证的法律后果，并责令其签署保证书，但无民事行为能力人和限制民事行为能力人除外。证人签署保证书适用本解释关于当事人签署保证书的规定。"

⑤ 《最高人民法院关于适用〈中华人民共和国民事诉讼法〉的解释》第一百二十条："证人拒绝签署保证书的，不得作证，并自行承担相关费用。"

⑥ 《最高人民法院关于适用〈中华人民共和国民事诉讼法〉的解释》第一百二十一条："当事人申请鉴定，可以在举证期限届满前提出。申请鉴定的事项与待证事实无关联，或者对证明待证事实无意义的，人民法院不予准许。人民法院准许当事人鉴定申请的，应当组织双方当事人协商确定具备相应资格的鉴定人。当事人协商不成的，由人民法院指定。符合依职权调查收集证据条件的，人民法院应当依职权委托鉴定，在询问当事人的意见后，指定具备相应资格的鉴定人。"

⑦ 《最高人民法院关于适用〈中华人民共和国民事诉讼法〉的解释》第一百二十二条："当事人可以依照民事诉讼法第七十九条的规定，在举证期限届满前申请一至二名具有专门知识的人出庭，代表当事人对鉴定意见进行质证，或者对案件事实所涉及的专业问题提出意见。具有专门知识的人在法庭上就专业问题提出的意见，视为当事人的陈述。人民法院准许当事人申请的，相关费用由提出申请的当事人负担。"

⑧ 《最高人民法院关于适用〈中华人民共和国民事诉讼法〉的解释》第一百二十三条："人民法院可以对出庭的具有专门知识的人进行询问。经法庭准许，当事人可以对出庭的具有专门知识的人进行询问，当事人各自申请的具有专门知识的人可以就案件中的有关问题进行对质。具有专门知识的人不得参与专业问题之外的法庭审理活动。"

⑨ 《最高人民法院关于适用〈中华人民共和国民事诉讼法〉的解释》第一百二十四条："人民法院认为有必要的，可以根据当事人的申请或者依职权对物证或者现场进行勘验。勘验时应当保护他人的隐私和尊严。人民法院可以要求鉴定人参与勘验。必要时，可以要求鉴定人在勘验中进行鉴定。"

息。但电子邮件、网上聊天记录在实践中往往容易受到证据的发出者是否特定、证据是否真实等方面的质疑，所以，用人单位记录员工电子邮箱，包括QQ号等基础信息至关重要，如果是由公司统一配备的电子邮箱，建议公司在规章制度中明确密码的设定规则，以确保电子邮箱使用的唯一性。

(2) 最高人民法院《关于审理劳动争议案件适用法律若干问题的解释》对于证人证言的变化

证人证言一直以来也是劳动争议案件中的重要证据形式，但往往劳动者的证人证言被采信的概率大于用人单位的证人证言，无论如何，用人单位提交证人证言作为证据时应注意如下变化：

a. 提请证人出庭作证必须在举证期限内，未获法院批准，证人不得出庭作证

b. 申请人应当预缴证人出庭的费用

c. 证人应当如实作证，并签署保证书，拒绝签订保证书的，不得作证，且自行承担相关费用

（二）用人单位是否提起反申请或另案起诉的思考

劳动争议案件中，针对劳动者的仲裁申请，用人单位能否提出反申请一直存在争议，实践中，不少仲裁委员会的操作都是让另案申请，如果时间来得及，可能会与本申请合并审理。而法院阶段，如果再申请反诉的话，由于劳动仲裁案件的审理需要仲裁前置，所以，在法院阶段提起的反诉很容易以未经仲裁为由被驳回。①

《劳动人事争议仲裁办案规则》对反请求进行了规定，该规则第三十五条规定，被申请人可以在答辩期间提出反申请，仲裁委员会应自收到被申请人反申请之日起五日内决定是否受理并通知被申请人。如果仲裁委员会决定受理的，可以将反申请和仲裁合并处理。②

针对劳动者提出的诉请，用人单位需要首先考虑的问题在于是否仅基于劳动者的申请提出答辩，而不需要采取其他诉讼措施——其他诉讼措施包括另案诉讼，部分情况下可能还包括申请刑事立案等。

---

① 《最高人民法院关于审理劳动争议案件适用法律若干问题的解释》第六条："人民法院受理劳动争议案件后，当事人增加诉讼请求的，如该诉讼请求与讼争的劳动争议具有不可分性，应当合并审理；如属独立的劳动争议，应当告知当事人向劳动争议仲裁委员会申请仲裁。"

② 《劳动人事争议仲裁办案规则》第三十五条："该反申请如果是应当另行申请仲裁争议，仲裁委员会应当书面告知被申请人另行仲裁；该反申请如果是不属于本规则规定应当受理的争议，仲裁委员会应当向北申请人出具不予受理通知书。被申请人在答辩期届满后对申请人提出反申请的，应当另行提出，另案处理。"

第九章

企业知识产权法律实务

第一节 知识产权概要

没有哪个时代，科技可以如此迅猛地改变人类，也没有哪个时代，无形资产已然超出有形资产，成为推动经济发展和人类进步的主动力。在科技发展、智能化和机械化程度日益提高的年代，公司所赖有的物质生产资料在公司总资产中的比例和重要性逐渐减退，无形资产，具体来讲是知识产权正变得越来越重要，日益成为企业的核心竞争力和立身之本。

知识产权是基于人类在社会实践中的创造成果和工商业标记而依法产生的专有权利。按照 TRIPS 协定的概括，知识产权包括著作权及其相关权利、商标、地理标记、工业品外观设计、专利、集成电路布图设计、对未公开信息的保护和对许可合同中限制竞争行为的控制。企业的核心竞争力展现在多个方面，但在一个规则完善、法制健全的市场经济体系下，知识产权无疑是最为重要和稳固的竞争力，并在将来的发展中其作用会越来越显著。可以毫不夸张地讲，公司要成为行业中的佼佼者，最强有力的竞争力就是知识产权，很难想象一个没有核心知识产权的公司能够在市场浪潮中经久不衰。

本章节将从专利、商标、著作权、商业秘密的保护等各方面对知识产权相关问题进行剖析，在开启具体章节之前，笔者想从知识产权整体保护的角度给读者一些具体建议，以期读者能站在一个较高的视点来审视知识产权。

一、我国的知识产权发展及中美贸易下的知产之争

20 世纪 80 年代，在改革开放和与世界接轨的大背景下，中国的知识产权保护制度重启征程，通过 30 多年的耕耘，努力学习和引进西方通过几百年时间积累的知识产权制度，逐步建立起自身的知识产权保护体系。到如今，法律法规日臻完善，行政、司法保护的二元体系日渐成熟，商标、专利的申请和保有量均达到世界第一，知识产权概念深入人心，权益人的维权意识、经营者的防范侵权意识越来越强，理论界和一线实践者的研究和反馈紧密结合、相互辉映，尤其是处于行业领头

的企业，其知识产权体系的构建和在世界知识产区的布局及其运用上已经与世界同行业巨头不相伯仲。中国的知识产权保护越来越为世人所称道，应当说其速度之快、成就之高令人欣慰和鼓舞。

作为知识产权界的从业人员，欣逢国内知产行业蓬勃发展的浪潮，自然值得庆幸，但欣喜之余，也觉察到行业中的许多不足，譬如专利申请的质量不高，许多申请的目的不纯，并非保护技术方案，而是获得资助或者资质评定；商标申请不以使用为目标而是抢注资源，待价而沽；维权取证困难，判赔金额偏低，导致维权意愿低迷；诉讼周期漫长，诉讼成本偏高；知识产权服务行业竞价拼比，导致服务质量降低等问题仍然影响和制约着我国知识产权现阶段的顺利发展。

就知识产权的国际发展形势而言，随着我国经济的飞速发展，产业的不断升级以及“中国制造 2025”和“一带一路”倡议区域经济的政策推行，中国的迅速崛起与中国在国际中的地位不断提升，让一些发达国家尤其是美国感受到了强烈的威胁。在“知识经济”的时代，知识产权无疑是最有利的打击手段，本次中美贸易战中，美国对华启动“301 调查”，从政策扶持、高新技术阻断、人才输出及国际市场关闭等多方面阻碍中国高新技术产业的发展，以期全方位压制中国的技术进步和产业升级。中美贸易战表面上是贸易之争，实则是以知识产权为核心的科技实力竞争。

此外，美国商务部对华为进行的制裁不仅是中美贸易摩擦在通信技术领域的一个缩影，还隐藏着中国企业在全球化过程中面临的知识产权风险。发达国家往往设置较高的知识产权壁垒，阻碍我国企业的产品出口和贸易投资，知识产权在国际上的高标准化将迫使中国企业在专利的使用上承担更高昂的费用；还会使中国出口产品面临更高的禁售风险；以及增加中国企业面临国外恶意注册等“专利流氓”的诉讼风险。在知识经济和经济全球化的背景之下，知识产权所涉及的范围越来越广、所涉及的领域越来越趋于高新技术产业，我国企业所面临的知识产权风险也势必会越来越多。

二、企业知识产权保护的问题及建议

行业的发展取决于众多因素，大到国家的政治、司法制度，小至某个案件的审判和某项政策的出台，都会对行业产生实质性的影响。另外，时间也是一个重要的因素，没有足够的酝酿和沉淀，也难以臻于完美。作为企业法律顾问的参考书籍，从法律层面来谈论知识产权，对于企业而言，最有益的莫过于得到一些具体的知识产权保护建议。

（一）如何选择合适的保护方式

在知识产权领域，无论是一篇作品还是一项发明或设计，或者脑海中闪现的一个创意，如果我们认为它值得保护，就应该选择合适的保护方式，但知识产权的类型多样，有商标、专利、商业秘密、版权，甚至上升到标准、地理标志等，如何选择合适的保护方式确实不是一件简单的事情，如果选择不合适，则会导致权利得不到有效保护。

1. 选准主要保护方式，兼顾其他保护形式

不同类型的知识产权通常适用不同性质的保护方式，譬如，科技发明通常适合用发明专利或实用新型专利保护；企业品牌适合用商标保护；一般意义上的文学艺术作品适合用版权法保护。但是事物总有其多面性，有时候某一客体可能有多种保护方式可以选择，在这种情况下，笔者建议，应当在选择最恰当的保护方式的基础上，适当兼顾其他方式。详细来讲，有以下几个方面：

一是软件作品，通常可用版权保护，最好申请版权登记留存创作记录，但版权只保护作品形式，对于思想和算法上有创意的版权作品，模仿者依照该创意用不同的计算机编程语言或者表达同样能够实现相同的功能，因此就有必要借助专利保护其创意部分，因为专利可以保护到“思想”层面。

二是设计作品，可以用外观设计专利和版权，甚至是商标来保护。对于外观专利而言，其保护期只有10年，并且只限于在相同产品类别范围内保护；对版权而言，其保护年限更长（至少50年），且无类别限制，但却对独创性有一定要求；对于显著性较强的产品设计（如可口可乐的瓶形设计）也可同时采用商标保护，其保护期限理论上没有限制。在选择上，对于独创性较强的作品，可采用版权保护，而不必采用外观设计专利保护，因为国内有判例，一旦选取外观设计保护则视为放弃版权保护；对于显著性较强（既便于识别，但又不过分复杂）的作品，如果该产品市场销量可观，可以将产品设计同时申请商标；对于独创性不是很强的产品设计建议可以采用外观设计专利保护。

三是部分作品、标识或发明，如竞技类体育节目电视转播、娱乐节目整体创意设计、疾病治疗方法、商业方法、老字号等，目前处于一个尴尬的地位，即没有完全对应的知识产权权利来进行恰当的保护。这种情况下要尽量改变形式，在现有的体系内寻求保护，如体育节目的电视转播尽量往版权上靠拢，实在不行还可以用反不正当竞争方式保护；老字号尽量依靠商标保护；商业方法可抽象出其技术部分往专利保护方向靠拢；疾病治疗方法尽量转变为医药和医疗器械专利保护；娱乐节目的整体创意可分解成曲乐作品、场景设计版权等来打包保护，当然，实在不行，还有兜底的反不正当竞争保护作为选择。

四是部分商标，其设计本身也构成版权保护客体的，也可同时采用版权保护。因为版权相较于商标，其最大优点就是不受类别限制，任何产品或服务上的使用行为均可能构成侵权。

2. 保护方式的升级

当然，除了上述基本的保护方式之外，我们还可选择更为高级的保护模式，譬如某项产品集中了众多的专利，可以构建一个“专利池”。其优势一是便于许可，二是使权利更为稳固，他人难以轻易无效掉所有专利；如果产品技术更为成熟、稳定，在行业中已经达到一致认可的程度，可以制定行业标准，使专利发挥更大价值；对于商标而言，随着其知名度的攀升，要在其他类别上申请商标，也要在近似类别上申请与其主打商标相近似的商标，这叫防御商标保护申请。

（二）知识产权申请

知识产权保护的前提是拥有知识产权，大部分的知识产权权利是要基于申请人的主动申请才能获得的，因此，下文将重点介绍知识产权申请过程中的常见误区及其防范建议。

1. 在先意识

知识产权的一个重要特性就是权利创立的时间至关重要，无论是商标还是专利，均以最初申请的时间为依据，确定权利的归属；版权也是一个道理，以最先创作的时间决定权利的归属，因此，具备在先申请意识非常重要。笔者的从业经历中，见证过众多国内外客户因为没有注意这个问题从而导致丧失本应归属于自己的权利，甚至沦为侵权被告的尴尬境地。

在商标领域，这种情况尤为普遍，通常是客户只注意产品市场开拓，但忽略商标的申请，等其意识到要申请时，发现他人已经在先申请，此时企业处于两难境况，放弃以前的商标不用，等于过往的苦心经营和商誉积累将付诸东流；继续使用又有侵权之虞，即便可用在先使用权抗辩，但毕竟规模受限制，到头来还真有可能为他人做嫁衣；如果主动去购买他人商标，则陷入漫天要价、任人宰割的痛苦抉择当中。这样的故事，在一遍又一遍重演，当事人陷入此种境地也有原因，一方面，毕竟事业开创之际，若非知识产权从业者，很难做到严密防范、面面俱到；另一方面，不良申请人恶意抢注已经是无孔不入，但凡风吹草动，任何新事物的出现都会在商标抢注这个领域得以体现，商标抢注已经成为一个隐性行业，其设置的陷阱随时等待着经营者失脚。

专利领域也是如此，随着 2011 年美国专利法的修改，现在世界上几乎所有国家均采取了专利在先申请制，作为技术开发者，如何明智地选择保护方式并尽早申请专利，是所有与技术、设计相关的企业不得不正视的一个问题。企业在明确是采用技术秘密还是专利方式保护某项技术发明后，当务之急是尽早申请专利。当然，申请专利就意味着公开，万一申请专利的技术方案还不够完善，或者后来意识到不能用专利方式来保护，在专利申请制度上，其实为此设置了一定的回旋空间，即发明专利在不要求提前公开的条件下，通常在 18 个月后才例行公开，此间在专利局尚未作为公开排版准备之前均可撤回其申请。由于专利采取的是世界新颖性标准，因此一项发明创造在成形之后，应当尽快申请专利。

尽管版权并不以登记或申请为权利获取的必要条件，但证明作品的创作日期无疑变得十分困难，版权登记为此提供了一个很便捷可靠的途径来证明创作的时间和权利的归属，因此作品要想得到版权保护，及时进行版权登记也是十分必要的。

总之，知识产权的创立和保护，注重在先意识是十分重要且必要的。

2. 全面意识

所谓全面意识是指，知识产权保护要求保护范围涵盖全面，切勿留下漏洞。具体来讲，在商标领域，一是申请人往往只顾及在其主要产品或服务类别上申请商标，却忽视在相关领域，如主要产品的上下游产品、产品的服务领域（或与服务相关的产品领域）申请商标，一旦该商标具备一定知名度后，这些空白领域就很容易为他人所利用，造成消费者混淆；二是不具备长远眼光，没有在将来可能要发展的产品领域申请商标，再申请时又被他人抢注，导致企业品牌战略不统一，不能形成品牌相互促进的效应。在专利领域，如果保护范围过窄，即权利要求中加入了非必要技术特征，则会导致他人轻易绕开专利，使专利变成废纸一张，相当于为社会做贡献了。

3. 国际保护意识

在信息、经济全球化的时代，同时知识产权在全世界又实行地域性保护（即各国只保护其认可的知识产权）的情形下，知识产权有效、全面保护面临着严峻的挑战。所谓国际保护意识，即申请人要根据自身经营规划和产品及服务的市场区域，选择在不同国家和地区进行知识产权的申请和保护。

当今时代，人口流通、信息互达使得地球成为名副其实的地球村，一国的品牌在其他国家没有被注册商标很可能被他人立即抢注，一国的专利没有在其他国家申请和通过，就无法在这些国家获得保护，这种在经济领域看来不合理、不可思议的事情，在知识产权领域却如铁一样的事实让人无奈，因此有效地利用现有制度，如专利 PCT、巴黎公约等，在规则允许的时间段内，尽量全面地进行全球的知识产权申请布局，对于产品和服务走出国门的企业而言至为关键。

（三）知识产权保护和运用

权利的价值在于运用，但权利的运用又要服从于企业的商业目标，归根结底，对于知识产权而言属于民法领域，是调整商事活动的工具，为此，笔者结合多年的从业经验，给出一些建议：

1. 知识产权是商业活动的守护神和竞争利器

知识产权尤其是专利权已经成为企业软实力的代表，世界专利 500 强同时也是资产 500 强绝非出自偶然，有的企业拥有有效专利的数量多达 10 万余件，企业拥有如此庞大的专利群，其维护成本可想而知，但企业之所以还维持这个数量，自然有其道理。

专利诉讼在大企业之间已经成为一种商业制衡办法，在专利领域，可以不受任何前期行为的限制，直接提起诉讼，要求停止生产、赔偿损失，达到一招制敌的目的，但与此同时，被诉企业也可能同时掌握相当数量的专利，可以反制原告，这样一来，双方势必陷入纠缠不清的持久战，最好的解决办法就是和解。所以作为企业，如果不拥有决定数量的核心专利，总是没有安全感，只有掌握了利器，才有反制和进攻的资本，才能保证企业的安稳运营。

反观当今企业之间的专利之战，其目的并非只是数额巨大的赔偿，而是通过专利之战迫使竞争对手停止生产，使自己享有更大份额的市场，专利已经成为商业活动的武器，打与不打并不完全取决于侵权与否的法律事实，而是要服从于整个商业活动的战略需求。

2. 灵活运用行政和诉讼手段相结合的维权模式

与世界其他国家不同，中国知识产权的维权不仅有诉讼一种选择，通过行政手段维权有时候更为便捷。中国有强大的政府组织，尤其在商标维权方面，工商举报的方式省时、省钱也省力，唯一的缺陷是不能解决赔偿的问题；专利局近年来也大力加强行政手段解决专利侵权案件，并取得了一定效果，但还远远不及商标这么方便和有效；版权领域则相反，鼓励民事纠纷通过诉讼途径来解决，并不主张版权主管部门介入私权利领域。因此，在中国要区别不同性质的侵权，选择合理方式，如果仅仅出于打击侵权需要，行政途径无疑是可选择的方式之一。

3. 许可是知识产权运用的重要方式

知识产权的无形性决定了其可以同时为多人使用，因此除了权利人自己专有使用外，通过合作、诉讼、律师函等不同方式促成许可使用或交叉许可，是知识产权运营的重要方式。知识产权的维权本质上是一种商事活动，很多情形下并非包赚独揽和你死我活，如何实现双赢和利益的最大化才是真正的维权和有效的运营目的，相信在不久的将来，许可的方式将变得越来越普遍。

4. 注意防范知识产权的流失

一方面主动进行维权，实现知产资产的利益最大化；另一方面在合作过程中注意自身知识产权的保护，防止知识产权的流失。这方面的案例举不胜举，大体有这么几种类型，可供读者在今后工作中防范：一是商标注册，通常企业在成立和核准名称后，办理工商登记手续，然后再申请商标，但是现在抢注者可以最快的速度从工商部门获得信息，对于注册资本大的企业，提前将他们的字号抢注为商标；二是在招投标过程中，迫于招标方的强势地位，不得以接受其不平等条款，如放弃投标方案的著作权等，或者其投标方案经简单修改后被招标方或其他投标人直接采用；

三是在技术合作中，自身作为商业秘密保护的技术方案为对方知悉并申请专利；四是员工离职，带着技术到竞争对手企业服务，但又无法获得确凿证据。这些方式大部分是可以防范的，需要根据企业和知识产权的特性进行提前设计。

三、企业知识产权法律顾问服务

鉴于知识产权业务的特殊性，一般的律师对知产领域不太熟悉，一是由于知产需要技术背景，二是由于知产法律因其无形性、时限性、地域性等有其特殊的理论和规定，一般法律从业人员对知识产权并不熟悉，有以下方面值得我们重视和改进：

（一）制定知识产权规划

根据我们的了解，90%以上的企业没有知产规划，非但初创企业没有规划，即便规模较大的成熟型企业也没有知产规划，这些企业之所以重视知产，几乎都是被诉或被律师函催告等才意识到当初没有重视知产规划。

知产规划是指企业根据自身的经营特点和商业战略，对其相应的知产事务进行提前布局和策划。鉴于知产的属性，在先申请、提前预防是非常重要的举措，一旦错过，往往无法弥补，或者要付出成百上千倍的代价。譬如商标申请不过一千多元成本，笔者代理的案件中有因没有注重提前申请商标，后被诉赔偿过亿元，教训不可谓不深刻；再如专利案件中，因没有规划，在申请专利之前申请人自己公开技术方案而导致专利丧失新颖性的也屡见不鲜；还有的企业在意识到需要专利、商标、著作权时，才匆匆忙忙，东拼西凑，整出一堆垃圾专利和没有保护价值的著作权登记证书。知识产权是智慧的结晶和商誉的辛勤积累，非一朝一夕可以成就，无论何种企业，都要结合自身特点，有清晰的知识产权规划，才能抓住主动，立于不败之地。

（二）对知识产权的认识和尊重

知识产权作为现代社会的活动规则之一，唯有熟悉、尊重和运用，顺势而为，才是长久之计。其实无论是有形财产还是无形财产，都是人类劳动和智慧的产物，都值得被尊重和严肃对待。

为此，笔者认为，尊重知识产权首先要尊重他人的权利，避免侵权，因此在推出新产品前要做FTO（自由操作）分析，看是否侵犯他人的专利权；在使用商标前要做商标检索，看是否可能申请下来该商标和确认没有侵犯他人的商标权；在使用他人有著作权的文章、在网上抓取图片、使用他人音乐作品等时，要留意是否侵害了他人的著作权。

其次要注意发展和培养自主知识产权。现实中，企业创立之初借助他人商标起家，等到商标有一定知名度，才发现商标权人要收回商标使用权了；生产型企业依靠代加工、劳动密集型赚取利润链的低端，发现如果不掌握技术和知识产权永远摆脱不了打工的命运；同样品质的商品贴上不同的标签，其销量和价格天壤之别。由此可见，企业的长远发展离不开自主知识产权的支撑，企业发展越到高级阶段知识产权的竞争越激烈。

（三）知识产权法律顾问的选择

国内的知产服务一半是代理所，一半是律师所；但代理所通常缺乏法律尤其是诉讼方面的经验，而律师所又通常提供不了代理服务。企业的需求是综合的，因此具备代理资质的律所或者具备诉讼经验的代理所是企业知识产权顾问的合适选择，自然同时具备代理经验和诉讼经验，并且具备外语优势的律师应当是不二人选。

当前知产法律顾问服务的一个重要问题就是，企业不提出要求，顾问不主动提供服务，而等到企业提出要求时，通常问题都比较棘手。其原因一方面是律师不懂知产，企业法务也未必了解知产，所以双方都不作为，只有等到出现问题了，临时抱佛脚，所以笔者建议，如果企业的法律顾问不具备知产背景的话，可以单独聘请知产法律顾问，并且要求介入之际，进行实地调研，为企业出具发展规划，并与顾问保持商业和科研信息互通更新，化被动服务为主动服务。

四、防止知识产权滥用

任何事物都有两面性，权利的合理运用会保护权利人利益，也会对社会、经济、文化起到促进作用，但如果滥用权利，违背权利设立的本意，则会给社会带来负面影响。

有所谓的“专利蟑螂”，即其购买和申请专利的目的并不是保护其技术，而是专门依此告发他人侵权谋取利益；有的专利申请人和商标申请人，申请专利和商标的目的是售卖，这样对于专利而言，为技术的传播和运用制造障碍；对于商标而言，占用了有限的商标资源，为真正想使用商标的人制造障碍。无怪乎在美国商标注册时要提供使用证据，在印度专利的有效持有也要以使用为一定条件。在版权领域，也有专门上传照片至网络，但又不声明版权所有和联系方式，而是以此为诱饵专门打击侵权人谋求利益，违背了促进文化传播、鼓励创作的立法目的。

任何事物都不是绝对的，都要根据具体情况合理运用和变化，僵硬地套用他人的制度和盲目地模仿照用，未必能够促进民生福祉。知识产权制度也是如此，印度的仿制药全球知名，如果按照当下的专利侵权标准，印度的行为无疑是放任侵权，但对于印度人民和全世界不发达国家的平民而言，没有印度的仿制药，他们防治、治病的能力就会急剧下降。我国在最初推广计算机和互联网时代，当时微软操作系统独霸天下，但在中国可以说大部分个人使用的都是盗版的操作系统，鉴于当时中国人的收入水平，支付正版的软件费用是一个巨大的经济负担，反过头来，我们再反省这段历程，不得不承认盗版成就了中国的计算机技术的发展。这样的故事在如今要求严格保护知产的美国同样存在，在其建国之初，美国国力微弱，政府支持盗印《大不列颠全书》，在英国的质疑下，当时美国总统华盛顿和杰斐逊等回应：美国需要盗版来支持发展。在这里说这些故事，并不是说知识产权保护不重要，而是站在更高的层面来看待知识产权，意识到知识产权是一种工具，它要以人类的福祉为目标，各国各阶段有其具体情况，我们不要因为倡导知识产权而僵化地看待它、运用它，要能够理解国家在不同时期的政策。在国际层面也是如此，知识产权不能被某些国家滥用和强加给经济落后、创新能力不足的国家，让其成为加剧不平等的工具。

第二节　知识产权中的反不正当竞争保护

一、竞争法的概念、原则与地位

1. 竞争法的概念与调整对象

竞争法是指为确立公平竞争的市场秩序，而对市场主体的竞争行为进行规制的法律规范总称。[①] 广义的竞争法包括不正当竞争法和反垄断法，而狭义的竞争法单指反垄断法。不正当竞争法与反垄断法关系密切，垄断一旦形成，它就会妨碍竞争的发展，从而加剧不正当竞争行为，因此有的国家将垄断统一纳入不正当竞争行为法律之中。

竞争法的调整对象主要是竞争规制关系，即国家在规制市场竞争过程中所产生的经济关系。规制在最狭义上，可以理解为是由于对一定的行为规定一定的秩序而起到限制的作用。广义的规制一般涉及消极的权利限制和积极的促进保护两个方面。竞争关系作为平等主体之间的市场关系，只是产生竞争法调整的竞争规制关系的基础关系。[②]

2. 竞争法上的知识产权问题

知识产权法有多种分类方法，其中依照立法技术的不同可将知识产权法分为传统知识产权法（如专利法、著作权法、商标法等）和反不正当竞争法两种。[③] 前者主要为权利赋予型，即借用物权构成的思考方式，赋予保护对象以支配性的权利；

---

① 《论竞争法与知识产权法的关系》，载中国论文网，http：//www. xzbu. corWview – 23% 638. htm，浏览时间：2015 年 12 月 22 日。

② 王显勇：《论竞争法的调整对象》，载《河北法学》2004 年 9 月 30 日。

③ 杨志敏、王蜀豫：《知识产权（法）若干理论问题研究》，载《专利法研究》2013 年 12 月 1 日。

后者则为行为规制型，即直接采用禁止特定行为来构成。当然也不排除二者有交叉的情况，即传统知识产权法也有禁止性规定，反不正当竞争法保护的智力成果，日益成为一种支配性的权利。但总体而言，在法律形式上，传统知识产权法主要是通过赋予权利，反不正当竞争法是通过禁止性的规定来保护非物质信息。传统知识产权法构成了知识产权保护体系最主要的内容，各种具有创造性的智力成果和与经营者密切相关的信息，如商业标记等非物质性的信息都可以依据传统知识产权法的具体规定得到保护，发挥知识产权制度鼓励创新、维护公平竞争和促进整个社会文明进步的功能。①

二、反不正当竞争法基本问题概述

1. 反不正当竞争法的概念

反不正当竞争法是对各类违法竞争行为及违反诚实守信竞争行为加以规制，建立公平、正当、自由的竞争秩序。反不正当竞争法不仅包括形式意义上的《反不正当竞争法（2019 修正）》，而且还包括《民法典》中的基本原则；《商标法（2019 修订）》《专利法（2008 修正）》《著作权法（2010 修正）》等知识产权专项立法中维护正当竞争秩序的法律规范；《价格法》《广告法（2018 修正）》《产品质量法（2018 修正）》等经济法律中有关禁止不正当竞争的法律规范；等等。

2. 不正当竞争行为的界定

不正当竞争行为不是一个具体的行为，而是一个比较宽泛和抽象的概念，很难对之下一个放之四海而皆准的定义。《保护工业产权巴黎公约》第十条规定，凡在工商业活动中违反诚实经营的行为即构成不正当竞争行为。② 我国《反不正当竞争法》第二条第二款规定："本法所称的不正当竞争行为，是指经营者在生产经营活动中，违反本法规定，扰乱市场竞争秩序，损害其他经营者或者消费者的合法权益的行为。"③ 实际上是采用了广义的不正当竞争行为的定义，该定义将不正当竞争行为的主体限于经营者，缩小了行为主体的外延；将不正当竞争局限于违反该法规定的行为，极大地缩小了不正当竞争行为的外延；其第二章关于具体行为的规定又将政府及其所属部门滥用行政权力限制竞争的行为规定进去，事实上包含原本该由反垄断法调整的内容。

3. 不正当竞争行为的构成要件

我国《反不正当竞争法》第二条第二款规定："本法所称的不正当竞争行为，

---

① 杨晓玲：《反不正当竞争法在知识产权保护中的作用》，西南政法大学 2005 年硕士学位论文。

② 参见《保护工业产权巴黎公约》第十条。

③ 参见《反不正当竞争法》第二条第二款。

是指经营者在生产经营活动中，违反本法规定，扰乱市场竞争秩序，损害其他经营者或者消费者的合法权益的行为。”[①] 这一定义规范从行为主体、行为的违法属性以及危害后果的角度规定了不正当竞争行为的构成要件。主体必须是经营者；行为性质是“违反本法规定”；结果是“扰乱市场竞争秩序，损害其他经营者或者消费者的合法权益”。笔者认为不正当竞争行为构成要件应作如下规定：

（1）行为主体是特定主体，但不应该限于经营者

对于经营者的判断，应当不只是从主体资格角度出发，还应该考虑具体的行为定性，如侵犯商业秘密的企业职工，以及商业贿赂中受贿单位的法定代表人或者具体经办人显然不具备经营者资格，但也应该纳入反不正当竞争法的调整范围，否则《反不正当竞争法》适用可能遇到障碍。[②]

（2）竞争行为是不正当的

不正当竞争行为应当是“不正当”的，采取非法的或者有悖于公认的商业道德的手段和方式都包括在“不正当”之列。[③] 实务中，界定“不正当”需要区分日常伦理道德和商业伦理之间的关系。正如孔祥俊法官在其《反不正当竞争法的创新性适用》一书中所指出的“应该以公认的商业道德，而非日常生活道德来衡量”[④]。

（3）行为的特征是具有竞争性

不正当竞争行为应当具有竞争性。所谓竞争，实质上是指两个或者两个以上的经营者在市场上以比较有利的价格，获取交易机会的行为。我国《反不正当竞争法》中关于数量、质量或者其他竞争条件并未明确规定“竞争”的内涵，但一些国家和地区的竞争法对竞争进行了界定。

（4）主观必须是故意的

不正当竞争要求行为人必须有主观故意的过错，过失则不成立不正当竞争。所谓故意主要指行为人采用各种违背诚实守信和公平竞争的手段，如我国《反不正当竞争法》第九条对侵犯商业秘密的规定，要求不正当竞争行为是以盗窃、贿赂、欺诈、胁迫、电子侵入或者其他不正当手段获取权利人的商业秘密；披露、使用或者允许他人使用以前项手段获取的商业秘密；违反保密义务或者违反权利人有关保守商业秘密的要求，披露、使用或者允许他人使用其所掌握的商业秘密；教唆、引诱、帮助他人违反保密义务或者违反权利人有关保守商业秘密的要求，获取、披

---

① 参见《反不正当竞争法》第二条第二款。

② 杨晓玲：《反不正当竞争法在知识产权保护中的作用》，西南政法大学2005年硕士学位论文。

③ 载百度百科，http://baike.baidu.com/link?url=aQhQ313HYEEPw8aObnWfx2YOJviqZtvR_7Vk7plnGgXnOKle9sb3VEKChm4pUj78u5jyzvNOhE-lUjPZmnryUKo，浏览时间：2016年3月16日。

④ 孔祥俊：《反不正当竞争法的司法创新和发展——为〈反不正当竞争法〉施行2周年而作（上广）》，载《知识产权》2013年第11期。

露、使用或者允许他人使用权利人的商业秘密。[①] 此外该法规定的假冒商标、企业名称或名优产品标志等市场混淆行为以及商业贿赂、商业诋毁等不正当竞争行为都以故意为主观要件。

（5）损害结果

损害结果可以已经发生，也可以尚未发生，不正当竞争行为不以损害结果为构成要件。反不正当竞争法是行为规制的法，只要符合法律所规定的不正当竞争行为的标准，即构成不正当竞争行为，不一定要有损害结果的产生。且损害结果不仅包括既得利益受损害，也包括预期利益受损害；可以直接体现为经济损失，也可以体现为商誉受损等情形。

三、知识产权法中的反不正当竞争保护

（一）反不正当竞争法与知识产权法有着相似的功能

1. 二者的作用都在于维护公平的竞争秩序，促进市场经济的健康良性发展。伴随着商品经济的发展，市场竞争呈现愈演愈烈之态势，甚至出现大量不正当竞争的现象，为了维护公平有序的竞争，保证交易活动的有效性，亟须引入司法和行政控制，反不正当竞争法便应运而生。同样地，知识产权法的发展也离不开竞争，它的作用在于用法律的手段保护专利、商标、版权等智力成果。尤其是在当今知识经济时代，知识产权成果成为企业的核心竞争力，决定着企业发展的前途与命运，所以通过知识产权法规制市场中的不正当竞争行为显得越来越重要。

2. 二者都是为了实现个人利益与社会公益的平衡。知识产权人的权益需要保护，社会公共利益亦需要重视，知识产权人对权利的享有不应影响社会公众的合理使用，是市场经济高速发展的当今社会的共识。反不正当竞争法的目的在于保护市场参与者的合法权益与社会公益，知识产权法则是注重协调知识产权人的合法权益与社会公益之间的平衡。所以知识产权法与反不正当竞争法的最终目标都在于追求权利人的合法权益与社会公益之间的平衡。

（二）反不正当竞争法在知识产权保护中的作用

1. 反不正当竞争法能够对知识产权予以附加保护

当行为人违反诚实信用原则，采取不正当的竞争行为扰乱市场秩序，侵害相关知识产权人的合法权益时，法院可以适用反不正当竞争法对知识产权予以附加保护。反不正当竞争法能够对知识产权予以附加保护，原因在于知识产权所保护的各种权利，很大程度上在于制止不正当竞争行为，与此同时，当知识产权部门法未规定某些不正当竞争的行为，则可由反不正当竞争法作为兜底条款进行调整。

---

① 《反不正当竞争法》第九条。

反不正当竞争法保护的客体主要包含四类：一是不具备一国知识产权法的要件，不受知识产权法保护的客体，可受到反不正当竞争法的保护。如与我国不存在条约及互惠关系的外国知识产权，国人皆可以使用，但如果此种使用构成不正当竞争行为，则可以适用反不正当竞争法予以调整。二是权利期限已经届满的客体，如某些作品的著作权期限已经届满，但该作品已经在市场上形成了著名形象，则可以适用反不正当竞争法进行保护。三是立法时未预见而未被纳入知识产权法保护的客体，随着科技的飞速发展，很多新型智力劳动成果或者工商业成就不断涌现，而相关的知识产权立法并未及时跟进，因此反不正当竞争法对此可以提供过渡型的保护。四是受到间接保护的客体。在很多不正当竞争行为中都涉及对知识产权的侵犯，如商业诽谤、虚假宣传等行为，而这些行为一旦构成侵权，都可以适用反不正当竞争法进行保护。

2. 反不正当竞争法可以促进知识产权法不断完善

随着科学技术的飞速发展，新的事物不断涌现，这种情况在知识产权领域尤为显著，而众所周知法律具有滞后性的特点，难以及时地将需要保护的客体纳入知识产权法的保护范围之中，法律的滞后性与社会变动性之间的矛盾也就凸显出来。

鉴于反不正当竞争法具有诸多原则性的规定，而法律原则又是解决法律滞后性与社会变动性的重要手段，因而反不正当竞争法基于其特性能够及时适应经济社会的快速发展，当知识产权法无法将不断出现的新型知识产权纳入保护范围时，反不正当竞争法则能够对其提供适时的法律保护。

在很多情况下，当新的知识产权客体出现后，由于人们的保护意识尚未完全树立，相关知识产权立法也并未及时跟进，因而往往先会通过《反不正当竞争法》加以保护，再逐步对相关知识产权法律规则予以完善。例如，在19世纪后期，留声机与电影放映机发明后，对表演者权利的保护也受到重视，但在当时并未有相关的知识产权法律规定，只能通过反不正当竞争法予以保护。此后，该项权利通过各国的知识产权立法才逐渐成为一项特别的权利，即著作权法中的邻接权。正是由于反不正当竞争法的存在，不断出现的新型知识产权客体才得以受到保护，而这些新出现的知识产权客体又推动了新的法律规则不断产生与完善，进而逐渐形成全面而系统的知识产权法律保护体系。

（三）反不正当竞争法与知识产权单行法的适用

反不正当竞争法与知识产权法对知识产权保护并重，因存在法律适用的问题，二者如何适用应遵循以下原则：

1. 特别法优于一般法原则

按照我国法律规定，特别法优于一般法适用，知识产权单行法作为知识产权保护的特别法，在发生知识产权纠纷时，应优先于作为一般法的反不正当竞争法予以适用。只有当知识产权单行法不足以调整相关知识产权法律关系时，作为一般法的反不正当竞争法才能得以适用。除此之外，由于反不正当竞争法的规定过于笼统抽象，而知识产权单行法的规定则相对具体明确，因而在发生知识产权纠纷时，优先适用较为明确的知识产权单行法的规定，既有助于更好地解决矛盾纠纷，也能够对法官的擅断起到很好的制约作用。

2. 反不正当竞争法的补充适用原则

反不正当竞争法的补充适用是指，在具体知识产权规定不足时，如在具体知识产权规则需要解释、具体的知识产权规则有漏洞、不同规则相互冲突时或者在具体知识产权覆盖不到的领域，就可以通过适用反不正当竞争法来补充具体知识产权规则的不足。[①] 三部知识产权法作为知识产权保护的单行法，已经起到很好的权利救济作用，但是我们也应看到知识产权自身所涉及的社会关系的复杂性用一部法律调整也是不现实的，即使有朝一日知识产权制定法典也不能解决一切问题。这是法律规范性、确定性所不可避免带来的弊端，知识产权法律虽然具体，但是远远无法覆盖生活中出现的各类案件。这就需要其他法律制度的补充，特别是在三部法律都存在规定不完善的情况下更是需要反不正当竞争法等法律发挥保护权利人的作用。

四、不正当竞争行为的各种分类

1. 商业标识的仿冒行为

（1）仿冒行为的概念

仿冒行为是指经营者擅自在自己的商品或商品包装上，使用他人已有的注册商标、包装、装潢等，从事市场交易混淆公众，谋取不正当利益的行为。[②]

（2）仿冒行为的表现形式

仿冒行为不同于假冒行为（从内到外全部假冒他人的商品或服务），仿冒者一般都有自身的企业名称、注册商标或者其他标识，但是它们不具备经营被仿冒产品或服务的资格或者能力。

此外仿冒行为与模仿行为是一种度的区别，如果绝对禁止模仿行为就会阻碍社会的发展，但是模仿过度就形成仿冒，对他人的权利和劳动造成侵害。根据大多数国家法律的规定，模仿必须掌握在适当的尺度之内。例如，“厦华诉长虹商标侵权案”中北京市第一中级人民法院经过审判作出判决：厦华电子公司诉讼请求缺乏事实和法律依据被驳回，长虹公司所使用的标识与“CHDTV”既不相同也不相似，

---

① 张永志、童凌：《试论反不正当竞争法在知识产权保护中的地位和作用》，载《中国工商管理研究》1996 年。

② 载好搜百科，http：//baike. haosou. coiVdoc/6693661 －6907569. html，浏览时间：2011 年 12 月 2 日。

属正常使用。判决书内同时认定，“HDTV”是本行业中技术术语“高清晰度电视”的英文缩写，已作为国家标准予以明确，故厦华电子公司在行使“CHDTV”注册商标专用权时无权禁止他人正常使用。厦华电子公司欲意凭借“CHDTV”的注册商标进行专用名垄断，扼制同行的意图只能中途流产。[①]

①仿冒他人合法外部标识的行为

仿冒他人合法外部标识行为是指不经任何授权，擅自使用其他经营者受国家法律保护的合法外部标识的行为。所谓企业的合法外部标识是指经过注册登记的商标、商号、企业名称、服务标记等具有识别意义的标志。[②]

②不正当使用他人合法外部标识的行为

仿冒者为了谋取竞争的有利地位，虽然不在自己企业的名称、商号、商品以及商标中直接使用其他经营者经合法登记注册的企业名称、商标以及商号、字号等外部标识，但却对这些合法外部标识进行不正当的使用，如故意以他人的著名商标作为自己企业的名称或者商号，或者把他人享有盛誉的企业字号，作为自己企业的商品的名称或者服务的标记。

③不正当使用他人未经注册登记的外部标识，导致市场混淆的行为

这是指仿冒者不经任何授权，对知名企业及其产品、服务的特有的外部标识进行不正当使用，造成市场秩序混乱的行为。这里所说的知名企业及其产品的外部标识是指那些虽然不受国家法律明文规定保护，但具有形成知名企业和商品、服务声誉重要价值的识别性标志。

④仿冒他人产品的质量标志和产地，引人误解的行为。

2. 市场混同行为规制

（1）仿冒他人注册商标

《商标法》第五十七条规定：“有下列行为之一的，均属侵犯注册商标专用权：（一）未经商标注册人的许可，在同一种商品上使用与其注册商标相同的商标的；（二）未经商标注册人的许可，在同一种商品上使用与其注册商标近似的商标，或者在类似商品上使用与其注册商标相同或者近似的商标，容易导致混淆的；（三）销售侵犯注册商标专用权的商品的；（四）伪造、擅自制造他人注册商标标识或者销售伪造、擅自制造的注册商标标识的；（五）未经商标注册人同意，更换其注册商标并将该更换商标的商品又投入市场的；（六）故意为侵犯他人商标专用权行为提供便利条件，帮助他人实施侵犯商标专用权行为的；（七）给他人的注册商标专用权

---

① 《厦门夏华诉四川长宏商标侵权案》，载知识产权律师网，http：//www. iprlawyers. commipr_ Html/07_ 04/2006 -3/3/20060303165615831. html，浏览时间：2015 年 4 月 1 日。

② 《仿冒行为的表现形式》，载找法网，http：//china，findlaw. cn/jingjifa/jingzheeg/jmfnmi038382. html，浏览时间：2015 年 4 月 1 日。

造成其他损害的。”

从《商标法》第五十七条规定看，《商标法》通常只保护注册商标，但也不绝对。《商标法》也可以对未注册商标提供保护，如《商标法》第十三条第二款、第三款规定：“就相同或者类似商品申请注册的商标是复制、摹仿或者翻译他人未在中国注册的驰名商标，容易导致混淆的，不予注册并禁止使用。就不相同或者不相类似商品申请注册的商标是复制、摹仿或者翻译他人已经在中国注册的驰名商标，误导公众，致使该驰名商标注册人的利益可能受到损害的，不予注册并禁止使用。”对于非驰名商标，如果没有注册，则可以受到《反不正当竞争法》的保护，该法具有兜底作用。

一般而言，对于商标的保护，可以分为两个层次。一个层次是直接根据法律的规定，如《商标法》或《反不正当竞争法》，如果两部法律都无法提供保护，则可以利用第二个层次的保护。第二层次的保护：即权利的保护，可以援引《民法典》规定的公平、诚信原则等加以保护。

（2）仿冒他人知名商品名称、包装、装潢

《反不正当竞争法》第六条禁止经营者在市场交易中擅自使用知名商品特有的名称、包装、装潢，或者使用与知名商品近似的名称、包装、装潢，造成和他人的知名商品相混淆，使购买者误认为是该知名商品，此保护是《反不正当竞争法》的首创。原国家工商行政管理局于 1995 年 7 月 6 日发布的《关于禁止仿冒知名商品特有的名称、包装、装潢的不正当竞争行为的若干规定》，最高人民法院于 2007 年 1 月 12 日发布的《关于审理不正当竞争民事案件应用法律若干问题的解释》对知名商品及仿冒知名商品特有的名称、包装、装潢的不正当竞争行为作了进一步解释和规定。这些知名商品名称、包装、装潢必须是为有关商品所特有的、显著区别于通用标识。具体到知名商品的认定，规定的认定标准为由市场自行认定相关市场上知名商品，即等到假冒或仿冒行为发生后，由行政机关查处违法行为或由受害人通过司法机关向违法人主张民事权利时，再具体认定有关商品是否知名并为该商品所特有，据此方案，知名商品的认定是与假冒、仿冒行为紧密联系在一起的，对不知名的商品不会产生假冒、仿冒的动机和必要。

仿冒知名商品名称、包装、装潢行为的构成要件主要有：①被仿冒的商品必须是知名商品；②被仿冒的知名商品名称、包装、装潢必须是知名商品所“特有”；③仿冒行为必须是对知名商品名称、包装、装潢作相同或近似的使用；④仿冒行为必须是造成与他人知名商品相混淆，使购买者误认为是该知名商品的行为；⑤仿冒行为必须是对他人知名商品的有关标识的擅自使用。经营者如果是通过合法的途径获得这些标识的使用权，就不会构成不正当竞争行为。

3. 引人误解或虚假宣传和商业诋毁行为

现代市场竞争中，以广告为主要形式的商业宣传是经营者开拓市场进而获取竞争优势的重要手段，对消费者的购买行为起一定的导向作用，但如果进行虚假宣传，不仅会破坏公平竞争、误导消费者，而且还会损害其他经营者的合法权益。所谓虚假宣传是指经营者利用广告或其他方法对其商品或服务做出与实际情况不符的虚假信息。

2014 年 10 月 16 日，最高人民法院（以下简称最高院）对奇虎诉腾讯滥用市场支配地位案作出终审判决，驳回奇虎上诉，维持原判。此案作为最高院审理的一例重要的反不正当竞争案件，对于以后案件的审理具有指导作用。

3Q 大战其中一个重要的争议点就是奇虎推出的 360 隐私保护器是否对腾讯公司构成了不正当竞争。法院认为奇虎的“扣扣保镖”的不正当竞争性质明确。首先，腾讯和奇虎都具有相同的经营模式：双方都通过免费的基础网络服务锁定用户，然后通过增值及广告推介的手段获取利润。此时，虽然腾讯和奇虎主营免费网络服务市场并不一致，但网络服务范围和用户群体存在交叉甚至重合，并且在广告服务市场存在竞争。因此，腾讯和奇虎在网络服务范围、用户市场及广告市场中间存在竞争利益，双方是竞争关系。其次，奇虎并没有充分的证据证明 QQ 软件的确扫描了含有隐私数据的信息，因此，奇虎通过 360 隐私保护器对用户使用 QQ 软件所作的检测结果警示缺乏客观公正性，足以误导用户。所以依据《反不正当竞争法》第十一条“经营者不得编造、传播虚假信息或者误导性信息，损害竞争对手的商业信誉、商品声誉”的规定，奇虎在本案中的行为构成了对腾讯的商业诋毁，减损了腾讯的竞争优势，损害了腾讯的商业信誉和商品声誉。①

4. 侵犯商业秘密行为

侵犯商业秘密的行为是指以盗窃、利诱、胁迫或其他不正当手段获取权利人的商业秘密，或者非法披露、使用权利人的商业秘密的行为。根据《反不正当竞争法》和《关于禁止侵犯商业秘密行为的若干规定》第三条第一款，侵犯商业秘密行为有以下几种具体表现形式。②

（1）采取不正当手段获取商业秘密的行为

《反不正当竞争法》第九条第一款第一项，首先明确规定禁止“以盗窃、贿赂、欺诈、胁迫或者其他不正当手段获取权利人的商业秘密”。这项禁止他人对商业秘密的不正当获取，即获取行为本身就是违法的，是否披露、使用在所不问，也

---

① 《奇虎与腾讯等滥用市场支配地位纠纷案》，载北大法宝网，http：//bmla. chinalawinfo. com/newlaw2002/slc/slc. asp？db 二 fnl&gid 二 120856221，浏览时间：2015 年 4 月 1 日。

② 杜军：《侵犯商业秘密行为的法律救济》，载《现代法学》2000 年第 1 期。

不影响违法性的认定。根据《反不正当竞争法》的规定，获取商业秘密的不正当手段主要是盗窃、贿赂、欺诈、胁迫、电子入侵或者其他不正当手段。所谓盗窃，通常是指秘密窃取权利人的商业秘密。所谓贿赂，是指以给付金钱或其他利益的方式引诱了解商业秘密的雇员、合营者、顾问及其他知情人员告知其商业秘密。所谓欺诈，是指以欺诈手段，使对方在违背真实意思的情况下泄露商业秘密。所谓胁迫，是指对商业秘密的权利人及其雇员、合作人及其他知情人本人或与知道商业秘密者有关的亲属等其他人的财产或人身造成损害为要挟，迫使商业秘密的知情人交出商业秘密。所谓电子侵入，是指通过计算机等电子手段侵入他人系统，窃取他人商业秘密的行为。所谓其他不正当手段是指除盗窃、贿赂、欺诈、胁迫、电子侵入五种手段以外，违背商业秘密权利人的意愿，获取权利人商业秘密的其他违法手段。随着现代科技的高速发展，利用各种技术手段窃取他人商业秘密已经成为一种越来越普遍的现象，如计算机窃密、电磁波窃密、照相机窃密、电话窃听、高空摄影、远距离激光扫描等。不正当手段正是对纷繁复杂的非法获取商业秘密现象的高度抽象和概括。

（2）非法披露商业秘密的行为

披露是指未经权利人许可或者违反保密义务的规定或约定而向他人扩散商业秘密，包括在要求对方保密的条件下向特定人、少部分人透露商业秘密以及向社会公开商业秘密。非法披露商业秘密的侵权行为主要有两种表现形式：一是不正当获取人将非法获取的商业秘密向他人扩散。这类行为是侵犯商业秘密行为的继续。二是权利人以外的人违反约定的保密义务或权利人的保密要求，将其通过正当手段或合法途径取得或知悉的商业秘密披露给他人。在这种情况下，尽管行为人对商业秘密的获取是合法的，但行为人同时负有保密义务，行为人的披露行为就是违反这种约定或权利人要求的保密义务而具有违法性。

（3）非法使用商业秘密的行为

非法使用是指经营者未经权利人同意或违反约定，擅自将商业秘密利用到加工生产、销售服务等方面。非法使用既包括自己非法使用，也包括非法允许他人使用。

（4）第三人的侵权行为

第三人是指直接获得权利人商业秘密的行为人以外的人。在侵犯商业秘密行为中，商业秘密权利人为第一人；而直接获得权利人商业秘密的行为人为第二人，第二人包括以不正当手段获取、使用或者允许他人使用的行为人，以及虽通过合法途径获得商业秘密但违反保密约定或要求使用或允许他人使用其所掌握的商业秘密的行为人。第三人有善意第三人与恶意第三人之分。善意第三人是指不知且没有义务知晓第二人违反《反不正当竞争法》第九条第二款规定获取、使用或者披露他人的商业秘密的行为。恶意第三人主观要件为故意或重大过失，即第三人明知或应知第二人对商业秘密违法获取、使用、披露，而不予制止或向有关机关举报，反而继续实施侵权商业秘密的行为。相较而言，恶意第三人社会危害性等同于第二人行为，是对权利人商业秘密的侵犯。此外明知是一种恶意（故意）状态，应知而不知（应当知道却因重大过失而不知道）是一种重大过失的主观状态，在私法理论上，重大过失与故意产生相同的法律后果，因此《反不正当竞争法》将恶意第三人的明知行为和应知行为同等对待，均以侵犯商业秘密行为论。

5. 不正当有奖销售行为

有奖销售是指企业根据自身的现状，为提高销售需求，附带性提供奖励以诱导他人消费。它包括奖励所有购买者的附赠式有奖销售和奖励部分购买者的抽奖式有奖销售。有奖销售对市场经济的发展有着积极的作用，它是一种有效的促销手段，可以刺激消费，启动市场，扩大产品销售量，加速资金流转。但是，不当的有奖销售，往往会影响消费者正常的选购商品，导致市场不能如实反映供需情况，传递错误的市场信息，同时由于一些实力雄厚的经营者推出规模大、金额高的巨奖销售，增加了成本，提高了销售价格，从而影响了无力设巨奖的弱小经营者的正常销售活动，破坏了公平竞争的市场秩序。鉴于有奖销售有利有弊，我国《反不正当竞争法》并没有规定绝对禁止有奖销售，而是针对有奖销售活动中出现的问题作了一些限制性规定。不正当有奖销售行为包括以下三种情形：采用谎称有奖或者故意让内定人员中奖的欺骗方式进行有奖销售，利用有奖销售的手段推销质次价高的商品，抽奖式的有奖销售，最高奖金额超过5000元。虽然我国《反不正当竞争法》并未对有奖销售的定义做出明确阐释，但是原国家工商行政管理局于1993年12月24日公布的《关于禁止有奖销售活动中不正当竞争行为的若干规定》（以下简称《若干规定》）中第二条第一款却对有奖销售做出如下定义，即本规定所称的有奖销售，是指经营者销售商品或者提供服务，附带性地向购买者提供物品、金钱或者其他经济上的利益的行为，包括：奖励所有购买者的附赠式有奖销售和奖励部分购买者的有奖销售。从上述界定可以看出有奖销售的一个最明显的特征就在于它是在经营者与购买者之间进行的。但是，有学者提出，某些电视台推出集娱乐、广告、抽奖为一体的栏目，虽然在表面上不属于不正当有奖销售，但其根本目的在于提高收视率，以吸引更多广告客户，进而排挤其他竞争者，这在本质上也属于不正当有奖销售。因此，在实践中不应将有奖销售限定在经营者与购买者之间，而是更应当强调有奖销售的手段。

6. 商业贿赂行为

商业贿赂行为是指经营者利用财物或其他手段进行贿赂，具体包括商业行贿与商业受贿两个方面，在实践中二者是互相依存的。商业贿赂行为的特征主要是：

①商业贿赂行为的主体是经营者或与经营活动密切相关的个人，因为存在着国家（集体）、企业和个人间的不同的利益关系，在我国单位可以成为受贿主体是一大特色。②商业贿赂行为在主观上是故意和自愿的，行贿者的目的是获得交易机会，往往为了推销自己的商品或购买到紧俏的商品等利益，使自己在竞争中取得不正当的优势。贿赂的目的可以是多重的，如调动户口、提高待遇、升官等，但过失不能构成商业贿赂行为。③商业贿赂行为的客观方面表现为经营者为了销售或购买商品，采用财物或其他手段贿赂或允诺贿赂对方单位或个人的各种行为。《反不正当竞争法》第七条将商业贿赂的手段分为“财物”和“其他手段”两类，国家工商行政管理局于1996年11月15日发布了《关于禁止商业贿赂行为的暂行规定》（以下简称《暂行规定》）第二条第三款的解释，财物是指现金和实物，包括经营者为销售或购买商品假借促销费、咨询费、佣金等名义给付对方单位或个人的财物；第二条第四款规定其他手段包括提供国内外各种名义的旅游、考察等给付财物以外的其他利益手段。④商业贿赂行为的损害客体：商业贿赂行为是反不正当竞争法禁止的不正当竞争行为，是刑法贿赂罪规范的行为，这种行为不仅损害竞争对手的利益，而且还使国家财产大量流失，使公平竞争秩序受损，滋生腐败现象，阻碍市场经济体制的建立和发展。

我国对商业贿赂行为的法律规制主要规定在《反不正当竞争法》第七条和第十九条，其他的一些单行法律法规也作了相应的规定，如《药品管理法（2019年修订）》第八十八条规定，禁止药品的生产企业、经营企业和医疗机构在药品购销中账外暗中给予、收受回扣或者其他利益。《刑法》第三百八十五条第二款规定：“国家工作人员在经济往来中，违反国家规定，收受各种名义的回扣、手续费，归个人所有的，以受贿论处。”第三百八十七条规定：国家机关、国有公司、企业、事业单位、人民团体，在经济往来中，在账外暗中收受各种名义的回扣、手续费的，以受贿论处。第三百八十九条第二款规定：“在经济往来中，违反国家规定……给予国家工作人员以各种名义的回扣、手续费的，以行贿论处。”

第三节 企业专利的保护

一、专利概述

（一）专利的概念

专利是由政府机关或者代表若干国家的区域性组织根据申请而颁布的一种文件，这种文件记载了发明创造的内容，并且在一定的时间、期间内产生这样一种法律状况，即获得专利的发明在一般情况下只有经专利权人许可才能予以实施。

（二）专利制度沿革

1624年英国颁布的《专利法》被认为是具备现代意义的专利法，标志着专利制度的真正形成。截至目前，全球近200个国家或地区建立了专利制度，1883年《巴黎公约》的签订、1970年《专利合作条约》的签订，尤其是1991年《TRIPS》的签订更是专利全球一体化新的里程碑。

清末我国才出现近代意义的专利。随后中华民国时期也建立了专利法，但并未形成规模。中华人民共和国成立直到1978年十一届三中全会后国家批复逐步恢复和建立专利制度，并于1985年颁布了现行的《专利法》，此后分别于1993年、2001年、2009年进行了较大程度的修改。1985年3月19日，中国正式加入《巴黎公约》，中国从2001年入世之日起便全面实施世界贸易组织的TRIPS协议。这些都标志着我国专利制度在不断进步和向国际社会不断靠拢。

（三）专利制度基本原则

专利制度是一种既可以综合运用法律和经济，又可以起到促进经济发展和科技进步的管理制度。基于建立专利制度的此种目的，使得专利制度具有以下基本原则。

1. 创新原则

专利制度设置的主要目的之一便是鼓励创新，通过制度保障给予专利权人在某段时间，特定地域内合法的垄断权，从而激励发明人的能动性，开启国民智慧，推动科技和社会进步。

2. 公开原则

专利就意味着公开，公开发明创造的内容是换取合法垄断权的代价之一，公开后可以避免他人重复研究，避免社会资源的浪费。

3. 申请原则

我国自专利制度建立至今一直采用先申请原则。采用先发明原则当然更加公平，但举证困难，也不利于鼓励及时申请；先申请原则最大的好处是鼓励发明人尽快申请，这样符合专利设置的本意，可以最大限度地保护公共利益，手续上也简便，节约了社会资源。

二、专利的特征

专利权具有时效性、专有性、地域性和无形性。

时效性是指专利权作为一种专有权只在某一特定的时间内有效，期限届满后，自动进入公有领域，法律不再保护专利权人所独有的权利，任何人都可以使用和利用该项发明创造。

专有性，专利权属于财产权的一种，也是一种专有权，具有对世性，在专利有效期限内，任何人未经专利权人的许可不得使用该专利方法、制造、销售、许诺销售和进口该专利产品。

地域性，是指专利权的效力范围只限于批准该专利权的国家的领土之内。本国申请专利获得授权，并不自然在他国获得权利。申请人若想使某项发明创造在某个或某些国家获得专利保护，需要依照该国的专利制度向其提出专利申请，以期获得授权。

无形性，是指专利权的客体——发明创造或外观设计的非物质性。所有权利都是一个抽象的概念，都是无形的，专利信息必须通过物化载体有形展现，才能为人们所认知。

三、专利的类型

依照我国的专利法规定，专利分为发明、实用新型和外观设计三种类型。

（一）发明专利

发明专利是指对产品、方法或者其改进所提出的新的技术方案。发明专利的最长保护期限为自申请日起二十年。发明专利是指一项技术方案，技术方案是指利用自然规律来解决技术问题的技术手段的集合。发明专利可以是产品专利也可以是方法专利，这里的产品应该是由人类能够制造出来的产品，而非自然界本来就存在的产品，如雨花石；最后也不能是光、电、能量、磁场、气味等既非产品也非方法的存在物。

（二）实用新型

实用新型是指对产品的形状、构造或者其结合所提出的适于实用的技术方案，实用新型的最长保护期限为自申请日起十年。实用新型强调实用性，即适合于工业领域的应用；实用新型仅限于保护有一定形状和构造的新产品，且必须是一项有形产品，不能保护方法。无固定形状的气体、液体、粉末状的产品不能用实用新型保护。

（三）外观设计

外观设计是指对产品的形状、图案或者其结合以及色彩与形状、图案的结合所作出的富有美感并适于工业应用的新设计。外观设计的最长保护期限为自申请日起十年，2015 年 4 月《专利法修改草案（征求意见稿）》第四十二条，将外观设计的保护期限修改为十五年。外观设计本质为一种工业美术设计，但必须与产品结合在一起才能申请外观专利，这种美术设计不能是单纯的色彩，可以是单纯的形状、图案，也可以是形状与色彩的结合、形状与图案的结合、色彩与图案的结合，也可以是色彩与形状和图案三者的结合。外观设计必须富有美感，且必须是一项在工业上能够应用的新的设计。

四、企业如何获得专利

专利权是一项需要通过申请、经政府审查而获准的权利，企业或者个人如果需要通过专利权获得保护，那么了解专利申请的相关知识是十分有必要的：

（一）企业申请专利的益处

企业申请专利究竟有什么好处呢？归纳起来一般有如下几种目的：

1. 实现对于某种技术的垄断，从而保障企业的竞争优势，实现利益的最大化，这是专利本身最为重要的价值所在，也是申请专利的基本目的。

2. 专利获得授权后，可以许可他人使用相应的技术，从而获得商业上的利益。如果某一产品由多个部件组成，他人就其中的某个部件或者某一部分拥有专利，而我方拥有其他部件的专利，那么拥有专利的各方在生产该产品时都会被他方的专利所限。在此前提下，拥有该产品所必需的专利是实现各方交叉许可的基础。同时，针对他人专利进行改进，申请优选专利，也可以实现交叉许可，达到获得他人专利许可的目的。

3. 获得专利授权本身就是企业研发、创新力量的体现，是对企业技术力量的软宣传。

4. 防止自身的发展因与他人已经布置好的专利圈相冲突而受到限制。由此可见，专利申请不仅仅是一种进攻性的策略，同时也是必要的防范措施。

5. 申请高新技术企业的一项重要指标就是企业所持有的专利数量，一些招标项目对投标公司的专利持有情况也会有要求。

6. 企业申请专利，还可以成为一种有效的鼓励内部创新的机制。

（二）不能申请专利的客体

并非所有发明创造都适合用专利保护。企业有必要知道哪些是不可以申请专利的，排除了这些例外也就明确了可以申请专利的范围。

1. 不符合专利法发明定义的发明创造

根据《专利法》第二条规定，未采用技术手段解决技术问题，以获得符合自然规律的技术效果的方案不属于可申请发明专利的客体。

2. 违反法律或公共道德的发明创造

（1）违反法律的发明创造

当产品本身和制造方法是违反法律的发明创造时不能被授予专利权，如赌具、吸毒的器具、伪造国家货币的设备等；但需要排除以下情况：①发明创造本身没有违反法律，仅其可能被滥用而违反法律的，如娱乐用的棋牌、用于医疗的各种毒药及兴奋剂等；②仅其实施为法律所禁止的发明创造，亦即该产品的生产、销售或使用受到法律的限制或约束，而该产品本身及其制造方法并不属于违反法律的发明创造，如各种武器的生产、销售和使用受到法律的限制，但这些武器本身及其制造方法仍然属于可被授予专利权，从而受到保护的客体。

（2）违反社会公德的发明创造

当一项发明创造违背了社会的伦理道德观念和行为准则，则该项发明创造不能被授予专利权，如淫秽、暴力凶杀图片的外观设计，克隆人或克隆人的方法等。

（3）妨碍公共利益的发明创造

是指发明创造的实施或者使用会给公众或社会造成危害，如严重危害环境、破坏生态平衡的发明创造等。

3. 非法获取或利用遗传资源完成的发明创造

是指取自人体或者动植物体、微生物等含有遗传功能单位的材料，如器官、血液、细胞、基因组等，并对之进行分离、分析、处理等以完成发明创造，实现其遗传资源价值的发明创造，如果该遗传功能单位的材料获取或者利用违反了法律或者行政法规的规定，则依此获得的发明创造也不应被授予专利权。

4. 法律禁止授予专利权的客体

（1）科学发现

是指对自然界客观存在的物质、现象、变化过程及其特性和规律的揭示，因为这些被认识的物质、现象、特性和规律不同于改造客观世界的技术方案，不属于专利法意义上的发明创造，因而不能被授予专利权。

（2）智力活动的规则和方法

智力活动的规则和方法是指导人们进行思维、表述、判断和记忆的规则和方法，由于其没有采用技术手段或者利用自然规律，也未解决技术问题和产生技术效果，因而不构成专利法意义上的技术方案，如计算机语言、计算机程序本身、心理测试方法等。

（3）疾病的诊断和治疗方法

这是出于对人道主义的考虑和社会伦理的原因，医生有选择各种方法和条件的自由，不能因为某项诊断和治疗方法被授予专利权而影响医生自由使用；另外，因为疾病的诊断和治疗是以人体或动物体为实施对象，因此无法在产业上利用，不属于专利法意义上的发明创造，2015 年 4 月《专利法修改草案（征求意见稿）》第二十五条，将涉及养殖动物的排除在外。

（4）动物和植物品种

这是我国专利保护体制的一种安排，动物和植物品种可通过其他非专利途径获得保护。但动物和植物品种的生产方法可以授予专利权，微生物和微生物的生产方法也是可以得到专利保护的。

（5）原子核变换方法和用该方法获得的物质

因为该类产品或方法关系国防和整个人类的生产、生活和生命等重大事项，不宜为单位或个人所垄断，所以不能授予专利权，但实现变换方法的各种设备、仪器是可以申请专利权的。

（三）企业专利的申请权和专利权的归属

发明创造申请专利时，其申请人和发明人有时候是不同的，企业中职务发明创造占据重大比例，对于企业而言有必要了解和掌握法律关于职务发明创造的规定。

1. 职务发明创造

2015年4月《专利法修改草案（征求意见稿）》对职务发明的规定进行了修改，修改后的第六条第三款为“利用本单位的物质技术条件所完成的发明创造，单位与发明人或者设计人订有合同，对申请专利的权利和专利权的归属作出约定的，从其约定；没有约定的，申请专利的权利属于发明人或者设计人”。

2. 非职务发明创造

申请专利的权利属于发明人或设计人；申请被批准后，该发明人或设计人为专利权人。

3. 企业发明创造的权利归属

企业技术人员完成的发明创造在申请专利权时确定申请人需要考虑以下情况：

（1）技术人员是执行本单位的工作任务完成的发明创造

具体而言，包括以下情形：①在本职工作中作出的发明创造；②履行本单位交付的本职工作之外的任务所作出的发明创造；③退休、调离原单位后或者劳动人事关系终止一年内作出的，与其在原单位承担的本职工作或者原单位分配的任务有关的发明创造。如果申请专利的发明创造属于上述三种情况之一的，该申请人就是发明人或设计人所在的单位（包括临时工作单位）。

（2）利用本单位的物质技术条件完成的发明创造

技术人员利用本单位的资金、设备、零部件、原材料或者不对外公开的技术资料等完成的发明创造，在申请专利时如何确定权利的归属，首先要看职工与单位之间是否有协议约定了专利申请权的归属，有约定的依其约定，如果没有约定，则专利申请权归属单位。需要注意的是，此处资金、设备、零部件、原材料或者不对外公开的技术资料等应当是在完成发明创造的过程中起到主要的作用。

（四）企业如何申请专利

专利权是一种依申请而产生的权利，须由国家专利主管部门审核批准后才能被授予在一定时间内的专有权。因此，若要获得专利保护，首先是要提出相应的申请，具体而言申请专利需要遵循以下步骤：

1. 具备可申请专利的技术或设计

首先企业要具备可申请专利的技术或设计，并且技术人员需要将这些技术和设计通过文字或者制图的方式进行表达和固定，从而形成技术交底材料，以便于专利代理人理解技术或设计的内容，在此基础上形成专利申请文件。

2. 委托代理机构或者直接向专利局申报专利

企业在准备好技术交底材料后，可选择专利代理机构代为撰写专利申请文件，也可以直接向专利局申请专利（国内没有经常居所或营业所的国外企业或个人必须委托代理机构）。专利程序烦琐，专利申请文件的撰写也是专业性很强的工作，稍有失误就可能导致获得授权的时间被延后，甚至导致被专利局视为撤回或者因专利文件撰写存在瑕疵而使得本应获得授权的技术或设计不能被授予专利权。因此，有必要委托专业的专利代理机构。

3. 准备专利申请文件

专利文件包括专利申请书、权利要求书、说明书摘要、说明书，必要时需要提交说明书附图和摘要附图。

4. 专利局进行审查

专利局在接到专利申请后会对专利进行审查，看是否符合专利授权的条件，不同类型的专利审查程序也有一定差异，如发明专利实行的是前期公开实质审查制，实用新型和外观设计实行的是初步审查制度。理论上实用新型不需要经过实质审查，然而实践中，专利局会对部分实用新型专利进行抽审。

5. 办理授权登记手续，续缴年费

在专利局审查通过后，专利局会下达办理专利授权通知书和办理专利登记通知书，并通知缴纳一定的费用。在专利授权后，需要在每年的申请日前缴纳专利年费以维持专利的有效性，如果在每年申请日后六个月的滞纳期内还未缴足专利年费或滞纳金，审查员随后会发出专利权终止通知书，专利权自应当缴纳年费期满之日起终止。

五、专利权人的权利和义务

企业在获得专利权后，就可以行使专利权的内容，同时，为了获得和维系专利权还应当承担一定的义务，具体包括如下内容：

（一）专利权人的权利

1. 专有权

专利是一项专有权，在专利的有效期间内，只有专利权人对专利具有使用权，他人未经许可不得实施其专利，即不得为生产经营目的制造、使用、许诺销售、销售、进口其专利产品，或者使用其他方法以及使用、许诺销售、销售、进口依照该专利方法直接获得的产品。具体而言包括：（1）禁止他人制造专利产品的权利；（2）禁止他人使用专利产品的权利；（3）禁止他人许诺销售专利产品的权利；（4）禁止他人销售专利产品的权利；（5）禁止他人进口专利产品的权利；（6）禁止他人使用专利方法；（7）禁止他人使用、许诺销售、销售、进口依专利方法直接获得产品的权利；（8）禁止他人制造、销售、许诺销售或者为了制造、销售的用途而进口该外观设计专利产品的权利。①

2. 许可权

专利权人在专利权有效期限内，也可将专利权许可给他人使用，收取一定的专利许可费。专利许可的方式有以下几种：（1）独占许可，即只有被许可人可以使用该专利发明创造，许可人和其他第三人都无权使用该专利。（2）排他许可，即专利权人只允许被许可人使用该专利发明创造，除专利权人和被许可人之外，任何第三人都不能使用该专利发明创造。（3）普通许可，即专利权人许可被许可人使用专利发明创造，同时专利权人还可继续许可给其他人使用该项发明创造。（4）分许可，即专利权人将专利发明创造许可给被许可人使用后，同时允许该被许可人将专利发明创造许可给其他人使用。（5）交叉实施许可（cross - license），也称“相互许可”，是专利实施许可的一种，即许可方和被许可方互相许可对方实施自己所拥有的专利技术而形成的实施许可。交叉许可（cross - licensing）是指交易各方将各自拥有的专利、专有技术的使用权相互许可使用，互为技术供方和受方。在合同期限和地域内，合同双方对对方的许可权利享有使用权、产品生产和销售权。各方的许可权利可以是独占的，也可以是非独占的。双方权利对等，一般不需支付使用费。在国际技术贸易中，采用交叉许可方式转让技术的合同，通常称为交叉许可合同或交叉许可协议。②

3. 处分权

在专利有效期内，专利权人可以对专利权进行处分的主要方式为：

专利权人有权决定是继续缴费维持专利权的有效性还是主动放弃专利权；主动放弃可有两种方式，一种是主动向专利局提出放弃专利权请求，另一种是不再续缴年费，被专利局视为放弃专利权。

同时专利权也可作为一项财产权通过评估后，作为财产投资成为公司的入资款；也可经评估后通过质押获得贷款。

---

① 尹新天：《中国专利法详解》，知识产权出版社 2011 年版，第 129 页。

② 百度百科，baike. baidu. com，浏览时间：2015 年 8 月 1 日。

专利权人也可将专利权作价转让或者无偿赠与他人。

4. 其他权利

除上述权利外，专利权人还有其他权利：（1）标记权，专利权人或专利被许可人还有权在其专利产品或者该产品的包装上标明专利标记和专利号。（2）署名权，当专利权人与发明人或者设计人不相同时，作为发明人或者设计人有权要求在专利文件上注明自己身份的权利。①

（二）专利权人的义务

企业专利权人在享受权利的同时也应当承担一定的义务：

1. 维持专利权有效的义务

权利行使的前提之一就是要维持权利的有效性，首先，专利权的有效是要靠专利年费来维持的，所以专利权人有按时缴纳专利年费的义务；其次，专利有可能被其他人提出无效申请，专利权人有义务去反驳对方观点以维持专利有效。

2. 充分公开发明创造的义务

在申请专利时，专利权人一方面不愿意完全公开自己的发明创造内容，另一方面又担心因专利技术公开不充分得不到有效保护，甚至被认定无专利性而被驳回或者因公开不充分而被裁定专利无效。这是一对矛盾体，也是专利制度所倡导的鼓励尽早全面公开发明创造以推进社会进步和申请人不愿意将自己的技术方案完全公之于众维护私利之间的矛盾，但为了获得专利权的保护就一定要明确保护的内容和范围，并且充分公开技术方案，达到本领域的技术人员依照专利技术方案就可以实现该专利的技术效果，否则就无法明确权利边界，其他人依照专利文件去实施专利技术如果不能获得有效的技术效果，专利制度设置的目的和意义也将不复存在。

六、企业专利侵权概述

专利法明确了专利侵权以及为专利法所禁止的若干行为，并设定了侵权及违反法律禁令的后果，企业成为专利权人后需要对此进行研究和了解，做到不侵犯他人权利也能依法保护自己的权利。

（一）专利侵权行为

专利权被授予后，任何单位或者个人未经专利权人许可，都不得实施其专利，既不得为生产经营目的制造、使用或者销售其专利产品，或者使用其专利方法；也不得为生产经营目的制造或者销售其外观设计专利产品。凡是违反了上述规定均有可能侵犯专利权人的专利权（参见《专利法》第十一条）。

---

① 参见《专利法》第十七条。

1. 专利侵权的对比方法以及对权利要求保护范围的正确理解

发明和实用新型专利的侵权判断需要将专利所保护的范围与可疑侵权对象比对，以专利权利要求中记载的技术方案的全部必要技术特征与被控侵权物（产品或方法）的全部技术特征逐一进行比较。①

发明或者实用新型专利权的保护范围以其权利要求的内容为准，说明书及附图可以用于解释权利要求。对权利要求的保护范围进行解释既要避免认为权利要求的保护范围与其文字记载的范围完全一致，又要避免保护范围可以扩展到说明书与附图后所涵盖的范围。“折中解释”原则处于上述两种极端解释的中间，要求对专利权人的合理正当的保护与对公众的稳定预期及合理利益进行综合的考量。

2. 发明、实用新型专利侵权的判断原则

（1）全面覆盖原则

如果被控侵权物（产品或方法）的技术特征包含了专利权要求中记载的全部必要技术特征，则被控侵权物落入了权利要求的保护范围。

（2）等同原则

是指被控侵权物（产品或方法）中有一个或者一个以上技术特征经与专利权利要求保护的技术特征相比，从字面上看不相同，但经过分析可以认定两者是相等同的技术特征。这种情况下，应当认定被控侵权物（产品或方法）落入了专利权的保护范围。② 在字面不侵权的情形下，需要考虑是否构成等同侵权。如果针对某个区别的技术特征，本领域技术人员不通过创造性的劳动就能想到并进行相应的替换，并且其技术手段、功能和效果也相同或者实质性相同的话，这种替换构成等同替换。

（3）禁止反悔原则

专利申请人、专利权人在专利授权或者无效宣告程序中，通过对权利要求、说明书的修改或者意见陈述而放弃的技术方案，权利人在侵犯专利权纠纷案件中又将其纳入专利权保护范围的，人民法院不予支持。③

3. 外观设计专利侵权的判定

外观设计侵权判定中，首先，外观设计的产品与进行对比的产品属于同类或类似产品，具体的分类标准应当以外观设计分类表为准；其次，普通消费者的观察和感受是判定是否构成相同或近似的评判标准；最后，用于对比的元素应当是图案、形状和色彩而不应考虑产品的大小、材质、内部构造及性能，在外观设计侵权判定

---

① 尹新天：《中国专利法详解》，知识产权出版社 2012 年版，第 555 页。

② 尹新天：《中国专利法详解》，知识产权出版社 2011 年版，第 597 页。

③ 参见最高人民法院《关于审理侵犯专利权纠纷案件应用法律若干问题的解释》第六条。

中还应当剔除现有设计的元素，只对比独创设计部分，综合判断是否构成相同或者近似。

（二）不视为专利侵权行为

下述行为在法律上不视为侵权或不要求承担赔偿责任：

1. 按照《专利法》第十四条的规定，国有企事业单位的发明专利，对国家利益或者公共利益具有重大意义的，国务院有关主管部门和省、自治区、直辖市人民政府报经国务院批准，可以决定在批准的范围内推广应用，允许指定的单位实施，由实施单位按照国家规定向专利权人支付使用费

2. 专利产品或者依照专利方法直接获得的产品，在经专利权人或经其许可的人售出后，使用、销售、许诺销售、进口该产品的行为不视为侵犯专利权

3. 在专利申请日前，已经制造相同的产品、使用相同的方法或者已经做好制造使用的必要准备，并在原有范围内继续制造、使用的

4. 临时过境

临时通过中国领陆、领水、领空的外国运输工具，依照其所属国同中国签订的协议或者共同参加的国际条约，或者依照互惠原则，为运输工具自身需要而在其装置和设备中使用有关专利的不视为侵权。

5. 非为生产经营的使用

专利侵权的一个重要构成要件在于需要以生产经营为目的，如果不是为了这个目的而使用有关专利的，如进行科学研究和实验、个人教学兴趣而使用专利不能视为侵犯专利权的行为。

6. 药品、医疗器械类为行政审批目的的使用

为提供行政审批所需要的信息、制造、使用、进口专利药品或者专利医疗器械的，以及专门为其制造、进口专利药品或者医疗器械的不视为专利侵权行为。

7. 销售有合法来源的侵权产品

为生产经营目的使用、许诺销售或者销售不知道是未经专利权人许可而制造并售出的专利侵权产品，能证明该产品合法来源的，不承担赔偿责任。需要注意的是，这种行为依然是侵权行为，只是免予承担赔偿责任。

（三）企业如何维权和避免侵权

1. 企业专利维权

企业在获得专利权后，更为重要的是实现专利的价值，要依法维护自己所拥有的专利权不受侵害。通过进行专利维权可以达到制止侵权行为、获得竞争优势、获得赔偿、收取许可费用等目的。

（1）熟悉了解市场产品、市场竞争对手、掌握市场动态

专利的价值最终还是要体现在市场，所以市场上的相同产品、竞争对手的动向，作为企业经营者应当适时收集，密切关注，一旦发现涉嫌侵权产品，就可以考虑是否需要利用专利武器维权。

（2）注意收集证据在先，采取法律措施在后

在与侵权方直接接触之前，为避免“打草惊蛇”使对方消除证据，为今后侵权制造障碍，一般需要先掌握足够的证据后，才进行正面接触。

（3）选择适当的维权方式

通常而言，维权有以下三种方式，可根据不同情况选择适用：

①调解

适用情形：在侵权行为轻微，不值得运用行政或诉讼手段维权时；在证据难以收集依靠行政程序或诉讼不可能获胜的情形下适用；在对方请求或行政主管部门、法院主持下，对方停止侵权并达到预期维权目的的情形下适用；在与对方达成许可使用或交叉许可使用的情形下适用。

②行政手段

行政手段具有高效、快速的特点，对于及时制止侵权、惩罚侵权责任人具有诉讼所不可比拟的优势；同时，启动行政程序还可以达到通过行政调查取证获取在通常情况下无法获得的证据的目的。但行政程序也有其缺点，对于侵权赔偿，行政机关只能调解，不能下裁决，当事人若达不成调解，最终还得诉至法院。

③诉讼

诉讼是解决纠纷的最终手段，其专业性和权威性显然最值得信赖，并且有强制执行力作为保障，往往成为维权方式的首选。特别是利用法院的既判力，在取得最初的胜诉案例后，为今后大范围维权提供了有力的法律支持。

2. 企业如何避免侵权

知识产权制度作为一项法律制度具有强制性，企业的行为如果触及其他人的知识产权，有可能面临停止侵权和承担赔偿责任的风险，就专利而言，如何避免侵犯他人的专利权呢?

（1）积极主动掌握自有专利权

掌握自主知识产权是避免陷入大规模的侵权诉讼，进而陷入被动的最佳、最彻底的方式。因此，企业一方面要注重利用专利制度来保护自身创新成果，另一方面如果自身掌握了某领域较多的或者关键的专利技术，也可以作为与其他企业进行技术谈判实现交叉许可的筹码，可以达到合法获得他人优质技术的目的。

（2）提前进行专利侵权分析

企业在指定产品规划，包括研发、生产、销售和广告宣传的全套方案之前，就应

当对产品是否可能侵害他人的专利权进行分析，避免因被诉侵权而造成严重的损失。这种分析一般被称为“自由使用权”分析（FTO）。在国内知识产权保护日益完善和加强的大环境中，侵权的成本不断增加，事前的分析预防变得十分必要。

（3）发掘专利空白

企业在制定产品规划前，需要根据专利分析的情况进行判断，如果涉嫌侵害他人的专利权，并且无法获得专利权人的许可或者许可费用过高，在这种情况下，企业可以考虑涉足其他蓝海，寻找专利申请相对较少的技术领域，在这些领域进行研发、生产，进行专利布局。

（4）绕开障碍专利

如果某个产品或产品的制造方法、外观设计已经被申请专利并且获得授权，该专利即构成障碍专利。在此情况下，首先要通过检索和分析判断障碍专利被无效的可行性。如果障碍专利被无效的可能性较低，则需要详细分析该专利的权利要求，看是否存在漏洞。对于任何一个专利而言，从法律上讲都并非无懈可击。如果障碍专利的权利要求存在表述不严谨或权利范围要求过小的情况，企业可以考虑通过如更改、删减其中的某个或某些技术特征，从而避免落入障碍专利权利要求的保护范围。此种情况通常需要经专利律师分析，并确认不构成等同侵权，才可以成为有效的规避方法。

（5）获得专利许可

实施某项技术如果能得到专利权人的许可，那么其实施行为就是合法的。但是，出于保护企业核心技术的目的，很多关键或者最优的技术方案并不会完全地体现在专利文件当中。企业的重要技术，往往还是要通过专利与技术秘密的结合来获得最优的保护效果。因此，通过与权利人的谈判，获得专利许可及具体实施的技术是获得相关技术最为重要的方式之一。

结语

以上简单介绍了专利概况、特征和如何申请专利的一些知识，以及在此基础上企业如何去维护自身的专利权和避免侵权的一些做法，希望能对企业法务人员了解和掌握企业专利的一些基本问题有所帮助。

第四节　企业商标权的保护

日本著名销售专家加米光先生曾经说过：“当经营者的眼睛盯着商标的时候，才有希望使企业兴旺起来。”① 但是，经营者如何看待商标问题，如何运用商标资

① 厉春雷：《商标：企业品牌的法律形态》，载《现代营销》2011 年第 2 期。

产，却是一门整合性的学问。为提升我国知识产权创造、运用、保护和管理能力，建设创新型国家，实现全面建设小康社会目标，2008 年 6 月 5 日国务院印发了《国家知识产权战略纲要》，将知识产权提升到国家战略的高度，纲要中指出："国家要支持企业实施商标战略，在经济活动中使用自主商标。引导企业丰富商标内涵，增加商标附加值，提高商标知名度，形成驰名商标。"① 对企业而言，商标战略是一项集经济、法律、科技、企业文化、公关等众多学科内涵的综合性系统工程。② 一个正确、合理的商标战略绝不是建立在人们的主观想象之上，而是从企业的内外条件出发，综合考虑企业发展战略的市场目标、市场环境等诸多因素，来确定商标的开发设计、使用、形象推广和争取购买者的目的。可口可乐公司创办人阿萨·G. 坎德勒曾说："即使我的企业一夜之间烧光，只要我的牌子还在，我就马上能恢复生产。"③ 阿萨·G. 坎德勒的信心无疑来源于可口可乐商标所凝聚的巨大价值。

商标是企业形象无声的推销员，是开拓市场的绝佳利器，更是对商誉的最佳表彰形式；如果能够妥善加以管理与运用，并将其提升到公司战略高度，无疑将为企业带来无穷的利益。

一、商标权概述

商标是用以区别商品和服务不同来源的商业性标志，由文字、图形、字母、数字、三维标志、颜色组合和声音等，以及上述要素的组合构成。

而所谓商标权，是商标所有人依法对其注册商标享有的与专有使用相关的一系列权利和利益的集合：包括商标注册人对其注册商标的排他使用权、收益权、处分权、续展权和禁止他人侵害等权利。

商标权的取得方式

1. 原始取得。又称直接取得，指商标权的取得是最初的，并非基于他人既存的商标。

2. 继受取得。又称传来取得，指基于他人既存的商标权的一系列商标权取得方式，其权利的范围、内容等都以原有的权利为依据。

（1）商标转让取得。

转让注册商标的，转让人和受让人应当签订转让协议或由原权利人出具转让声明，并共同向商标局提出申请。商标权转让的主要方式有：a. 协议转让；b. 企业

---

① 国务院：《国家知识产权战略纲要》，知识产权出版社 2008 年版，第 7 页。

② 戴华祥：《谈我国企业商标战略的实施》，载《企业研究》2004 年第 3 期。

③ 袁真富、苏和秦：《商标战略管理公司品牌的法务》，知识产权出版社 2007 年版，第 7 页。

破产、终止时，通过拍卖的方式获得该企业的商标权；c. 以债权人身份获得债务人享有的商标权，以抵偿债务人所欠债务。

（2）通过继承或赠与等方式取得商标权。商标所有人因死亡或其他原因，将商标权移转给其合法的继承人或受遗赠人。

（3）因企业合并取得商标权。企业合并是将不同企业的资产加以整合，重新组成一个新的企业，原企业的规模得到扩大。新的企业或变更后的企业将承受被合并企业的有形资产、无形资产及各项债权债务，其中包括商标权。

（4）其他方式。商标权作为一种财产权，还可以通过投资入股、因合伙而共有商标权、司法执行等其他方式取得。

二、商标权的主要特征

1. 专有性：商标权的专有性又称为独占性或垄断性，是指商标所有人对其商标享有专有使用权，其他任何单位非经商标所有人的许可，不得使用该商标。

2. 时间性：商标权的时间性也称法定时间性，是指商标权为一种有期限的权利，在有效期限内受法律保护，超过有效期限，商标权即终止，不再受法律保护。但是世界各国商标权均可以通过续展来延续其保护期限，因此，从理论上而言，注册商标可以无限续展，未注册商标也可以因为其使用行为而长期延续。

3. 地域性：商标权具有严格的地域性，这是由商标权的国内法性质所决定的，是一国司法主权的体现。商标权保护地域性原则是指在某个国家或地区取得的商标权利只能在该国领域内受法律保护，其他国家并不当然承认其权利。①

三、商标的种类

随着我国市场经济的发展，企业知识产权保护意识不断增强，商标的种类也随之日益增多。依据不同的标准，可以将商标划分为不同的种类。本节以企业最为关注的划分方式，依据商标的构成要素划分，作出以下简单阐述：

文字商标	含义：是指仅用文字构成的商标，包括中国汉字和少数民族字、外国文字或以各种不同字组合的商标。 优点：便于消费者呼叫、识别。 缺点：英文、中文商标重复率较高，少数民族字不便于消费者呼叫。

① 吴盛富、郭权仪：《人造板行业的知识产权》，载《中国人造板》2011 年。

续表

图形商标	含义：是指仅用图形构成的商标。其中又能分为： （1）记号商标：是指用某个简单符号构成图案的商标； （2）几何图形商标：是以较抽象的图形构成的商标； （3）自然图形商标：是以人物、动植物、自然风景等自然的物象为对象所构成的图形商标。有的以实物照片，有的则经过加工提炼、概括与夸张等手法进行处理的自然图形所构成的商标。 优点：丰富多彩、视觉冲击力大、标识性强，如奥迪汽车的四环相扣图形。 缺点：纯图形商标不便于消费者呼叫。
字母商标	含义：是指用拼音文字或注音符号的最小书写单位，包括拼音文字、外文字母如英文字母、拉丁字母等所构成的商标。 优点：简洁明了、标识性强，如现代汽车的“H”。 缺点：字母商标重合性高，驳回概率大。
数字商标	含义：用阿拉伯数字、罗马数字或者是中文大写数字所构成的商标。 优点：简洁明了、标识性强，如华润三九公司“999”等。 缺点：由于数字在某些商品上代表型号或者货号，缺乏显著性，不具备商标识别作用而驳回，因此企业在选择数字商标时务必充分注意此点，以免被驳回。
立体商标	含义：又称为三维商标，简单讲就是立体形状的商标。它与我们通常所见的表现在一个平面上的商标图案不同，而是以一个立体物质形态出现，这种形态可以表现在商品的外形上，也可以表现在商品的容器或其他地方。 优点：立体商标更为形象、更为直观，更易引起消费者注意力，如肯德基的大叔形象对消费者所产生的深刻的印象。 缺点：普通形式立体图形，缺乏显著性，不具备商标识别作用而驳回，因此企业在选择立体商标时务必注意此点。
颜色组合商标	含义：颜色组合商标是指由两种或两种以上的彩色排列、组合而成的商标。文字、图案加彩色所构成的商标，不属于颜色组合商标，只是一般的组合商标。 优点：颜色组合具有显著性特征，形成强烈的视觉冲击力，如麦当劳餐厅标志除了使用文字之外，还使用红黄颜色组合。 缺点：颜色作为商标仍然比较困难，由于颜色本身的数量有限，不像文字、图形那样具有直接的标示作用。
组合商标（上述1—6的）	含义：指由两种或两种以上成分相结合构成的商标，也称复合商标；组合商标必须中心思想明确，不可风马牛不相及，令消费者费解。 优点：一旦驳回，向国家知识产权局申请复审时，通过从商标整体外观、整体构成要素进行争取，相对单一构成要素组成商标在驳回复审中增加复审成功概率。 缺点：目前商标局进行商标注册申请时，采用每个要素单独检索审查，若有一个构成要素跟在先商标近似，驳回概率高。

续表

声音商标	含义：以音符编成的一组音乐或以某种特殊声音作为商品或服务的商标。声音商标非传统商标，在作为商标要素时，必须具有显著特征。成功的典型例子如英特尔芯片广告、诺基亚开机短乐、摩托罗拉的"hello moto"等，都在消费者脑海中形成了独特的画面，将这些旋律与它们的所属商家建立了唯一联系。 优点：声音标识在某些产品上会给特定顾客产生深刻的印象。曲调是声音最难忘的组合方式，这是因为当曲调开始时，人便自动想到结尾。一个理想的商标最基本的品质是独特、难忘和灵活，声音商标也不例外。 缺点：声音商标不具有可视性的特点，主要通过听觉来传播于消费者。

《商标法实施条例（2014 年修订）》明确规定了以声音标志申请商标注册的形式要件，包括：应当在申请书中予以声明；说明商标的使用方式；提交符合要求的声音样本。根据商标局的规定，这种样本应当是光盘形式，音频文件不得超过 5MB，格式为 WAV 或 MP3。如通过纸质方式提交，声音样本的音频文件应当储存在只读光盘中。对声音商标进行描述，如果是音乐性质的，这种描述可以采用五线谱或者简谱的方式，还要求附加文字说明；如果声音是非音乐性质的，无法以五线谱或者简谱描述，则要求必须以文字加以描述。同时，商标描述与声音样本应当一致。①

四、商标权人的权利和义务

（一）商标权人的权利

1. 独占使用权。商标一经国家知识产权局核准注册，在一定时间内他人未经商标权人许可，在中国地域范围内，不得在同一种商品或者类似商品上使用该注册商标或者与该注册商标相近似的商标。

2. 许可使用权。商标权人可以将其注册商标通过独占、排他、普通等方式许可他人使用。在商标许可使用条件下，仅仅是商标的使用权发生转移，所有权并没有发生变化。

3. 商标转让权。转让注册商标，是商标权人根据商标法规定的程序将商标所有权转让给他人的法律行为。商标权转让后，注册商标本身未发生任何变化，只是所有者的变更，原商标所有人对注册商标不再享有任何权利。

4. 商标续展权。商标续展权是指注册商标所有权人向商标局申请延长注册商标保护期限的权利。根据我国《商标法》规定，注册商标权的有效期是十年。如果商标权人希望继续使用注册商标，可以在商标权有效期届满前一年内申请续展。从理论上说，商标权的保护期限可以通过行使续展权而无限延续，远远超过专利权和

---

① 参见《商标法实施条例》第十三条第五款。

著作权的保护期限。其关键是注册商标所有权人要提高商标权保护意识和管理质量，珍惜得来不易的商标专用权，充分利用商标法赋予其的权利，使商标这一无形资产发挥作用。

（二）商标权人的义务

1. 注册商标必须使用的义务。商标的使用，包括将商标直接使用于商品、商品包装或者容器，以及有关的商品交易文书上，或者将商标使用在广告宣传、展览以及其他业务活动中。

商标的生命在于使用，只有通过使用，才能实现商标区分商品和服务来源的根本功能，商标的使用是商标法保护权利人的真正动力，若商标仅仅注册、被闲置或囤积，连续三年停止使用的，按照我国《商标法》规定，任何人可以申请撤销。在理解“使用”内涵时，重点应该放在使用意图而非使用形式上。例如，兰台知识产权团队代理的“卡斯特”最高院“撤三”再审行政案中[①]，权利人抢注大量国外驰名酒类商标，却仅仅提供两张商品销售发票和商标许可使用合同，再无其他证据。若仅仅凭借上述证据就断定权利人履行使用义务，容易滋长搭便车、傍名牌之势。

2. 不得自行改变注册商标的文字、图形或其组合。商标权人必须在核准注册的范围内使用商标，不得擅自改变核准的商标。

3. 不得擅自改变注册商标的注册人名义、地址或其他注册事项。商标注册人的名义、地址是商标注册的重要事项。如果商标注册人的名义、地址发生变更而不及时到商标主管机关办理变更手续，就可能造成商标局与商标注册人的联系中断，有关文件无法及时送达。如果商标注册人发现侵犯商标权行为，以变更后的名义主张权利，则可能因不具有权利主体资格而不能得到保护。因此，商标注册人的名义、地址发生变更的，必须及时到商标局办理变更手续。

五、国内商标注册审查与核准

中国的商标注册流程采用审查制，要通过形式审查和实质审查两个阶段才能完成注册商标申请的流程。

（一）形式审查

形式审查是指商标局在商标注册申请正式受理之前，对商标注册申请的形式要件的合法性进行审查的行为，包括对申请书的填写是否属实、准确、清晰和有关手续文件是否齐备。

---

① 《上海卡斯特公司诉法国卡斯特公司（CASTELFRERESSAS）等不正当竞争纠纷案》，载北大法宝网，http：//www. pkulaw. cn/fulltext_ form，aspx？ Db = pfnl&Gid = 119550505 &keyword = &EncodingName = &Search_ Mode = accurate，浏览时间：2015 年 4 月 1 日。

（二）实质审查

实质审查是对申请注册商标在相同或类似商品和服务项目上对商标标识的文字的音、形、义，图形的构图、整体外观及视觉效果进行审查。申请注册的商标能否初步审定并予以公告取决于是否通过了实质审查。实质审查包括以下几个方面：

1. 商标是否具备法定的构成要素，是否具有显著特征；
2. 是否违反《商标法》禁止性条款规定；
3. 是否与他人在相同商品或近似商品上已注册的商标相同或者近似等。

（三）商标申请流程

形式审查→录入计算机数据库→实质审查→初审公告→核准注册公告→下发商标注册证书。

六、涉外商标注册

涉外商标是指我国商标权人在他国进行商标注册或者他国商标权人在我国进行商标注册。

（一）外国商标在我国的注册

2019 年修订的《商标法》第十七条规定："外国人或者外国企业在中国申请商标注册的，应当按其所属国和中华人民共和国签订的协议或者共同参加的国际条约办理，或者按对等原则办理。"① 外国人或外国企业在我国申请商标注册应遵循此项原则。

1. 申请人所属国和中国之间已达成商标互惠协议的，按该双边条约办理

商标互惠协议是指我国与他国之间签订允许互相注册商标的协议。除专门的商标互惠协议外，我国在与一些国家签订的友好通商或者贸易协定中，也往往包括了商标注册的互惠原则及有关商标注册条款。按照双边条约的规定，通常都给申请人享受国民待遇。

2. 按照双方国家共同参加的国际条约办理

目前我国加入了《保护工业产权巴黎公约》《世界知识产权组织公约》《商标国际注册马德里协定》，对于公约和协定的成员国按照相关规定处理。

3. 按对等原则办理

对等原则是一个灵活的原则，适用的范围很广。如果申请人所属国与中国既没有签订商标互惠条约，也没有共同参加有关商标的国际公约，那么，只要对方国家同意接受我国商标注册，我国便可对等地接受对方国家的商标在我国注册。有关申请人享受的待遇，也严格按照对等原则办理。

---

① 参见《商标法》（2019 年修订）第十七条。

外国商标在我国申请商标注册必须按我国法律规定委托我国指定的商标代理组织代办商标注册手续。

（二）我国商标在国外的注册

商标保护实行属地原则，在中国取得注册的商标，仅在中国的范围内受法律保护，在其他国家没有商标专用权，不能受到外国法律的保护。以前，我国的一些企业由于缺乏到外国进行商标注册的知识和法律意识，只注意到外国销售和宣传商品，不积极到外国进行商标注册，以致许多在销售国建立信誉的商标被他人抢先注册，使我国的对外贸易受到严重损失。随着我国对外贸易的迅速扩大，外贸出口对我国经济发展的影响越来越大，因此，提高对在国外申请商标注册意义的认识，积极做好到外国申请商标注册的工作，对我国市场经济的顺利发展具有十分重要的意义。以下主要讲述我国商标在国外注册应当注意的问题：

1. 单国注册：单个国家注册是商标权人根据自己的需求，分别在各个国家进行注册。一般来讲，我国企业可以到巴黎公约成员国或与我国签订有商标注册互惠协议的国家逐一注册。

2. 欧盟注册：欧盟商标是指根据 CTMR（欧共体商标条例）规定的条件获得 OHIM（欧共体内部市场协调局）注册的，在欧盟范围内有效的，用来识别和区分商品或服务的标记。

3. 马德里注册：即我们通过所说的国际商标注册，它根据《商标国际注册马德里协定》（以下简称马德里协定）或《商标国际注册马德里协定有关议定书》（以下简称马德里议定书）的规定，在马德里联盟成员国间所进行的商标注册。

4. 非洲知识产权组织注册：非洲知识产权组织（OAPI，以下简称非知组织），目前由非洲 16 个国家组成的一个商标注册联盟组织。与欧盟注册不同，非知组织成员国在国内没有独立的商标制度，所以无法对单个成员国进行商标注册，只能通过非知组织注册。

七、企业商标选择的法律风险分析

在商标领域，企业规划商标时，应避免违反商标注册的禁用条款。主要分为两种：一种是绝对障碍，一般主要指商标本身的；另一种是相对障碍，一般主要指商标本身的显著特征。[①]

（一）避免商标注册的绝对障碍

我国《商标法》规定的是商标注册的绝对禁用条款，其将不得作为商标使用的

---

① 孔祥俊：《我国现行商标法律制度若干问题的探讨》，载《知识产权》2010 年第 1 期。

情形进行了列举，分析如下：

1. 同中华人民共和国的国家名称、国旗、国徽、国歌、军旗、军徽、军歌、勋章等相同或者近似的，以及同中央国家机关的名称、标志、所在地特定地点的名称或者标志性建筑物的名称、图形相同的，禁用为商标。例如，“中国龙”“CHINO”（无含义）“中国之花”“中华雪”不得进行注册。

但如果商标由我国国名和某一行业的通用名称共同构成，该商标注册申请人是我国有影响力的企事业单位，该商标文字与其名称相一致，并且在我国具有唯一性，该商标可以注册。

例如，“中国邮政”“中国铝业”“中国石油”“中国银行”“CHINAPOST”可以作为商标注册。

或者商标描述的是客观存在的事物，不被公众误认的。例如，“中华鲟”“中华龙鸟”可以作为商标注册。

2. 同外国的国家名称、国旗、国徽、相同或者近似的，禁用为商标（但经该国政府同意的除外）。例如，“英国”“USA”（美国简称）、“France”“韩国”不得进行注册。

3. 同政府间国际组织的名称、旗帜、徽记等相同或者近似的，禁用为商标（但经该组织同意或者不易误导公众的除外）。

例如，“un union”（“UN”为联合国的英文缩写）、“世WTO佳”（“WTO”为世界贸易组织的英文缩写）不得进行注册。

4. 与表明实施控制、予以保证的官方标志、检验印记相同或者近似的，禁用为商标（但经授权的除外）。

例如，“CCC”（中国强制性产品认证标志）、“”（免检产品标志）不得进行注册。

5. 同“红十字”“红新月”的名称、标志相同或者近似的，禁用为商标。

例如，“Red Cross”（译为“红十字”）不得进行注册。

6. 带有民族歧视性的标志，禁止注册为商标。

本条中的“民族歧视性”，是指商标的文字、图形或者其他构成要素带有对特定民族丑化、贬低或者其他不平等看待该民族的内容。民族的判定应综合考虑商标的构成及其指定使用商品、服务。

例如，将“印第安人”商标指定使用在“卫生洁具”商品上，便属于对特定民族进行丑化。

7. 带有欺骗性，容易使公众对商品的质量等特点或者产地产生误认的，禁止注册为商标。

本条中的“带有欺骗性”，是指商标对其指定使用商品或者服务的质量等特点作了超过固有程度的表示，容易使公众对商品或者服务的质量等特点产生错误的认识。

例如，将“国酒”商标指定使用在“白酒”商品上，带有欺骗性，容易使公众对商品的质量等特点或者产地产生误认的。

8. 有害于社会主义道德风尚或者有其他不良影响的标志，禁止注册为商标。

该条款属于兜底性规定，以弥补上述列举不全问题。

例如，在兰台知识产权团队代理的“CBA”商标争议案中，我们提出“中国篮协作为全国性群众体育组织，‘CBA’是全国大型体育赛事，均涉及社会公共利益和公共秩序，不宜注册”。这一观点也被最高人民法院所采纳。① 由于此条款涉及公共利益，属于高压线条款，任何类型、任何相同或近似标识都会被禁，实质超过驰名商标的保护力度。因此，使用要尤为谨慎。

9. 县级以上行政区划的地名或者公众知晓的外国地名，不得作为商标。但是，地名具有其他为集体商标、证明商标组成部分的除外；已经注册的使用地名的商标继续有效。

例如，“新疆红”“宝兴高尔夫”“西安”不得进行注册。

（二）避免商标注册的相对障碍

1. 我国《商标法》第十一条规定的是商标注册的相对禁用条款，规定的这类不得作为商标注册的标志有以下几种类型：仅有本商品的通用名称、图形、型号的，一般禁用为商标。

通用名称、图形、型号是指国家标准、行业标准规定的或者约定俗成的名称、图形、型号，其中名称包括全称、简称、缩写、俗称。将通用名称、图形作为商标使用可能损害同行业其他从业者的利益，有悖于公平竞争原则。

例如，“大汉堡包”便不能指定使用在“糕点”上。

但是对商标的显著性判断，不能是孤立的，要与该商标指定保护的产品相联系进行判断。例如，“Apple”使用在电脑、电子产品上，显然与制定的商品与服务无关，属于任意性商标具有显著性，若使用在水果上，就成为产品通用名称。

当然，有一些标志经过使用是可以取得显著特征，并获得注册的，但必须指出，这类商标即使获得注册，商标权人也无权禁止他人在同类商品上使用该名称，因为它本来就是“公共财产”。

---

① 《体育开发与武南山公司、国家工商行政管理总局商标评审委员会商标异议复审行政纠纷提审行政判决书》，载中国裁判文书网，http：//www. court * gov. cn/zgcpwsw/zgrm – fy/zscq/201309/t20130902_155967 htm，浏览时间：2015 年 4 月 1 日。

2. 仅直接表示商品的质量、主要原料、功能、用途、重量、数量及其他特点的，一般禁用为商标。

例如，指定使用在“铅笔”等商品项目上“30 根”商标；指定使用在“面粉、米、玉米”等商品项目上“50 公斤”。

法律用词采用的是“仅直接”三个字，对于间接的、暗示性的词汇则可以作为商标注册，因为以间接表示或暗示商品某些特征的标志往往可能是具有显著特征的商标。例如，“飘柔”洗发水。

3. 直接表示本商品或服务质量的。

例如，指定使用在“蜂胶”商品项目上“无极”商标；指定使用在“车辆紧固用螺丝、金属垫圈、螺栓、螺丝母、金属螺丝、金属螺母、金属塞”等商品项目上“特级”商标。

4. 直接表示本商品主要原材料的。

例如，指定使用在“浴液、化妆用雪花膏、香精油”等商品项目上“华佗万金油”商标；指定使用在“木地板、非金属窗、非金属建筑材料、非金属楼梯”等商品项目上“岳桦”商标。

5. 直接表示本商品的服务功能、用途的。

例如，指定使用在项目“杀虫剂、灭微生物剂、驱昆虫剂、杀寄生虫剂、除草剂、除虫菊粉、蚊香”等商品上“苗后一绝”商标；指定使用在“中药成药、人用药、止痛药、贴剂、针剂、片剂、胶丸、生化药品”等商品项目上“痛贴灵”商标。

6. 直接表示本商品的生产贮存时间及品质特点的。

例如，指定使用在“果酒（含酒精）、蒸馏饮料、葡萄酒、酒精饮料原汁、酒精饮料（啤酒除外）、汽酒、黄酒、白兰地、威士忌、酒精饮料浓缩汁”等商品项目上“600 年佳酿”商标。

7. 直接表示指定使用商品的有效期限、保质期或者服务时间的。

例如，指定使用“银行”等服务项目上“24 小时”商标；指定使用在“无线电广播、有线电视”等服务项目上“全天”商标。

8. 直接表示商品或者服务的风味及特色的。

例如，指定使用“餐馆”等服务项目上“湘菜”商标；指定使用“调味品”等商品项目上“酸辣鲜”商标。

（三）其他缺乏显著特征的标志，一般禁用为商标

1. 非独创性的广告用语。普通广告用语，缺乏商标应有的显著性，不具备商标识别作用，不能作为商标注册。

例如，指定使用在“谷类制品、面粉制品、糕点、冰激淋、咖啡饮料、豆粉”

等商品项目上“爱就在你身边”商标。

2. 民族名称。用民族名称作为商标，易使消费者误认为该商品或者服务来自某民族，或者具有某一民族的特色，故缺乏显著性，不易识别，不能作为商标注册。例如，指定使用在“人用药、中药成药、原料药、片剂、胶丸、药酒、针剂、生化药品”等商品项目上“俸”商标；指定使用在“特许经营的商业管理、饭店商业管理、广告、替他人推销、人事管理咨询”等商品项目上“土家族”商标。

3. 民间约定俗成的标示吉祥的标志，且指定使用于日常生活用品或者日常服务项目上，不宜作为商标注册。

例如，指定使用在“备办宴席、咖啡馆、餐厅、饭店、餐馆”等服务项目上“福禄寿喜”商标。

4. 商标应具有显著性特征本是申请注册商标的积极条件，缺乏显著性特征的标志，不具有识别性，所以不能获得注册，但是经过使用，在商标与商品之间建立起联系，取得显著性特征，便于识别的，则可以获得注册。

例如，指定使用在第30类麦片等商品上的“正味 ZHENG WEI”商标系在实际使用并取得显著性的基础上的申请注册，“正味”一词作为该商标的组成部分，其区分商品来源的功能已强于其作为普通商贸用语所具有的直接叙述商品质量、口味等特点的功能，则可以获得注册。

（四）注意商标设计中的著作权归属

企业商标的设计有自行设计、委托设计等多种方式，由于商标设计过程中会产生一系列文字、图形等作品，这些作品都有受到著作权保护的可能，所以要特别注意商标设计过程中有关作品著作权归属问题。“美的”[①]“七匹狼”[②]商标都曾发生过著作权归属纠纷。所以，无论是企业内部员工设计还是委托外部机构进行设计都应明确约定好著作权的归属问题。

（五）选择具有显著性的商标

商标显著性指商标具有的足以使相关公众区分商品来源的特征。商标显著性是商标保护的“灵魂”和商标法正常运行的“枢纽”。商标显著性的判断应当综合考量构成商标的标志本身、商标指定使用的商品、商标指定使用商品的相关公众的认知习惯、商标指定使用商品所属行业的实际使用情况等因素。根据商标显著性的强弱，可以把商标标识分成以下几种。

1. 暗示性商标

暗示性商标是指该词虽然与商品、商品成分或其功能没有明显的联系，但是隐

① 陈池、万选才：《“美的”商标图案著作权纠纷案评析》，载《法学》1999年第1期。

② 郭宜、宇晖：《七匹狼商标权之争》，载《中国审判》2006年第3期。

喻、暗示的手法提示商品的属性或某一特点与无含义商标相比，暗示性商标对消费者来说更具有吸引力，同时也便于记忆。因此，暗示性商标往往受到企业经营者和销售人员的偏爱。在商标审查实践中，常见的暗示性标志大致有三种类型：

（1）“隐喻型”，即采用比喻的方法来暗示商品或服务的特点，如使用在杀虫剂商品上的“枪手”、使用在饮料商品上的“健力宝”、使用在自行车商品上的“野马”、使用在捕虫器商品上的“Roach Hotel”、用于饭店服务的“香格里拉”商标等；

（2）“拼接型”，即把一些带有叙述性的文字，组合为非常用的搭配形式，在整体上没有明确的含义，如使用在牛奶商品上的“凝白”、使用在洗发水商品上的“飘柔”等；

（3）“谐音型”，即把一些直接表示商品功能、用途等特点的文字加以改头换面，用读音相同的其他文字申请注册商标，这种情况在第5类药品商标的审查中最为突出，如“朴雪”（补血）、“护彤”（护童）等。

采用暗示性标志作为商标有利有弊。首先，带有叙述性的词语在注册商标的时候会面临法律风险，有可能遭到驳回；其次，暗示性标志的内涵相对具体，很难赋予其新的市场含义；最后，暗示性商标往往与特定的商品或服务联系密切，其所标示的商品或服务相对单一，不利于品牌延伸与商誉积累。因此正确地选择商标，科学地制定商标策略，至少可以帮助我们的企业规避风险。

2. 叙述性商标

所谓叙述性商标，就是用直接叙述商品或服务特点、质量、数量等的词汇作为商标，是显著性最弱的商标。

大多数企业经营者或者销售人员喜欢使用叙述性商标，因为这种商标大大接近于他们宣传与推销该产品的目标。叙述性商标由于缺乏任何想象，人们通常不会将其视为商标。例如，用于纺织品的“丝绵”、用于药品的“康复”等叙述性商标。

在我国，叙述性的商标不能注册，不能受到法律的保护。当然，如果一个叙述性不是很强的商标经过广泛的宣传使用具有了“第二含义”，也是可以被接受注册的。但要做到这一点，通常需要经过一个比较艰难而又费时的过程，而且具有一定的风险，所以，最好不要选择有叙述性的商标。

3. 任意性商标

任意性商标是指所用商标虽然不是独创，但是用在与它没有任何关系的商品或服务上，用于区分来源的商标。例如，“苹果”等商标。

任意性商标的标识一般是现存的文字或图形，往往具有自己的原初含义，这些标识尽管与指定使用的商品或者服务没有什么关系，但如果是容易让人产生误解的，则也会产生注册的障碍。但这种商标的显著性不如臆造性商标强。

4. 臆造性商标

臆造性商标指本身不存在的，凭空杜撰的词汇组成的商标，不会与任何商品或服务发生联系，因此，其在所有商品和服务上都具有显著性。

例如，“柯达 KODAK”胶卷“海尔 haier”电器，即由臆造词构成的商标。

臆造性商标在产品进入市场之初通常会遇到很大的困难，但一旦被消费者所认知和接受，则可以获得最大的识别效果和最强的保护力度。采用臆造性标志作为商标有利有弊，主要体现在以下几方面：

（1）优点：首先，由于臆造性商标所用词汇多为自造，一般不易与他人相同或近似，注册容易通过；其次，由于商标的无含义，因而不会由于含义不雅，引起消费者的忌讳；最后，由于商标无含义一般不会冒犯宗教、民族禁忌，也不会违反《商标法》的禁止条款。

（2）缺点：首先，如由于商标词汇无含义，消费者听到或看到后常常莫名其妙，无法根据目标消费者的普遍心理进行定位，用商标的词意或联想引起消费者的心理共鸣；其次，商标本身无法显现个性与气质，无法表现产品特质与特性，商标的个性气质形象必须通过广告，或其他公益公关等手段塑造表现出来；最后，认知、记忆、传播的难度较大。

综上，商标对指定使用商品或服务的特征的叙述性越小，就越能受到注册保护，因此，企业在选择或设计商标时，尤其是自己的主商标时，应当尽量淡化叙述性。首先考虑使用臆造性商标和任意性商标，其次为暗示性商标，避免使用叙述性商标。

八、企业商标注册规划

在当今社会，商标作为企业重要的无形资产，具有极高的社会价值和经济价值。商标的知名度和影响力某种意义上成为企业竞争力的重要保证和体现，其蕴含的商业价值日渐为人们所重视，往往一个知名的商标旗下可以延续到多个领域，产生许多极具商业价值的衍生品。然而国内多家知名企业的核心品牌如“联想”“同仁堂”等都因在海外被抢注而损失惨重。商标战略实施的重要性和紧迫性不言而喻。

（一）企业依自身经营范围和产品（服务）特点构建商标基本框架

企业商标战略，是指企业利用商标相关工作，占领市场、扩大市场份额、提升市场竞争力。是企业经营战略的组成部分，并随企业经营战略的调整而调整。

由于每个企业所处的行业、发展阶段等情况各不相同，因此每个企业必须结合自身特点采取不同的商标策略。具体归纳内容如下：

1. 选择合适的商标 LOGO，使该商标能够巧妙地体现产品（服务）特点、富有自身特色，做到简单明了、易读易记、构思精巧、容易传播；

2. 企业设计与选择商标应当具备显著特征，具有独特的构思、创意，要避免与他人在先合法民事权利发生冲突；

3. 企业设计与选择商标应当具备显著特征，使用的商标与其所指定商品或者服务项目不存在直接的关联性；

4. 企业设计与选择商标应当具备显著特征，使用的商标与其所指定商品或者服务上的标志相区别；

5. 企业设计与选择商标应当具备显著特征，使用的商标与他人及行业通用、公用的标志相区别；

6. 代表企业形象的标识统一，具体而言就是做到商标、商号、域名的三位一体，这样有利于打造企业在消费者和社会公众心中统一、良好的企业形象，为企业的宣传和发展打下良好的基础；

7. 根据企业的经营类型和产品（服务）种类可以建立单一商标策略、多商标策略、主副商标策略三种重要形式。

①单一商标策略。指企业不同种类的产品上都使用同一个商标。优点是可以降低商标注册、宣传和管理的成本，节省新产品的推广费用，在特定消费者人群中形成较为固定的企业形象和产品形象，但同时也存在企业形象内涵单一、产品领域难以扩大的缺点。对于大型公司而言，还存在由于个别产品的质量问题而波及整个产品的风险，而中小型企业又面临如果该单一商标权属不稳定，一旦出现权利变更或者权利灭失的情况，就极易出现倾覆性的风险。

例如，在我国，海尔集团最初以生产电冰箱而闻名，后来推出“海尔”牌空调、洗衣机、电视机，凭借“海尔”这块牌子，使得“海尔”空调、洗衣机、电视机占领了国内市场，海尔集团运用单一商标是典型成功例子。

②多商标策略。相对于单一商标策略而言，指企业不同种类的产品使用不同的商标，且商标之间互相独立，而存在一定联系。优点是有利于细分市场，便于有不同需求的消费者区分具有差异化的产品，也可以降低个别产品在质量或营销上的风险，但是同时也存在推广和管理成本高的问题。

例如，美国宝洁公司是全球500强企业，近些年打进中国市场后很快占据了中国日化行业的半壁江山。以该公司在我国市场的商品为例，宝洁公司针对功效、成分不同，在洗发液上分别使用“飘柔”“潘婷”“海飞丝”等不同商标，这三种不同品牌分别赋予不同的个性，其中“飘柔”立足于头发柔顺光滑、“潘婷”立足于头发营养滋润、“海飞丝”立足于头发去头屑功能。洗衣粉分别使用“汰渍”“碧浪”等不同商标，其中有数个商标都已达到驰名商标的声誉，而各个商标之间又能相对独立，其发展并行不悖、共同上升。

③主副商标策略。指企业同一产品上使用多个商标，包括体现企业形象的主商

标和使用在特定产品上的副商标。主副商标策略既可以利用主商标的影响力来提升新产品的知名度，保障新产品的品质信誉，从而降低新产品的宣传推广费用，又可以利用副商标向消费者提示具体产品的个性化，并且可以避免新产品营销失败带来的“一损俱损”的风险，但这种策略比较适宜于具有多门类、多品种产品的大型企业，目前在家电制造业、汽车制造业采用的较多。

例如，美的公司的“天扬星”“炫彩星”“炫丽星”“炫雅星”“冷静星”“超静星”“智灵星”“健康星”等系列空调，既分享了主品牌“美的”的资产，又丰富与凸显了具体产品的个性。

（二）商标注册标记使用注意事项

企业向商标局提交商标注册申请后，应该具备商标注册标记使用常识，具体如下：

1. 不能将已进行商标申报但未获准授权的商标加注注册标记；
2. 不能将《商标受理通知书》误以为商标授权证书而加注注册标记；
3. 不能将获得注册的组合商标分拆后加注注册标记；
4. 不能将原注册商标字体变形后使用而加注注册标记；
5. 不能将原注册商标核定商品之外的商品项目加注注册标记。

（三）商标注册后企业需注意事项

当一个企业将其主要商标注册成功后并非相安无事，还应当高度重视注册商标的维护，其中主要涵盖以下内容：

1. 保证商标注册证上的登记名址和实际相符。由于企业在发展过程中经常出现改制、重组等主体动态规模变化，工商登记地址也经常出现一些变化，企业应及时向商标局提交企业名称、地址变更申请，否则，看似细小的程序性瑕疵，往往会因没有收到相关法律文件而导致实体权利的灭失。

2. 增强品牌商标保护的意识，进行防御性注册。企业在注册商标的同时，预示企业将要涉足的领域，所以要及时进行防御性注册，避免被他人抢注之忧患。娃哈哈集团除在自己经营的主要产品类别上注册“娃哈哈”商标外，还将“娃哈哈”商标在其他多个类别上注册。同时，还将易与“娃哈哈”混淆的“哈娃娃”“哈哈娃”等商标分别进行了注册。

此外，由于注册联合商标和防御性商标可能会涉及企业暂时未涉足到的行业领域，因此很有可能会处于闲置状态。而我国商标法律为防止商标资源的浪费，规定了商标连续三年不使用的撤销制度，因此企业还要整合客户商标资源，通过许可使用等多种方式使商标又能处于有效的商标使用之中，就成功地规避了商标被撤销的后果。

3. 企业正确宣传使用商标，为实现品牌战略奠定基础，进而凝聚品牌声誉，提高市场份额和市场竞争力。企业应当密切关注自身商标权状态，及时答复商标局下达的文件，并及时将接近十年期限的商标进行续展或宽展。

4. 加强对海内外市场的监测。企业应密切关注商标局颁布的《商标公告》，如发现相同或近似商标，及时向商标局提出异议，也可委托专业商标代理机构对海内外市场进行追踪监控，及时收集侵权信息，以便及时制定应对措施。

九、商标专用质押

商标专用权质押是指商标注册人以债务或者担保人身份将自己所拥有的、依法可以转让的商标专用权作为债权的担保，当债务人不履行债务时，债权人有权依照法律规定，以该商标专用权折价或以拍卖、变卖该商标专用权的价款优先受偿。

（一）商标可质押性

众所周知，质押的性质是以取得客体的交换价值优先受偿为终极目的，同样，商标专用权质押的目的也是在于保障债权的实现，因此，要具备“可质押性”实际只要满足这一目的性要求即可，它具体包括下列三个要件：

1. 具有一定的财产性。权利质押的设立宗旨是担保债权的实现，债权本身体现出一定的财产性，所以它要求能够保障其实现的权利也具备财产性。也只有具备共同属性才有可能实现债权的优先受偿。

2. 具有可让与性。权利质押核心在于保护债权人的利益，即一旦债务人无法偿还到期债务，债权人可就质押物优先受偿。由此决定，权利质押的标的应是可让与的财产，否则债权人的权利无法实现。在我国，不具有可让与性的财产包括三类：一是所有权归国家或者财产的转让危及公共利益；二是具有人身性质的权利，如姓名权；三是权属不明确或者存在争议的财产。

3. 必须是不违背质权性质的财产权，如不动产物权就不能成为质押的标的。根据我国《民法典》第四百四十条的规定，债务人或者第三人有权处分的下列权利可以出质：（一）汇票、本票、支票；（二）债券、存款单；（三）仓单、提单；（四）可以转让的基金份额、股权；（五）可以转让的注册商标专用权、专利权、著作权等知识产权中的财产权；（六）现有的以及将有的应收账款；（七）法律、行政法规规定可以出质的其他财产权利。

（二）面临商标出质风险质权人的应对策略

近年来，随着商标法律意识的提高，商标作为一项无形资产，其价值为越来越多的债权人所认可，商标专用权质押登记数量逐年上升。在商标专用权质押过程中，建议企业特别注意以下法律风险：

1. 重视商标专用权的价值评估工作。商标专用权的价值需要由国家知识产权局指定的商标评估机构进行评估后才能进行质押，但是到质权人行使质押权时，很可能商标专用权的价值已经发生了变化。因此有必要在质权人行使质押权时进行重新评估，以保证各方的利益。

2. 商标专用权质押后的法律后果。根据法律规定，注册商标质押后，出质人作为商标专用权人仍可以继续利用该商标，质权人未经出质人同意不得利用该商标，也不得转让或者许可他人使用。在质押关系合法存续期间，质权人为了保护自己向第三人履行债务，有权以出质的商标权为自己的债权设质，也即转质押，但应获得出质人同意，转质权的效力优于原质权。

3. 出质人应履行商标经营维护义务。为了避免由于商标权人消极履行义务导致商标超时限而被撤销，企业有必要在质押合同中明确约定商标所有权人有义务对出质的商标经营权进行维护，避免因违反《商标法》关于商标使用管理的相关规定而被商标局撤销或注销商标的状况发生。还可以约定，在商标权人对商标无正当理由不进行经营维护而使债权实现受到威胁时，质权人有权对质押商标进行转让或许可第三人使用，所得费用将代为清偿债务。

4. 特殊情况下商标质权人维权。注册商标的有效期为十年，以快要到期的商标专用权进行质押的，而被担保的债权的期限又比较长。如果注册商标的有效期届满，在续展期和宽展期内，商标持有人（出质人）不再办理续展手续，商标专用权将会自动终止，这时商标专用权质押将是名存实亡，债权将会得不到保障，质权人有权责令出质人在法律规定的期限内办理续展手续，或提供价值相当的担保，或要求出质人提前清偿，或由质权人本人来代办理续展手续，质权人代办理续展手续后，质权人有权提前对该设质的商标进行拍卖、变卖以所得的价款先扣除代办理续展手续的费用，然后提前清偿或向与出质人约定的第三人提存。

十、商标使用许可

商标使用许可是指商标注册人按照法律规定允许他人使用其注册商标的行为。

（一）种类

企业许可他人使用注册商标，通常以订立使用许可合同的方式。其中，商标权人或授权使用商标的人一方为许可人，另一方为被许可人。

1. 普通许可

也可称为“一般实施许可”或“非独占性许可”，是指商标权人或授权人许可被许可人在一定范围内使用商标，同时保留自己在该范围内使用该商标以及许可其他第三人实施该商标的许可方式。

这种许可方式适用于被许可人生产能力有限或者产品市场需求量较大的条件

下。对被许可人而言其获得商标使用权是非排他性，若商标被第三人擅自使用而侵权，被许可人无权以自己的名义对侵权者提起诉讼，应该将侵权事项告知许可人，由许可人起诉。

2. 独占许可

即在一定范围内，被许可人对授权使用的注册商标享有独占性，许可人不得再次将同一商标许可他人使用，许可人自己也无权在该范围使用该商标。

此种被许可人的法律地位较高，当授权使用的商标被侵权时，被许可人可以以“利害关系人”身份直接起诉。

3. 排他许可

在规定的范围内，除了许可人本人以外，只有被许可人可以使用许可人的商标。其许可程度比普通许可高，比独占许可低。当被许可商标被他人擅自侵权时，被许可人得到许可人同意独立起诉或者与许可人一起起诉。

（二）商标许可使用规范

商标的许可使用是提升商标价值、维系商标权利人权益的重要途径之一。在签订授权许可协议时，主要需明确以下几方面内容：

第一，商标被许可使用的性质和分许可权利。商标许可分为普通许可、排他许可和独占许可，每种许可对许可人和被许可人的权利范围限制不同。同时，应明确被许可人许可他人使用授权商标的分许可权利，根据实际需要，对分许可权利进行必要的限制。

第二，商标被许可使用的产品/服务范围。需要明确被许可人使用授权商标的产品/服务的范围，超出协议约定的产品/服务范围使用将构成侵权。

第三，商标被许可使用的地域范围。要明确被许可人使用授权商标的地域范围，如固定在某个省份，以免造成不必要的权利冲突。

第四，商标被许可使用的期限。商标的许可使用期限需少于或等于商标的有效保护期限。为保护许可人的利益，许可期限可以一年一签，以方便许可人根据后续被许可人的经营状况、结构管理变化等情况，及时调整被许可商标的许可使用费用或及时收回商标。

第五，许可使用费用。是否收取许可使用费用、收取多少及支付方式，由许可人与被许可人协商解决。收取许可使用费有利于体现商标的经济价值，也方便在后续的侵权赔偿额确定中成为法院酌定的一个考量因素。

（三）与商标转让的权利冲突

商标转让是商标注册人在注册商标的有效期内，依法定程序，将商标专用权转让给另一方的行为。

商标许可与转让发生冲突，因为商标注册人违背诚实信用原则，将同一注册商标既许可他人使用又转让给第三人。此时要根据许可和转让的先后顺序具体分析：

第一，转让在先，许可在后。如果转让已经公告，受让人从公告之日起获得注册人的地位，公告之后原商标注册人与他人签订的许可合同对受让人没有约束力。

第二，许可在先，转让在后。商标注册人将同一商标在商标许可使用期限内，没有征得商标许可使用人的同意的情况下，又将商标进行转让，此时如何认定商标使用许可合同的效力。最高人民法院《关于审理商标民事纠纷案件适用法律若干问题的解释》第二十条规定，注册商标的转让不影响转让前已经生效的商标使用许可合同的效力，但商标使用许可合同另有约定的除外。该司法解释，一是肯定了注册商标转让前合法订立的使用许可合同的效力，即使商标权人变更，商标许可合同仍应继续履行；二是尊重当事人的选择，若原来的商标使用许可合同约定在商标转让叶终结，应当按照约定执行。

第五节　企业的商业秘密保护

随着经济的发展，知识产权在企业资产中所占的比重越来越高，企业对专利、商标保护逐渐重视，但仍然缺乏甚至根本没有对于商业秘密进行保护的意识。事实上，许多的商业秘密，譬如产品配方、制作工艺、客户名单、货源情报、产销策略、招投标的标底等，是企业在竞争中保持竞争力、赖以生存，并得以持续发展的真正核心动力。本章将从多方面分别介绍，让企业对商业秘密有一个完整清晰的认识，并结合企业自身的实际情况构建本企业的商业秘密保护制度。

一、商业秘密的起源与发展

商业秘密制度最早可追溯到罗马法中的“奴隶诱惑之诉”，当然，这只是有关商业秘密保护的萌芽，在那个时代“商业秘密”的含义与现在所说的“商业秘密”所包含的内容是无法比较的。现代“商业秘密”制度主要起源于英美法系，1979年美国制定了《统一商业秘密法》，成为世界上首个将商业秘密单独立法的国家，并推动了各国保护商业秘密的立法修订风潮。英美法系国家多以知识产权来保护商业秘密，而德国、中国等大陆法系国家多将商业秘密纳入不正当竞争法或者合同法的保护之下。随着现代经济的发展和全球经济一体化趋势的加强，美国等发达国家意识到建立世界范围内的统一规则日益重要，为了维护本国经济的垄断地位，它们积极推进将商业秘密保护纳入国际性条约，如《TRIPS 协议》第三十九条就是允许成员国对商业秘密采取保护措施，此条款现已为世贸组织 100 多个成员国所接受。

二、商业秘密的含义及特征

根据《反不正当竞争法》第九条规定，“商业秘密是指不为公众所知悉、能为权利人带来经济利益，具有实用性并经权利人采取保密措施的技术信息和经营信息”。一般来说，判断一个信息属于商业秘密应该满足以下条件，即商业秘密的构成要件：

（一）秘密性

秘密性是商业秘密的根本属性，它有别于商标权、专利权、著作权的公开性，是获得法律保护的前提和条件。秘密性也就是常说的“不为公众所知悉”，这里所说的公众不应理解为一般公众，而是指本专业、本行业或者相关专业与行业的一般公众。

（二）价值性

价值性要求商业秘密能够为经营者获得利益或者具有潜在的商业利益，是商业秘密获得保护的主要原因，并且这种价值会随着公开的程度贬值，一旦被竞争对手获知，其价值性即消灭。

（三）实用性

实用性是指该信息必须具有确定的可应用性和可操作性，能够应用于生产、贸易或者经营、管理并能够带来经济利益。它可以是一种方法或技巧，也可以是一种抽象的概念或原理，但一定要有具体的可转化的操作方案。

（四）保密性

保密性又称为管理性或难知性，是指商业秘密的权利人根据需要，所采取的合理保护措施。作为商业秘密的权利人必须主观上具有保密的意愿，把某种信息当作秘密来对待，并采取一定措施加以管理，否则即使该信息符合理论上的商业秘密，也得不到法律的保护。

在司法实务中，具有下列情形之一，在正常情况下足以防止涉密信息泄露的，可以认定相关权利人采取了保密措施：

1. 限定涉密信息的知悉范围，只对必须知悉的相关人员告知其内容；
2. 对于涉密信息载体采取加锁等防范措施；
3. 在涉密信息的载体上标有保密标志；
4. 对于涉密信息采用密码或者代码等；
5. 签订保密协议；
6. 对于涉密的机器、厂房、车间等场所限制来访者或者提出保密要求；
7. 确保信息秘密的其他合理措施。

需要指出的是，如仅签订了保密协议，而无其他措施，不足以单独认定构成技术秘密。因此，为达到秘密性要求，企业应该采取合理的保密措施。具体而言，在通常状况下，应该达到足以防止相关信息泄露的程度。

（五）来源合法性

商业秘密要有合法的来源，通过合法的方式和渠道获得的才受法律的保护。合法的方式可以通过自行研制开发，也可以通过反向工程掌握，还可以通过许可、转让、购买等方式获得。

商业秘密各构成要件之间相互联系，缺一不可，同时满足以上五个方面才能被认定为商业秘密，受到法律的保护。

三、商业秘密的分类及受保护内容

在我国法律表述中商业秘密依据内容、性质的不同可分为两大类：技术性商业秘密和经营性商业秘密。技术秘密即狭义的商业秘密，是指已运用到工业生产上，尚未得到专利保护，仅为有限的人所掌握的技术和知识。[①] 经营性商业秘密，又称为经营信息，是指能够为经营者带来利益或竞争优势的用于经营活动的各类信息，如客户名单、招标投标中的标底等，如著名的中国青年旅行社诉中国旅行总社的不正当竞争案就是涉及经营信息。但是，并不是所有的经营信息都是商业秘密，前提是它必须满足商业秘密的五个要件。对于技术秘密，实践中比较好认定，没什么太多争议，但是商务秘密中究竟哪些属于商业秘密会受到保护，哪些不属于商业秘密，个案中往往会有不同的认定。

四、商业秘密的法律保护

我国的商业秘密发展历程其实很短，也不成熟，作为大陆法系国家，中国沿袭了大陆法系对商业秘密保护的惯用方式，即将商业秘密列入《反不正当竞争法》的保护范围，其他法律作为一种辅助性保护措施对此加以规定。

（一）我国商业秘密的法律保护体系

我国现有的保护商业秘密的法律大概分为三部分：

1. 民事法律方面的规定

主要是《反不正当竞争法》中的规定，另外在《民法典》《劳动法》等法律中也有涉及。

《民法典》第一百二十三条以列举的形式规定商业秘密属于知识产权。第五

---

① 张今：《商业秘密的范围和构成条件及其应用》，载《法律适用》2000 年第 4 期。

百零一条立足于合同的角度，从合同双方当事人关于商业秘密的约定及在签订合同过程中知悉的商业秘密如何处理来加以规范和协调。《劳动法》则侧重从保护用人单位的合法权益出发，规范劳动合同关系中劳动者的保密义务及违约责任。如“劳动合同当事人可以在劳动合同中约定保守用人单位商业秘密的有关事项”，“招工时对未解除劳动关系的劳动者新用人单位对原用人单位承担连带赔偿责任”，“劳动者违反劳动合同中的保密规定造成损失的要依法承担赔偿责任”等。另外《促进科技成果转化法》中第七条、第二十八条、第三十五条也有相同或类似的规定。

《反不正当竞争法》中规定得相对比较详细，从概念和侵犯手段、处罚措施等方面进行了一些具体的规定，同时最高院一些关于不正当竞争的解释也对商业秘密具体审理中的问题进行了阐述，比较重要的是2007年施行的最高人民法院《关于审理不正当竞争民事案件应用法律若干问题的解释》第九条至第十七条对商业秘密的认定、侵犯商业秘密的行为、商业秘密的诉讼主体、赔偿额等相关问题做了详细的解释。就我国目前的法律法规体系来看，《反不正当竞争法》及其司法解释对商业秘密的规定相对比较全面，也是目前司法实践中法院裁判的主要依据。

2. 刑事法律方面的规定

主要是指《刑法》中的“侵犯商业秘密罪”，《刑法》第二百一十九条第一款、第二款规定：“有下列侵犯商业秘密行为之一，给商业秘密的权利人造成重大损失的，处三年以下有期徒刑或者拘役，并处或者单处罚金；造成特别严重后果的，处三年以上七年以下有期徒刑，并处罚金：（一）以盗窃、利诱、胁迫或者其他不正当手段获取权利人的商业秘密的；（二）披露、使用或者允许他人使用以前项手段获取的权利人的商业秘密的；（三）违反约定或者违反权利人有关保守商业秘密的要求，披露、使用或者允许他人使用其所掌握的商业秘密的。明知或者应知前款所列行为，获取、使用或者披露他人的商业秘密的，以侵犯商业秘密论。”

无论是企业员工、与商业秘密权利人有业务关系的外在单位及其有关人员、科技成果转化人员，还是合同当事人、经营者，如果满足侵犯商业秘密罪的构成要件，均要处以刑罚，予以严厉打击。

3. 行政法律方面的规定

为了统一工商局办理侵犯商业秘密案件，国家工商行政管理局在1995年颁布并于1998年修订了《关于禁止侵犯商业秘密行为的若干规定》，此规定也是工商执法部门重要的法律依据。

值得一提的是，在力拓“间谍门”事件发生后，为加强中央企业商业秘密保护管理，国资委出台了《中央企业商业秘密保护暂行规定》，这是我国第一部关于商业秘密保护的部门规章。该规定的出台为中央企业商业秘密保护提供了重要法律依据，确保中央企业核心经营信息和技术信息安全，同时作为我国首部关于商业秘密保护的部门规章，也将为商业秘密立法工作提供参考。

（二）我国商业秘密的法律救济途径

对于侵犯商业秘密行为一般有三种法律责任承担形式：民事责任、刑事责任和行政责任，其中以民事责任和刑事责任为主。

民事责任承担的法律依据主要有两点：一是合同违约，即当事人签订保密协议，一方违反约定，泄露或者擅自使用其知悉的商业秘密，权利人可以违约为由起诉；二是基于侵权行为，他人以不正当的手段获取，披露、使用权利人的商业秘密，权利人提起侵权之诉。民事责任承担方式主要是赔偿责任、责令停止侵权行为等。但值得注意的是，在判定赔偿数额时要遵循民法的填平原则，在没有惩罚性赔偿的情况下，要首先以权利人的实际损失为准。实际损失难以确定再以侵权人获利为准。刑事责任主要包括有期徒刑、拘役或管制，可并处或单处罚金。

对于行政责任，我国《反不正当竞争法》第二十一条规定经营者以及其他自然人、法人和非法人组织违反本法第九条规定侵犯商业秘密的，由监督检查部门责令停止违法行为，没收违法所得，处十万元以上一百万元以下的罚款；情节严重的，处五十万元以上五百万元以下的罚款。

五、企业商业秘密保护体系的构建

商业秘密从古至今一直就是商家在市场竞争中保持竞争优势的重要武器。如果企业的核心商业秘密丧失，那么将会对企业造成重大损失，甚至有可能导致企业生命的终结。比如说可口可乐的配方，对于可口可乐公司而言，与其商标一样是最重要的无形资产。

（一）企业商业秘密泄露的一般方式

大体说来，企业商业秘密泄露的途径主要有以下几种，我们在陈述泄密途径的同时，也对如何预防进行简要的分析以供企业参考。

1. 企业主动公开

（1）因申请专利而公开。主要是针对技术秘密，企业一项技术秘密产生后是取得专利保护还是作为商业秘密保护，首先要知道专利权和商业秘密权的区别：①权利产生条件不同。商业秘密无须申请，一经产生即已获得；专利需要申请，需要满足一定的条件才能被授予专利权。②获得权利的主体范围不同。同一种商业秘密的主体可以是互相独立的多个主体，而同一专利权的主体必须是唯一的，它严格遵循申请在先原则。③法律保护方式不同。商业秘密具有秘密性、不公开性，法律一般采取的是消极的保护措施，只对非法窃取他人商业秘密的行为进行制裁，并要求权利人要对商业秘密采取法律要求的保护措施，缺之则不被保护。专利的保护则要求公开，作为公开的补偿，专利权享有一定期限内的技术垄断权，在此期间，除专利权人外的任何人不得使用此技术。④保护的范围不同。商业秘密不仅保护技术秘密，还保护经营秘密，就是说不仅包括可以申请专利的信息也包括客户名单、招投标资料等不能申请专利的信息。

对于商业秘密和专利交叉保护的信息，企业该如何选择保护措施呢？我们认为应该结合以下四个方面具体情况具体分析：

第一方面，看此技术通过反向工程等合法方式被人破解的难易度。如果容易被破解，建议选择专利保护，这样还有一定期限的垄断性专用权。

第二方面，在实践中，具有下列情形之一的，可以认定有关信息不构成不为公众所知悉：①该信息为其所属技术或者经济领域的人的一般常识或者行业惯例；②该信息仅涉及产品的尺寸、结构、材料、部件的简单组合等内容，进入市场后相关公众通过观察产品即可直接获得；③该信息已经在公开出版物或者其他媒体上公开披露；④该信息已通过公开的报告会、展览等方式公开；⑤该信息从其他公开渠道可以获得；⑥该信息无须付出一定的代价而容易获得。

第三方面，看此技术可能使用的时间长短，也就是其科技成果价值的期限。如果此技术更新换代的速度过快，可能都不超过专利的保护年限，建议采取专利保护措施，专利保护的力度更大。但如果是长期的，且不容易被破解，能为企业源源不断带来利益的，还是建议采取商业秘密保护，因为商业秘密保护不受期限限制。

第四方面，能够获得专利的可能性大小。专利的获得要求比较严格，必须具有新颖性、创造性和实用性，如果贸然申请却没有被授予专利，技术又因此泄密就得不偿失了。

这里值得一提的是，商业秘密的保护力度仅限于侵权、违约、不正当竞争等不合法的方式，法律不禁止任何人以合法方式获得某些核心信息，即便是核心信息原持有人也无权干涉。所以究竟采取何种保护手段就需要企业结合自身的发展和实际情况综合分析取舍了。

（2）法律要求的信息披露。一般针对上市公司，法律会要求其披露一些经营信息，这些信息可能会涉及一部分的商业秘密。原则上说，公司没有披露其经营信息的义务，但对于上市公司来说，因为其生产经营涉及的不仅仅是公司特定人的利益，所以信息披露就成了商业秘密保护的例外。因为我国对于商业秘密的保护范围并不明确，所以作为企业自身来讲，一定要清楚明确信息披露和商业秘密的界限，就可以避免不必要的利益损失。

（3）其他需要公开的情形。例如，企业新产品上市，其他企业通过观察或反向工程得到技术秘密而公开；企业为了宣传、介绍、澄清某些技术问题，需要公开。参加一些学术技术研究或者技术鉴定而需要公开，企业为了转换生产经营职能而将部分商业秘密主动公开等。

由于法律对商业秘密采取的是消极保护措施，只对非法窃取他人商业秘密的行为进行制裁。企业主动公开商业秘密的情形均不属于商业秘密侵权的范围，并且这些情形均具有可控性、可调整性、可预防性。企业在实际的操作过程中只要稍加注意，灵活把握，就很容易避免因此带来的损害。

2. 企业被动公开

（1）企业内部人员无意或者故意泄露商业秘密

这里所说的员工一般指企业的核心秘密接触人员，企业的高级管理人员，小到管理文件的文员，高至公司的总裁，均有可能泄密，所以切记，保护商业秘密不仅仅是领导层的事情。本条所包含的泄密情形非常多，这里也就不一一说明，大致分几个类别进行说明：

①员工由于疏忽，不谨慎而泄密。例如，有关员工在参加技术交流会、学术会议、技术鉴定会等会议过程中或是发表学术文章，为了阐明某个原理而将商业秘密泄露的情况。

销售人员有时为了得到客户，将部分产品或者工艺的信息提供给客户等。应对这些情况就需要企业加强商业秘密保护的知识讲座，对员工强调保密意识，并将涉密范围明确界定，制定合理的惩罚机制进行约束。

②内部员工偷窃企业的商业秘密转卖给他人。现实中这种情况大量存在却难以预防，除雇员的人品外，还和本企业的整体管理和制度有密切的关系。这不仅仅需要企业在录用人员的时候格外注意，而且需要企业具有完备的商业秘密管理体制以及健全合理的薪酬待遇体制，良好的企业文化氛围等。这样才能让员工安心待在企业，忠心为企业服务，偶尔有邪恶念头冒出也不至于轻易得手，在受到诱惑的时候还能设身处地为企业着想。

（2）同行业竞争者窃取商业秘密

外部人员窃密一般有三种方式：收买内部人员、派商业间谍直接刺探、假意合作或假意招聘获取信息。毫不客气地说，企业所有的泄密情形均可能成为同行业竞争者窃取商业秘密的途径。

（3）员工离职导致商业秘密泄露

这是目前导致企业商业秘密泄露的主要原因。员工辞职后，到有竞争关系的公司中任职，将在原公司中所掌握的商业秘密泄露给现公司，从而必然导致原公司的利益受损。健康的企业同样需要良好的新陈代谢，员工的流动是难以避免的，尤其是企业的高级管理人员。

（4）合作伙伴或交易相对人泄密

比如将生产工艺和配方泄密，合作伙伴违反保密协议而泄露。保密协议是保密义务的体现，通常合作双方为防止相关信息被泄露出去，都要求对方承担一定的保密义务。但是仅仅明确保密义务还是难以从根本上杜绝合作伙伴的泄密情况。因此，在签订保密协议时一定要明确一方违反保密义务所应当承担的责任，在合作过程中也应当尽可能地对合作伙伴所掌握的己方商业秘密进行监督和管理。

（5）参观导致商业秘密泄露

很多商业秘密的泄露并不都是权利人自身的疏忽大意造成的。某些信息权利人虽然主观上认为属于商业秘密，但是客观上并没有采取任何保密措施，从而致使秘密泄露。例如，我国生产的龙须草席，在莱比锡世界工艺品博览会上被誉为“中国独有的工艺品”，为国家赢得了大量外汇。20 世纪 80 年代初，日本某企业派人参观了龙须草席的整个生产过程，并且对每一道工序都作了详细的记录和拍照。此后不久，日本就停止从国内进口龙须草席，同时开始生产龙须草席，并在国际市场上逐步取得垄断地位，最终导致我国国内生产厂家遭受重创。

（二）合法获取他人商业秘密的方式

商业秘密能够受到法律保护的主要法律依据在于产权理论，即商业秘密可以被认定为财产，任何人未经所有人同意不得擅自使用。然而，商业秘密的无形财产属性，使得对其的保护并不完全等同于对实物财产的保护。阻止泄密和窃密的法律根据也不是建立在一物一主的原则上，而是建立在一种相对的关系上。这对商业秘密窃密后的维权带来了一定难度，但同时也对合法获取商业秘密放宽了口径。

一般来说，合法获得他人商业秘密的途径有：

1. 反向工程获得。反向工程是指对通过合法手段获得的产品进行拆卸、研究、分析、重组等，从而获得产品包含商业秘密的方式。由于这种方式是从产品到方法反向研究，所以又称为逆向工程或者还原工程。在实施反向工程时需要注意以下事项：a. 产品必须是通过合法方式取得的，如购买、转让、赠与等，并且需要保留相关的票据等作为合法取得的证据。b. 保留反向工程过程中的相关证据，如测绘数据、文字资料、化验和实验记录等。c. 参加反向工程的员工不能是对商业秘密权利人负有保密义务的人。在商业秘密侵权案件中，被诉侵权人以反向工程为由进行抗辩的，被诉侵权人需要对以反向工程获得商业秘密进行举证，如果证据不充分，法院很难予以认定。

2. 通过新闻发布会或技术鉴定会等。可通过参与相关的新闻发布会，对产品的技术和质量方面提问，发言人有可能在不经意间泄露相应的技术秘密，或者泄露出相应的启示。而技术鉴定会通常需要提供产品的配方及各项数据，否则难以通过鉴定。参加竞争对手的新产品鉴定会，有可能会获取相应的商业秘密。

3. 从公开资料中获取。例如，专利文献、学术文章、企业宣传等。许多企业对商业秘密的保护采取以申请专利要求更大范围而隐去关键技术的方式，企业可以查询分析专利文献、技术人员所发表的文章、企业的宣传资料等，破解其商业秘密。

4. 从没有保密义务的第三方获取。包括竞争对手的合作者及目标公司、信息咨询公司等。

以上的途径分析，仅是为企业提供参考和思路，在具体操作方式上还需要特别注意，要符合相关的法律规定。美国除统一商业秘密法外，还有一部专门针对商业间谍的《经济间谍法》（EEA），在商业秘密保护的范围上非常宽泛，地域上采取的侵权行为原则在一定程度上突破了美国的地域范围。因此，在与美国企业打交道时要特别注意 EEA 的规定。

（三）企业商业秘密保护体系的初步构建

完整的商业秘密保护要包括三个层次，即商业秘密保护体系、商业秘密管理体系及商业秘密救济体系。下面从商业秘密保护和商业秘密管理体系这两个方面逐一叙述。

1. 商业秘密保护体系

包含两个层次，一是公司内部的商业秘密管理，二是公司商业活动中的商业秘密管理。这是商业秘密保护体系的核心部分，包含商业秘密保护体系的全部内容，其余的保护体系均是对其的保障和完善。在此，再次强调的是，此处只是告知企业一种构建思路和方法，不是一种模式。

首先，对本企业的现行情况进行综合分析。根据各部门的业务范围和特点，对本部门商业秘密的范围进行界定。再由企业整体进行筛选和界定，先大范围将对公司有利的信息全部罗列，然后筛选，最后确定本企业的商业秘密范围。将商业秘密信息进行分类，确定保密级别，将最终确定的商业秘密事项告知相关部门。

其次，针对已经确定的商业秘密范围和保密级别，分别制定保密规范。保密规范包括商业秘密载体的保密规范；保密要害部门、岗位的保密规范；涉密人员的保密规范。公司日常工作中的保密规范，公司内部文件审批规范，建立一定的商业秘密监督使用制度等。商业秘密保护制度并不是越复杂越好，一定要适合本公司的实际情况，并且要考虑效率和应用效果等一系列问题。

最后，保密规范的落实。对员工进行保密培训，增强保密意识，制作保密手册，对不规范行为进行一定的处罚等，都可以促进保密规范的切实落实。尤其要注意的是员工在对外商业活动中保密规范的落实情况。

2. 商业秘密管理体系

企业商业秘密的保护方法关键在于技术和管理。技术是手段和工具，管理是方法和途径。对于商业秘密的保护要遵循“水桶效应”，水桶的盛水量，直接取决于最短的那块木板。同样，技术与管理需要并重，只发展技术，或者只发展管理，都是畸形的发展，将会导致事倍功半。

以下针对几个普遍存在的管理制度问题进行分析。

首先，员工管理制度。需要与参与涉密工作或者能够接触涉密信息的员工签订保密协议。公司还需要对可能产生的风险损失进行详细的测算。在重要岗位人员的聘用中，一定要明示其保密义务，明确约定保密的范围、时间等，竞业限制条款一定要有企业给予员工的相应补偿，对违约的情形与责任的归属进行明确的约定；对职务成果与非职务成果进行清晰的界定；等等。

其次，薪酬津贴管理制度。单凭严格的制度不能使人真正地遵守，企业应做到感情留人、事业留人、待遇留人。重视人才，将企业的发展和员工的自我实现相结合，制定合理的薪酬待遇和晋升空间，让员工真正感觉到其是企业大家庭的一分子，才会从心底愿意去维护。吸纳高端人才为股东，为合适的岗位设立保密津贴等都是一种切实有效的方法。

最后，办公设备管理制度。比如，电脑的使用，电脑是最容易遭受黑客侵袭的，并且存放着公司大量内部保密资料，尤其是电子邮件，这种泄密方式很难查证，所以企业一定要控制好源头，用完备的制度来预防。又如，废弃文件的处理，许多单位响应环保政策，将已打印的纸二次利用，或者卖废纸，这种处理方式较为不妥，对于一些涉密文件一定要进行销毁。再如，涉密区域还需要安装摄像头，并且限制只有具有相关权限的人员才能够进入，查阅相关涉密材料要进行登记并做好查阅记录等。这些措施只要规定得当，既可以让管理井然有序，又能收到很好的保密效果。

综上所述，由于商业秘密与其他知识产权相比的特殊性，以及目前并不存在单独立法的司法现状，使得商业秘密的保护存在本身的困难。但商业秘密比其他知识产权对企业的影响又更为突出，使得我们不得不对其进行更为系统化的保护。这就要求企业对自身商业秘密有足够清晰的认识，在现有法律保护的体系下构建易于操作、便于自身管理的保护体系。当然，必须考虑到投入产出比的问题，企业对商业秘密的保护也有一个分层次管理的问题。重要的、能带来较大收益的商业秘密，必须付出较大的成本予以保护，次要的商业秘密则可酌情采取低成本的保护方法。国内大型企业和科研机构大部分都设有保密部门，但收效却不明显，原因就在于没有系统化的保护意识和保护体系，没能和企业管理很好地融合。总之，企业应当根据本企业的实际情况，综合考虑运用各种手段，还可委托专业第三方以顾问形式协助商业秘密管理，如此，才能有效地保护本企业的商业秘密，从而确保企业自身的竞争优势。

第六节 企业的著作权保护

在当今知识经济的时代，知识财产已远远超过物质财产而成为社会最重要的财产形态。企业的注意力已由简单的有形财产，转向复杂的无形财产，其核心竞争力已日益体现为对智力资源与智力成果的培育、配置、调控的能力。对企业来说，著作权的创造、管理、运用和保护，既是一个老问题，也凸显了新变化。在信息高速传播的今天，网络和科技进步给企业的著作权保护带来新挑战，企业应如何及时地对著作权权属和侵权风险进行把控显得尤为重要。

企业的著作权保护策略主要涉及著作权的内部风险把控和外部风险把控两大方面。

从著作权的内部风险把控来说，主要涉及：

1. 企业内部员工从事创造性智力工作的著作权保护问题；
2. 企业委托其他法人或组织机构从事创造性智力工作的著作权保护问题。

从著作权的外部风险把控来说，主要涉及：

对使用他人享有著作权作品的侵权防范。根据当前企业使用频率较高、侵权发生概率较高的相关著作权领域进行侵权防范分析，具体领域如下：

1. 在传统著作权侵权领域，当前纠纷最多的是企业使用他人的字体、图片造成的侵权，如方正字库纠纷[①]、华盖图片纠纷[②]；
2. 网络著作权纠纷随着网络时代的发展大量出现，企业会不可避免地涉及网络服务提供商的著作权保护。

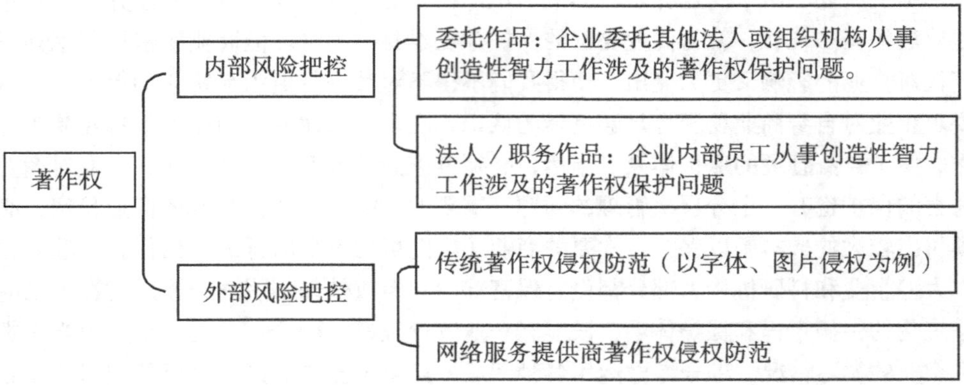

① 张平、程艳：《计算机字库产业发展与字体的版权保护》，载《电子知识产权》2011 年第 3 期。

② 张新建：《出版物中图片侵犯著作权问题及其防范对策》，载《科技与出版》2012 年第 10 期。

现将上述问题逐一进行法律分析并提出相应的法律风险防范措施。

一、委托作品著作权保护

根据我国现行《著作权法》(2010 年修订)第十七条“受委托创作的作品，著作权的归属由委托人和受托人通过合同约定。合同未作明确约定或没有订立合同的，著作权属于受托人”，最高人民法院《关于审理著作权民事纠纷案件适用法律若干问题的解释》(以下简称《最高院著作权司法解释》)第十二条规定“按照著作权法第十七条规定委托作品著作权属于受托人的情形，委托人在约定的使用范围内享有使用作品的权利；双方没有约定使用作品范围的，委托人可以在委托创作的特定目的范围内免费使用该作品”这一补充规定，可知：

我国著作权法采用“合同约定权利归属优先；无合同约定归属于受托人，委托人享有使用权”的模式。故若企业在合同中未约定作品权属，将导致企业对该作品仅有使用权。

(一) 企业在签订委托创作合同时应约定作品权利归属，从合同的主体要件、形式要件、时间要件和权利范围等方面进行权属风险把控

1. 主体要件

企业可与自然人、法人或者其他组织签订委托创作合同。当受托人为单位时，可能产生委托作品与职务作品的双重法律适用问题，如甲单位委托乙单位创作一幅广告宣传画并约定著作权归甲单位所有，乙单位的工作人员丙最终创作完成了这一作品，根据《著作权法》第十六条应由丙享有该作品著作权，由此产生委托合同约定的著作权与职务作品的著作权相冲突。为降低权属冲突风险，企业需做到如下两点：

(1) 谨慎审查受托单位职务作品的情况，要求受托单位先明确约定其与雇员之间的作品权属问题。同时，在委托创作合同中约定：若因受托单位未做好与雇员的作品权属约定工作而给委托企业带来风险，将由受托单位向委托企业承担违约责任。

(2) 在受托单位完成委托创作行为后，企业应尽快完成版权登记手续，以期在“一权多卖”时该手续能产生登记对抗效力。

2. 形式要件

企业应以书面形式签订委托创作合同，以期减少不必要的纠纷和降低风险。若没有以书面形式订立委托作品合同，企业可以寻找相关证据(如稿酬支付证明、图书出版证明等)以成立事实上的委托创作合同关系。

3. 时间要件

企业应在委托创作作品完成之前就对该作品的权利归属达成书面的订约合意。确因特殊情况无法订立书面的订约合意，且有证据证明先前约定的，可以达成口头合意。

4. 权利范围

根据法条的理解，作品著作权的原始取得人永远都是实际创作作品的自然人，委托企业根据委托合同约定继受取得该作品著作权，应受《著作权法》关于著作权转让条款的约束。根据《著作权法》第十条第三款规定，“著作权人可以全部或者部分转让本条第一款第（五）项至第（十七）项规定的权利”可得：著作权法认可委托作品的财产性权利转让，但对作品作者的人身性权利转让未作规定。

根据实践做法，有认可委托创作合同可以约定作品的人身权利转让的案件，也有否认委托创作合同可以进行作品的人身权利转让约定的案件。[①] 由于法律并未明文禁止转让作品的人身性权利，故实际企业可以通过协议约定继受取得作品作者的人身性权利，但企业应权衡取得委托创作作品人身性权利的可能性和未取得该权利所付出的对价。

（二）针对未约定权属的委托作品，企业对该作品享有的使用权限

根据《著作权法》第十七条及《最高院著作权司法解释》第十二条的规定“按照著作权法第十七条规定委托作品著作权属于受托人的情形，委托人在约定的使用范围内享有使用作品的权利；双方没有约定使用作品范围的，委托人可以在委托创作的特定目的范围内免费使用该作品”可得：对于未约定权属的委托作品，委托企业在委托协议约定的使用范围内享有使用作品的权利；但若企业未约定作品的使用范围，则其仅能享有协议特定目的范围内的使用权。

据此，对于无法约定使用作品范围的，企业应根据委托合同订立的目的，判断企业的使用行为是否符合委托创作的特定目的，并据以确定委托企业免费使用作品的权利范围，权利范围并不一概包含《著作权法》第十条所言的全部十七项权利。如万某诉汤某军、华夏金马公司等著作权纠纷一案，被告汤某军委托原告万某为《用你的名字取暖》歌词作曲和编曲。其后原告发现汤某军的个人专辑《狼爱上羊》中有《用你的名字取暖》一歌，歌的词曲作者均为汤某军的艺名汤某。万某认为汤某军未经其同意对作品进行改编并授权出版，侵犯其著作权。法院判决认为：一般来说，歌手委托他人为其创作乐曲的首要目的是将该作品用于表演，但该作品能否被他人录音、录像并复制、发行相关录音、录像制品，应由表演者与著作权人另作明确约定。最终法院从合同订立的目的出发，认为该委托合同中，委托人汤某军免费使用委托作品的权利范围仅限于表演权，而不涉及录音、录像、复制、发行等其他权利。[②]

---

① 潘霞：《委托作品著作权归属及其完善》，载《出版发行研究》2014 年第 7 期。

② 万某诉汤某军、华夏金马公司等著作权纠纷一案，北京市海淀区人民法院（2006）海民初字第 25641 号民事判决书。

（三）企业对作品的使用权不包含再许可第三人使用的权利

在委托合同无法约定或没有明确约定作品使用范围时，企业在符合委托创作的特定目的范围内享有免费使用作品的权利，但该使用权不包括再许可第三人使用的权利。根据《著作权法实施条例》第二十四条："著作权法第二十四条规定的专有使用权的内容由合同约定，合同没有约定或者约定不明的，视为被许可人有权排除包括著作权人在内的任何人以同样的方式使用作品；除合同另有约定外，被许可人许可第三人行使同一权利，必须取得著作权人的许可"可得：许可第三人的权利，要求委托人与受托人之间有特别约定才可以，委托人即使享有作品的专有使用权，该专有使用权也并不包含分许可的权利。

（四）企业可考虑转换作品性质以更好地维护自身利益

若企业在签订委托创作合同后，欲进一步加强对作品的控制，委托企业应区分委托创作关系与雇佣创作关系、合作创作关系，并考虑利用该区别以实现关系转换。

具体而言，企业可以综合考虑下述多个因素来区分委托创作关系与雇佣创作关系，收集企业委托创作过程的证据，以便在法庭上更好地维护自身权益：(1) 雇主有权利控制作品被完成的方式和手段；(2) 技能要求；(3) 手段和工具的来源；(4) 作品的地点；(5) 雇主与雇员关系持续的时间；(6) 雇主是否有权利安排额外的工作给受雇人；(7) 雇员可以选择决定其何时工作和时间长短的范围；(8) 支付的手段；(9) 被雇用人在雇用和付酬给助手方面是否有自由裁量权；(10) 作品是否是属于雇佣主体正常模式的部分；(11) 雇主是否具有商业性；(12) 雇员利益规定；(13) 被雇用人的税务处理。没有哪一个因素是决定性的。①若企业欲将作品转换为合作作品，企业应具有合作创作意图和合作创作行为。

为实现上述作品性质转换，我们建议企业应做到如下两点：

1. 企业在诉讼前需注意收集证据使得争议作品符合雇佣创作作品或者合作作品的特征；

2. 在诉讼中企业应谨慎"自认"情形发生，即避免自己一方面主张争议作品是合作作品或雇佣创作作品，另一方面却无意识地认可了"自己委托他人创作"。

二、职务作品与法人作品的著作权保护

在职务作品与法人作品著作权权属争议方面，企业应关注以下几个方面的问题：1. 与员工在合同中明确约定作品的著作权归属及优先使用权的范围；2. 作品

---

① Cmty. for Creative Non - 6iolencev. 2eid，490 5. 3. 733 - 736（5. 3. 1989）.

为完成工作任务而创作的证明，明确著作权归属于单位的内部管理规定，激励员工创作的相应奖励等，都是认定著作权归属于单位的重要因素；3. 充分考虑未能依约取得著作权的风险；4. 区分法人作品、一般职务作品和特殊职务作品，避免不必要的权属纠纷；5. 在侵权诉讼中，注意可以主张的抗辩理由。

（一）在合同中明确约定著作权的归属及优先使用权的范围

在实践中，“葫芦娃”角色形象著作权权属纠纷案[①]、季某诉中国艺术研究院等著作权纠纷案[②]以及徐某辉与杂志社著作权纠纷案[③]等案件可以说明，单位与员工之间就作品著作权归属发生争议均因为双方事先没有明确约定产生。

因此，我们建议企业为了避免该类权属争议纠纷，在指派员工为工作任务而创作之前，和员工明确约定作品著作权的归属。在约定权利归属时，采用列举加概括的方式（即包括发表权、修改权等其他依法享有的权利）。如果企业无法做到针对所有的作品都单独与员工签订协议，至少在劳动合同或其他概括性的合同中约定：职务作品著作权一律归属于单位。

若企业未与员工签订相关协议约定权属时，依据《著作权法》规定，著作权归作者所有，企业有权在其业务范围内优先使用。但是，该优先使用权的范围和界限的规定并不明确。在未约定著作权归属时，企业应明确规定企业优先使用权的期限范围、内容范围（是否包括精神权利）和性质范围（是否为专有使用、是否无偿使用和是否有权许可第三人使用）。否则，纠纷难免发生。根据法律规定及实践操作，一般认为，企业对作品的使用权不包括精神权利，在业务范围内具有专有使用权，且无权许可第三人使用。[④]

（二）区分法人作品与职务作品，避免权属纠纷

《著作权法》将与完成工作任务相关的作品划分成三类：法人作品（第十一条第三款）、一般职务作品（第十六条第一款）与特殊职务作品（第十六条第二款）。该分类存在许多批评意见，分类标准不清晰导致实践中的认定混乱，造成著作权权属方面的很多纠纷。鉴于此，我们建议如下：

1. 对于一般的作品，企业仍以职务作品对待，通过合同约定取得作品著作权，但保留作者的署名权。这样一方面是对员工工作的肯定，激发其工作积极性，另一方

---

① 胡某庆、吴某初与上海美术电影制片厂著作权权属纠纷上诉案，上海市第二中级人民法院（2011）沪二中民五（知）终字第62号民事判决书。

② 季某诉中国艺术研究院等侵犯著作权纠纷案，北京市海淀区人民法院（2010）海民初字第25222号判决书。

③ 徐某辉与《石油石化物资采购》杂志社等侵犯著作权纠纷再审案，最高人民法院（2009）民监字第556号民事裁定书。

④ 《著作权法实施条例》第二十四条规定。

面也避免错误地将职务作品视为法人作品而侵犯作者署名权。只有对少数非常重要、必须体现企业意志的作品（如一些重要的文稿和计算机软件）才以企业名义署名。

2. 不应过多依赖特殊职务作品的规定，除工程设计图、产品设计图、地图、计算机软件以外的职务作品都要通过合同约定著作权归属。进一步说，为了避免争议，最适当的方式是对所有作品都在合同中明确约定著作权归属。

（三）保留影响著作权权属的重要证据

在并未约定著作权归属的前提下，根据司法实践，企业应着重考虑以下因素，保留相关证据，有利于争取作品的著作权。

1. 保留证明工作指示的证据

根据《著作权法》，认定作品为职务作品的首要条件是该作品是为完成工作任务而创作的。无论是法人作品还是职务作品，对“工作任务”的认定可以视为企业享有著作权的基础。《著作权法实施条例》将“工作任务”解释为“是指公民在该法人或者该组织中应当履行的职责”，但此标准依然不清晰。根据国家版权局版权管理司关于《快乐大本营》一案给××市××区人民法院的答复①，认定职务作品既需要作品与单位的业务范围有关，也需要单位有明确的工作指示。

对此，我们建议企业在安排职工完成工作任务时，相关的工作指示应以文本的形式保留下来并作系统的归档，在诉讼中可以作为证明单位工作指示、进而证明作品为职务作品或法人作品的重要证据。

2. 通过企业内部管理规定著作权归属

在徐某辉与杂志社著作权纠纷案②中，双方当事人并未约定摄影作品的著作权归属，仅单位一方（炼油厂）提供的炼油厂声像档案管理规定明确该类作品的著作权归属于单位。最高人民法院认定，该规定应视为当事人间对职务作品著作权归属的约定，即单位工作人员基于工作职责和参加活动所摄制的图片的著作权由单位享有，摄制者使用需经单位同意的约定。

因此，我们建议企业应完善内部对著作权的管理规定，在管理规定中明确为完成工作任务而创作的作品的著作权归属于单位，员工享有作品的署名权。

---

① 所谓单位工作任务，是指职工根据单位下达的书面或者口头指示创作与本单位工作业务范围有关的作品。也就是说，单位工作任务又可分为两部分：第一，创作的作品必须与单位的业务范围有关；第二，单位应当有明确的工作指示，至少有口头指示。尽管职务作品通常同本单位的工作业务范围有关，但是，并非凡是与本单位工作业务范围有关的都是职务作品。不是为履行单位工作任务创作的作品，即使其内容与单位的工作业务范围有关，也不是职务作品。因此，在认定职务作品时，上述有关职务作品的要件以及关于单位工作任务的两个部分缺一不可，否则，不能视为职务作品。不过该答复并非司法解释，法院不是必需。

② 徐某辉与《石油石化物资采购》杂志社等侵犯著作权纠纷再审案，最高人民法院（2009）民监字第556号民事裁定书。

3. 给予创作作品的员工相应奖励与酬金

在陈某峰与金盾出版社著作权纠纷案①中，双方当事人并未约定汇编作品的著作权归属，但单位一方（金盾出版社）在《关于对编辑实行量化考核的暂行规定》《关于在编辑人员中实行激励机制的暂行办法》等文件中约定了计算工作量并发放相应的工作量酬金、奖励的模式，员工接受了该规定计算所得的酬金和奖励，在工作期间也未提出异议。最高人民法院认定，上述规定意味着出版社不需要向编写此类书稿的编辑支付稿酬，也意味着出版社与编辑之间以特定的方式约定了此类书稿著作权的归属，即编辑对这种书稿不得主张除署名权以外的著作权。

因此，我们建议企业应完善对创作作品的员工奖励制度。如果企业未对员工创作的作品给予奖励，法院出于公平考虑可能不支持企业对著作权权属的请求。

（四）未能依约取得著作权的风险防范

上文提到多种有利于企业取得著作权的措施，但并不意味着企业在实施上述措施后必然取得作品著作权，因为上述措施仅考虑了企业与员工之间的关系，并未考虑第三方的介入。在企业与员工签订合法有效的协议后，企业仍然不能取得著作权的情况主要有以下三种：

1. 既是职务作品又是委托作品

主要包括两种类型：一是受托人是单位，如甲委托乙公司创作，然后乙公司安排其员工丙进行创作。二是受托人是员工，如甲委托乙创作，乙的创作属于其工作单位丙公司的业务范围。可能产生冲突的情况如下表：

委托作品	职务作品	作品著作权的归属
没有约定	没有约定	无冲突，依职务作品的法定情况处理
有约定	没有约定	冲突
没有约定	有约定	无冲突，依约定处理
有约定	有约定	冲突

注：委托作品的“有约定”是指“约定著作权归属于委托人”；职务作品的“有约定”是指“约定著作权归属于受托人”。

从表中可以看出，产生冲突的情形是依据委托作品的认定，著作权归属于委托人，但是依据职务作品的认定，受托人又未能取得著作权。对此，我们建议企业在与员工的职务创作合同中明确约定违约方（员工）的违约责任（违约金的计算），

① 陈某峰与金盾出版社侵犯著作权纠纷再审案，最高人民法院（2009）民监字第361号民事裁定书。

在公司内部规定中明确员工违规接受其他单位创作委托的惩罚措施，以及考虑若未能依约取得著作权时所应采取的后续措施。

2. 职务作品与职务作品的冲突

当一个职工同时为两个单位的雇员时（如劳务派遣），其工作任务既可认定为劳务派出方的工作任务，也可认定为劳务接受方的工作任务，此时职务作品的归属可能产生争议。司法实践中，劳务接受单位因与工作任务有更密切的联系，因而在与劳务派出单位产生冲突时更有可能被认定为享有职务作品的著作权。

因此，我们建议企业若接受其他单位的劳务派遣，应考虑在该劳动关系下员工的职务作品有可能产生著作权归属争议问题，事先与劳务派出单位就相关权属问题作出明确约定以避免争议。

3. 转让作品著作权权属声明

因为合同具有相对性，因此在涉及第三方的时候，权属争议的问题十分复杂。著作权权属转让则是典型的情况。在杨某刚创作的“老鼠爱大米”歌曲案例①中我们可以看出，司法实践中法院认定著作权转让合同生效后著作权即转移给受让方，其后作者所签订的著作权转让合同属于无权处分的合同，因而签订合同在后的“受让人”无法取得著作权。但是合同具有相对性，相对方无法得知作者是否已经将著作权转让给他人。同时，司法实践中也并不认可在该问题上适用善意取得制度。

鉴于此，我们建议作为受让方的企业可以事先让出让方出具并未转让著作权的声明，在合同中明确规定出让方的违约责任（违约金的计算方式），以及考虑若未能依约取得著作权时所应采取的后续措施。

三、字体、图片著作权侵权风险防范

作品侵权路径：

---

① 大圣公司与中国移动等著作权纠纷上诉案，安徽省人民法院（2008）皖民三终字第0018号民事判决书；东虹公司与飞乐公司侵犯著作权上诉案，广东省人民法院（2010）法民三终字第312号民事调解书；飞乐公司与太格印象公司著作权纠纷上诉案，北京市第一中级人民法院（2006）一中民终字第2500号民事裁定书；飞乐公司与天通公司著作权上诉案，北京市第二中级人民法院（2007）二中民终字第01513号民事调解书；飞乐公司诉天通公司著作权侵权案，北京市朝阳区人民法院（2006）朝民初字第2442号民事判决书。

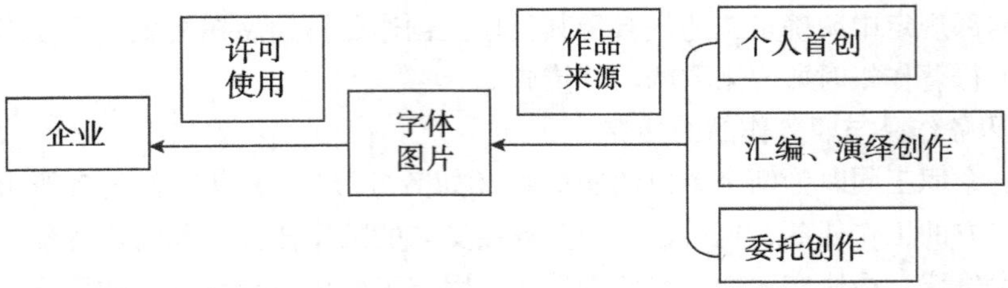

（一）字体侵权风险防范

1. 针对使用他人享有著作权的字库或单字所致的法律风险防范

（1）在签订字体著作权许可使用协议前，应先明确合同所涉的字体作品类别。针对字库作品及非字库单字作品，应与著作权人订立字体著作权许可使用协议并支付报酬。字库单字通常不是著作权保护客体，但为将法律风险最小化，可设计权利延展条款，如“企业作为字库的使用权人有权将对字库享有的相关著作权利延及字库中的每个单字上”。

（2）签订字体著作权许可使用协议前，应查阅字体作品的著作权登记，核查、确认合同相对人是否为著作权人或相关权利人。

（3）双方应在字体著作权许可使用协议中明确约定授权范围，企业作为终端用户应对于转许可第三人使用权和以商业目的使用作品权作为主要权利条款予以明示。

2. 字体职务作品或委托作品的侵权法律风险防范

（1）区分字体作品的类别，其为职务作品还是为委托作品。区分标准为判断其产生是基于劳动雇佣关系还是委托创作关系。区分类别后依照各自权属判断规则分别判断权属。

（2）针对职务作品：

①当企业与字体的作者签订字体著作权许可使用协议时，应先判断该字体作品是否属于一般职务作品，判断方法为审查作者同其单位的劳动合同或其他合同中是否有关于作品归属单位的特别约定，也可以直接联系作者所属单位进行确认。另外，若作品处于完成创作之日的两年内，则作者还应出具单位同意其许可第三人使用的书面声明。

②当企业与单位签订字体著作权许可使用协议时，应先判断该作品是否属于特殊职务作品。如果不是特殊职务作品，可判断作者同其单位的劳动合同或其他合同中是否有关于作品归属于单位的特别约定。如果没有特别约定，则单位必须取得字体作者将字体著作权的财产权能转让给单位的书面声明。

（3）针对委托作品：

①当企业直接与字体作品委托创作人签订字体著作权许可使用协议时，应先审查委托人与受托人之间是否以书面合同的形式约定委托作品的著作权归属委托人。如果没有此类特别约定，则委托人必须取得受托人的书面转让声明，声明将著作权的财产权能部分或全部转让给委托创作人。

②当企业与字体作品受托创作人签订著作权许可或转让合同时，应先审查书面委托创作合同中不存在对委托作品著作权归属的特别约定，且应确认合同的授权范围不包括委托人的专有使用权。为避免纠纷的发生，建议企业取得委托人关于委托作品使用期限及使用范围的书面声明。

3. 针对字体演绎作品所致的法律风险防范

（1）企业在签订字体著作权许可使用协议时应先审查字体作品是否构成演绎作品。审查方式为查阅、询问作品的创作情况，核实其是作者原创还是在他人作品的基础上进行了改编、加工、整理；以及查阅版权登记记录，查看作品登记的类别及著作权人。

（2）如果字体作品构成演绎作品，企业应确认该作品不涉及侵犯原著作权人的著作权，即原著作权人同意演绎作品的作者进行改编、加工、整理等演绎行为。对此企业可以采取联系原著作权人并取得其同意演绎的书面声明等方式进行。

（3）在使用演绎作品时，企业不仅要取得演绎作品的著作权人的许可，还应取得原作品著作权人的同意并应尊重原著作权人的署名权。

4. 授权范围约定不明的法律风险防范

（1）若企业以接受字库软件中的格式条款的方式订立字体著作权许可使用协议的，应注意许可协议中列举的权利种类。若格式许可协议中仅指明“可用于计算机屏幕显示和打印机打印输出”，我们建议企业与字库著作权人取得联系要求取得其他权能的许可。

（2）若企业以协商订立非格式条款的方式签署书面字体著作权许可使用协议的，则应在协议的授权范围中明示转许可权及商业使用权，并基于后续商业使用目的排除一切不合理的限制条款。

（3）在涉诉之后，若企业侵犯了许可合同中未明确授予的权利，则可以默示许可作为主要的抗辩事由。

（二）图片侵权风险防范

1. 避免擅自下载、使用网络图片的措施

（1）避免使用免费网站上来源不明的网络图片，在使用前应查明网络图片权利状态及归属，订立著作权许可使用协议并向权利主体付费。

（2）查明权属主体应注意网络图片上的水印签名及网络权利声明主体，如无相反证据，可推定其为图片作品的著作权主体；初步确认著作权主体后应同图片发布网站取得联系，确认其是否委托代理商及被授权的范围；签订许可协议前，应查验版权登记。没有版权登记的，应查验版权的底稿、原件、合法出版物、认证机构出具的证明、取得权利的合同等相关证据。

（3）在与网络运营商签订的著作权许可合同中设计责任转嫁条款，约定“因网络发布者的权利瑕疵所致该作品的一切侵权责任由网络发布者单独承担”。

（4）结合宣传营销目的，对图片作品中的部分元素进行实质性修改形成新的作品。

2. 避免企业对委托作品侵权的措施

企业对于委托作品应当尽合理且严谨的审查义务，可以参照出版商对出版物的审查义务来确定企业对委托作品审查义务的最高标准。具体而言包括：

（1）应当要求设计公司对其委托作品中使用他人图片作品的情况及是否取得权利人授权许可进行说明。必要时，应要求设计公司提出许可协议、授权声明或付费证明予以证实。

（2）对于委托作品中的图片来源进行查验，确认其是否来源于经著作权人许可授权的正规网络图片提供商。

（3）在使用委托作品的过程中，应当尊重作者的署名权及其他人身权利。

（4）综合考量公司的存续期间、承责能力及信誉方面等因素，选聘规模较大、管理较规范的设计公司，最好采取招投标的方式进行委托设计。

（5）在委托创作的合同中设置侵犯第三人权利时的纠纷解决条款转嫁风险，明确约定“对于因受托人侵权行为所发生的一切侵权纠纷，由受托人无条件地承担全部侵权责任”。

3. 减免侵权责任的抗辩事由

我们建议企业应重点从诉讼主体不适格、涉案作品非著作权保护客体、委托人主观无过错及赔偿金额过高四个方面进行抗辩：

（1）辩称诉讼主体不适格，论证图片水印不能视为作者签名，原告对委托作品及职务作品的权属负有举证责任，原告对委托作品及职务作品享有著作权的起始时间负有举证责任及诉权不能继受取得。

（2）辩称在国外完成创作的图片作品要求具有双重可保护性，即该作品在起源国与中国均未过著作权保护期间；辩称原告难以举证证明涉案图片的创作完成日或首次发表日，故无法证明作品未进入公有领域而仍为著作权保护之客体。

（3）辩称企业作为委托人已经对委托作品尽到了合理且严谨的审查义务，其主观上不存在过错，不应承担侵权责任。

（4）辩称原告难以证明因图片侵权所致的实际损害与被告因图片侵权所致的实

际获利，故应主张客观推定原则，依照权利价值、作品类型、合理许可费用、侵权情节、侵权损害后果、侵权人的过错程度、侵权持续时间及当地市场消费水平等因素推定侵权所致的实际损害金额小于原告主张的金额。

四、网络服务提供商的著作权侵权防范

一般交易模式图：

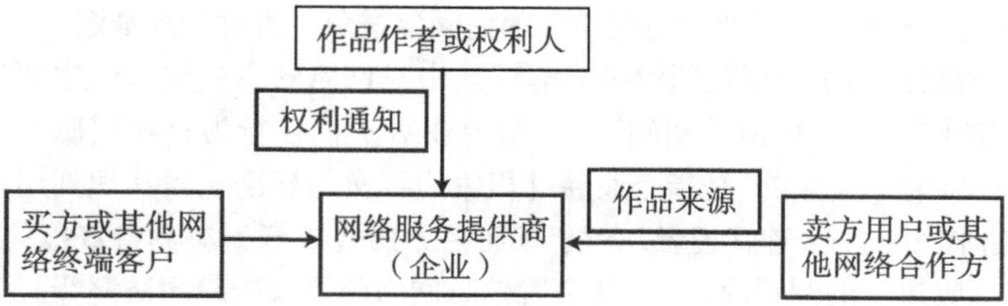

网络交易产业现今开始成为中国经济增长的新驱动力。2012年年底，中国网民规模达5.64亿人，网络交易额突破万亿元。[①] 在产业发展欣欣向荣的背后，“版权问题”逐渐成为网络服务提供商一个难以回避的问题。

（一）企业作为网络服务提供商的法律适用

我国规制网络服务提供商的法规及司法解释主要是《信息网络传播权保护条例》和《最高人民法院关于审理侵害信息网络传播权民事纠纷案件适用法律若干问题的规定》（以下简称《最高院信息网络传播权纠纷司法解释》）。规避侵权风险的主要法律条款是《信息网络传播权保护条例》第二十二条的避风港条款及相应的《最高院信息网络传播权纠纷司法解释》。

《信息网络传播权保护条例》第二十二条为信息存储空间服务提供商提供了五个免责条件（避风港条款），分别是：（1）明确标示该信息存储空间是为服务对象所提供，并公开网络服务提供者的名称、联系人、网络地址；（2）未改变服务对象所提供的作品、表演、录音录像制品；（3）不知道也没有合理的理由应当知道服务对象提供的作品、表演、录音录像制品侵权；（4）未从服务对象提供作品、表演、录音录像制品中直接获得经济利益；（5）在接到权利人的通知书后，根据本条例规定删除权利人认为侵权的作品、表演、录音录像制品。

企业作为网络服务提供商承担直接侵权或间接侵权责任。所谓的间接侵权责任是指企业为直接侵权人提供了帮助、便利，属于共同侵权人。

---

① 《2012年网上交易额突破万亿元》，载网易财经网，http：// money.163.cm613 / 0116 / 07 / 8LA3J7 5N0023B0H.html，浏览时间：2013年2月3日。

（二）主观过错要件分析及企业应采取的维权措施

我国传统侵权法采用“合理的管理人标准”作为判断侵权人主观过错的一般标准，即要求服务提供者以理性的、谨慎的管理者身份来对待用户所做出的各种行为及发布的各种信息。

我们认为，企业作为网络服务提供商，在防止被诉侵权时，应了解以下标准并采取以下做法：

1. 企业应正确理解“明知与应知”的内涵以避免主观过错的推定

《最高院信息网络传播权纠纷司法解释》中对网络服务提供商的主观过错的表述为“明知或应知”。所谓“明知”，是指企业对于侵权行为存在明确的、实际的认知状态；所谓“应知”，是指企业通过相关的事实与标准应当认识到用户的侵权行为。企业作为一个合理管理者，对于显而易见的侵权行为应具备直接的“明知”状态。对“应知”的判断因素，《最高院信息网络传播权纠纷司法解释》第九条及第十条进行了相应规制。根据《最高院信息网络传播权纠纷司法解释》的规制，企业应采取以下措施避免“明知”或“应知”的事实推定：

第一，当版权人向企业发出符合法律要求的权利通知时，可以判定企业对于侵权行为处于“明知”的状态。对此，企业应设置便捷程序接收侵权通知并及时对侵权通知作出合理反应，删除、屏蔽或断开链接相应侵权作品。

第二，企业不要主动对作品、表演、录音录像制品进行编辑、修改、推荐，编辑、修改、推荐的行为本身也容易造成侵权，也容易被推断为企业对侵权事实处于“应知”状态。

第三，企业应采取合理措施预防侵权并保存好相应的证据材料。在采取了措施仍无法避免侵权事实的发生时，不应推定为企业存在主观过错。

第四，对于同一网络用户的重复侵权行为应及时发现并采取相应措施。若对同一网络用户的重复侵权行为未采取相应措施，则对此用户的侵权行为会被推定为“应知”。

2. 企业应采取主动措施消除在网络平台上出现的“显而易见”的侵权行为或侵权信息，主动审核措施可能不能完全防止侵权现象的出现，但可以约束用户或合作方的行为，证明企业防止侵权行为发生的善意意图而免于承担责任。①

（1）应在正常的商业模式下从事相关平台服务

例如，按照网络平台交易服务的流程，在网络空间发布信息的用户均需先注册网站会员，用户通过新会员注册获得一个经网站核准的会员名和登录密码。会员需要通过网络交易平台进行交易，还必须经过网络服务提供商的身份认证。注册会员

---

① 陈明涛，汪涌：《论网络交易平台服务提供商的版权责任》，载《知识产权》2010年第4期。

制、身份认证是保障交易不易产生侵权行为的基本前提，也是网络服务提供者必须遵循的正常商业模式。

（2）对显而易见的侵权行为必须进行相应监控措施

现行的法律并没有强制赋予网络服务提供商主动监控的义务，但对于“显而易见”的侵权行为或侵权信息，一定属于“明知”的主观过错范畴。对此，网络服务提供商必须尽到传统侵权法中规定的“合理的管理人义务”。例如，在美国的Hendricksonv. Ebay，Inc案中，法官认为交易平台提供商应该对一些显而易见的关键词进行搜索并予以删除，如“盗版”“非法贩卖”“假冒”“水货”“枪版”，等等。[①]

（3）应定期采取过滤机制或其他措施来减少侵权风险，并保存好相应过滤结果。主动审核措施可能不能完全防止侵权现象的出现，但可以约束用户或合作方的行为，证明企业防止侵权行为发生的善意意图而免于承担责任。

在著名的MGM3tudios，Inc. v. Grokster一案中，美国联邦最高法院认为服务提供商并没有采用过滤机制或其他措施来减少侵权活动。这种不作为的证据强化了被告为其用户的侵权提供便利的主观意图。[②] 也就是说，通过主动审核措施，也许服务提供商不可能完全阻止侵权，但一定程度约束了用户或合作方的行为，也展现了防止侵权行为的善良意图。[③]

3. 与网络用户签订《用户协议》，与合作方签订《合作协议》及《知识产权权利人认证方案》等文件来约束合作方或用户，指明权利人的维权渠道，尽到合理注意义务，在迪志公司诉易趣公司、亿贝易趣公司侵犯计算机软件著作权纠纷一案中[④]，上海二中院根据《用户协议》确定了被告易趣公司作为网络服务提供商的法律地位，认为易趣公司并未参与交易，也未对交易实施帮助侵权行为，只是提供了交易平台，对于在平台上提供的大量的物品和所有交易是否侵权无法进行判断。此外，法院根据《知识产权权利人认证方案》，认为易趣公司在事前已采取一定措施，利用合同来约束卖家用户。在原告起诉后，两被告也及时删除了被控侵权产品的相关网页，并向法院及两原告提供了卖家的个人信息资料。由此，两被告已尽到了合理的注意义务。综上，判定两被告不承担责任，驳回了原告的诉讼请求。

此案件对企业的启示在于：

第一，企业应与卖方用户签订《用户协议》，明确自身的法律定位只是为买卖双

---

① Hendricksonv. Ebay，Inc.，165F. 3upp. 2d1093（C. D. Cal. 2001）.

② Jane C. Ginsburg. 3eparating the 3ony3heep FromtheGroksterGoats：2eckoningtheFutureBusiness 0lansof-Copyright - Dependent4echnologyEntrepreneurs［J］. ArizonaLaw2evie^v，2008，50：577，587.

③ 陈明涛、汪勇：《论网络交易平台服务提供商的版权责任》，载《知识产权》2010年第4期。

④ 上海市第二中级人民法院民事判决书（2006）沪二中民五（知）初字第103号。

方提供交易服务的平台运营者，而不是网络交易的主体，不参与网上物品的交易。

第二，企业应制订并与卖方用户签订《知识产权权利人认证方案》，通过合同的方式来约束卖方行为。该方案需提醒卖家对自己的网上物品合法性负责，一旦发现侵权产品将先行移除在线交易物品。对于权利人而言，如果发现自己合法权利受到侵犯，可通过根据该方案的规则向企业进行举报。企业在审核相关权利证明文件后将及时移除系争侵权内容，并向权利人提供侵权人的个人信息。

（三）权利通知分析及企业应采取的维权措施

1. 应谨慎审查权利人发出的权利通知

一份来自权利人的权利通知应当有明确的权利人的合法版权、涉嫌侵权的作品和用户。如果权利通知不符合上述要求，企业对权利人的权利基础无法信任，对侵权行为和信息无从在平台中找寻，仅凭这样的权利通知是无法判定企业的侵权过错的。企业可以要求权利人进一步发出正确的权利通知后，再采取相关的维权措施。

借鉴美国的 Hendricksonv. Ebay，Inc. 案件，案件的被告 Ebay 收到了一份来自原告的停止侵权通知，原告 dba4obannInternational0ictures 是“Manson”文件的版权所有人，Ebay 所经营网络拍卖网站正在售卖“Manson”文件 D6D 格式的盗版件，但是没有指明哪种复制件正在侵权，也没有充分表述原告的版权利益。Ebay 公司收到权利通知后，询问了更多细节，建议其发出符合 DMCA 要求的权利通知。2001 年 1 月 17 日，原告向法院提起诉讼，指控 Ebay 公司和两个 Ebay 网站上的出售人侵犯版权并且认为 Ebay 应该为侵权行为负责。法院认为，Ebay 公司的做法并未说明其对侵权行为有实际的认识。①

2. 在权利通知符合要求时，应采取措施查找并删除侵权产品、作品

商务部公告 2011 年第 18 号令发布的《第三方电子商务交易平台服务规范》第 6.8 条规定“平台经营者应当建立适当的工作机制，依法保护知识产权。对于权利人附有证据并通知具体地址的侵权页面、文件或链接，平台经营者应通知被投诉人，同时采取必要措施保护权利人合法权益。法律法规另有规定的除外。”2009 年《网络交易服务规范》网络交易信息监管一章中规定“如有第三方主诉网络交易平台中的信息或公开论坛、用户反馈等栏目中的信息侵犯其合法权益，在该诉求方提供其身份证明、事实证明和具体网络链接地址的情况下，网络交易平台提供商应当予以及时删除”。2014 年 1 月国家工商行政管理总局公布的《网络交易管理办法》第二十七条规定：“第三方交易平台经营者应当采取必要手段保护注册商标专用权、企业名称权等权利，对权利人有证据证明平台内的经营者实施侵犯其注册商标专用权、企业名称权等权利的行为或者实施损害其合法权益的其他不正当竞争行为的，

① Hendricksonv. Ebay，Inc.，165F. 3upp. 2d1085（C. D. Cal. 2001）.

应当依照《侵权责任法》采取必要措施。”在这里，规范将权利通知视为了承担责任的必备要件。

如果服务提供商故意忽视权利通知或者通知后拒不采取删除行为，即意味着服务提供商存在“应知”的主观过错。

（四）引诱侵权及企业应采取的维权措施

如果服务提供商采用积极引诱的言语和行为促进技术的侵权用途，也可以构成主观过错。

美国的 MGM3tudios. Inc. v. Grokster 案最终确立了引诱侵权的规则，“以促进版权侵权使用为目的而提供设备，并且已经清楚（语言）的表明或者另外采取了确实的步骤促进侵权，应当就第三人导致的侵权行为承担责任，而不用考虑产品的合法用途。”① 针对网络服务提供商，如果采用明显的言行促进其服务的侵权目的，亦可构成主观过错要件之判定，从而承担第三方责任。

我国《最高院信息网络传播权纠纷司法解释》第七条对引诱侵权使用的是教唆侵权及帮助侵权概念。根据此条规定，企业不应采取以下不当言行促进侵权目的的实现：

1. 企业不应以言语、推介技术支持、奖励积分等方式诱导、鼓励网络用户实施侵害信息网络传播权行为，否则会被认定构成教唆侵权。

2. 企业在明知或应知网络用户利用网络服务侵害信息网络传播权时，应采取删除、屏蔽、断开链接等必要措施，若未采取相关措施，则构成帮助侵权。

综上所述，企业著作权保护的内部风险把控在于，在委托外部人员或指派内部员工完成创造性智力成果时，对于所取得智力成果的权利归属及后期使用过程中的权利界限问题，应做好相关版权保护措施，以防止己方的合法利益受到损害。

企业著作权保护的外部风险把控在于：

首先，在从事各项经营服务及对外宣传时，避免使用侵犯他人著作权的作品。文字作品和图片作品作为传统的信息载体，一直是企业进行业务宣传的主要手段。如何确认此类文字作品和图片作品的真正权利人，并对其支付相应报酬来避免侵权风险是企业应特别注意的问题。

其次，信息网络技术作为新兴的科技手段与绝大多数网络科技企业的经营服务息息相关。随着新网络商城的创设，企业作为网络服务提供商为网络用户提供服务面临的侵权风险比传统侵权更大。企业应采取有效措施在法律允许的范围内合理规避。

---

① MGM3tudios. Inc. v. Grokster，Ltd. 545 5. 3. 913.

第七节 网络环境下著作权的保护

一、网络环境下的著作权侵权现状

2013年1月1日开始实施的《最高院信息网络传播权纠纷司法解释》反映了人们对网络著作权侵权的关注，此次出台相关的司法解释，正是表明网络侵权问题日益严重，已经成为网络产业的"阿喀琉斯之踵"，是网络产业发展中必须去面对和解决的问题。最高人民法院发布的《中国法院知识产权司法保护状况》白皮书显示，2013年全国地方人民法院共新收和审结知识产权民事一审案件88583件、88286件，分别比2012年上升1.33%和5.29%。其中，著作权案件51351件，同比下降4.64%；共新收和审结知识产权民事二审案件11957件和11553件，同比分别上升24.80%和24.33%。共新收和审结知识产权民事再审案件75件和96件（含旧存），同比分别下降56.40%和56.95%。最高人民法院知识产权审判庭新收知识产权民事案件457件，审结417件，同比分别上升92.82%和69.51%。其中，新收申请再审案件365件，审结341件。

随着信息技术的高速发展，人们对网络的需求日益膨胀，网络这一传媒工具在社会各个领域产生的重要作用也日益凸显，但是我们在享受着它带来便利的同时，也忍受着它带来的痛苦。

这是一个最好的时代，因为互联网既是改变我们生活的便利工具，其产业本身也成为我国经济增长的重要引擎。2015年2月CNNIC（中国互联网信息中心）在京发布了《第35次中国互联网络发展状况统计报告》显示，截至2014年12月，我国网民规模达6.49亿，互联网普及率为47.9%，我国互联网在整体环境、互联网应用普及和热点行业发展方面取得长足进步。不仅如此，互联网对企业的作用也日益重要，互联网早已经成为中小企业与客户沟通和为客户服务的主要渠道之一。

这是一个最坏的时代，因为互联网改变了传统的信息拥有者、传播者、使用者三者之间的利益格局，引起版权拥有者与网络技术产业之间的剧烈冲突。[①] 目前排名前十位的网络应用包括：网络音乐、网络新闻、即时通信、网络视频、搜索引擎、电子邮件、网络游戏、博客/个人空间、论坛/BB3和网络购物，这些网络的应用，无一不和版权问题密切相关，其中涉及网络音乐、网络视频及搜索引擎的商业模式更是成为产业利益矛盾的风暴中心。

---

① 陈明涛：《网络服务提供商版权责任研究》，知识产权出版社2011年版。

二、网络著作权侵权行为的构成要件

民法对于传统的侵权行为的构成要件，有以下观点：一般侵权行为（即采用过错责任的）为四要件说：（1）行为违法性；（2）损害事实的存在；（3）行为和损害事实间的因果关系；（4）行为人主观上有过错。特殊侵权行为（即采取无过错责任的）为三要件说：（1）行为违法性；（2）损害事实的存在；（3）行为和损害事实间的因果关系。

我国学者认为，我国的著作权法是民法的特别法，故依据《民法通则》和《著作权法》的有关规定，我国对于著作权的侵权行为应采取过错责任原则，所以侵权行为的构成是四要件说。但是，正如上文所言，国际上各国的著作权法对侵权行为都采用无过错原则，并且我国已经加入 740，我国的著作权法的各项制度都必将逐步与国际社会的通行制度接轨，其中侵权行为的归责原则由过错责任原则转向无过错责任原则已是大势所趋。

三、网络著作权侵权的特点

（一）侵权材料分布多且分散

著作权的网络侵权行为具有自己的特点，最大特点就是侵权材料分布多且分散。网络信息最主要的传播渠道就是各种文件搜索工具，包括各种普通和专业性搜索引擎。这一特点决定了著作权人要防止侵权材料的扩散，针对海量的侵权个人甚至储存侵权材料的众多小网站进行一一起诉是非常不现实的：且不论侵权者的身份极难确定，即使确定了，对其起诉也要花费相当大的成本。再退一步讲，即使最终胜诉，侵权者也经常没有赔偿的经济能力，这导致针对最终侵权者的维权收益在绝大多数时候远不能抵偿之初的成本。只有针对各种网络搜索工具的制作和运营者，包括搜索引擎经营者采取措施，迫使这些主体停止对侵权材料的传播提供帮助或诱导，切断这一侵权材料大规模扩散的最主要渠道，才能收到相对比较明显的维权效果。这正是为何近年来国际唱片巨头对百度、雅虎等 M03 搜索引擎经营者发动一轮又一轮的诉讼车轮战，大有不铲平免费音乐下载搜索服务不罢休的势头的最主要原因了。

（二）海量信息自由流动

互联网的另一个鲜明特点是海量信息的自由流动。在网络环境中，一方面，著作权人获得了空前广阔的机会对自己的作品加以推广、传播和利用；另一方面，如果作品在网络上被非法复制和传播，则给著作权人的合法利益带来的损害往往是严重和不可弥补的。由于通过网络进行复制具有零成本、高效率的特点，一旦侵权材料得以产生，往往会通过各种途径迅速传播开来，严重影响著作权人通过网络和传统渠道实施的发行和盈利，并往往会不同程度地歪曲原作品的完整性，并侵害原作者的署名权。即使大规模的侵权传播能够在一定程度上得以抑制，大量侵权材料也仍存在于网络节点中，在机会合适时又会在极短时间内“死灰复燃”，继续传播。可见，网络非法传播对著作权保护带来的冲击是极其巨大的。据国际唱片产业声称，近年来仅 Napster 一款 00 文件共享软件，就给其带来了约 10 亿美元的损失，其中，仅单曲唱片的销量就下降了 40%。如果再不采取有力的措施对网络著作权侵权进行遏制，则著作权人的各项权利，尤其是信息网络传播权，就有在可预见的将来完全沦为空话的现实危险。

（三）诉讼争议焦点集中

网络著作权侵权诉讼的争议焦点所涉及的领域比较集中。集中在什么地方呢？目前涉及的权利人一方较多都是大的行业、产业和跨国公司，他们所关注的涉及巨大经济利益或者潜在经济利益的领域，以及在使用人一方是涉及信息产业、互联网行业增值服务、跑马圈地等发展最快的产业。他们的利益和发展方式又都呈现交叉混合的复杂情形，由于涉及的领域在国内互联网规制还不太清晰，由此就导致市场上出现了竞争激烈，利益冲突、纠纷频发的现象。

实际上网络中的著作权等纠纷案件范围也很广，但是最终到法院打官司的企业或个人，需要财力、利益的有力支持。这些诉讼往往发生在市场利益巨大，诉讼不得不提起的情形下。比如说视频分享网站，传播电影、影视作品的，包括在局域网传播影视作品的，背后实际上是影视产业和互联网产业的利益之争。类似这样的，还有音像制品、唱片业等这样巨大的利益，还有涉及数字图书馆这样的纠纷案件。另外在搜索引擎上提供网络浏览快照、歌词快照服务，M03、深层链接等服务，还有涉及 00 平台这样的纠纷也在增长。目前的纠纷案件在上述这些方面集中的案件发案率比较高。

（四）侵权行为形式多样

著作权的侵权，是指未经著作权人许可而从事了著作权法授权著作权人所控制、限制或禁止的那些活动。由此可知，网络作品著作权的侵权行为，是指以网络作品的作者的著作权以及相邻权人的相邻权为侵害对象，未经网络作品著作权人许可从事了著作权法授权著作权人所控制、限制或禁止的那些活动。

从司法实践看，网络作品的著作权侵权，形式多种多样，常见的侵犯网络作品著作权的行为有以下几种形式：（1）将网络上他人作品下载并复制光盘；（2）图文框链接，此种行为使他人的网页出现时，无法呈现原貌，使作品的完整性受到破坏，从而侵害了其著作权；（3）F40 与 BB3 的复制行为，行为人将他人享有著作权的文件上传和下载非法使用，超越授权范围使用共享软件，试用期满不进行注册而继续使用；（4）超链接，利用 H4ML 语法，将相关的信息连接起来，未经权利人同意超范围利用；（5）在图像链接中侵害某图像著作权人的复制权；（6）未经许可将作品的原件或复制件提供给公众交易或传播，或者明知为侵害权利人著作权的复制品仍然上网散布以及拟散布的输入上载；（7）侵害网络作品著作权的行为，包括侵害作者的发表权、署名权和保护作品完整权等，如将电子邮件转贴到新闻论坛或 BB3 站，整理编辑网络信息时，删除作者签名档案，或者只取作品的部分内容以及图文框链接等；（8）网络管理者的侵害著作权行为，如 BB3 站侵害著作权人的复制权、发行权；网络管理者提供设备，引导并鼓励用户将游戏软件上载 BB3 以及获得游戏软件的行为，经著作权人告知侵权事实后，仍拒绝删除或采取其他合法措施，其他与不法行为人有共同故意的共同侵权行为，如引诱、唆使、帮助等行为；（9）违法破解著作权人利用有效手段防止侵权的行为；（10）在他人的网络作品上冒名的行为；（11）解密行为等。

目前从我国网络作品侵权行为的表现形式看，可以归纳为以下三种最有代表性的类型：

（1）传统媒体对网络作品的侵权。在网络上各类资料极为丰富，加之网络信息传播的速度快，着实为传统媒体，尤其是报纸、杂志提供了一个绝好的“资料宝藏”。应当认为报刊在网络上获取资料是一种完全正常的，应当予以肯定与支持的方式。但是，由于网络在 1998 年 5 月的联合国新闻委员会年会上正式被称为“第四媒体”，所以，必须指明不论是网络作品下载还是传统媒体作品的上传，都应当依照著作权法的规定向著作权人支付报酬。典型案例是《电脑商情报》侵犯网络著作权案。①

（2）网络对于传统媒体的著作权之侵权。传统媒体中的作品上网有一个数字化的过程，这一过程是完完全全的复制过程。在没有得到著作权人同意的情况下，擅自将他人的版权作品上网，即侵犯了著作权人的复制权，同时将他人的版权作品擅自上网的行为，也侵犯了著作权人的网络发表权以及传播权等一系列权利，当然也包括著作权人的财产权利。典型案例是《北京在线》侵犯王某等六位作家作品著作权案。②

（3）网络对网络作品著作权的侵权。我国网络现阶段还处在发展期，随着网络的逐步发展建设，人们对信息的需求量将越来越大，对网站的要求也越来越高，这

---

① 陈卫华与电脑商情报社侵犯著作权纠纷案，北京市海淀区人民法院民事判决书（1999）海知初字第 18 号。

② 王某等六位作家分别诉世纪互联公司侵犯著作权案，北京市海淀区人民法院民事判决书（1999）海知初字第 57 号。

使得网站之间的竞争也会变得越来越激烈。于是，在各方面的压力下，网站为了生存而不得不经常更改网站的内容，改善网页的设计，千方百计地使自己的网站内容更新颖、更富有吸引力。此时，就有一些网站管理者非法“取他人之长”，从网页设计到网站的内容都可以成为其侵权的对象。典型案例是“瑞得诉东方案”。①

四、法院判决对网络环境下企业行为的规范及保护的指引

1999年始，一批与数字技术相关的网络环境下的著作权纠纷案便涌到了北京市及其他各地人民法院。在迅猛发展的网络技术面前，著作权法则显得相对滞后。限于当时的科学技术发展水平，制定于1990年的《著作权法》基本上没有对数字和网络技术作出任何反应。我国法院正是在这样的背景下，受理和审结了不少网络环境下的著作权纠纷案件，对其中涉及的一些法律问题进行了确认，最高院也适时地作出了司法解释。这无疑对企业在网络环境下的行为起到了规范的作用。

（一）确认以数字编码形式表现的作品若符合作品的构成要件，应受《著作权法》的保护

数字技术的发展，导致数字编码形式的作品出现。数字编码形式是否符合作品的构成要件，应否受著作权法保护，是处理网络环境下发生的著作权纠纷首要解决的问题。修改前的《著作权法》第三条列举了应受保护的文字作品、口述作品、音乐作品、电影作品等八类作品；同时又规定，法律、行政法规规定的其他作品也受保护。该法对应保护的作品采取了非详尽列举的方式。首先，只有法律明确列举的作品才能受到法律保护；其次，对未明确列举的作品的保护要求必须以法律、行政法规的明文规定为依据。因此，根据我国《著作权法》，如果存在或出现了《著作权法》未明确列举的具有特殊表现形式的作品，这类作品只有在法律、行政法规明确规定给予保护后，才受到著作权法的保护。

以数字编码形式出现的“作品”不在上述列举的作品的范围之内。但是，法院通过判决认定数字编码形式作品仍然属于著作权法保护的作品。法院作出这样的认定是依据当时的《著作权法实施条例》第二条。该条规定：“著作权法所称作品，是指文学、艺术和科学领域内，具有独创性并能以某种有形形式复制的智力成果。”根据这一规定，作为作品，只要具备“独创性”“能以某种有形形式复制”这两个条件即可，不要求作品必须以某种有形形式固定下来，也不以具有文学、艺术和科学价值为条件。一部作品，尽管没有固定形式，但只要具有独创性，并能以某种有形形式复制，就可以受《著作权法》保护。

---

① 东方公司与瑞得公司复制权纠纷案，北京市第一中级人民法院民事判决书（1999）一中知终字第64号。

（二）确认数字化作品在互联网上传输是一种独立的对作品的使用行为，在著作权人的权利保护范围之内

1990年《著作权法》第十条第五项对著作权人的权利和作品使用方式作出了明确的规定。根据该规定，《著作权法》所述的作品使用方式中没有对网络传输的情况，所提及的权利中更没有有关网络传输权利的内容。因此，一种意见认为，在《著作权法》没有修改或者最高人民法院的司法解释没有对此加以明确和规范之前，将传统作品著作权人的专有权利延伸、扩展到网上传播，是对法律做扩大化解释，是对著作权人的权利扩张过分支持。

但是，法院仍然通过判决认定，在互联网上传输数字化作品是一种使用作品的行为，应属于著作权人的专有权利范围。在实践中，判断某种行为是否属于著作权法所调整时，只要能认定这种行为是著作权意义上的使用作品的行为、这种行为影响到了著作权人的权益，就可以得出结论①：任何违反法律，未经许可使用他人作品的行为都是侵犯著作权的行为。

（三）确认将传统作品进行数字化转换属于复制

所谓传统作品数字化，是指依靠数字技术，将传统的文字作品、美术作品、摄影作品等转换成用二进制数字编码表达的形式。对于将传统作品的数字化的行为性质，在我国曾存在争议，即作品数字化是著作权法意义上的复制行为，还是类似翻译的演绎行为。法院基本上采纳了第一种意见。在已审结的不少案件中，法院认为，将传统作品数字化是一种复制行为。②

法院作出这样的认定主要是基于以下认识：首先，从技术角度分析，作品的数字化过程，是将文字等表现形式的作品转换成机器能够识别的二进制编码形式，是由机器完成的，不是智力成果，本身没有创造性。实际上，在著作权发展历史中，出现过摄影、录音、影印等新技术，利用这些技术表现作品，不产生新的作品。将作品进行数字化转换同这些技术手段处理作品的过程没有本质区别，因此不具备产生新作品的基础。其次，根据传统的著作权原则，著作权保护的作品是人的创造性劳动，只有自然人才具备这种创作能力，而机器是不具备这种能力的。最后，把数字化行为认定为复制也不违背修改前的我国《著作权法》关于复制的规定。③

---

① 陈锦川：《新技术环境下的著作权审判的基础》，载《电子知识产权》2012年第8期，载"维普期刊资源整合服务平台"，http：//oldweb. cqvip. coi6qk/977628/200208/l2473912. html，浏览时间：2012年12月22日。

② 北京市海淀区人民法院（1999）海知初字第53、54、56、57、58、70号民事判决书。

③ 陈锦川：《新技术条件下的著作权审判的基础》，载《电子知识产权》2002年第8期。

（四）确认直接提供信息的网络内容服务商对其向公众提供的信息是否侵犯他人著作权负有注意义务

近期的司法实践表明，法院处理的网络著作权案件已经越来越多地涉及一些提供网络存储空间、搜索、连接或者网络点对点（P2P）软件的服务商是否构成帮助侵权的认定。在服务商的行为客观上起到帮助侵权的作用时，一般认为，如果它具有主观过错，即有可能承担民事责任，但是对于过错程度的确定，在司法实践中一直存在争议。最高人民法院《关于审理涉及计算机网络著作权纠纷案件适用法律若干问题的解释》（已失效）第四条规定："提供内容服务的网络服务提供者，明知网络用户通过网络实施侵犯他人著作权的行为，或者经著作权人提出确有证据的警告，但仍不采取移除侵权内容等措施以消除侵权后果的，人民法院应当根据民法通则第一百三十条的规定，追究其与该网络用户的共同侵权责任。"

（五）确认仅提供主机服务、提供信息搜索工具的服务商在知道网络用户实施侵犯他人著作权的行为后仍不采取相应措施的构成侵权

提供主机服务，是指向用户提供服务器空间，供用户下载各种信息。链接则是在互联网上实现快捷的传递和获取各种信息的一种技术手段，是互联网的重要功能。网站经营者经常利用这个技术，将网站甚至是各网站的信息链接在一起，以实现信息资源的共享。在我国，对于网络用户通过网络实施侵犯他人著作权的行为时，主机服务、信息搜索工具服务的提供者是否承担侵权的民事责任一直存在较大的争议，外国的司法实践也不尽相同。①

在此情况下，法院判例认定，作为仅提供网络技术和设施服务的网络服务商，除对法律、法规明令禁止传播的信息必须过滤外，对网络用户所传播的其他信息无主动筛选和控制的法定义务，但当权利人对网络上传播的信息提出侵权指控时，提供设备的网络服务商有责任及时采取技术措施，制止侵权内容的继续存在和传播。

关于链接，法院认为，链接服务本身不是将有关信息直接上载的复制行为，也不是传播。由于在互联网上网站之间具有互联性、开放性，网上信息庞杂、数量巨大，要求链接服务提供商对所链接信息是否存在权利瑕疵作出判断和筛选是不现实的，提供链接的行为本身不侵害他人的著作权。但链接的信息为侵权信息后，有责任及时采取技术措施停止链接、制止侵权。不及时采取措施，使信息继续传播的，则应承担侵权的民事责任。②

---

① 陈锦川：《新技术条件下的著作权审判的基础》，载《电子知识产权》2002 年第 8 期

② 北京市第二中级人民法院（2000）二中知初字第 128 号民事判决书。

（六）确认网络著作权纠纷案件中管辖的适用模式

依据《最高院信息网络传播权纠纷司法解释》第十五条规定："侵害信息网络传播权民事纠纷案件由侵权行为地或者被告住所地人民法院管辖。侵权行为地包括实施被诉侵权行为的网络服务器、计算机终端等设备所在地。侵权行为地和被告住所地均难以确定或者在境外的，原告发现侵权内容的计算机终端等设备所在地可以视为侵权行为地。"可见《最高院信息网络传播权纠纷司法解释》实际上确定了网络著作权案件以被告住所地、侵权行为地为主，侵权结果发生地为补充的管辖原则。

从实践效果来看，《最高院信息网络传播权纠纷司法解释》在一定程度上解决了我国互联网著作权纠纷案件的管辖问题，有利于更好地保护著作权人的合法权利。但此解释也存在以下不足：1. 如果侵权行为发生在国外，则难以保障我国司法管辖权，仍可能要适用《民事诉讼法》的相关规定为宜；2. 以被告住所地作为管辖标准，忽视了网络侵权纠纷案件中侵权人住所地与侵权行为关联度较低和难以认定侵权人住所地的问题。

法院目前的管辖确认原理主要是，根据计算机工作原理，并遵循网络数字传输规则，结合具体的网络侵权行为进行认定，并综合原有的管辖确定原则，建立了一种以被告住所地、侵权行为实施地为主，侵权结果发生地为补充的概括式和列举式并行的全新的管辖权模式。

五、网络作品著作权侵权行为的救济

在我国，就版权侵权责任而言，法律救济可以分为民事救济、行政处罚和刑事救济三种。这三种救济方法并不互相排斥，可以同时并存。

（一）民事救济

根据《最高院著作权司法解释》第一条规定，人民法院受理以下著作权民事纠纷案件：1. 著作权及与著作权有关权益权属、侵权、合同纠纷案件；2. 申请诉前停止侵犯著作权、与著作权有关权益行为，申请诉前财产保全、诉前证据保全案件；3. 其他著作权、与著作权有关权益纠纷案件。

在民事诉讼中，受害人可以依法向人民法院申请财产、证据保全措施。法院经过审理后，认为侵权事实确凿，依法作出停止侵权，消除影响，公开赔礼道歉，赔偿损失的判决。关于民事赔偿责任形式如何适用问题，使用网络作品所应当支付的报酬和侵权赔偿数额标准的确定，都需要法律的明确规定。同其他知识产权侵权纠纷一样，网络著作权侵权案件赔偿数额的确定和计算方法，同样也应当允许权利人作出选择。权利人一般可以选择三种方式：一是权利人因侵权行为所受实际损失，包括直接经济损失和预期应得利益的损失；二是侵权人因侵权行为所得利益；三是定额赔偿。在前面两种情况下，权利人的举证责任有所不同。如果权利人选择了前者，则其必须举证证明其实际损失；如果选择了后者，由于权利举证证明侵权人的实际侵权获利多少确实存在着困难，因此，根据《民事诉讼法》关于举证责任转移的有关规定，权利人在证明了侵权人因侵权行为所得收入即可，对证明侵权人的成本或必要费用的举证责任，应当转移给侵权人。该司法解释规定：如果侵权人不能证明其成本或必要费用的，其因侵权行为所得收入，即为所得利益。

总之，人民法院在确定侵权赔偿数额时，可以根据被侵权人的请求，按照其因侵权行为所受直接经济损失和所失预期应得利益计算；也可以按照侵权人因侵权行为所得利益计算赔偿数额。

（二）行政处罚

1. 著作权行政管理机关救济

根据《著作权法（2010年修正）》和其实施条例及《著作权行政处罚实施办法》的规定，著作权行政管理机关，负有对著作权法和其他法律、法规和规章中规定的与著作权有关的下列违法行为，可以实施行政处罚：

一是我国《著作权法》第四十七条规定的违法行为："（一）未经著作权人许可，发表其作品的；（二）未经合作作者许可，将与他人合作创作的作品当作自己单独创作的作品发表的；（三）没有参加创作，为谋取个人名利，在他人作品上署名的；（四）歪曲、篡改他人作品的；（五）剽窃他人作品的；（六）未经著作权人许可，以展览、摄制电影和以类似摄制电影的方法使用作品，或者以改编，翻译、注释等方式使用作品的……（七）使用他人作品，应当支付报酬而未支付的；（八）未经电影作品和以类似摄制电影的方法创作的作品、计算机软件、录音录像制品的著作权人或者与著作权有关的权利人许可，出租其作品或者录音录像制品的……（九）未经出版者许可，使用其出版的图书、期刊的版式设计的；（十）未经表演者许可，从现场直播或者公开传送其现场表演，或者录制其表演的；（十一）其他侵犯著作权以及与著作权有关的权益的行为。"

《著作权法》第四十八条规定的违法行为："（一）未经著作权人许可，复制、发行、表演、放映、广播、汇编、通过信息网络向公众传播其作品的，本法另有规定的除外；（二）出版他人享有专有出版权的图书的；（三）未经表演者许可，复制、发行录有其表演的录音录像制品，或者通过信息网络向公众传播其表演的，本法另有规定的除外；（四）未经录音录像制作者许可，复制、发行、通过信息网络向公众传播其制作的录音录像制品的……（五）未经许可，播放或者复制广播电视的，本法另有规定的除外；（六）未经著作权人或者与著作权有关的权利人许可，故意避开或者破坏权利人为其作品、录音录像制品等采取的保护著作权或者与著作权有关的权利的技术措施的，法律、行政法规另有规定除外；（七）未经著作权人或者与著作权有关的权利人许可，故意删除或者改变作品、录音录像制品等的权利管理电子信息的，法律、行政法规另有规定除外；（八）制作、出售假冒他人署名的作品的。”上述违法行为，可以由著作权行政管理部门给予行政处罚。

二是《计算机软件保护条例》第二十四条规定的违法行为，未经软件著作权人许可，复制或者部分复制著作权人软件的；向公众发行、出租、通过信息网络传播著作权人的软件的；故意避开或者破坏著作权人为保护其软件著作权而采取的技术措施的；故意删除或者改变软件权利管理电子信息的；转让或者许可他人行使著作权人的软件著作权的等行为的，著作权行政管理部门可以给予行政处罚。

三是《音像制品管理条例》第三十六条规定的违法行为：出版、复制、进口、销售、出租和放映音像制品侵犯他人著作权的，由著作权行政管理部门依照著作权法的有关规定给予处罚。

著作权行政管理部门除应当根据情况，责令承担停止侵害，消除影响，赔礼道歉，赔偿损失等民事责任外，还应当依法追究其行政责任，实施行政处罚：给予警告；没收其违法所得；没收、销毁侵权复制品，并可处以罚款；情节严重的，还可以没收主要用于制作侵权复制品的材料、工具、设备；罚款500元至3万元等。

根据42I03协议（即74O中《与贸易有关的知识产权协议》）的要求，成员方的知识产权执法不论是通过司法途径还是通过行政途径，都必须遵循公平合理的程序。以往我国行政机关在实施行政处罚的时候不大注意程序性的要求，行政处罚法颁布以后这种情况已有所改善。《著作权行政处罚实施办法》对我国版权行政管理部门作出行政处罚所应遵循的程序作了比较详尽的规定。根据《著作权行政处罚实施办法》的规定，版权行政管理部门可以自行决定立案查处，也可以依被侵权人、利害关系人或者其他知情人的申请或者举报决定立案查处。经版权行政管理部门的行政负责人批准，必要时，执法人员可以采取以下手段收集证据：（1）查阅、复制与涉嫌侵权行为有关的文件档案、账簿和其他书面材料；（2）对涉嫌侵权复制件进行抽样取证；（3）对涉嫌侵权复制件进行登记保存。

2. 海关行政救济

根据《知识产权海关保护条例》第二条规定：“本条例所称知识产权海关保护，是指海关对与进出口货物有关并受中华人民共和国法律、行政法规保护的商标专用权、著作权和与著作权有关的权利、专利权（以下统称知识产权）实施的保护。”我国海关同时保护商标专用权、专利权和著作权，对进口货物和出口货物等同对待，在对知识产权进口环节的保护的同时，还进行出口环节的保护。

海关在对知识产权进行保护的时候，行使海关法规定的权力，即可以运用法律赋予的检查权、查验权、处罚权等权利，调查知识产权侵权案件，并对侵权货物处以没收和对侵权人处以罚款。

在版权行政执法中，海关中止放行进口盗版商品是比较特殊的内容。42I03 协议第五十一条至第六十条对此作了详细的规定。协议要求，成员应采取有关程序，以便在权利人有合法理由怀疑盗版商品可能进口的情况下，向主管的司法或行政机关提交书面申请，要求海关中止放行该商品。在我国，海关中止放行的程序是存在的。我国国务院颁布的《海关知识产权保护条例》对于侵犯受我国法律保护的知识产权的货物，禁止进口。知识产权人要求海关对其与进出境货物有关的知识产权实施保护的，应当将其知识产权向海关备案，并在其认为必要时向海关提出采取保护措施的申请。海关应知识产权人的申请，或者发现进出口境货物有侵犯备案知识产权嫌疑的，有权予以扣留。

（三）刑事救济

侵犯著作权的刑事司法救济，是指侵犯著作权行为已经触犯了刑律，构成了侵犯著作权罪，依法要追究侵权人的刑事责任的救济手段。

我国《刑法》对侵犯版权的犯罪行为及其刑事责任作了规定。《刑法》第二百一十七条规定，以营利为目的，未经著作权人许可，复制发行其文字作品、音乐、电影、电视、录像作品、计算机软件及其作品的，违法所得数额较大或者其他严重情节的，处 3 年以下有期徒刑或者拘役、并处或单处罚金；违法所得数额巨大或者有其他特别严重情节的，处 3 年以上 7 年以下有期徒刑，并处罚金。《刑法》第二百一十八条规定：“以营利为目的，销售明知是本法第二百一十七条规定的侵权复制品，违法所得数额巨大的，处三年以下有期徒刑或者拘役，并处或者单处罚金。”

从上面两个条文看，《刑法》第二百一十七条适用于实施了复制和发行两种行为的人。如果只实施了销售侵权复制件一种行为（即只实施了发行行为），则适用《刑法》第二百一十八条规定的犯罪行为处罚的起点高于第二百一十七条的规定，即只有行为人违法所得巨大才被处以刑罚；而对于实施了复制和发行两种行为人来说，只要违法所得较大，就要被处以刑罚。根据我国《刑法》第六十四条的规定，犯罪分子违法所得的一切财物，应当予以追缴或者责令退赔；对被害人的合法财产，应当及时返还；违禁品和供犯罪所用的本人财物，应当予以没收。另外，根据我国《刑事诉讼法》的规定，版权人还可以在追究犯罪分子刑事责任的刑事诉讼程序中提起附带民事诉讼，要求犯罪分子赔偿犯罪行为所造成的损失。

在网络环境下的版权侵权有其不同于传统版权（即以纸为载体的版权）侵权的新特点和复杂性，其法律责任之承担和救济方式之运用与传统版权者既有相同或相似之处，又有应遵循网络特点而有所不同和创新之必要。在我国《著作权法》的修改和完善中，在有关版权的法规、规章和司法解释的制定、修改和作出时，既要注意保护在网络这一新技术环境下版权人的合法权益，又要兼顾保持和促进数字化和网络化的正常、健康发展及维护版权作品使用者的正当权益，这是需要加以特别考虑的如何协调和平衡的问题。①

综上所述，在网络环境下，作品以前所未有的使用形式被大大扩展，互联网正在挑战我们现在的著作权制度。从国际实践来看，著作权法应用于网络空间已是不争的事实。网络空间为作品提供了更加快捷的复制和传播手段，随着网络空间电子商务的开展，以及人们越来越多地从纸质转向互联网获取信息，网络空间中的著作权保护任重道远。没有反映数字时代呼声的著作权制度已经跟不上时代的步伐，司法实践在这方面的先行探索值得充分肯定，并为各国著作权立法者进行数字时代的著作权立法提供了良好的素材。美国 DMCA 则是对其现行著作权法的必要修订，它使著作权法赶上了时代的需要。

在我国，2001 年修改后的《著作权法》（已于 2010 年被修订）首次明确了信息网络传播权，并在 2006 年颁布实施了《信息网络传播权保护条例》（已于 2013 年被修订），2012 年颁布实施了《最高院信息网络传播权纠纷司法解释》。另外，近年来，一些涉及互联网服务提供商的网络著作权的司法判例无疑也为著作权立法在这方面的完善提供了良好素材。我们有理由相信，法律总是随着时代而发展、进步的，著作权法在互联网这一崭新的科技发展面前不是无所作为，而是有着更大的发展潜力。随着我国网络著作权制度的完善和网络著作权案件的增多，人民法院也将在处理互联网服务提供商等网络著作权侵权责任方面积累更多的司法经验，以促进我们更好地协调科技和法律之间的矛盾，更好地保障版权人的权益。

① 刘远山：《网络环境下版权侵权责任的法律救济浅析》，载维普资讯，http：//oldweb. cqvip. corn/hotpoint/hpt20/bqqq008. htm，浏览时间：2011 年 4 月 10 日。

第十章

公司清算与破产司法实务

第一节　破产清算及立案实务

一、破产清算简述

2007年6月1日起施行的《中华人民共和国企业破产法》（主席令第五十四号，以下简称《破产法》），至今已经走过了13个年头。立法者的初衷是希望在市场经济领域通过全面有效地实施《破产法》，发挥其规范破产程序，公平清理债权债务，保护债权人和债务人的合法权益的预期功能。通过《破产法》的有效实施进而优化社会资源配置，建立完善优胜劣汰的竞争机制。

但总体而言，《破产法》的实施效果不能完全让人满意。造成现状的原因是多方面的，诸如破产程序费时、费力、费用高昂等，致使债权人长时间将较大的精力投入破产程序中，却无法得到实际收益。

从案件审理的周期看，破产案件的平均审理周期都要两三年，如此漫长的破产周期，对于身处其中的任何参与者而言都是一种煎熬。同样地，对法院来说，破产案件的审理过程中，大量的程序性工作，以及繁杂的事务性工作也是层出不穷。实务中，与数量巨大的民商事案件数量相比，破产案件仅占其中的极小部分。以北京市为例，2015年全北京市审结包括企业清算、破产的案件332件，而同年审结的商事案件是94407件。图1是2003年至2014年全国各级法院已审结的破产案件的数量：

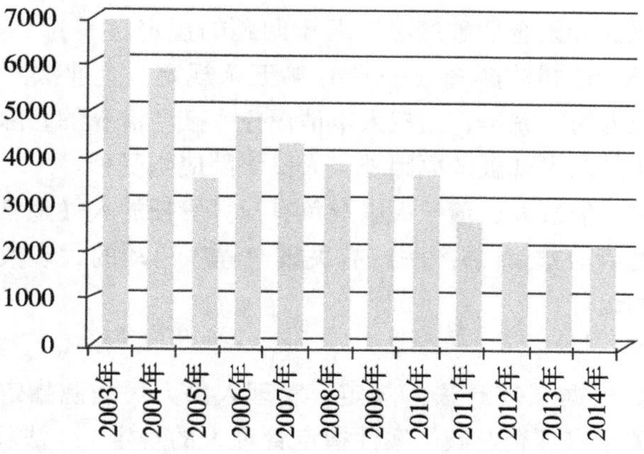

图1　2003 年至 2014 年全国各级法院已审结的破产案件的数量

需要说明的是，最高人民法院在 2015 年的报告中只是列出了各级法院审结企业兼并、强制清算、股权转让等案件 12000 件，但并未专项列明破产案件数量。

正因为破产案件受理的数量少，使得实务中较少的执业律师能够参与其中。同时，破产案件涉及较多有别于传统民商事案件的特有程序及实体性规范，加之参与者众多、多种矛盾并存等特征，决定了需要有专业的律师参与，提供专业的、可操作的法律服务。

二、破产立案实务

（一）破产程序的参与方

破产程序包括债权人、债务人、管理人、其他中介机构以及其他债权人等多个参与方，他们在破产程序的不同阶段登场，以法律规定的权利义务为基础，共同推动着破产清算这出剧目的演绎。

1. 破产案件当事方

根据《破产法》第七条的规定，破产案件可以分别由债务人、债权人以及负有清算责任的人启动。具体而言：

（1）债务人因其自身不能偿还到期债务，并且资产不足以清偿全部债务或者明显缺乏清偿能力的，可以向人民法院提出破产清算、重整或和解申请，债务人有明显丧失清偿能力可能的，也可以向人民法院申请重整；

（2）债权人因债务人不能清偿到期债务的，可以向人民法院提出破产清算或重整申请；

（3）企业法人已解散但未清算或者未清算完毕，但资产不足以清偿债务的，依法负有清算责任的人应当向人民法院提出破产清算申请。另外，《最高人民法院关于适用〈中华人民共和国企业破产法〉若干问题的规定（一）》（法释〔2011〕22号，以下简称《破产法司法解释（一）》）第五条规定，企业法人已解散但未清算或者未在合理期限内清算完毕，债权人申请债务人破产清算的，除债务人在法定异议期限内举证证明其未出现破产原因外，人民法院应当受理。

根据上述规定，债权人、债务人以及负有清算责任的人（通常为清算组）等均可成为破产程序的启动方。《破产法》有关破产程序启动的大多数条款也是以上述三方为中心进行的设计。

2. 其他参与方

（1）管理人。根据《破产法》规定，管理人由人民法院指定。实务中，根据最高人民法院《关于审理企业破产案件指定管理人的规定》（法释〔2007〕8号以下简称《指定管理人规定》）的规定，由高级人民法院根据辖区律师事务所、会计师事务所、破产清算事务所等社会中介机构及专职从业人员数量和企业破产案件数量，确定由法院或者所辖中级人民法院编制管理人名册。

该规定同时明确了人民法院一般应当按照管理人名册所列名单采取轮候、抽签、摇号等随机方式公开指定管理人。在北京地区，管理人的选任一般由受理法院通过摇号方式指定。

（2）会计师事务所、资产评估事务所、拍卖公司等中介机构。其主要职责是根据管理人的要求，在破产程序中对债务人的各类账目、资产进行核查及作价评估，并出具相应的审计或资产评估报告。此类中介机构一般由管理人聘请，在整个破产程序中专注于债务人财务状况及各类资产的清查、作价、变价等目标。

（二）破产申请立案标准

1. 破产法规定的标准

《破产法》第二条第一款规定，“企业法人不能清偿到期债务，并且资产不足以清偿全部债务或者明显缺乏清偿能力的，依照本法规定清理债务”。依据本条规定，跨入破产的门槛是债务人在不能清偿到期债务的前提下，要么资不抵债，要么缺乏偿债能力，二者符合其一即可达到法定条件。由此，问题就转化为对上述条件的具体界定：

（1）如何确定不能清偿到期债务

从语义上看，《破产法》第二条前半句“不能清偿到期债务 ”是对债务人既有客观事实的描述，对此进行举证的标准也很清晰、简单。关于不能清偿到期债务，《破产法司法解释（一）》第二条规定，“下列情形同时存在的，人民法院应当认定债务人不能清偿到期债务：（一）债权债务关系依法成立；（二）债务履行期限已经届满；（三）债务人未完全清偿债务。”而对于“到期债务”的界定，《北京市高级人民法院企业破产案件审理规程》（以下简称《北京高院破产审理规程》）

第八条则规定，“债权符合下列情形的，债权人可以向人民法院申请债务人破产：（1）债权为具有金钱或财产给付内容的到期债权；（2）债权合法、有效，且未超过诉讼时效或者申请执行时效”。

实务中，对上述事实进行的举证主要集中于债权人与债务人之间的往来合同、履行凭证、付款凭证、对账单（或询证函）、催收证明（如律师催收函），债权人提供了上述证据材料就可以认定对此达到了证明标准。

（2）如何认定资不抵债或缺乏偿债能力

对于如何认定《破产法》第二条后半句所称的“资不抵债”或“缺乏偿债能力”，自《破产法》颁布实施以来的很长一段时期内，各地法院对此掌握的标准不一，对证明该项事实所提供的证据也要求不一。这在很大程度上减少了法院受理破产案件的数量，客观上影响了《破产法》在调整公司有序退出市场经营方面所应发挥的作用。

2. 司法解释对标准的细化

为解决各地法院在立案时对客观标准认定不一的问题，2011 年 9 月正式实施的《破产法司法解释（一）》中，其第二条、第三条、第四条分别规定了债务人不能清偿到期债务、资产不足以清偿全部债务以及明显缺乏清偿能力的认定标准。该司法解释从实务方面细化、统一了进入破产程序的门槛，明确了破产案件立案的标准，解决了破产案件立案不易把握的现状。

（1）关于债务人资产不足以清偿全部债务

就此，《破产法司法解释（一）》第三条予以了细化，即债务人的资产负债表，或者审计报告、资产评估报告等显示其全部资产不足以偿付全部负债的，人民法院应当认定债务人资产不足以清偿全部债务，但有相反证据足以证明债务人资产能够偿付全部负债的除外。

（2）关于对明显缺乏清偿能力的判断实务中，一些债务人在接到人民法院发出的要求提交其财产状况说明及有关财务会计报告后，为规避破产清算，往往会对会计账目进行一定的调整，表面看来其账面资产高于负债。对此，《破产法司法解释（一）》第四条确立了实质重于形式的审查标准，即对债务人是否明显缺乏清偿能力进行实质判断，一旦债务人出现下列情形将被认定为明显缺乏清偿能力：

①资金严重不足或者财产不能变现等原因，无法清偿债务；

②法定代表人下落不明且无其他人员负责管理财产无法清偿债务；

③经人民法院强制执行，无法清偿债务；

④长期亏损且经营扭亏困难，无法清偿债务；

⑤导致债务人丧失清偿能力的其他情形。

我们接受债权人的委托准备破产立案材料时，收集符合上述任一种情形的证据材料即可达到立案的证明标准；而作为债务人的代理律师时，则需要举证证明不存在上述所有的情形，才能达到阻却破产清算申请的目的。

（三）破产申请人的确定

债权人、债务人、负有清算义务的人均是《破产法》规定的申请破产清算的权利人。但因申请主体的不同，在立案时递交的材料又有较大差别。《破产法》第八条规定，向人民法院提出破产申请，应当提交破产申请书和有关证据。对于破产申请书具体应当写明的内容，《北京高院破产审理规程》第十三条规定，“破产申请书应当载明下列事项：（1）申请人、被申请人的基本情况，包括：名称或姓名、住所地、法定代表人姓名及职务。申请人为债务人时，只需列出申请人的基本情况；（2）申请目的，即申请重整、和解还是破产清算；（3）申请的事实和理由，主要指债务人有企业破产法第二条规定的情形；（4）人民法院认为应当载明的其他事项，主要指特殊主体破产申请中的特别事项，如金融机构申请破产的，申请书中还应载明主管机关的批准文件、个人债务的兑付情况、证券类资产的处置情况等”。

对于申请破产需要提交的案件材料，《北京高院破产审理规程》按照申请主体的类别，对需要提交的证据材料清单进一步予以细化。具体体现在第十四条至第十六条：

“第十四条（债务人申请破产时应当提交的材料）债务人申请破产，除应当提交破产申请书以外，还应当向人民法院提交下列材料：

（1）债务人主体资格证明，即工商行政管理机关颁发的企业法人营业执照，及债务人最近一个年度的工商年检材料；

（2）债务人股东会或股东大会、董事会（外商投资企业）、职工股东大会或者其他依法履行出资义务的人同意申请破产的文件；债务人为国有独资企业、国有独资公司的，还应当提交对债务人履行出资人职责的机构同意申请破产的文件；

（3）债务人法定代表人或者主要负责人名单、联系方式，及债务人董事、监事、高级管理人员和其他管理部门负责人名单、联系方式；

（4）财产状况说明，包括有形资产、无形资产、对外投资情况、资金账户情况等；

（5）债务清册，列明债权人名称、住所、联系方式、债权数额、有无担保、债权形成时间和被催讨情况；

（6）债权清册，列明债务人的债务人名称、住所、联系方式、债务数额、有无担保、债务形成时间和催讨偿还情况；

（7）有关财务会计报告；

（8）债务人涉及的诉讼、仲裁、执行情况；

（9）企业职工情况和安置预案，列明债务人解除职工劳动关系后依法对职工的补偿方案；债务人为国家出资企业的，职工安置预案应列明拟安置职工基本情况、安置障碍及主要解决方案等。职工安置预案报对债务人履行出资人职责的机构备案；

（10）职工、高管人员工资的支付和社会保险费用、住房公积金的缴纳情况；

（11）债务人为国家出资企业的，应提交企业工会或职工代表大会对企业申请破产的意见；

（12）债务人申请重整的，应提交重整的必要性和可行性评估材料；

（13）债务人申请和解的，应提交和解协议草案。

第十五条（债权人申请破产时应当提交的材料）债权人申请债务人破产，除应当提交破产申请书以外，还应当向人民法院提交下列材料：

（1）债权人及债务人的主体资格证明；

（2）债权发生的事实及债权性质、数额、有无担保，并附证据；

（3）债务人不能清偿到期债务的证据；

（4）申请债务人重整的，应提交重整的必要性和可行性评估报告。

第十六条（清算责任人申请债务人破产清算时应当提交的材料）清算责任人申请债务人破产清算，除应当提交破产申请书以外，还应当向人民法院提交下列材料：

（1）债务人主体资格证明；

（2）清算责任人的基本情况或者清算组成立的文件；

（3）债务人解散的证明材料；

（4）债务人未清算的，债务人资产不足以清偿全部债务的财务报告；

（5）债务人经过清算的，债务人资产不足以清偿全部债务的清算报告；

（6）债务清册，列明债权人名称、住所、联系方式、债权数额、有无担保、债权形成时间和被催讨情况；

（7）债权清册，列明债务人的债务人名称、住所、联系方式、债务数额、有无担保、债务形成时间和催讨偿还情况；

（8）债务人涉及的诉讼、仲裁、执行情况；

（9）企业职工情况和安置预案，列明债务人解除职工劳动关系后依法对职工的补偿方案；债务人为国家出资企业的，职工安置预案应列明拟安置职工基本情况、安置障碍及主要解决方案等。职工安置预案报对债务人履行出资人职责的机构备案；

（10）职工、高管人员工资的支付和社会保险费用、住房公积金的缴纳情况。

通过上述规定，可以看出，相比债权人申请破产所需提交的案件材料，债务人以及清算责任人所需提交的材料的种类、说明的事项以及达到的证明标准均远超出债权人。

在破产层面上对债务人申请破产的事由及案件材料采取了严格的审查标准，其目的在于通过从严把控，预防和减少债务人借破产程序恶意逃避债务。但诚如上文所说，这一制度将大量的债务人挡在了破产程序的大门之外。

在我们代理的某破产案件中，债权人向债务人支付大量的预付款后，因债务人管理人员挪用、侵占财产而将债务人拖入了巨额亏损的境地。面对大量供应商主张支付货款，而债务人又无力偿付的状况，债务人主动与债权人商讨进行破产清算。在债权人、债务人都具有破产申请资格的情形下，作为债权人聘请的律师，我们充分向其解释说明了《破产法》对债权人、债务人作为申请人所提交的案件材料的不同要求以及实践中针对债务人破产清算申请的严格审查和立案受理率较低的现实状况。经过解释，债权人决定以自己的名义向法院申请债务人破产。

（四）申请材料及管辖法院

在上述案件中，接到债权人立案的指示后，我们拟写了破产申请书，准备了双方此前往来的供销协议、采购协议、加工承揽协议等各类合同文本，货物往来单据，付款凭证，会计账目等支付证据材料，同时提交了律师催款函，以综合证明债务人不能偿还到期债务的事实。材料准备齐全后，我们向债务人住所地的基层法院（法律规定的具有管辖权的法院）提交了包括破产申请书、证据材料以及程序性材料在内的申请材料，自此开启了破产申请程序的序幕。关于破产案件的管辖法院，《破产法》第三条规定，破产案件由债务人住所地的人民法院管辖（一般为当地基层人民法院或中级人民法院）。但是，《破产法司法解释（一）》第九条第一款规定，申请人向人民法院提出破产申请，人民法院未接收其申请，或者未按本规定第七条执行的（即出具收到材料的书面凭证、作出受理裁定或告知申请人补正材料），申请人也可以向上一级人民法院提出破产申请。此外，部分城市（如北京等）近期出台了特殊的管辖规定，由专门的破产法院或破产法庭统一管辖新申请的破产案件。

不同于普通民商事案件的立案流程，申请破产的案件材料应向管辖法院特定窗口提交。窗口工作人员接收材料后出具《案件材料收取单》，同时告知法院将有专人就该破产申请进行审查，是否立案以法官的通知为准。

作为律师，在没有统一管辖的情况下，应确定债务人的住所地的行政区域，这直接决定了破产案件的审理（管辖）法院。基本上破产申请案件一般由相对固定的承办法官组成合议庭予以审理。待确定了受理法院后，即可大致获悉审查破产案件申请材料的承办法官。

上述案件中，在递交立案材料后，我们并没有消极地等待法院通知，而是通过法院公布的联系方式，尝试着联系了数名法官，并最终确认某一法官为审核材料的承办人。随后的审查期间里，我们多次主动与法官保持了有效沟通，促进并加快了立案的进程。

（五）法院受理破产申请

法院收到申请人提交的案件材料后，将根据《破产法》第十条的规定向被申请人发出通知书，通知债务人如对债权人的申请有异议，应当自收到通知之日起七日内向受理法院书面提出，并附相应的证据材料。如果被申请人称有能力偿还债务，并且提交了相关的偿付能力证明，则经过法院审核可以裁定驳回本次破产申请。另外，即使债务人已经进入破产清算程序，只要在破产宣告前发现债务人不符合《破产法》第二条规定的破产条件，法院仍然可以裁定驳回对债务人的破产申请。

在债权人提交了相应的破产申请立案证据材料，经过法院审核通过，同时债务人又无异议的情形下，法院即应作出受理破产申请的裁定。法院在裁定的查明部分应当列明债务人无法偿还到期债务的原因。法院还应当指定破产案件的管理人并作出相应的决定书。

作为债权人的代理律师，我们在破产申请立案阶段的工作习惯是积极主动地与承办法官沟通，配合法官工作。按照法院的要求补充提交关于债权债务关系的合同、往来款的银行凭据、向债务人主张偿还的催收函等相应材料。通过勤勉扎实的工作，取得承办法官的认同，以此为案件的受理打下坚实基础。

三、破产受理后的相关事项

（一）破产受理的法律后果

法院作出受理破产申请的裁定后，即对债务人、正在进行的诉讼程序等事项产生相应的法律后果，主要表现为：

1. 债务人的债务人或债务人的财产持有者须及时向管理人清偿债务或交付债务人财产；

2. 债务人对外进行的个别清偿无效；

3. 有关债务人的财产保全措施应当解除，执行程序应当中止；

4. 管理人对破产申请受理前成立而债务人和对方当事人均未履行完毕的合同有权决定解除或继续履行，并及时通知对方当事人；

5. 债务人已经开始但仍然未终结的关于债务人的民事诉讼或仲裁程序应当中止，在管理人接管债务人财产后，该诉讼或仲裁应当继续。

此时如果作为债务人的律师，应主动要求客户向法院提供涉及对其公司的诉讼案件、执行案件的具体受理法院、程序进展、案件联系人等基本信息，以便受理法院按法定程序或内部流程向相关法院、仲裁机构发函中止正在进行的各项程序，同时向债务人的各个债务人归集债权。

（二）受理后的实务工作

1. 法院收取破产案件费用

《破产法》第四十一条规定，破产案件的诉讼费用属于破产费用，且第四十三条规定，破产费用由债务人财产随时清偿。仅从法律规定来看，债权人在破产申请时无须向法院交纳费用。但实务中，受理法院一般会根据前期了解到的债务人的财产、财务状况，酌定向申请人收取一定数额的费用。对此作为申请人的律师应当向客户进行明示，以避免不必要的误解。

2. 法院向债务人发出通知

受理破产申请后，人民法院首先会向债务人发出通知，要求债务人向人民法院提交财产状况说明、债务清册、债权清册、有关财务会计报告、职工安置预案以及职工工资的支付和社会保险费用的缴纳情况，并要求债务人自案件受理之日起停止清偿债务。

该通知同时载明，自人民法院受理破产申请的裁定送达债务人之日起至破产程序终结之日止，债务人的法定代表人、财务负责人及其他经营管理人承担下列义务：

（1）妥善保管其占有和管理的财产、印章和账簿、文书等资料；

（2）根据人民法院、管理人的要求进行工作，并如实回答询问；

（3）列席债权人会议并如实回答债权人的询问；

（4）未经人民法院许可，不得离开住所地；

（5）不得新任其他企业的董事、监事、高级管理人员。

结合我们办理破产案件的经验，法院的通知一般也会明确告知债务人由管理人接管公司，且法定代表人应当向管理人办理移交手续，并答复管理人的相关询问。此外，有些法院也会在通知中载明第一次债权人会议举行的时间、地点，并特别要求债务人的法定代表人及财务负责人必须准时参加。

如果作为被申请人（债务人）聘请的律师，我们务必向客户明确告知在第一次债权人会议之前客户应向管理人履行的法定义务。避免因客户重视不足，导致未提交法院通知中所列明的材料，进而导致人民法院对债务人的直接责任人员采取罚款等强制措施的严重后果。

3. 建立与管理人的沟通

我们无论作为债权人的代理律师还是债务人的代理律师，通常的工作习惯是在第一次债权人会议之前主动争取与管理人进行当面沟通。我们一般前往管理人的办公地点与管理人的工作人员进行当面接洽——关于管理人的名称、住所、联系人、联系电话等信息在法院的通知中已有载明，以便了解和明确在整个破产程序中需要配合管理人的工作以及提交的材料种类、内容，并借此机会与管理人建立良好的工作关系和沟通基础。

第二节　破产管理人制度

管理人从法院受理破产案件的裁定及指定管理人的决定作出之时即已登台，直到破产程序终结方退出舞台，是贯穿整个破产清算程序不可或缺的重要角色。《破产法》对管理人也进行了浓墨重彩的描绘。

一、管理人印章

在经法院指定成为管理人后，管理人首先要进行的是刻制印章。进入破产程序后，债务人的公章、法定代表人人名章、合同专用章、财务专用章等各类印鉴将被管理人接收。管理人通过印章对外代表管理人的意志，行使对债务人财产、经营的管理权。

按照最高人民法院《关于审理企业破产案件指定管理人的规定》第二十九条的规定，管理人持法院指定管理人决定书、受理破产案件的裁定书及管理人刻章函和资质证明到公安机关治安管理部门指定机构刻制“某某公司（债务人公司名称）管理人 ”的印章，交人民法院封样备案后即可启用。

实务中，管理人向法院、债权人会议、债权人委员会以及其他的中介机构、与债务人相关的各类主体提交各类文件、说明、方案以及申请、回复时均应加盖管理人印章。管理人终止执行职务后，应当将管理人印章交公安机关销毁，并将销毁的证明送交人民法院。

二、管理人职责

结合《破产法》条款规定，管理人在破产程序中行使的主要职责有：

（一）接管财产、印章和账簿、文书

此项职责是管理人进行管理的起点，接管的上述材料资产是否完备齐全，直接决定着管理人能否真正行使对债务人的管理职责。任何破产项目的管理人均毫无例外地把接管放在工作的首位。全面的接管往往意味着管理人的工作已经有了良好的开局。一个经验丰富的律师在担任清算组成员时应当参与或主导拟定、细化接管的各步骤。具体而言有如下方面：

1. 接管前，应当根据申请人提交的破产申请材料，预先了解债务人基本情况，制定接管清单，确定专人负责接管工作。如债务人涉及较多的人员安置，且债权人众多的，应当提前向受理法院报告接管工作方案，必要时申请承办法官共同参加、现场见证。

另外，应提前向债务人发送接管清单，请债务人提前准备清单所列的物品、文件，提高接管效率。必要时，我们可前往债务人住所地与其负责人、部门主管等人员当面沟通，做好破产程序的解释工作，消除不必要的误解，争取债务人相关人员的理解并配合管理人的工作。

2. 在正式进入债务人公司进行接管时，按接管财产种类分类接管。一般而言，我们将接收的类型分为如下七类，每一类包括但不限于：

（1）印章，包括公章、财务章、人名章、人事章、合同章、业务章等；

（2）权属证明，如车辆登记证、房产证、土地使用权证；

（3）证照资质，如营业执照、税务登记证、开户许可证、各类特殊资质许可证等；

（4）已签订的合同文本；

（5）重大决议，如公司股东会、董事会决议；

（6）财务账册，如债权债务清册，财务会计账目；

（7）资产明细，如动产、不动产及其他财产权利。同时，将每一类的接管财产、物品按如下格式制作交接清单。以流动资产类为例：

表1 流动资产交接清单

资产类别	价值	存放地点	负责人
总计			
交付方：	接管方：	年 月 日	
备注：			

在接管和交接时应填写详细的交接清单，由接管人（一般是管理人指定的负责本案的工作人员）与债务人的移交人员共同对接管移交的物品材料资料逐项核对并确认无误后，在交接清单上签字确认。

如交接中有特殊事项需要说明的，务必在双方共同见证下加以备注，明确交接时的数量、质量和现状，以防范今后引发不必要的争议。所有接管物品材料核实无误后，交接的双方应共同签字确认。我们建议接管时每类清单应同时制作一式三份，即管理人、债务人、受理法院各执一份。同时请债务人的移交人员提供其身份证件复印件备查。

作为债务人的律师，我们应调动客户工作人员的积极性和主动性，高效配合接管工作。我们还应尽可能协调管理人的工作人员到债务人住所地进行现场交接、接管，并且要求债务人的法定代表人，以及财务、运营、行政、法务等部门负责人一并参与，以便就交接中所遇到的问题和相关事项当场解答、回复。以此争取高效完成接管，减少不必要的重复收集。

（二）调查债务人财产，制作财产状况报告

管理人接收上述材料后，即对债务人的银行账户存款、动产、不动产及财产性权利进行清产核查。作为债务人聘请的律师，此时应参与管理人清产核资工作。对于各类资产的所有权、担保权、占有使用权等权属状况进行核实。

律师如担任债务人的常年法律顾问，则更容易对其经营、财产状况有所了解。律师应充分提示债务人将其已经有的、但管理人在清产核资后仍未发现或掌握的财产向管理人报告，以便管理人编列完整的财产清单。

（三）决定债务人的经营事项

在债务人进入破产清算程序后，一般存在一定数量的仍需履行的生效合同，此情形下，《破产法》第十八条规定，管理人对破产申请受理前成立而债务人和对方当事人均未履行完毕的合同有权决定解除或者继续履行，并通知对方当事人；管理人决定继续履行合同的，对方当事人应当履行；但是，对方当事人有权要求管理人提供担保。管理人不提供担保的，视为解除合同。如果管理人自破产申请受理之日起二个月内未通知对方当事人，或者自收到对方当事人催告之日起三十日内未答复的，视为解除合同。

作为债务人的律师时，我们应当基于自身专业的判断，以维护客户的合法权益为出发点，在衡量合同继续履行或解除的客观收益、风险之后向管理人提出适当建议。

（四）管理处分债务人的财产

管理人是以陌生人的角色进入债务人公司，显然对债务人的财产状况、生产经营、人事关系等重要事项一无所知，但法律又赋予了其管理职责。尤其在接管了债务人的财产后，该职责实际上是与管理人应当承担的法律责任伴生共存的。

根据《破产法》有关规定，管理人处分债务人的破产财产需经过债权人会议表决通过及法院批准等程序；同时，为了避免因管理和处分债务人财产不当可能导致的法律风险，在进行第一次债权人会议之前，管理人除了要求债务人的人员妥善保管财产之外，一般并不实际处分债务人的主要财产。但如果基于债务人经营开展的实际需要必须作出继续或者停止债务人的营业的决定，或者有《破产法》第六十九条规定（即涉及债务人不动产权益、探矿权、采矿权、知识产权等财产权转让、债权及有价证券转让、全部库存转让、设定财产担保、放弃权利或其他可能对债务人财产造成重大影响的财产处分行为）的情形，则管理人应当取得人民法院许可。

需要注意的是，2019 年 3 月 28 日起实施的《最高人民法院关于适用〈中华人民共和国企业破产法〉若干问题的规定（三)》（以下简称《破产法司法解释（三)》）对管理人处分债务人重大财产的程序进行了规制。该解释第十五条规定，“管理人处分企业破产法第六十九条规定的债务人重大财产的，应当事先制作财产管理或者变价方案并提交债权人会议进行表决，债权人会议表决未通过的，管理人不得处分。”允许管理人处分的，“管理人实施处分前，应当根据企业破产法第六十九条的规定，提前十日书面报告债权人委员会或者人民法院。”债权人委员会如果认为管理人实施的处分行为不符合债权人会议通过的财产管理或变价方案的，“有权要求管理人纠正。管理人拒绝纠正的，债权人委员会可以请求人民法院作出决定。”同时，“人民法院认为管理人实施的处分行为不符合债权人会议通过的财产管理或变价方案的，应当责令管理人停止处分行为。管理人应当予以纠正，或者提交债权人会议重新表决通过后实施。”也就是说，管理人若想做出涉及债务人重大财产的处分行为，必须经过债权人会议表决通过。上述措施的目的，在于防止管理人对债务人财产的不当处分，保证债务人财产的完整。

（五）其他与管理相关的职责

除上述职责外，管理人的职责还有负责管理债权人债权申报、制作破产财产的变价处置方案，并经债权人会议通过后，执行该方案、提议召开债权人会议、向债权人会议报告工作、执行清偿分配、提请法院终结破产程序以及申请注销登记等重要的程序性事项。在对该等事项履行职责之时，应充分遵循《破产法》所规定的程序要求，合法有据地履行职责。

三、与管理人相关的其他问题

（一）管理人报酬的支付

1. 管理人能否要求申请人垫付报酬

《破产法》规定了以破产财产优先清偿破产费用，其中就包括应当向管理人支付的报酬。但问题是，债务人已经进入破产程序，其现金、实物、财产性权利可能都已荡然无存。管理人在开始行使职责时并不确定债务人是否存在破产财产，此种情形下，其不得不考虑其报酬如何得以实现的现实问题。

作者参与的案件中，管理人与我们进行沟通，希望申请人（债权人）能先垫付一定数额的费用。我们向申请人转达了此意愿，同时就管理人报酬的法律规定向申请人进行了说明，同时解释了目前管理人需要先期费用的用途。征得申请人同意后，管理人以书面函件的方式商请申请人垫付包括聘请中介费用、管理人工作费用、破产财产变现费用等在内的先期费用。随后申请人向管理人进行了支付，保证了破产清算程序的正常进行。

管理人作为专业从事破产管理实务的中介机构，其收取的管理报酬是维持其正常运行的必要保障。尽管《破产法》以及最高人民法院《关于审理企业破产案件确定管理人报酬的规定》（以下简称《管理人报酬规定》）均确认管理人报酬从债务人财产中优先支付。但从现实来讲，进入破产程序中的债务人的财产状况普遍令人堪忧。为此，《管理人报酬规定》也同时认可了在债务人财产不足以支付管理人报酬和管理人执行职务费用时，如果债权人、债务人的出资人或者其他利害关系人愿意垫付上述报酬和费用的，破产程序可以继续进行（垫付款项作为破产费用从债务人财产中向垫付人随时清偿）这种变通方式。

2. 管理人是否可以未得到报酬为由暂缓履行职责

还有一个问题需要注意，实践中包括律师事务所在内的中介机构通过摇号、抽签等方式被法院指定为破产案件的管理人，但是债务人几乎没有留存任何现金，也没有任何可以变现的财物，也没有债权人、债务人的出资人或者其他利害关系人愿意垫付。管理人可否以此为由暂缓履行职责或申请辞去职务，这也是一个值得考虑的问题。

对此问题，《破产法》《管理人报酬规定》以及《指定管理人规定》均未作出规定。我们认为，如果管理人确实无法解决报酬来源，可以直接依据《管理人报酬规定》第十二条提请人民法院终结破产程序。当然在申请终结破产之前，管理人仍应当勤勉尽责地履行职责，切勿因未获得报酬而不适当履行职务或怠于履行职务，以防范可能的风险，如法院认为管理人的上述行为成立，有可能作出停止其担任管理人一年至三年，或者将其从管理人名册中除名的决定。

不过，部分地方的司法机关也注意到了这个问题，并尝试通过确立专门的援助资金制度来解决这一问题。例如，2020年4月5日生效的《北京市高级人民法院破产费用援助资金使用办法（试行）》（京高法发〔2020〕137号）就专门规定，“破产费用援助资金（以下简称‘援助资金’）是由市财政拨付，在本市各级人民法院‘法院办案业务费’中列支，用于支付财产不足以支付破产费用案件中破产费用的专项资金。”具体而言，破产案件具有下列情形之一的，管理人即可向破产案件的审理法院提出援助资金使用申请：（1）债务人无财产支付破产费用，且无利害关系人自愿承担的；（2）债务人财产不足以支付破产费用，且无利害关系人自愿承担的。援助费用具体用以支付管理人履行职务产生的破产费用，包括管理、变价、分配债务人财产的费用，刻章费、公告费、档案保管费、邮寄费、交通费等工作费用，召开债权人会议的费用、聘用其他工作人员的费用，以及管理人报酬。这一制度在实践中如能得到有效落实，或可有效解决破产费用及管理人报酬无从支付的问题。

（二）管理人的工作衔接机制

《破产法》第二十三条规定，“管理人依照本法规定执行职务，向人民法院报告工作，并接受债权人会议和债权人委员会的监督。管理人应当列席债权人会议，向债权人会议报告职务执行情况，并回答询问”。

从《破产法》的制度设计上讲，管理人是介于受理法院与债权人会议（债权人委员会）之间的处理破产专门性事务的专业机构。对法院而言，根据《破产法》第二十三条、第六十九条、第一百二十条的规定，管理人应当向其报告包括但不限于履行职责的报告，破产财产处置情况报告、破产财产分配情况报告；对债权人会议和债权人委员会而言，根据《破产法》第六十一条规定，其有权申请人民法院更换管理人，审查管理人的费用和报酬，监督管理人，管理人应向其报告职务执行情况，管理人有不当行为时，债权人会议和经授权的债权人委员会可申请法院予以更换。

（1）建立与债权人的沟通机制

鉴于上述规定，律师作为债权人或债务人的代理人参与破产案件时，有必要协调管理人与法院、管理人与债权人会议（委员会）之间建立有效的工作机制，加快推进破产程序进度。实现这一点也就维护了客户的合法权益。对债权人或债权人会议而言，破产程序中管理人应当充分做好如下工作：

①如涉及债务人名下不动产、动产以及其他财产性权益的转让，或者履行债务人和对方当事人均未履行完毕的合同等重大事项时，应当及时报告；

②对于列席债权人会议时未能当场回答的问题，事后应以书面方式及时回复；

③制订变价方案、分配方案等涉及债权人重大权益的方案时，事先务必征询持有较大债权比例的债权人的意见，必要时根据其意见进行修订；

④在工作中及时回复各个债权人的书面、电话问询。

（2）建立与法院的沟通机制

同时，管理人也应当建立与人民法院的工作协调机制。破产管理人是法院指定的，但根据债权人会议的申请及依据职责，法院也可以另行指定管理人。管理人能否与法院良好沟通，直接决定了管理人是否能顺利履职。为此，管理人应向承办法官定期报告工作，对于涉及资产处置、变价方案或分配方案制订等重大事项，应做到事先征询和尊重承办法官意见，并根据法官的意见对有关方案或安排进行修订完善。

第三节　债权申报及债权人会议

保障债权人的合法权益是《破产法》重要的立法目的，也是其立法价值最为重要的体现。债权人只有在依法申报债权后，方有权在债权人会议中行使相关的表决权，以此对破产程序中重要事项——如重整、和解、破产财产的变价方案、分配方案等——作出决定。为此，《破产法》设专章规定了债权的申报及债权人会议。我们将在本节对上述两项重要的制度性设计进行分析说明。

一、债权申报实务

《破产法》第十四条规定，法院应当在案件裁定受理之日起二十五日内通知已知债权人，并予以公告。通知和公告应当载明申请人、被申请人信息，申报债权的期限、地点和注意事项，管理人的名称或者姓名及其处理事务的地址，债务人的债务人或者财产持有人应当向管理人清偿债务或者交付财产的要求，第一次债权人会议召开的时间和地点以及人民法院认为应当通知和公告的其他事项。

实务中，管理人会在法院按照上述法定要求发布公告内容的同时向已知的债权人邮寄要求其提交债权申报材料的通知。接下来，管理人进行的就是与接管债务人财产同样重要的，也同样耗费精力的对申报债权的审查、登记造册及编制债权表的工作。

《破产法》第四十九条规定："债权人申报债权时，应当书面说明债权的数额和有无财产担保，并提交有关证据。申报的债权是连带债权的，应当说明。"第五十七条第一款规定："管理人收到债权申报材料后，应当登记造册，对申报的债权进行审查，并编制债权表。"《破产法司法解释（三）》第六条对债权申报登记、审核的主要内容进行了规定："管理人应当依照企业破产法第五十七条的规定对所申报的债权进行登记造册，详尽记载申报人的姓名、单位、代理人、申报债权额、担保情况、证据、联系方式等事项，形成债权申报登记册。管理人应当依照企业破产法第五十七条的规定对债权的性质、数额、担保财产、是否超过诉讼时效期间、是否超过强制执行期间等情况进行审查、编制债权表并提交债权人会议核查。债权表、债权申报登记册及债权申报材料在破产期间由管理人保管，债权人、债务人、债务人职工及其他利害关系人有权查阅。"

二、申报债权登记

根据上述规定，为规范债权的申报，管理人应让债权人提交统一制式的债权申报表并制定内部的债权登记表。以下是我们此前参与的破产案件中所使用的债权申报表，供参考：

表2　债权申报表

债权人名称		邮编	
地址		联系人	
开户银行		账号	
申报债权数额		债权期间	
财产担保债权数额		担保方式	
申报债权事实证据			
附证据名称及份数			
备注			

年　月　日

管理人同时会要求债权人在提交债权申报表及相关证明材料时，一并提交加盖公章的营业执照副本复印件、法定代表人证明文件、代理人授权委托书以及身份证或律师执业证复印件。管理人也应一并向债权人告知其办公地址、管理人联系人及电话，以便债权人提交债权申报材料。

为确保编制债权表的真实性、合法性、完整性，管理人应当根据债权申报材料的数量，预先协调一定数量的相关人员参与该项工作。必要时聘请会计师事务所的专业人员予以协助。在审核债权人提交的购销合同、货物订单等基础材料以及支付凭证时务必谨慎，原则上应当要求债权人提供原件以备核查。审核过程中，如果对某些债权存有异议，则可以书面方式通知债权人对此进行补充材料或进行专门说明。在此项工作中，务必留存相应的工作底稿，以备在债权人会议上回答相关的询问。

在汇总了各个债权人申报的债权后，管理人应当制作一张简要的总表，以便直观简要地列明债权的总体情况，可参见如下表格：

表3　债权申报汇总表

序号	债权人	地址	联系人	债权数额	证据材料	备注
总计						

其中的备注应当对债权的种类进行说明，可参照《破产法》第八十二条规定的包括担保债权、职工债权、税务债权、普通债权等不同的债权类型。

三、债权人会议及相关制度

《破产法》同样以专章的体例对债权人会议的人员组成、职责、召集规则、议事规则、表决规则等事项进行了规定；同时，也对债权人会议下设的债权人委员会的人员选任、职责进行了规定。在很大程度上可将债权人会议类比为公司治理结构中的股东会，债权人委员会类比为公司的董事会。同样地，鉴于股东会、董事会在公司治理架构上的作用，《破产法》将申请更换管理人、监督管理人、通过重整计划或和解协议、通过破产财产变价或分配方案等重大事项的决定权交由债权人会议。下面将债权人会议的制度及重要职权分述如下：

（一）债权人会议组成及职权

1. 依据《破产法》第五十九条的规定，债权人会议的成员由依法申报债权的债权人组成，对相关事项享有表决权。但对债务人特定财产享有担保权且未放弃优先受偿权利，债权人对通过和解协议及通过破产财产的分配方案不享有表决权。对债权尚未确定的债权人，除人民法院能够为其行使表决权而临时确定债权额的外，也不得行使表决权。

债权人会议设债权人会议主席一名，由人民法院从有表决权的债权人中指定。笔者代理的某破产案件中，部分债权人一度争当债权人会议主席，他们认为该职务可给自身带来某些权益——尽管并不清楚债权人会议主席有何职责。在得知法律规定债权人会议主席是由法院指定后，又纷纷向承办法官请求由各自担任。

按照《破产法》第五十九条、第六十条及第六十二条的规定，债权人会议主席仅有的“权力”是接受债权人的授权委托书、主持债权人会议及提议召开债权人会议。该职位更多的是作为债权人会议召集人，并无其他的所谓“权力”可言，可以说担任与否与能否实现自身的权益并无实际联系。实务中，法院在债权人会议上征询各位债权人的意见后，一般会指定债权数额最大的债权人所推荐的人担任该职务。

2. 债权人会议职权。与公司中股东会的职责近似，《破产法》赋予了债权人会议对破产程序中关键、重大事项作出决议的权利，根据《破产法》第六十一条的规定，债权人会议行使下列职责：

（1）核查债权

破产案件进入司法程序后，各个债权人通过管理人的书面通知或公告向管理人申报债权，同时还应向管理人提交相应的证据材料，由管理人审查、确认后登记造册，以此形成债权人名册及债权表。但最终该等债权的核查是债权人会议的职责。实务中，在核查确认债权时，一部分债权人（主要是债权数额较少的债权人）对经管理人确认的债权数额较大的债权会提出异议，理由是管理人未能公正履行职责，蓄意增加债权数额，侵害小债权人的合法权益。导致债权人会议仅在核查债权这一项上就耗费较长的时间。

如果管理人向该部分债权人提交了确认债权的相关证据材料，仍不被认可的，如前所述，出于对该异议的救济，根据《破产法》第五十八条的规定，主持第一次债权人会议的承办法官会在释明后限定该债权人在一定的期限内向受理破产申请的人民法院提起诉讼。该诉讼为破产债权确认纠纷之诉。

关于债权确认纠纷之诉，《破产法司法解释（三）》第八条规定：“债务人、债权人对债权表记载的债权有异议的，应当说明理由和法律依据。经管理人解释或调整后，异议人仍然不服的，或者管理人不予解释或调整的，异议人应当在债权人会议核查结束后十五日内向人民法院提起债权确认的诉讼。当事人之间在破产申请受理前订立有仲裁条款或仲裁协议的，应当向选定的仲裁机构申请确认债权债务关系。”

此外，《北京高院破产审理规程》第一百七十四条规定：“债务人、债权人对债权表记载的债权有异议的，应当说明理由和法律依据。经管理人解释或者调整后，仍有异议的，按照以下原则处理：（1）债务人、对他人债权有异议的债权人，可以在核查债权之债权人会议结束后十五日内，向受理破产案件的人民法院提起债权确认诉讼。逾期未起诉的，该债权确定；（2）对本人债权有异议的债权人，可以向受理破产案件的人民法院提起债权确认诉讼。人民法院可以依照企业破产法第五十九条第二款之规定，为其行使表决权而临时确定债权额。破产财产分配时，该债权确认诉讼案件尚未作出生效裁判的，应当根据该债权人申报债权额和破产案件清偿率计算其分配额并提存。对于债权人会议核查的债权，如该债权有担保人的，管理人应将审查情况书面告知担保人。担保人有异议的，可以要求管理人更正。管理人不予更正的，担保人可以在收到不予更正决定之日起十五日内，向受理破产案件的人民法院提起债权确认诉讼。逾期未起诉的，该债权确定。”

我们在某破产清算案件中，作为第一大债权人（申请人）委托的律师对债务人提起了破产清算申请，进入审理程序后，管理人对其债权进行了登记造册。但在召开第一次债权人会议时，其他的债权人声称申请人所主张的债权是虚构的，并不存在。此时，承办法官告知该等债权人，可在15日之内就此向法院提起破产债权确认纠纷之诉。逾期提起诉讼的，视为承认该项债权，破产程序继续进行。

该破产案件中即出现了债权人提起破产债权确认之诉“案中案”。一审法院对该确认纠纷之诉进行了四个多月的审理。在此期间，破产程序一直处于中止状态。

就此情形，我们建议债权人，尤其是债权比例较高的债权人，在债权人会议召开之前自行或委托律师与管理人充分沟通，使得管理人能尽可能掌握债权申报所依据的证据材料，夯实债权数额以及债权数额形成的依据，通过该方式减少债权人之间不必要的、没有实质意义的争执，以提高第一次债权人会议的效率，同时避免发生破产债权确认之诉这样的“案中案”。

（2）通过破产财产的变价、分配方案

由于破产财产的变价方案、分配方案事关全体债权人自身的合法权益，很多时候债权人会议对管理人提交的变价、分配方案的表决很难在短期内达到《破产法》规定的由出席会议的有表决权的债权人过半数通过，并且其所代表的债权额占无财产担保债权总额的二分之一以上的决议通过要求。

为提高破产案件办理效率，加快破产进程，根据《破产法》第六十五条的规定，如果变价方案经债权人会议表决未通过的，由人民法院裁定。如分配方案经债权人会议二次表决仍未通过的，则由人民法院裁定。这当然是出于破产案件办理效率的考虑，对此当属无异议。

（3）其他权利

进入破产程序后，管理人清查、管理、处分以及分配债务人的财产构成了管理人的工作重心。管理人当然应当审慎勤勉地忠实履行管理和处分债务人破产财产的职责。但也总是会有一些管理人未依法合规地履行职责或者存在不当履职或其他不能胜任职务的情形。为此有必要赋予债权人会议更换管理人的权利。同时，债权人会议也拥有审查管理人的费用和报酬、监督管理人以及选任和更换债权人委员会成员、决定继续或者停止债务人的营业、以及通过重整计划和通过和解协议等权利。

（二）第一次债权人会议

第一次债权人会议应当在受理法院的主持下召开。在召开之前，受理法院将在全国性的报纸上（一般为《人民法院报》）公告第一次债权人会议召开的时间、地点，同时要求债权人及时向管理人申报债权、债务人的债务人向管理人清偿债务或交付财产，并告知参加第一次债权人会议应当提交的证明文件及授权文件。

实务中，第一次债权人会议主要是核查管理人所提交的登记汇总的各笔债权，如果债权人会议上对某项或某些登记的债权有异议，则管理人需就此以先前登记核实债权所依据的申报证明材料向债权人会议进行专项说明。

此后的债权人会议可以由债权人会议主席召集并主持，但实务中也有经管理人或占债权总额四分之一以上的债权人申请由受理法院继续召集主持。关于债权人会议召开地点，除第一次债权人会议要求在人民法院召开外，后续会议均无具体要求。《破产法司法解释（三）》第十一条规定："债权人会议的决议除现场表决外，可以由管理人事先将相关决议事项告知债权人，采取通信、网络投票等非现场方式进行表决。采取非现场方式进行表决的，管理人应当在债权人会议召开后的三日内，以信函、电子邮件、公告等方式将表决结果告知参与表决的债权人。"从上述关于表决方式的规定可以看出，出于节约成本、提高效率等方面的需要，实务中债权人会议也可通过网络、邮寄材料等方式召开。

第四节　重整程序

破产中设置重整程序的出发点是对已有破产预兆或已进入破产程序的债务人提供一次可能的重生机会。但冰冻三尺非一日之寒，债务人之所以走到破产境地，与其内部治理结构、经营方式、产品服务以及外部经济环境、市场渠道有着深刻的关联。实践中，极少数债务人能通过重整起死回生。

即便跨过了重整的门槛，但浴血重生、重焕活力的过程中，需要债务人付出数倍心血来调整主营业务，确定稳定的造血输血功能，在司法权的强制介入和保护下，才可能会让债务人暂时离开破产边缘。这一过程毫无疑问考验着各方的智慧，耐心和信任，对各方都是巨大的挑战。

《破产法》用24个条文的篇幅对涉及重整的申请和重整期间、重整计划的制订和批准以及重整计划的执行等重整程序中的主要问题进行了规定。

一、重整申请主体及重整执行期间

（一）重整申请主体

《破产法》中规定的重整是与破产清算、和解并行的程序。从《破产法》第二条的规定来看，公司具有不能清偿到期债务，且资产不足以清偿全部债务或明显缺乏清偿能力的，或者有明显丧失清偿能力可能的，债务人及债权人均可以直接申请重整。同时，根据《破产法》第七十条的规定，债权人、债务人或者出资额占债务人注册资本十分之一以上的出资人（以下简称百分之十的出资人）都可以向人民法院申请重整。

但务必注意的是，各个主体提起重整的时间点以及条件是不同的，具体为：

1. 对于债务人而言，其在不能清偿到期债务并且资产不足以清偿全部债务或明显缺乏清偿能力，或偶遇明显丧失清偿能力可能时，债务人可以直接向法院申请重整；同时，在债权人对债务人申请破产清算的情况下，进入破产程序后宣告破产前，债务人也可以向法院申请重整。

2. 对于债权人而言，其仅有的以此提起重整的机会是在向法院提交申请材料时，可以选择申请对债务人破产清算，或者选择申请对其重整。但如果选择了破产清算，就意味着在今后的程序中无权提出重整申请了。

3. 对百分之十的出资人，更需要我们注意的是，根据《破产法》第七十条第二款的规定，其申请重整只能在破产申请受理后、宣告债务人破产前，并且仅能在债权人提出破产申请的程序之中。也就意味着，如果是债务人申请自身破产清算，则百分之十的出资人都无权提出重整的申请。

上述关于提出重整的主体，尤其是提出的时间点和条件的限制，请务必予以充分注意，以使我们在重整的实务操作中能够做到清晰明确，避免混淆。

图 2 有助于更好地理解上述内容（以重整计划草案的表决与执行为例）：

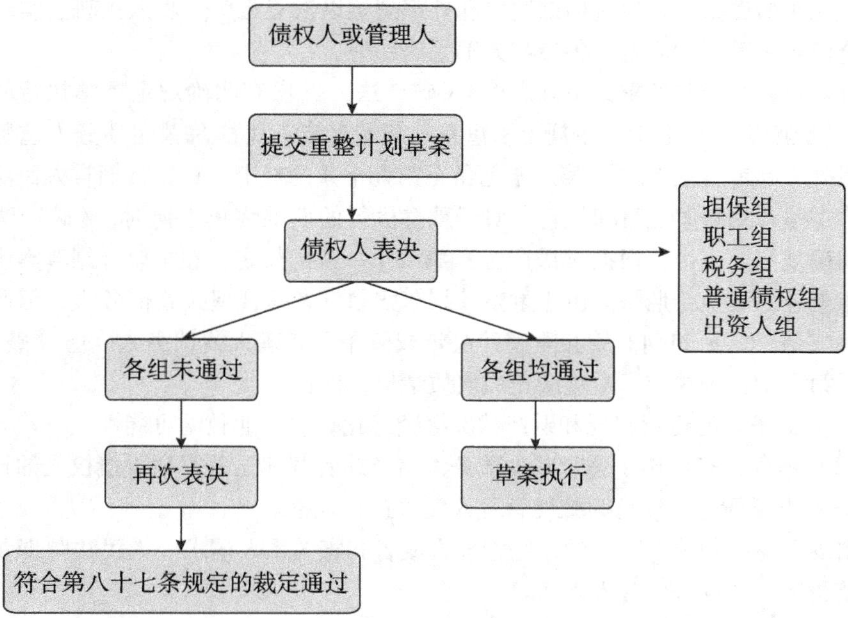

图 2　重整流程图

图注：1. 出资人组仅在涉及出资人权益调整事项时设立，且根据《破产法司法解释（三）》规定，权益未受到调整或影响的债权人或股东均不参与表决。

2. 再次表决仅上次表决未通过的表决组参与。

不过，随着司法实践的发展和营商环境的变化，出于改善营商环境的要求，部分地方制定了特殊规定，以扩大重整申请适用的主体范围。

例如，2019 年 12 月 30 日生效的《北京破产法庭破产重整案件办理规范（试行）》，其第六条第三款规定："上市公司具备重整原因的，持有上市公司十分之一以上股份的股东可以向人民法院申请对上市公司进行重整。"第七条规定："破产清算申请受理后、破产宣告前，债权人、债务人或者出资额占债务人注册资本十分之一以上的出资人，可以向人民法院申请重整。"第八条规定："商业银行、证券公司、保险公司等金融机构具备重整原因的，该金融机构、国务院金融监督管理机构可以向人民法院提出对该金融机构进行重整的申请。"该规定不仅赋予了持有上市公司十分之一以上股份的股东、金融机构以及国务院金融监管机构对特定主体直接申请重整的资格，还同等赋予了债权人、债务人、百分之十的出资人在破产清算受理后、宣告破产前申请重整的资格，给了更多企业一个"重获新生"的机会。

（二）重整执行期间

即便破产程序的各个参与方已就债务人的重整达成一致，并且开展了重整，但债务人能否借助重整，通过内部调整和外部契机以恢复元气、步入正轨、实现稳定的现金流等一系列的问题，各参与方都无法保证。

针对重整所面临的重大不确定性，《破产法》并没有明确规定重整执行的具体期限。《破产法》第七十二条规定了重整的起始日自人民法院裁定债务人重整之日起；另外，参考《破产法》第八十七条至第九十条的规定，重整计划自人民法院裁定批准重整计划草案之日起执行。对于重整执行的期限终止于何时，《破产法》却并无明确规定。不过，根据《破产法》第八十一条的规定，在重整计划草案中应当包括重整计划的执行期限。由于重整计划草案制订者是管理人或债务人，因此可以理解为《破产法》将何时终止重整的决定权赋予了管理人或债务人。但《破产法》也通过第七十八条规定了重整终止的实质情形，即：

（1）债务人的经营状况和财产状况继续恶化，缺乏挽救的可能性；

（2）债务人有欺诈、恶意减少债务人财产或者其他显著不利于债权人的行为；

（3）由于债务人的行为致使管理人无法执行职务。

出现上述三种情形之一的，经管理人或者利害关系人请求，人民法院即裁定终止重整程序，并宣告债务人破产。

二、重整计划的制订和批准

（一）重整计划草案的制订主体

根据《破产法》的规定，重整计划草案由债务人或管理人提出。如果在重整期间由债务人自行管理财产和营业事务，由债务人制作重整计划草案；如果由管理人负责管理财产和营业事务，则由管理人制作重整计划草案。

尽管债权人及债权人会议是破产程序中重要的参与方，但是需要注意的是，《破产法》却并未赋予债权人、债权人会议制订重整计划草案的权利。实务中，有的管理人会向债权人，特别是向债权比例较大的债权人征询重整计划草案的建议，或在制订草案后与债权人进行沟通，对债权人的合理建议予以吸收，通过此举措使草案能够在债权人分组表决中获得通过。

另外，也有一些债权人（尤其是享有较大数额债权的债权人）通过向管理人或债务人提交其制订的重整计划草案的方式参与或影响草案的制订。对此，我们应根据服务客户的不同，提示客户照顾各方的利益，但最基本的出发点应着眼于重整计划草案的通过以及顺利得到执行。

（二）重整计划草案的批准

1.《破产法》第八十六条规定，在第八十二条规定的担保债权组，职工债权组、税款债权组、普通债权组、小额债权组以及实务中的出资人组，均通过重整计划草案后，由法院以裁定方式批准该草案，同时终止重整程序，并予以公告。

2. 如果部分表决组未通过重整计划草案，经过债务人或者管理人与未通过的表决组协商后，该组拒绝再次表决或者再次表决仍未通过重整计划草案的，如果重整计划草案符合《破产法》第八十七条所列的全部六项条件的，则债务人或者管理人可以申请人民法院批准重整计划草案。

人民法院经审查认为重整计划草案符合该条所规定的法定条件的，应裁定批准。法院在裁定批准重整计划的同时，还应当裁定终止重整程序，并予以公告。至此，重整期间结束。接下来即开启了重整执行的序幕。当然，如果重整计划草案未获得通过且未依照《破产法》第八十七条的规定获得批准，或者已通过的重整计划未获得批准的，则人民法院应当裁定终止重整程序，并宣告债务人破产。

三、重整计划的执行

（一）重整计划的执行及监督

不同于重整申请及重整计划草案的制订可以有两个或三个主体，重整计划的执行只能限于债务人。为此，在人民法院裁定批准重整计划后，如果此前已由管理人接管债务人的财产和营业事务，则应当向债务人移交财产和营业事务。但是管理人有权监督重整计划的执行。在监督期内，债务人应向管理人报告重整计划执行情况和债务人财务状况。监督期届满时，管理人应当向人民法院提交监督报告。自监督报告提交之日起，管理人的监督职责终止。经管理人申请，人民法院也可以裁定延长重整计划执行的监督期限。

（二）重整计划的终止

如债务人在重整计划执行期间不能执行或者不执行重整计划，严重背离重整计划、损害债权人及其他利害关系人的合法权益，经管理人或者利害关系人请求，法院将裁定终止重整计划的执行，同时应当宣告债务人破产。

第五节　破产财产及财产分配

债务人进入破产程序后，其可以变现的财产就成了众矢之的。参与破产程序的管理人、债权人都紧盯着那仅有的一点财产。在这种僧多粥少的状况下，如何明确债务人的财产、破产财产如何分配才能保护债权人和债务人的合法权益，都是《破产法》的立法者必须解决的重大课题。

《破产法》的很大篇幅都是围绕破产财产的确认管理、合理地确立分配顺序所进行的制度设计。例如，管理人法定职责中有多项与债务人财产有关，如接管债务人的财产、调查债务人财产状况、制作财产状况报告、决定债务人的日常开支和其他必要开支、管理和处分债务人的财产，等等。对债权人而言，从减少其自身权益受损的目的出发，其更加关注债务人可供清偿的财产的多少以及各自的清偿比例，如债权人会议的主要议题即为讨论并决定与债务人财产相关的问题。

一、破产人的财产

（一）破产财产的范围

1. 破产财产确定的起止期间

一旦被宣告破产，债务人将不可逆地进入破产清算阶段。《破产法》第一百零七条第二款规定："债务人被宣告破产后，债务人称为破产人，债务人财产称为破产财产，人民法院受理破产申请时对债务人享有的债权称为破产债权。"虽然因破产宣告这一程序而被赋予了新的称呼，但破产财产与债务人财产本质上属于同一财产。

《破产法》第三十条规定："破产申请受理时属于债务人的全部财产，以及破产申请受理后至破产程序终结前债务人取得的财产，为债务人财产。"该条以简洁的立法语言，明确了归属于债务人财产的时间点，即"破产申请受理时属于债务人的全部财产 "以及属于债务人财产的期间，即"破产申请受理后至破产程序终结前债务人取得的财产"。

另外，《最高人民法院关于适用〈中华人民共和国企业破产法〉若干问题的规定（二）》（以下简称《破产法司法解释（二）》）第一条以列举的方式明确了债务人财产的范围，即债务人所有的货币、实物，债务人依法享有的可以用货币估价并可以依法转让的债权、股权、知识产权、用益物权等财产和财产权益。

2. 属于破产财产的其他情形

债务人的财产并不仅限于该条规定的范围，根据《破产法》第一百二十三条的规定，如果自破产程序终结之日起二年内，债权人发现有《破产法》第三十一条、第三十二条、第三十三条、第三十六条规定的情形，即管理人可以行使撤销权的情形、债务人处分财产无效的情形以及债务人的董事、监事和高级管理人员利用职权从企业获取非正常收入和侵占企业财产的情形。基于上述情形追回的财产，也属于债务人的破产财产。

另外，该条同时规定，自破产程序依照《破产法》第四十三条第四款或者第一百二十条的规定终结之日起二年内，发现破产人有应当供分配的其他财产的，债权人均有权请求人民法院按照破产财产分配方案进行追加分配。

（二）破产财产的分类

结合我们办理破产清算工作的实务，现将属于债务人财产的不同类型的财产以下图（图3）进行列明：

图3　破产财产分类

破产案件中，作为参与方的聘请律师，我们应当通过查阅会计师事务所出具的审计报告、现场清查盘点、向政府部门查询等方式核实管理人所制作的债务人财产状况报告。如发现有漏登债务人财产或有应当对外主张的财产或债权时，应及时向管理人反馈，进行补充，以共同保障债务人财产的完整与安全。

二、破产财产分配

（一）破产财产分配方案

依法公平地分配破产财产应是管理人、法院、债权人以及债务人共同追求的目标。根据《破产法》第一百零七条、第一百一十一条和第一百一十五条的规定，管理人应当及时拟订破产财产的变价和分配方案，经债权人讨论决定后予以执行。

管理人应结合对债务人财产的核查、归集的实际情况，提出财产变价方案。在方案中，管理人应对包括货币、实物资产及无形资产等在内的各类资产状况进行列明，其中：

1. 涉及货币资产的，管理人将债务人的银行账户中的存款转入管理人为本次破产案件开立的账户内，然后注销债务人各个银行账户。

2. 涉及债务人对外应收款项的，管理人依据会计师事务所出具的审计报告，结合各个债权的数额、基础性交易文件是否完备、是否存在诉讼时效障碍、交易相对方是否正常存续等现状，对每笔债权是否可以实现作出具体判断。

3. 动产、不动产、生产设备、原材料以及办公设备等实物资产的价值及其计算方式。

4. 无形资产，包括专利技术、著作权、商标权等，管理人应当对此进行评估作价。

5. 对于收回难度大的应收账款，管理人为避免债权人损失的扩大，一般会建议债权人会议将对外的应收账款合成一个不良资产包进行无底价拍卖，由债权人竞买。如果两次拍卖均未能成交的，管理人将不再对该部分的应收账款进行清收。

（二）破产财产分配顺序

在破产清算的最后阶段，如何对仅剩的破产财产进行分配，分配中哪一项债权应优先参与分配，是破产进行到分配阶段所要解决的最后一个重要内容。

实际上，《破产法》立法进程中，就职工债权优先受偿还是担保债权优先受偿的问题，曾引发了不同观点的碰撞。最终，《破产法》第一百零九条规定：“对破产人的特定财产享有担保权的权利人，对该特定财产享有优先受偿的权利。”

权利人的这一权利在破产法理论上称为别除权。实践中，债权人行使别除权前应向人民法院申报债权，并同时提供证明其债权已设置财产担保的证据材料。权利人在破产案件受理后至破产宣告前请求优先受偿的，应经人民法院准许。破产宣告后行使别除权的，应向管理人申请。别除权人获得优先受偿的数额以其担保财产的价值为限。行使优先受偿权利未能完全受偿的，其未受偿的债权作为普通债权处理；放弃优先受偿权利的，其债权则作为普通债权处理。

另外，关于别除权的行使，存在一个极为特殊的例外。《北京高院破产审理规程》第二百五十三条第一款规定："破产人为建设工程发包人时，就该工程折价或者拍卖的价款，承包人的建设工程价款债权优先于抵押权受偿。"也就是说，建设工程价款债权的受偿顺序优先于一般的别除权。建设工程承包人行使优先权的期限为六个月，自建设工程竣工之日或者建设工程合同约定的竣工之日起计算。

根据《破产法》第一百一十三条的规定，在破产财产的清偿过程中，破产人所欠职工的工资和医疗、伤残补助、抚恤费用，所欠的应当划入职工个人账户的基本养老保险、基本医疗保险费用，以及法律、行政法规规定应当支付给职工的补偿金将作为破产费用和共益债务之后的第一清偿顺位债权予以清偿，之后，破产人欠缴的除上述债权以外的社会保险费用和破产人所欠税款，以及普通破产债权，将分别作为第二、第三清偿顺位的债权，按先后顺序予以清偿。

如破产财产不足以清偿同一顺序的清偿要求的，则按照比例分配。

第六节　办理破产案件经验分享

在谈及了破产案件的主要流程后，作为破产清算的律师，我们在执业中也积累了一些办案的经验，总结起来有如下几点：

一、始终把沟通放在工作首位

首先，应当与客户保持良好沟通。相对于一般的民商事案件，破产案件申请中提交的材料较多，且分布在客户的不同部门之中。作为律师，要以法院的裁定立案为这一阶段的最终目标，应当主动与各类人员保持良好的沟通，取得理解和认同，获得申请破产立案的必要材料。

在某个案件中，作为申请人的代理律师，因申请材料涉及客户经营过程中的商业秘密、财务数据、人员信息等重要材料，我们仅准备破产申请材料就耗时近两个月。准备材料期间，我们主动要求与客户签订保密协议，最大限度地打消客户的顾虑。我们通过与客户的负责人、高管以及行政部门、财务部门、营销部门的负责人进行沟通，收集了立案所需的各类材料近300页，凭借充分的准备，顺利地拿到了破产案件的受理裁定。

其次，也要与管理人保持密切沟通。管理人在破产程序中的重要地位无须多言。实务中，管理人更多的是由3—5人组成的项目组，其中也分为项目负责人、具体承办人。无论作为债务人还是债权人的代理律师，在参与债权申报、债权人会议或是重整、和解等各个程序时，均应当充分配合、协助管理人的工作，对管理人保持足够的尊重和理解，建立良好的沟通机制，保持与项目负责人、承办人经常性的沟通。如此，方能更好地争取和维护自己客户的合法权益。

最后，与其他中介机构人员保持沟通也是必要的。破产程序中，一些参与方会聘请律师作为代理人参与诉讼，管理人也会聘请会计师、评估师对财产、账务进行审计，或是对财产作价评估。作为客户的律师，即使在破产程序中与其他中介机构人员处于对立方，我们也应当从尊重同行、从争取对话的目的出发，相互尊重，彼此理解。

二、保持良好的学习工作习惯

《破产法》并未对破产程序的审限作出规定，这意味着破产案件没有审限的限制（另外涉外案件也没有审限的限制）。实务中，破产案件审理的周期普遍较长。我们参与的某破产案件，法院于2013年裁定立案受理。但其间因需要不断就各类程序性事项作出裁定、决定，加之法院、管理人以及债权人之间的衔接问题，至今尚未结案。当这些客观情形无法避免时，我们要保持良好的心态，切勿急躁。同时，也要坦诚地向客户进行解释阐明，使客户知悉目前无法推进的真实原因，以取得客户的理解。

鉴于破产程序中繁杂的程序性事项，应当及时向客户反馈、提示需准备、提交的材料、说明以及其他的程序文书。此过程中，务必养成以电子邮件、纸质文件的方式向客户进行提示或要求的习惯；就节点性、关乎客户权益的事项，还应当以书面方式向客户报告。

另外，就破产程序中的进展、问题以及工作安排，应及时以上述书面方式向客户通报并及时回复客户的问询。作为律师，通过上述工作，一方面能够显示出我们良好的工作态度和专业素养，另一方面也避免了不必要的误解，有助于规避自身的执业风险。

三、不断提升学习理解的能力

《破产法》是技术性立法的典范，是一部有着很强专业性的部门法，这也就要求我们无论是作为管理人还是代理人，都应当熟练掌握《破产法》中不同程序性事项所应具备的适用情形和法定要求。同时，在实务操作中，对出现的新情况、新问题，也需要从《破产法》及其他部门法中找出适用的依据。这些都需要我们具备扎实的学习能力。也只有不断地提升学习能力，我们办理破产案件才能得心应手、游刃有余。

同时，我们还应当对国家在政策层面上所制定的破产相关制度或文件予以关注，尤其是目前正在实施的国有企业混合所有制改革中出现的政策性破产，需要从宏观经济的大局去观察、理解与把握。如此才能丰富我们的执业经历，提升办理破产案件的能力。

第十一章

争议解决实务

争议解决法律实务概述

在进入本章的正文之前，我试着探讨一些似是而非的问题，纯属个人思考。下面这段文字，权且相当于本章的“鉴于”条款吧。

谈论争议解决，会涉及无穷无尽的问题，角度也会是多种多样的。所以，概述争议解决法律实务，实在是一件难事儿。好在兰台对于争议解决有自己独有的认知以及传承，所以，在概述争议解决法律实务的时候，就从法律思维规则的角度阐释开去，其他的方面，限于篇幅，也就点到即止了。

谈论争议解决的思维规则，如果从一个律师事务所对于律师的考评开始谈起，是不是觉得有点儿怪？谈到法律思维规则的时候，谈到这样一个理性的话题，如果还能够让你眼泪纷飞，是不是有点儿不可思议？理性与潇洒、飘逸，规则与柔情、豪迈是不是一点儿边也不沾？

其实，在敲下这段文字的时候，我热泪盈眶，因为，透过那冷冰冰的争议解决文件，我们看到了背后的贪婪与克制、欺诈与诚信、阴谋与坦诚、冲动与容忍……既令人厌恶，也让人感动；既让人怜悯，也让人可恨。这世界上的事情，谁又说得清楚呢？

争议解决就是将各方说不清楚、通过自力协商解决不了的事情，通过第三方的居中裁判，尽量说清楚（事实认定），并做一个了断（法律适用）的过程。

因此，争议解决就必然涉及裁判者的思维以及代理人的思维，尤其是要将缥缈的、无影无形的感性思维通过规律总结的方式，抽象出来——虽然这似乎与人类感性背道而驰，但又不得不做。这种情形下，就会谈到本章的主角——兰台的争议解决团队，就会谈到兰台争议解决团队的律师们应该具备什么样的素养才会是一个有品质、有突破能力、有防御体系的团队，因此，也就会谈到对兰台争议解决团队的考评（包括考评的结果以及考评的维度）；当然也会谈到兰台具备什么样的氛围（应该是文化与专业、自由与平等水乳交融而产生的氛围），能够将争议解决团队的律师孕育（不仅仅是培养）出大家或者大家风范。才会谈到，兰台争议解决团队凭什么能够得到客户的信赖——即使在败诉的情形下。

兰台争议解决团队的考评，其实就是在兰台基本规则下衡量争议律师思维的广度、高度、深度。一个争议律师，除了需要具备协作、准时、勤勉、区别轻重缓急多头处理工作的基本素养（这是可以培养或训练的）以外，更需要的是能够具备基于兰台独特的氛围，成长为一个争议解决大家的基因或潜质。因此，只要考评有指标或者维度，我们就不会成为罔谈彼短、靡恃己长的考评；更重要的是，希望兰台孕育出来的争议律师，具备信使可覆，器欲难量的方家。

一家律师事务所，即使将选人、育人、留人做到极致，如果不具备吸引有才华的成熟的合伙人，留不住有强烈欲望的作业律师的机制，也是孕育不出来争议解决的大家的。兰台一体化制度的特点，应该是在最初的层面，解决了这一问题——虽然还需要不断完善。一体化制度的根本特点有两个：大家的事大家做；规则之内的随心所欲。但是，大家的事，大家做，做到这一点，真是太难了，因为每个人的能力确实有高低、使命感确实有强弱，因此，兰台特别需要培育的氛围就是高的、强的，要谦和；低的、弱的，要努力。兰台的一体化有这个基因，根本原因有两条：兰台有序的晋升机制，以及最终晋升到权益合伙人之后的经济独立与自由。这两条原因，也决定了兰台的符号，不应该是任何一个个人或者一个团队；任何一个人的气场，不应该覆盖其他人的自由飞扬。兰台打造的就是一个不拘一格、众人抖擞、创新无止境的规模化的律师事务所。因此，在一体化基础上，兰台应该格外注重考评指标的设计，不要让那些有个性、有才华但有些桀骜的人，在被培养的时候，磨灭了本原性的活力——这与团队协作以及遵守规则并不冲突。因此，兰台氛围所孕育出来的兰台争议解决团队的律师应该是有自尊但能分清评价的好坏、有桀骜但能经受住批评的长短、有任性但能无缝地与同事协同协作的律师。

这种氛围、这种考评，与争议解决业务及其思维，有什么关联呢？诉讼业务，本身就是叛逆业务，本身就需要挑战、起义、无法无天的思维（思想）、驰骋万里的气魄、信马由缰的散漫、藐视一切的独立、自由自在的飞翔。但是，我们每一个争议解决团队的律师应该格外注意，这种内心的自在与外在行为的边界是两个概念，兰台之所以能够锻造出一个强大的争议解决团队，是因为兰台存在一个包容、独立、信任、相互不被雇用的一体化的合伙人机制。

总结来说，诉讼业务需要一个法律思维，需要方式方法，需要专业检索，需要可视化，但这些都是术，术业有专攻，术业需要专攻，术业需要研习，这是一个机构需要提供给律师的，这是一个机构需要培养律师的。除此之外，更重要的是培养律师平等、自由之上的独立，培养律师法律思维规则之上的不受羁绊的法律思维，培养律师娴熟处理常规案件之上的把握疑难复杂案件的能力。

法律思维，讲究的是规则，把握的是临界点，追求的是平衡点，最终诉讼结果的中庸之道，也是挑战极限之后的中庸之道。否则，法律如何进步？规则如何良性演绎？社会如何发展？人类追求精神的层面如何不断升华？

兰台曾以“致广大而尽精微，极高明而道中庸”为兰台作业规则。但是，这句话的意境深远，思虑绵长。引领这个世界的人，是那些“道可道，非常道”之人，是那些不信邪、不怕邪、不畏惧失败、敢于抗争的独立的人，这些人也是中庸随和的人，是“莫听穿林打叶声，何妨吟啸且徐行”的人。

如何在管理中包容，在包容中管理，锻造争议解决团队，是兰台合伙人需要持之以恒、不断反思自省的课题。其实，此处的包容，应该叫容纳，因为包容还是有俯视的味道。对于现有的以及之后的合伙人，兰台就是要具有无限的容纳能力。对于律师，则是如何引领，最后走到如何容纳，也就是如何有机地合伙在一起。兰台争议团队的方向不是一个方向，而是因为容纳、有机容纳了内心自由自在的、具有独立人格的人，使我们各个方向都是认同兰台文化的人，形散而神聚，一体而独立，自由而融合。

谈到这里，不知道是否说清楚了兰台是如何锻造一个争议解决团队的。我自己的切身体会是：从年长者而言，需要秉持自由、平等、合作的精神，秉持我们自身也需要从每一个低年级律师身上学习的精神，秉持真正欣赏的态度。从年长者而言，讲言传身教，是不是也要担心是我们自己错了？因此，互相学习，更是团队建设的根本。我总是可以从任何一个律师写得很差的文件中得到哪怕一丝的启示。

我本人本质上是一个自在、自由、自省的人，对管理并没有什么概念。有的时候，因为审时度势、因为均衡可能还会破坏规则。但是，执行规则与制定规则的时候，我们是不是需要考虑——这也是法律思维的一个重要规则——刚性规则与众生面相之间的调适？我们的思维惯性一般是：规则是常态，例外是个别。但是，在律师这个行业，是不是有一种思维，叫作例外是常态？或者在常态中寻找例外？这也就是经常会出现疑难案件的原因。当然，解决例外，有自由裁量权，但仍要考虑合法性评价。管理中，解决例外，仍要遵循规则，或适用规则，所以我们才说，管理是一门艺术。

谈到这里，不知道是否说清楚了兰台能够锻造一个卓越的争议解决团队的原因所在。解决了人的问题，争议解决还是问题吗？争议解决就剩下一些似乎可以进行规律总结的抽象了。下文探讨的都是争议解决思维的一些思考——与上述探讨的争议解决的最核心的素质——天马行空的自在思考无关。

无论是律师业务还是法律顾问业务，均存在争议法律事务与非争议法律事务之分。两者最大的区别在于思维上的差异。本书的前十章，讲的都是非争议的法律事务，而本章，探讨的是争议法律事务。

对于公司法律顾问而言，处理公司商事争议，可能会集中体现公司法律顾问的存在感以及其工作价值。这是因为，争议事项的最终结果以及对于公司经营业绩的影响，使得公司对于争议事项格外重视。许多情形下，公司都会外聘律师来解决商事争议。兰台对于争议事项的解决，具有领先的理念以及丰富的实践。这种领先性，体现在兰台对于争议解决与非争议解决思维方式差异的认知、争议解决的思维要素（或者法律思维规则）以及思维模式的反复思考等方面。一直以来，兰台孜孜以求地将我们领先的理念及丰富的实践经验与公司争议解决的深度思考及最优效果结合起来，并致力于从公司治理、经营管理以及业务流程的角度提升公司法务的争议解决能力。

本章对争议解决法律实务的一些既通识又深刻的法律思维要素、争议解决的一些基本元素进行探讨，以给读者一些思想上的启迪。

一、公司争议解决体系的功能

争议事务最终解决的程度以及效果，体现了公司是否具备一定核心竞争力、公司经营政策的导向以及公司文化。因此，公司应该考虑其争议解决体系的规划以及建立，这体现了公司争议解决的管理能力；同时，在争议解决体系之内，公司也应该考虑具体争议案件的特点以及性质，采取不同模式的争议解决方式，合理配置资源，在效率优先、成本优先的同时，最大限度强化个案中的争议解决能力。之所以说争议解决不是个案事务，而反映的是公司的体系建设，是因为任何一个争议案件，其发生、处理以及最终的结果，都能或多或少反映公司运营体系中的问题，进而影响公司的生存能力。

争议解决体系的建立，应该具有如下功能，以便能够为争议提供体系化的解决方案：

法务成员的职能定位功能。任何一个有分量的争议案件，都是公司的一次危机，应该从公司职能管理的角度予以关注，这就要求公司的主要法务人员或总法律顾问，应该是公司经营管理机构中的当然成员，这是争议解决体系中的首要问题以及关键问题，解决的是争议解决体系的资源配置能力问题。

漏洞弥补功能。任何一个争议案件，从某种意义上而言，可能都是老问题的重复，反映的是经营环节中的某一个链条出现了问题。在解决个案以后，公司机制应该具有个案普适化的能力，这种个案普适化的能力，就是修补经营以及公司治理中的漏洞或者防微杜渐，这就要求争议解决体系能够反射这种要求并能够检测到漏洞是否被弥补。争议本身不是偶然的，胜诉也不应当是偶然的，任何一个争议案件，在解决的全程之中，都应该追本溯源。虽然追求无讼是一个神话，但追求少讼，则是可预期的。追求少讼，就应该在争议解决体系的设计中，使每一个个案具有反哺的能力，能够使个案为改善公司管理提供最基础的养料、最有焦点的素材。

程序控制功能。任何一个争议案件在发生以后，争议解决体系能够提供一个程序，将该案件管理的流程程式化，以使案件能够有效率、有秩序、有预期地予以解决。也就是说，在案件发生、处理以及裁决过程中，都应该有匹配的公司管理程序与之对应，以确保从程序上，案件始终处于公司的管理以及关注之下。

提升个案解决能力的功能。任何一个争议案件，如果能够朝着公司希望的方向确定化地解决，考验的是争议解决体系项下的个案争议解决能力。个案争议解决能力，是争议解决体系中最核心、最复杂的问题，也是争议解决体系的主要目标。如何锻造、培养、提升个案争议解决能力，也是争议解决体系的主要工作内容。

上述四项功能的配置或者重心，根据公司大小、法务体系中内部法律顾问人员的多少、公司所属的行业性质、公司经营管理的模式等因素，或有不同，或有功能偏离或不均衡的现象，但是，无论如何，公司均应该具有争议解决体系建立的意识、认知以及实践。

对于外部律师而言，适应匹配上述四项功能的需要，对于每一个案件，均应该组建个案的争议解决团队或者项目组。比如，对于每一个个案争议解决项目，兰台会至少组建一个六人团队。六人团队各司其职、互相协作，包括争议项目牵头人一名，负责案件的方向、整体方案以及诉讼策略的设计，把握案件的思维方式；出庭律师两名，负责庭审以及案件程序管理，主要的功能就是在庭审这一扁平化、集约化的信息对撞程序中，其反思性的论证能够赢取裁决者的共鸣；助理律师两名，负责与案件相关的所有数据检索以及基础材料的准备、制作，负责文案以及案件处理过程中表述能力补强的各种图表化、可视化的工作；秘书一名，负责文档管理以及后勤支持。六人团队的组成，基本上可以匹配适应争议解决体系项下四项功能的需求。

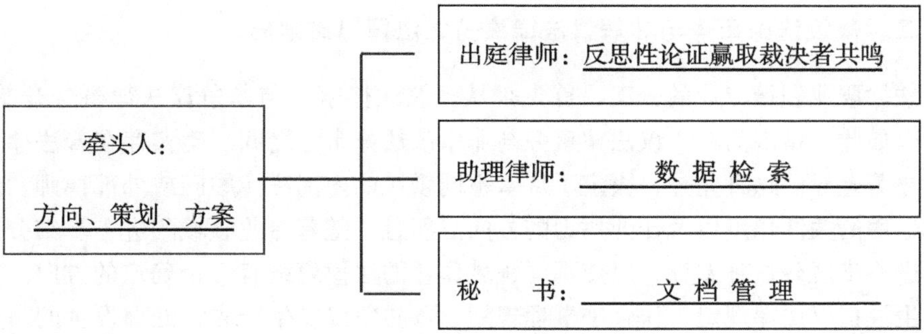

兰台争议解决个案团队的职能协作与分工

以争议解决体系中的程序控制功能为例，在公司发生争议事项时，应该首先制定诉讼管理策略，尤其是是否聘用外部律师的管理策略。对此，公司的争议解决体系应该考虑的主要因素有：①成本控制，尤其是在决定外聘律师的时候，聘用外部律师所关注的是需要外部律师提供争议解决能力的智力支持，还是仅提供一般专业技能的人力不足的支持。如果是前者，则需要出于成本控制、事实梳理、交易背景、公司政策、培养培训等考虑，将基础支持以及案件基础事实的整理由公司法务人员完成，而由外部律师提供智力提升以及整体控制的支持；对于后者，因为从某种程度上，属于弥补公司法务人员作业能力（尤其是公司法务人员时间以及地域方面的考虑）的不足，因此，需要有针对性地选择与案件要求的技能相适应的、匹配的律师事务所或律师来完成，通过有效的调控，来保证外聘律师服务质量的同时，合理降低成本。②评估某种类型的商事争议，尤其是反复产生的某些类型的争议，内部法律顾问是不是因为对基础事实更熟悉、对争议于公司政策或目标的影响更有体会和感悟，因此其总体的争议解决能力更强而更适于争议的解决。③争议由公司内部法务人员代理，是否具有一些潜在的益处，如提升职位的竞争力、提高公司内部法务人员的专业等。④争议由公司内部法务人员代理，是否存在一些现实的障碍，如案件量的波动与公司法务人员数量的匹配问题、案件区域分散而影响代理能力的问题、疑难复杂案件所需要的专业技能问题等。

对于争议解决体系项下的个案解决能力问题，着重考验的是个案争议解决项目团队的综合能力。而该项综合能力的核心，是个案的法律思维能力。对于律师而言，存在着两种法律思维：争议法律事务的法律思维与非争议法律事务的法律思维。体会两种思维方式的差异，并研究争议解决的思维要素以及思维方式，是致力于争议解决的公司内部法律顾问以及外部律师应该穷其职业生涯上下求索的事情。在此，将简述两种法律思维的差异，并对争议法律思维的要素以及方式进行作者所理解的简要陈述。

二、争议法律事务与非争议法律事务之法律思维差异

法律职业领域专业的分工，首先是从争议法律事务与非争议法律事务开始的。之所以如此，是因为在争议法律事务与非争议法律事务之间，确实存在着法律思维上的显著差异。这种差异，决定了从事不同领域的内部法律顾问或外部律师，对于法律适用的关注角度以及作业用力的方向。而且，随着专业领域的进一步细分，有必要进一步区分这种差异，以使不同领域作业的法律思维有一个确定的方向。王泽鉴先生说：以法律规定，作合乎事理规划，预防争议发生于先，处理发生的争议于后，协助建立、维护一个公平和谐的社会秩序①。

① 王泽鉴：《法律思维与民法实例——请求权基础理论体系》，中国政法大学出版社 2001 年版，第 1 页。

我们现在所处的社会，是一个风险社会，非争议法律事务的关注点在于防范尚未发生的风险。而争议法律事务，则在于解决已经发生的风险。这就需要公司法务人员或者外部律师，做出一个理性的法律决策。但是，对于非争议法律事务而言，由于理性认知的局限，我们可能没有能力预知所有可能发生的两种或两种以上的利益冲突类型，预知复数的利益可能在什么样的商业场景中发生冲突，预知每一种商业场景中的利益冲突会涉及哪些可能的大大小小的价值目标，预知这些价值目标相互抵触时该如何取舍、平衡。而对于争议解决的法律事务而言，我们需要始终在客观真实与法律真实之中纠结、在多元价值的程序正义与实体正义之间难以取舍、在形式主义与规则怀疑主义之间进行理性的徘徊，并得出一个妥当的结论。之所以称之为妥当，是因为我们不但要从公司的利益出发考虑问题，更要考虑到居中裁判者的裁判思维，如多种利益取舍时的公正性和独立性，因为该项争议事务而受到影响的相关人的利益，为各方可接受的内在事实的认知等。

循着这样一个思路，试着探讨一下争议法律事务与非争议法律事务思维的差异：

争议法律事务与非争议法律事务之法律思维的差异

	以现在为时间节点	以法律适用为区分	效力标准不同	追求确定性的方向不同
争议法律事务	面向过去	内在事实的合法性考量	以效力性规范论证合同的效力	解除 矫正 补偿
非争议法律事务	面向未来	合法、合规、合程序	还需引用管理性规范以及部门规章	设定交易模式、交易结构、交易路径

（一）如果以现在为一个时间节点的话，一般而言，争议法律事务，面向的是过去，是已经发生过的事情，是已经履行过的合同或者已经发生的某种行为；而非争议法律事务，面向的是未来，是还没有发生的事情，是谋划、起草、审阅、设定某种法律行为或预防某种行为。比如，A公司作为出票人，开出商业承兑汇票向B公司支付交易款项，并向B公司表示，虽然是商业承兑汇票，但是C银行保证承兑。B公司持票去银行贴现，C银行予以承兑之前，与B公司签订了《贴现保证合同》，合同中的一个主要条款是商业承兑汇票到期日A公司如果没有缴足C银行的贴现款，则B公司承担保证责任。这样一个付款流程的设计，对于收款人B公司而言，就是一个附条件的收款，或者说是一个风险没有转移的收款。如果公司法务不

能预测到这样一种交易性质，以当时收到了款而不能预测未来A公司不能缴足贴现款而带来的风险，就会为公司带来沉重的负担。

因此，争议法律事务，从一方当事人的角度而言，需要在既定的材料上，将客观事实通过证据转变成法律事实，但法律事实能否再还原成客观事实，在所不问；但是居中裁判者，对于客观事实与法律事实之间的转换与考量，有许多价值判断与自由裁量的因素。而非争议法律事务，则是面向未来，根据设定的交易模式、交易条件、交易结构去起草、磋商、审核交易条款，希望客观实际按照设想出来的法律事实进行演化，并在未来成为客观事实。

因此，争议法律事务，处理的是法律后果已经发生的事项，并且希望该法律后果最终通过裁决发生预设的结果；非争议法律事务，则是通过法务加工，追求一个尚未发生的但能够预设轨道的法律后果。

（二）如果以法律适用为区分的话，一般而言，争议法律事务的法律思维，侧重于材料的分析以及法律上的适用，其以文义解释为基础，辅以目的解释、体系解释等，同时以合法性分析为根据；非争议法律事务，则以合规、合法、程序无瑕疵为作业指标，对于法律、法规的文义，做最显而易见的解读，并据此草拟合同文本。

实例1：非争议法律事务对于合规性以及文件形式的要求。

兰台接受一家有限责任公司的委托，为该公司发行2016年公司债券提供专项法律顾问服务，是一项典型的非争议法律事务。根据《公司法》第三十六条、第三十七条①之规定，公司发行债券，必须由股东会作出股东会决议或决定，董事会无权决定公司发行债券事项，而只能接受股东的授权或委托，具体实施发债方案。2015年，中国证监会通过的《公司债券发行与交易管理办法》（证监会令第113号）第十一条规定，发行公司债券，发行人应当依照《公司法》或者公司章程相关规定对发行债券的数量、发行方式、债券期限、募集资金的用途、决议的有效期以及其他按照法律法规及公司章程规定需要明确的事项作出决议，如果对增信机制、偿债保障措施做出安排的，也应当在决议事项中载明。

该公司认为，为发行公司债券，公司已经做出董事会决定并请示了股东，股东

---

① 《公司法》第三十七条：股东会行使下列职权：（一）决定公司的经营方针和投资计划；（二）选举和更换非由职工代表担任的董事、监事，决定有关董事、监事的报酬事项；（三）审议批准董事会的报告；（四）审议批准监事会或者监事的报告；（五）审议批准公司的年度财务预算方案、决算方案；（六）审议批准公司的利润分配方案和弥补亏损方案；（七）对公司增加或者减少注册资本作出决议；（八）对发行公司债券作出决议；（九）对公司合并、分立、解散、清算或者变更公司形式作出决议；（十）修改公司章程；（十一）公司章程规定的其他职权。对前款所列事项股东以书面形式一致表示同意的，可以不召开股东会会议，直接作出决定，并由全体股东在决定文件上签名、盖章。

亦在该份董事会决定上盖章同意，因此，不需要提供股东会决议或决定。公司的这种认知，是有道理的。因为，如果产生争议，争议焦点会集中在股东会是否做出了发行债券决议这一问题上，则裁决者会以其意思表示真实与否以及股东是否签章为裁决标准，而不问其决议的形式。这是一种“实质击破了形式的”实质性的判断标准。但是，在非争议的法律事务中，兰台律师的判断准则是：这种做法虽然符合公司章程，但违反公司治理的基本原则。因为，“董事会决定”这种提法本身就不专业，公司发债是由股东会做出决议或决定，董事会无权决定，董事会只能接受股东的授权或委托，具体实施发债方案；股东会与董事会权力和职责不同，将两份决议合并成一份文件，会让人形成公司治理结构不完善、运作不规范的印象，进而导致公司发债程序受阻，这是一种“形式与实质并重”的判断标准。在兰台的坚持下，公司重新履行程序，形成了股东会决议。

（三）争议法律事务与非争议法律事务，在法律思维上，对于管理性规范以及效力性规范的认知以及适用，是迥然相异的。如果以非争议法律事务的法律思维去理解一个管理性规范，并适用在关于交易效力的认定上，则会得出交易无效的认定。而该种认定，会发生侵害善意相对人的权益的法律后果。而争议法律思维，则会深刻区分管理性规范与效力性规范的区别，并据此认定合同的效力。

实例2：非争议法律事务与争议法律事务关于管理性规范对于交易效力影响的认知。

在兰台代理的一起涉及银行签发承兑汇票所涉及的基础交易法律关系真实性认定的再审案件中，原审法院适用《票据法》第十条第一款①的规定，认定基础交易不真实，继而认定为签发银行承兑汇票提供担保的担保合同无效。这种认定，错误之处在于《票据法》第十条所规定的真实的交易法律关系，是一种管理性规范，不是效力性规范，是对于银行签发承兑汇票的一种管理性要求，同时也是票据申请人的一种自律性要求。从学理上而言，按照法律规范的确定性程度不同，可以分为确定性规范和不确定性规范。效力性的法律规范，一般属于确定性规范，无须援引或参照其他规范即可以确定法律后果；而管理性规范，一般属于不确定性规范，没有规定具体的行为模式或法律后果，需要援引或参照其他规范。《票据法》第十条，即属于一种不确定性规范②，“真实的交易关系”对于票据签发银行和票据申请人是具有不同的法律意义的：对于票据签发银行而言，属于银行内部合规管理的要

① 《票据法》第十条第一款：票据的签发、取得和转让，应当遵循诚实信用的原则，具有真实的交易关系和债权债务关系。

② 对于这种不确定性规范，应该由法律进一步地规定，或者由参考部门规章进一步地明确操作指引或行为后果。但是，似乎并没有行政法规或部门规章予以进一步确定。这本身反映了立法技术的落后，也反映了对于“真实的交易关系”认知的不足。

求，从行业惯例、银行职责以及审核的一贯性、一致性、可操作性而言，基于之前已经进行过信誉以及担保审核，因此其要求申请人提供形式上齐备的文件即可；而对于申请人而言，“真实的交易关系”偏重的应该是真实的交易，而不仅仅是真实的交易文件，其应本着诚信的原则，真实交易，并向银行提供真实的交易文件。这种真实义务，属于票据申请人的单方实质性义务，不属于银行的认知、判断并作出决定的义务范畴。银行应该负责的是签发票据的风险控制体系的建立，申请人应该对自身交易的真实以及盈亏负责；如果将真实交易的判断义务归属于银行，则无疑从根本上违反交易相对性、交易者自负其责的基本交易原理。因此，通过解读这一条，应该得出签发票据，对于银行而言，应该仅是一种文件齐备的要求，否则，就加重了银行的审核义务，将银行置于基础交易之中。而且，即使将银行置于基础交易当中，银行不能也无法对“真实的交易关系”进行审查或者负担任何责任。

基于对于《票据法》第十条的解读，在争议法律事务中，裁决者的思维应该是遵循“责任承担者只承担应该承担、能够承担的责任”；而在非争议法律事务中，银行内部法律顾问或外部律师所应该判断的是：适用第十条的时候，应该制定出什么样的操作规范，该操作规范所匹配的内部责任以及外部效果（责任）是什么。“分所应当”是裁决者在做出责任认定时所应该考虑的责任边界；明晰行为规范、行为能力以及对应的责任能力、责任边界，则是非争议法律事务中法律顾问或外部律师思维的出发点。

在法律实践当中，人们对于法律的理解以及适用，毕竟是有差异的。争议思维以及非争议思维，应该具有一定的切换空间。比如，在起草与承兑汇票相关的交易文件时，需要将《票据法》第十条的适用方式以及相应的操作规范相应地约定在担保合同或相关合同中，做出相应的责任限定，以使担保人对于银行签发票据的操作规范没有歧义性的理解，并在发生担保责任的时候，不致产生脱保的情形。

（四）从结果的确定性角度而言，交易产生争议以后，争议法律思维追求的是其所认为的交易应该发生确定性的结果，将其认为偏离设定的路径或轨道的交易取消（解除交易）、矫正（继续履行交易）或补偿（偏离的代价）。而非争议法律思维追求的是确保交易不偏离轨道并最终发生确定性的法律后果。

发生争议以后，争议法律思维运用各种思维要素、思维方式以及演绎或归纳的推理，以确保交由第三人裁决的争议，能够取得一个确定性的结果，这是在确定性文本的基础上，寻求确定结果的过程。而在此之前，非争议法律事务过程中，也就是交易的磋商、达成阶段，各方当事人为所设想的确定性交易结果的发生进行了一系列的交易文件或合同的起草，是在非确定性的文本上，寻求确定性结果的过程。

争议法律事务要对非争议法律事务具有反哺能力，使非争议法律事务所设定的结果确定性不断增强。

裁决结果的不确定性，最容易引起抗辩各方的不安，而这种不安，正是非争议法律事务不断前行的动力。为了免于不安，使得人们在交易磋商阶段，就采用假设性质的抗辩思维去草拟交易条款。除了对于交易条款精雕细琢之外，对于交易过程中各种可能情形的设定以及相应的解决方案，也是非争议法律思维所必须设想以及考虑的。因此，一个交易文本的设定，除了要义准确以外，亦应确保交易流程无瑕疵，尤其是涉及登记、审批的事项。

实例 3：审批登记事项对于交易目的的影响。

兰台律师作为仲裁员，裁决了一件外资企业股权回购协议争议案，案件的主要事实是外商投资企业（目标公司）的外资股东在投资目标公司之前与主要的中资股东签订了《增资扩股》协议以后，又签订了《回购协议》或补充协议，该《回购协议》或补充协议约定：若在 2015 年 12 月 31 日之前，目标公司未能在上海证券交易所公开募集发行或挂牌交易，并且未能以不低于外资股东本次增资款 3 倍的金额将外资股东在目标公司所持股权转让给其他投资方，则外资股东有权要求主要的中资股东以合法途径购买其所持有的部分或全部股份，购买价格按本次增资额和 10%/年内部投资回报率计算。这一条款，系外资股东与主要的中资股东自愿达成的股权价值估值调整条款。外资股东按照约定投资以后，在 2015 年 12 月 31 日前，甚至截至申请仲裁之日，目标公司始终未能在上海证券交易所公开募集发行或挂牌交易，且未能以不低于外资股东增资款 3 倍的金额将外资股东在目标公司所持股权转让给其他投资方。根据协议约定，股权回购条件已经完全满足，外资股东提起仲裁，请求裁决主要中资股东回购外资股东所持有的目标公司全部股权，并向外资股东支付回购价款。

本案的争议焦点主要围绕着：股权尚未发生变动时，外资股东合理规避股权投资风险而自行约定的股权价格条款（股权价值估值调整机制条款）是否需要商务部门的审批才能生效？

主张未生效的一方认为：根据《最高人民法院关于审理外商投资企业纠纷案件若干问题的规定（一）》第一条第一款规定[①]，《外商投资企业投资者股权变更的若

---

① 《最高人民法院关于审理外商投资企业纠纷案件若干问题的规定（一）》第一条第一款：当事人在外商投资企业设立、变更等过程中订立的合同，依法律、行政法规的规定应当经外商投资企业审批机关批准后才生效的，自批准之日起生效；未经批准的，人民法院应当认定该合同未生效。当事人请求确认该合同无效的，人民法院不予支持。

干规定》第二条[①]、第三条[②]、第九条[③]规定，外资股东要求中资股东支付股权回购价款，属于股权变动事项，应该经过商务部门的审批，未经审批，则回购合同没有生效，应该驳回外资股东的仲裁请求。

主张生效的一方则认为：支付股权回购款与外资企业股权转让属于不同的事项，外资企业股权转让需经行政部门审批，并不表明支付股权回购款也需要经行政部门审批。根据《外商投资企业投资者股权变更的若干规定》第二条的规定，外商投资企业投资者股权变更，是指外商投资企业的投资者在外商投资企业的出资份额（即股权）发生变化。发生变化的原因之一为企业投资者之间协议转让股权导致外商投资企业投资者股权变更。

根据第二条的定义，就本案的商务部门的审批行为而言，是指商务部门根据外资股东、中资股东的申请，经过依法审查，采取批准的方式，确认特定民事关系即股权变动的行为。因此，商务部门审批的是股权变动这一特定的民事关系，其审批的依据是《中外合资经营企业法》第三条[④]，或者《中外合资经营企业法实施条例》第十四条[⑤]的规定。结合上述规定，比照行政管理法规的相关规定，可以得出以下结论：

① 《外商投资企业投资者股权变更的若干规定》第二条：本规定所称的外商投资企业投资者股权变更，是指依照中国法律在中国境内设立的中外合资经营企业、中外合作经营企业、外资企业（以下统称为企业）的投资者或其在企业的出资（包括提供合作条件）份额（以下称为股权）发生变化。包括但不限于下列主要原因导致外商投资企业投资者股权变更：（一）企业投资者之间协议转让股权；（二）企业投资者经其他各方投资者同意向其关联企业或其他受让人转让股权；（三）企业投资者协议调整企业注册资本导致变更各方投资者股权；（四）企业投资者经其他各方投资者同意将其股权质押给债权人，质权人或受益人依照法律规定和合同约定取得该投资者股权；（五）企业投资者破产、解散、被撤销、被吊销或死亡，其继承人、债权人或其他受益人依法取得该投资者股权；（六）企业投资者合并或者分立，其合并或分立后的承继者依法承继原投资者股权；（七）企业投资者不履行企业合同、章程规定的出资义务，经原审批机关批准，更换投资者或变更股权。

② 《外商投资企业投资者股权变更的若干规定》第三条：企业投资者股权变更应遵守中国有关法律、法规，并按照本规定经审批机关批准和登记机关变更登记。未经审批机关批准的股权变更无效。

③ 《外商投资企业投资者股权变更的若干规定》第九条：由于本规定第二条第一项、第二项原因需要变更股权的，企业应向审批机关报送下列文件：（一）投资者股权变更申请书；（二）企业原合同、章程及其修改协议；（三）企业批准证书和营业执照复印件；（四）企业董事会关于投资者股权变更的决议；（五）企业投资者股权变更后的董事会成员名单；（六）转让方与受让方签订的并经其他投资者签字或以其他书面方式认可的股权转让协议；（七）审批机关要求报送的其他文件。

④ 《中外合资经营企业法》第三条：合营各方签订的合营协议、合同、章程，应报国家对外经济贸易主管部门（以下称审查批准机关）审查批准。审查批准机关应在三个月内决定批准或不批准。合营企业经批准后，向国家工商行政管理主管部门登记，领取营业执照，开始营业。

⑤ 《中外合资企业法实施条例》第十四条：合营企业协议、合同和章程经审批机构批准后生效，其修改时同。

审批的基础文件是以外商投资企业设立或发生股权变动为目的而签订的合营企业合同、协议以及股权转让协议；审批的事项是投资者股权变更，从实质审核的角度而言，审批的应该不是合营企业合同、协议以及股权转让协议“文本”本身；审批的效果是确认特定民事关系；审批的结果是如果审核通过，则股权变更的法律后果发生，如果不通过，则股权变更的法律后果不发生。

因此，追求投资者股权变动的股权转让协议经过批准才能生效，才具有可履行性。如果一份协议，其根本目的并不是追求股权变动的后果，而是投资者为了追求一种投资保障或对于投资的估值调整或风险规避的协议安排，可能不涉及股权转让，如目标公司的其他股东愿意径直做出补偿。或者可能涉及股权转让，但股权转让仅仅是投资者退出投资后的一种对应的结果，该种结果是否发生、在何种条件下发生以及发生的程序是什么，投资者并不关心，其一般关心的仅是投资款如何收回；关心股权是否能够被转让的，应该是与投资者做出估值调整机制的相对方，相对方应该对股权转让的协议以及审批程序积极做出安排，并积极促成审批，而不应该以审批为由，阻碍投资者投资款的收回。

根据以上分析，应该知晓，针对投资者股权变动事项的审批所对应的合同，应该经过报批程序才能生效；但是，对于并不直接针对投资者股权变动事项的合同，尤其是投资者对于投资款收回的协议安排，不具备投资者股权变动事项所要求的合同要素和内容，并不必然导致股权转让（尤其是在相对方不配合的情形下），根据《合同法》第四十四条第一款的规定，协议签订即应生效。

相反，如果以行政审批为由过多地干预一个合同的效力，就会不当干预双方当事人的意思自治，而这种不当干预，会使合同双方的利益发生失衡，并偏离投资预期以及合同双方所确定的交易结果的发生，并鼓励不信守契约的一方获得不当利益。

因此，在支持相对方向投资方支付股权回购款以后，作为控制目标公司的相对方，如果之前没有按照约定办理股权变更事项的审批手续，那么，在支付股权回购款以后，应该更有理由以及条件促使股权变更事项的审批手续得以完成。

非争议法律事务的律师，在草拟涉及外资股东的股权变更时，应该着重关注审批事项对于合同效力以及合同履行的影响。而争议法律事务的律师，则应该对于涉及行政审批事项的合同效力，做出体系化的契合合同各方交易目的的解读。

三、争议法律事务之法律思维规则

我们之所以讨论争议法律事务之思维规则，就是因为出现了疑难案件。那么，什么是疑难案件呢？就是案件中出现疑难问题，难以权衡、把握法律思维中普遍正义与特殊正义、法律真实与客观真实、内在事实与法律规则、正当程序与实体公正、形式理性与价值理性之间的临界点，难以通过论证找到妥当、确定、唯一的法律结论。此时，当事人总是试图寻找法律的“特定含义”或“解读方式”以支持其主张，期望借此说服裁判者做出有利于自己的决策。之所以一方当事人能够从利己的方向寻找特定含义，是因为表达法律的语言具有不确定性，就像“地图从来不是真实的疆域”一样，语言的表达所形成的法律文本意义存在分歧难以避免。作为一方当事人对于文本意义的解读与裁判者对于文本意义的解读显然是存在差异的。裁判者应该遵循必要的法律思维规则去消解复数利益冲突的当事人因为利益诉求不同，利益认知差异，利益阶层不平衡而带来的非整体性、非一致性、非协调性的解读。后文，将对法律思维规则条分缕析的概要描述。对于代表一方当事人的法务或外部律师而言，通过对法律思维规则的透彻了解进而把握裁判者的思维脉络，会促进对法律文本意义的深刻了解并说服裁判者向有利于己方的特定含义展开解读。

在展开讨论“解读方式”所指向的法律思维规则之前，我们可以想象并不是所有裁判者都是尽心尽责的，能够勤勉审慎地解读法律并适用法律；也不是所有的法务或公司外部律师都有时间或精力对一件委托事务展开无尽的没有盲点的自我思辨。因此，我们谈到法律思维规则，就像是谈论语言的文法，或者谈论太极拳的拳式，掌握了文法拳式，也就知道了裁判时要考虑的规则，代理时不能有疏忽或遗漏——虽然这是最基础的要求。

意义分歧，存在于法条、术语、书函、具体事实等各种场合。此外，是不是仅能将法条、术语的意义解读置于法律适用的范畴之下，而将书函、具体事实的意义阐释置于事实认定的管辖之内呢？这也是法律思维规则要探讨的问题。

当前，我们最大的问题是，对于争议法律事务而言，无论是代理律师，还是裁判者，达成共识的法律思维的基本规则远没有形成，更遑论运用法律思维规则的视角和方法。三段论的模式以及弥补法律漏洞的逻辑推理，因为其中没有长久以来司法文明的素养培育，显得既没有根基，又不成体系。在适用三段论的时候，太过机械，所形成的裁判结论因为没有裁判规则的内在支持而不能得到民众的内心认同，或者形成的裁判结论引发负面的滑坡效应而使纠纷越处理越多；在弥补漏洞的时候，太过任性妄为，而使得裁判结论不能接受合法性评价而出乎意料，确定性的结果既不能预测，也不可预期。

这就给了我们谈论法律思维的前提。法律思维既不能肆无忌惮般地任性妄为，也不能僵化呆板般地缺乏灵动，因此，需要明晰了解法律思维的基本规则，以保证争议事项保持在一个可以协商的平台上，并使裁决结果能够得到内在的一致认可。

面对这样一种追求，有人会借用帕累托的说法予以反驳：人类的天性既缺乏理性又偏爱推理思维，明明总是让情感牵着鼻子走，却一定要用理性的逻辑思维来为自己提供聊以自慰的理由。

这种对于思维的不可知、不可控的观点，有百害而无一利。法律思维，毕竟是有一些基本规则可循，也正是循着这些法律思维的基本规则，人们最终可以适用法律，遵循先例，并能够解决疑难案件，实现较之均码正义更高的特殊正义——一种具有深刻内在认同的普遍正义。

法律思维的规则不等同于批判性思考。根据美国学者文森特·鲁吉罗的观点，批判性思考具有八种特征①，代表的是一种思维的方向与态度，这种方向与态度，在某种程度上，与法律思维的规则不谋而合。但无论如何，规则较之于方向和态度，似乎更有据可循、更富有理性与逻辑。

争议法律事务之法律思维，应该遵循的规则包括：

---

① 批判性思考的8项规则：①批判性思考质疑所有的想法，提出探索性问题，并寻找恰当的答案；非批判性思考接受自己最初的想法和他人陈述的表面价值。②批判性思考以诚待己，承认自己所不知道的事情，认识自己的局限性，能看到自己的缺点；非批判性思考假装自己知道得比较多，无视自己的局限性，认为自己的观点无差错。③批判性思考把问题和有争议的议题视为令人兴奋的挑战；非批判性思考把问题和有争议的议题视为对自我的损害和威胁。④批判性思考尽力领会复杂性，对其保持好奇心和耐心，并准备花时间去解释难题；非批判性思考对复杂性缺乏耐心，宁可困惑不解也不努力搞明白。⑤批判性思考把判断建立在证据而不是个人喜好上，只要证据不充分就推迟判断，当新证据揭示出错误时，他们就修改判断；非批判性思考把判断建立在第一印象和直觉反应上，不关心证据的数量和质量，并且顽固地坚持自己的观点。⑥批判性思考对他人的思想感兴趣，因此愿意专心地阅读和倾听，即使他们往往不同意他人的观点；非批判性思考只关注自身和自己的观点，因此不愿意关注他人的观点，一看到不同意见，往往会想“我怎么能够反驳它”。⑦批判性思考认识到极端的观点（无论是保守的还是自由派的）很少正确，所以避免极端的观点，践行公正性并且寻求平衡的观点；非批判性思考忽略平衡的必要性，优先考虑支持他们既成观点的看法。⑧批判性思考践行克制，控制自己的感情而不是受感情所控制，三思而后行；非批判性思考容易遵从自己的感情和冲动地行动。

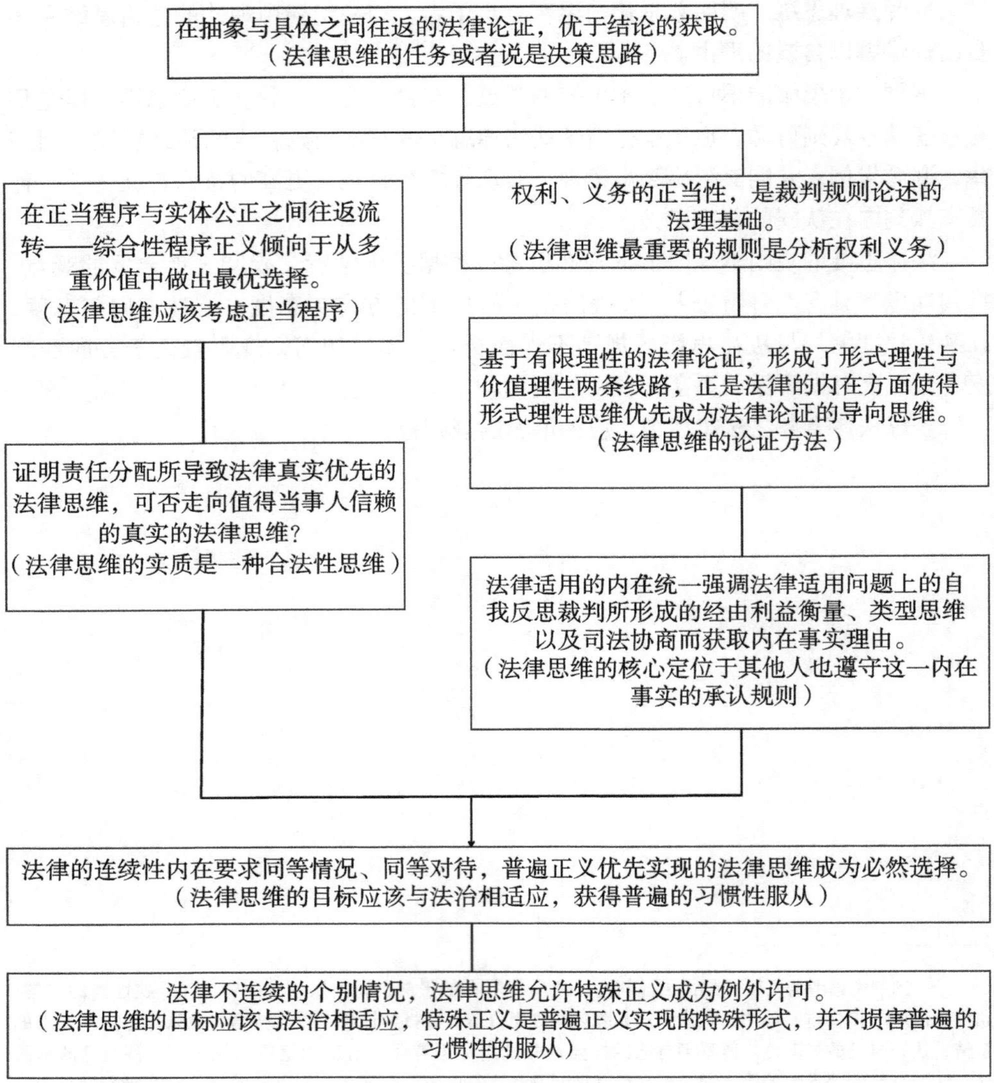

法律思维规则

上图所列法律思维规则反映在人脑之中，是水乳交融的，在法律适用过程中，法律思维的任务、目标、方法、路径、核心等，纵横交错、盘根错节于人类感性、感受、感念之中，将其抽象整理出来，以便理性地处理争议事务，达到以法治国的目标，这是单纯从法律思维的角度去“设计”的理想，希望能够在共同的思维维度上，探讨争议事务的解决之道。以下予以分述：

（一）在具体与抽象之间往返的法律论证，优于结论的获取

相对于裁决结果，论证更重要。法律人的技艺，就是论证。这是法律思维的任务，这一任务是从法律是否包含道德角度来设定的，用以检测对法律适用结果的可接受性。

法律适用结果的可接受性，落实于达成重叠共识的裁决过程，是一个充分协商、讨论、争辩的过程。这一集合认知的过程，需要裁决者更加慎重地对待各方当事人的利益诉求，也使裁决者能够使利益衡量限制在合法性评价之内而免于自由裁量权成为脱缰之马。

对于争议各方而言，裁决结果就是利益的一种分配，总会有损益的发生。而法律论证则是告诉人们，为什么会发生这种结果，其内含的法律事实以及法律适用是什么。之所以存在法律论证，是因为在一般情形下，人们不能够简单地通过三段论的方式来获得法律结论。之所以存在这种情形，是因为法律只是一般的陈述，但有些事情不可能只靠一般陈述解决问题。错误不在于法律，不在于立法者，而在于人的行为性质的多样性和复杂性。暂且不论文本本身的表达而带来的意义分歧，人的行为的内容本身是无法精确地说明的。例外是一种常态，法律每制定一条规则，就会有一种例外。例外可以纠正法律由于规定得过于简单①而存在的缺陷和错误。②因此，传递普遍性的法律，难免会在特定案件里遭遇不确定性。不确定性的结论会使人产生担忧和恐惧，价值判断下的自由裁量权如何受到思维规则的约束，正是法律论证需要解决的问题。而在此情形下，使不确定性的结论获得内在的认可，通过论证说理以达成裁判协商中的共识，就显得具有优位上的重要性。而对于相对确定性的结论，论证说理将会使裁决看起来更合理。

概念之上有范畴，范畴之上有框架，框架之上有体系。全面周到的法律概念，是框架之内可以调适的，是体系之中相互呼应的。因此，全面周到的法律概念应该能够应对不确定性的例外情况发生，能够开放性地包容裁判者在案件特定情况下行使自由裁量权，而不是掩饰或贬低法律一旦确定就无法选择的可能。

形式主义（因为法的空缺结构而难以实现）与规则怀疑主义（因为法的空缺结构而自由裁量）均存在不少问题，需要在其间寻找论证的路径。法律规则是一个

---

① 人类立法无法摆脱两种困境：对事实的相对无知；对目的的相对模糊。当我们把特殊情况纳入一般规则时，任何东西都不能消除这种确定性（核心）和非确定性（边缘）的两重性。这样所有的规则都伴有含糊或空缺结构的阴影。

② 法的空缺结构的几种情形：①法律语言上的修辞局限；②极为特殊的事实让法律出现左右为难；③法律的滞后与统一解释难以穷尽的缺陷；④法律之内允许自由裁量的边界的摇摆性（法律体系的内部，存在着法律明文规定的自由裁量领域，它们处在归入界限内和须排除在外的两种之间，往往很难划出绝对精确的边界）；⑤停留于法律元素常识性理解引起的偏差；⑥法律中难以避免的悖论现象。

开放的结构，我们面临的是一个风险社会，在这样一个现实的语境[①]下，如何依据具有开放结构的法律规则做出理性决策?[②] 风险治理需要理性决策思维，关键在于从交互冲突的价值目标中找到并把握平衡点。这涉及修复性以及协调性的调适，需要体系化地解决问题。从修复性而言，争议解决如果以议题为中心或导向的话，则沟通与协商需要把握机会主义与规则治理的界限，机会主义不能逾越规则的边界；从协调性而言，需要使争议解决类型化，达成类型决策，这就需要分散化的后果论辩与规范论证能协调一致。

遵守既定的、有拘束力的法律为一般论证规则，否则法律会从根本上失去意义。但是，严格的形式主义与问题导向的机会主义一样，均不是法律论证的理性决策过程。法律论证应具有超越地域的普遍性，法律论证需要以权利义务为轴心对于利益予以比较和权衡，法律论证所建立起来的分寸感、操作感、法感等均要经受合法性考量（虽然感受最难衡量）。

案结事了思维导致的分散的后果论辩容易将主体的真正自我与外面的具体情境相分离。但是，借助于案件具体解释，使法律论证的方向从具体走向抽象：在事实认定以及法律表达中，细致展现当事人之间的相互对抗、博弈、沟通和商谈，让人清晰看见主体和主体行为所处的情境，深刻理解如此裁判的目的和内涵，区分当事人的行为原因与当事人的属性，并将该种行为置于其所处的客观具体环境中进行考量。因此，法律的理性决策广泛涉及归纳、演绎和类推，涉及将抽象反射具体化，涉及法律与道德、原则与规则、原因与后果、逻辑方法与论证模型、合理性与合法性、法律言说与普遍实践、理想情景与现实情景、内部证立与外部证立、单一论辩与复合论证等。

法律论证的可靠性、可论辩性、可协商性、可说理性，向前看事实认定，无非

---

① 现实的语境就是我们处于风险社会之中。风险社会根本的结构性特征是“个体化概念”，两个具体特征是：①不断扩散的人为不确定性逻辑；②社会结构、制度和关系向更为复杂、偶然和分裂的状态转变。具体表现是：①治理对象以阶级的认同和行为为主向碎片化的阶层和代表特殊利益的群体转变；②现代化的治理目标被修正为关注现代社会发展的焦点——区域性、特定性和解构性；③根据不同议题的形成和优化治理模式，重新界定个体化形式下的不平等。

② 更多利益主体争夺话语权的多元性社会的问题：①异常化：不断变化和组合的特定阶层和利益群体，使议题导向的治理难度上升，面临过程中的成分断裂、认同错位等异常化现象；②分散化、放大化：整体的法律治理过程分散化以及风险结果不可预知的放大效应，可能产生蝴蝶效应。异常化和分散化的法律治理，需要提高理性决策的修复性和协调性。因此，需要关注统一性调适以避免多元利益下法律预测的四分五裂，落实程序性协同下的有针对性的协商沟通，有效实现法律边界之内的合理合法性监控。继而，理性的法律决策就是一个有限理性下的“垃圾箱决策过程”。

来源于据以论证决策的信息来源[①]和交流过程的真实；向后看法律适用，则集中在获取合法验证过程的论辩原则一致、适用规则一致以及解释体系协调。[②]

（二）在正当程序与实体公正之间往返流转——从多重价值中最优选择综合性程序正义

现代程序理念的两大基石是程序的独立价值和独立的程序价值的结合。法律实施过程本身具有不依附于实体公正的独立价值，谓之程序公正。“正义不仅应得到实现，而且要以人们看得见的方式加以实现（Justice must not only be done, but must be seen to be done）。”程序正义的特征是：结果正当性的独立标准并不存在，但有关形成结果的过程或者程序正当性和合理性的独立标准是存在的，因此只要这种正当的程序得到人们恰当的遵守和实际执行，由它所产生的结果（无论可能会是什么样的结果）就应被视为正确的和正当的。

基于程序价值认知上的差异，程序公正存在着三种演绎，第一种是正当程序优先，强调的是过程的控制与程序公正的一般性判断指标[③]，强调较为纯粹的程序性共识，立足于个人权利，注重提供形式合理性，以排除偶然性干扰而加以程序限制，体现了“程序本位主义”以及“过程中心主义”。第二种是新程序主义，则立足于程序公正判断的集体认同，强调程序价值的社会化，去接近争议的实质合理性。新程序主义的主要贡献在于从纯粹的程序性共识，到通过正当程序达成实体性共识，即“怎样做出决定”的程序共识，走向了“共同承认这样做出决定”的实体性共识。[④] 我们除了关注正当程序的基本构成要素[⑤]、程序正义的底线原则[⑥]，以及程序正义的作用功能[⑦]以外，更重要的是形成对程序正义的价值共识。该种价值

---

① 情境事实异常复杂，“渐进式”的案卷传递信息是必要的，更必要的是“扁平化”特征的集约化信息交流，使不同主体的协商和辩论放在竞争格局之中，近距离、互动地观察正义分配给各方及相关人带来的影响，以便协同影响裁判的要素，做出类似情况相同处理的判断，避免过于借助案卷所造成事实认定的机械性。任何一方当事人对于庭审的安排，可能直接决定了案件的走向。

② 法律适用，需要获得协调一致的决策，不管从规则还是结论出发，都应完成类似于获取内在事实那样的合法性验证。正是这种合法性验证机制，使得即使法律适用涉及的规则预见性，有时会跨越我们的理解，被现实复杂性裹挟进许多偶然因素，它也仍然可以保证法律适用的妥当性。

③ 比如，当事人在法律武装上的平等、判断者的中立性、决定的参与、直观的公正以及恣意的防范。

④ 面对类似传统与现代交错而断裂的不同情境，新程序主义还有许多问题需要考量，如机会平等与结果公正如何达成社会所接受的均衡，成文制度与习惯规则的非对称化如何平滑地解决，多元、动态化的弹性结构与制度的刚性面相之间如何有机结合等。

⑤ 包括程序参与人的角色分化与定位、有意识的思维阻隔、直观的公正、对立意见的交涉。

⑥ 即决断中立、过程正当、程序参与、决断理性这四个原则。

⑦ 即正当程序是权利平等的前提、权力制衡的机制、解纷效率的保证、权利实现的手段（通过权力制约实现实体权利）、法律威权的保障。

共识包括只有外在价值的程序正义[①]和具有内在价值的程序正义。[②] 第三种是承袭新程序主义的合理元素，提出综合性程序正义的理念，其撷取各派程序正义的优长[③]，面对变革社会中各种不同的区域、时域和对象，从多重价值中作出最优选择，以使法定主体在行使权力或权利过程中，必须遵循法律预先设定的方式、方法和步骤，实现法的预定性和法定性。[④]

正当程序优先、新程序主义、综合性程序正义视角下的雷洋案件，其程序进程会有什么样的差异呢？在中国当前法治文明的状况下，遵循正当程序优先的程序价值，似乎显得具有格外的价值。

而在特定的场合，如仲裁程序中，在仲裁规则没有约束的领域，遵循、依循新程序主义或者综合性程序正义下的程序价值，也许显得更加重要，也许会偏离仲裁的实质。

似乎我们并没有经历“正当程序优先”这样一种程序价值的真正实践，如果给出“价值选择”的机会以及理由，我们会走向何处呢？

（三）证明责任是争议解决的脊梁，证明责任的核心问题，是证明责任的分配。证明责任分配所导致的法律真实优先的法律思维，可否走向值得当事人信赖的真实的法律思维

在当事人相互排挤的利益之间，裁决者抽刀断水所做出的取舍是否妥当公正，案件的事实认定尤其关键。事实认定，有法律真实与客观真实之分。法律真实的标准本身已经涵盖了义务规则的外在方面与内在方面。

---

① 相对于实体正义，程序正义具有外在价值。主要包括经济理论（波斯纳：没有正当理由，不应增加程序中的经济成本）、权利理论（诺奇克突出个人权利对正当程序的重要意义）、契约理论（布坎南将程序视为契约，既可千变万化，又可不离其宗。程序可以被理解成迪尔凯姆所说的契约的非契约基础，它在控制自由的前提下保障了自由，从而使自由从意识形态变成了物质形态）、道德理论（德沃金理论的纯粹损害、纯粹成本、道德损害、道德成本，提出了多重价值选择体系，惩罚无罪者比放纵有罪者更不可接受）四个流派，被冠以相对程序工具主义。

② 马修的“尊严价值理论”在论证程序正义的内在价值上具有里程碑意义。该理论是通过对行政案件正当程序的解释，提出评判裁决的正统性时，不仅要考虑实体结论的合理性，而且要考虑过程参与者的影响，尤其把能否保护程序的内在价值，作为衡量法律实施过程是否正当的标志。在培根经验论的基础上，休谟认为经验是知觉的来源，我们是从经验中获得因果概念及必然联系的。时间上前后相继的顺序即程序才是最可靠的，因果关系和必然性就是时间上前后相继的程序，没有正确的程序，就没有正确的结果，只要程序是正确的，结果就必然是正确的。

③ 需要将程序正义与注重人的尊严的自由主义传统连接起来，才能为正当程序的内在价值提供坚实的理论基础，不应偏执于参与、平等、理性、自愿、和平、及时、终结等正当程序的独立价值。

④ 程序规则得到遵守，程序主体得到尊重，是程序保障的根基所在。综合性程序正义是程序自身独立价值实现的表现形式。综合性程序正义是程序本身内在的优秀品质，诸如参与性、中立性、对待性、合理性、自治性、及时终结性的外在化，是程序独立价值的实现。

1. 事实推定是一种法律拟制，把事实设定为真或假，以将不利益的争议后果裁决给某一方当事人而提供法律依据。法律真实优先①的事实推定思维被预置在诉讼之前且具有确定性，所以，它不仅能够作为拟制的代位者，使得裁判面对的事实走出真伪不明的状态，更为重要的是，据此作出的事实认定仍然具有可预测性。

事实认定和法律适用，在裁判中体现了法律的可预测性，也构成裁判的两块基石。

事实推定经历了法定证据制度②、自由心证制度③、证明责任制度④三个阶段。证明责任的本质，就是当事实真伪不明的时候，为利益分配提供拟制的法律依据。这一本质决定了与法定证据和自由心证相比，证明责任是在一种确保法律的可预测性前提下，更加接近事实的折中。证明责任的分配，是裁判者的权力，更是一种责任，需要充分考虑事实性质、举证能力、法律要素、证据距离等因素，使得主张了客观真实的当事人通常可以更加容易地加以证明。

可以通过一个笔者担任首席的仲裁案件对于证明责任的分配来例证证明责任的分配可能更是裁决者的责任而不单纯的是裁决者的权力。

申请人提出仲裁请求，要求被申请人偿还借款人民币5500万元。被申请人抗辩其向申请人的控股子公司（案外人，申请人对案外人持股65%，委派了总经理和财务总监）转让了资产；案外人欠付其人民币5500万元的资产转让款；根据案外人发送给被申请人的《往来询证函》显示，案外人不再欠付被申请人资产转让款人民币5500万元；因此，案外人应支付给被申请人的资产转让款冲抵了被申请人应当偿还申请人的人民币5500万元，申请人与被申请人之间的债权债务关系已经消灭。

---

① 民事诉讼中，法律真实优先存在的理由：①事实规则由当事人决定；②诉讼价值优选规则：结束不特定的法律关系、实现法律关系的重置、提高诉讼效率、避免不利益的恶意转移；③证据相对优势规则；④高度盖然性规则。

② 法定证据制度是法律根据证据的不同形式，预先规定了各种证据的证明力和判断证据的规则，法官必须据此作出判决的一种证据制度。

③ 自由心证制度是指证据的证明力一般不以法律加以约束，而是听任法官的自由裁量。自由心证是以证据的存在为前提，而不是以空穴来风的“自由”心证来认定事实。所谓允许心证，指向的不是“证据的能力”，亦即何种资料具有证据的资格，而是指向“证据的证明力”，即证据的价值。

④ 证明责任，就是针对事实真伪不明，通过举证义务的合理（权衡各种因素，并且加以价值排序后作出的决断）分配，进行一种法律上的普遍性拟制。人类虽然不断完善各种认知手段、提高工具质量，可能仍然无法发现客观真实情况，证明责任作为一种克服有限理性的制度性保障措施，是法律技术或方法的无奈选择，是被视为一种合乎正义的不得已的妥协。法律真实优先的法律思维对事实问题真假不明，并不意味着对法律问题真假不明。而此时的法律真实问题不再是一个真与假的事实判断问题，而是一个合法与否的判断问题。

申请人对被申请人的上述观点予以否认，认为其没有行使抵销权，将其对被申请人的债权与其控股子公司案外人对被申请人的债务予以抵销。有观点认为，在此情形下，申请人应提供经审计的财务报表和资产负债表，以反驳被申请人提供的往来询证函，进一步证明其主张；根据证据规则，仅仅是不承认对方的证据，但不能提供相反证据进行反驳的，并不能否定对方证据的证明效力；而且申请人如果拒绝提供似乎不具有合理性，也不能排除上述疑虑

仲裁庭另外一种观点是，申请人并未主动提交经审计的财务报表和资产负债表，可能是因为其已经承担完成应该负有的举证责任了（证明被申请人欠付其人民币5500万元）。被申请人应该负有其不再欠付或申请人已经抵销的证明责任，根据被申请人的举证情况，其举证主张的证明程度还不能使举证责任发生转移。本案而言，对于申请人的否定事项，在被申请人的举证没有确定、唯一的情形下，是不发生证明责任转移的。

仲裁庭的最后意见认为：被申请人主张抵销，应该由其提供证据；其仅能提供往来询证函，该往来询证函可能证明两种情形：①直接证明其对案外人并不享有债权；②如果和资产转让协议结合起来看，也仅能证明被申请人可能对案外人享有过债权，现在不再享有债权了，不享有的原因可能是抵销，可能是偿还，可能是退回资产，也可能是其他交易。因此，从证据的唯一性、客观性、优势性的角度而言，被申请人尚未完成证明责任。

在这种情形下，证明责任就转移给申请人而由申请人举证证明其完成了抵销或没有完成抵销行为吗？这显然是有问题的。因为，申请人已经否定了抵销，在被申请人的证据具有如此多的可能性的情形下，其无须进一步举证。再假如，如果仲裁庭没有要求申请人提供资产负债表或财务报表，申请人又根据自己的理解，不主动提供，那么，在这种情形下，我们该如何裁决？裁决申请人败诉吗？

而且，另外一种情形是，仲裁庭要求申请人提供财务报表及资产负债表，则发生如下两种情形：①申请人拒绝提供，认为仲裁庭证明责任分配不公。则仲裁庭怎么办？以申请人拒绝提供财务报表而裁决其败诉？仲裁庭阐述的理由就是有理由怀疑案外人的债务抵销了其债权？那么申请人就会基于如下理由申请撤销仲裁：仲裁庭超裁；仲裁庭不当分配举证责任。我们应该知道超范围或者证据形式瑕疵，都是撤销裁决的两个主要理由。在此种情形下，如果裁决申请人胜诉，则被申请人会提出撤裁，理由很简单，仲裁庭要求申请人提供财务报表申请人拒不提供，还裁决胜诉，那么，不是明显违背程序吗？因此，仲裁庭如果如此分配证明责任而又发生了申请人拒不提供的情形，仲裁庭将陷入两难的境地，裁决任何一方败诉，都会引起撤裁的后果。这个时候，裁决可能真的就无法做出了。②申请人按照要求提供了资产负债表，其资产负债表如果应收账款大于5500万元，就一定能够

证明没有抵销吗？显然不是。而且，据笔者理解，本案项下，申请人肯定会拒绝仲裁庭的证明责任分配。

因此，查证申请人是否行使了抵销权，在程序上似乎存在不可逾越的障碍。而且，这个障碍是由于被申请人不能充分举证、申请人使用了仲裁程序中的权利所共同造成的，同时，这个障碍使仲裁庭分配举证责任的能力也受到限制。

如果仲裁庭不当分配举证责任，则会发生使仲裁庭陷入两难的无法裁决的情形。在此种情形下，申请人亦不存在拒绝提供证据的问题，因为仲裁庭尚不能根据当前情形将证明责任分配给申请人。在当前证据情形下，根据证据规则，仲裁庭不能再贸然分配举证责任。最终裁决支持申请人的仲裁请求是一种法律真实下的选择。如果不这样的话，仲裁庭又能够采取何种措施以使查明的事实更加接近客观真实呢？

通过以上案例，我们可以发现，事实推定的目标是法律真实的实现，方式是自由心证与证明责任的结合，标准是达到高度盖然性。适用高度盖然性的证明标准，应该注意在运用时不能违背法定的证据规则，甚至只是裁判者凭空的主观臆断，加以定案的依据要达到足以让人确信的程度，在一种以上的可能性中进行推定，依据能够形成证据链（尤其是案件中已经形成的、裁决者不能再依据证明责任分配要求的所有证据）以确保结论的唯一性。我们需要明了的是，高度盖然性只是语言或数据无法精确表达的一个确切程度，其实现取决于案件本身的复杂程度、当事人举证的难易程度、裁决者的前见伦理修养、庭审以及外界干扰等；具体而言，其实现也取决于证据的分类以及证明能力。对于一项事务进行分类，具有四种尺度，即定类（nominal）、定序（ordinal）、定距（interval）、定比（ratio）。这四种尺度，越靠后越精密。按照证据来源，我国法律（在此没有涉及刑事诉讼法）对于证据进行了分类，行政诉讼法和民事诉讼法对于证据的分类基本一致，只不过民事诉讼法比行政诉讼法的证据种类中多了一个电子数据，少了一个现场笔录。

举证义务与证明责任的分配紧密联系在一起。举证义务包括行为意义上的义务和结果意义上的义务。行为意义上的举证义务不是静态的，而是动态变化的一个过程。举证责任转移，是指对立双方为支持己方主张的事实而进行的交替举证的矛盾运动过程，证明责任在双方之间轮流分配，这种举证责任义务的动态转移、分配，形成一个证明责任的分配体系。对于证明责任的分配方案，莱奥·罗森贝克[①]的以

---

① 罗森贝克（Rosenberg）是最负盛名的研究证明责任的学者。早在1900年，他便出版了传世之传《证明责任》论。在该著作中，他将引起实体法效果的法律要件一分为四，并在此基础上提出了分配证明责任的学说。因该学说逻辑性、系统性、可操作性强，很快在德国战胜其他学说并取得通说地位。其影响不久便超出了本国，对日本及我国的台湾、澳门地区产生了重大而深远的影响。

事实在法律规范上引起的不同效果为证明责任分配依据之“规范说”[①] 提供了借鉴。

行为意义上的证明责任分配，在确定了规范说作为主要方案之时，辅之以其他方案[②]，以弥补该制度之不足。其运行机理是统筹权衡逻辑和价值，在程序上做出谁有举证义务的判断，不利一方仍然可以举证反驳，直到接近于事实真相。

结果意义上的举证义务，是法律规定在特定情况下当事人即使没有过错，也要承担不利后果的负担，最典型的莫过于无过错责任[③]法律规定。

2. 法律真实[④]优先的思维，不追求事实之真，而追求法律之善[⑤]，强调合法性评价。

在法律真实与客观真实发生冲突而必须二选一的情形下，如果裁判者要做出

---

① 罗森贝克将证明责任分配原则阐述为：“如果没有一定的规范可以适用，则无法获得诉讼上请求效果的当事人，应就该法规要件在实际上已经存在的事实予以主张和举证。”“简言之，各方当事人都应对有利于自己的规范要件加以主张和举证。”罗森贝克的分配理论建立在纯粹的实体法规结构的分析之上，他首创了在法律规范相互之间的逻辑关系中寻找分配原则。他认为，在法律规范中存在着一种补充支援关系和相互对立或排斥的关系。这里的相互排斥或者对立并不是相互之间存在着矛盾，而是法规中既有关于发生权利的规范，也有妨碍权利的规范或消灭权利的规范，这些规范对权利有着肯定和否定的对立关系。他在书中将所有的实体规范按照法条的措辞、构造以及适用顺序分为四类，即权利发生规范、权利妨碍规范、权利消灭规范和权利受制规范。

在对实体法规范作了分类的基础上，罗森贝克开始对适用上述规范所要求的事实的证明进行了分配。他认为，主张权利存在的当事人应就权利发生要件事实承担证明责任，如主张对方损害赔偿，就要证明如下事实：损害事实的存在；加害人有主观上的过错；加害人实施了加害行为；损害事实与加害行为之间有因果关系。相应的主张权利不存在的当事人应就权利受妨碍的事实承担证明责任。主张权利消灭的当事人应就权利消灭的事实承担证明责任。主张权利受制的当事人应就权利受制的事实承担证明责任。正是由于罗森贝克的这一理论立足于实体法律规范的相互关系，以法律条文作为证明责任分配的依据，所以，这一理论被称为“规范说”。规范说五要点：要件事实处于真伪不明的状态时，法官将不适用当事人请求的对其有利的法律规范；当事人对有利于他的法律规范所规定的要件事实负证明责任；通过对法律规范进行分类来区分有利还是不利；通过实体法形式上的结构、条文上的关系，来识别不同实体法规范；证明责任分配应当由立法者做出规定。

② 有的时候，裁判者虽然可以分配证明责任，但这是一个慎之又慎的决定。比如仲裁案件，如果仲裁庭适用证明责任交替配置原则来分配举证责任，一定要思考该种证明责任的分配是否必然导致举证义务一方因为不举证而承担不利益的后果责任。

结合权利义务的法律思维，过错推定就是一种辅助方案。过错推定就是将原来应由受害人举证的义务倒置给可能的侵权人承担。

③ 无过错责任与举证活动无关，也不是对举证不力的制裁，而是一种预先分配的不利负担。

④ 法律真实的事实推定机制，是在事实真伪不明的状态下，假设事实存在或不存在，并以此为基础，根据高度盖然性的标准作出相应的法律效果判断。事实上，假设本身肯定隐含着错误判断的风险。从理论上讲，如果指向实现法律真实的事实推定是合理的，那么根据自由心证和证明责任的拟制，就是合理及正当的；反之，就等于是在法律没有充分理由的情况下，让一方当事人承担了不利后果，如证明责任之所在往往就是败诉之所在。

⑤ 法律之善的表现：即使没有查明客观真实，也需要做出结论；即使查明客观真实，有时也需要做出相反结论；限制对事实真相的查明；有时强调虚构的事实让位于客观的事实。法律真实与法律公正的特殊品质相一致，能够符合法律之善，但不代表肯定可以被个人伦理所接受。个人伦理的是非判断取决于已经发生了什么事实，一旦推定的事实与事实的真相相去甚远，个人论理往往会发生禁令。

一个违反法律但自认为符合客观事实真相的结论，无外乎认为法律不正义而放弃服从法律，或者是从机会的利己主义角度废法行事，不符合实现法律之内在正义的要求。

通过法律真实或客观真实的相互博弈，有的时候无法彻底解决事实认定这一问题。因此，需要不断审视现有制度安排，适当相对化某种实质性价值，增强反思的理性，突出多元价值的实质判断。基于社会学的角度，在价值同盟、交叠共识①（理解一：与"重叠共识"含义相通，是分歧与共识两者关系的辩证统一，是合理多元主义之下一种殊途同归或百家争鸣的认知或合理分歧的论辩。包容的态度是重叠共识中的一个重要元素。在具体内容上有再大分歧，他们之间也可以说拥有了一种最重要的共识，即对于人及其思想的"合理性"的共识，既包括平等、宽容和合作的对人态度，也包括不同部分的观点之间、不同时期的观点之间的系统性和连贯性的思想要求。理解二："重叠共识"也可以理解为人们在承认价值方面发生分歧的同时，在规范方面却具有共识——不同价值的人们认可和遵守同样的规范。理解三：不同的人们在承认现在的观念存在着分歧的同时，在未来的目标上却具有共识；或者说目前持有不同观点和立场的人们，努力寻求通过和平共处、平等交往而形成或加深彼此理解，甚至追求"视域融合"）②、民主商谈、实践理性③、后果论辩主义、合理性证成、疑难案件讨论等交错、重叠挤入我们的视野的背景下，作为法律真实的价值演绎——"值得当事人信赖的真实"，成为一种主张。"值得当事人信赖的真实"不以追逐客观真实为目标，而是认为应当更多从当事人的立场考虑问题，需要在一个具体的语境（也就是风险社会）中，从如何获得当事人信赖的角

---

① 《周易》提出"天下同归而殊途，一致而百虑"的命题。"殊途"与"同归"之间、"百虑"与"一致"之间，既不是手段与目的之间的关系，也不是过程与结果之间的关系。在共识演绎的过程中，"同归"和"一致"既不意味着一方取代其他各方，也不意味着各方之间简单拉平；它们的内容和主体既非预先确定，也非一成不变。同样，"殊途"和"百虑"在"同归"和"一致"之中不仅被超越，而且被包括；"殊途"或"百虑"不仅相互超越，而且自我超越，并且是彼此关联的自我超越。

② 在罗尔斯1971年出版的《正义论》中出现了"重叠共识"的概念。在书中，罗尔斯提到，尽管公民们对正义的理解有许多差异，但这些不同的政治观念有可能导致相似的政治判断。罗尔斯说这种相似的政治判断是"重叠的共识而不是严格的共识"。这个共识的逻辑含义很简单，那就是"不同的前提有可能导致同一个结论"。从20世纪80年代中期开始，在《正义论》中只是偶然提及的这个概念，成为罗尔斯后期政治哲学的一个主要工具，用来表示这样一种现象，即"规范这个社会的基本结构的那个政治的正义观，受到了有可能在这个社会中代代相传的那些在宗教、哲学和道德方面的主要学说的各自支持"。罗尔斯把"重叠共识"列为"政治自由主义"的三个主要观念之首（另外两个是"正当优先于善"和"公共理性"）。

③ 一个学说是"合理的"，是指这个学说具有理论理性所要求的一定程度的自洽性和融贯性，以及实践理性所要求的对不同价值的排序和平衡，并且隶属于一个相对稳定、不轻易大变的思想传统。

度做出更为实质性的权衡和判断。[①] 究其实质，“值得当事人信赖的真实”还应归属于法律真实。

获得值得当事人信赖的事实，需要注意避免两种倾向：一方面要避免单纯从社会利益出发，割裂当事人所处的具体情境；另一方面要避免拘泥于当事人利益而不能从宽阔的视野上结合风险社会的复杂性做出判断。这两种情形均极易陷入“保护谁的利益可以或不保护谁的利益也可以”的尴尬境地。为了获取当事人信赖的事实，需要结合证明责任、具体情境乃至环境证据（借用审计中的一种概念，也称状况证据。环境证据一般不属于基础证据，不能用于直接证实被证明事项。）等方面做出更为周全的综合考量。

（四）权利与义务的正当性，是裁判规则论述的法理基础

权利义务的分析，是争议解决的基石。各方的权利义务分析，从文本上考察，主要是基于合同以及规范性文件（包括法律）。多元法律规则下的权利义务，超越了指令或者强制意义的“正当性”，是权利义务发生的基础。基于这样的一种规则，在法律思维中，我们需要明晰权利义务的正当性所带来的思维方向：

1. 权利义务的正当性，决定了法律调整的方式大致可以包括允许、积极义务和禁止三种。

当积极义务与允许相结合的时候，所形成的法律关系就是相对法律关系；当禁止与允许相结合的时候，所形成的法律关系就是绝对法律关系。这种调整方式，进而决定了救济的方式是合同违约还是侵权损害。

2. 权利义务的正当性，决定了“推定”成为一种常见的法律思维。通常而言，推定分为两类：①简单依据法律规则推定，其基础是权利义务存在逻辑上的关联，同时，法律规则对于某些事实状态及其法律意义做出明确规定。②依据法律原则及常理推定。到底是采用“法无授权即禁止——义务推定优先”，还是“法无禁止即自由——权利推定优先”，反映了权利义务正当性来源的效力基础的不同。

3. 权利义务的正当性，决定了合法性思维是常态，竞争性思维是权利义务价值判断后的结果。

4. 权利义务的正当性，决定了个人权利不受公众投票的制约，个人作为“最少的少数人”，不应在裁判过程中，被公共舆论、媒体评论任意干涉，不能造成个人权利被舆论宰杀的非法律后果。

---

① 单纯指向法律真实或客观真实，无法面对日益多元化的矛盾和交错的利益诉求，不能有效解决风险社会中由于体制、政策和制度带来的许多问题，反而可能助长价值倾向的保守性，抑或诱发新型的全能主义，使现实的法律治理演绎成为一个“正”高于“善”的局面，塑造出分不清个体属性差异的拟制人格。固守事实认定目标的单一化，只会与防范社会风险的目的背道而驰。

不考虑权利义务的正当性所带来的滑坡效应[①]，启示我们必须对义务规则的内外两个方面辩证、统筹地思考。对于法律范畴中事实认定的问题，不仅要考虑当前事实（正在争论的处于斜坡顶端的事实），而且要考虑由当前事实可能引发的一连串事实，尤其要考虑危险事实（沿着斜坡滑至底部的事实），考虑阻却当前事实的可能的理由。鉴于当前事实与危险事实之间缺乏明显的界限，所以，造成斜坡上没有合理的、非任意的停止点。因此，一旦推动当前事实的第一张牌，就会沿着斜坡下滑发生多米诺骨牌效应，使得某种危险事实不可避免，甚至产生蝴蝶效应。比如，对于当前各个大宗商品交易所中所运行的交易模式，有的法院认定其为“变相期货交易”，继而认定基于此交易模式而签订的合同无效。该种事实认定以及其后的法律适用，没有考虑到后续的连锁反应，最终是使一个机构的生存受到威胁。

（五）基于有限理性[②]的法律论证，形成了形式理性[③]与价值理性[④]两条线路，形式理性思维优先成为法律论证的导向思维是由法律的内在方面决定的。

法律论证思维中的形式理性优先，并不是指价值理性思维劣后。形式理性思维中必定包含了价值理性的思维，形式理性与价值理性是相融相伴相生的，形式理性意味着将价值理性尽可能地转化纳入可估量的形式理性体系，并借助于这个体系来实现价值理性的要求。[⑤] 在加入道德较量的情形下，可以使价值理性思维在临界点

---

① 滑坡效应的核心观点是：如果某一行为或决定得到支持，可能会连续增加走向其他行为或决定的可能性，而在由此产生的其他一系列的行为或决定中，起码有一个是应当明显加以反对的，我们就需要反对作为起点的行为或决定。滑坡效应是连锁反应的方向之一。

② 人们的信息加工能力是有限的，所以，人们无法按照理性模式去行为，即他们没有能力同时考虑所面临的所有选择，无法总在决策中实现效益最大化。信息不完备需要考虑许多意想不到的复杂因素，信息不对称需要策略地使用信息实现自己的利益。

③ 法的形式理性论是马克思·韦伯在划分法律思想类型时提出的概念。形式理性就是让论证具有精确计算的外在结构、逻辑推理和固定程式等特点，回答的是“法律是什么”的问题。法的形式合理性，意味着为法律制度提供某种确定性、可预测性，虽然由于种种复杂的原因无法做到制度层面上的完美绝伦，却可以运用一系列的法律技术实现法律本身的可预见性，从而唤起大多数社会成员的支持与合作：①现代法律是预先设定各种形式化的概念和范畴，再通过司法过程将之适用于需由法律调整的社会关系；②现代法律依据逻辑严谨的法律推理和思维进行事实和法律证成；③现代法律是通过法的形式化做到类似案件类似处理。

④ 价值理性最初是由马克斯·韦伯在考察人们的行为时提出的与工具理性并行的概念。价值理性是对人的自由的表征。人的理性归根结底都是在实现人的两个宗旨：求真与求善。以求真为宗旨的工具理性和以求善为宗旨的价值理性构成了总体性理想的两个维度。工具理性主真，价值理性主善。价值理性作为人类对自身与世界的关系“应如何”和人“应当是”问题的思维和行为指向，它高于仅以认识事物的本来面目、回答人与世界的关系“是如何”为主要指向的工具理性。价值理性就是通过论证伦理的、政治的、功利主义的、享乐主义的、等级的、平均主义的或者某些其他要求，衡量决策的合理性。其论证标准是多元的，回答的是“法律应当是什么”的问题。

⑤ 哈特的新法律实证主义，正是以这样的独到眼光来看待形式理性优先的论证思维。

上适度发挥作用。临界点分为法律确定性背景下的临界点。[①] 与法律不确定性背景下的临界点。[②]

M. 谢勒认为："每次理性认识活动之前，都有一个评价的情感活动。因为只有注意到对象的价值，对象才表现为值得研究和有意义的东西。"形式理性与价值理性富有弹性的相对分离，使得价值理性的内涵，仍然是以形式理性的外在形式表现出来的。

（六）法律适用的内在统一，强调法律适用问题上经由利益衡量、类型思维以及司法协商而获取内在事实[③]理由

经由法律适用的内在统一而获取的内在事实，追求的不但是一种方法、一种思维上的方式，更是裁判者或抗辩各方的一种论证态度与论证精神，最终达成一种能够获得集体认同、潜在期待要求的裁判规则。

1. 利益衡量——获取一般理由的内在事实

内在事实的全部意义就是在许多人所进行的行为里获得一致性。一般而言，裁判者多数从逻辑推理、解释技术和程序公正角度展开疑难案件的法律论证，昭示了疑难案件的裁判是一种融合了许多法律前见[④]的视域。

裁判者适用法律时侧重于文义解释的原因在于其在相对封闭、自治的空间里解决纠纷，而缺乏开放的社会性基础。但该种简单适用于法律文义解释而进行的裁决难以获取有赖于其他人遵守的内在事实。当代现实主义法学提出，许多时候，疑难案件裁判的关键所在是法律之外的理由——有赖于其他人遵守的内在事实。为此目的，裁判者在裁决案件时，应该弥补缺乏相对开放的社会基础这一缺陷。从现实主

---

① 法律确定性下临界点上的价值理性的严格适用条件：①恪守形式理性将会违背法律制度的根本目的；②倾向于价值理性能够得到更抽象的理念或原则支持；③例外的价值理性主角论证具有示范效应。

② 法的形式理性没有确定足够的确定性，需要根据价值理性来加以衡量，借助法律的目的和原则来进行法律论证。无论是成立疑难案件、边缘案件，还是行使自由裁量权，他们都不是为了价值理性而放弃形式理性，而是强调法律的形式理性应当具有开放结构的特点，能够在"空缺地带"之处运用价值理性自动进行修复和填充。只要价值理性主导的法律论证，能够做到同样情况同样对待，其形成的裁判规则对后来的个案具有约束力或指导力，那么，这种修复和填充就会起到把价值理性进一步转化为形式理性的作用，从而使法律制度的形式合理化和相对确定性一点一滴、集腋成裘式地得到增强。

③ 哈特认为承认规则是具有规律模式的习惯性规则，只有被官方加以接受和实践，用以识别和适用法律时，它才是存在的。效力识别标准不仅来源于社会事实，而且来自其他人也接受和遵守它的事实，即所谓的"内在事实"；其社会规则形成的内在事实理论关注：识别法律效力的内在事实是什么；内在事实以何种方式被官方接受而存在；内在事实如何来源于其他人也接受和遵守的事实。

④ 这种法律前见包括：面对规范的一般认识，固定的知识储备，以及程序正义优先，形式理性优先，等等。法律思维的前见应"及于各种社会脉络，包括各种利益情境及法规范指涉之生活关系的结构"。即法律思维下的法律适用前见，不仅包括直接作为论证对象的社会生活关系，而且还应该包括对该社会生活关系所涉及的社会主流价值观、社会公益及一般广大民众的真实意图把握，以使得裁判规则，尽可能广泛得到其他人的遵守。

义来看，一起案件裁判规则有赖于其他人遵守的内在事实获取包括两个阶段：具体化阶段，即为证明自身行为的恰当性，当事人寻找和出示不同的情景化理由；抽象化阶段，即法官面对不同的情景化理由加以简单化处理，固化形成压倒其他理由的决定性裁判理由。①

疑难案件中，每个主体所反映的利益要求可能都有一定的合理性，都希望找出支撑自己主张的理由以在利益冲突中获胜。各方当事人均获益的最优效应，甚或部分当事人可以获益的次优效应在利益冲突中难以形成，这就要求疑难案件中的裁判者通过权衡、裁量利益，判断和比较不同当事人利益的优劣与多寡，并据此寻找内在事实。

通过利益衡量这一方法寻找内在事实的核心是：当法律规则存在疑难问题②时，也就是某一问题有数个内在事实的理由而难以判断，可以先行借助利益衡量加以比较，暂时对既存法规及法律构成不予考虑。从论证进路上，该方法是先有结论后找规范依据，以便使结论正当化或合理化，追求的是让法律条文为结论服务，而不是从法律条文中引出结论。在民商事案件中，合同条款的约定与法律规则产生冲突时的利益衡量，首先需要对合同条款的效力进行判断。

疑难案件裁判中的现实主义利益衡量，有助于寻找能够获得其他人遵守的内在事实及其评价标准，所获得的内在事实能够足以承载和超越法律之外集合性的潜在期待或要求，并形成可以普遍获得认同的裁判规则，可以对今后类似案件产生预测和指导作用。反之，寻找法律之外理由的利益衡量，如果因为不同情境化理由的千差万别，致使裁判结果因案而异，而仅仅具有个案意义，则很难指导性地重复适用，以致司法走向“去统一性”而出现碎片化的情势。

由于在处理当事人利益、社会整体利益、其他人利益之间的相对关系时，出现事实理由强度的随意、视野的收窄、取舍的两难，致使利益衡量不能实现互动认同，导致利益衡量遭遇两个方面的困境：①利益衡量时，多元道德观念影响之下，具体案件中内在事实的强度可能会被随意放大或缩小；②利益衡量时，过度偏向于具体案件当事人利益或社会整体利益的内在事实，则可能难以恰当判断社会的多元复杂性或当事人的具体情境，所形成的内在事实难以兼顾各方利益及整体情形，难以使各方信服，反而成为引发社会冲突的理由。

---

① 面对疑难案件，法律之外的各种情景化的理由可能相互冲突，而又都具有一定的正当性，因而需要对不同的情景化理由进行强度判断，从“强度”比较中选取做出裁判的更强理由。然而，抽象理由之间的强度比较并没有太大意义，疑难案件争议说到底乃是各方利益的妥当性分配。所以，获取内在事实必须结合恰当的利益分配才能做出正确判断。

② 案例中之所以出现疑难问题，正是因为不同的当事人及其律师、专家、裁判者在我们所谓的相关性、解释和分类问题上持有不同的立场造成的。

利益是寻找内在事实的切入口，而阶层利益①则是寻找内在事实的进路与获取标准。民间借贷争议案件中，作为债权人的利益长期不能得到司法的妥当保护，损害了民间投资人阶层的利益，进而从根本上也损害了民间融资人的整体利益，而不当维护了金融机构这样一个阶层的垄断利益。民间借贷司法解释正是顺应互联网金融的发展，一定程度上解决了中小微企业融资难、融资贵的社会问题。

现有社会学研究表明，现代社会结构的核心是阶层化②，阶层化的趋势客观上让利益更加多元化。作为让其他人遵守的一般意义的内在事实，对此也应有所回应，需要指向满足多元化的不同阶层利益③，这也是内在事实的获取标准。估值调整机制逐渐为裁决所承认，就反映了个案当事人利益与投资行业的利益在某个程度上得到了满足并促进了行业的发展与社会诚信的进步。

现代法治发展的非模式化，适用"接近性理论"④，为带有不同阶层特征的内在事实获取⑤提供了基础；当代正义分配的理念转向⑥，强化了这种带有不同阶层特征的内在事实获取基准；现实权利均衡状态的差强人意，倒逼了内在事实的获取应带有更多的不同阶层特征。⑦

利益衡量不能恣意妄为、不能率性任性，必须经受法律之内合法与否的检验。为利益衡量的目的，在法律之外获得内在事实后及形成裁判规则之前，利益衡量必

---

① 现代社会结构化是社会变迁的基础所在，而社会分层又是社会结构的核心领域。①分层基础与法律秩序。根据资源配置中的权力资源、经济资源和文化资源谁处于支配地位，使得法律秩序呈现为压制型、自由型或回应型三种形态。②分层结构与法律秩序。整体阶层分布的状况，影响着各阶层成员是否愿意在现存法律秩序下共融共存；而分层结构的开放程度，又影响了较低层级的社会成员对法律秩序的认同。③分层意识与法律秩序。分层意识，就是各个阶层对分层现象的认知、评价、心态和期待行为模式的汇总。在立法上，它具有价值导向、评价校正和补白功能；在执法上，它具有推定法律实现的创造解释功能。

② 各个阶层的边界和位序相对确立，且不会有太大变化；同时，阶层特征的行为、文化及生活模式也较为固定。

③ 当代中国以当事人与社会之间的阶层利益实现，作为内在事实的获取标准，已经逐渐为人们所意识到并加以运用，形成了一些具有预测和指导意义的内在事实及相应的裁判规则，甚至对成文的法律规则和中国特有的司法解释出台产生了重要影响。

④ 与当事人处于同一阶层的其他人拥有共同的经验、角色和相似的属性、态度（对于某些社会事件的评价、对于某种社会政策执行结果的感知、对于某一社会演化结果的欲求具有相似性），以及与别的阶层其他人之间的相互制衡、冲抵与博弈的情形。

⑤ 将个案具体利益置于阶层利益中进行考量，有利于逐渐形成整体社会意义上的对称与比例均势，使得其他人遵守的内在事实获取，变得现实可及。

⑥ 为了获得更易被接受的裁判结果，不是狭隘地实现个案纠纷解决，而是需要引入阶层之间的相对剥夺感和不公正感这个诱发社会冲突的决定性因素加以考量，将当事人的具体心理感受与其所在的阶层听众接受程度联系起来，把个案的公平正义扩张到让其他人认同，获得高质量的内在事实。

⑦ 时宜决断的法官面对阶层问题进行利益衡量，寻找内在事实及产生裁判规则，来源于个案、超越个案，在法律框架内积极推进公共政策。

须接受合法性检验，以推动内在事实的结构格式化，指引类似行为只能以该内在事实为基础，进而使得其他人遵守的预测性大大提高。

综合上述，走出疑难案件利益衡量所存在的困境，避免现实主义的利益衡量陷入复杂化和随意性，其进路应该是：确定相对固定的衡量标准①以获取内在事实，该衡量标准可以简化复杂情境，使一般化的内在事实得以多次重复成为惯常性的判断，便于类案类引，避免随意放大或缩小多元化的内在事实；利益衡量还应当具有简化处理的特殊能力，以通过类型思维寻找出后文进一步论述的具有"更强理由的内在事实"，并通过特征之附加（特征化）烙上接近规则的特征。当然，以上"一般意义的内在事实"或者后文论述的"更强理由的内在事实"，能否真正让其他人遵守并产生合意性，为普适化的裁判规则形成奠定基础，还有赖于内在事实获得的具体机制——协商裁判，达成共识。

2. 类型思维——获取更强理由的内在事实

内在事实的获取首先需要衡量当事人所在的客观阶层的利益②，但这可能失之偏颇，进而造成单纯以客观阶层作为标准而使利益衡量失灵。因为，新格局下除了识别客观阶层的行为模式以外，需要递进甄别认同与行动阶层③的社会态度及社会行动，这就需要进一步通过"类型化思维"④，通过预设各个类型的位置顺序性排列，轻重有序地寻找出现实针对性较强，且可以普适化为裁判规则，以及实现重复适用的具有"更强理由的内在事实"。

类型指由各特殊的事物或现象抽出来的共通点，具有"一般化"与"具体化"

---

① 作为疑难案件衡量获取一般意义的内在事实的基本标准，其实质就是着眼于结合现实社会结构的特征，从当事人和社会两种不同利益出发，通过放大当事人利益以及涵摄于社会利益，把两者相互博弈所依赖的复杂情境作简单化处理，为利益衡量产生裁判规则提供稳定、可预见的内在事实。

② 如果疑难案件衡量是以当事人所在客观阶层的利益作为内在事实的唯一标准，那么，所拥有的接近性特征、所欲实现的特殊正义等一般容易把握。相应地，也容易从现有法律规则的框架内直接获得合理的内在事实。

③ 现实中，更多情况下，某些疑难案件的当事人所在阶层，呈现为客观、认同及行动阶层交错的情形，实质上，就是局部性意志与妥协的意志结晶物纵横交错，甚至互为前提。这时，以阶层利益作为获取一般意义的内在事实标准加以衡量后，

④ 类型作为一种相对的普遍，并无固定的组成特征，它是在各式各样的特征组合中形成一个类型，而其每一个事例内部的众多特征是有机的、相互依存的，共同形成一个意义性。虽然类型的要素具有可变性，类型之间可能存在过渡和流动，但是，类型毕竟是从极为繁复的特征组合中抽象出一些整体像，其所内含的"相对普遍"具有把复杂情境加以简单化的功能。与此同时，源于类型的归纳除了一般特征的描述之外，通常人们还会以程度的差异、元素的比较、价值的权衡以及例示的方式提示不同的重要性。所以，强调类型的这种比较功能的意义在于，类型理论的确可以"在系列类型里指定各个类型的适当位置，可以通过顺序之安排彰显其异同"。

的双向功能，成为价值向事实具体化、事实向价值类型化的中间站。类型思维[①]是一个比一般条款具体、比狭义的法律概念一般的范畴。因此，裁判者进行类型思维的要义，就是以现实中的变迁社会结构为基础，逐步建构起一些可以把复杂情境加以简单化的衡量类型，并且根据它们对当下社会冲突的影响程度，以及未来可能产生的潜在效应，加以轻重有序的排列，使得面对客观、认同与行动阶层的复杂情境下的类似案件衡量，能够超越逐一个案的现实特征取舍以及规范意义的"特征之附加"，唯以类似指导性案件的类型思维产生更强理由的内在事实，进而形成裁判规则，作出可预见及统一性的裁判。

3. 协商裁判，共识达成——形成持续压倒其他理由的内在事实

介入阶层利益标准和类型思维可以减少分歧、消除对于内在事实的不同意见，但是，形成持续地压倒其他理由的内在事实，则需要通过协商达成共识。因为，如果规则制定参与其中、抗辩交涉能够充分协商，则因此而形成的裁判规则对于"参与者——我"才更具有约束力或影响力。协商裁判[②]的目的同样是推动消除和减少分歧，方式包括法官的释明、有分量的信息传递、裁判知识竞争以及当事人充分论辩。需要注意的是，协商是相对比较的，其结论随着协商的人数和复杂性的增加而趋于失灵。

4. 依法裁判，或者是规范意义上附加限制条件或者是合法性论证——内在事实的正当限制

先有结论后找规范依据的自由裁量可能导致恣意裁判或使裁判规则四分五裂，因此，需要将内在事实的限度把控在依法裁判的基础之上。把控的两个方向是：一个是借助于法律解释技术[③]限制自由裁量权；另一个是主张以法律程序[④]限制自由裁量权。

这两个方向，为设定合法性论证的一般规则，提供了以下几个维度：①针对后果的评价性维度，利益衡量关注的是后果的可接受性和不可接受性，裁判者采纳或拒绝某一理由会导致何种程度的不公正感或带来何种效用，将是合法性论证的重要

---

① 类型"一般化"与"具体化"的双向功能，使它成为价值向事实具体化、暨事实向价值类型化的中间站。类型思维推动从具体化向一般化过渡，实质上是要使得疑案衡量所体现的实质正义，能够成为形成裁判规则的"更强理由的内在事实"。

② 协商裁判的主要步骤包括：透明化、客观化的基础在于各方参与；理由能否经受连续性评价；证明的过程是否具有透彻性；结论是否违背事务之本性。这些步骤确保内在事实理由得到反思、平衡不同阶层利益的裁判规则的产生成为可能。

③ 法律解释技术主要是指从规则与事实之间的循环诠释、穷尽化规则后求助于原则的说明、对立法进行利益评价和衡量、借助于遵循先例捍卫一致性、聚焦个性化案件的共识等方面限制自由裁量权。

④ 通过程序限制自由裁量权，即让当事人、社会通过正当程序参与裁判，制约法官的裁量权，以此增强法官形成裁判规则的说服力。

考量因素；②匹配有效规则的一致性维度，利益衡量的后果要件，是制定关于给定条件下会产生何种后果的裁判规则，如果该种裁判规则与既定的有效规则之间存在无法调和的冲突，则需要予以排除；③融合原则体系的协调性维度，利益衡量产生的内在事实，只有在与既存的一般性法律原则体系不相矛盾的情况下，才会不失其与整个制度的协调性。

对应上述三个维度，从法社会学的角度来看，疑难案件衡量的合法性论证包括以下三种方式：①事先考量——评价性的后果合理论辩。考量所形成的内在事实在当下情境中是否合理，特别是通过考察内在事实对类似案件的连贯性后果来检验它的实践蕴涵，以界定出疑难案件衡量的边界。②事先考量——疑难案件的制度利益反思（制度比较考量），就是让内在事实具备制度利益[①]的特性，将刚性规范在反复互动的法律适用中形成更具有现实可行性和可接受性的柔性规范[②]，并完成从规范[③]出发的考量。③事后衡平——疑案衡量的体系解释检验。无论一个裁决在后果主义论辩看来多么令人向往，制度利益的反思看来多么易于接受，都必须从整个法律体系解释的角度找到法律上的目的、原则和前例（这些目的、原则和前例本身也可以成为充足的内在事实）加以说明或佐证。

（七）法律的连续性内在要求同等情况同等对待，普遍正义优先实现的法律思维成为必然选择

1. 适用法律遵循其“显而易见”的惯常含义——保证法律本身连续性、一致性的基础。

法律思维要求对于法律规则的援引恪守这样一条基本原则：通常情况下应当坚持法律规则“显而易见”的惯常含义：①根据日常语言文字的含义来确定法律规则的含义；②把握法律专业术语的特定含义；③根据语境确定字面的含义；④根据个别事项与一般性用语的连用，确定包括在同一种类中的所有词语；⑤以同一类别中法律另有提及者作为基准。

---

① 所谓制度利益，是一种决策利益，其最终形成除了要从事实出发进行考量之外，还要完成从规范出发的考量。

② 现实中疑案的裁决过程，就是刚性规范与柔性规范不断组合调整，形成一系列不同的内在事实选项，其中最能为各方面接受认同的解决方案就成为裁判结果。简言之，所适用的刚性规范在不断分解、重组以及反复寻找平衡点的过程中被加以合法性解释，形成具有注疏性的、更加具有现实可行性和可接受性的柔性规范。

③ 规范考量包括一般性规范的反省与评价（宪法性价值，一般人标准，法律基本原理原则，不偏离以前的解释范型）以及具体规范的检验与考量（包括证明责任如何分配、程序是否正当、制度利益有无瑕疵）。

2. 解释法律遵循文义解释[1]、目的解释的顺位。在解释的顺序上，文义解释为第一顺位（直接回答法律是什么的问题），同时，严格限定对于法律的目的解释。文义解释包括字面解释、体系解释、合宪性解释、扩张解释、限缩解释。目的解释（有点儿类似于法律应该是什么的价值判断）就是根据立法者制定法律时的意图来解释法律用语，其功能在于消除法律用语不确定含义或对法律空缺进行补充。

3. 适用指导案例的裁判规则，应该遵循同样情况同等对待的法律一致性要求。这就要求指导案例所形成的裁判规则，能够符合正常人显而易见的理解，同时又要防止“多数人意见的误导”，从三个方面把握：①形式向度——遵循前例裁判规则形成的逻辑，实质向度——裁判规则为能够共同接受的法律起点，程序向度[2]——以理性辩论规则为基础；②尽量减少裁判语言的模糊性；③不能出现裁判结论以偏概全。

（八）法律不连续的个别情况，法律思维允许特殊正义成为例外许可，属于普遍正义的特殊样态

普遍正义的实现有赖于各种错综复杂的利益计算，同时，复杂不等的各种利益计算，可能会导致得出的结论存在很大的差别，那么，就会出现同样情况不被同等对待的结果，也就使得普遍正义的优先出现了反常。这就使得特殊正义的实现，具有存在的必要性。涉及正义与否的判断，也是一个现实语境里的判断行为，如正义多元化和独特性等。

将特殊正义纳入法律思维，源自其切实的需求，该需求基于风险社会这一现实社会背景。当前风险社会具有两个特征，一是当下社会阶层分化趋向多元、精细，使得社会冲突在更为复杂、细化的各个阶层之间过去被忽略的层面“碎片化”爆

---

① 适用文义解释具有八个优点：①体现了立法之上和民主价值；②法律措辞的通常意义通过语境而得到加强；③裁判者对于法律措辞的通常语义，一般不需要对最终目的的合理性以及手段适当性，做出自己的立法性判断；④限制了裁判者以自身的观点取代立法机构的观点；⑤保护信赖此种含义的人们的利益，而不受导致相反解释的立法史或其他资料的影响；⑥对通常语义的尊重，使得立法机关与行政机关达成的妥协结论，可以避免与立法史资料之间发生冲突；⑦激励立法者在起草中认真遣词造句；⑧激励立法机关在立法时保持明确和仔细，尽量避免隐晦的措辞。

② 爱默伦等有关程序向度的理性论辩十大规则：①讨论各方不得阻碍对方提出论点或对论点提出质疑；②提出论点的一方有义务在对方提出要求的情况下，对其论点予以辩护；③攻击某个论点必须与对方实际上已经提出的论点相关；④一方只有提出与论点相关的论证，才能对其论点进行辩护；⑤一方不得错误地将未予表达的前提归于对方，或者对自己留存的模糊前提推卸责任；⑥一方既不得错误地提出某个前提作为可接受的出发点，也不得否定作为可接受起点的某个前提；⑦如果辩护不是借由被正确适用的适当论证方案进行，某一论点就不能被视为得到了终局性的辩护；⑧论辩中，一方只可采用逻辑有效或者通过阐明一个或多个未表达的前提，便可使之有效的论述；⑨对某一论点未能成功辩护必然导致提出该论点的一方收回论点，同时，另一方对其论点的最终辩护，也必然导致对方收回他对该论点的质疑；⑩一方不得使用不够明确的或者模棱两可的表述方式，并且要尽量仔细、准确地解释对方的表达方式。

发；二是不均衡的社会发展，使得阶层分化较为突出的负面效应——断裂社会成为现实。客观阶层、认同阶层、行动阶层纵横交错、相互涤荡，个案中的现实情景有实现特殊正义的客观基础。

特殊正义的进路，是法律本身在特定时期满足断裂社会中不同阶层的现实需要，缓解因为认同危机带来的相对剥夺感和不公正感，提供疏导不满的渠道，降低社会动荡的概率。

特殊正义的寻求，从某种程度上已颠覆了那种要么正义、要么不正义的“非黑即白”的二分式简单思维。

特殊正义的实现，是结构性语境与现实语境下的产物，是高质量、深层次的公平正义的实现。

特殊正义成为例外许可的法律思维，需要带有问题导向思维：

1. 裁决中的多边主义的思维方式，就是要求裁判机关摆脱相对封闭的局限，在一种更为开阔的视野下，敏感而精细地平衡与把握不同阶层的利益，逐渐建立能够产生扩散互惠性的制度安排。多边主义的思维方式具有三重内涵：①多元化规则。从秩序治理角度而言，几种治理或控制机制的优化组合形成了现实秩序。在这种多元治理结构的内部，各种规则资源存在着互替、互补的关系。为弥补“裁决失灵”，需要在决策或裁决过程中，审慎考虑潜藏在不同阶层内部的关系规则，如声誉机制、行业规则、地方习俗、关系网络、乡规民约、公众舆论等，将其与法律规范统合考虑，相互博弈。否则，裁决失灵，会发生“循环累积因果效应”，从而很难使得不同阶层产生稳定的预期。②必要的商谈。具体裁决的做出，是通过裁判者的释明权、附加分量的信息传递、司法知识开放竞争以及当事人充分讨论等方式，进行深度、有效的商谈实践，以便能够达成裁决合意基础。③合法检验，包括“一致性控制”和“正当性控制”双重标准。

2. 司法知识竞争意识。特殊正义的实现进路，体现为一种各种因素综合作用下的“决策”过程，而更多不是那种严格意义上的推理。如何从消解社会的不公正感角度出发，寻求更有效的矛盾及纠纷化解方案，需要展开对于视角差异、认知差异、导向差异、理念差异、规定差异、观点差异、规则差异的竞争性研究，进而能够使我们在冲突、对比和选择中关注如何实现特殊正义。

3. 裁判的可接受性意识。从某种角度而言，从法政策学角度展开的后果主义论辩的特殊正义，必须考量裁判本身的可接受性程度。

通过对以上法律思维规则的论述，其目的是学会法律思维的运用视角和方法，懂得裁判者的思维进路，透彻了解抗辩双方的思维方式，提升疑案解决的法律事务处理能力。上述论述的一个核心是，面对虚无缥缈的人类思维，如何在灵动、僵化、任性之中保持均衡，以妥当裁剪利益，解决纷争，形成具有内在事实的裁判规则。

第十二章
企业经营管理的刑事法律风险防范

第一节 概　述

一、企业经营管理的刑事法律风险概念的提出

市场经济的本质注定任何企业都像宇宙中存在的事物一样，逃不过夭亡的宿命。

改革开放40多年，中国经济的飞速发展，带动了中国企业的成长。然而，令人费解的是，中国企业特别是民营企业，很难保持基业常青，往往在经过短暂的辉煌之后便归于沉寂，甚至消亡。有统计显示，欧美企业的平均寿命是40年，日本企业的平均寿命是30年，而我国集团企业的平均寿命是7—8年，中小企业平均寿命仅是2.5年。①

中国企业“短命”的原因或许有很多，其中因刑事法律风险而陷入困局的不在少数。刑事法律风险，是指企业在经营管理过程中的具体行为触犯刑法，构成犯罪，依法须承担刑事责任的风险。随着企业犯罪的案例越来越多，企业经营者已经认识到，单单拥有商业智慧并不能够保障企业长盛不衰，刑事法律风险是一颗随时可能引爆的炸弹，而它一旦爆炸，后果就会非常严重。也正因如此，刑事法律风险防范的课题才被提上企业风险管理的重要议程。企业和企业经营者应当意识到刑事法律风险的存在，并正视和管理这种风险，才能避免真正的败亡。

就目前来看，企业刑事法律风险有三个方面的突出特点：第一，动机的趋利性。营利是企业存在和发展的最终目的，企业活动天生具有趋利性。一些企业不惜违反法律规定铤而走险，其动机不外乎追求更多的利润。比如，制售伪劣产品的企业，就是通过掺杂、掺假，以假充真，以次充好或者以不合格产品冒充合格产品，以降低生产成本投入的方式来获取利润。第二，影响的广泛性。企业作为市场经济的重要参与人，对社会生活发挥着越来越重要的作用。相对应地，企业犯罪对社会

① 参见《中国企业的平均寿命为何短暂》，载世界商业报道，http：//biz. icxo. com/htmlnews/2012/12/07/1449041_ 0. htm，浏览时间：2015年6月1日。

生活的影响也是难以计量的。从企业内部来看，企业犯罪可能使一个原本运转良好的企业立即陷入瘫痪，侵害员工和出资人的利益；从企业外部来看，有的犯罪，比如非法集资犯罪，发生一起就足以使成千上万个家庭倾家荡产，其影响之广泛，远大于自然人犯罪的后果。第三，后果的严重性。对企业而言，刑事法律风险后果的严重性，是其他任何性质的法律风险都不能比拟的。企业承担其他形式的法律责任可能受到一定物质损失或名誉减损，而一旦因触犯刑法被科以刑事责任，曾经的辉煌叱咤都将在顷刻间化为乌有，同时付出自由，甚至生命的代价。刑事法律风险后果严重性的另一个体现是，我国刑法对企业犯罪采取双罚制，既处罚企业，又处罚企业直接负责的主管人员和其他直接责任人员。

二、企业经营管理的刑事法律风险高发的原因

企业经营管理的刑事法律风险高发的原因不一而足，基于我们在实践经验中的总结，主要包括以下因素：

（一）社会主义市场经济环境的不成熟

市场经济是自由竞争和资源优化分配的经济，由于市场经济资源十分有限，且存在不同市场主体实力差别大、不同地域自然经济条件差异大等因素，导致资源高地和资源洼地的形成。再加之我国社会主义市场经济尚处于改革摸索阶段，政府宏观调控水平有待提高，国家政策倾向等的影响，市场资源配置不均问题十分严重。在这种情况下，一些实力较弱的企业只能勉强维持生存，无力参与抢夺优质资源，为了维持经营而被迫铤而走险。

以当前我国金融市场为例，国有商业银行垄断金融资源，企业要通过这些金融机构融资必须满足极为严格的条件，也都曾因各种理由被拒绝。然而，企业发展需要资金，通过正规融资途径筹不到资金，民间借贷就成为必然，地下金融市场的活跃情况可想而知。再加上现行法律对民间借贷与非法集资犯罪的区别没有理顺，罪与非罪的界限十分模糊，在这样的背景下，融资类犯罪高发也就不足为奇了。

（二）社会治理和监管体系的局限

刑事法律是其他法律部门的后盾法，是社会经济管理的最后防线。一般而言，社会生活的各具体领域都是由各具体领域的部门法律调整，比如民事法律关系由民事法调整，行政法律关系由行政法调整，而不会直接由刑法来规制。但是，当各具体领域的法律规制手段缺失，或虽已穷尽了各具体部门法的规制手段仍不能有效防范、惩治某些严重破坏社会经济管理秩序的行为时，就必须动用刑法打击与惩罚的手段，以维护社会最低限度的秩序。在一定程度上，可以认为，一个国家的刑事法网织得越密，越能反映出其各具体领域的部门法律调控乏力的现实；相应地，各具

体领域的调控手段、配套措施缺乏，对刑事法律这道“最后防线”的依赖就越强。当前我国社会处于社会经济政治改革的转型期，社会经济管理水平有限，各项配套措施有待完善，是不可争辩的事实。在这种情况下，对一些原本可以通过民事的、行政的手段解决的问题，都纳入犯罪圈作为刑事犯罪来处罚。

公司和公司法律制度在西方国家已经发展得十分成熟和完善，然而，对我国而言，却都是舶来品，需要一个本地化的过程。这个过程中相关配套措施和管理手段的缺乏可想而知，对刑法的依赖也就成为必然。典型的如注册资本类违法行为，在其他国家一般不被认为是犯罪，而是通过使发起人、股东承担一定的民事连带责任和行政处罚后果来解决；而在我国却被纳入了犯罪圈。因此，可以说，社会转型期的特殊性增加了企业刑事法律风险。

（三）企业内部经营管理的不善

企业内部的管理制度和决策机制决定了其外部行为。责任机制的建立，是企业完善管理结构的内在动因。内部管理制度不完善是引发企业犯罪的重要原因，如财务制度、人事制度、监管制度等相关制度不健全，很容易给违法犯罪提供机会。决策机制不健全也是引发企业犯罪的另一个重要原因。企业的决策机制是个人意志转化为企业意志的唯一途径。在企业决策机制下，企业内部个别决策人员的犯罪意志要通过企业其他决策人员的配合才能转化为企业的犯罪意志。随着我国经济体制改革，法人制度确立之后，越来越多的企业成为自主经营的独立或相对独立的经济整体，但在一些企业内部，企业行为自我制约机制并没有建立起来。如果企业决策机制不健全，很容易使得企业的部分领导利用权力操纵企业决策来实施犯罪行为。更为严重的是，有些企业在上述情况下实施犯罪行为获得经济利益，企业的其他人员也获得相应的利益之后，他们会因为这一时的好处默认甚至支持企业的犯罪行为，进而使企业在犯罪的道路上越走越远。

（四）刑事法律风险意识的缺乏

企业在经营管理中的犯罪大致可以分为以下几种情况：一是在经济利益驱使下，积极作为构成犯罪；二是并非有意犯罪，而是由于不了解法律的规定，把握不好行为的程度，无意中触犯了刑法；三是为追求某种不正当利益，走进竞争对手设下的法律陷阱，构成犯罪。在上述三种情况中，除第一种属于有意犯罪外，后两种都是因缺乏法律知识和风险意识而致使犯罪行为发生的。所谓无知者无畏，法律知识的缺乏可以通过学习和咨询律师等方式弥补，但缺乏法律风险意识才是最让人担心的。企业家往往只重视民商事和经济法律风险，认为刑事法律风险离自己很遥远。殊不知，实践证明，总裁办公室与监狱之间常常只有一步之遥。而真正等到东窗事发之时才幡然悔悟，却已于事无补。比如，一些企业的出资人，特别是小企业出资人，没有企业财产区别于个人财产的概念，认为“整个公司都是我的”，抽取公司资金以作私用。长此以往，掏空公司资本，就可能构成抽逃出资罪。这种情况，就是典型的因缺乏刑事法律风险意识而引发的犯罪。

（五）超越法律边界的商业冒险

追逐经济利益的最大化是企业的本分，冒险精神也是一个优秀企业家必备的特质。然而，市场经济是法治经济，企业参与市场竞争，必须遵循一定的条件和法律程序，履行相应的法律义务。企业家的冒险精神应当体现在对商业机遇的敏锐感知和商业行动的果敢勇毅上，而不是在巨额利益的诱惑和驱使下铤而走险，非法敛财；也不是狂妄轻慢地对待法律，自认为手段高明，可以不受法律的羁束，逃避法律的制裁。事实证明，最终自食其果、身陷囹圄的，往往都是这部分“聪明人”“冒险家”。举个例子，合同诈骗罪是使企业频繁触礁的罪名之一，在合同诈骗案件中，很多企业实际上一开始并不是“以非法占有为目的”，而是为了促成交易、争取项目，怀着“万一要是成了呢”这样的赌徒心理，不惜夸下海口或制造各种虚像，试图通过后续的工作来弥补。成功了，便是一段商业传奇；失败了，便付出承担刑事责任的惨痛代价。

（六）权力与资本交易的牺牲品

几乎每一位贪腐官员的倒台，都会牵连出一批与之联系密切的企业和商人。在我国社会主义市场经济的发展过程中，政府权力这只“看得见”的手直接和深入地介入市场经济进行调控，扮演着十分重要的角色，公权力与商业资本也因此始终保持着暧昧关系。当发生市场资源配置不均的情况时，特别是一些民营中小企业，为了获取政策、资源，自然会寻租于公权力。因为，公权力就代表了资源，而且这种资源是具有决策性和垄断性的，如果不通过这种途径，就几乎无法立足于市场。但是，应该明白，依靠公权力或许能够为企业赚得一时的利益，却不可能保障企业长期的发展。一旦所依靠的公权力倒台，或陷入权力斗争的旋涡，必定给企业带来灭顶之灾。经营企业，管理和产品才是立足于市场的砝码，只有合法经营的企业才能基业百年。

三、企业经营管理的刑事法律风险的防范措施

风险是市场竞争不可避免的产物。企业要保持基业长青，须防患于未然。那么，在中国现有的社会经济环境下和社会治理结构中，如何防范企业刑事法律风险？对此，我们建议企业注重以下几个方面的措施：

（一）建立刑事法律风险监测和防范机制

几乎所有的企业都在法律风险防范问题上投入了一定的成本，或者在企业内部

设立法务部，或者聘请律师事务所做法律顾问。但由于受到传统思维的影响，企业偏重于寻求诸如“某份合同是否合规”等民商事法律风险方面的意见。等到企业某具体行为已经被公安立案侦查以后，才聘请刑事律师做辩护。实际上，事后的辩护虽然重要，但若能提前聘请专业律师或专业律所为公司经营管理中的刑事法律风险做“体检”，并将类似这样的风险防范机制常规化，或许就能更早地排除风险，将事前预防、事中控制和事后补救三者有机结合，才不至于发生犯罪的结果。

（二）企业严格合法经营

违规操作或许能给企业带来眼前的利益，但只有合法经营的企业才能基业百年。从企业的设立，到财务、税务、签订合同、投融资、劳动人事管理等一系列行为，企业都应当严格按照法律法规的要求，合法经营，把握住具体行为的程度，守住法律的底线，不要超越法律边界，不能把市场上一些其他企业违法违规经营的行为作为放任企业违法犯罪的理由，不能侥幸地认为，其他企业都在违法违规经营，都没有受到处罚，自己即使做了，也未必受到法律的惩罚。

（三）妥善处理与公权力的关系

企业应当妥善处理与政府和政府官员的关系。一方面，对于政府制定的政策、呼吁应积极响应，对政府管理工作依法给予配合。同时，也有必要开展正常的公关，维持与政府部门的必要沟通，以及时获取政府政策和市场资源的信息，这对于企业的发展是完全有必要的。另一方面，不能与政府和政府官员交往过密，更不能以金钱等不正当手段换取政府的扶持。

（四）建立企业诚信体系

诚信，是最好的“保护神”，对于企业可持续发展有至关重要的作用。刑事法律风险的出现，绝大多数是因为违反诚信原则惹“祸”上身。这种诚信既包括对合作伙伴的诚信，也包括企业对内部投资者、管理者或者企业员工的诚信。确立以诚信为核心经营理念，并纳入企业远景和战略发展目标中。以诚信避免违反法律致使企业财产损失和人员伤亡，以诚信确保企业的生命常青，以诚信避免企业或者企业家触犯《刑法》受到刑事处罚。

（五）熟练掌握企业刑事法律规范

知法、懂法，方知何者可为而何者不得为之。熟练掌握刑事法律规定，才能使企业更有效地防范刑事法律风险，避免遭受刑事处罚。企业家应当学习刑事法律规定，同时，企业家或者企业的管理者在企业经营管理过程中也要向企业的员工宣传法律，培训法律，培养风险意识，进而有效防范企业的刑事法律风险。

本章节——《企业经营管理的刑事法律风险防范》的撰写，是为用。

第二节　注册资本犯罪风险

一、注册资本犯罪相关罪名

注册资本也称为法定资本，是公司制企业章程规定的全体股东或发起人认缴的出资额或认购的股本总额，并在公司登记机关依法登记。注册资本是公司独立法律人格的基础，是公司赖以生存和对外独立承担责任的物质基础，对公司债权人利益的保障有重要意义。注册资本制度是公司信用制度的重要组成部分，在公司制度下，投资人责任与企业责任分离，股东仅承担有限责任，为了保护债权人利益及交易安全，注册资本制度要求公司资本真实、充足，以确保公司清偿债务的能力。如果出资人违反上述义务，实施虚报注册资本骗取公司登记，或虚假出资，或在公司成立后抽逃出资等行为达到法定标准和程度，则构成犯罪。

注册资本犯罪是我国刑法所独有的一类犯罪。综观其他国家法律，对公司注册资本不充实的行为，一般规定由设立股东或发起人就充实资本承担连带责任，或者承担罚款、撤销登记等行政处罚，而不用刑法来调整注册资本类违法行为，这与我国现阶段市场经济制度有待完善、民事法律尚不健全有关。我国刑法中规定的注册资本类犯罪包括虚报注册资本罪和虚假出资、抽逃出资罪三个具体罪名，涉及两个刑法条文。

2013 年 12 月 28 日，第十二届全国人民代表大会常务委员会第六次会议通过了对《公司法》所作的修改，自 2014 年 3 月 1 日起施行。2013 年修正的《公司法》废除法定注册资本最低限额；公司资本由实缴制改为认缴制，包括不再限制股东或者发起人首次缴纳数额以及分期缴纳期限；取消验资要求和证明；并对设立与登记制度做出了相应的修改。应当注意的是，2013 年修正的《公司法》放弃对注册资本最低限额的管制，仅仅针对从事普通业务的商事公司取消了注册资本登记制，并不包括从事特殊业务的公司在内。对于从事特殊业务的公司，如从事金融业务以及从事其他须经特别许可业务的机构，法律仍然对其注册资本设定最低限额。因此，虚报注册资本罪只是缩小了适用范围，不能够认为虚报注册资本罪已经名存实亡。公司、企业运营过程中仍然应当防范刑法中关于注册资本的三个罪名。

（一）虚报注册资本罪

法律依据	《刑法》第一百五十八条	
罪状描述	申请公司登记使用虚假证明文件或者采取其他欺诈手段虚报注册资本，欺骗公司登记主管部门，取得公司登记，虚报注册资本数额巨大、后果严重或者有其他严重情节的	
刑事责任	自然人	处3年以下有期徒刑或者拘役，并处或者单处虚报注册资本金额1%以上5%以下罚金
	单位	对单位判处罚金，并对其直接负责的主管人员和其他直接责任人员，处3年以下有期徒刑或者拘役

（二）虚假出资、抽逃出资罪

法律依据	《刑法》第一百五十九条	
罪状描述	公司发起人、股东违反公司法的规定未交付货币、实物或者未转移财产权，虚假出资，或者在公司成立后又抽逃其出资，数额巨大、后果严重或者有其他严重情节的	
刑事责任	自然人	处5年以下有期徒刑或者拘役，并处或者单处虚假出资金额或者抽逃出资金额2%以上10%以下罚金
	单位	对单位判处罚金，并对其直接负责的主管人员和其他直接责任人员，处5年以下有期徒刑或者拘役

二、注册资本犯罪实务分析

（一）虚报注册资本罪

1. 典型案例

农凯集团公司、周某毅虚报注册资本案

周某毅，原农凯集团公司董事长，前上海地产公司主席，位列2002年度福布斯中国富豪榜第11名，上海首富，于2003年9月因涉嫌虚报注册资本罪和操纵证券交易价格罪被捕。

检方指控，1998年10月至2000年9月，周某毅为扩大集团资产，以便向银行贷款和对外投资，授意集团财务人员将出资3396万元购买的大和住宅与牡丹公寓委托中介机构评估，溢价3808万元；将出资2.98亿元购买的天宇中心地上地下6层评估为9.5亿元，溢价6.5亿元；将划给农凯工贸公司的个人财产评估，估价2004万元。随后，农凯集团将上述房产溢价部分和划给农凯工贸公司的财产按股价计入集团固定资产，虚增资本公积金7.06亿元。2008年8月，农凯集团采用将虚增的7亿元资本公积金转为实收资本的手法，使用虚假验资报告，把集团注册资本从1亿元增至8亿元，并办理了公司变更登记。

能够证明农凯集团和周某毅虚报注册资本的重要证据是由上海新汇会计师事务所（以下简称新汇所）于2000年8月3日出具的有关农凯集团净资产的净资产审计报告和验资报告。农凯集团和周某毅的辩护人辩称，对被审计单位注册资本的实收或变更情况进行审计，出具验资报告，是注册会计师的责任。注册会计师应当对用于转增注册资本的资本公积、盈余公积、未分配利润进行审计，以验证其金额是否真实；检验用于转增注册资本的资本公积项目是否符合国家有关规定。农凯集团作为被审计单位，向新汇所明确说明了拟转增的资本公积来源和构成，至于该会计所将评估溢价作为资本公积，转为注册资本写入验资报告中，责任不在农凯集团和周某毅。

对该辩护意见，法院并未采纳，原因之一在于，经调查，原农凯集团总会计师董某根因犯罪被吊销注册会计师资格后曾在新汇所工作，于2000年7月到农凯集团工作后办理了停薪留职。2000年8月，董某根到新汇所起草了净资产审计报告和验资报告，该两份报告被打印、盖章后交付到农凯集团。说明该两份报告并非仅仅是由于会计师事务所的工作失误造成的，而是农凯集团策划、安排的。

2004年6月1日，上海市第一中级人民法院对周某毅案作出一审判决。鉴于农凯集团虚报注册资本的行为尚未造成严重后果，在量刑时予以考虑，对农凯集团以操纵证券交易价格罪判处罚金人民币3300万元。以虚报注册资本罪判处罚金人民币700万元，决定执行罚金人民币4000万元。对被告人周某毅以操纵证券交易价格罪判处有期徒刑2年6个月。以虚报注册资本罪判处有期徒刑1年，决定执行有期徒刑3年。周某毅不服一审判决上诉至上海市高级人民法院，上海高院经审理后维持原判。

2. 罪名概念及法律依据

虚报注册资本罪，是指申请公司登记时使用虚假证明文件或者采取其他欺诈手段虚报注册资本，欺骗公司登记主管部门，取得公司登记，虚报注册资本数额巨大，后果严重或者有其他严重情节的行为。

《刑法》第一百五十八条规定："申请公司登记使用虚假证明文件或者采取其他欺诈手段虚报注册资本，欺骗公司登记主管部门，取得公司登记，虚报注册资本数额巨大、后果严重或者有其他严重情节的，处三年以下有期徒刑或者拘役，并处或者单处虚报注册资本金额百分之一以上百分之五以下罚金。单位犯前款罪的，对单位判处罚金，并对其直接负责的主管人员和其他直接责任人员，处三年以下有期徒刑或者拘役。"

3. 虚报注册资本罪的主体范围

虚报注册资本罪的犯罪主体是公司或申请公司登记的自然人。其中，公司是指依照《公司法》在我国境内设立的有限责任公司和股份有限公司，公司虚报注册资本构成犯罪的，除对公司处以罚金外，还应对公司直接负责的主管人员和其他直接责任人员处以刑罚。根据《公司法》的规定，有限责任公司的“申请公司登记的人”是由全体股东指定的代表或者共同委托的代理人①，股份有限公司的“申请公司设立的人”是董事会。② 实践中，承担资产评估、验资、验证、会计、审计、法律服务等职责的中介组织人员与申请公司登记的单位或个人通谋，故意提供虚假证明文件，欺骗公司登记主管部门，取得公司登记的，构成本罪的共犯，但是如果中介组织人员严重不负责任，提供的证明文件有重大失实的，但没有虚报注册资本的主观故意且没有与申请公司登记的单位或个人通谋，则不构成此罪。

周某毅虚报注册资本一案中，上海农凯集团是依法设立登记的公司，是公司登记的申请人，犯罪主体适格。周某毅作为集团公司法定代表人，董某根作为集团公司总会计和虚假验资报告的撰写人，属于刑法中规定的“公司直接负责的主管人员和其他直接责任人员”的范围，是本罪的适格主体。

4. 主观方面

本罪的主观方面是故意，以骗取公司登记为目的，通过欺骗公司登记机关非法取得公司登记。过失不构成本罪，对于确实不知道公司登记条件，或者因工作疏忽造成注册资本虚假的，不能构成本罪。

5. 行为界定

虚报注册资本罪的客观行为表现为，使用虚假证明文件或者采取其他欺诈手段虚报注册资本，欺骗公司登记主管部门，取得公司登记，且虚报注册资本数额巨大、后果严重或者有其他严重情节的行为。具体而言，“虚报注册资本”包括以下几种情形：(1) 在注册设立公司时，实缴资本没有达到法律规定的注册资本最低限额，虚报为最低限额以上的资本。(2) 在注册设立公司时，实缴资本虽然已经达到法律规定的注册资本最低要求，但是故意加大注册资本数额，比如为了夸大公司实力，将出资中的实物、工业产权、非专利技术、土地使用权等作价高于其实际价格，而产生实际资本与注册资本不符等。(3) 注册资本虽已达到法律规定的最低限额，在公司设立后虚增注册资本的。比如公司为了满足贷款、融资等对公司注册资本的要求，虚增注册资本的。

---

① 《公司法》第二十九条规定：“股东认足公司章程规定的出资后，由全体股东指定的代表或者共同委托的代理人向公司登记机关报送公司登记申请书、公司章程等文件，申请设立登记。”

② 《公司法》第八十三条第三款规定：“发起人认足公司章程规定的出资后，应当选举董事会和监事会，由董事会向公司登记机关报送公司章程以及法律、行政法规规定的其他文件，申请设立登记。”

"使用虚假证明文件或者采取其他欺诈手段"，是指行为人客观上使用了欺骗手段，包括使用虚假证明文件或者采取其他欺诈手段虚报注册资本。这里的"证明文件"，主要是指公司股东缴纳全部出资或出资认购法定股份后，由依法设立的注册会计师事务所、审计师事务所等法定验资机构依法对申请公司登记人的出资验资后所出具的验资报告、资产评估报告、验资证明以及出资者所拥有的出资单据、银行账户及有关产权转让的文件等。这些文件必须真实可靠，否则就应承担相应的法律责任。"虚假证明文件"既可以是公司登记申请人伪造或篡改的，也可以是与验资机构中的验资人员恶意串通，从而取得虚假的证明文件等。但不论虚假证明文件来源如何，都不影响本罪成立。至于其他欺诈手段，则是指除使用虚假的证明文件外的虚报注册资本的手段，如使用虚假的股东姓名、虚构生产经营场所等。

本罪行为的结果表现为虚报注册资本数额巨大、后果严重或者有其他严重情节，并且"取得了公司登记"，即关于公司注册资金的设立、变更事项被公司登记主管部门批准成立。公司虽然实施了欺骗公司登记主管部门以达到虚增资本目的的行为，但在行为过程中被登记机关及时发现，未予批准登记的，不构成犯罪。根据《公司法》的规定，资本溢价和投资者投入可以用于转增注册资本[①]，但是，其前提是资本溢价评估和投资者投入金额是真实、充足的。在周某毅案中，农凯集团授意中介机构对其所购买的两处房产和投入农凯工贸公司的财产做虚假的资产溢价评估，并将溢价部分列入资本公积金；随后利用新汇所出具的虚假验资报告和审计报告，将虚增的7亿元资本公积金转为实收资本，欺骗公司登记主管部门，取得公司登记，虚报注册资本数额巨大，其行为符合虚报注册资本罪在客观方面的特征。

从相关罪名的区分来看，虚报注册资本罪与虚假出资罪的区别在于：前者是欺骗公司登记机关（工商局）；后者是欺骗其他出资股东，虚假出资。

6. 追诉标准

根据2010年5月7日最高人民检察院、公安部《关于公安机关管辖的刑事案件立案追诉标准的规定（二）》第三条的规定，申请公司登记使用虚假证明文件或者采取其他欺诈手段虚报注册资本，欺骗公司登记主管部门，取得公司登记，涉嫌下列情形之一的，应予立案追诉：（1）超过法定出资期限，实缴注册资本不足法定注册资本最低限额，有限责任公司虚报数额在30万元以上并占其应缴出资数额60%以上的，股份有限公司虚报数额在300万元以上并占其应缴出资数额30%以上

---

① 《公司法》第一百六十七条规定："股份有限公司以超过股票票面金额的发行价格发行股份所得的溢价款以及国务院财政部门规定列入资本公积金的其他收入，应当列为公司资本公积金。"第一百六十八条规定："公司的公积金用于弥补公司的亏损、扩大公司生产经营或者转为增加公司资本。但是，资本公积金不得用于弥补公司的亏损。"

的。(2) 超过法定出资期限，实缴注册资本达到法定注册资本最低限额，但仍虚报注册资本，有限责任公司虚报数额在100万元以上并占其应缴出资数额60%以上的，股份有限公司虚报数额在1000万元以上并占其应缴出资数额30%以上的。(3) 造成投资者或者其他债权人直接经济损失累计数额在10万元以上的。(4) 虽未达到上述数额标准，但具有下列情形之一的：①两年内因虚报注册资本受过行政处罚二次以上，又虚报注册资本的；②向公司登记主管人员行贿的；③为进行违法活动而注册的。(5) 其他后果严重或者有其他严重情节的情形。

本案中，农凯集团注册资本虽已达到法律规定的最低限额，但其虚报的数额达7亿元之多，远超过法律规定的“100万元”追诉标准，已经构成虚报注册资本罪。

(二) 虚假出资、抽逃出资罪

1. 典型案例

巨龙公司董事长马某虚假出资案①

2007年11月6日，被告人马某与李某根、丁某柏、唐某雄经岳阳市工商行政管理局批准设立了巨龙公司，被告人马某任公司法定代表人。公司注册资本500万元，根据公司协议、章程与《公司法》相关规定，第一期股东应缴纳最低出资额为100万元，巨龙公司当时实收注册资本100万元，被告人马某出资40万元，占实收资本的40%，其余3人各出资20万元，各占实收资本的20%。剩余第二期400万元注册资金应当在2009年11月5日之前缴足。

然而，直到2010年，巨龙公司股东也没有按期缴足剩余第二期出资400万元，按规定不能通过当年工商行政管理部门的年检。2010年4月，被告人马某找到周建华，要周建华帮忙联系一家代办公司验资的机构。周建华即联系了一家名为世纪阳光公司的公司具体办理。5月24日，世纪阳光公司将400万元存入巨龙公司的银行账户上，随后世纪阳光公司找到金信会计师事务所帮巨龙公司办理了增资验资手续，使巨龙公司顺利通过了工商行政管理部门的年检，工商行政管理部门根据金信会计师事务所提供的验资报告变更了巨龙公司实收资本登记，并于2008年5月28日给巨龙公司办理了新的公司营业执照。世纪阳光公司则在代办好巨龙公司验资手续后将用于帮助巨龙公司办理验资手续的400万元从巨龙公司账户上转账划走。

湖南省汨罗市人民法院经审理认为，被告人马某作为巨龙公司法定代表人、股东，应当在巨龙公司成立后两年内缴足出资，但直到案发，被告人马某也没有缴纳，其未缴纳出资数额巨大，后果严重，已经构成虚假出资罪，公诉机关指控被告人马某犯抽逃出资罪定性不准。认定被告人马某犯虚假出资罪，判处有期徒刑2

① 案例来源：北大法宝，http：//www. pkulaw. cn/case/pfnl_ 117867033. html? match = Exact，浏览时间：2015年6月5日。

年，并处罚金人民币 8 万元。

认定马某的行为构成虚假出资罪的主要证据包括：马某的供述、相关人员的证人证言、金信会计师事务所出具的验资报告、世纪阳光公司存入巨龙公司账户 400 万元的有关证据、巨龙公司办理登记的相关证据和企业法人营业执照等。

2. 罪名概念及法律依据

虚假出资、抽逃出资罪，是指公司发起人、股东违反公司法的规定未交付货币、实物或者未转移财产权，虚假出资，或者在公司成立后又抽逃出资，数额巨大、后果严重或者有其他严重情节的行为。

《刑法》第一百五十九条规定："公司发起人、股东违反公司法的规定未交付货币、实物或者未转移财产权，虚假出资，或者在公司成立后又抽逃其出资，数额巨大、后果严重或者有其他严重情节的，处五年以下有期徒刑或者拘役，并处或者单处虚假出资金额或者抽逃出资金额百分之二以上百分之十以下罚金。单位犯前款罪的，对单位判处罚金，并对其直接负责的主管人员和其他直接责任人员，处五年以下有期徒刑或者拘役。"

3. 虚假出资、抽逃出资罪的主体范围

虚假出资、抽逃出资罪的主体是特殊主体，即公司的发起人、股东，包括自然人和单位。公司的发起人是指公司出资或者认购公司股份，并承担公司筹办事务的公司创办人；股东是指持有公司股份或者向公司出资的人，包括有限责任公司的股东和股份有限公司的股东。这里的发起人或股东也可以是符合发起人、股东条件的单位。巨龙公司一案中，马某是公司的发起人、股东，属于具有虚假出资、抽逃出资风险的主体范围。

4. 主观方面

虚假出资、抽逃出资罪的主观方面表现为故意，过失不构成本罪。虚假出资目的是在未出资的情况下取得公司登记，抽逃出资的目的是在公司成立后抽逃出资以供他用，二者的动机都在于以出资之名，行欺诈之实。

5. 行为界定

虚假出资、抽逃出资罪的行为表现为公司发起人或者股东违反《公司法》的规定，未交付货币、实物或者未转移财产权，虚假出资，或者在公司成立后又抽逃其出资的行为。

具体行为构成虚假出资、抽逃出资罪的前提是，违反了《公司法》对公司发起人、股东出资方式、出资义务的规定。这些规定主要包括：（1）对有限责任公司的股东而言，其应当按期足额缴纳公司章程中规定的各自所认缴的出资额。股东以货币出资的，应当将货币出资足额存入公司在银行开设的账户；以非货币财产出资的，应当依法办理其财产权的转移手续。股东在公司登记后，不得抽回出资。

(2) 对股份有限公司的股东而言，以发起方式设立的，发起人应当书面认足公司章程规定其认购的股份；一次缴纳的，应即缴纳全部出资；分期缴纳的，应即缴纳首次出资。以非货币财产出资的，应当依法办理其财产权的转移手续。发起人、认股人缴纳股款或者交付抵作股款的出资后，除未按期募足股份、发起人未按期召开创立大会或者创立大会决议不设立公司的情况外，不得抽回其股本。构成虚假出资、抽逃出资罪的行为包括两类：一是虚假出资。按发起人、股东的出资方式不同，虚假出资包括以下几种情形：(1) 以货币形式出资的，没有或者没有足额支付其所认缴的货币出资，至公司银行账户。(2) 以实物或财产权出资的，根本没有实物移交或者没有办理所有权、土地使用权转让手续。(3) 在对实物、工业产权、非专利技术或土地使用权等进行价值评估时，故意高估或者低估作价，然后再作为出资。二是抽逃出资。抽逃出资是指虽然在公司设立时，依法缴纳了出资，但在公司成立后，又将出资撤回的行为。具体而言，包括两种情形：一种是为达到设立公司的目的，通过向其他企业借款或者向银行贷款等手段取得资金，作为自己的出资，待公司登记成立后，又抽回这些资金；另一种是在公司设立时，依法缴纳了自己的出资，但当公司成立后，又将其出资撤回。依据2010年12月6日最高人民法院《最高人民法院关于适用〈中华人民共和国公司法〉若干问题的规定（三）》第十二条的规定："公司成立后，公司、股东或者公司债权人以相关股东的行为符合下列情形之一且损害公司权益为由，请求认定该股东抽逃出资的，人民法院应予支持：（一）将出资款项转入公司账户验资后又转出；（二）通过虚构债权债务关系将其出资转出；（三）制作虚假财务会计报表虚增利润进行分配；（四）利用关联交易将出资转出；（五）其他未经法定程序将出资抽回的行为。"该司法解释中列明的五种行为被认定为抽逃出资的行为。

巨龙公司一案中，检察院指控的罪名是抽逃出资，但法院最后认定马某犯虚假出资罪，本案的一个争议焦点是，虚假出资罪和抽逃出资罪的区别。马某作为巨龙公司的法定代表人、股东，违反国家对公司、企业管理的有关规定，未按时足额缴纳出资，数额巨大，其行为依法构成虚假出资罪。法院最终判决认定马某的行为构成虚假出资罪，其原因在于，成立抽逃出资的前提是已经实际缴纳了出资。虽然世纪阳光公司代办验资时以马某名义向巨龙公司账户存入了400万元，但这笔资金并非由被告人马某等股东所有和支配。马某实际上直到案发也没有缴纳第二期出资，巨龙公司没有资金可供马某抽逃。因此，马某的行为不构成抽逃出资罪。

可见，虚假出资罪和抽逃出资罪的显著区别在于：第一，虚假出资行为通常发生在公司设立过程中，而抽逃出资的行为一般发生在公司成立以后；第二，抽逃出资行为以发起人、股东已经实际缴纳了出资为前提，在此之后从公司转移出自己出资额的全部或一部分，否则抽逃行为就失去了基础。

6. 追诉标准

虚假出资、抽逃出资的数额巨大、后果严重或者有其他严重情节的，才构成犯罪。这是划清罪与非罪的主要界限。如果股东、公司发起人虽有未交付货币、实物或未转移财产权，虚假出资，或者在公司设立后又抽逃其出资等行为，但数额不大，或者情节、后果不严重，不构成犯罪，可用其他方式处理。根据2010年5月7日最高人民检察院、公安部印发《关于公安机关管辖的刑事案件立案追诉标准的规定（二）》第四条的规定，公司发起人、股东违反公司法的规定未交付货币、实物或者未转移财产权，虚假出资，或者在公司成立后又抽逃其出资，涉嫌下列情形之一的，应予立案追诉：（1）超过法定出资期限，有限责任公司股东虚假出资数额在30万元以上并占其应缴出资数额60%以上的，股份有限公司发起人、股东虚假出资数额在300万元以上并占其应缴出资数额30%以上的。（2）有限责任公司股东抽逃出资数额在30万元以上并占其实缴出资数额60%以上的，股份有限公司发起人、股东抽逃出资数额在300万元以上并占其实缴出资数额30%以上的。（3）造成公司、股东、债权人的直接经济损失累计数额在10万元以上的。（4）虽未达到上述数额标准，但具有下列情形之一的：①致使公司资不抵债或者无法正常经营的；②公司发起人、股东合谋虚假出资、抽逃出资的；③两年内因虚假出资、抽逃出资受过行政处罚二次以上，又虚假出资、抽逃出资的；④利用虚假出资、抽逃出资所得资金进行违法活动的。（5）其他后果严重或者有其他严重情节的情形。

本案中，巨龙公司通过假意向公司账户注资，取得验资报告，成功骗取公司登记的行为，构成虚假出资罪；其虚报注册资本400万元，高于立案标准所规定的入罪数额。

三、注册资本类犯罪的风险防范

在近年来的司法实践中，本为保护交易安全而设置的注册资本类三项罪名，常常作为打击报复企业老板的工具而被选择性适用。随着公司注册资本登记制度改革，注册资本登记条件逐步放宽，注册资本类犯罪有去罪化趋势。但就目前而言，仍然有必要注意防范注册资本类犯罪的风险。

（一）合理确定注册资本额

虽然注册资本数额能够在一定程度上代表公司的资金能力，但是不可为了“有面子”的表面形式舍本逐末，给公司造成不必要的风险。毕竟注册资本数额属于公司内部管理的问题，一般不会为外界所知；而且设立公司最重要的还是要实事求是，才能谋求长远发展。因而，确定注册资本数额，应量体裁衣。公司在设立之初应当了解我国《公司法》等法律法规对各类型的公司在股东数量、出资额、出资时间、出资方式等方面的规定，并根据实际情况确定合理的注册资本额。

（二）依法履行出资义务

公司发起人、股东应当依法履行出资义务。一般而言，公司发起人、股东之间所签订的出资协议对股东、发起人的出资额、出资时间、出资形式都作出了约定，股东、发起人应当按照约定的内容履行出资义务。

（三）公、私资产严格分离

根据《公司法》的基本原理和规则，公司与公司股东是两个完全独立的法律主体，公司股东向公司出资以后，所有出资人的财产综合起来构成了公司独立的法人财产，其与股东的个人财产是严格分离的，股东出资后，对其出资只能享有相应的股权，但绝不能直接支配其作为出资投入公司的财产，而不能支配公司财产的人又如何能“抽逃”公司财产呢？在实践中享有对公司财产的法定支配权的公司业务执行人，即公司董事或经理，他们在实际经营管理过程中，往往盲目听从大股东（往往兼任董事）的汇款等要求，不合规范地支配和使用公司财产，从客观上起到帮助“抽逃”公司财产的作用。

（四）风险防范补救及时

实践中，对注册资本类违法行为，如果公司能够赶在有关机关启动刑事司法程序之前，及时注资、充实注册资本，则有机会免予追究刑事责任。立案侦查等刑事司法程序启动后，再做补救工作就丧失了风险防范的最佳时机。

第三节　产品质量犯罪风险

一、产品质量犯罪相关罪名

产品质量犯罪行为不仅严重破坏市场正常竞争秩序，还可能损害消费者的生命健康和财产权益，败坏国家声誉、影响对外贸易。因此，世界各国都对此十分重视，将制售伪劣产品的行为规定为犯罪并加以严厉制裁。近年来，我国产品质量问题频繁爆发，中央和各级政府部门高度重视产品质量，尤其是食品安全问题，被提到了空前重视的高度，当前我国的刑事政策倾向于严厉打击产品质量犯罪。

我国《刑法》第三章第一节是关于制售假冒伪劣商品犯罪的规定，共九个罪名。其中，第一百四十条是关于制售假冒伪劣商品犯罪的一般性规定，第一百四十一条至第一百四十八条则是针对食品、药品、化妆品等特殊商品的专门犯罪。该九个罪名的适用关系是，一般而言，只要制售假冒伪劣商品，销售金额达到 5 万元以上就可以构成第一百四十条规定的生产、销售伪劣产品罪这一基础性罪名；如果该具体行为又符合第一百四十一条至第一百四十八条规定的行为特征，构成各具体罪名，则按照处罚较重的规定定罪处罚。

生产和销售行为，是产品质量犯罪打击的重点。不仅生产型企业需重视产品质量犯罪风险，贸易型企业也是产品质量犯罪的高风险主体。而且，由于“销售金额”是产品质量犯罪罪与非罪、罪轻与罪重的一个重要量刑标准，实践中，认定销售假冒伪劣产品构成犯罪甚至比认定生产假冒伪劣产品要更加容易。除生产和销售行为外，帮助生产者、销售者运输、看守、提供资金等行为也可能被认定为产品质量犯罪的共犯。因此，上述企业和个人都是产品质量犯罪的高风险主体。

（一）生产、销售伪劣产品罪

<table>
<tr><td>法律依据</td><td colspan="2">《刑法》第一百四十条、第一百五十条</td></tr>
<tr><td>罪状描述</td><td colspan="2">生产者、销售者在产品中掺杂、掺假，以假充真，以次充好或者以不合格产品冒充合格产品</td></tr>
<tr><td rowspan="5">刑事责任</td><td rowspan="4">自然人</td><td>销售金额5万元以上不满20万元的，处2年以下有期徒刑或者拘役，并处或者单处销售金额50%以上2倍以下罚金</td></tr>
<tr><td>销售金额20万元以上不满50万元的，处2年以上7年以下有期徒刑，并处销售金额50%以上2倍以下罚金</td></tr>
<tr><td>销售金额50万元以上不满200万元的，处7年以上有期徒刑，并处销售金额50%以上2倍以下罚金</td></tr>
<tr><td>销售金额200万元以上的，处15年有期徒刑或者无期徒刑，并处销售金额50%以上2倍以下罚金或者没收财产</td></tr>
<tr><td>单位</td><td>对单位判处罚金，并对其直接负责的主管人员和其他直接责任人员，按自然人犯该罪的规定处罚</td></tr>
</table>

（二）药品、医用器材安全犯罪

1. 生产、销售假药罪

<table>
<tr><td>法律依据</td><td colspan="2">《刑法》第一百四十一条、第一百五十条</td></tr>
<tr><td>罪状描述</td><td colspan="2">生产、销售假药的</td></tr>
<tr><td rowspan="4">刑事责任</td><td rowspan="3">自然人</td><td>处3年以下有期徒刑或者拘役，并处罚金</td></tr>
<tr><td>对人体健康造成严重危害或者有其他严重情节的，处3年以上10年以下有期徒刑，并处罚金</td></tr>
<tr><td>致人死亡或者有其他特别严重情节的，处10年以上有期徒刑、无期徒刑或者死刑，并处罚金或者没收财产</td></tr>
<tr><td>单位</td><td>对单位判处罚金，并对其直接负责的主管人员和其他直接责任人员，按自然人犯该罪的规定处罚</td></tr>
</table>

2. 生产、销售劣药罪

<table>
<tr><td>法律依据</td><td colspan="2">《刑法》第一百四十二条、第一百五十条</td></tr>
<tr><td>罪状描述</td><td colspan="2">生产、销售劣药，对人体健康造成严重危害的</td></tr>
<tr><td rowspan="3">刑事责任</td><td rowspan="2">自然人</td><td>对人体健康造成严重危害的，处3年以上10年以下有期徒刑，并处销售金额50%以上2倍以下罚金</td></tr>
<tr><td>后果特别严重的，处10年以上有期徒刑或者无期徒刑，并处销售金额50%以上2倍以下罚金或者没收财产</td></tr>
<tr><td>单位</td><td>对单位判处罚金，并对其直接负责的主管人员和其他直接责任人员，按自然人犯该罪的规定处罚</td></tr>
</table>

3. 生产、销售不符合标准的医用器材罪

<table>
<tr><td>法律依据</td><td colspan="2">《刑法》第一百四十五条、第一百五十条</td></tr>
<tr><td>罪状描述</td><td colspan="2">生产不符合保障人体健康的国家标准、行业标准的医疗器械、医用卫生材料，或者销售明知是不符合保障人体健康的国家标准、行业标准的医疗器械、医用卫生材料，足以严重危害人体健康的</td></tr>
<tr><td rowspan="4">刑事责任</td><td rowspan="3">自然人</td><td>足以严重危害人体健康的，处3年以下有期徒刑或者拘役，并处销售金额50%以上2倍以下罚金</td></tr>
<tr><td>对人体健康造成严重危害的，处3年以上10年以下有期徒刑，并处销售金额50%以上2倍以下罚金</td></tr>
<tr><td>后果特别严重的，处10年以上有期徒刑或者无期徒刑，并处销售金额50%以上2倍以下罚金或者没收财产</td></tr>
<tr><td>单位</td><td>对单位判处罚金，并对其直接负责的主管人员和其他直接责任人员，按自然人犯该罪的规定处罚</td></tr>
</table>

（三）食品安全犯罪

1. 生产、销售不符合安全标准的食品罪

法律依据	《刑法》第一百四十三条、第一百五十条
罪状描述	生产、销售不符合食品安全标准的食品，足以造成严重食物中毒事故或者其他严重食源性疾病的

续表

刑事责任	自然人	足以造成严重食物中毒事故或者其他严重食源性疾病的，处3年以下有期徒刑或者拘役，并处罚金
		对人体健康造成严重危害或者有其他严重情节的，处3年以上7年以下有期徒刑，并处罚金
		后果特别严重的，处7年以上有期徒刑或者无期徒刑，并处罚金或者没收财产
	单位	对单位判处罚金，并对其直接负责的主管人员和其他直接责任人员，按自然人犯该罪的规定处罚

2. 生产、销售有毒、有害食品罪

法律依据	《刑法》第一百四十四条、第一百五十条	
罪状描述	在生产、销售的食品中掺入有毒、有害的非食品原料的，或者销售明知掺有有毒、有害的非食品原料的食品的	
刑事责任	自然人	处5年以下有期徒刑，并处罚金
		对人体健康造成严重危害或者有其他严重情节的，处5年以上10年以下有期徒刑，并处罚金
		致人死亡或者有其他特别严重情节的，依照本法第一百四十一条的规定处罚（处10年以上有期徒刑、无期徒刑或者死刑，并处罚金或者没收财产）
	单位	对单位判处罚金，并对其直接负责的主管人员和其他直接责任人员，按自然人犯该罪的规定处罚

（四）工业产品安全犯罪

1. 生产、销售不符合安全标准的产品罪

法律依据	《刑法》第一百四十六条、第一百五十条	
罪状描述	生产不符合保障人身、财产安全的国家标准、行业标准的电器、压力电器、易燃易爆产品或者其他不符合保障人身、财产安全的国家标准、行业标准的产品，或者销售明知是以上不符合保障人身、财产安全的国家标准、行业标准的产品，造成严重后果的	
刑事责任	自然人	造成严重后果的，处5年以下有期徒刑，并处销售金额50%以上2倍以下罚金
		后果特别严重的，处5年以上有期徒刑，并处销售金额50%以上2倍以下罚金或者没收财产

续表

	单位	对单位判处罚金，并对其直接负责的主管人员和其他直接责任人员，按自然人犯该罪的规定处罚

2. 生产、销售不符合卫生标准的化妆品罪

法律依据	《刑法》第一百四十八条、第一百五十条	
罪状描述	生产不符合卫生标准的化妆品，或者销售明知是不符合卫生标准的化妆品，造成严重后果的	
刑事责任	自然人	处3年以下有期徒刑或者拘役，并处或者单处销售金额50%以上2倍以下罚金
	单位	对单位判处罚金，并对其直接负责的主管人员和其他直接责任人员，按自然人犯该罪的规定处罚

（五）生产、销售伪劣农药、兽药、化肥、种子罪

法律依据	《刑法》第一百四十七条、第一百五十条	
罪状描述	生产假农药、假兽药、假化肥，销售明知是假的或者失去使用效能的农药、兽药、化肥、种子，或者生产者、销售者以不合格的农药、兽药、化肥、种子冒充合格的农药、兽药、化肥、种子，使生产遭受较大损失的	
刑事责任	自然人	使生产遭受较大损失的，处3年以下有期徒刑或者拘役，并处或者单处销售金额50%以上2倍以下罚金
		使生产遭受重大损失的，处3年以上7年以下有期徒刑，并处销售金额50%以上2倍以下罚金
		使生产遭受特别重大损失的，处7年以上有期徒刑或者无期徒刑，并处销售金额50%以上2倍以下罚金或者没收财产
	单位	对单位判处罚金，并对其直接负责的主管人员和其他直接责任人员，按自然人犯该罪的规定处罚

由于上述九个罪名存在一定相似之处，笔者仅在下文本节第二部分选取其中具有代表性的几个罪名进行展开。

二、产品质量犯罪实务分析

（一）生产、销售伪劣产品罪

1. 典型案例

三鹿集团及相关责任人员生产、销售伪劣产品案①

从2007年12月起，三鹿集团陆续收到消费者投诉，反映食用其所生产的婴幼儿奶粉后尿液出现红色沉淀物等症状。经调查，该集团生产的婴幼儿奶粉中的“非乳蛋白态氮”含量是市场同类产品的1.5—6倍，疑似含有三聚氰胺。2008年8月1日，经河北省出入境检疫局检测，三鹿送检的15个批次奶粉样品中检出三聚氰胺。至此，全国已有众多婴幼儿因食用三鹿奶粉出现泌尿结石等严重疾患，多人死亡。在明知其婴幼儿奶粉含有三聚氰胺的情况下，三鹿集团并没有停止奶粉的生产、销售，而是采取了以三聚氰胺含量低的奶粉逐批调换含量高的奶粉的方式撤出市场，并将因检测不合格被加工三厂拒收的三聚氰胺超标的原奶转送到其他下属加工厂加工生产为酸奶。经审计，自知情不报至停止生产期间（2008年8月2日到9月12日），三鹿集团共生产含有三聚氰胺的奶制品总量904.2432吨；销售总量813.737吨，销售金额47560800元人民币。

石家庄中级人民法院经审理认为，被告单位三鹿集团和被告人田某华、王某良明知其生产的三鹿牌婴幼儿奶粉中含有三聚氰胺，且明知三聚氰胺是对人体有害的非食品原料，仍不停止生产、销售；被告单位三鹿集团，被告人田某华、杭某奇、吴某生明知其收购的原奶中含有三聚氰胺，且明知三聚氰胺是对人体有毒、有害的非食品原料，仍将原奶调配到本集团下属企业，生产、销售含三聚氰胺的液态奶。被告单位及各被告人的行为均已构成生产、销售有毒食品罪，同时，其行为又符合生产、销售伪劣产品罪的构成要件，依法应当依照处罚较重的规定定罪处罚。因现有证据不足以证实被告单位及各被告人在2008年8月1日得知其产品中含有三聚氰胺以后，继续生产、销售的奶制品流入市场造成了危害结果，故应以生产、销售伪劣产品罪对被告单位及各被告人定罪处罚。

2009年1月21日，石家庄市中级人民法院一审判决三鹿集团犯生产、销售伪劣产品罪，判处罚金人民币49374822元；田某华犯生产、销售伪劣产品罪，判处无期徒刑，剥夺政治权利终身，并处罚金人民币24687411元；被告人王某良犯生产、销售伪劣产品罪，判处有期徒刑十五年，并处罚金人民币23780400元；被告人杭某奇犯生产、销售伪劣产品罪，判处有期徒刑八年，并处罚金人民币907011

---

① 案例来源：北大法宝，http：//www.pkulaw.cn/case/pfnl_117628483.html？keywords=%E4%B8%89%E9%B9%BF&match=Fuzzy，浏览时间：2015年6月2日。

元；被告人吴某生犯生产、销售伪劣产品罪，判处有期徒刑五年，并处罚金人民币604674元。

2. 罪名概念及法律依据

生产、销售伪劣产品罪，是指生产者、销售者违反国家产品质量管理法规，在产品中掺杂、掺假，以假充真，以次充好，或者以不合格产品冒充合格产品，销售金额在5万元以上的行为。

《刑法》第一百四十条规定："生产者、销售者在产品中掺杂、掺假，以假充真，以次充好或者以不合格产品冒充合格产品，销售金额五万元以上不满二十万元的，处二年以下有期徒刑或者拘役，并处或者单处销售金额百分之五十以上二倍以下罚金；销售金额二十万元以上不满五十万元的，处二年以上七年以下有期徒刑，并处销售金额百分之五十以上二倍以下罚金；销售金额五十万元以上不满二百万元的，处七年以上有期徒刑，并处销售金额百分之五十以上二倍以下罚金；销售金额二百万元以上的，处十五年有期徒刑或者无期徒刑，并处销售金额百分之五十以上二倍以下罚金或者没收财产。"

3. 生产、销售伪劣产品罪的主体范围

本罪的犯罪主体是一般主体，包括一切从事商品生产、销售的公司、企业等单位和自然人。公司、企业等在经营过程中，一个重要的身份就是生产者、销售者，特别是对于那些以制造或贸易为主营业务的公司、企业，如果不把好产品质量关，就容易触犯制售伪劣产品罪。

同时，根据2001年4月9日两高《关于办理生产、销售伪劣商品刑事案件具体应用法律若干问题的解释》的规定，知道或者应当知道他人实施生产、销售伪劣商品犯罪，而为其提供贷款、资金、账号、发票、证明、许可证件，或者提供生产、经营场所或者运输、仓储、保管、邮寄等便利条件，或者提供制假生产技术的，以生产、销售伪劣商品犯罪的共犯论处。也就是说，上述人员也可以归属于本罪犯罪主体范围内。

三鹿集团生产、销售伪劣产品一案中，三鹿集团作为从事奶制品生产、销售的公司，符合本罪的主体资格。田某华作为三鹿集团法定代表人，王某良、杭某奇、吴某生作为对生产、销售有毒、有害奶制品的直接负责的主管人员和直接责任人员，犯罪主体适格。

4. 主观方面

本罪的主观要件为故意，既包括直接故意，又包括间接故意。故意，是指产品生产者和销售者明知生产、销售伪劣产品的行为会发生破坏市场经济秩序、侵犯消费者合法权益的危害结果，仍然生产制造、销售不符合质量标准的产品，或者在产品中掺杂、掺假，以假充真，以次充好或者以不合格产品冒充合格产品。需要强调的是，以非法牟利为目的不是本罪的构成要件，即本罪不是目的犯。如果行为人在主观上不是故意的，不知所售产品是次品，而当作正品出售了，应承担民事责任，不能作为犯罪处理。

5. 行为界定

生产、销售伪劣产品罪的行为表现为生产者、销售者违反国家的产品质量管理法律、法规，生产、销售伪劣产品的行为。违反产品质量管理法律、法规，一般是指违反《产品质量法》《标准化法》《计量法》《工业产品质量责任条例》以及有关省、自治区、直辖市制定的关于产品质量的地方性法规、规章、有关行业标准规则等。

本罪的实行行为，包括生产伪劣产品的行为和销售伪劣产品的行为。所谓生产，可以是行为人对原料的加工、制作，也可以是对半成品的加工、组合，还可以是对成品的翻新、改装；所谓销售，可以是零售，也可以是批发，可以是面对面的销售，也可以是通过网络销售。生产行为和销售行为紧密联系，同时独立存在，具有同等的地位。根据《刑法》第一百四十条和 2001 年两高《关于办理生产、销售伪劣商品刑事案件具体应用法律若干问题的解释》的规定，本罪有如下四种生产、销售行为的具体行为方式：

（1）在产品中掺杂、掺假

掺杂、掺假，是指在所生产、销售的产品中掺入杂质或异物，致使产品质量不符合国家法律、法规或者产品明示质量标准规定的质量要求降低，失去应有使用性能的行为。准确理解这种行为，应当注意以下两点：首先，并不是所有在产品中掺杂物的行为，都构成本罪。比如在一吨食用盐中掺入一把沙子的行为，这种程度的掺杂在实际的使用中几乎不会被察觉出来，也不会造成实质性的损害，属于我国《刑法》第十三条“但书”规定的显著轻微，危害不大的情况。对这种行为不应当认定为犯罪，否则会造成打击面过大、司法效率低下的状况。其次，所谓降低、失去应有使用性能，是指掺杂、掺假明显妨害产品的使用和产品功能的实现。举例来说，市场上流通的食用盐分为几个等级，且都是符合国家质量标准的。虽然低等级的食用盐中含有少量沙子，但不影响人们食用它，只是口感相较于高等级的盐差一些，但并不是说这些盐就是伪劣产品。

（2）以假充真

以假充真，是指以不具有某些使用性能的产品冒充具有某种性能的产品的行为，比如用勾兑的酒精冒充名酒而销售的行为。以假充真不是以假产品冒充真产品，何谓“假产品”实际上很难界定，原因在于“真”与“假”的区别是相对的，实践中很难说明什么是绝对的假，什么是绝对的真。以假充真也不能理解为以低价物冒充高价物，以价格作为衡量产品真假的标准，属于从形式上和外观上认识问题，不具有可靠性，而且由于销售伪劣产品的行为具有欺骗性，在价格方面也往往与真产品相同甚至更高，伪劣产品犯罪的受害者，大多就是受这种认识支配而上当购买的。

（3）以次充好

以次充好，是指以低等级、低档次产品冒充高等级、高档次产品，或者以残次、废旧零配件组合、拼装后冒充正品或者新产品的行为，如将二手汽车进行改装翻新后又作为新车销售。前述两种行为方式中的“真”和“假”是从产品的成分、组成等来进行区分的，而“好”与“次”则是从产品的品质上来界定的。如果说“真”与“假”是绝对的概念，那么“好”与“次”就具有一种相对的关系，“好”是相较于“次”而言的，“次”也是以“好”为参照的。因此，“好”与“次”的差别，可以是优质与劣质的不同，也可以是特优和优的区别。

（4）以不合格产品冒充合格产品

以不合格产品冒充合格产品，是指以同种但不符合特定要求和标准的产品冒充符合该特定要求和标准的产品。根据《关于办理生产、销售伪劣商品刑事案件具体应用法律若干问题的解释》的规定，所谓“不合格产品”，是指不符合《产品质量法》第二十六条规定的产品。① 以不符合该条要求的产品冒充符合的产品，就属于“以不合格产品冒充合格产品”的行为。

只要行为人具有上述四种行为之一，销售金额达到5万元的，就构成生产、销售伪劣产品罪。行为人如果同时具有上述两种行为或两种以上行为的，也应以“生产、销售伪劣产品罪”一罪论处，而不实行数罪并罚。伪劣产品尚未销售，货值金额达到5万元3倍以上的，以本罪（未遂）定罪处罚。

6. 追诉标准

生产者、销售者在产品中掺杂、掺假，以假充真，以次充好或者以不合格产品冒充合格产品，涉嫌下列情形之一的，应予立案追诉：（1）伪劣产品销售金额5万元以上的；（2）伪劣产品尚未销售，货值金额15万元以上的；（3）伪劣产品销售金额不满5万元，但将已销售金额乘以3倍后，与尚未销售的伪劣产品货值金额合计15万元以上的。

三鹿集团生产、销售伪劣产品案件中，之所以最后以生产、销售伪劣产品罪定罪处罚，是因为缺乏一个关键性的证据。三鹿集团及其相关直接负责人明知生产、销售的三鹿婴幼儿奶粉掺有对人体有害的非食品原料，仍不停止生产、销售，其行

① 《产品质量法》第二十六条规定：“……产品质量应当符合下列要求：（一）不存在危及人身、财产安全的不合理危险，有保障人体健康和人身、财产安全的国家标准、行业标准的，应当符合该标准；（二）具备产品应当具备的使用性能，但是，对产品存在使用性能的瑕疵作出说明的除外；（三）符合在产品或者其包装上注明采用的产品标准，符合以产品说明、实物样品等方式表明的质量状况。”

为毫无疑问构成生产、销售有毒、有害食品罪。但是，因为没有证据能够证明三鹿婴幼儿奶粉“造成严重食物中毒事故或者其他严重食源性疾患，对人体健康造成严重危害”“致人死亡或者对人体健康造成特别严重危害的”，就不能对三鹿集团及其相关负责人处以生产、销售有毒、有害食品的加重档刑罚，而只能处以基础档的刑罚，即“五年以下有期徒刑或者拘役，并处或者单处销售金额50%以上2倍以下罚金”，显然刑罚与罪责不相适应。而如果认定为生产、销售伪劣产品罪，则可以销售金额达到200万元以上为量刑依据，最后对三鹿集团相关直接负责人判处无期徒刑。

本案诠释了《刑法》第一百四十条规定的生产、销售伪劣产品罪与其他制售伪劣商品罪之间的适用关系。实际上，在司法实践中，销售假药、劣药、有毒有害食品等行为的危害性通常难以证明。

（二）药品、医用器材安全犯罪

1. 典型案例

伟达公司王某等生产、销售假药案①

2004年5月，王某注册成立了新世纪公司，王某任公司法定代表人兼总经理，公司经营范围主要是医药产品等的技术开发、咨询，以及医疗器械的销售等。2007年5月，新世纪公司曾因涉嫌销售未经注册的进口药品被西安市食品药品监督管理局做出行政处罚。同年9月，新世纪公司名称变更为伟达公司。

自2009年4月起，王某在伟达公司没有取得国家药品经营许可和药品经营质量管理规范认证资质的情况下，购进并假冒某宇医药公司名义对外销售抗肿瘤类药品。其所销售的抗肿瘤类药品来源于既无药品经营相关资质，又不能提供进口药品检验报告和进口药品注册证的同案被告人徐某德、于某权处。徐、于二人也始终未向王某提供过所供进口抗肿瘤药品的检验报告和进口药品注册证。经查，二人销售给王某的抗肿瘤药品，大部分是二人自制的，小部分来源不明，经鉴定均为假药。

王某将购进的假药存放于伟达公司库房，由同案被告人张某峰负责管理，张某峰帮助王某提货和销售。另查明，为假冒某宇医药公司销售假药，王某等人还私刻伪造了某宇医药公司各类印章。

自2009年4月至2010年1月，王某销售假药的销售金额为238.8万元；徐某德销售金额为190.76万元；于某权销售金额为48万元；张某峰帮助王某销售假药，四人的行为均既构成生产、销售假药罪，又构成生产、销售伪劣产品罪。根据两高《关于办理生产、销售假药、劣药刑事案件具体应用法律若干问题的解释》的

① 案例来源：北大法宝，http：//www.pkulaw.cn/Case/pfnl_117831864.html？match=Exact，浏览时间：2015年6月3日。

规定，被告人的行为既构成生产、销售假药罪，同时又构成生产、销售伪劣产品罪，依照处罚较重的规定定罪处罚，故本案以生产、销售伪劣产品罪定罪处罚。判处王某有期徒刑15年，并处罚金人民币300万元；判处徐某德有期徒刑11年8个月，并处罚金200万元；判处于某权有期徒刑6年，并处罚金50万元；判处张某峰有期徒刑1年6个月，并处罚金15万元。

认定四被告人犯罪行为的主要证据包括：食品药品检验报告、印章鉴定证明、伟达公司药品销售记录、伟达公司业务员送货记录、货运发货单、四被告人银行卡交易明细、四被告人供述、相关证人证言。

2. 罪名概念及法律依据

生产、销售假药罪，是指违反国家药品管理法规，明知是假药而生产、销售的行为。

《刑法》第一百四十一条规定："生产、销售假药的，处三年以下有期徒刑或者拘役，并处罚金；对人体健康造成严重危害或者有其他严重情节的，处三年以上十年以下有期徒刑，并处罚金；致人死亡或者有其他特别严重情节的，处十年以上有期徒刑、无期徒刑或者死刑，并处罚金或者没收财产。本条所称假药，是指依照《中华人民共和国药品管理法》的规定属于假药和按假药处理的药品、非药品。"

3. 生产、销售假药罪的主体范围

本罪的主体是一般主体，包括个人和单位，具体则是指假药的生产者、销售者。众所周知，国家对药品实行特别管理，生产、销售药品需取得药品监督管理部门的行政许可，并申领相应的生产、销售许可证。但是，假药的生产者、销售者是否具有该种资质，不影响其构成本罪。

上述案件中，徐、于二人生产假的进口肿瘤药品，并销售给王某，其行为已构成生产、销售假药罪，是整个制售假药犯罪链条的源头；王某在其公司未取得国家药品经营许可和药品经营质量管理规范认证资质的情况下，购销假进口肿瘤药品，其行为已构成销售假药犯罪行为，在共同犯罪中起主要作用；张某峰受雇于王某，管理存储药品的仓库并帮助提货和销售，是销售假药犯罪行为的从犯。可见，伪劣产品犯罪的打击范围很广，从生产制作、包装运输、进购，到销售等各个环节的相关人员都可能被认定为犯生产、销售伪劣商品犯罪行为，而且案发后通常都是"一窝端"，认定为共同犯罪。

4. 主观方面

本罪的主观要件为故意，即明知是假药而生产、销售。故意，是指药品生产者有意制造假药。销售者一般表现为明知是假药而售卖。本罪并非目的犯，因此，以非法牟利为目的不是本罪的构成要件。

5. 行为界定

本罪的行为表现为生产、销售假药。根据《药品管理法》第九十八条的规定：禁止生产（包括配制，下同）、销售、使用假药、劣药。有下列情形之一的，为假药：（一）药品所含成分与国家药品标准规定的成分不符；（二）以非药品冒充药品或者以他种药品冒充此种药品；（三）变质的药品；（四）药品所标明的适应症或者功能主治超出规定范围。生产、销售上述《药品管理法》规定的“假药”或“按假药论处”药品的，就可能被认定为本罪。

6. 立案标准

本罪是行为犯，即只要实施了生产、销售假药的行为，即成立本罪。此罪在我国《刑法》中的规定有个发展过程。在2011年2月25日《刑法修正案（八）》出台以前，生产、销售假药罪是危险犯，即只要生产、销售假药达到“足以严重危害人体健康”的危险，就可以认定为构成本罪。2001年4月5日两高《关于办理生产、销售伪劣商品刑事案件具体应用法律若干问题的解释》第三条还进一步对“足以严重危害人体健康”规定了认定标准。但是，《刑法修正案（八）》的出台，加重了对生产、销售假药罪的惩罚力度，将生产、销售假药罪的处罚提前，使该罪成为行为犯，即只要实施了生产、销售假药的行为，无论是否足以严重危害人体健康，都可以认定为构成本罪。

（三）食品安全犯罪

1. 典型案例

黄某根等生产、销售有毒、有害食品案①

黄某根，是一家肠粉店的个体老板，生产和销售肠粉。黄某根雇用了丘某勤为店员并教授丘某勤生产肠粉的方法，由丘某勤负责生产肠粉，黄某根负责销售。

自2011年2月起，黄某根授意丘在生产肠粉过程中添加硼砂、保险粉等国家明确规定禁止添加在食品中的添加剂。丘某勤根据黄某根教授的生产工序及配料比例加工制作肠粉，在生产过程中添加了保险粉、烧鹅油等，在米浆过黏时还加入硼砂。其中，保险粉、硼砂的具体添加比例是：1400斤大米添加1斤（500克）保险粉，100斤大米加入50克硼砂。

至2011年6月3日案发时，黄某根的肠粉店销售肠粉的销售额约240093元。当地质量技术监督局执法人员在黄某根的肠粉店查获存在严重质量问题的肠粉1000千克及生产原料、添加剂一批（包括硼砂75千克、连二亚硫酸钠30千克、烧鸭油250千克、工业盐230千克）。后东莞市质量技术监督局将被告人黄某根、丘某勤移送公安机关处理。经检验，在端记肠粉店仓库内抽样的肠粉样品检验不合格，其中

---

① 案例来源：北大法宝，http：//www. pkulaw. cn/Case/pfnl_ 118277297. html？ match = Exact，浏览时间：2015年6月3日。

检出硼砂527.9mg/kg，二氧化硫15.4mg/kg；查获的盐产品为无碘盐产品，不符合食盐标准；抽样的烧鸭油检验不合格。

认定黄某根和丘某勤二人生产、销售有毒、有害食品的主要证据包括：肠粉店现场勘验的笔录和照片，扣押的散装肠粉、烧鹅油、保险粉、硼砂等原料和添加剂，账本，肠粉生产设备，质量检测中心出具的检测报告以及鉴别证明书。

人民法院经审理认为，黄某根、丘某勤的上述行为已经构成生产、销售有毒、有害食品罪，在本案共同犯罪中，黄某根出资经营，购置原料、配料、传授生产方法，总揽生产、销售，起主要作用，是主犯，依法应当按照其所参与的全部犯罪处罚，故判处黄某根有期徒刑2年6个月，并处罚金80000元；丘某勤受雇于黄某根，按照黄的安排协助加工生产，领取固定工资，起次要作用，是从犯，依法应当从轻处罚，故判处丘某勤有期徒刑1年，并处罚金5000元。

2. 罪名概念及法律依据

生产、销售有毒、有害食品罪，是指在生产、销售的食品中掺入有毒、有害的非食品原料，或者销售明知掺有有毒、有害的非食品原料的食品的行为。

《刑法》第一百四十四条规定："在生产、销售的食品中掺入有毒、有害的非食品原料的，或者销售明知掺有有毒、有害的非食品原料的食品的，处五年以下有期徒刑，并处罚金；对人体健康造成严重危害或者有其他严重情节的，处五年以上十年以下有期徒刑，并处罚金；致人死亡或者有其他特别严重情节的，依照本法第一百四十一条的规定处罚。"

3. 生产、销售有毒、有害食品罪的主体范围

本罪的主体为一般主体，包括生产、销售有毒、有害食品的自然人和单位。在黄某根案中，黄某根作为生产、销售有毒、有害肠粉的个体老板，丘某勤作为直接生产有毒、有害肠粉的直接负责人，符合本罪的主体要求。

4. 主观方面

本罪的主观方面是故意，即行为人明知是有毒、有害食品原料而故意掺入或者明知是掺有有毒、有害的非食品原料的食品而故意销售。是否以营利为目的，不是本罪的主观要件。

5. 行为界定

本罪在客观上表现为行为人违反国家食品卫生管理法规，在生产、销售的食品中掺入有毒、有害的非食品原料，或者销售明知是掺有有毒、有害的非食品原料的食品行为。生产、销售食品的企业应当在具备相应资质的情况下，向食品安全监管部门申请生产、销售食品的许可证，并严格遵守《食品安全法》等法律法规关于食品卫生、食品安全方面的规定，严格遵循卫生标准、避免生产、销售有毒、有害的食品。本罪属行为犯，行为人只要实施了上述行为，无论销售后有无

具体危害后果的发生并不影响本罪的成立，无论是否造成实际的危害后果，都构成犯罪。

本罪的客观行为具有三种表现形式：（1）生产者在生产、销售的食品中掺入有毒、有害的非食品原料的行为。（2）销售者在销售的食品中故意掺入有毒、有害的非食品原料。（3）销售者明知是掺有有毒、有害的非食品原料的食品而予以销售。所谓“有毒、有害的非食品原料”，是指无任何营养价值，根本不能食用，对人体具有生理毒性，食用后会引发不良反应，损害肌体健康的不能食用的原料。生产各种食品都离不开各种原料，包括动物性的、植物性的和化工合成的原料。这些原料应当有利于、至少无害于人体健康。但是，有些生产者为了降低生产成本，攫取更大利润，故意在产品中加入对人体有毒、有害的非食品原料。

黄某根案中，黄授意丘在生产的肠粉中加入硼砂、保险粉等非食品原料。硼砂属于有毒、有害物质，随食品进入体内后由胃肠道吸收，对人体肾脏等器官有毒性作用。人体食用含有硼砂的食品后，轻者会食欲减退、消化不良，严重者会造成呕吐、腹泻、红斑、循环系统障碍、休克及昏迷等中毒症状。成人摄入硼砂 1—3 克可引起中毒；成人食用硼砂 15—20 克，儿童食用硼砂 5 克，可造成死亡。因此，国家有关部门早已发文明确规定硼砂属于可能违法添加的非食用物质，禁止在食品中添加，并严令查处。保险粉的化学名为连二亚硫酸钠，遇水分解，放出二氧化硫及大量的热，被广泛用于纺织工业、木浆造纸等领域。在食品行业，保险粉用作食糖、糖果、蜜饯、饼干、粉丝等的漂白剂和食品保鲜剂。我国对食品添加剂实行严格的目录管理制度，国家标准 GB2760—2007《食品添加剂使用卫生标准》中明确规定了食品添加剂的使用范围和使用限量，必须严格执行。在该标准中没有提及的均是禁止作为食品添加剂使用的。

因此，黄某根、丘某勤二人的行为已经构成生产、销售有毒、有害食品罪。

6. 追诉标准

鉴于食品安全问题关系重大，生产、销售有毒、有害食品具有危害广大消费者身体健康的严重危险性，我国刑法规定本罪为行为犯，只要行为人实施了生产、销售有毒、有害食品的行为，无论是否造成危害后果，都构成生产、销售有毒、有害食品罪。至于发生了相应危害后果的，则按照本罪的结果加重犯处罚。2013 年 5 月 4 日《最高人民法院、最高人民检察院关于办理危害食品安全刑事案件适用法律若干问题的解释》第二条规定：“生产销售不符合食品案例标准的食品，具有下列情形之一的，应当认定为刑法第一百四十三条规定的‘对人体健康造成严重危害’：（一）造成轻伤以上伤害的；（二）造成轻度残疾或者中度残疾的；（三）造成器官组织损伤导致一般功能障碍或者严重功能障碍的；（四）造成十人以上严重食物中毒或者其他严重食源性疾病的；（五）其他对人体健康造成严重危害的情形。”第五条规定："生产、销售有毒、有害食品，具有本解释第二条规定情形之一的，应当认定为刑法第一百四十四条规定的'对人体健康造成严重危害'。"第六条规定："生产、销售有毒、有害食品，具有下列情形之一的，应当认定为刑法第一百四十四条规定的'其他严重情节'：（一）生产、销售金额二十万元以上不满五十万元的；（二）生产、销售金额十万元以上不满二十万元，有毒、有害食品的数量较大或者生产、销售持续时间较长的；（三）生产、销售金额十万元以上不满二十万元，属于婴幼儿食品的；（四）生产、销售金额十万元以上不满二十万元，一年内曾因危害食品安全违法犯罪活动受过行政处罚或者刑事处罚的；（五）有毒、有害的非食品原料毒害性强或者含量高的；（六）其他情节严重的情形。"综上，并不是说所有的生产、销售有毒、有害食品的行为都必须予以追诉，在实践中也会考虑具体行为可能造成危害后果的危险程度和可能造成危害的程度、范围大小等。生产、销售有毒、有害食品，情节显著轻微危害不大的，不宜以犯罪论处。

三、产品质量犯罪的风险防范

产品是企业的生命。产品质量犯罪，不仅会降低企业声誉和社会评价，使企业和企业负责人员承担严厉的刑事责任，对企业经营造成很大打击；同时也会给社会大众的人身、财产安全带来危险和危害，影响极大。企业和企业管理人员应当了解和学习有关产品质量的法律规定，树立依法经营、以产品质量作为第一竞争力的理念，防范产品犯罪刑事法律风险。

（一）严控产品质量标准

产品质量问题关系重大，因而国家对包括初级农产品、工业产品、食品、药品在内的各种产品的生产条件、生产流程、储存方式、包装、质量标准等都拟定了国家标准以及其他管理规定，各相关监管部门也对产品质量问题极为重视。企业从事产品生产、销售，应当全面掌握该行业有关产品质量的知识和法律法规，并严格执行相关国家标准和行业标准的规定。

质量好坏是决定产品市场竞争力的根本性因素。企业从采购原料、存储货物、组织生产、出厂验收以及销售等环节，都应当按照有关国家标准和规范管理制度的要求进行，严格把好质量关，从根本上防止产品质量犯罪的可能性。

（二）生产、销售行政许可手续齐备

企业从事产品生产、销售，除要依法办理营业执照外，还要依法办理相应的特殊生产、销售许可证。比如从事食品生产、销售，必须办理食品生产许可证、食品流通许可证；从事药品生产、销售，必须办理药品生产许可证、药品经营许可证。办理行政许可，主动接受监管部门的监督检查，可以督促企业依法经营，有效减少

发生制售伪劣商品犯罪的可能性。

（三）完善企业危机处理应急机制

在自媒体时代，信息传播扩散的速度已经远远超过人们的想象。一家企业的产品出现质量瑕疵，人们对该产品的负面评价会迅速拉低企业的声誉，甚至彻底拖垮一家企业，典型的案例如“三株”集团没落、三鹿集团被收购等。企业应主动建立产品质量事故应急制度，在事故发生后，将影响和损失降到最低。我们认为，应急制度应当至少包括：产品召回、媒体公关、损害赔偿三个方面。

（四）构建企业的产品质量监督体系

生产销售企业应当建立完备的管理体制，建立产品质量责任机制和产品质量监督机制，实行现代电子信息检测和传统人工监察相结合的监督机制，确保产品质量出现问题及时发现、及时处理，避免问题恶化，甚至严重到构成刑事犯罪。

第四节　劳动用工犯罪风险

一、劳动用工犯罪相关罪名

劳动者是企业生产经营的重要资源，相应地，劳动用工管理也是企业管理的重要内容。随着工业化、城镇化、农业现代化步伐加快，各类建设项目开工和新增企业对农民工需求量不断加大，因不签订劳动合同等引发的农民工工资、工伤、企业生产事故等状况时有发生。一般而言，对企业在劳动用工中的违规行为，劳动者可通过劳动仲裁、民事诉讼和行政监督等途径解决。但是，由于劳动用工关系不同于平等民事主体之间的契约关系，它具有强烈的人身依附性，需要国家法律法规的强制性保护。因此，为了保障员工的生命、健康权利，保障企业财产安全，对于一些违反我国劳动用工和安全生产法律法规，造成严重后果的行为，也纳入了刑法调整的范围。

劳动用工中的犯罪主要包括：强迫职工劳动罪、雇用童工从事危重劳动罪、重大责任事故罪、强令违章冒险作业罪、重大劳动安全事故罪和拒不支付劳动报酬罪。

（一）强迫劳动罪

法律依据	《刑法》第二百四十四条
罪状描述	以暴力、威胁或者限制人身自由的方法强迫他人劳动的； 明知他人实施前款行为，为其招募、运送人员或者有其他协助强迫他人劳动行为的，依照前款的规定处罚

续表

刑事责任	自然人	处3年以下有期徒刑或者拘役，并处罚金
		情节严重的，处3年以上10年以下有期徒刑，并处罚金
	单位	对单位判处罚金，并对其直接负责的主管人员和其他直接责任人员，依照第一款的规定处罚

（二）强令违章冒险作业罪

法律依据	《刑法》第一百三十四条第二款	
罪状描述	强令他人违章冒险作业，因而发生重大伤亡事故或者造成其他严重后果的	
刑事责任	自然人	发生重大伤亡事故或者造成其他严重后果的，处5年以下有期徒刑或者拘役
		情节特别恶劣的，处5年以上有期徒刑

（三）雇用童工从事危重劳动罪

法律依据	《刑法》第二百四十四条之一	
罪状描述	违反劳动管理法规，雇用未满十六周岁的未成年人从事超强度体力劳动的，或者从事高空、井下作业的，或者在爆炸性、易燃性、放射性、毒害性等危险环境下从事劳动，情节严重的	
刑事责任	单位	情节严重的，对直接责任人员，处3年以下有期徒刑或者拘役，并处罚金
		情节特别严重的，处3年以上7年以下有期徒刑，并处罚金
		造成事故，又构成其他犯罪的，依照数罪并罚的规定处罚

（四）重大责任事故罪

法律依据	《刑法》第一百三十四条第一款	
罪状描述	在生产、作业中违反有关安全管理的规定，因而发生重大伤亡事故或者造成其他严重后果的	
刑事责任	自然人	发生重大伤亡事故或者造成其他严重后果的，处3年以下有期徒刑或者拘役
		情节特别恶劣的，处3年以上7年以下有期徒刑

（五）重大劳动安全事故罪

法律依据	《刑法》第一百三十五条	
罪状描述	安全生产设施或者安全生产条件不符合国家规定，因而发生重大伤亡事故或者造成其他严重后果的	
刑事责任	自然人	发生重大伤亡事故或者造成其他严重后果的，对直接负责的主管人员和其他直接责任人员，处3年以下有期徒刑或者拘役
		情节特别恶劣的，处3年以上7年以下有期徒刑

（六）拒不支付劳动报酬罪

法律依据	《刑法》第二百七十六条之一	
罪状描述	以转移财产、逃匿等方法逃避支付劳动者的劳动报酬或者有能力支付而不支付劳动者的劳动报酬，数额较大，经政府有关部门责令支付仍不支付的	
刑事责任	自然人	数额较大，经政府有关部门责令支付仍不支付的，处3年以下有期徒刑或者拘役，并处或者单处罚金
		造成严重后果的，处3年以上7年以下有期徒刑，并处罚金
		尚未造成严重后果，在提起公诉前支付劳动者的劳动报酬，并依法承担相应赔偿责任的，可以减轻或者免除处罚
	单位	对单位判处罚金，并对其直接负责的主管人员和其他直接责任人员，依照前款的规定处罚
		尚未造成严重后果，在提起公诉前支付劳动者的劳动报酬，并依法承担相应赔偿责任的，可以减轻或者免除处罚

二、劳动用工犯罪实务分析

（一）强迫劳动罪

1. 典型案例

张某甲等强迫劳动案①

2011年10月到11月，张某甲与周某某从太原火车站中介处，分两次接来张某乙、文某甲、李某某、杨某丙和杨某乙五人，五人被带回张某甲的帽子加工厂后，张某甲以扣留手机、身份证的方式，限制人身自由、强迫劳动，并安排刘某某负责

① 案例来源：北大法宝，http：//www.pkulaw.cn/case/pfnl_121659791.html？keywords=%E5%BC%BA%E8%BF%AB%E5%8A%B3%E5%8A%A8&match=Fuzzy，浏览时间：2015年6月1日。

监管工人上厕所，杨某甲负责监督干活、吃饭和睡觉。工厂大门24小时上锁，车间内装有五六个摄像头，并且规定一天的活干完才准睡觉，活干慢了或者干得不好都要挨打，平均每天工作12.5个小时。张某乙和文某甲在被强迫劳动期间偷跑，张某甲等找到后对二人进行殴打并强制带回到帽子厂。

法院经审理认为，被告人张某甲、周某某、杨某甲、刘某某以暴力和限制人身自由的方法强迫他人劳动，其行为均构成强迫劳动罪。被告人张某甲在共同犯罪中起主要作用，系主犯，被告人周某某、刘某某、杨某甲在共同犯罪中起次要作用系从犯，依法应从轻处罚。且四被告人自愿认罪，可酌情从轻处罚。鉴于四被告人认罪、悔罪，对所居住社区无重大不良影响，可以适用缓刑。

2. 罪名概念及法律依据

强迫劳动罪，是指以暴力、威胁或者限制人身自由的方法强迫他人劳动的行为。

《刑法》第二百四十四条规定："以暴力、威胁或者限制人身自由的方法强迫他人劳动的，处三年以下有期徒刑或者拘役，并处罚金；情节严重的，处三年以上十年以下有期徒刑，并处罚金。明知他人实施前款行为，为其招募、运送人员或者有其他协助强迫他人劳动行为的，依照前款的规定处罚。单位犯前两款罪的，对单位判处罚金，并对其直接负责的主管人员和其他直接责任人员，依照第一款的规定处罚。"

3. 强迫劳动罪的主体范围

本罪的犯罪主体为一般主体，包括自然人和单位。单位，具体而言，既包括企业法人，也包括个体经济组织。对于不能认定为单位的"黑砖窑""黑煤窑"等强迫他人劳动的行为，均以本罪论处。本案中，张某甲等四被告都符合一般主体的要求。

4. 主观方面

本罪的主观方面表现为直接故意，也即行为人追求暴力胁迫等方式达到限制"工人"人身自由，从而可以长时间控制他们为其劳动，达到非法获利的目的。

5. 行为界定

强迫劳动犯罪的犯罪行为，是指以暴力、威胁或者限制人身自由的方法强迫他人劳动。所谓"暴力"，是指犯罪分子直接对被害人实施殴打、伤害等危及其人身安全的行为，使其不能反抗、逃跑。"威胁"，是指犯罪分子对被害人施以恫吓，进行精神强制，使其不敢反抗、逃跑。"限制人身自由的方法"，则是指以限制离厂、不让回家，甚至雇用打手看管等方法非法限制被害人的人身自由，强迫其参加劳动。"他人"既包括与用人单位订有劳动合同的职工，也包括犯罪分子非法招募的工人、智障人等。本案中，张某甲多次殴打被害人，威吓其不准逃跑，并关闭工厂大门，同时雇用刘某某对被害人进行监视，与强迫劳动罪的犯罪行为吻合。

6. 追诉标准

本罪为行为犯，也即只要实施了以暴力、威胁或者限制人身自由的方法强迫他人劳动，即可构成本罪。依据有关司法解释的规定，涉嫌下列情形之一的，以暴力、威胁或者限制人身自由的方法强迫他人劳动的，应予立案追诉。明知他人以暴力、威胁或者限制人身自由的方法强迫他人劳动，为其招募、运送人员或者有其他协助强迫他人劳动行为的，应予立案追诉。

（二）拒不支付劳动报酬罪

1. 典型案例

孟某河犯拒不支付劳动报酬案[①]

2011 年四五月，孙工厂承包练集镇朱集阳光社区房屋建筑工程后，被告人孟某河及王某强又共同与孙工厂签订了《工程施工劳务承包协议》，承包朱集阳光社区房屋建筑工程，本案原告人朱某印等一批农民工在孟某河、王某强承包的工程工地上为孟某河、王某强提供劳务，2011 年八九月，孙工厂共支付给孟某河、王某强农民工工资款计 257700 元，该款由孟某河掌管，但被告人孟某河并未足额将农民工工资全部发放，至 2011 年 9 月底拖欠农民工工资达 11 万余元。经练集镇政府多次催要和督促，被告人孟某河仍拒不支付农民工工资。

法院经审理认为，被告人孟某河有能力支付而不支付劳动者的劳动报酬，数额较大，经政府有关部门责令支付仍不支付，其行为构成拒不支付劳动报酬罪。被告人对其犯罪行为而给原告人造成的经济损失应予赔偿。故判令孟某河偿还原告人朱某印等劳动报酬款共计 11 万余元，并以拒不支付劳动报酬罪判处孟某河有期徒刑三年，并处罚金人民币 3 万元。

2. 罪名概念及法律依据

拒不支付劳动报酬罪，是指有能力支付而不支付或者以转移财产、逃匿等方法逃避支付劳动者的劳动报酬，情节恶劣的行为。

《刑法》第二百七十六条之一规定："以转移财产、逃匿等方法逃避支付劳动者的劳动报酬或者有能力支付而不支付劳动者的劳动报酬，数额较大，经政府有关部门责令支付仍不支付的，处三年以下有期徒刑或者拘役，并处或者单处罚金；造成严重后果的，处三年以上七年以下有期徒刑，并处罚金。单位犯前款罪的，对单位判处罚金，并对其直接负责的主管人员和其他直接责任人员，依照前款的规定处

---

① 案例来源：北大法宝，http：//www.pkulaw.cn/case/pfnl_ 118604169.html？keywords = %282011%29%E5%95%86%E5%88%91%E5%88%9D%E5%AD%97%E7%AC%AC200%E5%8F%B7&match = Exact%2C%20Piece&tiao = 1，浏览时间：2015 年 6 月 1 日。

罚。有前两款行为，尚未造成严重后果，在提起公诉前支付劳动者的劳动报酬，并依法承担相应赔偿责任的，可以减轻或者免除处罚。”

3. 拒不支付劳动报酬罪的主体范围

本罪主体为特殊主体，即雇用劳动者从事劳动的单位和自然人。本案中，朱某印等一批农民工在孟某河承包的工程工地上为孟某河提供劳务，因此孟某河符合本罪的主体条件。

4. 主观方面

本罪的主观方面表现为故意。主观方面必须有逃避支付或者有能力支付而不支付劳动者的劳动报酬的故意，应当理解为：第一，雇佣者主观上具有非法占有劳动者应得劳动报酬的目的；第二，雇佣者在经政府有关部门责令支付后，在规定期限内仍不支付或全部支付劳动报酬。

5. 行为界定

行为人实施了以下两种行为：（1）以转移财产或逃匿等手段，逃避支付劳动者的劳动报酬的行为；（2）虽没有转移财产和逃匿等行为，但有能力支付而故意不支付劳动者的劳动报酬的行为。

本罪所说的“转移财产”，是指行为人为逃避欠薪将所经营的收益转移到他处，以使行政机关、司法机关或被欠薪者无法查找到。“逃匿”，是指行为人为逃避支付劳动报酬或者为躲避行政机关或司法机关的追究而逃离当地或躲藏起来。“劳动报酬”，是指劳动者按照《劳动法》和《劳动合同法》的规定，通过自己的劳动而应得的报酬，其范围不仅限于工资。“有能力支付”，是指经调查有事实证明企业或单位确有可供支付劳动者报酬的资金或者财产。“经政府有关部门责令支付仍不支付的”，这里的“政府有关部门”，一般是指地方政府劳动行政部门，即劳动和社会保障部门。《劳动法》明确规定了劳动行政部门在劳动工作中的地位和职责。即国务院劳动行政部门主管全国的劳动工作，县级以上地方人民政府劳动行政部门主管本行政区域内的劳动工作。这里的“责令支付仍不支付”，是指经政府劳动行政部门责令支付（一次）仍没有支付的情况。根据《劳动法》第九十一条的规定，用人单位违反劳动法的规定，政府劳动行政部门有权责令其支付。即用人单位具有克扣或者无故拖欠劳动者工资；拒不支付劳动者延长工作时间工资报酬；低于当地最低工资标准支付劳动者工资；解除劳动合同后，未依照劳动法规定给予劳动者经济补偿的侵害劳动者合法权益情形之一的，由劳动行政部门责令支付劳动者的工资报酬、经济补偿，并可以责令支付赔偿金。

6. 追诉标准

根据2017年4月27号发布的最高人民检察院、公安部《关于公安机关管辖的刑事案件立案追诉标准的规定（一）》的补充规定，以转移财产、逃匿等方法逃避支付劳动者的劳动报酬或者有能力支付而不支付劳动者的劳动报酬，经政府有关部门责令支付仍不支付，涉嫌下列情形之一的，应予立案追诉：

（一）拒不支付1名劳动者3个月以上的劳动报酬且数额在5千元至2万元以上的；

（二）拒不支付10名以上劳动者的劳动报酬且数额累计在3万元至10万元以上的。

不支付劳动者的劳动报酬，尚未造成严重后果，在刑事立案前支付劳动者的劳动报酬，并依法承担相应赔偿责任的，可以不予立案追诉。

三、劳动用工犯罪的风险防范

企业应在了解劳动用工犯罪风险的基础上，提前部署，加强人力资源管理和安全生产管理，积极防范该类风险的发生。对企业防范劳动用工犯罪风险应采取的措施，我们有以下建议：

（一）贯彻落实劳动法律法规

由于劳动用工关系涉及劳动者的人身健康权利和财产权益，且相较于用人单位而言，劳动者处于弱势地位，国家法律法规更倾向于保护劳动者，因而劳动法律法规就具有浓厚的强制性色彩。劳动用工相关的法律法规十分庞杂，全国层面的法律法规已经十分烦琐了，各地又根据实际情况作出不同的具体规定，差异较大。企业应认真学习和贯彻落实劳动法律法规，尊重和保障职工的各项劳动权利，以防范劳动用工犯罪风险的发生。

（二）健全企业内部劳动用工管理规章制度

不仅企业管理人员要学习劳动法律法规，还应根据企业生产经营的具体特点，制定适宜的内部规章制度，包括职工管理制度和安全生产制度等。这些内部规章制度应向全体职工明示，并组织职工学习，特别是对安全生产规章制度的学习，要高度重视。完善劳动用工管理，还应当严格审查职工是否符合特定岗位的任职条件，是否具有法律规定的从业资格等。不得强令不符合相应条件、不具备相应资格的职工从事特定工种，否则一旦发生危险结果，相关直接责任人员就可能要承担刑事责任。

（三）完善企业生产、建设安全管理体系

企业应当组织实施安全生产管理的组织机构、安全职责分工，企业的安全技术人员对安全生产工作进行计划、组织、指挥、协调和控制，贯彻落实国家有关安全生产的法律法规和标准技术规范，预防和避免生产过程中发生人身、设备事故，形成良好劳动环境和工作秩序，减少企业事故发生，保证员工的健康与安全，保护企

业的财产尽可能安全。

（四）构建企业诚信模式

企业诚信，对于企业可持续发展有至关重要的作用。这种诚信既包括对合作伙伴的诚信，也包括企业对内部员工的诚信，既包括对企业员工劳动报酬和福利的按时足额支付，又包括对企业员工的财产、人身安全、身体健康和生命的保护。确立以诚信为核心经营理念，并纳入企业远景和战略发展目标中。以诚信避免拖欠劳动者工资的状况发生，以诚信避免违背他人的意志强迫劳动，以诚信避免重大劳动事故的发生。

第五节　税务犯罪风险

一、税务犯罪相关罪名

税收收入是我国财政的一项重要来源，是国民经济发展的命脉，依法纳税是企业应当履行的义务。然而，一些企业在经济利益的驱使下，想方设法逃避纳税，以获取更多利润。逃避缴纳税款，会造成国家税款大量流失，影响国家经济建设和市场经济健康发展，情节严重的，将构成犯罪。

我国《刑法》在破坏社会主义市场经济秩序罪一章中设专节规定税务犯罪，具体罪名包括：逃税罪，抗税罪，逃避追缴欠税罪，骗取出口退税罪，虚开增值税专用发票、用于骗取出口退税、抵扣税款发票罪，伪造、出售伪造的增值税专用发票罪，非法出售增值税专用发票罪，非法购买增值税专用发票、购买伪造的增值税专用发票罪，非法制造、出售非法制造的用于骗取出口退税、抵扣税款发票罪，非法制造、出售非法制造的普通发票罪，非法出售用于骗取出口退税、抵扣税款发票罪，非法出售发票罪。

《刑法修正案（七）》对《刑法》第二百零一条“偷税罪”做出了修改，该罪罪名变更为“逃避缴纳税款罪”，犯罪认定标准上也有所变化。之后，《刑法修正案（八）》进一步对1997年《刑法》关于税务犯罪的规定做出修改：取消了虚开增值税专用发票、用于骗取出口退税、抵扣税款发票罪和伪造、出售伪造的增值税专用发票罪的死刑，并将情节严重的虚开不具有骗取出口退税、抵扣税款功能的普通发票行为和数量较大的非法持有伪造的发票等行为纳入犯罪范畴。

单位可以作为大部分税务犯罪的主体，但是对于《刑法》第二百零二条规定的抗税罪，只能由自然人主体构成。单位构成税务犯罪的，对单位判处罚金，并对其直接负责的主管人员和其他直接责任人员，依照该条的规定处罚。但是，对第二百零五条规定的虚开增值税专用发票、用于骗取出口退税、抵扣税款发票罪和第二百零六条规定的伪造、出售伪造的增值税专用发票罪，单位犯该两罪的，对单位处以罚金，对直接负责人员判处自由刑，不再判处罚金。

有关税务的犯罪，按照犯罪行为类型不同，大体可以分为缴纳税款犯罪、虚开发票犯罪和非法制造、购买、销售、持有发票犯罪。

（一）缴纳税款犯罪

1. 逃税罪

<table>
<tr><td>法律依据</td><td colspan="2">《刑法》第二百零一条、第二百一十一条</td></tr>
<tr><td>罪状描述</td><td colspan="2">纳税人采取欺骗、隐瞒手段进行虚假纳税申报或者不申报，逃避缴纳税款数额较大并且占应纳税额10%以上的
扣缴义务人采取前款所列手段，不缴或者少缴已扣、已收税款，数额较大的
纳税人缴纳税款后，采取前款规定的欺骗方法，骗取所缴纳的税款的</td></tr>
<tr><td rowspan="5">刑事责任</td><td rowspan="4">自然人</td><td>数额较大并且占应纳税额10%以上的，处3年以下有期徒刑或者拘役，并处罚金</td></tr>
<tr><td>数额巨大并且占应纳税额30%以上的，处3年以上7年以下有期徒刑，并处罚金</td></tr>
<tr><td>多次实施前两款行为的，未经处理的，按照累计数额计算</td></tr>
<tr><td>有第一款行为，经税务机关依法下达追缴通知后，补缴应纳税款，缴纳滞纳金，已受行政处罚的，不予追究刑事责任；但是，5年内因逃避缴纳税款受过刑事处罚或者被税务机关给予二次以上行政处罚的除外</td></tr>
<tr><td>单位</td><td>对单位判处罚金，并对其直接负责的主管人员和其他直接责任人员，依照前款规定处罚</td></tr>
</table>

2. 抗税罪

<table>
<tr><td>法律依据</td><td colspan="2">《刑法》第二百零二条</td></tr>
<tr><td>罪状描述</td><td colspan="2">以暴力、威胁方法拒不缴纳税款的</td></tr>
<tr><td rowspan="2">刑事责任</td><td rowspan="2">自然人</td><td>处3年以下有期徒刑或者拘役，并处拒缴税款1倍以上5倍以下罚金</td></tr>
<tr><td>情节严重的，处3年以上7年以下有期徒刑，并处拒缴税款1倍以上5倍以下罚金</td></tr>
</table>

3. 逃避追缴欠税罪

法律依据	《刑法》第二百零三条、第二百一十一条	
罪状描述	纳税人欠缴应纳税款，采取转移或者隐匿财产的手段，致使税务机关无法追缴欠缴的税款	
刑事责任	自然人	数额在1万元以上不满10万元的，处3年以下有期徒刑或者拘役，并处或者单处欠缴税款1倍以上5倍以下罚金
		数额在10万元以上的，处3年以上7年以下有期徒刑，并处欠缴税款1倍以上5倍以下罚金
	单位	对单位判处罚金，并对其直接负责的主管人员和其他直接责任人员，依照前款规定处罚

4. 骗取出口退税罪

法律依据	《刑法》第二百零四条、第二百一十一条	
罪状描述	以假报出口或者其他欺骗手段，骗取国家出口退税款，数额较大的 纳税人缴纳税款后，采取前款规定的欺骗方法，骗取所缴纳的税款的，依照本法第二百零一条（逃税罪）的规定定罪处罚；骗取税款超过所缴纳的税款部分，依照前款的规定处罚	
刑事责任	自然人	数额较大的，处5年以下有期徒刑或者拘役，并处骗取税款1倍以上5倍以下罚金
		数额巨大或者有其他严重情节的，处5年以上10年以下有期徒刑，并处骗取税款1倍以上5倍以下罚金
		数额特别巨大或者有其他特别严重情节的，处10年以上有期徒刑或者无期徒刑，并处骗取税款1倍以上5倍以下罚金或者没收财产
	单位	对单位判处罚金，并对其直接负责的主管人员和其他直接责任人员，依照前款规定处罚

（二）虚开发票犯罪

1. 虚开增值税专用发票、用于骗取出口退税、抵扣税款发票罪

法律依据	《刑法》第二百零五条
罪状描述	虚开增值税专用发票或者虚开用于骗取出口退税、抵扣税款的其他发票的

续表

刑事责任	自然人	处3年以下有期徒刑或者拘役，并处2万元以上20万元以下罚金
		虚开的税款数额较大或者有其他严重情节的，处3年以上10年以下有期徒刑，并处5万元以上50万元以下罚金
		虚开的税款数额巨大或者有其他特别严重情节的，处10年以上有期徒刑或者无期徒刑，并处5万元以上50万元以下罚金或者没收财产
	单位	单位犯本条规定之罪的，对单位判处罚金，并对其直接负责的主管人员和其他直接责任人员，处3年以下有期徒刑或者拘役；虚开的税款数额较大或者有其他严重情节的，处3年以上10年以下有期徒刑；虚开的税款数额巨大或者有其他特别严重情节的，处10年以上有期徒刑或者无期徒刑

2. 虚开发票罪

法律依据	《刑法》第二百零五条之一	
罪状描述	虚开本法第二百零五条规定（增值税专用发票、用于骗取出口退税、抵扣税款的发票）以外的其他发票，情节严重的	
刑事责任	自然人	情节严重的，处2年以下有期徒刑、拘役或者管制，并处罚金
	单位	单位犯前款罪的，对单位判处罚金，并对其直接负责的主管人员和其他直接责任人员，依照前款的规定处罚

（三）非法制造、购销、持有发票犯罪

1. 伪造、出售伪造的增值税专用发票罪

法律依据	《刑法》第二百零六条	
罪状描述	伪造或者出售伪造的增值税专用发票的	
刑事责任	自然人	处3年以下有期徒刑、拘役或者管制，并处2万元以上20万元以下罚金
		数量较大或者有其他严重情节的，处3年以上10年以下有期徒刑，并处5万元以上50万元以下罚金
		数量巨大或者有其他特别严重情节的，处10年以上有期徒刑或者无期徒刑，并处5万元以上50万元以下罚金或者没收财产
	单位	单位犯本条规定之罪的，对单位判处罚金，并对其直接负责的主管人员和其他直接责任人员，处三年以下有期徒刑、拘役或者管制；数量较大或者有其他严重情节的，处三年以上十年以下有期徒刑；数量巨大或者有其他特别严重情节的，处十年以上有期徒刑或者无期徒刑

2. 非法出售增值税专用发票罪

法律依据	《刑法》第二百零七条、第二百一十一条	
罪状描述	非法出售增值税专用发票的	
刑事责任	自然人	处3年以下有期徒刑、拘役或者管制，并处2万元以上20万元以下罚金
		数量较大的，处3年以上10年以下有期徒刑，并处5万元以上50万元以下罚金
		数量巨大的，处10年以上有期徒刑或者无期徒刑，并处5万元以上50万元以下罚金或者没收财产
	单位	对单位判处罚金，并对其直接负责的主管人员和其他直接责任人员，依照前款规定处罚

3. 非法购买增值税专用发票、购买伪造的增值税专用发票罪

法律依据	《刑法》第二百零八条、第二百一十一条	
罪状描述	非法购买增值税专用发票或者购买伪造的增值税专用发票的	
刑事责任	自然人	处5年以下有期徒刑或者拘役，并处或者单处2万元以上20万元以下罚金
	单位	对单位判处罚金，并对其直接负责的主管人员和其他直接责任人员，依照前款规定处罚

4. 非法制造、出售非法制造的用于骗取出口退税、抵扣税款发票罪

法律依据	《刑法》第二百零九条　第二百一十一条	
罪状描述	伪造、擅自制造或者出售伪造、擅自制造的可以用于骗取出口退税、抵扣税款的其他发票的	
刑事责任	自然人	处3年以下有期徒刑、拘役或者管制，并处2万元以上20万元以下罚金
		数量巨大的，处3年以上7年以下有期徒刑，并处5万元以上50万元以下罚金
		数量特别巨大的，处7年以上有期徒刑，并处5万元以上50万元以下罚金或者没收财产
	单位	对单位判处罚金，并对其直接负责的主管人员和其他直接责任人员，依照前款规定处罚

5. 非法制造、出售非法制造的发票罪

法律依据	《刑法》第二百零九条第二款、第二百一十一条	
罪状描述	伪造、擅自伪造或者出售伪造、擅自制造的前款规定以外的其他发票的	
刑事责任	自然人	处2年以下有期徒刑、拘役或者管制，并处或者单处1万元以上5万元以下罚金
		情节严重的，处2年以上7年以下有期徒刑，并处5万元以上50万元以下罚金
	单位	对单位判处罚金，并对其直接负责的主管人员和其他直接责任人员，依照前款规定处罚

6. 非法出售用于骗取出口退税、抵扣税款发票罪

法律依据	《刑法》第二百零九条第三款、第二百一十一条	
罪状描述	非法出售可以用于骗取出口退税、抵扣税款的其他发票的	
刑事责任	自然人	处3年以下有期徒刑、拘役或者管制，并处2万元以上20万元以下罚金
		数量巨大的，处3年以上7年以下有期徒刑，并处5万元以上50万元以下罚金
		数量特别巨大的，处7年以上有期徒刑，并处5万元以上50万元以下罚金或者没收财产
	单位	对单位判处罚金，并对其直接负责的主管人员和其他直接责任人员，依照前款规定处罚

7. 非法出售发票罪

法律依据	《刑法》第二百零九条第四款、第二百一十一条	
罪状描述	非法出售第二百零九条第三款以外的其他发票的	
刑事责任	自然人	处2年以下有期徒刑、拘役或者管制，并处或者单处1万元以上5万元以下罚金
		情节严重的，处2年以上7年以下有期徒刑，并处5万元以上50万元以下罚金
	单位	对单位判处罚金，并对其直接负责的主管人员和其他直接责任人员，依照前款规定处罚

二、税务犯罪实务分析

(一)逃税罪

1. 典型案例

“中国涂料大王”周某彬偷税案①

周某彬,原金龙公司法定代表人,2006年10月因涉嫌偷税被采取强制措施。周某彬曾是一名普通教师,2001年38岁的周某彬一跃跻身于福布斯中国富豪榜第76位,财富7亿元。

金龙公司成立于1995年,法定代表人周某彬,周某明于1998年至2001年3月任金龙公司财务主管。1998年4月至2001年7月,金龙公司为达到偷逃税款的目的,采取销售货物不开发票或少开发票的方法,开设账外银行账户及私人账户收取不开发票的货款。周某明在周某彬的授意下安排公司财务人员专设内、外两套财务账(内账为核算公司的全部经营业务,外账是抽取内账中的一些数据资料来进行记录和用作虚假的纳税申报)来隐瞒销售收入。在此期间,金龙公司共隐瞒销售收入人民币8981万余元,少缴增值税款人民币1526万余元。

人民法院经审理认为,金龙公司无视国家法律,采取伪造、隐匿账簿、记账凭证,在账簿、记账凭证上少列收入,进行虚假纳税申报等手段偷逃税款,在1998年4月至2001年7月共偷税1526余万元,其行为已经触犯刑律,构成偷税罪。周某彬和周某明作为金龙公司的直接责任人员和主管人员,应对单位犯罪承担相应的刑事责任,均构成偷税罪。鉴于金龙公司已经补缴了大部分税款且周某彬的家属积极帮助单位补缴税款,酌情对金龙公司和周某彬予以从轻处罚。判处金龙公司罚金人民币1530万元;判处周某彬有期徒刑3年,缓刑4年,并处罚金1527万元;判处周某明有期徒刑1年6个月。

认定金龙公司、周某彬、周某明偷税行为的主要证据有:二人的供述和辩解、证人证言、国税局对金龙公司进行税务稽查的工作底稿及相关计算表格、国税局稽查局关于金龙公司的税务稽查报告、金龙公司的会计账册和纳税申报材料。

2. 罪名概念及法律依据

逃税罪,是指纳税人采取欺骗、隐瞒手段进行虚假纳税申报或者不申报,逃避缴纳税款数额较大或者因逃税受到两次行政处罚又逃税的行为。

1997年《刑法》第二百零一条规定了偷税罪:“纳税人采取伪造、变造、隐匿、擅自销毁帐簿、记帐凭证,在帐簿上多列支出或者不列、少列收入,经税务机

---

① 案例来源:北大法宝,http://www.pkulaw.cn/case/pfnl_117542943.html?keywords=%E5%81%B7%E7%A8%8E%E6%A1%88&match=Exact,浏览时间:2015年6月3日。

关通知申报而拒不申报或者进行虚假的纳税申报的手段，不缴或者少缴应纳税款，偷税数额占应纳税额的百分之十以上不满百分之三十并且偷税数额在一万元以上不满十万元的，或者因偷税被税务机关给予二次行政处罚又偷税的，处三年以下有期徒刑或者拘役，并处偷税数额一倍以上五倍以下罚金；偷税数额占应纳税额的百分之三十以上并且偷税数额在十万元以上的，处三年以上七年以下有期徒刑，并处偷税数额一倍以上五倍以下罚金。扣缴义务人采取前款所列手段，不缴或者少缴已扣、已收税款，数额占应缴税额的百分之十以上并且数额在一万元以上的，依照前款的规定处罚。对多次犯有前两款行为，未经处理的，按照累计数额计算。”

《刑法修正案（七）》第三条将偷税罪改为逃税罪，并对本罪的罪状描述做出修改：“纳税人采取欺骗、隐瞒手段进行虚假纳税申报或者不申报，逃避缴纳税款数额较大并且占应纳税额百分之十以上的，处三年以下有期徒刑或者拘役，并处罚金；数额巨大并且占应纳税额百分之三十以上的，处三年以上七年以下有期徒刑，并处罚金。‘扣缴义务人采取前款所列手段，不缴或者少缴已扣、已收税款，数额较大的，依照前款的规定处罚。‘对多次实施前两款行为，未经处理的，按照累计数额计算。‘有第一款行为，经税务机关依法下达追缴通知后，补缴应纳税款，缴纳滞纳金，已受行政处罚的，不予追究刑事责任；但是，五年内因逃避缴纳税款受过刑事处罚或者被税务机关给予二次以上行政处罚的除外。”

3. 逃税罪的主体范围

本罪的主体是特殊主体，即纳税义务人和扣缴义务人。纳税义务人，是指依照税收法律、法规规定，应当向国家缴纳税款的个人和单位。增值税的纳税义务人，是在境内销售货物或者提供加工、修理修配劳务以及进口货物的单位和个人；个人所得税的纳税义务人是所得者。扣缴义务人，是指依照税收法律、法规规定，负有义务从纳税人收入中扣除应纳税款并代为缴纳的单位，以及负有义务向纳税人收取税款并代为缴纳的单位和个人。上述人员以外的人，不能独立构成本罪。

本案中，金龙公司是依法设立登记并从事生产经营的企业，只要其有生产经营行为并获利，就应当按照国家规定缴纳税款，具有纳税义务人的法律地位。

4. 主观方面

本罪的主观方面表现为直接故意，也即行为人积极采取欺骗、隐瞒等手段，以逃避税务机关的征税监管，从而达到不缴或少缴税款的目的。

5. 行为界定

本罪经《刑法修正案（七）》修订，删去了对原偷税罪犯罪行为的列举，只要纳税人采取了欺骗、隐瞒手段进行纳税的申报或者不申报，逃避纳税额较大的且占应纳税额10%以上，或者扣缴义务人采取欺骗、隐瞒手段不缴或者少缴已扣、已收税款，数额较大的行为，均可构成逃税罪，不问逃税的具体行为方式。

而金龙公司案件发生于《刑法修正案（七）》实施之前，因而认定为偷税行为。金龙公司通过开设多个公司账户、私人账户，并建立两套账簿、在账簿上少列收入，进行虚假纳税申报，是典型的逃避缴纳税款违法行为。其通过上述方式少缴税款1500多万元，数额巨大，完全符合偷税罪的行为特征。

6. 追诉标准

逃避缴纳税款，涉嫌下列情形之一的，应予立案追诉：

（1）纳税人采取欺骗、隐瞒手段进行虚假纳税申报或者不申报，逃避缴纳税款，数额在5万元以上并且占各税种应纳税总额10%以上，经税务机关依法下达追缴通知后，不补缴应纳税款、不缴纳滞纳金或者不接受行政处罚的；

（2）纳税人5年内因逃避缴纳税款受过刑事处罚或者被税务机关给予二次以上行政处罚，又逃避缴纳税款，数额在5万元以上并且占各税种应纳税总额10%以上的；

（3）扣缴义务人采取欺骗、隐瞒手段，不缴或者少缴已扣、已收税款，数额在5万元以上的。

纳税人在公安机关立案后再补缴应纳税款、缴纳滞纳金或者接受行政处罚的，不影响刑事责任的追究。

同时，《刑法修正案（七）》对逃避缴纳税款罪规定了不予追究刑事责任的条款，即虽然纳税人逃避缴纳税款已经构成犯罪，但是事后补缴税款、交纳滞纳金并接受行政处罚的，不予追究刑事责任。但是，5年内因逃避缴纳税款受过刑事处罚或者被税务机关给予二次以上行政处罚的除外。

金龙公司一案中，偷逃税款数额高达1500多万元，远远超出本罪追诉标准，应当予以追诉。但是，如果金龙公司案发生在《刑法修正案（七）》施行之后，如果能及时足额补缴，则可免予刑事处罚。

（二）虚开增值税专用发票罪

1. 典型案例

加松公司等虚开增值税专用发票案①

加松公司成立于2005年，为增值税一般纳税人。沈某军任加松公司经理，负责采购及财务管理。沈某军在加松公司经营过程中，为非法抵扣税款，于2006年11月至2007年10月，以支付开票费的方式让康某弟为加松公司虚开销货单位为大藏公司的上海增值税专用发票75份，价税合计人民币724万余元，税额为人民币1052万余元，上述发票均已向税务机关申报抵扣。

---

① 案例来源：北大法宝，http：//www. pkulaw. cn/case/pfnl_ 117681420. html？keywords =% EF% BC% 882009% EF% BC% 89% E9% 9D% 92% E5% 88% 91% E5% 88% 9D% E5% AD% 97% E7% AC% AC210% E5% 8F% B7&match = Exact% 2C% 20Piece&tiao =1，浏览时间：2015年6月5日。

2008年7月10日，沈某军接到电话通知后主动到案，并如实供述犯罪事实。案发后，税务机关已对加松公司做出税务处理及行政处罚。加松公司补缴了应纳税款，并缴纳罚款人民币53万余元。

人民法院经审理认为，沈某军在加松公司经营过程中，为非法抵扣税款，在无业务的情况下，让他人为加松公司虚开增值税专用发票，数额较大。沈某军是单位犯罪的直接负责的主管人员，加松公司及沈某军的行为均已构成虚开增值税专用发票罪，依法应予惩处。判处加松公司罚金人民币30万元；判处沈某军有期徒刑3年，缓刑4年。

认定加松公司和沈某军虚开增值税专用发票罪的主要证据有：证人证言、上海增值税专用发票抵扣证明、协查清单、加松公司纳税申报表、加松公司账目、记账凭证、银行结算资料、国家税务局税务处理决定书、税务行政处罚决定书以及税务协查通知等。

2. 罪名概念及法律依据

虚开增值税专用发票、用于骗取出口退税、抵扣税款发票罪，是指故意虚开增值税专用发票、用于骗取出口退税、抵扣税款的其他发票的行为。

《刑法》第二百零五条规定，“虚开增值税专用发票或者虚开用于骗取出口退税、抵扣税款的其他发票的，处三年以下有期徒刑或者拘役，并处二万元以上二十万元以下罚金；虚开的税款数额较大或者有其他严重情节的，处三年以上十年以下有期徒刑，并处五万元以上五十万元以下罚金；虚开的税款数额巨大或者有其他特别严重情节的，处十年以上有期徒刑或者无期徒刑，并处五万元以上五十万元以下罚金或者没收财产。单位犯本条规定之罪的，对单位判处罚金，并对其直接负责的主管人员和其他直接责任人员，处三年以下有期徒刑或者拘役；虚开的税款数额较大或者有其他严重情节的，处三年以上十年以下有期徒刑；虚开的税款数额巨大或者有其他特别严重情节的，处十年以上有期徒刑或者无期徒刑。虚开增值税专用发票或者虚开用于骗取出口退税、抵扣税款的其他发票，是指有为他人虚开、为自己虚开、让他人为自己虚开、介绍他人虚开行为之一的”。

《刑法修正案（八）》第三十二条删除了虚开增值税专用发票罪的死刑适用。

3. 虚开增值税专用发票罪的主体范围

本罪主体是一般主体，包括单位和自然人。但是，因为只有增值税一般纳税人才能申领增值税专用发票，实施本罪行为的主体大多是增值税一般纳税人。增值税是以纳税人在其生产经营活动中新创造的新增价值或者商品的附加值为征税对象的一种流转税。在商品生产、经营中，开出增值税专用发票，凭发票上注明的税金，就可以进行抵扣税款。因此，虚开增值税专用发票是严重违反国家税收管理法规，损害国家经济利益的行为。

从事货物生产或提供应税劳务的纳税人，以及以从事货物生产或提供应税劳务为主，兼营货物批发或零售的纳税人，年应征增值税销售额在 50 万元以上或者从事货物批发或零售的纳税人，年应征增值税销售额在 80 万元以上的，只要会计核算健全，能够提供准确税务资料的，可以申请成为一般增值税纳税人。

在前述案例中，加松公司是增值税一般纳税人，沈某军是加松公司直接负责人员，二者均可成为虚开增值税专用发票罪的主体。

4. 行为界定

本罪行为在客观上表现为“虚开”，所谓“虚开”，是指没有购销货物，也没有提供或者接收应税劳务，而开具增值税专用发票；或者虽然存在购销货物，或提供、接收了应税劳务，但是，超出实际发生金额开具增值税专用发票，以骗取抵扣税款的行为。

“虚开”增值税专用发票的行为具有以下几种表现形式：（1）为自己虚开增值税专用发票。（2）为他人虚开增值税专用发票；让他人为自己虚开增值税专用发票。（3）介绍他人虚开增值税专用发票。只要有上述行为之一，无论是否成功骗取抵扣税款，都构成本罪。

5. 追诉标准

依据 2010 年最高人民检察院、公安部《关于公安机关管辖的刑事案件立案追诉标准的规定（二）》第六十一条规定：虚开增值税专用发票，有下列情形之一的，应予追诉：

（1）虚开的税款数额在 1 万元以上；

（2）致使国家税款被骗数额在 5000 元以上的。

达不到上述标准的，由税务机关依法处理。可见，虚开增值税专用发票罪的起刑点很低，企业很容易陷入虚开增值税专用发票罪的风险中。

（三）非法制造、出售非法制造的发票罪

1. 典型案例

屈某锋等非法制造、出售非法制造的发票案①

被告人屈某锋、马某明。

自 2009 年 2 月以来，屈某锋伙同柴某芳（另案处理）合资购买印刷设备，雇用马某明从事非法制造、出售非法制造的发票，三人分工明确，柴某芳主要负责联系制版、发票销售、切割打捆及原材料购买；屈某锋主要负责晒版、调漆、印刷；

---

① 案例来源：北大法宝，http：//www. pkulaw. cn/case/pfnl_ 117691577. html? keywords = % EF% BC% 882010% EF% BC% 89% E9% A1% B9% E5% 88% 91% E5% 88% 9D% E5% AD% 97% E7% AC% AC033% E5% 8F% B7&match = Exact% 2C% 20Piece&tiao = 1，浏览时间：2015 年 6 月 5 日。

马某明主要负责发票打码、刮奖区制作。截至二被告人被抓获时，共印制各类假发票924661份，且有部分发票已经销售。

人民法院经审理认定，屈某锋、马某明伙同他人擅自制造、出售非法制造的发票，情节严重，其行为已构成非法制造、出售非法制造的发票罪，属于共同犯罪。屈某锋在共同犯罪中起主要作用，是主犯。马某明在共同犯罪中起次要辅助作用，是从犯。判处屈某锋有期徒刑5年，并处罚金10万元；判处马某明有期徒刑2年，缓刑3年，并处罚金5万元。

认定屈某锋、马某明犯非法制造、出售非法制造的发票罪的主要证据有：证人证言、搜查笔录、鉴定结论书和现场记录等证据。

2. 罪名概念及法律依据

非法制造、出售非法制造的发票罪，是指违反国家发票管理法规，故意伪造、擅自制造或者出售伪造、擅自制造的非用于骗取出口退税、抵扣税款的其他发票的行为。

《刑法》第二百零九条第二款规定："伪造、擅自制造或者出售伪造、擅自制造的前款规定以外的其他发票的，处二年以下有期徒刑、拘役或者管制，并处或者单处一万元以上五万元以下罚金；情节严重的，处二年以上七年以下有期徒刑，并处五万元以上十万元以下罚金。"

3. 行为界定

非法制造、出售非法制造的发票罪，客观方面表现为违反国家发票管理法规，伪造、擅自制造，或者出售伪造、擅自制造的不能用于骗取出口退税、抵扣税款的其他发票的行为。具体的行为方式包括：（1）仿照真发票样式制造假的不能用于骗取出口退税、抵扣税款的其他发票（普通发票）；（2）有权制造发票的单位未经税务机关批准或超过批准数量制造普通发票；（3）明知是伪造、擅自制造的普通发票而出售。行为人实施上述行为之一，达到追诉标准的，即构成本罪。

在屈某锋等非法制造、出售非法制造的发票案中，两被告人违反国家发票管理法规，伪造并销售普通发票，情节严重，已经构成非法制造、出售非法制造的发票罪。

4. 追诉标准

屈某锋案发生于2009年，适用最高人民检查院、公安部《关于公安机关管辖的刑事案件立案追诉标准的规定》中的追诉标准。2010年5月7日，最高人民检查院、公安部《关于公安机关管辖的刑事案件立案追诉标准的规定（二）》公布实施，修改了本罪的追诉标准。根据该规定，伪造、擅自制造或者出售伪造、擅自制造的不具有骗取出口退税、抵扣税款功能的普通发票100份以上或者票面额累计在40万元以上的，应予立案追诉。

屈某锋等非法制造、出售非法制造的发票，数量多达 92 万份，远超过法定的追诉标准，应予追究刑事责任。

三、税务犯罪的风险防范

防范税务犯罪风险，企业和企业管理人员应当注意以下几个方面的问题：

（一）遵照税收法律法规依法纳税

依法纳税是企业应尽的义务，企业作为纳税义务人或者扣缴义务人，应当自觉纳税，只有依法经营的企业才能在市场竞争中屹立不倒。违反国家税收管理法规，逃避纳税、欠税、虚开发票、购销或者持有非法制造的发票，达到一定违法程度时，就会构成犯罪。企业和企业管理人员应当加强学习税收法律法规，了解应纳税的种类和纳税程序，了解哪些行为属于违反税收管理法规的行为，了解当违法行为达到什么程度时，会受到刑事追诉。

（二）完善企业纳税管理制度

企业应当建立一套纳税管理制度。企业纳税流程大体上可以分为向税务机关办理纳税登记、按照法律的要求设置账簿并妥善保存、在法定的期间内向税务机关提出纳税申报，以及按照税务机关核定的纳税数额缴纳税款四个步骤。企业应当安排专人负责纳税流程管理，在法定期间内履行相应义务，确保企业依法纳税。

除此之外，企业还应严格进行发票管理，国家对发票的印制、领购、开具、取得都有相关管理规定，企业违反这些规定，虚开发票，购销伪造、非法制造的发票，或者非法持有发票，都会引发刑事法律风险。

（三）把握国家与地方税收政策动态

企业应主动与税务机关保持沟通，及时获知国家相关法律法规、政策的动态；同时也能向税务机关寻求咨询和支持。但需注意的是，企业在与税务机关及其工作人员沟通联系过程中，不可以向税务工作人员行贿，为企业谋求非法利益。

第六节　融资犯罪风险

一、融资犯罪相关罪名

资金是企业生产经营、扩大规模的基础。企业为获取资金而进行集资的货币手段，称作融资。从融资途径来看，可将企业融资分为三种：第一种是证券融资，即融资者通过发行有价证券、投资者通过购买有价证券来实现资金的融通。有价证券是具有一定票面金额并能给投资者带来收益的债券凭证，主要包括股票和债券。企业通过证券融资需遵循严格的法律程序，履行相应的义务。第二种是贷款融资，即企业通过向特定的个人或者机构借款，约定还款日期、到期还本付息的融资手段。第三种是公募资金，即企业通过面向社会公众公开募集资金的方式筹资。公募资金必须经过有关机关的批准，并遵循严格的法律程序，履行相应的义务。

融资犯罪，是指非法从事融资活动，严重妨害金融市场秩序和投资者利益，根据刑法规定应当追究刑事责任的行为。我国《刑法》规定的相关融资犯罪，对金融市场秩序设置了高强度的保障机制，主要罪名有：

（一）证券融资犯罪

1. 欺诈发行股票、债券罪

法律依据	《刑法》第一百六十条	
罪状描述	在招股说明书、认股书、公司、企业债券募集办法中隐瞒重要事实或者编造重大虚假内容，发行股票或者公司、企业债券，数额巨大、后果严重或者有其他严重情节的	
刑事责任	自然人	数额巨大、后果严重或者有其他严重情节的，处5年以下有期徒刑或者拘役，并处或者单处违法募集资金金额1%以上5%以下罚金
	单位	单位犯前款罪的，对单位判处罚金，并对其直接负责的主管人员和其他直接责任人员，处5年以下有期徒刑或者拘役

2. 违规披露、不披露重要信息罪

法律依据	《刑法》第一百六十一条	
罪状描述	依法负有信息披露义务的公司、企业向股东和社会公众提供虚假的或者隐瞒重要事实的财务会计报告，或者对依法应当披露的其他重要信息不按照规定披露，严重损害股东或者其他人利益，或者有其他严重情节的	
刑事责任	单位	严重损害股东或者其他人利益，或者有其他严重情节的，对其直接负责的主管人员和其他直接责任人员，处3年以下有期徒刑或者拘役，并处或者单处2万元以上20万元以下罚金

3. 擅自发行股票、公司、企业债券罪

法律依据	《刑法》第一百七十九条
罪状描述	未经国家有关主管部门批准，擅自发行股票或者公司、企业债券，数额巨大、后果严重或者有其他严重情节的

续表

刑事责任	自然人	数额巨大、后果严重或者有其他严重情节的，处5年以下有期徒刑或者拘役，并处或者单处非法募集资金金额1%以上5%以下罚金
	单位	单位犯前款罪的，对单位判处罚金，并对其直接负责的主管人员和其他直接责任人员，处5年以下有期徒刑或者拘役

4. 内幕交易、泄露内幕消息罪

法律依据	《刑法》第一百八十条	
罪状描述	证券、期货交易内幕信息的知情人员或者非法获取证券、期货交易内幕信息的人员，在涉及证券的发行，证券、期货交易或者其他对证券、期货交易价格有重大影响的信息尚未公开前，买入或者卖出该证券，或者从事与该内幕信息有关的期货交易，或者泄露该消息，或者明示、暗示他人从事上述交易活动，情节严重的	
刑事责任	自然人	情节严重的，处5年以下有期徒刑或者拘役，并处或者单处非法所得1倍以上5倍以下罚金
		情节特别严重的，处5年以上10年以下有期徒刑，并处违法所得1倍以上5倍以下罚金
	单位	单位犯前款罪的，对单位判处罚金，并对其直接负责的主管人员和其他直接责任人员，处5年以下有期徒刑或者拘役

5. 编造并传播证券、期货交易虚假信息罪

法律依据	《刑法》第一百八十一条	
罪状描述	编造并且传播影响证券、期货交易的虚假信息，扰乱证券、期货交易市场，造成严重后果的	
刑事责任	自然人	造成严重后果的，处5年以下有期徒刑或者拘役，并处或者单处1万元以上10万元以下罚金
	单位	单位犯前款罪的，对单位判处罚金，并对其直接负责的主管人员和其他直接责任人员，处5年以下有期徒刑或者拘役

6. 操纵证券、期货市场罪

法律依据	《刑法》第一百八十二条	
罪状描述	有下列情形之一的，操纵证券、期货市场，情节严重的：（一）单独或者合谋，集中资金优势、持股或者持仓优势或者利用信息优势联合或者连续买卖，操纵证券、期货交易价格或者证券、期货交易量的；（二）与他人串通，以事先约定的时间、价格和方式相互进行证券、期货交易，影响证券、期货交易价格或者证券、期货交易量的；（三）在自己实际控制的账户之间进行证券交易，或者以自己为交易对象，自买自卖期货合约，影响证券、期货交易价格或者证券、期货交易量的；（四）以其他方法操纵证券、期货市场的	
刑事责任	自然人	情节严重的，处5年以下有期徒刑或者拘役，并处或者单处罚金
		情节特别严重的，处5年以上10年以下有期徒刑，并处罚金
	单位	单位犯前款罪的，对单位判处罚金，并对其直接负责的主管人员和其他直接责任人员，依照前款规定处罚

（二）贷款融资犯罪

1. 高利转贷罪

法律依据	《刑法》第一百七十五条	
罪状描述	以转贷牟利为目的，套取金融机构信贷资金高利转贷他人，违法所得数额较大的	
刑事责任	自然人	违法所得数额较大的，处3年以下有期徒刑或者拘役，并处违法所得1倍以上5倍以下罚金
		数额巨大的，处3年以上7年以下有期徒刑，并处违法所得1倍以上5倍以下罚金
	单位	单位犯前款罪的，对单位判处罚金，并对其直接负责的主管人员和其他直接责任人员，处3年以下有期徒刑或者拘役

2. 骗取贷款、票据承兑、金融票证罪

法律依据	《刑法》第一百七十五条之一
罪状描述	以欺骗手段取得银行或者其他金融机构贷款、票据承兑、信用证、保函等，给银行或者其他金融机构造成重大损失或者有其他严重情节的

续表

刑事责任	自然人	给银行或者其他金融机构造成重大损失或者有其他严重情节的，处3年以下有期徒刑或者拘役，并处或者单处罚金
		给银行或者其他金融机构造成特别重大损失或者有其他特别严重情节的，处3年以上7年以下有期徒刑，并处罚金
	单位	单位犯前款罪的，对单位判处罚金，并对其直接负责的主管人员和其他直接责任人员，依照前款的规定处罚

3. 贷款诈骗罪

法律依据	《刑法》第一百九十三条	
罪状描述	有下列情形之一，以非法占有为目的，诈骗银行或者其他金融机构的贷款，数额较大的：（一）编造引进资金、项目等虚假理由的；（二）使用虚假的经济合同的；（三）使用虚假的证明文件的；（四）使用虚假的产权证明作担保或者超出抵押物价值重复担保的；（五）以其他方法诈骗贷款的	
刑事责任	自然人	数额较大的，处5年以下有期徒刑或者拘役，并处2万元以上20万元以下罚金
		数额巨大或者有其他严重情节的，处5年以上10年以下有期徒刑，并处5万元以上50万元以下罚金
		数额特别巨大或者有其他特别严重情节的，处10年以上有期徒刑或者无期徒刑，并处5万元以上50万元以下罚金或者没收财产

（三）公募资金犯罪

1. 非法吸收公众存款罪

法律依据	《刑法》第一百七十六条	
罪状描述	非法吸收公众存款或者变向吸收公众存款，扰乱金融秩序的	
刑事责任	自然人	处3年以下有期徒刑或者拘役，并处或者单处2万元以上20万元以下罚金
		数额巨大或者有其他严重情节的，处3年以上10年以下有期徒刑，并处5万元以上50万元以下罚金
	单位	单位犯前款罪的，对单位判处罚金，并对其直接负责的主管人员和其他直接责任人员，依照前款的规定处罚

2. 集资诈骗罪

法律依据	《刑法》第一百九十二条、第二百条	
罪状描述	以非法占有为目的，使用诈骗方法非法集资，数额较大的	
刑事责任	自然人	数额较大的，处5年以下有期徒刑或者拘役，并处2万元以上20万元以下罚金
		数额巨大或者有其他严重情节的，处5年以上10年以下有期徒刑，并处5万元以上50万元以下罚金
		数额特别巨大或者有其他特别严重情节的，处10年以上有期徒刑或者无期徒刑，并处5万元以上50万元以下罚金或者没收财产
	单位	单位犯前款罪的，对单位判处罚金，并对其直接负责的主管人员和其他直接责任人员，处5年以下有期徒刑或者拘役
		数额巨大或者有其他严重情节的，处5年以上10年以下有期徒刑，并处罚金
		数额特别巨大或者有其他特别严重情节的，处10年以上有期徒刑或者无期徒刑，并处罚金

二、融资犯罪实务分析

（一）内幕交易、泄露内幕信息罪

1. 典型案例

“资本大鳄”黄某裕内幕交易案①

黄某裕，连续5年位列福布斯中国富豪榜，2006年成为中国首富，曾被认为是中国当代最为成功的零售业企业家之一。2010年5月，北京市第二中级人民法院一审认定黄某裕犯非法经营罪、内幕交易罪、单位行贿罪三项罪名，判处有期徒刑14年，并处罚金人民币6亿元，没收个人部分财产人民币2亿元。

黄某裕内幕交易所涉犯罪事实包括：

2007年4月，中关村上市公司拟与鹏泰公司进行资产置换，黄某裕作为中关村上市公司的董事及鹏泰公司的法定代表人，参与了该项重大资产置换的运作和决

① 案例来源：北大法宝，http：//www. pkulaw. cn/case/pfnl_ 118771199. html？keywords = %E5%86%85%E5%B9%95%E4%BA%A4%E6%98%93%E6%A1%88&match = Exact，浏览时间：2015年6月3日。

策。在该信息公告前，黄某裕决定并指令他人借用龙某、王某树等人的身份证，开立个人股票账户并由其直接控制。2007年4月27日至6月27日，黄某裕使用以上龙某、王某树等6人的股票账户，累计购入中关村股票976万余股，成交额共计人民币9310万余元。至6月28日该信息公告日时，以上6人股票账户的账面收益额为人民币348万余元。

2007年7月、8月，中关村上市公司拟收购鹏润公司全部股权进行重组。在该信息公告前，黄某裕指使他人以曹某娟、林某锋等79人的身份证开立相关个人股票账户，并由黄某裕控制，同时安排被告人杜鹃协助管理以上股票账户。杜鹃于同年8月13日至9月28日，按照黄某裕的指令，指使杜甲、杜乙、谢某等人使用上述股票账户，累计购入中关村股票1.04亿余股，成交额共计人民币13.22亿余元，至2008年5月7日该信息公告日时，上述股票账户的账面收益额为人民币3.06亿余元。

基于以上事实，人民法院认定黄某裕作为证券交易内幕信息的知情人员，在涉及对证券交易价格有重大影响的信息尚未公开前，买入该证券，且内幕交易成交额及其所控制的股票账户在内幕信息公告日的账面收益额均特别巨大，情节特别严重，以内幕交易罪判处有期徒刑9年，并处罚金人民币6亿元。另认定黄某裕非法经营罪、单位行贿罪，数罪并罚决定执行有期徒刑14年，并处罚金人民币6亿元，没收个人部分财产人民币2亿元。

庭审中，黄某裕的辩护人提交了如下辩护意见：第一，黄某裕是鹏泰公司的法定代表人，可以代表该公司作出购买中关村上市公司股票的意思表示，且购买中关村上市公司股票的部分资金来源于该公司，部分涉案股票资金账户中的资金亦回流到该公司，因此买卖中关村上市公司股票是鹏泰公司的行为，而非黄某裕个人行为的辩护意见。第二，公安部及证监会不是法定鉴定机构，二单位出具的材料不能作为认定本案价格敏感期起算时间的依据。第三，中关村上市公司收购鹏润公司全部股权进行重组的内幕信息形成于2007年9月28日，价格敏感期起算点应不早于该日。第四，内幕交易的目的在于获利或止损，现有证据证明黄某裕买入中关村股票后并未抛售，其买入股票的目的在于长期持有，而非套现获利，因此不能认定黄某裕利用内幕信息进行内幕交易。

对上述辩护意见，人民法院经审查认为：

首先，在购买中关村股票时，黄某裕并未与鹏泰公司其他决策层管理人员讨论研究，有关人员仅是按其指令开立账户，调拨资金，并不知道实际意图目的，虽然黄某裕是鹏泰公司的法定代表人，但其个人实施的行为并不能完全代表公司意志。现有证据证明，除购买中关村股票的部分资金来源于鹏泰公司，并有一部分资金回流到鹏泰公司外，并无其他证据证明黄某裕购买中关村股票是为了使单位获利。故仅以部分资金来源和走向证明黄某裕购买中关村股票的行为是为鹏泰公司获取利益的证据不足，黄某裕的辩护人所提该项辩护意见不能成立。

其次，证监会作为对全国证券市场进行统一监管的国家机构，对上市公司涉及内幕信息有关问题进行认定属于其法定职能范围，证监会在职权范围内对中关村上市公司内幕信息价格敏感期起算时间出具的认定意见，可以作为证据采用。

再次，该案的书证《鹏润公司报告》和证人陈某的证言能够证明，鹏泰公司为运作鹏润控股公司借壳中关村上市公司在境内上市于2007年8月10日召开会议，确定成立地产重组工作小组。2007年8月13日，陈某拟定的成立地产重组工作小组的报告经修改，增加了设立中关村组的内容。上述证据说明在不晚于2007年8月13日，鹏泰公司已将鹏润控股公司借壳中关村上市公司在境内上市作为重点考虑的方案。深交所出具的有关书证还证明，黄某裕实际控制的79人的股票账户于2007年8月13日出现了集中买入大量中关村股票的情况。通过对上述证据的分析并结合公安部、证监会关于对中关村上市公司内幕信息价格交易敏感期的认定意见，将2007年8月13日作为该公司内幕信息价格交易敏感期起算时间的理由充分。

最后，内幕交易罪侵犯的客体是国家对证券市场交易的管理制度和投资者公平交易、公开交易的合法权益。无论黄某裕在买卖中关村股票时所持何种目的，只要作为内幕信息的知情者，在内幕信息价格交易敏感期内买卖该特定证券，无论是否获利，均不影响对内幕交易犯罪性质的认定。

2. 罪名概念及法律依据

内幕交易、泄露内幕信息罪，是指掌握证券、期货交易内幕信息的知情人，或者非法获取证券、期货交易内幕信息的其他人员，在涉及证券的发行、证券、期货交易或者其他对证券、期货交易的价格有重大影响的信息尚未公开之前，买入或者卖出该证券，或者从事与该内幕信息有关的期货交易，或者泄露该信息，或者明示、暗示他人从事相关交易活动，情节严重的行为。

《刑法》第一百八十条规定，证券交易内幕信息的知情人员或者非法获取证券交易内幕信息的人员，在涉及证券的发行、交易或者其他对证券的价格有重大影响的信息尚未公开前，买入或者卖出该证券，或者泄露该信息，情节严重的，处五年以下有期徒刑或者拘役，并处或者单处违法所得一倍以上五倍以下罚金；情节特别严重的，处五年以上十年以下有期徒刑，并处违法所得一倍以上五倍以下罚金。单位犯前款罪的，对单位判处罚金，并对其直接负责的主管人员和其他直接责任人员，处五年以下有期徒刑或者拘役。

3. 内幕交易、泄露内幕交易信息罪的主体范围

2012年6月1日施行的最高人民法院、最高人民检察院《关于办理内幕交

易、泄露内幕信息刑事案件具体应用法律若干问题的解释》第一条规定：下列人员应当认定为刑法第一百八十条第一款规定的“证券、期货交易内幕信息的知情人员”：（一）《证券法》第五十一条规定的人员；（二）《期货交易管理条例》第八十一条第十二项规定的人员。

《证券法》第五十一条规定，证券交易内幕信息的知情人包括：（一）发行人及其董事、监事、高级管理人员；（二）持有公司百分之五以上股份的股东及其董事、监事、高级管理人员，公司的实际控制人及其董事、监事、高级管理人员；（三）发行人控股或者实际控制的公司及其董事、监事、高级管理人员；（四）由于所任公司职务或者因与公司业务往来可以获取公司有关内幕信息的人员；（五）上市公司收购人或者重大资产交易方及其控股股东、实际控制人、董事、监事和高级管理人员；（六）因职务、工作可以获取内幕信息的证券交易场所、证券公司、证券登记结算机构、证券服务机构的有关人员；（七）因职责、工作可以获取内幕信息的证券监督管理机构工作人员；（八）因法定职责对证券的发行、交易或者对上市公司及其收购、重大资产交易进行管理可以获取内幕信息的有关主管部门、监管机构的工作人员；（九）国务院证券监督管理机构规定的可以获取内幕信息的其他人员。

《期货交易管理条例》第八十一条第十二项规定的内幕信息的知情人员，是指由于其管理地位、监督地位或者职业地位，或者作为雇员、专业顾问履行职务，能够接触或者获得内幕信息的人员，包括：期货交易所的管理人员以及其他由于任职可获取内幕信息的从业人员，国务院期货监督管理机构和其他有关部门的工作人员以及国务院期货监督管理机构规定的其他人员。

2012年6月1日施行的最高人民法院、最高人民检察院《关于办理内幕交易、泄露内幕信息刑事案件具体应用法律若干问题的解释》第二条规定：具有下列行为的人员应当认定为刑法第一百八十条第一款规定的“非法获取证券、期货交易内幕信息的人员”：（一）利用窃取、骗取、套取、窃听、利诱、刺探或者私下交易等手段获取内幕信息的；（二）内幕信息知情人员的近亲属或者其他与内幕信息知情人员关系密切的人员，在内幕信息敏感期内，从事或者明示、暗示他人从事，或者泄露内幕信息导致他人从事与该内幕信息有关的证券、期货交易，相关交易行为明显异常，且无正当理由或者正当信息来源的；（三）在内幕信息敏感期内，与内幕信息知情人员联络、接触，从事或者明示、暗示他人从事，或者泄露内幕信息导致他人从事与该内幕信息有关的证券、期货交易，相关交易行为明显异常，且无正当理由或者正当信息来源的。

上述案件中，黄某裕作为中关村上市公司、鹏泰公司、鹏润公司董事、实际控制人，属于内幕信息的知情人员。

4. 行为界定

本罪的行为对象为内幕信息。根据《证券法》第五十二条之规定，所谓内幕信息，是指证券交易活动中，涉及发行人的经营、财务或者对该发行人证券的市场价格有重大影响的尚未公开的信息，包括公司的经营方针和经营范围的重大变化、公司的重大投资行为和重大的购置财产的决定、公司订立重要合同，而该合同可能对公司的资产、负债、权益和经营成果产生重要影响等的信息。

本罪的行为具有三种表现形式：其一，在涉及证券的发行、交易或者其他对证券的价格有重大影响的信息尚未公开前，买入或者卖出该证券。其二，在涉及期货交易或者其他对期货交易价格有重大影响的信息尚未公开前，从事与该内幕信息有关的期货交易。其三，在上述内幕信息尚未公开前，泄露该信息。实施三种行为之一，情节严重的，即构成本罪。

本案中，黄某裕作为内幕信息知情人员，在涉及证券发行、交易的价格有重大影响的信息尚未公开前，指使并借用他人身份证开立账户，进行证券交易，符合内幕交易行为的特征。

5. 追诉标准

2012年6月1日施行的最高人民法院、最高人民检察院《关于办理内幕交易、泄露内幕信息刑事案件具体应用法律若干问题的解释》第六条规定：在内幕信息敏感期内从事或者明示、暗示他人从事或者泄露内幕信息导致他人从事与该内幕信息有关的证券、期货交易，具有下列情形之一的，应当认定为刑法第一百八十条第一款规定的“情节严重”：（一）证券交易成交额在50万元以上的；（二）期货交易占用保证金数额在30万元以上的；（三）获利或者避免损失数额在15万元以上的；（四）三次以上的；（五）具有其他严重情节的。该解释第七条规定：在内幕信息敏感期内从事或者明示、暗示他人从事或者泄露内幕信息导致他人从事与该内幕信息有关的证券、期货交易，具有下列情形之一的，应当认定为刑法第一百八十条第一款规定的“情节特别严重”：（一）证券交易成交额在250万元以上的；（二）期货交易占用保证金数额在150万元以上的；（三）获利或者避免损失数额在75万元以上的；（四）具有其他特别严重情节的。

黄某裕案内幕交易额高达14.15亿元，账面收益额达3.09亿元，远超过本罪追诉标准，应予追究刑事责任。

（二）贷款诈骗罪

1. 典型案例

蒋某贷款诈骗二审改判案①

1996 年 6 月，西域食品公司注册成立，法定代表人为蒋某。2000 年 12 月 4 日，蒋某以在拉萨建设牦牛食品生产线为由，向农业银行西藏自治区分行申请贷款 2200 万元。随后蒋某将在堆龙德庆县乃琼镇岗德林村购买的 465. 731 亩的土地（该土地评估为 2715. 63 万元）作为抵押，银行经自行评估按 1000 万元抵押值计算，拟抵押贷款 700 万元，同时金海集团为其贷款 1300 万元提供了担保，再加之新西兰阿富科公司设备投资 6330 万元及折合人民币 1000 万元的流动资金，已达到乡镇企业自筹资金 20% 的规定。

2001 年 4 月 11 日，审贷会同意向西域食品公司发放 2000 万元贷款，并派康昂东路支行副行长安某英与被告人蒋某一同前往金海集团，签订了 1300 万元的贷款担保合同。同时蒋某指使本公司工程部经理许某兴前往江苏苏净集团，与其签订了产品购销合同书，谎称已付预付款 516 万元，并开具了 516 万元收据。签完合同两人一同去了苏州苏净集团了解生产情况和履行合同能力，同时安某英将合同书和已预付款 516 万元收据复印件带回拉萨。4 月 24 日，农行按照有关文件规定向西域食品公司贴息贷款 2000 万元。同年 7 月 26 日，经拉萨市人民政府批准将堆龙德庆县开发区内 500 亩工业用地以 50 万元出让给该公司。

蒋某取得贷款后，以为该项目购买建材为由汇往苏州西域公司账户上，付苏净集团货款，后因货款价额过高和厂房未落实，将 1500 万元和 494 万元转往四川省绵阳市以自己的名义存入银行。案发后追回资金 1467 余万元，其余资金主要用于偿还债务，购买房屋、车辆、劳力士手表、首饰等挥霍之用，未追回资金 532 万余元。

一审法院经审查认定蒋某犯贷款诈骗罪，判处无期徒刑，剥夺政治权利终身，并处罚金人民币 50 万元，没收个人全部财产。认定蒋某贷款诈骗事实的主要证据是：借款合同，借款凭证，购买房屋、车辆、劳力士手表、首饰等的合同、发票，土地评估文件，证人证言，项目批复文件等。

蒋某不服一审判决提起上诉，二审法院经审查认为，从客观上讲，蒋某在向农行西藏分行贷款 2000 万元的过程中，为达到贷款目的，一方面采取了一些虚构事实、伪造票据，欺骗银行称其自筹资金已达 20% 的要求。另一方面在西域食品公司

---

① 案例来源：北大法宝，http：//www. pkulaw. cn/case/pfnl_ 117476193. html？ keywords = % EF% BC% 882004% EF% BC% 89% E8% 97% 8F% E5% 88% 91% E7% BB% 88% E5% AD% 97% E7% AC% AC00007% E5% 8F% B7&match = Exact% 2C% 20Piece&tiao = 1，浏览时间：2015 年 6 月 3 日。

成立后，其投资被立项，并被确定为2000年第二批乡镇企业及农业产业化经营龙头企业和推荐贴息贷款的项目后，为了取得银行贷款用其购买的土地作抵押，并找了金海集团为其贷款1300万元提供担保，从中降低了银行为其贷款的风险。从主观上讲，蒋某取得贷款后，虽将1500万元以购买材料为名汇往苏州后又将1500万元汇入四川省绵阳市分别以自己的名义存入绵阳市四家银行，其中将150万元用于公司购买土地等方面的一些开支，500多万元用于个人还款、购房和购车等消费。但从现有的事实看，该项目当时还正处在筹备阶段，其将一些贷款也用于项目之中。在向银行申请贷款时虽采用了一些欺骗手段，但也提供了与贷款相应的抵押和担保，且贷款三年期限尚未到期，因此，从现有的事实要认定上诉人对这笔贷款具有非法占有的目的，还缺乏充分的证据。认定蒋某的行为不构成贷款诈骗罪。

2. 罪名概念及法律依据

贷款诈骗罪，是指以非法占有为目的，使用欺诈方法，诈骗银行或者其他金融机构的贷款，数额较大的行为。

《刑法》第一百九十三条规定："有下列情形之一，以非法占有为目的，诈骗银行或者其他金融机构的贷款，数额较大的，处五年以下有期徒刑或者拘役，并处二万元以上二十万元以下罚金；数额巨大或者有其他严重情节的，处五年以上十年以下有期徒刑，并处五万元以上五十万元以下罚金；数额特别巨大或者有其他特别严重情节的，处十年以上有期徒刑或者无期徒刑，并处五万元以上十万元以下罚金或者没收财产：（一）编造引进资金、项目等虚假理由的；（二）使用虚假的经济合同的；（三）使用虚假的证明文件的；（四）使用虚假的产权证明作担保或者超出抵押物价值重复担保的；（五）以其他方法诈骗贷款的。"

3. 贷款诈骗罪的主体范围

贷款诈骗罪的主体是一般主体，限于年满16周岁、具有刑事责任能力的自然人，单位不是本罪的主体。实践中，存在一些企业管理人员为了企业的利益以企业名义实施贷款诈骗行为，根据《全国法院审理金融犯罪案件工作座谈会纪要》规定，对于单位实施的贷款诈骗行为，不能以贷款诈骗罪定罪处罚，也不能以贷款诈骗罪追究直接负责的主管人员和其他直接责任人员的刑事责任。但是，在司法实践中，对于单位十分明显地以非法占有为目的，利用签订、履行借款合同诈骗银行或其他金融机构贷款，符合《刑法》第二百二十四条规定的合同诈骗罪构成要件的，应当以合同诈骗罪定罪处罚。但是对于那些自成立之初就是为了骗取贷款的公司、企业、事业单位，或者单位成立后主要活动就是骗取银行等金融机构贷款，或是自然人直接盗用企业名义实施贷款诈骗的，应当认定为贷款诈骗罪对自然人定罪处罚。

4. 主观方面

主观方面是直接故意，有非法占有的目的。“非法占有的目的”虽是一种主观心态，但其认定须以客观情况为依据。根据相关司法解释，当出现以下情形时，可以认定为具有“非法占有目的”：（1）明知没有归还能力而大量骗取资金的；（2）非法获取资金后逃跑的；（3）任意挥霍骗取资金的；（4）使用骗取的资金进行违法犯罪活动的；（5）抽逃、转移资金，隐匿财产，以逃避返还资金的；（6）隐匿、销毁账目，或者搞假破产、假倒闭，以逃避返还资金的；（7）其他非法占有资金、拒不返还的行为。

5. 贷款诈骗罪的行为界定

实施了诈骗银行或者其他金融机构的贷款行为，诈骗方法可能是：（1）编造引进资金、项目等虚假理由；（2）使用虚假的经济合同；（3）使用虚假的证明文件；（4）使用虚假的产权证明作担保或者超出抵押物价值重复担保；（5）以其他方法诈骗贷款。

6. 追诉标准

骗取贷款达到一定数额。根据最高法的司法解释，个人进行贷款诈骗数额在1万元以上的，属于“数额较大”；个人进行贷款诈骗数额在5万元以上的，属于“数额巨大”；个人贷款诈骗数额在20万元以上的，属于“数额特别巨大”。因此诈骗数额在1万元以上即可立案追诉。

（三）非法吸收公众存款罪

1. 典型案例

刘某珊等集资诈骗、非法吸收公众存款案①

刘某珊是宝之堂公司的实际控制人。2011年3月、5月、7月，刘某珊先后在泸州、南充、遂宁等地成立宝之堂分公司，组织杨某洪、相某吉、李某、侯某亮、刘某龙等人，以开展玉器戴养业务为名，以高额回报“劳务费”为诱饵，以聘请部分人缘好、有一定宣传号召能力的客户为“理财顾问”进行宣传等手段，并通过虚构翡翠戴养养生增值、公司资金雄厚、投资有保障无风险等假象，鼓动社会不特定人员，特别是中老年人积极缴纳资金。至案发共吸收资金人民币6242.68万元，扣除期间已返还“劳务费”和退合同款，尚欠集资款项人民币5814.795万元。刘某珊等人将绝大部分资金用于还贷款、放高利贷、公司员工高额提成、公司日常开支运转、寻宝被骗等，致使大部分资金无法追回，不能返还，且公司无正常投资性盈利收入。案发后，遂宁、南充、泸州等地有2060人分别向公安机关报案。公安机

① 案例来源：中华人民共和国最高人民法院网站，http：//www.court.gov.cn/zixun - xiangqing - 16206.html，最高法院12月4日公布诈骗犯罪典型案例。

关先后追回赃款人民币 1371 万元。

遂宁市中院一审判决：被告人刘某珊犯集资诈骗罪，判处无期徒刑，剥夺政治权利终身，并处没收个人全部财产；被告人杨某洪犯非法吸收公众存款罪，判处有期徒刑 8 年，并处罚金 30 万元；被告人侯某亮犯非法吸收公众存款罪，判处有期徒刑 4 年，并处罚金 15 万元；被告人相某吉犯非法吸收公众存款罪，判处有期徒刑 3 年，并处罚金 15 万元；被告人李某犯非法吸收公众存款罪，判处有期徒刑 2 年，并处罚金 10 万元；被告人刘某龙犯非法吸收公众存款罪，判处有期徒刑 2 年，并处罚金 10 万元；对于各被告人的违法所得和扣押在案的涉案财物予以追缴，返还给被害人。被告人刘某珊、杨某洪、相某吉不服，提起上诉。四川省高院二审维持了遂宁中院的一审判决。

本案即较为典型的非法集资类刑事案件，涉案金额大，达到 6000 多万元；受害人数多，涉及遂宁、南充、泸州多地数千人；该案吸收的大部分资金难以追回，造成的经济损失特别巨大，达 4000 余万元。由于受骗参与非法集资的以 40 岁至 60 岁年龄段中老年人居多，许多人毕生的积蓄一夜化为乌有，生活陷入困顿，引发受害群众集体上访，对遂宁、南充、泸州等地社会稳定造成极大危害。司法机关依法对刘某珊等人的非法集资犯罪行为进行了严惩，为被害群众追回了部分损失。本案对于督促相关职能部门加大对非法集资的日常监管力度，加强对集资诈骗行为的社会舆论宣传引导，增强人民群众投资风险意识和辨别能力，保障人民群众的财产安全，维护金融管理秩序和保障社会稳定具有重要意义。

2. 罪名概念及法律依据

非法吸收公众存款罪，是指非法吸收公众存款或者变相吸收公众存款，扰乱金融秩序的行为。

《刑法》第一百七十六条规定："非法吸收公众存款或者变相吸收公众存款，扰乱金融秩序的，处三年以下有期徒刑或者拘役，并处或者单处二万元以上二十万元以下罚金；数额巨大或者有其他严重情节的，处三年以上十年以下有期徒刑，并处五万元以上五十万元以下罚金。单位犯前款罪的，对单位判处罚金，并对其直接负责的主管人员和其他直接责任人员，依照前款的规定处罚。"

3. 非法吸收公众存款罪的主体范围

本罪的犯罪主体是一般主体，包括自然人和单位。根据我国金融法规规定，只有依法设立的金融机构才有权以储蓄等形式吸收公众存款，未经批准吸收公众存款，或者变相吸收公众存款，都是扰乱金融秩序的行为。

金融机构也能成为本罪的主体，主要包括三种情形：（1）不具有吸收存款资格的金融机构可以成为本罪的行为主体；（2）经营范围包括存贷款业务的金融机构，如果擅自以提高利率等不法方法吸收存款的，应以本罪论处；（3）经营范围包括存贷款业务的金融机构，未经批准，以存贷款名义向社会公众吸收资金，属于变相吸收公众存款，应当认定为本罪。

4. 主观方面

本罪在主观方面表现为故意，一般主观上具有集资以获取非法利益的目的。非法吸收公众存款罪与集资诈骗罪的一个重要区别在于，主观上不具有非法占有投资人资金的目的。非法吸收公众存款罪行为的目的，通常在于吸收社会闲散资金，以获得他人资金的使用权，供自己投资、放贷获利之用，行为人主观上具有返还所募集资金的意图。

5. 行为界定

2010年12月13日颁布的最高人民法院《关于审理非法集资刑事案件具体应用法律若干问题的解释》第一条规定：违反国家金融管理法律规定，向社会公众（包括单位和个人）吸收资金的行为，同时具备下列四个条件的，除刑法另有规定的以外，应当认定为刑法第一百七十六条规定的“非法吸收公众存款或者变相吸收公众存款”：（一）未经有关部门依法批准或者借用合法经营的形式吸收资金；（二）通过媒体、推介会、传单、手机短信等途径向社会公开宣传；（三）承诺在一定期限内以货币、实物、股权等方式还本付息或者给付回报；（四）向社会公众即社会不特定对象吸收资金。

该解释同时列举了10种典型的吸收公众存款行为：（1）不具有房产销售的真实内容或者不以房产销售为主要目的，以返本销售、售后包租、约定回购、销售房产份额等方式非法吸收资金的；（2）以转让林权并代为管护等方式非法吸收资金的；（3）以代种植（养殖）、租种植（养殖）、联合种植（养殖）等方式非法吸收资金的；（4）不具有销售商品、提供服务的真实内容或者不以销售商品、提供服务为主要目的，以商品回购、寄存代售等方式非法吸收资金的；（5）不具有发行股票、债券的真实内容，以虚假转让股权、发售虚构债券等方式非法吸收资金的；（6）不具有募集基金的真实内容，以假借境外基金、发售虚构基金等方式非法吸收资金的；（7）不具有销售保险的真实内容，以假冒保险公司、伪造保险单据等方式非法吸收资金的；（8）以投资入股的方式非法吸收资金的；（9）以委托理财的方式非法吸收资金的；（10）利用民间“会”“社”等组织非法吸收资金的。而所谓“变相吸收公众存款”，则是指以普通吸储以外的形式吸收公众资金，比如以承诺售后包租为诱饵，吸引投资者购买商铺，非法吸收公众资金。

6. 追诉标准

根据2010年最高人民法院《关于审理非法集资刑事案件具体应用法律若干问题的解释》的规定，非法吸收公众存款或者变相吸收公众存款，扰乱金融秩序，具有下列情形之一的，应以本罪追诉：（1）个人非法吸收或者变相吸收公众存款，数额在20万元以上的，单位非法吸收或者变相吸收公众存款，数额在100万元以上的；（2）个人非法吸收或者变相吸收公众存款30人以上的，单位非法吸收或者变相吸收公众存款150人以上的；（3）个人非法吸收或者变相吸收公众存款，给存款人造成直接经济损失数额10万元以上的，单位非法吸收或者变相吸收公众存款，给存款人造成直接经济损失数额50万元以上的；（4）造成恶劣社会影响或者其他严重后果的。

对于非法吸收存款数额不大，应当视为情节显著轻微，危害不大的行为，不认为是犯罪。

三、融资犯罪的风险防范

随着近年经济形势明显下行，国际形势不利，金融政策频出、监管日严等原因，越来越多的民企面临非常严峻的资金压力，这些企业因抵押物不足、财务不规范等原因无法通过银行渠道获得融资，只能转向民间借贷等其他渠道解决；与此同时，大量P2P风险集中爆发，受损投资者人数以百万计，造成社会动荡。此类犯罪案件涉及金额大、人员广、影响恶劣，为防范企业融资过程中的刑事犯罪风险，针对不同融资途径中可能存在的问题，我们建议企业应重点关注以下几个方面：

（一）规范证券融资行为

企业通过发行股票、债券等有价证券方式融资过程中，应当提高守法意识，严格依照法律法规的规定办事。严格进行内部控制，规范相关人员在各阶段、流程中的行为，健全和完善信息披露制度，维护投资者权益。

（二）严格依法办理贷款

企业在贷款融资过程中，应当严格遵守银行金融机构关于贷款资格、程序、资金用途等的规定办理贷款，不得以非法占有为目的，用虚构事实或隐瞒真相的方法，提供虚假的贷款材料，骗取银行金融机构贷款，取得贷款后亦不得违反约定的用途使用贷款，或者用于高利转贷营利，更不得用于违法犯罪活动。

（三）向社会公众合法募集资金

企业向社会公众募集资金，有很高的刑事风险。社会公众相较于银行金融机构，识别风险和承担风险的能力相对更弱，因此法律法规对企业采用向社会公众募集资金的方式融资的活动也进行更为严格的监督管理。企业必须了解相关的法律法规，不可采取以合法形式掩盖非法集资实质等规避法律的手段进行融资。

第七节 不正当竞争犯罪风险

一、不正当竞争犯罪相关罪名

企业参与市场竞争，不可避免地会与其他市场主体产生千丝万缕的联系，企业与企业之间、企业与消费者之间，无论竞争或者合作，都应遵循一些基本规则，才能保证市场环境健康有序。然而，企业生产经营的逐利性，始终驱使着企业急功近利、铤而走险，从而给自身带来刑事风险。

企业违反国家对市场监督管理的法律法规，进行不正当竞争，从事非法经营或者其他服务项目，诈骗、串通、强迫交易等，扰乱市场本身的等价有偿、公平竞争、平等交易的秩序，造成严重的后果，就可能构成犯罪。我国刑法规定的不正当竞争犯罪相关罪名主要包括：

（一）非法经营罪

<table>
<tr><td>法律依据</td><td colspan="2">《刑法》第二百二十五条、第二百三十一条</td></tr>
<tr><td>罪状描述</td><td colspan="2">违反国家规定，有下列非法经营行为之一，扰乱市场秩序，情节严重的：（一）未经许可经营法律、行政法规规定的专营、专卖物品或者其他限制买卖的物品的；（二）买卖进出口许可证、进出口原产地证明以及其他法律、行政法规规定的经营许可证或者批准文件的；（三）未经国家有关主管部门批准非法经营证券、期货、保险业务的，或者非法从事资金支付结算业务的；（四）其他严重扰乱市场秩序的非法经营行为</td></tr>
<tr><td rowspan="3">刑事责任</td><td rowspan="2">自然人</td><td>情节严重的，处5年以下有期徒刑或者拘役，并处或者单处违法所得1倍以上5倍以下罚金</td></tr>
<tr><td>情节特别严重的，处5年以上有期徒刑，并处违法所得1倍以上5倍以下罚金或者没收财产</td></tr>
<tr><td>单位</td><td>对单位判处罚金，并对其直接负责的主管人员和其他直接责任人员，依照前款的规定处罚</td></tr>
</table>

（二）合同诈骗罪

法律依据	《刑法》第二百二十四条、第二百三十一条	
罪状描述	有下列情之一，以非法占有为目的，在签订、履行合同过程中，骗取对方当事人财物，数额较大的：（一）以虚构的单位或者冒用他人名义签订合同的；（二）以伪造、变造、作废的票据或者其他虚假的产权证明作担保的；（三）没有实际履行能力，以先履行小额合同或者部分履行合同的方法，诱骗对方当事人继续签订和履行合同的；（四）收受对方当事人给付的货物、货款、预付款或者担保财产后逃匿的；（五）以其他方法骗取对方当事人财物的	
刑事责任	自然人	数额较大的，处3年以下有期徒刑或者拘役，并处或者单处罚金
		数额巨大或者有其他严重情节的，处3年以上10年以下有期徒刑，并处罚金
		数额特别巨大或者有其他特别严重情节的，处10年以上有期徒刑或者无期徒刑，并处罚金或者没收财产
	单位	对单位判处罚金，并对其直接负责的主管人员和其他直接责任人员，依照前款的规定处罚

（三）损害商业信誉、商品声誉罪

法律依据	《刑法》第二百二十一条、第二百三十一条	
罪状描述	捏造并散布虚伪事实、损害他人的商业信誉、商品声誉，给他人造成重大损失或者有其他严重情节的	
刑事责任	自然人	给他人造成重大损失或者有其他严重情节的，处2年以下有期徒刑或者拘役，并处或者单处罚金
	单位	对单位判处罚金，并对其直接负责的主管人员和其他直接责任人员，依照前款的规定处罚

（四）侵犯商业秘密罪

法律依据	《刑法》第二百一十九条、第二百三十一条
罪状描述	有下列侵犯商业秘密行为之一，给商业秘密的权利人造成重大损失的：（一）以盗窃、利诱、胁迫或者其他不正当手段获取权利人的商业秘密的；（二）披露、使用或者允许他人使用以前项手段获取的权利人的商业秘密的；（三）违反约定或者违反权利人有关保守商业秘密的要求，披露、使用或者允许他人使用其所掌握的商业秘密的。明知或者应知前款所列行为，获取、使用或者披露他人的商业秘密的，以侵犯商业秘密论

续表

<table>
<tr><td rowspan="3">刑事责任</td><td rowspan="2">自然人</td><td>给商业秘密权利人造成重大损失的，处3年以下有期徒刑或者拘役，并处或者单处罚金</td></tr>
<tr><td>造成特别严重后果的，处3年以上7年以下有期徒刑，并处罚金</td></tr>
<tr><td>单位</td><td>对单位判处罚金，并对其直接负责的主管人员和其他直接责任人员，依照前款的规定处罚</td></tr>
</table>

（五）串通投标罪

<table>
<tr><td>法律依据</td><td colspan="2">《刑法》第二百二十三条、第二百二十条</td></tr>
<tr><td>罪状描述</td><td colspan="2">投标人相互串通投标报价，损害招标人或者其他投标人利益，情节严重的；投标人与招标人串通投标，损害国家、集体、公民合法利益的</td></tr>
<tr><td rowspan="2">刑事责任</td><td>自然人</td><td>情节严重的，处3年以下有期徒刑或者拘役，并处或者单处罚金</td></tr>
<tr><td>单位</td><td>对单位判处罚金，并对其直接负责的主管人员和其他直接责任人员，依照前款的规定处罚</td></tr>
</table>

（六）虚假广告罪

<table>
<tr><td>法律依据</td><td colspan="2">《刑法》第二百二十二条、第二百三十一条</td></tr>
<tr><td>罪状描述</td><td colspan="2">广告主、广告经营者、广告发布者违反国家规定，利用广告对商品或者服务作虚假宣传，情节严重的</td></tr>
<tr><td rowspan="2">刑事责任</td><td>自然人</td><td>情节严重的，处2年以下有期徒刑或者拘役，并处或者单处罚金</td></tr>
<tr><td>单位</td><td>对单位判处罚金，并对其直接负责的主管人员和其他直接责任人员，依照前款的规定处罚</td></tr>
</table>

（七）假冒注册商标罪

<table>
<tr><td>法律依据</td><td colspan="2">《刑法》第二百一十三条、第二百二十条</td></tr>
<tr><td>罪状描述</td><td colspan="2">未经注册商标所有人许可，在同一种商品上使用与其注册商标相同的商标，情节严重的</td></tr>
<tr><td rowspan="3">刑事责任</td><td rowspan="2">自然人</td><td>情节严重的，处3年以下有期徒刑或者拘役，并处或者单处罚金</td></tr>
<tr><td>情节特别严重的，处3年以上7年以下有期徒刑，并处罚金</td></tr>
<tr><td>单位</td><td>对单位判处罚金，并对其直接负责的主管人员和其他直接责任人员，依照前款的规定处罚</td></tr>
</table>

二、市场竞争犯罪实务分析

（一）合同诈骗罪

1. 典型案例

原政华集团吴某剑合同诈骗案①

吴某剑，原正华集团负责人，2000年名列福布斯中国富豪榜第26位的杰出企业家，因合同诈骗、伪造国家机关公文证件印章获有期徒刑17年。

1999年年底，吴某剑成立了“中心工作领导小组”，利用虚假产权证，专门与投资人签订《出租汽车承包合同》，利用出租车“融资”，并任命张林为组长、李忠建为副组长，成员有郭建光等，由欧阳文杰等具体指挥。承包有两种形式：一种是合同期30年，承包金30万元，签约2年后交车，每月返还给投资人8500元返租款；另一种是合同期30年，承包金50万元，签约后立即交车。

从2000年1月起，吴某剑的“中心工作领导小组”开始对外签订合同，先后利用虚假产权证和200名承租者签订了承包合同，骗取租金1.02亿余元人民币，扣除诈骗过程中和案发后退还给承租者的部分租金3906万余元，案发后，经过政府部门的多方面的工作退还4292万余元，尚有2036万余元没有退还。

法院经审理认为，吴某剑、欧阳某杰、张某、李某建等在没有发包的权力，没有履行合同能力的情况下，使用虚假的印章、虚假的出租小汽车产权证，与承租者大肆签订出租小汽车承包合同，骗取承租款，数额特别巨大，均构成合同诈骗罪，应予处罚。在共同犯罪过程中，吴某剑是决策者、策划者、组织者和赃款控制、使用者，是主犯，应对其参与实施的犯罪承担刑事责任；欧阳某杰、张某、李某建等均是在吴某剑的领导和控制下实施了部分犯罪行为，均为从犯，应分别从轻、减轻处罚。吴某剑犯合同诈骗罪，判处有期徒刑15年，并处罚金人民币50万元。

2. 罪名概念及法律依据

合同诈骗罪，是指以非法占有为目的，在签订、履行合同的过程中，使用欺诈手段，骗取对方当事人财物，数额较大的行为。

《刑法》第二百二十四条规定：“有下列情形之一，以非法占有为目的，在签订、履行合同过程中，骗取对方当事人财物，数额较大的，处三年以下有期徒刑或者拘役，并处或者单处罚金；数额巨大或者有其他严重情节的，处三年以上十年以下有期徒刑，并处罚金；数额特别巨大或者有其他特别严重情节的，处十年以上有

---

① 案例来源：北大法宝，http：//www. pkulaw. cn/case/pfnl_ 117450186. html？keywords = 吴某剑等合同诈骗、伪造国家机关证件案 &match = Exact，浏览时间：2015年6月3日。

期徒刑或者无期徒刑，并处罚金或者没收财产：（一）以虚构的单位或者冒用他人名义签订合同的；（二）以伪造、变造、作废的票据或者其他虚假的产权证明作担保的；（三）没有实际履行能力，以先履行小额合同或者部分履行合同的方法，诱骗对方当事人继续签订和履行合同的；（四）收受对方当事人给付的货物、货款、预付款或者担保财产后逃匿的；（五）以其他方法骗取对方当事人财物的。”

3. 主观方面

本罪的主观要件为故意，并且具有诈骗罪的一般特点，即以非法占有为目的。合同诈骗行为人的主观目的表现为，具有非法占有合同对方当事人财物的意图。

根据2001年《全国法院审理金融犯罪案件工作座谈会纪要》规定，在司法实践中，对于行为人通过诈骗的方法非法获取资金，造成数额较大资金不能归还，并具有下列情形之一的，可以认定为具有非法占有的目的：（1）明知没有归还能力而大量骗取资金的；（2）非法获取资金后逃跑的；（3）肆意挥霍骗取资金的；（4）使用骗取的资金进行违法犯罪活动的；（5）抽逃、转移资金、隐匿财产，以逃避返还资金的；（6）隐匿、销毁账目，或者搞假破产、假倒闭，以逃避返还资金的；（7）其他非法占有资金、拒不返还的行为。但是，在处理具体案件的时候，对于有证据证明行为人不具有非法占有目的的，不能单纯以财产不能归还就按金融诈骗罪处罚。

关于非法占有目的产生的时间问题。如果行为人收受对方当事人给付的货物、货款、预付款或者担保财产之后才产生非法占有目的，但仅仅是逃匿，而没有采取虚构事实、隐瞒真相的手段使对方免除其债务的，不成立合同诈骗罪；非法占有目的既可以存在于签订合同时，也可以存在于履行合同的过程中。但产生非法占有目的后并未实施诈骗行为的，不能成立合同诈骗罪。行为人在签订合同时没有非法占有的目的，但在履行过程中产生了非法占有的目的，进而实施诈骗行为，骗取对方当事人财物的，应认定为合同诈骗罪。反之，在签订合同时具有不法占有的目的，但在履行过程中由于某种原因而放弃非法占有目的，积极全部履行合同义务的，不认定为合同诈骗罪。

4. 行为界定

合同诈骗罪的行为，客观上表现为签订、履行合同过程中，以虚构事实或者隐瞒真相的方法，骗取对方当事人财物，数额较大的行为。根据《刑法》第二百二十四条规定，本罪的诈骗行为表现为下列五种形式：

（1）以虚构单位或者冒用他人的名义签订合同的。以虚构的单位签订合同，是指行为人杜撰客观上根本不存在的单位，然后以该单位的名义与他人签订合同。冒用他人的名义签订合同，是指打着客观存在的其他单位或者个人的名义，与他人签订合同。

（2）以伪造、变造、作废的票据或者其他虚假的产权证明作担保的。这里所称的票据，主要指能作为担保凭证的金融票据，即汇票、本票和支票等。所谓其他产权证明，包括土地使用权证、房屋所有权证以及能证明动产、不动产的各种有效证明文件。

（3）没有实际履行能力，以先履行小额合同或者部分履行合同的方法，诱骗对方当事人继续签订和履行合同的。所谓没有履行能力，是指没有履行大额合同或全部合同的能力。

（4）收受对方当事人给付的货物、货款、预付款或者担保财产后逃匿的。

（5）以其他方法骗取对方当事人财物的。这里所说的其他方法，是指在签订、履行经济合同过程中使用的上述四种方法以外，以经济合同为手段、以骗取合同约定的由对方当事人交付的货物、货款、预付款或者定金以及其他担保财物为目的的一切手段。

行为人只要实施上述一种诈骗行为，便可构成本罪。

5. 追诉标准

依据的司法解释已经失效，先应为最高人民检察院、公安部关于印发最高人民检察院、公安部《关于公安机关管辖的刑事案件立案追诉标准的规定（二）》的通知的第七十七条规定：以非法占有为目的，在签订、履行合同过程中，骗取对方当事人财物，数额在二万元以上的，应予立案追诉。

（1）个人诈骗公私财物，数额在5000元至2万元以上的；

（2）单位直接负责的主管人员和其他直接负责人员以单位名义实施诈骗，诈骗所得归单位所有的，数额在5万元至20万元以上的。

（二）串通投标罪

1. 典型案例

某A公司串通投标案①

被告单位某A公司、某B公司；被告人徐某。

徐某既是某A公司的法定代表人、控股股东，又是某B公司的控股股东、实际控制人。徐某在获知崇明某家医院（以下简称医院）将有一个颅内压检测仪的招标项目后，即于2011年3月与某C公司取得了联系，某C公司于当月书面授权委托某B公司有关某C公司产品颅内压无创检测分析仪在医院的销售代表资格，并提供了某C公司的《医疗器械注册证》《医疗器械注册登记表》等相关资料。

2011年3月24日，某D公司受医院委托，对该院睡眠呼吸检测仪、肌电图、

① 案例来源：北大法宝，http://www.pkulaw.cn/Case/pfnl_118298947.html?match=Exact，浏览时间：2015年6月3日。

颅内压检测仪设备采购进行公开招标，并发布了招标公告，明确了如投标人为代理商，则必须获得相应设备制造厂商出具的针对本项目的唯一授权代理证明文件等条件。徐某为使某B公司中标，在未取得某E、某F公司授权的情况下，私自制刻了某E、某F公司的公章，并用伪造的上述公章在某E、某F公司的《医疗器械注册证》《医疗器械注册登记表》《医疗器械产品生产制造认可表》扫描件及被告人徐某打印的授权委托书上盖印，虚构了某E公司授权委托某A公司有关颅内压无创检测分析仪、某F公司授权委托某G公司有关多参数脑科监护仪在医院的销售代理权的事实。嗣后，徐某又邀请某G公司参与投标，并向某G公司提供了虚假的某F公司授权委托书等文件资料。2011年4月2日，某A公司、某B公司、某G公司一起就颅内压检测仪向某D公司报名投标。同日，某E公司发现了某A公司冒用其公司授权代理商名义进行投标，即向某D公司作出书面声明。2011年4月22日，某B公司、某A公司分别向某D公司书面声明退出该项目的招投标。

2011年10月10日，徐某向崇明县公安局自动投案，并如实供述了犯罪事实。庭审过程中，某A公司、某B公司、徐某对检察机关所起诉事实和罪名无异议。

人民法院经审理认为，招投标活动的本质在于要求当事人遵循公开、公平、公正及诚实信用原则，在同等条件下通过市场实现优胜劣汰，最佳配置使用人、财、物。某A公司、某B公司作为关联企业，在投标报名过程中，为避免竞争，确保某B公司中标，相互勾结，伪造相关材料，采取欺骗的非法手段进行投标报名；徐某作为某A公司、某B公司的实际控制人，在两公司投标报名过程中，虚构事实，采用欺骗的非法手段为公司获取投标资质，进而使仅有的三个投标公司即某A公司、某B公司、某C公司在统一意志下一起投标报名，使得各投标者之间缺失竞争，徐某是串通投标行为的直接负责主管人员。某A公司、某B公司、徐某串通投标的主观故意性强，手段卑劣，对整个招投标秩序的危害性大，行为具有明显的违法性与不正当性，属情节严重，已构成串通投标罪。判处某A公司罚金人民币2万元，某B公司罚金人民币2万元；判处徐某有期徒刑1年，缓刑1年，并处罚金1万元。

2. 罪名概念及法律依据

串通投标罪，是指投标人相互串通投标报价，损害招标人或者其他投标人的利益，情节严重，或者投标人与招标人串通投标，损害国家、集体、公民的合法权益的行为。

《刑法》第二百二十三条规定：“投标人相互串通投标报价，损害招标人或者其他投标人利益，情节严重的，处三年以下有期徒刑或者拘役，并处或者单处罚金。投标人与招标人串通投标，损害国家、集体、公民的合法利益的，依照前款的规定处罚。”

3. 串通投标罪的主体范围

串通投标罪的犯罪主体是特殊主体，即招标人和投标人，包括自然人和单位。构成本罪至少有两个以上犯罪主体，或者是两个以上投标人之间串通报价，或者是投标人与招标人之间串通投标。有很多企业的业务必须通过竞标才能获得，因此，企业都有可能成为本罪的犯罪主体。

4. 行为界定

串通投标行为，是指在招标投标过程中，投标人之间或者投标人和招标人之间相互勾结、串联，违背招投标规范，就招投标有关事项达成协议，意图排除公平竞争，使特定的投标人中标，共同损害他人利益的不正当竞争行为。

投标人之间相互串通，抬高或压低标价，迫使招标者在串通所预谋的范围内发标，共同损害招标人以及其他投标人利益；或者投标人和招标人恶意串通，相互勾结，招标人事先泄露标底或竞价程序，排挤其他投标人而非法中标的不正当竞争行为。

5. 追诉标准

应为最高人民检察院、公安部关于印发最高人民检察院、公安部《关于公安机关管辖的刑事案件立案追诉标准的规定（二）》第七十六条规定：投标人相互串通投标报价，或者投标人与招标人串通投标，涉嫌下列情形之一的，应予立案追诉：

（一）损害招标人、投标人或者国家、集体、公民的合法利益，造成直接经济损失数额在五十万元以上的；

（二）违法所得数额在十万元以上的；

（三）中标项目金额在二百万元以上的；

（四）采取威胁、欺骗或者贿赂等非法手段的；

（五）虽未达到上述数额标准，但两年内因串通投标，受过行政处罚二次以上，又串通投标的；

（六）其他情节严重的情形。

三、不正当竞争犯罪的风险防范

防止企业在市场竞争中的违规经营风险，应注意以下几个方面：

（一）合法经营，有序竞争

企业在生产经营中，应当自觉遵守市场规则，有序参与竞争，遵守国家法律法规关于市场经营的各种规定，特别是关于特殊行业、特殊产品的管理制度，尊重其他市场主体，避免为实现企业的利润而损害他人和社会公众的行为。

（二）协议履行，诚信竞争

合同是企业对外进行经济交往的重要手段，大多数交易的实现都离不开合同，认真签订和履行合同是保障企业顺利生产经营并实现利润的基础。企业在对外签订和履行合同的过程中，既要遵循诚实信用的原则，不夸大己方能力、许下超出能力范围的承诺，又要避免采取不合法的手段迫使对方签署不公平的合同；同时，又要注意审查合同对方的资质条件和履约能力，保护自己的利益。

（三）手段正当，公平竞争

企业应当尊重其他市场主体，包括其他企业和消费者等的合法权益。不采用贬低、诋毁他人的商业信誉、产品质量等手段排除竞争对手；不通过过分夸大，甚至虚构事实的方式宣传自己的企业；注重自主创新和开发，不侵犯他人的注册商标、专利技术等合法权益。

第八节　职务犯罪风险

一、职务犯罪相关罪名

为实现顺利生产经营、合理配置各项资源以及各部门高效合作的目标，企业需要设置一些岗位和职务，并配置具有相应技能的人员。担任职务须具备一定的资格、能力，同时履行相应的职责。一般而言，负有职务的企业工作人员应当遵循以下职务道德和原则：（1）勤勉。我国《公司法》规定了高级管理人员的勤勉义务，违反勤勉义务给企业和投资人造成损害的高级管理人员要承担相应的民事赔偿责任，甚至是刑事责任。当然，刑法中的职务犯罪并不仅限于《公司法》规定的高级管理人员的犯罪行为，而是包括其他具有一定职务、履行一定职责的企业工作人员。（2）廉洁。当然，在企业中担任职务并不仅仅意味着责任义务，同时也代表着在某方面进行管理决策的权力。权力产生便利，从而易于被别有用心的人利用，作为谋取私利的工具。企业管理人员利用其职务产生的便利条件谋取私利，将侵犯企业、投资人或者其他相关人员的财产权益。

因此，不仅企业内部普遍制定了严格的监督管理制度，国家法律也对企业管理人员的职务行为予以监管，严重的予以追究刑事责任。我国《刑法》第三章第三节“妨害对公司、企业的管理秩序罪”、第四节“破坏金融管理秩序罪”，第五章“侵犯财产罪”以及第八章“贪污贿赂罪”都涉及企业管理人员职务犯罪行为的罪名，包括：非国家工作人员受贿罪，对非国家工作人员行贿罪，非法经营同类营业罪，为亲友非法牟利罪，签订、履行合同失职被骗罪，国有公司、企业人员失职罪，国有公司、企业人员滥用职权罪，徇私舞弊低价折股、出售国有资产罪，以及背信损害上市公司利益罪，职务侵占罪，贪污罪，挪用公款罪，受贿罪，单位受贿罪，利用影响力受贿罪，行贿罪，对单位行贿罪，介绍贿赂罪，单位行贿罪，巨额财产来源不明罪，私分国有资产罪等。

根据职务犯罪行为的特征来区分，上述罪名还可以分为：

（一）挪用类犯罪

1. 挪用资金罪

法律依据	《刑法》第二百七十二条	
罪状描述	公司、企业或者其他单位的工作人员，利用职务上的便利，挪用本单位资金归个人使用或者借贷给他人，数额较大、超过三个月未还的，或者虽未超过三个月，但数额较大、进行营利活动的，或者进行非法活动的 国有公司、企业或者其他国有单位中从事公务的人员和国有公司、企业或者其他国有单位委派到非国有公司、企业以及其他单位从事公务的人员有前款行为的，依照本法第三百八十四条（挪用公款罪）的规定定罪处罚	
刑事责任	自然人	处3年以下有期徒刑或者拘役
		挪用本单位资金数额巨大的，或者数额较大不退还的，处3年以上10年以下有期徒刑

2. 挪用公款罪

法律依据	《刑法》第三百八十四条、第二百七十二条第二款	
罪状描述	国家工作人员利用职务上的便利，挪用公款归个人使用，进行非法活动的，或者挪用公款数额较大、进行营利活动的，或者挪用公款数额较大、超过三个月未还的 国有公司、企业或者其他国有单位中从事公务的人员和国有公司、企业或者其他国有单位委派到非国有公司、企业以及其他单位从事公务的人员有第二百七十二条第一款行为的	
刑事责任	自然人	处5年以下有期徒刑或者拘役
		情节严重的，处5年以上10年以下有期徒刑 挪用公款数额巨大不退还的，处10年以上有期徒刑或者无期徒刑 挪用用于救灾、抢险、防汛、优抚、扶贫、移民、救济款物归个人使用的，从重处罚

（二）侵占类犯罪

1. 职务侵占罪

<table>
<tr><td>法律依据</td><td colspan="2">《刑法》第二百七十一条</td></tr>
<tr><td>罪状描述</td><td colspan="2">公司、企业或者其他单位的人员，利用职务上的便利，将本单位财物非法占为己有，数额较大的</td></tr>
<tr><td rowspan="2">刑事责任</td><td rowspan="2">自然人</td><td>数额较大的，处 5 年以下有期徒或者拘役</td></tr>
<tr><td>数额巨大的，处 5 年以上有期徒刑，可以并处没收财产</td></tr>
</table>

2. 贪污罪

<table>
<tr><td>法律依据</td><td colspan="2">《刑法》第三百八十二条、第三百八十三条、第二百七十一条第二款</td></tr>
<tr><td rowspan="3">罪状描述</td><td colspan="2">国家工作人员利用职务上的便利，侵吞、窃取、骗取或者以其他手段非法占有公共财物的，是贪污罪</td></tr>
<tr><td colspan="2">受国家机关、国有公司、企业、事业单位、人民团体委托管理、经营国有财产的人员，利用职务上的便利，侵吞、窃取、骗取或者以其他手段非法占有国有财物的，以贪污论</td></tr>
<tr><td colspan="2">与前两款所列人员勾结，伙同贪污的，以共犯论处。
国有公司、企业或者其他国有单位中从事公务的人员和国有公司、企业或者其他国有单位委派到非国有公司、企业以及其他单位从事公务的人员第二百七十一条行为的</td></tr>
<tr><td rowspan="5">刑事责任</td><td rowspan="5">自然人</td><td>贪污数额在三百万元以上的，应当认定为刑法第三百八十三条第一款规定的“数额特别巨大”，依法判处十年以上有期徒刑、无期徒刑或者死刑，并处罚金或者没收财产。贪污或者受贿数额在二十万元以上不满三百万元的，应当认定为刑法第三百八十三条第一款规定的“数额巨大”，依法判处三年以上十年以下有期徒刑，并处罚金或者没收财产</td></tr>
<tr><td>贪污或者受贿数额在三万元以上不满二十万元的，应当认定为刑法第三百八十三条第一款规定的“数额较大”，依法判处三年以下有期徒刑或者拘役，并处罚金</td></tr>
<tr><td>对多次贪污未经处理的，按照累计贪污数额处罚</td></tr>
<tr><td>犯第一款罪，在提起公诉前如实供述自己罪行、真诚悔罪、积极退赃，避免、减少损害结果的发生，有第一项规定情形的，可以从轻、减轻或者免除处罚；有第二项、第三项规定情形的，可以从轻处罚</td></tr>
<tr><td>犯第一款罪，有第三项规定情形被判处死刑缓期执行的，人民法院根据犯罪情节等情况可以同时决定在其死刑缓期执行二年期满依法减为无期徒刑后，终身监禁，不得减刑、假释</td></tr>
</table>

（三）贿赂类犯罪

1. 非国家工作人员受贿罪

法律依据	《刑法》第一百六十三条	
罪状描述	公司、企业或者其他单位的工作人员利用职务上的便利，索取他人财物或者非法收受他人财物，为他人谋取利益，数额较大的 公司、企业的工作人员在经济往来中，违反国家规定，收受各种名义的回扣、手续费，归个人所有的，依照前款的规定处罚	
刑事责任	自然人	数额较大的，处5年以下有期徒刑或者拘役
		数额巨大的，处5年以上有期徒刑，可以并处没收财产

2. 对非国家工作人员行贿罪

法律依据	《刑法》第一百六十四条	
罪状描述	为谋取不正当利益，给予公司、企业或者其他单位的工作人员以财物，数额较大的	
刑事责任	自然人	数额较大的，处3年以下有期徒刑或者拘役
		数额巨大的，处3年以上10年以下有期徒刑，并处罚金
		行贿人在被追诉前主动交待行贿行为的，可以减轻处罚或者免除处罚
	单位	单位犯前本款罪的，对单位判处罚金，并对其直接负责的主管人员和其他直接责任人员，依照第一款的规定处罚

3. 受贿罪

法律依据	《刑法》第三百八十五条、第三百八十六条、第三百八十八条、第一百六十三条	
罪状描述	国家工作人员利用职务上的便利，索取他人财物的，或者非法收受他人财物，为他人谋取利益的，是受贿罪	
	国家工作人员在经济往来中，违反国家规定，收受各种名义的回扣、手续费，归个人所有的，以受贿罪论处	
	国家工作人员利用本人职权或者地位形成的便利条件，通过其他国家工作人员职务上的行为，为请托人谋取不正当利益，索取请托人财物或者收受请托人财物的，以受贿罪论处	
	国有公司、企业中从事公务的人员和国有公司、企业委派到非国有公司、企业从事公务的人员有第一百六十三条前两款行为的	
刑事责任	自然人	对犯受贿罪的，根据受贿所得数额及情节，依照本法第三百八十三条的规定处罚。索贿的从重处罚

4. 利用影响力受贿罪

法律依据	《刑法》第三百八十八条之一	
罪状描述	国家工作人员的近亲属或者其他与该国家工作人员关系密切的人，通过该国家工作人员职务上的行为，或者利用该国家工作人员职权或者地位形成的便利条件，通过其他国家工作人员职务上的行为，为请托人谋取不正当利益，索取请托人财物或者收受请托人财物，数额较大或者有其他较重情节的 离职的国家工作人员或者其近亲属以及其他与其关系密切的人，利用该离职的国家工作人员原职权或者地位形成的便利条件实施前款行为的，依照前款的规定定罪处罚	
刑事责任	自然人	数额较大或者有其他较重情节的，处3年以下有期徒刑或者拘役，并处罚金
		数额巨大或者有其他严重情节的，处3年以上7年以下有期徒刑，并处罚金
		数额特别巨大或者有其他特别严重情节的，处7年以上有期徒刑，并处罚金或者没收财产

5. 单位受贿罪

法律依据	《刑法》第三百八十七条	
罪状描述	国家机关、国有公司、企业、事业单位、人民团体，索取、非法收受他人财物，为他人谋取利益，情节严重的 前款所列单位，在经济往来中，在帐外暗中收受各种名义的回扣、手续费的，以受贿论，依照前款的规定处罚	
刑事责任	单位	对单位判处罚金，并对其直接负责的主管人员和其他直接责任人员，处5年以下有期徒刑或者拘役

6. 行贿罪

法律依据	《刑法》第三百八十九条、第三百九十条、第三百九十三条
罪状描述	为谋取不正当利益，给予国家工作人员以财物的，是行贿罪
	在经济往来中，违反国家规定，给予国家工作人员以财物，数额较大的，或者违反国家规定，给予国家工作人员以各种名义的回扣、手续费的，以行贿论处
	依据第三百九十三条的行为手段，因行贿取得的违法所得归个人所有的

续表

<table>
<tr><td rowspan="4">刑事责任</td><td rowspan="4">自然人</td><td>犯行贿罪的，处五年以下有期徒刑或者拘役，并处罚金</td></tr>
<tr><td>因行贿谋取不正当利益，情节严重的，或者使国家利益遭受重大损失的，处五年以上十年以下有期徒刑，并处罚金</td></tr>
<tr><td>情节特别严重的，或者使国家利益遭受特别重大损失的，处十年以上有期徒刑或者无期徒刑，并处罚金或者没收财产</td></tr>
<tr><td>行贿人在被追诉前主动交待行贿行为的，可以从轻或者减轻处罚。其中，犯罪较轻的，对侦破重大案件起关键作用的，或者有重大立功表现的，可以减轻或者免除处罚</td></tr>
</table>

7. 单位行贿罪

<table>
<tr><td>法律依据</td><td colspan="2">《刑法》第三百九十三条</td></tr>
<tr><td>罪状描述</td><td colspan="2">单位为谋取不正当利益而行贿，或者违反国家规定，给予国家工作人员以回扣、手续费，情节严重的</td></tr>
<tr><td>刑事责任</td><td>单位</td><td>对单位判处罚金，并对其直接负责的主管人员和其他直接责任人员，处五年以下有期徒刑或者拘役，并处罚金</td></tr>
</table>

8. 对单位行贿罪

<table>
<tr><td>法律依据</td><td colspan="2">《刑法》第三百九十一条</td></tr>
<tr><td>罪状描述</td><td colspan="2">为谋取不正当利益，给予国家机关、国有公司、企业、事业单位、人民团体以财物的，或者在经济往来中，违反国家规定，给予各种名义的回扣、手续费的</td></tr>
<tr><td rowspan="2">刑事责任</td><td>自然人</td><td>处三年以下有期徒刑或者拘役，并处罚金</td></tr>
<tr><td>单位</td><td>单位犯前款罪的，对单位判处罚金，并对其直接负责的主管人员和其他直接责任人员，依照前款的规定处罚</td></tr>
</table>

9. 介绍贿赂罪

<table>
<tr><td>法律依据</td><td colspan="2">《刑法》第三百九十二条</td></tr>
<tr><td>罪状描述</td><td colspan="2">向国家工作人员介绍贿赂，情节严重的</td></tr>
<tr><td rowspan="2">刑事责任</td><td rowspan="2">自然人</td><td>处三年以下有期徒刑或者拘役，并处罚金</td></tr>
<tr><td>介绍贿赂人在被追诉前主动交待介绍贿赂行为的，可以减轻处罚或者免除处罚</td></tr>
</table>

（四）渎职类犯罪

1. 签订、履行合同失职被骗罪

法律依据	《刑法》第一百六十七条	
罪状描述	国有公司、企业、事业单位直接负责的主管人员，在签订、履行合同过程中，因严重不负责任被诈骗，致使国家利益遭受重大损失的	
刑事责任	自然人	致使国家利益遭受重大损失的，处3年以下有期徒刑或者拘役
		致使国家利益遭受特别重大损失的，处3年以上7年以下有期徒刑

2. 国有公司、企业、事业单位人员失职罪

法律依据	《刑法》第一百六十八条	
罪状描述	国有公司、企业的工作人员，由于严重不负责任或者滥用职权，造成国有公司、企业破产或者严重损失，致使国家利益遭受重大损失的 国有事业单位的工作人员有前款行为，致使国家利益遭受重大损失的，依照前款的规定处罚 国有公司、企业、事业单位的工作人员，徇私舞弊，犯前两款罪的，依照第一款的规定从重处罚	
刑事责任	自然人	致使国家利益遭受重大损失的，处3年以下有期徒刑或者拘役
		致使国家利益遭受特别重大损失的，处3年以上7年以下有期徒刑

3. 徇私舞弊低价折股、出售国有资产罪

法律依据	《刑法》第一百六十九条	
罪状描述	国有公司、企业或者其上级主管部门直接负责的主管人员，徇私舞弊，将国有资产低价折股或者低价出售，致使国家利益遭受重大损失的	
刑事责任	自然人	致使国家利益遭受重大损失的，处3年以下有期徒刑或者拘役
		致使国家利益遭受特别重大损失的，处3年以上7年以下有期徒刑

4. 背信损害上市公司利益罪

<table>
<tr><td>法律依据</td><td colspan="2">《刑法》第一百六十九条之一</td></tr>
<tr><td>罪状描述</td><td colspan="2">上市公司的董事、监事、高级管理人员违背对公司的忠实义务，利用职务便利，操纵上市公司从事下列行为之一，致使上市公司利益遭受重大损失的：（一）无偿向其他单位或者个人提供资金、商品、服务或者其他资产的；（二）以明显不公平的条件，提供或者接受资金、商品、服务或者其他资产的；（三）向明显不具有清偿能力的单位或者个人提供资金、商品、服务或者其他资产的；（四）为明显不具有清偿能力的单位或者个人提供担保，或者无正当理由为其他单位或者个人提供担保的；（五）无正当理由放弃债权、承担债务的；（六）采用其他方式损害上市公司利益的
上市公司的控股股东或者实际控制人，指使上市公司董事、监事、高级管理人员实施前款行为的，依照前款的规定处罚</td></tr>
<tr><td rowspan="3">刑事责任</td><td rowspan="2">自然人</td><td>致使上市公司利益遭受重大损失的，处 3 年以下有期徒刑或者拘役，并处或者单处罚金</td></tr>
<tr><td>致使上市公司利益遭受特别重大损失的，处 3 年以上 7 年以下有期徒刑，并处罚金</td></tr>
<tr><td>单位</td><td>犯前款罪的上市公司的控股股东或者实际控制人是单位的，对单位判处罚金，并对其直接负责的主管人员和其他直接责任人员，依照第一款的规定处罚</td></tr>
</table>

二、职务犯罪实务分析

由于职务犯罪一节所涉及的罪名较多，且罪名罪状存在很多相似之处，区别主要是在于犯罪主体或对象的身份、性质差异。因此，笔者仅选取其中相对具有代表性的罪名进行分析。

（一）挪用资金罪

1. 典型案例

翟某进挪用资金案①

被告翟某进，于 2009 年 10 月进到好运祥公司工作，任该公司华东区销售总经理。其代表好运祥公司同三德特钢公司签订多份工业品买卖合同，到 2012 年 1 月 6 日好运祥公司按照合同陆续向三德特钢供应陶瓷耐磨料，价值 132 万余元，三德特

① 案例来源：北大法宝，http：//www. pkulaw. cn/Case/pfnl_ 119388013. html? match = Exact，浏览时间：2015 年6 月3 日。

钢公司陆续将货款付清，但好运祥公司仅收到货款97万余元，剩余34万余元货款去向不明。经查，翟某进于2011年4月29日让三德特钢公司将其中17.1万元汇入其建行账户，将其中10万元占为己有，余款7.1万元于2011年5月汇入好运祥公司财务人员个人账户，并于2012年7月10日通过手机向好运祥公司法定代表人李某现发短信，表示愿意将该款支付给好运祥公司，但至今未付。

在案证据有：被害人李某现的陈述，证人证言，相关账目复印件等证据。

一审人民法院经审理认为，被告人翟某进利用职务上的便利，将本单位10万元财物非法占为己有，其行为已构成职务侵占罪，数额巨大，依法以职务侵占罪判处有期徒刑五年六个月，涉案赃款追回后退还给被害单位。

翟某进认为一审定性错误，其行为构成挪用资金罪，遂提起上诉。抗诉机关亦抗诉，认为翟某进挪用2012年4月7日的17.1万元货款，也构成挪用资金罪。

二审法院经审理认为，翟某进作为好运祥公司的工作人员，本应将公司货款直接打入公司指定的账户，但其利用职务上的便利，擅自将本单位货款17.1万元汇入其个人账户，并截留其中10万元归个人使用，数额较大不退还，其行为已构成挪用资金罪。关于翟某进不构成职务侵占罪，而构成挪用资金罪的上诉理由、辩护意见及抗诉机关的抗诉成立，二审法院予以采纳。

对抗诉机关的抗诉意见，二审法院认为，2012年4月7日，三德特钢公司财务人员将好运祥公司货款17.1万元汇入翟某进个人账户后，该货款至案发前虽仍在翟某进账户中，但翟某进向李某现发短信表示欲归还该货款，认定翟某进挪用该笔货款的证据不足，抗诉意见不成立。故，二审改判翟某进犯挪用资金罪，判处有期徒刑5年。

2. 罪名概念及法律依据

挪用资金罪，是指公司、企业或者其他单位的工作人员，利用职务上的便利，挪用本单位资金归个人使用或者借贷给他人的行为。

《刑法》第二百七十二条规定："公司、企业或者其他单位的工作人员，利用职务上的便利，挪用本单位资金归个人使用或者借贷给他人，数额较大、超过三个月未还的，或者虽未超过三个月，但数额较大、进行营利活动的，或者进行非法活动的，处三年以下有期徒刑或者拘役；挪用本单位资金数额巨大的，或者数额较大不退还的，处三年以上十年以下有期徒刑。国有公司、企业或者其他国有单位中从事公务的人员和国有公司、企业或者其他国有单位委派到非国有公司、企业以及其他单位从事公务的人员有前款行为的，依照本法第三百八十四条的规定定罪处罚。"

3. 挪用资金罪的主体范围

挪用资金罪的犯罪主体为特殊主体，包括公司、企业或者其他单位中的非国家工作人员，既包括董事、监事等高管人员，也包括上述人员之外的普通工作人员，但所有工作人员都不是“国家公务人员”，这是本罪区别于挪用公款罪的主要因素。在前述翟某进挪用资金案中，翟某进是好运祥公司华东区销售经理，属于企业工作人员，符合本罪关于犯罪主体的规定。

4. 行为界定

本罪在客观方面表现为行为人利用职务上的便利，挪用本单位资金归个人使用或者借贷给他人，数额较大、超过三个月未还的，或者虽未超过三个月，但数额较大、进行营利活动的，或者进行非法活动的行为。本罪客观上的行为特征表现为：实施了挪用本单位资金的行为，且实施该行为利用了本人职务上的便利。具体而言，行为人只要具备以下几种行为之一，即可构成本罪：

（1）挪用本单位资金归个人使用或者借贷给他人，数额较大、超过三个月未还的。行为人利用个人职务便利，将本单位的较大额资金挪用归自身使用，或者借贷给他人，但是没有用于非法经营活动，数额达到法定较大的标准，挪用时间超过三个月而未还。“归个人使用”，是指将本单位资金供本人、亲友或者其他自然人使用；或者以个人名义将本单位资金供其他单位使用；或者个人决定以单位名义将本单位资金供其他单位使用，谋取个人利益的。

（2）挪用本单位资金归个人使用或者借贷给他人，虽未超过三个月，但数额较大，进行营利活动的，或者进行非法活动的。这种行为没有挪用时间和是否退还的限制，只要数额较大，且进行营利活动或非法活动，就构成犯罪。所谓“营利活动”主要是指进行投资、经营等活动。所谓“非法活动”是指资金用于违法犯罪行为，如非法经营、走私等行为。这里的“数额较大”，最高人民法院、最高人民检察院《关于办理贪污贿赂刑事案件适用法律若干问题的解释》第十一条第二款规定：刑法第二百七十二条规定的挪用资金罪中的“数额较大”“数额巨大”以及“进行非法活动”情形的数额起点，按照本解释关于挪用公款罪“数额较大”“情节严重”以及“进行非法活动”的数额标准规定的二倍执行。

5. 追诉标准

根据最高人民检察院、公安部《关于公安机关管辖的刑事案件立案追诉标准的规定（二）》第八十五条规定，公司、企业或者其他单位的工作人员，利用职务上的便利，挪用本单位资金归个人使用或者借贷给他人，涉嫌下列情形之一的，应予立案追诉：（1）挪用本单位资金数额在1万元至3万元以上，超过三个月未还的；（2）挪用本单位资金数额在1万元至3万元以上，进行营利活动的；（3）挪用本单位资金数额在5000元至2万元以上，进行非法活动的。

（二）职务侵占罪

1. 典型案例

蔺某亭贪污、职务侵占案[①]

被告蔺某亭，原担任永煤集团正龙公司小车班班长兼领导司机。2005 年 5 月和 7 月，蔺某亭利用担任领导司机经手财物的职务便利，伪造永煤集团董事长陈某枫的签字，以购买奥迪轿车的名义从永煤集团分别借款 45000 元和 510000 元，购买价值 472200 元的奥迪 A6 一辆，并以出具永煤集团证明的形式将付款后余款 37800 元以现金方式提走。蔺某亭将奥迪轿车转卖后得款 450000 元，后用一张票价 540500 元假的国都兴业公司机动车销售统一发票及一张 13000 元河南省财产保险统一发票，在报销票据上伪造陈某枫的签字，到永煤集团财务上冲销 555000 元的借款。

上述事实有被告人供述、证人证言、永煤集团的记账凭证、检验鉴定书等证据予以证实。

一审法院审理认为，蔺某亭在担任永煤集团正龙公司小车班班长，为领导服务期间，利用经手、报销财物的便利条件，隐瞒事实真相，伪造领导签字，骗取本单位财物占为己有，数额巨大，其行为已构成职务侵占罪。判决结果为，蔺某亭犯职务侵占罪，处有期徒刑 7 年零 6 个月。

2. 罪名概念及法律依据

职务侵占罪，是指公司、企业或者其他单位的人员，利用职务上的便利，将本单位财物非法占为己有，数额较大的行为。

《刑法》第二百七十一条规定："公司、企业或者其他单位的人员，利用职务上的便利，将本单位财物非法占为己有，数额较大的，处五年以下有期徒刑或者拘役；数额巨大的，处五年以上有期徒刑，可以并处没收财产。国有公司、企业或者其他国有单位中从事公务的人员和国有公司、企业或者其他国有单位委派到非国有公司、企业以及其他单位从事公务的人员有前款行为的，依照本法第三百八十二条、第三百八十三条的规定定罪处罚。"

3. 职务侵占罪的主体范围

职务侵占罪的犯罪主体为特殊主体，是不属于国家工作人员的公司、企业或者其他单位的人员，如果属于"国家工作人员"范畴，有本罪规定之行为的，应认定为贪污罪。本罪主体具体是指公司、企业中的工作人员，既包括董事、监事等高管人员，也包括上述人员之外的普通工作人员。上文蔺某亭案件中，蔺某亭是永煤集

---

① 案例来源：北大法宝，http：//www. pkulaw. cn/Case/pfnl_ 119384269. html？ match = Exact，浏览时间：2015 年 6 月 3 日。

团正龙公司小车班班长兼领导司机，是企业工作人员，且不属于“国家工作人员”范畴，符合职务侵占罪的主体特征。

4. 主观方面

职务侵占罪在主观方面的特征表现为故意，且行为人实施职务侵占的目的是非法占有公司、企业或者其他单位的财物，而至于是否已经实际取得或行使了这些权利，并不影响犯罪的构成。本罪区别于挪用资金罪的一个重要特征就是，后者在主观上不具有“非法占有”的内容，而只是将单位资金挪作他用，有归还的意愿和计划。蔺某亭案件中，蔺某亭采取伪造签名的方式，取得和花销公司的欠款，后又欲以提供假票据和伪造签名的方式冲销欠款，其主观上非法占有的目的十分明确。

5. 行为界定

本罪在客观方面的表现为利用职务上的便利，侵占本单位财物，数额较大的行为。具体而言是指以下特征：

（1）利用与自己职务有关的便利条件。包括：A. 利用自己主管、分管、经手、决定或处理以及经办一定事项等的权力；B. 依靠、凭借自己的权力去指挥、影响下属或利用其他人员的与职务、岗位有关的权限；C. 依靠、凭借权限、地位控制、左右其他人员，或者利用对己有所求人员的权限，如单位领导利用调拨、处置单位财产的权力；出纳利用经手、管理钱财的权利；一般职工利用单位暂时将财物，如房屋等交给自己使用、保管的权利等。至于不是利用职务上的便利，而仅是利用工作上的便利如熟悉环境、容易混入现场、易接近目标等，即使取得了财物，也不是构成本罪，构成犯罪的，应当以他罪如盗窃罪论处。

（2）有侵占的行为。本单位财物，是指单位依法占有的全部财产，包括本单位以自己名义拥有或虽不以自己名义拥有但为本单位占有的一切物权、无形财物权和债权。其具体形态可以是建筑物、设备、库存商品、现金、专利、商标等。所谓非法占为己有，是指采用侵吞、窃取、骗取等各种手段将本单位财物化为私有，既包括将合法已持有的单位财物视为己物而加以处分、使用、收藏，即变持有为所有的行为，如将自己所占有的单位房屋、设备等财产等谎称为己有，标价出售；将所住的单位房屋，过户登记为己有；或者隐匿保管之物，谎称已被盗窃、遗失、损坏等，又包括先不占有单位财物但利用职务之便而骗取、窃取、侵吞、私分从而转化为私有的行为。不论是先持有而转为己有还是先不持有而采取侵吞、窃取、骗取方法转为己有，只要本质上出于非法占有的目的，并利用了职务之便作出了这种非法占有的意思表示，达到了数额较大的标准，即可构成本罪。值得注意的是，行为人对本单位财物的非法侵占一旦开始，便处于继续状态，但这只是非法所有状态结果的继续，并非本罪的侵占行为的继续。侵占行为的完成，则应视为既遂。至于未遂，则应视侵占行为是否完成而定，如果没有完成，则应以未遂论处。

（3）达到数额较大的程度。仅有非法侵占公司、企业及其他单位财物的行为，但没有达到数额较大的标准，不能构成本罪。

6. 追诉标准

根据最高人民检察院、公安部《关于公安机关管辖的刑事案件立案追诉标准的规定（二）》第八十四条规定，公司、企业或者其他单位的人员，利用职务上的便利，将本单位财物非法占为己有，数额在5000元至1万元以上的，应予立案追诉。

（三）非国家工作人员受贿罪

1. 典型案例

陈某新非国家工作人员受贿、吴某坤非国家工作人员行贿案①

被告人陈某新，原海口市灵山供销社主任。2007年上半年，灵山供销社准备盖职工安置楼、商住楼共四栋。经时任主任的陈某新提议，并经该社办公室人员会议讨论同意，该社的建筑工程由桂林洋建筑公司承建。被告人吴某坤得到该消息后，遂找到陈某新要求承包该工程。2007年5月，陈某新给桂林洋建筑公司总经理李某打招呼称：灵山供销社的工程挂靠桂林洋建筑公司报建，工程由与其有亲戚关系的吴某坤来承建，李某表示同意。先由桂林洋建筑公司与灵山供销社签订了《建筑工程合同书》，而后再由吴某坤与桂林洋建筑公司签订《企业内部工程承包合同书》。自2007年7月至2010年5月，海口市灵山供销社的职工安置楼、商住楼共四栋便由吴某坤承建。在施工过程中，吴某坤为了感谢被告人陈某新帮助其承领到该单位的工程以及顺利领取工程进度款，分别于2008年1月5日、11月10日两次从其账户里共提取现金人民币20万元送给了陈某新。案发后，陈某新已主动退还人民币20万元。

证明上述事实的证据有被告人吴某坤、陈某新的供述，证人证言，桂林洋建筑公司与供销社签订的《建筑合同工程书》，工程审计资料，借还款资料，银行明细表等。

一审法院经审查认为，陈某新利用灵山供销社主任职务之便，为吴某坤承建其供销社工程提供帮助，非法收受吴某坤人民币20万元，数额巨大，其行为已构成非国家工作人员受贿罪。吴某坤在承建灵山供销社工程中，为能顺利领取工程款和得到关照，送给陈某新人民币20万元，数额巨大，其行为已构成对非国家工作人员行贿罪。对二被告人的罪行，应依法给予相应处罚，判决陈某新犯非国家工作人员受贿罪，处有期徒刑五年；吴某坤犯对非国家工作人员行贿罪，处有期徒刑一年，并处罚金人民币1万元。

---

① 案例来源：北大法宝，http：//www. pkulaw. cn/case/pfnl_ 119241204. html？keywords =（2013）海中法刑终字第147号 &match = Exact%2C%20Piece&tiao = 1，浏览时间：2015年6月5日。

非国家工作人员受贿罪，是企业工作人员利用职务上的便利，索取他人财物或者非法收受他人财物，为他人谋取利益，数额较大的行为。非国家工作人员受贿罪与非国家工作人员行贿罪是对合犯，也称作对象犯。俗语说，一个巴掌拍不响，受贿和行贿行为相互滋长，都属于违法犯罪行为，在司法实践中一般都在同一程序中合并审理和判处。本案中，吴某坤为承建灵山供销社工程，请托于供销社主任陈某新的职务便利，并给予陈某新财物；陈某新利用其担任供销社主任所具有的职务便利，收受吴某坤给予的财物。二人的行为严重侵犯了公司、企业和其他单位工作人员管理职务的廉洁性，并妨害其他市场主体公平参与竞争。

2. 罪名概念及法律依据

非国家工作人员受贿罪，是指公司、企业或者其他单位的工作人员利用职务上的便利，索取他人财物或者非法收受他人财物，为他人谋取利益，数额较大的行为。

《刑法》第一百六十三条第一款、第二款规定："公司、企业或者其他单位的工作人员利用职务上的便利，索取他人财物或者非法收受他人财物，为他人谋取利益，数额较大的，处五年以下有期徒刑或者拘役；数额巨大的，处五年以上有期徒刑，可以并处没收财产。公司、企业或者其他单位的工作人员在经济往来中，利用职务上的便利，违反国家规定，收受各种名义的回扣、手续费，归个人所有的，依照前款的规定处罚。"

3. 非国家工作人员受贿罪的主体范围

非国家工作人员受贿罪的犯罪主体是在公司、企业或者其他单位中从事管理工作但不具有国家工作人员身份的人员，如公司的董事、监事以及公司、企业的其他从事管理事务的人员。

4. 行为界定

非国家工作人员受贿罪在客观方面表现为，利用职务上的便利，索取他人财物或者非法收受他人财物，为他人谋取利益，数额较大的行为。

（1）具体的行为类型包括"索取"和"非法收受"。索取，是当请托人有求于行为人的职务行为时，行为人主动向请托人索要财物；非法收受，是接受请托人主动送予的财物。行为人只要有两种行为之一，并符合其他要件，即构成本罪。

（2）行为人索取或非法收受他人财物的行为，是利用其职务上的便利。企业工作人员利用本人主管、经手的企业管理职权以及利用与职权有关的便利条件，包括直接利用经办某种事务的权利，或者间接利用职权所带来的制约和影响力。

（3）索取或收受他人财物，还须为他人谋取利益。为他人谋取利益，可以是许诺为他人谋取利益，并不要求实际上已经实施了为他人谋取利益的行为，或者已经实际为他人谋取了利益。同时，为他人所谋取的利益，是否合法、正当，均不影响本罪的成立。

5. 追诉标准

根据最高人民检察院、公安部《关于公安机关管辖的刑事案件立案追诉标准的规定（二）》第十条的规定，公司、企业或者其他单位的工作人员利用职务上的便利，索取他人财物或者非法收受他人财物，为他人谋取利益，或者在经济往来中，利用职务上的便利，违反国家规定，收受各种名义的回扣、手续费，归个人所有，数额在5000元以上的，应予立案追诉。

三、职务犯罪的风险防范

根据本节开篇对职务犯罪类型的概括，职务犯罪大致可以分为违反勤勉义务的犯罪行为和违反廉洁义务的犯罪行为两类。针对不同类型职务犯罪发生的原因和特征，我们建议从以下方面应对企业工作人员的职务犯罪风险：

（一）完善企业职务的监控制度

违反廉洁义务的职务犯罪都是以利用职务便利为基础，违反勤勉义务的犯罪行为也是以违反职务要求为前提。可见，职务犯罪的发生与企业的内部管控制度有关。正是因为企业的内部管理制度存在漏洞，才会被有心之人利用；也正是因为企业对怠懒怠惰的行为没有有力的监督惩戒，才会酿成严重后果。因此，加强企业内部控制，健全规章制度，明确赏罚，才是企业应对职务犯罪风险的关键。强化企业内部控制制度，应当包括强化财物、资产、人事、合同等各个方面的管控制度，并及时修正和完善，查缺补漏。

（二）强化职务犯罪的风险意识

不知者无畏。很多犯罪，特别是经济领域的犯罪行为，常常是由于行为人不了解法律的规定以及犯罪的后果而发生的。企业应强化管理人员对职务犯罪法律和其他法律知识的学习，树立法律意识，敦促管理人员严格自律，警钟长鸣。

（三）树立忠实廉洁的企业文化

企业的文化环境是影响员工行为方式、提升企业对外形象、形成企业凝聚力和影响力的无形之手。在应对职务犯罪风险的问题上，企业文化也能发挥重要作用。企业应将忠实、廉洁教育融入企业文化之中，对员工特别是管理层进行常规性的教育培训，组织宣传主题文化活动，为企业工作人员积极履行岗位职责，严格自律营造良好氛围。

第十三章

贸易救济

随着经济的发展，对外出口成为企业的一条重要发展道路。随着中国企业生产的产品涌入国外市场，越来越多的中国产品遭受国外贸易救济调查，包括反倾销调查、反补贴调查和保障措施调查。据不完全统计，中国企业生产的产品遭受贸易救济调查的数量高居世界首位，中国企业应诉外国贸易救济调查的胜诉率位于世界末位。应诉贸易救济调查耗费了中国企业大量的财力和人力资源。企业要支付高额律师费，要组织专门的班子应对，有的企业更是遭受反复的指控。外国的贸易救济指控已经对中国企业的正常发展形成了持续性的困扰。更有甚者，中国产品由于被征收高额反倾销税或者反补贴税而被挤出市场，辛苦开拓的市场一朝丢失，企业效益下滑，工厂倒闭，工人失业。

由此可见，贸易救济调查已经不可避免地成为摆在中国企业尤其是出口企业面前的严峻课题。在国际金融危机的背景下，一方面，中国的出口形势仍未根本好转；另一方面，中国面临的贸易保护主义却有愈演愈烈的势头。出口企业面临着内销不足、外销出不去的窘境，这将大大损害企业的市场竞争力，使企业处于市场竞争的被动境地。

面对如此严峻的形势，企业应该了解与贸易救济有关的基本概念，建立预警机制，了解立案前和立案后的应对方法和策略，利用法律维护合法的自由贸易权利。

由于中国企业遭受反倾销调查的数量仍位居贸易救济调查之首，本章主要讨论反倾销调查的应诉，反补贴调查和保障措施调查涉及政府方面的实务较多，企业在其中发挥的作用有限，因此，本章暂不赘述。

第一节　与反倾销有关的基本概念

我们先来了解倾销和反倾销调查的基本概念。我国已经是 WTO 成员，我们的主要国际贸易伙伴也都是 WTO 成员。《WTO 反倾销协议》是全体 WTO 成员在反倾销调查中必须遵守的最高法律。因此，在本书中，我们完全按照《WTO 反倾销协议》解释倾销和反倾销调查的基本概念。

《WTO 反倾销协议》又被称为《关于实施 1994 年关税及贸易总协定第六条的

协议》。后一个名称说明了《WTO反倾销协议》的法律渊源。《1994年关税及贸易总协定》第六条既涉及反倾销问题，也涉及反补贴问题。《WTO反倾销协议》仅实施《1994年关税及贸易总协定》第六条有关反倾销的条款。

一、倾销的定义

1. 倾销的定义

在日常生活中和经济学理论上，倾销指的是以低于成本的价格在市场上大量抛售商品的行为。但是，在WTO框架内，倾销有严格的法律上的定义。《1994年关税及贸易总协定》第六条对倾销的定义是："将一国产品以低于正常价值的方法进入另一国市场"为倾销。《WTO反倾销协议》是这样定义倾销的："如果一产品从一国出口到另一国的出口价格低于在出口国国内消费的正常贸易过程中的同类产品的可比价格，则该产品应被认为是倾销。"这两个定义实质上是等价的，只是后一个定义更具有实践上的可操作性。

2. 澄清关于倾销的误解

一般人根据日常生活经验理解倾销的含义，会产生误解。常见的误解有：

一些企业看到自己的产品价格低于进口国国内同类产品的价格，就自认为存在倾销行为，甚至因而认为不可能在反倾销诉讼中取胜，从而放弃应诉，不战自败。实际上，确定倾销是否存在，是将出口产品的出口价格与该产品在原产地国内市场上的销售价格作比较，而不是将出口价格与进口国国内同类产品的价格作比较。只有当受调查产品的出口价格低于该产品在原产地国内市场上的销售价格时，才存在倾销。举例来说，如果A国某一产品出口到B国的价格为700元，而B国生产的同类产品的价格是1000元，这并不能证明A国的产品存在倾销；只有当A国的产品在本国国内市场上卖1000元，而出口到B国的价格低于1000元时，才存在倾销。

也有一些中国企业认为，只要自己产品的出口价格不低于国内销售价格，就不必担心受到进口国的反倾销指控；即使受到指控，也能够胜诉。按照《WTO反倾销协议》对倾销的定义，这样的认识没有什么不对。但是，这种认识是由于不了解中国所处的国际贸易大环境而产生的误解。如果按照这种认识制定企业的出口战略，很有可能遭受外国的反倾销指控。应诉时也未必一定能够胜诉。这是因为一些发达国家至今仍然拒绝给予中国企业市场经济待遇，不考虑中国产品在中国市场上的价格，而是实行"替代国"政策。这些国家在确定受调查中国企业的倾销幅度时，不是将中国产品的出口价格与该产品在中国国内市场的销售价格作比较，而是将中国产品的出口价格与非驴非马的"替代国"价格作比较。因此，中国企业在制定出口战略时，需要在国际贸易大环境之下充分考虑。

还有一些中国企业认为，自己的产品有利润，不可能被认定为倾销。这种误解源于对倾销的定义仍然没有认识清楚。有利润绝对不意味着没有倾销。根据《WTO反倾销协议》对倾销的定义，倾销实际上是一种价格歧视，通常指产品对外出口的售价低于在国内市场的售价，且该国内市场的售价必须高于成本，也就是说，“出口国国内消费的正常贸易过程中的同类产品”的售价。倾销关注的是利润的多少、利润的差别或者利润率的大小。因此，不能简单认为自己的产品有利润，就不可能被认定为倾销。只有在国外市场的利润额大于或者等于国内市场的利润额时，产品才可能被认定为没有倾销。还应该注意一点，如果国内销售是低于成本进行的，也就是说，国内售价不是在“出口国国内消费的正常贸易”中产生的，那么国内售价不能作为比较的基础，和出口价格进行比较的是成本加利润（正常利润率是由调查当局决定的）。因此，在这种情况下，也不能简单根据自己的产品有利润就武断地得出不存在倾销的结论。最后，应该提醒的是，由于美国在2016年以前仍然视中国为非市场经济国家，对中国实行替代国政策并使用要素投入法计算中国产品的正常价值，即以中国生产商生产被调查产品的每一生产要素的投入量乘以替代国生产要素的价格，加总后合计出生产成本，再加上替代的费用和利润，才最终计算出产品的正常价值。根据这种方法，更不能仅仅根据“有利润”便认为自己没有倾销。

有的企业误认为倾销都是违法的或者应当受到惩罚，需要动用反倾销措施。这种错误观点源于对使用反倾销措施的条件存在误解。这个观点错在三个方面：首先，即使倾销成立，倾销并不一定受到惩罚。其次，即使倾销确实存在，如果损害不成立，那么倾销也是不应受到惩罚的。最后，即使倾销和损害确实都存在，但损害不是由出口国产品的倾销造成的，也就是倾销与损害之间没有因果关系，那么倾销也不能受到惩罚。根据《WTO反倾销协议》的规定，倾销应当受到惩罚必须符合三个条件：第一，确定出口产品倾销存在；第二，确定实质损害或实质损害威胁进口国已建立的国内产业，或实质阻碍国内产业新建的事实；第三，国内产业的实质损害或实质损害威胁是由出口国产品的倾销造成的，即两者之间具有因果关系。因此，不能简单认为，倾销都是违法的或者应当受到惩罚。

二、反倾销调查常用术语

为了更好地理解反倾销调查的各个环节，我们将反倾销调查中常见的概念、术语介绍如下：

（一）出口价格

《WTO反倾销协议》并未明确规定出口价格这一概念，通常认为，出口价格指出口商将出口产品出售给进口商的价格，通常是指国际货物买卖中的FOB、CFR、CIF等交易条件下的价格。在具体案件中如何确定出口价格呢？根据《WTO反倾销协议》第二十三条的规定，确定出口价格有三种方法，而且这三种方法的适用有先后顺序，只有当一种方法不适用时，才采取后一种方法确定出口价格：

1. 出售给出口商的实际价格。这是最常见的，也是应该首先使用的确定出口商的实际价格的方法。

2. 进口产品首次转售给独立买方的价格，但该价格只适用于两种情况：一是没有出口价格的情况，二是由于出口商和进口商或第三方之间存在伙伴关系或某种补偿安排，当局认为出口价格不可靠的情况。

3. 调查当局决定的合理基础价格，但这种情况仅限于产品不转手给独立买方，或转售时产品状况与进口时不同的情况下才采用。

（二）正常价值

正常价值在《WTO 反倾销协议》中没有明确定义，但从第 2.1 条中可以推断出的概念是“在正常贸易过程中出口国供消费的同类产品的可比价格”。因为一产品是否倾销是通过比较出口价格和正常价值而得出的，但是出口价格比较容易确定，调整弹性小，而正常价值比较复杂，调整空间相对大，所以正常价值对倾销成立以及倾销幅度高低的影响比较大。正常价值的确定在反倾销调查中有着至关重要的意义。根据《WTO 反倾销协议》第 2.1 条和第 2.2 条的规定，确定正常价值有三种方法：

第一种方法是在出口国国内消费的正常贸易过程中的同类产品的可比价格。这是确定正常价值的首选方法。只有不存在第一种“可比价格”时，才可能适用第二种或第三种方法。但适用第一种方法时，也需要满足三个条件：一是被采用的出口国价格能反映此产品在出口国市场的普遍交易情况；二是被采用的出口国价格应该是在正常贸易过程中产生的价格，而不是因关联关系产生的交易价格等；三是被采用的出口价格应基于一定规模交易，并且国内交易与出口交易在相同时期内发生。

国际贸易中还经常存在产品不是直接从原产地国进口，而是由一个中间国向进口成员方出口的情况。这种情况下产品的正常价值如何确定？一般情况下，正常价值为出口国的可比价格，也就是出口国国内市场受调查产品在正常贸易过程中的市场价格。但是在三种情况下，原产地国产品的价格也可以作为正常价值：一是产品只是经由出口国转运；二是出口国不生产这类产品；三是在出口国不存在与其进行价格比较的可比价格。

第二种方法是受调查产品的同类产品出口到一个适当的第三国且具有代表性的可比价格，这可以简称为第三国价格。通常适用第三国价格的情况有哪些呢？第一，出口国国内市场上不存在受调查产品的同类产品在正常贸易过程中的销售；第二，出口国国内市场存在特殊情况；第三，出口国国内市场的销售量太小，致使这些销售不允许进行适当比较，具体销售数量参考标准是，为出口国国内市场消费目的而销售的同类产品的数量达到或超过该产品在进口成员方销售量的 5% 或以上

（假如有证据表明较低比例的国内销售仍然具有足够的数量提供适当比较的话，则该较低比例应被接受）。

第三种方法是原产地国的生产成本，加上合理数额的管理费、销售费用和一般费用以及利润。管理费、销售费和一般费用以及利润数额应以被调查的出口商或生产商在正常贸易条件下同类产品实际的生产和销售数据为基准。当上述费用在此基础上无法确定时，可以下列为基础确定：该出口商或生产商在原产地国国内市场上生产和销售一般同类产品所发生和实现的实际费用；其他受调查的出口商或生产商在原产地国国内市场上生产和销售同类产品所发生和实现的加权平均实际费用；任意其他合理的方法，只要其计算的利润数额不超过其他出口商或生产商在原产地国国内市场上生产和销售同类产品实现的正常利润。

（三）同类产品

同类产品通常解释为同样的产品，即在所有方面都与受调查的产品相似的产品；或者，如果不存在这样的产品，则指那种虽然不是所有方面都与受调查的产品相同，但具有与受调查产品非常相似的特性的其他产品。在反倾销实践中，确定同类产品的范围往往是案件的关键点之一，对反倾销调查程序、正常价值的计算和损害的认定都会产生重要的影响。确定同类产品通常考虑的因素包括：基本的物理、化学和技术性能；原材料以及生产流程、替代性或竞争性；销售渠道；最终用途；消费者的观念等。

（四）国内产业

国内产业是指国内生产同类产品的全部或者主要部分的生产商，对于共同市场而言，达到了具有单一而统一的市场特点的一体化程度，在整个一体化地区里的产业应视为国内产业，如欧盟。在确定申请人是否是国内产业或代表国内产业提出申请时，主要考虑两个因素：生产被调查产品的数量和企业的数量，即支持申请的本国生产商的同类产品产量占本国同类产品总产量25%以上，且支持申请的本国生产商占该产业支持或反对申请的部分所生产的本国同类产品总产量50%以上。在特定情况下，国内产业也可指某地区的生产商。

损害是指倾销进口产品对国内产业产生的影响，包括三种表现形态：实质性损害、实质性损害威胁和实质性阻碍国内产业的建立。确定倾销是否造成损害的过程包括确定国内产业、确定损害、确定损害与倾销之间的因果关系。损害的确定应以无可辩驳的证据为根据，并须对两点做客观审查：1. 倾销进口货的数量及倾销进口货对国内市场同类产品价格的影响；2. 这些进口货对国内同类产品生产商造成的后续冲击程度。为确定实质性损害之目的，审查倾销进口货对相关国内工业的冲击程度，应对影响工业状况的全部有关经济因素和指数进行评定，包括销售、利润、产量、市场份额、生产率、投资收益或设备利用能力等方面的实际的和潜在的下降；影响国内价格的因素；倾销幅度的大小；对现金流动量、库存、就业、工资、增长、融资或投资能力等方面的实际的和潜在的副作用。为确定实质性损害威胁之目的，除要审查确定实质性损害的所有因素外，还要对案件情况特定的因素进行审查，评估应该依据的事实，而不能根据诉称、臆测等，必须能够明确预见到，并且是迫近的。

（五）非市场经济国家及替代国政策

以欧盟、美国为代表的西方发达国家（地区），在对他们认定的“非市场经济国家”的出口产品进行反倾销调查时，不使用第一段所说的《WTO反倾销协定》规定的正常地确定倾销幅度的方法。这些国家认为，“非市场经济国家”的市场价格受政府控制，受调查产品的市场价格被扭曲了，不能反映它的正常价值，不能用来与出口价格作比较确定倾销幅度。这些国家选用一个第三国作为“替代国”，以“替代国”国内市场上同类产品的价格作为受调查产品的正常价值。然后，以这个替代价格与受调查产品的出口价格作比较，确定受调查产品的倾销幅度。欧盟、美国为此发展了一整套确定“非市场经济国家”受调查产品的正常价值和受调查生产商/出口商倾销幅度的方法，这样的方法被称为“‘替代国’方法”。

（六）价格承诺

价格承诺实质上是受调查生产商/出口商与调查当局之间的一个合同，通常称为“价格承诺协议”（又称为“中止协议”，因为反倾销调查发起国将根据价格承诺协议中止反倾销调查）。根据该协议，受调查生产商/出口商承诺提高受调查产品的价格，从而停止倾销对进口国国内工业的损害或损害威胁；调查当局同意暂停或终止反倾销调查，不征收反倾销税。

第二节　建立反倾销预警机制

反倾销预警工作一般包括两个方面：一是对中国出口产品遭受进口国反倾销调查的预警，二是对中国国内产业损害预警即对进口产品的倾销行为的预警。一个完善的反倾销预警系统（体制）通常也应当同时具备这两个方面的职能。在本节中，一般情况下，将这两个方面的预警工作统称为“反倾销预警”，只有在必要时才明确区分反倾销预警这两个方面的工作。由于篇幅所限，本节主要针对中国出口产品遭受进口国反倾销调查的预警进行阐述。

一、企业建立反倾销预警机制的意义和作用

对于中国出口厂商来讲，首先，反倾销预警最重要的作用是“防患于未然”。

反倾销调查是一个法律规定的法定行政调查程序，开启该程序需要满足许多法定的前提条件。根据一般实践经验，发起国的某一国内产业针对进口产品提起反倾销调查申请之前，至少需要一年多的时间对本国国内同类产品生产商的立场进行商议和协调，甄选和聘请律师，并准备大量的申诉材料。与此同时，为了造势促使发起国政府立案，关于国内同类产品销售疲软、国内产品价格降低、进口产品数量增加、进口国内生产商经营状况恶化、公司裁员等消息可能出现在国内各大媒体上。作为策应，关于进口国国内同类产品生产商提出反倾销调查申请的协商、游说、准备活动的消息也可能出现在媒体上。政府相关人员经常会对国内厂商的这类活动进行支持和声援，以便为媒体提供更多报道资源。已建立的有效的反倾销预警机制会对上述信息筛选分析，当对本国出口产品被诉倾销的危险进行确认之后，系统会向各级政府主管部门及驻外机构、相关商协会、出口厂商报警。据此，涉案出口企业根据报警信息会相应调整出口策略，降低被诉的风险；商会等可以组织民间相关业界的交流，中央政府部门可以通过组织政府间谈判，加强对各自利益的理解和认知，互换双方的立场进行换位思考，并作出一定程度上的妥协安排，从而将发起对华反倾销调查的危险在萌芽状态消灭。

其次，在不能有效阻碍进口国发起反倾销调查时，反倾销预警机制可以使出口企业在立案前“未雨绸缪”，预作安排，减少反倾销调查的危害。国外的反倾销案一旦立案，填答调查问卷的时间一般平均只有35天左右。调查问卷内容繁多，各部分的填答内容必须相互对应，不得出现不一致和矛盾的回答，而调查问卷中填答的资料将决定倾销税率的判定。因此，如果企业没有在立案前进行提前准备，则在立案后往往无充分时间准备资料。反倾销预警系统使出口企业建立有效的商情网络，随时掌握反倾销动态信息；帮助企业积累历史出口数据，便于立案后调取分析，便于企业迅速掌握反倾销发起国的反倾销法律法规；一旦反倾销调查立案，随时启动应急体制，使应诉工作变为主动，争取足够的时间准备资料。

通过对多年的反倾销应诉经验总结，反倾销预警对于中国出口企业的意义和作用体现在以下六个方面：

1. 使政府部门和涉案的行业协会尽早掌握全球各国对中国产品可能发起反倾销调查的信息，根据个案的具体情况，利用民间和非民间的交流和谈判，帮助涉案的中国企业将可能发生的反倾销调查扼杀在摇篮里；

2. 在企业中建立高效的商务信息网络，随时掌握反倾销的最新动态，促使企业对进口国产业和市场动态以及全球市场动态有进一步认识；

3. 通过各种途径无法阻碍进口国发起反倾销调查时，涉案企业可以根据已知的预警预报信息，提前进行数据资料的准备，组织模拟调查，以便及时发现问题，制定应诉方针和策略；

4. 在进口国正式反倾销立案之前，尽早做出预警预报，使出口企业能够及时调整出口市场策略，适当提高出口价格和/或减少出口数量，为今后应诉创造有利条件，同时行业协会号召全体涉案的会员企业实行出口自律，规范出口秩序，尽量在反倾销调查中争取有利裁决；

5. 做好应诉的各项准备工作和人员动员，为反倾销立案后回答调查问卷争取较为宽裕的时间，准确及时地填写调查问卷、准备充足的争取市场经济地位的资料、选择对中方有利的替代国，在最大程度上减少填写调查问卷时可能出现的瑕疵，在一定程度上减轻反倾销对出口企业的压力；

6. 根据世界经济发展趋势和主要出口国国内经济最新态势、反倾销及时动态等，作出中长期的预测，为行业协会和出口企业制定中、长期市场战略提供重要的参考依据。

二、反倾销预警体制如何建立

在实际操作中，反倾销预警系统从狭义上来说是一个动态电子信息平台，包括对定量信息和非定量信息的捕获、记录，对定量信息的统计、分析，对定量和非定量信息进行综合分析和预测。具体来说，该信息平台对出口产品的数量、价格、市场容量、产业经营状况、质量标准、市场政策、产品标准的变化和产业政策导向的变化等信息进行收集，经由中国驻外机构、中国海关以及驻外商贸机构、相关行业协会、国外咨询公司和市场调研机构等各种渠道获取相关上述信息，并协同国内市场研究机构进行数据分析和数据处理，就我国出口产品遭受反倾销调查的可能性进行分析，对出口产品形成一系列级别不同的预警信息，企业根据预警系统提供的各类信息采取相应措施，如调整出口产品的数量、价格，采取特殊的市场策略，启动应诉应急体制，等等。

一个完善的反倾销预警体制应建立在大量有用信息、数据模型分析及特定专家论证基础上，动态电子信息平台虽然只是整个反倾销预警体制的有机组成部分，但是由于该平台是预警体制的数据库和综合分析的工具，所以其发挥的作用是非常重要的。要建立完善有效的反倾销预警机制必须从以下三个方面着手①：

1. 市场预警系统：该系统指的就是前述的动态电子信息平台，包括收集和记录相关数据系统、数据和模型分析系统、预警和反馈系统。在不同的级别上，市场预警系统提供不同的服务功能。在企业的级别上，在系统数据库的支持下，出口企业可以利用市场预警系统进行模拟测试，例如：(1) 国内市场销售价格如何定价不会导致国内销售成为低于生产成本的销售，从而保证在遭受反倾销调查时国内销售

---

① 杨荣珍等：《反倾销应诉与起诉实务》，人民出版社 2004 年版，第 页。

价格被用于计算倾销幅度（这一点仅适用于获得市场经济地位的企业）；（2）出口价格如何定价不会导致倾销的产生；（3）当调查当局使用结构正常价值代替正常价值计算倾销幅度时，生产成本如何构成最有利于获得低倾销幅度；（4）如何改变生产成本的构成，以避免国内销售成为低于生产成本的销售；（5）如何改变销售渠道以降低倾销幅度；等等。

2. 企业与政府、行业协会之间的协调机制：政府、行业协会、企业在反倾销预警体制中发挥各自的优势和利用掌握的资源。该机制主要包括以下内容：（1）建立各级信息共享机制和反应机制，保证预警信息的通报与反馈，并在出现不同级别的预警信息时，按照系统预先设计的程序，启动三位一体的政府、行业协会、企业的应急体制，协调政府、行业协会和企业的活动，保证步伐一致，组织有序。（2）建立规定政府、行业协会、企业在反倾销预警体制中的责任制度。保证责任严格落实到各个组织机构中。（3）建立监督检查制度，确保反倾销预警体制的正常运行、逐步完善、健康发展。

3. 预警政策研究系统：该系统主要由提供专业技术支持的政府、大学、科研机构、律师事务所的反倾销专家组成。动态电子信息平台作为政策预警系统的数据库，为该系统提供研究的基础，如目标国家（地区）的贸易政策、产业政策、产品标准等可能发生变化的信息，提供 GDP 增长率、失业率、汇率等宏观经济发展的趋势，提供目标产业利润率、开工率、市场价格、目标产品库存量等微观经济指标的变化。反倾销专家根据上述信息分析目标国家（地区）的贸易政策、产业政策、产品标准的变化趋势。

为了建立高效完善的反倾销预警机制，需要政府、行业协会、企业三个层面共同协调；各个层面因为具有各自的优势和特点而具有不可替代的作用，任何一个层面所发挥的作用都不容忽视。反倾销预警体制实质上是政府、行业协会、企业以松散的组织形式形成的网络，企业在其中扮演了非常重要的角色。在实践中，这个组织松散的网络在关键时候甚至比军事情报机构还要准确、敏捷、高效。中国产业的共同利益是驱动这个网络协同工作的动力源泉。因此，涉案企业之间在政府和商会协会的组织协调下，要全力化解行业利益冲突，寻求共同利益点。

最终，因为企业是反倾销预警系统的终端用户，也是该系统终端的建设者，所以，在发挥政府、行业协会作用的同时，企业应是反倾销预警机制的主体，因为企业是市场的主体，对本企业产品市场形势的变化通常比政府、行业协会敏感很多。从根本上看，企业的反应和动作决定反倾销预警信息是否能够起到预警作用。无论政府如何指导、行业协会如何组织，最终反倾销调查的应诉主体是企业。

一方面，企业层面的反倾销预警系统要与政府层面、行业协会层面的反倾销预警系统互联互通，实现信息共享，确保预警信息和反馈信息的畅通。另一方面，企业层面的反倾销预警系统不是政府层面、行业协会层面的反倾销预警系统的附庸，而是独立运作的主体。企业要配合有关政府部门，在企业内部设立专门机构或人员，或者在主要目标市场设立代表处，注意通过与驻国外商务机构或律师事务所及时联系，跟踪该国反倾销动向，从事收集和调研国际市场的相关信息，为企业在产品出口国别、出口数量和出口价格方面的决策提供依据。这些信息包括各有关国家或地区市场同类产品的主价格水平、竞争状况、产品市场前景等。建立和完善反倾销预警监控机制，充分发挥反倾销预警机制的作用。一般来说，大型企业应当建立，也有能力建立完善的企业级别的反倾销预警系统；小型企业应重视充分利用行业协会的反倾销预警系统。

企业应重视自己的客户即国外进口商的作用，发挥国外进口商在本国掌握的资源和优势，进一步加强与国外进口商的联系和沟通。首先，我国出口企业与进口商在利益上是一致的，若两者能及时、有效地沟通，则会对案件应对产生非常积极的作用；其次，虽然应诉方只有在申诉方的反倾销申诉被当局受理，国外调查当局决定开始开启调查程序，发布公告或通知后才知道出口产品遭到反倾销，但是有时申诉方为了能够使申诉满足法律规定而在正式提出申诉以前，与调查当局多次接触，其代理律师也会就申诉的形式和实质法律问题向调查当局进行咨询和征求意见，这些相关活动的信息可能已由进口商预先获知。中国出口企业与国外进口商充分沟通，随时了解出口国市场的各类需求和进口商所面临的各种问题，这样才能对随时变化的市场态势进行有针对性的调整，适应进口国的需要，从而在最大程度上发挥反倾销预警机制的作用。

第三节　反倾销征兆发生时的应对

当完善高效的反倾销预警机制向各级政府、相关商协会、涉案企业发出反倾销预警警报后，对于涉案企业来说，在明确反倾销预警信息的真实性，通过自有渠道进行多方印证的同时，应积极准备应对工作，多方位、全角度处理这一危机。

一、在科学分析测算后适当提高出口价格

当得到反倾销预警消息时，企业首先应当根据产品的成本状况和反倾销发起国国内市场同类产品的价格水平和销售状况，尽快提高调查产品的出口价格，根据科学测算的范围，将本企业同类产品的价格水平提高到与出口国国内市场同类产品持平，或者比发起国同类产品的价格水平略低。采取这种做法的原因是：（1）根据《WTO 反倾销协议》的规定，如果应诉方的最终倾销幅度不超过 2%，可不被征收反倾销税。因此在预警阶段适当提高出口价，尽快以高价格成交，可以在一定程度上避免被征收

反倾销税，将反倾销调查消灭在萌芽状态，避免更大的经济损失，减少反倾销对企业的出口影响。(2) 计算倾销幅度的倾销调查期间一般是从发起反倾销调查时的前一个季度起，往回推算一年的时间。计算倾销幅度是依据倾销调查期间受调查产品的出口价格与原产地国国内市场销售价格（对于不能获得市场经济地位的中国出口企业，使用“替代国”国内市场销售价格）之间的价格差确定的。一旦得到反倾销预警消息，中国企业应当抓紧时间联合合作关系紧密的进口商，以经过科学测算的较高价格出口货物，从而可能在三个月或者半年后发起的反倾销调查中切实地和有效地降低倾销幅度。但是，企业应当注意使用上述方法的前提条件，即必须找有长期紧密合作关系的进口商，因为双方在长期交易中有重大利益，并愿意与进口商合作。在上述交易中，企业应在律师的指导下注意相关保密工作和证据处理工作。

二、开拓新的销售市场

出口企业在正常经营过程中就应持续开拓新市场，将某一产品过分集中于某一市场的风险非常大，而且应该根据销售的具体情形确定在各个目标市场占有市场份额的合适配比。如将一类产品只集中于某一个特定市场或者特定市场的特定区域，就会过分依赖该市场，把鸡蛋放在同一个篮子里风险太大，有被反倾销调查的风险，如果被发起反倾销调查，再转向别的国家市场则困难重重。由于开发新市场的费用多，遇到的贸易问题具有不可预见性，中国企业开发新市场的动力不足，中国出口产品习惯于既有的一国市场。但是，一旦遭受该国的反倾销调查，就会对中国企业产生较大的影响，很容易引起连锁反应。

中国企业在发生反倾销征兆时，应该利用各方面的条件尽快积极开发其他国家的市场。在开发其他国家市场的同时，要注意在科学计划下提高市场份额，如果数量在未科学计划下急剧增加，则容易被认定为对国内产业损害的主要原因。出现反倾销征兆后，如果企业确实无法立即将受调查产品转销到其他市场，也应及时尽量将被调查产品的销售区域分散。

三、加深发起国反倾销法规的理解

企业应对反倾销发起国的反倾销法规进行深入了解，不仅了解反倾销调查国反倾销法的实体法的规定，而且还需了解反倾销程序法的规定。随着近年来各国反倾销调查程序日趋完善，对应诉方的法定权利保护提供了法定保障，如果中国企业能够随时对最新修改的法律规定加以掌握，那么这样可以有针对性地避免其倾销的控诉，在一定程度上使得企业在应诉时有可预期性，对应诉的方向和策略有较大的把握，避免在接到正式立案后六神无主。同时可以利用已经掌握的反倾销背景知识充分监督律师的应诉工作，为取得理想结果奠定基础。

四、在行业协会的组织协调下，涉案行业共同应对

在发生反倾销征兆后，随着应急预警机制将预警信息传达给各级政府、商会协会和涉案企业，涉案企业须尽快与主管商会协会联系，报告自身出口情况和关注的问题，进一步了解反倾销诉讼的阶段和程序以及应诉工作的主要内容，从而对即将面临的应诉工作有具体和深入的认识。行业协会也会针对案件具体情况组织愿意应诉的相关企业并商讨应对的办法。

依据出口商品的分类不同，政府将行业协会分为纺织进出口商会、五矿化工进出口商会、轻工进出口商会、食品土畜进出口商会、机电进出口商会、医药保健产品进出口商会。经过十多年反倾销实战的锤炼，这些行业协会已经身经百战，对组织国内企业对外反倾销应诉过程得心应手，具备强大的组织能力和应诉能力，企业可以完全信任商会协会，并利用商会协会的资源和优势为自己的应诉工作取得胜利争取最强大的支持。

五、提前建立与外国出口商及其消费者的应诉同盟

如果对中国受调查产品征收反倾销税，那么反倾销发起国国内产业及其产业工人会因此受益，但发起调查国国内广大消费者或者下游生产商会因为买不到价廉的产品而遭受损失。因此，中国出口企业可以联合发起调查国的下游企业及相关消费者权益保护组织等对征收反倾销税有抵触情绪的组织，建立应诉同盟。利用所掌握的媒体资源宣传贸易保护主义可能造成的各种危害，宣传扩大廉价进口所带来的有利影响。通过这种方法可以在最大程度上降低反倾销发起国保护国内产业的情绪所造成的影响。同时，组织社会各界力量进行有针对性的游说活动。

六、形成审查和调整市场价格策略的日常经营制度

价格因素和价格比较是整个反倾销调查的核心，是确定倾销幅度以及裁定反倾销税率的关键因素和认定基础。当出现反倾销征兆时，企业应当全面审查出口价格策略，作必要的调整，变被动为主动，并在日常活动中形成审查调整市场价格的经常性制度。①

第一，在日常销售活动中保持出口价格高于国内市场同类产品的价格水平或者与国内价格持平，是一个重要的价格策略，因为国内价格是确定倾销是否存在而进行价格比较的两个因素之一，而且是比较重要的因素。在日常经营活动中，当企业对于自身的市场经济条件占优势有信心时，保持出口价格略高于国内市场同类产品

---

① 杨荣珍等：《反倾销应诉与起诉实务》，人民出版社 2004 年版。

的价格水平或者与国内价格持平，是最安全、最稳妥的价格策略；即使企业对于争取市场经济地位没有信心，由于替代国价格的不确定性，保持出口价格略高于国内市场同类产品的价格水平或者与国内价格持平，也是最安全的价格策略。

第二，在企业出口产品、订立销售合同过程中，对于合同价格条款的商定应具有技巧性，避免订立固定的、长期的价格，而是应该根据国内市场和国际市场的变化对价格作出适时调整，采用弹性价格机制。

第三，在确定出口价格时，与进口商商定将售后服务费、当地营销费用、知识产权费用以及电脑运输费用等归入出口价格，为出口价格的提高创造更大的空间。

第四，号召行业建立健康的出口机制，避免竞相低价出口，不能作“害群之马”，在出现反倾销征兆时低价甩出一批货物，然后溜之大吉，到另一个市场继续低价倾销。低价竞相出口只可能有两个可悲的结局：一是导致被对方反倾销调查，全体中国企业被赶出市场。二是导致出口全行业亏损，企业难以为继，破产倒闭。被赶出市场，自然失去了在这个市场自由定价的权利；企业破产倒闭，永远也没有自由定价的权利了。企业要有全局意识，服从行业协会的价格协调，加强企业价格自律。虽然现在是社会主义市场经济，企业有确定自家产品价格的自由，但是，企业应当明白一个简单的道理：珍惜并恰当地使用某一自由权利，才能长期享受该自由权利带来的利益。这个道理适用于任何人享有的任何自由权利，为眼前的利益而违背这个道理，终将失去原本享有的自由；企业的自由定价权也不能例外。中国出口企业同行相残，竞相低价出口，以致“鹬蚌相争，渔翁得利”，是有沉痛教训的。

七、收集整理应诉所需的资料和证据，为立案后做充分准备

反倾销调查作为类似行政诉讼的涉外程序，案件的每一个阶段都有严格明确的时间限制。以填答调查问卷为例，《WTO 反倾销协定》规定的时限为不少于三十天，各国反倾销法规定的填答问卷的时间很少有超过四十天的。虽然可以根据案件特殊情况适时申请延期，但是延期期间大多在七天至十四天。如果超过时限，就会被调查当局根据 WTO 规定所谓“最佳可获得信息”直接裁定反倾销税，而所谓“最佳可获得信息”往往就是反倾销案件申请人提供的信息，往往是对我方最不利的信息。立案后各种应对工作应同时铺开，参加应诉会，协调与其他涉案企业的协作、挑选代理律师、应诉登记等工作应同时进行。如果企业在日常经营活动中没有收集整理应诉所需的资料，则难免忙中出现纰漏，可能将整个应诉工作置于危险境地。出口企业，特别是大、中型企业，应在平时设立电子管理系统，建立固定工作制度，指派专人负责收集、整理反倾销诉讼所必需的资料，建立完善的档案制度，建立与反倾销应诉相关资料的索引目录。

第四节 反倾销调查正式立案后的应对

一、填答调查问卷应注意的事项

（一）明确调查问卷填写的重要性

在反倾销实践中，企业往往忽视问卷填写的重要性，认为各国的反倾销问卷的内容大体相同，格式性填答即可，一味地追求所谓的成本调整。以这种忽视问卷填答态度是反倾销调查中的大忌。调查问卷的填写应当根据企业的具体情况，结合发起国问卷的重点内容，按照经过反复讨论确定的应诉策略进行认真填写，从而奠定胜诉的坚实基础。

在通常情况下，反倾销调查当局接受国内产业的申请，对一起反倾销调查公告立案后，就会通过外交途径将调查问卷寄给涉案产品的出口商或生产商或商会，说明告知回答调查问卷的期限并要求按照规定寄回反倾销调查当局。

反倾销调查当局针对不同的调查对象发送不同的问卷，发送给被调查生产商、出口商（以下简称应诉方）调查问卷的内容与发送给进口商以及提出反倾销调查申请的国内生产商（以下简称为申诉方）调查问卷的内容不同。本节仅仅讨论应诉方填答调查问卷的问题。

调查问卷是各国反倾销调查当局收集证据的基本途径，是调查当局进行反倾销调查的主要手段。调查问卷设计的各项问题都是经过科学设计并具有深度用意的，分别涉及公司结构、公司会计基本制度、涉案产品性质，在国内市场、第三国市场、起诉国的具体销售情况，涉案产品生产成本构成（或生产要素）、生产流程等专业问题。调查当局非常重视调查问卷，应诉方填答调查问卷的内容是调查当局作出裁决时所依据的最重要的根据。

在反倾销应诉过程中，应诉方非常重要的义务和责任就是依据调查问卷的填写要求，按时、全部、正确、翔实地完成问卷。根据《WTO 反倾销协定》第 6.8 条的规定，如果任何一个有利害关系的当事方在合理的期限内拒绝当局使用或拒绝提供必要的资料，或严重阻碍调查，当局就可以根据“可获得的事实”作出不管是肯定的或否定的、临时的或最终的裁定。各国反倾销国内法都参照《WTO 反倾销协定》第 6.8 条进行了规定，有些国家甚至规定，如果任何一有利害关系的当事方拒绝与调查当局合作，当局可以使用“不利的可获得的事实”作出裁决。因此，如果应诉方拒绝回答调查问卷的问题，将被认为拒绝与调查当局合作，调查当局就有可能使用“不利的可获得的事实”裁定很高的反倾销税率。如果应诉方对调查问卷的回答不准确或者有遗漏或对各个调查问卷的回答相互矛盾，一旦被调查当局认定为有“欺诈”嫌疑，重则同样导致使用“不利的可利用的事实”作出裁决，轻则也将导致提供的信息和提出的抗辩不被采信，当局将使用“可获得的事实”作出裁决。所谓“可获得的事实”常常就是申诉方提供的信息，当然也是对应诉方非常不利的。

反倾销应诉不一定能取得理想的结果，但是不应诉肯定是死路一条。同样的道理，答好一份调查问卷或许不一定取得胜诉的结果，但是，一份低质量的调查问卷将肯定无疑地导致整个应诉全盘皆输。因此，成功的应诉应该从细节做起，答好调查问卷是细节工作的第一步。

调查问卷的回答是提交补充问卷、应对实地核查等反倾销后续程序推进的基础，对后续调查产生深远的影响，甚至影响到倾销是否存在、损害是否存在以及倾销与损害之间因果关系的抗辩，直至影响到案件的最终结果。调查当局发出调查问卷，应诉方回答和寄回调查问卷——预示着反倾销调查刚刚开始。如果应诉方对于问卷中的问题答非所问，或者相关问题在不同部分回答得不一致致使调查当局有所猜忌或申诉方对此提出质疑，调查当局就有可能根据自己的判断一次或者多次发出补充问卷对可疑的回答要求应诉方进行解释。如果在实地核查阶段证明对调查问卷的回答是没有根据的或者是虚假不实的，同样会导致调查当局适用“不利的可获得的事实”作出最终裁决。如果应诉方对调查问卷的回答准确，并无互相矛盾之处，所有相关回答都附有充分的证据，则补充问卷的问题将非常少，实地核查会较顺利通过。

总之，填答调查问卷实际上是应诉方应调查当局的要求提供证据材料的一种法律形式，是应诉方向调查当局提供受调查产品的销售和成本的情况，从而避免被征收反倾销税的主要途径。对于应诉方来讲，调查问卷是调查当局给予的一个重要的阐述机会，使应诉方能够向当局陈述企业和涉案产品的真实情况，陈述那些证明被指控的倾销行为实际上不存在的客观事实，等等。应诉方当然应当把握这个机会，用数据和事实证明自己不存在倾销行为，驳斥申诉方在其发起反倾销调查申请书中的指控。反倾销调查实质上是一种行政诉讼程序，国外调查当局相当于行政法主体，负有根据国内反倾销法关于程序和实体的规定，依法进行反倾销调查、公平对待申诉方和应诉方的责任。在市场经济条件下，政府过度保护国内产业，是一种有害于国内产业整体长期利益的政策。过度限制外国产品的进口，必然招致报复，还可能在 WTO 争端解决机构内受到指控，最终不得不改正。这些因素制约了反倾销调查当局，使之在行使自由裁量权、袒护国内产业时有所顾忌；为了国家、政府以及调查当局本身的利益，调查当局在某种程度上不得不尊重客观事实、尊重其本国的法律。

（二）填答调查问卷的基本原则

在明确填写调查问卷的重要性之后，填好调查问卷的原则现阐述如下，供企业和律师参考。

第一个原则是真实、诚信，不要弄虚作假。国外调查当局是非常重视诚信的，一旦国外调查当局发现应诉企业有失信行为，势必会影响应诉企业的最终应诉结果，企业应当根据日常经营活动中积累、整理的文档和资料，诚信地填答调查问卷。反倾销问卷是调查当局通过多年反倾销调查积累的经验并经过科学设计的调查问卷，其各个部分内容有其内在联系，环环相扣，内容和数据之间照应，互相印证；所填的每一项数据和内容需要真实证据的支持，而不是凭空地臆测；调查问卷要求的书面证据繁多，涉及原材料的采购、产品的生产、销售产品直至银行收款的全部过程。在核查阶段，问卷所填答的数据都需要与总账、成本账、会计资料、财务报表等相挂钩。在某一处进行不合理的调整或错误虚假填报，可能导致对多处财务文件甚至整个账套的修改，虚假填报的结果往往弄巧成拙。一旦被调查当局盯上，就容易被认定为欺诈，一切应诉的努力可能付诸东流。再者，企业需要发挥主观能动性和科学的经营规划，才能长期屹立于国际市场而不倒，而不是靠一时的小聪明和弄虚作假，这会对反倾销的应对带来巨大的风险。在应诉反倾销调查中，科学应诉的措施还是非常多的，没有必要选择如此高风险的策略。根据多位从事反倾销实务的国际和国内律师的经验，为了企业的短期利益和长期利益，“诚信、真实”是填答调查问卷的第一个重要的原则。

第二个原则是妥善处理保密问题，既不能因为保守商业机密而拒绝回答调查问卷的问题，也要防止泄密的原则。本部分所指“机密”仅限于企业的商业机密。根据一般反倾销调查问卷涉及的问题范围和深入程度，企业如果按照调查当局的要求回答全部问题之后，有关受调查产品的全部商业机密（例如，原材料及配件的供货渠道及价格，产品的销售渠道及价格。产品的制造工艺，单位产品的原材料、配件、人工、能源等生产要素消耗量，单位产品的成本、利润，等等），都将暴露在调查当局面前。在企业实际生产经营过程中，部分涉及商业机密的问题时需要层层审批，每一个层级承担着可能泄密的风险，这不仅延误了应诉时间，而且增加了保密处理的不确定性和不可预期性；有的企业由于担心泄露商业机密而不愿意回答调查问卷中涉及商业机密的问题。对此正确的处理原则是：提供调查当局索要的全部资料，同时又要按照法律规定，妥善处理机密资料，防止泄密。

根据反倾销法律规定，为调查之目的，反倾销调查当局有权力要求受调查的生产商或出口商提供包括机密信息在内所有与调查相关的信息。但是，除非获得信息提供者的特殊允许，对于机密信息或当事人在保密条件下提供的信息，调查当局不得对外披露该信息。同时，为了保证反倾销调查的透明性，机密信息提供者必须提供充足的理由从而向调查当局申请保密，并同时提供该机密信息的非机密摘要，以便各个利益相关方了解。该摘要应包括足够的细节和内容，使各当事方对机密信息的实质性内容有合理的理解。在特殊的情况下，如果提供机密信息的当事方认为该机密信息不应作出摘要，那么，该当事方必须提供一份为什么不能作出摘要的解释。

反倾销调查当局如果认为保密的理由不充分，则可以拒绝信息提供者对信息进行机密处理的要求。但是，反倾销调查当局必须书面通知信息提供者。如果出现这种情况，信息提供者可以做出收回该信息或者同意作为非机密信息提供的决定。如果信息提供者决定收回该信息，当局可能使用"可获得的最佳信息"作出裁决，这通常对于信息提供者非常不利。各当事方可以查阅、复制机密信息的非机密摘要以及不能提供非机密信息摘要的说明。代理律师可以查阅、复制非机密信息、机密信息的非机密摘要等，也可以查阅机密信息，但是，不能复制或摘抄机密信息。由于代理律师的法定保密义务，代理律师不能将查阅的机密信息透露给各当事方。由此可见，保密待遇仅仅是针对竞争对手的；对于反倾销调查当局和代理律师，提供的信息是无法保密的，否则反倾销调查工作无法正常开展。

有经验的反倾销代理律师知道哪些信息可以做机密信息处理，也知道如何提出保密的理由。同时，代理律师也会询问被调查的生产商或出口商哪些信息需要保密，并在律师的指导下做好保密处理。在实践中，反倾销当局一般在倾销问卷上会说明答卷的总要求。作为应诉方应该严格按照要求进行逐项回答；否则，有可能被当局视为信息不完整的答卷，或者因为回答不切题而被调查当局视为不合作而被使用"可获得的最佳信息"导致高倾销幅度，或者因为发起调查生产商或出口商提供的不太切题的资料而引起调查当局追问或核查其他的资料，造成不必要的麻烦。总之，问什么答什么，尽量不牵涉其他问题，以免引起可能的纠纷和麻烦。

第三个原则或者说是填写反倾销问卷的最高境界，就是通过填答调查问卷，促成调查向有利于出口商或生产商的方向转化。这是应当在填答问卷中时刻铭记的指导性原则。填答调查问卷实质上是在反倾销程序中第一次提交书面陈述或者是抗辩书，如果准确得当地进行回答就会促成反倾销调查向有利于出口商或生产商的方向转化。也就是说，通过填答调查问卷向反倾销调查当局展示数据和证据证明企业没有进行倾销行为或者没有申诉方指控的那样高的倾销幅度，也要通过填答调查问卷证明中国的出口产品没有对起诉国国内产业造成损害或不可能造成损害威胁。一切填答调查问卷的所谓原则或要求都是为实现这个目的而设定的。

其他填写问卷的一般注意事项：（1）问卷要求提供一定时期内往往是调查期间的证据材料，这种时间的要求一般因国家、案件、事项的不同，常常有所不同。（2）在规定的时间内完成答卷，并寄回反倾销当局不能超过时限，如有理由请求延期，必须事先提出延期申请并获得准许。(3) 按要求的语言文字填答或提供材料，一般是要求用调查当局的工作语言填答。(4) 在律师指导下，在反倾销发起国反倾销法允许的范围内，对一些答卷的事项进行合理的处理，从而使答卷向有利于出口商方向发展，不但不会被视为违背事实，而且还显示答卷的水平。例如，在计算成本时，可用不同分摊方法进行，并经过科学测试确定对应诉方最有利的分摊方法从而减低成本，为获得较低的最终倾销幅度创造有利条件。(5) 填答问卷的同时尽量为核查阶段的工作做准备，必须保持答卷的有关数据与生产商或出口商的总账、成本账、会计资料、财务报表等相一致。在填答问卷阶段就开始做实地核查的准备，可以保证填答数据的准确性、保证核查工作的下一步开展。

(三) 反倾销调查问卷的内容及填答注意事项

在反倾销实践中，各国反倾销调查当局针对每个案件的不同情况和调查官员关注点的不同，对调查问卷的设计各不相同。但是，各国调查问卷的基本内容都是相似的，所以现将这些具有共性的基本内容和填答时的注意事项阐述如下：

· 第一部分：受调查企业的一般情况

1. 公司本身的基本情况

调查问卷在这部分通常包括以下内容：

(1) 公司的名称、地址、电传和传真；(2) 与其他公司的从属关系和关联关系；(3) 资本及股本的构成；(4) 经营范围；(5) 产品商标名称；等等。

填写注意事项如下：

应当概述公司组织为制造厂或贸易商，是否经营内外销业务，如有子公司应列明其名称及其关系，如其本身为子公司应列明母公司或联属公司的名称及其关系。

2. 公司内部组织机构及其人员

调查问卷在这部分通常包括以下内容：

公司组织结构以及内部的决策和管理机构的产生、组成、公司雇员人数等情况，特别要说明的是公司负责人的产生程序及其与主管部门的关系是民主产生，还是上级领导任免的。

填写注意事项如下：

该项对于中国企业申请分别税率和市场经济地位至关重要，应当附上公司章程及相关文件证明之。

3. 公司财务会计状况

调查问卷在这部分通常包括以下内容：

(1) 提供所要求的会计年度（一般是自申诉之日起算上一个至三个会计年度）的公司内部财务报表或报告；(2) 提供审计部门对其上述报表或报告进行

审计的结果。

填写注意事项如下：

注明会计年度，提供所要求的会计年度财务报表，包括资产负债表及损益表，等等。

4. 公司产品情况

调查问卷在这部分通常包括以下内容：

提供公司生产的有关产品的制造情况，提供产品种类、型号、内部使用的代码、产品目录及说明书等资料。

填写注意事项如下：

详述在国内销售的产品、销往第三国的产品与销往起诉国的产品规格相同及不同之处，提供相应的目录及说明书。

5. 产品销售情况

调查问卷通常包括以下内容：

(1) 产品在起诉国的销售系统，销售程序环节；(2) 被调查期间在起诉国所有客户的名称、地址及公司之间的关系；(3) 出口方式（是直接出口还是经第三国家或地区转口）以及直接出口和转口各种方式所占的比例；(4) 产品价格的优惠对象及幅度。

填写注意事项如下：

说明内销和外销的销售网络，概述决定销售条件的理由以及销售不同层次顾客（如批发商、零售商以及装配商）价格决定的因素；列明在调查期间销往国内、第三国及起诉国的涉案产品数量及金额；提供规定的价格表、折扣及回扣表。

·第二部分：国内市场和第三国市场的销售情况

1. 国内市场和第三国市场销售对象

调查问卷在这部分通常包括以下内容：提供客户情况，包括独立客户和有关联的客户。

2. 销售情况

调查问卷在这部分通常包括以下内容：(1) 列明在国内市场销售的批发和零售具体价格；(2) 出口到第三国市场 FOB 或 CIF 等价格条件下的具体价格。

3. 销售费用

调查问卷在这部分通常包括以下内容：(1) 列明陆、海、空运输费用；(2) 保险费用；(3) 包装费用；(4) 其他有关费用。

4. 销售条件费用

调查问卷在这部分通常包括以下内容：(1) 说明技术转让或服务费用；(2) 售后服务费用；(3) 与销售有关的信贷费用；(4) 产品担保和责任赔偿费用；(5) 广

告和其他促销费用；(6) 仓储费用；(7) 其他有关的费用。

5. 价格减让和佣金、回扣

调查问卷在这部分通常包括以下内容：价格减让的情况以及用途和回扣发生的金额和幅度以及这样做所依据的理由和条件。

6. 税收

调查问卷在这部分通常包括以下内容：列举为产品销售支付的所有税金以及减免情况。

7. 补贴

调查问卷在这部分通常包括以下内容：说明有关部门对产品销售提供的补贴及所依据的理由。

8. 销售付款事项

调查问卷在这部分通常包括以下内容：说明产品买方的付款方式和付款期限。

9. 相似产品的差别情况

调查问卷在这部分通常包括以下内容：(1) 要求将在国内市场或第三国市场所销售的产品与出口到起诉国产品差别作出说明；(2) 详细提供由上述造成的销售条件、销售价格的差别及差别幅度。

10. 其他相关情况

调查问卷在这部分通常包括以下内容：(1) 除出口补贴外的政府资助；(2) 对第三方的支付；(3) 租赁行为；(4) 借款和租赁担保；(5) 产品的寄售情况；等等。

问卷第二部分的填写注意事项如下：

第二部分的内容在计算发起调查产品的正常价值时用作价格调整。因此，详细填答并根据填答结果模拟测算正常价值，并与第三部分测算的出口价格作比较，模拟测算倾销幅度，是填答调查问卷时非常必要的工作。据此可以寻求改变计算方法，降低倾销幅度，作为今后提出抗辩的内容之一。这也将使企业对自己是否倾销以及倾销幅度的大小心中有底，检查和核对调查当局计算的倾销幅度。

各种可能发生的调整项目如下：

(1) 有关费用的调整：根据销售条件，计算每一单位产品应负担的费用，包括但不限于下列各项：内陆运费、保险费、佣金、包装费等。

(2) 数量性的调整：由于销售时的折扣政策而需要进行的调整；说明公司的折扣政策，注明数量折扣或非数量折扣，并应附折扣表。

(3) 产品差异性调整：由于国内销售或向第三国销售的产品与销往起诉国的产品在规格、性能等方面差异而需要进行的调整；说明比较产品的不同之处，需要调整的项目、数额及其调整理由。

(4) 销售环境差异性调整：由于国内销售或向第三国销售的销售环境与销往起

诉国的环境的差异而需要进行的调整；包括但不限于下列各项：利息费用、技术服务费、销售佣金、售后服务保证费、权利金、广告费、仓储费等。

（5）其他必要的调整：如果有上列各项调整以外的其他调整减除项目，也可注明分摊基础，并予以调整减除。

·第三部分：向发起国销售情况

1. 发起调查产品在起诉国的销售笔数

调查问卷在这部分通常包括以下内容：要求按时间先后将所有销售的笔数一一列明。

2. 销售价格情况

调查问卷在这部分通常包括以下内容：列明出口到起诉国的价格及具体的价格条件（例如，FOB 条件下的价格还是 CIF 条件下的价格）。

3. 出口费用

调查问卷在这部分通常包括以下内容：提供为了出口而支付的各种费用，主要有但不限于下列各项：（1）进口国以外海陆空运输费用；（2）从进口国港口到第一个买方的运输费用；（3）运输保险费用；（4）在进口国的佣金和回扣；（5）港口费、装船费、仓储费和有关手续费；（6）进口税及减免情况。

4. 销售条件费用

调查问卷在这部分通常包括以下内容：（1）技术服务或技术转让费用；（2）贷款费用；（3）售后服务费用；（4）产品责任费用及其担保费用；（5）广告和其他促销费用；（6）其他有关费用。

5. 出口后再加工或再销售费用

调查问卷在这部分通常包括以下内容：列出产品出口后再销售给独立买主所发生的费用，以及在这一销售前进行加工所发生的费用。

6. 出口产品的付款情况

调查问卷在这部分通常包括以下内容：说明进口商或买方的付款方式及期限。

7. 其他有关事项的情况

调查问卷在这部分通常包括以下内容：（1）向由特许权使用费、商业秘密许可等产生的第三方付款；（2）租赁交易及担保情况；（3）所获得的各种资助。

调查问卷第三部分的填写注意事项如下：

第三部分的内容在计算发起调查产品的出口价格时用作价格调整。因此，详细填答并根据填答结果模拟测算出口价格（一般是出厂价格），并与第二部分测算的正常价值作比较，模拟测算倾销幅度，是填答调查问卷时非常必要的工作。据此可以寻求改变计算方法，降低倾销幅度，作为今后提出抗辩的内容之一。这也将使企业对自己是否倾销以及倾销幅度的大小心中有底，检查和核对调查当局计算的倾销。

·第四部分：生产成本和生产流程

1. 生产发起调查产品所需的各生产要素

调查问卷在这部分通常包括以下内容：(1) 全部原材料名称、数量、价格及来源；(2) 所需的人员及工时总数；(3) 所耗的各种能源及其数量；(4) 直接生产所用的机器设备及其折旧；(5) 日常开支项目及数量；(6) 其他可计入产品生产成本的费用。

2. 产品生产工序

调查问卷在这部分通常包括以下内容：(1) 说明生产所涉及产品每一阶段的生产程序和生产步骤；(2) 生产线数目；(3) 生产能力及其利用率。

3. 产品情况

调查问卷在这部分通常包括以下内容：(1) 所涉产品及其相似产品的代号、型号及其总产量；(2) 所涉生产厂家的其他生产产品的一般情况。

4. 产品包装情况

调查问卷在这部分通常包括以下内容：产品包装所用的原材料，使用工艺及所需的其他成本。

上述问卷内容只是国外反倾销调查当局在正式立案后向涉案企业发放的常规调查问卷的基础性内容。但是，在调查过程中，调查当局在收到涉案企业问卷后，可以根据案件的需要，对出口商提交的模糊地方或者自相矛盾的地方发出补充问卷。

补充调查问卷的内容应该比第一次调查问卷的内容更加具有针对性，更加具体，所以应诉企业对补充调查问卷的回答须更加重视，不能掉以轻心。

二、实地核查的应对

实地核查大多在调查问卷和补充问卷回答完毕后，在初步裁决之前进行。

少数国家是在初步裁决发布之后、最终裁决之前进行。实地核查的主要目的是证实填答调查问卷时提供的资料或者获取更详细的情况。

实地核查是《WTO 反倾销协定》规定的调查程序之一，该条款规定：“为了核实提供的资料或者为了进一步获得更详细的资料，如果得到有关公司的同意，并通知了该成员方政府的代表，当局可以根据需要，在其他成员方领域内进行调查，除非该成员方反对这一调查。附录I中规定的程序应当适用于在出口成员方领域内进行的调查。在保护机密信息的前提下，当局应当使现场调查的结果可供各当事方利用，或者根据第6.9条的规定向有关公司披露现场调查的结果，并可以使该调查的结果可供申请人利用。”

《WTO 反倾销协定》附录I规定的实地核查程序主要有：

1. 调查开始前，应当将进行实地核查的意图通知出口成员方当局和已知的有关的公司；

2. 在最终确定核查日程之前，应当获得出口成员方的有关公司的明确同意；

3. 一旦得到有关公司的同意，调查当局应当立即将被核查公司的名称、地址和一致同意的调查日期通知出口成员方当局；

4. 在核查访问之前，应当预先通知要访问的公司，并给他们留出充分的准备时间；

5. 对于出口成员方当局或公司提出的并且对成功地进行实地核查重要的询问或问题，只要有可能，调查当局应当在进行调查访问之前给予答复；

6. 在实地核查之前，通告有关公司待核查内容的一般性质及需要进一步提供的信息；但这并不排除调查人员根据已获得的信息，在现场要求提供进一步的详细的资料。

各国的反倾销法根据《WTO 反倾销协定》规定了实地核查程序。在实际应对实地核查时，应注意以下几点：

1. 调查当局在实地核查开始的一周或两周前给应诉企业发送的核查大纲会列出要核查的主要项目内容，企业应当在代理律师的指导下按照核查大纲做好充分准备。这种准备工作包括：

（1）代理律师应当提前一定时间到企业全面检查应对核查的资料，核对钩稽数据，发现调查问卷中出现的问题并发现潜在的问题，及时纠正错误，做好核查预案的工作。

（2）按照核查大纲和积累的核查经验，准备好填答调查问卷内容的资料及其支撑材料，往上追溯到总分类账和财务报表，往下追溯到各部门、各生产车间的报表以及所有出口数据和出口文件等。

（3）在核查之前，在代理律师组织下，应诉企业各个部门主要负责人员举行一次核查预备会议，根据案情的最新进展，预测核查的重点和方向，向负责人演示核查程序，预测核查人员可能询问的问题，准备我方的回答，制订充分的核查应对方案，并准备紧急事项处理方案。将回答询问的人员进行分工，答卷负责人负责回答与填答调查问卷有关的问题，各有关部门、各车间人员作为辅助人员要对本部门（车间）提供的材料心中有数，回答核查人员对细节问题的询问。证明（支撑）材料的原件应有专人保管，分门别类保存，不能与其他材料相混。

（4）准备计算器、复印机等核查需要的工具。证据和材料的原始记录通过某种计算机程序以电子数据形式存在，应保证上述计算机程序能够正常运转，并且该电子数据可复制、打印。所有的资料都要翻译成调查当局的工作语言。

（5）至少准备 2 套支持答卷和补充答卷中所提供信息的所有证据和材料证明、

计算依据，以备调查官员分别查阅。

（6）在核查进行中，与核查有关的全部人员应当在岗位上，以备随时调阅有关证据。

2. 实地核查的时间极短，一般只有一周左右，而有待核查的数据成千上万，因此，充分准备，备有预案，特别是应对不顺利情况的预案，随时准备回答核查人员的提问，特别重要。

3. 在实地核查中，核查人员一般不接受应诉企业提交的任何新的资料，但是，下列情况例外：对已经提交的资料作细微的修正；对已经提交的资料起证明或澄清作用的资料；调查当局以前没有要求提交而在实地核查之前或实地核查中要求提交的资料。如果应诉企业试图修改已经提交的资料，最好在调查一开始就提交给核查人员一份资料修正清单，并附上详细的支撑和证明材料。

4. 核查官员相当于中立的裁判者，应诉企业和代理律师应当与核查官员保持正常的交往距离，既不能太冷淡也不能表现得太密切，应当根据核查官员的态度和性格决定交往的亲密程度，为核查的顺利进行创造良好的氛围。在核查进行中，积极配合核查的工作关系，提供核查官员要求提供的资料，不相关的资料不需提供。

实地核查人员既不是应诉企业的敌人，也不是应诉企业的朋友。对他们有时表现出的严厉、生硬以及个别核查人员偶然出现的蛮不讲理，都应当理性处理，切忌急躁。对他们提出的刁钻问题，不回避，不遮掩，有问必答，百问不厌。应当明确核查官员的职责是核实应诉企业填答调查问卷内容的准确性。在核实之前，他们对填答内容和答卷中出现的可疑错误报怀疑态度是可以理解的。如果核查官员对于一个问题有误解，应诉企业和代理律师应当与之积极沟通。如果确有错误，应当积极补救。如果错误比较小，加上应诉企业的积极配合，是完全有可能得到补救的。

三、参加听证会应注意的事项

作为反倾销调查程序的重要组成部分，听证会是保证反倾销调查程序上和实体上公正性的重要保障措施。听证会的重要性在于，它在法律制度上保证为案件各个利益相关方提供了面对面交流的一个机会，使利益相关方能够直接向调查当局陈述自己对调查中涉及的关键性问题的看法，使利益相关方能够支持和反驳其他利益相关方的观点，支持或者反驳其他利益相关方提供的证据。对于调查当局来说，听证会是一次直接面对案件利益相关方的机会，能够对各方的观点和抗辩进行更直观的评估和判断。对于应诉方来说，在应诉的初期通过填答调查问卷、应对实地核查的方式，应诉方只能按调查当局的要求，被动地提供调查当局需要的信息和材料，没有机会向调查当局陈述对案件关键性问题的全面看法，阐述自己的观点并反驳申诉方的观点，更没有机会向调查当局提供对本案的全面认识。积极参加听证会阐述自己的观点是利益相关方的法定权利，放弃参加听证会就等于放弃了一个重要的抗辩机会。虽然除了听证会之外，应诉方拥有其他机会阐明自己的观点，伸张自己的权利。例如，以书面的形式对申诉方的指控提出抗辩，针对申诉方的未经证实的证据提出反驳，但是应诉方不能面对面地与调查当局交流，无法保证这些书面材料被哪一个或哪几个调查官员审阅和分析。在听证会上则可以直接与调查当局的官员交流，至少保证调查当局的官员能知道自己的观点。因此中国企业及其代理应当重视听证会，为听证会做好充足的准备，使应诉方对调查案件的看法在调查官员的脑海中留下完整和清晰的印象。

举行听证会的 WTO 规则依据是《WTO 反倾销协定》第 6.2 条的规定，该条款的条文如下：

“在整个反倾销调查期间，所有有利害关系的当事人应有充分的机会为其利益进行辩护。为了达到这一目的，如有请求，当局应当为所有有利害关系的当事人提供与其有相反利益的当事人会见的机会，以便让不同的观点得到陈述，并为双方提供辩驳的机会。在提供这样的机会时，必须考虑保护机密的需要和方便有关当事人。任何一当事方都没有必须参加会见的义务，不得因当事人不参加会见而对其案件处理产生偏见。有利害关系的当事人也应有权在有正当理由时，以口头方式陈述其他有关信息。”

虽然各国反倾销法对于反倾销调查听证会的规定不尽相同，但是，比较通行的听证程序如下：

1. 预先通知程序：调查当局在反倾销法规定的召开听证会的时限内召开，并在召开听证会前的法定时间内发出公告，通知利益相关方报名参加，并通知利益相关方有关本次听证会的主题及其他要求；

2. 申请参加程序：在收到召开听证会的通知后，在公告规定的时限内，希望参加听证会的利益相关方向调查当局提出参加听证会的申请，包括议题和参加人数，过期将被视为放弃参加本次听证会；如果有充分理由不能按期参加听证会又不愿意放弃参加听证会，应当及早以书面的方式提出延期申请，由当局决定是否延期举行听证会；

3. 提前提交议题规则：调查当局通常会要求各当事方提交议题清单，以便安排听证会议程，各当事方在听证会上的发言原则上不超过议题内容，以便提高听证会的效率并控制时间；

4. 保密规则：如果当事方认为在听证会中进行的陈述将涉及其商业秘密，则可以将秘密和非秘密部分分离，向当局提出申请，要求举行禁止对方参加的秘密听证会；

5. 调查当局在听证会上可以就案件的有关情况向有关当事方提问，但是，当局没有义务回答各当事方提出的与案件调查有关的问题；

6. 听证会使用的工作语言是当局的官方语言，当局一般不为当事方配备翻译，因此，应诉企业如果亲自参加听证会，通常由国外的代理律师陪同参加，以便了解听证会最新情况；

7. 当事方通常会向调查当局提交听证会后的书面陈述——在听证会上口头提供的情况，如果是以前没有向调查当局提供的，并且希望调查当局在作出裁定时予以考虑，则必须在事后以书面形式提交，否则，当局一般不会予以考虑，这些以书面形式补充提交的材料，如同以前向当局提交的任何信息一样，当局将按法律规定向其他有利害关系的当事人提供（秘密信息则按有关秘密信息的规定处理）；

8. 非强制性原则：任何一当事方没有参加听证会的义务，调查当局不得因当事人不参加听证会而对其案件处理产生偏见。

虽然上述通行的听证会规则具有一些共性，但是各国反倾销法和相关条例对听证会细节的规定差别很大，各国不同调查部门举行的听证会的重要性也不尽相同。因此，中国企业应当研究反倾销调查发起国听证会制度的特点，有针对性地准备参加听证会的发言。例如，很多发展中国家，如印度尼西亚、土耳其等国召开听证会的次数比较少，一个案件通常只召开一次听证会，听证会通常是一天的时间，利益相关方及其代理律师利用听证会阐述对于倾销和损害认定问题。而美国在一个反倾销案件调查进行期间至少要举行三次听证会：第一次听证会组织的主体是美国国际贸易委员会，举行期限是公告发起反倾销调查之后四十五天内，主题是发起调查产品是否对美国国内产业造成损害或损害威胁。第二次听证会组织的主体是美国商务部，举行的期限是美国商务部初步裁决七十五天之后。听证会主要议题是是否存在倾销以及倾销幅度的大小。申诉方和应诉方及其代理律师代表陈述关于确定出口价格、正常价值、倾销幅度、替代国家价格的方法并质询相关的证据。第三次听证会组织的主体是美国国际贸易委员会，举行的期限是在商务部裁定存在倾销并公布最终倾销幅度四十五天内举行。会议主题是申诉方和应诉方以及美国进口商、其他利益相关方（下游生产商等）再次就发起调查产品是否对美国国内工业造成损害或实质性损害威胁以及倾销和损害之间的因果关系陈述各自的观点。由于牵涉机密信息，在任何一次听证会之后，各当事方都可以要求举行秘密听证会。对于应诉美国发起的反倾销调查，根据长期应诉美国反倾销调查的经验，各当事方在商务部听证会上的发言对商务部的影响力与在国际贸易委员会听证会上的发言对于国际贸易委员会的影响力是不相同的。商务部听证会举行时，商务部的调查组一般已经作出有关倾销和倾销幅度的决定，除非出现当事方引起商务部调查组注意到某项已经出现在调查问卷中而被调查组忽视的信息等特殊情况，当事方的发言对商务部只有很有限的影响力，甚至毫无影响。有的美国律师甚至认为，是否参加商务部听证会是无关紧要的事。但是，我们认为，由于中国应诉企业还需要在商务部听证会上陈述对市场经济地位、“替代国”选择问题的意见，因此，中国应诉企业还是有必要参加商务部听证会的。与商务部听证会截然不同的是，中国出口商和生产商在国际贸易委员会上的证词可以对损害裁决胜负与否的结果产生影响。在听证会上，国际贸易委员会委员到庭听取国内产业和应诉方的辩论。届时，委员们对实质损害威胁问题特别关注。该委员会的委员们必须确定中国的进口是否正在对美国工业造成实质性损害或者在不久的将来对美国工业造成实质性损害威胁。他们的部分决定取决于中国生产商或出口商在听证会上所表现出的意图。国际贸易委员会的决策程序不同于商务部。该委员会由六名委员组成，以投票方式决定损害以及损害与倾销之间因果关系是否存在，反对票占多数时反对才成立，否则视为通过。这种决策程序也有利于中国应诉企业。中国在应对美国反倾销调查中获得全胜的案件基本上都是在国际贸易委员会获得无损害裁决而胜诉的。但是，在某些案件中，中国应诉企业参加了商务部的听证会，而放弃参加国际贸易委员会的听证会。如果中国出口商和生产商没有出现在听证会上，对国际贸易委员会委员来说，这种行动本身就是一种实质性损害威胁。

对于企业而言，如何利用听证会维护自己的正当合法权益是一个非常重要的问题：

1. 为听证会做准备的最重要工作是分配和确定发言的内容和重点。应诉的生产商、出口商、进口商、下游用户等应当形成联盟，根据既定的听证会策略，共同准备和协调在听证会上的发言。根据各自的分工不同，应诉方各企业之间、应诉方与进口商、下游用户之间，应当有各自发言的重点。依据各方在应诉中的角色和利益的不同，分配各方的发言重点，调整发言顺序，使各方的发言连贯形成有逻辑的结构，力争应诉方的发言在案件关键问题上给调查当局官员呈现清晰的架构，使官员们对应诉方的意见产生足够的重视。

2. 代理律师在听证会召开前必须进行预案的准备工作和预演。听证会对各当事方发言的时间是有限制的，为了能够有更好的发言效果，代理律师应指导发言者在听证会前练习念发言稿，并指导提醒发言的重点。在进行预演时，发言者应根据代理律师预测，对调查当局官员可能提出的问题做好回答的准备，对应对突发情况提出具体的应对策略。代理律师必须根据案件发展的最新态势和呈现的特点，对每一个发言人进行通盘考察，帮助发言人精心准备发言。

3. 重视和发挥进口商、下游用户以及其他与应诉方有相同利益的当事方（例如，销售商、消费者团体等）在听证会上的作用：通过听证会的准备，联系走访进口商、下游用户，一起分析案件的背景并关注最新进展，针对应诉面临的现状提出共同应对的建议。中国企业可以在中国使馆人员的帮助下，走访反倾销发起国的调查当局及相关单位，以便增进双方的理解。同时，代理律师可以抓紧时间进一步修改和完善与听证会有关的材料。反倾销调查发起国的当事方可以从当事国的利益出发，陈述无损害的抗辩意见。他们的立场和发言会引起调查当局官员的一定重视，从而衡量征收反倾销税的利和弊。如果有可能促使申诉方撤诉或者有可能以价格承诺协议结案，还应当在听证会召开前挑选合适的时机拜访申诉方厂商、商会及其律师，增进了解，消除他们对中国产品大规模倾销的疑虑，表达和解的愿望。

4. 根据案件最新进展，酌情使用请求延期的权利。如果发现对方有和解的愿望，需要时间争取，我们可以提出延期召开听证会。或者由于案情出现重大变化，我方对听证会相关情况的准备不充分，我方可以要求调查当局延期举行听证会。

综上，听证会是一个维护应诉方权益的法定机会。参加反倾销应诉的中国企业一定要重视这个机会，通过听证会程序进一步争取自己的合法权益，变被动为主动。但这些都离不开前述的前提条件，即熟悉调查国有关程序法的规定，促使调查当局采取公正的态度，使之在一定范围和程度上采纳我方的观点。

四、充分利用复审程序

在反倾销调查终裁发布后反倾销调查结束，但这并不意味着中国应诉企业只能消极地被征收五年反倾销税。复审制度为应诉企业提供了救济法律制度，是反倾销调查当局对已经发生法律效力的反倾销措施依法进行重新审查的程序型活动。在反倾销税有效期间内，反倾销法一般规定了三种复审程序，分别是：行政复审、日落复审、新出口商复审。

（一）行政复审

反倾销措施的直接目的是抵消倾销对国内产业的损害。因此，在征收反倾销税之后一段时间，应根据市场情况的变化，对反倾销措施是否能够继续实施以及实施的范围和程度进行审查。行政复审每年进行一次，直至反倾销税令被撤销为止。

1. 行政复审的发起

行政复审制度以美国、加拿大为代表。行政复审，对于进口商是极为重要的事，关系着一年的出口。而对于生产商来讲，参加行政复审是义务也是责任，对于出口有重要利益在其中。如果生产商和进口商积极参加行政复审，则一年的出口就有一定保障。如果生产商和进口商不参加行政复审，就会把自己的贸易伙伴置于非常不利的地位。行政复审一般依据申请启动，利益相关方须提交书面申请启动年度复审。申请启动行政复审必须根据法定的时间进行，即在反倾销税令公布后的每一个周年月期间，也就是反倾销税令发布所在的日历月。申请启动行政复审的主体是受调查产品的同类产品的国内产业生产商和被征收反倾销税的应诉出口商或者生产商。

2. 行政复审的开展

行政复审的主要工作是根据最新市场的情况对正常价值、出口价格、倾销幅度、现金保证金的百分比作出最新的估算和判断，并得出最终应交纳的反倾销税额。行政复审的程序与反倾销原审调查中的若干基本程序，如调查问卷的寄送、对调查问卷的回复、事实信息的提交、保密处理等都很类似。行政复审程序中所涉及的实体标准与反倾销的原审调查也非常近似，但行政复审有以下两方面特点。（1）范围限制：仅对申请书中列明的出口商或生产商进行复审。（2）期限特点：对于第一次行政复审，复审期间为从暂停清关或中止调查到第一个周年月之前的最后一天；对于随后的行政复审，其复审期间为最近的周年月之前的十二个月。

美国采用追溯征税体制，因此，在每次行政复审前，进口商只需交纳保证金。行政复审结束后美国商务部根据复审结果确定最终反倾销税率，根据多退少补的原则对之前被调查产品的进口征收反倾销税。因此，被征收反倾销税的出口商或生产商参加年度复审既是为了进口商的利益，也是为了出口商自身的利益。

第一，行政复审是被征收反倾销税后涉案产品继续进入进口国市场的救济途径。被征收反倾销税不一定意味着应诉企业将失去全部市场，反倾销税命令公布的反倾销税率是根据原审调查期间的倾销幅度裁定的。生产商或出口商可以在代理律师的指导下采取合理的方法，力争在下一轮的行政复审时取得较低的倾销幅度，从而获得较低的实际征收税率。根据多年应诉美国反倾销的经验，经过科学的规划和测算，可以通过两次到三次行政复审把倾销幅度降到应诉企业可以接受的程度。

第二，参加每年的行政复审是为参加日落复审作准备。中国企业容易产生的误区是，在被征收较高的反倾销税后，容易走向另外一个极端，将全面退出进口国市场。这个误区会导致战略上的失误。就算反倾销税率再高，也应当对该市场继续少量地出口，为五年之后的日落复审作准备。如果参加年度复审，进口国国内产业在反倾销税命令五年期满时申请进行日落复审时，将会有充足的数据证明企业没有倾销行为，很难证明倾销、损害或损害威胁还存在。如果不参加行政复审，那么在日落复审中证明如果取消反倾销税，倾销将重新发生，从而证明损害威胁仍然存在，以此要求将反倾销税命令延期五年的证据可能不充足。因此，为了贸易伙伴和企业自身的利益，出口商应当利用年度复审达到减轻和消除反倾销税命令的危害，既为当下争取了直接利益，也为维护长远利益做好充分的准备。出口商应当像应对原审调查一样，应对每年的年度复审。根据经验，年度复审所花费的时间和精力往往比原审少，应诉难度相对小一些，但是取得的效果往往比原审好。

（二）日落复审

日落复审指的是在对产品征收反倾销税五年即将期满进行的复审，将决定征收反倾销税令是否继续生效，还是终止。在通常情况下，反倾销调查当局在不晚于五年之时必须决定如果一项反倾销令被取消或中止协议被终止，倾销是否可能继续或再度发生，损害是否会继续或再度发生。如果反倾销调查当局作出肯定的裁定，则反倾销税继续征收。反之，则反倾销税被取消。

1. 日落复审的发起

一项反倾销措施到期前，调查当局在法定期限内决定是否进行日落复审。日落复审是《欧盟反倾销法》首先规定的，因此现以欧盟日落复审制度为例进行说明。首先，欧委会应当在反倾销措施期限最后一年的时候于欧盟官方公报上公布一项反倾销措施即将到期的通知。其次，欧委会有权依照自身的职权或者应欧盟产业的请求启动日落复审，提出请求的时间不迟于五年期限结束前三个月的时候。最后，如果启动复审的请求有充分证据表明终止反倾销措施可能导致倾销和损害的继续存在或者重新发生，则日落复审程序立即开启。如果欧委会没有收到复审请求，且欧委会自身认为没有发起日落复审的必要性，则反倾销措施到期后自动终止。

2. 日落复审的开展

日落复审是针对全体出口国涉案产业，并不是针对个别出口商的，因为反倾销税的征收对象是出口国涉案产业的全体生产商或出口商。因此，涉案的全体生产商或出口商都应当参加日落复审。如果只有个别涉案企业参加日落复审，那么调查当局可能以“参加复审的企业不具有代表性”为借口，裁定反倾销税命令继续有效。因此，日落复审的应诉费用通常由涉案产业进行分担。

单一涉案企业在日落复审倾销调查期间内有出口的才有参与日落复审的资格，否则，很难向调查当局提供证据证明倾销、损害或损害威胁已经不存在。参加年度复审会为参加日落复审创造最有利的条件。日落复审通常在发起日落复审之日起十二个月内完成，但如果调查当局认为案件的情况特别复杂，则可以延期完成复审，延期的时限因为各国反倾销法律规定的不同而不同，欧盟日落复审不超过十五个月。

日落复审期间，反倾销措施仍然有效。需要注意的是，有些国家，如欧盟，日落复审的结果只能是撤销或者继续实施措施，除非同时还启动了期中复审，日落复审不能变更原措施。但是，有些国家，如印度，日落复审的结果可以变更原先的反倾销措施，改变反倾销税率。因此，企业需要根据应诉国家日落复审制度确定日落复审应诉的策略。

（三）新出口商复审

新出口商是指在反倾销调查期间未出口被调查产品，且与在调查期间出口被调查产品的出口商或生产商无关联关系的出口商或生产商。由新出口商提起的复审称为新出口商复审。对于经复审后认定的新出口商，反倾销调查当局将为该新出口商确定是否存在倾销以及单独的倾销幅度。新出口商复审的基本程序与行政复审的程序一样，两者的区别主要体现为对复审各个步骤的时间限制上的不同，另外，新出口商复审只审查新出口商的倾销幅度，而不涉及国内产业的损害情况。

欧盟对于新出口商的认定有具体的规定，出口商必须满足以下条件：（1）在最初调查期间未向欧盟出口涉案产品；（2）在调查期过后开始向欧盟出口；（3）与适用反倾销措施的任何出口商或出口生产商无任何关联关系。复审后，一般根据其个案倾销幅度采取个案措施或者不采取任何措施。新出口商复审应当在九个月内完成调查。

新出口商复审的优势在于，一旦决定正式立案，则在立案后到正式裁决前，对新出口商不征收关税，但主管机构可以要求提供保证金；而且根据复审结果，该新出口商有可能被赋予单独的低税率。

新出口商复审一旦启动，其后的主要程序与原审调查基本相同，但复审调查必须在启动调查后一年左右结束。对于符合新出口商资格的出口商或者生产商，应当尽早申请新出口商复审，如果符合新出口商的认定条件，则至少获得与终裁中应诉生产商相同的待遇，开启了获得理想结果的第一步。

五、善用司法审查程序

根据《WTO 反倾销协议》的要求，发起反倾销调查的国家对行政机构的贸易救济提供司法审查，发达国家均有较为完善的贸易救济司法审查机制，如果企业发现调查当局的裁决存在法律上或程序上的错误，或有不公正的做法，则可在调查发起国提起行政复议和/或司法诉讼，请求改变或撤销原裁决或决定。

司法复审程序本质上是行政诉讼中的上诉程序。反倾销调查是政府机关的行政行为，司法审查是司法机关的执法行为。各国反倾销法律一般也规定由独立于反倾销调查机构的司法机构对反倾销调查结论进行司法审查。例如，在美国，由美国商务部负责确定倾销幅度，由美国国际贸易委员会负责损害调查，由美国国际贸易法庭负责反倾销案件的司法审查。另外，欧盟的反倾销事务由欧盟委员会第一关税司具体负责确定倾销和损害调查，由欧盟部长理事会负责作出最终裁决，由设在卢森堡的欧盟初审法院负责反倾销案件的司法审查。对于不服从欧盟委员会和部长理事会裁决的生产商或出口商来说，欧盟初审法院相当于上诉法院。

发起调查生产商或出口商以及进口商通过司法复审推翻调查当局的裁决，其间困难重重，胜诉与否也根据不同国家的实践倾向而不同。但是，司法复审也是一种挑战调查当局裁决的有效救济方式。当调查当局的行为和裁决严重违反其本国的反倾销法，严重背离事实时，可以考虑使用司法复审这一救济手段。

作为中国企业，首先应当了解调查发起国司法审查程序为案件当事人提供哪些种类的程序性保障，还要了解发起国受理司法审查的法院在反倾销领域所作出的判决等内容的发展变化，从中了解法院在类似情形下的倾向或者态度。这样在司法审查程序中才能适时有针对性地提出抗辩，从而最大限度保护自己的权益。另外，还应当注意：

1. 美国、欧盟等国家的反倾销法规定不能对关于“非市场经济国家”这样的裁定提出司法复审。除非反倾销调查当局主动作出变更，中国企业就将一直遭受歧视性的反倾销调查。

2. 除非非最终性决定具有重大影响，《WTO 反倾销协定》以及各国反倾销法都禁止对调查当局的非最终性决定（例如，临时措施）提起司法复审。上述规定主要出于以下原因：在反倾销调查过程中，申诉方与应诉方处于对立状态，一方面是当非法行为影响了申诉方的经济活动，申诉方有寻求救济的权利；另一方面如果允许对调查当局调查过程中，甚至采取任何具体措施之前的每一个步骤，不管那个步骤多么小，启动司法复审程序，那么，调查当局就有被骚扰或司法资源被浪费的可能。

六、如何聘请律师

选聘律师的基本原则和基本条件应当遵循原外经贸部在 1995 年经贸法 380 号文《关于在出口反倾销案件中聘用律师的暂行规定》中的规定，在应对外国反倾销调查中聘用律师应本着公开透明、公平竞争、充分比较、慎重选择的原则进行，受聘律师应符合以下基本条件：

1. 熟悉中国经济体制特别是对外贸易体制；
2. 擅长反倾销诉讼业务并具备一定的经验；
3. 信誉良好，收费合理；
4. 在立案之前五年内或立案调查之时未代理过起诉国生产商对我国出口产品进行反倾销诉讼。

中国企业应诉外国的反倾销调查时，需要聘请国内律师。此外，即使外国律师事务所有华人律师，聘请国内律师也更有助于维护自己的合法权益。国内律师在这方面起到的主要作用是负责企业应诉前的准备工作。对聘请的国内律师的要求是不仅要熟悉反倾销法律业务，而且要精通法律外语，这是因为：（1）在应诉反倾销答卷时，涉案企业通常要对我国出口企业的法律机制、日常经营中各类活动的法律性质等问题进行详细的阐述，而中国律师可以根据中国法律法规，对我国企业市场化运作及其机制进行解释，从而可以有力地证明我国出口企业市场机制的法律地位，这比单独聘请外国律师做这些工作更有优势。（2）由于准备反倾销答卷的外文法律文件很多，而企业内部人员准备的材料往往是中文的非法律语言，因此通过中、外方律师一起来准备应答材料，不仅能提高效率，还能在法律语言上有更强的准确性和连贯性，对于顺利完成应诉工作是有很大帮助的。至于考察和选聘的方法，除了前面讨论的各点之外，还要求律师有较高的外文水平。

应诉外国反倾销调查，建议一定要聘请进口国（反倾销调查发起国）的律师，这主要是因为：(1) 出于国家主权原则的考虑，在任何一个国家的法庭上一般只允许获得本国执业律师资格的本国公民为诉讼当事人辩护，因此，在进行反倾销诉讼中，代理律师只能是发起反倾销调查国家的律师。(2) 反倾销调查是行政诉讼，由进口国调查当局作裁决，适用的是进口国的法律，遵循的是进口国反倾销调查当局的习惯做法。这些是进口国的律师精通的。(3) 进口国律师熟悉本国的政治、经济形势，有调查研究本国进口商、下游生产商、销售商、申诉方企业的有利条件，能够在损害等问题上为中国应诉企业作有利抗辩。

前面有关聘请律师的讨论均适用于聘请外国律师。但是，聘请外国律师有其特殊性。首先，由于中国企业不熟悉外国的律师事务所，需要在商务部或行业协会的帮助下选择。行业协会通过多年的组织工作，和一些信誉好、责任心强、反倾销经验丰富的律师建立了联系。商务部也会推荐一些国外律师事务所。因此，企业可以通过行业协会的介绍、推荐去选择国外律师。其次，对选聘的外国律师，还要增加以下各点的考察：(1) 对中国的政治态度；(2) 对中国的经济体制、相关经济法律有较为全面的了解；(3) 代理过针对中国或其他“非市场经济国家”反倾销案件；(4) 与其本国反倾销当局的关系如何，与政府的联系是否紧密。最后，选择对中外国情和法律熟知的华人律师。在聘请外国律师的同时，最好选择有中国律师工作的外国律师事务所。这样的律师事务所不但非常熟悉该国的法律规范和国情，同时对中国的国情也了如指掌。因此，他们在指导涉诉企业如何填答调查问卷、如何准备核查材料、如何在听证会上进行抗辩等方面比外国律师更胜一筹，更由于双语的语言优势可以帮助应诉企业与外国律师进行直接交流。因此，外国律师事务所有华人律师显得尤为重要。一般在欧洲和美国工作的中国律师较多，但对于其他国家的案子，操作起来困难很大，如韩国、南非等。

律师一旦选定，企业就应充分信任律师。为雇主服务和为雇主保密是律师的职业道德，既然聘请了律师，不管是中国律师还是外国律师，都要为自己的雇主服务，故企业作为雇主都应该给予充分的信任。

企业可以从以下几个方面配合律师的工作：

第一，以积极的态度全面参与反倾销调查是决定反倾销应诉成败的关键。在诉讼过程中，企业自身必须针对申诉方的指控不断进行反驳和举证。

第二，积极主动地帮助律师熟悉产品，包括向律师介绍企业的情况、发起调查产品在国内市场和国外市场的竞争态势、生产流程、原材料及配件厂商的情况、成本构成等。

第三，积极主动地向律师提供充分的材料和数据，以便他们准备有说服力的抗辩词。

第四，利用企业对国外同类产品熟悉的优势，协助律师选出合适的“替代国”，力争选择国内销售价格比中国价格低或相近的外国企业作为替代价格。

信任和配合律师工作是一方面，监督律师的工作是另一方面，这两者并不矛盾。律师也是普通的雇员，需要雇主的监督，反倾销律师的雇主就是应诉企业。由于一个反倾销调查案的周期长达一年到一年半，主办律师不大可能在这么长的时间内仅仅承办一个案件；基于上述原因，企业可以采取以下方法来监督和考察律师的工作：第一，在委托律师的协议中确定律师的服务范围、工作内容、工作进程以及在应诉各个阶段律师应当向企业提交的报告内容。第二，选定律师后，要求律师给企业作出一个详细的案件进度表，以及各阶段的主要工作，同时应说明各阶段之间的相互联系和注意事项，使企业做到心里有底，便于及时安排人力、物力。第三，律师在进行现场调查时，应于一周前到企业检查与核查有关的材料是否完备、相互之间是否有矛盾，如发现问题及时查找原因，及时解决。

企业在聘请律师时经常会碰到以下问题：

1. 企业单独聘请律师好还是多个企业联合聘请律师好？

首先，聘请反倾销律师是企业根据自身利益和需要做出的决定。企业可以选择单独或联合其他企业共同聘请，抑或请行业协会出面为全体应诉企业共同聘请律师。企业固然应当听取行业协会的建议，注意与其他涉案同行企业的协调，但是，企业必须从企业自身的情况、对反倾销调查的合理诉求、与同行企业的差异、对行业协会能力的评估等多个方面判断是否单独聘请律师。

其次，单独聘请与联合聘请律师各有利弊。联合聘请律师具有节省律师费便于协调行动的优势。在行业协会帮助企业联合聘请律师方面有很多成功的案例。而单独聘请律师能使企业获得有针对性的应诉方案。如果一个律师在同一个案件中为多个企业服务，有限的精力将限制其工作的认真程度，难以为每一个企业都制订完善的方案。

最后，在同一个案子中有企业单独聘请律师，也有几个企业联合聘请律师的情况下，可以组成律师团，在选择“替代国”、参加听证会等问题上协调企业的应诉行动。

2. 是否一定要聘请知名度高的律师事务所？

首先应当明确，直接为企业提供法律服务的是律师，不是律师事务所。因此，除律师事务所的大小或知名度外，企业聘请律师时首先应当考虑的是律师的水平和代理反倾销案的实践经验；主要不是考察律师事务所代理过哪些反倾销案件，而是考虑律师本人反倾销案件代理业绩。

近年来，律师业有全球化的趋势。知名度高的大型律师事务所有遍布全球主要经济和政治中心的办事处，这便利于它们代理反倾销和国际贸易这样的跨国案件。

这样的律所对主要诉讼业务一般也有比较成熟和固定的流程（或工作步骤）。知名度高的律师事务所当然不乏知名律师，但是，知名度高的律师事务所中也存在新手律师。尽管高知名度律师事务所对初出茅庐的律师经手的业务有严格的指导和审查，但新手毕竟是新手。如果企业选了知名度高的律师事务所，请着重考察代理律师是否单独接受过企业委托的反倾销案子。

律师行业是一个个人才能得到充分重视和显露的行业。当有才华的律师感到才华受限或者成为合伙人的前景渺茫时，他们比一般专业人士更容易跳槽或创立自己的事务所。律师行业充满了小型精品所。一个不知名的小所很可能有经验丰富的律师。因此，企业同样能够从小律师事务所中聘请到最合适的律师。

3. 可以用招标的方法选聘律师吗？如何招标？

可以采用招标的方法，但是，应诉企业和行业协会不大需要发出招标通告，因为现在代理反倾销诉讼的律师事务所较多。一旦有反倾销案件立案的消息甚至预警信息，很多律师事务所都会向企业毛遂自荐，企业或行业协会只要准备好需要律师回答的问题就可以了。企业可以从律师的基本情况，对反倾销调查发起国的反倾销法和相关法律的熟知程度、代理反倾销案的实务经验、对涉诉产品的了解程度和报价及付费方法等方面进行考察。和其他招标一样，在没有公布最后挑选的律师事务所前，企业应该注意保密工作；在招标结束之后，对未中标律所提供的资料也应保密。

4. 律师事务所的报价高的好还是低的好？如何估算律师费？

一般情况下，律师事务所的报价很低，肯定不好，除非该所能够提供详尽的代理工作计划，对当前案件有深刻理解和独到见解，并对代理质量和事务所盈利的措施有所保证。律师行业与其他不做赔本业务的服务行业一样，也是要考虑投入和收益的，收费太低，必然要减少投入的人员、时间和精力，该做的调查和研究不做了，应当安排的出差减少了，其不良结果只能由企业承担。

当然，也并非报价高就好。由于各个律师事务所大小不同，知名度差异很大，管理方式不同，报价差异可能很大。不但要看总报价，更要看各个应诉阶段的报价。不但要看报价，更要看律师本人（或律师组）的素质、承诺的服务等。企业对报价的考虑基于对诸多因素的综合考虑。

对于反倾销案件，律师事务所一般不采取按小时收费的计费方法，因为反倾销调查通常将延续一年甚至更长时间，企业承受不了昂贵的小时费用，一般采取与律师事务所签订包干价合同的方式，付费的期限可根据案子大小、费用多少而分两次或三次结清。企业也可以要求律师事务所按阶段报价，然后再报一个总价。如果今后应诉工作中有部分工作未做，企业可以不支付这部分报酬。一个反倾销案件公告立案之后，在调查程序进行中，由于多种原因（例如，申诉方因面临败诉而撤诉、双方和解，等等），有可能中途终止调查。按照分阶段付费，企业可以免付部分律师费。另外，当一个反倾销案件涉及很多企业时，调查当局有可能采用抽样调查方法。调查当局通常选择出口量大、有代表性的应诉企业作为抽样调查的对象，一般是在初步裁决之后实地核查之前宣布被选中的企业名单。如果那些没有被选为抽样调查对象的应诉企业不打算主动提供资料，争取单独的倾销幅度，那么，这些企业及其律师的代理任务已经不多了，至少是大大减少了。如果一个应诉企业认为调查当局可能采用抽样调查方法而自己不大可能被选择为抽样调查对象，那么，该企业应当要求律师事务所分阶段报价，并与律师事务所商定详细的付费方法。

自中国加入世界贸易组织以来，兰台律师事务所 WTO 与国际贸易救济律师团队（以下简称兰台国际贸易救济团队）主办律师多年来致力于反倾销、反补贴、保障措施、WTO 争端解决等国际贸易争端领域的学术研究和纠纷解决实践。曾经多次代表中国政府、中国产业和企业处理多起国内外反倾销、反补贴、保障措施、WTO 争端解决案件，涉及美国、欧盟、加拿大、澳大利亚、巴西、墨西哥、阿根廷、南非、埃及、土耳其、印度、韩国、印度尼西亚、马来西亚等国家和地区，多次为中国政府和中国产业妥善解决国际贸易争端提供专业的法律建议，为所代理的众多中国企业赢得终止调查、零税率、全国最低税率等优良业绩，取得了理想的应诉结果，成功地维护了中国在国际贸易中的合法权益。

尤为难得的是，我们拥有一批长期从事 WTO 争端案例研究、通读全部世贸纠纷解决案例的律师和专家，拥有专门为 WTO 争端解决服务的网站，能够为政府和企业应对反倾销、反补贴、保障措施调查 WTO 争端解决案提供分析意见和应对策略。这一优势在国际贸易救济调查的应对中发挥了关键性的作用，为代理企业取得优异应对成绩奠定了坚实的理论基础。

在多年的应诉实践中，兰台国际贸易救济团队与全球主要国家和地区最优秀的国际贸易法律师及其知名律师事务所建立并一直保持着紧密的合作关系。借助多年建立起的国际化法律事务网络，兰台律师与国外合作律师事务所为中国政府和企业提供及时、准确的国际贸易救济信息和 WTO 信息和服务，包括预警信息通报、具体案件应对策略分析、具体案件应对法律服务等，为客户取得理想的应对结果提供有利的先决条件。

由于贸易救济并非单纯的法律事务，而是涉及经济、外交、国际政治等诸多因素的国际事项，需要调动各种社会资源，协调各种社会力量。中国政府和商会协会在国际贸易救济争端解决中日益发挥着不可忽视的作用。兰台国际贸易救济团队与这些机构紧密合作，在做好法律应对的同时，帮助客户通过各种可能的途径维护其合法贸易权利提供了最大可能性。

第十四章

中国外商投资审批及中国企业境外投资制度介绍

随着经济全球化的发展，中国与国际市场的经济交流越发密切。一方面，越来越多的外国投资者（以下简称外商）注意到中国市场的巨大潜力，进入中国开展各类投资活动；另一方面，中国政府实施“走出去”战略，鼓励中国企业发掘境外市场、在境外新设或并购企业。因此，本章将主要从中国的外商投资审批制度及中国企业境外投资的相关制度两大部分进行阐述。

第一节　中国外商投资审批制度

改革开放初期，为了加大市场开放力度、吸引外商进入中国投资，从而使中国迅速适应经济全球化趋势、拥有在世界资本及经济市场的话语权，我国先后制定了《中外合资经营企业法》《中外合作经营企业法》及《外资企业法》（以下简称“三资企业法”），对外商进入中国开展生产经营活动进行规制、管理。直至2019年年底，外商进入中国投资的企业设立都应遵循“三资企业法”的有关规定。自2020年1月1日起，《中华人民共和国外商投资法》（主席令第二十六号，以下简称《外商投资法》）将正式实施并取代原有的“三资企业法”。

但由于《外商投资法》并未实质性改变原有的外商投资审批制度，且已根据“三资企业法”设立的外商投资企业的组织形式将继续延用五年，因此，本节内容将仅对《外商投资法》做简单介绍，主要内容还是集中于“三资企业法”规定的主管单位、外资进入中国及在中国开展生产性经营活动的相关审批手续、不同类型外商投资企业的相关情况等问题。此外，本节还介绍了外商投资企业举借外债及对外担保的相关制度。

一、主管单位

在整个外商投资企业审批的过程中，主管单位主要包括中华人民共和国国家发展和改革委员会（以下简称发改委）、中华人民共和国商务部（以下简称商务部）、相关的行业主管机关、国家市场监督管理总局（以下简称市场监督管理总局）、国家外汇管理局（以下简称外汇局）等。

（一）中华人民共和国国家发展和改革委员会

发改委内设外资司和投资司[①]，其中，外资司的主要职能包括：（1）提出利用外资和境外投资的战略、规划及有关政策建议，按权限审核重大项目；（2）承担全口径外债管理有关工作；（3）组织拟订国际金融组织贷款、外国政府贷款、本外币国际商业贷款（含境外发债）规划；（4）组织拟订外商投资产业指导目录、中西部地区外商投资优势产业目录、外商投资准入负面清单；（5）指导协调基础设施互联互通、产能和装备制造、能源资源等领域重大项目的国际合作。

投资司的职能主要为：（1）提出深化投融资体制改革建议；（2）起草固定资产投资管理有关法律法规草案；（3）提出政府投资项目审批权限和政府核准的固定资产投资项目目录建议；（4）安排中央财政性建设资金，按权限审核重大项目；（5）协调推进投资项目审批制度改革；（6）拟订促进民间投资发展政策；（7）按分工组织推广政府和社会资本合作；（8）指导工程咨询业发展。

（二）中华人民共和国商务部

商务部内设外国投资管理司，其与外商投资审批相关的主要职能包括[②]：

1. 宏观指导和综合管理全国吸收外商投资工作。

2. 起草吸收外商投资的法律、法规，拟订相关规章、政策和改革方案并组织实施，监督检查执行情况（包括但不限于参与拟订并共同发布《外商投资产业指导目录》，拟订向外商转让资产、股权的有关政策等）。

3. 管理和指导全国外商投资审批、备案工作。

4. 负责统一受理并答复外商并购境内企业申请；会同有关部门建立外商并购境内企业安全审查部际联席会议，参与拟订外商并购境内企业安全审查目录；负责将属于安全审查范围内的并购案提交安全审查部际联席会议进行安全审查。

5. 监督检查外商投资企业执行有关法律法规和合同、章程的情况，协调解决外商投资企业运行过程中的问题；牵头外商投资企业联合年检工作；负责外商投资统计和综合分析工作。

6. 研究拟订投资促进战略、规划和标准，指导和管理全国投资促进工作。

7. 指导并协调国家级经济技术开发区等经济合作区的有关工作，制定相关发展战略、政策和法律规范并组织实施；联系经济特区、保税区等特殊经济区域吸收外商投资工作。

---

① 载中华人民共和国国家发展改革委员会官网外资司和投资司具体职责介绍，https：//www.ndrc.gov.cn/fzggw/jgsj/tzs/，浏览时间：2020 年 4 月 9 日。

② 载国家商务部官网针对“外国投资管理司”的重要职能介绍，http：//wzs.mofcom.gov.cn/article/gywm/200203/20020300003759.shtml，浏览时间：2019 年 4 月 9 日。

8. 牵头研究推进区域对外开放的政策，协调、推动沿边开放和其他各类区域对外开放。

9. 研究制定区域吸收外资、区域投资合作的规划、政策并组织实施；指导协调产业转移投资促进中心和示范园区等平台建设，优化外资区域布局；协调、指导和监督全国外商投资企业投诉工作。

（三）中华人民共和国国家市场监督管理总局

2018 年 3 月 17 日，第十三届全国人民代表大会第一次会议新设了市场监督管理总局，成为国务院的直属机构。其与外商投资审批相关的职责主要包括①：

1. 负责市场综合监督管理，统一登记市场主体并建立信息公示和共享机制；

2. 组织市场监管综合执法工作，承担反垄断统一执法，规范和维护市场秩序；

3. 组织实施质量强国战略，负责工业产品质量安全、食品安全、特种设备安全监管；

4. 统一管理计量标准、检验检测、认证认可工作等。

因此，外商投资企业需要向相关工商行政管理机关或市场监督管理部门申请设立登记，领取营业执照。

（四）中华人民共和国国家外汇管理局

国家外汇管理局主要对外汇收支、买卖、借贷、转移以及国际间的结算、外汇汇率和外汇市场等实行管制措施，其基本职能主要包括②：

1. 研究提出外汇管理体制改革和防范国际收支风险、促进国际收支平衡的政策建议；研究逐步推进人民币资本项目可兑换、培育和发展外汇市场的政策措施，向中国人民银行提供制定人民币汇率政策的建议和依据。

2. 参与起草外汇管理有关法律法规和部门规章草案，发布与履行职责有关的规范性文件。

3. 负责国际收支、对外债权债务的统计和监测，按规定发布相关信息，承担跨境资金流动监测的有关工作。

4. 负责全国外汇市场的监督管理工作；承担结售汇业务监督管理的责任；培育和发展外汇市场。

5. 负责依法监督检查经常项目外汇收支的真实性、合法性；负责依法实施资本项目外汇管理，并根据人民币资本项目可兑换进程不断完善管理工作；规范境内

---

① 载国家市场监督管理总局“总局职责”，http：//samr. saic. gov. cn/jg/，浏览时间：2019 年 4 月 9 日。

② 载国家外汇管理局“基本职能”，http：//www. safe. gov. cn/safe/jbzn/index. html，浏览时间：2020 年 4 月 9 日。

外外汇账户管理。

6. 负责依法实施外汇监督检查，对违反外汇管理的行为进行处罚。

7. 承担国家外汇储备、黄金储备和其他外汇资产经营管理的责任。

8. 拟订外汇管理信息化发展规划和标准、规范并组织实施，依法与相关管理部门实施监管信息共享。

9. 参与有关国际金融活动。

10. 承办国务院及中国人民银行交办的其他事宜。

二、《外商投资法》概述

2019 年 3 月 15 日第十三届全国人民代表大会第二次会议召开并审议通过了《外商投资法》，该法自 2020 年 1 月 1 日起实施，同时取代和废止原有的“三资企业法”，共分为六章 42 条，除了总则、法律责任和附则三章，投资促进、投资保护与投资管理分列三章。2020 年 1 月 1 日起，同步施行的还有《中华人民共和国外商投资法实施条例》（以下简称《外商投资法实施条例》）作为《外商投资法》的配套措施。《外商投资法》及其实施条例的颁布标志着中国的外商审批即将进入由统一法律制度管理的时代。

这一新法对于外商来中国设立投资企业的规制作出重大变革：第一，确立了中国对外商投资实行准入前国民待遇加负面清单管理制度，即中国在投资前准入阶段给予外商及其投资不低于本国投资者及其投资的待遇，对于禁止和限制外商投资的领域，将以负面清单方式明确列出。负面清单规定禁止投资的领域，外商不得投资。负面清单规定限制投资的领域，外商进行投资应当符合负面清单规定的条件。负面清单以外的领域，将会按内外资一致的原则管理。第二，明确规定了自 2020 年 1 月 1 日起设立外商投资企业将适用《公司法》及《合伙企业法》的法律规定。第三，现有的外商投资企业可在五年内保留现有的企业组织形式，但五年后必须完成变更，否则市场监督管理部门不予办理其申请的其他登记事项。

总而言之，《外商投资法》的出台对于未来设立的外商投资企业来说，的确将会促成其审批及设立程序的简易化和标准化。一方面，《外商投资法》将对各类外商投资企业进行统一的法律管理。另一方面，其外商投资企业的审批制度沿用了负面清单管理制度，对原有的审批制度进行了一定调整，“五年过渡期”的规定有利于法律的衔接与过渡。因此，下一部分将对负面清单制度进行详细介绍。

三、负面清单制度

负面清单制度指的是“外商投资准入特别管理措施”，而外商投资负面清单的基础是“准入前国民待遇”管理制度。《外商投资法》也延续了这一制度，即“国家对外商投资实行准入前国民待遇加负面清单管理制度”。

所谓“准入前国民待遇”指的是，外国资本在获准进入我国市场进行投资之前，在投资准入问题上享有不低于我国国内投资者及其投资的待遇。通俗地说，也就是要求我国凡是对内资开放的领域也要对外资开放，对外资进入的限制不能超过对内资的限制。在“准入前国民待遇”加“负面清单”管理模式下，我国对内资开放的领域原则上也对外资开放，对外资的限制不超过内资，在外商投资企业设立与变更程序上，我们也不再实行专门针对外资的审批，而仅要求备案即可。

而外商投资负面清单是“准入前国民待遇”的例外。在负面清单内领域投资的外资，仍然需要经过专门的审批，受到比对内资更加严格的限制。

（一）全国性的外商投资准入特别管理措施

2019 年版的《外商投资准入特别管理措施（负面清单）》（以下简称《负面清单》）与上一版相比，特别管理措施从 48 条减少到 40 条，取消了对包括采矿业，制造业，电力、热力、燃气及水生产和供应业，交通、运输仓储和邮政业，信息传输、软件和信息技术服务业，水利、环境和公共设施管理业，文化、体育和娱乐业在内的七大行业中的九个子行业的相关外商投资限制。

首先，就采矿业而言，删除了石油、天然气勘探、开发仅限于合资、合作的有关规定。同时，原有规定的禁止外商投资钨、钼、锡、锑、萤石勘查、开采，现仅有钨收到有关限制，钼、锡、锑、萤石被剔除。就影视娱乐业而言，电影院建设、经营和演出经纪机构不必须为中方控股，外商投资的份额进一步被放开。

其次，还有一些其他行业限制的进一步精简，如“国内多方通信”“存储转发类”和“呼叫中心”取消了外资股比不超过 50% 的限制；国内船舶代理公司可为外方控股的公司；不再禁止外商投资国家保护的原产于中国的野生动植物资源开发等。

（二）自由贸易区的外商投资准入特别管理措施

2019 年版自由贸易试验区负面清单仍沿用 2018 年版的“说明 + 列表”的模式，与 2018 年版自由贸易试验区负面清单相比，内容条目由 2018 年版的 45 条缩减至 37 条。2019 年版的自贸区负面清单取消了包括农、林、牧、渔业，采矿业，制造业，电力、热力、燃气及水生产和供应业，交通运输、仓储和邮政业，信息传输、软件和信息技术服务业，水利、环境和公共设施管理业，文化、体育和娱乐业八大行业中的 9 个子行业的有关外商投资限制，进行更高水平的对外开放。

（三）《国务院关于进一步做好利用外资工作的意见》

2019 年 10 月 30 日，国务院发布并实施了《关于进一步做好利用外资工作的意见》，该意见提出：深化对外开放，继续压减全国和自由贸易试验区外商投资准入负面清单，全面清理取消未纳入负面清单的限制措施。同时加快金融业开放进程和优化汽车领域外资政策。如金融业方面：（1）全面取消在华外资银行、证券公司、基金管理公司等金融机构业务范围限制；（2）减少外国投资者投资设立银行业、保险业机构和开展相关业务的数量型准入条件，取消外国银行来华设立外资法人银行、分行的总资产要求，取消外国保险经纪公司在华经营保险经纪业务的经营年限、总资产要求；（3）扩大投资入股外资银行和外资保险机构的股东范围，取消中外合资银行中方唯一或主要股东必须是金融机构的要求，允许外国保险集团公司投资设立保险类机构；（4）继续支持按照内外资一致的原则办理外资保险公司及其分支机构设立及变更等行政许可事项；（5）2020年取消证券公司、证券投资基金管理公司、期货公司、寿险公司外资持股比例不超过51%的限制。该意见的出台，进一步深化了对外开放，有利于稳定外资规模，优化外资结构。

四、外资准入基本审批流程

根据《外商投资法》、“三资企业法”及其他相关规定，外商进入中国设立企业、开展生产性经营活动，必须经中国政府批准。外国企业在中国境内设立的从事与该外国企业业务有关的非营利性活动的常驻代表机构（不包括外资金融机构[①]），设立常驻代表机构需要进行工商登记，无须审批。外商投资企业根据业务需要设立从事联络的办事机构，无须办理工商登记。[②]

外资进入中国设立企业开展生产经营性活动的基本审批流程包括：

1. 项目审批。外商进入国内投资的，需要经过发改委，结合《外商投资产业指导目录》对于产业的分类对投资的项目进行核准或备案（以下统称发改委项目审批）。

2. 前置审批。若涉及相关的前置审批事项（特殊行业许可），则需要根据不同行业的相关规定取得相关部门的前置审批。

3. 企业设立、登记。《外商投资法》施行以后，外商投资企业在取得发改委的

---

① 根据《外资金融机构驻华代表机构管理办法》第七条规定，外资金融机构代表处的设立需行业主管部门即中国银行总行审批。

② 依据国务院颁布的《外国企业常驻代表机构登记管理条例（2018修正）》第二十二条规定，“设立代表机构应当向登记机关申请设立登记”；国家工商行政管理总局、商务部、海关总署、国家外汇管理局关于印发《关于外商投资的公司审批登记管理法律适用若干问题的执行意见》的通知（工商外企字〔2006〕81号）第二十五条规定，“公司登记机关不再办理外商投资的公司办事机构的登记。原已登记的办事机构，不再办理变更或者延期手续……”；国家工商行政管理总局《关于实施〈关于外商投资的公司审批登记管理法律适用若干问题的执行意见〉的通知》（工商外企字〔2006〕第102号）第二条第二款规定，“需要说明的是，法律并未禁止公司办事机构的存在，外商投资企业可根据业务需要直接设立从事业务联络的办事机构，无须办理工商登记”。

项目审批之后，需向市场监督管理部门办理设立登记及后续的变更、注销登记。原主管外商投资企业设立登记的商务主管部门不再主管该审批事项，改由市场监督管理部门主管。

4. 后置审批。若涉及相关的后置审批事项，则需要根据不同行业的相关规定取得相关部门的后置审批。

五、外商投资的审批流程

以下就外商来华投资及再投资的主要审批程序进行介绍：

（一）发改委项目审批

外商投资企业的设立，首先需要经过发改委对投资的项目进行审批。根据现行《鼓励外商投资产业目录（2019 年版）》（以下简称《产业指导目录》）及《负面清单》，外商投资的项目主要分为鼓励类和特别管理措施类（即《负面清单》中规定的限制类和禁止类①），除这两大类规定外的项目均属于允许类。针对不同的项目类别以及投资金额，具体的审批层级由国务院、发改委以及地方政府出台的相关法律法规进行规定。②

1. 发改委审批事项

根据《外商投资项目核准和备案管理办法（2014 年修正）》（以下简称《管理办法》），我国发改委对外商投资项目的审批管理方式主要是核准或备案。其中外商投资项目的核准权限、范围均按照国务院发布的《政府核准的投资项目目录（2016 年本）》（以下简称《核准目录》）执行。对《核准目录》范围内的固定资产投资项目，需报核准机关核准；投资建设《核准目录》范围外的项目，实行备案管理。③

根据《核准目录》和《管理办法》，发改委④项目审批权限主要如下：

---

① 《产业指导目录》中原规定的特别管理措施类具体分为禁止类和限制类，后此部分内容被《负面清单》废止，《负面清单》未进行限制类和禁止类的单独划分，但依其具体内容，仍可区分为限制类和禁止类，因此，此处沿用限制类和禁止类的说法。

② 根据《国务院关于在北京市暂时调整有关行政审批和准入特别管理措施的决定（2017）》和《国务院关于在自由贸易试验区暂时调整有关行政法规、国务院文件和经国务院批准的部门规章规定的决定（2017）》的相关规定，部分限制或禁止外商投资的项目在北京地区及自由贸易试验区可以开展。

③ 根据《国务院关于发布政府核准的投资项目目录（2016 年本）的通知》第一条规定：“企业投资建设本目录内的固定资产投资项目，须按照规定报送有关项目核准机关核准。企业投资建设本目录外的项目，实行备案管理……”

④ 根据《核准目录》，外商可投资的项目的核准机关除国家发改委外，依据具体项目内容及标准，还可由国务院、省级政府和地方政府核准。

类型	审批限额/内容	审批部门及审批方式	法规依据
限制类①	《负面清单》中总投资（含增资）3亿美元及以上限制类项目	发改委核准	《管理办法》第四条② 《核准目录》第十一条
	《负面清单》中总投资（含增资）20亿美元及以上限制类项目	先由发改委核准，再报送国务院备案	
	《负面清单》中总投资（含增资）3亿美元以下限制类项目	省级政府核准	
限制类	水利工程：涉及跨界河流、跨省（区、市）水资源配置调整的重大水利项目	发改委核准	《核准目录》第一条
	水电站：在跨界河流、跨省（区、市）河流上建设的单站总装机容量50万千瓦及以上项目	发改委核准	《核准目录》第二条
	电网工程：涉及跨境、跨省（区、市）输电的±500千伏及以上直流项目，涉及跨境、跨省（区、市）输电的500千伏、750千伏、1000千伏交流项目	发改委核准	《核准目录》第二条
	其中±800千伏及以上直流项目和1000千伏交流项目	先由发改委核准，再报送国务院备案	
	煤矿：新增年生产能力500万吨及以上的项目	先由发改委核准 再报送国务院备案	《核准目录》第二条
	煤制燃料：年产超过20亿立方米的煤制天然气项目、年产超过100万吨的煤制油项目	发改委核准	《核准目录》第二条
	进口液化天然气接收、储运设施：新建接收储运能力300万吨及以上的项目先由发改委核准，再报送国务院备案	《核准目录》第二条	

① 此处因《产业指导目录》关于限制类的规定已经被《负面清单》所取代，所以应遵从《负面清单》中关于限制类的规定。

② 《管理办法》第四条规定："外商投资项目核准权限、范围按照国务院发布的《核准目录》执行。本办法所称项目核准机关，是指《核准目录》中规定的具有项目核准权限的行政机关。"因此根据该规定，国家发改委的核准范围需遵从《核准目录》第十一条关于外商投资的规定。

续表

类型	审批限额/内容	审批部门及审批方式	法规依据
限制类	输油、输气管网（不含油田、油气田集输管网）：跨境、跨省（区、市）干线管网项目	发改委核准	《核准目录》第二条
	其中跨境项目	先由发改委核准，再报送国务院备案	
	新建（含增建）铁路：列入国家批准的相关规划中的项目，中国铁路总公司为主出资的由其自行决定/地方城际铁路项目	发改委备案	《核准目录》第三条
	独立公（铁）路桥梁、隧道：跨境项目	先由发改委核准，再报送国务院备案	《核准目录》第三条
	中国铁路总公司为主出资的由其自行决定	发改委备案	
	电信：国际通信基础设施项目	发改委备案	《核准目录》第四条
	汽车：新建纯电动乘用车生产企业（含现有汽车企业跨类生产纯电动乘用车）项目	发改委核准	《核准目录》第六条
	民用航空航天：干线支线飞机、6 吨/9 座及以上通用飞机和 3 吨及以上直升机制造、民用卫星制造、民用遥感卫星地面站建设项目	发改委核准	《核准目录》第八条
鼓励类、允许类	核准范围之外且不属于《负面清单》中禁止类的外商投资项目	地方政府投资主管部门备案	《管理办法》第五条

2. 项目审批的文件

根据《管理办法》第十条、第十八条的规定，外商投资项目所属核准和备案范围的不同，外商所需准备的申请核准或备案的材料也不同，具体见下表：

申请项目核准的文件	项目申请报告，具体包括以下文件： 中外投资各方的企业注册证明材料及经审计的最新企业财务报表（包括资产负债表、利润表和现金流量表）、开户银行出具的资金信用证明 投资意向书，增资、并购项目的公司董事会决议 城乡规划行政主管部门出具的选址意见书（仅指以划拨方式提供国有土地使用权的项目） 国土资源行政主管部门出具的用地预审意见（不涉及新增用地，在已批准的建设用地范围内进行改扩建的项目，可以不进行用地预审） 环境保护行政主管部门出具的环境影响评价审批文件 节能审查机关出具的节能审查意见 以国有资产出资的，需由有关主管部门出具的确认文件 根据有关法律法规的规定应当提交的其他文件
申请项目备案的文件	项目和投资方基本情况等信息 中外投资各方的企业注册证明材料、投资意向书及增资、并购项目的公司董事会决议等其他相关材料

（二）商务主管部门的信息报告制度

《外商投资信息报告办法》（以下简称《信息报告办法》）废止了《外商投资企业设立及变更备案管理暂行办法》，自2020年1月1日后，商务部不再对外商投资企业设立进行审批或备案，也不再出具《外商投资企业批准证书》。根据该办法商务部、县级以上商务主管部门以及自由贸易试验区、国家级经济技术开发区的相关机构负责统筹和指导外商投资信息报告工作。

外国投资者或者外商投资企业应当通过企业信息登记系统以及国家企业信用信息公示系统的网站向商务主管部门上报投资相关的信息，市场监管部门应及时将相关信息报送商务主管部门。若是新设或者股权并购非外商投资企业，应当在办理设立企业工商登记手续的同时报送初始报告。外商投资企业存续期间若有工商注册信息变更，应在办理工商变更备案同时报送变更报告；无须办理工商备案的其他信息变更的，外商投资企业应于变更事项发生后20个工作日内通过企业登记系统提交变更报告。

此外，《信息报告办法》还规定了年度报告制度，与国内公司相似，外商投资企业应于每年1月1日至6月30日通过国家企业信用信息系统提交去年的企业年度报告，报告内容应当包含企业的基本信息、股东信息、实际控制人的相关信息、企业的运营信息和资产负债表等财务报表。如果涉及《负面清单》中规定的特别管理措施的，还应当报送相关的许可或审批手续的申请、更新、续期等相关情况。

（三）外商投资企业在市场监督管理部门的登记

上文已经提到《信息报告办法》废止了《外商投资企业设立及变更备案管理暂

行办法》，自2020年1月1日后，商务部不再对外商投资企业设立进行审批或备案。

根据《中华人民共和国企业法人登记管理条例（2019年修正）》，企业法人登记主管机关是国家市场监督管理总局和地方各级市场监督管理部门。又根据《外商投资法》及其实施条例，以及2020年1月1日施行的《市场监管总局关于贯彻落实〈外商投资法〉做好外商投资企业登记注册工作的通知》（以下简称《登记通知》），自2020年1月1日以后，外商投资企业的设立、变更、注销可直接通过企业登记系统向市场监督管理部门申请办理，法律、行政法规规定在办理上述登记时需先取得行业主管部门许可的，还需再取得相关许可后办理。

外商投资企业的设立、变更、注销登记需分别提交外商投资初始报告、变更报告、注销报告。外商投资企业在申请设立登记时，需明确注册资本（出资数额）币种，登记机关应当根据申请，按照内资企业类型分别登记为"有限责任公司""股份有限公司""合伙企业"，并标明外商投资或者港澳台投资。

此外，在2020年1月1日至2024年12月31日的五年过渡期内：

（1）对于企业的组织形式，2020年1月1日以前依法设立的外商投资的公司、外商投资合伙企业无须办理企业组织形式变更登记；不具有法人资格的外商投资企业，可以在《外商投资法》实施后五年内申请改制为合伙制企业，并按照法律规定的设立条件，向登记机关申请变更登记；隶属企业变更组织形式后，分支机构应当及时申请变更登记。

（2）对于企业的组织机构，2020年1月1日以前设立的外商投资的公司，需在五年内根据我国《公司法》调整最高权力机构、法定代表人或者董事产生方式、议事表决机制，并修订公司章程，向登记机关申请办理变更登记、章程备案或者董事备案等手续。

（四）其他主管部门审批事项

外商投资涉及专项规定的行业、特定产业政策、宏观调控行业、特殊行业的，如金融、电信、交通等行业，需由相关行业主管部门审批，涉及其他主管部门审批的事项具体可以分为国务院保留的工商登记前置审批事项和后置审批事项。[①] 前置审批是指在取得营业执照之前，向有关主管部门申领的相关许可；后置审批是指在取得营业执照之后再向有关主管部门申领的相关许可。

根据我国关于前置审批和后置审批的相关规定及《负面清单》的规定，外商投资企业在投资以下特定行业或产业时，需获得相关的前置或后置许可。

---

① 依据《国务院关于取消和调整一批行政审批项目等事项的决定》（国发〔2015〕11号）附件5《国务院决定保留的工商登记前置审批事项》和《国务院关于进一步削减工商登记前置审批事项的决定》（国发〔2017〕32号）。

1. 前置审批事项

我国目前保留的工商登记前置审批事项共29项，外商投资企业可从事的行业或产业有24项需取得其他相关主管部门的审批，属于《负面清单》限制类的需遵从负面清单的要求。根据《负面清单》，保留的前置许可事项中，外商投资企业不可从事卫星电视广播地面接收设施安装、设立出版单位、快递许可业务。目前保留的前置审批事项如下表：

序号	项目名称	实施机关
（1）	民用爆炸物品生产许可	工业和信息化部
（2）	爆破作业单位许可证核发	县级人民政府公安机关
（3）	民用枪支（弹药）制造、配售许可	公安部
（4）	制造、销售弩或营业性射击场开设弩射项目审批	省级人民政府公安机关
（5）	保安服务许可证核发	省级人民政府公安机关
（6）	设立经营个人征信业务的征信机构审批	中国人民银行
（7）	设立出版物进口经营单位审批	新闻出版广电总局
（8）	境外出版机构在境内设立办事机构审批	新闻出版广电总局国务院新闻办
（9）	境外广播电影电视机构在华设立办事机构审批	新闻出版广电总局国务院新闻办
（10）	危险化学品经营许可	县级、设区的市级人民政府安全生产监督管理部门
（11）	烟花爆竹生产企业安全生产许可	省级人民政府安全生产监督管理部门
（12）	通用航空企业经营许可	中国民用航空局
（13）	外资银行营业性机构及其分支机构设立审批	中国银行保险监督管理委员会（以下简称银保监会）
（14）	外国银行代表处设立审批	银保监会
（15）	中资银行业金融机构及其分支机构设立审批	银保监会
（16）	非银行金融机构（分支机构）设立审批	银保监会
（17）	外国证券类机构设立驻华代表机构核准	证监会
（18）	设立期货专门结算机构审批	证监会

续表

序号	项目名称	实施机关
(19)	设立期货交易场所审批	证监会
(20)	证券交易所设立审核、证券登记结算机构设立审批	证监会
(21)	专属自保组织和相互保险组织设立审批	银保监会
(22)	保险公司及其分支机构设立审批	银保监会
(23)	外国保险机构驻华代表机构设立审批	银保监会
(24)	融资性担保机构设立审批	省级人民政府确定的部门

2. 后置审批事项

我国目前保留的后置审批事项共 139 项，结合《负面清单》的规定，外商可投资的行业或产业需获得后置审批的事项有 120 项，具体如下表：

序号	项目名称	实施机关
(1)	自费出国留学中介服务机构资格认定	省级人民政府教育行政主管部门
(2)	煤炭开采审批	国土资源部或省级人民政府国土资源行政主管部门
(3)	废弃电器电子产品处理许可	设区的市级人民政府环境保护行政主管部门
(4)	国际海上运输业务及海运辅助业务经营审批	交通运输部
(5)	国际船舶管理业务经营审批	交通运输部
(6)	国内水路运输、水路运输业务经营审批	交通运输部及流域管理机构和设区的市级以上地方人民政府负责水路运输管理的部门
(7)	港口经营许可	港口行政管理部门
(8)	兽药生产许可证核发	农业部
(9)	拖拉机驾驶培训学校、驾驶培训班资格认定	省级人民政府农业（农业机械）行政主管部门
(10)	兽药经营许可证核发	县级以上地方人民政府兽医行政主管部门
(11)	农业机械维修技术合格证书核发	县级人民政府农业机械化行政主管部门
(12)	中外合资经营、中外合作经营演出经纪机构设立审批	文化部

续表

序号	项目名称	实施机关
(13)	中外合资经营、中外合作经营演出场所经营单位设立审批	文化部
(14)	港、澳投资者在内地投资设立合资、合作、独资经营的演出经纪机构审批	省级人民政府文化行政主管部门
(15)	港、澳投资者在内地投资设立合资、合作、独资经营的演出场所经营单位审批	省级人民政府文化行政主管部门
(16)	台湾地区投资者在内地投资设立合资、合作经营的演出经纪机构审批	省级人民政府文化行政主管部门
(17)	台湾地区投资者在内地投资设立合资、合作经营的演出场所经营单位审批	省级人民政府文化行政主管部门
(18)	设立中外合资、合作经营的娱乐场所审批	省级人民政府文化行政主管部门
(19)	设立互联网上网服务营业场所经营单位审批	县级以上地方人民政府文化行政主管部门
(20)	公共场所卫生许可（不含公园、体育场馆、公共交通工具卫生许可）	县级以上地方人民政府卫生行政主管部门
(21)	外商投资广告企业设立分支机构审批	省级人民政府工商行政管理部门及符合规定的有外商投资企业核准登记权的工商行政管理部门
(22)	口岸卫生许可证核发	质检总局
(23)	进出口商品检验鉴定业务的检验许可	质检总局
(24)	旅行社经营出境旅游业务资格审批	国家旅游局或者其委托的省级人民政府旅游行政主管部门
(25)	外商投资旅行社业务许可	省级人民政府旅游行政主管部门
(26)	外商投资经营电信业务审批	工业和信息化部
(27)	开办农药生产企业审批	工业和信息化部
(28)	食盐定点生产、碘盐加工企业许可	省级人民政府盐业行政主管部门
(29)	电信业务经营许可	工业和信息化部或省、自治区、直辖市电信管理机构
(30)	因私出入境中介服务机构资格认定	省级人民政府公安机关
(31)	公章刻制业特种行业许可证核发	县级以上地方人民政府公安机关

续表

序号	项目名称	实施机关
(32)	典当业特种行业许可证核发	县级以上地方人民政府公安机关
(33)	旅馆业特种行业许可证核发	县级以上地方人民政府公安机关
(34)	燃气经营许可证核发	县级以上地方人民政府燃气管理部门
(35)	出租汽车经营资格证核发	县级以上地方人民政府交通运输行政主管部门
(36)	道路客运经营许可证核发	设区的市级和县级人民政府道路运输管理机构
(37)	道路货运经营许可证核发	设区的市级和县级人民政府道路运输管理机构
(38)	广播电视节目制作经营单位设立审批	新闻出版广电总局或省级人民政府新闻出版广电行政主管部门
(39)	内资电影制片单位设立审批	省级人民政府新闻出版广电行政主管部门
(40)	电影制片单位以外的单位独立从事电影摄制业务审批	省级人民政府新闻出版广电行政主管部门
(41)	经营高危险性体育项目许可	省级以下地方人民政府体育行政主管部门
(42)	期货公司设立审批	证监会
(43)	公募基金管理公司设立审批	证监会
(44)	证券金融公司设立审批	证监会
(45)	保险资产管理公司及其分支机构设立审批	银保监会
(46)	保险集团公司及保险控股公司设立审批	银保监会
(47)	设立典当行及分支机构审批	省级人民政府商务行政主管部门
(48)	设立中外合资、合作印刷企业和外商独资包装装潢印刷企业审批	省级人民政府新闻出版广电行政主管部门
(49)	设立从事出版物印刷经营活动的企业审批	省级人民政府新闻出版广电行政主管部门
(50)	外航驻华常设机构设立审批	中国民用航空局
(51)	民用航空器（发动机、螺旋桨）生产许可	中国民用航空局
(52)	价格评估机构资质认定	发改委或省级人民政府发展改革（物价主管）部门

续表

序号	项目名称	实施机关
(53)	保安培训许可证核发	省级人民政府公安机关
(54)	资产评估机构设立审批	省级人民政府财政行政主管部门
(55)	会计师事务所及其分支机构设立审批	省级人民政府财政行政主管部门
(56)	中介机构从事会计代理记账业务审批	县级以上地方人民政府财政行政主管部门
(57)	中外合作职业技能培训机构设立审批	省级人民政府人力资源社会保障行政主管部门
(58)	设立人才中介服务机构及其业务范围审批	县级以上人民政府人力资源社会保障行政主管部门
(59)	危险废物经营许可	省级人民政府环境保护行政主管部门
(60)	拆船厂设置环境影响报告书审批	县级以上地方人民政府环境保护行政主管部门
(61)	经营港口理货业务许可	省级人民政府交通运输行政主管部门
(62)	从事国际道路运输审批	省级人民政府道路运输管理机构
(63)	道路运输站（场）经营业务许可证核发	县级人民政府道路运输管理机构
(64)	机动车维修经营业务许可证核发	县级人民政府道路运输管理机构
(65)	机动车驾驶员培训业务许可证核发	县级人民政府道路运输管理机构
(66)	国家重点保护水生野生动物驯养繁殖许可证核发	农业部或省级人民政府渔业行政主管部门
(67)	设立饲料添加剂、添加剂预混合饲料生产企业审批	省级人民政府饲料管理部门
(68)	生猪定点屠宰证书核发	设区的市级人民政府生猪定点屠宰管理部门
(69)	石油成品油批发经营资格审批	商务部或省级人民政府商务行政主管部门
(70)	石油成品油零售经营资格审批	省级人民政府商务行政主管部门
(71)	设立旧机动车鉴定评估机构审批	设区的市级人民政府商务行政主管部门
(72)	鲜茧收购资格认定	省级人民政府商务行政主管部门或茧丝绸生产行政主管部门
(73)	港、澳服务提供者在内地设立互联网上网服务营业场所	省级人民政府文化行政主管部门

续表

序号	项目名称	实施机关
(74)	港、澳服务提供者在内地设立内地方控股合资演出团体审批	县级人民政府文化行政主管部门
(75)	营利性医疗机构设置审批	县级以上人民政府卫生计生行政主管部门
(76)	经营流通人民币审批	中国人民银行
(77)	装帧流通人民币审批	中国人民银行
(78)	设立认证机构审批	质检总局
(79)	从事出版物批发业务许可	省级人民政府新闻出版行政主管部门
(80)	从事出版物零售业务许可	县级人民政府新闻出版行政主管部门
(81)	设立从事包装装潢印刷品和其他印刷品印刷经营活动的企业审批	设区的市级人民政府新闻出版行政主管部门
(82)	印刷业经营者兼营包装装潢和其他印刷品印刷经营活动审批	设区的市级人民政府新闻出版行政主管部门
(83)	设立可录光盘生产企业审批	省级人民政府新闻出版行政主管部门
(84)	烟花爆竹批发许可	设区的市级人民政府安全生产监督管理部门
(85)	烟花爆竹零售许可	县级人民政府安全生产监督管理部门
(86)	互联网药品交易服务企业审批	食品药品监管总局或省级人民政府食品药品监管部门
(87)	药品、医疗器械互联网信息服务审批	省级人民政府药品监督管理部门
(88)	化妆品生产企业卫生许可	省级人民政府食品药品监管部门
(89)	食品生产许可	县级以上地方人民政府食品药品监管部门
(90)	食品流通许可	县级以上地方人民政府食品药品监管部门
(91)	餐饮服务许可	县级以上地方人民政府食品药品监管部门
(92)	在林区经营（加工）木材审批	县级以上人民政府林业行政主管部门
(93)	专利代理机构设立审批	国家知识产权局
(94)	旅行社经营边境游资格审批	边境游地区省级人民政府旅游行政主管部门
(95)	粮食收购资格认定	县级以上人民政府粮食行政主管部门
(96)	承装（承修、承试）电力设施许可证核发	国家能源局
(97)	铁路运输企业准入许可	国家铁路局

续表

序号	项目名称	实施机关
(98)	民用航空器维修单位维修许可	中国民航局
(99)	投资咨询机构、财务顾问机构、资信评级机构从事证券服务业务审批	证监会
(100)	设立保险公估机构审批	银保监会
(101)	新建棉花加工企业审批	省级人民政府发展改革部门、工商行政管理部门、棉花质量监督机构
(102)	假肢和矫形器（辅助器具）生产装配企业资格认定	省级人民政府民政行政主管部门
(103)	会计师事务所从事证券相关业务审批	财政部、证监会
(104)	会计师事务所从事期货相关业务审批	财政部、证监会
(105)	资产评估机构从事证券服务业务审批	财政部、证监会
(106)	民用核安全设备设计、制造、安装和无损检验单位许可证核发	环境保护部
(107)	从事城市生活垃圾经营性清扫、收集、运输、处理服务审批	所在城市的市人民政府市容环境卫生行政主管部门
(108)	从事内地与台湾、港澳间海上运输业务许可	交通运输部
(109)	设立引航及验船机构审批	交通运输部或交通运输部海事局
(110)	从事海洋船舶船员服务业务审批	交通运输部海事局
(111)	转基因农作物种子生产许可证核发	农业部
(112)	消毒产品生产企业（一次性使用医疗用品的生产企业除外）卫生许可	省级人民政府卫生行政主管部门
(113)	饮用水供水单位卫生许可	设区的市级、县级人民政府卫生行政主管部门
(114)	特种设备生产单位许可	质检总局或省级人民政府质量技术监督部门
(115)	特种设备检验检测机构核准	质检总局或省级人民政府质量技术监督部门
(116)	免税商店设立审批	海关总署
(117)	生产、经营第一类中的非药品类易制毒化学品审批	省级人民政府安全生产监督管理部门
(118)	银行、农村信用社、兑换机构等结汇、售汇业务市场准入、退出审批	国家外汇管理局

续表

序号	项目名称	实施机关
(119)	保险、证券公司等非银行金融机构外汇业务市场准入、退出审批	国家外汇管理局
(120)	非金融机构经营结汇、售汇业务审批	国家外汇管理局

（五）外商投资企业再投资

1. 关于外商投资企业再投资概念和特征

外商投资企业再投资即外商投资企业境内投资。依据《商务部、国家工商行政管理局关于外商投资企业境内投资的暂行规定（2015 修正）》（以下简称《暂行规定》）第二条，“……外商投资企业境内投资，是指在中国境内依法设立，采取有限责任公司形式的中外合资经营企业、中外合作经营企业和外资企业以及外商投资股份有限公司，以本企业的名义，在中国境内投资设立企业或购买其他企业（以下简称‘被投资公司’）投资者股权的行为……”

根据《暂行规定》，外商投资企业再投资的主要特征表现在投资主体、出资比例、被投资公司的组织形式及投资待遇 4 个方面，如下：

投资主体	中外合资经营企业、中外合作经营企业和外资企业以及外商投资股份有限公司
出资比例	外商的出资比例一般不得低于被投资企业注册资本的 25%
组织形式	被投资公司应为有限责任公司或股份有限公司
外商投资企业待遇	向中西部地区投资，被投资公司注册资本中外资比例不低于 25% 的，可享受外商投资企业待遇 被投资公司享受外商投资企业待遇，应按有关外商投资企业设立程序的规定，向被投资公司所在地的省级审批机关提出申请

2. 外商投资企业再投资的审批

外商投资企业再投资应遵守我国法律、法规。投资类外商投资企业被视同外商。①

根据《暂行规定》，外商投资企业再投资，一般采用登记设立制度。若被投资公司经营范围属于鼓励类和允许类的，向相关公司登记机关登记即可；若被投资公司经营范围属于《负面清单》限制类的，则需要先获得省级审批机关和行业主管部

① 依据《暂行办法》第三十二条规定，“投资类外商投资企业（包括投资性公司、创业投资企业）视同外国投资者，适用本办法”。

门的同意后再申请设立登记，且需在被投资公司设立之日起30日内向原外商投资企业的审批机关进行备案。

外商投资企业再投资的设立及备案情形及需准备的文件如下：

设立/备案	情形	提交文件	登记/审批/备案机关
直接登记设立	被投资公司经营范围属于鼓励类和允许类	1. 外商投资企业关于投资一致通过的董事会决议 2. 外商投资企业的批准证书和营业执照（复印件） 3. 外商投资企业经审计的资产负债表 4. 外商投资企业缴纳所得税或减免所得税的证明材料 5. 法律、法规及规章规定的其他材料	被投资公司所在地公司登记机关
审批登记设立	被投资公司经营范围属于限制类	除需直接登记设立所需的文件外，还需提交被投资公司的章程	审批：被投资公司所在地省级商务主管部门和行业主管部门 登记：被投资公司所在地公司登记机关
备案		1. 外商投资企业投资备案表 2. 被投资公司的营业执照（复印件） 3. 被投资公司经营范围涉及限制类领域的，还应提交省级审批机关作出的同意设立被投资公司的批复	原审批机关

六、外商投资企业分类及相关规定

（一）中外合资经营企业

中外合资经营企业，是指中国合资者与外国合资者依照中华人民共和国法律的规定，在中国境内共同投资、共同经营，并按投资比例分享利润、分担风险及亏损的企业。

其特征包括：1. 组织形式为有限责任公司，具有法人资格；2. 中外各方依照注册资本比例分享利润，分担风险及亏损，该种合营称为股权式合营；3. 外方合资者的出资比例一般不得低于25%；4. 合资企业最高权力机构为董事会，且董事的资格不得违反公司法关于董事任职条件的规定。

1. 设立主体①

主体限制	外方：可为外国的公司、企业、其他经济组织或者个人
	中方：仅为中国的公司、企业或者其他经济组织，不包括中国公民个人

2. 出资方式②

合资企业各方可以用货币、实物、工业产权、专有技术、场地使用权等作价出资。

出资评估	以实物、工业产权、专有技术作为出资的，其作价由： 1. 合资各方按照公平合理的原则协商确定；或 2. 聘请合资各方同意的第三者评定	
出资期限	各方应当按照合同规定的期限缴清各自的出资额	
	逾期未缴或者未缴清的，应当按合同规定支付迟延利息或者赔偿损失	
注册资本	1	认缴资本制
	2	一般应当以人民币表示，也可以用合营各方约定的外币表示
	3	外国合资者的投资比例一般不低于25%
	4	在合资经营期间均不得减少其注册资本，确需减少的（因投资总额和生产经营规模等发生变化），须经审批机构批准
财务会计	1	编报的财务会计报告应当折算为人民币
	2	一切自制凭证、账簿、报表必须用中文书写，可同时用合营各方商定的一种外文书写
	3	审计师（小的企业可不设）负责审查、稽核合营企业的财务收支和会计账目，向董事会、总经理提出报告
外方以非货币出资	1	应报审批机关批准
	2	技术和设备是合资企业生产所必需的，应当： （1）为适合我国需要的先进技术和设备 （2）作价不得高于国际市场的价格 （3）报审批机构批准

① 《中外合资经营企业法实施条例》（2019年修订）第六条、第九条，《中外合资经营企业法》（2016年修正）第十五条。

② 《中外合资经营企业法实施条例》（2019年修订）第二十二条、第十八条，《中外合资经营企业法》（2016年修正）第四条。

续表

外方以非货币出资	3	工业产权或专有技术出资： (1) 能显著改进现有产品的性能、质量，提高生产效率的；或 (2) 能显著节约原材料、燃料、动力的
	4	以工业产权或专有技术作为出资，应将专利证书或者商标注册证书的复印件、有效状况及其技术特性、实用价值、作价的计算依据、与中国合资者签订的作价协议等有关文件，作为合资合同的附件
中方以场地使用权出资	场地使用权未作为中国合资者出资的一部分	(1) 合资企业应向中国政府缴纳场地使用费 (2) 场地使用费在开始用地的5年内不调整，以后因情况变化确需调整的，调整的间隔期应当不少于3年
	场地使用权作为中国合资者出资的一部分	(1) 其作价金额应与取得同类场地使用权所应缴纳的使用费相同 (2) 场地使用费在合同的有效期限内不得调整

3. 股权转让①

合资一方向第三者转让其全部或者部分股权的，须经合资他方同意，并报审批机构批准，向登记管理机构办理变更登记手续。合资他方享有优先购买权，且第三者受让股权的条件不得比合资他方的受让条件优惠。违反前述规定的，其转让无效。

4. 组织机构

董事会②	1. 董事会为最高权力机构，合营企业章程规定董事会职权，讨论决定合营企业的一切重大问题 2. 董事长和副董事长由合营各方协商确定或由董事会选举产生。中外合营者的一方担任董事长的，由他方担任副董事长，正副总经理（或正副厂长）由合营各方分别担任 3. 董事会人数不得少于3人，名额的分配由合营各方参照出资比例协商确定，董事任期为4年，可连任 4. 董事会会议每年至少召开1次，有2/3以上董事出席方能举行，无法出席的董事可以出具委托书委托他人代表其出席和表决 5. 董事长为法定代表人

① 《中外合资经营企业法实施条例》（2019年修订）第二十条。

② 《中外合资经营企业法实施条例》（2019年修订）第三十条至第三十二条。

5. 合营双方纠纷解决方式①

仲裁	自愿原则：既可向中国的仲裁机构，也可向其他国际性仲裁机构提交仲裁
诉讼	专属管辖：只能向中国法院起诉，并且只能适用中国法律
专家聘用	应聘请中国的注册会计师、律师
保险	应向中国境内的保险公司投保

（二）中外合作经营企业

中外合作经营企业，是指外国的企业和其他经济组织或个人（以下简称外国合作者）按照平等互利的原则，同中华人民共和国的企业或其他经济组织（以下简称中国合作者）在中国境内共同举办的企业形式。

其特征为：1. 契约式合营企业。中外合作者的投资或提供的合作条件，并不折算成股份，均由合作企业合同约定。2. 组织形式多样。其中符合中国法律关于法人条件的规定，具有法人资格的，组织形式为有限责任公司。不具有法人资格的，该类中外合作经营企业对外承担连带责任，内部关系依据合作合同处理。

1. 注册资本②

具有法人资格	外国合作者的投资一般不低于注册资本的 25%
不具有法人资格	合作各方向合作企业投资或提供合作条件的具体要求由商务部规定

2. 回收投资、担保与管理形式③

回收投资	外国合作者可以先行收回投资
	批准机关：财税机关
	回收办法： （1）加速固定资产折旧 （2）扩大外商的利润分配比例和产品分配比例
担保	1. 中外合作者用作投资或者合作条件的借款及其担保，由各方自行解决 2. 限制：合作各方应当以其自有的财产或者财产权利作为投资或者合作条件，对该投资或者合作条件不得设置抵押权或者其他形式的担保

① 《中外合资经营企业法实施条例》（2019 年修订）第九十七条至第一百条。

② 《中外合作经营企业法实施细则》（2017 年第二次修订）第十四条、第十八条。

③ 《中外合作经营企业法实施细则》（2017 年第二次修订）第四十三条至第四十六条、第十九条；《中外合作经营企业法》（2017 年修正）第十二条、第十七条。

续表

管理形式	类型：董事会制、联合管理委员会制、委托管理制
	权力机构：董事会或联合管理委员会 成员不得少于3人，董事或者委员由合作各方自行委派或撤换
	表决：董事不能出席的，可以委托他人代表其出席和表决
	变更：合作企业成立后改为委托中外合作者以外的他人经营管理的，必须经董事会或者联合管理机构一致同意，并向市场监督管理部门（原工商行政管理机关）办理变更登记手续

（三）外资企业

外资企业，是指依照中国有关法律在中国境内设立的全部资本由外商投资的企业，不包括外国的企业和其他经济组织在中国境内的分支机构。

其特征①为：（1）就主体而言，外商可以是公司、企业以及其他经济组织或者个人；（2）就收益、风险分摊而言，外资企业的全部资本是由外商投资的，相应地，企业的全部利润、风险和亏损均归外商；（3）依中国法律在中国境内设立，是具有中国国籍的企业。

1. 组织形式②

具有法人资格	有限责任公司
不具有法人资格	经批准可以为其他责任形式的，外商对企业的责任适用中国法律、法规的规定

2. 出资方式及出资期限

出资形式③	1. 自由兑换的外币 2. 机器设备、工业产权、专有技术等作价出资 3. 人民币利润：经审批机关批准，外商可以用其从中国境内举办的其他外商投资企业获得的人民币利润出资
非货币出资条件	机器设备作价出资： 1. 应当是外资企业生产所必需的设备 2. 作价不得高于同类机器设备当时的国际市场正常价格
	用工业产权、专有技术出资： 该工业产权、专有技术应当为外商所有
出资期限	应当在设立外资企业申请书和外资企业章程中载明

① 《外资企业法》（2016年修正）第一条。

② 《外资企业法实施细则》（2014年修订）第十八条。

③ 《外资企业法实施细则》（2014年修订）第二十五条至第二十七条、第三十条。

（四）外商投资合伙企业

外国企业或者个人在中国境内设立合伙企业，是指2个以上外国企业或者个人在中国境内设立合伙企业，以及外国企业或者个人与中国的自然人、法人和其他组织在中国境内设立合伙企业。

1. 特征①

登记机关	国务院市场监督管理部门授权的地方市场监督管理部门申请设立登记
主体限制	国有独资公司、国有企业、上市公司以及公益性的事业单位、社会团体不得成为普通合伙人
领域范围	禁止领域：《外商投资产业指导目录》禁止类和标注“限于合资”“限于合作”“限于合资、合作”“中方控股”“中方相对控股”和有外资比例要求的项目，不得设立外商投资合伙企业
	限制领域：外商投资合伙企业涉及须经政府核准的投资项目的，依照国家有关规定办理投资项目核准手续

2. 设立

设立条件	应当具备《合伙企业法》和《外国企业或者个人在中国境内设立合伙企业管理办法》规定的条件
申请主体	应当由全体合伙人指定的代表或者共同委托的代理人向企业登记机关申请设立登记

3. 出资方式

外国合伙人可以用货币、实物、知识产权、土地使用权或者其他财产权利出资，普通合伙人可以劳务出资。

货币	（1）可以是自由兑换的外币，也可以是依法获得的人民币 （2）外汇管理部门出具的相关证明文件
财产权利（实物、知识产权、土地使用权）	（1）全体合伙人协商作价的，应当向企业登记机关提交全体合伙人签署的协商作价确认书 （2）委托法定评估机构评估作价的，应当向企业登记机关提交中国境内法定评估机构出具的评估作价证明
劳务出资	（1）只能是普通合伙人 （2）应当向企业登记机关提交外国人就业许可文件

① 《外国企业或者个人在中国境内设立合伙企业管理办法》第五条；《合伙企业法》第三条；《外商投资合伙企业登记管理规定》（2014年修订）第三条、第四十三条。

（五）外国企业常驻代表机构

外国企业常驻代表机构（以下简称代表机构），是指外国企业在中国境内设立的从事与该外国企业业务有关的非营利性活动的办事机构，其不具有法人资格。

其特征为①：

法人资格	无
业务活动	不得从事营利性活动
	可以从事： 1. 与外国企业产品或者服务有关的市场调查、展示、宣传活动 2. 与外国企业产品销售、服务提供、境内采购、境内投资有关的联络活动 法律、行政法规或者国务院规定代表机构从事前款规定的业务活动须经批准的，应当取得批准
驻在期限	不得超过外国企业的存续期限

七、外商投资企业举借外债及对外担保

（一）外债监管改革——“全口径”模式

2017年1月11日央行发布的银发〔2017〕9号《中国人民银行关于全口径跨境融资宏观审慎管理有关事宜的通知》（以下简称9号文）。自2016年开始，我国对外债监管机制进行改革，逐渐把外债借入机制转向“全口径跨境融资宏观审慎管理”的模式（以下简称“全口径”模式）。“全口径”模式意味着由央行来统一外债管理，本外币一体化管理，试图拉平中资企业和外商投资企业在举借外债方面的待遇。

1. 借用外债额度计算

9号文的核心就是跨境融资风险加权余额（指已提用而未偿还的余额）上限的计算公式：跨境融资风险加权余额上限＝资本或净资产×跨境融资杠杆率×宏观审慎调节参数。所谓跨境融资风险加权余额的上限就是借款单位借用外债的上限额度。其中，宏观审慎调节参数为1。9号文针对之前的规定来说，最大的变化有两点：一是增加了外国银行境内分行的跨境融资杠杆率，新政策的适用主体得到了扩大；二是企业的跨境融资杠杆率得到了提高，由原来的1变成了2。

对于外商投资企业而言，借用外债的法定额度就变成了净资产×跨境融资杠杆

① 《外国企业常驻代表机构登记管理条例》（2013年修订）第五条、第十三条至第十六条、第二十二条。

率（ii）×宏观审慎调节参数（i），即净资产的两倍。在这个公式指导下借用外债的额度，无论对于外商投资企业还是中资企业，事实上都没有多大的差别。

2. 借用外债的监管程序

9 号文第十三条明确规定：“对企业和金融机构，中国人民银行、国家外汇管理局不实行外债事前审批，企业改为事前签约备案，金融机构改为事后备案，原有管理模式下的跨境融资未到期余额纳入本通知管理……”这意味着，不仅是外商投资企业，中资企业借用外债也不实行事前审批，但总体对外商投资企业的改变不大。

同时，企业应当在跨境融资合同签约后但不晚于提款前 3 个工作日，向国家外汇管理局的资本项目信息系统办理跨境融资情况签约备案，其结算银行应向央行人民币跨境收付信息管理系统报送相关信息。而且，企业应当及时更新信息，如发生变更要及时办理变更备案。

3. 特殊企业的借用外债模式

外商投资性公司和外商投资租赁公司由于在原有的管理模式下借债额度较大，因此可继续适用现行外债管理规定明确的外债数量控制管理方式借用外债。

9 号文适用的企业仅限非金融企业，且不包括政府融资平台和房地产企业。因此，外商投资房地产企业仍沿用原来的借债额度管理方式。

（二）内保外贷

内保外贷是指担保人注册地在境内，债权人和债务人的注册地在境外的跨境担保。

1. 内保外贷签约登记

根据《跨境担保外汇管理操作指引》第二条规定，担保人为非银行金融机构或企业（以下简称非银行机构）的，应在签订担保合同 15 个工作日内到所在地外汇局办理内保外贷签约登记手续。担保合同或担保项下债务合同主要条款发生变更的（包括债务合同展期以及债务或担保金额、债务或担保期限、债权人等发生变更），应当在 15 个工作日内办理变更登记手续。

非银行机构进行内保外贷签约登记所需提供的材料包括：1. 办理内保外贷签约登记的书面申请报告；2. 担保合同和担保项下的主债务合同；3. 外汇局认为需要补充的其他证明材料。

2. 担保履约及履约后的对外债权登记

非银行机构可凭加盖外汇局印章的担保登记文件直接到银行办理担保履约项下的购汇及对外支付，无须进行履约担保核准。

内保外贷发生担保履约时，境内担保人或反担保人应当办理对外债权登记。外商投资企业作为非银行机构，应在担保履约后 15 个工作日内到所在地外汇局办理对外债权登记，并按规定办理与对外债权相关的变更、注销手续。

（三）外商投资企业外商办理股权质押

根据《信息报告办法》，外商投资企业应当通过企业信息公示系统报送变更报告。

1. 股权质押的信息报告

根据《中华人民共和国外商投资法实施条例》无论是否涉及特别管理措施，外商投资企业均应通过企业信用信息公示系统填报信息变更报告，商务主管部门和市场监督管理部门实现内部数据共享，不得要求企业多次填写信息。

不涉及实施准入特别管理措施的：

信息报告①	时限：变更事项发生后20个工作日内
	方式：通过企业信用信息管理系统在线填报和提交
登记	参照非外商投资企业办理股权质押登记的程序办理

2. 出质登记②

根据现行有效的《公司法》及《民法典》的有关规定，质权自登记时生效，因此股权质押是否载于股东名册中并不影响其效力。其中，以上市公司股份办理股权质押的，应当由证券登记结算机构登记，除此之外以其他股份办理股权质押的，在公司注册登记的市场监督管理部门（原工商行政管理机关）办理股权出质登记即可。办理设立登记和变更登记的申请材料分别如下：

设立登记	申请材料： ①申请人签字或者盖章的《股权出质设立登记申请书》 ②记载有出质人姓名（名称）及其出资额的有限责任公司股东名册复印件或者出质人持有的股份公司股票复印件（均需加盖公司印章） ③质权合同 ④出质人、质权人的主体资格证明或者自然人身份证明复印件（出质人、质权人属于自然人的由本人签名，属于法人的加盖法人印章，下同） ⑤国家市场监督管理总局要求提交的其他材料 ⑥指定代表或者共同委托代理人办理的，还应当提交申请人指定代表或者共同委托代理人的证明

① 《信息报告办法》第十一条。

② 《工商行政管理机关股权出质登记办法》（2016年修订）第七条、第九条。

续表

变更登记	需报送审批文件： （1）审批机关的有关文件及批准文件 （2）登记机关要求提交的其他文件 ①申请人签字或者盖章的《股权出质变更登记申请书》 ②有关登记事项变更的证明文件① ③国家市场监督管理总局要求提交的其他材料 ④指定代表或者共同委托代理人办理的，还应当提交申请人指定代表或者共同委托代理人的证明

第二节 中国企业境外设立公司与并购

按照发改委2017年12月发布，2018年3月1日正式施行的《企业境外投资管理办法》第二条第一款的规定："本办法所称境外投资，是指中华人民共和国境内企业（以下称'投资主体'）直接或通过其控制的境外企业，以投入资产、权益或提供融资、担保等方式，获得境外所有权、控制权、经营管理权及其他相关权益的投资活动。"企业境外设立与并购因其经营活动跨越不同法域而涉及一些特殊问题，即中国政府对企业境外投资的法律监管问题和投资东道国对外国企业的限制和监管问题。

本节将着重介绍境内企业境外投资所涉及的相关政府部门的审批及监管流程，并简单讨论境外投资的企业模式选择的一些考量。

一、中国政府部门对企业境外设立的监管

中国政府通过不同的监管部门对企业境外设立行为予以监管，如发改委、商务部、外汇局等，若进行境外投资的企业为国有企业，则还涉及国务院国有资产监督管理委员会（以下简称国资委）的监管。

发改委和商务部对境外投资的监管侧重点和力度不同：首先，发改委侧重于管"项目"，进行的是"项目核准或备案"；而商务部监管"企业设立"或主文件签署。其次，境外投资成立的企业在境外再投资，如果符合"境外投资项目"的定义，同样需要接受发改委对项目的监管，重新办理核准或备案手续；但对于商务部的监管而言，投资者仅需在规定时间内向商务主管部门提交再投资报告表即

① 属于出质股权数额变更的，提交质权合同修正案或者补充合同；属于出质人、质权人姓名（名称）或者出质股权所在公司名称更改的，提交姓名或者名称更改的证明文件和更改后的主体资格证明或者自然人身份证明复印件。

可。近年来在商务部要求的文件中，要求同时提交“其他监管机关”的核准或备案文件，实际可视同为承认了发改委的前置作用，这更有利于理顺各主管机关之间的监管关系。

以下就各监管部门的监管权限进行简要介绍。

（一）发改委的监管

根据《企业境外投资管理办法》第十三条和第十四条规定，企业境外投资的行为需由发展改革部门进行核准或备案。敏感类项目由发改委核准，非敏感类项目根据企业类型或投资金额由发改委或省级发展改革部门进行备案。

1. 核准或备案的境外投资

（1）需要核准或备案的境外投资

根据《国务院办公厅转发国家发展改革委商务部人民银行外交部关于进一步引导和规范境外投资方向指导意见的通知》（国办发〔2017〕74 号）（以下简称《通知》），该通知对境外投资的类别进行了划分，分为禁止类、限制类、鼓励类和其他类，其中，除禁止类不能投资外，其他三类按照《企业境外投资管理办法》可以划入敏感类和非敏感类。核准和备案的项目类别、审批范围、监管主体等的具体情形如下表：

类型	项目内容	《通知》中规定的类别	具体审批范围	审批部门	审批方式	法律依据
敏感类	敏感国家和地区： ①赴与我国未建交、发生战乱或者我国缔结的双多边条约或协议规定需要限制的敏感国家和地区开展境外投资 敏感行业目录： ①房地产、酒店、影城、娱乐业、体育俱乐部等境外投资 ②在境外设立无具体实业项目的股权投资基金或投资平台 ③武器装备的研制生产维修 ④跨境水资源开发利用 ⑤新闻传媒	限制类前 3 项		发改委	核准	《通知》第四条 《政府核准的投资项目目录（2016 年本）》第十二条 《企业境外投资管理办法》第十三条

续表

<table>
<tr><th>类型</th><th>项目内容</th><th>《通知》中规定的类别</th><th>具体审批范围</th><th>审批部门</th><th>审批方式</th><th>法律依据</th></tr>
<tr><td rowspan="4">非敏感类</td><td>①使用不符合投资目的国技术标准要求的落后生产设备开展境外投资
②不符合投资目的国环保、能耗、安全标准的境外投资</td><td>限制类后2项</td><td rowspan="2">中央管理企业/地方企业投资3亿美元以上的项目</td><td>发改委</td><td>备案</td><td>《通知》第三条、第四条《政府核准的投资项目目录（2016年本）》第十二条</td></tr>
<tr><td rowspan="2">①重点推进有利于“一带一路”建设和周边基础设施互联互通的基础设施境外投资
②稳步开展带动优势产能、优质装备和技术标准输出的境外投资
③加强与境外高新技术和先进制造业企业的投资合作，鼓励在境外设立研发中心
④在审慎评估经济效益的基础上稳妥参与境外油气、矿产等能源资源勘探和开发
⑤着力扩大农业对外合作，开展农林牧副渔等领域互利共赢的投资合作
⑥有序推进商贸、文化、物流等服务领域境外投资，支持符合条件的金融机构在境外建立分支机构和服务网络，依法合规开展业务</td><td rowspan="2">鼓励类</td><td></td><td></td><td rowspan="3">《企业境外投资管理办法》第十四条、第四十二条</td></tr>
<tr><td rowspan="2">地方企业投资3亿美元以下的项目</td><td rowspan="2">省级发展改革部门</td><td rowspan="2">备案</td></tr>
<tr><td>在相关主管部门规定的境外投资的禁止类、限制类和鼓励类之外的项目</td><td>其他类</td></tr>
</table>

（2）不予核准或备案的情形

按照《通知》第五条的规定，下列为禁止企业开展的境外投资：①涉及未经国家批准的军事工业核心技术和产品输出的境外投资；②运用我国禁止出口的技术、工艺、产品的境外投资；③赌博业、色情业等境外投资；④我国缔结或参加的国际条约规定禁止的境外投资；⑤其他危害或可能危害国家利益和国家安全的境外投资。

2. 核准的时限和程序

根据《企业境外投资管理办法》，涉及敏感类的项目企业需办理核准手续，通过境外投资管理和服务网络系统（以下简称网络系统）向核准机关提交申请文件。若不涉及评估和其他部门审查的，核准机关在20—30个工作日内会作出是否核准的决定，反之，若涉及其他部门审查的，其他部门应该在7个工作日内出具书面审查意见，若还需评估的，应在4个工作日内委托评估机构评估，通常情况下评估不得超过30个工作日，情况复杂的经核准机关同意，可以延长，但延长时限不得超过60个工作日。因此，境外投资项目涉及核准的，最快可在20个工作日内完成核准，最慢需120个工作日。详细的流程如下：

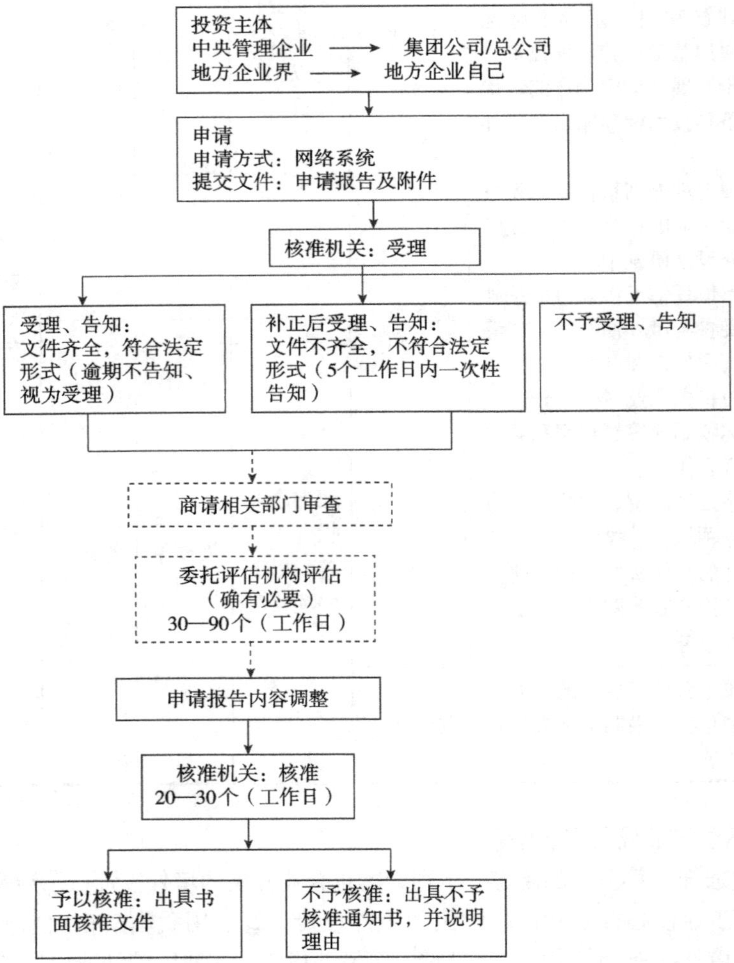

3. 备案的时限和程序

根据《企业境外投资管理办法》，涉及非敏感类的项目企业需办理备案手续，通过网络系统向备案机关提交申请文件。备案机关受理后一般会在7个工作日内作出是否备案的决定，详细的流程如下：

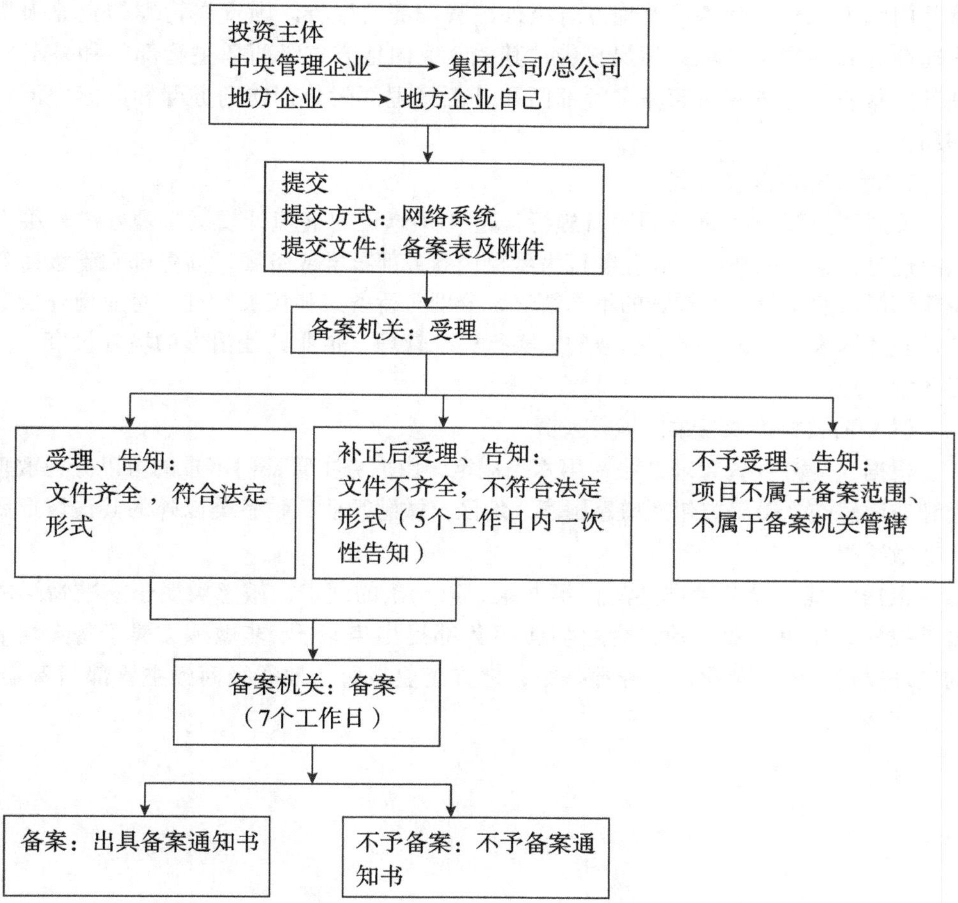

此外，根据《企业境外投资管理办法》第四十二条规定，若企业在境外开展大额（中方投资额在3亿美元以上）非敏感类项目的，还需通过网络系统向发改委提交情况报告表。

4. 核准或备案的主体

根据《企业境外投资管理办法》，对两个以上投资主体共同开展投资的，一般应当由投资额较大一方在征求其他投资方书面同意后提出核准、备案申请；若各方投资额相等，应当协商一致后由其中一方提出核准、备案申请。

（二）商务部的监管

1. 前置报告制度

根据商务部和国家外汇管理局于2005年3月31日颁布的《企业并购事项前期报告制度》，企业在确定境外并购意向后，应及时向商务部及地方省级商务主管部门和国家外汇管理局及地方省级外汇管理部门报告。国资委管理的企业须直接向商务部和国家外汇管理局报告；其他企业向地方省级商务主管部门和外汇管理部门报告，地方省级商务主管部门和外汇管理部门分别向商务部和国家外汇管理局转报。

2. 商务部核准或备案

按照商务部2009年5月1日施行，2014年修正的《境外投资管理办法》第六条的规定，企业境外设立和并购行为需报送商务部核准或备案。商务部和省级商务主管部门按照企业境外投资的不同情形，分别实行备案和核准管理。企业境外投资涉及敏感国家和地区、敏感行业的，实行核准管理。企业其他情形的境外投资，实行备案管理。

（1）需要核准或备案的境外投资

根据《境外投资管理办法》第六条规定，由商务主管部门审批的可以分为敏感类和非敏感类，敏感类包括敏感国家、地区及敏感行业，敏感类以外的其他情形属于非敏感类。

根据《境外投资管理办法》第九条、第十条的规定，敏感类属于核准情形的境外投资，中央企业和地方企业均向商务部提出申请。① 非敏感类属于备案情形的境外投资，中央企业报商务部备案；地方企业报所在地省级商务主管部门备案，具体如下表：

① 根据《境外投资管理办法》第十条规定，原地方企业就核准范围类（敏感类）的企业设立，需要经省级商务主管部门进行初步审查后报送商务部，但是，2018年7月28日出台的《国务院关于取消一批行政许可等事项的决定》（国发〔2018〕28号），取消了地方初审环节，直接由商务部进行审批，并采取重点督查和“双随机、一公开”抽查相结合的事中事后监管。

类型	适用范围	投资主体	审批部门	审批方式	法规依据
敏感类	敏感国家和地区： ①与中华人民共和国未建交的国家 ②受联合国制裁的国家 ③必要时，商务部公布的其他国家和地区 敏感行业： ①涉及出口中华人民共和国限制出口的产品和技术的行业 ②影响一国（地区）以上利益的行业	中央企业	商务部	核准	《境外投资管理办法》第六条、第十条 《国务院关于取消一批行政许可等事项的决定》（国发〔2018〕28号）第八项
		地方企业	商务部	核准	
非敏感类	敏感类以外的其他情形	中央企业	商务部	备案	《境外投资管理办法》第六条、第九条
		地方企业	省级商务主管部门	备案	

（2）不予核准或备案的境外投资

按照《境外投资管理办法》第四条的规定，企业境外投资不得有下列情形：①危害中华人民共和国国家主权、安全和社会公共利益，违反中华人民共和国法律法规；②损害中华人民共和国与有关国家（地区）关系；③违反中华人民共和国缔结或者参加的国际条约、协定；④出口中华人民共和国禁止出口的产品和技术。

（3）核准时限和程序

对属于核准情形的中央企业和地方企业境外投资，投资主体需要通过境外投资管理系统提交申请，核准机关在征求驻外（使）领馆或经商处的意见后，作出是否准予核准的决定，准予核准的颁发《企业境外投资证书》[①]（以下简称《证书》），不准予的说明理由。整个核准过程大约需要20个工作日。具体流程如下图：

① 按照《境外投资管理办法》第八条的规定，《企业境外投资证书》是企业境外投资获得备案或核准的凭证，按照境外投资最终目的地颁发。

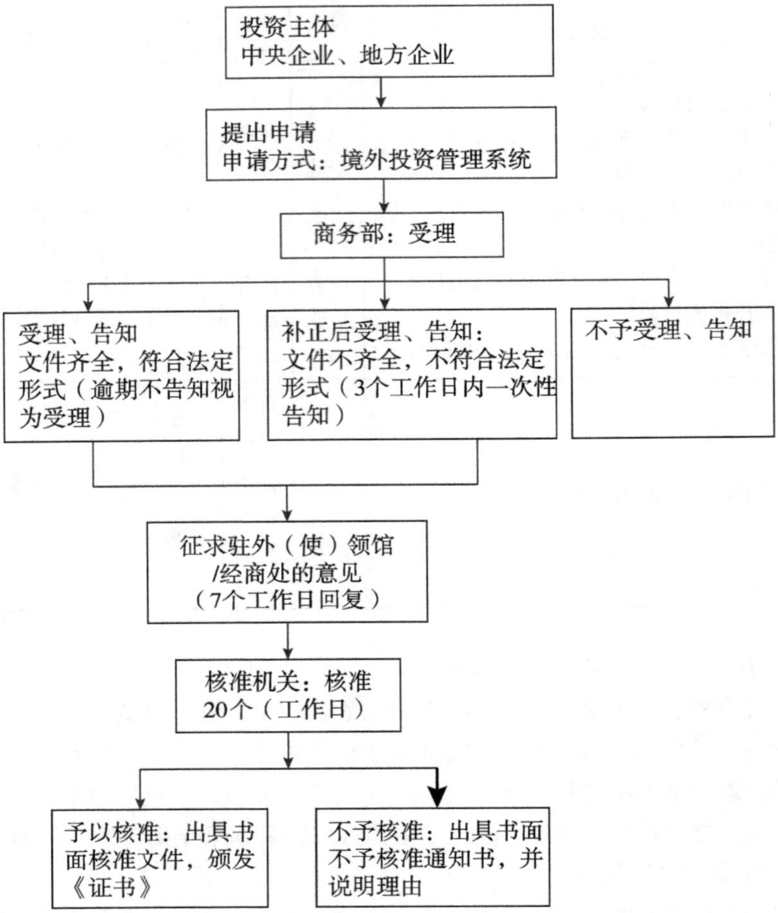

（4）备案的时限和程序

备案的程序相对于核准的程序更为便捷高效。中央企业和地方企业只需要通过境外投资管理系统按要求填写并打印《境外投资备案表》加盖印章后，连同企业营业执照复印件分别报商务部或省级商务主管部门备案即可。若手续齐全的，商务部或省级商务主管部门应当自收到《备案表》之日起3个工作日内予以备案并颁发《证书》。反之，则不予备案。

（5）核准或备案的主体

对于两个以上企业共同开展境外投资的情况，《境外投资管理办法》第十四条规定，应当由相对大股东在征求其他投资方书面同意后办理备案或申请核准。如果各方持股比例相等，应当协商后由一方办理备案或申请核准。如投资方不属同一行政区域，负责办理备案或核准的商务部或省级商务主管部门应当将备案或核准结果告知其他投资方所在地商务主管部门。

此外，根据《境外投资管理办法》第二十五条规定，就企业开展境外再投资的，无须再向商务主管部门重新申请核准或备案，只需向商务主管部门提交再投资报告表即可。

（三）外汇管理部门的监管

1. 前期报告制度

如前所述，根据商务部、国家外汇管理局于2005年3月31日发布的《企业境外并购事项前期报告制度》，企业在确定境外并购意向后，须及时向商务部及地方省级商务主管部门和国家外汇管理局及地方省级外汇管理部门报告。国资委管理的企业直接向商务部和国家外汇管理局报告；其他企业向地方省级商务主管部门和外汇管理部门报告，地方省级商务主管部门和外汇管理部门分别向商务部和国家外汇管理局转报。

2. 前期外汇费用的汇出登记

在国际收购项目中常采用竞标方式，为成功收购国外企业，境内机构需要提供资金支持。在其他类型的境外投资或并购中，境内机构初期也需要资金投入，如对基础设施的投资或开发保证金等。根据国家外汇管理局发布的《境内机构境外直接投资外汇管理规定》（汇发〔2009〕30号）第十三条的规定，境外直接投资前期费用是指境内机构在境外投资设立项目或企业前，需要向境外支付的与境外直接投资有关的费用。境内机构已汇出境外的前期费用，应列入境内机构境外直接投资总额。即在有关部门正式批准之前，境内机构可以向所在地外汇局（或管理部）提出申请，提前获得资金作为境外投资的先期投入，这部分资金算入境内机构境外直接投资总额。

根据《境内机构境外直接投资外汇管理规定》第十三条、第十四条规定，向境外汇出的前期费用，一般不得超过境内机构已向发改委、商务部申请的境外直接投资总额15%（含）。前期费用包括但不限于：收购境外企业股权或境外资产权益，按项目所在地法律规定或出让方要求需缴纳的保证金；在境外项目招投标过程中，需支付的投标保证金；进行境外直接投资前，进行市场调查、租用办公场地和设备、聘用人员，以及聘请境外中介机构提供服务所需的费用等。

前期费用累计汇出额原则上不超过300万美元且不超过中方投资总额的15%的，在境内机构注册地银行办理直接外汇登记；如确有客观原因，前期费用累计超过300万美元或超过中方投资总额15%的，境内投资者需提交说明函至注册地外汇局申请办理。

另外，根据《国家外汇管理局关于进一步改进和调整直接投资外汇管理政策的通知（2015年修正）》第七条第一款规定，前期费用外汇账户资金因直接投资而发生的境内外汇划转不再核准。

3. 境外投资外汇登记

（1）外汇登记机构

根据外汇局发布的《境内机构境外直接投资外汇管理规定》（汇发〔2009〕30号）第七条及《国家外汇管理局关于进一步简化和改进直接投资外汇管理政策的通知》（汇发〔2015〕13号）第一条第一款规定，境内机构[①]境外直接投资获得境外直接投资主管部门的核准或备案后，应当持相应的报批材料到境内机构所在地银行直接办理境外直接投资外汇登记，国家外汇管理局及其分支机构通过银行对直接投资外汇登记实施间接监管。

根据《直接投资外汇业务操作指引》，多个境内机构共同实施一项境外直接投资的，由约定的一个境内机构向其注册地银行申请办理境外直接投资外汇登记；银行完成外汇登记后，其他境内机构可以分别向注册地银行领取外汇登记凭证。

（2）审批时限

按照《国家外汇管理局关于进一步改进和调整直接投资外汇管理政策的通知（2015年修正）》的规定，外汇局在收到申请材料后，应当在5个工作日内核发外汇登记凭证，但现在由银行直接办理外汇登记，外汇局通过银行间接监管，因此具体时限应以银行的办理时限为准。

4. 境外再投资外汇备案

根据《国家外汇管理局关于进一步简化和改进直接投资外汇管理政策的通知》（汇发〔2015〕13号）第二条第二款规定，境内投资主体设立或控制的境外企业在境外再投资设立或控制新的境外企业无须办理外汇备案手续。

（四）国有资产管理部门的监管

如前所述，根据国有资产监督管理的相关规定，如进行境外投资的企业为国有企业或国有控股企业，则其境外投资活动，同时还处于国有资产监督管理部门的监管之下。具体的监管程序，则根据具体的投资主体（中央企业还是地方企业）及投资项目的性质和金额等而有所不同。下文将分别从中央企业和地方企业的角度，对此监管制度进行介绍。

1. 中央企业境外投资

根据《中央企业境外投资监督管理办法》第二条规定，中央企业，是指由国务院国有资产监督管理委员会履行出资人职责的国家出资企业。

国资委对中央企业的境外直接投资实行事前、事中及事后管理。中央企业进行

---

① 根据《外汇管理条例》第五十二条第一项规定，境内机构是指中华人民共和国境内的国家机关、企业、事业单位、社会团体、部队等，外国驻华外交领事机构和国际组织驻华代表机构除外。

境外投资须就相关事项向国资委进行报送、报告或经其审核。

（1）境外投资管理制度的报送

根据《中央企业境外投资监督管理办法》第七条规定，中央国有企业须就境外投资管理制度报送国资委。境外投资管理制度包括：境外投资遵循的基本原则、管理流程、管理部门及相关职责；境外投资决策程序、决策机构及其职责；境外投资项目负面清单、信息化管理制度、风险管理制度；境外投资项目的完成、中止、终止或退出制度；境外投资项目后评价制度；对所属企业境外投资活动的授权、监督与管理制度等。

其中，境外投资管理制度中的负面清单制度对中央企业境外投资项目类型进行了分类。负面清单范围内可分为禁止类和特别监管类，禁止类禁止投资，特别监管类，在向国家有关部门首次报送文件前需报送国资委进行审核；负面清单范围外的境外投资项目，由中央企业按照企业发展战略和规划自主决策。

（2）境外投资事前管理

根据《中央企业境外投资监督管理办法》，国资委对中央企业境外投资事前管理主要体现在以下几个方面：①中央企业应当根据企业国际化经营规划编制年度境外投资计划，并纳入企业年度投资计划；②中央企业对涉及负面清单特别监管类的项目，需履行内部决策程序并报国资委审核，再报送其他国家有关部门；③中央企业原则上不得从事境外非主业投资，特殊情况开展非主业投资的，需报国资委审核。

（3）境外投资事中管理

根据《中央企业境外投资监督管理办法》，对中央企业事中管理体现在以下几个方面：①国资委对实施中的重大投资项目随机监督；②中央企业定期跟踪分析运营中的项目，涉及重大投资项目再决策影响年度投资计划的需再次报送国资委；③中央企业需向国资委报送季度境外投资项目完成情况，主要包括固定资产、股权、重大投资项目完成情况。

（4）境外投资事后管理

根据《中央企业境外投资监督管理办法》，对中央企业事后管理体现在以下几个方面：①中央企业在年度境外投资完成后需编制年度境外投资完成情况报告并报送国资委；②中央企业需开展重大投资项目评价专项报告；③国资委需组织开展中央企业国际化经营年度评价报告。

2. 地方企业境外投资

多数省（市）属国有企业的境外投资项目须纳入年度投资计划，一般情况下，年度投资计划需报送省（市）国资委。

根据多数省（市）国有资产管理的相关规定，地方国有企业的具体境外投资项目，省（市）属国有企业须将投资项目的相关资料报送省（市）国资委。

总而言之，发改委和商务部是传统上的两大主要监管机关。在这两大监管之外，国资委在“加强国资监管”的趋势下，成功通过近年来颁布的各种部委规章和专项办法，确立了提前报送年度境外投资计划制度、境外投资负面清单制度，事前事中、事后的监管等，基本完善了对中央企业的境外投资行为的监督。国资委通过上述制度和体系的建立，为其介入和控制国有企业，尤其是中央企业的境外投资活动，创造了足够的掌控空间。反观两大传统监管机构，因为投资者各种“创新性模式”的实务运作，已经将中央企业境外投资的绝对控制权逐步地、有限地让渡给国资委。

（五）企业如何合理应对国内监管程序

1. 高度重视前置审批制度

在实践中，在对外正式签署约束性协议前，企业或因为疏忽或出于保密考虑等，没有获得中国有关监管机构的前置批准（或备案证明函等官方回执）。这种疏忽将对后续境外投资有很多不利影响，甚至可能导致相关监管机构拒绝对投资者已经签署的协议等授予批准或核准。如果企业企图利用项目的性质、影响力和已经签署的对外投资协议等，倒逼有关监管机关予以“放行”，结果可能适得其反。

另外，确有极少数企业利用重大交易的影响，“倒逼”相关监管机构放行成功的案例。例如，在三一重工与中联重科同时竞购德国普茨迈斯的交易中，中联重科已经提前在发改委拿到了境外投资项目信息报告的“路条”[①]，但最终被收购企业与未按照相关规定履行前置批准程序并拿到发改委“路条”的三一重工签署了股权收购协议。最后，发改委对该交易也授予了核准。[②] 但这一孤立的案例本身具有许多特殊性，不应当成为后来者效仿的对象。

2. 为前期费用的汇出留足时间余地

在国际收购的竞标中，招标方通常会要求投标方提供担保存款或竞标保证金。对于希望参加竞标的中国企业而言，如果在境外没有外汇账户，则想要在竞标规定时限内获得外管局的同意并购汇出可能存在一定困难，并因此导致许多中国投标方错过了商业机会。有鉴于此，企业应提前研究相关制度，提前与相关监管机关沟通，并做好前期准备工作。

---

① 根据原《境外投资项目核准和备案管理办法》（现已废止）第十条规定，“中方投资额3亿美元及以上的境外收购或竞标项目，投资主体在对外开展实质性工作之前，应向国家发展改革委报送项目信息报告。国家发展改革委收到项目信息报告后，对符合国家境外投资政策的项目，在7个工作日内出具确认函……”，这一规定中的“确认函”在业内被普遍称为“路条”。

② 载海口网，http：//www.hkwb.net/news/content/2012 －02/17/content_ 632061.htm，浏览时间：2019年1月4日。

二、境外设立企业模式的选择

企业模式的设计和优化，包括是否选择通过特殊目的公司（Special Purpose Vehicle ，SPV），即间接投资模式进行交易等，对于境外投资活动是否能顺利、成功进行，是否能实现预定的商业目标等，具有关键性的作用。作为普通的商业行为，投资者的境外投资活动，与其在境内进行的投资活动一样，应遵循一般商业交易规则。

与境内投资活动不同的是，企业为了追求未来融资的便利和合理避税等目的，可以通过设立 SPV 来进行境外投资。SPV 是指境内企业在离岸金融中心、避税港等（或其他适当的国家和地区）设立的一层或者多层的离岸公司。企业在设立 SPV 后，再通过这些不一定处于一地的一层或多层离岸公司在东道国新设公司或购买股权或其他权益、参与增资等。这些离岸公司通常只是所谓的“壳公司”（Shell Company），并无实质性经营内容，也无通常意义上的雇员，只为进行某些投资活动而存在，因此被称为特殊目的公司。设立 SPV，已经成为中国企业进行境外投资活动时常见的交易安排环节。如企业计划通过 SPV 进行境外投资活动，则需要充分了解采用这种间接投资模式可能面对的各种利弊。

第十五章

民营企业股东及实际控制人财富保护与传承

2019 年，中国内地共有 324 位企业家登上福布斯《全球亿万富豪榜》，可见我国企业家并不缺乏创造财富的能力与经验，然而综合诸如真功夫、土豆网、赶集网等公司创始人的离婚纠纷事件可以发现，众多民营企业家们尚未意识到“后院烽火”的严峻性，缺乏对风险规避以及财富传承的有效安排，以致面临亲情破裂的突然爆发无所适从。企业的未来我们无法预测，但其创始人、实际控制人、股东的婚姻家事甚至个人风评事件很显然会牵动着企业的发展，甚至成为企业的绊脚石。

那么，股东及实际控制人的婚姻家事对企业有什么影响？为防止“殃及鱼池”，企业资产是否需要与家庭资产进行隔离？如何隔离？家族企业的股权如何进行安排与传承？本章内容将对上述问题进行逐一阐释，以飨读者。

第一节　企业股东及实际控制人婚姻家事对企业的影响

一、股东及实际控制人婚姻与企业的关系

婚姻本是“家务事”，但民营企业家的个人婚姻关系往往伴随着复杂的财产关系，一场婚姻甚至还肩负着企业的兴衰，可见婚姻是神圣的也是具有极强破坏力的。调查显示，成功企业的实际控制人婚姻状况往往都是幸福美满的，概率性事件告诉我们，企业负责人的婚姻状况对企业的生存起着至关重要的作用。就像投资大师沃伦·巴菲特说过的一样，他一生中最重要的投资并不是买入哪种股票，而是选择跟谁结婚。

（一）股东及实际控制人结婚与企业的关系

【案例一】

2016 年 5 月 18 日，上海证券交易所对游久游戏的股东刘某、代某通报批评，原因是二者未将结婚事宜进行披露。刘某持该公司有表决权股票 85639603 股，占公司股本总额的 10.28%；代某持该公司股票 77483451 股，占公司股本总额的 9.31%，其中 47483451 股为有表决权股票，占公司股本总额的 5.70%。二者于

2015 年 1 月登记结婚。二者将结婚当作私人信息未进行披露，受到上海证券交易所的警告。

根据《证券法》《上市公司信息披露管理办法》等的规定，持有公司 5% 以上股份的股东或者实际控制人，其持有股份或者控制公司的情况发生较大变化，应当依法进行信息披露。而《上市公司收购管理办法》第八十三条第二款第九项规定，“父母、配偶、子女及其配偶、配偶的父母、兄弟姐妹及其配偶、配偶的兄弟姐妹及其配偶等亲属，与投资者持有同一上市公司股份”的，系一致行动人。而《上市公司收购管理办法》第三条第一款同时规定，“……上市公司的收购及相关股份权益变动活动中的信息披露义务人，应当充分披露其在上市公司中的权益及变动情况，依法严格履行报告、公告和其他法定义务。在相关信息披露前，负有保密义务”。案例中，两位股东持有公司有表决权股份均达到了 5% 以上，属于法定的信息披露义务人。二者缔结婚姻关系后，成为《上市公司收购管理办法》第八十三条规定中所认定的一致行动人，双方持股及对公司的控制情况都发生了变化，应当依法进行信息披露。

由上述案例可见，股东之间相互结婚可能引起公司控制权和公司治理等方面的变化，有限责任公司和非上市的股份公司也一样，仅向公众披露的要求不同。股东与公司高管结婚的，也可能引起公司控制权和治理结构的变化。

（二）股东及实际控制人婚内财产分割与企业的关系

婚内财产分割指的是夫妻之间在不解除婚姻关系的前提下，就夫妻共同财产进行分割。最高人民法院《关于适用〈中华人民共和国婚姻法〉若干问题的解释（三）》（以下简称《婚姻法解释（三）》）第四条规定，“婚姻关系存续期间，夫妻一方请求分割共同财产的，人民法院不予支持，但有下列重大理由且不损害债权人利益的除外：（一）一方有隐藏、转移、变卖、毁损、挥霍夫妻共同财产或者伪造夫妻共同债务等严重损害夫妻共同财产利益行为的；（二）一方负有法定扶养义务的人患重大疾病需要医治，另一方不同意支付相关医疗费用的”。

可以看出，基于我国当前的司法实践，在不解除婚姻关系的前提下，夫妻任何一方原则上不能申请分割共同财产，但一方有严重损害夫妻共同财产利益的行为，或一方有法定扶养义务的人患重大疾病需要医治，另一方不同意支付医药费的，可以进行分割。所以，在特定情况下，股东可能会被要求婚内财产分割。此种情况虽然并不常见，但只要配偶可以证明股东或实际控制人的某些行为构成“隐瞒、转移、变卖、毁损、挥霍”夫妻共同财产的，即使所隐瞒、转移或挥霍的财产并非标的股权本身，配偶也可以要求分割作为夫妻共同财产的股权。相对于离婚财产分割而言，婚内财产分割的诉讼不以“感情破裂”为前提，法院的审理周期更短，进行股权实物分割的，对企业控制权、治理等方面的影响也更为迅速，企业往往来不及想出应对之策（股权分割的具体方式和影响将在离婚股权分割部分进行介绍）。

（三）股东及实际控制人离婚与企业的关系

离婚往往涉及财产分割与子女抚养方面的争议，夫妻经过几年甚至几十年的共同生活与经营，往往财产众多，而股权作为夫妻共同财产的重要组成部分尤其是高净值人群的股权分割，在离婚纠纷中通常会被重点关注，非为股东的配偶一方极有可能申请法院采取保全措施冻结股权。而股东或实际控制人的离婚风波对家族企业的影响往往更为致命，家族企业投资有长期性和专用性的特征，基于家族亲属间的信任关系，起初的投资交易成本较低，但婚姻关系破裂会导致这一信任基础动摇，家族企业的投资甚至会消失。①

企业受离婚风波的影响在我国早已不是新闻，有“中国巴菲特”之称的关某天与杨某陷入离婚纠纷之时，由二人实际控制的沃华药业股价一路下跌。家族企业真功夫前董事长蔡某标与潘某峰的财产分割诉讼不仅让公司上市变得遥遥无期，其自身也因为诉讼暴露出的一系列问题而身陷囹圄。大量的案件和事实表明，股东或实际控制人离婚，可能导致其持有的部分股权作为夫妻共同财产而被分割，公司控制权亦可能发生变化，继而影响公司的治理。对于拟上市的股份公司而言，离婚风波甚至将直接影响公司的上市安排；对上市公司而言，股东或实际控制人的离婚诉讼会使公众投资者对公司产生信任危机，从而影响股权在二级市场的交易价格，导致公司资产缩水。

1. 离婚股权分割相关规定

《民法典》第一千零六十二条第一款规定：“夫妻在婚姻关系存续期间所得的下列财产，为夫妻的共同财产，归夫妻共同所有：（一）工资、奖金、劳务报酬；（二）生产、经营、投资的收益；（三）知识产权的收益；（四）继承或者受赠的财产，但是本法第一千零六十三条第三项规定的除外；（五）其他应当归共同所有的财产。”该条虽然没有明确规定股权属于夫妻共同财产，但我国采用夫妻财产共同所有制，婚姻关系存续期间取得的财产，以共有为原则，以夫妻双方分别所有为例外。参照2017年修订的最高人民法院《关于适用〈中华人民共和国婚姻法〉若干问题的解释（二）》（以下简称《婚姻法解释（二）》）第十一条的规定，一方以个人财产投资所取得的收益属于夫妻共同财产。《婚姻法解释（二）》第十五条至第十八条同时对作为夫妻共同财产的股票、股权在离婚时的分割方式进行规定。可见，婚姻关系存续期间取得的股票、股权也是夫妻共同财产，在离婚时应当予以分割。

---

① 吴国艳：《婚姻关系对家族企业的影响——基于产权分析的视角》，载《财经界（学术版）》2015年第21期。

参照《婚姻法解释（二）》第十五条的规定，夫妻就共同财产中的股票以及未上市股份有限公司的股份无法协议分割的，人民法院可以根据数量按比例分配。对于有限责任公司而言，参照《婚姻法解释（二）》第十六条第一款的规定，人民法院审理离婚案件，涉及分割夫妻共同财产中以一方名义在有限责任公司的出资额，另一方不是该公司股东的，按以下情形分别处理：（一）夫妻双方协商一致将出资额部分或者全部转让给该股东的配偶，过半数股东同意、其他股东明确表示放弃优先购买权的，该股东的配偶可以成为该公司股东；（二）夫妻双方就出资额转让份额和转让价格等事项协商一致后，过半数股东不同意转让，但愿意以同等价格购买该出资额的，人民法院可以对转让出资所得财产进行分割。过半数股东不同意转让，也不愿意以同等价格购买该出资额的，视为其同意转让，该股东的配偶可以成为该公司股东。

对于合伙企业而言，参照《婚姻法解释（二）》第十七条的规定，人民法院审理离婚案件，涉及分割夫妻共同财产中以一方名义在合伙企业中的出资，另一方不是该企业合伙人的，当夫妻双方协商一致，将其合伙企业中的财产份额全部或者部分转让给对方时，按以下情形分别处理：（一）其他合伙人一致同意的，该配偶依法取得合伙人地位；（二）其他合伙人不同意转让，在同等条件下行使优先受让权的，可以对转让所得的财产进行分割；（三）其他合伙人不同意转让，也不行使优先受让权，但同意该合伙人退伙或者退还部分财产份额的，可以对退还的财产进行分割；（四）其他合伙人既不同意转让，也不行使优先受让权，又不同意该合伙人退伙或者退还部分财产份额的，视为全体合伙人同意转让，该配偶依法取得合伙人地位。

对于个人独资企业而言，参照《婚姻法解释（二）》第十八条的规定，夫妻以一方名义投资设立独资企业的，人民法院分割夫妻在该独资企业中的共同财产时，应当按照以下情形分别处理：（一）一方主张经营该企业的，对企业资产进行评估后，由取得企业一方给予另一方相应的补偿；（二）双方均主张经营该企业的，在双方竞价基础上，由取得企业的一方给予另一方相应的补偿；（三）双方均不愿意经营该企业的，按照《个人独资企业法》等有关规定办理。

离婚时股权的分割本质上也属于股权的转让行为，因此，应与其他法律限制股权转让的强制性规定进行衔接适用。如果允许通过离婚财产分割的方式，突破了其他法律对股权转让的限制，则会使其他法律限制股权转让的相应立法目的落空，并可能导致司法实践中虚假诉讼的增加。

2. 离婚时股权分割的具体操作及分割后果

股权分割方式主要有价金分割、价格补偿和实物分割三种。（1）价金分割：将一方所持有的股份或出资份额全部转让变现后，夫妻对变现后的价款进行分割，此种分割方式适用于夫妻二人均无意继续参与企业经营的情形。(2) 价格补偿：由一方取得作为共有财产的股权或出资份额的所有权，并对对方进行现金补偿的分割方式。(3) 实物分割：在夫妻双方均希望继续经营企业，无法就价金分割和价格补偿达成一致意见时，需要对股权进行实物分割，这一分割方式会引起原股东持股比例的变化，还可能导致股东人数增加，从而影响企业控制权和治理。

对于登记在夫妻一方名下的股权，在上市公司和非上市股份有限公司中，进行股权实物分割没有其他程序上的要求，仅需变更登记即可。其结果是，原股东在公司的持股比例降低，其配偶成为新股东，企业股东人数发生变化。在有限责任公司中登记在夫妻一方名下的股权，对其进行实物分割的情况则相对较为复杂，除夫妻一方份额减少，另一方进入企业外，其他股东行使优先购买权的，非股东配偶一方仅能获得经济补偿，股权在夫妻间的分割将会表现为作为股东的配偶一方和其他股东之间就相应股权的交易，引起企业内部股权比例的变化。此时，股权实物分割将部分转为变价分割。对于夫妻二人均为有限责任公司股东，法院进行股权分割时，会对二者之间的持股比例进行重新配置，但二者股权总和不会发生变化。

3. 股权分割与公司控制权的关系

【案例二】

2013 年 8 月 28 日，纳川股份公告控股股东、实际控制人陈某江与张某樱离婚，陈某江将其所持有的 32.29% 股权的一半过户给张某樱。股票过户完成后，张某樱持纳川股份 16.146% 的股权，成为大股东之一。由于二者并未达成任何一致行动协议，而陈某江又面临因股权分割丧失公司控制权的风险，只能通过与公司其他股东签订一致行动协议，成为共同实际控制人。

股东或实际控制人离婚时，配偶可能通过股权实物分割成为新股东，取得可与原股东或实际控制人抗衡的股权份额。原实际控制人可能因股权分割丧失对公司的控制权。因离婚纠纷引发公司运营等方面的冲突时，可能导致公司无法作出有效的股东会决议，以致陷入僵局。此外，配偶进入公司后，即使不直接丧失实际控制权，原股东的实际控制权也会存在较大的隐患，若配偶联合其他股东一致行动，也可能出现公司控制权旁落的窘况。在有限责任公司中，其他股东可以通过行使优先购买权，购买该股东将要分割给配偶的股权份额，增加出资比例，从而取代原实际控制人成为新的实际控制人。

4. 股权分割与公司治理的关系

【案例三】

2011 年，硅宝科技股东王某治与杨某玫就离婚事宜达成《人民法院民事调解书》，王某治将其持有的 1881 万股硅宝科技的股票分割给杨某玫。此次权益变动后，王某治及杨某玫位居硅宝科技股权排名并列第三。杨某玫于离婚后第 3 年进入公司董事会，而王某治离婚后又与公司第二大股东的女儿结婚，从而与第二大股东成为实际上的一致行动人。

股东或实际控制人离婚的，会对公司治理产生较大的影响。一般而言，对股权进行实物分割不会直接引起公司高管的变化，但会造成股权集中度降低，股东持股比例将重新洗牌，董事会的结构和规模可能会随之改变，从而进一步影响公司的经营管理模式，甚至影响公司的业绩。据悉，在股东担任高管的上市公司中，离婚后部分高管会减持股份，导致其在公司经营管理中的地位被削弱，有些甚至直接离职。股东或实际控制人离婚对家族企业治理的影响更大，家族成员、股东成员和企业成员的主体重合会使得家族企业出现企业与家族平行治理的局面，离婚会影响家族成员之间的关系，从而影响企业股东和高管之间现有的平衡关系，容易造成企业内部分派，影响企业的发展和管理。

（四）股东及实际控制人离婚对公司上市和股票交易的影响

1. 股东及实际控制人离婚对公司上市的影响

【案例四】

土豆网创始人王某与杨某于2007年8月结婚，2009年，土豆网赶在竞争对手优酷之前，向美国证监会提交了在纳克达斯上市的申请。在上市之际，王某向杨某提出了离婚的要求，并承诺向杨某支付10万美元的补偿金。但杨某对于这一补偿十分不满，于王某提交上市申请的次日，向法院提交了起诉状，并申请法院冻结王某名下三家公司的股权。王某持有土豆网95%的股权，其中76%可能被法院认定为夫妻共同财产，故杨某主张自己对土豆网38%的股权实际上享有所有权。法院随后冻结了王某所持有的土豆网38%的股权，禁止转让。这场离婚官司持续了一年零三个月，最终双方达成协议，王某付给杨某700万美元的补偿，以避免其名下股权被实物分割。但这场离婚风波使土豆网错过了最佳的上市时机，本来一马当先的土豆成为第三家在美股上市的视频公司，且上市后股价不容乐观，最终被优酷收购。

由上述案例可见，股东或实际控制人离婚纠纷对正在进行IPO运作的企业的影响是十分致命的。《证券法》第四十七条规定，申请证券上市交易，应当符合证券交易所上市规则规定的上市条件。证券交易所上市规则规定的上市条件，应当对发行人的经营年限、财务状况、最低公开发行比例和公司治理、诚信记录等提出要求。上海证券交易所及深圳证券交易所的上市规则规定的最低公开发行比例均为公司股份总数的25%以上。大股东股票因离婚纠纷被冻结时，可能导致公司股份无法交易而失去上市资格。待股权解冻恢复上市的条件后再上市的，也可能面临土豆网的困境，竞争对手已领先一步上市并抢占市场，即使之后强行上市，股价也会受到影响。另外，即使实际控制人股份没有被采取强制措施，可以按时上市，离婚纠纷也可能导致股东或实际控制人个人声誉受到影响，连带影响公司的形象，导致公司股价下跌。

2. 股东及实际控制人离婚对上市公司的影响

上市公司股东或实际控制人离婚导致股权分割的，需遵守《公司法》《证券法》等法律法规的相关规定。这是由于，发起人与上市公司存在着特殊利益关系，为了防止其设立公司谋取私利，逃避法律责任，需对其转让公司股份进行特别限制。《公司法》第一百四十一条规定："发起人持有的本公司股份，自公司成立之日起一年内不得转让。公司公开发行股份前已发行的股份，自公司股票在证券交易所上市交易之日起一年内不得转让。公司董事、监事、高级管理人员应当向公司申报所持有的本公司的股份及其变动情况，在任职期间每年转让的股份不得超过其所持有本公司股份总数的百分之二十五；所持本公司股份自公司股票上市交易之日起一年内不得转让。上述人员离职后半年内，不得转让其所持有的本公司股份。公司章程可以对公司董事、监事、高级管理人员转让其所持有的本公司股份作出其他限制性规定。"现行法中未对上市公司股权分割进行特别解释，但股权的分割本质上亦属于股权转让行为，上市公司股东离婚需对股权进行实物分割时，不应违背《公司法》第一百四十一条的规定。考虑到股东大多情况下也会出任公司的高管，其转让股票可能受到双重限制。换言之，上市公司股东或高管离婚时，可能无法立刻对股权进行实物分割，只有解禁的条件满足后，才能进行实物分割。

根据《证券法》第八十条规定"持有公司百分之五以上股份的股东或者实际控制人持有股份或者控制公司的情况发生较大变化，公司的实际控制人及其控制的其他企业从事与公司相同或者相似业务的情况发生较大变化"的，应当进行信息披露。所以，上市公司股东或实际控制人离婚但不引起持股变化的，无须对其离婚的事实进行信息披露，对公司股票交易价格的影响较小。但如需进行股权实物分割，只要该股东或实际控制人持公司股份达5%以上，就需要进行信息披露。企业股东或实际控制人离婚会影响其个人形象，并进一步影响企业的信誉，使公众投资者对其盈利能力持消极看法，导致股价下跌，市值缩水。

（五）应对股东及实际控制人婚姻对企业影响的律师建议

1. 订立婚内财产协议

对于婚姻关系存续期间取得的股权，可以通过签订协议的方式对股权的归属进行提前安排，避免离婚时股权分割导致对公司控制权、市值等的影响。然而，财产共有的传统观念在一般夫妻之间根深蒂固，考虑到协议的签订可能会影响夫妻感情，婚内财产协议并不能完全适合所有家庭。

2. 尽量避免诉讼离婚

在我国法上，离婚有两种方式，即协议离婚和诉讼离婚。协议离婚需双方共同向民政局婚姻登记机关递交申请，并对夫妻共同财产分割和子女抚养达成一致意见。相较于诉讼离婚，协议离婚更加便捷，容易操作，但须夫妻双方对解除婚姻关系以及财产分割、子女抚养等问题达成一致意见。换言之，不论选择哪种股权分割方式，股东及实际控制人与其配偶必须就股权分割达成一致意见或由法院依法判决。对公司股东或实际控制人而言，协议离婚可以避免诉讼离婚导致的股权被采取强制措施等情形，不会引起公众投资者恐慌，对上市公司市值的稳定尤其重要。

3. 优先采取价格补偿方式

在股权分割的三种方式中，价格补偿对公司的影响最小。为保障企业的有效传承，建议股东离婚时应尽量选择价格补偿的方式对股权进行分割。虽然价格补偿需要夫妻双方就股权的市价及其未来的发展情况达成一致意见，但在离婚诉讼中，双方就价格补偿达成协议可以最大可能地减少对公司的影响。

4. 订立一致行动协议

进行股权实物分割的，也可以通过签署一致行动协议来保证公司的控制权不会受离婚的影响。离婚时签署一致行动协议可以缓解股东或实际控制人离婚对公司控制权和治理的影响。对于上市公司而言，一致行动协议可以稳定公众对公司的信赖，公司股价也不会受到太大的影响，从而减少公司市值缩水的程度。例如，重庆金科实际控制人黄某云和陶某霞在离婚的同时，就签署了一致行动协议，陶某霞同意成为黄某云的一致行动人。

5. 设立信托

基于信托财产的独立性，对股权设立信托的，可以最大限度上保障股权不受持有人婚姻状况的影响。龙湖地产董事会主席吴某军与丈夫蔡某离婚未对公司产生太大影响，原因是双方均对股权进行了信托安排。股权信托大致可以分为股权管理信托和股权投资信托两类。股权管理信托指委托人将需要管理的公司的股权通过设立信托交由受托人进行管理的信托。股权投资信托中的委托人并非一开始就持有股权，而是将自己的其他财产交由受托人进行管理，由受托人将这些财产进行投资，从而获得股权。无论是上述哪种方式，夫妻离婚时原则上将不能对股权进行分割，从而可以维持公司控制权和治理的稳定性。设置信托还可以缓和签订婚内协议对夫妻关系的影响，对财富传承的保障功能也更强。

二、夫妻共同债务与企业的关系

（一）夫妻共同债务的界定标准与证明责任的变迁

夫妻共同债务，是在婚姻关系存续期间夫妻双方或者其中一方为夫妻共同生活对第三人所负的债务。夫妻共同债务的认定与处理，一直是司法实践中的疑难问题。2001 年修改后的《婚姻法》虽然对此作出了明文规定，但由于过于原则和概括，在实践中难以准确地把握和适用。2004年4月1日起开始实施的《婚姻法解释（二）》第二十四条第一款的规定一度被认为是司法实践中认定夫妻共同债务的“金科玉律”，该条规定：“债权人就婚姻关系存续期间夫妻一方以个人名义所负债务主张权利的，应当按夫妻共同债务处理。但夫妻一方能够证明债权人与债务人明确约定为个人债务，或者能够证明属于婚姻法第十九条第三款规定情形的除外。”最高院出台该条规定的立法目的是在夫妻财产共有制的基础上，防止夫妻二人串通逃避债务损害债权人的利益。该条所确定的是“共债推定”的原则，即夫妻一方在婚内以自己的名义举债的，法律上首先推定其为夫妻共同债务，除非有法律明确规定的例外情形，夫妻应当对此债务共同承担。该司法解释在严格限定不属于夫妻共同债务的范围的同时，规定夫妻一方需要对债权人明确知道夫妻间有财产协议或夫妻一方与债权人明确约定夫妻一方单独负债承担证明责任。这一证明责任较为严苛，在实践中通常会导致夫妻共同债务的范围扩大。

但随着时代变迁和经济发展，该条不断被理论及实务界所诟病。其后，最高院针对个案相继发布过两个批复，在一段时间内被实务界参考使用。直至2017年2月28日，最高院修订了《婚姻法解释（二）》第二十四条，增加两款内容：“夫妻一方与第三人串通，虚构债务，第三人主张权利的，人民法院不予支持。夫妻一方在从事赌博、吸毒等违法犯罪活动中所负债务，第三人主张权利的，人民法院不予支持。”该条增补规定出台后，被普遍认为依然没有解决夫妻共同债务的认定标准问题。

2018年1月17日最高人民法院公布并于1月18日开始实施的最高人民法院《关于审理涉及夫妻债务纠纷案件适用法律有关问题的解释》（以下简称《夫妻债务解释》）共3条，第一条规定：夫妻双方共同签字或者夫妻一方事后追认等共同意思表示所负的债务，应当认定为夫妻共同债务；第二条规定：夫妻一方在婚姻关系存续期间以个人名义为家庭日常生活需要所负的债务，债权人以属于夫妻共同债务为由主张权利的，人民法院应予支持；第三条规定：夫妻一方在婚姻关系存续期间以个人名义超出家庭日常生活需要所负的债务，债权人以属于夫妻共同债务为由主张权利的，人民法院不予支持，但债权人能够证明该债务用于夫妻共同生活、共同生产经营或者基于夫妻双方共同意思表示的除外。

这一最新司法解释明确地确立了“共债共签”的原则。根据这一原则，如果夫妻双方有共同举债的意愿，那么不论夫妻双方是否共享了该债务带来的利益，该债务均应视为夫妻共同债务；如果夫妻事先无共同举债的意思表示，但债务发生以后，债务带来的利益却由夫妻二人共同分享的，同样应视为共同债务。同时，该解释第三条明确把夫妻关系存续期间以个人名义超出家庭日常生活需要所负的“大额举债”属于夫妻共同债务的举证责任分配给了债权人，即债权人此时需要举证证明该“大额举债”用于夫妻共同生活、共同生产经营或者是夫妻双方有举债合意，否则债权人将承担不利的后果。

家庭日常生活需要的支出是指通常情况下必要的家庭日常消费，主要包括正常的衣食消费、日用品购买、子女抚养教育、老人赡养等各项费用，是维系一个家庭正常生活所必需的开支。城镇居民家庭日常消费主要分为八大类，分别为食品、衣着、家庭设备用品及维修服务、医疗保健、交通通信、文娱教育及服务、居住、其他商品和服务。家庭日常生活的范围，可以参考上述八大类家庭消费，根据夫妻共同生活的状态（如双方的职业、身份、资产、收入、兴趣、家庭人数等）和当地一般社会生活习惯予以认定。第三条则进一步扩大了夫妻共同债务的范围，即一方为家庭日常生活所需之外的事宜负债，只要负债用于夫妻共同生活、共同生产经营或者实际上是基于夫妻共同的意思表示，债权人也可以主张属于夫妻共同债务。《民法典》编纂过程中吸收了《夫妻债务解释》中关于夫妻共债的规定，虽然在语言表述上更为精炼，但其实质内容并未发生变化。《民法典》第一千零六十四条规定：“夫妻双方共同签名或者夫妻一方事后追认等共同意思表示所负的债务，以及夫妻一方在婚姻关系存续期间以个人名义为家庭日常生活需要所负的债务，属于夫妻共同债务。夫妻一方在婚姻关系存续期间以个人名义超出家庭日常生活需要所负的债务，不属于夫妻共同债务；但是，债权人能够证明该债务用于夫妻共同生活、共同生产经营或者基于夫妻双方共同意思表示的除外。”

（二）夫妻共同债务与企业的关系

1. 企业经营导致夫妻共债

【案例五】

小马奔腾是一家著名的影视出品公司。小马奔腾及其实际控制人李甲、李乙、李丙与建银文化签署了一份对赌协议，该协议约定，如小马奔腾未能在 2013 年 12 月 31 日之前实现合格上市，则投资方建银文化有权在 2013 年 12 月 31 日后的任何时间，要求小马奔腾或其实际控制人李甲、李乙、李丙中的任何一方一次性收购建银文化所持有的小马奔腾的股权。2014 年 1 月 2 日，小马奔腾创始人李丙突然离世，企业陷入了股权之争和控制权之争的混乱中。因为李丙对赌失败，其遗孀金某被一审法院判决在 2 亿元范围内承担“夫妻共同债务”的连带清偿责任。

上述判决系根据《婚姻法解释（二）》第二十四条，但《夫妻债务解释》实施后，金某依据新的规定提起上诉。2019 年 10 月 22 日，北京市高级人民法院作出二审判决，认定金某对于案涉协议约定的股权回购义务是明知的，其参与了公司的共同经营，案涉债务属于李丙、金某夫妻共同经营所负债务，构成夫妻共同债务。

夫妻一方以个人名义负债，超过家庭日常生活所需的（一般指大额负债），债权人需证明负债用于夫妻共同生活或共同生产经营或基于夫妻共同意思表示，方能被认定为夫妻共同债务。上述案件反映了一个现实问题，企业经营等问题可能导致夫妻共同债务。对于夫妻双方同为公司股东的情况，我们要考虑的是此种债权债务关系符不符合夫妻共同生产经营的条件，夫妻共同生产经营的认定更为复杂，所谓夫妻共同生产经营主要是指由夫妻双方共同决定生产经营事项，或者虽由一方决定但另一方进行了授权的情形。判断生产经营活动是否属于夫妻共同生产经营，要根据经营活动的性质以及夫妻双方在其中的地位作用等综合认定。夫妻从事商业活动，视具体情形可能适用《公司法》《合同法》《合伙企业法》等法律及司法解释的规定。夫妻共同生产经营所负的债务一般包括双方共同从事工商业、共同投资以及购买生产资料等所负的债务。不可否认的是，在《夫妻债务解释》实施后，认定为夫妻共同债务的情形会有所减少，但也不能完全杜绝夫妻受企业经营影响的情形。

2. 夫妻共同债务对企业的影响

夫妻一方以自己的名义负债，被认定为夫妻共同债务时，可能会导致另一方的股权被强制执行，对企业的正常经营影响颇多。例如，甲、乙为一对夫妻，甲是A公司的股东，乙以自己名义负债，这一债务如果被认定为夫妻共同债务，则甲在A公司的股份也可能被强制执行，由此对公司产生影响。如果甲是控股股东或实际控制人的，甚至会影响公司控制权和公司治理，使公众对A公司的评价降低，导致A公司股价缩水，降低A公司市值。《夫妻债务解释》及《民法典》的规定对于企业的稳定和家族财富的传承是较为有利的，减少了可以认定为夫妻共同债务的情形，更有利于保护夫妻一方及其担任股东的企业免受另一方以自己名义所负债务的影响。

（三）应对夫妻共债对企业影响的律师建议

根据《民法典》的规定，为避免一方负债对另一方及企业产生影响，首先应当对共同签署合同的风险持谨慎态度，在共同签署合同之前均应当对合同可能对个人及企业产生的风险进行评估。一般而言，家庭日常生活需要所负债务数额不会过高，共同签署的借款合同对企业不会产生太大的影响。因此，防止夫妻共债对企业造成影响，关键在于预防用于共同生产经营的负债对企业的影响，而将股权与个人其他财产进行隔离可谓最佳选择。

三、遗产继承与企业的关系

（一）国内遗产继承的现状和不足

1. 法定继承的现状和不足

《民法典》第一千一百二十七条规定，在法定继承的情况下，遗产应按照不同的顺序进行继承。继承开始后，由第一顺序继承人继承，第二顺序继承人不继承。没有第一顺序继承人继承的，由第二顺序继承人继承。第一顺序的继承人包括配偶、子女、父母；第二顺序的继承人包括兄弟姐妹、祖父母、外祖父母。[①]

上述规定无论是对被继承人和继承人都存在不利之处。站在被继承人的立场上，法定继承规定的继承人范围非常狭窄，不利于保护自然人的继承权。根据《民法典》规定，法定继承人包括配偶、子女、父母和兄弟姐妹、祖父母（父系祖父母）、外祖父母（母系祖父母），孙子女、外孙子女以及被继承人的晚辈直系血亲和兄弟姐妹的子女为代位继承人。此前，不乏学者呼吁应当适当扩大法定继承人的范围，理由在于，我国实行计划生育已经多年，“一孩”家庭的数量占家庭总数的比例较大，加之规定的法定继承人范围太窄，不能使遗产尽可能地保证留给与死者有一定血缘关系的亲属，存在无人继受的遗产被收归国家或集体所有的可能性极大。这不利于保护自然人的私有财产继承权，也不利于延续家族现有的财富，但此次《民法典》编纂过程中并未直接扩大法定继承人的范围，只是增加了兄弟姐妹的子女可以代位继承。[②]

站在继承人的立场上，我国法上关于法定继承的规定对于继承人本身有很多不利。具体体现在以下几点：(1) 现代社会中，个人拥有财产的形式较为多样，包括动产、不动产、有价证券、股权等，继承开始时难以明确具体的遗产范围。(2) 即便遗产仅为现金存款，也可能分散在不同的银行账户，甚至微信、支付宝或微博账户。所以，法定继承人对于被继承人的财产存在无处可查的可能。(3) 由于核心家庭形式已经逐渐占据主导地位，家庭的财产情况也不为外人所知，可能造成第二顺序继承人无法顺利继承的困境。

2. 遗嘱继承的现状和不足

确保遗嘱人真实意思表示是现代遗嘱类型强制的首要价值目标。法律规定遗嘱的形式要件是为了保证遗嘱的真实性，确保遗嘱是遗嘱人自身处分遗产的真实意思表示。根据《民法典》第一千一百三十四条至第一千一百三十九条的规定，我国有6种形式的遗嘱，分别是自书遗嘱、代书遗嘱、打印遗嘱、录音录像形式立的遗嘱、口头遗嘱和公证遗嘱。遗嘱人可以撤回、变更自己所立的遗嘱。立遗嘱后，遗嘱人实施与遗嘱内容相反的民事法律行为的，视为对遗嘱相关内容的撤回。为了尊重遗嘱人的真实意愿，《民法典》取消了《继承法意见》所确定的公证遗嘱的优先效力，立有数份遗嘱，内容相抵触的，以最后的遗嘱为准。

《民法典》第一千一百三十四条规定，自书遗嘱由遗嘱人亲笔书写，签名，注明年、月、日。自书遗嘱有三个生效要件，即亲自书写、遗嘱人签名和注明年月

---

① 根据该条规定，“子女”，包括婚生子女、非婚生子女、养子女和有扶养关系的继子女；“父母”，包括生父母、养父母和有扶养关系的继父母；“兄弟姐妹”，包括同父母的兄弟姐妹、同父异母或者同母异父的兄弟姐妹、养兄弟姐妹、有扶养关系的继兄弟姐妹。

② 杨立新：《民法分则继承编立法研究》，载《中国法学》2017 年第 2 期。

日。亲自书写和签字都是为了保证遗嘱内容是遗嘱人真实意思表示，注明年月日可以认定遗嘱人在书写自书遗嘱时是否具有遗嘱能力，也可在有多份遗嘱时，判断应以哪一份为准。参照《继承法意见》第四十条的规定，公民在遗书中涉及死后个人财产处分的内容，确为死者真实意思表示，有本人的签名并注明了年、月、日，又无相反证据的，可按自书遗嘱对待。所以，遗嘱人在日记等中对其死后的遗产进行安排的，由遗嘱人签字并注明日期，可以认定是遗嘱人真实意思表示，也属于自书遗嘱。

顾名思义，代书遗嘱即由他人代为书写的遗嘱。代书遗嘱应当有两个以上见证人在场见证，由其中一人代书，遗嘱书写完毕后，交由其他见证人核实，并向遗嘱人当场宣读，经遗嘱人认定无误后，并由遗嘱人、代书人和其他见证人签名，注明年、月、日。见证人应当具有完全民事行为能力，见证人的作用是证明代书遗嘱的内容是遗嘱人真实意思表示，所以其必须对此具有辨别能力。参照《继承法意见》第三十六条的规定，继承人、受遗赠人的债权人、债务人，共同经营的合伙人，视为与继承人、受遗赠人有利害关系，不能作为遗嘱的见证人。

打印遗嘱是《民法典》中新增的遗嘱形式，使遗嘱形式与当今社会生活的现实状况和科技发展的实际水平相适应。《民法典》第一千一百三十六条对该遗嘱形式作出了规定："打印遗嘱应当有两个以上见证人在场见证。遗嘱人和见证人应当在遗嘱每一页签名，注明年、月、日。"该类遗嘱可能是遗嘱人亲自操作电脑，也可以是见证人进行操作。需要注意的是打印遗嘱需要遗嘱人和见证人在每一页上签字并注明年、月、日。

《继承法》中规定了录音遗嘱，此次编撰《民法典》时将这一遗嘱形式改为"录音录像遗嘱"。《民法典》第一千一百三十七条规定，以录音录像形式立的遗嘱，应当有两个以上见证人在场见证。遗嘱人和见证人应当在录音录像中记录其姓名或者肖像，以及年、月、日。一般情况下，在制作录音录像遗嘱时应先由遗嘱人亲自叙述遗嘱的全部内容，并由两个以上的见证人在场见证，见证人的个人信息部分亦应逐一明确并录制，同时还要对录制情况作出说明。整个叙述和见证过程应当全程同步进行摄像、录音。

口头遗嘱是一种较为特殊的遗嘱。《民法典》第一千一百三十八条规定，遗嘱人在危急情况下，可以立口头遗嘱。口头遗嘱应当有两个以上见证人在场见证。危急情况消除后，遗嘱人能够以书面或者录音录像形式立遗嘱的，所立的口头遗嘱无效。但对于危急情况过后多久口头遗嘱失效目前法律和司法解释都没有进行规定。由于口头遗嘱不利于保存，对遗嘱人真实意思表示的争议较大，只有在紧急情况下才能立口头遗嘱，而且一旦紧急情况解除，可以另立其他形式的遗嘱的，口头遗嘱失效。

由于中国传统观念一般认为立遗嘱是不吉利的，因此法定继承在我国相对普遍。相对于法定继承而言，遗嘱继承的被继承人在生前即对其遗产进行安排、分配，可以较好地避免法定继承所面临的困境。但遗嘱继承依旧面临风险，各类遗嘱都有其生效的形式要件，遗嘱人一旦不注意上述要件，遗嘱是否为其真实意思表示在法律上将难以判断，甚至可能导致遗嘱无效。尤其是代书遗嘱的各个要件有时会被忽视，很多老人在年老丧失书写能力时，会邀请子女代为书写遗嘱，对遗产进行处分，但往往由于没有符合法律规定的见证人在场，代书遗嘱会被认为无效。

（二）遗产继承对企业控制权和治理的影响

从家族财富传承的角度来讲，法定继承人范围扩大，可能导致家族财富过于分散，不利于财富的传承。我国规定了代位继承制度，《继承法》第十一条规定，被继承人的子女先于被继承人死亡的，由被继承人的子女的晚辈直系血亲代位继承。但《民法典》进一步扩大了代位继承的范围，第一千一百二十八条规定："被继承人的子女先于被继承人死亡的，由被继承人的子女的直系晚辈血亲代位继承。被继承人的兄弟姐妹先于被继承人死亡的，由被继承人的兄弟姐妹的子女代位继承。"换言之，此前只有直系晚辈血亲可以代位继承，但《民法典》实施后，侄子、侄女、外甥、外甥女等人也可以代位继承。代位继承人能否实际继承遗产取决于原继承人能否继承遗产。兄弟姐妹在我国《民法典》中是第二顺序的继承人，当有第一顺序的继承人时，原继承人无权继承遗产，代位继承人亦无法继承遗产。且代位继承人一般只能继承原继承人有权继承的遗产份额。相较于直接扩大法定继承人的范围而言，代位继承制度在保障财富的集中传承方面更为有利。

一般而言，法定继承对于财富的传承是极为不利的。例如，甲与兄弟乙共同设立有限责任公司A公司，甲在婚后持有A公司60%的股权，乙持有公司40%的股权。后甲突发心脏病去世，其第一顺序继承人有其配偶、一个孩子和年迈的母亲。甲持有的60%股权属于夫妻共同财产，有30%属于其配偶所有。剩余30%股权由配偶、孩子和母亲平均分配，各获得10%。法定继承发生后公司股东可能变成4人。且配偶因此获得40%的股权，与乙同样成为大股东。我国《公司法》第七十五条规定，自然人股东死亡后，其合法继承人可以继承股东资格；但是，公司章程另有规定的除外。换言之，只要公司章程未对股权继承作特别规定，未成年继承人也可以继承股东资格。此时由于行为能力的限制，其必然无法亲自行使股东权利，而须由其法定代理人代为行使。一般来说，这一法定代理人就是甲的配偶。因此，其配偶作为一个从未参与过公司经营的人，一跃成为公司实际控制人，对公司经营的影响是不言而喻的。所以，法定继承由于缺乏统一的安排，可能导致作为遗产的股权过度分散，不利于家族财富的传承。此外，法定继承并不利于保护潜在继承人的继承利益。被继承人死亡后，潜在继承人因无人通知而不知道继承的发生，待其知道继承发生之后，遗产可能因无人管理而毁损灭失，潜在继承人可能无法实现其继承权。[①]

相比较而言，遗嘱继承可以较好地避免公司股权分散、控制权易主的情形，但从家族财富传承的角度而言，也并非最优工具。股权和一般财产权利不同，是一种综合性的权利，不仅体现为财产权，也体现为社员权，取得股权的人进而成为公司股东，参与股东会议并进行投票表决，进而影响公司的治理。就股份公司而言，继承人继承被继承人的股权从而成为公司股东并不存在法律障碍。在有限责任公司中，公司章程无特殊约定时，继承人也可继承被继承人的股东资格。但是，所有继承人都将成为公司股东，无疑将导致股东人数增加，从而影响公司的控制权和治理。在有限责任公司中，还可能因股东人数增加导致公司本身不再满足法律对有限责任公司股东人数的限制。即使通过遗嘱指定一个继承人继承股权，也不能避免该继承人死亡后股权被再次分割的风险。而且我国法律明确规定，遗嘱自由并非仅受遗嘱形式要件的限制，遗嘱中还应当对缺乏劳动能力又没有生活来源的继承人保留必要的遗产份额，这也为股权稀释埋下了隐患。此外，只指定一个继承人在现实生活中可能性也比较小，大公司的股东一般都有两个或两个以上的孩子，形成一个关系较为复杂的家族，股权只留给一人继承的情况实际上并不多见。这些对企业的影响都是遗嘱继承无法克服和避免的。

（三）应对遗产继承对企业影响的律师建议

1. 及时订立遗嘱

虽然遗嘱继承在维护公司控制权等方面还存在一定的弊端，但也是保护企业不受控股股东或实际控制人死亡影响的重要工具。通过早早设立遗嘱，控股股东或实际控制人可以对公司的发展和安排早做打算，即使不可避免地要在一定程度上分散股权，但也可以避免因突然离世可能导致的负面后果，以维护公司控制权和治理的稳定，延续家族财富。

2. 签署股权代持协议

如前文中提到的，股权既是一种财产权，也是一种社员权，股权财产权部分的继承性和继承价值较高。但作为一种社员权，尤其在有限责任公司中，股权的继承存在种种隐患。股权代持又称委托持股，隐名投资，是指实际出资人（隐名股东）与名义出资人（显名股东）约定，由实际出资人出资并享有投资权益，由名义投资人代替实际出资人作为名义股东的一种股权处置方式。[②] 正因为股权代持的隐蔽性和灵活性，可以为投资者带来一定的便利，股权代持已经成为商事活动中一种常见的股权持有方式。股权代持可以保障股权持有情况不受股东婚姻、继承等情况的影

---

① 于晓：《继承人有无不明时的继承法完善》，载《政法论丛》2017 年第 6 期。

② 荣明潇：《股权代持行为效力的司法认定》，载《法律适用（司法案例）》2019 年第 2 期。

响，而且也可以有效地将股权财产权与社员权二分，财产权进行继承，社员权则保持不变，以维护公司的稳定，延续家族财富。但是，股权代持也有一定的风险。需要通过具体的代持协议安排来规避这些风险。（详见下文）

3. 设立信托

代持和信托本质上都属于将财产权和社员权隔离的财富传承方式，但二者各有优劣。代持的优点在于其更加隐秘，而且仅涉及私人之间的协议事项，更加容易操作且费用更低，而信托是更为持久、稳定的财富传承方式。鉴于信托财产的独立性，委托人可以将股权信托给专业的信托公司进行管理，而指定其继承人为受益人，委托人也可以通过遗嘱设立信托，防止其继承人挥霍财产，从而实现家族财富传承的目的。

第二节　企业资产与家庭资产的隔离

企业资产是指由企业拥有或控制的能以货币计量的经济资源，不仅包括金钱、实物等有形财产，还包括知识产权、债权等无形资产。根据《公司法》第三条第一款的规定，“公司是企业法人，有独立的法人财产，享有法人财产权。公司以其全部财产对公司的债务承担责任”，即法人的独立财产权。企业资产预期会给企业带来经济利益，是企业正常生产运营所必需的资源。而家庭资产是指家庭拥有的全部经济资源，可以分为金融资产和实物资产两大类。企业资产和家庭资产本身应分属企业和家庭，但由于部分企业家的法律意识淡薄和对企业规章制度的不遵守，导致企业资产和家庭资产出现混同，甚至出现企业家、企业、家庭成员为此承担民事或刑事责任的情形。

企业初创时期，经营者往往会投入家庭资产作为启动资金进行经营。当企业步入正轨后，部分企业家家庭的开销也常常摊入企业成本之中，如交通费用、业务拓展成本等，对于企业家而言，这既是企业的经营成本，也是家庭的日常开销。家庭生活开销与企业经营成本相互混淆成为家族企业的常态。尽管企业资产日益增多，但原有家庭资产以及家庭生活开销也掺杂其中，企业规模越来越大，财产混同产生的隐患也越来越大。

近年来，企业资产和家庭资产“公私不分”在实务中引发的问题，如“真功夫蔡某标案”① “乐视案”② 等让社会大众开始认识到企业资产和家庭资产混淆的风险及进行资产隔离的必要性。

---

① 参见（2014）穗中法刑二终字第68号刑事判决书。被告人蔡某标犯职务侵占罪、挪用资金罪，数罪并罚，决定执行有期徒刑14年，并处没收财产人民币100万元。

② 参见（2017）京01执636号等执行裁定书。前乐视体系实际控制人贾某亭多次被法院裁定执行其名下财产。

一、企业资产与家庭资产不分的风险

在《公司法》的司法解释和相关法律法规不断对公司依法依规运营加强管控的情势下，公司已越来越难掩盖企业资产与家庭或个人资产混同的情形，企业家对以下多种可能导致承担民事或刑事责任的财产混同状态应当加以避免。

（一）公司人格混同

公司的独立人格和股东的有限责任是现代公司法人制度的两大基石，公司和股东彻底分离是公司取得法人独立资格的前提，但是现实中，有许多企业出现了法人人格混同、即企业法人资产与股东个人资产不独立的情形。法人人格混同是指公司与股东或实际控制人的人格全部重合，公司完全失去独立意志，彻底沦为股东或实际控制人的工具。[①] 主要分为股东与公司之间的混同、关联公司之间的混同。

1. 股东与公司的混同

股东与公司人格混同，常常构成公司法人人格否认的依据，其主要有以下特征：（1）财产混同。公司财产与股东财产混同，公司缺乏了独立的财产，也失去了独立人格存在的基础。一方面体现在公司财产与股东财产在实际经营中的混同，无法严格区分，另一方面体现在公司与股东利益一体化上。[②] 例如，公司的营业场所与股东的生产生活场所同一；公司法人资产与股东的个人财产或者其他资产混同；公司与股东的账簿合一，账目不清；股东随意调配公司的财产，甚至转为股东个人财产等。（2）业务混同。业务混同是指股东从事业务与公司经营范围、经营行为、交易方式同一或相似。实践中存在大量股东以自己的名义从事交易行为，又以公司名义从事同样交易行为的情况，使得交易相对方无法辨认是与股东个人还是与公司的交易行为，以致公司在形式上的独立性都无法保证。

根据《公司法》第二十条之规定，当公司股东滥用公司法人独立地位和股东有限责任，逃避债务，严重损害公司债权人利益的，应当对公司债务承担连带责任。就股东滥用公司法人独立地位和股东有限责任来逃避债务的情形，在司法实践中一般与虚假出资、抽逃出资、虚假交易、挪用公司财产等行为关联。在上述情形下，股东不仅很有可能被追究连带责任，情节严重时，股东甚至可能会被科以刑事责任。根据《刑法》第二百七十一条以及最高人民法院、最高人民检察院《关于办理贪污贿赂刑事案件适用法律若干问题的解释》的规定，公司、企业或者其他单位的人员，利用职务上的便利，将本单位财物非法占为己有，数额达到六万元或二十万元以上的，应分别以“数额较大”或“数额巨大”标准立案追诉。公司的财产

---

① 张磊：《认缴制下公司法人人格否认规则的司法适用新探》，载《法律适用》2018 年第 8 期。

② 范健、王建文：《公司法》，法律出版社 2016 年版，第 232 页。

与资金的所有权属于公司，只有公司有权处置自己的财产。股东个人不能处分公司财产或将公司财产转移成为自己的财产，如出现上述情形，情节严重时可能涉嫌刑事犯罪。

2. 关联公司之间的混同

关联公司是与独立公司相对应的概念，是指与其他公司之间存在直接或间接控制关系或重大影响关系的公司，即相互之间具有联系的各公司互为关联公司。公司间通过订立契约或相互持股，或者同时采用这两种方式可以形成关联公司。在交易实践中，常见的关联公司形式主要有以下几种：（1）母子公司。母公司是指拥有另一个公司一定比例以上的股份或通过协议方式能够对另一个公司实行实际控制的公司，具有法人资格，可以独立承担民事责任。子公司是与母公司相对应的法律概念，是指一定比例以上的股份被另一个公司持有或通过协议方式受到另一个公司实际控制的公司。子公司具有法人资格，可以独立承担民事责任。（2）控股公司。控股公司是指持有他公司一定比例的股份，而能够对他公司进行控制的公司。一般来说，在母、子公司关系中，母公司为控股公司。（3）跨国公司。跨国公司是指以一国为基地，通过对外直接投资，在其他国家或地区设立分公司或子公司，从事国际性经营的公司集团。跨国公司事实上是由设立于一国的母公司与设立于他国的若干个子公司构成的。

在具有关联关系的公司之中，容易出现人事混同，即公司与股东的组织机构、管理人员互相交叉。例如，董事会人员互相兼任，高管人员统一调配等。组织机构尽管形式上独立，但实质上互为一体，公司因此失去独立的意思机关、执行机关及监督机关，丧失公司本质性法律人格要素。① 关联公司内部，控制公司可能滥用公司的有限责任形式，逃避责任，甚至滥用其支配性地位，损害从属公司的少数股东及其债权人的利益。

在最高人民法院发布的15号指导案例“徐工公司诉川交公司等买卖合同纠纷案”中，法院判定涉案三个公司存在人格混同。一是，三个公司人员混同。三个公司的经理、财务负责人、出纳会计、工商手续经办人均相同，其他管理人员亦存在交叉任职的情形。二是，三个公司业务混同。三个公司实际经营中均涉及工程机械相关业务，经销过程中存在共用销售手册、经销协议的情形，且对外进行宣传时信息混同；三是，三个公司财务混同。三个公司使用共同账户，对其中的资金及支配无法证明已作区分。本案中，三个公司与徐工机械公司之间的债权债务、业绩、账务及返利均计算在川交工贸公司名下。因此法院认为三公司各自财产无法区分，已丧失独立人格，构成人格混同，应当承担连带清偿责任。

---

① 范健、王建文：《公司法》，法律出版社2016年版，第232页。

对于关联企业的债权人而言，各企业本应以其各自所有的全部财产对外承担责任，但由于人格的混同，很难辨别关联企业各自所有的财产，法人财产不再泾渭分明，关联企业之间资产的随意移转，很容易导致债权人的权益落空。① 当关联公司之间的人格混同达到严重损害债权人的利益时，法院很可能会否认关联公司的法人人格，让关联公司互相承担连带责任。

（二）家庭财产的“连带责任”

在企业作为债务人对外负有债务时，特别是在企业的融资活动当中，企业的控制人或管理人员时常作为共同债务人或保证人出现，此时就涉及该共同债务人或保证人的夫妻共有财产可能要对此承担责任的风险。《夫妻债务解释》（法释〔2018〕2号）颁布后，夫妻共同债务的推定在有双方共同签字或事后追认时成立，这就使得在企业融资过程中，出资方要求共同债务人或保证人的配偶签署“配偶承诺函”等类型性质的文件几乎成为常态。一旦企业因经营困难、市场波动等问题无力偿还到期债务，不仅作为共同债务人或保证人的企业主将对此承担责任，也会使得企业主的配偶在夫妻共同财产的范围内对此担责。如此一来，企业财产和企业主的家庭财产均处于受损的风险中，可能导致家庭生活乃至财富传承受到严重影响。

家庭财富受影响不仅体现在最终对夫妻共同财产的执行上，还在于对该部分财产所采取的查封、扣押、冻结等保全措施上。例如，在某互联网公司的债务危机案件当中，招商银行某支行就曾向上海市高级人民法院申请财产保全，请求冻结该公司和控制人及其妻子约12.37亿元的资产。上海市高级人民法院随后裁定对上述资产进行司法冻结，理由是公司实际控制人为公司方在招商银行某支行的贷款提供了个人连带担保，但贷款到期后公司及其实际控制人均未偿还本息，银行多次催收无果。

二、企业资产与家庭资产如何隔离

前文较为详细地介绍了资产混同可能带来的风险，无论是对于企业资产，还是家庭资产来说，这种资产隔离都是必需的。因此企业在生产经营中必须对以下几方面加以注意，必要时应利用相关法律工具规避风险。

（一）加强企业经营管理

1. 选择合适的企业组织形式

企业组织形式是指企业存在的形态和类型，以下主要介绍个人独资企业、有限

① 裴莹硕、李晓云：《关联企业人格混同的法人人格否认》，载《人民司法》2009年第2期。

责任公司和合伙企业。为有效隔离家庭资产和企业资产，投资者在从事经营活动中应选择合适的企业组织形式。

（1）个人独资企业

个人独资企业是指由一个自然人投资，财产为投资人个人所有，投资人以其个人财产对企业债务承担无限责任的经营实体，企业资产所有权、控制权、经营权、收益权高度统一。根据《个人独资企业法》第十八条的规定，个人独资企业投资人在申请企业设立登记时明确以其家庭共有财产作为个人出资的，应当依法以家庭共有财产对企业债务承担无限责任。在此种情况下，若企业经营不善，不仅仅是企业本身的破产，企业主还需要以家庭所有的财产承担无限责任，这对于投资者以及他的家庭来说，风险是巨大的。

（2）有限责任公司

有限责任公司，简称有限公司，是指由一定人数以上股东共同出资，股东以其出资为限对公司承担责任，公司以其全部资产对其债务承担责任的公司。有限责任公司兼具人合和资合的双重性质，且设立条件低、程序便捷；股东人数少，便于股东投资经营。在有限责任公司中，股东以其对公司的认缴额为限承担有限责任，故承担的风险相对较小。实践中，大量的中小企业通常会选择一人有限责任公司的组织形式。一人有限责任公司设立的初衷是通过有限责任制，将公司法人的财产和股东个人财产相分离，股东仅以有限的资产承担债务责任。这与个人独资企业相比，大大地降低了投资者的投资风险以及其家庭资产的风险。

值得注意的是，由于一人公司缺少了很多公司内部机制的制约与监控，为了避免一人公司的股东滥用公司独立地位，我国法律对一人公司提出了更为严苛的独立性证明要求。根据《公司法》第六十三条的规定，一人有限责任公司的股东不能证明公司财产独立于股东自己财产的，应当对公司债务承担连带责任。不仅如此，在执行过程中，一人有限责任公司也存在可能被否认股东有限责任的情形。根据最高人民法院《关于民事执行中变更、追加当事人若干问题的规定》第二十条的规定，作为被执行人的一人有限责任公司，财产不足以清偿生效法律文书确定的债务，股东不能证明公司财产独立于自己的财产，申请执行人申请变更、追加该股东为被执行人，对公司债务承担连带责任的，人民法院应予支持。在我国的司法实践中，一人公司的股东作为公司债务的连带责任人是较为常见的现象。因此在设立公司时应尽量避免一人有限责任公司的形式。

（3）合伙企业

合伙企业是指由各合伙人订立合伙协议，共同出资，共同经营，共享收益，共担风险，并对企业债务承担无限连带责任的营利性组织。合伙企业分为普通合伙企业和有限合伙企业。相较于个人独资企业，合伙企业更有利于扩张资本，使企业的筹资能力有所提高，同时能够让更多投资者发挥优势互补的作用，比如技术、知识产权、土地和资本的合作。但无论是普通合伙还是有限合伙企业，普通合伙人均要对企业的债务承担无限连带责任。当合伙企业经营困难时，应先以其全部财产进行清偿。合伙企业不能清偿到期债务的，有限合伙人承担有限责任，普通合伙人承担无限连带责任。在特定情况下，普通合伙人的家庭财产存在被强制执行的危险。合伙企业这种组织形式总体上来说难以隔离家庭资产和企业资产，家庭资产很大程度上会受到合伙企业经营状况的影响，因此建议慎选合伙企业的组织形式。

2. 设置合理的公司注册资本

注册资本是指公司成立时由公司章程记载并在公司登记机构注册登记的资本总额。[①] 公司资本是公司赖以生存的物质基础，也是反映公司资信能力的显著标志。2013 年我国修订了《公司法》，取消了法定注册资本最低限额，确立了公司注册资本认缴制。因此有股东认为可以自由登记认缴的注册资本，随意扩大注册资本。但此种行为在实践中存在相当大的风险，尤其是在公司资产与家庭资产隔离方面。

根据《公司法》第二十八条的规定，“股东应当按期足额缴纳公司章程中规定的各自所认缴的出资额。股东以货币出资的，应当将货币出资足额存入有限责任公司在银行开设的账户……”股东缴纳出资的期限以章程记载的为准。而《企业破产法》第三十五条规定，“人民法院受理破产申请后，债务人的出资人尚未完全履行出资义务的，管理人应当要求该出资人缴纳所认缴的出资，而不受出资期限的限制”。因此在企业进入破产程序后，股东的出资义务不受出资期限的限制。未履行或未全面履行出资义务的股东，不但要对公司补足出资，还要对其他股东承担违约责任，更要对债权人承担补充赔偿责任。另外，根据《公司法》第一百九十九条、第二百条的规定，公司的发起人、股东在公司成立后未交付货币、实物或者未转移财产权，虚假出资或抽逃出资的，处以罚款。构成犯罪的，依法追究刑事责任。一旦随意增大注册资本，股东的出资义务也随之加重。情节严重时，法院可能判决股东的家庭资产承担连带责任，使股东的家庭资产遭受巨大风险，股东及其家属甚至面临刑事责任。

3. 建立完善的财务管理制度

完善的财务管理制度是有效隔离家庭资产和企业资产的重要途径，必须加以重视。例如，按照公司章程约定对公司利润进行分配，股东因此获得的收入属于个人财产，应及时从公司账户中支出，避免企业资产和个人资产的混淆。当公司需要融资借贷时，也应以公司名义办理相关手续，加盖公司公章。切勿以个人名义签订借款合同，为公司融资提供担保。否则一旦公司出现经营困难，不能按时清偿借款，

---

① 范健、王建文：《公司法》，法律出版社 2016 年版，第 235 页。

股东将以个人的家庭资产承担担保责任，造成家庭资产的流失。

如果必须个人为企业的债务承担保证责任，要注意选择承担一般保证责任而非连带保证责任。依据《民法典》的规定，一般保证是指债务人不能履行债务时，由保证人承担保证责任，即先让债务人还债，在债务人无法清偿的时候才由担保人还钱。连带保证则是债权人可以先要求债务人履行债务，也可以先要求保证人在其保证范围内承担保证责任，当然也可以同时要求债务人和保证人承担责任。当然，企业主个人家庭借贷也不宜用企业资产作担保，让企业承担连带责任。同时应当避免用个人账户收取企业应收账款，避免随意地将企业借款用于个人或家庭生活，否则轻则按偷税漏税处理，被税务机关处以罚款，重则面临职务侵占罪、挪用资金罪等，被追究刑事责任。

（二）相关法律工具的运用

1. 保险

保险是通过订立保险合同来分摊意外事故损失的一种风险管理方式。① 商业保险大致分为财产保险和人身保险两类。其中人身保险中的人寿保险在财富传承方面有明显的优势。人寿保险是以被保险人的寿命作为保险标的，在保险责任期内以被保险人的死亡为给付条件的人身保险。②

一方面，财富所有人即被保险人可以通过指定人寿保险受益人来达到财富传承的目的，降低财产被其他有继承权的人瓜分的可能性，因为只有在特定情况下保险金才会作为遗产进行继承③；另一方面，通过保险设定来进行的财富资产转移具有隐蔽性，其他个人或者机构不能随意向保险公司进行查询，这也在很大程度上保障了财富所有人以及受益人的个人隐私。此外，人寿保险还具有避税功能。一般而言，人寿保险的赔付金额是高昂的，通过保险赔付的保险金不需要交纳其他税费④，特别是未来很有可能会出台的遗产税。⑤ 但是保险在其拥有财富传承功能时也有弊

---

① 《保险法》第二条规定，本法所称保险，是指投保人根据合同约定，向保险人支付保险费，保险人对于合同约定的可能发生的事故因其发生所造成的财产损失承担赔偿保险金责任，或者当被保险人死亡、伤残、疾病或者达到合同约定的年龄、期限等条件时承担给付保险金责任的商业保险行为。

② 《保险法》第十二条第三款规定，人身保险是以人的寿命和身体为保险标的的保险。

③ 《保险法》第四十二条规定，被保险人死亡后，有下列情形之一的，保险金作为被保险人的遗产，由保险人依照《继承法》的规定履行给付保险金的义务：（一）没有指定受益人，或者受益人指定不明无法确定的；（二）受益人先于被保险人死亡，没有其他受益人的；（三）受益人依法丧失受益权或者放弃受益权，没有其他受益人的。受益人与被保险人在同一事件中死亡，且不能确定死亡先后顺序的，推定受益人死亡在先。

④ 《个人所得税法》第四条规定，下列各项个人所得，免征个人所得税……（五）保险赔款……

⑤ 《国民经济和社会发展第十个五年计划纲要》《国务院办公厅关于深化收入分配制度改革重点工作分工的通知》等现行有效文件中均提到要在适当时间开征遗产税。

端。当被保险人死亡或者出现其他赔付情形时，保险公司即将保险金给付至受益人。但是当受益人为未成年人时，保险金的实际控制人为其监护人，或者接受保险金时受益人尚不具有财产管理能力，此时财富所有人利用保险进行财富传承的实际效果就大打折扣。

虽然人寿保险有上述的资产隔离和财富传承的功能和作用，但真正能有效地为高净值客户服务的应该是“大额保单”，即每年缴纳超过百万保费的保单。其主要有以下几种常见的类型：年金类大额保单、储蓄分红类大额保单、万能寿险类大额保单、国内大额终身寿险保单、美国指数型万能寿险大额保单。[①] 大额保单在财富传承中有其独有的优势：其一，高净值客户可以将自身的人身风险通过风险转移的方式转嫁到保险公司。其二，通常而言，被保险人通过较低的费用就可以获得保险公司较高的保障，这是保险中特有的杠杆作用，也体现出保险的分散效果。其三，大额保单具有储蓄功能，一般只要投保人不提前终止合同，基本上不会有本金的损失。加之我国对保险公司的监管十分严格，基本不会出现保险公司破产，投保人和被保险人的权益无从救济的情形。因此，对于国内高净值人士而言，大额保单是其进行财富管理和传承的一个不错的选择。

2. 信托

随着改革开放后，第一批下海创业或者抓住机遇发展的民营企业家逐渐年长，在传统观念的影响下，老一辈奋斗打拼的财富想要向下一代继续传承下去，但是如何确保财富的完整、有效传承成为企业家们所担心的问题。财富传承在近几年一直是高净值人群普遍关注的热点话题之一，目前我国财富传承刚刚兴起，相比既存的法定继承和遗嘱继承，信托作为一种所有权与收益权相分离的特殊财产管理方式，能够达到传承财富且资产隔离的目的。相较于国外已较为成熟的信托，我国信托公司的可信度及长期存续能力值得考量。当前，已有不少高净值人群在大陆、香港地区或者海外设立信托。但是随着立法的不断完善以及信托机构依托于大型银行的发展，企业家也逐步开始尝试在国内设立信托。信托公司通过多种类型的信托模式来满足信托人多样的财富传承目的。根据信托关系、信托财产、信托目的的不同可以将信托划分为任意信托、法定信托、金钱信托、不动产信托、担保信托等，国内立法上以信托事项作为标准分为民事信托、商事信托和公益信托。

相比其他的信托模式，企业家们在选择家族财富管理与传承的法律工具时更倾向于选择家族信托。家族信托是指家族委托信托机构代为管理、处置财产，通过受托人的专业经营和管理，从而达到财产的保值与增值目的，最后向受益人分配利益

---

① 曾祥霞、贾明军、刘长坤、陈云：《大额保单操作实务》，法律出版社 2017 年版。

的一种信托方式，被称为财产的“防火墙”。[①] 洛克菲勒家族、肯尼迪家族、班克罗夫特家族等全球资产大亨都是通过此种信托模式来管理家族财产，从而达到家族财富的管理与传承。

家族信托的优势在于：其一，信托关系中被委托的信托机构以及财产管理人员具有专业性，其对资产的管理与处置方式通常是经过理性分析得出的经济行为，有利于资产的保值与增值，从而使财产收益有向受益人分配的可能性。但是目前，企业家客户们对信托的法律性质和功能的认知存在一些误区，认为信托是一种金融产品，家族信托是一种资产投资方式，因此对信托产品的收益率有较高的期望，希望通过低风险的信托获得较高的收益。但信托实质上是一种财产所有权与收益权相分离的财富管理方式，对于财富的保护和传承主要在于委托人对受托人的信任，受托人通过一系列财产管理方式使财产产生保值和增值的效果，并不必然带来高的回报收益。其二，信托机构对家族财富的资产以及约定的收益份额会进行保密，此外在之后的收益分配也会进行严格的隐私保护。其三，家族信托不同于其他信托，在家族信托委托人去世后，信托也是可以继续存在并且按照委托人的意愿继续执行，将家族财富管理所得收益向后代受益人分配，还可以遵循已制定的条款，由继承人成年后参与资产管理。其四，委托人将财产设立家族信托，信托财产具有独立性，因此将遗产排除于再征税范围，尤其是对于国外已存在、国内即将开征的遗产税与房产税[②]，家族信托可通过减少房屋转移的税费以及遗产继承的税费来达到避税的效果。

遗嘱信托是家族信托下的一种较为有效的资产隔离方式。遗嘱信托是在委托人去世后才成立的信托。受托人根据遗嘱，将委托人遗产作为信托财产进行管理、收益。遗嘱信托相较于继承而言，能够直接进行财产转移和分配，无须经过财产检验程序，很大程度降低了遗产的管理成本。面对国内有可能实行的遗产税征收政策，遗嘱信托可以通过指定继承人作为受益人的方式来进行财富传承，但是遗嘱信托的劣势在于财产所有人去世后再清算财产难度较大，且设立遗嘱信托也需要遵守有关继承法的规定。[③]

保险金信托作为另一种新型的家族财富传承方式，创新地将信托与保险结合起来，即以保险金或者保险金收益权所获得的保险金作为信托财产的一种信托类型。

---

① 杨其琛、展凯莉：《我国家族信托破产隔离功能的法律探析》，载《华北金融》2018 年第 7 期。

② 《第十三届全国人民代表大会第二次会议关于 2018 年中央和地方预算执行情况与 2019 年中央和地方预算的决议》《全国人民代表大会财政经济委员会关于第十二届全国人民代表大会第一次会议主席团交付审议的代表提出的议案审议结果的报告》《全国人民代表大会常务委员会关于批准 2012 年中央决算的决议》中均提到国家一些地方正在组织开展房产税试点，并且个人住房房产税改革试点正在平稳运行中。

③ 《信托法》第十三条规定，设立遗嘱信托，应当遵守继承法关于遗嘱的规定……

委托人与信托机构签订信托合同，约定当保险合同达到保险金赔偿或者给付条件时，受托人对保险金即信托财产进行管理，最后向信托受益人支付信托财产。保险与信托相结合的保险金信托有两种模式：第一种模式是“先保险、后信托”，即保险合同先行订立，之后由保险受益人以保险金收益权作为信托财产进行委托，签订信托合同。第二种模式是“先信托、后保险”，即先设立家族信托，再由家族信托受托人作为投保人、委托人作为受益人订立保险合同。先信托后保险的方式可以有效地进行资产隔离，预防因委托人将来的债务而被强制执行保险单的风险。

就目前而言，我国的信托行业发展迅速，但却存在一定风险，尤其是信托资产登记的问题。根据2001年《信托法》第十条第一款规定，设立信托，对于信托财产，有关法律、行政法规规定应当办理登记手续的，应当依法办理信托登记。虽然法律要求信托财产进行登记，但直至2017年银监会公布《信托登记管理办法》才使信托登记有具体的实施管理办法，在近16年里，信托登记处于一种缺失状态。虽然信托登记有了具体实施办法，即《信托登记管理办法》，通过信托预登记、初始登记、变更登记、终止登记、更正登记来确保信托财产的全登记，但是却产生了信托的私密性与登记的公开公示之间的矛盾。此外，法律规定的委托人或受益人五项权利不能为对方提供完善的监督和救济手段。[①] 信托判例的缺失也使我们面对信托产生的争议如何解决时没有可预期性。

目前，企业家家庭是中国亿万资产超高净值家庭构成的核心主力军，且数量的持续增长带来了巨大的资产管理和规划的市场需求空间，而资产管理和规划正是家族财富传承的主要内容之一。[②] 因此在这里主要简单介绍了保险和信托两个行之有效的资产管理模式，以期为企业资产与企业家家族资产和个人资产的隔离建言献策，进一步保护财富的有效传承。

第三节 家族企业的股权传承

一、家族企业是否有必要做股权传承安排

自1978年我国进入改革开放以来，民营企业应运而生，而且在国民经济中的地位越发重要。而如今，当前第一代企业家逐渐进入退休年龄，家族企业的传承也成为亟不可待的问题，而追求企业永恒发展正是财富传承的最高境界。但企业传承最为核心的还是股权传承，传统上的股权传承通常是通过遗产继承的方式进行的，

---

① 武晋：《我国家族信托的法制困境与破解对策》，载《南方金融》2018年第1期。

② 中信银行私人银行与胡润百富共同发布的《2018中国企业家家族传承白皮书》。

若存在有效遗嘱尚可达到企业传承的目的，但实践中很多企业创一代生前并未设立有效遗嘱，则极易产生家族企业的股权继承纠纷。很显然，家族企业是有必要提前做好股权传承规划的，倘非如此，企业又将会面临何种境遇？

（一）家族企业的内部“核裂变”

1. 代际冲突导致股权无人继承

“创一代”与“继任者”之间的矛盾冲突一直都是家族企业传承的障碍。这种矛盾冲突的存在是有其合理性的，“创一代”大多是白手起家，历经数年的辛苦打拼后创立了家族企业，但二代接班人从小生活优越，衣食无忧，这种生活环境的差异也就导致“继任者”并没有“创一代”的紧迫感与危机感。再者，“创一代”经过创业洗礼后往往形成了一套自有的行事方案，这种风格也就使得企业家们习惯于用同一套标准去衡量甚至是强势控制二代接班人。面对“创一代”的“墨守成规”，二代接班人很容易产生极大的逆反心理，或者不学无术，或者转行创业。

正是由于思想与时代的差异，“创一代”与“继任者”之间的矛盾与冲突始终无法得到调和，很多企业家也就普遍缺乏家族企业的传承规划。即使有些企业家有传承的系统思考，一般也是对二代接班人采取带三年、帮三年、看三年的方式。但在传递阶段，二代接班人处于相对敏感时期，两代人对于企业的经营方式与理念很大程度上是存在差异的，再加上双方缺乏有效沟通，冲突只会不断扩大。

归根结底，“创一代”的交班意愿与“继任者”的接班意愿不匹配才是家族企业传承规划无法启动的根本原因。虽“创一代”具有较高的交班意愿，但在何时交班？如何交班？企业家们往往没有较为周全的传承规划，甚至还会处于相对被动的局面。相较而言，“继任者”却没有较为强烈的接班意愿，很多二代接班人表示并不愿意接班。其不愿意接班的原因有很多种，两代人之间的矛盾冲突难以调和是最重要的原因。当然还有很多“继任者”表示传统工业、实业等已经形成了较为稳定的局面，上升以及创新的空间不大，其所学无法得到施展，所以更会倾向于生物科技、互联网等新兴行业。根据中国民营经济研究会家族企业委员会2015年发布的《中国家族企业传承报告》[①]，对二代接班人的接班意愿分布进行了直观、清晰的图示：

① 数据来源：《中国家族企业传承报告》，中国民营经济研究会家族企业委员会2015年发布。

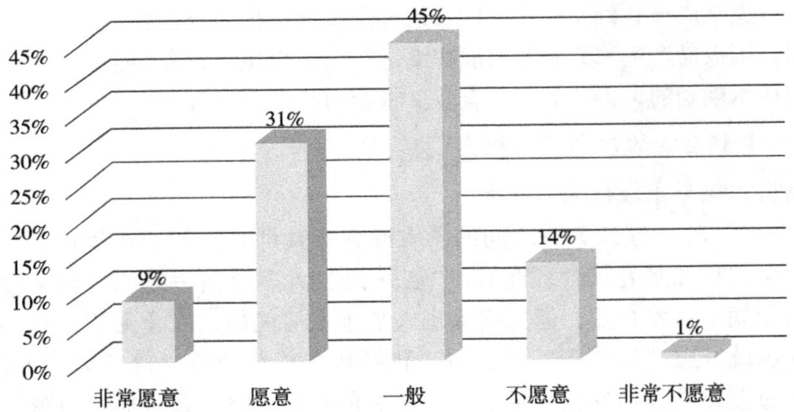

家庭企业“继任者”的接班意愿分布

可想而知，当“创一代”进行企业交接时，很容易出现股权无人继承的尴尬局面，因此，建立有效的沟通机制以解决纠纷和冲突才是“家族治理”的关键。针对年轻的“继任者”，建议企业家培养他们“脚踏实地”“独立自主”“勤奋拼搏”等内在的个人素质、能力以及品质，同时也要不断革新自我的传统意识，并与“继任者”时常进行有效沟通。针对正在接班的“继任者”，建议企业家直面冲突、化解冲突，出现问题时尽可能不要选择一味地回避，更不要独断专行，一味地否决“继任者”的决定。同样地，“继任者”亦是如此，才会有效化解冲突，达到企业传承的真正目的。

2. 股权分散导致家族成员控制权丧失

家族企业的股权与一般财产的区别在于，股东拥有股权财产性权利的同时，还拥有股东的身份权利，有权参与公司的决策与经营。因此，股权传承不仅涉及家族财富的传承，还涉及家族企业是否能够平稳过渡与持续性发展。但由于我国民营企业家普遍缺乏系统的传承规划，甚至会避讳遗嘱等身后财产的安排，一旦意外过世极易引发家族企业的股权及控制权之争，致企业经营与管理动荡不安。

【案例六】

徐某与某有限公司股东资格确认纠纷案。在这个案例中，刘1、刘2、刘3系兄弟关系。徐某系刘3妻子，刘4系刘3与徐某的儿子。刘5、蒋某系刘1、刘2、刘3的父母。2001年11月15日，由刘1、刘2、刘3签署某有限公司章程，共同出资组建某有限公司。某有限公司公司注册资本1910万元，其中刘1以原材料、产成品及机器设备出资1410万元，占73.82%；刘2、刘3以现金各出资250万元，各占13.09%。2003年8月4日，某有限公司经股东会议决定追加公司注册资本1100万元。其中，刘2与刘3以现金的形式分别追加550万元。同月，该公司进行了变更登记并通过工商行政管理局的核准。现该公司注册资本为3010万元，刘1占46.84%，刘 2 及刘 3 分别占 26. 58%。2003 年 9 月 3 日，刘 3 不幸身亡。2005 年 8 月 1 日，徐某与刘 4 共同向某法院起诉，请求判令确认其为某有限公司股东或受偿股份出资额，同时该有限公司应支付其自 2003 年 9 月至今的红利。法律关系图，如下：

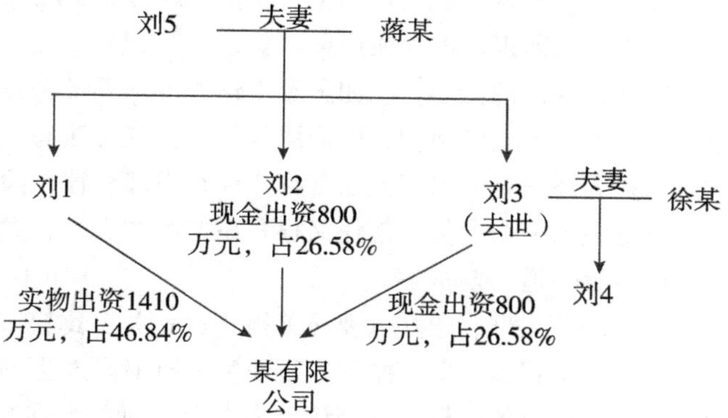

案件审理过程中，刘 1 主张该公司的实际出资人仅为其一人，刘 2 与刘 3 均为名义股东，但由于刘 3 生前与刘 1 之间并无关于刘 3 为名义股东，刘 1 为隐名股东的书面约定，因此认定刘 3 为名义股东的依据不足。鉴于某有限公司的公司章程中并未有关死亡股东股份的继承规定，法院最终确认徐某与刘 4 有权继承刘 3 的股东身份，即徐某享有某有限公司 16. 6125% 的股份，刘 4 享有某有限公司 3. 3225% 的股份。

类似的股权继承纠纷案件数不胜数，很大程度上是由于企业家在生前未做股权传承安排导致的股权争夺大战。《公司法》第七十五条规定："自然人股东死亡后，其合法继承人可以继承股东资格；但是，公司章程另有规定的除外。"若有限责任公司章程没有特殊规定时，其股份是可以依据《民法典》继承编有关规定发生法定继承的。一旦发生继承，如同本案，企业的股权就会被支配的分崩离析，涉及企业重大决策时各大股东存在分歧，很容易出现公司股东会无法做出有效决议的风险（《公司法》第四十三条规定，涉及企业重大决策的，如修改公司章程，增加或减少注册资本，公司合并、分立、解散或者变更公司形式的决议，必须经代表三分之二以上表决权的股东通过）。

（二）家族企业的外部"防火墙"危机

1. 规避股权代持中的重重风险

股权代持又称委托持股、隐名投资，是指实际出资人（隐名股东）与名义出资人（显名股东）约定，由实际出资人出资并享有投资权益，由名义投资人代替实际出资人作为名义股东的一种股权处置方式。正因为股权代持的隐蔽性和灵活性，可以为投资者带来一定的便利，股权代持已经成为商事活动中一种常见的股权持有方式。

根据《公司法司法解释（三）》第二十五条规定“有限责任公司的实际出资人与名义出资人订立合同，约定由实际出资人出资并享有投资权益，以名义出资人为名义股东，实际出资人与名义股东对该合同效力发生争议的，如无合同法第五十二条规定的情形，人民法院应当认定该合同有效”，该条款明确了股权代持协议的合法地位，但协议合法有效的前提是不存在违反《民法典》第一百五十三条、第一百五十四条及第五百零八条规定的情形，比如国家工作人员违反《公务员法》第五十三条之规定，以股权代持的形式经商的，即便股权代持协议合法有效，在司法实务中不论是对于实际出资人还是名义出资人而言都是存在很多法律风险的，所以很多出资人通常选择与自身关系密切、值得信任又很容易控制的人员，尤其是近亲属作为名义股东，为自己设置一道“防火墙”。

名义股东的选择往往是父母、子女以及兄弟姐妹这种关系比较亲密的人员，较之其他人员风险明显降低了很多，但从婚姻家事角度分析最易发生的法律风险即名义股东离婚或死亡时，其代持的股权极易被认定为夫妻共同财产或者遗产，从而由配偶分割或被其继承人继承。然而，股权代持的性质仅是委托法律关系，与股权归属并非同一法律关系，一旦双方因股权问题发生纠纷，只能依据双方签订的股权代持协议进行处理。实践中，基于信赖，亲属之间往往并不会订立协议，尤其是高净值人群出于股权传承的考虑直接将股权登记在子女名下，一旦子女婚姻发生裂变，股权或婚后股权收益被分割的可能性就极大，继而影响公司的稳定性。

为避免上述风险，签订合法有效的股权代持协议即为最佳的选择，但还要注意的是一定要合理安排协议条款，比如设置排除名义股东财产权的条款及增加股权代持协议的违约成本，同时还要保留好实际出资凭证，确保股权代持的真实性，必要时还可将代持的股权向实际出资人办理股权质押担保。当然，质押权的合法存在是基于债权的合法性为基础的，因此隐名股东在办理股权质押担保时注意避免虚拟债权，以防止债权被认定为无效时影响股权质押的效力。

2. 防范公司章程与股东协议的漏洞

公司章程是公司依法约定公司内部法律关系，确定公司内部管理体制和股东基本权利义务的法律文件，既是公司成立的基础，也是公司治理的重要依据。然而，很多公司在设立初期由于互相之间的信任往往不会制定个性化章程，甚至仅套用工商注册登记的模板，没有公司的个性化设置甚至内容设置简陋，股东权益亦不涉及。不仅如此，实践中公司还普遍存在决策与执行角色混同的情况，一旦股东的身份与经营管理人的身份混同，势必引发该股东利用职权为其谋私利的法律风险。此现象在家族企业中发生的概率极大，这也是由于企业主通常认为家族企业是属于个人家庭财产的原因，这种潜意识极易引发家庭资产与企业资产混同的法律后果。那么，在实际经营中，一旦股东之间或公司与股东之间发生争议，公司章程不仅形同虚设起不到任何的纷争止息效果，甚至还会影响公司的稳定发展。

因《公司法》属于私法的性质，其很大一部分条款为任意性规范条款。其中，最明确的表述为“由章程规定”“按照公司章程的规定”“公司章程另有规定的除外”以及“公司章程规定的其他职权”等条款。因此，这就需要股东在设立公司章程条款前，建议对《公司法》中属于任意性规范的条款进行全面了解，以实现公司章程的自治性。当然，除任意性条款外，还须注意《公司法》规定的强制性条款，比如《公司法》第四十三条以及第一百一十一条，以避免制定无效条款。具体的协议定制将在下文中予以阐释。

股东协议是公司成立的基本前提，股东之间在开始合作之前通常会先签署股东协议，对退出机制、股东义务、决策机制以及企业方向四大问题作出明确约定，并制定具体实施办法。但是在实践中，很多股东，尤其是家族成员在签署协议时只是简单潦草地约定出资金额、设立公司基本情况，对各股东的分工安排、股权继承、违约责任等条款并未涉及。一旦发生纠纷，股东利益根本无法保障，比如股权发生继承且无遗嘱的情况下，股权分崩离析甚至是家族企业动荡不安皆是可能产生的法律后果。又或者公司章程的制定与股东协议的内容相矛盾的情况，一旦发生纠纷，股东各方将会各执一词。那么，在协议与章程冲突的情况下，应优先适用哪方？股东协议又该如何起草才能更好地保障股东权益？我国《公司法》仅对公司章程作出明确规定（股东之间如需另行约定的，可在公司章程中予以确定），并未对股东协议的效力进行明确规定。一般来说，在协议与章程发生冲突时应优先适用公司章程的规定。且从效力范围而言，公司章程对公司、股东以及董监高人员均具有约束力，但股东协议的效力仅局限在签约股东之间，无法对抗第三人。鉴于上述股东协议的法律风险，建议在设定具体条款时协调妥善公司章程与股东协议之间的关系，以切断法律纠纷发生的燃爆点。

二、如何做股权传承安排？

在家族企业传承的过程中，大多数的家族企业都希望在未来十几年甚至是几十年可以实现家族主要成员对企业的控制，而企业的控制权与股权传承又是密切相关的。家族企业往往在股权传承方面面临多重挑战：一是家族企业因为代际传承发生分配而导致无人继承或股权分散等冲突；二是家族企业由于扩张、融资、上市等原因股权遭受稀释，或基于股权代持或公司章程等外部“防火墙”危机导致的企业控制权丧失。若没有一套完善且量身定制的股权传承计划，家族企业很可能在代际传承之后举步维艰，导致家族企业的大权旁落，丧失企业核心竞争力。[①]

---

① 龚乐凡：《私人财富管理与传承》，中信出版集团 2016 年版，第 360 ~ 361 页。

因此，就需要针对家族企业内部冲突以及治理失灵问题量身定制股权架构与方案设计。

（一）股权架构的搭建与方案设计

1. 公司股权架构的顶层设计

公司股权架构的顶层设计是指各家族企业以及各类投资中的权益都集中到一个家族控股公司名下，而家族控股公司则由家族成员持有。在分配资产（遗产）时，就很可能自然地将不同的资产板块在不同的家族成员中分配。若采取此种模式，公司的实际控制权人只要控制顶层公司即可取得对下属其他所有公司的最终控制权。

对于家族企业传承而言，该模式也具有一定优势，主要体现在以下几个方面：

第一，便于股权转让或家族传承。当家族企业具有多家公司，且董事长需要将其股份传承给下一代时，只需要转让顶层的控股公司股份即可将所有产业传承给家族成员。又或者股权需要在家族成员之间进行转移或流动时，仅需要对控股公司的股权进行设计即可实现家族内部的股权移动。

第二，可以排除家族成员与外部投资者的冲突。家族成员不仅会关注企业的资金回报，还会关注企业的荣誉、无形资产的维护和传承、接班人的培养以及员工利益等，这一点与外部投资者是相互区别的。倘若采用顶层设计的模式，由家族成员控制顶层公司即可防止家族成员与外部投资者因内部冲突导致企业控制权旁落的法律风险。

第三，顶层设计可以提供产业多元化发展的路径。[①] 控股公司通常会有若干分属不同业务的子公司，若其在进行债务融资或者引进投资人时仅在该子公司层面进行即可。即使子公司经营状况出现问题，与控股公司的风险也会剥离，不会动摇家族企业的根本。

当然，这种股权架构的模式往往建立在家族成员之间相对和谐的状态下，若成员之间存在冲突矛盾，很容易出现控股公司的家族成员产生内乱以及代际传承或离婚风险导致的股权过度分散。

2. 双层股权架构

双层股权架构，又被称为“同股不同权”，是一种通过分离现金流和控制权的方式实现对公司的有效控制。具体方式为上市公司可将股票分为 A、B 两个层次，对外部投资者发行的 A 股有 1 票表决权，而企业创始人或管理层持有的 B 股每股有 N 票表决权。

以京东 IPO 为例：京东上市前正是实施双层股权架构，将股票区分为 A 股与 B 股，机构投资人的股票被指定为 A 股，每股只有 1 个投票权，而刘某东持有的股权

---

① See Family Business and Business Family, Globe Business Publishing 2009, pp. 149 ~ 150.

将会被指定为 B 股，每股有 20 个投票权。通过双层股权架构的模式，刘某东可获得 83.7% 的投票权，以确保享有企业的绝对控制权。像京东实施双层股权架构的企业还有很多，比如谷歌、百度、Facebook 等企业在 IPO 中即采用此种方式。此外，除采用双层股权架构模式外，刘某东还采取了排他性投票委托的方式，即要求其他投资人将投票权授予刘某东所控制的两家公司，以实现对京东企业的完全控制权。

在发达国家的资本市场上，这一模式的股权架构已历史悠久，美国、加拿大、墨西哥等美洲国家运用的非常普遍。该种模式之所以受到推崇，主要基于以下原因：

第一，在企业募集资金时，若实行“同股同权”的方式，创始人及管理层股东的股权必然会被大量稀释，控制权也会因此被削弱。但在双层股权架构模式下，企业创始人或管理层股东可以通过持有少量股份即享有较高投票权的方式实现对企业较强的控制力，从而降低对企业上市的顾虑。

第二，可以对敌意收购或企业并购进行有效回应。企业创始人及管理层股东掌握公司控制权能够有效克服投票权分散的情况，避免被恶性并购。即使无法避免并购风险，享有控制权的股东也可以借此获得更高的并购溢价。

第三，有利于企业的长期发展。投资者通常关注的是企业能够带来的短期利益，而管理层对企业的长期计划可能与投资者的短期利益诉求相悖，而这一模式可以使管理层免受短期股价波动的压力，从而专注于企业的长期管理。即使持有 B 股的管理层想要转让 B 类股票，同样要求先将 B 类股票转换成 A 类股票再对外转让，那么管理层将会始终掌握着企业的控制权。

当然，双层股权架构还存在一些反对的声音，主要原因在于：一是双层股权结构违背了传统公司法“同股同权”以及股东民主原则，不利于投资者（尤其是中小股东）利益的保护。二是企业控制权始终由管理层把控，很容易发生决策独裁的现象。一旦管理层股东触犯严重的错误，不仅造成投资者的损失，甚至很可能严重影响企业的未来。

正是基于上述消极因素的考量，我国《公司法》并不允许上市公司直接实施双层股权结构，比如《公司法》第一百零三条第一款明确规定“股东出席股东大会会议，所持每一股份有一表决权”，即发行股份同股同权、同股同利。即便如此，我国《公司法》还是对股份有限公司开了一道口子，即《公司法》第一百零六条规定：“股东可以委托代理人出席股东大会会议，代理人应当向公司提交股东授权委托书，并在授权范围内行使表决权。”企业创始人及管理层可以通过与其他股东达成关于投票权授权的协议，从而代表其他股东行使表决权，实现控制企业的目的。京东刘某东正是采取了排他性投票委托的方式，但此种方式存在的风险是授权股东可以随时撤销该授权委托，这也意味着企业控制权很可能会受到影响。

当然，我国《公司法》虽限制股份有限公司采用“同股不同权”的模式，但这一限制对于具有“人合性”的有限责任公司而言是有一定放宽的。《公司法》第四十二条规定“股东会会议由股东按照出资比例行使表决权；但是，公司章程另有规定的除外”，换言之，有限责任公司创始人或其管理层股东可以采用双层股权架构的形式并在公司章程中进行明确约定。就处于发展阶段，短时间内并无快速上市需求的企业而言，创始人或管理层可采用有限责任公司以及双层股权架构的模式保障企业控制权。

3. 合伙人制度架构

合伙人制度不同于通常所说的合伙制企业，这两个概念是高度重合但又存在实质性区别的。合伙制企业是企业的一种组织形式，而合伙人制度是企业的一种治理机制，是企业管理层的一种权力机构。也就是说，不论是合伙制企业还是其他形式的公司都是可以采用合伙人制度的。在这种模式下，企业的合伙人既是公司的股东，又是企业的高层管理者，但并非所有的股东都是合伙人。

要注意的是，采用不同的组织形式，设置合伙人制度的架构也是不同的。在合伙制企业中，主要存在“普通合伙企业”和“有限合伙企业”两种企业形态，具体为：(1)“普通合伙企业”通常属于轻资产、重人力资本的行业，合伙人必须是经过严格筛选才能胜任，均属于企业的管理层。但此种组织形式需要合伙人承担无限连带责任，法律风险系数比较高，为了避免承担较高法律责任的风险，可以设置合伙人成立一家绝对控股的有限责任公司或一人有限责任公司。然而，该种方式并不能解决创始合伙人股份被稀释、控制权丧失的困境，在家族企业中推行尚存在困难。(2)“有限合伙企业”包括普通合伙人（GP）与有限合伙人（LP）两类，GP主要参与企业的经营管理，LP负责资金的支持。通过此种组织形式设立持股平台可进行股权激励，即企业员工可作为有限合伙人，而实际控制人可以通过设立有限责任公司的方式实现对有限合伙企业的绝对控制。

在公司制企业的合伙人制度中，最常见的三种形态是以身份象征为主、股权激励为主以及公司控制权为主，主要为：(1) 以身份象征为主的合伙人制度，“合伙人”仅为员工备受激励的一种职业发展通道，并不享有企业的控制权。(2) 以股权激励为主的合伙人制度，核心在于合伙人享有利润分享权，而企业控制权依旧由企业控股股东享有，如永辉超市的合伙人制度即通过与员工分享企业利润，通过利益捆绑实现激励效果。(3) 以公司控制权为主的合伙人制度，目前实行最为成功的是阿里巴巴集团。这种模式的存在主要是基于国内实行的是同股同权的股权形式，而早期某些公司因经营需要引进外来资本势必会导致创始股东股权遭受稀释，致使其控制权不断丧失，甚至改变公司原有的经营策略、企业文化与使命等。但采用合伙人制度可由一批被称作“合伙人”的人（最初大多为创始股东）提名董事会中的大多数董事人选，而非按照持有股份的比例分配董事提名权，这种模式可以充分保证创始团队和核心管理者的控制权、决策权以及企业文化的可持续性，对于企业传承也存在一定的可实施性。

【案例七】阿里巴巴的湖畔合伙人制度

阿里巴巴设立“合伙人制度”的初衷是希望改变以往股东和管理团队之间简单的雇佣模式，打破传统管理模式的等级制度。用阿里巴巴集团前执行副主席蔡某信的话说，就是：“我们最终设定的机制，就是用合伙人取代创始人。道理非常简单：一群志同道合的合伙人，比一两个创始人更有可能把优秀的文化持久地传承、发扬。”

阿里合伙人需要具备的条件是，必须在阿里巴巴工作5年以上，具备优秀的领导能力，高度认同公司文化，并且对公司发展有积极性贡献，愿意为公司文化和使命传承竭尽全力等。合伙人每年通过提名程序向合伙委员会提名新合伙人候选人，候选人在被提名阿里合伙人之后，先要通过为期一年的考察期，然后进行合伙人投票，得票数不得低于75%。按照马某的说法，合伙人既是公司的运营者、业务的建设者、文化的传承者，同时又是股东，因而最有可能坚持公司的使命和长期利益，为客户、员工和股东创造长期价值。

从阿里上市时的股权结构来看，第一大股东日本孙某义控股的软银和第二大股东雅虎分别持有阿里31.8%和15.3%的股份。阿里合伙人共同持有13%，其中马某本人持股仅7.6%。然而，阿里董事会的组织并非我们熟悉的大股东软银主导下的大包大揽。根据阿里公司章程的规定，以马某为首的合伙人有权任命董事会的大多数成员。这意味着在主要股东的支持下阿里合伙人上市前即获得了委派超过持股比例董事的所谓“超级控制权”，形成了事实上的“不平等投票权”。这也是并没有发行AB双重股权结构股票的阿里当时申请在香港上市时，被认为违反“同股同权”原则遭拒而远赴美国上市的原因。

换言之，在公司章程中设置有关董事提名权的特殊条款是阿里合伙人制度的核心。要成为阿里巴巴集团的董事必须经过“合伙人”提名的前置程序，这就保证了董事会超过半数的董事是由阿里的“合伙人团队”选出的。在面对重大决策时，阿里能够绝对控制董事会的投票权。

对于公司而言，投资者最重视的是投资后的价值和回报，马某最终采取的是股权融资，这是对投资者十分有利的形式，且投资人放弃控制权换来的是更多的股权池分配的红利，这是投资人和阿里共赢的一种形式。对于阿里集团内部而言，“合伙委员会”会选出在阿里集团服务多年，高度认同阿里的企业文化，志同道合且富有创造力的年青一代进入阿里的“合伙人团队”，而阿里的大部分执行董事和几乎全部重要高管都由阿里合伙人团队成员出任。自2013年马某卸任阿里巴巴集团CEO以来，阿里经历了数次交接班。2013年陆某禧接任CEO，2015年张某接任CEO，集团“70后”全面掌权，2016年井某栋接任蚂蚁金服CEO并在一年半后接任董事长。阿里的“合伙人团队”实际上成为阿里集团“不变的董事长”，形成了“铁打的董事长，流水的股东”的局面，这也符合马某和蔡某信组建“合伙人团队”的初衷。阿里“合伙人团队”是一个吐故纳新的动态的实体，以团队的制度而非个人的决策来确保公司使命、远景和价值观的可持续性。自 2013 年马某卸任以来，阿里巴巴集团的发展势头依然强劲，也印证了马云创建“合伙人制度”的前瞻性，同时保证了其创始团队卸任后，公司会按着正确的轨道健康发展。

4. 交叉持股架构

交叉持股是指两个公司直接或间接相互持有对方的股权，继而相互成为对方股东的情形。交叉持股的类型很多，具体可分为以下五种基本形态：

交叉持股	释义	图示
单一交叉持股	两个企业相互成为彼此股东的类型	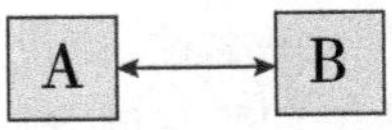
环状型交叉持股	即在许多公司间相互持有股份，形成圆环状封闭式的交叉持股关系	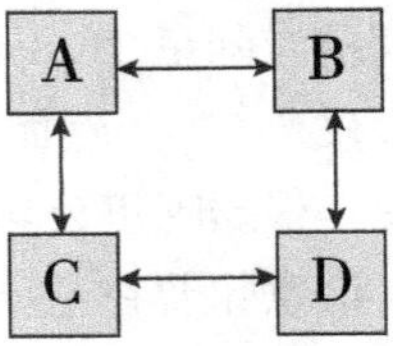
网状型交叉持股	四家企业参与网状交叉持股，每家都与其他三家企业各有交叉持股关系存在	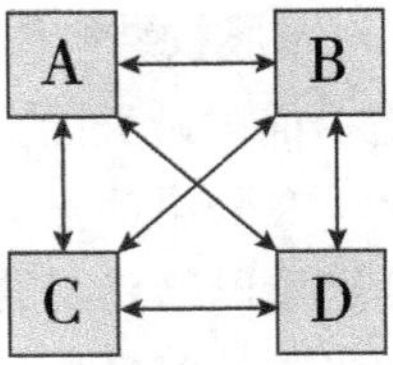
放射型交叉持股	以一家核心企业为中心，由其分别与其他企业形成交叉股权关系，但其他企业之间则无交叉持股	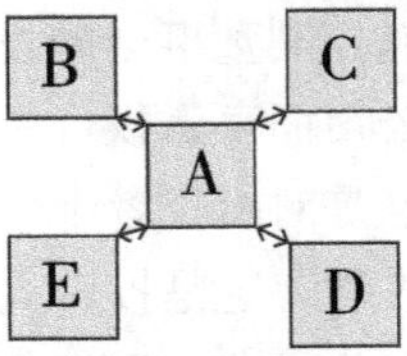
放射型的变形	在整体交叉股权中，可看出有主力企业的存在，但与前项类型不同	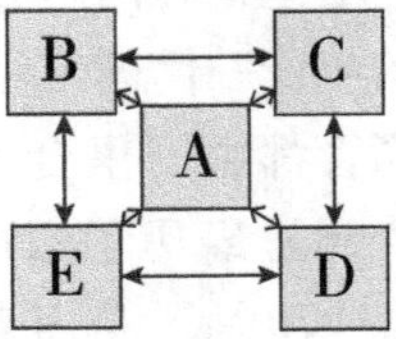

上述几种类型中，第一种是最基本的形态，其他几种都是由第一种模式演化而来。当然，实践中公司的交叉持股的形态可能并非上述任一形态，但有可能是上述几种形态的复合。而我国法律对于该领域的相关规定基本是空白，因此对于非上市公司之间存在的交叉持股情况，只要不存在其他如涉嫌虚假出资或抽逃出资等情况，则应认定为合法的投资关系。

事实上，交叉持股之所以可以在家族企业中运用，最重要的原因之一即交叉持股是企业间防止恶意并购、增强协同性的有效手段，因此可以更好地保障家族对企业的控制权。在相互交叉持股之后，由于企业之间持有对方的股份形成一种比较密切的战略合作关系，在遭遇外敌收购时，不仅可以有效阻止敌意收购，使股权处于相对稳定的状态，而且被收购公司的联盟一方考虑到股权被收购的同时也会控制联盟一方企业进而可以阻断向收购者进行抛售股权。当然，虽在一定程度上可以起到狙击恶意收购的目的，但是一旦出现股市下跌很容易形成助跌效应，导致交叉持股的企业极易受到收购者的青睐。

不过，交叉持股在股权传承方面也具有一定优势，这主要是基于交叉持股企业之间的管理层职位可以自我选任。利用交叉持股管理层可以架空股东的表决权，尤其是母子公司交叉持股的情况，母公司的董事会可较为轻易地将股东表决权传导给自己，继而形成事实上完全由母公司的董事会控制两家公司的局面。即使是在非母子公司之间的交叉持股，双方董事如果在比较和谐的基础上即可相互沟通，可以继续维持董事职位，起到传承家族企业的积极效果。举例说明：假若家族企业要分配给三位家族成员，由每位家族成员掌管一个企业，利用交叉持股实现每位家族成员均可以控制其他家族企业的目的。这样既保障了每位成员既有自己分到的企业控制权，同时又有其他家族成员在该公司持有股份，相互之间可以互相帮衬。当然，这一股权架构的实行是基于家族成员之间相互和谐为背景的，倘若存在相互分歧或积怨较深的情形，建议根据企业自身情况选择适合的股权架构模式。

交叉持股的这一模式并非绝对适用任一企业，与其他股权架构模式一样存在消极效应，比如虚增资本、诱发内幕交易和关联交易等。若要真正做到家族企业的有效传承，还需要家族在公司治理和家族治理上投入更多的精力和心血。

5. 信托持股架构

在顶层架构中可设计顶层的家族控股公司，并由家族成员持有控股企业，但值得家族企业考虑的是控股公司是由家族成员各自持股，还是采用家族信托方式由委托人作为控股人，家族成员作为受益人？一般来说，采取何种形式最终还是根据家族企业自身特点，同时兼顾家族治理与企业治理的要素，进行科学的定制。

在早期，家族企业通常采取引进职业经理人、并在公司治理方面采取两权（公司所有权和经营决策权）分离或者三权（公司所有权、决策权、经营权）分立模式，但这两种模式不仅无法解决家族成员因继承、离婚、成员内斗等股权分散风险，甚至增加如职业经理人能力、忠诚度、频繁变动以及与家族成员人际矛盾等导致企业不稳定的风险。如果将家族控股公司以家族信托的方式由受托人所有，而家族成员可以作为该信托的受益人，这样不仅可以避免职业经理人带来的企业不稳定风险，还可避免家族成员股权分散的风险，甚至是家企财产不分的风险，最终实现家族财富的有效传承。然而，值得深究的是，以股权作为信托财产设立家族企业股权信托是否具有可行性？

（1）境内股权信托

《信托法》第二条明确将信托标的物界定为“财产权”，且第十四条进一步明确了信托财产的范围，即受托人因承诺信托而取得的财产是信托财产，受托人因信托财产的管理运用、处分或者其他情形而取得的财产，法律、行政法规限制流通的财产依法经有关主管部门批准后可以作为信托财产，但法律、行政法规禁止流通的财产，不得作为信托财产。可见，信托标的物必须符合以下条件，即信托标的物必须是一种财产权；该财产权必须具有可转让性；该财产权必须具有合法性。股权作为一种可转让的财产性权利，完全符合《信托法》规定的信托标的物条件。且《信托法》第二十九条规定，受托人必须将信托财产与其固有财产分别管理、分别记账，并将不同委托人的信托财产分别管理、分别记账，因此在信托财产独立性角度而言，以股权为信托财产设立股权信托具有强有力的财产保障。该模式如下（仅供参考）：

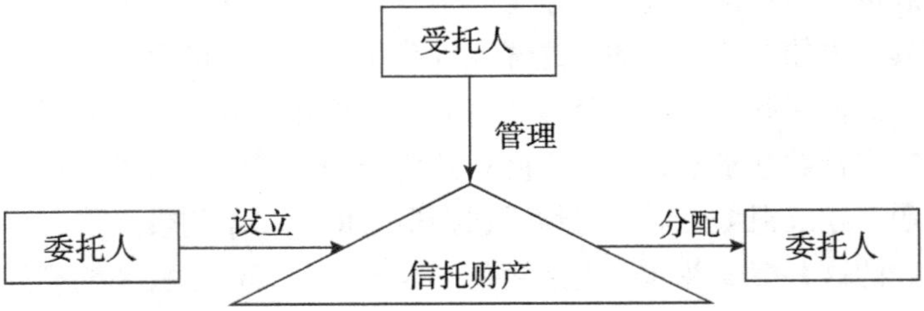

然而，《信托法》第十条规定“设立信托，对于信托财产，有关法律、行政法规规定应当办理登记手续的，应当依法办理信托登记。未依照前款规定办理信托登记的，应当补办登记手续；不补办的，该信托不产生效力”，结合我国《公司法》第三十二条之规定，以股权设立信托的需要进行信托登记，但国内尚无可登记股权信托的合法机构。基于此，股权信托很可能会由于无法登记而面临不生效的法律风险。此外，就股权信托国内笼统而有限的法律规定亦不足以调整复杂的股权信托行为，也因此会带来不可预知的法律风险。正是基于对国内立法不成熟的考量，境内股权信托一直游离在尝试阶段。

为规避上述风险，尚有学者提出可通过间接股权信托的方式设立股权信托，即可先采取以资金设立信托，再由受托人以资金收购委托人股权的模式实现家族企业的股权信托。① 家族信托模式如下（仅供参考）：

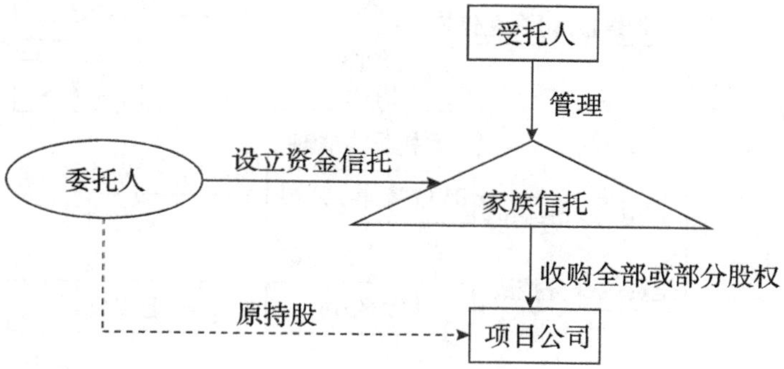

该模式具有一定的可行性，即使涉及增量股权时亦可通过委托人设立资金型的家族信托，然后由家族信托对委托人名下的家族企业进行增资的方式实现目的。但该种模式无法从根本上化解股权信托不登记可能带来的法律风险，原因在于：信托财产不仅包括设立信托之时的原始财产，也包括因信托财产的管理运用、处分或者其他情形而取得的信托收益。而《信托法》第十条规定需要办理登记手续的是广义范围的信托财产，并不排除信托收益部分的信托登记。正是基于上述原因，目前国内的家族信托尚未设立真正的家族企业股权信托。

（2）离岸股权信托

离岸股权信托又称海外信托，是指委托人在司法管辖权以外的属地设立的信托。相较中国内地的股权信托，境外信托不仅有稳定而又灵活的立法保障，灵活、私密且专业的信托架构更具有较强的吸引力。因此，诸多高净值人群为了实现财富的有效传承及相关风险的规避，一般选择在海外设立家族信托。同样地，各离岸地为了吸引投资、增加财政收入和就业，甚至会以修改立法的方式实时更新，以便为海外投资者提供财产权利保护、税收优惠等便利，诸如开曼群岛、新加坡、库克群岛以及我国香港地区等。

在实践操作中，委托人普遍采用层级架构下的离岸公司控制上市公司股权，如 BVI 的 VISTA 结构②，以实现间接持有国内股权的目的。该结构模式如下（仅供参考）：

---

① 韩良：《家族信托法理与案例精析》，中国法制出版社 2015 年版，第 190 页。

② 只有 BVI 公司的股权才能直接设立 VISTA 信托，其他资产，如财产、投资或非 BVI 公司的股份，委托人欲设立 VISTA 信托则需要事先成立一家 BVI 公司，然后将上述财产转让给 BVI 公司。

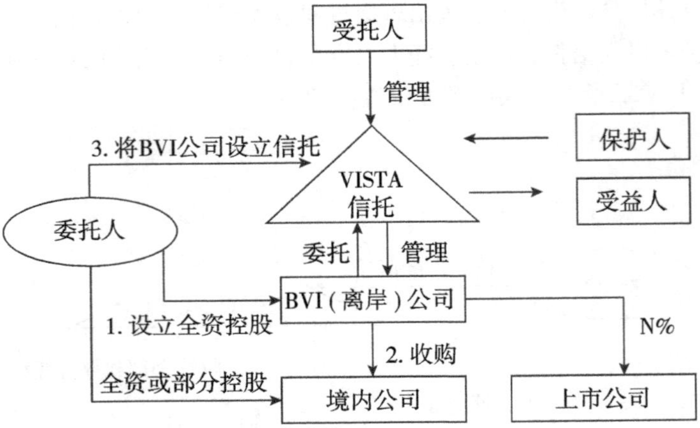

VISTA 信托架构的基本程序为上图 1/2/3

除上述股权架构外，设立离岸股权家族信托的方式还有很多，由于离岸地的信托法通常较为灵活，境外股权信托的设立程序也是较为灵活的。在具体的操作上，委托人可将自身情况详细告知精通离岸金融业务的律师或者中介机构，由其根据家族企业的保护与传承、家族企业的治理、税收筹划等多方位因素进行考量，作出适合家族企业的离岸股权信托方案。①

目前，境外信托是实现家族企业财富的有效传承、资产配置等方面最有效的方式，但并非跨境信托不可击穿，还是存在诸多法律风险。如委托人在配偶未知的前提下单方将原属夫妻共同股权进行信托设计，在双方婚姻关系恶化时配偶一方极易以对共同财产所有权受侵害为由要求重新分割财产，致使诉讼纠纷跨境多地产生诉累。又或者因核心资产主要在境内，且委托人等通常在境内居住，境内法院对境外信托极大可能享有管辖权，在境内法院判决的制约下信托财产再次陷入危险境地。因此，境外信托并非绝对的安全、尽善尽美，若存在严重的法律设计缺陷，即使境外信托架构完成，同样可以被击穿，达不到财产隔离的效果。

（二）保险资金股权投资

根据《公司法》第七十五条规定“自然人股东死亡后，其合法继承人可以继承股东资格；但是，公司章程另有规定的除外”，在没有妥善安排下，股东资格的继承对于其他股东及公司本身的影响往往是负面的。这就意味着其他股东很可能面临着无法支付高额股权对价的窘况，又或者股权转让给竞争对手或无任何信赖基础的第三人，造成的后果只能是公司股权所赋予的表决权长期缺位，严重影响公司的

① 韩良：《家族信托法理与案例精析》，中国法制出版社 2015 年版，第 195 页。

生死存亡。然而，通过投资企业所适合的保险方式，一定程度上可以规避企业经营风险。

1. 股东互保保险

股东互保保险又称合伙人保险，是指股东互为购买寿险，当一方死亡，另一方股东将以获得赔付的保险金来收购过世股东的股权。股东互保保险作为人寿保险的一种，是企业有效规避风险的重要手段之一，其目的在于防范股东突遇变故给公司整体经营带来的影响和损失。

那股东互保保险究竟能解决什么问题呢？首先我们要明确股东身故后会带来怎样的问题。第一，股东辞世后，若公司章程无特别约定，公司股权会由其继承人继承，股权继承者不愿意参与公司经营并希望公司回购其股权的，公司抽调大量的现金进行收购会不会对公司经营造成严重的影响？第二，若继承人继承股权后愿意作为新股东参与公司经营，但与原股东的经营思路不和，会不会在未来公司经营策略和经营方式上产生分歧而影响公司未来发展？第三，在股权继承的期间，公司管理层极易出现混乱，公司债权人更会以此为契机主张自己的债权，此时公司如何渡过难关？

鉴于以上问题的存在，股东互保保险即有其存在的必要性。在我国，《保险法》第三十九条第一款、第二款规定："人身保险的受益人由被保险人或者投保人指定。投保人指定受益人时须经被保险人同意。投保人为与其有劳动关系的劳动者投保人身保险，不得指定被保险人及其近亲属以外的人为受益人。"因此除法律规定的特殊情形外，只要被保险人同意的，任何人都可以成为受益人。其优势主要体现在以下方面：

第一，保证财富分配的正确性。股东身故后，依照遗嘱或法定继承制度，已逝股东的继承人通过继承取得其股权后，其他核心股东极有可能会失去对公司的绝对控制，继而增加公司经营的风险。然而，通过设置保险的方式，互保股东在取得保险公司赔付的保费后，可以利用该笔资金回购已逝股东的股权以保证公司的运营和决策不受影响。

第二，债务隔离。《民法典》继承编第一千一百五十九条规定，继承遗产应当清偿被继承人依法应当缴纳的税款和债务，但是，应当为缺乏劳动能力又没有生活来源的继承人保留必要的遗产。最高人民法院《关于人身保险金能否作为被保险人的遗产进行赔偿问题的批复》中，指定了受益人的，被保险人死亡后，其人身保险金应付给受益人；未指定受益人的，被保险人死亡后，其人身保险金应作为其遗产处理，可以用来清偿债务或赔偿。因此，股东互保保险即可实现保费与债务相互隔离的法律效果。

第三，税费成本的降低。目前我国还未实行遗产税，但我国在 2004 年制定了

《遗产税暂行条例（草案）》，并于2010年进行了一次修订，其条例规定了遗产税的起征税点为20万元，超额累计的税率最高达到50%，这也意味着股权继承在未来存在被征收大额遗产税的可能性。即使在无遗产税的规定下，股权继承也会产生一系列的费用，诸如遗嘱起草的律师费或遗嘱公证费或继承权公证费等，甚至还会产生诸多复杂的程序性问题。然而人寿保险具有一定的人身属性，即使实行遗产税，受益人领取保险金时很有可能无须缴纳任何费用。

2. 设立关键股东的投保

虽股东互为其购买寿险的方式好处颇多，但若公司的重要股东超过三名，操作起来难度比较大，股东互保保险便缺乏可操作性。然而，并不意味着企业风险无法规避，设立关键股东的投保不仅可弥补上述缺陷，而且可防止因股东意外死亡致使公司遭受较大损失。

关键人物保险（Key Man Insurance），是人寿保险的一种，是指公司对其盈利及持续经营会产生重大影响的股东、雇员购买人身寿险，以补偿公司因这些关键人物的死亡或者永久伤残而遭受的经济上的损失。其主要保障各种中小型企业，比如独资、合资和封闭型公司等重要人物的人身风险，而就规模较大的公司而言，业务增长较快，可替代的人才比较多，关键人物保险的设置仅可针对对企业生死存亡至关重要的人员。当然，衡量关键人物的标准是，如果一方死亡或者丧失劳动能力将使公司遭受较大的经济损失，或者在短期内无法寻找到合适的替代者，这也是关键人物保险的可保利益所在。① 该保险的模式主要如下：

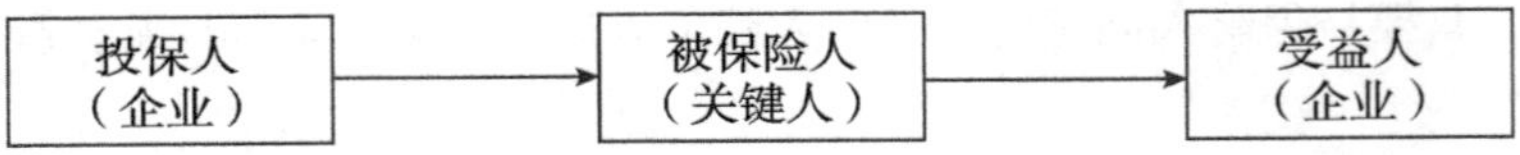

对于家族企业而言，这种保险模式可以避免关键人物一旦发生意外，不仅可以有力保障因其过世造成业务或经济上的损失，稳定企业的资信程度，必要时还可回购关键人物的股权以顺利实现企业的变更或交接。此外，“关键人物保险”对于企业投资者来说也是一份有利保障。在融资活动中，为防止企业关键股东过世造成企业资金风险，投资者往往要求被投资者购买以企业法人为受益人的保险。如国际金融公司（IFC）在投资安家集团时就曾要求安家集团为关键股东购买“关键人物保险”。投资时，IFC对安家集团股权融资达200万美元（折合人民币约1660万元人民币），但IFC要求安家集团对其法定代表人张某东购买保额高达100万美元的人寿保险，受益人为安捷公司（安家集团旗下公司），其保险责任为张某东的生命，只要其死亡，不管是意外，还是疾病，抑或自然死亡，保险公司都

① 郛润龙、王东平：《关键人物保险》，载《中国保险》2003年第12期。

需要赔偿。而作为保障企业经营风险的寿险产品，关键人物保险将为家族企业撑起一把保护伞。

（三）公司章程与股东协议的兜底设计

1. 公司章程自治范围内的风险防范

在上文中已谈到公司章程存在的法律风险，鉴于《公司法》大部分条款属于任意性规范条款，建议在拟定公司章程时对章程自治范围内的法律问题及风险防范进行系统的梳理。

第一，明确法定代表人，避免授权争议。由于《公司法》第十三条规定"公司法定代表人依照公司章程的规定，由董事长、执行董事或者经理担任，并依法登记"，建议章程中明确约定由哪一方担任公司法定代表人以防止出现内部争权的混乱。尤其是家族企业，因涉及企业的传承，建议尽量将法定代表人落实到职务层面以避免公司人员变动导致的公司章程修订。

第二，约定"同股不同权"，实现双层股权架构。由于《公司法》第四十二条规定"股东会会议由股东按照出资比例行使表决权；但是，公司章程另有规定的除外"，因此，在有限责任公司的章程中使用此种股权架构模式并不违反法律的强制性规定。这样不仅可以保证家族成员股权不会因为新的投资人加入而被稀释，又可实现对家族企业的长久有效控制。

第三，明确股东继承资格，有效传承家族企业。《公司法》第七十五条规定"自然人股东死亡后，其合法继承人可以继承股东资格；但是，公司章程另有规定的除外"，由于有限责任公司的存续是基于股东之间的互相信任，若无章程的前提下根据该法律规定继承人是可以继承股东资格的，这样势必影响股东之间的信任基础。若家族企业担心日后隐患，建议在公司章程中事先作出明确约定。

除上述法律问题外，家族企业还可在公司章程中明确约定股东会职权，防止股东权力滥用损害公司或小股东利益。同时，还可进一步补充法定解散事由以外的其他情形，以防止非常态下公司持续经营造成损失等。当然，家族企业若选择其他股权架构模式，建议结合股权架构模式并在公司章程中进行贴合设计。

2. 股东协议的完美设计

制定规则和遵守规则是成为股东的前提，故在股东开始合作之前建议一定要签署股东协议。那股东协议可以约定哪些内容呢？在上述内容中，已经讲到股东协议与公司章程发生矛盾纠纷时，很可能会优先适用公司章程的规定。由此可知，在签署股东协议时建议仅对公司章程中未约定事项进行补充，如企业方向、设立阶段各股东的职责分工、退出机制等条款，并制定具体实施办法，才能确保公司的根基长治久安。具体措施如下：

第一，达成股东共识，明确企业方向。股东协议需要明确股东投资的企业具体目的是什么，应该怎么做。只有事先解决企业的根本问题，在面临企业的各项决策或企业传承时，股东之间才不会乱了分寸，偏离了根本。

第二，约定股东职责，明确股东义务。企业经营不仅包括股东的义务，即投入资金以及避免损害公司利益，还包括企业经营以及运转过程中各股东之间的职责分配。当然，股东职责的设定与其自身资源以及经验是密不可分的，但职责的权限有多大以及未能履行职责的违约责任都需要明确约定，以防止股东出现分歧时无法调和的悲剧发生。

第三，确定退出机制，防止企业危机。由于股东之间在企业经营过程中很容易出现分歧而决定退出企业，若未约定退出机制，极易导致企业解体，甚至是崩塌。又或者由于企业大股东的婚姻家事问题很大程度上会影响到企业的生死存亡，因此，退出机制是必须在股东协议中明确约定的。建议在协议中明确约定退出的条件、方式、作价等，即使有分歧也不足以影响企业的正常发展。

除上述条款的设定外，股东在签署协议时也可针对企业的发展等问题进行量身定制。尤其是对每一事项的违约责任进行充分设定，切不可碍于情面为企业埋下隐患。

修订版后记

——做更好的公司法务律师

本书自2012年出版以来，承蒙各位读者厚爱。2018年修订重印后，大家仍一如既往地支持。七年转瞬间，因为你们的支持，我们倍感荣幸；因为你们的寄望，我们诚惶诚恐，唯有更加努力。如今，我们在第二版的基础上再次进行全面修订，以期呈现兰台在持续践行“做更好的公司法务律师”战略之实务经验总结。

2019年，北京的初冬竟格外温晴，天湛蓝幽远，叶落黄金满地。在兰台诸位同仁不辍研磨、用心协作中，随着各修订和新增章节相继定稿，我们终得完成《企业法律顾问实务操作全书》的修订版后记。此刻，夜幕落，灯影车流交错，窗外似雾非雾亦平添了几分意境。

“一片树林里分出两条路——而我选择了人迹更少的一条，从此决定了我一生的道路。”在建设一体化公司制的律师事务所这条路上，勇于探路者甚少，故兰台走得并不轻松。从初期面临的艰难抉择、质疑不解，我们未曾萌生过半分退意；到如今收获的显著成绩、逐被认可，我们始终坚持着机制的力量。未来，兰台愿超越现状，找寻到能够适应并促进律师行业发展的远方。

信息爆炸的时代已至，它嵌入我们生活的各个角落，已成为社会习惯中不可或缺的部分。在这个科技和社交媒体得到充分应用的大背景下，生产信息的方式、制造内容的渠道发生颠覆性改变，但是信息质量、知识含量并未增加，却产生了更多快餐式、不确定、重复性的内容，知识的严肃性一再被消解，正如李笑来所言：虽然是信息爆炸，但是知识并没有发生爆炸。

在这样一个还未沉淀、故有些急功近利的环境下，正是一体化机制的力量，让兰台人深深懂得：饭要一口一口吃，路要一步一步走。我们扎根于业务研究苦练内功，通过知识管理、技能培训等方式，有组织、有目标、有系统地研究自身执业领域的相关实务问题，为法律顾问事务作业和业务拓展奠定了专业基石。这本书便是兰台沉潜于理论、耕耘于实践的结晶，亦是我们对于法律人“工匠精神”的理性诠释。

在此，感谢我们的客户，是客户对兰台的信任成就了兰台的发展，接下来的日子，我们携手同行；感谢我们的同事，是兰台每一位律师对业务的孜孜追求成就了兰台的专业声誉，未来的日子里，我们风雨同舟；感谢兰台每位同事的家人，是家人对我们的支持成就了兰台的稳定，岁月流逝，无法掩盖我们对家人的歉意。

我们既是本书的编著者，又是使用者。自本书出版之日起，我们便不断检视该书存在的问题。本次修订，并非字词的校对，而是加入了近几年新修订的法律法规和最新的司法判例，并融入了兰台近年来的实务思考。修订过程中，我们对第一章的内容进行修订，从时代和政策入手，加深对“做更好的公司法务律师”这一战略的理解；对第二章的内容进行了调整，尤其对于公司设立过程中的股份代持部分进行了增补；第三章着眼企业融资法律服务，我们更是结合当下的市场和法律环境，对常见融资类型的最新动态进行了调整。第四章“企业并购法律实务”和第五章“企业改制与上市法律实务”对原书进行了大幅度的修订。第七章变化较大，我们新增了公司管理合同中必须重视的问题“合同的用印及印章管理”，对于大部分公司会遇到的买楼租楼合同、设备采购合同以及服务采购合同等分别进行介绍。第十四章、第十五章是本次修订的新增内容。其他章节亦结合最新的法律法规、司法实践进行了最新的调整，如第十章“公司清算与破产司法实务”即根据最新的司法解释等进行了修订。本次修订工作的具体分工如下：

第一章【修订章节】杨光、杨强、别腾飞

第二章【修订章节】李雷勇/马霞（第一节）、沈成林（第二节）、艾渊源（第三节）、徐琛皓（校订修改）

第三章【修订章节】姚晓敏/王清（第一节）、马钰朋/原宇辉/徐晓璇/王瑶（第二节）、王清/廉天娇/李云石/王美琳（第三节）、廉天娇/王程涛/刘美辰（第四节）、单红梅/郭晓寒/薛媛（第五节）、王瑶/薛媛（第六节）、马钰朋/王美琳/郭晓寒（第七节）、马钰朋/张小可/李玉朋（第八节）、李云石/李玉朋/李蔚（第九节）、原宇辉/王程涛/刘美辰（第十节）

第四章【修订章节】闵庆轩、李许峰、梁广俊、刘燕

第五章【修订章节】曹蓉、孙丽媛、刘燕

第六章【未修订】郭晓英/王莉（第一节）、张松（第二节）、高星照（第三节）、汤洁（第四节）、赵宝玺（第五节）

第七章【修订章节】盖皓（第一节）、耿子健（第二节）、刘长江（第三节）、马灵珏/张梦茹/高琳颖/冯爽歆（第四节）

第八章【修订章节】程阳（第一节、第四节）、程阳/明兆娟（第二节、第三节）

第九章【修订章节】呼先军/田君露/张峰（第一节）、田君露/刘俊清（第二节）、刘敏/张峰（第三节）、姜莹丽/杜丹/白伟（第四节）、张博/朱龙臻（第五节）、郭洁/朱龙臻（第六节）

第十章【修订章节】王延涛、牛亚彬、李汉超

第十一章【未修订】杨光、李甜

第十二章【修订章节】张佳华（第一节至第八节）、杨鑫（第一节至第五节）、吴朝华（第六节至第八节）

第十三章【未修订】陈静

第十四章【新增章节】张伟民、王昱琦、黄晓墨、王秋混

第十五章【新增章节】王丽、司艳溪、刘祁遥、侯雪峰、马婷

非常感谢中国法制出版社给本书以修订再版的机会，感谢中国法制出版社赵宏编辑、会丽编辑和谢雯编辑对我们的支持。

还要感谢所有参与修订的兰台同事们。

本次修订对本书的不足之处进行了改进和完善，使之更具有可操作性和实用性，希望其以全新的面貌展现给读者。由于修订时间和水平有限，错误和不足之处在所难免，恳请各位同行、读者批评指正。

因为专业而分工，因为一体而协作，兰台愿以机制的力量，成为拓荒者，成为探路人。或许总有不完满，但我曾越过漫长的星霜轮寰，只为后来人脚下的路不必艰辛。

北京市兰台律师事务所

图书在版编目（CIP）数据

企业法律顾问实务操作全书／北京市兰台律师事务所编著．—3版．—北京：中国法制出版社，2020.9（2022.4重印）
ISBN 978-7-5216-1282-0

Ⅰ．①企…　Ⅱ．①北…　Ⅲ．①企业法-研究-中国
Ⅳ．①D922.291.914

中国版本图书馆CIP数据核字（2020）第174904号

策划编辑　谢雯
责任编辑　谢雯　白天园　王紫晶　　　　封面设计　杨泽江

企业法律顾问实务操作全书
QIYE FALÜ GUWEN SHIWU CAOZUO QUANSHU

编著/北京市兰台律师事务所
经销/新华书店
印刷/北京虎彩文化传播有限公司
开本/710毫米×1000毫米　16开　　　　印张/50.75　字数/803千
版次/2020年9月第3版　　　　2022年4月第5次印刷

中国法制出版社出版
书号 ISBN 978-7-5216-1282-0　　　　定价：168.00元

北京市西城区西便门西里甲16号西便门办公区
邮政编码 100053　　　　传真：010-63141852
网址：http：//www.zgfzs.com　　　　**编辑部电话：010-63141797**
市场营销部电话：010-63141612　　　　**印务部电话：010-63141606**

（如有印装质量问题，请与本社印务部联系。）